2022

中共南宁市委执政纪事编委会 编

中共南宁市委执政纪事

广西人民出版社

图书在版编目（CIP）数据

中共南宁市委执政纪事. 2022 / 中共南宁市委执政纪事编委会编. — 南宁：广西人民出版社，2022.12
ISBN 978-7-219-11490-2

Ⅰ. ①中… Ⅱ. ①中… Ⅲ. ①中国共产党—执政—概况—南宁—2022 Ⅳ. ① D25

中国版本图书馆 CIP 数据核字（2022）第 239050 号

ZHONGGONG NANNING SHIWEI ZHIZHENG JISHI 2022

中共南宁市委执政纪事 2022

中共南宁市委执政纪事编委会 编

责任编辑 黄篆兰 黄 玮 韦宝华
责任校对 何彩秋
整体设计 王程媛

出版发行 广西人民出版社
社 址 广西南宁市桂春路 6 号
邮 编 530021
印 刷 广西民族印刷包装集团有限公司
开 本 890mm × 1240mm 1 / 16
印 张 33.75
字 数 1600 千字
版 次 2022 年 12 月 第 1 版
印 次 2022 年 12 月 第 1 次印刷
书 号 ISBN 978-7-219-11490-2
定 价 238. 00 元

《中共南宁市委执政纪事（2022）》编委会

《中共南宁市委执政纪事（2022）》编辑部

经济建设

1月15日，中国共产党南宁市第十二届委员会第十一次全体（扩大）会议审议通过《中国共产党南宁市委员会关于制定南宁市国民经济和社会发展第十四个五年规划和二〇三五年远景目标的建议》（陈麒元　摄）

6月，合众新能源汽车南宁工厂投入使用，基本完成总装生产线设备安装，并进入调试阶段（南宁产投集团　供图）

在广西李宁体育用品有限公司的生产线上，工人们有条不紊地作业（叶子榕　摄）

9月10日，市委、市政府举行2021南宁投资贸易洽谈会暨重大项目签约仪式　（陈麒元　摄）

横州市国家现代农业产业园（黄汝德　摄）

1月5日，2021年武鸣沃柑开市活动在武鸣区城厢镇平等村坡鸡屯举行　（叶子榕　摄）

3月10日，市委、市政府召开南宁市推进工业振兴大会　（陈麒元　摄）

京东物流广西南宁“亚洲一号”电子商务产业园及运营结算中心　（兴宁区委　供图）

12月12日，威宁青运村全盘封顶　（南宁威宁集团　供图）

3 月 25 日，“走进中国—东盟金融城”暨行企助力转型升级招商推介会在五象新区总部基地举办（市金融办　供图）

3 月 13 日，南宁国际铁路港开行中欧班列首发，进一步拓宽“南宁渠道”（黄维业　摄）

9 月 28 日，市工商联、市发展改革委、市工信局、市农业农村局等 11 个部门联合开展南宁市“万企兴万村”行动启动大会暨村企共建签约仪式（市工商联　供图）

政治建设

8月29日，中国共产党南宁市第十三次代表大会在南宁人民会堂开幕　（梁枫　摄）

4月9日，2021年南宁市民族团结进步宣传月启动仪式在“三街两巷”举行　（赖有光　摄）

7月15日，南宁市统一战线各界人士学习贯彻习近平总书记在庆祝中国共产党成立100周年大会上的重要讲话精神座谈会在市委、市政府会议中心召开　（市委统战部　供图）

11 月 2 日，中国共产党南宁市第十三届委员会第二次全体会议在市委、市政府会议中心召开
（陈麒元　摄）

11 月 26 日，市委党史研究室举办全市党史系统学习贯彻党的十九届六中全会精神专题培训班
（李乾　摄）

6 月 28 日，青秀区第四届人民代表大会代表厢竹社区选区投票选举有序开展　（潘浩　摄）

10 月 21 日，南宁市第十五届人民代表大会第一次会议在南宁人民会堂举行　　（黎天勇　摄）

3 月 31 日，南宁市政法队伍教育整顿廉政教育报告会在市公安局举办

（市纪委监委机关　供图）

3 月 1 日，市滨湖路小学开展“永远跟党走　逐梦薪火传”思政大课　（市委教育工委　供图）

10 月 19 日，中国人民政治协商会议第十二届南宁市委员会第一次会议在南宁人民会堂开幕（市政协　供图）

3 月 23 日，2021 年南宁市新一届村（社区）党组织书记、村（居）委会主任示范培训班开班（市委组织部　供图）

文化建设

▌12 月 7 日，市委常委会召开会议，传达学习 2021 年广西文化旅游发展大会精神，研究部署贯彻落实措施

（陈麒元　摄）

▌7 月 18 日，2021 年南宁龙舟公开赛在邕江畅游阁附近水域举办

（市体育局　供图）

▌10 月 11 日，2021 年国家网络安全宣传周南宁活动启动仪式在“三街两巷”举行

（市委网信办　供图）

▌舞剧《刘三姐》喜获第十三届全国舞蹈展演优秀剧目奖项　　（市文广旅局　供图）

▌7 月 18 日，2021 广西暑期文化旅游促消费活动暨“老友相约　夜游南宁”启动仪式在南宁方特东盟神画举行　　（市文广旅局　供图）

▌南宁教育园区东片区（广西医科大学武鸣校区）　　（武鸣区委　供图）

12月11日，“好日子　歌里过”南宁市庆祝中国共产党成立100周年群众文化活动暨第23届南宁国际民歌艺术节“大地飞歌·2021”在南宁园博园录制完成
（潘浩　摄）

10月14日，市老年大学葫芦丝班学员在星湖社区开展重阳节活动，倡导健康老年生活
（市委老干部局　供图）

12月，“我为群众办实事”实践活动中，南宁市美术家赴上林县澄泰乡东红村开展墙绘创作，助力乡村振兴
（市文联　供图）

▌ 7 月 30 日，“拥抱人才　邕有未来”2021 年第九届“广西籍学子回家看看”活动在南宁·中关村创新示范基地拉开帷幕（市委组织部　供图）

▌ 3 月 19 日，2021 年南宁市文化科技卫生“三下乡”暨“我们的中国梦”——文化进万家活动启动仪式在马山县古零镇羊山村三甲屯举行（林朝毅　摄）

▌ 11 月 26 日，市文明办在良庆区那陈镇和平村开展南宁市 2021 年乡风文明建设文艺精品进乡村活动（市委宣传部　供图）

社会建设

2月22日，平安南宁建设工作会议暨全市政法工作会议在市委、市政府会议中心召开
（陈麒元　摄）

10月13日，市新冠肺炎疫情防控指挥部组织开展2021年南宁市新冠肺炎疫情大规模联合流行病学调查模拟演练　（宋延康　摄）

5月12日，2021年防灾减灾日广西宣传周启动仪式暨南宁市主会场主题宣传活动在安吉万达广场举行　（市应急局　供图）

全国脱贫攻坚交流基地——隆安县易地扶贫移民搬迁震东集中安置区　　（市农业农村局　供图）

南向、北联、东融、西合的高速铁路客运骨干线路网逐步成型　　（黄维业　摄）

10月14—16日，南宁市作为广西唯一特展城市参加在吉林省长春市举办的第三届全国创业就业服务展示交流活动　　（市人社局　供图）

生态文明建设

4月6日，市委常委会召开会议，听取2020年南宁市生态环境质量状况及生态环境保护重点工作、全市安全生产工作暨专项整治三年行动推进情况汇报，研究部署相关工作　（陈麒元　摄）

6月29日，南宁市那平江流域治理工程（一期）竣工。图为那平江流域治理工程（一期）治理后的现场航拍图　（建宁水务集团排水公司　供图）

8月25日，市生态环境局联合哈啰出行共同开展全国低碳日主题活动　（市生态环境局　供图）

南湖景色 （刘绵宁　摄）

上林风光 （王喆　摄）

大王滩国家湿地公园鸟瞰 （市水利局　供图）

宾阳马王风电场二期工程竣工并网发电
（市发展改革委　供图）

市级生态宜居综合示范村——南宁经济技术开发区那洪街道古思村老村坡 （市农业农村局　供图）

国家 AAAA 级旅游景区、国家级自然保护区、国家级森林康养基地、中国天然氧吧——广西大明山
（潘浩　摄）

五象岭风光　（良庆区委宣传部　供图）

党的建设

2月3日，中国共产党南宁市第十二届纪律检查委员会第七次全体会议在市委、市政府会议中心召开
（陈麒元　摄）

7月28日，党员群众到邓颖超纪念馆参观学习
（黄红锦　摄）

8月12日，一批学生到青秀山风景区廉洁文化主题园参观学习
（潘浩　摄）

2月2日，市委召开2020年度南宁市县（区）党委书记和市直有关工委（党委、党组）书记推动落实全面从严治党主体责任述职评议会（陈麒元　摄）

9月24日，全市教育系统党风廉政示范点创建暨纪检监察责任片区监督协作机制工作现场推进会在市第八中学相思湖校区召开（黄红锦　摄）

12月15日，全市公立医院党的建设工作推进会在市第一人民医院召开（宋延康　摄）

2月9日，全市组织部长会议召开，部署2021年全市组织工作 （何龙 摄）

4月21—23日，市人防办组织人防专业队伍在上林县开展“学党史 勇担当 磨练人防通信业务精兵”主题实践活动 （市人防办 供图）

6月24日，市政协召开“坚持和完善中国共产党领导的多党合作和政治协商制度”理论研讨会 （市政协 供图）

3月2日，市委市直机关工委召开2020年度市直机关党组织书记抓基层党建工作述职评议会

（黄璐璐　摄）

12月28日，良庆区党委、政府主办的“先锋引领·良策惠企”第一期沙龙活动在广西新媒体中心举行

（叶子榕　摄）

11月19日，党旗领航·乡村振兴“我为家乡代言”南宁市兴宁区电商大集在首创奥特莱斯铜鼓广场举行

（兴宁区委　供图）

党史学习教育

3月5日，全市党史学习教育动员大会在市委、市政府会议中心召开　　（陈麒元　摄）

市消防救援支队深入推进党史学习教育，组织重温入党誓词　　（市消防救援支队　供图）

5月24—29日，南宁市烟草专卖局（公司）组织开展“学党史·强党性，从古田再出发”党史学习教育实地学习培训（南宁市烟草专卖局　供图）

▌4 月 28 日，党史学习教育南宁市宣讲团在兴宁区举行首场宣讲报告会　　（市委宣传部　供图）

▌10 月 22 日，“感党恩　跟党走”广西红色故事大赛优秀作品暨“四史”学习教育巡回宣讲活动（南宁市专场）在南宁广播电视台举行

（市委宣传部　供图）

▌12 月 31 日，“建党百年话初心　打造铁军促发展”南宁广播电视台党史学习教育“感党恩　跟党走”主题系列活动支部大展示　（李祖荣　摄）

院工作报告、市人民检察院工作报告、关于南宁市2021年国民经济和社会发展计划执行情况与2022年国民经济和社会发展计划草案的报告、关于南宁市与市本级2021年财政预算执行情况和2022年预算草案的报告等;《党史学习教育》记载市委组织开展党史学习教育的情况;《工作纪事》记载全市各级党委（党组）的执政实践活动（按市委常规发文顺序排序）;《党建经验》记载基层党组织在政治、思想、组织、作风、制度、反腐倡廉建设等方面的实践经验;《附录》收录2021年南宁市党员和党组织发展情况、2021年南宁市国民经济和社会发展统计公报、各县（市、区）经济社会发展主要指标一览表。

五、《亲切关怀》《重要决策》《重要文献》栏目由市委党史研究室负责组织编辑，资料来源为《人民日报》、新华社、《广西日报》、《南宁日报》等新闻媒体的公开报道;《特辑》栏目由市委办公室供稿;《党史学习教育》栏目由市委宣传部和市委党史学习教育领导小组办公室供稿;《工作纪事》栏目由各县（市、区）党委、全市各部门、各单位供稿;《党建经验》栏目由各县（市、区）党委组织部、市委组织部、市委政法委、市委市直机关工委、市委教育工委、市国资委和各开发区党工委推荐先进典型材料;《附录》栏目由市委组织部、市统计局供稿。

六、《中共南宁市委执政纪事（2022）》严格遵循党对意识形态工作的要求和各项出版政策法规，收录内容为非涉密内容，所涉及人物均以当时任职为准，书中刊登图片的顺序、大小、数量均根据书稿需要选取，不反映供图单位的行政级别，统计资料数据均使用法定计量单位。

七、书中所述“自治区”“广西”“全区”指广西壮族自治区，“自治区党委”指中国共产党广西壮族自治区委员会，“自治区政府”指广西壮族自治区人民政府；以“市”开头的单位均指南宁市某某单位，“市委”指中国共产党南宁市委员会，“市政府”指南宁市人民政府。

八、在市委的领导下，在全市各部门、各县（市、区）的高度重视和配合支持下，本书编纂工作得以顺利完成。因组稿编纂时间紧，涉及面广，书中错漏在所难免，恳请批评指正。

目录

contents

特辑

亲切关怀

重要决策

重要文献

党史学习教育

工作纪事

党建经验

附录

D4-1号门
D4-2号门
东风本田

特辑

弘扬伟大建党精神
全面落实强首府战略
凝心聚力建设新时代中国特色
社会主义壮美广西首善之地

市委常委会

2021年，市委常委会坚持以习近平新时代中国特色社会主义思想为指导，全面贯彻落实党的十九大和十九届历次全会精神，认真贯彻落实自治区第十二次党代会部署要求，紧紧围绕凝心聚力建设新时代中国特色社会主义壮美广西的总目标，以庆祝建党100周年为主线，全面落实强首府战略，统筹抓好疫情防控、社会稳定、城市安全，坚定不移推动高质量发展，实现了“十四五”良好开局。

一、学懂弄通做实习近平新时代中国特色社会主义思想，坚定捍卫“两个确立”、坚决做到“两个维护”

学懂弄通做实习近平新时代中国特色社会主义思想。坚持把学习贯彻习近平总书记重要讲话和重要指示批示精神作为常委会会议“第一议题”和理论学习中心组学习“第一内容”，原原本本学、全面系统学、及时跟进学，引导带动全市党员干部深刻领悟“两个确立”的决定性意义，增强“四个意识”、坚定“四个自信”、做到“两个维护”，不断提高政治判断力、政治领悟力、政治执行力。4月29日，召开常委（扩大）会议，第一时间学习贯彻习近平总书记视察广西“4·27”重要讲话精神。5月20日，市委理论学习中心组举行2021年第二次专题学习，深入学习贯彻习近平总书记视察广西“4·27”重要讲话精神，深刻理解把握“建设新时代中国特色社会主义壮美广西”总目标、“四个新”总要求和4个方面重要工作要求。8月9—11日，举办厅级以上领导和处级主要负责同志专题学习班，深入学习贯彻习近平总书记“七一”重要讲话和视察广西“4·27”重要讲话精神。8月28—31日，召开南宁市第十三次党代会，坚持以习近平新时代中国特色社会主义思想为指导，深入贯彻落实习近平总书记“七一”重要讲话和对广西工作系列重要指示精神，系统总结过去五年的工作，研究确定今后五年全市经济社会发展的奋斗目标、主要任务和重大举措，动员、团结和带领全市党员干部群众坚定不移沿着习近平总书记指引的方向奋勇前进。

扎实开展党史学习教育。3月5日，市委召开全市党史学习教育动员大会，贯彻落实习近平总书记在党史学习教育动员大会上的重要讲话精神，贯彻落实自治区党史学习教育动员大会精神，对全市开展党史学习教育进行全面动员部署。3月29日，组织全市各级领导干部聆听中央宣讲团成员韩震同志所作的党史学习教育宣讲报告。3月30日，邀请中国社会科学院哲学研究所党委书记、副所长王立胜来邕为全市厅级以上领导和处级主要负责同志作党史学习教育辅导。4月2日，组织全市处级领导干部聆听党史学习教育自治区宣讲团在南宁举行的宣讲报告会。3月30日、5月20日、6月24日、7月16日、12月14日，市委先后举行5次党史学习教育专题学习。七一前夕，市委常委同志到李明瑞、韦拔群等革命烈士纪念馆开展党史学习教育，重温入党誓词，缅怀革命先烈、感悟百年党史，传承革命精神、汲取奋进力量。

学习宣传贯彻党的十九届六中全会精神。11月15日，召开常委会（扩大）会议，专题传达学习党的十九届六中全会精神，研究部署贯彻落实措施。12月14日，举行市委理论学习中心组2021年第五次专题学习，深入学习贯彻党的十九届六中全会精神。市委班子成员带头深入高校、企业、社区等进行宣传宣讲，并组织市宣讲团分赴基层一线开展对象化、分众化、互动化宣讲活动7400多场，受众超33万人次。

二、坚持稳中求进，全力以赴推进经济高质量发展

千方百计稳增长。加强经济运行调度，推动经济平稳健康发展。1月5日，召开经济工作务虚会，学习贯彻中央经济工作会议、全区经济工作会议精神，分析研究南宁市经济形势，谋划2021年经济工作。1月15日，召开市委十二届十一次全体（扩大）会议，审议通过《中国共产党南宁市委员会关于制定南宁市国民经济和社会发展第十四个五年规划和二〇三五年远景目标的建议》。4月20日、7月23日、10月28日，市委常委会先后召开会议，分析全市经济运行情况，研究部署经济工作。

加快产业转型升级。围绕强龙头、补链条、聚集群和强创新、育品牌、拓市场，壮大“工业树”，繁茂“产业林”，培育壮大电子信息、先进装备制造、生物医药等重点产业集群，全力推动工业加快发展。3月10日，召开全市推进工业振兴大会。12月17日、12月20日，自治区党委常委、市委书记徐海荣深入工业企业、项目建设现场调研，强调要做实做强做优实体经济，大力发展新能源汽车等战略性新兴产业，主动打好工业振兴这场硬仗，推动首府工业经济高质量发展。

促进项目落地建设。积极开展“三企入桂项目落实、行企助力转型升级”行动，提高协议履约率、资金到位率、项目开工率和竣工投产率。加快强首府标志性重大项目建设。2月22日，召开南宁市全面落实强首府战略领导小组第四次全体会议，审议全面落实强首府战略2021年标志性重大项目推进计划。9月10日，举行2021南宁投资贸易洽谈会暨重大项目签约仪式，邀请中外企业家来邕投资兴业、共谋发展。

三、深化改革开放，不断增强发展动力活力

持续深化重点领域改革。聚焦发展所需、民心所向，紧盯解决突出问题，统筹推进重点领域和关键环节改革，加强各项改革整体推进、系统集成，促进改革举措落地见效。3月12日、7月9日、12月24日，先后召开南宁市委全面深化改革委员会第八次、第九次、第十次会议，深入学习贯彻习近平总书记在中央全面深化改革委员会会议上的重要讲话精神，贯彻落实党中央全面深化改革的决策部署和自治区党委的工作要求，审定《中共南宁市委员会全面深化改革委员会2021年工作要点》《南宁市加快推进媒体深度融合发展实施方案》《南宁市进一步推进服务业改革开放发展的实施方案》《南宁建设高标准市场体系行动实施方案》等重点改革方案和重要改革文件，协调推进重点改革任务。

积极融入新发展格局。深度参与西部陆海新通道建设，积极服务中国—东盟博览会、中国—东盟商务与投资峰会升级发展，大力推进中国（广西）自由贸易试验区南宁片区、中国—东盟信息港南宁核心基地、南宁临空经济示范区等国家重大战

略平台建设，持续畅通“南宁渠道”。4月29日，召开市委常委会会议，听取南宁市2020年对外工作情况汇报，研究部署相关工作。8月9日，召开南宁市服务第18届中国—东盟博览会、中国—东盟商务与投资峰会工作领导小组全体会议。9月9日，举行巴基斯坦入驻中国—东盟特色商品汇聚中心揭牌仪式。9月16日，召开市委常委会会议，深入学习贯彻习近平主席致第18届中国—东盟博览会和中国—东盟商务与投资峰会的贺信及王岐山副主席在开幕式上的致辞精神，进一步畅通“南宁渠道”，在服务构建中国—东盟命运共同体中作出南宁贡献。

四、巩固脱贫成果，开创乡村振兴新局面

坚持优先发展农业农村，加快推进乡村振兴，促进农业高质高效、乡村宜居宜业、农民富裕富足。2月3日，召开全市农村工作会议，总结南宁市“十三五”时期和2020年农业农村工作，研究部署首府巩固拓展脱贫攻坚成果和“三农”工作。4月29日，召开市委农村工作（乡村振兴）领导小组2021年第一次会议，审议有关文件。5月10日，召开市委常委会会议，传达学习全区脱贫攻坚总结表彰暨巩固拓展脱贫攻坚成果同乡村振兴有效衔接工作部署大会精神，研究贯彻落实措施。5月21日，召开全市脱贫攻坚总结暨巩固拓展脱贫攻坚成果同乡村振兴有效衔接工作部署大会，回顾总结南宁脱贫攻坚的奋斗历程和宝贵经验，进一步激励全市各族干部群众大力弘扬脱贫攻坚精神，加快推进乡村振兴。12月30日，召开市委常委会会议，听取乡村振兴工作情况汇报，研究部署有关工作。

五、加快绿色发展，进一步擦亮“中国绿城”名片

自觉践行“绿水青山就是金山银山”理念，深入推进蓝天、碧水、净土三大保卫战，持续改善生态环境质量，打造更高水平的生态宜居城市。4月6日，市委常委会召开会议，听取2020年南宁市生态环境质量状况及生态环境保护重点工作推进情况汇报，研究部署相关工作。6月3日，召开2021年市级总河长会议，全面总结南宁市落实河湖长制工作情况，研究部署有关工作。7月23日，市委常委会召开会议，传达学习中央第七生态环境保护督察组督察广西情况反馈会精神，强调要坚决扛起绿色发展责任，不断巩固提升首府生态宜居优势。

六、补齐短板弱项，着力提高人民生活品质

持续增进民生福祉。强化就业优先政策，帮扶脱贫人口就业增收，促进重点群体就业，推进创业带动就业。加大学前教育普及普惠发展，12月2日，市委常委会召开会议，听取南宁市教育工作情况汇报。大力推进健康南宁建设，深入实施全民参保计划，完善残疾人、孤儿、困境儿童等社会福利制度和帮扶机制，推动民生保障水平稳步提升。

推进平安南宁建设。2月22日，召开平安南宁建设工作会议暨全市政法工作会议，强调要以确保建党100周年安全稳定为主线，以防范化解各类风险隐患为重点，全力建设更高水平的平安南宁、法治南宁。3月1日，召开2021年全市公安工作会议。4月6日，召开政法队伍教育整顿工作推进会，认真学习贯彻全国第一批政法队伍教育整顿推进会、全区第一批政法队伍教育整顿推进会精神，谋划部署有关工作。6月10日，市委常委会召开会议，深入分析研判全市社会安全稳定情况，研究部署庆祝建党100周年安全稳定工作。

毫不松懈抓好疫情防控。坚持“外防输入、内防反弹”总策略、“动态清零”总方针不动摇、不放松，压实“四方责任”，从严从紧落实各项防控措施，不断筑牢首府疫情防控安全防线。5月21日，市委常委会召开会议，传达学习自治区党委书记鹿心社关于疫情防控工作的批示精神。8月5日，召开全市新冠肺炎疫情防控工作视频调度会。8月9日，市委常委会召开会议，听取疫情防控工作情况汇报，研究部署相关工作。12月1日，自治区党委常委、市委书记徐海荣到市新冠肺炎疫情防控指挥部调研督导疫情防控工作。12月24日，召开新冠肺炎疫情防控工作推进会，对打好打赢常态化疫情防控攻坚战持久战进行再动员再部署再落实。

七、推进民主法治，持续巩固安定团结良好局面

支持人大依法履职。10月28日，市委常委会召开会议，学习贯彻习近平总书记在中央人大工作会议上的重要讲话精神。12月29日，自治区党委常委、市委书记徐海荣到兴宁区朝阳街道秀和社区人大代表联络站开展2021年度人大代表“混合编组、多级联动、履职为民”主题活动。

增强政协协商民主实效。8月4日，召开座谈会，就起草市第十三次党代会报告听取各民主党派市委会、市工商联和无党派人士的意见建议。7月20日、10月9日、12月28日，与各民主党派南宁市委、南宁市工商联和无党派人士召开3次专题协商会，分别就强工业补短板、持续优化营商环境、经济工作等进行协商。

巩固和发展爱国统一战线。提高多党合作效能，做好无党派人士、党外知识分子和新的社会阶层人士工作，加强港澳台、海外统战工作及侨务工作。2月8日，召开市委常委会会议，学习贯彻全国统战部长会议精神和新修订的《中国共产党统一战线工作条例》，研究贯彻落实措施。

加强和改进党的群团工作。10月28日，召开南宁市科协第九次代表大会，选举产生市科协新一届领导机构。12月21日，召开中国少年先锋队南宁市第四次代表大会。12月24日，市委常委会召开会议，听取南宁市群团组织工作情况汇报，强调要深入学习贯彻习近平总书记关于群团工作的重要指示要求，深入推进群团改革，切实增强党的群团工作的政治性、先进性、群众性。

扎实推进民族团结进步示范市建设。以铸牢中华民族共同体意识为主线，全面贯彻党的民族政策，推动首府各民族共同团结奋斗、共同繁荣发展。11月15日，市委常委会召开会议，深入学习贯彻习近平总书记关于加强和改进民族工作的重要思想，学习贯彻全区民族工作会议精神，研究有关事项。依法加强宗教事务管理，推动全市宗教领域持续保持和谐稳定。

深化法治南宁建设。2月22日，召开全市全面依法治市工作会议，深入学习贯彻习近平法治思想，全面贯彻中央全面依法治国工作会议精神，贯彻落实全区全面依法治区工作会议精神，总结法治南宁建设工作成效，部署深入推进全面依法治市工作。

加强双拥工作。1月14日，召开市委人民武装委员会暨市国防动员委员会（扩大）会议，总结工作、部署任务，推动南宁市国防动员工作创新发展。

八、从严管党治党，全面加强党的建设

落实全面从严治党主体责任。1月12日，市委常委会召开会议，听取市人大常委会党组、政府党组、政协党组、中级人民法院党组、人民检察院党组工作汇报。2月2日，召开2020

年度南宁市县（区）党委书记和市直有关工委（党委、党组）书记推动落实全面从严治党主体责任述职评议会。3月16日，召开市委党的建设工作领导小组会议，审定《中共南宁市委党的建设工作领导小组2021年工作要点》。9月7日，市委常委会召开会议，学习《中国共产党地方委员会工作条例》《党委会的工作方法》等，审议《中共南宁市委员会常务委员会议事决策规则》，研究加强市委常委会自身建设。

加强宣传思想工作。牢牢掌握意识形态工作领导权，做好习近平总书记视察广西、庆祝中国共产党成立100周年、党的十九届六中全会以及自治区第十二次党代会、市第十三次党代会等重点主题宣传报道和理论宣讲，不断巩固壮大主流思想舆论。大力培育和践行社会主义核心价值观，持续深化群众性精神文明创建。推动城市文明建设常态长效，争创全国文明典范城市。3月22日，召开争创全国文明典范城市、迎接国家卫生城市复审工作部署会。

抓实基层党建工作。召开市委常委会会议、党建工作领导小组会议等，专题研究基层党建工作。制订《南宁市2021年度基层党建工作重点任务清单》，细分27项共性任务和30项个性任务。深入实施“先锋引领+”系列行动，推进党支部标准化规范化建设，全面推动基层党建提质聚力。

打造忠诚干净担当的干部队伍。做好市县乡领导班子换届选举工作，指导做好村（社区）“两委”换届选举工作，进一步优化各级领导班子结构。加大年轻干部培养选拔力度，统筹做好女干部、少数民族干部和党外干部培养选拔工作。持续做好正向激励、容错纠错、关心关爱等工作。6月28日，召开“两优一先”表彰大会，表彰近年来南宁市各条战线、各个领域、各项工作中涌现出的优秀共产党员、优秀党务工作者和先进基层党组织。选派一批政治过硬、本领过硬、作风过硬的优秀干部到企业一线、乡村振兴一线历练。

推进党风廉政建设和反腐败斗争。1月28日，召开市委常委会会议，听取全市党风廉政建设和反腐败工作情况汇报，审议市纪委全会工作报告。2月3日，召开市纪委十二届七次全会，强调要充分发挥全面从严治党引领保障作用，确保首府“十四五”发展开好局起好步。7月27日，召开市委审计委员会第四次会议。3月9日、7月30日，分别召开书记专题会议，听取巡察工作情况和巡察整改情况汇报；12月14日，自治区党委常委、市委书记徐海荣主持召开书记专题会议，研究部署巡察工作，强调要深入学习贯彻习近平总书记关于巡视工作的重要论述，坚定不移深化政治监督，为全面落实强首府战略、建设新时代中国特色社会主义壮美广西首善之地提供坚强保障。

亲切关怀

习近平

到南宁考察

4月25—27日，中共中央总书记、国家主席、中央军委主席习近平在广西考察。27日上午，习近平到位于南宁市邕江之畔的广西民族博物馆，参观壮族文化展。博物馆外，三月三“歌圩节”壮族对歌等民族文化活动正在这里集中展示。习近平强调，广西是全国民族团结进步示范区，要继续发挥好示范带动作用。各民族共同团结进步、共同繁荣发展是中华民族的生命所在、力量所在、希望所在，在全面建设社会主义现代化国家的新征程上，一个民族都不能少，各族人民要心手相牵、团结奋进，共创中华民族的美好未来，共享民族复兴的伟大荣光。

当天上午，习近平听取了自治区党委和政府工作汇报，对广西各项工作取得的成绩给予肯定，希望广西各族干部群众奋力谱写全面建设社会主义现代化国家的广西篇章，以优异成绩庆祝建党100周年。

习近平指出，推动经济高质量发展，既要深刻认识贯彻新发展理念、构建新发展格局对推动地方高质量发展的原则要求，又要准确把握本地区在服务和融入新发展格局中的比较优势，走出一条符合本地实际的高质量发展之路。要推动传统产业高端化、智能化、绿色化，推动全产业链优化升级，积极培育新兴产业，加快数字产业化和产业数字化。要继续深化改革，坚持“两个毫不动摇”，优化营商环境。要加大创新支持力度，优化创新生态环境，推动各类创新要素向企业集聚，激发创新活力，推动科技成果转化。要主动对接长江经济带发展、粤港澳大湾区建设等国家重大战略，融入共建“一带一路”，高水平共建西部陆海新通道，大力发展向海经济，促进中国—东盟开放合作，办好自由贸易试验区，把独特区位优势更好转化为开放发展优势。

习近平强调，要弘扬伟大脱贫攻坚精神，加快推进乡村振兴，健全农村低收入人口常态化帮扶机制，继续支持脱贫地区特色产业发展，强化易地搬迁后续扶持。要立足广西林果蔬畜糖等特色资源，打造一批特色农业产业集群。要严格实行粮食安全党政同责，压实各级党委和政府保护耕地的责任，稳步提高粮食综合生产能力。要继续打好污染防治攻坚战，把碳达峰、碳中和纳入经济社会发展和生态文明建设整体布局，建立健全绿色低碳循环发展的经济体系，推动经济社会发展全面绿色转型。

习近平指出，要提高人民生活品质，落实就业优先战略和积极就业政策，做好高校毕业生、退役军人、农民工和城镇困难人员等重点群体就业工作。要完善多渠道灵活就业的社会保障制度，维护好卡车司机、快递小哥、外卖配送员等的合法权益。要全面贯彻党的教育方针，落实立德树人根本任务，加强对线上线下校外培训机构的规范管理。要深化疾病预防控制体系改革，强化基层公共卫生体系，创新医防协同机制，提升基层预防、治疗、护理、康复服务水平，毫不放松抓好常态化疫情防控。要严密防范各种风险挑战，有效遏制重特大安全生产事故，常态化开展扫黑除恶斗争。

习近平强调，要搞好民族团结进步宣传教育，引导各族群众牢固树立正确的国家观、历史观、民族观、文化观、宗教观，增进各族群众对伟大祖国、中华民族、中华文化、中国共产党、中国特色社会主义的认同，促进各民族像石榴籽一样紧紧抱在一起。

习近平指出，广西红色资源丰富，在党史学习教育中要用好这些红色资源，做到学史增信。学史增信，就是要增强信仰、信念、信心，这是我们战胜一切强敌、克服一切困难、夺取一切胜利的强大精神力量。要增强对马克思主义、共产主义的信仰，教育引导广大党员、干部从党百年奋斗中感悟信仰的力量，始终保持顽强意志，勇敢战胜各种重大困难和严峻挑战。要增强对中国特色社会主义的信念，教育引导广大党员、干部深刻认识到，中国特色社会主义是历史发展的必然结果，是发展中国的必由之路，是经过实践检验的科学真理，始终坚定道路自信、理论自信、制度自信、文化自信。要增强对实现中华民族伟大复兴的信心，教育引导广大党员、干部牢记初心使命、增强必胜信心，坚信我们党一定能够团结带领人民在中国特色社会主义道路上实现中华民族伟大复兴，努力创造属于我们这一代人、无愧新时代的历史功绩。信仰、信念、信心是最好的防腐剂。要始终抓好党风廉政建设，使不敢腐、不能腐、不想腐一体化推进有更多的制度性成果和更大的治理成效。

向第18届中国—东盟博览会和中国—东盟商务与投资峰会致贺信

9月10日，国家主席习近平向第18届中国—东盟博览会和中国—东盟商务与投资峰会致贺信。

习近平指出，中国和东盟建立对话关系30年来，双方全方位合作不断深化，互为最大贸易伙伴，成为亚太区域最具活力的合作。新冠肺炎疫情发生以来，双方携手抗疫、共克时艰，以实际行动诠释了守望相助、休戚与共的命运共同体精神。

习近平强调，去年11月，在第17届中国—东盟博览会和中国—东盟商务与投资峰会开幕式上，我就建设更为紧密的中国—东盟命运共同体提出4点倡议，得到东盟国家积极回应，有关领域合作正持续推进。面向未来，中方愿同东盟增强战略互信，深化抗疫、经贸等各领域合作，推动区域全面经济伙伴关系协定早日生效实施，高质量共建“一带一路”，打造更高水平的战略伙伴关系，共同维护好本地区繁荣发展良好势头。

李克强

到南宁考察

9月16—18日，中共中央政治局常委、国务院总理李克强在广西壮族自治区党委书记鹿心社和自治区主席蓝天立陪同下，在玉林、南宁考察。他强调，要坚持以习近平新时代中国特色社会主义思想为指导，贯彻新发展理念，构建新发展格局，大力推进改革开放，保持经济运行在合理区间，增进民生福祉，推动高质量发展。

李克强听取广西对接《区域全面经济伙伴关系协定》(RCEP)工作汇报，考察外资控股的中新南宁国际物流园。他说，中国将进一步扩大开放，继续成为吸引外资的沃土，与世界经济更深融合，形成更稳定的产业链供应链。广西区位优势明显，要抓住机遇，用好RCEP规则，推动产业迈向中高端，深化与RCEP成员特别是东南亚国家的合作，打造高水平开放示范平台。

李克强听取民营企业瑞声科技几十年发展介绍，勉励继续创新和提升产品。他说，市场主体是经济发展根基，民营经济是吸纳就业、创造财富的重要力量。国家会持续深化改革，推进“放管服”，优化营商环境，对包括民营企业在内的各类所有制市场主体一视同仁，维护公平竞争，促进更好发展。

李克强来到仙葫苑公租房小区，这里居住着近万户大中专毕业生、外来务工人员和低收入家庭。李克强走进居民家中察看居住条件，与小区居民交谈，对这里发展小户型公租房予以赞许。他说，这有利于让更多住房困难群众得到兜底保障，而且房屋功能全，居住条件也改善了。不少人希望将来买房，只要奋斗就能过上更好日子。

李克强充分肯定广西经济社会发展取得的成绩，希望在以习近平同志为核心的党中央坚强领导下，贯彻党中央、国务院决策部署，持续抓好常态化疫情防控，依靠改革开放增强经济动力活力，不断改善民生，走在中西部发展前列。

赵乐际

到南宁调研

3月21—24日，中共中央政治局常委、中央纪委书记赵乐际到广西调研。他强调，纪检监察机关要深入学习贯彻习近平总书记在十九届中央纪委五次全会上的重要讲话精神和全会部署，增强“四个意识”、坚定“四个自信”、做到“两个维护”，主动适应新时代新阶段新要求，与时俱进、精准施策，持续纠治不正之风，大力弘扬优良作风，切实为“十四五”开好局起好步提供有力保障。

赵乐际来到百色市田阳区露美村、平果市新安镇、南宁市凤岭北社区，深入了解群众生产生活情况，认真听取对干部作风的意见建议，强调要做实基层监督，健全基层监督体系，推进基层巡察全覆盖，及时发现解决侵害群众利益问题，促进基层办事公开透明，督促落实党中央各项惠民富民、共同富裕政策措施，不断增进人民群众福祉。在中国铝业广西分公司、北部湾国际港务集团有限公司调研时，他强调企业监督工作要着力推动落实新发展理念和高质量发展要求，严肃惩治靠企吃企、利益输送等违纪违法问题，为企业健康发展营造良好环境。

调研期间，赵乐际主持召开部分省区纪委书记座谈会，研究部署进一步纠“四风”树新风。他强调，要深入学习贯彻习近平总书记关于作风建设重要论述，深刻认识不正之风的政治本质和政治危害，保持定力，久久为功，把严的主基调长期坚持下去。要坚持问题导向、突出工作重点，持之以恒落实中央八项规定及其实施细则精神，深化整治群众身边腐败和不正之风，督促推动巩固拓展脱贫攻坚成果同乡村振兴有效衔接，严肃换届纪律风气。要坚持立破并举、扶正祛邪，既坚决纠正形式主义、官僚主义、享乐主义、奢靡之风，又继承弘扬对党忠诚、实事求是、艰苦奋斗、清正廉洁等党的光荣传统和优良作风。要坚持从实际出发，及时了解“四风”新动向新表现，有什么问题就解决什么问题，什么问题突出就重点整治什么问题，探索创新不敢不能不想一体推进的有效途径，不断提升作风建设治理效能。

王岐山

出席第18届中国—东盟博览会和中国—东盟商务与投资峰会开幕式

9月10日，国家副主席王岐山在广西南宁出席第18届中国—东盟博览会和中国—东盟商务与投资峰会开幕式并巡视博览会展馆。

王岐山表示，习近平主席在去年大会开幕式上的视频致辞和今天致大会的贺信中，都表达了对加强中国—东盟合作的良好期待，擘画了中国—东盟关系的新蓝图，必将对推动双方关系不断向前发展产生深远影响。

王岐山指出，中国—东盟建立对话关系30年来，双方共谋地区和平稳定，推动地区发展繁荣，树立了亚太地区合作的典范。双方持续深化战略互信，进入建设更为紧密的命运共同体新阶段；全力推动经贸合作，一大批重大项目稳步实施，《区域全面经济伙伴关系协定》(RCEP)成为维护自由贸易和多边主义的重要力量；同舟共济、团结协作，积极开展抗疫合作，共同构建人类卫生健康共同体；持续加强人文交流，民心相通日益深化。

王岐山表示，中方坚定奉行“亲诚惠容”理念和与邻为善、以邻为伴的周边外交方针，视东盟为周边外交优先方向和高质量共建“一带一路”重点地区，支持东盟共同体建设，支持东盟加强在区域合作中的中心地位。在新的起点上，中方致力于推动双方关系在下一个30年更加繁荣美好。中方愿与东盟一道，高质量推进“一带一路”倡议和东盟各国发展战略对接，共同打造更高水平的战略伙伴关系；拓展双方经贸合作，推进区域互联互通和经济一体化，增进人民福祉；深化抗疫合作，加强公共卫生能力建设，共同护佑各国人民生命安全和身体健康；培育发展新动能，加强数字经济、可持续发展等领域合作，促进地区经济加快复苏；扩大社会人文领域交流，促进双方民众相知相交，不断深化友好情谊。

王岐山强调，今年是中国共产党百年华诞。中国共产党是为中国人民谋幸福的党，也是为人类进步事业而奋斗的党。世界好中国才能好，中国好世界才更好。当前，中国已开启全面建设社会主义现代化国家新征程，加快构建以国内大循环为主体、国内国际双循环相互促进的新发展格局。中国坚定不移推进合作共赢、合作共担、合作共治的共同开放，将为包括东盟在内的世界各国提供更大市场和更多机遇。希望各方继续利用好中国—东盟博览会这一平台，深化务实合作，共创美好未来，推动中国—东盟命运共同体建设不断取得新的进展。

张春贤

率全国人大常委会调研组在广西就“新零工经济从业人员社会保障和劳动权益保护问题”进行调研

7月12—16日，全国人大常委会副委员长张春贤率全国人大常委会调研组在广西就“新零工经济从业人员社会保障和劳动权益保护问题”进行调研。其间，7月13日上午，张春贤一行前往南宁市人力资源和社会保障局进行实地调研，参观智慧人社联合创新实验室，详细了解南宁市在全国率先打造的“智慧人社”全业务系统和同步推出的“线上一网通、线下一门办”人社服务新体系，以及“免申即办”等创新服务模式实施开展情况，并听取南宁市新零工经济从业人员社会保障和劳动权益保护问题情况汇报，现场体验南宁人才测评应用小程序。

张春贤指出，让人民生活幸福是“国之大者”，南宁市高度重视人社信息化建设，利用大数据手段在就业创业服务、技能培训、人才服务等方面成效明显，特色亮点突出。他强调，要深入学习贯彻习近平总书记在庆祝中国共产党成立100周年大会上的重要讲话精神，始终坚守为民初心，扎实抓好就业、社保等各项民生工作，不断增进人民群众的获得感、幸福感、安全感；要利用好大数据手段，持续优化就业、创业服务，让新型的就业服务模式常态化，营造有利于就业创业的良好环境，为经济高质量发展作出应有贡献。

刘宁

分别参加南宁、钦州两市代表团讨论

11月26日，自治区党委书记刘宁先后来到自治区第十二次党代会南宁市代表团、钦州市代表团参加讨论，听取意见建议。

代表们围绕党代会报告提出的目标、要求、举措展开热烈讨论，结合工作实际提出意见和建议。大家一致认为，报告高举习近平新时代中国特色社会主义思想伟大旗帜，总结过去实事求是，谋划未来志存高远，充分体现旗帜鲜明的政治担当、承前启后的历史担当、为党为民的使命担当、赶超跨越的责任担当，接地气、聚人气、提士气，必将激励全区上下凝心聚力建设新时代中国特色社会主义壮美广西，一步一个脚印把习近平总书记和党中央为广西擘画的宏伟蓝图变为美好现实。

刘宁认真听取发言，同代表交流互动。他表示，坚决贯彻习近平新时代中国特色社会主义思想，坚决贯彻党的十九届六中全会精神，坚决贯彻习近平总书记对广西工作系列重要指示要求特别是视察广西“4·27”重要讲话精神，完整、准确、全面贯彻新发展理念，全面推动高质量发展，这是党代会报告的主题主线和立意，也是各位党代表和全区广大党员干部义不容辞的责任。我们要把增强“四个意识”、坚定“四个自信”、做到“两个维护”作为最高政治原则，落实中央要求，立足广西实际，传承行之有效的好经验好做法，求真务实、开拓进取，进一步完善我区今后五年乃至更长一个时期经济社会发展的目标体系和任务举措，进一步激发全区广大党员干部和各族人民干事创业的热情，凝心聚力建设新时代中国特色社会主义壮美广西。

讨论中，刘宁充分肯定了南宁、钦州这些年的发展变化，希望两地牢记习近平总书记殷切嘱托，立足新发展阶段，贯彻新发展理念，融入新发展格局，结合自身特点，落实好党中央和自治区党委的决策部署，正确处理速度与质量的辩证关系，奋力实现高质量发展，为“广西生态优势金不换”增光添彩。南宁要充分发挥首府优势，深入实施强首府战略，加强生态文明建设，加大开放发展力度，扩大“南宁渠道”影响力，大力提升对全区的辐射带动水平。钦州要激发海纳百川、向海图强的开放情怀，发扬百舸争流、搏击风浪的拼搏精神，培育壮大市场主体，加快产业转型升级，做大做强向海经济。

深入南宁市青秀区伶俐工业园区人大代表联络站参加民情沟通会

12月29日，自治区党委书记刘宁以人大代表身份来到南宁市青秀区伶俐工业园区人大代表联络站，开展“混合编组、多级联动、履职为民”活动。

进站后，刘宁与所联系的基层人大代表会面交流，了解联

络站标准化建设情况。刘宁认真听取发言，点评了有关部门负责同志现场解决问题、积极回应关切的情况，并要求结合实际抓好落实。

“五级人大代表在同一平台交流履职、服务基层，形式新、效果好。”刘宁说，代表讲话直截了当、言简意赅，提的建议都是“干货”，接地气、有分量，很好地发挥了党和人民心心相连的桥梁纽带作用。相信经过大家的共同努力，青秀区城乡人居环境、人民生活品质将会得到更大提升，也有利于守护好良好生态环境这个最普惠的民生福祉。

刘宁表示，党的十八大以来，习近平总书记就坚持和完善人民代表大会制度作出一系列重要论述，强调“要充分发挥人大代表作用，做到民有所呼、我有所应”，为进一步加强和改进新时代人大工作提供了根本遵循。全区各级人大代表要深刻认识、深刻领悟“两个确立”的决定性意义，增强“四个意识”、坚定“四个自信”、做到“两个维护”，深入学习贯彻习近平总书记关于坚持和完善人民代表大会制度的重要思想，始终坚持人民至上，坚持人民当家作主，实现好、维护好、发展好最广大人民根本利益。要当好党的政策“宣传员”，带头学习宣传贯彻党的十九大和十九届历次全会精神、自治区第十二次党代会和自治区党委十二届二次全会暨经济工作会议精神，深入宣传宣讲中央的重大方针政策和自治区的决策部署，引导广大干部群众感党恩、听党话、跟党走。要当好党和群众的“联络员”和政风行风“监督员”，面对面倾听群众心声，了解群众所思所忧所盼，把社情民意反映给党委、政府，并抓好督促落实，推动各项政策举措更加符合人民意愿、保障人民权益。要当好人民群众的“服务员”，牢记民生无小事，及时为群众解疑答惑，通过依法履职推动解决群众“急难愁盼”问题，不断增强人民群众的获得感、幸福感、安全感，凝心聚力建设新时代中国特色社会主义壮美广西。

蓝天立

深入南宁市上林、马山两县实地检查校园安全工作就全面推进乡村振兴等进行调研

5月11日，自治区主席蓝天立深入南宁市上林、马山两县，实地检查校园安全工作，就全面推进乡村振兴等进行调研。他强调，要深入学习贯彻习近平总书记视察广西时的重要讲话和重要指示精神，按照自治区部署要求，树牢安全发展理念，落实落细校园安全防范措施，坚决筑牢校园安全防线，切实守护好每一个孩子的生命安全和身体健康；各地要立足特色资源，因地制宜发展特色产业，做好巩固拓展脱贫攻坚成果同乡村振兴有效衔接各项工作，在新起点上谱写乡村振兴新篇章。

2021年4月，北流市新丰镇民办健乐幼儿园发生持刀伤人案件，蓝天立对此高度重视，多次研究部署加强全区校园及社会少年儿童安全防护工作。在上林县和马山县，每到一所学校，蓝天立都首先走进校园安保门卫处，仔细察看学校安全保卫设施配备，认真检查校园安全防范措施落实情况。在上林县周利幼儿园、博文幼儿园和马山县古零镇中心幼儿园，蓝天立认真察看校园视频监控系统、“一键式”报警系统、校车运行管理等。看着幼儿园里一群群天真无邪的孩子正在老师们的带领下嬉戏玩耍，蓝天立深有感触地说：“一个孩子的背后就是一个家庭，幼儿园要坚决把守护好孩子们的安全放在第一位，全面加强安保措施、门卫值守和校园巡查警戒等工作，严格执行幼儿入园、离园交接制度，严防无关人员进入校园，做到让每一个孩子都安全健康成长。”

校园安全不仅关乎未成年人身心健康，更关乎千家万户的幸福。调研中，蓝天立来到上林县西燕镇江卢小学、明亮二中和马山县古零镇初级中学、白山镇民族村民族小学，详细了解各学校日常安保、校园封闭化管理和视频监控系统等情况。“校园安全无小事，责任重如山。”蓝天立强调，各地各部门要充分认识做好校园安全工作的特殊性、重要性，深刻吸取教训，以对人民、对孩子高度负责的态度，切实加大安保投入，认真查找管理漏洞，加强安全防范，同时举一反三，强化安全管理，有效化解风险，为师生营造平安稳定、和谐优美的学习和工作环境。

打赢脱贫攻坚战后，当前，“三农”工作重心已经转向全面推进乡村振兴。上林县西燕镇北林村拉敢庄立足自身资源，做大做强蛋鸡、黑皮冬瓜、山水牛等特色产业，于2018年实现整村脱贫之后，在帮扶单位支持下正大力实施精品示范村屯建设，群众自发开展“三清三拆”，并按照统一规划打造高品质农家乐和民宿，如今的拉敢庄，山清水秀、村美民富，实现了旧貌换新颜。蓝天立详细了解村庄规划、村集体和村民收入，对当地实施精品示范村屯建设成效给予肯定。作为全国首个攀岩特色体育小镇，马山县古零镇依托地形优势，着力打造以攀岩运动为核心，集运动娱乐、旅游体验、休闲度假等为一体的体育旅游业态，不仅带动周边4个村实现整村脱贫，还增加了当地村民收入。蓝天立认真了解小镇总体规划，鼓励当地做足“山”的文章，促进群众增收致富和村级集体经济壮大。调研中，蓝天立强调，全面推进乡村振兴是“三农”工作重心的历史性转移，各地要坚决贯彻落实习近平总书记对乡村振兴的重要指示精神，扎实推进巩固拓展脱贫攻坚成果同乡村振兴有效衔接，立足特色资源，做实乡村特色产业，贯通产加销，融合农文旅，不断丰富广西乡村经济业态，进一步拓展农民增收渠道和空间，全面塑造乡村“形、实、魂”，努力在新起点上谱写乡村振兴新篇章。

到南宁市调研强首府战略实施情况主持召开深入实施强首府战略座谈会

6月30日，自治区主席蓝天立到南宁市调研强首府战略实施情况，主持召开深入实施强首府战略座谈会。他强调，要深入学习贯彻自治区党委十一届十次全体（扩大）会议精神，认真落实自治区党委、自治区政府实施强首府战略的决策部署，拿出更大决心和更硬措施推动强首府战略深入实施，做到在贯彻新发展理念上作示范、在高质量发展上走在前、在构建新发展格局上勇担当，奋力闯出首府高质量发展新路子。

强首府首先强产业，强产业关键在项目支撑。蓝天立分别来到六景工业园、伶俐工业园，了解瑞声科技精密制造项目建

设进展，听取南宁电子信息和新能源汽车产业发展汇报，考察南宁市国土空间总体规划、综合交通规划，希望南宁市在优化营商环境上下更大功夫，用好开放平台，围绕电子信息、新能源汽车、高端装备制造等产业，努力吸引更多项目落地。

“强枢纽”是落实强首府战略的重要一环。调研中，蓝天立来到南宁港六景作业区，了解南宁港“江铁海”联运情况，详细询问作业区货源、效率、运价等，要求尽快解决进港公路“最后一公里”问题，提高作业区“公转水、公转铁、水转水”效率，更好服务西部陆海新通道建设。

会上，蓝天立听取南宁市、强首府战略指挥部办公室有关汇报，组织与会相关部门和企业协调解决强首府战略实施面临的困难问题。“首府南宁作为广西首善之区，在建设新时代中国特色社会主义壮美广西全局中的战略地位十分重要。”蓝天立指出，全区上下要充分认识新阶段、新形势下深入实施强首府战略的重大意义和面临的重大机遇，把强首府战略摆在更加突出位置，坚定信心决心，加强顶层设计，优化资源配置，调动各方力量，采取更有力措施推动强首府战略深入实施，真正做到在贯彻新发展理念上作示范、在高质量发展上走在前、在构建新发展格局上勇担当。

蓝天立希望南宁市深入学习贯彻习近平总书记视察广西时的重要讲话和重要指示精神，突出重点，合力聚焦，扬优势、补短板、强弱项，切实挺起工业这个实体经济主脊梁，激发创新这个第一动力，把独特区位优势和开放优势转化为发展优势，打造全面绿色转型的“中国绿城”升级版，奋力闯出首府高质量发展新路子。一要聚焦工业振兴，瞄准中高端发力，狠抓增量项目建设和存量结构调整，推动全产业链优化升级和传统产业高端化智能化，积极培育新兴产业，进一步优化工业布局，千方百计加大工业投资，同时注重“扬三”“优一”，大力发展交通物流和加工集聚区，促进三次产业相得益彰、协调发展。二要着力产创融合，把“前端聚焦、中间协同、后端转化”的思路抓实抓细抓到位，锁定重点目标，深化创新合作，推动成果转化和产业化，充分发挥科技创新引领带动作用。三要优化交通布局，提高物流效率，打造物流园区，形成价值链产业链，大力发展多式联运，全力建好南宁临空经济示范区，加快打造国内国际双循环重要节点枢纽。四要促进产城融合，推动产业发展和城市功能提升互相协调，打造“中国绿城”升级版，努力在生产生活方式全面绿色转型上走在全区前列、争创全国示范。

蓝天立强调，自治区党委、政府高度重视强首府战略的实施，专门成立了强首府战略指挥部，统筹协调推进强首府战略各项工作。各级各相关部门和南宁市要压实压紧责任，强化系统思维，完善工作机制，“一盘棋”统筹推进强首府工作，以优良作风推动强首府战略实施提速争先，确保自治区党委、政府决策部署落地见效。

深入百色市、南宁市调研

8月16—18日，自治区主席蓝天立深入百色市那坡县、靖西市、德保县、田东县和南宁市隆安县，针对疫情防控、产业发展、电力供应保障、乡村振兴和基层党建等工作开展调研，强调要持续深入贯彻落实习近平总书记“七一”重要讲话精神、视察广西时的重要讲话和重要指示精神，按照全区年中工作会议部署要求，统筹推进疫情防控和经济社会发展工作，继续以提速争先的劲头打好“七场硬仗”，努力实现全年目标任务。

在隆安县，蓝天立步入广西金福农业有限公司火龙果基地，详细询问水果产销、运营管理等情况。蓝天立强调，全面推进乡村振兴，产业兴旺是关键，要立足我区林果蔬畜糖等特色资源，在全力保障粮食生产安全的同时，充分挖掘经济作物增长潜力，打造一批特色农业产业集群；要进一步延伸农业产业链条，推动一产“接二连三”，培育更多叫得响的“桂”系品牌，让农民分享到更多产业增值收益。

在隆安县震东社区党群服务中心，蓝天立与社区党员亲切交流，了解社区党支部发挥基层党组织作用、积极服务易地搬迁群众等情况，强调要以基层党建为引领，进一步健全基层治理体系，强化社区服务管理；大力开发就业岗位，落实就业帮扶政策，因地制宜发展特色产业，促进群众就近就地就业，为脱贫地区接续发展和加快推进乡村振兴夯实基础。

蓝天立还分别考察了德保矮马王国项目、田东县温州商贸城龙兴鞋业有限公司、百色百矿发电有限公司田东电厂以及位于隆安县的南宁市三礼电子有限公司。他强调，“十四五”时期，我区要实现“加快发展、转型升级、全面提质”目标，必须进一步狠抓大项目、发展新产业、壮大新动能。要加快产业转型升级，推动铝、锰、糖等传统产业补链延链强链，大力发展中高端产品，加快建设现代产业体系；要立足特色资源，丰富产业业态，探索推进田园综合体、旅游康养、乡村度假等新业态，推动农文旅融合发展和乡村全面振兴；要主动服务企业，落实各类惠企政策，做好电力统筹调度，切实保障企业正常生产运营和居民生活用电需求。

孙大伟

到南宁市走访调研部分政协委员企业和政协联系服务企业并主持召开调研座谈会

7月6日，自治区政协主席、党组书记孙大伟在南宁市走访调研部分政协委员企业和政协联系服务企业，并主持召开调研座谈会，深入学习领会和贯彻落实习近平总书记“七一”重要讲话精神，庆祝中国共产党的百年华诞，讴歌党的辉煌成就，进一步激励全区广大政协委员紧密团结在以习近平同志为核心的中共中央周围，为建设新时代中国特色社会主义壮美广西努力奋斗。

孙大伟先后走访调研广西华控投资集团、广西南亚电器有限公司、南宁合众新能源汽车项目、广西建工集团智慧制造项目，详细了解企业经营情况、市场发展前景及面临的问题困难，围绕行业发展现状和企业转型升级等方面进行交流探讨，就如何更好地服务企业发展，如何做好政协工作认真听取委员和企业家的意见建议。

座谈会上，孙大伟指出，要深刻领悟、准确把握习近平总书记“七一”重要讲话的核心要义和精神实质，更加坚定信仰信念信心，更加自觉地把思想和行动统一到党中央和自治区党委的决策部署上来，坚定不移感党恩、听党话、跟党走；要滋养初心、引领使命，迅速兴起学习贯彻“七一”重要讲话精神的热潮，推动重要讲话精神入心入脑、见行见效，不断增强政治判断力、政治领悟力、政治执行力，切实干出新时代人民政协的新业绩；要以史为鉴、开创未来，从百年党史中汲取智慧和力量，不断转化为加强和改进人民政协工作的强大动力，全面提升履职能力和水平，做党的政策宣传者、群众利益维护者、社会和谐促进者，为加快建设新时代中国特色社会主义壮美广西贡献政协智慧和力量。

重要决策

党代表大会

弘扬伟大建党精神
全面落实强首府战略
勇当建设新时代中国特色社会主义
壮美广西排头兵

——中国共产党南宁市第十三次代表大会隆重开幕

8月29日，中国共产党南宁市第十三次代表大会在南宁人民会堂隆重开幕。

王小东代表中国共产党南宁市第十二届委员会向大会作了题为《弘扬伟大建党精神，全面落实强首府战略，勇当建设新时代中国特色社会主义壮美广西排头兵》的报告。王小东强调，中国共产党南宁市第十三次代表大会，是在隆重庆祝我们党成立100周年、开启全面建设社会主义现代化国家新征程的重大历史时刻，在南宁市"十四五"开局起步、全面落实强首府战略、开创高质量发展新局面的关键时期，召开的一次十分重要的大会。大会的主题是：高举中国特色社会主义伟大旗帜，坚持以习近平新时代中国特色社会主义思想为指导，弘扬伟大建党精神，牢记嘱托、感恩奋进，全面落实强首府战略，加快推动高质量发展，勇当建设新时代中国特色社会主义壮美广西排头兵，奋力为全面建成社会主义现代化强国作出南宁贡献。

孙大光主持大会。大会应到代表490名，实到代表483名，符合规定人数。

上午9时，会议开始。全场起立，高唱《中华人民共和国国歌》。

王小东向大会作报告。报告共分五个部分：一、顽强拼搏、攻坚克难，如期实现与全国同步全面建成小康社会宏伟目标；二、牢记嘱托、感恩奋进，坚定不移沿着习近平总书记指引的方向阔步前行；三、锐意进取、勇担使命，奋力谱写新时代壮乡首府经济社会发展绚丽篇章；四、锚定目标、精准施策，大力实施"六个全面提质"推动高质量发展闯出新路；五、毫不动摇、一以贯之，持之以恒推动首府全面从严治党不断向纵深发展。

王小东在报告中指出，市第十二次党代会以来的五年，是南宁发展历史上具有里程碑意义的五年。五年来，面对错综复杂的国际形势、艰巨繁重的国内改革发展稳定任务特别是突如其来的新冠肺炎疫情，市委团结带领全市各族人民解放思想、改革创新、扩大开放、担当实干，打好打赢"三大攻坚战"，扎实推进"六大升级"工程，全面落实强首府战略，推动经济社会高质量发展，实现"十三五"规划胜利收官，与全国同步全面建成小康社会，"十四五"规划开局顺利，为开启社会主义现代化建设新征程奠定了坚实基础。这五年，我们坚持以习近平新时代中国特色社会主义思想为指导，推动党的创新理论在壮乡首府落地生根结出硕果；尽锐出战精准发力，脱贫攻坚取得全面胜利；聚力产业加快转型，经济综合实力显著增强；深化改革强化创新，发展动力活力持续迸发；扩大开放厚植优势，"南宁渠道"作用更加凸显；突出治水建城为民，生态宜居品质巩固提升；以民为本发展惠民，民生保障水平大幅提高；科学防治精准施策，疫情防控成果持续巩固；总揽全局协调各方，民主法治建设步伐加快；坚持从严管党治党，党的建设得到全面加强。

回顾五年奋斗之路，王小东强调，艰难方显勇毅，磨砺始得玉成。五年来，我们克服了外部复杂形势带来的不利影响，顶住了经济下行的压力，纾解了新旧动能转换的阵痛，啃下了脱贫攻坚的硬骨头，经受了新冠肺炎疫情防控的大考，守住了不发生重大风险的底线，解决了一批难事，办成了一批实事，干成了一批大事。

过去的五年，是南宁全面从严治党，政治生态持续向好的重要时期；是加快转型升级，综合实力大幅跃升的重要时期；是强化创新引领，发展质量大幅提升的重要时期；是深化改革开放，内生动力大幅增强的重要时期；是推动绿色发展，宜居水平大幅提高的重要时期；是坚持为民惠民，民生福祉大幅增进的重要时期。之所以能够取得这样的辉煌成就，归根到底，在于有习近平新时代中国特色社会主义思想的科学指引，在于有习近平总书记的关心关怀和精准指导，这是我们战胜前进道路上一切艰难险阻、一切风险挑战的信心所在、勇气所在、底气所在。

优异成绩来之不易，这是党中央和自治区党委坚强领导的结果，是历届班子打下坚实基础和老同志关心支持的结果，是全市广大党员干部群众共同奋斗的结果，也离不开驻邕单位、解放军和武警部队官兵的大力支持，离不开各民主党派、工商联、无党派人士和海内外各界人士的积极参与。办好南宁的事情、开创美好未来，必须加强党的领导，坚定正确政治方向；必须保持战略定力，一张蓝图干到底；必须遵循发展规律，创造发挥比较优势；必须坚持人民至上，情系人民造福于民；必须强化责任担当，真抓实干善作善成。

王小东强调，伟大时代始终离不开伟大思想的引领。我们要全面、系统、准确领会习近平新时代中国特色社会主义思想，坚持用以武装头脑、指导实践、推动工作，不断增强践行"两个维护"的思想自觉政治自觉行动自觉，始终保持政治定力、战略定力，凝心聚力、攻坚克难，全力以赴推动南宁高质量发展迈上新台阶。要深刻领会习近平总书记"七一"重要讲话精神，从党的百年光辉历程中汲取奋进新征程的智慧和力量，深入贯彻落实党中央、自治区党委的决策部署，准确把握南宁在新征程中的历史方位、时代特征、前进方向，努力向历史和人民交出合格的南宁答卷。要准确把握习近平总书记对广西工作系列重要指示精神，自觉把习近平总书记的殷切期望转化为奋勇前行的磅礴伟力，自觉把习近平总书记的关心关怀转化为推动发展、造福人民的责任担当，主动把首府工作放到全国全区大局中思考谋划，加快发展、转型升级、全面提质，为建设新时代中国特色社会主义壮美广西作出南宁新的更大贡献。要始终牢记习近平总书记对南宁的殷殷嘱托，以实干实绩实效回报习近平总书记的关怀厚爱，胸怀"两个大局"，心系"国之大者"，坚持系统观念，紧紧围绕强首府战略目标要求，突出资源要素集聚、开放平台提升、营商环境优化、城乡融合发展四个关键支撑，持续推动"强工业、强创新、强金融、强枢纽、强开放、强治理"六个重点举措，以抓铁有痕的力度狠抓工作落实，以优异成绩回报习近平总书记的厚望和重托。

王小东指出，未来五年，是我国乘势而上开启全面建设社会主义现代化国家新征程、向第二个百年奋斗目标进军的第一个五年，是广西开启建设新时代中国特色社会主义壮美广西新征程的重要时期，也是南宁市全面落实强首府战略的关键时期。我们必须高举中国特色社会主义伟大旗帜，坚持以习近平新时代中国特色社会主义思想为指导，全面贯彻党的十九大和十九届二中、三中、四中、五中全会精神，统筹推进“五位一体”总体布局，协调推进“四个全面”战略布局，深入贯彻习近平总书记“七一”重要讲话和对广西工作系列重要指示精神，紧紧围绕建设新时代中国特色社会主义壮美广西总目标，弘扬伟大建党精神，坚持稳中求进工作总基调，以推动高质量发展为主题，以深化供给侧结构性改革为主线，以改革创新为根本动力，以满足人民日益增长的美好生活需要为根本目的，统筹发展和安全，准确把握新发展阶段、抢抓用好新发展机遇、深入贯彻新发展理念、加快融入新发展格局，全面落实强首府战略，大力推进产业发展、改革创新、南宁渠道、乡村振兴、中国绿城、民生保障“六个全面提质”，加快打造引领全区高质量发展的核心增长极，推动党的建设和各项事业发展再上新台阶，勇当贯彻四个方面重要工作要求的先行者，勇当落实“四个新”总要求的领头雁，勇当建设新时代中国特色社会主义壮美广西的排头兵，奋力在全国发展大局中实现赶超跨越，为全面建成社会主义现代化强国作出南宁贡献。

未来五年，全市工作的奋斗目标是：综合实力显著增强，城市功能更加完善，生态环境质量持续改善，城市集聚力、承载力和辐射力不断增强，面向东盟开放合作的区域性国际大都市、“一带一路”有机衔接的重要门户枢纽城市、北部湾城市群与粤港澳大湾区融合发展的核心城市、具有浓郁壮乡特色和亚热带风情的生态宜居城市建设迈出坚实步伐。经济发展实现新跨越，改革创新激发新活力，“南宁渠道”拓展新空间，乡村振兴绘就新画卷，绿城品质彰显新魅力，民生福祉达到新水平。

过往可鉴，当下可为，未来可期。面对新形势新任务新挑战，全市广大党员干部既要有处变不惊的平常心，也要有只争朝夕的紧迫感，更要有务实作为的真担当，坚持把发展的方向、工作的重点和主观的努力有机结合起来，准确识变、科学应变、主动求变，充分创造和发挥比较优势，凝心聚力谱写首府南宁高质量发展新篇章。

王小东强调，未来五年，我们要全面落实强首府战略，着力实施“六个全面提质”，持续增强城市发展能级，在引领全区高质量发展中发挥好龙头带动作用。

一是推进产业发展全面提质，在构建现代产业体系上迈出更快步伐。坚持“强二扬三优一”，持续做好产业发展、园区建设、企业培育三篇文章，大力推动工业振兴，加快发展现代服务业，着力拓展产业发展新空间，积极扩大有效投资，大力提升首府经济质量效益和核心竞争力，奋力跑出产业发展“加速度”。

二是推进改革创新全面提质，在激发发展动力活力上取得更大突破。深化重点领域和关键环节改革，推动资源要素高效配置，推进高水平科技创新，加快南宁·中关村升级发展，打造国内一流营商环境。

三是推进“南宁渠道”全面提质，在服务融入新发展格局上展现更大作为。积极服务和融入新发展格局，提升互联互通水平，做实开放合作平台，深化区域交流合作，打造区域性综合交通枢纽，建设区域性国际消费中心城市，把南宁打造成为中国企业走向东盟市场和东盟企业进入中国大陆的产业投资聚集地、贸易往来结算地、科技创新支撑地、生活服务保障地，加快打造成为国内国际双循环重要节点枢纽城市。

四是推进乡村振兴全面提质，在加快农业农村现代化上彰显更多特色。大力弘扬伟大脱贫攻坚精神，实现巩固拓展脱贫攻坚成果同乡村振兴有效衔接，加快推动乡村产业振兴，大力实施乡村建设行动，积极培育文明乡风，持续深化农业农村改革，促进农业高质高效、乡村宜居宜业、农民富裕富足。

五是推进“中国绿城”全面提质，在建设生态宜居城市上形成更强优势。坚持治水建城为民，打造南宁大都市区，提高城市承载能力，加快推进以人为核心的新型城镇化，巩固提升生态环境优势，以碳达峰碳中和推动绿色转型，让“中国绿城”享誉世界。

六是推进民生保障全面提质，在提升人民生活品质上达到更高水平。践行以人民为中心的发展思想，建设高质量社会保障体系，促进教育卫生优质均衡发展，推动文化体育繁荣发展，打造社会治理现代化示范城市，弘扬伟大抗疫精神，坚决捍卫来之不易的疫情防控成果，让人民群众获得感成色更足、幸福感更可持续、安全感更有保障。

王小东强调，实现奋斗目标，关键在党，要认真贯彻落实新时代党的建设总要求和新时代党的组织路线，坚持和加强党的全面领导，为推动南宁高质量发展提供坚强政治保证。要旗帜鲜明加强党的政治建设，引导党员干部不断提高政治判断力、政治领悟力、政治执行力，增强“四个意识”、坚定“四个自信”、做到“两个维护”。要坚定维护意识形态领域安全，筑牢守稳各类意识形态阵地，巩固壮大主流思想舆论，培育对外交流文化品牌，讲好中国故事南宁篇章。要着力打造堪当重任干部队伍，深化和完善从项目建设、改革创新、乡村振兴、维护稳定“四个一线”选人用人机制。要持续推动基层党建提质聚力，深入推进抓党建促乡村振兴，深化城市基层党建示范市建设。要一刻不停推进正风肃纪反腐，持续深化“书记引航担使命”主题活动，全力维护首府风清气正的政治生态。要充分发挥党总揽全局、协调各方的领导核心作用，凝聚起加快推动南宁高质量发展的强大力量。全市党员干部要自觉践行“四为”理念，坚持定了就干、干就干成、干就干好，以钉钉子精神，把市委部署的各项工作抓细抓实、抓出成效，努力为党和人民争取更大光荣。

王小东最后说，蓝图已绘就，奋进正当时。让我们更加紧密地团结在以习近平同志为核心的党中央周围，高举中国特色社会主义伟大旗帜，坚持以习近平新时代中国特色社会主义思想为指导，解放思想、改革创新、扩大开放、担当实干，永葆初心使命、忠诚履职尽责，真抓实干、善作善成、造福于民，全面落实强首府战略，加快打造引领全区高质量发展核心增长极，勇当贯彻四个方面重要工作要求的先行者，勇当落实“四个新”总要求的领头雁，勇当建设新时代中国特色社会主义壮美广西的排头兵，为全面建成社会主义现代化强国、实现中华民族伟大复兴中国梦作出南宁新的更大贡献！

缪佃江代表中国共产党南宁市第十二届纪律检查委员会作了书面工作报告。

谭向光作了关于南宁市党费收缴、使用和管理情况的书面报告。

自治区党委派出换届风气督导组有关同志莅会指导。不是市第十三次党代会代表的第十二届市委常委杨鸿、王群等市委委员、候补委员和市纪委委员，市直部分部委办局党组（党委）主要领导以及市各民主党派负责人、无党派代表人士等以电视电话会议形式列席大会。

党代表会议

中国共产党南宁市代表会议

11月16日，中国共产党南宁市代表会议在南宁人民会堂召开，选举产生了68名南宁市出席中国共产党广西壮族自治区第十二次代表大会代表，动员号召全市共产党员和各族干部群众认真学习贯彻党的十九届六中全会精神，深入贯彻落实市第十三次党代会精神，以饱满的热情迎接自治区第十二次党代表大会的胜利召开。自治区党委常委、市委书记王小东在会上讲话，对当选的自治区第十二次党代表大会代表提出殷切期望。

会议由市委常委会主持。王小东、孙大光、杨维超、朱会东、严丽萍、谭向光、缪佃江、黄宁、邓亚平、刘胜友、茹雷在主席台就座。

本次大会应到代表490名，实际到会479名，符合规定人数。

受市委常委会委托，市委常委、组织部部长谭向光宣读了自治区党委组织部有关文件，并作《关于南宁市出席自治区第十二次党代表大会代表候选人预备人选产生情况的报告》。各代表团就会议相关事宜进行了酝酿讨论。

南宁市出席自治区第十二次党代表大会代表候选人预备人选从推荐提名到最后确定，严格按照《中国共产党章程》《中国共产党地方组织选举工作条例》规定的程序和自治区党委有关要求进行。

会议通过了大会选举办法，通过了总监票人、监票人名单，宣布了计票人名单。经过无记名投票，选举产生南宁市出席自治区第十二次党代表大会代表68名，在报经自治区党委批准同意后，他们将代表全市29万多名共产党员出席自治区第十二次党代表大会。选举结果公布时，会场响起了热烈的掌声。

在圆满完成会议选举任务后，王小东发表了讲话。他说，自治区第十二次党代表大会是全区各族人民政治生活中的一件大事。这次市党代表会议圆满完成了预定任务，选举产生的南宁市出席自治区第十二次党代表大会代表具有坚定的政治立场，各方面综合素质扎实过硬，是南宁市党员队伍中的优秀分子和杰出代表，肩负着广大党员和干部群众的重托，承载着人民的期望，履行着神圣的职责，责任重大、使命光荣。

王小东对当选的同志及与会代表提出希望与要求。他强调，刚刚胜利闭幕的党的十九届六中全会，是在我们党成立100周年之际，党领导人民实现第一个百年奋斗目标、向着实现第二个百年奋斗目标迈进的重大历史关头召开的一次十分重要的会议。我们要把学习宣传贯彻党的十九届六中全会精神作为当前和今后一个时期的重大政治任务，深刻认识党的十九届六中全会的重大政治意义、理论意义、实践意义、历史意义，全面把握党百年奋斗的伟大成就、伟大意义和伟大经验，深刻领会习近平新时代中国特色社会主义思想的真理伟力，进一步增强“四个意识”、坚定“四个自信”、做到“两个维护”，不断提高政治判断力、政治领悟力、政治执行力，自觉在思想上政治上行动上同以习近平同志为核心的党中央保持高度一致。要履职尽责担使命，切实增强代表意识，加强理论武装，提高履职能力，积极宣传党的路线方针政策，聚焦重点工作发挥先锋模范作用，围绕中心大局建言献策，自觉贯彻党的群众路线，进一步展现担当作为新形象。要强化约束守纪律，坚决落实全面从严治党要求，严格遵守党的政治纪律和组织人事纪律，自觉抵制各种歪风邪气，严守会风会纪。要凝心聚力促发展，按照市第十三次党代会明确的目标任务，团结引领全市广大干部群众努力把宏伟蓝图变成美好现实。

王小东最后强调，让我们更加紧密地团结在以习近平同志为核心的党中央周围，坚持以习近平新时代中国特色社会主义思想为指导，认真学习贯彻党的十九届六中全会精神，深入贯彻落实习近平总书记“七一”重要讲话精神和对广西工作系列重要指示精神，按照党中央和自治区党委决策部署，真抓实干、善作善成、造福于民，全面落实强首府战略，勇当建设新时代中国特色社会主义壮美广西排头兵，以优异成绩迎接自治区第十二次党代表大会胜利召开！

市委常委会会议

召开2021年全市经济工作务虚会

1月5日，市委召开常委会会议暨2021年全市经济工作务虚会，学习贯彻中央经济工作会议、全区经济工作会议精神，分析研究南宁市经济形势，谋划2021年经济工作。自治区党委常委、市委书记王小东主持会议并讲话。

会议指出，中央经济工作会议科学把握发展大势，深入分析当前经济形势，着眼确保“十四五”开好局，明确提出了2021年经济工作的总体要求和政策取向，为做好全年经济工作指明了前进方向、提供了重要遵循。全区经济工作会议，创造性地将中央经济工作会议精神与广西的实际有效结合起来，全面总结2020年全区工作，研究部署2021年的工作，具有重要指导意义。全市上下要切实把思想和行动统一到以习近平同志为核心的党中央的重大判断上来，深刻把握在严峻挑战下做好经济工作的规律性认识，进一步增强工作责任感和紧迫感，保持工作定力，创新开展工作，推动中央和自治区的决策部署落细落实。

会议指出，我们在极不平凡之年交出了合格答卷，有条件有底气持续加快推动高质量发展。2020年我们坚持以习近平新时代中国特色社会主义思想为指导，顽强拼搏、共克时艰，扎实推进“六稳”工作，全面落实“六保”任务，疫情防控科学精准，脱贫攻坚任务全面完成，项目建设硕果累累，改革开放亮点纷呈，民生福祉持续增进，夺取疫情防控和经济社会发展的“双胜利”，强首府战略实现良好开局，“十三五”胜利收官，决胜全面建成小康社会取得了历史性成就。

会议强调，要准确把握大局大势，抢抓用好新发展机遇。2021年是中国共产党成立100周年，是开启全面建设社会主义现代化国家新征程第一年，是“十四五”开局之年，做好经济工作意义重大。实现全年经济增长目标，既要有处变不惊的平常心，也要有只争朝夕的紧迫感，更要有务实作为的真担当，努力在危机中育先机，于变局中开新局。

会议指出，科学分析当前形势、准确判断未来走势，创造和发挥比较优势，是我们做好全年工作的基本前提。当前，新冠肺炎疫情仍在全球肆虐，经济形势依然复杂严峻，不稳定性不确定性明显增加，南宁市仍处在转型升级、爬坡过坎的关键时期。综合来说，南宁市发展仍然处于重要战略机遇期，但面临的机遇和挑战都有新的发展变化，机遇大于挑战，有利条件胜过不利因素。我们要站在“两个大局”的高度来认识和把握这些新的发展变化，科学研判“时”与“势”，辩证把握“危”与“机”，把发展的方向、工作的重点和主观的努力有机结合起来，保持战略定力，把握发展规律，办好自己的事。

会议强调，要紧盯重点扭住关键，全面落实强首府战略，聚焦“六强”持续发力，以“起步就要提速、开局就要争先”的奋斗姿态，跑出高质量发展加速度，全力推动“十四五”发展开好局起好步。要以更大力度推动产业转型升级，加大力度推进一批重大项目开工、建设、竣工投产，加快构建“粤港澳大湾区—南宁—东盟”跨国跨境产业链供应链，强化要素保障，建好创新平台，推动工业提速发展；加快建设金融开放门户南宁核心区，促进枢纽经济发展，推进中国—东盟数字经济产业园建设，强化电商平台、区域商贸零售总部等领域招商，加快大健康产业发展，推动服务业提质升级；毫不放松抓好粮食生产，加快恢复生猪产能，持续加大品牌培育力度，深挖农业发展潜力。要以高水平开放融入新发展格局，充分发挥“南宁渠道”作用，进一步加快一系列国家战略平台建设，充分挖掘消费潜力，积极扩大有效投资，形成需求牵引供给、供给创造需求的更高水平动态平衡，持续优化营商环境，增强企业投资发展的预期和信心。要以人民为中心抓牢民生保障，推动巩固拓展脱贫攻坚成果与乡村振兴有效衔接，加快推进农业农村现代化，扎实做好教育、医疗卫生、就业、社会保障、安全稳定、生态环保等民生工作。要以严实作风狠抓工作落实，积极倡导在实干中比担当、在发展中比实绩，持续加大从“四个一线”选用干部的力度，落实容错纠错机制，坚决整治“昏庸懒散拖”干部，坚决整治形式主义、官僚主义，切实为基层松绑减负，让基层干部有更多时间和精力抓落实，推动广大党员干部真抓实干、善作善成、造福于民，以优异成绩庆祝建党100周年。

听取市五家党组工作汇报

1月12日，市委常委会召开会议，听取市人大常委会党组、政府党组、政协党组、中级人民法院党组、检察院党组工作汇报。自治区党委常委、市委书记王小东主持会议并讲话。

会议指出，过去一年，市五家党组深入学习贯彻习近平新时代中国特色社会主义思想和习近平总书记对广西工作的重要指示精神，认真履职尽责，积极担当作为，为“十三五”规划圆满收官、与全国同步全面建成小康社会作出了重要贡献。面对新形势新要求，五家党组要始终坚持党的全面领导，深入学习贯彻党的十九届五中全会精神，进一步增强“四个意识”、坚定“四个自信”、做到“两个维护”，善于从政治上认识问题、推动工作，不断提高政治判断力、政治领悟力、政治执行力，始终在思想上政治上行动上同以习近平同志为核心的党中央保持高度一致，不折不扣推动党中央、自治区党委和市委的决策部署落细落实、终端见效。

会议强调，2021年是中国共产党成立100周年，是开启全面建设社会主义现代化新征程的第一年，也是全面落实强首府战略、加快打造引领全区高质量发展核心增长极的关键之年，做好今年工作意义重大。五家党组要胸怀中华民族伟大复兴战略全局和世界百年未有之大变局，善于观大势、谋大局、抓大事，把发展的方向、工作的重点和主观的努力有机结合起来，坚持底线思维，保持战略定力，勇于担当作为，增强斗争精神，充分创造和发挥比较优势，围绕中心履职尽责，为全面落实强首府战略、推动“十四五”发展开好局起好步，发挥更大作用、展现更大作为。市人大常委会党组要高标准高质量做好立法工作，增强监督工作的针对性实效性，依法规范做好决定和任免工作，充分发挥人大代表主体作用，在守正创新中不断提高人大工作的质量和水平。市政府党组要进一步强化抓落实意识，继续做好“六稳”“六保”工作，加快产业转型升级，推进高水平开放发展，深入推进法治政府建设，不断增进民生福祉，全力完成经济社会发展各项目标任务。市政协党组要发挥专门协商机构作用，加强思想政治引领、广泛凝聚共识，强化委员责任担当，为首府高质量发展建言献策、凝心聚力。市中级人民法院党组、人民检察院党组要深入学习贯彻习近平法治思想，深化司法体制改革，深入推进扫黑除恶专项斗争，依法打击惩治犯罪，依法平等保护各类市场主体合法权益、营造良好营商环境，为首府经济社会发展提供公正高效的司法服务保障。

会议强调，要始终坚持党要管党，一以贯之推动全面从严治党向纵深发展。要按照新时代党的建设总要求，以党的政治建设为统领，加强理论武装，树牢正确选人用人导向，加大从“四个一线”选用干部的力度，锲而不舍抓好党风廉政建设，进一步激发广大党员干部干事创业的精气神，以优异成绩庆祝中国共产党成立100周年。

研究部署全市党风廉政建设和“三农”工作

1月28日，市委常委会召开会议，学习贯彻习近平总书记在中央政治局第二十六次集体学习、省部级主要领导干部学习贯彻党的十九届五中全会精神专题研讨班上的重要讲话精神，以及十九届中央纪委五次全会、中央农村工作会议和自治区纪委十一届七次全会、全区农村工作会议精神，听取全市党风廉政建设和反腐败工作情况汇报，审议市纪委全会工作报告，研究部署南宁市相关工作。自治区党委常委、市委书记王小东主持会议并讲话。

会议指出，2020年12月，中央政治局就切实做好国家安全工作举行第二十六次集体学习，突出了国家安全在党和国家工作大局中的重要地位，意义重大而深远，习近平总书记发表重要讲话，对总体国家安全观作出全面系统论述，明确提出“十个坚持”的工作要求，是指导新时代国家安全工作的重要文献，为我们做好国家安全工作提供了行动指南和根本遵循。习近平总书记在1月11日省部级主要领导干部学习贯彻党的十九届五中全会精神专题研讨班上的重要讲话，具有丰富的政治内涵、思想内涵、理论内涵、实践内涵，是对党的十九届五中全会精神的又一次集中、深刻、精准、权威的阐释，是一篇马克思主义的光辉文献，对于我们推进社会主义现代化建设具有重大而深远的指导意义。安全是发展的前提，发展是安全的保障。全市各级各部门要切实提高政治站位，把深入学习贯彻习近平总书记重要讲话精神作为重要政治任务，进一步增强“四个意识”、坚定“四个自信”、做到“两个维护”，坚持系统观念，办好发展和安全两件大事，全面落实强首府战略，推动高质量发展和高水平安全良性互动，确保首府社会主义现代化建设顺利推进。

会议强调，要胸怀“两个大局”，准确把握新发展阶段，抢抓用好新发展机遇，深入贯彻新发展理念，加快融入新发展格局，深刻认识首府发展的优势、机遇、目标，把发展的方向、工作的重点和主观的努力有机结合起来，保持战略定力，坚定信心决心，认真贯彻落实市委十二届十一次全体（扩大）会议的部署安排，全力推动首府“十四五”时期高质量发展。要不断推动产业发展、改革开放、乡村振兴、民生保障、社会治理等各项工作取得新成效，持续扩投资、促消费、稳外贸，充分创造和发挥比较优势，加快打造国内大循环的重要节点城市和国内国际双循环的战略链接核心城市，在全区构建“南向、北联、东融、西合”全方位开放发展新格局中发挥好龙头带动作用，推动首府社会主义现代化建设开好局、起好步。要全面贯彻总体国家安全观，坚决维护首府政治安全和社会大局稳定，扎实有效推进各领域安全，一刻不松抓好疫情防控，加强国家安全体系和能力建设，锻造过硬国家安全干部队伍，始终加强党对社会主义现代化建设和国家安全工作的领导，推动各项事业发展沿着正确方向行稳致远。

会议指出，十九届中央纪委五次全会是在开局“十四五”、开启全面建设社会主义现代化国家新征程之际召开的一次重要会议。习近平总书记在会上发表重要讲话，充分肯定过去一年全面从严治党取得新的重大成果，深刻阐述全面从严治党新形势新任务，深刻回答了全面从严治党“如何看”“怎么干”等重大理论和实践问题，是推进全面从严治党向纵深发展的重要遵循。全市各级各部门要认真学习领会、准确理解把握习近平总书记的重要讲话精神，自觉把思想和行动统一到党中央和自治区党委关于全面从严治党的决策部署上来，坚持把党的政治建设摆在首位，不断提高政治判断力、政治领悟力、政治执行力，善于从政治上观察和处理问题，不断把党风廉政建设和反腐败斗争引向深入。要充分发挥全面从严治党引领保障作用，一体推进不敢腐、不能腐、不想腐，督促引导党员干部严守政治纪律和政治规矩，把严的主基调长期坚持下去，持之以恒纠治“四风”，坚决查处金融等重点领域关键岗位重大工程的腐败问题，大力整治政法战线违纪违法问题，持续纠治教育医疗、养老社保、扶贫环保等领域腐败和不正之风，全力维护首府风清气正的政治生态。各级党委（党组）要坚决落实管党治党政治责任，党委（党组）书记要坚决扛起第一责任人责任，各级领导干部要履行好“一岗双责”，各级纪检监察机关要切实履行监督职责，加强自身建设，做到知责于心、担责于身、履责于行。

会议强调，全市各级各部门要深入学习领会习近平总书记在中央农村工作会议上的重要讲话精神，进一步增强做好新发展阶段“三农”工作的责任感和紧迫感，按照中央和自治区的部署要求，结合工作实际，围绕优先发展农业农村，举全市之力全面推进乡村振兴，加快农业农村现代化，推动“十四五”“三农”工作取得新成效、迈上新台阶。要巩固拓展脱贫攻坚成果，做好同乡村振兴有效衔接，严格落实“四个不摘”要求，确保过渡期内各项政策平稳过渡，做好后续帮扶、社保兜底和社会助力，推动易地扶贫搬迁可持续发展，牢牢守住不发生规模性返贫的底线，坚持以乡村振兴统揽新发展阶段“三农”工作，在塑造乡村“形、实、魂”上持续下功夫，筑牢粮食安全这条底线，发展壮大乡村产业，大力推进乡村建设，提升乡村文明水平，深化农业农村改革，让农业成为有奔头的产业，让农民成为体面的职业，让农村成为美丽的家园。要加强党的全面领导，为做好新发展阶段首府“三农”工作提供坚强保证。全市各级党委要扛起政治责任，落实农业农村优先发展的方针，强化四级书记抓乡村振兴责任，树牢“四个一线”选人用人鲜明导向，建设一支政治过硬、本领过硬、作风过硬的乡村振兴干部队伍，持续改进工作作风，坚决纠治形式主义、官僚主义，持续减轻基层负担，让基层心无旁骛谋发展、干实事。

研究部署政法统战工作

2月8日，市委常委会召开会议，学习贯彻习近平总书记对政法工作重要指示精神、中央政法工作会议、全国统战部长会议精神和新修订的《中国共产党统一战线工作条例》，以及平安广西建设工作会议暨全区政法工作会议、全区统战部长会议精神，研究南宁市贯彻落实措施。自治区党委常委、市委书记王小东主持会议并讲话。

会议指出，2020年以来，全市政法机关紧紧围绕中心、服务大局，全力以赴战疫情、防风险、保平安、护稳定、促发展，实现了“大事不出、中事不出、敏感时期小事也不出”，为全面落实强首府战略营造了安全稳定的政治社会环境。针对新情况新要求，全市各级各部门特别是政法机关要提高政治站位，自觉用习近平总书记重要指示精神统一思想、指导工作，不断提升政治判断力、政治领悟力、政治执行力，增强“四个意识”、坚定“四个自信”、做到“两个维护”，坚决把党的绝对领导、全面领导贯彻到政法工作各方面全过程，按照党中央、自治区党委部署要求，全力推进法治南宁、平安南宁建设，不断开创新时代政法事业新局面。

会议强调，要聚焦重点发力，着力推动政法工作高质量发展。要找准政法工作服务大局的结合点切入点着力点，更加注重系统观念、法治思维、强基导向，坚决捍卫国家政治安全，紧紧围绕“十四五”发展，进一步优化提升法治营商环境，加强矛盾纠纷源头化解，常态化开展扫黑除恶工作，加强新冠肺炎疫情联防联控，深入推进“综治中心+网格化+信息化”基层治理体系建设，持续推进政法领域全面深化改革，提升首府社会治理现代化水平。要坚持全面从严，坚持以政治建设为统领，加强违纪违法问题整治，努力锻造“四个铁一般”的高素质政法铁军，树牢底线思维，绷紧安全发展这根弦，全力维护社会大局和谐稳定，为首府“十四五”高质量发展贡献法治力量。

会议合并召开市委统一战线工作领导小组第六次全体会议，审议《中共南宁市委统一战线工作领导小组2021年工作要点》，听取市委统一战线工作情况汇报。会议指出，去年全市统战工作领导小组和各成员单位坚持以习近平新时代中国特色社会主义思想为指导，紧紧围绕经济发展、疫情防控、脱贫攻坚、民生保障等方面做了大量工作，助力全面落实强首府战略实现良好开局。面对新形势新任务，全市各级各部门特别是统战系统要深入学习贯彻习近平总书记关于加强和改进统一战线工作的重要思想，切实把思想和行动统一到党中央、自治区党委关于统战工作的决策部署上来，紧扣凝聚人心这个根本，突出思想政治引领这条主线，强化使命担当，坚持守正创新，认真抓好条例学习宣传和贯彻落实，进一步发挥新时代统一战线法宝作用，推动首府统战工作再上新台阶。

会议强调，要充分发挥统一战线的智力、资源、组织优势，积极支持引导各民主党派、工商联、无党派人士等广大统一战线成员，把推动“十四五”发展作为议政建言的重点，把促进民营经济“两个健康”作为统一战线助力全面建成小康社会的重要内容，深入开展民族团结进步创建活动，凝聚助推首府“十四五”发展开好局起好步的强大合力。要全面加强党的领导，不断坚持和完善大统战工作格局，树牢“一盘棋”思想，保障统战工作顺利开展，抓好各领域统战工作的统筹协调、整体推进，努力形成沟通顺畅、执行力强的大统战工作机制，打造一支政治坚定、业务精通、作风过硬的干部队伍。

研究部署巩固拓展脱贫攻坚成果同乡村振兴有效衔接工作

3月4日，市委常委会召开会议，学习贯彻习近平总书记在全国脱贫攻坚总结表彰大会上的重要讲话精神，研究部署有关工作。自治区党委常委、市委书记王小东主持会议并讲话。

会议指出，习近平总书记在全国脱贫攻坚总结表彰大会上发表重要讲话，向全世界庄严宣告在迎来中国共产党成立100周年之际，我国脱贫攻坚战取得了全面胜利，用“三个伟大光荣”高度评价脱贫攻坚战全面胜利这一彪炳史册的人间奇迹，从五个方面充分肯定脱贫攻坚取得的伟大历史性成就，用“七个坚持”深刻总结脱贫攻坚的宝贵经验，深刻阐述了脱贫攻坚伟大斗争锻造形成的脱贫攻坚精神，首次提出“中国特色反贫困理论”这一重要论断，对巩固拓展脱贫攻坚成果、走中国特色社会主义乡村振兴道路、促进全体人民共同富裕提出了明确要求，为我们做好当前和今后一个时期工作提供了根本遵循、增添了无穷的信心和力量。我们要深入学习贯彻习近平总书记在全国脱贫攻坚总结表彰大会上的重要讲话精神，自觉把思想和行动统一到党中央和自治区党委的决策部署上来，全面总结南宁市脱贫攻坚工作经验，大力弘扬“上下同心、尽锐出战、精准务实、开拓创新、攻坚克难、不负人民”的脱贫攻坚精神，推动巩固拓展脱贫攻坚成果同乡村振兴有效衔接，着力促进全市人民共同富裕和生活品质提升。

会议强调，要坚决防止返贫致贫，保持帮扶政策的总体稳定，严格落实“四个不摘”要求，抓好脱贫地区乡村特色产业发展、脱贫人口稳岗就业等重点工作，建立健全防止返贫监测和帮扶机制，坚决守住不发生规模性返贫的底线，扎实推动易地扶贫搬迁可持续发展，确保实现“稳得住、有就业、逐步能致富”的目标，切实巩固拓展脱贫攻坚成果。要大力弘扬伟大脱贫攻坚精神，坚持把解决好“三农”问题作为重中之重，按照“产业兴旺、生态宜居、乡风文明、治理有效、生活富裕”的总要求，在塑造乡村“形、实、魂”上持续下功夫，大力发展壮大乡村产业，扎实推进乡村建设，着力提升乡村文明建设水平，持续深化农村改革，推动南宁市乡村全面振兴，加快实现农业农村现代化。

研究部署政法队伍教育整顿工作

3月16日，市委常委会召开会议，学习贯彻习近平总书记在中央党校（国家行政学院）中青年干部培训班开班式上的重要讲话精神，全国、全区政法队伍教育整顿动员部署会议精神，研究部署南宁市贯彻落实措施。自治区党委常委、市委书记王小东主持会议并讲话。

会议指出，习近平总书记在中央党校（国家行政学院）中青年干部培训班开班式上的重要讲话站位高远、内涵丰富、思想深邃，为广大干部在新征程上不畏艰难、勇往直前提供了行动坐标和根本遵循。全市广大党员干部特别是年轻干部要提高政治站位，深入学习领会习近平总书记重要讲话的精神实质和科学内涵，进一步增强“四个意识”、坚定“四个自信”、做到“两个维护”，切实把党的好传统带进新征程，将党的好作风弘扬在新时代，不断提振精气神、焕发新风貌、展现新作为，为推动首府“十四五”发展开好局起好步贡献智慧和力量。

会议强调，要持之以恒发扬党的光荣传统和优良作风，在全面落实强首府战略中奋勇争先、建功立业。坚持对党绝对忠诚，结合党史学习教育，强化对广大党员干部特别是年轻干部的党性教育和政治历练，不断提高政治判断力、政治领悟力、政治执行力，严守党的政治纪律和政治规矩，以实际行动践行“两个维护”。坚持理论联系实际，自觉用习近平新时代中国特色社会主义思想武装头脑、指导实践、推动工作，创造性落实好党中央、自治区党委和市委的各项决策部署。坚持以人民为中心，开展好“我为群众办实事”实践活动，用心用情用力解决好人民群众的“急难愁盼”问题。坚持批评和自我批评，促进自我净化提升，团结同志共同进步。坚持敢于斗争、善于斗争，勇于面对各种重大挑战、重大风险、重大矛盾，在全面落实强首府战略的生动实践中练就斗争的真本领、真功夫。坚持弘扬艰苦奋斗精神，永葆共产党人清正廉洁的政治本色。要着眼事业发展需要，大力培养选拔优秀年轻干部，大胆使用政治过硬、历练扎实、“七种能力”强、工作实绩突出，特别是在“四个一线”应对重大事件、完成重大任务的实践中脱颖而出的优秀年轻干部，努力打造一支忠诚干净担当的高素质干部队伍。

会议合并召开全市政法队伍教育整顿领导小组第一次会议，审议《南宁市政法队伍教育整顿实施方案》，研究部署南宁市相关工作。会议指出，要站在政治和全局的高度，充分认识开展政法队伍教育整顿的重大意义。全市各级党委和政法机关要提高政治站位，深入学习贯彻习近平法治思想、习近平总书记关于加强政法队伍建设的重要指示和训词精神，认真贯彻落实党中央和自治区党委的决策部署，坚持全面从严管党治警，围绕“五个过硬”要求，突出筑牢政治忠诚、清除害群之马、整治顽瘴痼疾、弘扬英模精神“四项任务”，扎实开展政法队伍教育整顿，努力打造一支党和人民信得过、靠得住、能放心的政法铁军，以政法队伍新面貌和政法工作新成绩庆祝建党100周年。

会议强调，要聚焦关键重点，坚决有力推进政法队伍教育整顿各项工作。要突出筑牢忠诚抓好学习教育，深入开展政治教育、警示教育、英模教育，筑牢忠诚干净担当的思想根基；突出动真碰硬抓好查纠整改，坚持问题导向、民意导向、目标导向，着力解决政法队伍存在的政治不忠诚、执法不公正、司法不廉洁、遇事不担当、作风不过硬等问题，促进政法队伍作风形象大改观；突出建章立制抓好总结提升，坚持标本兼治，把“当下改”和“长久立”结合起来，加快健全正风肃纪长效机制、执法司法制约监督机制、干警能力素质提升机制、政法干部交流轮岗机制，促进教育整顿成果长效化。要强化党的领导、精心组织实施，强化督导指导，分层分类开展指导协调、督查督办等工作，把政法队伍教育整顿同党史学习教育紧密结合起来，与做好中央、自治区巡视反馈意见整改工作紧密结合起来，与推进市域社会治理现代化试点、禁毒、打击电信网络诈骗、常态化开展扫黑除恶等重点工作任务结合起来，推动教育整顿取得实实在在成效。

研究部署党的建设、网络安全和信息化工作

3月16日，市委常委会召开会议，研究部署南宁市党的建设、网络安全和信息化工作。自治区党委常委、市委书记王小东主持会议并讲话。

会议合并召开市委党的建设工作领导小组2021年第一次会议，审议通过《中共南宁市委党的建设工作领导小组2021年工作要点》。

会议指出，2021年是中国共产党成立100周年，是“十四五”开局之年，是开启全面建设社会主义现代化新征程的第一年，也是全面落实强首府战略、加快打造引领全区高质量发展核心增长极的关键之年，做好今年党的建设各项工作，意义重大、影响深远。全市各级党组织要深入学习贯彻习近平总书记关于党的建设的重要论述，进一步提高政治站位，以更高的要求、更严的标准、更实的举措全力抓好党的建设各项工作。

会议强调，要旗帜鲜明加强党的政治建设，坚持把“两个维护”作为最高政治原则和政治规矩，教育引导广大党员干部不断提高政治判断力、政治领悟力、政治执行力；深化政治巡察，强化政治监督，推动中央巡视广西反馈意见整改、自治区党委巡视反馈意见整改不折不扣落实到位。要精心组织开展庆祝建党100周年系列工作，深入开展党史学习教育，在学懂弄通做实习近平新时代中国特色社会主义思想上下更大功夫，系统组织学习党史、新中国史、改革开放史、社会主义发展史，做到学党史、悟思想、办实事、开新局。要坚持党管宣传、党管意识形态、党管媒体，牢牢掌握意识形态工作领导权。要着力打造高素质干部人才队伍，树牢“四个一线”选人用人的鲜明导向，选优配强各级领导班子，健全完善干部担当作为的激励和保护机制，深入实施人才强市战略。要扎实推进党的基层组织建设，持续深化“先锋引领+”系列行动，深入推进抓党建促乡村振兴、促基层治理及“支部建设升级”行动。要深入开展党风廉政建设和反腐败斗争，持续深化“书记引航担使命”主题活动，持续深化纠治“四风”，全力维护首府风清气正的政治生态。要坚决落实管党治党责任，层层压实全面从严治党主体责任和监督责任，不断提高党建工作质量和水平。

会议合并召开市委网络安全和信息化委员会第三次会议，听取全市网络安全和信息化委员会2020年工作情况汇报，审议通过《市委网络安全和信息化委员会2021年工作安排》。会议要求，全市各级各部门要深入学习贯彻习近平总书记关于网络强国的重要思想，贯彻落实党中央和自治区党委关于网信工作的部署要求，全力做好新发展阶段网信工作，为全面落实强首府战略、推动南宁高质量发展提供有力支撑。

会议强调，要持续加强网络内容建设管理，围绕庆祝建党百年宣传教育主线，精心组织“奋斗百年路启航新征程”等重大主题宣传，做好南宁市“知党史守初心勇担当”主题系列活动网上宣传；加快推进首府媒体深度融合发展，建强用好县级融媒体中心，抢占网络舆论话语权和主导权；提升网络外宣工作效能，讲好新时代的南宁故事，大力推动首府网络文化繁荣健康发展。要着力提升网络安全整体防护水平，始终确保首府网络意识形态安全，深入开展“清朗”“网剑”、网上“扫黄打非”等系列专项行动，加快推进电子政务一体化网络安全保障项目、工业互联网安全态势感知平台建设，切实提升网络安全可控水平。要充分发挥信息化驱动引领作用，深入实施“数字南宁”建设和持续开展“信息网”建设三年大会战，打造区域性数字经济高地，大力引进数字经济龙头企业，持续推进智慧城市建设，搭建网络民意“连心桥”。各级党委（党组）和各有关部门要强化“一盘棋”思想，压紧压实网络意识形态工作责任制和网络安全工作责任制，把党的领导落实到网信工作各领域各方面各环节，各司其职、积极作为，锻造网信铁军，助力首府“十四五”发展开好局起好步。

研究部署生态文明建设、从严治党等工作

3月26日，市委常委会召开会议，传达学习贯彻落实中共中央政治局常委、中央纪委书记赵乐际在广西调研时的讲话精神，研究部署有关工作。自治区党委常委、市委书记王小东主持会议并讲话。

会议指出，赵乐际同志到广西就深入学习贯彻习近平总书记在十九届中央纪委五次全会上的重要讲话精神和全会部署、加强作风建设进行调研，充分体现了以习近平同志为核心的党中央对广西各族人民的亲切关怀，充分体现了中央纪委对作风建设的高度重视。我们要进一步提高思想认识，持续在学懂弄通做实习近平新时代中国特色社会主义思想上下功夫，增强“四个意识”、坚定“四个自信”、做到“两个维护”，不断提高政治判断力、政治领悟力、政治执行力，从政治上深刻把握作风建设的极端重要性，持续加强和改进作风建设，充分发挥全面从严治党引领保障作用，为首府经济社会高质量发展提供坚强保障。

会议强调，要坚决贯彻落实习近平生态文明思想，积极践行“两山”理念，扎实推进生态文明建设和生态环境保护，不断擦亮生态宜居的金字招牌；坚持党建引领，完善基层治理体系，不断提升城乡基层治理效能；坚持以人民为中心的发展思想，进一步完善公共服务体系，推动巩固拓展脱贫攻坚成果同乡村振兴有效衔接，全力以赴提高人民群众生活品质。全市各级党组织要把严的主基调长期坚持下去，坚持全面从严治党，一体推进不敢腐、不能腐、不想腐，持之以恒纠“四风”树新风，锲而不舍落实中央八项规定及其实施细则精神，持续整治群众身边腐败和作风问题，结合开展党史学习教育，大力弘扬党的光荣传统和优良作风，严肃换届纪律风气，持续巩固首府风清气正的良好政治生态。各级纪检监察机关要强化政治监督，督促各级党组织严格落实管党治党政治责任，加强纪检监

察工作规范化法治化建设，发挥好纪检监察工作监督保障执行、促进完善发展的重要作用，扎实做好正风肃纪反腐各项工作，以优异成绩庆祝建党100周年。

会议合并召开中央第二巡视组巡视广西反馈意见南宁市整改工作领导小组第二次会议，听取南宁市相关整改工作推进落实情况汇报，要求全市各级各部门提高政治站位，进一步增强抓好整改落实的责任感紧迫感，紧盯责任落实不放松，紧盯问题整改不放松，紧盯制度建设不放松，按时高质高效完成各项任务，确保整改工作取得实效。

会议传达学习全区省级领导和厅级主要负责同志学习贯彻党的十九届五中全会精神专题研讨班精神，强调各级各部门要聚焦重点、精准发力，准确把握新发展阶段、抢抓用好新发展机遇、深入贯彻新发展理念、加快融入新发展格局，按照“起步就要提速、开局就要争先”的要求，全面落实强首府战略，扎实推进各项重点工作，全力实现一季度“开门红”，谋划好二季度工作，坚定不移推动首府高质量发展。要扎实开展党史学习教育，按照“学党史、悟思想、办实事、开新局”的要求，教育引导广大党员干部学史明理、学史增信、学史崇德、学史力行，以实实在在的发展成效检验学习教育成果，确保“十四五”发展开好局起好步。

研究部署全市政法队伍教育整顿工作

4月6日，市委常委会召开会议，听取全市政法队伍教育整顿工作情况汇报，研究部署下一步工作。自治区党委常委、市委书记、市政法队伍教育整顿领导小组组长王小东主持会议并讲话。

会议合并召开南宁市政法队伍教育整顿领导小组第二次会议。会议指出，教育整顿工作启动以来，全市各级党委、各级政法单位以及各相关部门高度重视、迅速行动，坚决贯彻落实党中央、自治区党委的决策部署，全面开展学习教育，扎实推动边学边改，创造性抓好工作落实，规定动作做到位、自选动作有特色，在既定时限完成了规定环节，达到了预期效果，实现了良好开局。深入推进教育整顿工作，全市各级党委（党组）要进一步增强“四个意识”、坚定“四个自信”、做到“两个维护”，增强抓好教育整顿工作的责任感、使命感和紧迫感，加强党对教育整顿工作的全面领导，对标对表中央的部署要求，扎实开展学习教育环节“回头看”，重点转向查纠整改阶段，推动教育整顿走深走实，以实际成效践行对党的绝对忠诚。要持续拧紧责任链条，压紧压实各级党委的主体责任、党委政法委和政法单位的直接责任，强化纪委监委的政治监督责任、组织和宣传等有关部门的协同责任，形成齐抓共管的整体合力，确保教育整顿各项任务落到实处。

会议强调，要坚持刀刃向内，扎实推进查纠整改。衡量教育整顿的成效，关键是看问题查纠深不深入、整改彻不彻底。要坚持问题导向、目标导向、结果导向，突出重点、精准发力，有序推进自查自纠、组织查处、专项整治等查纠整改环节各项工作，切实把问题找准、把廉政风险排除，确保整改实效。要敢于动真碰硬、触及要害、触及灵魂，以刀刃向内的决心勇气和刮骨疗毒的自我革命精神，聚焦“六大顽瘴痼疾”开展大起底、大清查，着力解决政法队伍存在的政治不忠诚、执法不公正、司法不廉洁、遇事不担当、作风不过硬等问题，坚决清除害群之马、整治顽瘴痼疾，做到无禁区、全覆盖、零容忍，以突出问题的强力整治带动面上问题的全面整改，促进政法队伍作风形象大改观。要坚持宽严相济，按照“自查从宽、被查从严”的政策规定，立足实际研究制定实施细则，更好推动工作落实。

会议强调，要做好结合文章，推动教育整顿与各项工作互促共进。要加强统筹协调，把教育整顿与党史学习教育紧密结合起来，与党中央、自治区党委巡视反馈意见整改工作紧密结合起来，与推进政法各项工作特别是禁毒、打击电信网络诈骗、常态化开展扫黑除恶等重点工作紧密结合起来，与为群众办实事和推动高质量发展结合起来，确保两不误、两促进，用工作成效检验教育整顿成果。

研究部署生态环境保护和安全生产工作

4月6日，市委常委会召开会议，听取2020年南宁市生态环境质量状况及生态环境保护重点工作、全市安全生产工作暨专项整治三年行动推进情况汇报，研究部署相关工作。自治区党委常委、市委书记王小东主持会议并讲话。

会议指出，2020年南宁市深入贯彻习近平生态文明思想，积极践行“绿水青山就是金山银山”的理念，坚持治水、建城、为民，建成区38个黑臭河段全部消除黑臭，市区空气质量优良率在全国168个重点城市排名前列，“南宁蓝”保持常态。全市各级各部门要进一步提高政治站位，严格落实中央和自治区决策部署，坚持生态优先，推动绿色发展，持续巩固提升首府生态环境质量，不断擦亮“中国绿城”靓丽名片。

会议强调，要坚持方向不变力度不减，持续深入打好污染防治攻坚战。深入开展大气污染防治攻坚，狠抓城市扬尘、秸秆焚烧等治理，加强区域联防联控联治和源头治理；深入开展水环境治理攻坚，持续实施流域系统综合整治，强化城乡污水处理设施、污水管网等建设，巩固提升邕江综合整治和开发利用成果；深入开展土壤污染治理攻坚，推进实施农用地分类管理和安全利用，有效管控土壤环境风险，同时加强噪音污染治理、垃圾分类、减污降碳等工作。抓好环保督察问题整改，以严肃认真的态度对待中央生态环保督察，以扎实的工作接受督察检验。全市各级各部门要加强党对生态环境保护工作的全面领导，牢固树立“一盘棋”思想，严格落实“党政同责、一岗双责”，强化督促检查，广泛凝聚合力，不断巩固提升首府生态环境质量。

会议指出，2020年全市上下认真贯彻落实中央和自治区关于安全生产的部署要求，统筹发展和安全，扎实推进专项整治三年行动，安全生产态势总体平稳。各级各部门要提高思想认识，深入学习贯彻习近平总书记关于安全生产的重要论述，坚决把抓好安全生产作为增强“四个意识”、坚定“四个自信”、做到“两个维护”的政治检验，牢固树立以人民为中心的发展思想和生命至上、安全第一的理念，坚决筑牢安全生产防线，为推动“十四五”开好局起好步、庆祝建党100周年营造安全稳定环境。

会议强调，要坚持系统施治，全力防范化解各类安全风险。要抓隐患排查，聚焦重点领域、重大风险和突出问题，全方位抓细抓实排查工作。要抓打击整治，依法依规严厉打击各类违法违规行为，深化危险化学品、交通运输、城市建设、危险废物等行业领域的专项整治，坚决遏制重特大事故发生。要抓标本兼治，强化源头治理，加快推进治理体系和制度机制建设，全面堵塞漏洞，推动长效常治。同时要加强重点场所监管，强化应急值守，做好节假日期间安全防范工作。

会议要求，全市各级各部门要全面落实安全生产责任，强化党政领导责任，做到党政主要负责同志带头抓、亲自抓，分管负责同志抓具体、抓落实，其他班子成员履行好“一岗双责”；强化部门监管责任，严格落实“三个必须”监管责任，持续保持高压态势；强化企业主体责任，不断提高企业履行安全生产主体责任的能力和水平，全面筑牢安全生产防线。

研究部署经济工作

4月20日，市委常委会召开会议，分析一季度经济运行情况，研究部署下一步经济工作。自治区党委常委、市委书记王小东主持会议并讲话。

会议指出，今年一季度，面对新冠肺炎疫情持续影响、发展困难和挑战仍然突出的情况，南宁市坚决贯彻中央、自治区的决策部署，准确把握新发展阶段、抢抓用好新发展机遇、深入贯彻新发展理念、加快融入新发展格局，按照“起步就要提速、开局就要争先”的要求，坚持观大势、谋大事，早谋划、早行动，抓重点、攻难点，打基础、利长远，真担当、善作为，突出提质扩量做强工业、突出提质升级做实服务业、突出提质增效做优农业，着力抓好项目建设、改革创新、扩大开放、民生保障等重点工作，全市经济运行呈现稳中提速、进中提质的向好态势，实现了开门红。同时发展仍然面临着一些挑战和困难，全市各级各部门和广大党员干部要进一步增强发展的信心和决心，强化机遇意识和风险意识，不断提高政治判断力、政治领悟力、政治执行力，保持处变不惊的平常心，增强只争朝夕的紧迫感，拿出务实作为的真担当，把发展的方向、工作的重点和主观的努力有机结合起来，振奋精神、鼓足干劲，持续推动首府经济高质量发展。

会议强调，要聚焦关键重点、持续精准发力，扎实做好“六稳”“六保”工作，紧紧盯住主要经济指标，全力保持经济发展良好势头。要在抓项目扩投资上下更大功夫，全面启动扩大有效投资三年攻坚行动，发挥好重大项目对工业投资的牵引作用，尽快形成投资实物量，支持企业扩大投资、提质升级；加强对“五网”等重点项目调度，加强新基建投资和基础设施补短板投入，用好用足各类资金，持续扩大民间投资。要在抓挖潜促消费上下更大功夫，加快实施南宁市服务业提质升级三年行动，创新开展系列主题促销活动，促进汽车、家电、家装等大宗商品消费，促进房地产市场平稳健康发展，推动线上线下消费深度融合，提振文化旅游消费，加大商贸企业跟踪服务力度，不断增强金融服务实体经济的能力。要在抓招商强动能上下更大功夫，深入开展“三企入桂项目落实、行企助力转型升级”行动，坚持全产业链发展思路，聚焦“三大三新”“双百双新”等，持续围绕重点产业，大力开展精准招商，依托国家重大战略平台，发挥政策叠加优势，着力引进一批战略性新兴产业和现代服务产业；注重招商的质量和效益，持续优化营商环境，切实提升服务企业、服务项目效能。要在抓民生增福祉上下更大功夫，坚持“三保”支出在财政支出中的优先地位，把稳就业摆在更加突出位置，确保市场供应充足、价格总体稳定，坚持治水、建城、为民，扎实推进新型城镇化建设，持续巩固生态优势、巩固脱贫攻坚成果，推进乡村全面振兴，加强普惠性、基础性、兜底性民生建设，统筹好发展和安全，常态化开展扫黑除恶，严厉打击电信网络诈骗、制毒贩毒吸毒等违法犯罪。

会议强调，要强化责任担当、积极主动作为，确保顺利实现“双过半”。各级各部门和广大领导干部要加强对经济工作的领导，强化责任落实，紧盯各项目标任务，深入企业、深入基层一线，对出台的政策、定下的事项，按照“四定”要求，一件一件干成、一项一项办好。要强化精准调度，着力抓好重点行业、重点企业、重点项目、重点要素保障，形成推进各项经济工作的强大合力。要强化统筹兼顾，深入开展党史学习教育，抓好中央巡视广西反馈意见整改“后半篇”文章，积极支持配合中央生态环境保护督察工作，统筹好领导班子换届与经济社会发展，扎实开展政法队伍教育整顿，全力以赴争创全国文明典范城市、做好迎接国家卫生城市复审工作，持续为基层松绑减负，力戒形式主义、官僚主义，加大督查力度，不折不扣推动各项工作落细落实、见到实效，以优异成绩庆祝建党100周年。

学习贯彻习近平总书记视察广西“4·27”重要讲话精神

4月29日，市委召开常委（扩大）会议，学习贯彻习近平总书记视察广西时的重要讲话和重要指示精神，传达学习全区领导干部大会精神，研究部署南宁市贯彻落实措施。自治区党委常委、市委书记王小东主持会议并讲话。

会议指出，习近平总书记再次亲临广西视察，就推动经济高质量发展、加快推进乡村振兴、提高人民生活品质、开展党史学习教育和全面从严治党等工作作出系列重要指示。习近平总书记的重要讲话思想深邃、内涵丰富，视野宏阔、高屋建瓴，言近旨远、语重心长，具有很强的政治性、思想性、战略性、针对性、指导性，为我们指明了前进和努力方向，给我们提供了思想指引、行动指南和强大精神力量。全市各级各部门和广大党员干部要提高政治站位，增强“四个意识”、坚定“四个自信”、做到“两个维护”，不断提高政治判断力、政治领悟力、政治执行力，把思想和行动统一到习近平总书记的重要讲话和重要指示精神上来，解放思想、深化改革、凝心聚力、担当实干，按照党中央和自治区党委的部署要求，全面落实强首府战略，扎实推动“十四五”高质量发展，努力在加快建设新时代中国特色社会主义壮美广西中作出首府应有的贡献。

会议强调，要深刻理解把握、认真贯彻落实，推动习近平总书记重要讲话和重要指示精神在首府南宁落地生根、开花结果。要深刻把握“四个新”总要求的丰富内涵，自觉把习近平总书记重要讲话和重要指示精神作为一切工作的根本遵循，准确把握新发展阶段，抢抓用好新发展机遇，深入贯彻新发展理念，加快融入新发展格局，创造更多比较优势，切实发挥好示范带动作用，在加快建设新时代中国特色社会主义壮美广西中展现首府的担当作为。要在推动经济高质量发展上走在前作表率，始终把发展经济的着力点放在实体经济上，加快构建现代产业体系，提质扩量做强工业，提质升级做实服务业，提质增效做优农业，纵深推进重点领域和关键环节改革，持续优化营商环境，坚持创新驱动发展，坚持畅通“南宁渠道”，努力把独特区位优势更好转化为开放发展优势。要在加快推进乡村振兴上走在前作表率，弘扬伟大脱贫攻坚精神，不断增强巩固脱贫成效的内生动力，推动南宁市乡村全面振兴，加快实现农业农村现代化。要在生态文明建设上走在前作表率，积极践行“绿水青山就是金山银山”理念，突出城市建设的“形、实、魂”，持续治水、建城、为民，继续打好污染防治攻坚战，巩固提升邕江综合整治和开发利用成果，抓好生态系统保护建设，推动绿色低碳发展，扎实推动经济社会发展全面绿色转型。要在提高人民生活品质上走在前作表率，始终坚持以人民为中心的发展思想，加强普惠性、基础性、兜底性民生建设，着力解决群众“急难愁盼”问题，积极开展促进就业计划和帮扶行动，坚持教育优先发展，全面实施健康南宁行动，毫不放松抓好常态化疫情防控，建设更高水平的平安南宁、法治南宁，不断提升首府治理体系和治理能力现代化水平。要在促进民族团结进步上走在前作表率，认真落实民族区域自治制度，扎实推进全国民族团结进步示范市创建各项工作，持续抓好民族团结进步宣传教育，加强民族文化保护、传承和发展，促进全市各民族像石榴籽一样紧紧抱在一起。要在开展党史学习教育上走在前作表率，把南宁市红色资源作为党史教育的生动教材，持续开展好“我为群众办实事”实践活动、“感党恩跟党走”主题系列活动，切实做到学党史、悟思想、办实事、开新局。要加强领导班子和干部队伍建设，统筹好市县乡换届工作，持续抓好中央巡视、自治区党委巡视反馈意见整改，一刻不停推进党风廉政建设和反腐败斗争，全力维护首府风清气正的良好政治生态。

会议强调，要加强组织领导，迅速将学习宣传贯彻习近平总书记重要讲话和重要指示精神全面引向深入。学习好、宣传好、贯彻好习近平总书记视察广西重要讲话和重要指示精神，是南宁市当前和今后一个时期的首要政治任务，要精心组织部署，持续深入学习，广泛宣传宣讲，抓好教育培训，迅速掀起学习宣传贯彻的热潮，把习近平总书记的重要讲话和重要指示精神及时传达到全市各级领导班子和广大党员干部，切实把习近平总书记的亲切关怀和殷切嘱托传递到全社会方方面面。要坚持对标对表，结合自身实际情况，认真研究贯彻落实举措，做到学以致用、用以促学、学用相长。要以高质量发展的成果检验学习贯彻的成效，拧紧发条、压实责任、持续加力，全力完成各项既定的目标任务。要更加紧密地团结在以习近平同志为核心的党中央周围，时刻牢记总书记嘱托，自觉践行“四为”理念，全面落实强首府战略，推动经济社会高质量发展，以优异成绩庆祝建党100周年，以实际行动回报习近平总书记和党中央的关怀厚爱。

研究部署粤桂协作、扫黑除恶和对外工作相关工作

4月29日，市委常委会召开会议，学习贯彻习近平总书记对深化东西部协作和定点帮扶工作作出的重要指示精神，全国东西部协作和中央单位定点帮扶工作推进会、2021年粤桂协作联席会议精神，学习贯彻全国扫黑除恶专项斗争总结表彰大会精神，听取南宁市2020年对外工作情况汇报，研究部署相关工作。自治区党委常委、市委书记王小东主持会议并讲话。

会议合并召开市委农村工作（乡村振兴）领导小组2021年第一次会议，审议通过有关文件。会议指出，全市各级各部门要深入学习贯彻习近平总书记关于“三农”工作的重要论述，增强“四个意识”、坚定“四个自信”、做到“两个维护”，不断提高政治判断力、政治领悟力、政治执行力，自觉把思想和行动统一到中央和自治区的决策部署上来，牢牢扭住实施乡村振兴战略这个新时代“三农”工作的总抓手，抓实抓细乡村振兴重点任务，促进农业高质高效、乡村宜居宜业、农民富裕富足。2021年既是“十四五”的开局之年，也是全面推进乡村振兴的第一年，农业农村工作任务更重、责任更大。各级各部门要全面推进乡村振兴，持续在塑造乡村“形、实、魂”上下功夫，加快推进农业农村现代化。要着力巩固拓展脱贫攻坚成果，发展壮大乡村产业，大力推进科技兴农，实施乡村建设行动，扩大农业农村有效投资，持续深化农业农村改革，全力做好新发展阶段“三农”工作。要加强党对“三农”工作的全面领导，坚持四级书记抓乡村振兴，建立健全考核督查制度，进一步压紧压实责任，推动各类资源向农村基层下沉，不断加强各级乡村振兴干部队伍建设，发挥好农民的主体作用，确保“三农”工作落细落实、见到实效。

会议强调，近年来，茂名市贯彻落实中央关于加强东西部扶贫协作和对口支援战略，为南宁市脱贫攻坚战取得全面胜利作出了重要贡献。按照中央的要求和广东广西两省区的部署安排，2021年起由深圳对口帮扶南宁，深圳市福田区帮扶上林、马山、隆安3个县，这是党中央为更好巩固脱贫攻坚成果同乡村振兴有效衔接、最终实现共同富裕作出的一项重大战略举措。我们要贯彻落实好习近平总书记关于深化东西部协作和定点帮扶工作的重要指示精神，加强在产业、劳务、消费、人才等方面的协作，确保国家乡村振兴重点帮扶的一系列要求不折不扣落地落实。

会议指出，要始终全面准确把握扫黑除恶斗争的本质要求，以坚定的信心决心常态化推进扫黑除恶斗争，认真总结经验，建立健全“六项机制”，加快补齐短板、堵塞漏洞，强化源头治理，加强行业监管，努力实现扫黑除恶常态化高标准高质量运行。要加强组织领导，汇聚常态化开展扫黑除恶斗争的强大力量。各级党委和有关部门要有与黑恶势力长期斗争的思想准备，保留相应领导和办事机构，把扫黑除恶斗争纳入全市经济社会发展全局谋划推进，始终保持严打高压态势，坚持全面从严管党治警，扎实推进政法队伍教育整顿，建设更高水平的平安南宁、法治南宁，为首府经济社会高质量发展提供强有力保障。

会议合并召开2021年市委外事工作委员会会议，审议通过有关文件。会议强调，全市各级各部门特别是涉外部门要深入贯彻落实习近平外交思想和习近平总书记关于广西工作的重要指示精神，以高水平开放引领高质量发展，积极服务国家对外开放大局，加快融入新发展格局，着力打造国内大循环的重要节点城市和国内国际双循环的战略链接核心城市，全面提升南宁市对外开放合作水平，确保“十四五”外事工作开好局起好步。要深化与东盟为重点的开放合作，以中国—东盟建立对话关系30周年为契机，持续畅通“南宁渠道”，服务推动中国—东盟博览会升级发展，做深做实国家级开放平台，提升对外互联互通水平，加快打造连接中国与东盟时间最短、服务最好、效益最优的国际贸易大通道。要积极培育开放型经济新动能，加快把南宁打造成为中国企业走向东盟市场和东盟企业进

入中国大陆的产业投资聚集地、贸易往来结算地、科技创新支撑地、生活服务保障地；高水平建设综合保税区、跨境电商综试区等，着力构建大湾区—广西沿海—东盟的产业链、供应链、价值链、创新链；围绕建设区域性国际消费中心城市，把南宁打造成进出口商品“东盟超市”；深入开展“行企助力转型升级行动”和“三企入桂项目落实行动”，主动融入大湾区先进制造业体系，吸引更多高质量项目落户。要严密防范化解重大涉外风险，坚决落实总体国家安全观，始终把严防疫情外部输入、确保人员安全作为开展对外活动的前提，牢牢守住不发生重大涉外风险的底线。要强化党对外事工作的集中统一领导，打造外事工作过硬队伍，为全面落实强首府战略、推动南宁高质量发展作出新的更大贡献，以优异成绩庆祝中国共产党成立100周年。

研究部署推进政法队伍查纠整改环节各项工作

5月10日，市委常委会召开会议，深入学习贯彻习近平法治思想和习近平总书记关于加强政法队伍建设的重要指示精神，贯彻落实党中央、自治区党委的决策部署，认真落实中央第十二督导组要求和自治区第一驻点指导组建议，听取有关工作情况汇报，研究部署推进查纠整改环节各项工作，推动教育整顿走深走实。自治区党委常委、市委书记王小东主持会议并讲话。

会议合并召开南宁市政法队伍教育整顿领导小组第三次会议。会议指出，政法队伍教育整顿开展以来，各项工作取得了阶段性成效。问题查纠深不深入、整改彻不彻底，直接决定着教育整顿的成效。全市各级各相关部门要进一步提高政治站位，对标对表党中央部署要求，坚持刀刃向内、动真碰硬，狠抓中央督导组要求和自治区指导组建议的落实，抓细抓实查纠整改环节各项工作，确保取得实实在在的效果。

会议强调，要强化政治教育，持续抓好自查自纠。紧密结合党史学习教育，坚持把学习教育贯穿教育整顿始终，认真落实“自查从宽、被查从严”政策，深入细致做好思想发动和政策宣讲，教育引导政法干警消除顾虑、检视问题、修正错误，最大限度教育和挽救有问题的政法干警。要强化线索核查，有序推进问题查处。注重问题线索收集，加强线索研判甄别，强化问题查处，精准把握政策要求，对自查的，可依纪依法从轻处理，对被查的，应依纪依法从严处理。要强化标本兼治，深入整治顽瘴痼疾。针对“六大顽瘴痼疾”等问题开展专项清查，针对群众“最恨最怨最烦”的问题，开展大排查、大起底、大整治，做到边查边改、即查即改、真查实改、彻底整改；坚持“当下治”与“长久立”相统一，“查、改、治、建”一体推进，健全执法司法制约监督机制、正风肃纪长效机制，努力从源头上铲除滋生执法司法腐败的土壤。

会议强调，要强化组织领导，推动责任落细落实。进一步压紧压实各级党委主体责任、党委政法委和政法单位直接责任，进一步强化纪委监委政治监督责任，组织、宣传等有关部门协同责任。党委书记要履行第一责任人的职责，把教育整顿作为重要政治任务来抓。要强化协同作战，不断完善协调沟通工作机制，最大限度发挥整体作战的工作效力。要始终坚持以人民为中心，开门搞教育整顿，以群众是否满意作为检验教育整顿成效的根本评判标准，不断增强人民群众的获得感、幸福感、安全感。

研究部署巩固拓展脱贫攻坚成果同乡村振兴有效衔接工作

5月10日，市委常委会召开会议，传达学习全区脱贫攻坚总结表彰暨巩固拓展脱贫攻坚成果同乡村振兴有效衔接工作部署大会精神，研究南宁市贯彻落实措施。自治区党委常委、市委书记王小东主持会议并讲话。

会议指出，脱贫攻坚战打响以来，南宁市坚持四级书记抓扶贫，尽锐出战、精准发力，按照“核心是精准、关键在落实、确保可持续”的要求，持续跟上、盯住、办好，在社会各界的关心支持下，全力攻克最后的贫困堡垒，“四大战役”全面胜利，“两不愁三保障”问题全面解决，脱贫攻坚战取得全面胜利。脱贫摘帽不是终点，而是新生活、新奋斗的起点。我们要提高政治站位，进一步增强“四个意识”、坚定“四个自信”、做到“两个维护”，深入学习贯彻习近平总书记在全国脱贫攻坚总结表彰大会上的重要讲话、视察广西时的重要讲话和重要指示精神，自觉把思想和行动统一到中央和自治区的决策部署上来，大力弘扬脱贫攻坚精神，持续巩固拓展脱贫攻坚成果，推动首府乡村全面振兴，加快实现农业农村现代化。

会议强调，要持续精准施策，不断巩固拓展脱贫攻坚成果。严格落实“四个不摘”要求，坚决守住不发生规模性返贫的底线。建立健全防止返贫监测和帮扶机制，加强常态化监测，重点监测收入水平变化、“两不愁三保障”及饮水安全巩固情况。持续抓好脱贫地区乡村特色产业发展，调整优化县级“5+2”、村级“3+1”特色产业模式。把持续促进脱贫人口稳定就业作为巩固脱贫成果的重中之重来抓，加强粤桂劳务协作，支持扶贫车间规范发展，利用好乡村公益岗位资源，努力实现充分就业。用心用情用力推动易地扶贫搬迁可持续发展，确保实现“稳得住、有就业、逐步能致富”的目标。

会议强调，要弘扬脱贫攻坚精神，全力推动乡村振兴开新局。按照“产业兴旺、生态宜居、乡风文明、治理有效、生活富裕”的总要求，在塑造乡村“形、实、魂”上持续下功夫，推动南宁市乡村全面振兴，加快实现农业农村现代化。加快建立健全责任落实机制，坚持四级书记抓乡村振兴，强化县委书记“一线总指挥”职责，加强统筹协调，形成强大合力。大力实施乡村建设行动，有序推进“多规合一”实用性村庄规划，强化农房建设管控，持续抓好“三清三拆”等农村人居环境整治工作和“两高”沿线乡村风貌提升工作，扎实推进农村人居环境整治，全面提升农村基础设施和公共服务水平。加快发展农村特色产业，立足林果蔬畜糖茶桑蚕等特色资源，大力发展生态、绿色、有机高品质农产品，培育更多有竞争力的“邕系”农业品牌，加快农文旅融合，促进一二三产业融合发展。深入开展乡风文明建设，加快构建自治、法治、德治相结合的乡村治理体系，不断提高乡村社会文明程度。

研究部署疫情防控有关工作

5月21日，市委常委会召开会议，传达学习自治区党委书记鹿心社关于疫情防控工作的批示精神，研究部署有关工作。自治区党委常委、市委书记王小东主持会议并讲话。

会议传达了自治区党委书记鹿心社关于疫情防控工作的批示精神，要求各级各部门按照中央和自治区的决策部署，慎终如始、时刻绷紧常态化疫情防控这根弦，紧盯大局大势，压紧压实责任，毫不放松抓好常态化疫情防控工作。要严格按照“严密防、务必早、坚决快”的工作要求，抓实防控举措，完善工作机制，织密织牢防控网，坚决守住安全底线。要坚持科学防范，加快疫苗接种，把住时间节点，进一步抓好流程优化、人员配置、物资保障等各环节工作，做好疫苗接种科普宣传，确保应种尽种，筑牢人民群众生命健康保障防线。

研究部署学习贯彻习近平总书记视察广西时的重要讲话精神落实措施

6月10日，市委常委会召开会议，传达学习全区学习贯彻习近平总书记视察广西时的重要讲话精神专题学习班精神，研究部署有关工作。自治区党委常委、市委书记王小东主持会议并讲话。

会议指出，习近平总书记视察广西时的重要讲话，站在党和国家事业全局的战略高度，深刻阐明新发展阶段为什么要建设壮美广西、建设什么样的壮美广西、怎么建设壮美广西等一系列重大问题，为广西“十四五”乃至更长一个时期发展提供了根本遵循和行动指南。我们要增强“四个意识”、坚定“四个自信”、做到“两个维护”，不断提高政治判断力、政治领悟力、政治执行力，切实用总书记重要讲话精神统一思想、统揽全局、统领发展，按照自治区党委部署要求，把学习贯彻总书记重要讲话精神与深入学习贯彻总书记对广西工作系列重要指示精神紧密联系起来、与贯彻落实党的十九届五中全会精神和“十四五”规划实施有机结合起来、与推进改革发展稳定各项工作结合起来，持续在学懂弄通做实上下功夫，真正把总书记重要讲话精神转化为推动南宁高质量发展的强大力量。

会议强调，要做好结合文章，完整、准确、全面贯彻新发展理念，齐心协力全面落实强首府战略，在建设新时代中国特色社会主义壮美广西中走在前作表率。要全力推动经济高质量发展，坚持强龙头、补链条、聚集群和强创新、育品牌、拓市场，深入实施工业振兴三年行动，持续做好产业发展、园区建设、企业培育三篇文章，进一步做大做强电子信息、先进装备制造、生物医药等重点产业集群。要加快融入新发展格局，持续畅通“南宁渠道”，建好用好国家级开放平台，努力在全区打造国内国际双循环重要节点枢纽中发挥龙头带动作用。要加快推动绿色发展，扎实抓好生态文明建设和生态环境保护，推进中央生态环保督察反馈意见整改工作，谋划推进好碳达峰、碳中和工作。要全面提高人民生活品质，持续在加强普惠性、基础性、兜底性民生建设上下功夫，努力为群众创造高品质生活。要巩固拓展脱贫攻坚成果，努力走出一条乡村美、产业旺、农民富、治理优的南宁乡村振兴之路。要做好全国民族团结进步示范市创建工作，巩固发展民族团结、社会稳定的大好局面。

会议强调，要强化担当实干，以过硬的作风推动总书记重要讲话精神落细落实、见到实效。要把学习贯彻总书记重要讲话精神与开展党史学习教育结合起来，进一步解放思想、改革创新、扩大开放、担当实干，自觉践行“四为”理念，勇当贯彻四个方面重要工作要求的先行者、勇当落实“四个新”总要求的领头雁、勇当建设新时代中国特色社会主义壮美广西的排头兵，以首府发展的实际成效回报总书记的关怀厚爱，以优异成绩庆祝建党100周年。

研究部署庆祝建党100周年安全稳定工作

6月10日，市委常委会召开会议，深入分析研判南宁市社会安全稳定情况，研究部署庆祝建党100周年安全稳定工作。自治区党委常委、市委书记王小东主持会议并讲话。

会议指出，2021年以来，全市各级各有关部门深入学习贯彻习近平总书记视察广西时的重要讲话精神，认真落实党中央、自治区党委和市委决策部署，统筹发展和安全，全力以赴做好防风险、保安全、护稳定、促发展各项工作，有力维护了政治安全、社会安定、人民安宁，首府社会大局持续和谐稳定，常态化疫情防控有力有序有效，为庆祝建党100周年营造安全稳定政治社会环境奠定了良好基础。各级各部门要提高政治站位，保持清醒头脑，坚持把做好安全稳定工作作为当前重大政治任务来抓，作为增强“四个意识”、坚定“四个自信”、做到“两个维护”的政治检验，不断提高政治判断力、政治领悟力、政治执行力，进一步强化忧患意识和底线思维，以最高的标准、最严的要求、最实的举措，全力以赴做好安保维稳信访工作，确保首府大局和谐稳定。

会议强调，要聚焦重点精准发力，坚决守住安全稳定坚固防线。要围绕“六个严防”工作要求，紧盯重点行业领域、重点部位、重点环节等，有效防范化解管控各类风险隐患，牢牢掌握工作主动权。要深化矛盾化解，切实把问题解决在基层，把矛盾化解在萌芽状态；强化重点管控，持续加强社会面防控，加强治安防控和巡逻防范，严厉打击各类严重刑事犯罪活动，严格对危险物品的安全管理，全面排查和消除交通运输、消防、矿山企业、食品药品、危险化学品等重点领域的安全隐患；坚持“外防输入、内防反弹”，落实好常态化疫情防控各项措施；全力做好校园安全和防溺水工作，确保网络安全，提高应急处置工作能力，切实维护安全稳定社会秩序。

会议强调，要切实加强组织领导，确保安全稳定各项措施落细落实。全市各级各部门要压紧压实责任，主要负责同志要带头担当作为，加强统筹协调，把各项工作做深做细做实。要牢固树立“一盘棋”思想，加强地区之间、部门之间协调联动，密切配合、通力合作。要加强值班值守，落实有领导带班的24小时值班制度和零报告制度。要强化督促检查，一刻不松严防死守，确保首府大事不出、中事不出、敏感时期小事也不出，以优异成绩庆祝建党100周年。

研究部署安全生产工作

6月15日，市委常委会召开会议，学习贯彻习近平总书记对湖北十堰市张湾区艳湖社区集贸市场燃气爆炸事故作出的重要指示和李克强总理批示精神，听取南宁市安全生产工作汇报，研究部署相关工作。自治区党委常委、市委书记王小东主持会议并讲话。

会议指出，6月13日，湖北十堰市燃气爆炸事故发生后，党中央、国务院高度重视，习近平总书记立即作出重要指示，强调近期全国多地发生生产安全事故、校园安全事件，各地区和有关部门要举一反三、压实责任，增强政治敏锐性，全面排查各类安全隐患，防范重大突发事件发生，切实保障人民群众生命和财产安全，维护社会大局稳定，为建党100年营造良好氛围。全市各级各部门要切实提高政治站位，把“迎大庆、保安全、护稳定、促发展”作为当前头等大事来抓，作为增强“四个意识”、坚定“四个自信”、做到“两个维护”的政治检验，不断提高政治判断力、政治领悟力、政治执行力，坚持人民至上、生命至上，以高度的政治自觉牢牢守住安全生产底线，始终保持清醒头脑，采取有力措施，坚决防范遏制重特大事故和在社会上造成恶劣影响的事故灾害，为庆祝建党100周年营造安定有序的良好社会环境。

会议强调，要全面排查化解隐患，切实保障人民群众生命和财产安全。要坚持问题导向，从事故发生的偶然性中深挖其必然性原因，在一刻不松抓好常态化疫情防控的基础上，坚决防范遏制各类安全事故发生。全面开展隐患排查，聚焦重点领域、重大风险和突出问题，持续加强管道天然气企业和各类燃气场站、集贸市场、餐饮场所和大型商业综合体等重点用气场所的安全巡查，组织对危险化学品等各环节安全生产情况，以及校园周边安全、电动自行车充电装置等情况，进行全链条、无死角彻底排查。深入开展专项整治，依法依规严厉打击各类违法违规行为，深化南宁市交通运输、建筑施工、危化品、矿产资源、烟花爆竹、食品安全、森林防火等领域安全专项治理，密切关注人员密集场所、大型综合体、高层建筑、地下空间、油气管道、地铁运营等业态的安全生产，以强有力的手段和措施，坚决遏制重特大事故发生。全力做好防汛备汛，强化预报预警，紧盯山洪地质灾害易发点、削坡建房点、低洼易浸点和山塘水库、隧道、涵洞、地下停车场等重点区域重点场所，加强河流堤防等防洪排涝设施运行管护，强化排涝防范，同时持续加强学生防溺水宣传教育，确保安全度汛。

会议强调，要持续压紧压实责任，确保安全生产各项工作落细落实。市领导带队组成的15个工作组，要深入包片联系的县区蹲点督导，督促基层强化社会面安全管控。各级党委政府和党政主要负责同志要严格按照“党政同责、一岗双责”的要求，履行好第一责任人职责，切实把安全生产责任扛在肩上、工作抓在手中。安委会各成员单位要严格落实“三个必须”监管责任，进一步加强安全监管和执法检查，督促企业严格落实各项安全措施，强化督查问效，切实推动安全生产责任刚性约束落到实处，全力维护首府社会大局和谐稳定，为庆祝建党100周年创造安全稳定环境。

研究自治区党委十一届十次全体（扩大）会议精神贯彻落实措施

6月28日，市委常委会召开会议，传达学习自治区党委十一届十次全体（扩大）会议精神，研究南宁市贯彻落实措施。自治区党委常委、市委书记王小东主持会议并讲话。

会议指出，自治区党委十一届十次全体（扩大）会议，是在全区上下深入学习贯彻习近平总书记视察广西重要讲话精神的关键时刻，在即将迎来建党100周年的历史时刻，在开局“十四五”、开启新征程的重要时刻召开的一次重要会议。全会通过的《中共广西壮族自治区委员会关于解放思想担当实干凝心聚力建设新时代中国特色社会主义壮美广西的决定》，政治站位高、决策定向准、贯彻举措实，对一体推进习近平总书记对广西工作系列重要指示精神的贯彻落实进行了全面部署，对于动员全区上下牢记嘱托、感恩奋进，解放思想、担当实干，凝心聚力建设新时代中国特色社会主义壮美广西具有重大现实意义和深远历史意义。全市各级各部门和广大党员干部要强化政治自觉，迅速兴起学习宣传贯彻全会精神的热潮，深刻把握其精神实质和实践要求，自觉把思想和行动统一到自治区党委的决策部署上来，把智慧和力量凝聚到实现全会提出的各项目标任务上来，不断推动强首府各项工作取得新成效，为建设新时代中国特色社会主义壮美广西作出更大贡献。

会议强调，要强化使命担当，创造和发挥比较优势，勇当建设新时代中国特色社会主义壮美广西的排头兵。要聚焦推动经济高质量发展，完整、准确、全面贯彻新发展理念，持续“强二扬三优一”，做好产业发展、园区建设、企业培育三篇文章，加快建设现代化经济体系和现代产业体系。要聚焦服务和融入新发展格局，积极参与西部陆海新通道建设、融入粤港澳大湾区建设，持续畅通“南宁渠道”，努力在全区构建全方位开放发展新格局中发挥好龙头带动作用。要聚焦加强生态文明建设，坚持治水、建城、为民，持续打好污染防治攻坚战，积极创建国际花园城市，推动绿色低碳发展。要聚焦加快推进乡村振兴，扎实推动巩固拓展脱贫攻坚成果与乡村振兴有效衔接，突出“形、实、魂”，加快实现农业农村现代化。要聚焦提高人民生活品质，统筹抓好各项民生事业，用心用情用力解决群众“急难愁盼”问题，建设更高水平的平安南宁、法治南宁。要聚焦巩固发展民族团结，持续深化全国民族团结进步示范市建设，加强民族文化保护、传承和发展。要聚焦全面加强党的建设，深入开展党史学习教育，统筹推进各领域党建工作，树牢“四个一线”选人用人的鲜明导向，全面加强领导班子和干部队伍建设，全力维护正气充盈、政治清明的良好政治生态。

会议强调，要强化责任落实，确保自治区党委决策部署终端见效。

全市各级各部门要衔接好本地区本部门“十四五”的各项目标和重点任务，对照决定的任务要求，落实“四定”要求，强化督查问效，时刻保持高度的政治敏锐性和政治警觉性，高标准、严要求抓好各项安全稳定工作，谋划好下半年经济工作，全力以赴完成各项目标任务。要大力发扬“三牛”精神，自觉践行“四为”理念，全面落实强首府战略，加快打造引领全区高质量发展核心增长极，勇当贯彻四个方面重要工作要求的先行者、勇当落实“四个新”总要求的领头雁、勇当建设新时代中国特色社会主义壮美广西的排头兵，以优异成绩庆祝建党100周年。

研究部署学习宣传贯彻习近平总书记在庆祝中国共产党成立100周年大会上的重要讲话精神有关措施

7月2日，市委常委会召开（扩大）会议，学习贯彻习近平总书记在庆祝中国共产党成立100周年大会上的重要讲话精神，交流学习体会，研究部署南宁市学习宣传贯彻措施。自治区党委常委、市委书记王小东主持会议并讲话。

会议指出，习近平总书记在庆祝中国共产党成立100周年大会上发表重要讲话，庄严宣告我国实现了第一个百年奋斗目标，在中华大地上全面建成了小康社会，历史性地解决了绝对贫困问题，正意气风发向着全面建成社会主义现代化强国的第二个百年奋斗目标迈进。习近平总书记站在时代发展和战略全局的高度，深情回顾了100年来我们党团结带领中国人民不懈奋斗的波澜壮阔历程，深刻阐述了我们党百年奋斗取得的辉煌成就，精辟概括伟大建党精神、系统阐述“九个必须”经验启示和根本要求，展望中华民族伟大复兴的光明前景，擘画了赓续红色血脉、引领复兴航程的宏伟蓝图。习近平总书记的重要讲话高瞻远瞩、总揽全局，思想深邃、内涵丰富，蕴含强大的真理力量、思想力量和实践力量，通篇闪耀着马克思主义的真理光芒，是马克思主义中国化的最新成果，是习近平新时代中国特色社会主义思想的重要组成部分，是全党在新的历史条件下进行具有许多新的历史特点的伟大斗争的政治宣言，吹响了我们党百年华诞再出发的时代号角，是指引我们党奋力推进中国特色社会主义伟大事业、全面推进党的建设新的伟大工程、推动实现中华民族伟大复兴的中国梦的纲领性文献。

会议强调，全市各级各部门和广大党员干部要旗帜鲜明讲政治，认真学习领会习近平总书记重要讲话精神，深刻领会我们党为中华民族作出的伟大历史贡献，深刻领会伟大建党精神，深刻领会领导核心对党和国家掌舵领航的重要作用，深刻领会“九个必须”经验启示和根本要求，切实增强学习贯彻习近平总书记重要讲话精神的思想自觉政治自觉行动自觉，坚决响应党中央号召，进一步坚定信仰信念信心，不断增强“四个意识”、坚定“四个自信”、做到“两个维护”，切实提高政治判断力、政治领悟力、政治执行力，牢记初心使命、践行党的宗旨，自觉弘扬伟大建党精神，为实现第二个百年奋斗目标、实现中华民族伟大复兴的中国梦而不懈奋斗。

会议强调，全市各级各部门要把学习宣传贯彻习近平总书记重要讲话精神作为当前和今后一个时期的重大政治任务，精心谋划早部署，迅速掀起学习宣传贯彻热潮。各级党员领导干部要带头学习、率先垂范，引导广大党员干部群众持续在学懂弄通做实上下功夫，结合党史学习教育，原原本本学、结合实际学、融会贯通学。各级宣传部门和新闻媒体要采取多种方式，全面宣传习近平总书记重要讲话精神的重大意义、丰富内涵和精神实质，及时、准确、全面报道全市学习贯彻情况。各级党校要把习近平总书记重要讲话精神作为党员干部教育培训的重要内容，帮助党员干部全面理解和准确把握，真正做到入脑入心。

会议强调，要知行合一抓落实，全力把学习贯彻习近平总书记重要讲话精神转化为首府高质量发展的生动实践。全市各级各部门和广大党员干部要把学习贯彻重要讲话精神与贯彻落实习近平总书记对广西工作系列重要指示精神结合起来，与做好全面落实强首府战略各项工作紧密结合起来，切实以高质量发展的成效检验学习贯彻的成果。要始终坚持对党绝对忠诚，自觉把对马克思主义的信仰、对中国特色社会主义的信念作为毕生追求，进一步坚定对实现中华民族伟大复兴的信心，把对党忠诚体现到学懂弄通做实习近平新时代中国特色社会主义思想上，体现到为党和人民事业的奋斗中，确保党中央和自治区党委各项决策部署在首府得到不折不扣落细落实。要始终坚持高质量发展，完整、准确、全面贯彻新发展理念，持续“强二扬三优一”，做好产业发展、园区建设、企业培育三篇文章，加快建设现代化经济体系和现代产业体系，强化创新支撑能力，全面深化改革开放，高标准推进重大开放平台建设，积极服务和融入新发展格局。要始终坚持以人民为中心，办好办实普惠性、基础性、兜底性民生事业，着力解决人民群众“急难愁盼”问题，统筹发展和安全，扎实推进市域社会治理现代化，建设更高水平的平安南宁、法治南宁，不断增进人民群众的获得感、幸福感、安全感。要始终坚持全面从严治党，全面加强党的建设，全面贯彻落实新时代党的建设总要求和新时代党的组织路线，牢固树立“四个一线”选用干部的鲜明导向，加强基层党组织建设，持之以恒正风肃纪，全力维护风清气正的良好政治生态，真抓实干、善作善成、造福于民，全面落实强首府战略，加快打造引领全区高质量发展核心增长极，勇当建设新时代中国特色社会主义壮美广西排头兵。

研究部署防汛工作

7月23日，市委常委会召开会议，学习贯彻习近平总书记对防汛救灾工作作出的重要指示精神，听取南宁市近期防汛工作情况汇报，研究部署相关工作。自治区党委常委、市委书记王小东主持会议并讲话。

会议指出，党中央高度重视防汛救灾工作，习近平总书记对防汛救灾工作作出的重要指示，充分体现了人民至上、生命至上的执政理念和为民情怀，释放出防汛工作丝毫不能放松的强烈信号，为我们做好防汛救灾工作指明了方向。全市各级各部门要切实提高政治站位，把做好防汛救灾工作作为增强“四个意识”、坚定“四个自信”、做到“两个维护”的政治检验，始终坚持以人民为中心，时刻绷紧防汛救灾这根弦，立足防大汛、抗大洪、救大灾，全力做好防汛救灾各项工作，切实做到严阵以待、严防死守。

会议强调，要强化监测预报预警，气象、水文、水利、自然资源等部门要密切关注本地和上游地区雨情水情变化，加密监测频次，准确研判汛情，提高预报精度，延长预见期，及时发布预警信息，特别是提高局部强降雨、台风、山洪、泥石流等预测预报水平，做到全覆盖、无死角。要加强风险隐患排查，对全市地形地貌、山川河流进行再梳理，紧盯山洪地质灾害易发点、削坡建房点、低洼易浸点和山塘水库、隧道、涵洞、地铁、地下停车场、施工场地等重点区域重点场所，充分运用科技手段，进行隐患再排查、问题再梳理、措施再提升、设施再加固，持续增强防范城市内涝能力。要完善应急预案，按照一点一策编制完善重大风险部位应急处置预案，细化优化协同处置流程，加强演练培训，提高应急救援实战水平。要加强物资储备，按照"宁可备而不用，不可用时无备"的原则，做好应急物资储备轮换，提高综合保障能力。要严格落实防灾避险措施，如果发生洪涝灾害、地质灾害等，要快速组织抢险救援，精心做好灾后重建，尽快恢复生产生活秩序，认真做好受灾群众帮扶救助和卫生防疫工作，确保不落一户、不漏一人。

会议强调，责任落实要再强化，确保安全度汛、万无一失。要加强组织领导，压紧压实市、县、乡、村屯防汛救灾主体责任。各级防汛办要发挥好牵头抓总的职能作用，迅速落实好防汛备汛和应急抢险各项措施。各相关部门要牢固树立"一盘棋"思想，各司其职，通力协作，形成统一指挥、多方联动、条块结合、运行高效的防汛工作格局。各级领导干部要深入一线、靠前指挥、现场督查，严格落实24小时值班值守制度，坚持领导干部在岗带班，确保出现突发情况第一时间上报、及时有效处置。广大基层党组织和党员干部要充分发挥战斗堡垒作用和先锋模范作用，主动担当、敢打头阵，让党旗在防汛救灾一线高高飘扬。要严明工作纪律，强化监督检查，做好领导班子换届后防汛责任的衔接，全力保障人民群众生命财产安全。

研究部署生态文明建设和生态环境保护工作

7月23日，市委常委会召开会议，传达学习中央第七生态环境保护督察组督察广西情况反馈会精神，研究部署南宁市相关工作。自治区党委常委、市委书记王小东主持会议并讲话。

会议指出，党的十八大以来，以习近平同志为核心的党中央高度重视生态文明建设和生态环境保护，提出一系列重大战略思想、作出一系列重大决策部署，坚决向污染宣战，力度之大、措施之实、成效之明显，前所未有。4月9日，中央第七生态环境保护督察组进驻广西开展为期一个月的督察，督察组对广西生态文明建设和生态环境保护取得的积极进展和成效给予充分肯定，同时指出了广西在生态环保方面存在的差距和短板，一针见血、直击要害，令人警醒，是对我们做好生态环保工作的有力鞭策。全市各级各部门要提高政治站位，深入学习贯彻习近平生态文明思想，把抓好中央生态环保督察反馈问题整改，作为增强"四个意识"、坚定"四个自信"、做到"两个维护"的政治检验，不断提高政治判断力、政治领悟力、政治执行力，确保党中央、自治区党委关于生态环保的决策部署在南宁得到不折不扣的贯彻落实，把"中国绿城"名片越擦越亮。

会议强调，要采取务实管用的措施，全力抓好督察反馈问题整改。对于督察组反馈涉及南宁的个性问题和共性问题，要照单全收、立行立改、全面整改，坚持重点问题整改与普遍问题治理相结合、阶段性治理与长期性治本相结合，认真制定整改方案，明确整改措施、职责和时限，倒排工期、挂图作战，逐条逐项整改销号，做到问题不解决不松手、整改不到位不罢休。要坚持真改实改，坚决杜绝表面整改、虚假整改、敷衍整改，对于督察组重点关注并提出督察反馈意见的重点区域，要派出专人专班负责，定点定时、加大密度力度抓好各环节整改，同时采取奖励措施，鼓励群众参加监督，严防排污现象反弹，确保可持续发展。各级领导干部特别是主要负责同志要按照"属地管理、分级负责"和"谁主管、谁负责"的原则，亲自抓、负总责，压紧压实整改责任，切实推动问题整改落到实处。

会议强调，要坚决扛起绿色发展的责任，不断巩固提升首府生态宜居的优势。全市各级各部门要以此次督察为契机，严格落实生态环境保护"党政同责"和"一岗双责"，深入打好污染防治攻坚战，加强大气污染防治区域联防联控联治，持续提升"南宁蓝"品质；扎实推进城市内河流域系统综合整治，防止黑臭水体问题反弹，巩固提升邕江综合整治和开发利用成果；统筹推进生态环境保护和修复重大工程，全面推行垃圾分类；大力发展生态经济，加快优化产业结构调整，创新"生态+"发展模式，加快产业生态化、生态产业化；做好碳达峰、碳中和工作，倡导节约适度、绿色低碳的生活方式和消费模式，促进资源节约和高效利用，扎实推动首府生态宜居水平不断迈上新台阶，切实让良好生态环境成为人民生活质量的增长点、成为展现美丽形象的发力点。

研究部署下半年经济工作

7月23日，市委常委会召开会议，传达学习全区年中工作暨重大项目建设现场会议、全区加快交通强区建设工作会议精神，分析全市上半年经济运行情况，研究部署下一步经济工作。自治区党委常委、市委书记王小东主持会议并讲话。

会议指出，2021年以来，市委、市政府坚持以习近平新时代中国特色社会主义思想为指导，深入贯彻落实习近平总书记视察广西时的重要讲话和重要指示精神，认真贯彻落实党中央、国务院决策部署，按照"起步就要提速、开局就要争先"的要求，准确把握新发展阶段、抢抓用好新发展机遇、深入贯彻新发展理念、加快融入新发展格局，把发展的方向、工作的重点和主观的努力有机结合起来，经济持续稳定恢复、首位度稳步提升，质量效益持续提高、产业结构不断优化，"进"的动能加快积蓄、发展后劲持续增强，全市经济运行稳中加固、稳中提质。成绩来之不易，经验弥足珍贵；压力挑战并存，形势不容乐观；信心不可动摇，必须全力以赴。全市各级各部门要持续深入贯彻落实习近平总书记"七一"重要讲话精神、视察广西时的重要讲话和重要指示精神，大力弘扬伟大建党精神，认真贯彻党中央、自治区党委的决策部署，进一步坚定信心和决心，保持定力、迎难而上，充分创造和发挥比较优势，全面落实强首府战略，抓紧抓实下半年经济各项工作，推动首府南宁经济社会向更高质量发展。

会议强调，要扭住重点精准施策，坚持目标导向，持续打好“七场硬仗”，全力以赴完成全年目标任务。一要抓产业强动能，持续“强二扬三优一”，做好产业发展、园区建设、企业培育三篇文章，着力强龙头、补链条、聚集群，加快构建现代产业体系。大力推动工业振兴，发展壮大电子信息、先进装备制造、生物医药等重点产业集群，加快培育发展战略性新兴产业。大力发展现代服务业，推动现代金融、现代物流、电子商务和大健康、文化、旅游等生产性、生活性服务业发展，打造区域性数字经济高地。大力发展现代特色农业，推进现代特色农业示范区提档升级，持续提升“邕系”品牌影响力。深入实施创新驱动战略，充分发挥南宁·中关村辐射带动作用和溢出效应，加快培养、引进、用好科技人才，大力提升创新支撑高质量发展能力。

二要抓项目扩投资，着力提高“四率”，紧盯强首府标志性重大项目以及“双百双新”项目、“五网”项目、城建计划项目等，按照“四定”要求，加快推进已明确的重大项目建设和签约项目落地建设，抓好项目储备。强化招商引资，深入开展“三企入桂项目落实、行企助力转型升级”行动，着力招大引强、招新引高。强化服务保障，进一步落实好领导干部联系重大项目、服务重点企业等机制，充分发挥重点企业服务专员和工业振兴特派员作用。创新投融资机制，用好用足用活财政转移支付、政府债券等各类资金，充分发挥财政资金、产投基金等撬动作用。要抢抓自治区加快交通强区建设的有利机遇，抓紧抓实高速铁路、公路、城市道路、机场改造提升等一批重大交通基础设施项目建设，全力打造区域性国际综合交通枢纽。

三要抓消费促回补，落实好国家、自治区和南宁市出台的系列促进消费增长政策措施，大力支持企业开展各类促销，鼓励文化旅游、餐饮、住宿等行业开发个性化、特色化产品，加快发展“云消费”“直播带货”“社区团购”等消费新业态新模式，推动区域性国际消费中心城市建设，持续释放消费市场潜力。

四要抓改革拓开放，持续深化“放管服”改革，着力解决项目建设中涉及的投资审批、项目报建、行业准入等关键环节的堵点难点问题；持续优化营商环境，着力构建“亲”“清”新型政商关系，真心诚意为企业排忧解难。强化开放引领，高水平服务好东博会，高标准推进重大开放平台建设，加快构建大湾区—广西沿海—东盟的产业链、供应链、价值链、创新链，在全区打造国内国际双循环重要节点枢纽中发挥好龙头带动作用。

五要抓民生增福祉，集中力量抓好普惠性、基础性、兜底性民生建设，着力解决人民群众“急难愁盼”问题，推动巩固拓展脱贫攻坚成果同乡村振兴有效衔接，坚持治水、建城、为民，深入打好污染防治攻坚战，统筹发展和安全，一刻不松抓好常态化疫情防控，加强安全生产、防汛、防溺水等工作，建设更高水平的平安南宁、法治南宁。

会议强调，要强化担当、压实责任，以严实作风推动各项工作落细落实。各级党委要加强对经济工作的领导，各级领导干部特别是主要负责同志要坚决扛起第一责任人责任，扎实推动市委各项决策部署落地见效。要把抓经济工作和推进党史学习教育有机结合起来，强化真抓实干，紧盯各项目标任务，深入企业、深入基层一线加大服务指导力度，强化督查问效，持续为基层松绑减负，力戒形式主义、官僚主义，让广大干部集中精力抓经济、促发展，以发展实绩向党和人民交出一份满意答卷。

研究部署疫情防控工作

8月9日，市委常委会召开会议，学习贯彻习近平总书记关于疫情防控工作重要批示精神，听取南宁市近期疫情防控工作情况汇报，研究部署相关工作。自治区党委常委、市委书记、市疫情防控工作领导小组组长王小东主持会议并讲话。

会议合并召开市疫情防控工作领导小组第九次会议。会议指出，党中央对新冠肺炎疫情防控始终高度重视，习近平总书记时刻关注疫情形势，多次作出重要指示批示，为我们做好疫情防控工作指明了方向、提供了遵循。近期国内新冠病毒出现多点散发疫情，疫情防控进入关键阶段，任务更艰巨，要求更严格，责任更重大，全市各级各部门要进一步提高政治站位，从增强“四个意识”、坚定“四个自信”、做到“两个维护”的政治高度，深入学习贯彻习近平总书记重要指示批示精神，坚决贯彻党中央、自治区党委的决策部署，胸怀“国之大者”，树牢底线思维，坚决克服麻痹思想、厌战情绪和侥幸心理，把形势估计得更严峻一些，把困难和问题考虑得更充分一些，把应急预案制定得更细致一些，以高度负责的精神和科学严谨的态度，从严从紧抓实抓细各项防控工作，做到思想认识再提高、工作责任再压实、措施管控再精准，全力以赴筑牢疫情防控的严密防线。

会议强调，要从严从细落实防控措施，坚决捍卫来之不易的疫情防控成果。要全面排查整改防控漏洞，聚焦关键领域、关键环节、重点场所、重点人群，全面开展疫情防控工作大排查、大梳理，查漏洞、补短板，充分运用法律等手段，进一步完善举措、消除隐患、防范风险。要筑牢“外防输入、内防反弹”严密防线，坚持“人物同防”，守好国际航班入邕关口、冷链物流输入关口、中高风险地区及关联人员入邕关口；督促机场及货运航空公司落实防控主体责任，加强货物、冷链食品、外环境的监管、消杀，严格落实有关工作人员个人防护、健康监测和闭环管理；加强国内中高风险地区来邕返邕人员、异地入境解除隔离来邕返邕人员的协查、排查、管控及健康服务，切实斩断“三非”人员来邕渠道；从严落实内防反弹举措，严格扫码、测温、消毒、戴口罩等措施，全面加强人群密集、流动性大重点场所的管控，提前统筹好疫情防控和师生返校工作。要抓紧抓实疫苗接种工作，坚持“基层找人、卫健打针”原则，开展网格化排查，优化接种服务，组织动员未接种人员及时接种疫苗，督促各行各业及各类群体落实“应接尽接”，全力构建首府人群免疫屏障。要强化应急准备各项工作，做到人员到位、设备到位、物资到位、演练到位、能力到位，进一步提升大规模核酸检测、流调、隔离转运能力，确保遇有突发疫情能快速有效处置。

会议强调，要加强组织领导，为打赢首府疫情防控硬仗提供坚强保证。全市各级各部门要切实加强党的全面领导，牢牢把握工作主动权，全力打好疫情防控这场硬仗。防控责任要再压实，不折不扣落实“四早”要求，严格落实“四方”责任，坚持“一盘棋”思想，加强沟通、密切配合，各级指挥部要充分发挥防控指挥和工作体系的作用，严格执行24小时值班值守制度，齐心协力做好疫情防控工作。工作作风要再强化，力戒形式主义、官僚主义，严明工作纪律，加强工作督查，依纪依法严肃追责问责，确保疫情防控各项部署不折不扣执行到位。宣传引导要再加力，持续通过各类媒体、网络平台等，大力普及疫情防护知识，及时发布相关信息，有效管控网络舆情，切实营造人人支持、人人参与的良好氛围。

研究部署民族工作和干部队伍建设工作

9月7日，自治区党委常委、市委书记王小东主持召开市委常委会会议，学习贯彻习近平总书记在中央民族工作会议、中央党校（国家行政学院）中青年干部培训班开班式上的重要讲话精神，研究部署南宁市贯彻落实措施，强调要深入学习领会习近平总书记重要讲话精神，与学习贯彻习近平总书记“七一”重要讲话精神结合起来，与学习贯彻习近平总书记对广西工作系列重要指示精神结合起来，与党史学习教育结合起来，增强“四个意识”、坚定“四个自信”、做到“两个维护”，不断提高政治判断力、政治领悟力、政治执行力。

会议指出，习近平总书记在中央民族工作会议上的重要讲话，全面回顾我们党民族工作百年光辉历程和历史成就，深入分析当前党的民族工作面临的新形势，用“十二个必须”系统阐释我们党关于加强和改进民族工作的重要思想，科学回答了新时代民族工作举什么旗、走什么路等重大问题，具有很强的政治性、思想性、理论性，是党的治国方略在民族工作领域的集中体现，是马克思主义民族理论中国化的最新成果，为做好新时代党的民族工作指明了前进方向、提供了根本遵循。我们要切实提高政治站位，深入学习领会其核心要义、精神实质、丰富内涵和实践要求，完整准确全面把握习近平总书记关于加强和改进民族工作的重要思想，坚定不移走中国特色解决民族问题的正确道路，确保南宁民族团结进步事业始终沿着正确政治方向前进。

会议强调，要铸牢中华民族共同体意识，扎实推动首府民族工作高质量发展。全市各级各部门要把铸牢中华民族共同体意识贯穿新时代党的民族工作全过程各方面，在自治区创建铸牢中华民族共同体意识示范区中走在前、作表率。要巩固深化提升全国民族团结进步示范市建设，引导各族群众牢固树立正确的国家观、历史观、民族观、文化观、宗教观。要加快推动各民族共同走向社会主义现代化，多渠道推进巩固脱贫攻坚成果与全面乡村振兴有效衔接，促进少数民族聚居区经济社会发展。要全面贯彻党的民族理论和民族政策，全力维护全市民族团结和谐稳定的大好局面。要加强和完善党的全面领导，把党的领导贯穿民族工作全过程，始终把民族团结工作摆到突出位置，及时研究解决民族工作中存在的问题和困难，重视培养和用好少数民族干部，加强民族地区基层政权建设。各级领导干部要带头珍惜民族团结、维护民族团结，更好动员全市各族人民为勇当建设新时代中国特色社会主义壮美广西排头兵作出新的更大贡献。

会议指出，习近平总书记在2021年秋季学期中央党校（国家行政学院）中青年干部培训班开班式上的重要讲话，立足中华民族伟大复兴战略全局和世界百年未有之大变局，从6个方面用48个字凝练出民族复兴伟业栋梁之材的必备素质，立意高远、视野宏阔，思想深邃、内涵丰富，为年轻干部成长成才指明了前进方向、提供了根本遵循。全市各级领导干部要切实把思想和行动统一到习近平总书记重要讲话精神上来，知重负重、埋头苦干、攻坚克难，努力交出一份无愧于党、无愧于人民、无愧于时代的优异答卷。

会议强调，要练好内功、提升修养，在勇当建设新时代中国特色社会主义壮美广西排头兵中建功立业。全市广大党员干部特别是年轻干部要持续在学懂弄通做实习近平新时代中国特色社会主义思想上下更大功夫，坚决贯彻执行党的理论和路线方针政策，坚定理想信念、做到对党绝对忠诚，坚持理论联系实际、始终做到实事求是，坚持担当实干、做到善作善成，坚持讲党性讲原则、做到敢于斗争善于斗争，坚持遵规守纪、做到严以修身律己，把发展的方向、工作的重点和主观的努力有机结合起来，把市第十三次党代会描绘的美好蓝图、确定的宏伟目标变为美好现实，在新时代新征程中展现新担当、作出新贡献。各级党委（党组）要立足当前、着眼未来，积极培养可堪大用、能担重任的年轻干部队伍，持续从“四个一线”选人用人，落实好新时代党的组织路线，鼓励年轻干部到环境复杂、条件艰苦的吃劲岗位、重点岗位和基层一线经受锻炼、提升能力，为首府改革发展稳定提供坚强保障。

召开十三届市委常委会第一次会议

9月7日，十三届市委常委会召开第一次会议，学习《中国共产党地方委员会工作条例》《党委会的工作方法》等，审议《中共南宁市委员会常务委员会议事决策规则》，研究加强市委常委会自身建设。自治区党委常委、市委书记王小东主持会议并讲话。

会议指出，加强市委常委会自身建设，事关首府改革发展稳定全局，事关市第十三次党代会任务和“十四五”规划目标的实现。市委常委会要始终不忘初心、牢记使命，真抓实干、善作善成、造福于民，团结带领全市上下全力推动实现市第十三次党代会确定的各项目标任务，努力创造出无愧于党、无愧于人民、无愧于时代的业绩。

会议强调，市委常委会要带头讲政治，坚持对党绝对忠诚，进一步增强“四个意识”、坚定“四个自信”、做到“两个维护”，不断提高政治判断力、政治领悟力、政治执行力，始终在思想上政治上行动上同以习近平同志为核心的党中央保持高度一致。要带头讲学习，加强思想理论武装，持续在学懂弄通做实习近平新时代中国特色社会主义思想上下功夫，与学习贯彻习近平总书记对广西工作系列重要指示精神结合起来，与开展党史学习教育结合起来，坚持用以武装头脑、指导实践、推动工作。要带头讲大局，敢于担当善于作为，准确把握新发展阶段、抢抓用好新发展机遇、深入贯彻新发展理念、加快融入新发展格局，以“功成不必在我”的精神境界和“功成必定有我”的历史担当，多做打基础、利长远的实事好事，大力发扬“三牛”精神，充分创造和发挥比较优势，坚持把发展的方向、工作的重点和主观的努力有机结合起来，一张蓝图干到底，奋力谱写新时代壮乡首府高质量发展的绚丽篇章。要带头讲团结，发扬民主科学决策，认真贯彻民主集中制，坚持集体领导与个人分工负责相结合，创造性地开展工作，做到定了就干、干就干成、干就干好。要带头讲奉献，自觉践行为民宗旨，心怀“国之大者”，始终把人民放在心中最高位置，着力解决群众“急难愁盼”问题，抓好就业、教育、医疗、社保等各项民生工作，不断提高人民群众生活品质。要带头讲廉洁，严格遵守纪律规矩，严格落实中央八项规定及其实施细则精神，正确行使好党和人民赋予的权力，自觉接受各方监督，做到慎独慎初慎微慎友；带头贯彻全面从严治党要求，严格落实党风廉政建设“一岗双责”，推动党风廉政建设和反腐败斗争向纵深发展，引领带动全市上下共同守护好、巩固好首府风清气正的政治生态。

学习贯彻习近平主席致第18届中国—东盟博览会和中国—东盟商务与投资峰会的贺信及王岐山副主席在开幕式上的致辞精神

9月16日，市委常委会召开会议，深入学习贯彻习近平主席致第18届中国—东盟博览会和中国—东盟商务与投资峰会的贺信及王岐山副主席在开幕式上的致辞精神。自治区党委常委、市委书记王小东主持会议并讲话。

会议指出，第18届中国—东盟博览会、中国—东盟商务与投资峰会是在中国共产党成立100周年、中国—东盟建立对话关系30周年举办的重要国际活动。习近平主席2020年在中国—东盟博览会、中国—东盟商务与投资峰会开幕式上发表重要致辞，2021年又专门致贺信，王岐山副主席宣读贺信并致辞，充分体现了以习近平同志为核心的党中央对中国—东盟博览会、中国—东盟商务与投资峰会的高度重视和对广西、对南宁的关怀厚爱，向国际社会特别是东盟国家表达了加强合作的良好期待，擘画了中国—东盟关系的新蓝图。首府南宁作为中国—东盟博览会的永久举办地，在服务国家战略、引领区域发展中地位特殊、作用明显、责任重大。全市各级各部门要提高政治站位，增强“四个意识”、坚定“四个自信”、做到“两个维护”，不断提高政治判断力、政治领悟力、政治执行力，把学习贯彻习近平主席的贺信精神，与贯彻落实习近平主席在2020年中国—东盟博览会上的重要致辞精神结合起来，与学习贯彻习近平总书记“七一”重要讲话和对广西工作的系列重要指示精神结合起来，立足实际一体抓好落实，强化开放引领，积极服务和融入新发展格局，在促进区域繁荣发展中不断取得新成效。

会议强调，要进一步畅通“南宁渠道”，在服务共建中国—东盟命运共同体中作出南宁贡献。要牢记嘱托，主动融入国家开放战略，积极参与西部陆海新通道建设，加快推动平陆运河、贵南高铁等项目建设，着力打造区域性交通枢纽，加快推动国家级开放平台建设，加强与RCEP国家的货物贸易、服务贸易、数字经济、知识产权、电子商务等方面的务实合作，推动构建“大湾区—南宁—东盟”“欧盟—川渝—南宁—东盟”等跨境产业链供应链价值链，着力把南宁打造成为中国企业走向东盟市场和东盟企业进入中国大陆的产业投资集聚地、贸易往来结算地、科技创新支撑地、生活服务保障地，加快打造成为国内国际双循环重要节点枢纽城市。

会议强调，要进一步强化担当实干，切实把习近平主席的贺信精神转化为推动首府高质量发展的强大动力。坚持以开放的心态、创新的举措、扎实的作风推动“南宁渠道”全面提质，密切跟进中国—东盟博览会签约项目，紧盯“四率”，按照“四定”要求，加快推动项目早日开工、早见成效，全面落实强首府战略，勇当建设新时代中国特色社会主义壮美广西的排头兵。

研究部署学习贯彻落实李克强总理考察广西时的重要讲话和指示精神措施

9月22日，市委常委会召开会议，学习贯彻落实李克强总理考察广西时的重要讲话和指示精神，研究部署南宁市贯彻落实措施。自治区党委常委、市委书记王小东主持会议并讲话。

会议指出，在中国共产党成立100周年、开启全面建设社会主义现代化国家新征程之际，习近平总书记2021年4月视察广西，发表重要讲话，作出重要指示。这次李克强总理考察广西，对广西贯彻落实习近平总书记重要讲话和重要指示精神、加快高质量发展给予精准指导，充分体现了以习近平同志为核心的党中央对边疆民族地区和壮乡人民的关怀厚爱。全市各级各部门要提高政治站位，坚持以习近平新时代中国特色社会主义思想为指导，深入学习贯彻李克强总理的重要讲话和指示精神，进一步解放思想、改革创新、扩大开放、担当实干，全面落实强首府战略，加快打造引领全区高质量发展的核心增长极，勇当建设新时代中国特色社会主义壮美广西排头兵，以优异成绩回报党中央的关怀厚爱。

会议强调，要聚焦重点发力，加快推动首府高质量发展。要推动产业加快转型升级，完整、准确、全面贯彻新发展理念，大力发展实体经济，培育壮大新动能，强化创新支撑，加快南宁·中关村升级发展，大力推动传统产业“二次创业”，培育发展壮大新兴产业，持续建链强链补链延链，壮大“工业树”、打造更多“产业林”，加快构建现代产业体系。要强化开放引领，对标对表RCEP国际经贸新规则，全力推进“南宁渠道”提质升级，加快打造成为《区域全面经济伙伴关系协定》（RCEP）先行示范区；积极服务和融入新发展格局，推动中国—东盟博览会升级发展，建好用好中国（广西）自由贸易试验区南宁片区、金融开放门户南宁核心区、南宁临空经济示范区等国家级开放平台，推动构建跨境产业链供应链价值链，努力把独特区位优势更好转化为开放发展优势。要优化营商环境，深化重点领域改革，推动惠企政策落地见效，不断降低企业经营成本，着力构建“亲”“清”新型政商关系，为企业排忧解难，大力培育壮大市场主体。要持续增进民生福祉，心怀“国之大者”，始终坚持以人民为中心，不断探索更多惠民利民的务实举措，总结形成可复制推广的公租房工作经验，持续在加强普惠性、基础性、兜底性民生建设上下功夫，着力解决老百姓“急难愁盼”问题，努力为群众创造高品质生活。

会议强调，要强化责任担当，以务实的作风狠抓工作落实。要切实把李克强总理的亲切关怀与殷切期望转化为干事创业的强大动力，以“功成不必在我”的精神境界和“功成必定有我”的历史担当，大力发扬“三牛”精神，充分创造和发挥比较优势，坚持把发展的方向、工作的重点和主观的努力有机结合起来，真抓实干、善作善成、造福于民，全力推动党中央决策部署在南宁落实落细，全力完成今年各项目标任务，以高质量发展的成果检验学习贯彻的成效。

研究部署人才工作

10月13日，市委常委会召开会议，学习贯彻习近平总书记在中央人才工作会议上的重要讲话精神，研究部署南宁市贯彻落实措施。自治区党委常委、市委书记王小东主持会议并讲话。

会议指出，习近平总书记在中央人才工作会议上的重要讲话，从党和国家事业发展全局的高度，全面回顾党的十八大以来人才工作取得的历史性成就、发生的历史性变革，深入分析人才工作面临的新形势新任务新挑战，科学回答新时代人才工作的一系列重大理论和实践问题，是指导新时代人才工作的纲领性文献。全市各级各部门要提高政治站位，深入学习领会习近平总书记重要讲话的精神实质和实践要求，学深悟透“八个坚持”，结合贯彻落实习近平总书记对广西工作的系列重要指示精神，立足实际研究制定具体措施，加快推动南宁人才工作高质量发展，切实把党中央和自治区党委的决策部署转化为加快建设人才强市的生动实践，为全面落实强首府战略、勇当建设新时代中国特色社会主义壮美广西排头兵提供有力的人才支撑和智力保障。

会议强调，要把握关键重点，着力提升首府人才工作质量和水平。近年来，南宁市创新实施“1+6”人才政策体系和“强首府人才18条”，全市人才队伍规模不断壮大，人才素质、结构不断优化提升，人才工作亮点纷呈、成效凸显。要积极创造和发挥比较优势，推动人才红利转化为发展动力、人才优势转化为发展胜势。要深化人才发展体制机制改革，着力破除制约人才发展的思想障碍、制度藩篱和政策壁垒，构建更具区域乃至国际竞争力的人才制度体系。要加快引育急需紧缺人才，聚焦三大重点产业、战略性新兴产业等，着力引育和集聚一批高层次创新创业人才、产业领军人才和团队；加强青年科技人才的战略培养和储备，大力推进专业技术技能人才队伍建设，实施好“乡村振兴人才培养计划”，鼓励引导人才向艰苦边远地区和基层一线流动。要强化吸引和集聚人才的平台建设，借助区内外高校和科研院所资源，引进和培育新型产业技术研究机构、研发中心、重点实验室等创新平台，打造一批公共技术服务平台和海外人才离岸创新创业基地，加快建设一批大学科技产业园和科技成果转化服务平台，加大“人才飞地”建设力度。要优化人才发展生态，想方设法解决人才“急难愁盼”问题，积极营造识才爱才敬才用才的良好氛围和创新生态。

会议强调，要坚持党管人才，汇聚起做好新时代人才工作的强大合力。各级党委（党组）要把党管人才原则贯穿人才工作的全过程，完善党委统一领导，组织部门牵头抓总，职能部门各司其职、密切配合，社会力量广泛参与的人才工作格局。市委人才工作领导小组各成员单位要充分发挥职能作用，各县（市、区）、开发区要健全“一把手抓人才第一资源”机制，推动人才工作与经济社会发展互促共赢。要加强考核激励，加大经费投入，进一步落实好党委联系服务专家制度，鼓励引导人才心怀“国之大者”，把个人奋斗融入时代发展大潮，为首府高质量发展贡献智慧和力量。

研究部署加强基层党建党风廉政建设和意识形态工作

10月13日，市委常委会召开会议，听取南宁市今年以来党的建设工作情况汇报，研究部署加强基层党建、党风廉政建设、意识形态工作。自治区党委常委、市委书记王小东主持会议并讲话。

会议合并召开市委党的建设工作领导小组2021年第二次会议。会议指出，今年以来，市委党建工作领导小组及各成员单位认真贯彻落实新时代党的建设总要求，坚决扛起主责主业，以庆祝建党100周年为主线，扎实开展党史学习教育，认真抓好党中央、自治区党委巡视反馈意见整改落实，有序推进集中换届工作，全力推动党的建设不断取得新成效，为首府经济社会高质量发展提供了坚强的政治保证。

会议强调，要坚定不移加强党的政治建设，教育引导广大党员干部始终站稳政治立场，严守党的政治纪律和政治规矩，进一步增强“四个意识”、坚定“四个自信”、做到“两个维护”，不断提高政治判断力、政治领悟力、政治执行力，认真学习贯彻自治区党委《关于进一步健全落细落实习近平总书记重要讲话、重要指示批示精神和党中央决策部署长效机制的意见》，持续抓好党中央、自治区党委巡视反馈意见整改以及自治区党委主要领导点评问题整改，推动党中央、自治区党委各项决策部署不折不扣贯彻落实。要持续抓好理论武装，筑牢思想基础，在学懂弄通做实习近平新时代中国特色社会主义思想上下更大功夫，持续深入学习宣传贯彻习近平总书记“七一”重要讲话和对广西工作系列重要指示精神，聚焦“我为群众办实事”等重点持续发力，推动党史学习教育走深走实；坚持正确导向，加强宣传舆论工作，大力弘扬主旋律，牢牢把握意识形态工作主动权，为全市改革发展稳定凝聚强大正能量。要着力打造高素质干部队伍，大力选拔使用对党绝对忠诚、素质能力过硬、堪当时代重任的优秀干部，加大“四个一线”选用干部力度，健全完善干部担当作为的激励和保护机制，高质量完成换届任务，精心组织好自治区第十二次党代会代表推选工作。要全面加强基层党组织建设，持续深化“先锋引领+”系列行动，统筹推进各领域党建工作协调发展，持续推动党建与业务深度融合，全面增强基层党组织政治功能和组织力，坚持大抓基层、大抓支部的鲜明导向，扎实推进党支部标准化规范化建设，筑牢全面过硬的战斗堡垒。要持之以恒正风肃纪反腐，坚持严的主基调，持续深化“书记引航担使命”主题活动，坚定不移推动全面从严治党向纵深发展，重点加强对“一把手”和领导班子的监督，认真抓好巩固拓展脱贫攻坚成果同乡村振兴有效衔接专项监督等工作，力戒形式主义、官僚主义，一体推进不敢腐、不能腐、不想腐，全力维护首府风清气正的政治生态。

研究部署人大工作和经济工作

10月28日，市委常委会召开会议，学习贯彻习近平总书记在中央人大工作会议上的重要讲话精神，分析前三季度全市经济运行情况，研究部署有关工作。自治区党委常委、市委书记王小东主持会议并讲话。

会议指出，习近平总书记在中央人大工作会议上的重要讲话，高屋建瓴、思想深邃，具有很强的政治性、思想性、理论性，是一篇充满马克思主义真理力量的纲领性文献，为我们做好新时代人大工作指明了前进方向，提供了根本遵循。我们要把学习贯彻习近平总书记重要讲话精神作为当前重要政治任务，与学习贯彻习近平总书记“七一”重要讲话和对广西工作一系列重要讲话、重要指示精神紧密结合起来，深刻领会坚持和完善人民代表大会制度的新理念新思想新要求，增强“四个意识”、坚定“四个自信”、做到“两个维护”，牢牢把握坚持党的领导这一最高政治原则，始终坚持中国特色社会主义政治发展道路这一根本方向，全面贯彻全过程人民民主这一重大理念，自觉把习近平总书记重要讲话精神转化为做好南宁人大工作的具体行动，让人民代表大会制度优势更好地转化为首府的治理效能。要围绕中心服务大局，加强地方立法工作，认真履行监督职责，充分发挥代表作用，扎实开展全过程人民民主实践，全力推动新时代人大工作高质量发展。要加强党的全面领导，确保党中央路线方针政策和党委决策部署在人大工作中得到全面贯彻，为做好新时代首府人大工作提供坚强保证。

会议指出，2021年以来，市委、市政府坚持以习近平新时代中国特色社会主义思想为指导，认真贯彻党中央和自治区党委决策部署，完整、准确、全面贯彻新发展理念，全面落实强首府战略，有力推动经济社会向更高质量发展，增长势头持续向好，质量效益持续提升，发展动能持续增强，全市经济运行稳中有进、稳中提质。会议认为成绩来之不易，经验弥足珍贵；机遇挑战并存，形势不容乐观；目标不可动摇，必须全力以赴。全市各级各部门要深入贯彻落实习近平总书记“七一”重要讲话和对广西工作一系列重要讲话、重要指示精神，准确把握“凝心聚力建设新时代中国特色社会主义壮美广西”总目标，持续在学懂弄通做实上下功夫，进一步坚定信心和决心，保持定力、克难攻坚，充分创造和发挥比较优势，全面完成各项目标任务。

会议强调，要坚持“政策为大、项目为王、环境为本、创新为要”，抓住关键重点，精准施策、持续发力、全力冲刺，打赢“十四五”开局之年收官战。要全力提升产业质效。推动工业增产增效，紧抓三大重点产业不放，加快培育服务业发展新动能，持续推进外贸快速增长，做优现代特色农业，稳住群众的“米袋子”“菜篮子”。要全力抓好项目建设。狠抓项目投资，把工业投资放在第一位，推动签约项目尽快落地、开工项目加快建设、在建项目早日投产；狠抓项目招商，谋划储备一批重大项目；狠抓项目服务，为项目建设营造一流营商环境。要全力推动消费回升。积极落实系列促进消费增长政策措施，积极促进大宗商品消费及房地产市场平稳健康发展，推动文化旅游餐饮业加快复苏，培育壮大新型消费，高标准高品质打造综合型消费商圈。要全力强化要素保障。落实好国家关于电力保障的新政策新举措，科学有序加强用电调配，保障民生、公共服务和重要用户用电，积极倡导全社会科学、节约、合理用电。科学做好能耗调度，严格落实能耗“双控”要求；加大建设用地供给，加强财政金融支持实体经济力度。要全力增进民生福祉，强化就业优先政策，持续推进巩固拓展脱贫攻坚成果同乡村振兴有效衔接，加强生态宜居建设，统筹发展和安全，一刻不松抓好常态化疫情防控，不断提高人民生活品质。

会议强调，全市各级各部门要坚持担当实干，紧盯全年目标任务，严格落实“四定”要求，强化责任落实、作风建设、督促检查，用创新的思路、改革的办法，务实有效解决问题，确保市委各项部署落地见效。

研究部署数字经济、生态建设和科技创新工作

11月9日，市委常委会召开会议，学习贯彻习近平总书记在中共中央政治局第三十四次集体学习时的重要讲话精神和习近平总书记近期重要讲话、重要指示精神，研究部署有关工作。自治区党委常委、市委书记王小东主持会议并讲话。

会议强调，要深入学习贯彻习近平总书记在中共中央政治局第三十四次集体学习时的重要讲话精神，进一步增强“四个意识”、坚定“四个自信”、做到“两个维护”，切实推动党中央和自治区党委决策部署在南宁得到不折不扣贯彻落实。要贯彻落实习近平总书记关于数字经济发展的重要论述，更加重视推动数字经济健康发展，着力打造数字丝路枢纽、面向东盟的新型智慧城市样板、区域性数字经济高地。要加强数字基础设施建设，大力推进以5G为引领的通信基础设施建设，抓好算力基础设施建设，扎实推进大型数据中心集聚区建设。要加快数字经济产业发展，推动电子信息制造业发展，推动构建“大湾区—南宁—东盟”等跨境产业链供应链价值链；做强软件和信息技术服务业，加快中国—东盟数字经济产业园、中国—东盟地理信息与卫星应用产业园等建设；推动工业、服务业、农业数字化，以数字经济发展更好推动传统产业转型升级。要深度参与数字丝绸之路建设，加快建设中国—东盟信息港南宁核心基地，加强与东盟的数字经济合作交流，加快中国—东盟跨境电商发展，在建设面向东盟的数字丝绸之路中贡献南宁力量。

会议强调，要深入学习贯彻习近平总书记在深入推动黄河流域生态保护和高质量发展座谈会上的重要讲话精神、在参观国家“十三五”科技创新成就展时的重要指示精神，完整、准确、全面贯彻新发展理念，结合南宁生态建设和科技创新的实际，加快研究出台务实管用的举措。要在更高水平上持续推进治水、建城、为民，坚决落实“以水定城、以水定地、以水定人、以水定产”原则，深入打好污染防治攻坚战，筑牢防灾减灾防线，协同推进碳达峰、碳中和行动，着力确保煤炭和电力供应稳定，保障好经济社会运行，加快打造生态宜居城市典范。要强化创新驱动发展，推动以科技创新为核心的全面创新，大力实施科技强市，提升产业科技创新能力，打造区域协同创新平台，推进“科创中国”试点城市建设，打造面向东盟的区域性国际人才高地。

研究部署传达学习党的十九届六中全会精神贯彻落实措施

11月15日，市委召开常委会（扩大）会议，专题传达学习党的十九届六中全会精神，强调全市各级各部门要把学习宣传贯彻党的十九届六中全会精神作为当前和今后一个时期的重大政治任务，进一步提高政治站位，深刻认识全会的重大政治意义、理论意义、实践意义、历史意义，全面把握党百年奋斗的伟大成就、伟大意义和伟大经验，深刻领会习近平新时代中国特色社会主义思想的真理伟力，增强“四个意识”、坚定“四个自信”、做到“两个维护”，自觉用全会精神统一思想、凝聚共识、坚定信心、增强斗志，切实把党的百年奋斗重大成就和历史经验转化为强大精神动力，永葆初心使命，弘扬伟大建党精神，始终沿着习近平总书记指引的方向奋勇前行。自治区党委常委、市委书记王小东主持会议并讲话。

会议指出，党的十九届六中全会是在我们党成立100周年之际，党领导人民实现第一个百年奋斗目标、向着实现第二个百年奋斗目标迈进的重大历史关头，召开的一次十分重要的会议。习近平总书记在全会上所作的工作报告，是对一年来中央政治局工作的客观总结。党的十九届五中全会以来，面对严峻形势和复杂任务，以习近平同志为核心的党中央，统筹中华民族伟大复兴战略全局和世界百年未有之大变局，顺应时代大势，把握战略主动，成功办好一件件大事要事喜事，坚决战胜前进道路上一个个风险挑战，推动党和人民事业取得骄人成绩，党心军心民心空前凝聚。习近平总书记在全会上的重要讲话，科学回答了一系列方向性、根本性、战略性重大问题，提出了许多新思想新观点新论断，具有很强的政治性、思想性、理论性、指导性，对于我们深刻领会全会精神具有重要的指导意义和引领作用，为我们指明了前进方向、提供了根本遵循。全会审议通过的《中共中央关于党的百年奋斗重大成就和历史经验的决议》，是一篇具有极强历史穿透力、思想引领力、政治动员力、时代感召力的马克思主义纲领性文献，是新时代中国共产党人牢记初心使命、坚持和发展中国特色社会主义的政治宣言，是以史为鉴、开创未来、实现中华民族伟大复兴的行动指南。决议进一步阐明，确立习近平同志党中央的核心、全党的核心地位，确立习近平新时代中国特色社会主义思想的指导地位，反映了全党全军全国各族人民共同心愿，对新时代党和国家事业发展、对推进中华民族伟大复兴历史进程具有决定性意义。

会议强调，要认真学习准确把握，学深悟透党的十九届六中全会精神的内涵和实质。要深刻领会一个历史定位、三次理论飞跃、四个历史时期与伟大成就、百年奋斗历史进程的五大历史意义、“十个坚持”的宝贵历史经验。要深刻理解党的领导这个中国特色社会主义最本质的特征、中国特色社会主义制度的最大优势，深刻把握党的百年奋斗的初心使命和新时代中国共产党的历史使命，在新的赶考路上继续拼搏奋斗。要更加深刻理解习近平新时代中国特色社会主义思想的历史定位、重大意义、科学内涵，持续在学懂弄通做实上下功夫，切实用马克思主义的立场、观点、方法分析和解决实际问题，让党的创新理论始终成为全市党员干部群众的思想之旗、精神之魂。要深刻认识到红色政权来之不易、新中国来之不易、中国特色社会主义来之不易，增强身为共产党人的自豪感、责任感、使命感，矢志不渝为党的伟大事业而奋斗，以一往无前的奋斗姿态继续坚持和发展中国特色社会主义，用党的光荣传统和优良作风坚定信念、凝聚力量，用党的实践创造和理论探索启迪智慧、推动工作，向党和人民交上满意答卷。

全市各级各部门要增强学习贯彻党的十九届六中全会精神的政治自觉，精心组织安排多形式、分层次、全覆盖的学习研讨培训等活动，迅速兴起学习宣传贯彻热潮。各级党员领导干部要带头学习、率先垂范，引导广大党员干部群众持续学、系统学、深入学。要结合党史学习教育，通过开展理论学习中心组学习、专题学习讨论、“三会一课”等，及时把全会精神传达到每个基层党组织和每个党员干部。各级党校要把六中全会精神作为干部教育培训的重要内容，帮助党员干部全面理解和准确把握。要广泛开展宣传报道，推动全会精神进机关、进企业、进农村、进社区、进校园、进网站，确保全会精神家喻户晓、深入人心。

会议强调，要结合实际贯彻落实，切实以党的十九届六中全会精神引领首府高质量发展。要更加忠诚做到“两个维护”，坚定不移把“两个确立”真正转化为坚决做到“两个维护”的思想自觉、政治自觉、行动自觉，不断提高政治判断力、政治领悟力、政治执行力，始终在政治立场、政治方向、政治原则、政治道路上，同以习近平同志为核心的党中央保持高度一致。要更加坚定全面从严治党，把党的领导全面贯彻落实到首府改革发展稳定各领域各方面各环节，牢牢把握意识形态工作领导权，全面贯彻新时代党的组织路线，不断巩固发展风清气正的良好政治生态。要更加自觉坚持以人民为中心，时刻牢记让人民生活幸福是“国之大者”，让人民群众获得感成色更足、幸福感更可持续、安全感更有保障。要更加坚决铸牢中华民族共同体意识，巩固深化提升全国民族团结进步示范市建设，全力维护全市民族团结和谐稳定的大好局面。要把学习贯彻全会精神与做好当前工作、确保“十四五”良好开局结合起来，严格按照“四定”要求，抓好产业发展、项目建设、改革创新、扩大开放等工作，全力冲刺全年目标任务；加强民生保障工作，聚焦群众“急难愁盼”，加强普惠性、基础性、兜底性民生建设，持续做好巩固拓展脱贫攻坚成果同乡村振兴有效衔接、生态宜居建设，盯紧办好为民办实事项目等；全力维护社会大局安全稳定，抓早抓小抓严抓实抓准常态化疫情防控，扎实做好服务自治区党代会工作，埋头苦干、勇毅前行，全面落实强首府战略，大力推进“六个全面提质”，勇当建设新时代中国特色社会主义壮美广西排头兵。

研究部署民族工作

11月15日，市委常委会召开会议，传达学习全区民族工作会议精神，研究部署南宁市贯彻落实措施。自治区党委常委、市委书记王小东主持会议并讲话。

会议指出，近期召开的全区民族工作会议，是广西深入贯彻落实习近平总书记对广西工作系列重要指示精神的生动实践，是学习贯彻中央民族工作会议精神的具体行动，对于巩固发展民族团结、社会稳定、边疆安宁具有重要而特殊的意义。自治区党委书记刘宁在会上的讲话，为我们做好首府新时代党的民族工作提供了精准指导。面对新形势新任务新要求，全市各级各部门要深入学习贯彻习近平总书记关于加强和改进民族工作的重要思想，与贯彻落实习近平总书记对广西工作系列重要指示精神结合起来，按照全区民族工作会议部署要求，进一步铸牢中华民族共同体意识，增强做好新时代民族工作的思想自觉、政治自觉和行动自觉，全力推动首府民族团结进步繁荣发展。

会议强调，要把握工作重点，勇当铸牢中华民族共同体意识示范区排头兵。要在构筑共有精神家园上下功夫，弘扬中华民族伟大精神，积极传承保护创新发展各民族优秀文化，深入推广普及国家通用语言文字，引导各族群众牢固树立正确的国家观、历史观、民族观、文化观、宗教观。要在促进交往交流交融上下功夫，统筹资源配置、完善政策举措，着力营造各民族“平等、团结、互助、和谐”的良好氛围。要在支持民族地区巩固提升脱贫攻坚成果同乡村振兴有效衔接上下功夫，加大产业发展、基础设施建设等扶持力度，补齐就业、教育、医疗等短板，加快推动民族地区高质量发展。要在加强依法治理民族事务能力建设上下功夫，依法保障各族群众合法权益，不断推进民族事务治理体系和治理能力现代化。要在坚决防范民族领域重大风险隐患上下功夫，完善风险预警监测体系，对暴力恐怖活动、宗教极端活动要露头就打、持续肃清，积极稳妥处理涉民族因素的意识形态问题，切实巩固首府民族团结的大好局面。

会议强调，要加强党的领导，凝聚推进新时代民族工作高质量发展的强大合力。要坚持把党的领导贯穿民族工作全过程，加快构建党委统一领导、政府依法管理、统战部门牵头协调、民族工作部门履职尽责、各部门通力合作、全社会共同参与的新时代党的民族工作格局。要加强民族地区基层政权建设，强化责任担当，始终把民族团结工作摆到突出位置，加强干部队伍建设，重视培养和用好少数民族干部，为建设新时代中国特色社会主义壮美广西贡献首府力量。

研究部署贯彻落实习近平总书记对广西工作系列重要讲话、重要指示精神和自治区部署要求相关工作

12月2日，市委常委会（扩大）会议暨市委理论学习中心组学习会召开，重温学习习近平总书记对广西工作系列重要讲话、重要指示精神特别是习近平总书记视察广西“4·27”重要讲话精神，传达学习习近平总书记在中国—东盟建立对话关系30周年纪念峰会、中非合作论坛第8届部长级会议开幕式上的重要讲话精神，传达学习自治区第十二次党代会精神、自治区党委书记刘宁在南宁市领导干部会议的讲话精神，研究部署贯彻落实工作。自治区党委常委、市委书记徐海荣主持会议并讲话。

会议指出，党的十八大以来，以习近平同志为核心的党中央高度重视广西工作，深切关怀壮乡各族人民，习近平总书记2次到广西视察、发表重要讲话，多次就广西工作作出重要指示、重要批示、重要题词。特别是习近平总书记今年的“4·27”重要讲话，深刻阐述广西在全国发展大局中的“四个突出特点”，明确提出“建设新时代中国特色社会主义壮美广西”的总目标，全面部署“四个新”总要求和“四个方面重要工作要求”。习近平总书记的一系列重要讲话、重要指示，为进一步做好广西工作指明了前进方向、提供了根本遵循。刘宁书记在自治区第十二次党代会上所作的报告，聚焦贯彻落实习近平总书记对广西工作系列重要指示精神，全面总结过去五年工作取得的巨大成就，深入分析广西发展面临的形势任务和机遇挑战，系统擘画建设新时代中国特色社会主义壮美广西的宏伟蓝图，深刻阐述今后五年和未来一个时期的工作思路、总体要求、奋斗目标、战略任务、重大举措，形成了“1+1+4+3+N”的目标任务体系，是指导全区凝心聚力建设新时代中国特色社会主义壮美广西的纲领性文件。刘宁书记在南宁市领导干部会议上的讲话，从“强化政治意识、坚定不移沿着习近平新时代中国特色社会主义思想指引的方向奋勇前进，奋进新征程、高质量推进强首府战略，突出党建引领、不断夯实改革发展稳定的根基，科学统筹推进、确保年终岁末各项工作圆满收官”四个方面，对当前和今后一个时期首府工作作出重要部署、提出明确要求，为我们深入推进强首府战略、勇当建设新时代中国特色社会主义壮美广西排头兵提供了实践指南。我们要进一步提高政治站位，始终牢记“国之大者”，切实增强“四个意识”、坚定“四个自信”、做到“两个维护”，以高度的政治自觉、思想自觉和行动自觉，确保党中央决策部署和自治区党委工作要求在南宁市落地见效。

会议强调，贯彻落实好习近平总书记对广西工作系列重要讲话、重要指示精神和自治区部署要求，一要强化学习宣传。各级党委（党组）要组织好理论学习中心组学习，加强理论培训，推动学习不断走深、走心、走实。要加强宣传引导，充分发挥新闻媒体作用，在全市营造学习宣传贯彻的浓厚氛围。组织好各级各类宣讲研讨活动，推动习近平新时代中国特色社会主义思想走进千家万户。二要强化重点工作。要聚焦高质量发展，胸怀“两个大局”，主动把首府工作放到全国全区大局中思考谋划，坚定不移完整、准确、全面贯彻新发展理念，坚持“政策为大、项目为王、环境为本、创新为要”，创造性贯彻落实党中央和自治区党委的部署要求，全力推进产业振兴，全面提升对外开放合作水平，扎实推动巩固拓展脱贫攻坚成果同乡村振兴有效衔接，加快发展重点领域民生事业，推动全市经济社会高质量发展。要切实抓好当前疫情防控、社会稳定、城市安全“三件事”，坚决守住疫情防控外防输入底线，全力守护人民群众生命健康；深入开展平安南宁建设，严厉打击违法犯罪活动，营造和谐安宁的社会环境；严格落实安全生产责任制，不断提高防灾减灾救灾能力。要全力冲刺全年目标任务，同时谋划好明年工作。三要强化作风保障。坚持全面从严治党，营造政治清明、政府清廉、干部清正、社会清朗的良好政治生态；持之以恒转变作风，力戒形式主义、官僚主义，不搞虚功、不要花架子，一点一滴、老老实实干事创业，以优良作风保障各项工作落实，凝心聚力、全力以赴把南宁建设成为新时代中国特色社会主义壮美广西首善之地。

会议指出，习近平总书记在中国—东盟建立对话关系30周年纪念峰会上发表重要讲话，正式宣布建立中国与东盟全面战略伙伴关系，提出共建和平家园、安宁家园、繁荣家园、美丽家园、友好家园五点建议，为中国与东盟合作注入强大动力、指明前进方向。南宁市要抢抓机遇，充分发挥“南宁渠道”作用，服务办好东博会、峰会；扩大与东盟开放合作，建设高质量实施RCEP示范区，深入推动“贸易+服务+投资”合作发展；积极参与西部陆海新通道建设，创造和发挥比较优势，推动通道经济向枢纽经济转型。

会议强调，要认真学习贯彻习近平总书记在中非合作论坛第8届部长级会议开幕式上的重要讲话精神，结合南宁实际，

发挥南宁优势，在经贸往来、人文交流、抗疫合作等领域，加强与非洲国家特别是友好城市的合作，在构建新时代中非命运共同体中作出积极贡献。

研究部署教育工作

12月2日，市委常委会召开会议，听取南宁市教育工作有关情况汇报，研究部署相关工作。自治区党委常委、市委书记徐海荣主持会议并讲话。

会议指出，党的十八大以来，以习近平同志为核心的党中央高度重视教育工作，把教育摆在优先发展战略地位。习近平总书记对教育工作提出了一系列富有创见的新理念新思想新观点，系统回答了一系列方向性、全局性、战略性重大问题，形成了习近平总书记关于教育的重要论述，标志着我们党对教育发展规律的认识达到了新高度，为新时代中国特色社会主义教育提供了根本遵循。我们要深入学习领会习近平总书记关于教育的重要论述精神，胸怀“两个大局”，心系“国之大者”，深刻认识教育事业的重大意义，进一步增强做好教育工作的责任感、紧迫感和使命感，始终坚持社会主义办学方向，培养更多德智体美劳全面发展的社会主义建设者和接班人。

会议强调，进一步推动首府教育工作高质量发展，一要高度重视教育事业。各级党委政府要坚持把优先发展教育事业作为推动各项事业发展的重要先手棋，全面细致做好教育教学各项工作，办好人民满意的教育。二要坚持立德树人。要把立德树人融入教育各环节，构建德智体美劳全面培养的教育体系，加强学校思想政治工作，持续推进习近平新时代中国特色社会主义思想进校园、进课堂、进头脑。三要加强教师队伍建设。要全面加强师德师风和专业能力建设，引导广大教育工作者牢记嘱托、感恩奋进，按照“四有”好教师标准严格要求自己，做到学为人师、行为世范，培养更多优秀人才，为建设新时代中国特色社会主义壮美广西首善之地提供强有力的人才支撑、智力支撑和创新支撑。四要做好“双减”工作。要坚决贯彻党中央和自治区党委决策部署，把“双减”工作与教育综合改革结合起来，把减负担与提质量结合起来，发挥好学校教育主阵地作用，进一步提升课堂教育教学质量，针对不同学生的能力和兴趣办好多元化校内课后服务，从严治理学科类校外培训机构，切实把学生的作业负担和课外培训负担减下来，让每一个孩子健康成长、全面发展。五要积极扩大教育资源。要加快缩小义务教育校际、城乡、区域差距，下大力气整合优化教育资源，调整完善教育设施布局，加快教育基础设施建设，提升热点地区教育承载力，着力解决好热点、难点区域的学位供给矛盾，推动学前教育优质普惠、城乡义务教育优质均衡、普通高中多样化特色化发展、职业教育提质培优、高等教育振兴发展。六要加强党对教育工作的领导。要切实担负起党管教育的政治责任和历史责任，全面贯彻党的教育方针，严格落实党组织领导下的校长负责制，选优配强学校党组织书记和校长，把思想政治工作贯穿教育教学全过程，努力营造全社会关心支持教育工作的良好环境。

研究部署宗教和对外开放工作

12月7日，市委常委会（扩大）会议暨市委理论学习中心组学习会举行，传达学习习近平总书记在中共中央政治局会议、全国宗教工作会议上的重要讲话精神和向2021年“读懂中国”国际会议（广州）开幕式、“2021从都国际论坛”开幕式发表视频致辞精神，研究部署贯彻落实工作。自治区党委常委、市委书记徐海荣主持会议并讲话。

会议指出，12月6日，习近平总书记主持召开中共中央政治局会议，会议科学分析、准确研判了2022年经济形势，就做好明年经济工作作出了部署安排。我们要深刻领会习近平总书记重要讲话精神，坚持稳中求进总基调，完整、准确、全面贯彻新发展理念，全面落实强首府战略，在服务和融入新发展格局上展现更大作为。要全力冲刺今年目标任务，倒排工期、挂图作战，始终抓好产业发展、项目建设、改革创新、扩大开放等工作，统筹安排煤电油气运保障供应，确保今年各项工作圆满收官。要谋划好明年经济工作，吃透中央宏观政策、扩大内需政策、微观政策、结构政策、科技政策及社会政策，强化前瞻谋划，把准工作脉络，按照自治区第十二次党代会提出的“1+1+4+3+N”目标任务体系，敢于求新、勇于求变、善于求质，重点围绕推动高质量发展、守牢三条底线，推动经济社会持续健康发展，以优异成绩迎接党的二十大胜利召开。

会议强调，习近平总书记在全国宗教工作会议上的重要讲话观大局谋大势、指方向明方略，深刻回答了新时代宗教工作一系列重大理论和实践问题，是党的宗教工作实践的最新总结，是马克思主义宗教观同中国具体实际相结合的最新成果，是中国特色社会主义宗教理论的最新发展，是做好新时代宗教工作的总纲要。全市各级各部门要深入学习习近平总书记重要讲话精神，认真贯彻新时代党的宗教工作基本方针，完整、准确、全面贯彻党的宗教信仰自由政策，深入推进我国宗教中国化，增进宗教界人士和信教群众对伟大祖国、中华民族、中华文化、中国共产党、中国特色社会主义的高度认同。要依法管理宗教事务，加强对宗教活动的正确引导和规范管理，支持引导宗教界加强自我教育、自我管理、自我约束，全面推进宗教工作法治建设。要着力培养精通马克思主义宗教观、熟悉宗教工作、善于做信教群众工作的党政干部队伍，培养政治上靠得住、宗教上有造诣、品德上能服众、关键时起作用的宗教界代表人士队伍，推动构建党委领导、政府管理、社会协同、宗教自律的宗教事务治理格局，努力开创宗教工作新局面。

会议强调，要认真学习贯彻习近平总书记向2021年“读懂中国”国际会议（广州）开幕式、“2021从都国际论坛”开幕式发表视频致辞精神，以壮乡首府为窗口，讲好中国共产党的故事，讲好中国故事的南宁篇章，深化国际合作和对外交流，加强与东盟及“一带一路”沿线国家和地区文化、教育、旅游、医疗等各方面交流合作，推进“南宁渠道”全面提质，自觉服务和融入国家总体外交和周边外交全局，为建设更为紧密的中国—东盟命运共同体作出积极贡献。

研究部署文旅产业发展工作

12月7日，市委常委会召开会议，传达学习2021年广西文化旅游发展大会精神，听取南宁市相关工作情况汇报，研究部署贯彻落实措施。自治区党委常委、市委书记徐海荣主持会议并讲话。

会议指出，党的十八大以来，以习近平同志为核心的党中央高度重视文化和旅游工作。习近平总书记多次对广西山水风光和民族文化给予肯定，多次对广西文化旅游发展作出重要指示，为广西文化旅游发展指明了前进方向、描绘了宏伟蓝图、注入了强大动力。10月26日，自治区党委、政府召开2021年广西文化旅游发展大会，自治区党委书记刘宁出席会议并讲话，强调要倍加珍惜习近平总书记的亲切关怀和殷切嘱托，把习近平总书记的重要指示要求和广西区情紧密结合起来，精心呵护好广西的山山水水，挖掘厚重的历史文化资源，加快建设文化旅游强区。大会还宣布南宁市获得2023年广西文化旅游发展大会承办权。

会议强调，要深入贯彻习近平总书记对广西文化旅游工作的重要指示精神，增强发展文旅工作的责任担当。充分发挥广西“金不换”生态优势，补短板、强弱项，提品位、塑品牌，不断提升首府文化旅游特色化、品质化、国际化、智慧化水平，把“广西旅游大有可为”要求落到实处，高标准筹办好2023年广西文化旅游发展大会，确保首府文旅产业发展行稳致远。要紧扣南宁文化旅游发展定位，推动首府旅游业高质量发展。按照自治区党委、政府对南宁市的部署要求，着力完善面向东盟的立体化旅游交通网，扎实推进文旅重大项目建设，形成具有强大辐射力的旅游集散中心，加快建设国际旅游消费中心城市。要加强组织领导，统筹抓好旅游发展与疫情防控。成立工作专班，充实工作力量，推动形成党委领导、政府推动、部门协调、全社会积极参与的工作格局。坚持常态化精准防控和应急处置相结合，毫不放松抓好“外防输入、内防反弹”工作，细化落实各项措施，为文旅产业、经济社会发展和人民群众生活创造良好的环境和条件。

研究部署经济发展、依法治市和文艺发展各项工作

12月16日，市委常委会（扩大）会议暨市委理论学习中心组学习会举行，传达学习中央经济工作会议、习近平总书记在中共中央政治局第三十五次集体学习时的重要讲话、在中国文联第十一次全国代表大会、中国作协第十次全国代表大会开幕式上的重要讲话以及习近平总书记向2021·南南人权论坛和2021年大湾区科学论坛致重要贺信精神等，研究部署有关工作。自治区党委常委、市委书记徐海荣主持会议并讲话。

会议指出，习近平总书记在中央经济工作会议的重要讲话，客观总结2021年经济工作，深入分析当前经济形势，对2022年经济工作作出部署安排，深刻阐述了“七大政策取向”和“五个重大理论和实践问题”，视野宏阔、思想深邃、博大精深，既是认识论、系统论，又是方法论、实践论，具有很强的前瞻性、指导性、战略性，是习近平经济思想的重要内容，是新时代中国马克思主义政治经济学的重要篇章，是我们做好当前和今后一个时期经济工作的行动纲领。我们要切实把思想和行动统一到以习近平同志为核心的党中央对经济形势科学判断和对经济工作部署安排上来，结合实际认真抓好贯彻落实。要完整、准确、全面贯彻新发展理念，坚持稳中求进工作总基调，全面落实强首府战略，在服务和融入新发展格局上展现更大作为，切实推动首府高质量发展。要明确明年发展目标任务，强化前瞻谋划，把准工作脉络，继续做好“六稳”“六保”工作，按照自治区第十二次党代会提出的“1+1+4+3+N”目标任务体系，勇于求变、敢于求新、善于求质，确保明年工作开好局、起好步。要全面把握国家宏观经济政策，学深吃透、用好用活，紧紧把握重大利好机遇，积极与上级有关部门对接。要积极扩大内需，坚持“政策为大、项目为王、环境为本、创新为要”，聚焦“两新一重”，加快谋划推进一批水、陆、空、电、气等重大基础设施建设。要大力推进生态文明建设，推动形成绿色生产方式和生活方式，坚持节约资源和保护环境的基本国策，持续打好蓝天、碧水、净土三大保卫战，大力推动产业生态化、生态产业化，努力构建绿色低碳循环经济体系。要坚定不移深化改革开放，进一步深化“放管服”改革，充分发挥市场在资源配置中的决定性作用，更好发挥政府作用，激发各类市场主体活力；进一步畅通“南宁渠道”，积极参与西部陆海新通道建设，做深做实开放平台，积极建设高质量实施RCEP示范区，加强面向东盟的外贸交流，实现“买东盟满足国内，买国内服务东盟”。要坚持统筹兼顾科学方法，统筹疫情防控和经济社会发展，统筹发展和安全，强化底线思维，积极防范化解各类风险挑战，扎实做好“1+3”重点工作。要保障和改善民生，不断提高就业、养老、教育、医疗、交通畅通等公共服务水平和质量，统筹安排煤电油气运保障供应，保障困难群众生活，保障农民工工资发放，着力解决群众“急难愁盼”问题。要加强党对经济工作的领导，压实各方面责任，扎扎实实干事创业，提高领导经济工作的能力和水平，以优良作风保障各项工作落实，凝心聚力建设新时代中国特色社会主义壮美广西首善之地，以优异成绩迎接党的二十大胜利召开。

会议指出，习近平总书记在中共中央政治局第三十五次集体学习时的重要讲话高屋建瓴、内涵丰富、思想深邃，是对马克思主义法治理论的重要发展，是习近平法治思想的最新篇章。我们要认真学习贯彻习近平总书记的重要讲话精神，进一步做好全面依法治市工作，加强党对全面依法治市的领导，为全面落实强首府战略、建设新时代中国特色社会主义壮美广西首善之地提供法治保障。要科学立法，紧密结合首府发展需要，抓好民生保障、社会治理、乡村振兴、环境保护等重点领域方面的立法；要严格执法，提高突发事件依法处置能力，建设人民满意的服务型政府；要公正司法，不断提升司法质量、效率和公信力，让人民群众在每一个司法案件中都感受到公平正义；要全民守法，深入宣传以宪法为核心的中国特色社会主义法律体系，引导人民群众自觉做学法守法用法的合格公民。

会议强调，要认真学习贯彻习近平总书记在中国文联第十一次全国代表大会、中国作协第十次全国代表大会开幕式上的重要讲话精神，坚决贯彻党的文艺路线方针政策，全力推动首府文艺事业高质量发展。要大力培养文艺人才，教育引导广大文艺工作者心系民族复兴伟业、热忱描绘新时代新征程的恢宏

气象，坚守人民立场、书写生生不息的人民史诗，坚持守正创新、用跟上时代的精品力作开拓文艺新境界，用情用力讲好中国故事、向世界展现可信、可爱、可敬的中国形象，坚持弘扬正道、在追求德艺双馨中成就人生价值。要大力创造精品力作，坚持“二为”方向和“双百”方针，坚持创造性转化、创新性发展，把艺术创作与南宁的改革发展紧密地结合起来，围绕绿色、民族、东盟等文化元素，打造更多具有壮乡首府特色的优秀文艺作品。要大力繁荣文艺事业，坚持文、旅、商融合发展，不断提升首府文化旅游特色化、品质化、国际化、智慧化水平，高标准筹办好2023年广西文化旅游发展大会，确保首府文旅产业发展行稳致远。

研究部署推进党内法规制度建设、加强老干部工作、提升对外开放水平以及加强群团组织建设和机关党建等工作

12月24日，市委常委会（扩大）会议暨市委理论学习中心组学习会举行，传达学习贯彻习近平总书记关于党内法规制度建设工作重要指示、全国老干部工作重要指示和致厦门经济特区建设40周年的贺信精神，研究部署推进党内法规制度建设、加强老干部工作、提升对外开放水平以及加强群团组织建设和机关党建等。自治区党委常委、市委书记徐海荣主持会议并讲话。

会议指出，习近平总书记对党内法规制度建设工作的重要指示，深刻阐明党内法规制度建设在管党治党、提高党的执政能力和领导水平中的重要地位，充分肯定党的十八大以来党内法规制度建设的显著成绩，就深化依规治党、加强党内法规制度建设提出明确要求，为我们在新征程上做好党内法规工作提供了根本遵循。全市各级各部门要深入学习贯彻落实习近平总书记重要指示精神，增强依规管党治党的自觉性和坚定性，深入推进党内法规制度建设。要抓好党内规范性文件制定，坚持科学立规、质量为上，紧密结合强首府工作实际，统筹推进立改废释工作，加强党内规范性文件备案审查，使制度优势更好转化为治理效能。要加强党内法规制度学习宣传，加大党内法规宣讲解读力度，教育引导各级各部门和党员领导干部从自身做起，以身作则、严格要求，带头遵守党内法规。要严格执行党内法规制度，坚持以上率下，加强督促检查、责任追究，做到有法可依、有法必依、执法必严、违法必究，以钉钉子精神抓好制度落地执行。

会议强调，习近平总书记关于全国老干部工作的重要指示，充分体现了党中央对广大老干部的关心关怀和对老干部工作者的殷切期望，为我们做好新时代老干部工作提供了根本遵循。我们要坚持以习近平总书记重要指示精神为指导，全面加强老干部党组织建设，贯彻落实新时代党的建设总要求，抓好老干部党支部标准化规范化建设，组织老干部学习贯彻习近平新时代中国特色社会主义思想，引导老干部学党史、知党情、感党恩、跟党走，激励他们为全面落实强首府战略发挥余热、献智献计。要精心精细精准做好服务，及时解决老干部在生活、就医等方面遇到的困难，不断提高他们的精神生活品质，把党委、政府的关心关怀落到实处。要发挥老干部独特优势作用，引导老干部讲好中国故事、中国共产党故事、新时代中国特色社会主义故事，做好关心教育下一代工作，继续传承好党的优良传统和红色基因。

会议指出，要认真学习贯彻习近平总书记致厦门经济特区建设40周年的贺信精神，充分发挥“南宁渠道”在中国—东盟开放合作中的独特作用，全面提升南宁市全方位对外开放水平。要做实开放合作平台，抢抓RCEP生效实施的有利机遇，加强对国际贸易政策、规则学习，积极建设高质量实施RCEP示范区。全面提升互联互通水平，高水平共建西部陆海新通道，加快推动重大项目建设，推动通道经济向枢纽经济转型。持续深化对外交流合作，积极参与区域产业分工，扩大贸易和双向投资规模，深化与“一带一路”沿线国家和地区在各个领域的务实合作，打造中国—东盟人文交流合作示范区。

会议听取南宁市群团组织情况汇报，强调要深入学习贯彻党的十九届六中全会精神和习近平总书记关于群团工作的重要指示要求，坚持围绕中心服务大局，切实增强党的群团工作的政治性、先进性、群众性，教育引导群众坚定不移听党话、跟党走，团结动员群众服务强首府建设，帮助群众解决最关心、最直接、最现实的问题，团结一切可以团结的力量，调动一切可以调动的积极因素，最大限度凝聚起共同奋斗的智慧和力量，在推动经济社会高质量发展中作出更大贡献。

会议听取南宁市机关党建工作情况汇报，强调要切实加强政治建设，教育引导机关党员干部深刻领悟“两个确立”的决定性意义，不断增强“四个意识”、坚定“四个自信”、做到“两个维护”，始终坚持用习近平新时代中国特色社会主义思想武装头脑、指导实践、推动工作；要全面加强组织建设，充分发挥机关党支部战斗堡垒作用和党员的先锋模范作用，不断提升机关党建质量；要全面加强党风廉政建设，持之以恒纠治“四风”，力戒形式主义、官僚主义，持续锻造忠诚干净担当的党员干部队伍，推动全面从严治党走深走实，全力维护首府风清气正的政治生态。

研究部署老龄工作、乡村振兴工作、法治南宁建设及审计工作

12月30日，市委常委会召开会议，传达学习习近平总书记重要批示指示和全国老龄工作会议、中央农村工作会议、中央全面依法治国委员会第四次会议精神，听取南宁市老龄工作、乡村振兴工作、审计工作等情况汇报，研究部署有关工作。自治区党委常委、市委书记徐海荣主持会议并讲话。

会议指出，要深入学习贯彻习近平总书记关于老龄工作的重要批示精神和全国老龄工作会议精神，全面落实积极应对人口老龄化国家战略，坚持把积极老龄观、健康老龄化理念融入经济社会发展全过程，采取有效举措应对人口老龄化。要聚焦重点发力，着力健全社会保障体系，大力实施全民参保计划，逐步提高养老保障水平；着力健全养老服务体系，创新居家养老、社区服务模式，强化敬老院改造提升，补齐农村养老服务短板；着力健全健康支撑体系，扎实推进医养结合，完善医疗保险等制度，鼓励社会资本积极发展养老机构，加强老龄产业

规划、标准等基础性工作，全面推进南宁市新时代老龄工作高质量发展。要强化组织统筹，进一步建立健全老龄工作机制，统筹各方力量，加大投入力度，为做好新时代老龄工作提供有力保障。

会议强调，要深入学习贯彻习近平总书记重要指示和中央农村工作会议精神，深刻认识稳住农业基本盘、做好“三农”工作的重要意义，按照党中央和自治区党委部署要求，加强党对“三农”工作的全面领导，全面推进乡村振兴，促进农业农村现代化。要巩固拓展脱贫攻坚成果同乡村振兴有效衔接，严格落实“四个不摘”要求，持续开展防止返贫动态监测和帮扶，牢牢守住不发生规模性返贫的底线。要大力推进乡村振兴工作，着力推动产业振兴，促进农业产业化与农产品加工链叠加建设，实现一二三产业融合发展；着力推动人才振兴，引导和鼓励人才下乡，激发农村创新活力，打造一支强大的乡村振兴人才队伍；着力推动文化振兴，实现乡村文化繁荣发展，焕发乡村文明新气象；着力推动生态振兴，扎实实施农村人居环境整治，切实抓好农村垃圾收集转运，持续推进农村“厕所革命”，因地制宜探索污水治理模式，打造美丽幸福乡村；着力推动组织振兴，充分发挥基层党组织战斗堡垒作用，推进基层党支部标准化规范化建设，为实现乡村振兴提供坚强保障。要大力推进农村改革开放，稳慎推进农村宅基地改革，稳步推进农村集体经营性建设用地入市改革试点工作，全面推进农村集体产权制度改革，让农村发展要素真正活起来；立足面向东盟区位优势，抢抓《区域全面经济伙伴关系协定》（RCEP）即将生效新机遇，发挥沃柑、茉莉花等“邕”系品牌力量，提高农产品对外贸易水平，积极推进农业“走出去、引进来”。要大力抓好乡村治理，加快构建党组织领导的乡村治理体系，推进农村移风易俗，革除陈规陋习，加强农村治安网格化管理，落实各项有力防控措施，坚决防止农村疫情发生，加大对农村非法宗教活动和境外渗透活动的打击力度，依法制止利用宗教干预农村公共事务。

会议深入学习习近平法治思想，传达中央全面依法治国委员会第四次会议、全区全面依法治区工作会议精神，审议通过《法治南宁建设规划（2021—2025年）》及其责任分工方案、《南宁市法治政府建设实施方案（2021—2025年）》及其责任分工方案、《南宁市法治社会建设实施方案（2021—2025年）》及其责任分工方案。会议强调，要坚定不移地用习近平法治思想指导法治南宁建设，扎实做好全面依法治市各项工作。要紧扣建设新时代中国特色社会主义壮美广西总目标，紧盯“1+3”重点工作，聚焦人民群众对法治的新要求新期盼，建设完备的法规规章制度体系、高效的法治实施体系、严密的法治监督体系、有力的法治保障体系、完善的党内法规制度体系，扎实推进法治南宁、法治政府、法治社会建设。要始终坚持党对全面依法治市工作的集中统一领导，引导各级领导干部自觉尊法学法守法用法，运用法治思维和法治方式推动工作、推动发展。

会议强调，要坚持正确方向，把思想和行动统一到习近平总书记关于审计工作的重要指示精神上来，一以贯之抓好审计工作，用高质量审计推动首府经济社会高质量发展。要聚焦主责主业，聚焦中央、自治区重大决策部署和市委“1+3”重点工作的贯彻落实，高质量完成各项审计任务。要压实各方责任，推动审计问题整改，建立长效机制，推动标本兼治。要加强党的领导，充分发挥各级党委审计委员会职能作用，强化各成员单位和相关部门统筹协调，切实加强审计机关自身建设，不断提升审计监督工作水平。

市委民主生活会

2020年度民主生活会暨中央巡视整改专题民主生活会

按照党中央、自治区党委的部署，2月25日，市委常委班子召开2020年度民主生活会暨中央巡视整改专题民主生活会，以中央政治局民主生活会为标杆，主题是认真学习贯彻习近平新时代中国特色社会主义思想和习近平总书记在听取十九届中央第六轮巡视汇报时的重要讲话精神，加强政治建设，提高政治能力，坚守人民情怀，全面落实中央第二巡视组对广西开展巡视的反馈意见，准确把握新发展阶段，抢抓用好新发展机遇，深入贯彻新发展理念，加快融入新发展格局，推动南宁市“十四五”高质量发展，为夺取决胜全面建成小康社会、实现第一个百年奋斗目标的伟大胜利，全面落实强首府战略、与全国同步基本实现社会主义现代化奠定坚实基础。市委常委班子对照习近平总书记关于严肃党内政治生活的重要指示精神，对照党章党规党纪，对照初心使命，对照中央巡视反馈意见，认真进行自我检查和党性分析，开展批评和自我批评。

自治区党委常委、市委书记王小东主持会议并讲话。

市委对开好这次民主生活会高度重视，科学谋划，精心组织，专门制订工作方案，认真开展会前学习，广泛征求意见建议，专门向自治区纪委机关、自治区党委组织部、自治区党委巡视办请示汇报、提交会议方案。王小东牵头研究起草了常委班子对照检查材料，常委班子成员深入开展谈心谈话，深刻剖析典型案事例，撰写了个人发言提纲并反复修改完善。

会议深入学习贯彻落实习近平总书记在听取十九届中央第六轮巡视汇报时的重要讲话和十九届中央第六轮巡视反馈视频会议精神，通报中央第二巡视组巡视广西反馈意见，以及市委常委班子“不忘初心、牢记使命”专题民主生活会、中央脱贫攻坚专项巡视“回头看”整改专题民主生活会、自治区党委巡视整改专题民主生活会整改措施落实情况和2020年度民主生活会征求意见情况。

会上，王小东就开好民主生活会提出要求，代表市委常委班子作对照检查，带头进行个人对照检查，作自我批评，听取批评意见。常委班子成员逐一对照检查并作自我批评，其他常委对其提出批评意见建议。在常委班子成员开展批评与自我批评后，王小东就落实好这次民主生活会成果提出明确要求。

王小东指出，大家在精心准备的基础上，紧扣民主生活会主题，聚焦中央巡视反馈意见，逐一进行个人对照检查，开门见山，直奔主题，自我批评直面问题、主动担责，相互批评出以公心、坦诚相见，切实做到见人见事见思想，体现了从严从实的要求。本次民主生活会严肃认真、民主团结、求真务实、富有成效，达到了统一思想、明确方向、凝聚力量的目的。

王小东强调，市委常委同志要带头对党绝对忠诚，自觉把对党绝对忠诚作为生命线和根本点，不断提高政治判断力、政治领悟力、政治执行力，始终在政治立场、政治方向、政治原则和政治道路上同以习近平同志为核心的党中央保持高度一致，示范带动全市广大党员干部深入学习贯彻习近平新时代中国特色社会主义思想，严守政治纪律和政治规矩，进一步增强“四个意识”、坚定“四个自信”、做到“两个维护”。要带头动真碰硬，对标对表中央巡视反馈意见指出的问题，深入查摆自身工作中存在的薄弱环节，既要带头抓整改，又要履行好领导责任，对巡视整改工作全程介入、督导检查、紧盯不放、一抓到底，坚决做到主动整改、全面整改。要注重举一反三，深挖问题根源，拿出过硬措施，确保整改到位。同时要坚持标本兼治，注重把“长久立”和“当下改”结合起来，着力解决深层次问题。要带头担当实干，发扬钉钉子的精神和务实担当的作风，以“功成不必在我”的精神境界和“功成必定有我”的历史担当，增强政治定力，保持历史耐心，多做打基础、利长远的事情，自觉把市委十二届十一次全会确定下来的工作部署一件一件地干好、一点一滴地做成，全力推动“十四五”发展开好局起好步。要带头廉洁自律，认真学习贯彻习近平总书记在十九届中央纪委五次全会上的重要讲话精神，以党章党规党纪为根本遵循，自觉加强党性锻炼，筑牢思想防线。要履行好“一岗双责”，抓好分管领域管党治党工作，持续深入改进作风，自觉贯彻落实中央八项规定及其实施细则精神，坚决反对“四风”特别是形式主义、官僚主义，带动广大党员干部始终严格遵守廉洁从政各项规定，做到敬畏人民、敬畏组织、敬畏法纪，自觉接受监督，树立干部队伍良好形象，持续巩固首府风清气正的良好政治生态。

专项工作部署会

市委人民武装委员会暨市国防动员委员会（扩大）会议

1月14日，市委人民武装委员会暨市国防动员委员会（扩大）会议召开，总结工作、部署任务，全面推动南宁市国防动员工作创新发展，为备战打仗提供可靠保障。自治区党委常委、市委书记、南宁警备区党委第一书记、市委武委会和市国动委第一主任王小东出席会议并讲话。

王小东指出，2020年，面对急难险重任务，全市国防动员战线闻令而动、冲锋在前，积极投身新冠肺炎疫情防控、抢险救灾、决战脱贫攻坚等重点工作，为全市改革发展稳定作出了积极贡献。党的十九届五中全会对加快国防和军队现代化作出新的战略部署，充分体现了党中央、习近平总书记推进强国强军的战略决心和深谋远虑。我们要提高政治站位，坚持政治建军，始终以习近平强军思想统领国防动员工作，增强“四个意识”、坚定“四个自信”、做到“两个维护”，统筹好发展和安全，坚决扛起首府国防动员准备的重大使命、重大任务，高举旗帜铸忠诚、全神贯注抓备战，奋力谱写首府国防动员事业现代化新篇章。

王小东强调，要坚持常备不懈，全面提高新时代备战打仗能力。全市各级国动委要持续增强战备意识，时刻按照能打仗、打胜仗的要求搞建设、抓准备，加强基层基础建设，持续提高国防动员的基础保障水平，大抓实战化军事训练，不断提高打赢能力，持续推进民兵调整改革工作，加强民兵队伍能力建设，持续抓好高素质兵员征集，落实好征兵政策，持续激发高素质青年报名参军热情。

王小东强调，要坚持改革创新，持续提升国防动员服务保障水平。深入开展全民国防教育，使关心国防、热爱国防、建设国防、保卫国防成为全社会的思想共识和自觉行动。纵深推进军民深度融合，继续做好国家军民融合创新示范区培育工作，结合编制“十四五”发展规划，把推进军民融合作为实现高质量发展的战略工程，贯穿于经济社会发展的各领域、全过程。持续巩固提升全国“双拥模范城”七连冠成果，扎实做好军人家属随军就业、子女入学入托、优抚政策落实和退役军人保障等工作，切实维护军政军民团结大好局面。

王小东强调，要坚持党管武装，确保国防动员工作落细落实。各级各部门主要负责同志要履行好管武装、建武装、用武装的职责，带头抓好工作落实。市县两级国动委成员单位要严格落实工作制度，推动各项工作落到实处、取得实效。要建强基层骨干队伍，关心关爱专武干部，打造过硬武装工作队伍，永葆初心、牢记使命，扎实推进国防动员和后备建设，不断开创首府国防动员事业新局面，以优异成绩庆祝中国共产党成立100周年。

2020年度南宁市县（区）党委书记和市直有关工委（党委、党组）书记推动落实全面从严治党主体责任述职评议会

2月2日，市委召开2020年度南宁市县（区）党委书记和市直有关工委（党委、党组）书记推动落实全面从严治党主体责任述职评议会，就履行抓基层党建、党风廉政建设、意识形态工作责任情况进行述职评议。自治区党委常委、市委书记王小东主持会议并讲话。

会上，各县（区）党委书记和市直机关工委副书记、市国资委党委书记、市委教育工委书记先后进行述职，大家坚持把自己摆进去、把职责摆进去、把工作摆进去，直面存在问题，深刻剖析原因，提出整改措施。王小东逐一点评并作精准指导。

王小东指出，过去一年，全市各级党组织坚持以习近平新时代中国特色社会主义思想为指导，全面贯彻落实党的十九大和十九届二中、三中、四中、五中全会精神，坚决扛起全面从严治党主体责任，扎实推动全市基层党的建设更加坚强有力、全面从严治党不断向纵深推进、意识形态领域持续向上向好，首府党的建设质量和水平不断取得新成效。但对照党中央关于全面从严治党的新部署新要求，对标自治区党委的要求和人民群众的新期待，全市基层党建、党风廉政建设、意识形态工作还存在薄弱环节，要认真对照检查，强化责任担当，采取有力措施，立行立改、即知即改、务求实效。

王小东强调，要旗帜鲜明讲政治，把加强政治建设作为一项重大政治任务，巩固拓展“不忘初心、牢记使命”主题教育成果，进一步增强“四个意识”、坚定“四个自信”、做到“两个维护”，认真贯彻落实新时代党的建设总要求和党的组织路

线，认真对标对表党内法规，严守政治纪律和政治规矩，在统筹推进疫情防控和经济社会发展、全面落实强首府战略上担当作为，推动党中央、自治区党委和市委的决策部署不折不扣贯彻落实。

王小东强调，要坚持党管意识形态，牢牢掌握意识形态工作领导权。持续强化理论武装，推动学习贯彻习近平新时代中国特色社会主义思想往深里走、往心里走、往实里走，紧扣庆祝建党100周年主线，精心组织宣传教育活动，围绕推动“十四五”开好局起好步做好宣传引导，把全市上下的智慧力量凝聚到党中央、自治区党委和市委关于“十四五”发展的决策部署上来。要坚持守正创新，强力推进国家历史文化名城创建，繁荣发展文化事业和文化产业，推动文明城市建设常态长效，大力推动对外文化交流合作，不断提升首府文化软实力，强化意识形态阵地管理，切实维护首府意识形态安全。

王小东强调，要持续固根本强基础，推动基层党建不断创新发展。全市各级党组织要持续深化“先锋引领+”系列行动，统筹推进基层党建协调发展，扎实推进党支部标准化规范化建设，聚焦常态化疫情防控、产业发展、改革创新、扩大开放、乡村振兴、社会治理等中心工作抓党建，激励广大党员干部在全面落实强首府战略中展现新担当新作为。2021年是市县乡村集中换届之年，要精心组织、扎实推进，实现“绘出好蓝图、选出好干部、配出好班子、树立好导向、形成好气象”的目标，进一步提升基层党组织组织力，为“十四五”发展提供坚强组织保障。

王小东强调，要持之以恒正风肃纪反腐，推动全面从严治党向纵深发展。要一体推进不敢腐、不能腐、不想腐，持续强化政治监督，把严的主基调长期坚持下去，持之以恒纠治“四风”，坚决查处重点领域关键岗位重大工程的腐败问题，大力整治政法战线违纪违法问题，持续纠治教育医疗、养老社保、扶贫环保等领域腐败和不正之风，全力维护首府风清气正的政治生态，不断开创首府党建工作新局面，以高质量党建引领高质量发展，以优异成绩庆祝建党100周年。

全市农村工作会议

2月3日，市委、市政府召开全市农村工作会议，以习近平新时代中国特色社会主义思想为指导，全面落实中央农村工作会议、全国巩固拓展脱贫攻坚成果同乡村振兴有效衔接工作会议、全区农村工作会议精神，以及市委十二届十一次全体（扩大）会议精神，总结南宁市“十三五”时期和2020年农业农村工作，研究部署当前和今后一个时期首府巩固拓展脱贫攻坚成果和“三农”工作。自治区党委常委、市委书记王小东出席会议并讲话。

王小东指出，党的十八大以来，特别是“十三五”时期，南宁市深入贯彻落实习近平总书记关于“三农”工作重要论述，举全市之力决战决胜脱贫攻坚和全面建设小康社会，扎实推进乡村振兴，全市“三农”工作不断取得新成效。刚刚过去的2020年，面对错综复杂的国际形势、艰巨繁重的国内改革发展稳定任务特别是新冠肺炎疫情严重冲击，全市上下深入学习贯彻习近平总书记关于统筹推进疫情防控和经济社会发展的重要讲话精神，抓好农村常态化疫情防控，扎实推进脱贫攻坚，全力保障重要农产品供给，农业发展的基础不断稳固，为“十三五”规划顺利收官和全面建成小康社会打下坚实基础。

王小东指出，习近平总书记在中央农村工作会议上的重要讲话，科学回答了在新发展阶段做好“三农”工作的一系列重大理论和实践问题，向全党全社会发出全面推进乡村振兴的总动员令，是我们做好“三农”工作的根本遵循。全市各级各部门要深入学习领会习近平总书记重要讲话精神，贯彻落实中央和自治区决策部署，进一步增强做好新发展阶段“三农”工作的责任感和紧迫感，举全市之力全面推进乡村振兴，不断推动“十四五”“三农”工作开创新局面、跃上新台阶。

王小东强调，要巩固拓展脱贫攻坚成果，做好脱贫攻坚同乡村振兴的有效衔接，更好带动脱贫户稳定增收、逐步致富，坚决守住不发生规模性返贫底线，持续提升脱贫地区整体发展水平。要保持帮扶政策的总体稳定，严格落实“四个不摘”，在稳定投入、定向帮扶、考核激励、动态监测、监督执纪等方面，进一步健全工作长效机制。要建立健全防止返贫监测帮扶机制，做好防止返贫大数据监测工作，实行分层分类帮扶，加强社会救助资源统筹，扎牢织密防返贫保护网。要扎实推动易地扶贫搬迁可持续发展，确保搬迁群众稳得住、有就业、逐步能致富，持续完善基础设施和公共服务体系，提升社区治理能力，帮助搬迁群众真正融入城镇新生活。

王小东强调，要聚焦重点精准施策，按照“产业兴旺、生态宜居、乡风文明、治理有效、生活富裕”的总要求，在塑造乡村“形、实、魂”上持续下功夫，全力开创首府乡村振兴新局面。筑牢粮食安全底线，实行党政同责，坚持最严格的耕地保护制度，加大农田水利设施、高标准农田建设力度，大力发展现代种业，落实好各级补贴政策，全面推进“菜篮子”工程建设，增加肉类蔬菜等重要农产品供应。发展壮大乡村产业，深化农业供给侧结构性改革，大力推进现代优势特色农业提质升级，积极发挥农业产业化龙头企业的带动作用，打造生猪等一批百亿特色农业产业集群，大力发展农产品精深加工，促进农村一二三产业深度融合，突出品牌强农，打通线上线下销售渠道，持续提升“邕系”品牌影响力。大力推进乡村建设，坚持规划引领，加强风貌特色塑造，深入推进“三清三拆”整治，强化农房管控，大力实施农村人居环境整治提升五年行动，推进乡镇基础设施建设，加强农村教育、医疗、养老等社会保障的公共服务和惠民服务。提升乡村文明建设水平，深入实施文化惠民工程，深化文明村镇、文明家庭等创建活动，推进农村移风易俗，加强和改进乡村治理，严格落实疫情防控措施，提高乡村善治水平。持续深化农村土地制度、农村产权制度改革、农村金融改革，建立健全城乡融合发展的体制机制和政策体系，加快推进户籍制度改革，推进城乡公共服务均等化。

王小东强调，要加强党的全面领导，为全市“三农”事业高质量发展提供坚强保证。全市各级党委（党组）要切实发挥“把方向、管大局、作决策、保落实”的重要作用，提高新时代做好“三农”工作推动乡村全面振兴的能力水平，压紧压实政治责任，建强“三农”工作队伍，持续转变工作作风，确保各项工作部署落细落实、见到实效，不断巩固拓展脱贫攻坚成果，全面推进乡村振兴，以优异成绩庆祝建党100周年。

南宁市全面落实强首府战略领导小组第四次全体会议

2月22日，自治区党委常委、市委书记王小东主持召开南宁市全面落实强首府战略领导小组第四次全体会议，总结2020年全面落实强首府战略工作开展情况，审议全面落实强首府战略2021年标志性重大项目推进计划，研究部署今年强首府各项工作。

王小东指出，过去一年，面对错综复杂的国际形势、艰巨繁重的国内改革发展稳定任务特别是新冠肺炎疫情的严重冲击，我们深入贯彻落实自治区党委的决策部署，全面落实强首府战略，首位度进一步提升，强首府战略实现了良好开局、焕发出强大的生命力。2021年是中国共产党成立100周年，是开启全面建设社会主义现代化新征程的第一年，也是全面落实强首府战略、加快打造引领全区高质量发展核心增长极的关键之年，做好今年强首府各项工作，意义重大、影响深远。要进一步提高政治站位，准确把握新发展阶段，抢抓用好新发展机遇，深入贯彻新发展理念，加快融入新发展格局，深刻把握强首府战略在新形势下的重要意义、目标任务和政策措施，时刻保持清醒头脑和战略定力，不断增强发展信心决心，把发展的方向、工作的重点和主观的努力有机结合起来，持续创造和发挥比较优势，始终牢牢掌握发展主动权，久久为功，一张蓝图干到底，全力跑出高质量发展“加速度”，更好引领带动全区高质量发展。

王小东强调，攻坚重点要再聚焦，以强首府新成效推动“十四五”发展开好局、起好步。要坚持科学系统抓规划引领，认真对标对表党中央、自治区党委的决策部署，加强沟通对接，策划一批重点项目，确保强首府每个阶段都有抓手、有支撑、见成效。要坚持高质高效抓项目建设，强化项目服务，深化改革举措，发挥标志性重大项目的示范带动作用，按照“四定”要求，加快推进一批产业项目和基础设施项目，既要把续建项目抓好，也要把新建项目抓紧，实现一批项目开工建设、一批项目竣工投产。要坚持务实精准抓招商引资，围绕产业链全景图，着力引进一批龙头企业、重大项目，持续补链、延链、强链，聚焦三大重点产业，特别是发展前景好的细分领域，开展上门招商、以商招商，推动产业集聚发展，充分发挥自贸试验区南宁片区等平台的政策优势，大力引进一批企业总部项目落地。要坚持创新思维抓要素保障，进一步解放思想、优化产业发展空间，统筹土地资源要素配置，增强金融支撑和服务保障作用，严格落实减税降费政策，减轻企业投资和运营负担，积极引进培育“高精尖缺”人才，聚焦“六强”狠抓工作落实，确保起步就要提速、开局就要争先。

王小东强调，责任落实要再强化，推动强首府战略各项工作再上新台阶。全市各级领导干部要在全面落实强首府战略中以身作则、示范带动，主要负责同志要坚决扛起第一责任人责任，亲自抓、带头干、负总责。要强化担当实干，拿出首府干部应有的一流标准、一流作风、一流业绩，发扬钉钉子精神，力戒形式主义、官僚主义，对每一件事都要做精做细做好。要强化督查问效，坚持重实干重实绩的鲜明导向，进一步激发党员干部干事创业的动力活力，不断开创全面落实强首府战略新局面，以优异成绩庆祝中国共产党成立100周年。

平安南宁建设工作会议暨全市政法工作会议

2月22日，平安南宁建设工作会议暨全市政法工作会议召开。自治区党委常委、市委书记王小东出席并讲话。他强调，全市各级各有关部门要进一步提高政治站位，坚持以习近平新时代中国特色社会主义思想为指导，认真学习贯彻习近平总书记关于平安中国建设和政法工作的重要指示精神，进一步增强“四个意识”、坚定“四个自信”、做到“两个维护”，全面落实党中央、自治区党委的部署要求，坚持党对政法工作的绝对领导，坚持以人民为中心的发展思想，坚持稳中求进工作总基调，以高质量发展为主题，以确保建党100周年安全稳定为主线，以防范化解各类风险隐患为重点，全力建设更高水平的平安南宁、法治南宁，为全面落实强首府战略、推动“十四五”发展开好局起好步提供坚强保障。

王小东指出，2020年是极不平凡的一年，面对错综复杂的国际形势、艰巨繁重的国内改革发展稳定任务特别是新冠肺炎疫情严重冲击，全市各级各有关部门全力以赴战疫情、防风险、保平安、护稳定、促发展，有力推动平安南宁建设提质发展，实现了“大事不出、中事不出、敏感时期小事也不出”的目标，为夺取疫情防控和经济社会发展“双胜利”创造了安全稳定的社会环境。

王小东强调，今年是中国共产党成立100周年，是“十四五”开局之年，也是全面落实强首府战略的关键之年。全市各级各部门要保持清醒头脑，强化底线思维，聚焦重点发力，坚持问题导向、目标导向、结果导向，扎实抓好平安建设和政法工作重点任务，推动平安南宁建设和政法工作再上新水平。要坚决维护国家政治安全，依法打击和遏制危害国家安全和利益的违法犯罪活动，深入开展反恐怖反分裂斗争，注重化解常态化疫情防控下的经济社会领域突出矛盾，严格落实宗教工作责任制，全力确保首府政治安全。要着力化解矛盾纠纷，尊重民意、化解民忧、维护民利，高度关注社会民生等重点领域，努力把影响社会稳定的倾向性、苗头性事端解决在基层，化解在萌芽状态。要提升公共安全效能，加快安全隐患常态化治理，有效防范遏制重特大安全事故，深化禁毒严打、整治传销等专项行动，认真谋划和扎实推进扫黑除恶“六建”工作，持续深化排查防范个人极端案事件风险隐患专项行动，最大限度保障人民群众生命财产安全。要筑牢网络安全防线，强化“源头净网”“依法治网”，依法打击整治新型网络犯罪，有效维护信息网络数据安全。要深化政法领域改革，健全制度机制，加快推进市域社会治理现代化试点工作，创新基层社会治理，夯实平安建设的根基。

王小东强调，要加强组织领导，为平安南宁建设和政法工作提供坚强保障。全市各级各部门要牢固树立“一盘棋”思想，强化责任落实，统筹各项工作，凝聚强大合力，完善党委统一领导、政法委牵头抓总、各部门齐抓共管、全社会共同参与的政法工作格局。要打造政法铁军，扎实开展政法队伍教育整顿，健全政法队伍素质能力培养机制，强化作风建设，依法依纪彻查黑恶势力“保护伞”和执法司法腐败，持续推动平安南宁建设和政法工作向更高质量发展，以优异成绩庆祝中国共产党成立100周年。

全市全面依法治市工作会议

2月22日，全市全面依法治市工作会议召开。会议深入学习贯彻习近平法治思想，全面贯彻落实党的十九届五中全会和中央全面依法治国工作会议精神，贯彻落实自治区党委十一届九次全体（扩大）会议和全区全面依法治区工作会议精神，以及市委十二届十一次全体（扩大）会议部署要求，总结法治南宁建设工作成效，研究部署当前和今后一个时期深入推进全面依法治市工作，加快建设更高水平的法治南宁，为全面落实强首府战略、打造引领全区高质量发展核心增长极提供更加有力的法治保障。自治区党委常委、市委书记王小东出席并讲话。

王小东指出，党的十八大以来，以习近平同志为核心的党中央明确提出全面依法治国，并将其纳入“四个全面”战略布局予以强力推进，我国社会主义法治建设发生历史性变革、取得历史性成就。习近平总书记从坚持和发展中国特色社会主义全局和战略高度，创造性提出关于全面依法治国的一系列新思想新理念新战略，形成了习近平法治思想。习近平法治思想是党领导法治建设丰富实践和宝贵经验的科学总结，是马克思主义法治理论中国化最新成果，是习近平新时代中国特色社会主义思想的重要组成部分，是全面依法治国的根本遵循和行动纲领。全市上下要提高政治站位，把深入学习贯彻习近平法治思想作为重大政治任务，深刻领会“十一个坚持”的丰富内涵和实践要求，增强“四个意识”、坚定“四个自信”、做到“两个维护”，进一步强化推进全面依法治市的思想自觉、政治自觉和行动自觉，按照党中央和自治区党委部署要求，扎实做好各项工作，更好发挥法治固根本、稳预期、利长远的重要作用，为首府“十四五”经济社会发展提供有力法治保障。

王小东强调，要统筹推进全面依法治市重点任务，努力建设更高水平的法治南宁。要突出科学管用抓立法，坚持立法先行，不断完善党委领导、人大主导、政府依托、各方参与的立法工作格局，严格依照法定权限和程序行使立法权，突出地方特色，结合创建全国文明城市、促进南宁绿色发展、建设历史文化名城等工作推进精准立法，加强基层立法联系点建设，不断提高立法的质量和效率。要突出严格规范抓执法，深化执法体制改革，统筹配置行政执法职能和资源，分类推进县域综合行政执法改革，巩固提升“全国法治政府建设示范市”成果，加快转变政府职能，推进严格规范公正文明执法，一体推进法治南宁、法治政府、法治社会建设，不断推动全面依法治市各项工作再上新台阶。要突出公平公正抓司法，构建开放、动态、透明、便民的“阳光司法”机制，结合常态化开展扫黑除恶，加快推进执法司法制约监督体系改革和建设，持续提高司法办案质量、效率和司法公信力。要突出普教普惠抓守法，抓紧编制南宁市“八五”普法规划，加强法治宣传教育，全面落实国家工作人员学法用法制度，打造法治文化精品，深入开展以案释法和进校进村普法等工作，培育全社会办事依法、遇事找法、解决问题用法、化解矛盾靠法的法治环境。

王小东强调，各级党委要坚持党对全面依法治市工作的集中统一领导，狠抓责任落实，推动法治建设与经济社会发展同部署、同推进、同督促、同考核、同奖惩，为全面依法治市提供坚强保证。领导干部要充分发挥“关键少数”作用，带头贯彻落实全面依法治市各项决策部署。各级党政主要领导要履行好第一责任人职责，示范带动崇德向善、尊法守法。要建强工作队伍，严格督察考评，以更加奋发有为的精神状态推动全面依法治市工作向更高质量发展，为全面落实强首府战略、推动“十四五”发展开好局起好步作出新的更大贡献，以优异成绩庆祝中国共产党成立100周年。

全市公安工作会议

3月1日，南宁市召开2021年全市公安工作会议。自治区党委常委、市委书记王小东对全市公安工作作出批示。

王小东在批示中指出：特殊年份，特殊使命，要牢固树立维护安全的政治要求，务必守住“不出事”的工作底线，做到大事不出、中事不出、敏感时期小事也不出，为庆祝建党100周年贡献智慧和力量，确保首府社会大局和谐稳定。

会议传达学习了中央、自治区和南宁市有关会议精神，落实王小东书记批示要求。会议强调，全市各级公安机关要紧密结合当前正在开展的党史学习教育和全国政法队伍教育整顿工作，进一步增强“四个意识”、坚定“四个自信”、做到“两个维护”，自觉强化系统观念、法治思维、强基导向，始终坚持党对公安工作的绝对领导，切实肩负起维护国家政治安全、确保社会大局稳定、促进社会公平正义、保障人民安居乐业的重大使命任务，具体做到五个“突出”：一是突出抓好政治建设，全面强化党的绝对领导；二是突出抓好安保维稳，建设更高水平平安南宁；三是突出抓好改革创新，推动首府公安工作高质量发展；四是突出抓好教育整顿，打造高素质过硬公安铁军；五是突出抓好舆论宣传工作，大力弘扬公安英模精神。

会议强调，全市各级公安机关要树立“守初心、顺民心、暖警心”工作理念，锚定进入全国省会城市第一方阵的目标，树牢底线思维，推进“固稳工程”；围绕民生热点，推进“利剑工程”；突出实战导向，推进“云网工程”；守护公平正义，推进“法治工程”；坚持改革创新，推进“强基工程”；对标铁军标准，推进“砺警工程”，推动首府公安工作高质量发展，为庆祝建党100周年、全面落实强首府战略创造安全稳定可控的政治社会环境。

书记专题会议

3月9日，自治区党委常委、市委书记王小东主持召开书记专题会议，听取市十二届党委第八轮巡察工作情况、县（区）党委巡察工作专项检查情况、市委第七轮巡察整改情况汇报，研究部署下一阶段工作，强调要持续深入学习贯彻习近平总书记关于巡视巡察工作重要论述，始终坚持严的主基调，持续高标准组织开展好南宁市巡察工作，充分发挥全面从严治党的引领保障作用，高质量做好巡察“后半篇文章”，为全面落实强首府战略、推动“十四五”高质量发展提供有力保障。

按照市委的统一部署和市委巡察工作领导小组的具体安

排，2020年，市委巡察机构积极采取多项措施，着力提升巡察工作质量，巡察工作领导更加有力、定位更加精准、“打法”更加灵活、整改更加严格、作用更加彰显。截至2020年底，市十二届党委共部署开展了八轮巡察，实现对全市所有市直单位党组织的巡察全覆盖，同时督促指导12个县区完成对县直单位及乡镇（街道）、行政村（社区）的巡察全覆盖，巡察利剑作用得到充分发挥，震慑效应持续释放。王小东指出，2021年是本届市委巡察工作五年规划的收官之年，市委巡察机构要严格按照规划完成各项巡察工作任务，认真总结本届党委巡察工作经验成效，结合党中央、自治区党委关于巡视巡察工作的新部署新要求，认真研究制定新的巡察工作五年规划，推动各项决策部署得到不折不扣贯彻落实。

王小东强调，要坚持政治定位，全面提升政治判断力、政治领悟力、政治执行力，把践行“两个维护”作为政治巡察的根本任务，围绕党的政治建设，聚焦习近平总书记重要指示批示精神、党中央和自治区党委重大决策部署的落实情况，紧盯市委十二届十一次全会精神的贯彻落实情况，开展全方位政治巡察监督，推动决策部署终端见效。要坚持问题导向，抓好巡察整改，压紧压实主体责任，推动巡察整改与中央第二巡视组对广西巡视反馈意见整改、自治区党委巡视整改结合起来，与推进强首府各项工作结合起来，加强巡察整改监督，精准用好问责利器，以巡察整改成效助推高质量发展。要坚持守正创新，提升巡察质效，进一步完善巡察制度体系，使巡察的每个环节、每个岗位、每道程序都有章可循、有规可依、有序推进，建章立制推动源头治理，激发巡察队伍的积极性和创造性，不断提升巡察工作的质量和水平。

全市推进工业振兴大会

3月10日，市委、市政府召开全市推进工业振兴大会，深入贯彻落实全区推进工业振兴大会精神，动员全市上下克难攻坚、真抓实干，围绕强龙头、补链条、聚集群和强创新、育品牌、拓市场，壮大“工业树”，繁茂“产业林”，持续做好产业发展、园区建设、企业培育三篇文章，全力推动工业高质量发展，加快构建现代化经济体系，为“十四五”高质量发展打下坚实基础。自治区党委常委、市委书记王小东在会上讲话。市人大常委会主任冯学军、市政协主席杜伟出席会议。

王小东指出，近年来，市委、市政府深入贯彻落实中央和自治区的部署要求，准确把握南宁发展的历史方位和阶段性特征，把工业作为推动首府高质量发展的重中之重，走出了一条具有南宁特色的工业高质量发展之路。特别是面对新冠肺炎疫情的严重冲击，我们率先出政策、率先抓兑现、率先建机制，在全国较早实现工业企业全面复工复产，推动工业发展逆势上扬。这些成绩，得益于我们始终保持战略定力，加快补齐二产短板；始终遵循发展规律，创造和发挥比较优势；始终坚持求真务实，真抓实干、善作善成，为工业振兴奠定了坚实的基础。

王小东强调，要提高思想认识，深刻把握推进工业振兴的极端重要性和现实紧迫性。工业振兴是推动高质量发展的前提支撑，是实现“十四五”发展目标的关键举措，是全面落实强首府战略的首要任务。各级各部门要深刻认识推动工业振兴的重大意义，切实把思想和行动统一到自治区的决策部署上来，进一步坚定信心决心，按照起步就要提速、开局就要争先的要求，按下工业振兴“快进键”，跑出工业发展“加速度”，实现工业量的稳步增长和质的全面提升，支撑带动首府经济社会高质量发展。要把新发展理念贯穿工业振兴全过程，抓住短板弱项重点推进，加快工业现代化步伐，按照市委十二届十一次全会确定的各项目标任务和“两个高于”经济增长目标，持之以恒大力实施工业强市战略，坚持优存量、扩增量、提质量，推动现有产业“有中出新”、新兴产业“无中生有”，着力打造区域性高技术产业和先进制造业基地，坚决挺起首府高质量发展的“硬脊梁”。

王小东指出，要组织实施工业振兴三年行动，着力优化结构，加快转型升级，突出创新驱动，全面提质增效，抓住关键重点，全力打好工业振兴攻坚硬仗。一要狠抓项目建设，扩大工业投资。扎实做好项目储备，抓紧抓牢新建项目，加快推进续建项目，盯紧产业链全景图，扎实谋划一批投资规模大、科技含量高、对主导产业匹配性强的工业项目，力争新引进项目“拿地即开工”，对强首府标志性重大项目、“双百双新”等重大项目，要强化精准调度、精心服务，确保项目尽快达产稳产增产。二要狠抓产业发展，壮大产业集群。抓住“双循环”机遇，强化规划引领，突出南宁特色，进一步做大做强电子信息、先进装备制造、生物医药三大重点产业集群，补齐拉长产业链。培育发展战略性新兴产业，重点在新能源汽车、新一代信息技术、高端铝加工等领域适度超前布局，打造区域性新经济发展策源地。改造提升传统产业集群，进一步做大绿色食品、高端绿色家居、精细化工、新兴建材等传统优势产业。三要狠抓园区建设，增强集聚能力。深入开展工业园区提质升级行动，突出抓好园区基础设施建设，建设高标准定制厂房，完善公共服务设施，进一步提升园区承载力和吸引力。推动园区产业集聚，大力引进带动力大、辐射力强的关键项目，将园区打造成为主导产业鲜明、产业高度集聚的产业发展载体。健全园区管理体制机制，赋予园区更大自主权，提高园区行政管理和服务效能，将园区建设成为工业振兴的主战场。四要狠抓企业培育，提升竞争实力。支持企业做大做强、提高质量、打造品牌，推动形成大企业顶天立地，中小企业铺天盖地的生动局面。培育龙头企业，着力打造一批领航企业新方阵，深入实施质量强市战略，开展工业产品质量提升行动，实施品牌发展战略，大力弘扬工匠精神、专业精神和企业家精神，打造名优品牌，加强产品标准化建设，让高品质成为南宁制造的“金字招牌”。五要狠抓招商引资，积蓄发展动能。强力实施招大引强、招新引高，争取更多强优企业、优质工业项目落户。务实精准招商，坚持全产业链发展思路，重点引进一批在相关产业链中具有核心地位和带动作用的龙头企业。推进招商项目落地，深入开展“三企入桂项目落实、行企助力转型升级”行动，紧盯协议履约率、资金到位率、项目开工率和竣工投产率。优化招商环境，着力构建“亲”“清”新型政商关系，真心诚意为企业排忧解难。要深入实施创新驱动战略，按照前端聚焦、中间协同、后端转化的思路，积极开展创新支撑产业高质量发展行动，强化企业创新主体作用，推进科技创新，强化数字赋能，加快推动数字产业化、产业数字化，推进工业绿色低碳循环发展，全面塑造南宁市工业发展新优势。

王小东强调，各级党委、政府要把推进工业高质量发展摆在全局的突出位置，加强组织领导，压紧压实责任，深入落实领导联系重点企业重点项目制度、产业集群群长和产业链链长制，建立完善“一个项目、一名领导、一套班子、一竿子插到底”的重大项目推进和落实机制，主动跟踪服务，积极为项目和企业解决实际问题。各县区、开发区要将工业振兴作为“一把手”工程，各级各有关部门要加强工作协调和政策协同，形成齐心协力推进工业振兴的强大合力。要强化要素保障，加强资金支持、工业用地保障、人才支撑，强化督查考评，强化队伍建设，组建市县两级专业精、能力强、素质好、作风硬的服务工业振兴干部队伍，对联系的项目和企业实行“店小二”式全程服务，切实当好企业的“服务员”、项目的“施工员”、政策的“宣传员”，以市县乡领导班子换届为契机，打造一支爱工业、懂工业、善于抓工业的干部队伍，全力推动工业振兴，为全面落实强首府战略、加快打造引领全区高质量发展核心增长极作出新的更大贡献，以优异成绩庆祝中国共产党成立100周年。

张文军对推进工业振兴工作进行具体部署。他表示，要在抓项目扩投资、抓补链扩集群、抓园区聚产业、抓企业育龙头、抓创新强驱动、抓要素优服务上出实招、见实效，坚决贯彻落实自治区党委和市委关于推进工业振兴的决策部署，紧盯各项目标任务，以提速争先开新局的奋斗姿态，坚决打赢工业振兴这场攻坚硬仗，为全面落实强首府战略，持续推动南宁高质量发展作出新的更大贡献。

市委全面深化改革委员会第八次会议

3月12日，自治区党委常委、市委书记、市委全面深化改革委员会主任王小东主持召开市委全面深化改革委员会第八次会议，学习贯彻中央全面深化改革委员会第十七次、第十八次会议精神和自治区党委全面深化改革委员会第十次会议精神，强调全市各级各部门要进一步提高政治站位，深入学习领会习近平总书记关于全面深化改革的重要论述，增强“四个意识”、坚定“四个自信”、做到“两个维护”，坚决贯彻落实党中央、自治区党委的决策部署，准确把握新发展阶段、抢抓用好新发展机遇、深入贯彻新发展理念、加快融入新发展格局，突出重点、强化统筹、狠抓落实，以更大力度推动首府全面深化改革不断取得新成效。市委全面深化改革委员会副主任杨维超出席会议。

会议审议通过《2020年市委全面深化改革工作总结》《中共南宁市委员会全面深化改革委员会2021年工作要点》《南宁市促进中医药传承创新发展实施方案》，听取各专项小组汇报2020年改革任务落实情况及2021年工作计划。

会议认为，过去一年，市委深入贯彻习近平总书记系列重要讲话精神，以改革“关键一招”应对大战大考，以改革赋能“战疫情、强首府、促发展”，市本级113项改革任务基本完成，承担的16项国家级和10项自治区级改革试点扎实推进，一系列改革举措“落地生根”，一项一项改革红利充分释放，为推动南宁市高质量发展提供了强劲动力。

会议指出，要按照“为什么改、改什么、怎么改、怎么改出成效”的要求，坚持问题导向、目标导向和结果导向，围绕全面落实强首府战略，立足南宁实际，把接续推进改革同服务全市经济社会发展大局结合起来，不断推出解决实际问题的务实举措，推动改革举措系统集成，确保各项改革任务落地见效。

会议强调，中医药学饱含着中华民族几千年的健康养生理念及其实践经验，是中华文明的一个瑰宝，凝聚着中国人民和中华民族的博大智慧。要深入贯彻落实习近平总书记关于中医药工作的重要论述，贯彻落实中央和自治区的决策部署，健全中医药服务体系，发挥中医药在维护和促进人民健康中的独特作用，推动中药质量提升和产业化发展，加强人才队伍建设，加快促进中医药传承与开放创新发展，推动中医药高质量发展，全力保障人民群众身体健康。

会议指出，2021年是中国共产党成立100周年，是开启全面建设社会主义现代化新征程的第一年，是“十四五”开局之年，做好全面深化改革工作意义重大、影响深远。要聚焦重点发力，使改革更好对接发展所需。聚焦完善经济高质量发展的体制机制，在创新驱动、优化营商环境、激发市场主体活力等方面推出一批重大改革任务；聚焦提升对外开放水平，在对接RCEP和建设自贸试验区南宁片区、南宁临空经济示范区等方面推出一批新的改革举措；聚焦加快绿色生态发展、补齐乡村振兴短板、解决群众“急难愁盼”问题等，推出一批具有南宁特色的务实改革举措。同时，在各领域各行业积极推进一批有特色、小切口、能见效的“微改革”“微创新”，让人民群众从改革中获得更多实惠。要加强系统集成，坚持系统观念、辩证思维、创新意识和钉钉子精神，注重协同推进，强化制度建设，突出试点引领，发挥改革整体效应，力争为全区推动改革系统集成探索新路径、提供“南宁经验”。要强化担当作为，狠抓责任落实，严格督察考评，加强宣传推广，引导领导干部争当改革的促进派、实干家，形成推动改革落地见效的强大合力，不断在改革创新上取得新成效，以优异成绩庆祝中国共产党成立100周年。

南宁市争创全国文明典范城市、迎接国家卫生城市复审工作部署会

3月22日，南宁市召开争创全国文明典范城市、迎接国家卫生城市复审工作部署会，深入学习贯彻习近平总书记关于加强社会主义精神文明建设的重要指示精神，贯彻落实全国、全区精神文明建设表彰大会精神，传达学习全区省级领导和厅级主要负责同志学习贯彻党的十九届五中全会精神专题研讨班的有关精神。自治区党委常委、市委书记、首府南宁创建全国文明城市和国家卫生城市总指挥部总指挥长王小东要求全市各级各部门切实把思想和行动统一到党中央和自治区党委的决策部署上来，以高度的政治自觉和行动自觉，争创全国文明典范城市，实现国家卫生城市“四连冠”，为全面落实强首府战略，推动南宁经济社会高质量发展凝聚强大精神力量、营造良好社会环境。

王小东指出，党的十八大以来，习近平总书记就加强社会主义精神文明建设，作出一系列重要论述，提出一系列明确要求，为我们做好新时代精神文明建设工作指明了前进方向、提供了根本遵循。全市各级各部门要进一步提高政治站位，增强“四个意识”、坚定“四个自信”、做到“两个维护”，不断提高政治判断力、政治领悟力、政治执行力，以时不我待、只争朝夕的精神，投入到各项创建工作当中，坚决捍卫首府的珍贵荣誉。

王小东强调，要聚焦重点发力，高质量推进各项创建工

作。要下足绣花功夫，在推进城市精细化管理上持续加力，进一步健全“美丽南宁·整洁畅通有序大行动”工作机制，建立跨部门跨领域联合执法机制，强化网格管理和日常市容整治，大力整治“脏乱差”等难点问题，推进城市治理“一网统管”，以更加科学化、精细化、智能化推进城市治理。要加快补齐短板，在完善城市基础设施上持续加力，大力完善市政设施，推动居住小区改造升级，加强城乡接合部综合改造，将创城工作与实施乡村建设行动有机结合、系统推进，增强城乡基础设施协调性。要强化宣传教育，在提升市民文明素养上持续加力，把社会主义核心价值观融入社会生活各方面，强化社会公德、职业道德、家庭美德、个人品德建设；注重实践养成，广泛开展文明旅游、文明交通、文明餐桌和网络文明传播等道德实践活动，大力开展爱国卫生运动，推进健康村镇、健康社区、健康单位（企业）、健康学校、健康家庭等建设；强化刚性约束，严格管理不文明行为，推进社会信用体系建设，着力打造积极健康、昂扬向上的良好精神风貌。要紧紧依靠人民，在发挥群众主体作用上持续加力，坚持把以人民为中心的发展思想贯穿创建工作全过程，持续加大宣传声势，拓宽群众参与渠道，打造志愿服务品牌，完善群众监督评价反馈机制，引导广大市民因知而爱、因爱而行、因行而果。

王小东强调，要加强组织领导，狠抓责任落实，为创建工作提供坚强保障。市四家班子有关领导要深入一线解决问题，推动分管部门、分包城区（开发区）创建工作提质增效。各城区（开发区）要认真履行好属地管理职责，确保每项工作都有人抓、有人管、有人负责。各级各部门主要负责同志要履行好第一责任人职责，带领广大党员干部严格落实“四定”要求，推动工作抓实抓细抓到位。要牢固树立“一盘棋”思想，推动常态长效，强化督查问效，力戒形式主义、官僚主义，全力以赴争创全国文明典范城市、做好迎接国家卫生城市复审工作，不断开创新时代首府精神文明建设新局面，为全面落实强首府战略、推动南宁高质量发展作出新的更大贡献，以优异成绩庆祝建党100周年。

王小东就学习贯彻落实自治区专题研讨班精神提出要求，强调各级各部门要深入学习领会专题研讨班精神，聚焦聚力高质量发展，按照“起步就要提速、开局就要争先”的要求，加快发展、转型升级、全面提质，全面落实强首府战略，抓紧抓实产业发展、招商引资、项目建设、乡村振兴、开放发展、民生保障等重点工作，全力实现一季度“开门红”，统筹推进二季度工作，以实实在在的成效检验学习成果，推动“十四五”发展开好局起好步。要强化责任担当，深入开展党史学习教育，大力弘扬“三牛”精神，深入落实“十六字”工作方针、自觉践行“四为”理念，不断提振干事创业的精气神，精准发力、久久为功，努力开创新时代首府高质量发展新局面。

南宁市政法队伍教育整顿工作推进会

4月6日，南宁市召开政法队伍教育整顿工作推进会，及时学习贯彻全国第一批政法队伍教育整顿推进会、全区第一批政法队伍教育整顿推进会精神，梳理总结南宁市教育整顿前一阶段工作，谋划部署下一步工作。自治区党委常委、市委书记、市政法队伍教育整顿领导小组组长王小东出席会议并讲话。

王小东梳理总结了南宁市政法队伍教育整顿的阶段性成效，分析工作中存在的问题，部署了下一阶段的工作安排。王小东强调，要提高政治站位，对标对表习近平总书记重要指示精神和党中央决策部署，准确把握教育整顿各环节目标、任务和要求，进一步增强“四个意识”、坚定“四个自信”、做到“两个维护”，不断提高政治判断力、政治领悟力、政治执行力，把学习教育贯穿始终，扎实开展查纠整改，推动教育整顿走深走实。

王小东指出，要坚持动真碰硬，高质量抓好查纠整改。目前教育整顿已转入查纠整改环节，这一环节时间长、任务重，直接决定着教育整顿的成效。各级各有关部门要坚持问题导向、民意导向、目标导向，敢于动真碰硬、触及要害，扎实推动查纠整改深入开展。要确保思想发动到位，深入做好政策宣讲，层层开展谈心谈话，明之以法、晓之以理、动之以情，进一步明确“自查从宽、被查从严”的界限和适用情形，引导广大干警深刻认识教育整顿目的是教育大多数、惩处极少数；要确保自查自纠到位，把“六大顽瘴痼疾”作为必查重点，组织开展干警自查事项专项检查，对于有疑点和问题的，要认真核查处理，形成警示震慑；要确保组织查处到位，坚持无禁区、全覆盖、零容忍，强化线索核查，提高核查办理效能，通过深挖彻查涉黑涉恶案件、重点疑点案件评查、涉法涉诉信访案件清查等方式，把问题查深查透；要确保问题整治到位，聚焦影响严格执法、公正司法的顽瘴痼疾，开展大排查、大起底、大整治，实现减存量、控增量、防变量；要确保制度建设到位，深刻剖析问题根源，找准短板漏洞，用制度形式把教育整顿中的创新举措和务实管用办法固化下来，加快健全“长久立”的机制。

王小东强调，要加强组织领导，确保查纠整改取得实效。全市各级各部门要加强党对教育整顿工作的全面领导，牢牢把握正确政治方向，强化责任落实、协调配合、开门整顿，强化统筹协调，狠抓工作落实，推动查纠整改工作取得实实在在成效，以优异成绩庆祝建党100周年。

2021年全市打击传销工作总结和部署会

4月13日，南宁市召开2021年全市打击传销工作总结和部署会，深入贯彻落实七省（区）八市打击传销工作推进会议、全区打击和防控传销工作电视电话会议精神，以及自治区党委常委、市委书记王小东对打击传销工作有关批示精神，研究部署下一阶段为期三年的打击传销工作。

王小东在批示中指出：整治成果来之不易，打防传销仍需努力。要不断总结经验，创新工作方式，始终坚持高压严打态势，持续巩固整治成果，为全面落实强首府战略营造良好社会环境。

会议对南宁市打击传销工作取得的阶段性明显成效表示肯定，要求各城区、各部门要切实把思想和行动迅速统一到党中央、自治区党委和市委决策部署上来，按照王小东书记对打击传销工作的批示要求，进一步提高政治站位，强化组织领导，强化责任意识和担当意识，压实各级责任，确保各项工作抓实、抓细、抓出成效；要万分珍惜来之不易的整治成果，围绕“抓巩固、防反弹”目标，继续对传销保持高压严打态势，严防反弹回流；要强化综合治理，站在提升社会治理能力的高度推进打击整治传销工作，全面提升综合治理效能，实现标本兼治，持续巩固拓展打传成果，推动打击传销实现常治长效。

全市脱贫攻坚总结暨巩固拓展脱贫攻坚成果同乡村振兴有效衔接工作部署大会

5月21日，全市脱贫攻坚总结暨巩固拓展脱贫攻坚成果同乡村振兴有效衔接工作部署大会举行。会议深入学习贯彻习近平总书记在全国脱贫攻坚总结表彰大会上的重要讲话、视察广西时的重要讲话精神，学习贯彻全区脱贫攻坚总结表彰暨巩固拓展脱贫攻坚成果同乡村振兴有效衔接工作部署大会精神，回顾总结南宁市脱贫攻坚的奋斗历程和宝贵经验，进一步激励全市各族干部群众，大力弘扬脱贫攻坚精神，加快推进乡村全面振兴，全面落实强首府战略，加快打造引领全区高质量发展的核心增长极，为建设新时代中国特色社会主义壮美广西作出首府更大贡献。自治区党委常委、市委书记王小东出席会议并讲话，市委副书记、市长孙大光主持会议，市人大常委会主任冯学军、市政协主席杜伟出席。

王小东指出，党的十八大以来，以习近平同志为核心的党中央把脱贫攻坚摆在治国理政突出位置，组织开展了人类历史上规模最大、力度最强、惠及人口最多的脱贫攻坚战，在解决困扰中华民族几千年的绝对贫困问题上取得了伟大历史性成就，创造了人类减贫史上的奇迹。南宁的脱贫实践，是全国、全区脱贫攻坚战的生动缩影，是中国减贫奇迹的实际体现。在党中央、自治区党委的坚强领导下，市委始终把脱贫攻坚作为最大的政治责任、最大的民生工程、最大的发展机遇来抓，团结带领全市各族干部群众，尽锐出战、精准发力，持续“跟上、盯住、办好”，实现4个贫困县区全部摘帽、421个贫困村全部出列、现行标准下的农村贫困人口全部脱贫，在南宁这个全区脱贫攻坚主战场上书写了减贫奇迹的精彩篇章，必将在南宁的发展历史进程中留下深刻的印记。

“脱贫攻坚的成就令人倍感自豪，脱贫攻坚的艰辛令人无法忘怀。”王小东说，全市各级各部门牢固树立“一盘棋”思想，心往一处想、劲往一处使，形成合力攻坚的良好格局。广大党员干部特别是扶贫一线干部忠诚履职尽责，舍生忘死、无怨无悔，用心精准帮扶，用情感化群众，用力破解难题，以实际行动践行初心使命。社会各界特别是帮扶企业通过多种形式参与脱贫攻坚，以扶贫善举彰显社会大爱。广东省、茂名市认真落实粤桂扶贫协作部署，从资金、项目、人才、就业等方面予以南宁市鼎力支持，体现了高度的政治自觉、强烈的责任担当和对南宁人民的真挚感情。在这场史无前例的脱贫攻坚大战中，每一位参与者都了不起，每一位奉献者都是英雄。特别是我们永远不会忘记，有18名同志将宝贵生命奉献给了脱贫攻坚伟大事业，用实际行动诠释了伟大脱贫攻坚精神，在壮乡首府儿女心中矗立起新时代不朽的精神丰碑。

王小东指出，经过大战大考，我们积累了宝贵的经验。实践充分证明，只要我们坚持党的全面领导，增强“四个意识”、坚定“四个自信”、做到“两个维护”，矢志不渝沿着习近平总书记指引的方向奋勇前行，充分发挥社会主义制度优越性，就一定能够从容应对前进道路上的各种复杂局面和风险挑战，办成更多像脱贫攻坚这样的大事难事，不断开创首府各项事业发展新局面；只要我们始终坚持人民至上，把人民放在心中最高位置、把人民对美好生活的向往作为奋斗目标，尊重人民群众主体地位和首创精神，解决好群众所急所盼所思所忧，就一定能不断创造一个又一个新的发展奇迹；只要我们团结一切可以团结的力量，调动一切可以调动的积极因素，把全社会向上向善的正能量充分激发出来，就一定能汇聚起推动首府高质量发展的强大力量；只要我们坚持一切从实际出发，善于抓住主要矛盾和矛盾的主要方面，突出精准、精确、精细，采取务实管用的举措，就一定能不断破解制约发展的瓶颈问题，加快推动首府全方位“强”起来；只要我们积极探索、勇于创新，担当实干、善作善成，充分调动干部队伍工作积极性、主动性和创造性，就一定能不断创造出无愧于党、无愧于人民、无愧于历史的新业绩。

王小东强调，过往可鉴，当下可为，未来可期。打赢脱贫攻坚战只是完成了全面建成小康社会的底线任务，必须乘势而上、再接再厉、接续奋斗，扎实做好巩固拓展脱贫攻坚成果同乡村振兴有效衔接各项工作，在新的起点上谱写乡村振兴新篇章。要不断巩固拓展脱贫攻坚成果，牢牢守住不发生规模性返贫的底线，严格落实“四个不摘”要求，加强对易返贫人口、农村低收入人口的监测，持续抓好脱贫地区乡村特色产业发展、脱贫人口稳岗就业等重点工作，扎实抓好易地扶贫搬迁特别是隆安震东集中安置区的可持续发展，确保实现“稳得住、有就业、逐步能致富”的目标。要大力弘扬伟大脱贫攻坚精神，全力推动乡村振兴开新局，在塑造“形、实、魂”上持续发力，推动南宁市乡村全面振兴，加快实现农业农村现代化；加快建立健全责任落实机制，坚持四级书记抓乡村振兴，强化县委书记“一线总指挥”职责，形成共同推进乡村振兴的强大合力；强化乡村规划建设，全面提升农村基础设施和公共服务水平，不断改善农村生产生活条件；加快推动优质粮食、糖料蔗、水果、畜禽等优势特色农业发展，精心培育更多有竞争力的“邕系”农业品牌，扎实推进农村一二三产业融合发展；深入开展乡风文明建设，加快构建自治、法治、德治相结合的乡村治理体系。要着力提高人民生活品质，矢志不渝推动实现共同富裕。全市广大党员干部要坚持以人民为中心的发展思想，加强普惠性、基础性、兜底性民生建设，用心用情用力解决群众关心关注的现实难题，下大力气缩小地区差距、城乡差距、收入差距，让全市人民获得感、幸福感、安全感更加充实、更有保障、更可持续，加快推进乡村全面振兴，全面落实强首府战略，为建设新时代中国特色社会主义壮美广西作出首府更大贡献，以优异成绩庆祝建党100周年。

2021年市级总河长会议

6月3日，南宁市召开2021年市级总河长会议，深入学习贯彻习近平生态文明思想以及习近平总书记视察广西时的重要讲话和重要指示精神，完整准确全面贯彻新发展理念，认真贯彻落实中央、自治区有关决策部署，全面总结南宁市落实河湖长制工作情况，研究部署今年工作。自治区党委常委、市委书记、市第一总河长王小东出席会议并讲话。

王小东指出，2020年以来全市各级各部门坚决贯彻市委决策部署，坚持治水、建城、为民，河湖长制工作取得了明显成效，河湖面貌持续改善，水环境质量不断提升。2021年一季度，南宁城市水质连续3个月成为全国省会城市“水质冠军”。全市各级各部门要提高政治站位，不断提高政治判断力、政治领悟力、政治执行力，把做好河湖长制工作作为增强“四个意识”、坚定“四个自信”、做到“两个维护”的政治检验，常抓不懈、持续发力、久久为功，全面完成河湖长制工作年度目标任务，让首府的江河湖库水更清、岸更绿、景更美。

王小东强调，要坚持目标导向、问题导向和结果导向，聚焦重点发力，加快建设美丽幸福河湖。要做好治水文章，全面改善河湖水环境，常态化规范化推进河湖“清四乱”，坚决排查整治各类污染，规范河湖渔业生产，严控船舶和港口码头污染，持续加大污水处理厂、雨污管网等基础设施建设的力度，抓好中央环保督察反馈问题整改工作，全力巩固黑臭水体治理攻坚战成果。要做好节水文章，高效用好河湖水资源，落实国家和自治区节水行动方案，强化用水总量和强度控制，大力推进生产生活节水，形成人人珍惜水资源、人人节水的浓厚氛围。要做好管水文章，持续修复河湖水生态，加强河湖水域、岸线管理保护，扎实推进地下水超采治理，坚持山水林田湖草沙系统治理，提高水生生物多样性。要做好护水文章，全力保障河湖水安全，开展饮用水水源规范化建设，建立健全河湖联合执法机制，严厉打击涉河湖库违法行为。

王小东强调，要加强组织领导，进一步提升河湖长制工作水平。各级党委政府要强化责任落实，切实履行巡河、管河、护河职责，各级河湖长、各成员单位要牢固树立“一盘棋”思想，形成河湖管理保护合力。要强化督查考核、宣传引导，营造全社会关心、参与河湖管理保护的浓厚氛围，扎实推动水环境质量持续改善，使首府南宁青山常在、绿水常流，以优异成绩庆祝建党100周年。

王小东还要求，当前，要把常态化疫情防控和防汛救灾作为一项重要工作来抓，保持高度警惕、严防松懈麻痹，严格落实“外防输入、内防反弹”措施，加强对外来人员、用工场所细致排查，严格落实情况报告制度及闭环管理；加强对发热门诊等规范管理，把好社区、村屯疫情防控关；加强疫情防控市场供应管理，严格落实各项制度，强化各环节的风险防控与处置；做好疫苗接种科普宣传，确保应种尽种，筑牢人民群众生命健康保障防线。要把大江大河、水库水电站安全度汛作为重中之重，加强安全隐患排查，做好人员密集场所、重大项目、重点区域的排涝除险，严格落实防汛值守24小时值班和领导带班等工作制度，统筹做好汛期应急、交通保障、电力供应等工作，为广大高考、中考考生营造一个安全平稳有序的考试环境，确保全市安全度汛。

南宁市“两优一先”表彰大会

6月28日，南宁市召开“两优一先”表彰大会，表彰近年来在南宁市各条战线、各个领域、各项工作中涌现出的优秀共产党员、优秀党务工作者和先进基层党组织，激励全市广大党员和各族人民群众深入贯彻落实习近平总书记视察广西时的重要讲话精神，凝心聚力、感恩奋进、砥砺前行，为全面落实强首府战略、加快打造引领全区高质量发展核心增长极不懈奋斗。自治区党委常委、市委书记王小东出席会议并讲话，市委副书记、市长孙大光主持会议，市人大常委会主任冯学军出席会议，市委副书记杨维超宣读表彰决定，共同为受到表彰的代表颁奖。

在庆祝中国共产党成立100周年的重要时刻，市委决定，对温标堂等103名共产党员、韦姣等103名党务工作者、南宁·中关村创新示范基地党委等101个基层党组织予以表彰，分别授予“南宁市优秀共产党员”“南宁市优秀党务工作者”“南宁市先进基层党组织”称号。

王小东指出，这次受到表彰的先进集体和优秀个人，他们的实干实绩和崇高精神，鲜明昭示了党的性质和宗旨，充分展现了党的先进性和纯洁性，生动彰显了新时代共产党人“革命理想高于天”的政治品格。希望受表彰的优秀代表珍惜荣誉、继续奋斗、再创佳绩，示范引领广大党员干部群众争做新时代的奋斗者。希望全市各级党组织和广大党员干部向受表彰的优秀代表学习，进一步增强“四个意识”、坚定“四个自信”、做到“两个维护”，不断提高政治判断力、政治领悟力、政治执行力，始终坚持科学理论指导，始终坚持理想信念，始终坚持初心使命，始终坚持光荣革命传统，始终坚持推进自我革命，切实把智慧和力量凝聚到落实中央精神、建设新时代中国特色社会主义壮美广西各项工作上来，团结带领全市各族人民建功新时代、奋进新征程，推动党中央、自治区党委各项决策部署在首府落细落实。

王小东强调，要加强理论武装，把学习成果转化为推动高质量发展的强大动力。要持续在学懂弄通做实习近平新时代中国特色社会主义思想上下功夫，扎实开展党史学习教育，持续开展好“我为群众办实事”实践活动、“感党恩、跟党走”主题系列活动，精心安排庆祝建党百年系列活动，以高质量发展的实际成效检验学习成果。要打牢基层基础，全面提升基层党组织组织力。牢固树立大抓基层的鲜明导向，持续深化“先锋引领+”系列行动，深入开展党支部标准化规范化建设，不断增强基层党组织的创造力、凝聚力、战斗力。要强化真抓实干，在全面落实强首府战略中展现新担当新作为。坚持一张蓝图绘到底，善于用改革的办法、创新的理念解决问题、推动工作、促进发展，增强“八项本领”，提高“七种能力”，努力创造经得起实践、人民、历史检验的业绩。各级各部门要用好红色资源，讲好党的故事、革命的故事、英雄的故事，广泛宣传优秀共产党员、优秀党务工作者和先进基层党组织的先进事迹，进一步唱响担当实干的主旋律、凝聚见贤思齐的正能量、激发干事创业的精气神，以优异的成绩庆祝建党100周年！

市委全面深化改革委员会第九次会议

7月9日，自治区党委常委、市委书记、市委全面深化改革委员会主任王小东主持召开市委全面深化改革委员会第九次会议，深入学习贯彻习近平总书记“七一”重要讲话精神，以及中央深改委第十九次会议精神和自治区党委深改委第十一次、第十二次会议精神，审议相关改革文件，听取有关改革情况汇报，研究部署下一步改革工作。他强调，全市各级各部门要把深入学习贯彻习近平总书记“七一”重要讲话精神，与学习贯彻习近平总书记视察广西时的重要讲话精神特别是关于全面深化改革的重要指示精神有机贯通起来，进一步增强“四个意识”、坚定“四个自信”、做到“两个维护”，认真按照党中央、自治区党委关于改革的部署要求，强化改革担当，把握改革重点，狠抓改革落地，充分发挥改革在全面落实强首府战略中的关键作用，推动南宁经济社会高质量发展。

市委全面深化改革委员会副主任孙大光、杨维超出席会议。

会议审议通过了《南宁市加快推进媒体深度融合发展实施方案》，听取隆安县易地扶贫搬迁震东集中安置区可持续发展机制评估报告、关于加强农房建设管控情况专项督察报告、关于支持民营企业发展情况专项督察报告。

会议指出，要牢牢掌握舆论场主动权和主导权，推动传统媒体和新兴媒体在体制机制、政策措施、流程管理、人才技术等方面加快融合步伐，加快构建网上网下一体、内宣外宣联动的主流舆论格局，建立以内容建设为根本、先进技术为支撑、创新管理为保障的全媒体传播体系。

会议强调，要按照可持续发展的根本要求，坚持问题导向，注重系统研究与实践探索相统一，始终以高度负责的精神做好隆安县震东集中安置区各项工作，对存在问题要立行立改；对一些体制机制性痛点堵点，要加强研究，稳妥有序推进解决。

会议指出，要加强规划、建设、管理以及资金、人才、技术的统筹，强化农村建房全程监管，及时发现和依法处置涉及农村建房、宅基地使用的各类违法违规行为；要突出特色提升乡村风貌，使农村人居环境持续改善、持续向好。

会议指出，民营经济是推动社会主义市场经济发展的重要力量，更是推动高质量发展的重要主体。要落实好鼓励引导支持民营经济发展的各项政策措施，大力营造公平、透明、法治的发展环境，构建亲清新型政商关系，营造有利于企业家健康成长的良好氛围，帮助民营企业实现创新发展。

会议强调，要强化使命担当，保持改革定力，把全面深化改革工作与党史学习教育紧密结合起来，准确把握历史逻辑、传承发扬宝贵经验、矢志践行初心使命，深刻领会只有社会主义才能救中国，只有改革开放才能发展中国、发展社会主义、发展马克思主义，确保首府改革始终沿着正确方向前进；深刻领会我们党在革命、建设、改革各个历史时期领导人民所取得的伟大功业和宝贵经验，切实把首府改革做深做实做好；深刻认识为中国人民谋幸福、为中华民族谋复兴，是中国共产党人的初心和使命，也是改革开放的初心和使命，心怀“国之大者”，推出更多务实管用、惠民利民的改革举措。要把握关键重点，推动改革发展融合联动，聚焦制约全面落实强首府战略的堵点难点，推动形成空间布局、要素资源等与产业发展需求相适应的体制机制，进一步发挥国家级战略平台作用，持续畅通“南宁渠道”，加快构建绿色低碳循环发展的经济体系，创新社会治理机制，统筹推动文化、教育、医疗、养老等领域改革。高水平推进改革集成，大力推动城乡融合发展改革集成试点和乡村振兴改革集成试点，最大限度提升改革整体效能。要把握任务时间节点，加快工作节奏，抓好专项督察，及时总结宣传典型经验，确保改革落地见效。

2021年度“强工业、补短板，增长动能加速转换工作”专题协商座谈会

7月20日，市委召开2021年度“强工业、补短板，增长动能加速转换工作”专题协商座谈会，广泛听取各民主党派、工商联和无党派人士代表的意见建议。自治区党委常委、市委书记王小东主持会议并讲话。

民革市委会主委黎琳、民盟市委会主委潘永钟、民建市委会主委梁满红、民进市委会主委黄均宁、农工党市委会主委黄玉燕、致公党市委会主委蒋晓筠、九三学社市委会主委梁鸿、台盟南宁市支部主委黎芷宏、市工商联副主席陈长毅、市无党派人士联络组组长庞晓民，先后围绕强工业、补短板，增长动能加速转换工作建言献策。王小东认真倾听，肯定大家的意见建议，要求有关部门深入研究吸纳，结合实际抓好落实。他表示，推进工业振兴是一项系统工程，需要全市上下凝心聚力、攻坚克难、久久为功，希望各民主党派、工商联和无党派人士充分发挥人才荟萃、智力密集、联系广泛等优势，聚焦重点难点问题，深入基层、深入一线实地调查研究，充分借鉴先进地区成功经验，为扎实推进工业振兴贡献智慧力量。

王小东指出，当前，世界正经历百年未有之大变局，我国与“一带一路”沿线国家，特别是与东盟跨境产业链供应链合作日趋深化，经济运行稳中加固、稳中向好，新发展格局下的强大国内市场正在形成，经济发展动力进一步增强；自治区在工业振兴、“五网”建设等方面的政策利好不断释放，强首府战略深入实施，资源要素加快向南宁集聚，为南宁市工业加快发展提供了有利条件。我们要强化思想认识，深入学习贯彻习近平总书记“七一”重要讲话精神、对广西工作的系列重要指示精神，认真贯彻党中央、自治区党委的决策部署，准确把握当前工业发展的新动向新变化，进一步增强加快推动工业振兴的紧迫感使命感，坚定信心决心，抢抓发展机遇，全面落实强首府战略，为建设新时代中国特色社会主义壮美广西作出更大贡献。

王小东强调，要突出关键重点，全力打好工业振兴攻坚硬仗。要加大工业投资力度，强化电子信息、先进装备制造、生物医药等重点产业项目投资，持续加强交通、能源、信息、物流等基础设施建设，深入实施“三企入桂项目落实、行企助力转型升级”行动，用好用足用活财政转移支付、政府债券等各类资金。要培育壮大产业集群，持续做好产业发展、园区建设、企业培育三篇文章，着力强龙头、补链条、聚集群，聚焦重点产业建链补链强链延链，推动新兴制造业产业集群集聚发展，做大做强三大国家级开发区主导产业。要持续强化创新驱动，充分发挥南宁·中关村创新示范基地和科技园的示范引领作用和溢出效应，支持企业实施重大产业技术攻关，打造区域性数字经济高地，加快推进传统产业转型升级，推动绿色低碳发展。要打造一流营商环境，全面提升企业全生命周期管理服务水平，深化“放管服”改革，着力构建“亲”“清”新型政商关系，以良好发展环境助推工业高质量发展。全市各级各部门要一如既往大力支持各民主党派、工商联和无党派人士开展工作，进一步畅通沟通联系渠道，不断健全合作机制，凝聚智慧力量跑出工业发展“加速度”，为全面落实强首府战略提供强有力支撑。

市委审计委员会第四次会议

7月27日，自治区党委常委、市委书记、市委审计委员会主任王小东主持召开市委审计委员会第四次会议，强调要深入学习贯彻习近平总书记关于审计工作的重要讲话精神，坚决贯彻党中央决策部署和自治区党委审计委员会第四次会议工作要求，增强"四个意识"、坚定"四个自信"、做到"两个维护"，不断提高政治判断力、政治领悟力、政治执行力，坚持把党的领导贯穿审计工作全过程，加快提高审计工作能力和水平，切实发挥好审计在全面落实强首府战略、推动南宁高质量发展中的重要作用。市委副书记、市长、市委审计委员会副主任孙大光传达有关会议精神。

会议审议通过《2020年度南宁市本级预算执行和其他财政支出情况审计报告》《2021审计年度（2021年7月—2022年6月）南宁市本级统一组织审计项目计划》。

会议指出，要聚焦主责主业，充分发挥审计监督保障作用。紧扣"十四五"目标任务，聚焦经济发展、改革创新、民生保障、安全稳定、廉政建设等重点，做好常态化"经济体检"，为推动高质量发展提供监督保障。要抓好重大政策措施落实情况跟踪审计，紧盯涉及资金量大、项目多、时效性强的宏观调控政策，以及工业振兴、扩大开放、乡村振兴、生态环保等重点工作开展专项审计。要抓好财政审计和部门预算执行审计，强化审计监督、审计全覆盖，促进财政资金提质增效和风险防范。要抓好国有资产运营管理的审计，重点关注国有企业投融资、重大项目、资产处置以及风险防控等情况，强化对国有企业改革政策落实情况的审计。要抓好保障和改善民生方面的审计，着力揭示发生在群众身边的"微腐败""小官巨贪"等违纪违法问题。要结合集中换届统筹好领导干部审计，抓好党政主要领导干部经济责任审计、自然资源资产离任审计，督促领导干部履职尽责、依法用权、秉公用权、廉洁用权。

会议强调，要突出标本兼治，推动问题整改取得更大实效。压实整改责任，被审计地方和单位要自觉扛起整改主体责任，行业主管部门要担负起监督管理责任，各部门要树立"一盘棋"思想，逐步建立起以政府为主导、被审计单位为主体、有关部门齐抓共管、审计部门督促落实的审计整改格局。严格问题整改，用好整改成果，完善制度机制，把审计监督与干部管理、纪律检查、追责问责结合起来，切实达到"审计—整改—规范—提高"的效果。各级审计机关要结合开展党史学习教育，引导审计干部深入学习贯彻习近平总书记"七一"重要讲话精神、视察广西时的重要讲话和重要指示精神，按照"立身立业立信"要求，认真履行督促检查职责，打造一支政治过硬、本领高强、作风优良的审计队伍。

书记专题会议

7月30日，自治区党委常委、市委书记王小东主持召开书记专题会议，听取市十二届党委第九轮巡察情况和第八轮巡察整改情况汇报，研究部署下一阶段工作，强调要持续深入学习贯彻习近平总书记关于巡视工作重要论述，结合党中央、自治区党委巡视反馈意见整改工作，聚焦巡察发现的问题，从严从实抓整改，坚持对账销号、逐项落实，切实做好巡察"后半篇文章"，为全面落实强首府战略、推动南宁高质量发展提供坚强保障。

根据市委关于巡察工作的部署，2021年4月上旬至6月下旬，市委巡察工作领导小组组织开展了市十二届党委第九轮巡察工作，对市住房和城乡建设局党组开展巡察"回头看"，对全市营商环境建设各相关责任部门、平台公司等单位党组织创新开展优化营商环境机动式巡察，巡察利剑作用得到充分发挥，震慑效应持续释放。王小东指出，要把学习贯彻习近平总书记"七一"重要讲话精神、视察广西时的重要讲话和重要指示精神，与学习贯彻习近平总书记关于巡视工作重要论述紧密结合起来，不断提高政治判断力、政治领悟力、政治执行力，进一步增强"四个意识"、坚定"四个自信"、做到"两个维护"，持续加强政治巡察、提升监督质效，切实发挥好巡察的政治"显微镜"和"探照灯"作用，不断推动全面从严治党向纵深发展。

王小东强调，要认真贯彻落实党中央和自治区党委关于巡视巡察工作的部署要求，深化上下联动、贯通融合，坚持市县巡察一体谋划、一体部署、一体推进，督促县（市、区）党委及时听取巡察情况汇报，协调解决工作中遇到的突出问题；持续推动巡察向村、社区延伸，统筹好基层巡察、纪检监察、村务监督等力量，不断提升基层治理效能；强化系统观念，深入推进巡察监督与纪律、监察、派驻监督统筹衔接，与组织、政法、审计、财政、统计等监督协作配合，健全完善巡视巡察战略格局。要强化对"一把手"和领导班子的监督，结合深入开展"书记引航担使命"主题活动，既督促"关键少数"带头做到对党忠诚、担当尽责、正确行使权力，又推动落实管党治党责任、层层传导压力，加强对干部的日常教育管理监督，推动全面从严治党主体责任落实到履职尽责全过程。要加强巡察队伍建设，打造一支忠诚干净担当的巡察队伍。

全市新冠肺炎疫情防控工作视频调度会

8月5日，全区疫情防控工作动员部署电视电话会议结束后，南宁市立即召开全市新冠肺炎疫情防控工作视频调度会，深入学习贯彻习近平总书记重要批示精神和中央、自治区有关会议精神，对南宁市疫情防控工作进行再动员、再部署。自治区党委常委、市委书记王小东就做好南宁市疫情防控工作作出批示。市委副书记、市长、市疫情防控指挥部指挥长孙大光出席会议并讲话。

王小东在批示中强调，当前疫情防控形势严峻复杂。全市各级各部门要深入贯彻落实习近平总书记重要批示精神，按照中央和自治区的部署要求，切实增强敏锐性，时刻绷紧疫情防控这根弦，以高度负责的精神和科学严谨的态度，从严从紧抓实抓细各项防控措施，不折不扣落实"四早"要求，全面压紧压实“四方责任”，坚持“人物同防”，严格闭环管理，坚决筑牢“外防输入”的严密防线，坚决捍卫来之不易的疫情防控成果，全力守护好人民群众生命安全和身体健康。

会议强调，疫情就是命令，防控就是责任。全市各级各部门要切实提高政治站位，严格贯彻落实中央、自治区和市委的决策部署，汲取其他地区经验教训，坚决克服麻痹思想、侥幸心理、松劲心态，毫不松懈抓好“外防输入、内防反弹”工作，对防控工作进行再梳理、再排查、再整改，对各项防控措施再加强、再部署、再落实，及时发现漏洞、堵塞漏洞，切实把各项防控措施落到实处，持续巩固拓展疫情防控成果，为全面落实强首府战略筑牢健康根基。

会议强调，要聚焦关键重点，坚决落实好“外防输入、内防反弹”防控措施。要强化应急响应，全面进入应急状态，提升应急处置能力，加强疫情应急准备，及时发布信息，确保社会稳定和谐。要按照自治区“三查三排一转运”的制度要求，加强对入境人员的闭环管理，确保入境人员转运、核酸采检和隔离管控等闭环举措严格落实。要按照“十严格”要求，加强“三非”人员精准排查管控，并严格落实“人物同防”，加强冷链食品全面消杀和监管，强化生产经营场所环境清洁消毒及冷链产品外包装消毒工作，牢牢守住城市关口防线。要严格重点人员和场所管控，强化疫苗接种，确保“应种尽种”，筑牢全民健康免疫屏障。要加强组织领导，压紧压实“四方责任”，加强工作督查问责，强化各方协调联动，切实形成工作合力，坚决打好打赢常态化疫情防控持久战。

王小东强调，要聚焦重点发力，高质高效做好服务保障工作。要全力做好安保维稳工作，牢固树立“安全第一”思想，完善各类工作方案及其预案，深入排查隐患，加强应急演练，做好综合应急救援和安全生产工作，确保“大事不出、中事不出、敏感时期小事也不出”。要一刻不松抓好常态化疫情防控，坚决克服麻痹松懈情绪和侥幸心理，突出抓好“外防输入、内防反弹”，制定完善疫情防控方案、应急预案、细案，以最严最细措施构筑“国境、城市、区域和展区”疫情防控线。要强化城市管理和市容市貌整治，持续巩固创建全国文明城市成果。要着力提高招商质效，结合“‘三企入桂’项目落实，行企助力转型升级”行动，着力招大引强、招新引高。要营造浓厚宣传氛围，精心统筹谋划，讲好南宁故事、传播南宁声音。要扎实做好水电气、通信、气象、交通、卫生、食品安全、志愿者等相关保障工作，全力提供全面、周到、细致的服务。

王小东强调，要强化组织领导，确保服务保障工作取得实效。分管市领导要带头深入一线加强组织指挥，压紧压实责任，扎实有序推进工作。各级各部门要严格落实“四定”要求，把服务保障工作的每个环节、步骤细化分解，确保人员到位、措施到位、责任到位，加强沟通协调，强化督促检查，推动各项工作落细落实。

南宁市服务第18届中国—东盟博览会、中国—东盟商务与投资峰会工作领导小组全体会议

8月9日，南宁市服务第18届中国—东盟博览会、中国—东盟商务与投资峰会工作领导小组召开全体会议，动员全市上下坚决贯彻党中央和自治区决策部署，全力以赴做好安保维稳工作，一刻不松抓好常态化疫情防控，高水平、高质量完成服务保障工作，为2021年东博会、峰会取得圆满成功作出首府应有贡献。自治区党委常委、市委书记、市服务中国—东盟博览会工作领导小组组长王小东主持会议并讲话，市委副书记、市长、市服务中国—东盟博览会工作领导小组组长孙大光出席会议。

会议传达第18届中国—东盟博览会、中国—东盟商务与投资峰会广西领导小组会议精神，听取南宁市服务东博会、峰会筹备工作情况汇报，研究部署相关工作。

王小东指出，2021年是中国共产党成立100周年，是开启全面建设社会主义现代化国家新征程的第一年，是“十四五”规划开局之年。这次中国—东盟博览会，政治敏锐性强，社会关注度高，国际影响力大，新形势新情况新变化对我们各项工作提出了新的更高要求。全市各级各部门要进一步提高政治站位，增强“四个意识”、坚定“四个自信”、做到“两个维护”，全面贯彻落实习近平总书记“七一”重要讲话精神、视察广西时的重要讲话和重要指示精神，切实增强做好服务保障工作的责任感和使命感，以严实的作风、务实的举措，全力以赴做好各项服务保障工作。

2021南宁投资贸易洽谈会暨重大项目签约仪式

9月10日，正值第18届中国—东盟博览会和中国—东盟商务与投资峰会开幕之际，市委、市政府举行2021南宁投资贸易洽谈会暨重大项目签约活动，真诚推介南宁发展机遇、投资政策，诚邀中外企业家前来投资兴业、共谋发展。

自治区党委常委、市委书记王小东，市委副书记、市长孙大光，多氟多新材料、广东万和集团、浙江甲骨文超级码科技、玉柴机器集团、泰国正大集团、农夫山泉、吉利汽车集团枫盛科技、深圳台商协会等行业龙头、知名企业代表共聚一堂、共话发展。大家表示，将利用好中国—东盟博览会等平台，抢抓“南宁渠道”全面提质带来的新机遇，打造更多新的合作亮点，收获更多新成果。

据了解，现场签约项目19个，总投资额216.85亿元，涵盖了新能源汽车及配套、电子信息、生物医药、轻工食品、现代物流、金融等产业。通过签约项目的实施，将为南宁市进一步延伸产业链条、优化产业结构、加速产业集聚、培育增长动能提供有力支撑。

当前，随着我国与东盟互为第一大贸易伙伴，区域全面经济伙伴关系协定（RCEP）即将生效实施，多个国家战略平台相继落户南宁，强首府战略实施，今日南宁发展舞台更加广阔、发展地位更加凸显、发展基础更加坚实、发展环境更加优良。过往可鉴，当下可为，未来可期。南宁将按照市第十三次党代会描绘的美好蓝图，勇当建设新时代中国特色社会主义壮美广西排头兵，大力推进产业发展、南宁渠道、乡村振兴、中国绿城等“六个全面提质”，加快建设区域性先进制造业基地，加快构建区域性现代服务业中心，打造全国生态宜居城市典范，加快打造成为国内国际双循环的重要节点枢纽城市，推

动构建“大湾区—南宁—东盟”“欧盟—川渝—南宁—东盟”等跨境产业链供应链，使南宁成为中国企业走向东盟和东盟企业进入中国大陆的产业投资聚集地、贸易往来结算地、科技创新支撑地、生活服务保障地。南宁将竭诚提供优质高效的服务，让广大企业家在南宁投资放心、创业安心、发展顺心、生活舒心。

活动现场还展示了“行企助力转型升级”行动招商成果。

2021年度持续优化营商环境工作专题协商座谈会

10月9日，市委召开2021年度持续优化营商环境工作专题协商座谈会，广泛听取各民主党派、工商联和无党派人士代表的意见建议。自治区党委常委、市委书记王小东主持会议并讲话。

民革市委会主委黎琳、民盟市委会主委潘永钟、民建市委会主委梁满红、民进市委会主委黄均宁、农工党市委会主委黄玉燕、致公党市委会主委蒋晓筠、九三学社市委会主委梁鸿、台盟南宁市支部主委黎芷宏、市工商联副主席陈长毅、市无党派人士联络组组长庞晓民，先后围绕南宁市持续优化营商环境工作建言献策。大家表示，近年来，全市上下认真贯彻中共南宁市委决策部署，扎实推进重点领域和关键环节改革，营商环境建设取得明显成效，登记财产、政务服务指标达到国内一流水平，成为全国80个参评城市中营商环境改善幅度最大的城市之一。王小东认真倾听，肯定大家的意见建议，要求有关部门深入研究吸纳，结合实际抓好落实，希望各民主党派、工商联和无党派人士继续发扬优良传统，聚焦南宁市营商环境、产业发展等存在的困难和问题，深入基层一线实地调查研究，提出更多具有前瞻性、针对性、务实管用的意见建议，为持续优化营商环境贡献智慧力量。

王小东指出，当前，世界百年未有之大变局加速演进，新冠肺炎疫情影响广泛深远，区域竞争日趋激烈，同时《区域全面经济伙伴关系协定》（RCEP）即将生效实施，南宁市正在全力争创RCEP先行示范区，这对南宁市优化营商环境提出了新的更高要求。全市各级各部门要深入学习贯彻习近平总书记对广西工作的系列重要指示精神，以及李克强总理考察广西时的重要讲话和指示精神，深刻把握营商环境对高质量发展的重要意义，主动对标国际一流水平和国内先进地区，真心诚意为企业排忧解难，着力构建“亲”“清”新型政商关系，推动南宁市加快迈进全国营商环境第一方阵。

王小东强调，要抓住关键重点，全力打造国内一流营商环境。持续深化“放管服”改革，聚焦企业办事是否更便捷、费用是否更低、时间是否更短、预期是否更稳，进一步降低市场主体准入和退出门槛，提升政务服务信息化水平、项目建设便利度、跨境贸易便捷度，大胆试、大胆闯、大胆改，创造更多的“南宁模式”“南宁经验”。要持续加大惠企政策落实力度，多措并举降低企业经营成本、综合融资成本，实现从“人找政策”向“政策找人”转变，全面提升企业全生命周期管理服务水平。要持续维护公平竞争市场环境，深化“互联网+监管”，依托大数据打造智慧监管“升级版”，推行以信用为基础的分级分类监管制度。各级各部门要一如既往大力支持各民主党派、工商联和无党派人士开展工作，充分调动各方面积极性，同心同德、并肩作战，增强工作合力，努力打造市场化、法治化、国际化的营商环境，全面落实强首府战略、推动南宁高质量发展，为建设新时代中国特色社会主义壮美广西作出更大贡献。

传达学习自治区第十二次党代会精神大会

12月8日，南宁市召开传达学习自治区第十二次党代会精神大会。自治区党委常委、市委书记徐海荣出席会议并讲话，强调全市各级各部门和广大党员干部要坚持以习近平新时代中国特色社会主义思想为指导，深入贯彻落实习近平总书记对广西工作系列重要指示精神，切实把思想和行动统一到自治区党代会精神上来，迅速掀起学习宣传贯彻自治区党代会精神热潮，坚定不移落实强首府战略，全力推动自治区党委决策部署在南宁落地见效，奋力谱写好建设新时代中国特色社会主义壮美广西的南宁篇章。市委副书记、市政府党组书记廖立勇主持会议。

徐海荣指出，自治区党委书记刘宁在大会上所作的报告，站位高远、内涵丰富、系统完备，通篇贯穿了习近平新时代中国特色社会主义思想，是学习贯彻习近平总书记对广西工作系列重要指示精神的科学指引，是凝心聚力建设新时代中国特色社会主义壮美广西的行动纲领，是推进强首府战略的实践指南，对于我们认清历史方位和历史使命，锚定新目标、奋进新征程、建功新时代，全面推进改革发展稳定各项事业，具有十分重大的现实意义和极为深远的历史意义。

徐海荣指出，大会报告全面总结过去五年工作取得的巨大成就，深入分析广西发展面临的形势任务和机遇挑战，系统擘画建设新时代中国特色社会主义壮美广西的宏伟蓝图，深刻阐述今后五年和未来一个时期的工作思路、总体要求、奋斗目标、战略任务、重大举措，符合中央精神，切合广西实际，顺应群众期盼，充分体现了理论与实践相结合、战略与战术相一致、认识论与方法论相统一，充分体现了鲜明的目标导向、问题导向、实践导向，具有很强的政治性、思想性、指导性、针对性和可操作性。

徐海荣强调，要科学谋划、精心组织、整体推进，认真学习好、宣传好、贯彻好自治区第十二次党代会精神。要深入学习领会，把学习党代会精神，与学习党的十九届六中全会精神结合起来，与学习习近平总书记对广西工作系列重要指示精神特别是“4·27”重要讲话精神结合起来，与开展党史学习教育结合起来，推动学习不断走深、走心、走实。要广泛宣传宣讲，组织开展多层次、全方位宣传报道，发挥传统媒体、新媒体等作用，在全市营造学习宣传贯彻的浓厚氛围；领导干部要带头宣讲，充分发挥各级宣讲团（队）、基层党组织、乡村振兴工作队和“草根宣讲员”作用，推动党代会精神走进千家万户。

徐海荣强调，要紧紧围绕建设新时代中国特色社会主义壮美广西总目标，全面推进改革发展稳定各项工作，努力把南宁建设成为新时代中国特色社会主义壮美广西的首善之地。要着力抓好“1+3”重点工作：“1”，就是推动高质量发展，坚持稳中求进工作总基调，立足新发展阶段，完整、准确、全面贯彻新发展理念，主动服务和融入新发展格局，大力推进产业发展、改革创新、南宁渠道、乡村振兴、中国绿城、民生保障“六个全面提质”，重点抓好创新驱动、抓实体强产业、扩大内需、扩大开放、深化改革、乡村振兴、生态文明建设、城市建设、民生福祉等9项工作。“3”，就是要切实抓好疫情防控、社会稳定、城市安全“三件事”，牢牢守住安全稳定的底线，为高质量发展营造良好环境。要毫不放松抓好常态化疫情防控，坚决克服麻痹思想、厌战情绪、侥幸心理、松劲心态，压紧压实“四方责任”，严格落实“外防输入、内防反弹”各项措施，全力维护各族群众生命安全和身体健康；抓好社会稳定，统筹推进市域社会治理现代化，深入开展平安南宁、法治南宁建设，有效解决信访积案和群众合理合法诉求，扎实开展根治欠薪冬季专项行动，给全市人民撑起一片安宁祥和的天空；抓好城市安全，严格落实安全生产责任制，坚决防范和遏制重特大安全事故发生，扎实做好设施设备保养维修工作，不断提高防灾减灾救灾能力，切实保障人民群众生命财产安全。

徐海荣强调，要大兴实干之风，以优良作风保障自治区党代会精神在南宁落地落实。要带头抓落实，各级领导干部要切实强化“头雁意识”，带头真抓实干、带头打攻坚战，以抓铁有痕、踏石留印的狠劲、拼劲和韧劲狠抓落实，用担当带动担当、用实干激发实干、用作为促进作为，为广大党员干部当好表率、作出示范。要善于抓落实，勇于攻坚克难，勇于挑最重的担子，敢于啃最硬的骨头，善于接最烫的山芋；勇于创新突破，坚持解放思想、与时俱进，大力弘扬敢闯敢试、敢为人先的精神，在开拓创新中赢得主动、赢得未来；勇于开展斗争，坚决战胜前进道路上的一切艰难险阻。要层层抓落实，抓好明责、履责、问责三个环节，推动形成人人有责、人人尽责、人人负责的工作格局。

书记专题会议

12月14日，自治区党委常委、市委书记徐海荣主持召开书记专题会议，听取十二届市委第九轮巡察整改情况、全市涉粮问题专项巡察综合情况和十三届市委第一轮巡察情况汇报，研究部署下一阶段工作，强调要深入学习贯彻习近平总书记关于巡视工作重要论述，坚定不移深化政治监督，积极谋划好十三届市委巡察工作，加强巡察干部队伍建设，为全面落实强首府战略、奋力建设新时代中国特色社会主义壮美广西首善之地提供坚强保障。

根据市委关于巡察工作的部署，10月11日—11月19日，市委巡察工作领导小组组织开展了十三届市委第一轮巡察工作，对市及相关城区粮食和物资储备部门党组织开展涉粮问题专项巡察，对市发展改革委党组、市财政局党组、市农业农村局党组、市市场监管局党组和市国资委党委开展常规巡察，市委巡察机构和全体巡察干部紧紧围绕监督重点，周密部署，扎实推进，对被巡察单位党组织进行“政治体检”，实现了本届党委巡察工作的良好开局。

徐海荣指出，党的十八大以来，以习近平同志为核心的党中央高度重视巡视工作，习近平总书记站在党要管党、全面从严治党的战略高度，就巡视工作发表一系列重要论述，为推动巡视巡察工作高质量发展指明了前进方向、提供了根本遵循。我们要坚持政治巡察定位，把“两个维护”作为根本任务，完整准确贯彻“发现问题、形成震慑，推动改革、促进发展”的巡视工作“十六字”方针，做到对“国之大者”心中有数，对巡视定位、方针、重点、方法等心中有数，对被巡视党组织职责使命、地位作用等心中有数，聚焦贯彻落实党的路线方针政策和党中央重大决策部署情况，聚焦贯彻落实习近平总书记对广西工作系列重要指示精神特别是视察广西“4·27”重要讲话精神情况，聚焦贯彻落实自治区第十二次党代会精神和“1+1+4+3+N”目标任务体系情况，聚焦贯彻落实强首府战略和“1+3”重点工作情况，精准开展政治监督，深入查找政治偏差，一体推进发现问题和解决问题，充分发挥巡察工作监督保障执行、促进完善发展的作用。

徐海荣强调，要加强统筹谋划，推动十三届市委巡察工作高质量发展。要科学制定五年巡察工作规划，确保本届党委任期内巡察全覆盖。要坚持问题导向，通过常规巡察、专项巡察、提级巡察、交叉巡察等方式，加强对各级领导班子特别是一把手的监督，既查老问题、又查新问题，既查个性问题、又查共性问题，在发现问题“实、准、深”上下足功夫，切实发挥巡察监督的“探照灯”“显微镜”作用。要抓好问题整改，督促被巡察党组织建立问题清单、责任清单和整改时间表，做到即知即改、立行立改，切实把“当下改”的整改措施转变为“长久立”的制度机制，认真做好巡察“后半篇文章”。要压实工作责任，形成巡察机构、纪检监察机关和组织部门等各负其责、协同配合的工作机制和责任体系，依规依纪依法处置巡察移交问题线索，加强对被巡察党组织整改落实情况的日常监督，推动全市巡察工作质量不断提升。

徐海荣强调，要把政治建设摆在首位，教育引导巡察干部自觉做“两个确立”的坚决拥护者和“两个维护”的坚定践行者，不断提高巡察工作的规范化专业化水平，严明纪律要求，对以巡谋私、跑风漏气等行为严肃查处、绝不姑息，坚决防止“灯下黑”，努力锻造忠诚干净担当的巡察干部队伍。

市委全面深化改革委员会第十次会议

12月24日，自治区党委常委、市委书记、市委全面深化改革委员会主任徐海荣主持召开市委全面深化改革委员会第十次会议，强调要把深入贯彻落实习近平总书记在中央全面深化改革委员会会议上的系列重要讲话精神，与深入学习贯彻党的十九届六中全会精神和学习贯彻自治区第十二次党代会精神紧密结合起来，领会精神实质，把握改革要求，以精准务实的举措和真抓实干的劲头，不折不扣推动各项改革决策部署落地见效。

市委全面深化改革委员会副主任廖立勇、杨维超出席会议。

会议听取了南宁市领导领衔推进2021年重大改革任务情况、开展国家长期护理保险制度试点进展情况、开展城乡融合发展和乡村振兴改革集成试点进展情况汇报，审议并原则通过了《南宁市进一步推进服务业改革开放发展的实施方案》《南宁市高质量发展综合绩效评价办法（试行）》《南宁市高质量发展综合绩效评价指标体系（试行）》《南宁建设高标准市场体系行动实施方案》。

会议强调，习近平总书记先后主持召开中央深化改革委员会第二十、二十一、二十二、二十三次会议，对当前相关重大改革工作作出了重要部署，内涵丰富、指向鲜明，为我们抓好经济、社会、生态等重点领域改革提供了根本遵循。自治区党委深化改革委员会召开第十三次会议，就贯彻落实中央深化改革委员会改革部署作出具体安排，具有很强的针对性、指导性。全市各级各部门要承接好中央和自治区确定的各项改革事项，把握好改革的时度效，稳扎稳打、创造性抓好贯彻落实。要完成好今年的改革任务，对年初市委深化改革委员会部署的改革任务，认真梳理、加快推进、巩固提升，力争在全区改革创新专项工作考评中取得优异成绩。要精准谋划明年改革任务，聚焦推进产业振兴、提升对外开放合作水平、解决群众“急难愁盼”问题以及疫情防控、社会稳定、城市安全“三件事”等方面推出一批重大改革任务，为建设新时代中国特色社会主义壮美广西首善之地增动力、添活力。

会议指出，2021年以来，市委深改委切实履行推进改革主体职责，市领导亲自抓改革谋划、抓改革部署、抓改革推进，领衔推动了一批重大改革任务落地落实，破解了一批经济社会发展的痛点难点问题。要继续坚持和完善领导领衔推进重大改革任务制度，加强统筹协调、以上率下，确保各项改革有力有序推进。

会议指出，南宁市作为广西唯一的国家长期护理保险制度试点城市，要持续探索推进试点工作，不断扩大保险覆盖面，加强基金监管，完善政策体系，做好政策解读，让人民群众能够实实在在受益。

会议强调，要深入开展城乡融合发展、乡村振兴改革集成试点工作，紧扣乡村振兴战略目标，重点抓好乡村产业振兴，推动资源要素向农村集聚、公共服务向农村延伸，加快城乡基础设施互联互通，推进乡村治理体系和治理能力现代化，以工促农、以城带乡，确保形成创新成果、见到实效。

会议指出，推进服务业改革开放，是实现经济社会高质量发展的重要途径，是建设现代化经济体系的重要内容。要建立宽进严管的制度体系，分类放宽服务业市场准入限制，积极对接《区域全面经济伙伴关系协定》（RCEP）经贸新规则，打造市场化、法治化、国际化的营商环境，全面提升服务业对外开放合作水平。

会议强调，实施高质量发展综合绩效评价办法和指标体系，是完整、准确、全面贯彻新发展理念，落实好自治区党代会提出的“高质量发展取得明显成效”目标要求、推进南宁市“1+3”重点工作的重要抓手。要科学合理设计考核评价指标，切实发挥综合绩效评价体系的指挥棒作用，体现公平公正、实事求是原则，符合重实干重实绩导向，促进形成高质量发展“比学赶超”的浓厚氛围。

会议指出，建设高标准市场体系是构建高水平社会主义市场经济体制的重要举措。要夯实市场体系基础制度，全面完善产权保护、市场准入、公平竞争等制度，加快形成统一开放、竞争有序、制度完备、治理完善的高标准市场体系。要畅通市场循环，打通制约生产、流通、分配、消费等各环节堵点和梗阻，推进市场提质增效。要坚持统筹发展和安全，有效防范化解风险，切实维护市场安全和稳定。

新冠肺炎疫情防控工作推进会

12月24日，南宁市召开新冠肺炎疫情防控工作推进会，传达学习中央、自治区领导关于疫情防控工作的批示指示精神，总结南宁市前一阶段疫情防控工作，分析当前形势，对下一步打好打赢常态化疫情防控攻坚战持久战进行再动员再部署再落实。自治区党委常委、市委书记、市疫情防控工作领导小组组长徐海荣强调，全市各级各部门要认真学习贯彻习近平总书记关于疫情防控工作的重要指示精神，坚决贯彻落实党中央、自治区党委决策部署，始终绷紧疫情防控这根弦，坚决筑牢首府安全防线，全力守护人民生命健康。

徐海荣指出，当前，南宁市疫情防控形势依然严峻复杂，疫情输入和传播的风险仍在加大，已经成为影响全市经济社会健康发展的最大因素。全市各级各部门要切实提高政治站位，充分认清疫情防控的长期性、艰巨性、复杂性，保持高度警惕，始终绷紧疫情防控这根弦，切实增强抓好疫情防控的责任感和紧迫感，全力以赴打好疫情防控攻坚战持久战。

徐海荣强调，要严密外防输入措施。全面设置公路检查站，加密重点方向入邕通道卡点，严把外防输入关口，坚决阻断疫情传播渠道，强化对“三非”人员、走私人员排查打击，织密织牢防控网络。要切实完善应急处置机制，确保流调、管控、隔离等工作高效有序。要强化重点人群排查管控，对从境外途经国内城市中转来邕人员，以及从国内中高风险地区来邕人员，要做好相应的健康监测管理。

徐海荣强调，要严格社会面管理。切实抓好戴口罩、一米线、扫码、测温等常态化措施落实，加大对人员密集公共场所管理力度，加密重点行业从业人员核酸检测频次。要严格管理人员聚集活动，实行审批制。要加快推进疫苗接种工作，科学有序推进3—11岁及60岁以上人群和其他重点人群疫苗接种，强力推进加强针接种工作，尽快构建人群免疫屏障。

徐海荣强调，要加强组织领导，确保疫情防控责任落细落实。建立健全24小时值班制度，各级指挥体系要时刻处于激活状态，领导干部要坚守一线、身先士卒、靠前指挥、随时调度，推动各项任务快速、有序、高效。要进一步压实压紧属地、部门、单位、个人“四方责任”，特别是教育引导市民群众当好自身健康的第一责任人。对拒不配合疫情防控的单位、个人要依法处理，对于工作不力、组织不当的单位、个人要强化问责追责。要抓好疫情防控基础建设，加强基础工作，提高大规模核酸检测能力，配备好社区、村等基层疫情防控队伍，做好防疫物资储备。

市委副书记、代市长、市疫情防控工作领导小组组长、市疫情防控指挥部指挥长廖立勇在部署南宁市疫情防控工作时要求，要清醒地认识南宁市疫情防控面临的严峻形势，突出抓好重点人员、重点场所、重点行业管控，抓紧补短板、堵漏洞、强弱项，全面提升突发疫情处置战斗力、疫情防控保障力、疫情防控执行力，打好一场广泛动员群众、依靠人民的疫情防控攻坚战，牢牢守住南宁市来之不易的疫情防控成果。

2021年度经济工作专题协商暨调研协商座谈会

12月28日，市委召开2021年度经济工作专题协商暨调研协商座谈会，深入学习贯彻党的十九届六中全会以及中央经济工作会议精神，贯彻落实自治区第十二次党代会、自治区党委十二届二次全会暨经济工作会议精神，听取各民主党派、工商联、无党派人士联络组意见建议。自治区党委常委、市委书记徐海荣主持会议并讲话。市委副书记、代市长廖立勇介绍南宁市2021年经济运行情况和明年经济工作设想。

会上，民革市委会主委黎琳、民盟市委会主委潘永钟、民建市委会主委梁满红、民进市委会主委黄均宁、农工党市委会主委黄玉燕、致公党市委会主委蒋晓筠、九三学社市委会主委梁鸿、台盟南宁市支部副主委张雯捷、市工商联副主席陈长毅、市无党派人士联络组组长庞晓民作了发言，就2022年经济工作提出意见建议，并介绍了2021年重点调研课题成果。徐海荣边听边记，不时插话，充分肯定大家的意见建议，要求有关部门深入研究吸纳，转化为行之有效的政策、措施，结合实际抓好落实。

徐海荣指出，2021年是党和国家历史上具有里程碑意义的一年，是南宁发展进程中极不平凡的一年。我们坚持以习近平新时代中国特色社会主义思想为指导，深入学习贯彻习近平总书记视察广西“4·27”重要讲话精神和对广西工作系列重要指示精神，全面落实党中央和自治区党委的各项决策部署，全面落实强首府战略，经济发展实现“质”与“量”同步提升，产业结构持续优化，投资、消费、进出口“三驾马车”动力强劲，全市经济运行总体平稳，稳中提质、稳中向好，实现“十四五”良好开局。

徐海荣强调，2022年是党的二十大召开之年，是全面贯彻落实自治区第十二次党代会精神的第一年，做好全年工作，有着特殊而重大的意义。我们要完整、准确、全面贯彻新发展理念，进一步将创新、协调、绿色、开放、共享发展理念一体贯彻、全面落实到经济社会发展各项工作之中，努力实现更可持续的发展。要坚持稳中求进工作总基调，稳字当头、稳中求进，全力确保经济增长速度高于全区平均水平、城镇调查失业率低于全区水平。要加快服务和融入新发展格局，抓住中央提出的“适度超前开展基础设施投资”政策契机，加大投资和促消费力度，进一步增强内需支撑作用；发挥好开放平台和政策“富集区”优势，抢抓《区域全面经济伙伴关系协定》（RCEP）即将生效实施的有利机遇，进一步畅通和拓宽“南宁渠道”。要坚定不移推动高质量发展，积极转变经济发展方式、优化经济结构、转换经济增长动力，以科技创新为引领，做实实体经济，促进城乡互动与融合，持续推动绿色发展，着力建设现代化经济体系。要继续做好“六稳”“六保”工作，统筹发展和安全，切实抓好疫情防控、社会稳定、城市安全“三件事”；聚焦提高服务效率、降低投资成本等关键环节，主动落实各项惠企政策，确保市场主体健康发展。要始终践行以人民为中心的发展思想，把稳就业放在更加突出位置，动态消除零就业家庭，抓好为民办实事项目，着力解决人民群众“急难愁盼”问题，推动民生事业全面进步，不断增强首府人民的获得感、幸福感、安全感。

徐海荣希望各民主党派、工商联、无党派人士联络组深刻领悟“两个确立”的决定性意义，进一步增强“四个意识”、坚定“四个自信”、做到“两个维护”，把智慧和力量凝聚到中共中央对经济形势的科学判断上来，按照自治区第十二次党代会提出的“1+1+4+3+N”目标任务体系，围绕“1+3”重点工作，发挥人才、智力等优势，深入调查研究，积极建言献策，加强民主监督，协助各级党委、政府破解发展难题，做好解疑释惑、化解矛盾、凝聚共识、推动发展工作。中共南宁市委将一如既往大力支持各民主党派、工商联和无党派人士开展工作，为大家更好地履行职能、发挥作用创造良好条件，共同谱写新时代多党合作事业新篇章，凝心聚力建设新时代中国特色社会主义壮美广西首善之地。

1921
2021
弘扬红船

重要文献

公报类

中国共产党南宁市第十二届委员会第十一次全体（扩大）会议公报

（2021年1月15日中国共产党南宁市第十二届委员会第十一次全体（扩大）会议通过）

中国共产党南宁市第十二届委员会第十一次全体（扩大）会议，于2021年1月15日在南宁举行。

出席这次会议的有市委委员48人，候补委员9人。不是十二届市委委员、候补委员的在职厅级领导干部，市政府党组成员，市政协秘书长，市委、市政府副秘书长，有关方面负责同志，市纪委常委、监委委员列席了会议，自治区第十一次党代会和市第十二次党代会部分代表也列席了会议。

全会由市委常委会主持。自治区党委常委、市委书记王小东作了讲话。

全会深入学习贯彻习近平新时代中国特色社会主义思想和习近平总书记对广西工作的重要指示精神，深入贯彻落实党的十九届五中全会和中央经济工作会议精神，贯彻落实自治区党委十一届九次全体（扩大）会议和全区经济工作会议精神，听取和讨论了王小东受市委常委会委托作的工作报告，审议通过了《中国共产党南宁市委员会关于制定南宁市国民经济和社会发展第十四个五年规划和二〇三五年远景目标的建议》。王小东就建议（讨论稿）向全会作了说明。

全会充分肯定市委十二届九次全会以来常委会的工作。一致认为，面对错综复杂的国际形势、艰巨繁重的国内改革发展稳定任务特别是新冠肺炎疫情严重冲击，市委常委会坚决贯彻落实党中央和自治区党委的决策部署，进一步解放思想、改革创新、扩大开放、担当实干，扎实做好“六稳”工作，全面落实“六保”任务，强首府战略开局良好，统筹疫情防控和经济社会发展工作取得重大成果，“十三五”规划顺利收官，决胜全面建成小康社会取得决定性成就，为“十四五”发展打下坚实基础。

全会高度评价“十三五”时期南宁经济社会发展取得的历史性成就，认为市委坚持以习近平新时代中国特色社会主义思想为指导，深入贯彻落实习近平总书记对广西工作的重要指示精神，全面贯彻落实党中央、自治区党委的决策部署，团结带领全市人民扎实推进“六大升级”工程，全力以赴稳增长、促改革、调结构、惠民生、防风险、保稳定，全市综合实力不断增强，脱贫攻坚目标任务全面完成，“南宁渠道”进一步畅通，绿城品质不断提升，改革创新取得重大进展，民生福祉不断增进，党的建设质量不断提升。

全会深入分析了新发展阶段南宁市发展面临的机遇挑战，认为南宁市仍处于重要战略机遇期，但机遇和挑战都有新的发展变化，机遇大于挑战，有利条件胜过不利因素。过往可鉴，当下可为，未来可期。全市上下要胸怀“两个大局”，切实增强机遇意识和风险意识，保持处变不惊的平常心，增强只争朝夕的紧迫感，拿出务实作为的真担当，把握发展规律，办好自己的事，准确识变、科学应变、主动求变，善于在危机中育先机、于变局中开新局，努力在全国发展大局中进一步争先进位、在全区高质量发展中发挥引领带动作用。

全会提出了到二〇三五年的远景目标，这就是：强首府战略各项目标任务全面完成，面向东盟开放合作的区域性国际大都市、“一带一路”有机衔接的重要门户枢纽城市、北部湾城市群与粤港澳大湾区融合发展的核心城市、具有浓郁壮乡特色和亚热带风情的生态宜居城市全面建成，与全国同步基本实现社会主义现代化。综合实力将大幅跃升，经济总量和城乡居民人均收入将迈上大台阶，经济总量占全区比重大幅提升，科技支撑能力显著增强，建成创新型城市；基本实现新型工业化、信息化、城镇化、农业现代化，建成具有南宁特色的现代化经济体系；开放水平大幅提升，在全区构建全方位开放发展新格局中龙头带动作用显著增强；基本实现治理体系和治理能力现代化，人民平等参与、平等发展权利得到充分保障，法治南宁、法治政府、法治社会建设达到更高水平；文化强市、教育强市、人才强市、科技强市、体育强市、健康南宁建设取得更大成效，市民素质和社会文明程度达到新高度；生态环境质量保持全国省会城市领先水平，广泛形成绿色生产生活方式，生态经济发展壮大，美丽南宁建设目标基本实现；城乡面貌根本改观，基本公共服务实现均等化，城乡区域发展差距和居民生活水平差距显著缩小；民族团结进步事业和城市治理开创新局面，平安南宁建设达到更高水平；人民生活更加美好，人的全面发展、全市人民共同富裕取得更为明显的实质性进展。

全会提出了南宁“十四五”时期经济社会发展指导思想和必须遵循的原则，强调要高举中国特色社会主义伟大旗帜，深入贯彻党的十九大和十九届二中、三中、四中、五中全会精神，坚持以马克思列宁主义、毛泽东思想、邓小平理论、“三个代表”重要思想、科学发展观、习近平新时代中国特色社会主义思想为指导，全面贯彻党的基本理论、基本路线、基本方略，统筹推进“五位一体”总体布局，协调推进“四个全面”战略布局，深入贯彻习近平总书记对广西工作的重要指示精神，按照“建设壮美广西共圆复兴梦想”总目标总要求，全面落实“三大定位”新使命和“五个扎实”新要求，坚持新发展理念，坚持稳中求进工作总基调，以推动高质量发展为主题，以深化供给侧结构性改革为主线，以改革创新为根本动力，以满足人民日益增长的美好生活需要为根本目的，统筹发展和安全，牢牢扭住全面落实强首府战略这一总抓手，突出资源要素集聚、开放平台提升、营商环境优化、城乡融合发展四个关键支撑，持续推动“强工业、强创新、强金融、强枢纽、强开放、强治理”六个重点举措，加快建设现代化经济体系，积极融入新发展格局，推进首府治理现代化，加快打造引领全区高质量发展的核心增长极，实现经济行稳致远、社会安定和谐，在谱写建设壮美广西、共圆复兴梦想新篇章中走在前作表率，为与全国同步基本实现社会主义现代化奠定坚实基础。要坚持党的全面领导，坚持以人民为中心，坚持新发展理念，坚持深化改革开放，坚持系统观念。

全会提出了南宁“十四五”时期经济社会发展主要目标，这就是：锚定二〇三五年远景目标，综合考虑南宁市阶段性特征、发展趋势、发展条件和发展支撑，围绕“加快发展、转型升级、全面提质”，未来五年经济社会发展努力实现六个“明显提升”。

——经济综合实力明显提升。经济首位度持续提高，经济增长速度高于全国、全区平均水平，产业结构持续优化，工业支撑作用凸显，现代服务业高端化加快，农业现代化加快推进，创新支撑能力显著增强，产业链现代化水平不断提高，现代化经济体系建设取得重大进展。

——改革开放水平明显提升。要素市场化配置改革和一流营商环境建设取得重大进展，市场主体更加充满活力，开放平台建设取得显著成效，开放型经济发展迈上新台阶，在全区构建“南向、北联、东融、西合”全方位开放发展新格局中的龙头带动作用进一步发挥。

——社会文明程度明显提升。社会主义核心价值观深入人心，人民思想道德素质、科学文化素质和身心健康素质明显提高，公共文化服务体系和文化产业体系更加健全，人民精神文化生活日益丰富，文化软实力和影响力不断增强。

——生态宜居水平明显提升。国土空间开发保护格局得到优化，生产方式和生活方式更加绿色、低碳，能源资源利用效率不断提高，主要污染物排放总量持续减少，生态文明制度体系更加完善，生态环境质量持续走在全国省会城市前列，“中国绿城”品牌进一步擦亮。

——人民生活品质明显提升。城乡居民收入增长和经济增长基本同步，就业、教育、社保、医疗卫生、住房保障等基本公共服务均等化水平大幅提高，脱贫攻坚成果持续巩固，乡村振兴战略全面推进，民生福祉达到新水平。

——社会治理效能明显提升。社会主义民主法治更加健全，社会公平正义进一步彰显，政府作用更好发挥，行政效率和公信力显著提升，社会治理特别是基层治理水平明显提高，防范化解重大风险能力、突发公共事件应急能力和自然灾害防御能力不断增强，发展安全保障更加有力，民族团结进步事业开创新局面。

全会从11个方面对“十四五”经济社会发展的重点工作进行了全面部署，强调大力推动产业振兴，持续“强二扬三优一”，着力强龙头、补链条、聚集群，持续做好产业发展、园区建设、企业培育三篇文章，打造区域性高技术产业和先进制造业基地，加快建设区域性现代服务业中心，加快数字南宁建设，推动产业园区扩能提质增效，构建具有区域竞争力的现代产业体系。突出创新驱动，提升科技支撑和企业技术创新能力，激发人才创新创造活力，完善科技创新体制机制，加快建设区域性科技创新中心。持续畅通“南宁渠道”，深化以面向东盟为重点的开放合作，做深做实开放合作平台，打造西部陆海新通道重要节点城市，积极推动北部湾城市群与粤港澳大湾区融合发展，积极推动中国（广西）自由贸易试验区南宁片区创新发展，在全区构建“南向、北联、东融、西合”全方位开放发展新格局中发挥龙头带动作用。强投资促消费扩内需，深度融入新发展格局，积极扩大有效投资，积极参与国内大循环，深度融入国内国际“双循环”，建设区域性国际消费中心城市，打造成为国内大循环的重要节点城市和国内国际双循环的战略链接核心城市。全面深化改革，始终坚持改革方向、坚持实事求是、坚持高标准和以发展成效检验改革成果，突出系统集成协同高效，充分激发各类市场主体活力，健全完善经济治理机制，打造国内一流营商环境，深化要素市场化配置改革，构建促进经济高质量发展体制机制。全面推进乡村振兴，实现巩固拓展脱贫攻坚成果同乡村振兴有效衔接，着力做优现代特色农业，扎实推进乡村建设行动，深化农业农村改革，加快农业农村现代化。大力提升城市承载力，突出“形、实、魂”，优化国土空间布局，大力推进以人为核心的新型城镇化，推动五象新区高质量发展，加快建设区域性国际大都市。繁荣发展文化事业和文化产业，提高社会文明程度，提升公共文化服务水平，壮大发展文化产业，推动文化和旅游融合发展，提升首府文化软实力，加快建设文化强市。推动绿色发展，坚持“治水、建城、为民”，推动绿色低碳发展，持续提升环境质量，提升生态系统质量和稳定性，促进资源节约高效利用，持续巩固首府生态优势，打造更高水平的生态宜居城市。大力发展民生事业，提高人民收入水平，持续提高就业质量，推动教育高质量发展，完善社会保障体系，全面推进健康南宁建设，积极应对人口老龄化，全面提升首府治理水平，持续提升人民生活品质。统筹发展和安全，加强国家安全体系和能力建设，有效防范化解经济运行重大风险，深入推进民族团结进步示范市建设，切实保障人民生命安全，维护社会和谐稳定，持续巩固双拥模范城建设成果，建设更高水平的平安南宁。

全会明确了南宁市2021年经济社会发展的主要预期目标，对全年的工作任务作了部署，提出重点抓好五项工作：加快产业转型升级，推动工业提速发展，推动服务业提质升级，深挖农业发展潜力，持续务实精准招商，以更大力度深化改革，持续壮大实体经济；突出抓好扩大内需，强化投资拉动，全面促进消费，强化开放引领，积极融入新发展格局；全面推进乡村振兴，推进巩固拓展脱贫攻坚成果同乡村振兴有效衔接，大力实施乡村建设行动，持续推动县域经济加快发展，加快农业农村现代化；大力提升功能品质，深入推进新型城镇化建设，提升城市管理水平，提升城市文化品位，持续巩固生态优势，增强城市综合承载力；着力补短板强弱项，着力稳就业增收入，优化基本公共服务供给，加快首府治理现代化，不断增进民生福祉。同时，一刻不松抓好常态化疫情防控，持续抓好“外防输入、内防反弹”工作，坚决维护好安全稳定的发展环境。

全会强调，实现“十四五”规划和二〇三五年远景目标，必须坚决做到“两个维护”，始终在思想上政治上行动上同以习近平同志为核心的党中央保持高度一致。加强党的全面领导，认真贯彻落实新时代党的建设总要求和新时代党的组织路线，把严的主基调长期坚持下去，全力维护风清气正的良好政治生态。要提高各级党委领导经济社会发展的能力和水平，深入推进社会主义政治建设，深化法治南宁建设，坚持真抓实干、善作善成、造福于民，健全规划制定和落实机制。

全会强调，各级各部门要把思想和行动统一到党中央对当前形势的重大判断上来，统一到自治区党委和市委对“十四五”经济社会发展的决策部署上来，坚持统筹全局、以系统观念抓落实，坚持对标对表、以一流标准抓落实，坚持守正创新、以开放思维抓落实，坚持求真务实、以过硬作风抓落实，坚持凝心聚力、以强大合力抓落实，确保各项目标任务如期实现。

全会批准束华、伍娟、王川同志辞去中共南宁市第十二届委员会委员职务。

全会号召，全市共产党员和各族人民要更加紧密地团结在以习近平同志为核心的党中央周围，坚持以习近平新时代中国特色社会主义思想为指导，进一步解放思想、改革创新、扩大开放、担当实干，坚守初心使命、认真履职尽责，真抓实干、善作善成、造福于民，全面落实强首府战略，推动“十四五”发展开好局、起好步，以优异成绩庆祝中国共产党成立100周年！

中国共产党南宁市第十二届委员会第十二次全体会议公报

（2021年5月28日中国共产党南宁市第十二届委员会第十二次全体会议通过）

中国共产党南宁市第十二届委员会第十二次全体会议，于2021年5月28日在南宁举行。

出席这次会议的有市委委员48人，候补委员10人。

全会由市委常委会主持，自治区党委常委、市委书记王小东作了讲话。

全会审议通过了《中国共产党南宁市第十二届委员会第十二次全体会议关于召开中国共产党南宁市第十三次代表大会的决议》，决定2021年8月在南宁召开中国共产党南宁市第十三次代表大会。

全会认为，中国共产党南宁市第十三次代表大会是在南宁市全面落实强首府战略，推动南宁高质量发展，全面实施“十四五”规划，奋力谱写社会主义现代化建设南宁篇章关键时期召开的一次重要会议，是全市广大党员和人民群众政治生活中的一件大事。中国共产党南宁市第十三次代表大会的主要任务是：高举中国特色社会主义伟大旗帜，坚持以习近平新时代中国特色社会主义思想为指导，全面贯彻党的十九大和十九届二中、三中、四中、五中全会精神，深入学习贯彻习近平总书记视察广西时的重要讲话和重要指示精神，全面总结中国共产党南宁市第十二次代表大会以来的工作，讨论确定南宁市今后五年经济社会发展的奋斗目标以及实现这些目标所应采取的方针、政策，科学规划未来五年经济建设、政治建设、文化建设、社会建设、生态文明建设和党的建设；选举产生中国共产党南宁市第十三届委员会和纪律检查委员会；动员全市共产党员和各族人民，更加紧密地团结在以习近平同志为核心的党中央周围，不断提高政治判断力、政治领悟力、政治执行力，增强“四个意识”、坚定“四个自信”、做到“两个维护”，不忘初心、牢记使命，进一步解放思想、改革创新、扩大开放、担当实干，准确把握新发展阶段，抢抓用好新发展机遇，深入贯彻新发展理念，加快融入新发展格局，真抓实干、善作善成、造福于民，为全面落实强首府战略、加快打造引领全区高质量发展的核心增长极，顺利完成“十四五”规划目标任务，在建设新时代中国特色社会主义壮美广西中走在前作表率而不懈奋斗。

全会批准朱亚明同志辞去中共南宁市第十二届委员会委员职务。

全会号召，全市各级党组织和全体共产党员要深入学习贯彻习近平新时代中国特色社会主义思想，认真贯彻执行党的基本路线，团结全市各族人民紧紧围绕“建设新时代中国特色社会主义壮美广西”总目标、“四个新”总要求和四个方面重要工作要求，同心同德，艰苦奋斗，开拓进取，努力做好各方面的工作，以优异成绩庆祝中国共产党成立100周年，迎接中国共产党南宁市第十三次代表大会的胜利召开。

中国共产党南宁市第十二届委员会第十三次全体会议公报

（2021年8月27日中国共产党南宁市第十二届委员会第十三次全体会议通过）

中国共产党南宁市第十二届委员会第十三次全体会议，于2021年8月27日在南宁举行。

出席这次会议的有市委委员46人，候补委员10人。

全会由市委常委会主持。自治区党委常委、市委书记王小东作了讲话。

全会审议通过了提交中国共产党南宁市第十三次代表大会的中国共产党南宁市第十二届委员会报告（审议稿）、提交中国共产党南宁市第十三次代表大会的中国共产党南宁市第十二届纪律检查委员会工作报告（审议稿），酝酿了中国共产党南宁市第十三届委员会委员、候补委员和纪律检查委员会委员候选人预备人选名单。

会议决定，中国共产党南宁市第十三次代表大会于2021年8月28—31日召开。

全会充分肯定了中国共产党南宁市第十二次代表大会召开以来的南宁十二届市委工作。一致认为，过去的五年，十二届市委坚定不移贯彻落实习近平新时代中国特色社会主义思想，在党中央和自治区党委的坚强领导下，团结带领全市广大党员干部群众解放思想、改革创新、扩大开放、担当实干，打好打赢“三大攻坚战”，扎实推进“六大升级”工程，全面落实强首府战略，推动经济社会高质量发展，实现“十三五”规划胜利收官，与全国同步全面建成了小康社会，“十四五”规划开局顺利，为开启社会主义现代化建设新征程奠定了坚实基础。

会议指出，即将召开的中国共产党南宁市第十三次代表大会，是在隆重庆祝中国共产党成立100周年、开启全面建设社会主义现代化国家新征程的重大历史时刻，在南宁市“十四五”开局起步、全面落实强首府战略、开创高质量发展新局面的关键时期，召开的一次十分重要的大会，对全市今后五年乃至更长时期的经济社会发展具有重大而深远的意义。大会将高举中国特色社会主义伟大旗帜，坚持以习近平新时代中国特色社会主义思想为指导，深入贯彻落实习近平总书记“七一”重要讲话和对广西工作系列重要指示精神，系统总结过去五年的工作，研究确定今后五年全市经济社会发展的奋斗目标、主要任务和重大举措，对加强党的建设进行全面部署，选举产生中国共产党南宁市第十三届委员会和纪律检查委员会，动员、团结和带领全市各级党组织、广大党员干部群众，全面落实强首府战略，加快打造引领全区高质量发展的核心增长极，勇当贯彻四个方面重要工作要求的先行者、勇当落实“四个新”总要求的领头雁、勇当建设新时代中国特色社会主义壮美广西的排头兵。

全会号召，全市各级党组织和广大党员干部要紧密地团结在以习近平同志为核心的党中央周围，认真做好各方面工作，真抓实干、善作善成、造福于民，以实际行动迎接中国共产党南宁市第十三次代表大会胜利召开。

中国共产党南宁市第十三届委员会第一次全体会议公报

（2021年8月31日中国共产党南宁市第十三届委员会第一次全体会议通过）

中国共产党南宁市第十三届委员会第一次全体会议，于2021年8月31日举行。

出席会议的有市委委员61人，候补委员11人。市纪律检查委员会委员列席了会议。

王小东同志主持会议并作了讲话。

全会选举产生了中国共产党南宁市第十三届委员会常务委员会委员和书记、副书记。名单如下：

一、中国共产党南宁市第十三届委员会书记

王小东

二、中国共产党南宁市第十三届委员会副书记

孙大光　杨维超

三、中国共产党南宁市第十三届委员会常务委员会委员

王小东　孙大光　杨维超　朱会东　严丽萍（女，壮族）　谭向光　缪佃江　黄宁　邓亚平　刘胜友　茹雷

全会批准了中国共产党南宁市第十三届纪律检查委员会第一次全体会议选举产生的中国共产党南宁市第十三届纪律检查委员会常务委员会委员和书记、副书记。名单如下：

中国共产党南宁市第十三届纪律检查委员会

书记：缪佃江

副书记：姜剑虹（女）　王合新　李志明

常务委员会委员：缪佃江　姜剑虹（女）　王合新　李志明　晏尔（女）　梁志瑜（壮族）　周卿（壮族）　唐颂　黄建锋

中国共产党南宁市第十三届委员会第二次全体会议公报

（2021年11月2日中国共产党南宁市第十三届委员会第二次全体会议通过）

中国共产党南宁市第十三届委员会第二次全体会议，于2021年11月2日在南宁召开。

出席会议的有市委委员61人，候补委员11人。

全会由市委常委会主持，自治区党委常委、市委书记王小东作了讲话。

全会投票确定了南宁市出席中国共产党广西壮族自治区第十二次代表大会代表候选人预备人选，审议通过了《关于召开中国共产党南宁市代表会议的决议》，决定2021年11月召开中国共产党南宁市代表会议。

会议指出，自治区第十二次党代表大会是在隆重庆祝我们党成立100周年、开启全面建设社会主义现代化国家新征程的重大历史时刻，是在广西“十四五”开局起步、凝心聚力建设新时代中国特色社会主义壮美广西的关键时期，召开的一次十分重要的会议，是全区各族人民政治生活中的一件大事，意义重大、影响深远。

会议强调，做好自治区党代表选举工作，是开好自治区第十二次党代表大会的关键。要统一思想、提高认识，深刻领会代表选举工作的重要意义，进一步增强“四个意识”、坚定“四个自信”、做到“两个维护”，不断提高政治判断力、政治领悟力、政治执行力，坚决把思想和行动统一到党中央、自治区党委的决策部署上来，以强烈的政治责任感和历史使命感，精心组织、周密部署，扎实做好党代表会议的各项筹备工作，严格条件、规范程序、严明纪律，确保选出的代表政治素质高、品德作风好、工作能力强、党员群众公认。

全会要求，要统筹兼顾、科学安排，组织引导全市各级党组织和广大党员干部胸怀“两个大局”，心系“国之大者”，按照市第十三次党代会部署要求，统筹发展和安全，在“六个全面提质”上出实招、做实事、求实效，全力以赴抓好社会稳定、常态化疫情防控、安全生产等各项工作，牢牢守住首府安全底线，奋力开创首府高质量发展新局面，以优异成绩迎接自治区第十二次党代表大会胜利召开。

会议号召，全市各级党组织和全体共产党员，要更加紧密地团结在以习近平同志为核心的党中央周围，坚持以习近平新时代中国特色社会主义思想为指导，深入贯彻落实习近平总书记“七一”重要讲话精神和对广西工作系列重要指示精神，真抓实干、善作善成、造福于民，为全面落实强首府战略、勇当建设新时代中国特色社会主义壮美广西排头兵作出新的更大贡献。

中国共产党南宁市第十二届纪律检查委员会第七次全体会议公报

（2021年2月3日中国共产党南宁市第十二届纪律检查委员会第七次全体会议通过）

中国共产党南宁市第十二届纪律检查委员会第七次全体会议，于2021年2月3日在南宁召开。出席这次全会的有市纪委委员42人，列席201人。

自治区党委常委、市委书记王小东出席全会并讲话。市委常委、市人大常委会、市政府、市政协班子成员和市中级人民法院、市人民检察院负责同志出席会议。

全会由市纪律检查委员会常务委员会主持。全会以习近平新时代中国特色社会主义思想为指导，全面落实党的十九大和十九届二中、三中、四中、五中全会精神，贯彻落实十九届中央纪委五次全会、自治区纪委十一届七次全会和市委十二届十一次全会工作部署，回顾2020年纪检监察工作，部署2021年任务，审议通过了缪佃江同志代表市纪委常委会所作的《以高质量党建推动纪检监察工作高质量发展为首府“十四五”发展开好局提供坚强保障》工作报告。

全会认为，2020年，在自治区纪委监委和市委的坚强领导下，全市各级纪检监察机关重整行装、勠力同心、埋头苦干，增强“四个意识”、坚定“四个自信”、做到“两个维护”，坚定稳妥推进党风廉政建设和反腐败斗争，充分发挥监督保障执行、促进完善发展作用，为决胜全面建成小康社会、决战脱贫攻坚、全面落实强首府战略提供坚强保证。践行“两个维护”有新作为，保障脱贫攻坚决战决胜有新担当，持之以恒落实中央八项规定及其实施细则精神，作风建设有新进展，监督治理有新举措，工作规范化法治化水平有新提升，巡察工作有新成效，腐败治理效能有新提高，高素质专业化队伍有新面貌。全会总结了过去一年所取得的成绩，深化了对新时代纪检监察工作高质量发展的认识。在肯定成绩的同时，分析了纪检监察工作和干部队伍建设存在的主要问题，要求高度警惕，下大力气解决。

全会强调，2021年是中国共产党成立100周年，是实施“十四五”规划、开启全面建设社会主义现代化国家新征程的第一年，也是全面落实强首府战略、加快打造引领全区高质量发展核心增长极的关键之年，做好纪检监察工作意义重大。今年工作的总体要求是：以习近平新时代中国特色社会主义思想

为指导，深入贯彻党的十九大和十九届二中、三中、四中、五中全会精神，全面落实十九届中央纪委五次全会、自治区纪委十一届七次全会、市委十二届十一次全会部署，增强“四个意识”、坚定“四个自信”、做到“两个维护”，坚持稳中求进工作总基调，立足新发展阶段，贯彻新发展理念，融入新发展格局，以推动高质量发展为主题，坚定不移全面从严治党，坚持和完善监督体系，忠实履行党章和宪法赋予的职责，围绕全面落实强首府战略，充分发挥监督保障执行、促进完善发展作用，一体推进不敢腐、不能腐、不想腐，深化纪检监察体制改革，扎实推进规范化法治化建设和干部队伍建设，为南宁市“十四五”发展开好局提供坚强保障，以优异成绩庆祝建党100周年。

全会要求，全市各级纪检监察机关要准确把握全市全面从严治党、党风廉政建设和反腐败斗争新形势及阶段性特征，把市委决策部署与纪检监察工作结合起来，更加突出政治监督，更加突出高质量发展，更加突出整治群众身边腐败和作风问题，更加突出发挥监督治理效能，更加突出严管厚爱结合、激励约束并重，使正风肃纪反腐更好适应现代化建设需要，在落实强首府战略中发挥重要作用、展现更大作为。

第一，以更高站位保障“十四五”规划顺利实施。巩固深化“不忘初心、牢记使命”主题教育成果，开展“百名党员讲党史”活动，增强做到“两个维护”的自觉性、坚定性。深化“书记引航担使命”主题活动，深入开展全面从严治党“抓系统、系统抓”专项工作，紧盯习近平总书记系列重要讲话和重要指示批示精神，以及自治区党委和市委重大决策部署强化监督，做实做细“一月一监督清单”专项监督检查，推动政治监督由具体化、常态化向深入化、实效化拓展。坚决贯彻新发展理念，聚焦强首府战略，加强对全面开放引领、改革创新驱动、产业转型升级、推进乡村振兴、增进民生福祉、常态化疫情防控等决策部署落实情况的监督检查。深入开展“书记引航强首府正风肃纪转作风”主题党课巡讲活动。推进清廉建设，构建亲清政商关系，为南宁市经济社会高质量发展提供良好政治环境。

第二，以更强定力一体推进不敢腐、不能腐、不想腐。深化一体推进“三不”工作机制建设，坚持态度不变、决心不减、尺度不松，重点查处政治问题和经济问题交织的腐败案件，聚焦政策支持力度大、投资密集、资源集中的领域和环节，坚决查处基础设施建设、项目审批、国企改革、公共资源交易等方面的腐败问题，加大查处资源、土地、规划、建设、工程等领域腐败力度，强化重点领域廉洁风险防控。将预防腐败措施与改革举措同谋划、同部署、同落实，加强对重点领域监督机制研究，建立健全办案、整改、治理和办案、监督、警示一体贯通制度机制，深化以案促改、以案促建、以案促治。深入开展“案件质量巩固年”活动，把每一件案件都办成“铁案”。加强廉洁文化建设，选树宣传“勤廉榜样”，弘扬先进典型。坚持依规依纪依法、安全文明办案，坚决防范安全风险。

第三，以更足韧劲推动作风建设向纵深发展。锲而不舍落实中央八项规定及其实施细则精神，加大查处问责和通报曝光力度，坚决防止“四风”问题反弹回潮、隐形变异。对优化营商环境、落实强首府战略等中央、自治区党委和市委决策部署贯彻不到位不彻底、做选择打折扣等突出问题，特别是搞“包装式”“洒水式”“一刀切式”落实等形式主义、官僚主义新表现，抓住本质、精准施治。健全基层减负常态化机制，巩固拓展治理文山会海、优化改进督查检查考核成果。严肃查处享乐主义和奢靡之风问题。督促落实规范领导干部配偶、子女及其配偶经商办企业行为有关规定，严格管好家属子女、严格家教家风，自觉反对特权思想和特权行为。

第四，以更大担当整治群众身边腐败和不正之风。聚焦惠民富民政策措施落实和人民群众“急难愁盼”问题，加强监督检查，开展集中治理。保障、巩固、拓展脱贫攻坚成果。持续深入整治教育医疗、就业创业、养老社保、生态环保、防灾救灾、安全生产、征地拆迁、食品药品安全、执法司法、政务服务等领域腐败和作风问题，严肃查处贪污侵占、吃拿卡要等行为。推动扫黑除恶常态化，严肃查处放纵包庇黑恶势力甚至充当“保护伞”问题。开展“信访举报质量巩固年”活动，提升信访举报办理质效。整合基层监督力量，引导群众有序参与监督，增强基层治理效能。

第五，以更严标准推进巡察工作。推进巡视巡察上下联动，充分发挥党内监督利剑和密切联系群众纽带作用。聚焦市委重大决策部署精准开展政治巡察。实施巡察工作高质量发展强基固本工程，提升巡察工作制度化、规范化水平。抓好中央第二巡视组、自治区党委第五巡视组反馈意见整改，推动各级党委（党组）落实整改主体责任。加强换届纪律巡察监督，有针对性开展专项巡察、交叉巡察、机动式巡察及巡察“回头看”。加强对县（区）巡察工作指导督导，推动全面从严治党向基层延伸。健全整改监督问责机制，对整改责任不落实、整改不力、敷衍整改的严肃问责。

第六，以更实抓手推动各类监督融合贯通。压紧压实从严治党主体责任和“一把手”第一责任人责任，着力构建以党内监督为主导的“1+9”大监督格局。健全完善主要领导干部监督制度和领导班子内部监督制度，督促落实“三重一大”集体决策和党政“一把手”末位表态等制度。强化换届纪律监督，严肃查处拉票贿选、买官卖官、跑官要官等行为，确保换届顺利开展、风清气正。深化运用“四种形态”，严格落实“三个区分开来”，精准规范问责，旗帜鲜明为落实强首府战略中的敢闯敢试者容错纠错。常态化做好被问责和受处分干部跟踪回访工作，审慎稳妥做好申诉复查，积极开展澄清正名，严查诬告陷害行为。

第七，以更细举措深化纪检监察体制改革。围绕监督检查、审查调查关键环节，推动上级纪委监委对下级纪委监委、派出机关对派驻机构领导具体化、制度化。开展“乡镇纪委规范化建设年”活动，继续推进监察工作向基层延伸，完善基层纪检监察机构监督体系。推进县（区）派驻机构调整设置和人员配备等工作，提升监督效能。依法依规、稳妥有序开展监委向本级人大常委会报告专项工作。完善监察权运行和监督机制，贯通规纪法、衔接纪法罪，完善反腐败协作机制。强化纪检监察机构法治思维、程序意识、证据意识，使依规依纪依法成为习惯。

第八，以更硬作风锻造首府纪检监察铁军。持续学懂弄通做实习近平新时代中国特色社会主义思想，带头提高政治判断力、政治领悟力、政治执行力，不断加强市纪委常委会自身建设。加强机关党的建设，乘势而上，持续深化模范机关创建。积极开展庆祝建党100周年系列活动，继承弘扬党的光荣传统和优良作风。以市、县、乡集中换届为契机，选优配强纪检监察干部队伍。深化全员培训，强化纪法意识、纪法思维、纪法素养，分级分类提高培训精准度。加大严管严治、自我净化力度，自觉接受最严格的约束和监督，扎紧织密制度笼子，坚决防止“灯下黑”，努力建设一支政治素质高、忠诚干净担当、专业化能力强、敢于善于斗争的纪检监察铁军。

全会号召，要更加紧密地团结在以习近平同志为核心的党中央周围，进一步解放思想、改革创新、扩大开放、担当实干，坚守初心使命、认真履职尽责，真抓实干、善作善成、造福于民，推动新时代纪检监察工作高质量发展，为全面落实强首府战略和“十四五”发展开好局、起好步作出更大贡献，以优异成绩庆祝中国共产党成立100周年。

中国共产党南宁市第十二届纪律检查委员会第八次全体会议公报

（2021年8月21日中国共产党南宁市第十二届纪律检查委员会第八次全体会议通过）

中国共产党南宁市第十二届纪律检查委员会第八次全体会议，于2021年8月21日在南宁召开，出席会议的市纪委委员42人，列席46人。

全会由市纪律检查委员会常务委员会主持。全会审议并通过了中国共产党南宁市第十二届纪律检查委员会向中国共产党南宁市第十三次代表大会的工作报告，一致认为报告主题鲜明，总结全面，思路清晰，重点突出，有较强的指导性和针对性，同意提请中国共产党南宁市第十三次代表大会审查。

全会认为，市第十二次党代会以来，全市各级纪检监察机关扛实抓牢监督责任，充分发挥监督保障执行、促进完善发展作用，持续深化“三不”一体推进，全面提升正风肃纪反腐效能，全市党风廉政建设和反腐败斗争取得历史性成就，为全面落实强首府战略、推动经济社会高质量发展、决战决胜脱贫攻坚、与全国同步全面建成小康社会提供坚强保障。但是，当前党风廉政建设和反腐败斗争形势依然严峻复杂，任务仍然十分艰巨。

全会指出，今后五年，全市各级纪检监察机关要高举中国特色社会主义伟大旗帜，坚持以习近平新时代中国特色社会主义思想为指导，全面贯彻党的十九大和十九届二中、三中、四中、五中全会精神，深入贯彻落实习近平总书记“七一”重要讲话和对广西工作系列重要指示精神，弘扬伟大建党精神，坚持稳中求进工作总基调，坚定不移全面从严治党，坚持和完善监督体系，忠实履行党章和宪法赋予的职责，充分发挥监督保障执行、促进完善发展作用，一体推进不敢腐、不能腐、不想腐，为全面落实强首府战略、勇当建设新时代中国特色社会主义壮美广西排头兵提供坚强纪律保障。

全会强调，全市各级纪检监察机关和广大纪检监察干部要充分认识即将召开的市第十三次党代会的重大意义，把思想和行动统一到中央、自治区党委和市委的决策部署上来，认真做好当前党风廉政建设和反腐败斗争各项工作，以优异成绩迎接市第十三次党代会的胜利召开。

全会号召，全市各级纪检监察机关和广大纪检监察干部要更加紧密地团结在以习近平同志为核心的党中央周围，在市委的坚强领导下，永葆初心使命，忠诚履职尽责，真抓实干、善作善成、造福于民，不断推动党风廉政建设和反腐败斗争取得新成效，为实现市第十三次党代会提出的奋斗目标作出新的更大贡献。

文件类

中国共产党南宁市委员会关于制定南宁市国民经济和社会发展第十四个五年规划和二〇三五年远景目标的建议

［2021年1月15日中国共产党南宁市第十二届委员会第十一次全体（扩大）会议通过］

“十四五”时期是我国全面建成小康社会、实现第一个百年奋斗目标之后，乘势而上开启全面建设社会主义现代化国家新征程、向第二个百年奋斗目标进军的第一个五年，是我区开启建设壮美广西、共圆复兴梦想新征程的重要时期，也是南宁市全面落实强首府战略的关键时期。中国共产党南宁市第十二届委员会第十一次全体（扩大）会议，深入学习贯彻党的十九届五中全会和自治区党委十一届九次全体（扩大）会议精神，紧密结合南宁市实际，就制定南宁市国民经济和社会发展“十四五”规划和二〇三五年远景目标提出以下建议。

一、踏上全面建设社会主义现代化新征程，在谱写建设壮美广西、共圆复兴梦想新篇章中走在前作表率

1.“十三五”时期经济社会发展取得历史性成就。“十三五”时期是全面建成小康社会决胜阶段。面对错综复杂的国际形势、艰巨繁重的国内改革发展稳定任务特别是新冠肺炎疫情严重冲击，市委坚持以习近平新时代中国特色社会主义思想为指导，深入贯彻落实习近平总书记对广西工作的重要指示精神，全面贯彻落实党中央、自治区党委的决策部署，解放思想、改革创新、扩大开放、担当实干，团结带领全市人民扎实推进“六大升级”工程，全力以赴稳增长、促改革、调结构、惠民生、防风险、保稳定，推动首府经济社会高质量发展，强首府战略实现良好开局，决胜全面建成小康社会取得了决定性成就。综合实力不断增强，地区生产总值、居民人均可支配收入比2010年翻一番目标提前一年实现，预计2020年地区生产总值超过4700亿元，全市地区生产总值占全区比重由2015年的20.3%提升到2019年的21.2%，财政收入占全区比重由2015年的24.54%提升到2020年的28.43%，在全区的经济首位度稳步提升。“南宁渠道”进一步畅通，中国—东盟博览会持续升级，西部陆海新通道重要节点城市、中国（广西）自由贸易试验区南宁片区、面向东盟的金融开放门户南宁核心区、中国—东盟信息港南宁核心基地、陆港型国家物流枢纽、南宁临空经济示范区等国家级开放平台加快建设，引领带动北部湾城市群与粤港澳大湾区融合发展作用持续发挥，外向型经济发展水平不断提升，在全区构建“南向、北联、东融、西合”全方位开放发展新格局中的龙头带动作用持续增强。绿城品质不断提升，五象新区核心区基本成型，4条轨道交通建成运营、形成“井字形”网络，城市东西向快速路、园博园、南宁市民中心等一批重大工程项目建成使用，建成区38个黑臭河段全部消

除黑臭，"百里秀美邕江"全面展现，空气质量综合指数稳居全国省会城市前列，城市管理水平显著提升，荣获全国首批"国家生态园林城市"，连续三年蝉联全国"美丽山水城市"。改革创新取得重大进展，重点领域和关键环节改革扎实推进，营商环境持续优化，全国首创的公共资产负债管理智能云平台内涵和外延不断扩展，不动产登记、智慧人社等多项改革事项在全国推广，南宁·中关村创新引领示范作用不断增强，一批"微改革""微创新"亮点纷呈。民生福祉不断增进，4个贫困县（区）全部摘帽，421个贫困村全部出列，现行标准下的农村贫困人口全部脱贫，脱贫攻坚目标任务全面完成。就业、教育、科技、文化、医疗卫生、体育、养老等社会事业全面发展，居民人均可支配收入年均增速高于经济增速，全面依法治市深入推进，成功入选第一批全国法治政府建设示范市，民族团结进步事业全面发展，被命名为第四批"全国少数民族流动人口服务管理示范城市"，平安南宁建设扎实开展，新冠肺炎疫情防控取得重大战略成果，社会大局和谐稳定。党的建设质量不断提升，"四个一线"选人用人鲜明导向牢固树立，全面从严治党纵深发展，反腐败斗争压倒性胜利巩固发展，首府风清气正的政治生态不断巩固。这些成绩的取得，是习近平新时代中国特色社会主义思想科学指引的结果，是以习近平同志为核心的党中央坚强领导的结果，是自治区党委正确领导的结果，也是全市广大党员干部群众团结一心、共同奋斗的结果。只要我们坚决贯彻落实党中央和自治区党委的决策部署，真抓实干、善作善成、造福于民，就能在"十四五"时期全面落实强首府战略、全面建设社会主义现代化的伟大征程中展现更大作为。

2.新发展阶段南宁市发展面临的机遇挑战。当今世界正经历百年未有之大变局，我国正处于实现中华民族伟大复兴关键时期，进入全面建设社会主义现代化国家、向第二个百年奋斗目标进军的新发展阶段。南宁市的区位、生态、交通等优势明显，是中国—东盟博览会永久举办地，拥有中国（广西）自由贸易试验区南宁片区、面向东盟的金融开放门户南宁核心区、中国—东盟信息港南宁核心基地、西部陆海新通道重要节点城市、陆港型国家物流枢纽、南宁临空经济示范区等一批国家重大战略平台形成的政策叠加优势，随着中国—东盟关系进入全方位发展新阶段，《区域全面经济伙伴关系协定》（RCEP）的正式签署，南宁在国家构建新发展格局中的战略地位更加凸显。特别是自治区全面实施强首府战略，有利于高质量发展的资源要素加快向南宁市集聚。同时，南宁市仍处在转型升级、爬坡过坎的关键时期，发展不平衡不充分问题仍然突出，重点领域关键环节改革任务仍然艰巨，创新支撑产业高质量发展的动能不够强劲，开放合作水平还不够高，城乡协调发展、民生保障、社会治理等领域仍存在短板弱项。总体来看，南宁市仍处于重要战略机遇期，但机遇和挑战都有新的发展变化，机遇大于挑战，有利条件胜过不利因素。全市上下要胸怀"两个大局"，切实增强机遇意识和风险意识，保持战略定力，把握发展规律，办好自己的事，准确识变、科学应变、主动求变，善于在危机中育先机、于变局中开新局，努力在全国发展大局中进一步争先进位、在全区高质量发展中发挥引领带动作用。

3.到二〇三五年的远景目标。展望二〇三五年，强首府战略各项目标任务全面完成，面向东盟开放合作的区域性国际大都市、"一带一路"有机衔接的重要门户枢纽城市、北部湾城市群与粤港澳大湾区融合发展的核心城市、具有浓郁壮乡特色和亚热带风情的生态宜居城市全面建成，与全国同步基本实现社会主义现代化。综合实力将大幅跃升，经济总量和城乡居民人均收入将迈上大台阶，经济总量占全区比重大幅提升，科技支撑能力显著增强，建成创新型城市；基本实现新型工业化、信息化、城镇化、农业现代化，建成具有南宁特色的现代化经济体系；开放水平大幅提升，在全区构建全方位开放发展新格局中龙头带动作用显著增强；基本实现治理体系和治理能力现代化，人民平等参与、平等发展权利得到充分保障，法治南宁、法治政府、法治社会建设达到更高水平；文化强市、教育强市、人才强市、科技强市、体育强市、健康南宁建设取得更大成效，市民素质和社会文明程度达到新高度；生态环境质量保持全国省会城市领先水平，广泛形成绿色生产生活方式，生态经济发展壮大，美丽南宁建设目标基本实现；城乡面貌根本改观，基本公共服务实现均等化，城乡区域发展差距和居民生活水平差距显著缩小；民族团结进步事业和城市治理开创新局面，平安南宁建设达到更高水平；人民生活更加美好，人的全面发展、全市人民共同富裕取得更为明显的实质性进展。

二、"十四五"时期经济社会发展指导方针和主要目标

4."十四五"时期发展指导思想。高举中国特色社会主义伟大旗帜，深入贯彻党的十九大和十九届二中、三中、四中、五中全会精神，坚持以马克思列宁主义、毛泽东思想、邓小平理论、"三个代表"重要思想、科学发展观、习近平新时代中国特色社会主义思想为指导，全面贯彻党的基本理论、基本路线、基本方略，统筹推进"五位一体"总体布局，协调推进"四个全面"战略布局，深入贯彻习近平总书记对广西工作的重要指示精神，按照"建设壮美广西　共圆复兴梦想"总目标总要求，全面落实"三大定位"新使命和"五个扎实"新要求，坚持新发展理念，坚持稳中求进工作总基调，以推动高质量发展为主题，以深化供给侧结构性改革为主线，以改革创新为根本动力，以满足人民日益增长的美好生活需要为根本目的，统筹发展和安全，牢牢扭住全面落实强首府战略这一总抓手，突出资源要素集聚、开放平台提升、营商环境优化、城乡融合发展四个关键支撑，持续推动"强工业、强创新、强金融、强枢纽、强开放、强治理"六个重点举措，加快建设现代化经济体系，积极融入新发展格局，推进首府治理现代化，加快打造引领全区高质量发展的核心增长极，实现经济行稳致远、社会安定和谐，在谱写建设壮美广西、共圆复兴梦想新篇章中走在前作表率，为与全国同步基本实现社会主义现代化奠定坚实基础。

5."十四五"时期必须遵循的原则。

——坚持党的全面领导。坚持和完善党领导经济社会发展的体制机制，坚决维护党中央权威和集中统一领导，始终同以习近平同志为核心的党中央保持高度一致，不断提高贯彻新发展理念、构建新发展格局能力和水平，为实现高质量发展提供根本保证。

——坚持以人民为中心。坚持人民主体地位，坚持共同富裕方向，坚持民心是最大的政治，始终做到发展为了人民、发展依靠人民、发展成果由人民共享，促进社会公平，增进民生福祉，不断实现人民对美好生活的向往。

——坚持新发展理念。把新发展理念贯穿全面落实强首府战略全过程和各领域，积极融入新发展格局，切实转变发展方式，推动质量变革、效率变革、动力变革，实现更高质量、更有效率、更加公平、更可持续、更为安全的发展。

——坚持深化改革开放。坚持向改革要动力，向开放要活力，以更大力度全面深化改革、全方位扩大开放，加强治理体系和治理能力现代化建设，破除制约高质量发展、高品质生活的体制机制障碍，持续增强发展动力和活力。

——坚持系统观念。加强前瞻性思考、全局性谋划、战略

性布局、整体性推进，着眼国内国际两个大局，办好发展安全两件大事，充分发挥各方面积极性，着力固根基、扬优势、补短板、强弱项，注重防范化解重大风险挑战，实现发展质量、结构、规模、速度、效益、安全相统一。

6.“十四五”时期发展主要目标。锚定二〇三五年远景目标，综合考虑南宁市阶段性特征、发展趋势、发展条件和发展支撑，围绕“加快发展、转型升级、全面提质”，未来五年经济社会发展努力实现“六个明显提升”。

——经济综合实力明显提升。经济首位度持续提高，经济增长速度高于全国、全区平均水平，产业结构持续优化，工业支撑作用凸显，现代服务业高端化加快，农业现代化加快推进，创新支撑能力显著增强，产业链现代化水平不断提高，现代化经济体系建设取得重大进展。

——改革开放水平明显提升。要素市场化配置改革和一流营商环境建设取得重大进展，市场主体更加充满活力，开放平台建设取得显著成效，开放型经济发展迈上新台阶，在全区构建“南向、北联、东融、西合”全方位开放发展新格局中的龙头带动作用进一步发挥。

——社会文明程度明显提升。社会主义核心价值观深入人心，人民思想道德素质、科学文化素质和身心健康素质明显提高，公共文化服务体系和文化产业体系更加健全，人民精神文化生活日益丰富，文化软实力和影响力不断增强。

——生态宜居水平明显提升。国土空间开发保护格局得到优化，生产方式和生活方式更加绿色、低碳，能源资源利用效率不断提高，主要污染物排放总量持续减少，生态文明制度体系更加完善，生态环境质量持续走在全国省会城市前列，“中国绿城”品牌进一步擦亮。

——人民生活品质明显提升。城乡居民收入增长和经济增长基本同步，就业、教育、社保、养老、医疗卫生、住房保障等基本公共服务均等化水平大幅提高，脱贫攻坚成果持续巩固，乡村振兴战略全面推进，民生福祉达到新水平。

——社会治理效能明显提升。社会主义民主法治更加健全，社会公平正义进一步彰显，政府作用更好发挥，行政效率和公信力显著提升，社会治理特别是基层治理水平明显提高，防范化解重大风险能力、突发公共事件应急能力和自然灾害防御能力不断增强，发展安全保障更加有力，民族团结进步事业开创新局面。

三、大力推动产业振兴，加快构建现代产业体系

坚持把发展经济着力点放在实体经济上，持续“强二扬三优一”，着力强龙头、补链条、聚集群，持续做好产业发展、园区建设、企业培育三篇文章，抓创新、创品牌、拓市场，突出培植“工业树”、打造“产业林”，构建具有区域竞争力的现代产业体系。

7.打造区域性高技术产业和先进制造业基地。深入实施工业强市战略，把制造业高质量发展放到更加突出位置，聚焦优势重点产业补链强链延链，锻长板补短板，提升产业链供应链现代化水平，提高制造业比重，巩固壮大实体经济根基。加快发展壮大电子信息、先进装备制造、生物医药等重点产业集群，推动产业基础再造和全产业链提升，提高产业竞争力。推动铝、食品、化工、建材、林木加工等传统产业向高端化、精细化、绿色化发展，发展服务型制造。打造东盟—南宁—珠三角供应链，建设承接东部、衔接东盟的电子信息产业核心部件制造基地、重要的电子信息产业核心部件研发、制造和供应基地。构建新能源汽车、工程机械装备、节能环保装备和轨道交通装备等产业链。加快壮大战略性新兴产业，支持新兴制造业产业集群集聚发展，重点推动智能制造关键技术装备、重大成套装备、工业机器人、智能网联汽车等智能制造产业发展，加快建设南宁智能制造城。立足特色优势，促进平台经济、绿色经济、枢纽经济、共享经济健康发展。聚焦“三大三新”、“双百双新”重点领域，高水平高质量招商引资，积极承接产业转移，着力引进央企、湾企、民企等领军龙头企业，努力形成新的增长点。

8.加快建设区域性现代服务业中心。坚持扩规模、提质量，强优势、树品牌，推动服务业高质量发展，加快构建具有首府特色和较强竞争力的现代服务业体系。实施服务业提升工程，推进生产性服务业向专业化和价值链高端延伸，大力发展现代金融、现代物流、会展服务、研发设计、法律服务、人力资源服务、检验检测认证等生产性服务业，推动现代服务业同先进制造业、现代特色农业深度融合。推动生活性服务业向高品质和多样化升级，加快发展健康、养老、育幼、文化、旅游、体育、家政、物业等服务业，加强公益性、基础性服务业供给，增加高端公共服务业产品供给。推动现代服务业集聚区提档升级。积极发展空港、跨境、冷链、电商、快递等现代物流业新模式新业态。推进服务业数字化、标准化、品牌化建设。

9.加快数字南宁建设。积极参与共建数字丝绸之路，依托中国—东盟信息港南宁核心基地，实施大数据战略，加快数字产业化、产业数字化，推动数字经济和实体经济深度融合，打造区域性数字经济高地。推动在南宁设立国家级互联网骨干直联点和区域性国际通信业务出入口局，优化升级南宁国际互联网数据专用通道，建设服务东盟的离岸数据中心。大力发展大数据、云计算、人工智能、区块链、地理信息、北斗等产业，加快5G网络商用和产业发展，加快鲲鹏产业园建设，打造一批数字经济龙头企业和数字产业集群。推动一二三次产业向数字化、网络化、智能化转型升级。抓好数字社会、数字政府建设，率先推进教育、医疗等领域数字化，提升全民数字技能，提升公共服务、社会治理等数字化智能化水平。保障网络安全、数据安全，加强个人信息保护。加快中国—东盟数字经济产业园建设，积极参与中国—东盟数字领域规则、标准制定和东盟智慧城市网络建设。

10.推动产业园区扩能提质增效。大力推进南宁高新区、南宁经开区和广西—东盟经开区等开发区提质升级，提高园区投资效率和产出水平，打造主导产业突出、产业链配套、特色鲜明的千亿产业园。拓展工业发展空间，加快南宁临空经济示范区、南宁现代工业产业园建设。促进县（区）工业园区差异化、特色化发展，形成“一区一主业”的产业发展新格局，打造邕宁蒲庙—青秀伶俐—横县六景—宾阳黎塘先进制造业产业带。促进产教融合、产城融合，推动具备条件的园区向城市综合功能区转型。深化园区管理体制和运行机制改革，推动园区管理去行政化，提升专业化运营水平。加强园区发展实绩考核，强化考核结果运用。

四、突出创新驱动，加快建设区域性科技创新中心

深入实施创新驱动发展战略，聚焦创新支撑产业高质量发展，坚持“前端聚焦、中间协同、后端转化”，大力推动以科技创新为核心的全面创新，整合创新资源，培育创新主体，激发创新活力，加快建设创新型城市。

11.提升科技支撑能力。大力实施科技强市，集中全市优势创新资源，多渠道增加研发投入，吸引国内国际专业创新力量，推动实施电子信息、智能制造、生物医药、有色金属深加

工、特色优势农业等重大产业技术攻关。积极参与对接国家重大科技项目和重大科技工程布局，加强人工智能、生命健康、生物技术等技术研发与应用示范，加快培育“蛙跳”产业。持续推进南宁·中关村创新示范基地、南宁·中关村科技园等平台建设，不断发挥示范引领作用和溢出效应。扎实推进“科创中国”试点城市建设，深化区域协同创新，大力引进和培育新型产业技术研究机构、研发中心、重点实验室等创新平台，打造一批公共技术服务平台和海外人才离岸创新创业基地，促进科技成果转化及产业化。积极参与“一带一路”科技创新行动计划，大力推动中国—东盟科技城建设，打造面向东盟科技创新合作的核心载体。

12.提升企业技术创新能力。聚焦产业转型升级，强化企业创新主体地位，促进各类创新要素向企业集聚。高标准打造产学研用一体的创新链，推动企业与高校、科研院所建立多形式创新联合体。发挥企业家在技术创新中的重要作用，激励企业加大研发投入，落实企业研发投入税收优惠政策。加快构建创新型企业梯级培育体系，培育和引进一批科技领军企业，催生更多瞪羚企业，培育发展独角兽企业。完善科技金融服务体系，加强科技型企业上市培育。发挥大企业引领支撑作用，支持创新型中小微企业成长为创新重要发源地，加强共性技术平台建设，推动产业链上中下游、大中小企业融通创新。构建大众创业万众创新生态体系。

13.激发人才创新创造活力。深入实施人才强市战略，深化人才发展体制机制改革，加大人才投入力度，落实南宁市“1+6”人才政策和“强首府人才新政18条”，全方位培养、引进、用好人才，加快集聚大批国内外一流人才和创新团队，打造面向东盟的区域性国际人才高地。聚焦重大战略、重点产业，创新实施重大人才项目，培养一批创新型团队和领军人才。加强专业技术技能人才队伍建设，实施知识更新工程、技能提升行动，加快造就更多“南宁工匠”。创新人才流动体制机制，畅通人才跨所有制流动渠道。完善以创新能力、质量、实效、贡献为导向的科技人才评价体系，构建充分体现知识、技术等创新要素价值的收益分配机制。加强学风建设，坚守学术诚信。

14.完善科技创新体制机制。加强科技政策与产业、财政、金融等政策有机衔接，完善科技治理体系，推动重点领域项目、基地、人才、资金一体化配置。加快科研院所改革，扩大科研自主权，提高科技产出效率。改进科技项目组织管理方式，实行“揭榜挂帅”等制度，给予创新领军人才更大技术路线决定权和经费使用权。完善科技评价机制。深入推进国家知识产权示范城市建设，加快建立政府监管、企业自律、司法保障、舆论监督、社会参与的知识产权多重保护机制。建立健全科学合理的创新成果转移转化收益分配机制。完善金融支持创新体系，推动创新链与产业链、资金链、政策链紧密融合。大力弘扬科学家精神和工匠精神，营造崇尚创新的浓厚氛围。健全科技伦理体系。加强科普工作，推进科技馆等科普基础设施建设。

五、持续畅通“南宁渠道”，深化以面向东盟为重点的开放合作

强化开放引领，深入贯彻落实“三大定位”新使命，主动融入国家开放战略，积极参与区域分工合作，在全区构建“南向、北联、东融、西合”全方位开放发展新格局中发挥龙头带动作用。

15.做深做实开放合作平台。落实习近平总书记重要致辞精神，服务推动中国—东盟博览会、中国—东盟商务与投资峰会升级发展，从服务“10+1”向服务《区域全面经济伙伴关系协定》(RCEP)和“一带一路”拓展，推动云上东博会全年在线、常态化运行，努力打造全国一流的会展名城。加快建成面向东盟的金融开放门户南宁核心区，推动中国—东盟金融城提质发展，深化以人民币面向东盟跨区域使用为重点的金融改革，完善跨境金融基础设施，深化跨境金融创新与合作，大力发展跨境人民币结算业务。加快中国—东盟信息港南宁核心基地建设，积极推动数字互联互通，服务构建面向东盟的国际信息通信枢纽和数字经济合作新高地。推进南宁临空经济示范区建设，创新发展临空高端产业集群，打造共建“一带一路”的区域门户枢纽和全国临空经济创新发展先导区。加快推进南宁综合保税区与其他国家级开放平台联动创新协同发展。在投资、贸易、金融、监管等方面建立健全与东盟相衔接的制度体系，探索推动规则、管理、标准等制度型开放。加强与东盟国家经贸合作，积极培育贸易新业态，把南宁打造成为中国企业走向东盟市场和东盟企业进入中国大陆的产业投资聚集地、贸易往来结算地、科技创新支撑地、生活服务保障地。

16.打造西部陆海新通道重要节点城市。加强与沿线国家和国内省市合作，加快打造连接中国与东盟时间最短、服务最好、效益最优的国际贸易大通道，形成“通道+枢纽+网络”的现代物流大格局。加强大能力运输通道建设，加快推动南宁—玉林—深圳、南宁—衡阳等高速铁路建设，建成南宁—贵阳高铁和南宁—崇左城际铁路等项目，推动平陆运河等重大项目加快建设，推动市域公路、城市骨干路联网畅通，提升县域交通网络能级，构建优质高效的综合交通运输体系。加密吴圩机场至东盟国家航线，开拓至“一带一路”沿线国家的国际航线，打造中南、西南、西北等地区经南宁至东盟中转枢纽。加快建设南宁陆港型国家物流枢纽，积极推进南宁国际铁路港、中新南宁国际物流园等重大项目建设。推动通道产业融合发展，培育发展枢纽经济，与沿线地区共建“飞地经济”园区和无水港。强化国际通关合作，在服务构建中国—东盟多式联运联盟中发挥重要作用。

17.积极推动北部湾城市群与粤港澳大湾区融合发展。发挥南宁作为北部湾城市群核心城市辐射带动作用，积极推动与“北钦防一体化”深度联动发展，加快同城化纵深发展，促进北海、钦州、防城港融入南宁都市圈，共同建设“南宁—北钦防”城镇发展轴。建立完善北部湾城市群和粤港澳大湾区联动发展机制，加强承接大湾区产业转移合作，融入大湾区先进制造业体系，打造承接粤港澳大湾区产业转移和科技成果产业转化的示范区。深化生态环境联防联治，参与打造珠江—西江绿色生态走廊。落实《内地与港澳关于建立更紧密经贸关系的安排》(CEPA)先行先试政策，着力同香港、澳门建立更紧密经贸关系。

18.积极推动中国(广西)自由贸易试验区南宁片区创新发展。全面落实自由贸易区提升战略，以制度创新为核心，高水平推进试点任务实施和改革试点经验复制推广，力争在重点领域、关键环节谋划推出一批可复制可推广的制度创新成果。坚持制度创新与功能培育相结合，加快现代金融、智慧物流、数字经济、文化传媒、医疗健康等重点领域产业发展，打造现代服务业和新兴制造业为核心的集聚区。加快落地建设中国—东盟经贸中心等创新示范项目。坚持高质量引进来、高水平走出去，在高端制造、现代服务、跨境合作等领域打造一批领军企业，推动更多总部经济落户，形成具有全国影响力的产业集群。

六、强投资促消费扩内需，深度融入新发展格局

立足南宁市处于国内大循环和中国—东盟国际循环交会点

的独特优势，充分发挥投资的关键作用和消费的基础作用，加快完善基础设施体系，培育完整内需体系，打造成为国内大循环的重要节点城市和国内国际双循环的战略链接核心城市。

19.积极扩大有效投资。优化投资结构，保持投资合理增长。加大产业投资力度，推动企业设备更新和技术改造，扩大战略性新兴产业投资。加快建设交通强市，加大交通基础设施投资，畅通综合运输大通道，加快高品质综合立体交通网和客货运输体系建设，大力发展智慧交通，建成区域性现代综合交通枢纽。加强新型基础设施投资，聚焦信息基础设施、融合基础设施、创新基础设施三大领域，推进南宁国家级互联网骨干直连点、智能轨道交通、新能源汽车充电设施等重点项目。加强重大能源投资，推进绿色智能电网、油气管网、综合供能服务站等设施建设。加强水利基础设施投资，全面实施防汛抗旱水利提升工程，推进重大水资源配置工程和重点水源工程建设，加快城市第二水源供水工程建设，实施县城供水改造提升和农村自来水通达覆盖工程。围绕基础设施、市政工程、农业农村、公共安全、生态环保、公共卫生、物资储备、防灾减灾、民生保障和社会事业等领域，建设一批强基础、增功能、优结构、利长远的重大项目。深化投融资体制改革，发挥政府资金和专项债券引导作用，积极推广PPP模式，加快推进政府投融资平台转型提升。破除民间资本进入重点领域的障碍，激发民间投资活力。

20.积极参与国内大循环。牢牢把握扩大内需这个战略基点，依托强大国内市场，扭住供给侧结构性改革，注重需求侧管理，打通堵点，补齐短板，贯通生产、分配、流通、消费各环节，促进供需有效对接、循环畅通高效、产销协同并进，形成需求牵引供给、供给创造需求的更高水平动态平衡。立足南宁市特色优势，深入实施质量强市、品牌强市战略，以创新驱动、高质量供给引领和创造新需求，实现上下游、产供销有效衔接。推进现代流通体系建设，加快发展数字交易平台，扩大面向国内市场的特色产品交易。推动金融、房地产同实体经济均衡发展，促进农业、制造业、服务业、能源资源等产业门类协调发展。进一步健全扩大内需的政策支撑体系，破除妨碍生产要素市场化配置和商品服务流通的障碍，降低全社会交易成本。

21.深度融入国内国际双循环。推动贸易和投资自由化便利化，加快外贸平台载体升级发展，积极培育发展跨境电商等外贸新业态新模式，助推中国—东盟跨境物流体系建设。提升利用外资水平，构建全球招商网络，打造“一站式”外商投资促进服务平台。加快国家级加工贸易梯度转移重点承接地和海关特殊监管区建设。高水平建设综合保税区，加快南宁跨境电商综合试验区建设，加快中国—东盟（南宁）跨境电商产业园区发展，推动构建大湾区—广西沿海—东盟的产业链、供应链、价值链、创新链，着力打造跨境产业合作的重要节点。

22.建设区域性国际消费中心城市。顺应消费升级趋势，提升传统消费，培育新型消费，适当增加公共消费。加快发展大宗消费、线上消费、健康消费、文化和旅游消费，促进消费向绿色、健康、安全发展，鼓励发展新消费模式新业态。完善促进消费政策，推动传统商品消费提质升级，充分释放汽车、家电、家装等传统消费潜力，支持新能源汽车消费，促进住房消费健康发展。推动线上线下深度融合，扩大电商进农村覆盖面，开拓城乡消费市场，提升以县城为重要载体的城乡融合消费网络节点。促进服务消费，壮大夜间经济，培育更多消费新增长点。完善节假日制度，落实带薪休假制度，扩大节假日消费。积极引进国际知名零售品牌，鼓励进口商品直购消费，促进国际消费。加强消费市场监管和信用体系建设，畅通消费者维权机制，营造安全放心的消费环境。

七、全面深化改革，构建促进经济高质量发展体制机制

始终坚持改革方向、坚持实事求是、坚持高标准和以发展成效检验改革成果，突出系统集成协同高效，加快破除深层次体制机制障碍，充分发挥市场在资源配置中的决定性作用，更好发挥政府作用，推动有效市场和有为政府更好结合，为推动经济高质量发展提供强劲动力活力。

23.充分激发各类市场主体活力。坚持“两个毫不动摇”，发展壮大各类市场主体。实施国企改革三年行动，做强做优做大国有资本和国有企业，推动国有资本向民生保障等关键领域、具有核心竞争力的优势产业和战略性新兴产业聚集。积极稳妥引进战略投资者，分层分类推进国有企业混合所有制改革，加快完善中国特色现代企业制度。健全管资本为主的国有资产监管体制，完善重大事项决策报告制度，深化国有资本投资、运营公司改革。优化民营经济发展环境，构建亲清政商关系，建立规范化制度化政企沟通渠道，依法平等保护民营企业产权和企业家权益，完善促进中小微企业和个体工商户发展的政策体系，培育壮大一批“专精特新”中小企业。实施大企业大集团提升行动。弘扬企业家精神，营造尊重企业家价值、鼓励企业家创新、发挥企业家作用的良好氛围。

24.健全完善经济治理机制。加强和改进党委对经济工作的领导，完善定期研究经济工作的领导机制。贯彻落实中央宏观调控政策和自治区有关经济部署要求，强化发展规划的战略导向作用，增强改革、财税、金融、产业、投资、消费、区域、就业、环保等政策的整体效能。完善重大事项和重点工作推进制度。加强经济运行分析和预判，增强经济工作的前瞻性、科学性、针对性。深化财税金融体制改革。推进统计现代化改革。

25.打造国内一流营商环境。对标国际国内一流标准，打造市场化、法治化、国际化营商环境。注重区域产业生态建设发展，推进高标准市场体系建设，健全产权执法司法保护制度，完善公平竞争审查机制，推行统一的市场准入负面清单制度。加快转变政府职能，深化“放管服”改革，优化完善政府权责清单制度。全面实现一窗受理、限时办结、最多跑一次，推行智能审批，拓展自助办理，逐步实现“不见面”办事。助推政务服务“跨省通办”，实现高频事项全覆盖。健全重大政策事前评估和事后评价制度，实施涉企许可事项清单管理，对新产业新业态实行包容审慎监管。持续推出一批“微改革”“微创新”。深化政务公开。推进公共资源交易平台整合共享。深化行业协会、商会和中介机构改革。加快社会信用体系建设。

26.深化要素市场化配置改革。推进土地、劳动力、资本、电力、技术、数据等要素市场制度建设，完善要素交易规则和服务体系。建立城乡建设用地空间弹性管控机制，完善土地储备管理机制，探索利用存量建设用地进行开发建设的市场化机制。完善技术技能评价制度，健全统一规范的人力资源市场体系，畅通国内国际劳动力和人才社会性流动渠道。完善企业上市培育机制，健全多层次资本市场体系，提高直接融资比重。加快发展技术要素市场，完善科技创新资源配置方式，实施科研项目经费使用包干制，促进技术要素与资本要素融合发展。培育发展数据要素市场，建立数据要素治理监管体系。加快要素价格市场化改革。

八、优先发展农业农村，全面推进乡村振兴

坚持把全面实施乡村振兴战略作为新时代“三农”工作的

总抓手，全面深化农业农村改革，扎实推进乡村建设行动，加快推进农业农村现代化建设，促进农业高质高效、乡村宜居宜业、农民富裕富足。

27.实现巩固拓展脱贫攻坚成果同乡村振兴有效衔接。推动脱贫攻坚政策举措和工作体系逐步向乡村振兴平稳过渡。严格落实“四个不摘”要求，保持现有帮扶政策、资金支持、帮扶力量总体稳定。落实对脱贫县从脱贫之日起设立5年过渡期的要求，过渡期内保持主要帮扶政策总体稳定。健全防止返贫监测帮扶机制，及时帮扶，坚决防止发生规模性返贫现象。持续发展壮大脱贫地区乡村特色产业，做好脱贫人口稳岗就业。做好易地搬迁可持续发展工作，推进大规模移民搬迁基层组织重构优化和社区治理，确保搬迁群众稳得住、有就业、逐步能致富。加强扶贫项目资金资产管理和监督。健全农村社会保障和救助制度，形成覆盖全面、分层分类、综合高效的社会救助格局。用好用足东西部协作、定点帮扶和社会力量参与帮扶等机制。

28.着力做优现代特色农业。大力推进现代优势特色农业提质升级，推行农业标准化、规模化、集约化生产，巩固提升农业综合生产能力，加大农田水利设施、高标准农田建设力度，持续推进粮食生产功能区、糖料蔗生产保护区和特色农产品优势区建设，实施现代特色农业示范园区提升工程，打造生猪等一批百亿特色农业产业集群。坚持最严格的耕地保护制度，稳定粮食种植面积，抓好藏粮于地、藏粮于技，牢牢守住粮食安全底线。强化农业科技和装备支撑，提高农业良种化水平，健全动物防疫和农作物病虫害防治体系，建设智慧农业。大力发展县域经济，不断推动一二三产深度融合发展，高标准规划打造一批农（林）产品加工聚集区，建设一批农业产业强镇强村，加快形成县县有规模以上加工企业、每个优势特色产业有加工龙头企业带动的发展格局。推进质量兴农绿色兴农，实施农业品牌振兴计划，培育壮大南宁香蕉、南宁火龙果、横县茉莉花、武鸣沃柑、古辣香米、马山黑山羊等一批“邕系”品牌。扎实推进农批农贸市场建设，大力发展农产品冷链物流、地头冷库，完善农村流通基础设施网络布局，加强农产品营销体系建设。

29.扎实推进乡村建设行动。加强乡镇基础设施建设，强化县城综合服务能力，把乡镇建成服务农民的区域中心。加强乡镇和村庄规划建设，推进“多规合一”实用性村庄规划，强化村庄和农房规划管控，有序推动乡村风貌改造提升，保护历史文化名镇名村、少数民族特色村寨和传统村落。大力推进乡村环境综合整治，扎实推进农村“厕所革命”、生活垃圾分类处理和污水治理，实施水系连通及农村水系综合整治，持续改善农村人居环境。深化四好农村路建设，推进城乡交通一体化，完善乡村水、电、路、气、通信、广播电视、物流等基础设施，提升农房建设质量。持续提高农民科技文化素质，加快培育新型职业农民，推动乡村人才振兴。深入开展乡风文明建设。

30.深化农业农村改革。健全城乡融合发展机制，扎实推进城乡融合发展改革集成试点工作，推动城乡要素平等交换、双向流动，推动形成新型工农城乡关系。落实第二轮土地承包到期后再延长三十年政策，积极培育新型农业经营主体，健全农业专业化社会化服务体系，发展多种形式适度规模经营，实现小农户和现代农业有机衔接。健全城乡统一的建设用地市场，稳妥有序推进农村集体经营性建设用地入市，探索宅基地所有权、资格权、使用权分置实现形式。保障进城落户农民土地承包权、宅基地使用权、集体收益分配权。深化农村集体产权制度改革，发展新型农村集体经济。深化集体林权制度改革。深化供销合作社综合改革。深化农村公路管理养护体制改革。深化农村金融改革，健全政策性农业信贷担保体系，提高农业保险覆盖面和保障水平。

九、大力提升城市承载力，加快建设区域性国际大都市

遵循城市发展规律，突出“形、实、魂”，完善新型城镇化战略，加快构建现代大都市框架，全面提升城市功能和品质。

31.优化国土空间布局。坚持全域统筹，立足资源环境承载能力，科学编制国土空间规划，优化市域空间布局，逐步形成城市化地区、农产品主产区、生态功能区三大空间格局。坚持产业发展导向，拓展产业发展新空间，推动城市化地区高效集聚经济和人口、保护好永久基本农田和生态空间。推动农产品主产区增强农业生产能力，确保粮食安全和优质农产品供给。推动生态功能区保护生态环境、筑牢生态屏障。支持生态功能区的人口逐步有序向城镇转移并定居落户。强化国土空间分区分类管控，形成主体功能明显、优势互补、高质量发展的国土空间开发保护新格局。拓展城市发展空间，优化提升主城区，推动大都市区多中心、多组团发展。大力盘活存量建设用地，积极处置闲置土地。

32.大力推进以人为核心的新型城镇化。实施城市更新行动，推进城市生态修复、功能完善工程，加强城市规划、建设、管理。强化历史文化保护、塑造城市风貌，加强城镇老旧小区、棚户区、城中村改造和社区建设，增强城市防洪排涝能力，建设海绵城市、韧性城市。加快市政道路、轨道交通、快速公交、智能电网、地下综合管廊等设施建设，优化市内主干路网布局和城市微循环。建设公交都市，构建轨道交通、快速公交、常规公交、慢行交通等无缝衔接的多层次公共交通系统，加快形成绿色高效交通体系。积极创新管理服务新模式，推动城市治理科学化、精细化、智能化，用绣花功夫管理城市。推进以县城为重要载体的城镇化建设，推动县城扩容提质，支持乡镇集镇建设，以补短板强弱项为重点，完善基础设施和公共服务，全面增强聚集发展能力。坚持房子是用来住的、不是用来炒的定位，促进房地产市场平稳健康发展。有效增加保障性住房供给，扩大保障性租赁住房供给。深化户籍制度改革，加快农业转移人口市民化。

33.推动五象新区高质量发展。坚持以城聚产、以产兴城、产城联动，深入推进产城融合发展，努力建设创新高地、产业高地、人才高地，把五象新区打造成为广西改革开放创新的重要平台和窗口、中国与东盟全面合作示范区。持续高标准高质量推动新区建设，加快完善基础设施，建设与区域性国际大都市相适应的高品质教育、医疗等公共服务机构，打造国际化社区试点，不断提升承载能力和宜居水平。强化产业支撑，充分发挥新区内的国家级战略平台作用，加快集聚产业要素，大力发展现代金融、智慧物流、数字经济、新兴制造业等高端高新产业，培育发展新经济新业态。大力推进新区治理现代化，建立健全简约高效的管理体制机制。推动五象新区升级为国家级新区。

十、繁荣发展文化事业和文化产业，提升首府文化软实力

坚持马克思主义在意识形态领域的指导地位，围绕举旗帜、聚民心、育新人、兴文化、展形象的使命任务，坚持以社会主义核心价值观引领文化建设，持续加强精神文明建设，积极创建国家历史文化名城，加快建设文化强市。

34.提高社会文明程度。深入开展习近平新时代中国特色

社会主义思想学习教育，推动党的创新理论走深走心走实。严格落实意识形态工作责任制，加强党报、党台、党网等阵地建设和管理。推动理想信念教育常态化制度化，加强党史、新中国史、改革开放史、社会主义发展史教育，加强爱国主义、集体主义、社会主义、民族团结进步教育，大力弘扬党和人民在各个历史时期奋斗中形成的伟大精神。加强公民道德建设，实施文明创建工程，抓好新时代文明实践中心（所、站）建设。深化全国文明城市创建，形成城乡一体、全域创建格局。持续深化“五个礼让”示范创建活动。健全志愿服务体系，深化志愿服务活动，打造一批志愿服务品牌。大力弘扬诚信文化，健全守信激励与失信惩戒机制。倡导勤俭节约，反对铺张浪费，开展以劳动创造幸福为主题的宣传教育，大力弘扬劳模精神、劳动精神、工匠精神。加强家庭、家教、家风建设。加强网络文明建设，发展积极健康的网络文化。维护国家文化安全和文化市场秩序，持续开展“扫黄打非”专项行动。

35.提升公共文化服务水平。全面繁荣新闻出版、广播影视、网络视听、文学艺术、哲学社会科学事业。加快新型智库建设。深入实施当代文学艺术创作工程和文艺作品质量提升工程，挖掘民族历史文化题材，突出壮乡首府特色，打造一批具有民族和地域特色的文化品牌，加强文学、戏剧、歌舞、影视、动漫等文化精品创作，推出一批名家名人，培育一批知名文化企业。坚持正确舆论导向，做大做强新型主流媒体，推进首府媒体深度融合，实施全媒体传播工程，建强用好县级融媒体中心。广泛开展群众性文化活动，推进城乡基本公共文化服务标准化、均等化建设，创新实施文化惠民工程，推动公共文化数字化建设。加强重大文化设施和文化项目建设，打造一批文化公园。传承弘扬中华优秀传统文化，加强文物古籍保护、研究、利用，强化重要文化和自然遗产、非物质文化遗产系统性保护。加强对外文化交流，持续办好“春天的旋律”跨国春晚、开展“南宁渠道　丝路交响”跨国采访行动、中国—东盟（南宁）戏剧周等活动，讲好中国故事南宁篇章。

36.壮大发展文化产业。坚持把社会效益放在首位、社会效益和经济效益相统一，深化文化体制改革，完善文化产业规划和政策。加强文化市场体系建设，激发各类文化主体活力，扩大优质文化产品供给，促进文化消费。推动区域文化产业带建设，合理布局和规划建设一批文化产业园区，建设一批重点文化产业项目，培育一批龙头文化企业。加快布局线上线下文化新业态，大力发展文化创意产业。加快文化大数据体系建设，促进文化产业数字化转型升级。推动文化产业与科技、金融深入融合，提升文化产业品质。大力推动文化“走出去”，拓展以东盟为主要方向的国际文化市场。

37.推动文化和旅游融合发展。整合全域文化旅游资源，优化文旅产业发展全域空间格局，构建文旅现代产业体系、高品质服务体系，做大旅游产业集聚区，打造青秀山、大明山、昆仑关、园博园、百里秀美邕江、美丽南方等富有文化底蕴的旅游景区，积极创建国家5A级旅游景区，大力发展都市旅游，加快建设区域性国际旅游中心城市。深入挖掘地方文化与历史内涵，提升“老南宁·三街两巷”、中山路、蒲庙老街等历史文化街区品质，打造一批文化名镇、文化名村、文化特色街区，进一步唱响“大地飞歌”南宁国际民歌艺术节、三月三（壮族）歌圩、“南宁民歌湖大舞台”周周演等文化旅游品牌，增强文旅赋能。建设智慧旅游平台，打造数字文旅共享经济新模式。加强对外旅游交往，推进澜湄旅游城市合作。重点推进南宁国际旅游度假区等一批重大项目建设。扎实推进国家全域旅游示范区和国家中医药健康旅游示范区建设，推动文化旅游与农业、林业、水利、工业、交通、住建、医疗、健康、养老、体育等融合发展。

十一、推动绿色发展，持续巩固首府生态优势

坚持绿水青山就是金山银山理念，坚持“治水、建城、为民”，不断擦亮“中国绿城”金字招牌，打造更高水平的生态宜居城市。

38.推动绿色低碳发展。强化国土空间规划和用途管控，落实生态保护、永久基本农田、城镇开发等空间管控边界。完善绿色生产和消费的法律法规和政策。加快发展绿色金融，支持绿色技术创新，推进绿色清洁能源生产，推进重点行业和重要领域绿色化改造，打造绿色园区和绿色企业，加快淘汰落后产能，促进工业园区、产业集聚区低碳循环化发展。加快调整优化产业结构，培育壮大环保产业，加快推进工业、农业、建筑业、服务业绿色化发展，创新“生态+”发展模式。推动能源清洁低碳安全高效利用，合理控制煤炭消费。发展绿色建筑和装配式建筑，提升建筑能效水平。创建绿色出行示范市，开展绿色生活创建活动，倡导简约适度、绿色低碳的生活方式。落实国家碳排放达峰行动方案，降低碳排放强度，探索开展碳金融业务，推进低碳试点建设，探索建立碳排放总量控制制度和分解落实机制，探索打造“碳中和”数字丝绸之路共建共享平台。

39.持续提升环境质量。增强全社会生态环保意识，深入打好蓝天碧水净土保卫战。继续开展污染防治行动，建立地上地下、水土及水陆统筹的生态环境治理制度。深化大气污染治理，持续推进扬尘污染治理，加强区域联防联控联治，强化污染源头治理，提升“南宁蓝”品质。深入实施流域系统综合整治，强化城乡污水处理设施、污水管网等建设，推动黑臭水体治理常态长效，巩固提升邕江综合整治和开发利用成果，加快建设世界级城市滨水空间。加强土壤污染综合防治，推进实施农用地分类管理和安全利用，强化建设用地土壤环境治理，推进化肥农药减量化，强化涉重金属企业污染管控、工业固体废物处置，加强危险废物医疗废物收集处理，加强白色污染治理，重视新污染物治理。全面实行排污许可制，探索推进排污权、用能权、用水权、碳排放权市场化交易。深入开展生态环境保护公益诉讼。落实生态环境保护督察整改。

40.提升生态系统质量和稳定性。坚持山水林田湖草整体保护、系统修复、区域统筹、综合治理，实施重要生态系统保护和修复重大工程，优化生态安全屏障。强化河长制、湖长制，加强河流和重要湖泊湿地生态保护治理。推行林长制，科学推进石漠化、水土流失综合治理。深化国家森林城市和生态园林城市建设，开展“公园城市”建设试点及创建国际花园城市。实施生物多样性保护工程，加强外来物种管控。按照生态保护红线、环境质量底线、资源利用上线和生态环境准入清单分区管控要求，实施生态环境准入，完善监管制度，健全生态环境质量监测网络，开展生态系统保护成效监测评估。

41.促进资源节约高效利用。落实自然资源资产产权制度和法律法规，加强自然资源调查评价监测和确权登记，实施建设用地总量、强度双控制度和增存挂钩机制，建立生态产品价值实现机制，完善市场化、多元化生态补偿，推进资源总量管理、科学配置、全面节约、循环利用。探索建立市内流域上下游横向生态保护补偿机制。开展节水行动，全面落实最严格的水资源管理制度，统筹生活、生产、生态用水，大力推进农业、工业、城镇等领域节水，建设节水型社会。加强矿产资源开发保护，提高资源利用效率。全面推行垃圾分类和减量化、资源化。加快构建废旧物资循环利用体系。

十二、大力发展民生事业，持续提升人民生活品质

坚持以人民为中心的发展思想，加强普惠性、基础性、兜

底性民生建设，切实解决群众关心关切的重点难点问题，扎实推动共同富裕，不断增进人民群众的获得感、幸福感、安全感，促进人的全面发展和社会的全面进步。

42.提高人民收入水平。坚持按劳分配为主体、多种分配方式并存，提高劳动报酬在初次分配中的比重，完善工资制度，健全工资合理增长机制，着力提高低收入群体收入，扩大中等收入群体。完善按要素分配政策制度，健全各类生产要素由市场决定报酬的机制，探索通过土地、资本等要素使用权、收益权增加中低收入群体要素收入。多渠道增加城乡居民财产性收入。完善再分配机制，加大税收、社保、转移支付等调节力度和精准性。积极发展慈善事业，改善收入和财富分配格局。

43.持续提高就业质量。落实就业优先政策，千方百计稳定和扩大就业，坚持经济发展就业导向，扩大就业容量，保障劳动者待遇和权益，促进更高质量和更充分就业。运用好“智慧人社”等系统，加快构建覆盖城乡、统一规范、上下贯通、便捷高效的公共就业服务体系和运行机制。健全劳动关系协调机制、终身职业技能培训制度，加强技能人才培养，加快提升劳动者技能素质。落实就业创业补贴政策，支持灵活就业和新就业形态，引导劳动力要素合理有序畅通流动，促进高校毕业生、农民工、退役军人、烈军属、易地扶贫搬迁户等重点群体多渠道就业创业。扩大公益性岗位安置，帮扶残疾人、零就业家庭成员就业。完善援企稳岗政策，对就业困难人员实行托底帮扶。健全创业带动就业机制，畅通就业链条。健全完善就业监测及失业预警体系。

44.推动教育高质量发展。全面贯彻党的教育方针，坚持立德树人，培养德智体美劳全面发展的社会主义建设者和接班人。推动教育评价改革，健全学校家庭社会协同育人机制，落实全社会担负青少年成长成才责任。全面发展素质教育，增强学生文明素养、社会责任意识、探索精神、实践本领，重视青少年身体素质和心理健康教育。加强教师队伍建设，强化师德师风建设，优化教师队伍结构，提升教师教书育人能力素质，改善乡村教师工作生活条件。坚持教育公益性原则，深化教育改革，促进教育公平，大力发展公办幼儿园，扶持民办幼儿园提供普惠性服务，提高学前教育普及普惠水平，深化义务教育学区制管理改革，促进义务教育均衡发展和城乡一体化，推进普通高中教育多样化、特色化发展，办好特殊教育，加强专门教育。进一步完善职业教育体系，深化职普融通、产教融合、校企合作，加快高水平职业院校和高水平专业建设，推动南宁职业技术学院升格本科院校，大力培养技术技能人才，壮大新时代产业工人队伍。大力推进高等教育发展，推动高校重点学科市校共建，高标准建设南宁教育园区，大力推进南宁学院升格为南宁大学，加快培养紧缺专业人才。深化与东盟国家教育交流合作。加大对革命老区、少数民族聚居区教育发展支持力度。加强民族教育，提高民族地区国家通用语言文字教学水平。支持和规范民办教育发展，规范校外培训机构。加强教育信息化建设，推动信息技术与教育教学深度融合。发挥在线教育优势，完善终身学习体系，建设学习型社会。

45.完善社会保障体系。深入实施全民参保计划，加快健全覆盖全民、统筹城乡、公平统一、可持续的多层次社会保障体系，推进社保转移接续，健全基本养老、基本医疗保险筹资和待遇调整机制。完善基本养老保险制度，推进落实基本养老保险全国统筹，实施渐进式延迟法定退休年龄，发展多层次、多支柱养老保险体系。推进落实基本医疗保险、失业保险、工伤保险自治区级统筹，健全重大疾病医疗保险和救助制度，推进异地就医结算，积极推动职工医疗互助保障体系建设，稳步实施长期护理保险制度，积极发展商业医疗保险。健全灵活就业人员社保制度。健全分层分类的社会救助体系，完善城乡居民最低生活保障机制，实现应保尽保，深入推进城镇困难群众脱困解困工作。贯彻男女平等基本国策，保障妇女儿童合法权益，健全农村“三留守”人员关爱服务体系。健全老年人、残疾人关爱服务体系和设施，完善帮扶残疾人、孤儿、事实无人抚养儿童、困境儿童等社会福利制度和帮扶机制。加快推动社会保障卡跨地区跨部门应用，不断提升社会保险公共服务平台建设水平。

46.全面推进健康南宁建设。把保障人民健康放在优先发展的战略位置，贯彻预防为主的方针，全面实施健康南宁行动，为人民群众提供全方位全周期健康服务。加快完善公共卫生体系，推动公共卫生服务与医疗服务高效协同。加快疾控体系改革，加强重大疫情应急体系、物资保障体系和医疗救治体系建设，提高应对突发公共卫生事件能力。深化医药卫生体制改革，强化“三医联动”，加大城市医疗集团和紧密型县域医共体建设力度，建立优质高效医疗卫生服务体系。推进区域医疗中心建设，促进医疗资源均衡发展。科学规划医疗机构设置，加强公立医院建设和绩效考核，健全分级诊疗制度，健全药品供应保障体系。推进药品和耗材集中采购使用改革。加强卫生监督体系建设。实施乡镇卫生院人力资源提升行动计划。健全完善妇幼健康服务体系、老年健康服务体系、职业病防治体系和食品安全风险监测体系，提升精神卫生、心理健康和残疾康复服务保障能力。深入开展爱国卫生运动，巩固提升国家卫生城市成果，全面推进健康城市建设。鼓励引导社会力量在医疗资源薄弱区域和短缺专科领域举办医疗机构。推广远程医疗，加强智慧健康建设。大力发展中医药事业产业，推动中医药壮瑶医药传承和创新。完善全民健身公共服务体系，广泛开展全民健身运动，创建全国全民运动健身模范市。加快发展大健康产业，打造一批国内一流、国际知名的宜居康养胜地。

47.积极应对人口老龄化。落实积极应对人口老龄化国家战略和国家生育政策，制订人口中长期发展战略。提高优生优育服务水平，发展普惠托育服务体系，降低生育、养育、教育成本，提高人口素质。深入推进全国养老服务业综合改革试点城市和全国医养结合试点城市建设，推动养老事业和养老产业协同发展，发展普惠型养老服务和互助性养老，构建居家社区机构相协调、医养康养相结合的养老服务体系，完善上门医疗服务政策，鼓励社会力量兴办养老机构，健全养老服务综合监管制度。推动基础设施适老化改造，构建老年人友好型社区，发展智慧养老。加强老年大学建设。用好生态优势和长寿名片，大力发展银发经济，培育养老新业态，推进养老服务产业发展。

48.全面提升首府治理水平。以推进全国市域社会治理现代化试点城市建设为抓手，健全党组织领导的自治、法治、德治相结合的城乡基层治理体系，完善共建共治共享的社会治理制度，实现政府治理同社会调节、居民自治良性互动，建设人人有责、人人尽责、人人享有的社会治理共同体。推动社会治理重心下移、力量下沉、政策下倾，向基层放权赋能，强化各级综治中心实体化建设，深入推进“网格化+智能化”社会治理。加强社会治理能力建设，减轻基层特别是村级组织负担，加强基层社会治理队伍建设，提高基层治理能力水平。充分发挥群团组织和社会组织在社会治理中的作用，畅通和规范市场主体、新社会阶层、社会工作者和志愿者等参与社会治理的途径。

十三、统筹发展和安全，建设更高水平的平安南宁

坚持总体国家安全观，认真落实国家安全战略，统筹传统安全和非传统安全，把安全发展贯穿首府发展各领域和全过程，有效防范和化解各种风险，确保政治更安全、社会更安定、人民更安宁。

49.加强国家安全体系和能力建设。严格落实党委（党组）国家安全责任制，健全国家安全领导体制和工作协调机制。深入开展国家安全宣传教育，强化全民国家安全意识和责任，巩固牢不可破的人民防线。坚定维护国家政权安全和制度安全，严密防范和严厉打击敌对势力渗透、破坏、颠覆、分裂活动。坚定维护意识形态安全，加强网络安全保障体系和能力建设。加快平安南宁数字化、智能化建设。加强数据资源安全保护。强化国家安全执法。

50.有效防范化解经济运行重大风险。加强经济安全风险预警、防控机制和能力建设，实现重要产业、基础设施、战略资源、重大科技等关键领域安全可控。落实粮食安全责任，深入开展粮食节约行动，守住粮食安全底线，提升收储调控能力，确保粮、油、糖、肉等重要民生商品供应安全。健全金融风险预防、预警、处置、问责体系，推动公共资产负债管理智能云平台完善功能、提高效率，加强政府债务管理。维护水利、电力、供水、油气、交通、通信、网络、金融等重要基础设施安全。强化生态安全，维护新型领域安全。

51.深入推进民族团结进步示范市建设。全面贯彻党的民族工作理论和方针政策，铸牢中华民族共同体意识，促进首府各民族共同团结奋斗、共同繁荣发展。用好民族区域自治政策，加快少数民族聚居区发展，保障少数民族合法权益，依法治理民族事务，做好城市民族工作，让各民族群众共享改革发展成果。持续深入开展“五比五争”民族团结争先创优命名活动，培育民族团结进步模范，巩固提升全国民族团结进步创建示范市成果。加大培养选拔任用优秀少数民族干部力度。

52.切实保障人民生命安全。坚持人民至上、生命至上，把保护人民生命安全摆在首位，全面提高公共安全保障能力，积极创建国家安全发展示范城市。完善和落实安全生产责任制，加强安全生产监管执法，有效遏制危险化学品、矿山、建筑施工、交通等领域重特大安全事故发生。抓好食品药品安全治理，积极创建国家食品安全示范市。完善地质灾害重点防治区综合防御体系。加强气象灾害风险监测预警能力建设。推进防洪减灾设施建设，加强主要江河和中小河流防洪治理，加快病险水库（闸）除险加固。积极推进应急管理体系和能力现代化，加强应急物资和装备保障体系建设，发展巨灾保险，培育和发展社会救援力量，提高防灾、减灾、抗灾、救灾和森林防火能力。

53.维护社会和谐稳定。坚持和发展新时代“枫桥经验”，完善社会矛盾纠纷多元预防调处化解综合机制，推进信访积案专项治理。坚持专群结合、群防群治，加强新形势下社会治安防控体系建设，开展重大涉稳问题化解攻坚和专项整治活动，完善各类突发事件应急预案，有效管控各类涉稳风险，坚决防范和打击暴力恐怖、邪教、传销、电信网络诈骗、制毒贩毒吸毒等违法犯罪行为。常态化开展扫黑除恶工作。着力解决校园安全和霸凌突出问题。健全社会心理服务体系和危机干预机制。做好社会利益止损和修复，促进矛盾化解融合。

54.持续巩固双拥模范城建设成果。坚决贯彻习近平强军思想，贯彻新时代军事战略方针，贯彻党管武装根本原则，巩固军政军民团结，筑牢新时代人民战争根基。全面落实军事政策制度改革有关法律法规，助力驻邕部队现代化建设和练兵备战，聚力完善国防动员体系，推进国防动员体制和兵役制度改革落实，巩固深化民兵调整改革成果，加强人民武装部正规化建设。推动军民融合深度发展，统筹推进国防工程建设。着力提升人民防空能力建设。强化全民国防教育，做好新时代双拥工作，落实军人军属和民兵待遇保障政策，健全退役军人保障制度和工作体系。

十四、切实加强党的全面领导，团结全市人民为实现“十四五”规划和二〇三五年远景目标而奋斗

实现“十四五”规划和二〇三五年远景目标，必须始终坚持党的全面领导，不断提高党委统筹经济社会发展能力，充分调动一切积极因素，广泛团结一切可以团结的力量，凝聚起推动高质量发展的强大合力。

55.坚决做到“两个维护”。推动全市各级党组织和党员、干部深入学习贯彻落实习近平新时代中国特色社会主义思想和习近平总书记对广西工作的重要指示精神，增强“四个意识”、坚定“四个自信”、做到“两个维护”，不忘初心、牢记使命，始终在思想上政治上行动上同以习近平同志为核心的党中央保持高度一致。全面贯彻落实新时代党的建设总要求，坚持书记抓、抓书记，巩固拓展“书记引航担使命”主题活动成果，扎实推动全面从严治党主体责任、监督责任落细落实，提高党建质量。认真贯彻新时代党的组织路线，加强干部队伍建设，落实好干部标准，坚持从“四个一线”发现、培养、考察和使用干部，提高各级领导班子和干部适应新时代新要求抓改革、促发展、保稳定水平和专业化能力。坚持严管厚爱结合、激励约束并重，加强对敢担当善作为干部的激励保护，落实容错纠错机制，严查诬告陷害行为，以正确用人导向引领干事创业导向。加强基层党组织建设，增强组织引领能力，把各领域基层党组织建设成为实现党的领导的坚强战斗堡垒。关心关爱边远艰苦地区基层干部。把严的主基调长期坚持下去，锲而不舍落实中央八项规定及其实施细则精神，持续纠治形式主义、官僚主义，切实为基层减负。完善监督体系，加强政治监督，强化对公权力运行的制约和监督。坚持无禁区、全覆盖、零容忍，一体推进不敢腐、不能腐、不想腐，维护风清气正的良好政治生态。

56.提高各级党委领导经济社会发展的能力和水平。发挥各级党委总揽全局、协调各方的领导作用，把方向、谋大局、促改革、抓落实，在准确把握新发展阶段、抢抓用好新发展机遇、全面贯彻新发展理念、积极融入新发展格局中勇担当、善作为。健全党委议事决策机制，提高科学民主决策水平。坚持党管人才原则，确立人才引领发展的战略地位，完善人才工作体系，培养造就大批德才兼备的高素质人才。各级领导干部要努力提高政治能力、调查研究能力、科学决策能力、改革攻坚能力、应急处突能力、群众工作能力、抓落实能力，做到信念过硬、政治过硬、责任过硬、能力过硬、作风过硬。

57.深入推进社会主义政治建设。坚持党的领导、人民当家作主、依法治国有机统一，坚定不移走中国特色社会主义政治发展道路。坚持和完善人民代表大会制度、中国共产党领导的多党合作和政治协商制度、民族区域自治制度，全面贯彻党的宗教工作基本方针，依法加强宗教事务管理，健全基层群众自治制度，发挥工会、共青团、妇联等人民团体作用，完善大统战工作格局，深入贯彻党的侨务政策，做好港澳台侨和外事工作，强化思想引领，凝聚政治共识，营造同心同德、团结奋进的良好局面。

58.深化法治南宁建设。贯彻落实习近平法治思想，健全党领导全面依法治市的制度机制，坚持法治南宁、法治政府、法治社会一体建设，统筹推进科学立法、严格执法、公正司法、全民守法。加强重点领域、新兴领域立法，提高立法质量。完善公共法律服务体系，建设高素质法治人才队伍，深入开展法治宣传教育，在法治轨道上推进南宁治理现代化。健全政府守信践诺机制，构建市、县、乡三级行政执法协调监督工作体系，提高依法行政水平。深化法治领域改革，完善监察

权、审判权、检察权运行和监督机制，全面提升执法司法公信力。

59.坚持真抓实干、善作善成、造福于民。始终坚持真抓实干，自觉践行“担当为要、实干为本、发展为重、奋斗为荣”理念，发扬钉钉子精神，以踏石留印、抓铁有痕的作风，一张蓝图绘到底，按照定人员、定职责、定时间、定进度的“四定”要求，把各项工作抓紧抓实、抓出成效。始终坚持善作善成，把发展的方向、工作的重点和主观的努力有机结合起来，准确把握规律，积极探索创新，创造性抓好贯彻落实。始终坚持造福于民，把坚持以人民为中心的发展思想体现到改革发展、民生改善的方方面面，持续践行初心使命，用心用情用力为群众多做实事好事，不断创造出经得起实践、人民和历史检验的工作实绩。

60.健全规划制定和落实机制。按照本次全会精神，加强与国家、自治区各类规划的衔接，制订市、县（区）、开发区“十四五”规划纲要和专项规划，形成定位准确、边界清晰、功能互补、统一衔接的经济社会发展规划体系。健全政策协调和工作协同机制，完善规划实施监测评估和绩效考评机制，确保党中央、自治区党委关于“十四五”发展的决策部署在南宁市全面贯彻落实，确保本次全会确定的各项目标任务落到实处。

实现“十四五”规划和二〇三五年远景目标，使命光荣、责任重大。全市广大党员干部群众要紧密团结在以习近平同志为核心的党中央周围，坚持以习近平新时代中国特色社会主义思想为指导，进一步解放思想、改革创新、扩大开放、担当实干，全面落实强首府战略，真抓实干、善作善成、造福于民，为夺取全面建设社会主义现代化新胜利而不懈奋斗！

报告类

弘扬伟大建党精神
全面落实强首府战略
勇当建设新时代中国特色社会主义
壮美广西排头兵

——在中国共产党南宁市第十三次代表大会上的报告

（2021年8月29日）

自治区党委常委、市委书记 王小东

同志们：

现在，我代表中国共产党南宁市第十二届委员会向大会作报告。

中国共产党南宁市第十三次代表大会，是在隆重庆祝我们党成立100周年、开启全面建设社会主义现代化国家新征程的重大历史时刻，在南宁市“十四五”开局起步、全面落实强首府战略、开创高质量发展新局面的关键时期，召开的一次十分重要的大会。

大会的主题是：高举中国特色社会主义伟大旗帜，坚持以习近平新时代中国特色社会主义思想为指导，弘扬伟大建党精神，牢记嘱托、感恩奋进，全面落实强首府战略，加快推动高质量发展，勇当建设新时代中国特色社会主义壮美广西排头兵，奋力为全面建成社会主义现代化强国作出南宁贡献。

一、顽强拼搏、攻坚克难，如期实现与全国同步全面建成小康社会宏伟目标

市第十二次党代会以来的五年，是南宁发展历史上具有里程碑意义的五年。五年来，面对错综复杂的国际形势、艰巨繁重的国内改革发展稳定任务特别是突如其来的新冠肺炎疫情，市委坚定不移贯彻落实习近平新时代中国特色社会主义思想，在党中央和自治区党委的坚强领导下，团结带领全市各族人民解放思想、改革创新、扩大开放、担当实干，打好打赢“三大攻坚战”，扎实推进“六大升级”工程，全面落实强首府战略，推动经济社会高质量发展，实现“十三五”规划胜利收官，与全国同步全面建成小康社会，“十四五”规划开局顺利，为开启社会主义现代化建设新征程奠定了坚实基础。

（一）坚持以习近平新时代中国特色社会主义思想为指导，推动党的创新理论在壮乡首府落地生根结出硕果。旗帜鲜明讲政治，坚定不移用习近平新时代中国特色社会主义思想武装头脑、指导实践、推动工作，切实增强“四个意识”、坚定“四个自信”、做到“两个维护”，在思想上政治上行动上同以习近平同志为核心的党中央保持高度一致。坚持用习近平总书记对广西工作系列重要指示精神统一思想、统揽全局、统领发展，紧密结合南宁实际，与时俱进提出“六个如何”破题思路，采取“六个着力”工作举措，实施“六大升级”工程，加快建设“四个城市”，以南宁高质量发展的生动实践，彰显习近平新时代中国特色社会主义思想强大的真理力量和实践伟力。

（二）尽锐出战精准发力，脱贫攻坚取得全面胜利。始终把脱贫攻坚作为最大政治责任和第一民生工程，强化四级书记抓扶贫，派出最能打的人打最硬的仗，持续“跟上、盯住、办好”，率先创设脱贫攻坚战前线指挥部，五年来投入各级扶贫资金133.2亿元，坚决打好“四大战役”“五场硬仗”，历史性地解决了绝对贫困问题，南宁市实现4个贫困县区全部摘帽、421个贫困村全部出列、现行标准下的农村贫困人口全部脱贫，是全国脱贫人口最多的省会城市。全市村级集体经济收入实现历史性突破，总量、村均收入排全区首位。上林县荣获全国脱贫攻坚组织创新奖，隆安县成为全国脱贫攻坚交流基地，马山县“体育+旅游+扶贫”模式入选全国脱贫攻坚典型案例。在脱贫攻坚斗争中，全市广大扶贫干部奋战一线、战贫斗困，以热血赴使命、以行动践诺言，奏响了荡气回肠的英雄赞歌，书写了中国减贫奇迹的南宁篇章，交出了一份无愧于党、无愧于人民、无愧于时代的优异答卷。我们永远不会忘记，有18位同志将生命定格在脱贫攻坚征程上，他们生动诠释了共产党人的初心使命，在壮乡首府儿女心中矗立起了新时代不朽的精神丰碑。

（三）聚力产业加快转型，经济综合实力显著增强。坚持“二产补短板、三产强优势、一产显特色”，经济规模不断扩大，质量效益持续提高。“十三五”时期，南宁经济实力首次跻身全国城市50强，经济首位度稳步提升。2020年，全市地区生产总值完成4726.3亿元，占全区比重由2015年的20.3%提升至21.3%；财政收入完成796.1亿元，占全区比重由2015年的24.5%提升至28.4%。工业加快转型升级，规模以上工业企

业达1200家，数量稳居全区首位，2020年电子信息、先进装备制造、生物医药三大重点产业规模以上产值占全市比重达38.8%，以瑞声科技等为龙头的电子信息产业，以合众、申龙等为龙头的新能源汽车产业引领工业高质量发展的新格局基本形成。服务业提质增效，2020年服务业增加值3107.7亿元，是2015年的1.8倍，现代金融、现代物流、数字经济加快发展，金融业增加值占全区比重超过三分之一，3A级以上物流企业40家，是2015年的4倍，浪潮、华为、腾讯等一批数字经济龙头企业落户南宁。现代特色农业加快发展，建成全国最大的茉莉花、火龙果、沃柑产区，农业新型经营主体数量是2015年的2.2倍，“邕”字号品牌更加响亮。

（四）深化改革强化创新，发展动力活力持续迸发。重点领域和关键环节改革扎实推进，形成一批“南宁经验”“南宁模式”。在全国首创公共资产负债管理智能云平台，实现公共资产“摸得清、来去明、管得住、利用好”。“放管服”改革持续深化，不动产登记“24小时不打烊”“智慧人社”等经验做法在全国推广，“一码通城”“一事通办”等改革走在全国前列。企业开办、登记财产、获得电力等营商环境指标达到国内一流水平，成为全国80个参评城市中营商环境改善幅度最大的城市之一。国资国企、社会民生等领域改革扎实推进，在全国率先实施职工医保个人账户“家庭共享”。科技创新实力显著增强。南宁·中关村创新示范基地和科技园创新主体累计达465家，南宁·中关村科技园成为北京中关村在国内重点打造的第三个科技园。截至2020年底，全市累计引进先进铝加工创新中心等新型产业技术研究机构12家，拥有国家级创新平台32家，高新技术企业达1151家，是2015年的4.9倍。累计获得全国科学技术奖12项，获批国家知识产权示范城市。

（五）扩大开放厚植优势，“南宁渠道”作用更加凸显。成功服务第13至第17届中国—东盟博览会、中国—东盟商务与投资峰会，服务和举办中欧绿色智慧城市峰会、第7届中国—中亚合作论坛等重大活动，国际友城增至26个。积极融入“一带一路”建设，西部陆海新通道重要节点城市建设成效凸显，中越跨境班列开行累计超过500列。中国（广西）自由贸易试验区南宁片区获批并实现跨越发展，入驻企业超过2.3万家，2020—2021年度制度创新指数在同批19个片区中综合排名第4。面向东盟的金融开放门户南宁核心区、陆港型国家物流枢纽、南宁临空经济示范区等国家级开放平台建设提速。高效快捷的对外立体交通网络格局基本形成，机场航线实现东盟国家主要城市全覆盖，高铁直达全国主要城市，“一环六射三横一纵”高速公路网初步形成。外向型经济蓬勃发展，2020年外贸进出口总值是2015年的2.7倍，跻身全国外贸50强城市。

（六）突出治水建城为民，生态宜居品质巩固提升。自觉践行“绿水青山就是金山银山”理念，以治水优生态、以建城促宜居、以为民为依归，“美丽南宁”建设深入开展，生态宜居城市名片更加亮丽。空气质量综合指数在全国168个重点城市中稳居前20位，2020年空气质量优良率达97.5%，“南宁蓝”成为常态。大力推进邕江综合整治和开发利用，“百里秀美邕江”全面展现，实现“治理一条江、激活一座城”。地表水水质挺进全国30强，入选国家城市黑臭水体治理示范城市，那考河生态综合整治项目获“中国人居环境奖”范例奖。成功举办第12届中国（南宁）国际园林博览会。城市面貌日新月异，承载力、集聚力明显提升。五象新区化茧成蝶，2006年自治区党委提出的“再造一个新南宁”目标已从蓝图变成现实。开通运营4条地铁线路，形成“井”字形网络，地铁5号线即将投入使用，良庆大桥、青山大桥2座新桥飞架邕江南北，34座城市立交桥建成通车，“六横七纵”主干路总体格局基本形成。2020年全国第七次人口普查结果显示，全市常住人口874.16万，比2010年第六次普查时增加207.99万，人口增量在全国省会城市中居第10位。新型城镇化加快推进，城镇化率达68.9%，高于全国5个百分点，横县获批撤县设立横州市。南宁市成为全国首批“国家生态园林城市”、海绵城市建设试点城市，连续三年蝉联“美丽山水城市”，首府南宁更加宜居宜业。

（七）以民为本发展惠民，民生保障水平大幅提高。大力推进普惠性、基础性、兜底性民生建设，每年近八成财政支出投向民生领域。实施积极的就业政策，就业形势总体稳定。教育事业全面加快发展，“十三五”时期全市共建成投入使用公办中小学校105所、新建幼儿园131所，新增学位22.7万个，是“十二五”期间的2.2倍，进城务工人员随迁子女读书问题妥善解决，职教、高教事业稳步发展，南宁教育园区初具规模。健康南宁建设成效显著，荣获国家卫生城市“三连冠”。大力践行社会主义核心价值观，文化软实力明显增强。全国文明典范城市创建持续深化，整改提升工作取得可喜成效，社会文明程度不断提高。南宁国际民歌艺术节常办常新，纪录片《邕江》充分展示了习近平生态文明思想在南宁的生动实践和南宁经济社会发展巨大成就，《春天的旋律》跨国春晚连续五年入选国家重点外宣项目。体育事业蓬勃发展，成功举办苏迪曼杯世界羽毛球锦标赛等一批重大国际赛事，持续开展冬泳邕江、龙舟赛等群众性体育赛事活动，城市社区“10分钟健身圈”初步构建。广西文化艺术中心、南宁博物馆、南宁市图书馆（新馆）等一批民生重点项目投入使用，历史文化街区“三街两巷”建成开放。妇女儿童、老龄、残疾人、社会科学、智库、档案等事业不断发展。

（八）科学防治精准施策，疫情防控成果持续巩固。坚持人民至上、生命至上，坚决打赢首府城市、枢纽城市、人口大市疫情防控的人民战争、总体战、阻击战，突出“早部署”、严格“大排查”、落实“严防控”、实施“强督导”、做到“善救治”，56例本土确诊患者全部治愈出院，专业救治医院医务人员“零感染”。统筹推进疫情防控和经济社会发展，扎实做好“六稳”工作，全面落实“六保”任务，以“四个率先”力推产业链协同复工复产，在全国率先实现一批重大产业项目开工建设。扎实推进常态化疫情防控，坚持“外防输入、内防反弹”，突出“人物同防”，落实“四早”要求，压实“四方责任”，持续扎实做好进口冷链食品管理和重点场所、重点人群管控，严厉打击“三非”人员，疫苗接种率排在全区前列，筑牢疫情防控安全防线，为守好祖国“南大门”作出了突出贡献。在抗疫斗争中，各级党组织和广大党员干部闻令而动、冲锋在前，党旗始终在疫情防控一线高高飘扬。特别是广大医务人员，白衣执甲、逆行出征，用血肉之躯筑起钢铁长城，胜利完成援鄂援港援边任务，涌现出梁小霞等英雄楷模。让我们铭记英雄、崇尚英雄、致敬英雄。

（九）总揽全局协调各方，民主法治建设步伐加快。坚持和加强党的全面领导，支持市人大、市政府、市政协、市中级人民法院、市人民检察院依法依规依章履职尽责。爱国统一战线持续巩固壮大，工会、共青团、妇联等群团组织作用充分发挥。法治南宁建设全面推进，城乡建设与管理、环境保护、历史文化保护三大领域立法富有成效，公共法律服务体系基本建成，在全区率先建成教育矫治违法犯罪青少年励志专门学校，南宁市获评全国第一批法治政府建设示范市。政法队伍教育整顿成效明显，执法司法公信力进一步提升。平安南宁建设扎实推进，扫黑除恶专项斗争取得重大胜利，打击电信网络诈骗、打击传销、禁毒等取得显著成果，群众安全感从2015年的86.2%提升至2020年的98.1%，入选全国第1期市域社会治理现代化试点城市。铸牢中华民族共同体意识，民族团结进步事业全面发展，荣获全国民族团结进步创建活动示范市、全国少数民族流动人口服务管理示范城市。国防动员、双拥共建活动扎实开展，实现全国双拥模范城“七连冠”。

（十）坚持从严管党治党，党的建设得到全面加强。始终把党的政治建设摆在首位，出台坚决维护以习近平同志为核心的党中央权威和集中统一领导的制度文件，创新开展“书记引航担使命”主题活动，管党治党政治责任持续压紧压实。加强党的思想建设，高质量开展“三严三实”专题教育、“两学一做”学习教育、“不忘初心、牢记使命”主题教育和党史学习教育。坚持党管宣传、党管意识形态、党管媒体，牢牢掌握意识形态工作领导权。精心组织开展建党百年、新中国成立70周年、改革开放40周年、自治区成立60周年等一系列庆祝活动，全市上下爱党爱国爱社会主义热情和奋进精神进一步迸发。牢固树立鲜明的选人用人导向，从“四个一线”提拔的县处级干部占提拔总数的82.1%。完成超职数配备干部消化任务。机构改革圆满完成。深入实施“先锋引领+”系列行动，基层党组织的政治功能和组织力全面增强。注重关怀激励干部队伍，建立完善容错纠错等机制，持续提高村（社区）干部报酬待遇。出台“1+6”等人才政策，人才聚集效应凸显。强化政治监督，纪律监督、监察监督、派驻监督、巡察监督更加贯通融合，市县党委巡察实现全覆盖，“向人民承诺——电视问政”节目成为广受群众欢迎的监督品牌。坚定不移正风肃纪反腐，锲而不舍落实中央八项规定及其实施细则精神，持之以恒纠治“四风”，专项整治群众身边腐败和作风问题成效明显，严肃查处了一批违纪违法案件，一体推进不敢腐、不能腐、不想腐，反腐败斗争取得压倒性胜利并全面巩固，首府正气充盈、政治清明。

艰难方显勇毅，磨砺始得玉成。五年来，我们克服了外部复杂形势带来的不利影响，顶住了经济下行的压力，纾解了新旧动能转换的阵痛，啃下了脱贫攻坚的“硬骨头”，经受了新冠肺炎疫情防控的大考，守住了不发生重大风险的底线，解决了一批难事，办好了一批实事，干成了一批大事。过去的五年，是南宁全面从严治党，政治生态持续向好的重要时期；是加快转型升级，综合实力大幅跃升的重要时期；是强化创新引领，发展质量大幅提升的重要时期；是深化改革开放，内生动力大幅增强的重要时期；是推动绿色发展，宜居水平大幅提高的重要时期；是坚持为民惠民，民生福祉大幅增进的重要时期。之所以能够取得这样的辉煌成就，归根到底，在于有习近平新时代中国特色社会主义思想的科学指引，在于有习近平总书记的关心关怀和精准指导，这是我们战胜前进道路上一切艰难险阻、一切风险挑战的信心所在、勇气所在、底气所在。

优异成绩来之不易，这是党中央和自治区党委坚强领导的结果，是历届班子打下坚实基础和老同志关心支持的结果，是全市广大党员干部群众共同奋斗的结果，也离不开驻邕单位、解放军和武警部队官兵的大力支持，离不开各民主党派、工商联、无党派人士和海内外各界人士的积极参与。在此，我谨代表中共南宁市委，向所有为南宁改革发展稳定作出贡献的同志们、朋友们，表示衷心的感谢并致以崇高的敬意！

五年奋斗之路，我们深刻体会到，办好南宁的事情、开创美好未来，关键在于做到“五个必须”：

一是必须加强党的领导，坚定正确政治方向。这五年，我们坚决贯彻党中央和自治区党委的决策部署，坚持党对一切工作的领导，充分发挥各级党委把方向、管大局、作决策、保落实的作用，持续增强基层党组织的创造力、凝聚力、战斗力，引领各项工作始终沿着正确方向前进，取得了经济社会发展的巨大成就。实践告诉我们，只要坚持把党的全面领导贯穿于改革发展稳定全过程各方面，就一定能战胜一切艰难险阻，不断从胜利走向新的胜利。

二是必须保持战略定力，一张蓝图干到底。这五年，我们把历届班子正确、有效的决策和举措坚持下来，围绕建设“四个城市”的奋斗目标，把发展的方向、工作的重点和主观的努力有机结合起来，从“六个如何”思路到“六个着力”举措、“六大升级”工程，再到全面落实强首府战略，既一以贯之又与时俱进，一茬接着一茬干，积跬步而成就千里之功。实践告诉我们，只要保持战略定力和历史耐心，拿出“功成不必在我”的精神境界和“功成必定有我”的历史担当，持续发力、久久为功，就一定能把宏伟蓝图变成美好现实。

三是必须遵循发展规律，创造发挥比较优势。这五年，我们准确把握南宁所处的历史方位和阶段性特征，认清形势、明辨大势、把握趋势，自觉遵循客观规律，坚持系统观念、辩证思维、开放心态，充分发挥南宁的区位、生态、政策、资源等优势，作出一系列契合中央精神、符合自治区要求、顺应群众期盼的决策部署，在区域竞争中抢占先机，牢牢把握发展主动权。实践告诉我们，只要坚持按客观规律办事，前瞻谋划、科学决策、精准发力，就一定能创造更多比较优势，加快推动南宁高质量发展。

四是必须坚持人民至上，情系人民造福于民。这五年，我们自觉践行以人民为中心的发展思想，始终同人民想在一起、干在一起，风雨同舟、同甘共苦，把有限的资源最大限度向民生领域倾斜，坚持治水、建城、为民，用心用情用力解决好群众“急难愁盼”问题，做到发展为了人民、发展依靠人民、发展成果由人民共享，首府群众的获得感幸福感安全感大幅提升。实践告诉我们，只要始终把人民放在心中最高位置，真正把实事办好、把好事办实、办到群众心坎上，就一定能得到全市人民的拥护和支持，汇聚起推动首府加快发展的强大力量。

五是必须强化责任担当，真抓实干善作善成。这五年，我们坚持以实绩论英雄、凭实绩用干部，树立起“四个一线”选人用人的鲜明导向，明确定人员、定职责、定时间、定进度的“四定”工作要求，坚持严管厚爱结合、激励约束并重，引导干部队伍保持永不懈怠的精神状态和一往无前的奋斗姿态，以钉钉子精神推动各项工作落细落实、终端见效，做到了守土有责、守土担责、守土尽责。实践告诉我们，只要立起“风向标”、用好“指挥棒”，压紧压实责任，持续“跟上、盯住、办好”，有效激发干部队伍干事创业的动力活力，就一定能推动首府各项事业迎难而上、破浪前行。

五年的经验启示弥足珍贵，我们必须倍加珍惜，继续坚持并不断丰富和发展。与此同时，我们也要深刻认识到，新征程上还面临不少问题和困难，如大城市带大农村的局面还没有根本改变，重点领域关键环节改革任务仍然艰巨，创新支撑产业高质量发展的动能不够强劲，民生保障仍然存在短板弱项，少数党员干部勇于担当的精气神有待提振，等等。对此，我们必须始终保持清醒头脑，采取更加精准有力的措施切实加以解决。

二、牢记嘱托、感恩奋进，坚定不移沿着习近平总书记指引的方向阔步前行

伟大时代始终离不开伟大思想的引领。习近平新时代中国特色社会主义思想在新时代伟大斗争中锻造形成，又在新时代伟大实践中彰显出更强大、更有说服力的真理力量，为我们做好一切工作提供了思想武器、根本遵循。我们要全面、系统、准确领会，坚持用以武装头脑、指导实践、推动工作，确保首府高质量发展始终沿着正确的方向前进。

（一）学深悟透习近平新时代中国特色社会主义思想，不断增强践行“两个维护”的思想自觉政治自觉行动自觉。

习近平新时代中国特色社会主义思想，是对马克思列宁主义、毛泽东思想、邓小平理论、“三个代表”重要思想、科学发展观的继承和发展，是当代中国马克思主义、21世纪马克思主义，是党和人民实践经验和集体智慧的结晶，是中国特色社会主义理论体系的重要组成部分，是全党全国人民为实现中华民族伟大复兴而奋斗的行动指南。这一思想集中反映了当代中国共产党人的政治品格、价值追求、精神风范，以其深刻的理论性、实践性和鲜明的战略性、前瞻性，引领中华民族伟大复兴事业行稳致远。党的十八大以来，我们党团结带领全国各族人民砥砺奋进，解决了许多长期想解决而没有解决的难题，办成了许多过去想办而没有办成的大事，推动党和国家事业取得历史性成就、发生历史性变革，实现中华民族伟大复兴进入了不可逆转的历史进程，根本在于有习近平新时代中国特色社会主义思想的科学指引，有习近平总书记的领航掌舵，有以习近平同志为核心的党中央的坚强领导。走好新时代长征路，我们必须毫不动摇坚持把习近平新时代中国特色社会主义思想作为强大武器，更加坚定地做到“两个维护”，始终保持政治定力、战略定力，凝心聚力、攻坚克难，全力以赴推动南宁高质量发展迈上新台阶。

（二）深刻领会习近平总书记“七一”重要讲话精神，从党的百年光辉历程中汲取奋进新征程的智慧和力量。

习近平总书记在庆祝中国共产党成立100周年大会上的重要讲话，站在时代发展和战略全局的高度，深情回顾了100年来我们党团结带领中国人民不懈奋斗的波澜壮阔历程，深刻阐述了我们党百年奋斗取得的辉煌成就，精辟概括了伟大建党精神，鲜明提出了以史为鉴、开创未来的“九个必须”经验总结和根本要求，展望中华民族伟大复兴的光明前景，擘画了赓续红色血脉、引领复兴航程的宏伟蓝图，并向全体党员发出了伟大号召。习近平总书记“七一”重要讲话，是习近平新时代中国特色社会主义思想的重要组成部分，是指引我们党奋力推进中国特色社会主义伟大事业的纲领性文献。我们要深入学习贯彻习近平总书记“七一”重要讲话精神，深刻领会党团结带领人民不懈奋斗的光辉历程和伟大成就，不断汲取继续前进的精神滋养，深刻领会伟大建党精神的丰富内涵和时代价值，继续弘扬光荣传统、赓续红色血脉，深刻领会“九个必须”的根本要求，始终坚持以史为鉴、开创未来的正确方向，深刻领会习近平总书记发出的伟大号召，深入贯彻落实党中央、自治区党委的决策部署，准确把握南宁在新征程中的历史方位、时代特征、前进方向，大力弘扬伟大建党精神，全面落实强首府战略，努力向历史和人民交出合格的南宁答卷。

（三）准确把握习近平总书记对广西工作系列重要指示精神，自觉把习近平总书记的殷切期望转化为奋勇前行的磅礴伟力。

习近平总书记始终牵挂、支持广西工作，多次为广西发展把脉定向、精准指导。2010年5月，作为党和国家领导人的习近平同志第一次来到广西考察调研，强调要全面提高广西经济发展水平、切实加强革命老区建设、进一步加强和改进新形势下党的建设。2012年9月，莅临南宁出席第9届中国—东盟博览会、中国—东盟商务与投资峰会，要求广西把博览会和峰会进一步办出特色、办出水平、办出实效。2015年3月，习近平总书记参加全国人大广西代表团审议，赋予广西发展“三大定位”新使命。2017年4月，习近平总书记视察广西，提出“五个扎实”新要求。2018年12月，习近平总书记在自治区成立60周年之际，作出“建设壮美广西共圆复兴梦想”的重要题词。2020年11月，习近平总书记在第17届中国—东盟博览会、中国—东盟商务与投资峰会开幕式上发表重要视频致辞，向全世界释放了把东盟作为中国周边外交优先发展方向的强烈信号，进一步凸显了广西在服务构建新发展格局中的重要战略地位和独特作用。2021年4月，习近平总书记再次视察广西，提出“建设新时代中国特色社会主义壮美广西”总目标、“四个新”总要求和四个方面重要工作要求。

习近平总书记对广西作出的一系列重要指示精神，既一脉相承、与时俱进，又相互联系、有机统一。特别是习近平总书记提出的“建设新时代中国特色社会主义壮美广西”总目标，把广西发展与“新时代中国特色社会主义”紧密联系起来，为“壮美广西”注入了新的时代内涵，为新时代广西发展确标定向、擘画蓝图，是广西发展的总遵循、总纲领、总指针。我们要深刻认识总目标是习近平总书记着眼实现中华民族伟大复兴中国梦赋予广西的新使命，“四个新”总要求是为广西量身定制的发展路径，四个方面重要工作要求是对广西贯彻落实中央决策部署的具体要求，自觉把习近平总书记的关心关怀转化为推动发展、造福人民的责任担当，主动把首府工作放到全国全区大局中思考谋划，加快发展、转型升级、全面提质，为建设新时代中国特色社会主义壮美广西作出南宁新的更大贡献。

（四）始终牢记习近平总书记对南宁的殷殷嘱托，以实干实绩实效回报习近平总书记的关怀厚爱。

习近平总书记一直关注、关心南宁的发展，多次到南宁视察指导并作出重要指示，对南宁发展寄予厚望。2017年4月，习近平总书记在南南铝加工公司视察时，赞扬南宁企业勇于创新，实现了“鸟枪换炮”，指出必须发展实体经济，不断推进工业现代化、提高制造业水平，不能脱实向虚，强调国有企业要做落实新发展理念的排头兵、做创新驱动发展的排头兵、做实施国家重大战略的排头兵。在那考河，习近平总书记指出广西生态优势金不换，强调生态文明建设是党的十八大明确提出的“五位一体”建设的重要一项，不仅秉承了天人合一、顺应自然的中华优秀传统文化理念，也是国家现代化建设的需要。在南宁·中关村创新示范基地，习近平总书记强调，构建富有吸引力的创新生态系统，让适宜的种子在适宜的环境中开花结果。时隔四年，2021年4月，习近平总书记再次深入南宁视察，其间对南宁工作特别是对南宁市实现邕江水质年均值“二类水入城二类水出城”给予充分肯定。这些都让首府干部群众深切感受到了习近平总书记高瞻远瞩、总揽全局的领袖风范，心系国家、情系人民的人格魅力，以身许党、以身许国的历史担当。习近平总书记的重要指示和殷殷嘱托，让全市广大党员干部群众倍感温暖、倍受鼓舞、倍增动力。

近年来，全市广大党员干部群众牢记嘱托、感恩奋进，推动习近平总书记的重要指示精神在南宁落地生根、开花结果。我们加快发展实体经济，深入推进国企改革，南南铝实现战略重组，高端铝加工产品广泛应用到航空航天、轨道交通等重点领域。全面加强生态文明建设，复制推广那考河治理模式，良好生态环境成为人民生活质量的增长点、成为展现美丽形象的发力点。加快构建创新生态系统，推动南宁·中关村由“一基地”拓展为“一基地、一园区、一中心、一飞地”，辐射带动作用和溢出效应不断显现，成为发达地区与后发展少数民族地区高位对接、协同发展、合作共赢的成功示范。在新的征程上，我们要牢记习近平总书记嘱托，胸怀“两个大局”，心系“国之大者”，坚持系统观念，紧紧围绕强首府战略目标要求，突出资源要素集聚、开放平台提升、营商环境优化、城乡融合发展四个关键支撑，持续推动“强工业、强创新、强金融、强枢纽、强开放、强治理”6个重点举措，知责于心、担责于身、履责于行，以抓铁有痕的力度狠抓工作落实，加快推动南宁高质量发展，以优异成绩回报习近平总书记的厚望和重托。

三、锐意进取、勇担使命，奋力谱写新时代壮乡首府经济社会发展绚丽篇章

南宁作为壮乡首府、祖国南疆重地、中国—东盟博览会永久举办地，在服务国家战略、引领区域发展、维护民族团结中地位特殊、作用明显、责任重大。要在未来五年的激烈竞争中抢占先机、争先进位，必须科学研判面临的形势，准确把握南宁发展的历史方位和阶段性特征。

放眼国际，当今世界正经历百年未有之大变局，新冠肺炎疫情全球大流行使这个大变局加速演进，世界经济脆弱复苏、进入动荡变革期；同时我们更应看到，世界新一轮科技革命和产业变革深入发展，和平与发展仍然是时代主题，我国与东盟互为第一大贸易伙伴，《区域全面经济伙伴关系协定》（RCEP）即将生效实施，为我们持续扩大开放合作拓展了空间。纵观国内，发展不平衡不充分问题仍然突出；同时我们更应看到，我国经济长期向好，发展韧性强劲，国家实施一系列促进发展的有力举措，自治区深入实施强首府战略，为我们推动高质量发展提供了重大历史机遇。立足南宁，南宁市仍处在转型升级、爬坡过坎的关键时期，面临的区域竞争日趋激烈；同时我们更应看到，中国（广西）自由贸易试验区南宁片区、南宁临空经济示范区等一批国家级重大开放平台加快建设，南宁处于国内大循环和中国—东盟国际双循环交会点的区位优势更为凸显。近年来南宁市经济发展实现总量、质量双提升，综合实力显著增强。总的来看，今日之南宁，发展舞台之广阔前所未有、发展机遇之难得前所未有、发展基础之坚实前所未有。我们要站在接续“两个百年”、统筹“两个大局”的战略高度，科学研判“时”与“势”，辩证把握“危”与“机”，切实增强推动高质量发展的责任感、使命感和紧迫感，保持战略定力，把握发展规律，以更大力度推动质量变革、效率变革、动力变革，以高质量发展赢得优势、赢得主动、赢得未来。

未来五年，是我国乘势而上开启全面建设社会主义现代化国家新征程、向第二个百年奋斗目标进军的第一个五年，是广西开启建设新时代中国特色社会主义壮美广西新征程的重要时期，也是南宁市全面落实强首府战略的关键时期。我们必须高举中国特色社会主义伟大旗帜，坚持以习近平新时代中国特色社会主义思想为指导，全面贯彻党的十九大和十九届二中、三中、四中、五中全会精神，统筹推进“五位一体”总体布局，协调推进“四个全面”战略布局，深入贯彻习近平总书记“七一”重要讲话和对广西工作系列重要指示精神，紧紧围绕建设新时代中国特色社会主义壮美广西总目标，弘扬伟大建党精神，坚持稳中求进工作总基调，以推动高质量发展为主题，以深化供给侧结构性改革为主线，以改革创新为根本动力，以满足人民日益增长的美好生活需要为根本目的，统筹发展和安全，准确把握新发展阶段、抢抓用好新发展机遇、深入贯彻新发展理念、加快融入新发展格局，全面落实强首府战略，大力推进产业发展、改革创新、南宁渠道、乡村振兴、中国绿城、民生保障“六个全面提质”，加快打造引领全区高质量发展的核心增长极，推动党的建设和各项事业发展再上新台阶，勇当贯彻4个方面重要工作要求的先行者，勇当落实“四个新”总要求的领头雁，勇当建设新时代中国特色社会主义壮美广西的排头兵，奋力在全国发展大局中实现赶超跨越，为全面建成社会主义现代化强国作出南宁贡献。

未来五年，全市工作的奋斗目标是：综合实力显著增强，城市功能更加完善，生态环境质量持续改善，城市集聚力、承载力和辐射力不断增强，面向东盟开放合作的区域性国际大都市、“一带一路”有机衔接的重要门户枢纽城市、北部湾城市群与粤港澳大湾区融合发展的核心城市、具有浓郁壮乡特色和亚热带风情的生态宜居城市建设迈出坚实步伐。

——经济发展实现新跨越。现代化经济体系建设取得重大进展，产业链现代化水平不断提高，工业支撑作用明显增强，区域性高技术产业和先进制造业基地初具规模，现代服务业高端化发展，现代特色农业全面增效，经济增长速度高于全国、全区平均水平，经济首位度持续提高，综合经济实力在全国城市中实现进位跃升。

——改革创新激发新活力。重点领域和关键环节改革取得新突破，要素市场化配置改革和一流营商环境建设取得重大进展，市场主体更加活跃，科技创新体制机制进一步完善，创新要素加速集聚，打造成为充满创造活力的创新型城市。

——“南宁渠道”拓展新空间。服务国家周边外交的地位作用更加凸显，对外开放平台辐射带动能力显著增强，对外开放合作水平全面提升，开放型经济发展迈上更高层次，在全区全方位开放发展中的引领带动作用充分发挥。

——乡村振兴绘就新画卷。脱贫攻坚成果巩固拓展，城乡居民收入差距持续缩小，农村生态环境显著改善，乡风文明达到新高度，乡村发展活力充分激发，农业农村现代化取得重要进展，成为广西乃至全国乡村振兴的示范。

——绿城品质彰显新魅力。国土空间开发保护格局不断优化，生产生活方式更加绿色低碳，生态环境质量持续走在全国城市前列，“中国绿城”品牌进一步擦亮，文化软实力大幅提升，社会文明程度显著提高，成为生态宜居城市典范。

——民生福祉达到新水平。居民收入增长与经济增长基本同步，基本公共服务均等化水平大幅提升，全覆盖、可持续社会保障体系更加完善，社会治理和安全保障水平明显提高，全国民族团结进步示范创建成果持续巩固，人民生活更加幸福，共同富裕基础更加坚实。

过往可鉴，当下可为，未来可期。面对新形势新任务新挑战，全市广大党员干部既要有处变不惊的平常心，也要有只争朝夕的紧迫感，更要有务实作为的真担当，坚持把发展的方向、工作的重点和主观的努力有机结合起来，准确识变、科学应变、主动求变，充分创造和发挥比较优势，凝心聚力谱写首府南宁高质量发展新篇章！

四、锚定目标、精准施策，大力实施“六个全面提质”推动高质量发展闯出新路

未来五年，我们要全面落实强首府战略，着力实施“六个全面提质”，持续增强城市发展能级，在引领全区高质量发展中发挥好龙头带动作用。

（一）推进产业发展全面提质，在构建现代产业体系上迈出更快步伐。

始终把发展经济着力点放在实体经济上，坚持“强二扬三优一”，持续做好产业发展、园区建设、企业培育三篇文章，大力提升首府经济质量效益和核心竞争力，奋力跑出产业发展“加速度”。

大力推动工业振兴。深入实施工业强市战略，围绕强龙头、补链条、聚集群和强创新、育品牌、拓市场，壮大“工业树”、繁茂“产业林”，加快构建现代工业产业体系，积极培育打造2个千亿产业、1个千亿园区、2个500亿园区、一批百亿企业。加快发展壮大电子信息、先进装备制造、生物医药等重点产业集群，支持新能源汽车、集成电路封装测试和智能终端核心零部件等产业集群集聚发展，推动铝加工、食品、化工、林木加工等传统优势产业向高端化、精细化、绿色化发展。进一步强化园区作为工业发展“主战场”作用，将国家级开发区打造成为主导产业鲜明、创新体系完备的产业发展新高地，推

动县（市、区）工业园区差异化、特色化发展。加快扶持企业发展壮大，做大做强一批龙头企业，培育一批“专精特新”小巨人企业，形成大企业顶天立地、中小企业铺天盖地的生动局面。

加快发展现代服务业。坚持扩规模、提质量，强优势、树品牌，加快构建区域性现代服务业中心。推动生产性服务业向专业化高端化发展，大力发展现代金融、现代物流、会展经济、科技服务等，促进现代服务业与先进制造业深度融合。推动生活性服务业向品质化多样化升级，加快培育康养、托育、文旅等产业，大力发展线上消费、体验消费、共享消费等新业态。用好自贸试验区政策，加快发展跨境电商、平台经济、总部经济。推动数字产业化和产业数字化，深度参与面向东盟的“数字丝绸之路”建设，打造区域性数字经济高地。

着力拓展产业发展新空间。坚持产城融合发展，向东高水平规划建设以伶俐、六景、峦城为中心的东部产业新城，打造蒲庙—伶俐—六景—黎塘先进制造产业带；向南加快规划建设南宁临空经济示范区、中国—东盟科技城、南宁现代工业产业园。进一步拓展工业发展空间，实现工业用地占全市城镇建设用地比例达到20%以上。

积极扩大有效投资。坚持扩大产业投资，特别是把工业投资放在第一位，加快企业设备更新和技术改造，扩大高端装备制造、新材料、新能源等战略性新兴产业投资。保持基础设施投资强度，以“五网”建设为重点，加快推动新型城镇化、新基建等重点项目建设，持续加大民生领域基础设施补短板投入。发挥政府投资撬动作用，激发民间投资活力，形成市场主导的投资内生增长机制。

（二）推进改革创新全面提质，在激发发展动力活力上取得更大突破。

始终坚持改革方向、坚持实事求是、坚持高标准和以发展成效检验改革成果，加强改革系统集成，推动改革再深入、创新再提速，充分释放经济社会发展的巨大潜力。

深化重点领域和关键环节改革。加快国资国企改革，推动市属集团的战略性重组和市场化整合，引导国有资本投向民生领域、优势产业和战略性新兴产业。深化投融资体制改革，积极构建政府资产证券化、政府投资基金、国有资本投资公司、国有资本运营公司等多元化投融资体制和资本运作机制。推动开发区管理体制机制改革，进一步激发开发区发展活力。统筹推进对外开放、科技创新、社会民生等重点领域改革，形成更多可复制可推广的“南宁经验”。

推动资源要素高效配置。坚持要素跟着项目走，促进优质资源要素向重点区域、优势产业集聚。推进土地要素市场化配置，重点保障重大产业项目建设用地需求。畅通劳动力社会性流动渠道，健全统一规范的人力资源市场体系，壮大新时期产业工人队伍。加大金融支持实体经济力度，通过政府投资基金等方式，撬动更多金融资本、民间资本、社会资本投向重大项目、重点产业、重点园区。加快发展技术要素市场，推动知识产权市场化运营。加快培育发展数据要素市场，推动构建数据确权、开放、流通、交易机制。

推进高水平科技创新。坚持前端聚焦、中间协同、后端转化，推动以科技创新为核心的全面创新。聚焦重点产业和新兴产业，支持人工智能、新能源汽车关键零部件、高端铝合金等领域技术攻关与产品研发。强化企业创新主体地位，加大科技研发投入，形成多元研发投入合力。加快南宁·中关村升级发展，引进培育新型产业技术研究机构等创新平台，打造区域协同创新高地。推动企业与高校、科研院所加强“产学研”合作，加快建设大学科技产业园和一批科技成果转化服务平台，全面提升科技成果转移转化水平。

打造国内一流营商环境。聚焦市场主体关切，持续打造市场化法治化国际化营商环境，迈进全国营商环境第一方阵。深化“放管服”改革，加快政府职能转变，实施政务服务流程再造，以政府权力的“减法”换取市场活力的“加法”，全面提升企业全生命周期服务水平，最大限度降低企业经营成本。建立健全以信用为基础的新型监管机制，实施新业态触发式监管和包容审慎监管，营造公平竞争的市场环境。强化安商稳商，构建亲清政商关系。

（三）推进“南宁渠道”全面提质，在服务融入新发展格局上展现更大作为。

深入学习贯彻习近平外交思想，强化开放引领，积极服务和融入新发展格局，在服务国家周边外交中充分发挥“南宁渠道”作用，加快打造成为国内国际双循环重要节点枢纽城市。

提升互联互通水平。以推进“交通强区”试点为契机，积极参与西部陆海新通道建设，打造区域性综合交通枢纽。加快贵阳至南宁高铁、南宁至玉林（深圳）高铁和南宁至湛江高速公路等重大陆路交通项目建设，形成“米”字形铁路网和通达出省出海的高速公路大通道。推动南宁吴圩国际机场改造提升，建成空港综合交通枢纽、第二跑道等项目，拓展覆盖东盟、直达欧美的航线，打造面向东盟的国际客货运枢纽。推动平陆运河等项目建设，加快形成通江达海、高效便捷的水运体系。加快建设国家物流枢纽，推动中新国际物流园、南宁国际铁路港等建设，搭建现代化多式联运网络，形成“通道+枢纽+网络”现代物流大格局。

做实开放合作平台。积极参与建设更为紧密的中国—东盟命运共同体，进一步服务好中国—东盟博览会、中国—东盟商务与投资峰会，推动从服务“10+1”向服务《区域全面经济伙伴关系协定》（RCEP）和“一带一路”拓展。加快中国（广西）自由贸易试验区南宁片区创新发展，打造成为引领中国—东盟开放合作的自由贸易试验园区。深入实施“123456”金融工程，高水平建设中国—东盟金融城，推动以人民币面向东盟跨区域使用为重点的金融创新，建成面向东盟的金融开放门户南宁核心区。高起点建设南宁临空经济示范区，加快培育临空产业集群，打造全国临空经济创新发展先导区。推进中国—东盟信息港南宁核心基地、南宁综合保税区等平台协同发展。

深化区域交流合作。积极参与东盟国家、长江经济带、粤港澳大湾区产业分工，规划建设国家加工贸易产业园，助推西部陆海新通道（广西）产业带建设，推动构建“大湾区—南宁—东盟”“欧盟—川渝—南宁—东盟”等跨境产业链供应链价值链，把南宁打造成为中国企业走向东盟市场和东盟企业进入中国大陆的产业投资聚集地、贸易往来结算地、科技创新支撑地、生活服务保障地。加强与东盟及“一带一路”沿线国家和地区文化、教育、旅游、医疗等各方面交流合作，打造中国—东盟人文交流合作示范区。高标准建设南宁都市圈，强化与北钦防深度联动，发展向海经济，规划建设平陆运河临港产业园，推动建设平陆运河经济带。

建设区域性国际消费中心城市。聚焦东盟市场，大力发展跨境电商，培育东盟进口产品直销市场，打造东盟产品集散地，建设东盟进口商品集散中心、交易中心和配送中心。培育时尚消费、定制消费等高端消费业态，发展首店经济、首发经济、品牌经济，建设具有较强国际影响力的新型消费商圈，打响“南宁购物”品牌，打造东盟消费者旅游购物重要目的地。加快建设区域性国际旅游中心城市，积极创建国家文化和旅游消费示范城市，培育文化旅游特色品牌。

（四）推进乡村振兴全面提质，在加快农业农村现代化上彰显更多特色。

按照“产业兴旺、生态宜居、乡风文明、治理有效、生活富裕”总要求，大力弘扬伟大脱贫攻坚精神，优先发展农业农村，全面推进乡村振兴，促进农业高质高效、乡村宜居宜业、农民富裕富足。

实现巩固拓展脱贫攻坚成果同乡村振兴有效衔接。严格落实“四个不摘”要求，持续加强防止返贫动态监测和帮扶，落实和完善兜底性政策，牢牢守住不发生规模性返贫底线。持续发展壮大脱贫地区特色产业，促进脱贫人口稳岗就业。落实易地扶贫搬迁后续扶持“十个强化”措施，确保搬迁群众稳得住、有就业、逐步能致富。加大乡村振兴重点帮扶县、乡镇、村的支持力度。用好粤桂协作机制，扎实开展深邕结对帮扶协作工作。

加快推动乡村产业振兴。切实扛稳粮食安全政治责任，落实最严格的耕地保护制度，稳步提升粮食综合生产能力。做优现代特色农业，打造粮食、果蔬、生猪等一批百亿产业。实施品牌提升行动，强化“三品一标”认证，持续提升南宁火龙果、横县茉莉花、武鸣沃柑、上林大米、宾阳古辣香米等一批“邕系”品牌影响力和竞争力。聚焦“三区三园一体”，推动现代特色农业园区提档升级。实施新型农业经营主体倍增计划，加快构建新型农业经营体系。促进农村一二三产深度融合，推动茉莉花（茶）、蔗糖等产品加工高端化发展，培育壮大乡村旅游、农村电商等乡村经济，建设一批农业产业强镇强村。强化科技兴农，大力发展现代种业，建设智慧农业。

大力实施乡村建设行动。优化县域城镇和村庄功能布局，着力推动“三师”下乡，提高村镇规划建设管理水平。深入实施乡村环境综合整治和风貌提升行动，高标准开展“三清三拆”，扎实推进农村厕所革命和污水治理，强化农房管控，保护好传统特色村落和乡村特色风貌。持续改善乡村生产生活条件，加强水利设施建设，开展新一轮农村水、电、路、气、通信、物流等基础设施建设行动，推进县乡村公共服务一体化。

积极培育文明乡风。大力弘扬时代新风，深入开展农村精神文明建设。实施文化惠民工程，推进农村移风易俗，传承发展优秀农耕文化，推动形成文明乡风、良好家风、淳朴民风。创新乡村治理方式，深入推进平安乡村建设，加快构建治理有效、充满活力、和谐有序的乡村社会。

持续深化农业农村改革。扎实推进城乡融合发展、乡村振兴等改革集成试点。完善农村承包地“三权分置”制度，规范承包地经营权流转管理，发展适度规模经营。稳慎推进农村宅基地改革，加强农村宅基地管理。稳步推进农村集体经营性建设用地入市，完善盘活农村存量建设用地政策。深化农村集体产权制度改革，促进农村集体产权入市交易经营。持续推动农村金融改革，全面提升金融服务乡村振兴的能力和水平。

（五）推进“中国绿城”全面提质，在建设生态宜居城市上形成更强优势。

坚持人民城市人民建、人民城市为人民，坚持治水建城为民，全面提升城市功能品质，让“中国绿城”享誉世界。

打造南宁大都市区。重点向东、向南拓展城市发展空间，构建主城区、副城新城、节点区域和特色生态环一体的大都市区格局。优化提升主城区，强化商务、金融、国际交往等功能，适度引导人口、产业功能由老城区向新区疏解。高品质建设五象新区，推进产城深度融合发展，积极争创国家级新区。加快规划建设武鸣副城区、东部产业新城、临空经济示范区空港新城和南部科创新城4个副城新城。

提高城市承载能力。加快轨道交通建设，构建“四横三纵两通”的轨道交通网络。推进市域一级公路环线建设，提升县域、园区间交通联系便捷度和运量能级。搭建主城区“六纵六横”快速路骨架，推动主干路、城市立交及跨江桥梁建设，加强高速路与城市道路联通，构建无缝衔接的多层次公共交通系统。完善智能电网、天然气储气工程等公共设施，提升市政基础设施现代化水平。强化应对极端气象灾害能力建设，完善地铁等地下空间防洪排涝工程设施。推进智慧城市建设，创建面向东盟的新型智慧城市标杆。

加快推进以人为核心的新型城镇化。提高农业转移人口市民化质量，建立健全城镇教育、医疗卫生等基本公共服务与常住人口挂钩机制，依法保障进城落户农民的农村土地承包权、宅基地使用权、集体收益分配权。实施城市更新行动，积极推进城市老旧小区、城中村改造，加快建设现代社区，打造“15分钟便民生活圈”。坚持房住不炒，完善住房供应体系，培育发展租赁住房市场，加快建设保障性租赁住房，保持房地产市场健康平稳发展。大力发展县域经济，积极培育经济强县（市、区）。推进以县城为重要载体的城镇化建设，发挥小城镇连接城市、服务农村作用，提高城镇产业、人口集聚能力。

巩固提升生态环境优势。坚持山水林田湖草系统治理，严格落实“三线一单”生态环境分区管控要求，深入打好污染防治攻坚战，让南宁青山常在、清水长流、空气常新。深化大气污染治理，严格管控扬尘污染、秸秆露天焚烧等面源污染，提升“南宁蓝”品质。深入推进美丽幸福河湖建设，严格落实河湖长制，巩固提升邕江综合整治和开发利用成果，推动黑臭水体治理常态长效。加强土壤污染综合防治，推进化肥、农药减量化，有效管控土壤环境风险。全面推行垃圾分类制度，完善城乡生活垃圾分类处理系统。打造一体化城市生态景观，推进“公园城市”建设，创建国际花园城市。

以碳达峰碳中和推动绿色转型。科学制订碳达峰碳中和时间表、路线图，严格落实能耗“双控”目标，协同推进经济高质量发展和生态环境高水平保护。加快推进煤炭清洁高效利用，积极发展风电、光伏发电为主的非化石能源，推动能源结构优化调整。推行绿色低碳生产方式，着力推进高耗能行业节能改造，坚决遏制“两高”项目盲目发展，培育壮大绿色产业和循环经济。倡导绿色生活方式，鼓励绿色消费，大力发展绿色建筑，积极创建绿色出行示范城市。

（六）推进民生保障全面提质，在提升人民生活品质上达到更高水平。

牢记让人民生活幸福是“国之大者”，践行以人民为中心的发展思想，不断提高人民生活品质，让人民群众获得感成色更足、幸福感更可持续、安全感更有保障。

建设高质量社会保障体系。强化就业优先政策，完善高校毕业生、退役军人、农民工和城镇困难人员等重点群体多渠道就业创业支持体系，促进更高质量和更充分就业。深入实施全民参保计划，加强社保、医保基金监管力度。改革完善社会救助制度，提升基层社会救助服务能力。保障妇女、未成年人合法权益和残疾人基本权益，健全退役军人工作体系和保障制度。

促进教育卫生优质均衡发展。坚持优先发展教育事业，推进学前教育普及普惠，加快缩小义务教育校际、城乡、区域差距，落实“双减”政策，促进普通高中教育多样化、特色化发展，深化职业教育产教融合，提升高等教育发展水平，高标准建设南宁教育园区，打造“品质教育、学在南宁”品牌，让每一个生活在南宁的孩子有学上、上好学。全面推进健康南宁建设，深化疾病预防控制体系改革，强化基层公共卫生体系，加强医联体、医共体建设，加快优质医疗资源扩容下沉和区域均衡布局，促进中医药壮瑶医药传承创新发展。落实国家优化生育政策，完善养老、托育服务体系，促进人口长期均衡发展。

推动文化体育繁荣发展。坚持以社会主义核心价值观引领文化建设，实施文明创建工程，建好用好“两中心一平台”，争创全国文明典范城市。传承弘扬中华优秀传统文化，挖掘、保护和利用区域历史文化资源，加强名镇名村街区及历史建筑的保护修缮，争创国家历史文化名城。全面繁荣新闻出版、广播影视、文学艺术、哲学社会科学、新型智库、档案等事业，打造一批具有民族和地方特色的文化艺术精品。持续办好南宁国际民歌艺术节、《春天的旋律》跨国春晚等活动，不断提升文化品牌影响力。加快建设体育强市，完善全民健身公共服务体系，广泛开展全民健身运动，服务办好第一届全国学生（青年）运动会，将南宁龙舟赛、南宁国际马拉松比赛等重要赛事打造成为全国一流、国际知名的品牌赛事。

打造社会治理现代化示范城市。全面贯彻总体国家安全观，统筹发展和安全，着力防范化解重大安全风险，深化反分裂、反渗透、反颠覆、反暴恐斗争，巩固发展民族团结，坚决维护社会稳定。统筹推进市域社会治理与基层社会治理现代化，推动服务下移、资源下沉，深化网格化服务管理，形成共建共治共享“大治理”格局。深化平安南宁、法治南宁建设，坚持和发展新时代“枫桥经验”，深入开展矛盾风险动态排查、防范化解，加强社会治安防控体系建设，严厉打击各类违法犯罪活动，推进扫黑除恶常态化。严格落实安全生产责任制，加强源头管理，完善应急体系，不断提升综合防灾减灾救灾能力。弘扬伟大抗疫精神，一刻不松抓好常态化疫情防控，持续做好“外防输入、内防反弹”工作，坚决捍卫来之不易的疫情防控成果。

五、毫不动摇、一以贯之，持之以恒推动首府全面从严治党不断向纵深发展

实现奋斗目标，关键在党。我们要始终把抓好党建作为最大政绩，认真贯彻落实新时代党的建设总要求和新时代党的组织路线，坚持和加强党的全面领导，为推动南宁高质量发展提供坚强政治保证。

（一）旗帜鲜明加强党的政治建设。加强和改进思想政治工作，坚持不懈强化理论武装，引导党员干部持续学懂弄通做实习近平新时代中国特色社会主义思想，不断提高政治判断力、政治领悟力、政治执行力，增强“四个意识”、坚定“四个自信”、做到“两个维护”。严明政治纪律和政治规矩，坚持“五个必须”，严查“七个有之”。严肃党内政治生活，着力增强党内政治生活的政治性、时代性、原则性、战斗性。深入开展党史学习教育，弘扬光荣传统、赓续红色血脉。

（二）坚定维护意识形态领域安全。牢牢掌握意识形态工作领导权，全面落实意识形态工作责任制，筑牢守稳各类意识形态阵地。把握正确方向导向，推动媒体深度融合发展，加强网络文明建设，巩固壮大主流思想舆论。坚决反对和抵制各种错误观点，有效防范化解意识形态领域重大风险。加强国际传播能力建设，深入开展人文交流，扩大国际“朋友圈”，培育对外交流文化品牌，讲好中国故事南宁篇章。

（三）着力打造堪当重任干部队伍。落实新时代好干部标准，健全干部素质培养、知事识人、选拔任用、从严管理、正向激励体系，建设让党放心、让群众有信心的领导班子和德才兼备的高素质干部队伍。加强思想淬炼、政治历练、实践锻炼、专业训练，深化和完善从项目建设、改革创新、乡村振兴、维护稳定“四个一线”选人用人机制，大力选拔忠诚干净担当的“猛将”“闯将”“干将”。改进推动高质量发展政绩考核，加强对干部的关心关爱，加大容错纠错和澄清正名力度，旗帜鲜明为实干者撑腰、为干事者鼓劲。实施更加积极、更加开放、更加有效的人才政策，建立健全“一把手抓人才第一资源”机制，围绕重点产业培养引进各方英才，优化人才发展环境。更加关心青年成长成才，让广大青年有更多机会、更大舞台。

（四）持续推动基层党建提质聚力。健全党组织书记抓基层党建工作机制，深化“先锋引领+”系列行动，完善上下贯通、执行有力的组织体系，全面增强各领域基层党组织政治功能和组织力。深入推进抓党建促乡村振兴，深化城市基层党建示范市建设，抓好新兴领域党建工作，提升党建引领发展效能。持续加强党支部标准化规范化建设，深入开展“织密红色经纬，建强壮乡首府”主题活动，筑牢全面过硬的战斗堡垒。

（五）一刻不停推进正风肃纪反腐。坚持严的主基调，持续深化“书记引航担使命”主题活动，健全全面从严治党责任体系和工作机制。更加突出政治监督，精准落实政治巡视巡察要求，健全完善监督体系，重点加强对一把手和领导班子的监督，推动各类监督贯通协同。扎实推进清廉建设，严格落实中央八项规定及其实施细则精神，大力纠“四风”树新风，力戒形式主义、官僚主义，一体推进不敢腐、不能腐、不想腐，全力维护首府风清气正的政治生态。

全面落实强首府战略、加快推动高质量发展，需要充分发挥党总揽全局、协调各方的领导核心作用，努力发展全过程人民民主，团结一切可以团结的力量、调动一切可以调动的积极因素。支持和保证人大及其常委会依法行使职权，扩大人民有序政治参与。坚持和完善中国共产党领导的多党合作和政治协商制度，推动协商民主广泛、多层、制度化发展。坚持大统战工作格局，巩固和发展最广泛的爱国统一战线，做好宗教、外事、港澳台侨等工作，谋求最大公约数、画出最大同心圆。发挥工会、共青团、妇联等人民团体和各类社会组织的桥梁纽带作用，把广大人民群众更紧密地团结在党的周围。抓好党管武装工作，深化全国双拥模范城创建成果，推进军民融合深度发展。铸牢中华民族共同体意识，持续提升民族团结进步示范市创建水平，凝聚起加快推动南宁高质量发展的强大力量。

真知在行，成事在干。习近平总书记的殷殷嘱托，党中央的关怀厚望，全面建设社会主义现代化国家的时代号角，激励召唤着我们以更加昂扬的精神状态走好新的赶考之路。全市党员干部要大力弘扬伟大建党精神，敢于斗争、善于斗争，逢山开道、遇水架桥，自觉践行“四为”理念，坚持定了就干、干就干成、干就干好，以钉钉子精神，把市委部署的各项工作抓细抓实、抓出成效，努力为党和人民争取更大光荣。

同志们！蓝图已绘就，奋进正当时。让我们更加紧密地团结在以习近平同志为核心的党中央周围，高举中国特色社会主义伟大旗帜，坚持以习近平新时代中国特色社会主义思想为指导，解放思想、改革创新、扩大开放、担当实干，永葆初心使命、忠诚履职尽责，真抓实干、善作善成、造福于民，全面落实强首府战略，加快打造引领全区高质量发展核心增长极，勇当贯彻四个方面重要工作要求的先行者，勇当落实“四个新”总要求的领头雁，勇当建设新时代中国特色社会主义壮美广西的排头兵，为全面建成社会主义现代化强国、实现中华民族伟大复兴中国梦作出南宁新的更大贡献。

南宁市人民代表大会常务委员会工作报告（摘要）

——2021年10月21日在南宁市第十五届人民代表大会第一次会议上

市人大常委会主任　冯学军

一、五年主要工作回顾

市十四届人大一次会议以来的五年，在市委坚强领导下，市人大常委会坚持以习近平新时代中国特色社会主义思想为指导，深入学习贯彻习近平法治思想、习近平总书记关于坚持和完善人民代表大会制度的重要思想、习近平总书记对广西工作一系列重要讲话、重要指示精神，牢记嘱托、感恩奋进，坚持党的领导、人民当家作主、依法治国有机统一，紧紧围绕市委提出的“六个如何”破题思路、“六个着力”工作举措、“六大升级”工程，全面落实强首府战略，依法行使职权，助发展、促善治，优服务、激活力，转作风、善作为，强创新、增实效，圆满完成各项工作任务，为南宁如期实现与全国同步全面建成小康社会作出了积极贡献。

——品牌建设勇于探索，“南宁经验”走向全国。贯彻落实全区、全市人大工作会议精神，积极创新、着力打造6个人大工作“南宁品牌”，带动工作整体水平全面提升。以“十个一”活动为主要抓手，在全市732个人大代表联络站与基层立法联系点全面开展深度融合标准化建设，站点五大功能得到充分发挥，成为践行全过程人民民主的生动案例，获得中共中央政治局常委、全国人大常委会委员长栗战书两次充分肯定。人大助力决战决胜脱贫攻坚“五大行动”、学习型机关建设等品牌经验获《中国人大》《人民代表报》《广西日报》等报刊专题宣传推介。全面推动地方性法规进入执法融入司法列入普法、人大助力预算绩效管理、“智慧南宁人大”建设等品牌取得阶段性成效。各地人大同行前来考察交流300多批次。

——立法工作突出特色，持续走在全区前列。坚持质量与效率并重，突出南宁特色，审议通过地方性法规20件，开展立法调研52项、立法评估8次、法规专项清理5次，打包修改地方性法规16件，废止5件，五年立法规划全面完成，立法数量稳居全区各市首位，首府南宁治理体系和治理能力现代化的法治支撑更加牢固。2021年4月，中共中央政治局委员、全国人大常委会副委员长王晨在南宁调研检查时，对南宁市立法工作予以充分肯定。

——监督工作精准有力，监督效能充分展现。聚焦全市改革发展稳定大局，找准监督切入点，听取审议“一府一委两院”专项工作报告86个，组织执法检查20项，开展专题询问5次、专项工作评议6次、重点专题调研34次，备案审查规范性文件198件，做到在监督中支持、在支持中监督，推动一批社会关注的热点难点问题有效解决，促进“一府一委两院”依法履职、改进工作。

——决定和任免规范有序，党委部署全面落实。认真贯彻落实党中央、自治区党委和市委决策部署，坚持议大事、决大事，依法作出决议决定127项，通过法定程序将党委的决策部署变成全市各族人民的共同意志。坚持党管干部与人大依法任免相统一，严格做好人事任免工作，任免国家工作人员479人次。宪法宣誓仪式、任前法律知识考试、颁发任命书、任职表态发言实现制度化、常态化。

——代表活动有声有色，履职热情空前高涨。以尊重代表主体地位、服务代表依法履职为重点，健全工作机制、创新履职平台、优化服务措施，持续激发代表履职动力。五年来，代表进站点接待、服务群众50.4万人次，提出议案建议1114件，参与人大、“一府一委两院”活动5000多人次，8个专业代表小组、33个代表小组开展服务群众活动1200多次，代表察民情、聚民智的作用充分发挥。

五年来，我们重点抓好以下五个方面工作：

（一）提高政治站位，学习贯彻习近平新时代中国特色社会主义思想走深走实。

强化政治机关意识，始终把政治建设摆在首位，增强“四个意识”、坚定“四个自信”、做到“两个维护”，不断提高政治判断力、政治领悟力、政治执行力。

强化理论武装夯实思想根基。政治上的坚定来源于理论上的清醒。我们坚持把学习贯彻习近平新时代中国特色社会主义思想作为首要政治任务，认真学习贯彻习近平总书记在庆祝中国共产党成立100周年大会上的重要讲话精神，反复深入学习习近平总书记对广西工作一系列重要讲话、重要指示精神，把职责摆进去、把工作摆进去，确保人大工作始终沿着正确方向前进。将学习党的创新理论作为常委会党组会议和理论学习中心组学习的第一议题、“三会一课”的长期主题、人大代表和人大干部培训的第一课程，不断以“系统学”“跟进学”强化“听党话”“跟党走”，让党的创新理论在头脑中扎根、在思想深处铸魂，切实做到学思用贯通、知信行统一。

牢记殷殷嘱托持续奋发作为。把习近平总书记提出的“三大定位”新使命和“五个扎实”新要求，“建设壮美广西、共圆复兴梦想”重要题词精神，“建设新时代中国特色社会主义壮美广西”总目标、“四个新”总要求和四个方面重要工作要求，以及对南宁的殷殷嘱托，作为做好首府人大工作的根本遵循，及时调整充实立法、监督、代表工作计划和项目，创造性抓好贯彻落实。特别是今年围绕贯彻“四个新”总要求，新增和强化年度工作安排11项，其中新增听取审议推动工业高质量发展促进产业振兴等报告3个，新增开展红色旅游发展等专题调研5项，切实把习近平总书记系列重要讲话和重要指示批示精神全面贯彻落实到人大工作各方面各环节全过程。

坚持和加强党的全面领导坚定自觉。市委高度重视人大工作，将人大工作纳入总体布局，召开全市人大工作会议，印发新时代加强和改进人大工作的实施意见，及时研究解决人大工作中的重大问题，为做好首府人大工作把关定向。市人大常委会党组牢牢把握“坚持党的全面领导”这一本质特征、最大优势，严格执行请示报告制度，重大事项及时向市委请示汇报，不折不扣推动党中央、自治区党委和市委决策部署落细落实。

（二）勇于担当作为，人大制度优势在决胜全面建成小康社会中充分彰显。

发展是第一要务。我们深入贯彻新发展理念，紧扣全面落实强首府战略，充分发挥人大职能作用，全力推动我市如期实现与全国同步全面建成小康社会宏伟目标。

深化“五大行动”助力脱贫攻坚。聚焦如期完成脱贫攻坚这一全面小康的最硬任务，落实“跟上、盯住、办好”要求，综合施策，打出立法、监督、决定、代表工作系列“组合拳”。组织开展深度贫困村大走访大调研，调研报告获得自治区党委常委、市委书记王小东批示肯定。紧扣“两不愁三保障”、特色产业发展、易地扶贫搬迁后续扶持、巩固拓展脱贫攻坚成果与乡村振兴有效衔接等重点工作，听取专项报告6

个，开展执法检查1次，连续两年进行专题询问；制定法规2件、审议1件；作出决定4项。围绕脱贫攻坚监察监督工作，首次听取市监察委员会专项工作报告。全市各级人大代表、人大干部尽锐出战，积极投身脱贫攻坚一线，五年来帮助落实扶贫项目8100多个，为贫困村开展技术培训、政策咨询、医疗服务等活动7100多批次；有4名人大代表荣获“全国脱贫攻坚先进个人”荣誉称号；市人大机关获评全区脱贫攻坚先进集体。我们同全市各族人民团结一心、战贫斗困，坚决打赢了这场史无前例的脱贫攻坚战。

聚力提质增效推进经济高质量发展。围绕经济高质量发展这一全面小康最大主题，关注宏观经济健康运行，听取审议计划执行、“十三五”规划实施、“十四五”规划编制情况等报告，督促“一张蓝图干到底”。持续深化人大预算审查监督重点拓展改革，加强预决算、审计、国有资产管理等监督，建成人大预算联网监督系统，管好人民“钱袋子”，牢牢守住不发生系统性风险底线。紧盯“二产补短板、三产强优势、一产显特色”，开展产业大招商工作专题询问、优化营商环境专项工作评议，推动东部产业新城规划建设等列入“十四五”规划重点项目；重点监督开发区工业园区发展情况，对三个国家级开发区法规开展修改调研、执法检查，激发强首府战略主引擎动能；把听取审议农业生产安排和春耕生产情况报告作为每年监督“固定动作”，突出抓好特色产业发展、粮食安全保障、生猪生产恢复等工作监督，制定专门条例护航茉莉花百亿产业健康发展，促进农业提质增效。大力支持改革创新扩大开放，审议科技创新促进条例，开展科技创新平台建设专项工作评议，对培育新兴产业、知识产权工作等进行专题调研；积极参与改革督察，有力推动重大改革任务落地落实；批准南宁市与6个国外城市建立友好城市关系，共享“一带一路”发展机遇。

优化制度供给提升生态宜居品质。深入贯彻习近平生态文明思想，落实“治水、建城、为民”要求，织密“中国绿城”建设法治保障网，让全面小康底色更加亮丽。主动靠前、勇挑重担，全力投身全国文明城市、国家卫生城市创建等工作，组织代表和人大干部当先锋、作表率，有力推动创建全国文明城市整改提升工作取得可喜成效、国家卫生城市实现“三连冠”。强化重点领域立法，制定大王滩湿地保护、大明山保护、机动车和非道路移动机械排气污染防治、扬尘污染防治、城镇排水与污水处理等环境保护相关法规7件；制定、修订生活垃圾分类、电动自行车、停车场、出租汽车客运等城乡建设与管理相关法规8件；开展邕江两岸滨水区域保护管理、物业管理等立法调研21项。每年听取审议环境质量状况和环境保护目标完成情况报告，逐年检查大气、水、土壤、固废等污染防治法律法规实施情况，督促整改生态环境突出问题。着眼城市精细化管理，开展城乡规划管理若干规定执法检查，对违法建设查处条例进行立法后评估，对城市综合管理体制改革推进情况进行督查，推动健全城市管理体制机制，让南宁更加宜居宜业。

破难点疏堵点促进民生大幅改善。坚持以人民为中心，紧扣解决群众“急难愁盼”精准发力，做到民有所呼、我有所应，让改革发展成果更多更公平惠及人民群众。围绕教育优质均衡发展，对学前教育、义务教育、高中教育、民办教育、职业教育、民族教育开展全方位监督，制定中小学校幼儿园用地保护条例，为合理提高生均用地标准、完善规划设置和配套建设提供法治遵循。五年来，南宁市新建成投入使用公办中小学105所、公办幼儿园131所，新增学位22.7万个，居全区各市之首。围绕文化体育繁荣发展，制定昆仑关保护管理条例，加快扬美古镇、传统村落保护等立法步伐，检查文物保护法、非物质文化遗产法实施情况，连续三年跟踪督办促进非遗地方戏曲传承发展的代表议案，为创建国家历史文化名城提供法治保障；听取审议体育产业发展情况报告，对全民健身条例进行执法检查，助推建设体育强市。围绕完善社会保障体系，开展居家养老服务、医保制度改革情况专项工作评议，检查老年人权益保障法实施情况，专题调研退役军人服务、企业退休人员服务等工作，监督惠民政策落到实处。围绕铸牢中华民族共同体意识，对民族区域自治法、城市民族工作条例等法律法规实施情况进行检查，听取审议创建全国民族团结进步示范市深化提升等报告，推动首府民族团结进步走在前作表率。

凝心聚力共筑疫情防控安全防线。坚持人民至上、生命至上，严格落实市委提出的大排查、严防控、强督导等要求，组织全市各级人大和人大代表冲锋在前，助力打赢疫情防控的人民战争、总体战、阻击战。紧扣常态化疫情防控，调研企业复工复产情况，加强对财税扶持、减税降费、就业等政策落实情况的监督，帮助企业纾困解难，推动做好“六稳”工作，落实“六保”任务。持续助力“健康南宁”建设，及时修订献血条例，开展传染病防控、爱国卫生等项目立法调研；听取审议突发公共事件应急体系建设、区域医疗联合体建立等报告，连续两年跟踪督办社会急救医疗审议意见，对加强重大传染病防治能力建设等代表议案作出决定，检查野生动物保护法和全国人大常委会相关决定的实施情况，全力守护人民生命安全和身体健康。

（三）促进法治建设，南宁治理现代化的主力军作用有效发挥。

创新是人大制度和人大工作完善发展的不竭动力。我们深入学习贯彻习近平法治思想，站位法治一线，积极探索创新，扎实推进法治南宁升级。

创新机制提高立法质量。首次编制常委会五年立法规划，增强立法前瞻性、计划性、指导性。首次开展立法协商，广泛凝聚各界共识。首次建立法规起草“双组长”工作机制，协调解决重点难点问题。首次开展立法风险评估，为科学设定超标电动自行车过渡期提供立法决策依据。首次开展法规表决前评估，为审议表决法规草案提供智力支持。首次开展法规综合评估，系统研究现行有效法规立改废工作。拓宽第三方参与立法途径，建立立法专家库、地方立法咨询服务基地，促进立法更加科学民主。

强化实施确保管用有效。坚持立法和实施并重，作出全面推动地方性法规“三入”工作的决定，构建更加完备的法规实施工作格局。开展司法审判中适用地方性法规、行政机关普及和执行地方性法规情况专题调研，听取实施满两年法规执行情况报告，促进司法机关、执法部门加大地方性法规运用力度。强化法规宣传，充分利用基层立法联系点、新媒体等平台，多形式、多角度广泛宣传地方立法的主旨、过程和主要制度设计，提升社会知晓度。

加强监督促进司法公正。开展法院民事执行工作专题询问，听取审议“两院”司法体制改革、审判监督管理、公益诉讼等报告10个；开展扫黑除恶、羁押场所建设及管理情况等专题调研，确保司法公正高效权威，让公平正义的阳光照耀人民心田。聚焦全民普法，听取审议“六五”“七五”普法情况报告，作出“七五”普法决议；带头做好宪法、民法典等实施宣传，举办专题讲座，开设专栏专版，营造尊法学法守法用法的浓厚氛围。

（四）优化代表服务，全面落实强首府战略的强大合力广泛凝聚。

高度重视人大代表在全市发展大局中的凝心聚力作用，全力服务和支持代表履职，更加有效地反映民情、集中民智、汇聚民心。

议案建议办理水平稳步提升。本届历次代表大会主席团交付的36件代表议案全部调查审议完毕，作出决定20件，作出处理意见16件；建立市领导领衔督办代表建议机制，健全分类交办、重点督办等制度，代表提出的1078件建议，交由有关单位办理并全部答复代表，解决率逐年提升，代表满意率和基本满意率达100%。

代表活动实效更加凸显。落实“混合编组、多级联动、履职为民”要求，围绕打好水污染防治攻坚战、疫情防控、创建全国文明城市等重点工作，开展全市性主题活动，各站点召开民情沟通会、调研座谈会2900场，法规征求意见会928场，提出意见建议1700多条，其中重点建议数量居全区各市之首。代表年中专题调研、年终集中视察常态化开展，参与代表2000多人次，形成调研视察报告66份。

代表工作基础全面夯实。突出增强培训系统性针对性，首次制定代表五年培训计划，组织开展初任培训，加强代表常态化培训，把理论学习、业务学习列入代表进站履职的“规定动作”，届内举办履职培训班9期，培训代表1584人次。坚持为代表订阅赠阅人大报刊和相关资料，保障代表知情知政。

换届选举工作顺利进行。认真贯彻落实自治区党委和市委的决策部署，切实抓好今年市县乡三级人大换届选举工作。全市顺利选举产生三级人大代表12257名，代表结构进一步优化；各县（市、区）、乡（镇）新一届人大一次会议成功召开，换届选举风清气正。经自治区人大常委会批准，市十五届人大常委会组成人员名额上限比十四届增加10名，为提升常委会履职整体效能打下坚实基础。

（五）坚持真抓实干，忠诚干净担当的人大干部队伍形象全面展现。

强化奋发有为意识，全面加强常委会及机关自身建设，做到政治过硬、本领过硬、作风过硬。

党的建设持续深化。扎实开展“三严三实”专题教育、“两学一做”学习教育、“不忘初心、牢记使命”主题教育、党史学习教育，精心组织开展建党百年、新中国成立70周年、自治区成立60周年等一系列庆祝活动，汲取丰厚滋养和智慧力量，理想信念更加坚定。全面加强机关党组织建设，党支部标准化、规范化建设深入推进。强化党管意识形态工作主体责任。认真贯彻中央八项规定精神，持之以恒纠“四风”、树新风，严格抓好巡视巡察反馈问题整改，全力维护良好政治生态。

队伍建设富有成效。加强常委会组成人员和人大干部业务培训，建立机关干部职工每周2小时自主读书制度，常态化举办“每月一讲”“每月一研”“每月一评”“悦”读分享等系列活动，开展专题培训班35期，外出学习考察86批次，队伍素质全面提升。坚持正确选人用人导向，贯彻落实市委提出的“四个一线”选人用人机制，干部干事创业动力充分激发。落实机构改革部署，新设立1个专委、更名2个专委，成立市人大机关事务服务中心，机构设置更加科学合理。各专委发挥专业优势、认真履职，常委会工作整体合力得到增强。

宣传工作亮点纷呈。改版升级《南宁人大》刊物、南宁人大网，开设《人大之声》专栏，开通“南宁人大”微信微博，建成“人民代表大会制度在南宁的生动实践”历程展厅，形成人大融媒体宣传新格局。500多篇新闻稿件在省级以上媒体刊发，2件作品获得中国人大新闻奖。代表大会期间创新推出局长通道、代表通道、记者会，多层次、多角度、全方位讲好南宁人大故事。

协同联动更加密切。自觉接受全国人大、自治区人大工作指导，全力配合做好执法检查、调研视察等工作。加强与县（市、区）人大的联系，开展工作交流，密切协同联动，推进全市人大工作整体水平稳步提升。

各位代表！五年来，人民代表大会制度在南宁的实践中展现出蓬勃生机和活力，在全面落实强首府战略、推动南宁高质量发展中发挥了重要作用。之所以能够取得这样的成绩，根本在于有习近平新时代中国特色社会主义思想的科学指引，这是我们战胜前进道路上一切艰难险阻、一切风险挑战的信心所在、勇气所在、底气所在。

这些成绩来之不易，是在市委坚强领导下，全市人大代表、人大常委会组成人员、各专门委员会组成人员和市人大常委会机关工作人员履职尽责、辛勤付出的结果，是市人民政府、市政协、市监察委员会、市中级人民法院、市人民检察院和各县（市、区）人大密切配合、团结协作的结果，是全市人民高度信任、大力支持的结果。在此，我代表市十四届人大常委会，表示崇高的敬意和衷心的感谢！

二、五年工作体会

五年来，市十四届人大常委会在历届常委会工作的基础上，不断深化对社会主义民主法治建设和人民代表大会制度发展规律的认识，在学习中实践、在实践中创新，使人大工作与时代同步伐、与改革同频率、与实践同发展，积累了宝贵经验。在工作中，我们深刻认识到，做好新时代首府人大工作，必须做到“五个始终坚持”。

——始终坚持党的集中统一领导不动摇。五年来，市人大常委会旗帜鲜明、坚定不移贯彻落实坚持党的领导这一最高政治原则，自觉用习近平新时代中国特色社会主义思想统揽和指导人大工作，在市委的正确领导下，推动党的理论和路线方针政策在首府人大系统全面贯彻落实，开创了新时代首府人大工作新局面。我们更加深刻体会到，坚持党的全面领导是人民代表大会制度的本质特征，也是最大优势，只要深入学习贯彻习近平新时代中国特色社会主义思想，把学习成果转化为践行“两个维护”的政治自觉，转化为毫不动摇坚持和完善人民代表大会制度的坚定信念，转化为做好新时代人大工作的使命担当，把党的领导贯彻到人大工作的各方面各环节全过程，就一定能推动人大工作沿着正确方向创新发展。

——始终坚持围绕中心依法履职不松劲。五年来，我们坚持把人大工作放在全市工作大局中去谋划、去推进，围绕全面落实强首府战略，紧扣脱贫攻坚、产业发展、改革开放、全国文明城市创建、生态建设、民生保障、疫情防控等重点工作，积极发挥职能作用，切实做到全市工作重心在哪里，人大工作就跟进到哪里，力量就汇聚到哪里，作用就发挥到哪里，在推动高质量发展中充分彰显了人民代表大会制度的巨大优越性和强大生命力。我们更加深刻体会到，人民代表大会制度是一套有效保证能干事、干好事、干成事的政治制度，只要坚持围绕中心、服务大局，找准找实履职的切入点、结合点、发力点，就一定能充分发挥人大制度优势，展现更大担当作为。

——始终坚持践行党的群众路线不走样。五年来，我们坚持以人民为中心的发展思想，始终把人民放在心中最高位置，把人民对美好生活的向往作为奋斗目标，把人民当家作主的理念具体地、现实地落实到民主法治和社会生活之中，通过广泛动员选民依法参加选举、推进站点深度融合标准化建设、深化“两个联系”、开展“民生微实事”、预算审查前听取人大代表和社会各界意见建议等，有效打通人民群众参与国家事务管理的“最后一公里”，形成发展全过程人民民主的南宁生动实践。我们更加深刻体会到，人民代表大会制度的设计和运行、人大及其常委会依法行使职权，都是为了保证和发展人民当家作主，只要坚持人民至上、履职为民，始终同人民群众想在一起、干在一起，就一定能推动全过程人民民主焕发出勃勃生机和强大活力，让首府874万各族人民共享更大幸福和荣光。

——始终坚持守正创新强化治理不止步。五年来，我们积极投身社会主义民主法治建设的第一线，充分发挥立法主导作用，突出守正创新，坚持“小快灵”“小切口”，制定了一批务实管用、惠民利民的地方性法规；采取执法检查、专题调研、专题询问、立法后评估、听取实施情况报告等方式，推动法律法规正确实施、有效实施，不断推进首府治理体系和治理能力现代化。我们更加深刻体会到，法治是治国理政的基本方式，各级人大及其常委会在全面依法治国中负有重大职责、承担着重要任务，只要坚持科学立法、民主立法、依法立法，以创新思维提升立法质量、强化法律法规实施，就一定能把制度优势更好地转化为治理效能，为加快推动高质量发展提供更有力的法治保障。

——始终坚持改进作风真抓实干不懈怠。五年来，我们以作风建设永远在路上的执着和韧劲，大力推进学习型机关建设，大兴学习之风，以学风促作风、以作风促担当，爱学习、勤思考蔚然成风，想干事、能干事、干成事氛围更加浓厚，人大干部队伍展现出担当奋进的新风貌。我们更加深刻体会到，只要坚持笃学尚行、真抓实干，有效激发干部队伍干事创业动力活力，就一定能够创造出无愧于党、无愧于人民、无愧于时代的新业绩。

五年的经验和体会弥足珍贵，需要我们继续坚持和不断丰富发展。同时，我们也清醒地看到工作中存在的差距和不足，主要是：立法质量有待进一步提高，法律赋予的监督权有效行使仍需加强，服务代表水平和代表履职能力需要持续提升，南宁人大品牌还要更显特色，“智慧南宁人大”建设还要进一步加快和完善，等等。这些问题需要我们在今后的工作中高度重视，采取有力措施加以解决。

三、今后五年工作建议

未来五年，是我国乘势而上开启全面建设社会主义现代化国家新征程、向第二个百年奋斗目标进军的第一个五年，是我区开启建设新时代中国特色社会主义壮美广西新征程的重要时期，也是南宁市全面落实强首府战略的关键时期。在中央人大工作会议上，习近平总书记发表重要讲话，从完善和发展中国特色社会主义制度、推进国家治理体系和治理能力现代化的战略高度，明确提出新时代加强和改进人大工作的指导思想、重大原则和主要工作，深刻回答新时代发展中国特色社会主义民主政治、坚持和完善人民代表大会制度的一系列重大理论和实践问题，是一篇充满马克思主义真理力量的纲领性文献，为我们做好新时代人大工作指明了方向、提供了遵循。中国共产党南宁市第十三次代表大会高举习近平新时代中国特色社会主义思想伟大旗帜，对今后五年全市经济社会发展作出全面部署，号召全市上下牢记嘱托、感恩奋进，坚定不移沿着习近平总书记指引的方向阔步前行，勇当建设新时代中国特色社会主义壮美广西排头兵。新征程上，坚决贯彻党中央、自治区党委和市委决策部署，创造性做好人大各项工作，把全市各族人民的智慧和力量凝聚到全面落实强首府战略上来，共同把宏伟蓝图变成繁荣发展的美好现实，是首府人大的光荣使命和义不容辞的责任担当。

今后五年，市人大常委会要坚持以习近平新时代中国特色社会主义思想为指导，全面贯彻党的十九大和十九届二中、三中、四中、五中全会精神，全面贯彻习近平法治思想，深入学习贯彻习近平总书记“七一”重要讲话精神，学习贯彻习近平总书记在中央人大工作会议上的重要讲话精神，深入贯彻习近平总书记对广西工作一系列重要讲话、重要指示精神，坚持党的领导、人民当家作主、依法治国有机统一，弘扬伟大建党精神，不断发展全过程人民民主，紧紧围绕建设新时代中国特色社会主义壮美广西总目标，围绕实现市第十三次党代会确定的目标任务，牢牢聚焦“六个全面提质”，以持续打造人大工作“南宁品牌”为抓手，创造性做好立法、监督等工作，更好发挥人大代表作用，努力开创新时代首府人大工作新局面，为全面落实强首府战略、加快推动南宁高质量发展，勇当建设新时代中国特色社会主义壮美广西的排头兵作出新的更大贡献。

（一）坚持和加强党的全面领导，牢牢把握人大工作正确政治方向。

毫不动摇地把坚持和加强党的全面领导贯彻到人大工作各方面各环节全过程，为人大工作高质量发展提供坚强政治保证。

旗帜鲜明加强政治建设。持续学懂弄通做实习近平新时代中国特色社会主义思想，不断提高政治判断力、政治领悟力、政治执行力，增强“四个意识”、坚定“四个自信”、做到“两个维护”，自觉在思想上政治上行动上同以习近平同志为核心的党中央保持高度一致。严守党的政治纪律和政治规矩，认真执行党的领导各项制度，严格执行重大事项向市委请示报告制度，推动党中央、自治区党委和市委的决策部署在人大系统落细落实。坚持党管干部原则，依法及时做好人事任免工作，确保党委人事意图全面实现。

深入践行全过程人民民主。认真学习贯彻全过程人民民主的重大理念，深刻领会社会主义民主政治发展规律，准确把握人大工作新任务新要求，充分发挥人民代表大会制度作为实现我国全过程人民民主的重要制度载体作用，不断扩大人民有序政治参与，保证人民的知情权、参与权、表达权、监督权落实到人大工作各方面各环节全过程，确保人民当家作主。

坚持不懈强化思想理论武装。建立健全“思想引领、学习在先”机制，坚持第一议题学习制度，深化学习型机关建设，全面系统学习贯彻习近平法治思想、习近平总书记关于坚持和完善人民代表大会制度的重要思想以及在中央人大工作会议上的重要讲话精神，深入学习贯彻习近平总书记“七一”重要讲话和对广西工作一系列重要讲话、重要指示精神，自觉用党的创新理论武装头脑、指导实践、推动工作。

全面落实管党治党政治责任。认真履行全面从严治党主体责任，贯彻落实新时代党的建设总要求和新时代党的组织路线，巩固深化“不忘初心、牢记使命”主题教育成果，深入开展党史学习教育，持续加强机关党组织标准化规范化建设，牢牢掌握意识形态工作领导权，坚定不移推进党风廉政建设和反腐败斗争，全力维护风清气正的良好政治生态。

（二）忠实履职尽责，全力推动“六个全面提质”落细落实。

全力服务南宁市“十四五”时期经济社会发展大局，更加注重工作科学性，统筹谋划好人大立法、监督、代表等工作；更加注重工作协同性，打出更多更有效的履职“组合拳”；更加注重工作创新性，持续打造培育人大工作“南宁品牌”，进一步彰显特色，提升品牌带动力和引导力；更加注重提振精气神，强化担当作为，奋力推动各项工作开新局、谱新篇。

立法工作方面，坚持党委领导、人大主导、政府依托、各方参与的立法工作格局，深入推进科学立法、民主立法、依法立法，更加突出地方特色，更加注重“小快灵”，着力以小切口解决大问题，立改废释并举，增强立法的及时性、针对性、可操作性。

监督工作方面，紧扣“十四五”规划实施、“一府一委两院”重点难点工作，实行正确监督、有效监督、依法监督；坚持需求导向与问题导向、选题数量与项目分量相结合，着力打造监督工作闭环，形成“全链条”监督，实现人大监督与其他监督有机贯通融合，增强人大监督的政治效果、法律效果和社会效果。

决定重大事项方面，围绕首府改革发展稳定中带有全局性、战略性、长远性的重大问题，坚持谋大事、抓重点、求实效，及时讨论决定重大事项，推动市委重大决策部署通过法定程序成为全市各族人民的共同意志和自觉行动。

代表工作方面，拓展“两个联系”的广度和深度，常委会组成人员联系基层一线代表做到全覆盖，丰富人大代表联系人民群众的内容和形式，更好接地气、察民情、聚民智、惠民生；瞄准全国先进、广西标杆目标，突出抓好一批示范性站点建设，引领全市站点全面提质增效；坚持“内容高质量、办理高效率”，提高代表议案建议办理质效；加强代表培训和履职服务管理，持续提高代表履职能力。

今后五年，紧紧围绕“六个全面提质”目标任务行使好立法权、监督权、决定权，做好代表服务保障工作。

——聚焦推进产业发展全面提质精准发力。围绕“强二扬三优一”，紧盯做好产业发展、园区建设、企业培育三篇文章立良法、强监督，助力加快构建现代产业体系。修改三个国家级开发区法规，检查自治区开发区条例实施情况，听取审议推进工业振兴三年行动、发展现代服务业情况等报告，适时对加快县级开发区建设作出决定，开展东部产业新城规划建设、生物医药产业发展、民族文化产业发展、红色旅游产业发展等专题调研。常态化抓好抓实预决算审查监督、审计查出问题整改监督等，听取审议“十四五”规划实施、计划执行情况等报告，强化对政府债务的审查监督。

——聚焦推进改革创新全面提质精准发力。围绕推动改革再深入、创新再提速，强化改革法治保障，持续开展精准有效监督，不断激发发展动力活力。审议科技创新促进条例、社会信用条例等，检查促进科技成果转化法等法律法规实施情况，听取审议科技创新报告，开展南部科创新城建设、外资企业发展、中长期青年发展规划实施情况等专题调研；加强国有资产管理监督；开展政务服务环境优化、“大数据”发展等立法研究；组织开展“代表评营商环境”活动。

——聚焦推进“南宁渠道”全面提质精准发力。紧紧围绕强化开放引领、服务和融入新发展格局，推进更高质量的立法、更高效能的监督。加快展会条例修改步伐，开展促进临空经济示范区发展立法研究，继续审议全域旅游促进条例，听取审议自贸区南宁片区创新发展情况等报告，开展参与西部陆海新通道建设、融入粤港澳大湾区、中国—东盟人文交流合作示范区建设、区域性国际消费中心城市建设等专题调研，做好缔结国际友好城市和授予荣誉市民称号审议批准工作。组织代表对中新南宁国际物流园、南宁国际铁路港等重大开放平台推进情况进行调研视察。

——聚焦推进乡村振兴全面提质精准发力。紧紧围绕塑造乡村“形、实、魂”开展立法、监督等工作，助推乡村振兴，加快农业农村现代化。强化乡村振兴法治保障，制定农作物秸秆综合利用、乡村民宿业等方面法规，开展农田水利设施管理、农村非集中式饮水安全保护等项目立法调研。开展乡村振兴重点领域监督，检查乡村振兴促进法、森林法等法律法规实施情况；听取审议农业生产安排和特色农业产业发展、巩固拓展脱贫攻坚成果、农业农村基础设施能力提升、农产品仓储流通体系建设、乡村振兴水利保障能力建设、乡村振兴专项资金使用情况等报告，开展乡村产业振兴专题询问、农村饮水安全工程专项工作评议。组织人大代表开展推动乡村环境改善主题活动等。

——聚焦推进“中国绿城”全面提质精准发力。围绕“治水、建城、为民”，综合运用立法、监督、决定等法定职权，在巩固首府生态宜居优势中发挥好人大作用。加快文明典范城市建设促进、历史文化名城保护、社会治理现代化促进、饮食服务业环境污染防治、城市建筑垃圾管理、烟花爆竹经营燃放管理等项目立法步伐，开展郁江流域水污染防治条例（修改）、城市更新等项目立法调研，听取审议国土空间规划、碳达峰碳中和工作情况等报告，检查自治区乡村规划建设管理条例、生活垃圾分类管理条例、绿化条例、大王滩国家湿地公园保护条例、大明山保护管理条例、昆仑关保护管理条例、水土保持若干规定等法规实施情况，开展绿色青山保护专项工作评议，专题调研生态旅游示范区创建、湿地保护、集体“三产”用地开发建设等工作情况。组织代表对邕江生态环境保护等进行调研视察，开展“我为争创全国文明典范城市献一策”活动。

——聚焦推进民生保障全面提质精准发力。牢记让人民生活幸福是“国之大者”，紧扣回应人民群众重大关切履职尽责。坚持优先发展教育事业，开展民族教育条例（修改）立法调研，检查教师法、中小学校幼儿园用地保护条例等法律法规实施情况，开展学前教育普及普惠专项工作评议，听取审议义务教育均衡优质发展等报告，开展义务教育“双减”政策落实情况等专题调研。持续对公共卫生体系建设进行监督，开展爱国卫生条例（修改）、社会急救医疗管理条例（修改）、控制吸烟条例等立法调研，检查中医药法等法律实施情况，听取审议基层公共卫生体系建设等报告，开展疾控体系建设等专题调研。围绕推动文化、体育、社会保障、民族事业繁荣发展，制定居家养老服务条例，开展宾阳炮龙文化保护等立法调研，听取审议革命文物保护等报告；专题调研体育大产业、民族乡特色产业等发展情况。继续推动办理“民生微实事”，以“短平快”方式解决老百姓通过站点反映的操心事烦心事揪心事。

（三）强化自身建设，打造让党放心、让人民群众满意的模范机关。

根据习近平总书记在中央人大工作会议上提出的人大是“政治机关、国家权力机关、工作机关、代表机关”的定位和要求，不断加强人大自身建设。持续建强干部队伍，强化教育培训，落实正确选人用人导向，充分激发干事创业热情。夯实调查研究这个基本功，多献务实之策。全面健全工作法规制度，推动各项工作规范有效开展。稳步提高常委会会议审议质量。加快“智慧南宁人大”建设步伐，以智能化提升工作效能。加强对县乡人大工作的指导，探索设立开发区人大工作机构；支持县乡人大完善机构、配强人员、有效履职；经常性制度化开展上下级人大协同立法、联动监督、代表联合调研视察。深化机关文化建设，形成积极向上、团结和谐的良好氛围。

各位代表，奋斗新时代、奋进新征程，做好南宁人大工作责任重大、使命光荣。让我们更加紧密地团结在以习近平同志为核心的党中央周围，坚持以习近平新时代中国特色社会主义思想为指导，深入学习贯彻习近平总书记“七一”重要讲话、在中央人大工作会议上的重要讲话和对广西工作一系列重要讲话、重要指示精神，从党的光辉历程和伟大成就中汲取前进力量，坚定不移走中国特色社会主义政治发展道路，不断满足人民群众日益增长的法治需求，在市委的坚强领导下，以更高的政治站位、更好的精神状态、更实的工作举措，全面落实强首府战略，加快推动南宁高质量发展，为勇当建设新时代中国特色社会主义壮美广西排头兵作出新的更大贡献。

政府工作报告（摘要）

——2021年10月20日在南宁市第十五届人民代表大会第一次会议上

市长　孙大光

一、过去五年工作回顾

过去五年，是南宁坚持以习近平新时代中国特色社会主义思想为指导，坚定沿着习近平总书记指引方向奋勇前进的五年，是南宁发展历史上具有里程碑意义的五年。五年来，面对错综复杂的国际形势、艰巨繁重的国内改革发展稳定任务，特别是突如其来的新冠肺炎疫情，我们全面贯彻落实中央、自治区和市委的决策部署，解放思想、改革创新、扩大开放、担当实干，打好打赢“三大攻坚战”，扎实推进“六大升级”工程，全面落实强首府战略，推动经济社会高质量发展，实现“十三五”规划胜利收官，与全国同步全面建成小康社会，“十四五”规划开局顺利，为开启社会主义现代化建设新征程奠定了坚实基础。

——脱贫攻坚全面胜利。实现4个贫困县（区）全部摘帽、421个贫困村全部出列、现行标准下的农村贫困人口全部脱贫，历史性地解决了绝对贫困问题，南宁市是全国脱贫人口最多的省会城市，书写了中国减贫奇迹的南宁篇章。

——全面建成小康社会。提前一年实现地区生产总值、居民人均可支配收入“两个翻一番”，2020年地区生产总值、居民人均可支配收入分别比2015年增长37.8%、43.5%，为实现第一个百年奋斗目标作出了南宁贡献。

——经济实力提升进位。2020年，全市地区生产总值完成4726.3亿元，在全国城市的排位由2015年的53位跃升至47位。经济总量占全区比重由2015年的20.3%提升至21.3%，财政收入占全区比重由2015年的24.5%提升至28.4%，经济首位度稳步提升。

——“南宁渠道”越走越宽。助推中国—东盟博览会升级发展，以面向东盟为重点的开放合作不断扩大，全市外贸进出口总额年均增长22%。中国（广西）自由贸易试验区、建设面向东盟的金融开放门户等多个国家级开放平台落户南宁，赋予南宁市更多先行先试重大使命，南宁服务和融入新发展格局的重要地位更加凸显。

——“中国绿城”愈加亮丽。坚持治水建城为民，“百里秀美邕江”全面展现，实现“治理一条江、激活一座城”，邕江水质年均值达到“二类水入城二类水出城”。空气质量在全国重点城市中稳居前列，“南宁蓝”保持常态。成功举办第十二届中国（南宁）国际园林博览会。荣获首批国家生态园林城市，连续三年蝉联“美丽山水城市”，天蓝地绿水清成为南宁城市底色。

——民生福祉持续增进。筑牢疫情防控安全防线，为守好祖国“南大门”作出了突出贡献。每年近八成财政支出投向民生领域。2020年城镇居民、农村居民人均可支配收入为38542元、16130元，分别是2015年的1.3倍、1.7倍。荣获全国民族团结进步创建活动示范市，荣膺国家卫生城市“三连冠”、全国双拥模范城“七连冠”，入围“2021中国最具幸福感城市”。

五年来，我们突出抓实抓好以下重点工作。

（一）我们坚持转方式调结构聚集群，大力实施产业转型升级工程，经济综合实力全面提升。

工业提质扩量。坚持“二产补短板”，工业经济规模扩大、结构优化。规模以上工业企业达1218家，数量稳居全区首位。2020年，全市亿元企业392家，产值超百亿元工业园区6个，高技术制造业产值占规模以上工业总产值29.7%，电子信息、先进装备制造、生物医药三大重点产业规模以上产值占全市比重38.8%。电子信息自2018年以来连续三年成为全市工业第一大支柱产业，产值占全区比重达50%以上。以瑞声科技等企业为龙头的电子信息产业加快集聚，以合众等企业为龙头的新能源汽车产业集群初具规模，战略性新兴产业引领首府工业高质量发展的新格局加速形成。

服务业提质升级。坚持“三产强优势”，现代金融、现代物流、数字经济、电子商务等成为服务业新的增长点。2020年，服务业增加值3107.7亿元，是2015年的1.8倍；金融业增加值574.5亿元，占全区36%；电子商务重点企业交易额3967.7亿元；3A级以上物流企业40家，是2015年的4倍。获批建设陆港型国家物流枢纽，中国—东盟多式联运联盟落户南宁，中新南宁国际物流园、南宁国际铁路港投入运营，中越（南宁—河内）跨境集装箱班列累计开行超500列。数字经济迅速发展，中国—东盟信息港南宁核心基地加快建设，拥有浪潮、腾讯、科大讯飞等数字经济核心产业企业5669家。国家电子商务示范城市加快建设，国家电子商务进农村示范县实现全覆盖。

农业提质增效。坚持“一产显特色”，以“三区三园一体”建设为抓手，推进现代农业发展。深入实施现代特色农业“10+3”提升行动，粮食生产保持稳定、年产量稳定在200万吨以上，建成全国最大的茉莉花、火龙果、沃柑产区，蔬菜、水果、畜牧业成为超百亿元产业。“邕”字号农产品品牌唱响国内外，拥有国家农产品地理标志6个、地理标志保护产品9个、地理标志商标9个、有效期内“三品一标”产品192个，获认证富硒农产品58个，沃柑、火龙果以自主品牌远销国外。获批国家级和自治区级现代农业产业园、农业科技园、特色农产品优势区、田园综合体共19个，新增自治区级现代特色农业核心示范区34个。

（二）我们坚持拓枢纽建平台扩经贸，大力实施“南宁渠道”升级工程，开放合作水平全面提高。

互联互通走深走实。机场第二高速、贵隆高速、柳南第二高速等5条高速公路建成通车，全市高速公路通车里程达1060公里。南宁吴圩国际机场开通航线205条，实现与全国省会城市直通航和东盟10国首都全通航。建成邕江上下游航运水利枢纽，实现2000吨级船舶直达粤港澳。南昆高铁开通运营，贵南高铁、南崇和南玉城际铁路加快建设，高速铁路客运骨干线路网不断完善。

开放平台做大做强。中国（广西）自由贸易试验区南宁片区累计新设立企业超2.5万家，形成具有全国首创性制度创新成果12项，2020—2021年度制度创新指数在同批19个片区中综合排名第4。面向东盟的金融开放门户南宁核心区建设取得重要进展，中国—东盟金融城累计入驻金融机构（企业）264家，中银香港东南亚业务营运中心、中国太平东盟保险服务中心等重大项目落户，2020年全市跨境人民币结算量是2015年的2.6倍。中国（南宁）跨境电子商务综合试验区入驻企业106家，累计完成进出口业务量1.3亿单。

合作交流行稳致远。坚持“引进来、走出去”，累计招商引进项目2566个、商务口径实际利用外资12.8亿美元、新设外商投资企业456家；全市外贸进出口总额2020年达986亿元，是2015年的2.7倍，年均增量超百亿元。获批建设中国服务外包示范城市，累计承接服务外包合同执行额32.2亿美元、年均增长54%。成功服务第13至18届中国—东盟博览会、中国—东盟商务与投资峰会，圆满服务第七届中国—中亚合作论坛等重大国际活动，成功举办《春天的旋律》跨国春晚等文化交流活动和苏迪曼杯世界羽毛球锦标赛等重大国际赛事，国际友城增至26个，城市国际影响力持续增强。

（三）我们坚持破藩篱降成本增动能，大力实施深化改革升级工程，发展动力活力全面迸发。

重点领域改革实现突破。在全国首创公共资产负债管理智能云平台，实现公共资产"摸得清、来去明、管得住、利用好"。机构改革全面推进，完成承担行政职能和从事生产性经营活动事业单位改革任务。49家国有"僵尸企业"实现市场化出清，市国资监管企业混改比例达40.7%。国有林场主体改革基本完成，农村土地承包经营权确权颁证率达97.2%。推进一批民生领域"微改革"，打造全国首个"区块链+人社"应用平台，在全国率先实施职工医保个人账户"家庭共享"，推行医保"一站式"即时结算平台，"不动产登记24小时不打烊""智慧人社"等经验做法在全国推广。

创新驱动发展作用显现。坚持前端聚焦、中间协同、后端转化，以创新赋能产业高质量发展。新增国家级创新创业平台21个、总数达32个，引进新型产业技术研究机构12家。南宁·中关村由"一基地"拓展为"一基地、一园区、一中心、一飞地"，聚集创新主体475家。2020年全市高新技术企业保有量1151家、是2015年的4.9倍，拥有广西"瞪羚企业"37家、占全区34.6%。荣获国家科学技术奖12项，获批国家知识产权示范城市、"科创中国"试点城市。

市场主体活力充分释放。落实各类减税降费政策，提升企业政策红利获得感。降低职工基本养老保险、基本医疗保险单位缴费比例，阶段性降低失业保险和工伤保险费率。搭建民营小微企业首贷续贷中心等"八大平台"，创新推出复工贷、稳企贷、桂惠贷等系列产品，帮助企业拓宽融资渠道、降低融资成本。创新开展研发费用加计扣除服务，在全国首创"政策找人、补贴找企"的"免申即办"服务模式，提高政策兑现便利度。2020年末，全市各类市场主体达77.7万户、较2015年增长46.7%。

（四）我们坚持夯基础美环境显魅力，大力实施绿城品质升级工程，生态优势金字招牌全面擦亮。

城市综合承载力快速提升。五象新区化茧成蝶，建成区面积由2015年的30平方公里扩大至60.2平方公里，入驻全球最具价值品牌百强12个、世界500强企业40家、中国500强企业31家，新区成为新市民安居的新载体、新产业集聚的新空间，"再造一个新南宁"目标已从蓝图变成现实。清厢快速路、青山大桥、沙井—南站立交等一批重大道路和桥梁工程建成通车，"六横七纵"主干路网基本形成。地铁1—4号线相继开通运营，5号线即将投入使用，南宁地铁从无到有、从"十"字布局到"井"字成型，进入网络化运营时代。外迁南宁东等5个高速公路收费站，实施柳南高速路改快速路等一批"高改快"项目，主城区空间大幅拓展。横县获批撤县设立横州市。2020年全国第七次人口普查结果显示，全市常住人口874.16万人，比2010年第六次普查时增加207.99万人，人口增量在全国省会城市中居第10位，城市集聚力不断增强。

城市生态宜居水平巩固提升。深入打好污染防治攻坚战，牢牢守住蓝天碧水净土。强化扬尘污染综合治理，2020年空气质量优良率达97.5%，空气质量在全国168个重点城市中列第17位。推进邕江综合整治和开发利用，加快城市内河全流域系统治理，地表水水质排名全国省会城市第二。入选国家城市黑臭水体治理示范城市，建成区原有38个黑臭河段全部消除黑臭，那考河生态综合整治项目获"中国人居环境奖"范例奖。农用地安全利用推进率和污染地块安全利用率均达100%。全面完成第一轮中央生态环境保护督察和督察"回头看"反馈问题整改。

城市精细化管理程度不断提升。深入开展"美丽南宁·整洁畅通有序大行动"，推进全国文明城市、国家卫生城市创建工作常态长效，综合施治、共治共享的城市治理新格局加快形成，市容市貌焕然一新。"五个礼让"活动内涵不断拓展，首府文明礼让蔚然成风。"以学促管、学罚结合"的电动自行车管理等经验做法在全国推广，城市交通治理走在全国前列。建成地下综合管廊88.5公里，"马路拉链""空中蛛网"等问题得到有效解决。生活垃圾分类试点工作稳步推进，建成区生活垃圾分类基本实现全覆盖。开展仓储物流等11类重点消防安全整治，城市运行安全保障不断强化。大力推进智慧城市建设，市区5G网络基本实现连续覆盖，"一码通城"在全国率先实现公共服务多场景互联互通。

（五）我们坚持提效能优服务促和谐，大力实施法治南宁升级工程，社会治理现代化全面推进。

法治政府建设成为全国示范。坚持依法行政，将政府工作全面纳入法治轨道，荣获全国第一批法治政府建设示范市。累计提请市人大常委会审议地方性法规草案20件，出台政府规章22件、规范性文件222件。依法接受人大及其常委会的监督，自觉接受人民政协的民主监督，人大代表议案和建议、政协提案办结率均达100%。严格规范公正文明执法，完成市场监管等5个领域行政执法改革，全面推行行政执法"三项制度"。基本建成覆盖城乡、均等普惠、便捷高效的公共法律服务体系，荣获全国"七五"普法中期先进城市。

营商环境改善幅度进入全国前列。深化"放管服"改革，推行"一枚公章管审批"，推进政务服务"一事通办""简易办""网上办"。全市99.7%的政务服务事项实现"最多跑一次"，即办件比例提升至35.7%，市本级事项网上可办率达99%；实现696个政务服务事项"同城通办"、447个依申请政务服务事项"全区通办"，与8省17个城市建立"跨省通办"合作关系，通办事项达183项。"拿地即开工"、"容缺后补"、承诺审批等改革得到企业和群众广泛认可。根据国家发展改革委公布的2020年中国营商环境评价结果，南宁成为全国80个参评城市中营商环境改善幅度较大的14个城市之一，登记财产、政务服务指标获评"全国标杆"。

社会治理加速现代化。扎实推进平安南宁建设，扫黑除恶专项斗争取得重大成果，打击传销、整治电信网络诈骗和禁毒工作取得显著成效，2020年群众安全感达98.1%，入选全国第一期市域社会治理现代化试点城市。坚持和发展新时代"枫桥经验"，中山派出所获命名为全国首批"枫桥式公安派出所"。落实市四家班子领导包案制，有效化解信访积案等突出矛盾纠纷问题。创新未成年人违法犯罪教育转化和有效管控工作，在全区率先建成教育矫治违法犯罪青少年励志专门学校。信用体系建设成效明显，列入国家社会信用体系示范市创建名单。加强地方金融监管，牢牢守住了不发生系统性金融风险的底线。安全生产、食品药品安全形势总体稳定。

（六）我们坚持办实事解民忧强保障，大力实施民生福祉升级工程，群众获得感幸福感安全感全面增强。

全面打赢脱贫攻坚战。坚持尽锐出战、精准发力，持续"跟上、盯住、办好"，坚决打好"四大战役""五场硬仗"，"两不愁三保障"问题全面解决。突出产业扶贫，实现脱贫村新型农业经营主体或扶贫产业基地全覆盖，村级集体经济收入全部达5万元以上。易地扶贫搬迁累计安置6.3万人。上林县荣获全国脱贫攻坚组织创新奖，隆安县成为全国脱贫攻坚交流基地，马山县“体育+旅游+扶贫”模式入选全国脱贫攻坚典型案例。

疫情防控成果持续巩固。坚持人民至上、生命至上，全面落实“四早”防控措施，56例本土确诊患者全部治愈出院，专业救治医院医务人员“零感染”。扎实推进常态化疫情防控，压实“四方”责任，坚持“外防输入、内防反弹”，突出“人物同防”，抓好进口冷链食品管理和重点场所、重点人群管控，严厉打击“三非”人员，实现境外输入、进口冷链食品引发疫情“零发生”，疫苗接种率排在全区前列。

就业服务和社会保障体系更加健全。城镇新增就业36.7万人，城镇登记失业率控制在3.1%以内。基本养老保险、基本医疗保险制度实现全覆盖，逐年上调企业退休人员养老金。完成农村危房改造3万户，建成保障性安居工程住房7.4万套。建成市第二福利院和10个300—500张床位公办示范性养老服务机构、188个社区养老服务设施，居家和社区养老服务改革试点通过民政部、财政部验收并获优秀等次。强化兜底保障，累计发放低保资金24.7亿元、特困人员供养补助7.1亿元。实施为民办实事工程，投入491.5亿元完成328个项目。

教育事业均衡发展。累计新建各级各类学校236所，新增学位22.7万个。2020年普惠性幼儿园覆盖率达90.3%，公办园在园幼儿占比达52.4%。提前两年实现所有县（市、区）通过国家义务教育基本均衡发展评估验收。进城务工人员随迁子女读书问题妥善解决，接收入学人数约占全区三分之一。义务教育学区制管理改革实现全覆盖，集团化办学试点有序推进。南宁市成为全区首个实现普及高中阶段教育的设区市，新增自治区示范性普通高中3所、特色高中2所、示范特色中等职业学校8所。南宁教育园区初步成型，入园院校18所，实现招生办学10所，在校学生规模达7.8万人。

健康南宁加快建设。实施医疗卫生建设项目402个，累计新增医疗卫生机构608家、床位15696张。新建和改扩建市级医院13家、社区卫生服务中心38个，新建县区级医院5所，实现每个乡镇建有1所标准化卫生院、每个行政村建成1个标准化村卫生室。2020年每千人口拥有执业（助理）医师数和床位数分别达3.3名、6.5张，高于全国、全区平均水平。组建2个城市医疗集团和5个专科联盟，累计向下级医院派出管理、专家团队761批次，上级医院专家下沉驻点4025人次，让优质医疗资源更多惠及基层群众。

文广体旅事业全面进步。广西文化艺术中心和南宁博物馆、科技馆、图书馆（新馆）等一批民生重点项目投入使用，“老南宁・三街两巷”历史文化街区成为网红打卡地。大力推出一批文艺精品，共获中国舞蹈“荷花奖”舞剧提名等国家级奖项16个，广西精神文明建设“五个一工程奖”等自治区级奖项103个。举办各类文化活动3万余场、惠及群众3000万余人次。“三馆一站”全部免费开放，村级公共服务中心覆盖率97%。广播电视光缆、数字农家书屋实现行政村全覆盖。实施全民健身和全民健康深度融合试点市建设，全市体育场地面积新增404.9万平方米、年均增长9.4%，每年新增或更换一批户外健身路径器材，逐步解决群众“健身去哪儿”难题。落实竞技体育强基工程，南宁籍运动员在第十四届全运会中获2金1银3铜的优异成绩。旅游业稳步发展，7个县（区）成为广西全域旅游示范区，全市旅游总人数和总消费多年位居全区首位。

各位代表！过去五年，我们旗帜鲜明讲政治，坚定不移用习近平新时代中国特色社会主义思想武装头脑、指导实践、推动工作，切实增强“四个意识”、坚定“四个自信”、做到“两个维护”，高质量开展“三严三实”专题教育、“两学一做”学习教育、“不忘初心、牢记使命”主题教育和党史学习教育，加强党风廉政建设，锲而不舍落实中央八项规定及其实施细则精神，驰而不息纠治“四风”，政府自身建设持续加强。

各位代表！过去五年，我们坚持把发展的方向、工作的重点和主观的努力有机结合起来，严格落实了一系列重大部署，圆满服务和举办了一系列重大活动，解决了一批难事，办好了一批实事，干成了一批大事。这五年，是南宁综合实力大幅跃升、发展质量大幅提升、内生动力大幅增强、宜居水平大幅提高、法治环境大幅改善、民生福祉大幅增进的重要时期。这些成绩的取得，最根本在于习近平总书记的领航掌舵、举旗定向，在于习近平新时代中国特色社会主义思想的理论武装、科学指引，是以习近平同志为核心的党中央总揽全局、亲切关怀的结果，是自治区党委、政府和市委坚强领导、科学决策的结果，是市人大、市政协有力监督、大力支持的结果，是全市各级各部门认真履职、担当作为的结果，是全市各族人民团结拼搏、不懈奋斗的结果。在此，我代表市人民政府，向全市各族人民，向人大代表、政协委员，向各民主党派、工商联、无党派人士和人民团体，向驻邕部队、武警官兵、政法干警、消防救援队伍，以及所有参与、关心和支持南宁发展的各界人士，表示诚挚感谢并致以崇高敬意！

同时，我们也清醒地认识到，当前南宁市发展还面临不少问题和困难，主要表现在：大城市带大农村的局面还没有根本改变，重点领域关键环节改革任务仍然艰巨，产业发展基础仍然薄弱，创新支撑产业高质量发展的动能不够强劲，民生保障仍然存在短板弱项，行政效能、营商环境仍有待提升等。对于这些突出问题，我们将采取更加有力的措施，切实加以解决。

二、当前形势和今后五年工作总体要求

当前，我国正处于实现中华民族伟大复兴的关键时期，第一个百年奋斗目标胜利实现，以习近平同志为核心的党中央团结带领全国各族人民，正在意气风发向着全面建成社会主义现代化强国的第二个百年奋斗目标迈进。习近平总书记始终牵挂、支持广西工作，关注、关心南宁发展，多次视察广西、视察南宁，作出系列重要指示批示。站在新的历史起点，南宁作为壮乡首府、祖国南疆重地、中国—东盟博览会永久举办地，在服务国家战略和全国发展大局中地位特殊、使命重大。我们要遵循习近平总书记提出的总目标、总要求，沿着习近平总书记指引的前进方向，牢记嘱托，感恩奋进，凝聚起全市上下加快高质量发展、奋进新征程的磅礴力量。

当今世界百年未有之大变局加速演进，新冠肺炎疫情影响广泛深远，世界发展不确定性、不稳定性进一步凸显。国内发展不平衡不充分问题仍然突出，碳达峰、碳中和对发展提出新的更高要求。与此同时，南宁市仍处在转型升级、爬坡过坎的关键阶段，区域竞争日趋激烈，加快高质量发展、实现强首府战略目标面临不少困难和挑战。但我们更应看到，今日之南宁，发展舞台之广阔前所未有、发展机遇之难得前所未有、发展基础之坚实前所未有。

我们发展的信心更加坚定。随着我国与东盟互为第一大贸易伙伴，中国—东盟博览会升级发展，《区域全面经济伙伴关系协定》（RCEP）即将生效实施，南宁在我国深化与东盟、《区域全面经济伙伴关系协定》（RCEP）以及“一带一路”沿线国家和地区开放合作中的地位作用更加重要，在服务和融入新发展格局中必将大有作为。我们发展的底气更加充足。经过多年发展，南宁市产业结构不断优化，经济规模和质量稳步提升，以电子信息、先进装备制造、生物医药等为重点的现代产业体系加快构建，城市基础设施日臻完善，城市支撑产业发展

的综合承载力大为增强，以城聚产、以产兴城、产城融合的良性循环加速形成。我们发展的动力更加强劲。南宁临空经济示范区等多个国家战略平台叠加实施、加快建设，有利于区域资源要素向南宁集聚，带来极化效应；自治区党委、政府把实施强首府战略摆在更加突出的位置，加快把南宁建成引领全区高质量发展核心增长极，为南宁在全国发展大局和区域竞争格局中实现赶超跨越创造了有利条件。

过往可鉴，当下可为，未来可期。我们要站在接续“两个百年”、统筹“两个大局”的战略高度，把握大势、凝聚共识，提振信心、激发斗志，切实增强责任感、使命感和紧迫感，奋力谱写新时代壮乡首府高质量发展的绚丽篇章。

今后五年，政府工作的总体要求是：高举中国特色社会主义伟大旗帜，坚持以习近平新时代中国特色社会主义思想为指导，全面贯彻党的十九大和十九届二中、三中、四中、五中全会精神，统筹推进“五位一体”总体布局，协调推进“四个全面”战略布局，深入贯彻习近平总书记“七一”重要讲话和对广西工作系列重要指示精神，紧紧围绕建设新时代中国特色社会主义壮美广西总目标，弘扬伟大建党精神，坚持稳中求进工作总基调，以推动高质量发展为主题，以深化供给侧结构性改革为主线，以改革创新为根本动力，以满足人民日益增长的美好生活需要为根本目的，统筹发展和安全，准确把握新发展阶段、抢抓用好新发展机遇、深入贯彻新发展理念、加快融入新发展格局，全面落实强首府战略，按照市第十三次党代会的决策部署，大力推进产业发展、改革创新、南宁渠道、乡村振兴、中国绿城、民生保障“六个全面提质”，加快打造引领全区高质量发展的核心增长极，推动各项事业发展再上新台阶，勇当贯彻四个方面重要工作要求的先行者，勇当落实“四个新”总要求的领头雁，勇当建设新时代中国特色社会主义壮美广西的排头兵，奋力在全国发展大局中实现赶超跨越，为全面建成社会主义现代化强国作出南宁贡献。

今后五年，政府工作的主要目标是：综合实力显著增强，城市功能更加完善，生态环境质量持续改善，城市集聚力、承载力和辐射力不断增强，面向东盟开放合作的区域性国际大都市、“一带一路”有机衔接的重要门户枢纽城市、北部湾城市群与粤港澳大湾区融合发展的核心城市、具有浓郁壮乡特色和亚热带风情的生态宜居城市建设迈出坚实步伐。

——经济发展实现新跨越。现代产业体系加快健全，工业支撑作用明显增强，现代服务业高端化发展，产业链现代化水平不断提高。经济增长速度高于全国、全区平均水平，地区生产总值年均增长7.5%以上，经济首位度持续提高，综合经济实力在全国城市中实现进位跃升。

——改革创新激发新活力。到2025年，全社会研发投入占地区生产总值比例达2.5%，全市高新技术企业保有量达2500家。提升南宁·中关村等创新平台引领示范作用，积极服务、加快建设中国—东盟科技城，打造面向东盟的区域性国际科技创新中心。营商环境持续优化，力争迈进全国第一方阵。

——“南宁渠道”拓展新空间。到2025年，外贸进出口总额突破1500亿元，年均增长10%。对外开放平台辐射带动能力显著增强，开放型经济发展迈上更高层次，在全区全方位开放发展中的引领带动作用充分发挥。

——乡村振兴绘就新画卷。现代特色农业全面增效，农村人居环境显著改善，乡风文明焕发新气象，乡村“形、实、魂”进一步提升。到2025年，打造5个以上产值达百亿元的特色农业产业，建设一批乡村振兴示范点，形成有特色的乡村振兴示范面，成为广西乃至全国乡村振兴的示范。

——绿城品质彰显新魅力。到2025年，“一主四副”大都市区城市空间格局基本形成，空气质量、水环境质量持续走在全国城市前列，文化软实力大幅提升，社会文明程度显著提高，成为生态宜居城市典范。

——民生福祉达到新水平。居民人均可支配收入年均增长7.5%，与经济增长基本同步。教育、医疗等基本公共服务均等化水平大幅提升，社会保障体系更加完善，社会治理和安全保障水平明显提高，人民生活更加幸福，共同富裕基础更加坚实。

三、今后五年重点工作

今后五年，我们要紧紧围绕上述目标，全面落实强首府战略，扎实推进“六个全面提质”，重点抓好以下工作。

（一）奋力推进产业发展全面提质，加快构建现代产业体系。 坚持把发展经济的着力点放在实体经济上，按照“强二扬三优一”思路，持续建链延链补链强链，提升产业链现代化水平，奋力跑出产业高质量发展“加速度”。

奋力打好工业振兴攻坚硬仗。坚持强龙头、补链条、聚集群，持续做好产业发展、园区建设、企业培育三篇文章。强化产业集群打造。突出龙头带动，以建链促集聚，推进电子信息、先进装备制造、生物医药三大重点产业集群发展。以瑞声、歌尔、世纪创新等企业为龙头，建设承接东部、衔接东盟的重要电子信息产业核心部件研发、制造和供应基地。发挥合众、申龙、美斯达等龙头企业带动作用，以主机带动零部件集群发展的全产业链思维，打造南宁智能制造城、新能源汽车产业城，建设面向西南、中南和东盟市场的先进装备制造基地。坚持创新孵化和成果转化“双轮驱动”，着眼新药研发和中药民族药二次开发相结合，培育龙头企业，积极引进产业运营团队建设专业生物医药园区，打造具有区域特色的生物医药产业基地。改造提升传统优势产业，做优做强绿色食品、绿色建材、绿色化工、绿色家居、高端铝加工等产业集群。建立产业链链长工作机制，重点培育发展新能源汽车、集成电路封装测试和智能终端核心零部件等新兴及优势产业链。力争到2025年培育2个千亿产业和一批百亿企业。强化园区产业支撑。高水平规划建设东部产业新城，将伶俐、六景、峦城作为一个整体园区进行开发建设，实现“一年打基础、三年见成效、五年成规模”，加速形成产业东融承载区、先进制造业新阵地、产港城融合发展示范区。加快高新区、经开区、广西—东盟经开区提质升级，加强产业发展规划指导，激发园区发展动力活力。加快建设南宁临空经济示范区，培育发展临空产业集群，打造全国临空经济创新发展先导区。推动县（市、区）工业园区差异化、特色化发展，规划建设一批特色产业园。支持国家级开发区、中国（广西）自由贸易试验区南宁片区、市属平台公司与县（市、区）工业园区合作共建。力争到2025年，成功打造1个千亿园区、2个500亿园区。强化工业要素集聚。保障工业用地，确保到2025年工业用地占全市城镇建设用地20%以上。加大资金投入，有效发挥国有平台投融资功能，通过政府投资基金等方式，撬动更多金融资本、民间资本、社会资本投向工业重大项目、重点产业和重点园区。

着力推动现代服务业加快发展。高质量打造五象新区新经济新产业高地。培育发展平台经济，支持广西现代物流集团、云宝宝公司等企业打造数字化应用平台，到2025年，特色平台经济营业收入突破1000亿元。提速发展数字经济，加快京东（南宁）数字经济产业园、中国—东盟地理信息与卫星应用产业园等一批重大项目建设，建成国家级互联网骨干直联点。到2025年，力争数字经济核心产业增加值占地区生产总值比重8%以上。大力发展总部经济，完善支持政策，推广Smart全球营销总部落地的做法，推动更多企业在南宁设立区域性总部或功能型总部。高质量建设面向东盟的金融开放门户南宁核心区。扩量提质建设中国—东盟金融城，推进金融中后台服务基地建设，加快现代金融全产业集聚发展，推进绿色金改和保险创新“双示范区”建设，强化面向东盟的跨境金融创新，建设完善中国—东盟大宗商品现货交易市场、黄金产业交易市场等专业市场。高质量建设区域性国际旅游中心城市。坚持重大项目带动，突出高端产业引领，强化面向东盟的国际旅游集散功能，加快文旅产业高质量发展。推动万有等重大项目建设，引进华侨城等一批带动力强的项目。发展数字文旅、文化创意、大健康为重点的高端文旅产业，推动“文旅+康养”等一体发展。强化面向东盟的文化旅游交流，积极融入粤港澳大湾区、澜湄旅游城市合作联盟等区域合作。以创建国家全域旅游示范区、国家中医药健康旅游示范区为抓手，加快建设“两圈一轴”，推进百里秀美邕江·园博园和昆仑关创建国家5A级景区，推动南宁市从国家文化和旅游消费试点城市向示范城市迈进，唱响“中国绿城”“老友南宁”品牌。高质量建设区域性国际消费中心城市。大力发展跨境电商，培育东盟进口产品直销市场，打造东盟产品集散地。推进线上线下融合发展，建设苏宁智慧电商产业园、京东电子商务产业园及运营结算中心、唯品会东盟电商现代物流中心等电商平台项目。把“老南宁·三街两巷”、盛天地、百益上河城等建设成为全国有影响力的高品位特色商业街区，把宜家家居、首创奥特莱斯等一批商业综合体发展成为区域性购物中心。培育时尚消费、定制消费等高端消费业态，发展首店经济、首发经济、品牌经济、直播经济。推动会展风岭商圈消费品质提升、朝阳商圈消费环境优化、五象商圈消费规模成型，打造具有区域国际影响力的消费目的地。

强力抓好项目建设扩投资。滚动实施重大项目建设三年行动，把扩大产业投资特别是工业投资放在第一位，固定资产投资年均增长10%以上。完善重大项目建设推进、谋划储备、招商引资机制，突出抓好南宁市纳入国家和自治区“十四五”规划的重点工程、重大项目建设，每年策划实施一批强首府标志性项目和重点项目。聚焦战略性新兴产业、社会民生、生态环境等领域，精准实施一批重大项目。加快建设南宁国家加工贸易产业园。大力招商引资，支持以资源换产业、以资本换项目，推行全产业链招商、资本招商、以商招商、市场化招商等招商方式，着力引进产业链上下游重点企业、重大项目。加速招商成果转化，以优质服务提升项目协议履约率、资金到位率、开工率和竣工率。

（二）奋力推进改革创新全面提质，加快集聚高质量发展新动能。

促进改革与发展深度融合高效联动，推进以科技创新为核心的全面创新，始终以发展成效检验改革创新成果。

深化重点领域和关键环节改革。深入实施国企改革三年行动，推动市属企业战略性重组和市场化整合，积极稳妥推进混合所有制改革，引导国有资本投向民生领域、优势产业和战略性新兴产业。完善农村承包地“三权分置”制度，扎实推进城乡融合发展、乡村振兴等改革集成试点，稳慎推进农村宅基地制度改革，稳步推进农村集体经营性建设用地入市。加强地方政府性债务管理，防范政府债务风险。健全资源要素配置机制，积极构建多元化投融资体制和资本运作机制，推动更多资金、土地、项目向优势产业集中，向发展成效明显的县（市、区）、开发区倾斜。

强化创新支撑产业高质量发展。加快推动南宁·中关村升级发展，打造区域协同创新高地。引进培育新型产业技术研究机构等创新平台，支持人工智能、新能源汽车关键零部件、高端铝合金等领域技术攻关与产品研发。推进南宁教育园区产学研一体发展，促进教育链、人才链与产业链、创新链有机衔接。积极推动中国—东盟科技城建设，争取国家布局重大科技基础设施、重大创新平台。强化企业创新主体地位，实施高新技术企业数量与质量“双提升”行动，促进大中小企业创新协同共享，推动企业与高校、科研院所建立多形式创新联合体。推进“科创中国”试点城市建设。到2025年，建设新型产业技术研究机构30家，“瞪羚企业”累计达100家。

打造国内一流营商环境。聚焦市场主体关切，持续打造市场化法治化国际化营商环境。落实国家市场准入负面清单和公平竞争审查制度，推进“证照分离”改革全覆盖，持续放宽市场准入。提升投资和建设便利度，优化工程建设项目审批系统平台功能，完善推广“拿地即开工”、区域评估等审批服务。推进政务服务智能化，扩大全流程网办事项比例，实现高频事项无人干预“智能审批”“秒办秒批”“免申即办”，推动“跨省通办”“异地可办”提速扩面。全面推行事前信用承诺和以信用为基础的分级分类监管制度，对新产业新业态实行包容审慎监管。强化安商稳商，构建亲清政商关系。

推动绿色转型发展。结合南宁市经济发展水平、产业结构和能源结构等实际，制定“双碳”目标行动路线图，协同推进碳达峰、碳中和行动。落实能耗“双控”要求，坚决遏制“两高”项目盲目发展。推行绿色低碳生产方式，积极利用绿色金融等政策工具，推进传统产业绿色升级改造，发展绿色产业和循环经济。推进国家储备林建设，增强碳吸收能力。推行绿色生活行动计划，引导公众生活方式向低碳转型。

（三）奋力推进“南宁渠道”全面提质，加快扩大高水平开放。

坚持以高水平开放引领高质量发展，以大交通大物流大平台支撑大开放，积极服务和融入新发展格局，加快打造成为国内国际双循环重要节点枢纽城市。

构建“大交通”格局。积极参与西部陆海新通道建设，以推进“交通强区”试点为契机，实施枢纽重构，打造“一带一路”转换枢纽。突出陆港支撑，构建全方位高速铁路网公路网。重点建设五象站、南宁北站、南宁站站城一体化改造等综合枢纽，建成贵南高铁和南玉、南崇城际铁路，推动规划建设南衡、南合湛等高铁。推进南宁至宜州、南宁至湛江高速公路等重大项目建设，加快形成“二环十五射两横两纵三联线”的高速公路网。到2025年，新增高速公路900公里，总里程1900公里，基本实现全部乡镇“30分钟上高速”。突出空港引领，建设面向东盟的国际航空门户。建成南宁国际空港综合交通枢纽（GTC）、机场第二跑道，加快建设T3航站楼。突出江海联运，打造南宁通江达海新通道。推动平陆运河建设，加快邕江与北部湾港水路直通。

构建“大物流”体系。强化“陆海边”硬联通，建设国家物流枢纽。加强铁路货运场站和集疏运体系建设，实施南站改扩建，规划建设玉洞铁路货运中心、高铁物流园等铁路物流基地，打造区域枢纽骨干节点。大力发展跨境铁路班列、国际货运航线、跨境公路班车，促进面向东盟的跨境货物在南宁集散集结，努力将南宁打造成为西部地区公铁海空多式联运的货物集散中心。强化“陆海边”软联动，畅通出海出边物流通道。以南宁国际铁路港、中新南宁国际物流园等为重要节点，推动南宁与北部湾港和东兴、凭祥等广西边境口岸的物流联动发展，创新通关管理模式，提升一体化通关效率，构建面向东盟、服务全国的多式联运物流网络。

构建“大平台”支撑。提速提质推进南宁综合保税区、中国（南宁）跨境电子商务综合试验区等国家级开放平台之间的规划衔接、政策共享、协同发展，促进要素资源高效配置，最大程度发挥政策叠加效应。高标准建设中国（广西）自由贸易试验区南宁片区。积极争创《区域全面经济伙伴关系协定》（RCEP）先行示范区，梳理对标《区域全面经济伙伴关系协定》（RCEP）规则和条款，探索推进相关条款先行先试。设立中国（广西）自由贸易试验区南宁片区协同发展区，通过“双向飞地”的模式，扩大政策溢出效应。推动中国—东盟博览会升级发展。围绕“南宁渠道”发挥优势、扩大影响，推动中国—东盟博览会服务区域从“10+1”向《区域全面经济伙伴关系协定》（RCEP）和“一带一路”延伸拓展，争取更多的国家和地区在南宁设立商务办事机构、区域合作组织机构。打造双循环产业链重要铆接点。积极参与东盟国家、粤港澳大湾区、长江经济带、西部陆海新通道沿线区域的产业分工，推动构建以“大湾区—南宁—东盟”和“欧盟—川渝—南宁—东盟”为主的跨境产业链供应链价值链，把南宁打造成为中国企业走向东盟市场和东盟企业进入中国大陆的产业投资聚集地、贸易往来结算地、科技创新支撑地、生活服务保障地。

（四）奋力推进乡村振兴全面提质，加快促进农业农村现代化。

按照“产业兴旺、生态宜居、乡风文明、治理有效、生活富裕”的总要求，强化规划引领，把乡村产业振兴和乡村建设摆在突出位置，全面推进乡村振兴。

实现巩固拓展脱贫攻坚成果同乡村振兴有效衔接。严格落实“四个不摘”要求，加强防止返贫动态监测和帮扶，落实和完善兜底性政策，牢牢守住不发生规模性返贫底线。持续发展脱贫地区乡村特色产业，壮大村级集体经济，促进脱贫人口稳岗就业。推进易地搬迁后续扶持“十个强化”，确保搬迁群众稳得住、有就业、逐步能致富。加大乡村振兴重点帮扶县、乡镇、村的支持力度。落实粤桂协作机制，扎实开展深邕结对帮扶协作工作。

以乡村产业振兴推动县域经济发展。加强粮食生产功能区和糖料蔗保护区建设，坚决遏制耕地“非农化”、防止“非粮化”，巩固提升重要农产品综合生产能力。发展壮大优质粮食、水果、蔬菜、生猪等“10+3”特色产业，强化科技兴农，大力发展现代种业和现代农业装备，优化提升现代农业产业体系。提升“邕系”农产品品牌影响力，力争入选国家级或自治区级农业品牌目录100个。实施特色农业现代化示范区高质量建设五年行动，创建国家农业现代化示范区1—2个，建成国家农村产业融合发展示范园3个以上，新创国家级或自治区级现代农业产业园6个以上，建成一批田园综合体，规划建设一批农林产品加工园区。健全农产品流通市场体系，加强冷链物流、地头冷库、田头贮藏等设施设备建设。实施县域经济高质量发展三年行动，完善差异化考核指标体系，激发各县（市、区）发展活力，培育经济强县（市、区）。统筹优化城镇空间布局，推进以县城为主要载体的新型城镇化建设，推动县域经济与城市经济融合发展，促进城乡产业链协同。发挥小城镇连接城市、服务农村的作用，打造一批经济强镇，建设一批特色小镇。依托乡村民族文化、民俗风情和生态风光等资源，按照“文旅+产业”思路，建设一批民族特色村寨，打造乡村旅游目的地、都市休闲后花园。

以乡村建设行动打造美丽新乡村。坚持以产业发展为基础，支持各县（市、区）打造一批乡村振兴示范村。开展新一轮农村水、电、路、气、通信、物流等基础设施建设行动，着力推动公共基础设施往村覆盖、往户延伸。推进城乡供水一体化和农村区域规模化集中连片供水，抓好水库（闸）除险加固和运行管理，实施农村水环境综合治理。持续开展农村人居环境整治提升和风貌改造，扎实推进农村厕所革命、污水垃圾治理，强化农房管控，打造一批乡村风貌示范带。创新乡村治理方式，深化群众性精神文明创建活动，积极培育文明乡风，推进移风易俗，构建治理有效、充满活力、和谐有序的乡村社会。

（五）奋力推进“中国绿城”全面提质，加快建设生态宜居典范城市。

坚持人民城市人民建、人民城市为人民，坚持治水建城为民，打造亮点、破解难点，全面提升城市功能品质。

打造南宁大都市区。顺应城市人口增长趋势，建设特大城市。以站城一体化（TOD）理念推进城市框架拉开，形成1个主城区、4个副城新城空间格局，推动多中心、多组团发展。优化提升主城区，构建“城市、片区、社区”三级公共服务体系，形成“一刻钟便民生活圈”。加快副城新城建设，引导产业、人口向新区新城集聚。强化交通支撑，推进轨道交通建设，力争每年开工建设1条轨道交通线路，形成“四横三纵两通”的轨道交通网络；完善主城区“六横六纵”快速路骨架，加快构建一级公路环，强化主城区与副城新城之间的交通联系。加强城市供水保障，实施二次供水和水质提升工程，规划建设一批重大水资源配置及供水工程。完善人才引进和落户政策，让高校毕业生、农村转移人口、外来人才等新市民进得来、留得住，提高首府城市吸引力、集聚力。

打造“百里秀美邕江”升级版。做足水的文章，巩固提升邕江综合整治和开发利用成果，加快建设世界级城市滨水空间，推动形成蓬勃发展的产业带、水清岸绿的生态线、人水和谐的宜居城。建立邕江两岸规划管控体系，沿江集聚公共功能，分段塑造差异化沿江特色，引导滨江天际线，分批推进沿岸城市更新改造工程，整体提升沿岸城市风貌。以邕江为轴，推进水面和两岸文、体、吃、住、行、游、购、娱等业态融合发展，塑造城市人文客厅。

打造一体化绿城特色园林。树立“大园林”理念，统筹融合江河湖山园及人文历史等多种元素，突出城市文脉赓续，提升园林绿化、彩化、花化、香化、美化水平，构建具有历史记忆和文化传承、彰显浓郁壮乡特色和亚热带风情的城市园林体系。推进“公园城市”建设，创建国际花园城市。推动城市内河水环境治理内涵向两岸拓展延伸，完善文化、体育、休憩、娱乐等配套设施，构建连续完整的综合园林体系。结合排水防涝体系建设，扩展城市及周边自然调蓄空间，形成蓉茉湖、翠湖、松柏湖、天潭湖、那丹湖等滨水开放空间，改造提升明月湖、相思湖、金沙湖、楞塘中湖、定罗湖、里建湖等功能品质，增加水城共生的“湿地空间”。启动建设五象岭森林公园，优化提升一批老旧公园，规划建设一批带状公园、口袋公园、街头绿地，科学改种、增种遮荫路树，实施绿道建设工程，打通片区绿道系统，促进“绿色廊道”和“绿地斑块”有机整合，努力实现市民出行“300米见绿、500米见园”。系统设计打造以园林景观IP为代表的南宁城市IP，提升城市整体形象。

全力实施“治堵畅通”工程。构建外通内畅的城市路网体系，全面提升市域交通联动效率。推进建设绕城高速与城市道路互通节点，大力缓解进出城交通拥堵问题。强化五象、埌东—凤岭、朝阳三大城市中心互联互通，提升主城区交通出行效率。强化轨道交通、常规公交、慢行系统衔接，调整优化常规公交线路，推行以轨道交通站点为核心节点的微循环公交，打造轨道交通引领的公交都市。提升次干路和支路网密度，打通“断头路”、拓宽“瓶颈路”、提速快速路、建设连接路，大力缓解南宁大桥、民族大道东和厢竹大道等路段拥堵难题。加强智能交通系统和交通信号区域协同控制工程建设，提升智能交通管理水平。抓好停车场、充电桩规划建设，鼓励单位、住宅小区停车场向公众开放，因地制宜开放夜间路内停车位，完善差别化停车供应政策，缓解停车难问题。实施人行道畅通舒适工程，规范人行道非机动车停放，合理布设行人过街天桥、空中连廊或地下通道，打造人车分行的交通架构。

用绣花功夫提升城市管理水平。巩固提升文明城市创建成果，构建城市治理长效机制，争创全国文明典范城市，推进城市治理现代化。大力“排涝”。建设韧性城市，增强防涝抗灾能力。加快完善智能电网、地下管网、防洪排涝工程等公共设施。坚持海绵城市理念，建设完善城市排水系统，注重强化地铁等地下空间防洪排涝，构建科学、快速、智慧、安全四位一体的城市内涝防治体系，综合解决城市内涝问题。着力“治乱”。深化“美丽南宁·整洁畅通有序大行动”，推动城市管理和公共服务力量下沉社区、进入网格，重拳整治交通乱象，扎实推进“五乱”治理和生活垃圾分类。聚力“改旧”。实施城市更新行动，推动城市内涵式发展。重点改造城镇老旧小区、城中村，加快南宁火车站片区、五一中路片区、中尧路片区等城市更新项目建设。推进“智管”。加快智慧城市建设，拓展升级数字化城市管理平台，推行城市楼宇、公共空间、地下管网等“一张网”数字化管理，提升“一码通城”覆盖面。突出“解难”。优化提升一批农贸市场，改造提升一批城市公厕，实施生活垃圾转运站“三防三化”改造，着力解决群众关心关注的急难愁盼问题。

擦亮生态优势金字招牌。深入践行“绿水青山就是金山银山”理念，持续推进蓝天、碧水、净土、宁静工程。深化大气污染治理，严格管控扬尘污染、秸秆露天焚烧等大气面源污染，深化工业污染源治理，提升“南宁蓝”品质。强化河湖长制长效机制，深化流域水环境综合治理和保护，实行流域控制单元精细化管理，常态化规范化推进河湖“清四乱”，推动黑臭水体治理常态长效，持续提升城市内河水质。新建仙葫、沙井等一批城市水质净化厂，满足城市水质净化需求。强化水土流失综合治理，加强土壤污染综合防治，有效管控土壤环境风险。开展噪声污染专项整治。

（六）奋力推进民生保障全面提质，加快提高人民生活品质。

牢记让人民生活幸福是“国之大者”，补齐民生短板，增进民生福祉，让群众获得感成色更足、幸福感更可持续、安全感更有保障。

推进高质量社会保障体系建设。促进更高质量和更充分就业，完善高校毕业生、退役军人、农民工和城镇困难人员等重点群体多渠道就业创业支持体系，每年城镇新增就业人数5万人以上，城镇登记失业率控制在4.5%以内。深入实施全民参保计划，以新市民和灵活就业人员等群体为重点，完善覆盖全民、统筹城乡、公平统一、可持续的多层次社会保障体系。稳步推进长期护理保险制度试点扩面工作。以“一老一小”为重点完善人口服务体系，发展普惠型养老服务和互助性养老，建设一批示范性养老服务机构，发展婴幼儿照护及社区养老、托幼、用餐、保洁等多样化服务。提升基层社会救助服务能力，统筹完善城乡社会救助体系，实现应保尽保、应救尽救。坚持“房住不炒”，保持房地产市场平稳健康发展。完善住房供应体系，大力培育发展租赁住房市场，重点发展保障性租赁住房，规范发展公租房，着力解决新市民、青年人等群体住房困难，探索形成可复制可推广的“南宁做法”。

推动教育高品质发展。坚持五育并举、立德树人，实施“品质教育、学在南宁”新时代教育高质量发展工程，推动“学有所教”向“学有优教”转变。推进学前教育普及普惠，实施71所幼儿园、171所义务教育阶段学校的新建、改扩建；支持推动有条件的学校扩容增量，缓解教育热点难点片区学位紧张问题；大力推进集团化办学，稳步推进义务教育教师“县管校聘”试点工作，加快缩小义务教育校际、城乡、区域差异，促进优质教育资源均衡布局。稳步推进新高考综合改革，促进普通高中教育多样化、特色化发展。扎实做好“双减”工作，提升校内课后服务水平，规范校外培训机构发展。深化职业教育产教融合，做大做强南宁职业教育集团。支持南宁学院提升办学层次，推动南职院升格为职业本科院校，谋划建设市属工科院校。加快南宁教育园区建设，力争2025年基本形成产教城融合发展格局。

全面建设健康南宁。扎实推进健康南宁专项行动。深化疾病预防控制体系改革。抓好常态化疫情防控，巩固疫情防控成果。筑牢公共卫生安全屏障，加快推进公共卫生防控救治能力建设三年行动，抓好公共卫生临床中心、卫生应急处置中心等项目建设，促进医防融合、平战结合，健全公共卫生服务体系。坚持基本医疗卫生事业公益属性，推进医联体、医共体建设和县域综合医改，推动中心城区优质医疗资源向农村地区、城市外围地区及新区扩容下沉、均衡布局，做大做强城市医疗集团。探索“小综合大专科”模式，推动市属二级以下公立医院专业化、差异化发展。统筹推进医疗、医保、医药“三医联动”。推行按疾病诊断相关分组（DRG）付费等多元复合式医保支付方式。促进中医药、壮瑶医药传承创新发展。

繁荣发展文化广电和体育事业。实施首府文化品质提升工程。护好用活红色资源、民族文化和历史人文景观，抓好革命文物保护和修缮，提升“老南宁·三街两巷”文化内涵，推进中山路、蒲庙历史文化街区、南宁市非物质文化遗产展示中心建设，集聚社会资源打造一批主题艺术街区和艺术馆，积极申报国家历史文化名城。以精品演出推动文化事业发展，创作推出现代邕剧《梁小霞》等一批艺术精品剧目。优化提升南宁国际民歌艺术节、中国—东盟（南宁）戏剧周、民歌湖大舞台周周演、文化走亲东盟行等文化品牌。继续实施智慧广电工程，推进有线电视网络整合和广电5G建设一体化发展。加快建设体育强市，完善全民健身服务体系，推进社会体育场地设施建设和学校场馆开放共享，加强公园绿地文化体育设施建设。将南宁龙舟赛、南宁国际马拉松比赛、马山攀岩精英挑战赛等重要赛事打造成全国一流、国际知名的品牌赛事。积极服务好2023年第一届全国学生（青年）运动会。

打造社会治理现代化示范城市。全面贯彻总体国家安全观，统筹发展和安全，深化平安南宁、法治南宁建设，积极创建全国禁毒示范城市、全国社会治安防控体系示范市、国家安全发展示范城市、国家食品安全示范城市，全力推进国家城市安全风险综合监测预警工作体系建设试点工作。统筹推进市域社会治理与基层社会治理现代化，深化网格化服务管理，加强社会治安防控体系建设，持续严厉打击传销、电信网络诈骗、非法集资等违法犯罪，推进扫黑除恶常态化。强化突发公共事件应急处置和防灾减灾救灾能力建设，建立健全统一的应急物资储备体系。推进“八五”全民普法。铸牢中华民族共同体意识，巩固全国民族团结进步示范市创建成果。积极防范化解金融风险。深化社会信用体系建设，营造诚信守信浓厚社会氛围。加强和改进退役军人事务工作，争创全国双拥模范城“八连冠”。

四、全面加强政府自身建设

始终坚持和加强党的全面领导，持之以恒加强政府自身建设，打造有为、法治、高效、廉洁的服务型政府。

强化政治引领，建设有为政府。持续学懂弄通做实习近平新时代中国特色社会主义思想，不断提高政治判断力、政治领悟力、政治执行力，进一步增强“四个意识”、坚定“四个自信”、做到“两个维护”。坚持以人民为中心的发展思想，始终把人民对美好生活的向往作为奋斗目标，敢于担当、善于作为，以钉钉子精神做好各项工作，谋实事、出实招、求实效，用我们的辛苦指数提升群众的幸福指数，在全面落实强首府战略中闯新路、谱新篇、创新绩。

严格依法行政，建设法治政府。落实法治政府建设实施纲要，深化全国法治政府建设示范市建设。依法接受人大及其常委会的监督，自觉接受人民政协的民主监督，主动接受社会和舆论监督，深入推进审计监督全覆盖。健全与人大代表、政协委员的沟通联络机制，提高人大代表议案建议和政协提案办理质量。落实重大行政决策程序，加强政务信息公开，建设高水平新型智库，提高决策科学化、民主化、法治化水平。规范行政执法行为，让权力公开透明、阳光运行。

提升行政效能，建设高效政府。完善强首府、工业振兴、乡村振兴等重点工作推进机制，推行项目化、清单制管理，提高政府执行力。巩固精文简会成果，切实为基层松绑减负，让基层腾出更多时间和精力抓工作落实。坚持从严管理与正向激励相结合，充分调动各级干部干事创业的积极性、主动性和创造性。强化公仆意识、服务意识和效率意识，推进“互联网+政务服务”，及时回应群众关切，紧抓快办、马上就办，提高政府公信力。

坚持廉政为民，建设廉洁政府。认真落实全面从严治党主体责任，深化“书记引航担使命”主题活动，坚持把党风廉政建设与中心工作同谋划、同部署、同落实、同考核。严格落实中央八项规定及其实施细则精神，坚持政府过“紧日子”，持之以恒纠治“四风”。加强对重大工程、重点领域、关键岗位的监督制约，持续整治群众身边腐败和不正之风，一体化推进不敢腐、不能腐、不想腐，切实做到政治清明、政府清廉、干部清正。

各位代表！蓝图绘就，唯有奋斗；扬帆破浪，正当其时。让我们更加紧密地团结在以习近平同志为核心的党中央周围，高举中国特色社会主义伟大旗帜，坚持以习近平新时代中国特色社会主义思想为指导，解放思想、改革创新、扩大开放、担当实干，永葆初心使命、忠诚履职尽责，真抓实干、善作善成、造福于民，全面落实强首府战略，加快打造引领全区高质量发展核心增长极，勇当贯彻四个方面重要工作要求的先行者，勇当落实“四个新”总要求的领头雁，勇当建设新时代中国特色社会主义壮美广西的排头兵，为全面建成社会主义现代化强国、实现中华民族伟大复兴中国梦作出南宁新的更大贡献。

中国人民政治协商会议南宁市委员会常务委员会工作报告（摘要）

——2021年10月19日在政协第十二届南宁市委员会第一次会议上

市政协主席　杜伟

一、过去五年工作的回顾

过去的五年，是南宁发展历史上具有里程碑意义的五年。五年来，面对错综复杂的国际形势、艰巨繁重的国内改革发展稳定任务特别是突如其来的新冠肺炎疫情，中共南宁市委坚定不移贯彻落实习近平新时代中国特色社会主义思想，团结带领全市各族人民解放思想、改革创新、扩大开放、担当实干，打好打赢“三大攻坚战”[1]，扎实推进“六大升级”工程[2]，全面落实强首府战略[3]，推动经济社会高质量发展，解决了一批难事，办好了一批实事，干成了一批大事，实现“十三五”规划胜利收官，与全国同步全面建成小康社会，“十四五”规划开局顺利，为开启社会主义现代化建设新征程奠定了坚实基础，汇聚了磅礴力量，赢得了群众赞誉，创造了崭新辉煌。

五年来，在中共南宁市委的坚强领导下，市政协及其常委会以习近平新时代中国特色社会主义思想为指导，全面贯彻落实中共十九大和十九届二中、三中、四中、五中全会精神，深入贯彻习近平总书记“七一”重要讲话和对广西工作系列重要指示精神，坚持团结和民主两大主题，紧扣中心工作履职尽责，充分发挥专门协商机构作用，积极建言资政，广泛凝聚共识，切实担负起把中共中央、自治区党委和市委决策部署不折不扣落实到政协全部工作中的政治责任，为助推全面落实强首府战略、奋力谱写新时代南宁高质量发展新篇章作出了积极贡献。

（一）坚持理论武装，夯实团结奋斗共同思想政治基础得到新提高。

自觉用党的创新理论武装头脑。认真学习贯彻习近平新时代中国特色社会主义思想，中共十九大和十九届二中、三中、四中、五中全会精神，专题学习习近平总书记“七一”重要讲话精神，跟进学习习近平总书记对广西工作系列重要指示精神，深入学习贯彻习近平总书记关于加强和改进人民政协工作的重要思想，持续学习中央、自治区党委和市委政协工作会议精神。建立完善以政协党组理论学习中心组学习为引领，主席会议集体学、常委会议专题学、政协讲坛系统学、委员培训集中学、专委会议共同学、读书座谈交流学等相配套的学习制度体系。深入推进“两学一做”[4]“不忘初心、牢记使命”主题教育，扎实开展中共党史学习教育，组织开展“书香政协”读书活动，发挥好政协讲坛、同心书屋、智慧政协等平台作用，形成全员覆盖、整体提升的学习格局，引导广大政协委员和各界人士把思想和行动统一到中共中央、自治区党委和市委的决策部署上来，把建言献策统一到全面落实强首府战略的生动实践上来，把凝聚共识统一到首府经济社会的高质量发展上来，不断增进对中国共产党和中国特色社会主义的政治认同、思想认同、理论认同、情感认同，坚定不移走中国特色社会主义政治发展道路，进一步夯实团结奋斗的共同思想政治基础。

（二）坚持党的领导，加强政协系统党的建设彰显新成效。

坚持党对政协工作的全面领导。始终把坚持党的领导作为政协工作的生命线，贯穿到政协全部工作之中。深入学习贯彻中央、自治区党委和市委政协工作会议精神，协助市委出台了实施意见，及时召开了党委政协工作会议，在全市开展贯彻落实中央、自治区党委和市委政协工作会议精神情况督查，形成了党委重视、政府支持、政协主动、各方配合、社会关注的良好局面。充分发挥政协党组把方向、管大局、保落实的重要作用。严格执行向市委专题报告政协党组工作、重要工作、重大事项等制度，认真落实党委会同政府、政协制定年度协商计划制度，政协年度协商计划经市委批准后，以市委办公室名义印发实施，确保政协始终在党的领导之下主动负责、协调一致地开展工作，确保人民政协事业沿着正确的政治方向前进。

全面加强政协系统党的建设。积极创建党建双线管理[5]机制，建立完善机关党建工作座谈会制度，专委会党员委员活动小组制度，党员委员联系党外委员制度等，落实全体会议成立临时党委和临时党支部机制，建立临时党委委员联系界别小组的工作制度，有效实现党的组织对党员委员的全覆盖、党的工作对政协委员的全覆盖，使人民政协更好地成为坚持和加强党对政协各项工作领导的重要阵地。市政协和隆安县政协的经验做法分别在全国政协系统党建工作座谈会和经验交流会上作书面发言。

（三）坚持服务中心，助推首府经济社会高质量发展作出新贡献。

聚焦中心工作建言资政。坚持把服务全市工作大局作为履职主线，聚焦加快建设“四个城市”[6]、持续推进“六大升级”工程、全面落实强首府战略、推动“十四五”开局起步等重大问题，精心选题、精准发力。围绕“大力发展县域经济”“加快西部陆海新通道建设、助推南宁渠道升级”“加快推进中国（广西）自由贸易试验区南宁片区跨境电子商务发展创新驱动发展”等召开专题议政性常委会议协商；围绕“加快南宁智慧物流枢纽建设”等开展专题协商；围绕“聚力‘一带一路’，深化开放合作，协力打造旅游深度融合大走廊”主题，召开昆明南宁贵阳与红河桂林黔南“3+3”政协会议进行跨区域协商；围绕“全力打造环大明山生态旅游圈”“科学有效应对新冠肺炎疫情造成的影响”等召开双月协商座谈会协商；聚焦产业园区建设、完善非公经济发展环境、培育科技创新主体、全面推进乡村振兴等重大问题，开展深度调研，建言献策；聚焦群团组织改革试点、司法体制改革等全市重大改革任务，积极议政、精准建言，提出具有前瞻性、综合性、建设性的对策建议。五年来，共形成调研报告181份，提出意见建议905条，关于打造环大明山生态旅游圈等5项重大协商成果，转化为自治区政协重点提案，得到自治区领导和市领导的批示，提出的意见建议多数都被相关部门采纳，为党委、政府提供了有益的决策参考。

聚焦服务重点工作主动作为。围绕统筹疫情防控和经济社会发展工作，及时召开双月协商座谈会，建睿智之言、献务实之策。全市共有1372名政协委员和政协机关干部投身抗疫一线，积极参与疫情防控、救治病人、捐款捐物、稳产稳岗、保障供应、纾解情绪等工作，踊跃捐款捐物折合人民币约1227万元，获得自治区级以上表彰5人，在特殊年份书写了特殊的“委员作业”。围绕文明城市整改提升，市政协领导分别担任创城指挥部常务副指挥长和副指挥长，实地督查文明城市创建工作。第一时间向全体政协委员发出倡议，召开“创建文明城　政协在行动”动员大会，围绕“畅通城市交通”“市场秩序监管”等召开协商座谈会，为全力打好创城攻坚战、争创全国文明典范城市贡献政协力量。扎实开展“引企入桂　委员行动”[7]“乡村振兴　委员行动”[8]活动。圆满完成中国—东盟博览会、中国—东盟商务与投资峰会和自治区成立60周年大庆等重大活动服务工作。

（四）坚持人民至上，推进民生福祉不断改善展现新作为。

聚焦打赢脱贫攻坚战精准发力。始终把助力脱贫攻坚作为履职重点，主动扛起决战脱贫攻坚的政治责任。举办“弘扬脱贫攻坚精神　践行政协委员担当”专题报告会。围绕“提升贫困村产业可持续发展水平，巩固脱贫攻坚成果”“加快发展农村电商助力精准扶贫”等开展深度调研；围绕旅游扶贫、教育扶贫、易地扶贫搬迁等问题组织委员深入基层一线开展视察监督；领导班子成员深入到所联系的县（市、区）、乡（镇）和贫困村，持续开展“领导挂点”扶贫工作；全市共有1545名政协委员积极投身脱贫攻坚战，充分发挥自身和行业优势，共为脱贫攻坚捐款捐物约4117万元；先后选派41名优秀年轻机关干部和政协委员担任深度贫困村和贫困村第一书记，如期实现帮扶贫困村“整村脱贫摘帽”目标；《人民政协报》《广西政协报》分别在头版头条进行了专题报道，市政协委员刘宗晓、苏秀清获得全国表彰，市政协办公室分别获得“全区脱贫攻坚先进集体”“南宁市2018年打好精准脱贫攻坚战先进集体”。

聚焦民生热点务实建言。坚持把群众呼声作为第一信号，做到群众有所呼、政协有所应，群众有所盼、委员有所言。围绕助推普惠性、基础性、兜底性民生建设，聚焦食品药品安全、教育就业、住房保障、公共交通等民生问题协商建言，围绕推动城市垃圾分类、应对突发公共卫生事件、老旧小区改造等人民群众关心关注的热点问题开展视察，切实回应群众期盼。组织委员积极参与“走基层心连心　我为群众办实事”等实践活动。五年来，委员提交社情民意信息1023条，编报社情民意信息151期，为党委政府了解民情、体察民意、集中民智、维护民利提供了参考。树立提案民生导向，破解基层民生难题。五年来，委员提交民生类提案1172件，通过提案办理，解决了热点难点问题135个，推动一批民生实事落地落实，如商品房“交房即交证”已成功实施，《人民日报》等多家媒体作了报道。组织动员委员开展送文化、送教育、送卫生、送法律、送科技下乡活动130余次，受到基层群众欢迎，不断提升人民群众的获得感、幸福感和安全感。

（五）坚持团结民主，广泛凝聚共识、汇聚力量迈出新步伐。

在思想引领中凝聚共识。坚持把加强思想政治引领、广泛凝聚共识作为履职中心环节，发挥政协讲坛的平台作用，举办30期政协讲坛，进行正面宣传引导；落实政协领导班子与党派界别、常委，常委与委员，委员与群众相联系的谈心谈话制度，教育引导委员和各族各界人士在重大根本性问题上形成共识；以重大节庆为契机，组织政协委员就全市经济社会发展形势开展专题学习考察，引导委员领悟新思想、感受新成就、勇担新使命。

在联系合作中凝聚共识。建立市政协党组成员联系市政协党外副主席和各民主党派市委会、市工商联班子中党外委员机制，深入各民主党派、工商联开展调研，在政协机关为各民主党派提供固定活动场所，在大会发言、专题协商中优先安排党派团体发表意见。五年来，党派团体提出集体提案378件，占集体提案总数的88%；提交各类大会发言60篇，社情民意信息853条，被民主党派中央采用68条，为党委政府科学决策提供了积极参考。举办“港澳委员活动日”，组织港澳台侨委员和特邀嘉宾来邕学习考察、投资兴业，开展扶贫捐赠活动，积极引导港澳委员为保持港澳长期繁荣稳定和促进首府经济社会发展发挥“双重积极作用”。密切同党外知识分子、非公有制经济人士、新的社会阶层人士等的联系交流，全面贯彻党的民族宗教政策，推动各民族交往交流交融，把各党派团体、各族各界人士紧紧团结在一起，携手前行。

在加强宣传中凝聚共识。以庆祝中国共产党成立100周年、新中国成立70周年、人民政协成立70周年、自治区成立60周年等为主题，举办“同心向党　凝心聚力”文艺汇演、“诵读红色经典　汲取奋斗力量”诗歌朗诵会等系列庆祝活动，编纂出版《邕城诗韵》《忠勇城隍》《风雨同舟铸辉煌》《南宁市政协志》等文史史料，市政协、宾阳县政协等6个文史馆已顺利开馆，新闻媒体宣传报道履职新闻2085篇（次），其中自治区级以上刊发了215篇，并荣获自治区政协2020年度政协报刊宣传特等奖。不断扩大政协“朋友圈”，讲好政协“新故事”，传播政协“正能量”。

（六）坚持协商民主，充分发挥专门协商机构作用取得新提升。

不断深化政协协商民主实践。认真组织年度协商计划制定并抓好组织实施。进一步完善协商议政格局，形成以全体会议为龙头，专题议政性常委会议和专题协商会为重点，双月协商座谈会为亮点，对口协商会、界别协商会、提案办理协商会等为常态的协商议政格局。五年来，共开展了10次专题议政性常委会议、11次专题协商会、29次双月协商座谈会、39次对口协商会和245次提案办理协商，以更高频率、更大范围、更强力度推动决策民主化、科学化。着力打造“双月协商座谈会”协商品牌，积极探索政协协商与基层协商相衔接实践，召开全市政协建立健全政协委员协商服务平台工作座谈会，全市建立委员联络站（室）88个，较好地发挥了人民政协在基层治理中的独特作用。

发挥协商式监督的优势和特色。注重在参与中服务，在服务中监督，为助推党政重大政策落地、重大决策落实形成合力，增强推力。寓监督于会议、视察、提案、专题调研、大会发言等活动中，持续聚焦黑臭水体治理开展民主监督，以钉钉子精神为打赢污染防治攻坚战持续发力。五年来，共形成民主监督报告19份，提出针对性意见建议54条，整改落实问题32个。推荐选派委员参加脱贫攻坚、电视问政、政府行政效能等各项监督活动788人（次）。市政协开展民主监督实践探索的经验做法在全国政协“党的十八大以来人民政协的创新实践”理论研讨会上作了书面交流。

（七）坚持守正创新，推动政协工作提质增效迈上新台阶。

坚持守正创新提质增效。注重实践创新。积极改进大会发言工作，完善大会发言遴选机制。五年来，共有65篇大会发言材料得到市委、市政府主要领导的批示，5篇大会发言在自治区政协全体会议、常委会议上被评为最佳大会发言。创新开展提案办理清单制和提案办理“回头看”工作，对提案办理初次答复不满意的提案进行“二次”深化办理，注重在提案数量上做减法，质量上做加法，提升提案质量和提案办理质量。委员提交提案2980件，立案2404件，办复率100%。注重制度创新。先后协助市委出台了《中共南宁市委员会关于新时代加强和改进人民政协工作的实施意见》等5个文件，建立完善了政协协商、委员履职管理、政协机关内部运行管理等制度规定41个，切实担负起人民政协制度的参与者、实践者、推动者的责任。注重理论创新。先后围绕“充分发挥专门协商机构作用”等问题开展理论研讨5次，收集理论文章578篇，出版论文集5本，在自治区级以上媒体发表理论文章136篇，用理论研究推动实践发展。市政协“坚持崇尚创新推动首府政协工作提质增效”的经验做法在全区政协工作经验交流会上作了交流发言。

坚持质量导向提质增效。坚持把提质增效贯穿履职工作全过程和各方面，做好“加强和改进”这篇文章。落实调研于协商之前，开展“解剖麻雀”式调查研究。成立市政协委员智库，为提升协商质量提供智力支撑。坚持把协商互动作为必要环节，做好互动文章。南宁协商文化氛围浓厚，广泛凝聚共识。真正实现“有事好商量，众人的事由众人商量”的真谛。市政协办公室，隆安、上林、马山县政协被评为全区政协履职提质增效先进集体，5名政协委员被评为全区政协履职提质增效先进个人。

（八）坚持强基固本，履职担当、奋发有为树立新形象。

加强委员队伍建设。牢固树立“委员强则政协强”的理念，完善委员学习培训机制，扎实开展届初全面培训、届中定期培训、届内全员培训，共举办各类培训班14期，专题讲座45场，实现委员培训全覆盖。强化委员责任担当，开展委员履职“7+4”系列活动[9]，认真写好“委员作业”。强化委员履职管理，建立委员履职档案，严格落实委员履职考评制度，激发委员履职活力。在南宁电视台和《南宁日报》开设专栏，全体会议期间，开设“政协建言　委员心声”专题，全方位展现委员履职成果，发出委员好声音，展现委员新形象。

加强机关自身建设。以党的政治建设为统领推进机关建设。按照“高水平服务、高效率协调、高质量落实、高素质培养、高智慧支撑”要求，着力打造“246”工程[10]，扎实开展模范机关创建活动。进一步改善机关办公软硬环境，提升信息化建设水平，为机关干部学习和委员履职提供良好条件。以加强机关干部队伍建设为突破口，举办“市政协系统创建模范机关　提升业务能力”等专题培训班5期，干部队伍能力不断提升，工作作风显著改进。加强机关党风廉政建设，落实意识形态工作责任制，支持派驻政协机关纪检监察组履行监督责任，建设讲政治、守纪律、负责任、有效率的模范机关。市政协机关成为南宁市机关中“党建引领的表率、文化建设的标杆、精神重塑的示范、廉洁高效的先进”，被选树为“南宁市模范机关示范单位”。

加强政协系统联系指导。主动接受自治区政协的指导，认真做好全国政协、自治区政协视察团、调研组来邕调研视察服务工作。加强对县（市、区）政协工作的联系指导，建立和完善沟通协调、上下联动、信息互通、交流指导机制，全市政协系统机构设置逐步规范，人员结构逐步改善，共同推动解决“两个薄弱”问题[11]。邀请县（市、区）政协主席列席市政协常委会，联合县（市、区）政协开展重大课题调研和视察活动，形成全市政协工作的强大合力。

各位委员，过去五年南宁市政协工作所取得的成绩，是中共南宁市委高度重视、坚强领导的结果，是市人大常委会、市人民政府大力支持的结果，是全市各级政协组织、政协各参加单位和广大政协委员共同努力的结果，是全市各级党委、政府及有关部门和社会各方面支持帮助的结果。在此，我谨代表市政协十一届常务委员会表示衷心的感谢！

总结五年来的工作实践，我们深深体会到，做好新时代人民政协工作，关键在于做到“六个必须”。

一是必须坚持党对政协工作全面领导。这五年，我们坚定不移听党话，矢志不渝跟党走，主动向市委汇报重大事项和重要工作，邀请市委、市政府领导参加政协重要会议和重大活动。实践证明，只有始终坚持党的领导，才能有效发挥人民政协作为坚持和加强党对各项工作领导的重要阵地作用，不断提高政治判断力、政治领悟力、政治执行力，是人民政协必须恪守的根本政治原则。

二是必须坚持人民政协性质定位。这五年，我们牢牢把握人民政协性质定位基本要义，坚持在依照宪法法律和政协章程准确定位的基础上履行职能，利用好政协的话语权，发挥好政协的影响力，坚定不移走中国特色社会主义政治发展道路。实践证明，只有准确把握人民政协性质定位，才能凸显政协工作的时代追求，确保人民政协工作始终沿着正确方向前进。

三是必须坚持聚焦中心任务履职尽责。这五年，我们始终坚持围绕中心、服务大局，做到党委工作推进到哪里，政协工作就跟进到哪里，力量就汇聚到哪里，使各项履职活动更加契合党委中心任务，更加符合决策需要。实践证明，只有在全局中谋划、在大局中行动，政协职能作用的发挥就越充分，政协的社会影响力就越大。

四是必须坚持建言资政与凝聚共识双向发力。这五年，我们始终坚持把协商民主贯穿履行职能全过程，把加强思想政治引领广泛凝聚共识作为履职中心环节，努力做到建言资政有用、凝聚共识有效。实践证明，只有坚持双向发力，才能充分发挥专门协商机构作用，画出最大同心圆。

五是必须坚持人民政协为人民。这五年，我们坚持以人民为中心的发展思想，把不断满足人民对美好生活的向往作为履职尽责的出发点、落脚点，建利民之言、谋便民之策、促惠民之举。实践证明，只有把履职实践与群众利益紧密联系起来，让人民群众感到政协委员就在身边，人民政协离得很近，才能赢得群众的欢迎、社会的尊重。

六是必须坚持以改革创新精神推进履职能力建设。这五年，我们坚持以提高履职能力为重点，积极创新履行职能的新方式，不断探索发挥作用的新途径，建立提高效能的新机制，强化委员的责任担当，提升履职能力。实践证明，只有牢牢把握时代脉搏，推进改革创新，政协事业才能保持旺盛活力。

各位委员，总结过去五年的工作，我们也清醒地看到还存在一些不足，主要是：协商能力建设还需要进一步加强，凝聚共识的水平还需要进一步提高，民主监督的实践还需要进一步深化，委员责任担当还需要进一步强化，解决“两个薄弱”问题需要进一步加大力度等。这些都需要切实加以改进。

二、今后五年工作的建议

未来五年，是我国乘势而上开启全面建设社会主义现代化国家新征程、向第二个百年奋斗目标进军的第一个五年，是我区开启建设新时代中国特色社会主义壮美广西新征程的重要时期，也是南宁市全面落实强首府战略的关键时期。市政协工作的总体要求是：坚持以习近平新时代中国特色社会主义思想为指导，全面贯彻中共十九大和十九届二中、三中、四中、五中全会精神，深入贯彻习近平总书记“七一”重要讲话和对广西工作系列重要指示精神，深入学习贯彻习近平总书记关于加强和改进人民政协工作的重要思想，深入贯彻落实中央、自治区党委和市委政协工作会议精神，在中共南宁市委的坚强领导下，围绕中国共产党南宁市第十三次代表大会确定的目标任务，坚持团结和民主两大主题，充分发挥专门协商机构作用，提高政治协商、民主监督、参政议政水平，更好凝聚共识，为助推全面落实强首府战略，加快打造引领全区高质量发展核心增长极，勇当贯彻四个方面重要工作要求[12]的先行者，勇当落实“四个新”总要求[13]的领头雁，勇当建设新时代中国特色社会主义壮美广西的排头兵，为全面建成社会主义现代化强国、实现中华民族伟大复兴中国梦贡献政协力量！

（一）强化政治引领，团结奋斗共同思想政治基础更加巩固。

坚持把习近平新时代中国特色社会主义思想作为统揽政协工作的总纲，学深悟透习近平新时代中国特色社会主义思想，不断增强践行“两个维护”的思想自觉、政治自觉、行动自觉；深刻领会习近平总书记“七一”重要讲话精神，从党的百年光辉历程中汲取奋进新征程的智慧和力量；准确把握习近平总书记对广西工作系列重要指示精神，自觉把习近平总书记的殷切期望转化为奋勇前行的磅礴伟力；始终牢记习近平总书记对南宁的殷殷嘱托，以实干实绩实效回报习近平总书记的关怀厚爱；深化学习习近平总书记关于加强和改进人民政协工作的重要思想，切实担负起把中共中央、自治区党委和市委决策部署不折不扣落实到政协全部工作中的政治责任。坚持党对政协工作的全面领导，充分发挥政协党组把方向、管大局、保落实的重要作用，全面提升政协系统党的建设工作质量，引导广大政协委员切实增强“四个意识”、坚定“四个自信”、做到“两个维护”，不断夯实坚定不移跟党走、携手奋进新征程的思想政治根基。

（二）紧扣中心工作，助推大力实施“六个全面提质”[14]推动首府高质量发展更加有为。

坚持把发展的方向、工作的重点和主观的努力有机结合起来，准确把握首府发展的历史方位和阶段性特征，主动对标对表中国共产党南宁市第十三次代表大会精神，把助推全面落实强首府战略作为履职的主攻方向，把推动首府高质量发展作为履职的主线，把以不断满足人民对美好生活的向往作为根本目的，建睿智之言、出务实之力。聚焦产业发展、改革创新、南宁渠道、乡村振兴、中国绿城、民生保障“六个全面提质”，深入协商集中议政，强化监督助推落实。着力在调查研究上求质量，加强对重大战略性、全局性、前瞻性问题的调查研究，为首府未来发展提供智力支持；着力在协商议政上求精准，组织开展广泛多层的协商议政活动，努力提出更多切实可行的对策建议；着力在改善民生上求实效，通过积极撰写提案、大会发言、反映社情民意信息，汇集民意、反映民声，助推问题解决落实。

（三）聚焦协商主业，发挥人民政协专门协商机构作用更加凸显。

全面贯彻落实中央、自治区党委和市委政协工作会议精神，加强专门协商机构建设，进一步把人民政协制度优势转化为国家治理效能。认真制定年度协商计划，做到协商议题与协商形式相匹配，视察调研和协商议政相衔接，并抓好年度协商计划的实施；不断丰富有事好商量、众人的事情由众人商量的制度化实践，规范协商程序，提升协商能力；加大统筹推进在基层建立健全政协委员协商服务平台建设力度；继续打造双月协商座谈会和提案办理协商“回头看”履职品牌；大力培育“平等议事、畅所欲言、求同存异、体谅包容、务实管用、合法依章”南宁协商文化，最大限度凝聚共识；坚持协商式监督特色优势，增加大会发言和常委会会议监督性议题比重，助推市委、市政府决策部署得到落实。

（四）深化凝聚共识，汇聚全面落实强首府战略的磅礴力量更加强大。

把加强思想政治引领、广泛凝聚共识作为人民政协履职的中心环节，发挥人民政协统战功能，坚持大团结大联合，坚持一致性和多样性相统一，筑牢共同奋斗的思想政治基础。以政协讲坛、书香政协为平台，抓好党的创新理论的学习，落实好谈心谈话、走访看望委员、党员委员联系党外委员、委员联系界别群众工作等制度，听取意见建议，教育引导委员和各族各界人士在重大根本性问题上形成共识，共同在习近平新时代中国特色社会主义思想旗帜下携手前进。促进各民主党派、工商联、无党派的团结合作，畅通党外知识分子、非公有制经济人士、新的社会阶层人士意见诉求表达渠道，密切与港澳委员、海外特邀嘉宾的联系交往，举办“港澳委员活动日”，更好发挥双重积极作用。认真贯彻党的民族宗教政策，积极引导宗教与社会主义社会相适应。引导委员深入界别群众，加强正面宣传，及时解疑释惑，把更多的人团结在党的周围，寻求最大公约数，画出最大同心圆，为全面落实强首府战略凝聚共识、汇聚力量。

（五）坚持崇尚创新，政协事业生机活力更加彰显。

人民政协事业因继承而厚重，因创新而发展。准确把握新时代政协工作面临的新特点、新规律，持续推进制度创新、理论创新、工作创新。积极探索政协党建与履职相融合的新路子，创建一批具有政协特色的党支部品牌。突出界别特色，探索界别履职新模式，让界别工作动起来、活起来、强起来。丰富凝心聚力新载体，进一步拓展凝聚共识新格局。进一步建好用好政协信息化系统，完善数字履职平台，探索网上履职新模式，推进网络议政、远程协商。积极探索建立提案办理成效第三方评估机制，开展提案办理民主评议工作，建立提案办理质量科学评价体系，提升提案工作质量。积极改进政协调研视察、大会发言、社情民意信息、文史资料、新闻宣传等工作，在提升质量上下功夫，不断增强政协事业生机活力。

（六）强化责任担当，推进履职能力建设更加有力。

坚持为国履职、为民尽责，全面增强委员履职本领。抓好新任委员履职培训，实现届内培训全覆盖；持续开展委员履职“7+4”系列活动，做好“委员作业”，打造“懂政协、会协商、善议政，守纪律、讲规矩、重品行”的委员队伍。以推动制度落实为抓手，提高工作成效。加强常委会建设，提高领导能力，在履职尽责中树标杆、当模范、作表率。加强专委会建设，强化专委会组织协调功能，充分发挥专委会基础性作用。加强政协系统的上下联动和横向联系，共同推进“两个薄弱”问题有效解决，促进交流互鉴，形成工作合力。加强政协机关建设，持续改进工作作风，深化模范机关创建活动，不断增强保障履职和服务委员水平。加强党风廉政建设，支持派驻政协机关纪检监察组工作，落实意识形态责任制。持续加强政协干部队伍的思想政治教育和纪律作风建设，努力建设一支信念过硬、政治过硬、责任过硬、能力过硬、作风过硬的高素质政协机关干部队伍，为政协履职提供有力保障。

各位委员，奋斗新时代，奋进新征程。让我们更加紧密地团结在以习近平同志为核心的中共中央周围，在中共南宁市委的坚强领导下，永葆初心使命、忠诚履职尽责，同心同德、真抓实干、善作善成、造福于民，努力开创政协工作新局面，为全面落实强首府战略，加快打造引领全区高质量发展核心增长极，勇当建设新时代中国特色社会主义壮美广西排头兵，为全面建设社会主义现代化强国作出新的更大贡献！

名词解释

[1] 三大攻坚战：要坚决打好防范化解重大风险、精准脱贫、污染防治的攻坚战。

[2] “六大升级”工程：产业转型升级、“南宁渠道”升级、绿城品质升级、深化改革升级、法治南宁升级、民生福祉升级。

[3] 强首府战略：自治区党委、政府出台的《关于实施强首府战略的若干意见》，在战略定位上提出要把南宁市打造成为面向东盟开放合作的区域性国际大都市、“一带一路”有机衔接的重要门户枢纽城市、北部湾城市群与粤港澳大湾区融合发展的核心城市、具有浓郁壮乡特色和亚热带风情的生态宜居城市。在发展目标上，分别提出到2025年和到2035年的目标。到2025年，南宁市综合实力显著增强，经济总量比2018年翻一番。到2035年，南宁市引领带动作用显著提升，经济总量占全区比重力争达到30%。此外，《关于实施强首府战略的若干意见》从加快构建现代产业体系、加快推进全方位对外开放、加快发展要素聚集、加快区域性国际大都市建设四个方面提出了18项主要任务。

[4] 两学一做：在全体党员中开展“学党章党规、学系列讲话，做合格党员”学习教育。

[5] 党建双线管理：积极创建“市政协党组—市政协系统党建工作协调指导小组—市政协专委会党员委员活动小组—政协党员委员”和“市政协党组—市政协系统党建工作协调指导小组—县（区）政协党组—县（区）政协党员委员”的市政协系统党建双线工作模式。

[6] 四个城市：面向东盟开放合作的区域性国际城市、“一带一路”有机衔接的重要门户城市、对全区经济社会发展具有较强支撑带动作用的首府城市、具有浓郁壮乡特色和亚热带风情的生态宜居城市。

[7] 引企入桂　委员行动：“央企入桂”“民企入桂”“湾企入桂”行动计划是自治区党委、政府作出的重大决策部署。党委政府有号召、政协有响应，党委政府有部署、委员有行动。自治区政协组织开展“引企入桂　委员行动”，当好“宣传者”“领路者”“牵线者”“服务者”，为推动全区统筹做好新冠肺炎疫情防控和经济社会发展工作，实现广西高质量发展贡献智慧和力量。

[8] 乡村振兴　委员行动：乡村振兴使命光荣、责任重大，人民政协履职为民、义不容辞。自治区政协坚定不移立足新发展阶段、贯彻新发展理念、构建新发展格局，组织开展“乡村振兴　委员行动”活动，以高水平履职服务广西高质量发展。

[9] 委员履职“7+4”系列活动：（1）委员履职每年“7个一”活动：一是出席一次政协全会。二是撰写一件高质量的提案。三是反映一条好的社情民意。四是参加一次委员视察。五是参加一次调研活动。六是开展一次深入基层联系群众活动。七是组织或参与办一件暖民心的实事好事。（2）委员履职每届“4个一”活动：一是参加一次市政协学习培训。二是列席一次市政协常委会。三是参加一次民主监督活动。四是参加一次民主协商座谈会。

[10] “246”工程：“2”即实现党的组织对党员委员的全覆盖、党的工作对政协委员的全覆盖；“4”即开展党员政治生日、书香政协、主题党日+、党支部标准化建设等四项重点活动；“6”即建设书香政协、智慧政协、党员活动室、工会之家、界别委员活动、政协文史馆等六个阵地。

[11] “两个薄弱”问题：要重点解决市县政协工作基础薄弱、人员力量薄弱的问题。

[12] 四个方面重要工作要求：推动经济高质量发展、加快推进乡村振兴、提高人民生活品质、开展党史学习教育和全面从严治党的重要指示要求。

[13] “四个新”总要求：在推动边疆民族地区高质量发展上闯出新路子，在服务和融入新发展格局上展现新作为，在推动绿色发展上迈出新步伐，在巩固发展民族团结、社会稳定、边疆安宁上彰显新担当。

[14] 六个全面提质：推进产业发展全面提质、推进改革创新全面提质、推进“南宁渠道”全面提质、推进乡村振兴全面提质、推进“中国绿城”全面提质、推进民生保障全面提质。

南宁市中级人民法院工作报告（摘要）

——2021年10月21日在南宁市第十五届人民代表大会第一次会议上

市中级人民法院代院长　韦武斌

一、五年主要工作回顾

市十四届人大一次会议以来的五年，在市委的坚强领导，自治区高级人民法院的悉心指导，市人大及其常委会的有力监督，市政府、市政协和社会各界的关心支持下，全市法院坚持以习近平新时代中国特色社会主义思想为指导，深入学习贯彻习近平法治思想、习近平总书记对广西工作系列重要指示精神，不断增强“四个意识”、坚定“四个自信”、做到“两个维护”，牢记嘱托、感恩奋进。紧紧围绕市第十二次党代会确定的目标任务，认真贯彻落实市委决策部署和市十四届人大历次会议有关决议，坚持服务大局、司法为民、公正司法，忠实履行宪法法律赋予的职责，努力让人民群众在每一个司法案件中感受到公平正义，全市法院各项工作不断取得新的发展进步，为推动首府经济社会高质量发展、实现“十三五”规划胜利收官、与全国同步全面建成小康社会提供了有力的司法服务和保障。五年来，全市法院受理各类案件884389件，审（执）结804894件，同比分别上升185.28%、195.02%，员额法官人均结案1298件（年人均结案260件）。其中，市中级人民法院受理各类案件136017件，审（执）结122528件，同比分别上升130.49%、131.86%，员额法官人均结案1135件（年人均结案227件）。全市法院有19项工作获市级以上领导批示肯定；20项工作经验在全国、28项工作经验在全区推广；46个集体、78名个人受到国家级表彰奖励，177个集体、765名个人受到自治区级表彰奖励。其中，横州市人民法院被评为全国优秀法院，青秀区人民法院赵会被评为全国优秀法官。

（一）坚持贯彻总体国家安全观，全力维护首府社会大局稳定。

坚决维护国家政治安全和人民群众生命财产安全。五年来，全市法院受理刑事案件39228件，审结37716件，同比分别上升35.27%、35.73%。严惩间谍、宣扬恐怖主义、利用极端主义破坏法律实施等犯罪，坚决维护国家政治安全特别是政权安全、制度安全。严惩杀人、抢劫、绑架、涉枪涉爆等犯罪，审结相关案件1476件。依法判处蓝山上城抢劫案陈某某、绑架杀害未成年人勒索钱财案陆某某死刑，保障人民群众生命财产安全。审结危害食品药品安全犯罪案件44件，切实保障人民群众“舌尖上”“药瓶子”的安全。审结左某某、游某某等四人故意伤害医务人员案，依法保障平安医院建设。

深入开展扫黑除恶专项斗争。坚决贯彻党中央决策部署，依法严惩人民群众反映强烈的黑恶势力犯罪，推进扫黑除恶常态化。审结涉黑涉恶犯罪案件138件870人，结案率96.48%，重刑率31.61%。依法严惩一批村霸、路霸、欺行霸市的涉黑涉恶犯罪分子，对李某等黑社会性质组织头目依法判处无期徒刑。严厉打击“套路贷”，审结相关案件14件。坚持“打财断血”，依法判处财产刑并追缴、没收违法所得，执行到位金额5982.76万元。坚持“打伞破网”，审结公职人员涉黑涉恶保护伞犯罪案件8件8人。向有关单位和部门移送线索874条，发出司法建议92份。市中级人民法院刑一庭被评为全国法院扫黑除恶专项斗争先进集体。

重拳打击重点领域犯罪。积极开展禁毒斗争，审结毒品犯罪案件5322件，集中宣判7次394人。审结涉案毒品达563.12千克的梁某某、黎某某等11人制造毒品案，依法判处梁某某、黎某某死刑。上林县人民法院在全区禁毒专项工作推进会上介绍经验。严惩涉众型经济犯罪，审结集资诈骗、传销、非法吸收公众存款等犯罪案件1023件，依法审结涉案金额达5亿元的黄某某非法吸收公众存款案和涉案人数超千人的郑某某组织、领导传销案，维护市场经济秩序，为南宁市摘掉“全国传销重点整治城市”帽子贡献司法力量。保持打击电信网络诈骗的高压态势，从重从快依法审结该类案件615件1126人，生效案件依法均不适用缓刑。为提高案件质量，与市人民检察院、市公安局共同研究出台审理网络诈骗犯罪统一证据规则。针对发现的问题，发出司法建议17份，及时堵塞漏洞。宾阳县人民法院作为全国唯一一家法院在全国会议上介绍了打击治理电信网络新型违法犯罪工作经验。

依法严惩职务犯罪。依法审结贪污、贿赂、渎职、挪用公款等犯罪案件602件849人，其中省部级2人，厅局级13人，县处级41人，对万庆良、陈旭依法判处无期徒刑。严惩“小官巨贪”，对作案时间近10年、贪污挪用公款1.69亿元的杨某某依法判处无期徒刑。积极配合市纪委监委开展“以案为鉴”警示教育活动，组织庭审观摩47次，现场受警示教育9400人次。

强化人权司法保障。落实宽严相济刑事政策，判处五年有期徒刑以上刑罚2709人，判决适用非监禁刑4214人，其中免予刑事处罚143人，对未成年人犯罪案件适用缓刑92人。办理减刑假释案件17047件，结案率98.41%。坚持罪刑法定、疑罪从无，对22名被告人依法宣告无罪，裁定准许公诉机关撤回起诉93件。牵头完成《南宁市司法赔偿联动机制工作规则》，审结国家赔偿案件528件，决定赔偿31件1000.55万元。认真贯彻中央决策部署，圆满完成特赦案件审理任务。

（二）坚持围绕中心服务大局，着力保障首府高质量发展。

持续优化法治化营商环境。坚决贯彻习近平总书记“法治是最好的营商环境”重要指示精神，认真落实中央、自治区、市委优化营商环境的决策部署，紧扣全面落实强首府战略目标任务依法履职尽责。审结商事案件287866件，涉案标的1057.4亿元，为当事人节约诉讼费1.72亿元。健全商事纠纷快立快审快执机制，加大案件调解力度，加强简易程序、小额诉讼程序适用，推行示范诉讼，加强鉴定评估管理，启用云柜系统。制定《关于为我市民营经济发展壮大提供司法服务和保障的实施办法》，强化善意文明执行理念，审慎采取保全措施，对被查封财产能“活封”则不“死封”，通过房产置换货币、债权置换股权、保函置换现金等灵活多样的方式，最大限度降低对企业正常生产经营活动的不利影响。加强涉外民商事审判工作，审结涉外民商事案件807件、涉外商独资企业商事案件2115件。成立市中级人民法院自贸区巡回法庭，跟进服务自贸区南宁片区建设。建立破产工作府院联动机制，设立破产专项资金，完善破产管理人制度，推动“僵尸”企业有序退出市场、危困企业走出困境。成功重整南宁绿洲化工公司，促使1000多亩土地重新利用；成功重整广西阳鹿高速公路有限公司，助推停工5年的阳鹿高速公路复工建成，自治区党委、政府对此予以高度肯定。建立保护中小投资者专业审判团队，着力解决中小投资者权利保护短板问题。

服务打好三大攻坚战。聚焦防范化解重大风险，审结保险、证券期货、金融借款、网络借贷等纠纷111822件。妥善审理涉案标的逾3亿元的天下秀数字科技公司等证券虚假陈述责任纠纷系列案1330件。开展涉农村中小金融机构执行案件专项清理活动，执行到位3.32亿元。聚焦精准脱贫，妥善审理农村土地流转、林权转让、易地扶贫搬迁、贫困群众就业、农药化肥种子等案件；从严惩治各类坑农害农犯罪，依法严惩涉农职务犯罪25件，守护农业农村发展净土。帮扶脱贫34个村2511户，全市法院有18人被评为全市优秀贫困村党组织第一书记和优秀脱贫攻坚（乡村振兴）工作队员。践行绿水青山就是金山银山理念，设立专门合议庭，审结环境资源案件1302件。推进环境资源公益诉讼，审结此类案件67件。审结的陈某某等诉某房地产公司噪音污染损害赔偿纠纷案，入选全国法院服务保障新时代生态文明建设十大典型案例。妥善处理涉及速生桉砍伐、网箱养鱼系列案433件，助推南宁市水源地保护专项工作。兴宁区人民法院处理的涉西云江水库生态环境案件，入选广西法院环境资源年度典型案例；横州市人民法院在审理陆某、彭某非法捕捞水产品刑事公益诉讼案中，采取增殖放流措施，修复受损生态环境。

加强产权和企业家合法权益保护。依法平等保护各类市场主体，为创新创造营造公平公正的法治环境。严格区分经济纠纷与经济犯罪，审结某投资公司法定代表人李某某涉嫌合同诈骗案，依法宣告被告人无罪。严格司法保护激发创新活力，受理知识产权纠纷9538件，审结7944件。积极推进知识产权民事、行政和刑事案件审判“三合一”试点改革，健全多元化技术事实查明机制，定期发布典型案例与知识产权司法保护白皮书。审结的吴某与某县供水公司滥用市场支配地位纠纷案，入选中国法院知识产权典型案例、人民法院反垄断和反不正当竞争十大典型案例。市中级人民法院民三庭被评为全国法院知识产权审判工作先进集体；西乡塘区人民法院依法审结“皮皮小说网”侵犯著作权刑事案，该院刑庭被国家版权局评为全国查处侵权盗版案件有功单位二等奖。

助推法治政府建设。深化行政诉讼集中管辖改革，受理行政诉讼案件14050件，审结13206件。认真贯彻落实市人大常委会《关于全面推进地方性法规进入执法融入司法列入普法工作的决定》，在审判工作中加强南宁市地方性法规的适用。制定行政诉讼案件释明规则，加强行政争议实质性化解，共促使937件案件调解撤诉。加强协调沟通，推动行政机关负责人出庭应诉1326次。完善与行政机关联动机制，推动行政机关规范执法，从源头上预防和减少行政争议。

服务保障重点项目和重点工程建设。全市法院对重点项目、重点工程建设走访调研345次，制定具体措施96条，帮助企业解决法律问题286个。积极配合城市建设和市容环境整治，协调化解五象新区开发过程中出现的土地权属、土地征收和房屋拆迁纠纷等案件。邕宁区人民法院成立园博园法官工作站，服务园博园建设。全力做好军队全面停止有偿服务司法保障工作，顺利完成涉军停偿案件审理任务。

统筹做好疫情防控和审判执行工作。创新采用“互联网+诉讼”方式，跨域立案803件、网上立案144033件、网上开庭1408次、在线调解88640件、电子送达474.97万次，实现审判执行不停摆、公平正义不止步。统一打击涉疫犯罪的执法尺度，从严从快依法审结涉疫犯罪案件15件16人，全力维护防疫秩序。精准服务“六稳”“六保”，市中级人民法院联系重点企业8家、重点项目1个，走访调研企业10次、提供法律服务52次，帮助企业挽回损失13.7亿元。妥善处理疫情期间劳资、租赁等纠纷，积极引导职工、债权人与市场主体共渡时艰。

（三）坚持以人民为中心的发展思想，不断满足人民群众司法新需求。

加强民生司法保障。受理涉民生案件146753件，审结133905件，同比分别上升113.11%、118.82%，结案率91.25%。其中审结婚姻家庭案件33341件，发出人身安全保护令77份，依法保护家庭暴力受害者。横州市人民法院实行欠薪纠纷优先立案、优先保全、优先审理，工作成绩突出，被国务院农民工工作领导小组评为全国农民工工作先进集体；西乡塘区人民法院建立广西首个灵活就业人员劳务报酬类纠纷协同快速解决机制，为劳务者提供便捷的维权渠道；宾阳县人民法院执结标的达3.5亿元的永凯集团拖欠蔗款、工程款、劳务工资系列案，该案入选全国开展涉民生案件集中执行行动典型案例；武鸣区人民法院高效调解“泽霖”“苑丰”与“南糖”土地租赁合同纠纷，帮助农户追回土地租金1900万元。五年来，全市法院还办结司法救助案件2462件2921人，发放救助金1974.18万元，及时为困难当事人送去司法温暖；依法缓减免诉讼费2067.49万元，让困难当事人打得起官司。

决战决胜“基本解决执行难”。受理执行案件270019件，执结250764件，结案率92.87%，执行到位206.27亿元。推动综合治理执行难工作格局进一步完善，巩固执行工作长效机制，强化执行指挥中心实体化运行，持续深化执行信息化建设，与55家单位搭建财产联网查控平台。强化网络司法拍卖，拍卖28359次，成交116.67亿元，为当事人节省佣金3.92亿元。强化联合惩戒力度，公布失信被执行人76738人，依法对1059名被执行人罚款251.7万元，司法拘留371人，移送追究刑事责任38人。青秀区人民法院、江南区人民法院苏灵艳分别被评为全国法院“基本解决执行难”先进单位、先进个人。

坚持和发展新时代“枫桥经验”。把非诉纠纷解决机制挺在前面，推动完善党委领导、政府负责、社会协同、公众参与、法治保障的社会治理体制。积极推行“一村一法官”，与市司法局、市工商联、市仲裁委、市总工会、广西银行业协会等部门建立矛盾纠纷多元解纷机制，2018年以来成功化解矛盾75235起。兴宁区人民法院被评为全国法院一站式多元解纷和诉讼服务建设先进单位；马山县人民法院打造“贝侬+调解”特色司法服务品牌，受到自治区党委政法委主要领导的充分肯定；良庆区人民法院持续推进“道交一体化”工作，诉前调解成功率达98.74%，平均赔付周期1.5天；青秀区人民法院成立广西自贸区首家商事争议诉调中心，2021年对一起涉案标的达4224万元的商事纠纷调解及时进行司法确认，被中国贸促会作为典型案例推广。

大力弘扬社会主义核心价值观。坚持在审判工作中全面贯彻社会主义核心价值观，充分发挥司法裁判在国家治理、社会治理中的规则引领和价值导向作用，进一步增强司法裁判的公信力和权威性。认真落实英雄烈士保护法，受理全区首例检察机关提起的侵害雷锋烈士肖像权民事公益诉讼案，依法公开开庭审理并当庭宣判，旗帜鲜明保护英烈名誉荣誉，弘扬爱国主义精神。积极参加南宁市社会信用体系建设，严惩虚假诉讼，倡导诚信、制裁失信。

加强普法宣传。全市法院充分利用官网、微信、微博、抖音等平台，做好法制宣传。成功承办全区“法律同行　助力梦想”走进校园大型法治宣传教育活动。隆安县人民法院持续开展“刑事审判进乡镇、民事审判进村屯”巡回庭审活动，实现“审理一案，教育一片”的效果；西乡塘区人民法院依法审结1402件“704校园贷”系列案，中央电视台进行了专题报道；市中级人民法院连续4年被最高人民法院评为“在司法宣传工作中做出突出成绩的人民法院”。

（四）坚持改革创新，扎实推进审判体系和审判能力现代化。

推进司法体制改革。有序推进“让审理者裁判，由裁判者负责”的司法责任制改革，顺利完成人员分类管理。全市法院有618名员额法官，组建了新型审判团队，实现了85%以上的人员向办案一线集中。院庭长带头办案常态化，共审（执）结案件406855件，占结案总数50.55%。基层法院内设机构改革全部完成。坚持有序放权与有效监督相结合，强化“四类案件”监管，确保放权不放任，用权受监督。通过建立类案检索初步过滤、专业法官会议研究咨询、审判委员会讨论决定的法律适用分歧解决机制，统一法律适用标准，解决“同类案不同判”问题。

推进家事和未成年人审判改革。积极推动建立完善“党委领导、法院牵头、各方参与”的家事和未成年人纠纷化解机制。引入情感修复和心理介入，设立全区首个反家暴庇护中心和探视中心，参与共建全区第一所励志专门学校，形成了家事和未成年人审判“南宁经验”。江南区人民法院、良庆区人民法院顺利完成全国法院首批家事审判改革试点任务。南宁市的家事和未成年人审判改革经验得到了全国人大常委会副委员长张春贤和最高人民法院、共青团中央调研组的高度肯定，并在最高人民法院、全国妇联召开的座谈会上介绍经验；新航少年司法心理辅导项目获全国青少年心理行业创新创业奖；江南区人民法院首创的家事调查员制度，被最高人民法院确定为家事审判的重要工作制度之一。

推进繁简分流机制改革。通过建立速裁团队、优化庭审方式、简化法律文书等多种途径，实现案件繁简分流、轻重分离、快慢分道。适用简易程序审结民商事案件198897件，占民商事总结案数51.16%。江南区人民法院被最高人民法院授予“全国法院民商事案件繁简分流机制改革示范法院”；西乡塘区人民法院建立健全刑事案件简案快审机制，统一证据标准，工作经验在全区推广。

推进刑事诉讼制度改革。扎实推进以审判为中心的刑事诉讼制度改革，严格执行“三项规程”有关要求，落实庭审实质化，启用证人出庭保护系统。市中级人民法院、兴宁区人民法院、江南区人民法院的改革成功经验在全区推广。市中级人民法院加强与市人民检察院联动，规范适用认罪认罚从宽制度，审结认罪认罚案件10409件12191人。深入推进量刑规范化改革，统一23个罪名的罚金刑、缓刑标准，为最高人民法院、最高人民检察院制定《关于常见犯罪的量刑指导意见（试行）》提供了经验。

推进智慧法院建设。深入推进诉讼服务体系建设，开通移动微法院，推行网上立案、跨域立案、微信立案、远程庭审，实行二维码缴费、电子送达，完善智能保全、电子档案查询等系统，实现让“数据多跑路、群众少跑腿”。市中级人民法院在全区法院首家实现了异地档案数据安全备份，得到自治区高级人民法院、市委政法委和市档案局的肯定。青秀区人民法院自主研发金融案件裁判文书自动生成、民间借贷本息计算软件，大大提高审判效率。兴宁区人民法院利用全国统一电子送达平台，电子送达成功率达60%。市中级人民法院、青秀区人民法院、兴宁区人民法院被确定为全区法院信息化应用试点单位。青秀区人民法院被评为全国法院信息化工作先进集体。市中级人民法院、良庆区人民法院、兴宁区人民法院、江南区人民法院被评为全区法院诉讼服务中心建设先进集体。

（五）坚持全面从严治党治院，努力锻造忠诚干净担当法院队伍。

始终把政治建设摆在首位。坚持以习近平新时代中国特色社会主义思想为指导，坚持党对法院工作的绝对领导，认真贯彻《中国共产党政法工作条例》及其自治区实施办法，严守政治纪律和政治规矩。扎实开展“三严三实”专题教育、“两学一做”学习教育、“不忘初心、牢记使命”主题教育、党史学习教育。认真开展政法队伍教育整顿，围绕“四项任务”，抓好“三个环节”。深入开展“两个坚持”专题教育、“法官看法院、法官看法官”大学习大讨论活动。高质量开展“书记引航担使命”主题活动，充分发挥“关键少数”的示范引领作用，推动全面从严治党向纵深发展。积极配合市委巡察，全面认领问题，狠抓整改落实。

持续提升干警的司法能力。突出实战实用实效导向，让干警在化解矛盾纠纷、攻坚改革难题、服务保障抗疫斗争中受考验、长才干。坚持需求导向，加强教育培训，共培训干警6万余人次。坚持问题导向，加强对基层法院监督指导。多措并举，努力提升干警司法研究能力，理论研究工作稳居全区法院首位。市中级人民法院获全国法院第三十二届学术讨论会组织工作先进奖，市中级人民法院研究室被评为全国法院调研工作先进集体。

强化党风廉政建设。全面履行党风廉政建设主体责任，落实“一岗双责”，认真落实中央八项规定及其实施细则精神。严格执行防止干预司法“三个规定”，扎实开展“以案释德、以案释纪、以案释法”警示教育、全面从严治警“五查五整顿”专项行动，认真开展司法巡查、审务督察。制定《关于深入推进全市法院廉政风险防控工作的实施细则（试行）》等10项制度，扎紧制度笼子。以零容忍态度清除害群之马，全市法院立案查处违纪违法干警35人，追究刑事责任6人。

（六）坚持自觉接受监督，切实加强首府法院工作。

全市法院自觉接受人大及其常委会的监督，向人大及其常委会报告工作。市中级人民法院积极配合开展“基本解决执行难”专题询问，向市人大常委会专项报告司法体制改革、以审判为中心的刑事诉讼制度改革、审判监督管理、知识产权审判等工作，认真落实审议意见，切实整改存在问题。按时办结人大代表建议16件、政协委员提案49件。主动联络走访人大代表、政协委员，邀请人大代表、政协委员视察工作、旁听庭审、监督执行。认真贯彻监察法，自觉接受监察机关监督。依法接受检察机关法律监督，审结抗诉案件154件，邀请检察长列席审判委员会228次。认真落实人民陪审员制度，选任人民陪审员1786人，参与审理案件175460件。广泛接受社会监督，强化司法公开，直播庭审40327场，公布裁判文书474995份。

各位代表，五年来，全市法院所取得的成绩与进步，是市委正确领导、市人大及其常委会有力监督的结果，也是市政府、市政协以及社会各界大力支持的结果，同时离不开各位人大代表、政协委员和人民群众的关心支持。在此，我代表市中级人民法院致以崇高敬意，并表示衷心感谢！

五年奋斗之路，我们深刻体会到，必须坚持党对法院工作的绝对领导，确保法院工作正确的政治方向；必须坚持以人民为中心的发展思想，确保以公正、高效、便捷的司法赢得人民群众信任和肯定；必须坚持紧扣市委决策部署，围绕中心服务大局，确保法院工作思路清、方向明；必须坚持改革创新，确保不断凝聚引领法院工作发展的强大动力；必须坚持建设过硬法院队伍，确保增强履职能力、提升司法公信；必须坚持自觉接受监督，回应关切，确保法院正确履职尽责。

五年的经验体会弥足珍贵，我们将在今后工作中继续坚持、不断发展。与此同时，我们也清醒认识到，新征程上还面临不少问题和困难：一些法官司法理念、司法能力和人民群众新需求新期待还有差距；案多人少矛盾还未从根本上解决，部分法官常年超负荷工作，聘用人员流动性过大，履职保障有待加强；法院内部监督、队伍管理还有薄弱环节，监督机制有待完善，违纪违法现象仍有发生；智慧法院建设和基层人民法庭建设有待加强。对此，我们将采取更加精准有力的措施，切实加以解决。

二、今后五年工作建议

未来五年，是我国乘势而上开启全面建设社会主义现代化国家新征程、向第二个百年奋斗目标进军的第一个五年，是我区开启建设新时代中国特色社会主义壮美广西新征程的重要时期，也是南宁市全面落实强首府战略的关键时期。全市法院将坚持以习近平新时代中国特色社会主义思想为指导，深入学习贯彻习近平法治思想、习近平总书记“七一”重要讲话精神和对广西工作系列重要指示精神，弘扬伟大建党精神，紧紧围绕建设新时代中国特色社会主义壮美广西总目标，围绕市第十三次党代会确定的目标任务，聚焦“六个全面提质”，忠实履行宪法法律赋予的职责，推动新时代首府法院工作高质量发展。重点抓好六个方面工作：

一是毫不动摇坚持正确政治方向，在政治建设上立足更高站位。深入学习贯彻习近平新时代中国特色社会主义思想，真学真信笃行习近平法治思想，不断提高政治判断力、政治领悟力、政治执行力，增强“四个意识”、坚定“四个自信”、做到“两个维护”。认真贯彻《中国共产党政法工作条例》及其自治区实施办法，坚持党对法院工作的绝对领导，坚定不移走中国特色社会主义法治道路，确保党中央、自治区党委和市委的决策部署在全市法院不折不扣贯彻执行。

二是始终如一服务保障发展和安全，在服务大局上展现更大担当。紧扣市第十三次党代会确定的目标任务，依法履职、精准发力。全面贯彻总体国家安全观，依法惩处各类犯罪，推进扫黑除恶常态化，防范化解各种重大安全风险，积极参与社会治理现代化示范城市建设，主动融入共建共治共享“大治理”格局，推动更高水平的平安南宁建设。加大产权和知识产权司法保护力度，强化破产审判工作，支持行政机关依法行政，持续优化法治化营商环境。加强涉环境资源案件审判，提升生态环境司法保护水平。加强涉外审判工作，发挥市中级人民法院自贸区巡回法庭作用，助推“南宁渠道”全面提质。积极服务常态化疫情防控和经济社会高质量发展。

三是坚定不移站稳人民立场，在司法为民上采取更实举措。坚持以人民为中心的发展思想，充分发挥审判职能作用，找准工作结合点、切入点，用心用情用力解决好人民群众急难愁盼的问题，在加强民生司法保障上出实招，在保障人民平等参与、平等发展权利上下功夫。深化一站式多元解纷机制建设，推动矛盾纠纷源头化解。依法妥善审理涉“三农”案件，加强人民法庭建设，服务乡村振兴战略。推进执行难综合治理、源头治理，树牢善意文明执行理念，保持执行工作高水平运行。加强涉诉信访工作，做到件件有回声。

四是忠实履行宪法法律赋予的职责，在改革创新上闯出更多新路。狠抓执法办案主业，在多办案、快办案、办好案上下更大的功夫，在实现办案的政治效果、法律效果、社会效果相统一上想更多的办法。充分发挥司法裁判惩恶扬善功能，加强普法宣传，推动社会主义核心价值观深入人心。全面深化司法责任制综合配套改革，加强司法制约监督，规范司法权力运行，深化以审判为中心的刑事诉讼制度等改革，持续加强“智慧法院”建设，推进审判体系和审判能力现代化。

五是持之以恒建设过硬法院队伍，在从严治院上体现更严要求。深入开展党史学习教育，深化巩固政法队伍教育整顿成果。加强专业化能力建设，着力提高干警司法能力，特别是群众工作能力。严格落实防止干预司法“三个规定”等铁规禁令，以零容忍态度严惩司法腐败。坚持严管和厚爱结合、激励与约束并重，激励干警担当作为。推动全面从严治党、从严治院、从严管理向纵深发展，努力打造党和人民信得过、靠得住、能放心的法院铁军。

六是自觉主动接受监督，在公正司法上实现更大作为。坚定不移坚持人民代表大会制度，自觉接受市人大及其常委会的监督，及时主动报告工作，认真执行人大及其常委会的决议决定。加强与人大代表的沟通联系，认真听取意见建议。主动接受纪委监委监督、政协民主监督、检察机关法律监督和社会各界监督，努力提升人民群众对法院工作的认同感和满意度。

各位代表，做好“十四五”时期首府法院工作，责任重大，使命光荣。我们将更加紧密地团结在以习近平同志为核心的党中央周围，坚持以习近平新时代中国特色社会主义思想为指导，认真贯彻本次会议精神，永葆初心使命、忠诚履职尽责，真抓实干、善作善成、造福于民，不断开创全市法院工作新局面，为全面落实强首府战略、加快推动南宁高质量发展，勇当建设新时代中国特色社会主义壮美广西排头兵做出司法新贡献。

南宁市人民检察院工作报告（摘要）

——2021年10月21日在南宁市第十五届人民代表大会第一次会议上

市人民检察院副检察长　梁毅

一、过去五年主要工作回顾

市第十四届人民代表大会第一次会议以来的五年，是伴随着全国检察机关里程碑式重塑性改革，首府检察把握机遇、乘势而上、再创辉煌的五年，全市检察机关始终坚持以习近平新时代中国特色社会主义思想为指导，深入贯彻习近平法治思想，紧紧依靠市委和自治区检察院的正确领导、市人大及其常委会的有力监督、市政府的大力支持和市政协的民主监督，自觉在“讲政治、顾大局、谋发展、重自强”中强化首府意识、首善标准、首府特色，持续打造更高水平的南宁检察，用奋斗出彩的行动和业绩，实现了“领跑全区、走在前列”的目标。五年来，首府检察稳健发展“进”字当先，深入实施检察规范化、检察队伍建设、基层检察院建设“三大提升工程”，首府检察工作全面上水平，整体上台阶，市检察院连年在全区检察机关综合评定中获评优秀，连年在全市机关绩效考评获评一等等次，首府检察发展不断升级进位；首府检察业务质效“好”字贯穿，坚持以执法办案为中心，做优做强做实做好各项法律监督工作，全市检察机关主要办案质量指标继续保持全区前列，“四大检察”[1]“十大业务”[2]195件案件入选全国、全区指导性、典型、精品案例，各项工作在全国、全区性工作会议上作经验介绍或交流推广58次，南检品牌打造初现成效；首府检察队伍建设“优”字凸显，着力加强检察人员的思想淬炼、政治历练、实践锻炼、专业训练，获自治区级以上表彰集体141个（次）、个人153人（次），涌现出全国年度法治人物易燕平，全国检察机关一等功获得者周培，全国检察业务人才孔德雨、何芳，全区一等功公务员杨亮，邕城平安卫士苏冰琳、张牡丹等一批政治强、业务精的检察榜样，进一步激发首府检察高质量发展的内生动力；首府检察基层基础“实”字突出，围绕建立全面全程的规范化标准化业务运行体系，务实长效的专业化职业化队伍建设体系，数据驱动的科学化信息化检务管理体系，首府检察基层基础工作进一步夯实，横州市人民检察院、江南区人民检察院先后荣获“全国先进基层检察院”称号，市人民检察院2次荣获全国基层检察院建设组织奖，市人民检察院、宾阳县人民检察院获评全国检察机关科技强检示范院，厚植了发展根基。

（一）旗帜鲜明讲政治，在服务保障大局中彰显检察机关的责任担当。

牢牢把握检察机关的政治属性，自觉讲政治顾大局，主动把检察工作摆到全市工作大局中谋划和推进，为全市经济社会持续健康发展提供检察保障。

忠诚党的事业有高度。始终把党的绝对领导作为检察工作的最高原则、最大优势，在增强“四个意识”、坚定“四个自信”、做到“两个维护”中把牢检察工作的政治方向，认真贯彻落实《中国共产党重大事项请示报告条例》《中国共产党政法工作条例》，制订向市委及政法委和上级检察院党组请示报告报备重大事项清单，细化规范工作流程，市人民检察院党组积极向市委报告全市检察工作情况，把讲政治要求落实到日常检察工作中。聚焦发展和安全两件大事，坚持总体国家安全观，依法严惩各类危害国家安全犯罪，严防个人极端案事件，严厉打击邪教组织犯罪，起诉41人，加大对危害边境管理秩序和涉外各类犯罪惩治力度，起诉320人，维护国家政治安全和边疆稳定。以不变的忠诚和担当持续在反腐败斗争中发挥重要职能作用，加强与监察委员会的衔接配合，做好职务犯罪案件审查逮捕、审查起诉等工作，决定逮捕152人，起诉491人，成功完成了上海市人民检察院原党组书记、检察长陈旭受贿案，广西中医药大学原校长唐农受贿案，玉林市政府原副市长，市公安局原局长李庄浩受贿案等大要案的公诉工作，全力开展司法工作人员相关职务犯罪查办[3]工作，立案侦查10人，为在新的历史起点上夺取反腐败斗争压倒性胜利贡献更多的检察力量。

深化扫黑除恶有力度。着力“打深打透”，坚持领导包案领办、上级院督导把关、业务专家跟进指导等办案模式深入开展扫黑除恶专项斗争，批准逮捕842人，起诉871人，成功办理了全国扫黑办督办的“4·10”重大黑社会性质组织案、全区扫黑除恶典型案例“新×社”黑社会性质组织案、李汝英恶势力团伙把持农村基层政权并强占村委集体财产等一批重大涉黑恶案件；坚持“一个不放过、一个不凑数”客观公正立场，监督立案154人，追加逮捕154人，追加起诉57人，对侦查机关未以涉黑恶性质案件移送审查起诉的，依法认定78人，对侦查机关以涉黑恶性质案件移送审查起诉的，不予认定35人；着力“打伞破网”，发现和移送保护伞线索226条；着力“打财断血”，监督、配合侦查机关查封、扣押、冻结“黑财”4600余万元，逐案提出处置意见和财产刑量刑建议，推进“黑财清底”；着力“行业清源”，制发整改检察建议78份，其中，西乡塘区检察院针对“7·13”涉黑团伙案中暴露的流动人口治安管理、城中村建设管理等问题发出检察建议，获评全区扫黑除恶精品检察建议。全市检察机关在全区检察系统扫黑除恶专项斗争综合评估评比中总分排名第一，3个单位获评全区检察机关扫黑除恶专项斗争先进单位（集体），2人分别荣获全国扫黑除恶专项斗争表现突出个人嘉奖、全国检察机关扫黑除恶专项斗争优秀个人。

法治护航营商有温度。坚决贯彻党委统筹推进疫情防控和经济社会发展部署，依法办理涉疫案件50人，出台保障复工复产服务经济发展10项措施，突出成效获《检察日报》头版报道。着力构建“亲清”检商关系，全市检察机关共与辖区内工商联合会设立民营企业工作站12个，建立沟通联系机制17项，主动联系服务企业、依法保障重大项目建设。强化综合司法保护，起诉破坏社会主义市场经济秩序犯罪3737人，起诉侵害民营企业合法权益犯罪206人，会同公安机关清理、排查出涉企刑事诉讼“挂案”[4]171件，已督促办结149件，其中，良庆区人民检察院针对侦查机关立案后久侦不结的涉非公经济“挂案”——温某某合同诈骗案依法监督撤销案件，是广西首例入选最高人民检察院指导性案例的案件，成为全国办理此类案件的范例。积极主动服务重大发展战略，制定实施服务保障“一带一路”建设18项措施、服务保障中国（广西）自由贸易试验区南宁片区建设17条意见，健全琼桂粤地区三市检察院反走私司法协作机制，设立自贸区南宁片区检察室，办理涉自贸区案件68件，着力解决影响发展环境的各类司法问题。

助力脱贫攻坚有精度。出台《南宁市检察机关服务精准脱贫攻坚战工作实施意见》加大扶贫济困力度，先后选派48人担任第一书记或驻村工作队员，入村帮扶干警633人次，积极为贫困村协调、筹集及投入资金，助推基础设施建设和产业项目建设，全市两级检察院38个结对挂点村建档立卡的2991名贫困户全面如期脱贫，1名检察干警获评全区脱贫攻坚先进个人。立足检察职能聚力脱贫攻坚，起诉涉及扶贫资金犯罪5人，起诉影响扶贫工作犯罪24人，促进扶贫资金真正惠及贫困群众；良庆区人民检察院通过检察建议督促多个行政机关共同依法履职，整治废弃农资包装物并建立长效机制，入选最高人民检察院公益诉讼检察服务乡村振兴助力脱贫攻坚典型案例；把服务精准扶贫与司法救助[5]工作紧密结合，为1063名因案致贫群众发放司法救助金1059.31万元；加强农民工群体利益保护，办理拒不支付劳动报酬案件95件，帮助追回“血汗钱”815万余元。

保护碧水蓝天有深度。依法开展破坏环境资源专项整治，起诉各类破坏生态环境犯罪1600人。聚焦黑臭水体、固体废物污染、非法采矿等环境问题加大监督力度，办理环境资源领域公益诉讼案件809件，通过办案挽回被损毁林地621.71亩，复垦被非法改变用途和占用的耕地549.22亩，督促清理处理违法堆放的生活垃圾、生产类固体废物3598.4吨，督促关停和整治违法排放废气和其他空气污染物企业、违法养殖场66个，开展守护饮用水安全专项监督，建立“河长+检察长”[6]依法治河湖模式，治理恢复被污染的饮用水源地面积1.9万余亩，其中，上林县大龙湖违法网箱养殖的成功整治得到了到现场视察的四级人大代表及到访的东盟检察代表团的一致好评。良庆区人民检察院推动建立的八尺江流域共治长效机制，有效解决了八尺江（库）流域因跨多城区而无法统筹治理的难题，检察履职进一步擦亮了“中国绿城”名片。

（二）聚焦主责强主业，在坚守法治维护公平正义中全面协调充分履行检察职能。

秉持客观公正的检察立场，坚持双赢多赢共赢的监督理念，努力让人民群众在每一个司法案件中感受到公平正义。

做优刑事检察，当好平安南宁的建设者。充分履行刑事诉讼主导责任，既是犯罪的追诉者，又是无辜的保护者，批准逮捕各类刑事犯罪嫌疑人37569人，起诉46415人，约占全区总数的五分之一，对不构成犯罪或证据不足的不批捕11506人、不起诉1646人。全市两级检察院均在公安执法办案管理中心等设立派驻检察室，监督立案1393件，监督撤案1710件，追加逮捕1624人，追加起诉1530人，监督效能显著提升。对认为确有错误的刑事裁判提出抗诉122件，其中，马山县某小学教师性侵2名女童一审被判无罪案件，经马山县人民检察院与市人民检察院依法抗诉，二审改判有期徒刑十二年，入选年度全国十大法律监督案例。强化刑事执行活动监督，重拳整治“纸面服刑”[7]“提‘钱’出狱”等问题，对1990年以来办理的减刑、假释、暂予监外执行案件自行筛查116699件，经自治区教整办、市教整办案件评查专班认定的8件问题案件、瑕疵案件已整改完毕；办理羁押必要性审查[8]案件2932件，获评全国精品案件2件；依法办理特赦监督案件成绩突出，市人民检察院第四检察部和员额检察官黄伟同志获最高人民检察院通报表彰。

做强民事检察，当好民生福祉的维护者。全面贯彻实施民法典，畅通司法救济渠道，依法保护公民、法人和其他组织的合法权益，健全抗诉、检察建议等法律监督方式，增强监督的主动性、精准度和实效性，依法办理各类民事诉讼监督案件4107件。提出抗诉76件，法院已再审改判39件；提请抗诉353件，上级检察院已采纳319件；提出再审检察建议60件，法院已采纳42件，进一步维护司法公正和司法权威。发出民事审判活动监督检察建议580件，法院已采纳541件，确保程序正义看得见、摸得着。发出民事执行监督检察建议793件，法院已采纳653件，推动解决“执行难”问题。深入开展虚假诉讼[9]专项监督，建立一体化办案机制，实现民事检察与刑事检察信息通报、案件线索双向移送、会商研判，审查涉嫌虚假诉讼案件130件，作出监督决定64件，涉案金额8300余万元，大力整治“假官司”，维护当事人权益和诉讼秩序。西乡塘区人民检察院成立全区首家防范和查处虚假诉讼联席会议办公室，自治区人民检察院在南宁市召开全区防范和查处虚假诉讼工作现场会，总结推广南宁市该项工作经验。

做实行政检察，当好法治政府的促进者。有效发挥行政检察“一手托两家”职能作用，既依法监督法院公正司法，又促进行政机关依法行政，与30余家行政单位会签加强行政检察与行政执法衔接工作的实施意见，建立良性互动机制，强化源头化解、多元化解、实质化解，共依法办理行政诉讼活动监督、行政非诉执行监督等各类行政监督案件446件，其中，提出行政非诉执行监督检察建议166件，促进解决行政决定“打白条”的问题。针对个别案件长期“程序空转”，常态化开展行政争议实质性化解[10]，做好监督纠正、释法说理、公开听证等工作，化解行政争议77件，化解社会矛盾、提升执法公信，马山县检察院充分发挥调查核实和司法审查专业优势，在办理一起涉及林木、林地权属“行民交叉”案件中，“一揽子”解决民事、行政争议，相关经验获最高人民检察院推广。

做好公益诉讼检察，当好公共利益的保护者。自2017年7月1日检察机关提起公益诉讼制度全面实施以来，公益诉讼检察工作一直得到党委、人大、政府、政协的重视支持，市委将配合检察机关开展公益诉讼工作列入年度市直机关法治建设绩效考评，公益诉讼工作纳入法治南宁建设整体布局中一体谋划和推进，市人大常委会出台《关于加强检察公益诉讼工作的决定》，为检察机关充分履行公益诉讼职能，促进社会公益保护提供具体制度和操作规范支撑。牢记检察机关公共利益代表的神圣职责，围绕让群众“抬头看得见蓝天白云，身边环绕绿水青山，吃得放心，用得安全”开展多领域公益保护，立案办理涉及生态环境和资源保护、食品药品安全、国有财产保护、国有土地使用权出让等公益诉讼案件1553件，院均办案量居全区首位。注重保卫“舌尖上的安全健康”，查处“毒油条”“毒狗肉”等假冒伪劣食品逾100公斤，督促297家不合格网络餐饮店停止经营，对1576个中小学、幼儿园食堂及周边食品流动摊点开展食品安全隐患排查，保障市民吃上“放心药、安心菜、合格米、健康水”；守好“国有财产的坚强岗哨”，督促收回国有财产和权益共价值9664.52万元，其中督促收回被欠缴国有土地使用权出让金3916.03万元，督促收回人防工程易地建设费2136.21万元，督促收回被套取或冒领的国家补贴金1029.4万元，督促收缴行政处罚罚款111.19万元，督促收回其他积欠的国有财产和权益价值2471.69万元；维护“英雄烈士的神圣荣光”，市人民检察院对侵害雷锋英烈权益行为提起全区首例英烈保护民事公益诉讼，写入最高人民检察院工作报告，稳妥办理军人优先权益保护领域公益诉讼案件25件，捍卫军人权益，助力南宁争创双拥模范城7连冠。良庆区人民检察院、上林县人民检察院、横州市人民检察院分别成功办理了全区首例国旗保护行政公益诉讼案、全区首例卫生健康领域行政公益诉讼案、全区首例生产安全领域行政公益诉讼诉案等一批立得住、可借鉴的典型案件，共同打造了公益诉讼检察“南宁经验”。

（三）践行初心担使命，在优化法治保障中满足人民对美好生活的新期待新要求。

坚守为民初心，紧紧围绕人民群众在民主、法治、公平、正义、安全、环境等方面的需求，通过监督办案，着力解决人民群众的操心事、烦心事、揪心事。

落细落实市域社会治理措施，增强人民群众“获得感”。主动融入共建共治共享的社会治理新格局，坚持发展新时代“枫桥经验”[11]，健全检调对接、释法说理等纠纷化解机制，积极促成案件当事人和解1293件，连续5年保持涉检进京非正常上访为零，最大限度促进社会和谐；全市检察机关均规范建设12309检察服务中心[12]，实行预约接访“主动化”、接待时间“常态化”、接访答复“对口化”，做到群众信访有效联系件百分之百按期回复[13]，江南区人民检察院作为全区试点单位试行“群众最多访一次”工作机制，有效解决群众来信来访办理周期过长问题，获最高人民检察院通报表扬，兴宁区人民检察院聚焦服务民生的“枫桥经验”检察版做法在全区现场会上交流推广。

用心用情呵护未成年人成长，增强人民群众“幸福感”。全市检察机关或设立专门机构、未检办案组或由独任检察官专司未成年人检察工作，常态化督导落实“一号检察建议”[14]，依法从严惩治各类侵害未成年人权益犯罪，起诉1769人，同时依法惩戒矫治涉罪未成年人，起诉1825人，对罪行轻微并有悔罪表现的未成年人不起诉228人，附条件不起诉190人[15]，认真落实亲职教育[16]、社会调查、亲情会见、心理疏导、引入社会力量[17]、犯罪记录封存[18]等未成年人特殊检察制度，与团委、妇联、关工委等建立检察专业化办案与社会化保护配合衔接机制，会同有关部门建成集检察办案、家庭教育、社工帮教于一体的专门办案场所6个，青少年法治教育基地5个，积极落实“谁执法谁普法”责任，组建“法治进校园”巡讲团，受教育人数37万余人，荣获“全国维护妇女儿童权益先进集体”“全国巾帼建功先进集体”“法治进校园”全国巡讲表现突出个人等荣誉称号。

有力有效助推平安南宁建设，增强人民群众“安全感”。依法保护公民人身权、财产权，严惩故意杀人、放火、绑架等影响群众安全感的严重暴力犯罪，起诉10261人；坚决惩治黄赌毒、盗抢骗等多发性犯罪，起诉22802人，尤其坚持对毒品问题“零容忍”，上林县检察院依法推动未查获毒品实物的零包贩毒案件“捕得下、诉得出、判得重”，形成“上林经验”，助力全县禁毒重点整治“降级摘帽”，获自治区禁毒委充分肯定并向全区政法机关推广，江南区人民检察院一起惩治新型毒品案件入选最高人民检察院典型案例。起诉非法吸收公众存款、集资诈骗等涉众型经济犯罪261人，与公安、法院通力协作追赃挽损逾1亿元，守好群众的“钱袋子”；重拳打击电信网络诈骗，积极推动与法院、公安、金融、电信等部门就案件管辖、证据收集、财产查控、法律适用等达成共识，形成打击合力，起诉2664人，此类案件多发地的宾阳县检察院密集式开展逐户巡查、普法和劝投工作，全面挤压违法犯罪空间，成绩显著，获评全国网络犯罪检察成绩突出集体。

（四）深化改革促提升，在转型升级中展现推进创新发展的检察品质。

把承接顶层设计与注重基层探索有机结合，持续更新司法理念，细化改革举措，推动公正高效权威的司法体制机制建设。

持续深化司法体制改革。精心组织、高质量完成广西司法体制改革先行试点任务，健全检察人员分类管理、员额检察官选任、退出、增补常态化机制，全市检察机关确保将85%以上的人力资源配置在司法办案一线，修订完善检察官权责清单，落实“谁办案谁负责、谁决定谁负责”的司法责任，入额院领导直接办案12182件，有效发挥示范引领作用。推行网上办案，严格执行“随机分案为主、指定分案为辅”的案件分配办理机制，建成并启用全区首家案件管理“一平台两中心”[19]，强化对司法责任制运行信息化、规范化全程监管。

全面完成检察机关重塑性改革。全市检察机关自觉提高政治站位，积极配合完成了职能划转、人员转隶等监察体制改革工作，共向市、县（区）监察委员会划转政法专项编制213名，实际转隶人员160人，高质量完成改革试点任务，市委主要领导对南宁市检察机关的表现作出“体现了很高的政治觉悟”的充分肯定。以转隶为转机，贯彻执行十三届全国人大二次会议决议关于“更好发挥人民检察刑事、民事、行政、公益诉讼各项检察职能”新要求，落实人民检察院组织法新规定，全面完成内设机构改革，设立与刑事、民事、行政、公益诉讼“四大检察”“十大业务”工作格局相适应的检察内设机构，首府检察法律监督工作总体实现刑事、民事、行政、公益诉讼检察业务齐头并进、全面发展态势，检察专业化持续加强。

积极推进各项检察改革。把落实认罪认罚从宽[20]制度作为推进社会治理的重要举措，与公安、法院密切配合，该用尽用、规范适用，检察环节适用率稳定在80%以上，量刑建议[21]采纳率98.84%，提升诉讼效率，减少社会对抗。以求极致的要求全面推行以“案—件比”[22]为核心的案件质量评价指标，规范提前介入程序、强化引导侦查、严把案件审查关，“案—件比”1.0778，压减了9000余个非必要办案环节、统计中的“案件”，缩短了办案周期，减少群众诉累。扎实推进涉法涉诉信访改革，推行检察业务专家接访、多部门联合接访、远程视频接访等措施，市检察院、江南区检察院、青秀区检察院、横州市检察院、马山县检察院等5个单位被最高人民检察院授予“全国检察机关文明接待示范窗口”“全国检察机关文明接待室”称号。

（五）从严从实强队伍，在夯实基层基础中激发奋进新征程的昂扬精神和内生动力。

坚持抓党建、带队建、强基层、促业务，努力建设“四个铁一般”的过硬首府检察队伍。

坚持政治建检。以党的政治建设统领新发展阶段首府检察工作，出台《深入贯彻新时代党的建设总要求进一步加强和改进首府检察机关党的建设工作的意见》，扎实开展“两学一做”学习教育、“不忘初心、牢记使命”主题教育、党史学习教育，以党组理论中心组示范学、党支部书记率先学、党员领导干部带头学、党员干部跟进学“四学活动”，开设“书记讲堂”“党员讲堂”，推行“行动学习进支部”，持续深入学习贯彻党的十九大精神，深刻领会习近平新时代中国特色社会主义思想，学思践悟习近平法治思想。以“书记引航担使命”活动为抓手，建立市人民检察院党组成员党建工作联系点制度，建强基本组织、建好基本队伍、健全基本制度，党建工作与业务工作同谋划、同部署、同开展，确保政治过硬、组织过硬、队伍过硬、业绩过硬，在全区检察机关党建会议上介绍经验，市检察院连年获评市直机关“优秀党组织”称号，被评为市直机关“模范机关示范单位”。

坚持素能强检。按照“四个铁一般”的要求，着力提升检察干警政治素质、业务素质、职业道德素质。大力实施检察人才培养工程，健全教、学、练、战一体化教育培训机制，认真落实案例指导、领导干部上讲台、检察官教检察官等制度，市检察院自行开发的刑事检察、公益诉讼相关课程获评全国检察教育培训精品课程。各业务条线以“学思讲写用”实务建设为指引，组建检察专业团队，分层分类开展技能培训、岗位练兵、业务竞赛，努力培养各业务条线行家里手，同时，统筹“形、实、魂”全面加强首府检察文化建设，打造“学习型检察院”“文化检察院”，强素质、铸业绩、塑形象，凝聚首府检察精气神，引导和激励检察干警立足岗位建功立业，3人获最高人民检察院记个人一等功，99人（次）入选全国、全区检察业务专家人才库，5人荣获“全国十佳公诉人”“全国优秀公诉人”称号，69人（次）获评全国、全区各类业务标兵、能手。

坚持从严治检。坚持“严”的主基调，主动接受上级检察院党组巡视、市委巡察，对发现和反馈的问题立行立改、全面整改。市检察院成立检务督察部（巡察办），履行执法督察、政治巡察、内部审计、追责惩戒工作职能，积极推进系统内巡察全覆盖，强化司法办案廉政风险防控。认真履行党风廉政建设主体责任，市人民检察院检察长每年向自治区人民检察院述职述廉报告工作，并接受基层检察院检察长的述职述廉报告。严格执行防止干预司法“三个规定”[23]，自2019年8月组织填报过问或干预、插手检察办案等重大事项以来，全市检察机关共记录报告“三个规定”等重大事项555件，院领导带头记录报告269件，做到“逢问必录”。深入推进政法队伍教育整顿，聚焦中央指出的政法队伍存在的共性问题全面查，聚焦“六大顽瘴痼疾”重点查，聚焦检察监督职能行使深入查，聚焦岗位责任对照查，认真做好整改落实“后半篇文章”，坚持“查改治建”一体推进，达到了预期目的，促进全面从严治检更加“严紧硬”。

坚持强基固检。深入实施基层检察院建设提升工程，完善落实领导干部定点联系、业务部门对口指导基层工作机制，组织全市基层检察院“一对一”结对帮扶，共建共赢，努力打造“一院一品”“一院多品”基层建设新格局，江南区人民检察院作为全区基层检察院的唯一代表参加全国检察机关科技装备展、良庆区人民检察院首创全区未成年人刑事案件异地监管机制、上林县人民检察院建立了全区首个公益诉讼快速检测实验室等，基层发展活力持续迸发。坚持科技强检战略，全面建成使用网上办公、移动办公系统，正式部署应用广西政法机关跨部门大数据办案平台，常态化运用远程视频接访、提审及出庭系统，市人民检察院研发的“邕江检察党旗红”智慧党建程序获得全国检察机关信息化网上轻应用作品奖，建成全区检察机关首家通过实验室资质认定的司法鉴定中心，实现了科技强检成果与检察业务发展深度融合。

（六）接受监督立公信，在加强和改进工作中严格规范检察权运行。

牢固树立监督者更要接受监督的理念，让检察权在阳光下运行，确保把人民赋予的检察权真正用来为人民谋利益。

依法接受人大及其常委会的监督。坚持向人大报告工作制度，除定期全面报告外，全市两级检察院还分别向地方人大常委会专题报告司法体制改革、公益诉讼检察、未成年人检察等工作41次，认真落实审议意见。邀请代表视察工作、参加检察开放日、旁听观摩评议庭审、参与案件公开审查听证等活动1106人（次），走访人大代表1536人（次），真诚地为代表履职提供必要条件和服务。对人大常委会交办的事项和代表提出的意见建议，指定专人负责，限期办结，及时答复，真诚地把接受人大监督、吸纳代表建议作为加强和改进检察工作的重要途径。

主动接受政协民主监督和社会各界广泛监督。建立民意收集转化机制，邀请政协委员、党外人士、律师代表、企业代表等社会各界人士参加各类座谈会1511人次，推动社会监督常态化。深化人民监督员、特约检察员、专家咨询委员制度，拓宽人民群众参与司法的渠道。构建新型检律关系，保障律师执业权利，依法听取辩护意见1841人次，为律师提供电子阅卷、预约会见、诉讼信息推送等服务12616次，市人民检察院、武鸣区人民检察院荣获“全国检察机关保障律师执业权利示范单位”称号。定期公布办案数据，案件信息公开系统发布信息120210条，总量居全区首位。健全完善新闻发布会制度，用好“两微一端一网站”，及时公开检察工作情况。全面推开检察公开听证[24]，举办听证会185场，范围覆盖“四大检察”业务，以公开促公正，以公正促公信。

加强内部管理和监督制约。紧密结合深化司法体制综合配套改革和政法领域全面深化改革要求，落实员额检察官动态调整机制，形成了由检察官权力清单、案件办理全流程监管、案件质量评查评鉴、司法责任追究、检察官业绩考评等重点环节组成的“全链条”、立体式监督体系，推动检察官严格规范履职，确保依法办案。常态化开展检察业务数据分析研判，定期通报案件流程运行情况，严格对照检查整改，提升监督办案质量、效率、效果。

回顾五年来的工作，成绩的取得离不开市委和自治区人民检察院的正确领导，离不开市人大、市政府、市政协以及各位代表、各位委员和社会各界的监督支持。在此，我代表全市检察机关表示衷心的感谢并致以崇高的敬意！同时，我们深切体会到，立足首府实际，做好各项检察工作，必须旗帜鲜明讲政治，始终紧紧依靠党的绝对领导，积极主动向党委请示报告，自觉接受人大及其常委会监督，践行初心使命，确保首府检察发展正确政治方向；必须聚焦主业顾大局，坚持宪法定位，加强法律监督，充分发挥服务大局促发展、打击犯罪保稳定、强化监督促公正、维护法治树权威、化解矛盾促和谐的作用，努力实现司法办案政治效果、社会效果、法律效果的有机统一；必须争创一流谋发展，坚持思想引领，转变检察理念，着力勇于担当，敢于善做善成，让检察工作在改革中发展，在创新中前进，持续打造首府检察工作升级版；必须高标定位重自强，坚持专业化职业化方向，提升专业能力，涵养专业精神，主动担当作为，改进司法作风，确保廉洁从检，不断提高首府检察工作法治化水平和司法公信力。

与此同时，我们也清醒认识到，检察工作还存在不少问题和困难，主要是：服务大局的措施需要持续深化细化实化，融合深度、保障力度、服务准度仍需进一步提升；检察能力建设与经济社会发展要求还不完全适应，“四大检察”发展仍不平衡；检察队伍内生动力需进一步激发，检察队伍思想政治建设、纪律作风建设还需不断加强；运用信息科技手段提升办案质效还有提升空间。对存在的问题，我们将高度正视，切实解决。

二、今后五年工作建议

“十四五”跨越式发展的新征程已经开启，市第十三次党代会举旗定向，吹响了全面落实强首府战略、加快推动高质量发展的冲锋号，首府检察人深感责任重大，使命光荣。全市检察机关将以习近平新时代中国特色社会主义思想为指导，心怀“国之大者”，聚焦把检察工作谋得更实、抓得更紧、做得更好，全力推动首府检察工作创新性、引领式、高质量发展，为服务保障首府经济社会高质量发展贡献检察智慧和力量。

一是把党的绝对领导落到实处，在政治站位、强化自觉上实现新提升。始终把党的政治建设摆在首位，坚持不懈用习近平新时代中国特色社会主义思想凝心聚魂，励学笃行习近平法治思想，不断增强“四个意识”、坚定“四个自信”、做到“两个维护”，切实将党的绝对领导优势转化为检察工作效能。自觉与党中央在思想上看齐、政治上对标、行动上对表，深入贯彻《中国共产党政法工作条例》及自治区实施办法，严格执行重大事项报告制度，确保中央、地方党委和上级检察院决策部署得到不折不扣的落实，认真落实《中共中央关于加强新时代检察机关法律监督工作的意见》及市委主要领导提出的贯彻要求，充分履行好政治性极强的检察职责，用法律监督的实实在在成效，努力向党和人民交出合格答卷。

二是聚焦全面依法治国新部署，在履职尽责、提升品质上展现新业绩。恪守公平正义价值追求，强化能动司法，扎实推动“四大检察”全面协调充分发展，强化刑事检察审前主导和过滤作用，深化落实“少捕慎诉慎押”司法理念，在社会治理中发挥更大更实的作用；抓好民事诉讼精准监督，持续学习贯彻民法典，大力推进虚假诉讼领域深层次违法行为监督；深化行政检察，着眼化解争议、监督权力、救济权利，促进依法行政、案结事了；紧盯党委政府关注、人民群众关心的焦点热点难点，深化对公益问题监督的深度和广度，切实维护国家利益和社会公共利益；规范推进未成年人检察业务统一集中办理，形成全面综合保护格局；深入践行新发展理念，增强创新意识、品牌意识，加快培育更多更新的工作增长点，办好案、出精品，打造优质南检品牌。

三是对标南宁高质量发展新战略，在服务大局、保障民生上作出新贡献。全面聚焦“十四五”规划和市委“六个全面提质”要求，充分发挥检察职能，精准治理影响国家安全、社会安定、人民安宁的突出问题，坚决捍卫国家政治安全，常态化开展扫黑除恶，加大对洗钱犯罪、网络犯罪、毒品犯罪、职务犯罪、新型经济犯罪的惩治力度，实践好、发展好新时代“枫桥经验”，积极防范化解重大风险，维护社会大局稳定，保障人民安居乐业。精准对接司法需求，全力服务疫情防控常态化，突出服务重要发展战略，巩固拓展脱贫攻坚成果同乡村振兴有效衔接，落细落实检察政策，平等保护各类市场主体，营造稳定公平的法治环境。持之以恒做好检察为民工作，以求极致的态度办好群众身边的“小案”，为推进高质量发展提供更多更好的检察产品。

四是坚持筑牢检察事业发展根基，在强化素能、锻造队伍上积蓄新动能。紧紧围绕建设与强首府战略相匹配的一流检察队伍，强化法治理念、法治思维和法治能力教育，持续深化司法责任制综合配套改革，加强和改进检察管理，健全检察权规范运行和监督制约机制，推进法律监督能力现代化。压紧压实全面从严治党从严治检主体责任，巩固政法队伍教育整顿成果，驰而不息正风肃纪，努力打造一支让党放心、让人民满意的新时代检察铁军。持续升级智慧检务建设，充分运用互联网、大数据、人工智能等现代技术，实现检察系统设施联通、网络畅通、平台贯通、数据融通，以智能化手段提升检察“生产力”。全面加强基层检察院政治建设、业务建设、队伍建设、纪律作风建设、检务保障建设，不断夯实检察工作高质量发展基础。

各位代表，我们将更加紧密地团结在以习近平同志为核心的党中央周围，在市委和上级检察院的正确领导下，认真落实本次会议要求，勇毅笃行开新局，奋楫扬帆谱新篇，以新担当新作为开启首府检察工作新征程，为全面落实强首府战略，加快推动南宁高质量发展，勇当建设新时代中国特色社会主义壮美广西排头兵作出新的更大贡献。

名词解释

[1]“四大检察”：刑事检察、民事检察、行政检察、公益诉讼检察，是新时代检察工作的基本格局。

[2]“十大业务”：普通刑事犯罪检察业务、重大刑事犯罪检察业务、职务犯罪检察业务、经济犯罪检察业务、民事检察业务、行政检察业务、公益诉讼检察业务、刑事执行检察业务、未成年人检察业务、控告申诉检察业务。

[3]司法工作人员相关职务犯罪查办：第十三届全国人民代表大会常务委员会第六次会议对《中华人民共和国刑事诉讼

法》确认："人民检察院在对诉讼活动实行法律监督中发现的司法工作人员利用职权实施的非法拘禁、刑讯逼供、非法搜查等侵犯公民权利、损害司法公正的犯罪，可以由人民检察院立案侦查。对于公安机关管辖的国家机关工作人员利用职权实施的重大犯罪案件，需要由人民检察院直接受理的时候，经省级以上人民检察院决定，可以由人民检察院立案侦查。"

［4］"挂案"：刑事案件立案后本应向前推进、移送起诉，或者认为证据不足不构成犯罪应予撤案，但却长期搁置的案件。

［5］国家司法救助：人民检察院在办理案件过程中，对遭受犯罪侵害或民事侵权，无法通过诉讼获得有效赔偿，生活面临急迫困难的当事人或其近亲属采取的辅助性救助措施。

［6］"河长+检察长"：2020年9月，市人民检察院与市河长制办公室会签《南宁市河长制办公室　南宁市人民检察院关于建立"河长+检察长"协作机制加强河湖管理保护工作的实施意见》，并确立该机制，检察机关与河长制办公室通过信息共享、办案协作、日常联络、学习交流等方式，强化检察监督与行政执法衔接配合，形成河湖管理保护工作合力，更好推动河湖治理。

［7］"纸面服刑"：写在纸上的判决没有实际执行。1992年，17岁的巴图孟和因口角持刀将韩杰儿子捅伤，此后韩杰儿子因心脏破裂导致大出血死亡。次年，巴图孟和被判故意杀人罪，获刑15年。然而判决生效后，巴图孟和直接从看守所回到了村庄，并未去监狱服刑。2007年5月13日，也就是当年案发之后15年整，巴图孟和到监狱拿到"刑满释放证明书"，一天牢也没坐过的巴图孟和，在纸面上"服"完了15年的刑期。

［8］羁押必要性审查：人民检察院依据《中华人民共和国刑事诉讼法》第九十五条规定，对被逮捕的犯罪嫌疑人、被告人有无继续羁押的必要性进行审查，对不需要继续羁押的，建议办案机关予以释放或者变更强制措施的监督活动。

［9］虚假诉讼：案件当事人、其他诉讼参与人恶意串通或者单方采取虚构法律关系、捏造事实、伪造证据，唆使他人帮助伪造、毁灭证据、提供虚假证明文件、鉴定意见等手段，通过提起民事诉讼，或者利用虚假仲裁裁决、公证文书申请执行，企图使人民法院作出错误裁判、调解或者执行法律文书，妨害司法秩序，损害国家利益、公共利益或者他人合法权益的违法行为。

［10］行政争议实质性化解：行政争议，是指行政机关在行政管理活动中，与行政相对人及利害关系人之间产生的争议。行政争议实质性化解，是指通过不同手段使行政争议得到彻底、有效、妥善解决。从检察机关履行行政检察监督职能的角度看，所谓"实质性"化解，从实体上主要体现为通过提出抗诉、再审检察建议、检察建议以及促成和解、公开听证、心理疏导、司法救助等方式，使行政实体法律关系得到实质性的处理；程序上主要体现为检察机关提出监督纠正意见、作出不支持监督申请决定或者终结审查后，当事人不再申请启动新的法律程序。

［11］"枫桥经验"：20世纪60年代初，浙江省诸暨市枫桥镇干部群众创造了"发动和依靠群众，坚持矛盾不上交，就地解决。实现捕人少，治安好"的"枫桥经验"，为此，1963年毛泽东同志就曾亲笔批示"要各地仿效，经过试点，推广去做"。"枫桥经验"由此成为全国政法战线一个脍炙人口的典型。之后，"枫桥经验"得到不断发展，形成了具有鲜明时代特色的"党政动手，依靠群众，预防纠纷，化解矛盾，维护稳定，促进发展"的枫桥新经验，成为新时期把党的群众路线坚持好、贯彻好的典范。

［12］12309检察服务中心：12309检察服务中心是为满足人民群众司法需求而建设的集网上网下于一体的综合性、一站式对外服务平台，包括受理群众控告举报、案件信息查询、法律文书公开、法律咨询等多种功能，覆盖来信、来访、电话、网络和新媒体等多种诉求表达渠道，可通过12309检察服务热线、12309检察服务中心网站、12309手机客户端（App）、12309微信公众号提供检察服务。

［13］群众信访件件有回复：2019年，最高人民检察院制定"群众信访做到件件有回复"制度，规定检察机关对群众信访要做到"7日内程序回复、3个月内办理过程或结果答复"，以推动群众信访问题的解决并取得实效。

［14］"一号检察建议"：2018年10月19日，最高人民检察院向教育部发送的《中华人民共和国最高人民检察院检察建议书》中，认真分析办理的性侵幼儿园儿童、中小学生犯罪案件，针对校园安全管理规定执行不严格、教职员工队伍管理不到位，以及儿童和学生法治教育、预防性侵害教育缺位等问题，提出三项具体建议。这是最高人民检察院首次直接向国务院组成部门发送检察建议，也是最高人民检察院首次发出的社会治理创新方面的检察建议书，编号为一号，故称为"一号检察建议"。

［15］附条件不起诉：检察机关在审查起诉时，根据犯罪嫌疑人的年龄、犯罪性质和情节、犯罪原因以及犯罪后的悔过表现等，对较轻罪行的犯罪嫌疑人设定一定的条件，如果在法定的期限内，犯罪嫌疑人履行了相关的义务，由检察机关作出不起诉的决定。推行该项制度有利于促进涉罪未成年人改过自新、回归社会。

［16］亲职教育：国家强制要求涉罪未成年人或未成年被害人的父母接受专业的教育指导，其目的不仅仅在于提升父母教养子女的技巧与能力，更在于督促父母切实履行其监护教育职责。

［17］引入社会力量：最高人民检察院在《检察机关加强未成年人司法保护八项措施》中提出推动建立未成年人司法借助社会专业力量的长效机制。大力支持青少年事务社会工作专业人才队伍建设工作，主动与青少年事务社会工作专业机构链接，以政府购买服务等方式，将社会调查、合适成年人参与未成年人刑事诉讼、心理疏导、观护帮教、附条件不起诉监督考察等工作，交由专业社会力量承担，提高未成年人权益保护和犯罪预防的专业水平，逐步建立司法借助社会专业力量的长效机制。目前我国已经形成预防类、维权类、矫正类"三大类、八小类"的少年司法社会工作内容。

［18］犯罪记录封存：是指对犯罪时不满十八周岁，被判处五年以下有期徒刑的未成年人犯罪记录予以密封保存，除司法机关因办案需要或有关单位根据国家规定进行查询外，不得向任何单位和个人提供。

［19］案件管理"一平台两中心"：一平台为综合业务平台，包括收送案窗口、涉案财物管理、信息公开、律师接待窗口等，两中心为案件数据分析中心和案件质量监督管理中心。

［20］认罪认罚从宽：是指犯罪嫌疑人、被告人自愿如实供述自己的犯罪，对于指控犯罪事实没有异议，同意检察机关的量刑意见并签署具结书的案件，可以依法从宽处理。

［21］量刑建议：是指检察机关在对刑事案件提起公诉时，根据被告人实施犯罪的性质、事实、情节及其行为对社会的危害程度、认罪态度，确定其是否具有法定、酌定情节，在法定刑幅度内向法院提出具体的包括刑种、刑期和附加刑在内的量刑主张。检察机关对公诉案件提出量刑建议，是依法履行法律监督职能的重要内容，有利于保障当事人的诉讼权利，有利于强化对量刑裁判的监督制约，促进法院公正量刑。2010

年10月，最高人民检察院印发《关于积极推行量刑规范化改革全面开展量刑建议工作的通知》，决定在全国检察机关全面试行量刑建议工作。

［22］案—件比：是最高人民检察院提出的全新办案质量评价指标体系，是办案环节质量效率的直观反映。“案”指的是当事人涉及的司法事件，即从检察院审查起诉到法院开庭审理判决就是一个案子；“件”是指检察机关对“案”进行的各种审查处理活动，在审查起诉直至判决期间包括退回侦查机关补充侦查、延长审查起诉期限、建议法院延期审理等节点，每一个节点为一“件”；“比”就是“件”与检察院受理案件数的比例。

［23］“三个规定”：即中共中央办公厅、国务院办公厅《领导干部干预司法活动、插手具体案件处理的记录、通报和责任追究规定》、中央政法委《司法机关内部人员过问案件的记录和责任追究规定》、最高人民法院、最高人民检察院、公安部、国家安全部、司法部《关于进一步规范司法人员与当事人、律师、特殊关系人、中介组织接触交往行为的若干规定》。

［24］检察公开听证：即检察机关征得当事人同意，邀请人大代表、政协委员、人民监督员、法律专家等人员参加评议，通过公开审查的方式办理案件。

南宁市人民代表大会常务委员会工作报告（摘要）

——2022年1月25日在南宁市第十五届人民代表大会第二次会议上

市人大常委会主任　冯学军

一、2021年主要工作

2021年是中国共产党成立100周年，是党和国家历史上具有里程碑意义的一年，也是南宁改革发展进程中极其重要的一年。在南宁如期打赢脱贫攻坚战、与全国同步全面建成小康社会、开启全面建设社会主义现代化新征程的关键时刻，习近平总书记再次视察广西、莅临南宁，为新时代广西发展把脉定向、指路领航，给我们带来巨大鼓舞和强大动力。一年来，在市委坚强领导下，市人大常委会坚持以习近平新时代中国特色社会主义思想为指导，全面贯彻党的十九大和十九届历次全会精神，深入学习贯彻习近平总书记在庆祝中国共产党成立100周年大会上的重要讲话精神，深入贯彻落实习近平总书记对广西工作系列重要指示精神特别是视察广西“4·27”重要讲话精神，学习贯彻中央、自治区党委人大工作会议精神，牢记嘱托、感恩奋进，坚持党的领导、人民当家作主、依法治国有机统一，紧扣自治区第十二次党代会、市第十三次党代会决策部署，围绕市委“1+3”重点任务，依法行使职权，主动担当作为，人民代表大会制度在首府展现蓬勃生机，人大工作活力四射，展现出与时俱进的新气象，为实现“十四五”良好开局，建设新时代中国特色社会主义壮美广西首善之地作出了积极贡献。

——学习贯彻习近平总书记重要讲话重要指示精神坚定坚决、落实落细。始终牢记领袖嘱托，自觉从习近平总书记重要讲话重要指示精神中找准方向和路径，找准人大依法履职切入点，确保习近平总书记重要讲话重要指示精神在人大各项工作中贯彻落实到位。对标对表“四个新”总要求，新增和强化年度工作安排11项，以实际工作成效体现学习贯彻成果。围绕贯彻落实习近平总书记在中央人大工作会议上的重要讲话精神，常委会领导带队深入基层一线，推动全市人大系统掀起大学习、大宣讲、大调研热潮，全力推动人大工作高质量发展。首府人大的监察司法、财经、农业农村、外事侨务、服务代表、基层立法联系点建设等工作，在全区人大系统6个经验交流会上分别作典型发言。

——党史学习教育特色鲜明、成效凸显。按照党中央、自治区党委和市委关于党史学习教育的部署要求，立足于“规定动作”到位、“自选动作”出彩，精心组织、扎实推进，取得良好效果，机关党员干部理想信念更加坚定，为民初心更加牢固，干事创业热情持续激发，获得市委党史学习教育巡回指导组充分肯定。开展参观湘江战役纪念地、“人民代表大会制度在南宁的生动实践历程展”青少年研学实践等活动50多次。创新推出“民生微实事”活动，通过人大代表联络站和基层立法联系点广泛征集梳理基层的困难事、群众的烦心事，以“短平快”方式推动600多个问题得到有效解决。

——人大工作“南宁品牌”持续擦亮、走向全国。积极探索、勇于创新，深化拓展首府人大品牌建设，有力促进整体工作水平提升。持续推进站点深度融合标准化建设，协同“智慧南宁人大”品牌打造，将信息化建设触角延伸到基层站点，为代表、群众参与立法、监督等工作提供更加便捷高效的平台，在收集民意、解决民忧上发挥了积极作用。“智慧南宁人大”建设获评2021年广西信息化“优秀案例奖”，成为全区人大系统唯一获奖项目。全区基层立法联系点工作现场观摩会在南宁市召开，与会同行纷纷点赞。继2020年三次肯定南宁市站点建设工作之后，中共中央政治局常委、全国人大常委会委员长栗战书在2021年12月2日第二十七次全国地方立法工作座谈会上再次予以充分肯定。

——代表主题活动有声有色、反响热烈。自治区党委和市委高度重视人大工作，自治区党委书记刘宁深入伶俐工业园区站点开展调研、座谈交流，要求人大代表当好党的政策“宣传员”、党和群众的“联络员”、政风行风“监督员”、人民群众的“服务员”。自治区党委常委、市委书记徐海荣多次关心、指导推动人大工作，带头进站履职，带动全市1.2万多名各级人大代表进入站点开展主题活动，各站点召开民情沟通会、调研座谈会等1000多场次，提出意见建议1571条，其中重点建议363条，真正做到接地气、察民情、聚民智、惠民生，获得广泛好评。

——全市三级人大换届选举工作高质高效、树立标杆。深入贯彻习近平总书记视察广西时关于抓好集中换届工作的重要要求，按照自治区党委、市委的部署安排，抓实抓细统筹协调、换届宣传、组织选举、督导指导、纪律监督等工作，依法有效保障选民知情权、参与权、监督权。广大选民踊跃参与，顺利选举产生新一届市县乡三级人大代表12323名，代表结构进一步优化；市县乡三级新一届人大一次会议成功召开，顺利选举产生新一届本级国家机关领导人员，换届选举依法有序、风清气正，选举结果人民满意，成为践行全过程人民民主最生动、最直接的体现，获得自治区人大常委会充分肯定，获得自治区党委常委、市委书记徐海荣批示肯定。南宁市作为市县乡的唯一代表，在全区三级人大换届选举新闻发布会上作经验介绍。

一年来，市人大常委会组织召开常委会会议11次；审议地方性法规8件，颁布施行5件，开展立法调研10项；听取

“一府一委两院”专项工作报告28项，开展执法检查4项、专题询问2项、专项工作评议2项、专题调研10项；备案审查规范性文件43件；调查审议代表议案6件，交办代表建议196件。

我们重点抓好以下五个方面工作：

（一）旗帜鲜明讲政治，把捍卫“两个确立”、做到“两个维护”贯穿人大工作各方面全过程。

强化政治机关意识，持续加强政治建设，确保首府人大工作始终沿着正确政治方向前进。

坚持不懈强化思想引领。伟大的实践催生伟大的思想，伟大的思想指导伟大的实践。常委会建立健全“思想引领、学习在先”机制，坚持把学习党的创新理论作为常委会党组会议的第一议题、机关党组织“三会一课”的常设议题、人大代表和干部培训的重要内容，常态化开展“每月一讲”“每月一研”“每月一评”等活动。通过加强学习，深刻认识到“两个确立”是党的十八大以来最重要的政治成果，反映了全党全军全国各族人民的共同心愿，对新时代党和国家事业发展具有决定性意义，坚定不移把“两个确立”转化为坚决做到“两个维护”的思想自觉、政治自觉、行动自觉，努力把学习成果转化为推进人大工作的强大精神动力。

毫不动摇坚持党的全面领导。严格执行请示报告制度，人大重要会议、重要立法、重要工作、重大事项等，主动及时向市委请示报告。充分发挥常委会党组把方向、管大局、保落实的领导作用，推动党中央、自治区党委和市委的决策部署全面贯彻、有效执行。常委会依法作出决议决定33项，确保党的主张通过法定程序成为国家意志。坚持党管干部原则与人大依法任免相统一，依法任免地方国家机关工作人员165人次，确保组织意图顺利实现。

扛稳抓牢全面从严治党主体责任。贯彻落实新时代党的建设总要求，定期专题研究全面从严治党、意识形态等工作，深入推进党支部标准化规范化建设，机关党的建设质量和水平持续提升。认真开展“书记引航担使命”主题活动，加强党风廉政建设，严格贯彻中央八项规定及其实施细则精神，持之以恒纠“四风”、树新风，良好政治生态持续巩固。

（二）紧扣中心工作履职尽责，人大担当在服务“十四五”开好局起好步中更加彰显。

我们深刻认识到，人大工作的成效，不是等来的、喊来的、要来的，是脚踏实地干出来的。常委会坚持围绕中心、服务大局，聚焦全市“十四五”规划实施，聚焦全面落实强首府战略，勇于担当、善于作为，人民代表大会制度的优越性充分展现。

多措并举助力经济高质量发展。紧扣宏观经济健康运行，加强对“十四五”规划、年度计划的审查，听取审议计划执行情况报告，推动重大决策部署、宏观经济政策落到实处。紧扣打好工业振兴攻坚战、促进产业转型升级，开展大健康和文旅产业融合发展专题询问，听取审议工业高质量发展促进产业振兴报告，开展“三企入桂”项目落实、高新技术企业培育等专题调研，推动传统产业提层次、强实力，推动新兴产业快成长、上规模。紧扣推进乡村振兴，制定横州市茉莉花保护发展条例，听取审议农业生产安排和农田水利及高标准农田建设、生猪生产恢复、粮食安全保障、推进乡村振兴等报告，对自治区柑橘黄龙病防控规定实施情况开展执法检查，开展耕地“非农化”“非粮化”和耕地撂荒等专题调研，助力巩固拓展脱贫攻坚成果同乡村振兴有效衔接。认真做好市委深改委交付的农房建设管控情况专项督查工作，推动美丽乡村建设。促进扩大开放，批准南宁市与日本秋田市建立友好城市关系，共享“一带一路”发展机遇。

加强监督守好人民“钱袋子”。扎实推进“全口径、全过程、全方位”预算审查监督，持续深化人大预算审查监督重点向支出预算和政策拓展，完成财经联网监督系统二期建设，在全区率先实现人大财经联网监督延伸到计划、预算、国有资产、审计4个领域；听取审议预算执行、全面实施预算绩效管理、预算执行和其他财政收支审计情况及审计整改情况等报告，审查和批准市本级2020年决算、2021年两次预算调整方案，督促财政资金用到“刀刃”上，以有力的经济监督护佑首府经济高质量发展。连续三年审议国有资产管理综合报告，听取审议国有自然资源资产管理情况专项报告，推动国有自然资源资产更好服务发展、造福人民。

综合施策助推生态宜居城市建设。坚决贯彻习近平生态文明思想，强化生态环境保护制度供给，颁布施行水土保持若干规定、扬尘污染防治条例，审议通过城镇排水与污水处理条例，审议邕江两岸滨水区域条例、城市绿化条例（修改），通过法治手段让青山常在、清水长流、空气常新。紧盯环境质量状况、固体废物污染防治、黑臭水体治理等方面，通过听取专项报告、开展执法检查、专项工作评议等，促进生态环境持续改善。采取执法检查和专题询问相结合的方式，对电动自行车管理开展综合监督；颁布施行停车场管理条例，开展奖励和保护见义勇为人员条例（修改）、消防条例（修改）、违法建设查处条例（修改）、农贸市场管理、社会信用等立法调研，有力推动城市管理精细化。主动靠前、勇挑重担，组织代表和人大干部当先锋、作表率，为创建全国文明城市整改提升工作取得可喜成效、国家卫生城市通过复审考核作出人大贡献。

持续用力促进民生事业发展。牢记让人民生活幸福是“国之大者”，坚持以人民为中心，坚持民有所呼、我有所应，紧扣民生热点强化监督。颁布施行献血条例，审议通过扬美古镇保护管理条例，审议全域旅游促进条例，开展爱国卫生条例（修改）、历史街区保护管理条例（修改）、历史文化保护等立法调研，听取审议高中教育、民族乡经济社会发展情况等报告，对居家养老服务进行专项工作评议，检查非物质文化遗产法实施情况，开展校外培训机构规范管理、铸牢中华民族共同体意识、红色旅游发展、新业态劳动者社会保险情况等专题调研，积极回应人民群众普遍关注的突出问题，让人民生活更有品质、更有品位。

（三）站位法治一线积极作为，首府治理现代化的法治支撑更加坚实。

深入学习贯彻习近平法治思想，大力推进科学立法、严格执法、公正司法、全民守法，推动建设更高水平的法治南宁。

强化立法主导作用。高标准编制五年立法规划，首次委托第三方开展立法规划评估和编制，由常委会领导带领6个小组开展专项调研，广泛征集项目，科学筛选论证，规划编制质量有效提升。拓宽开门立法渠道，以问卷调查、视频连线、网络留言互动等形式吸引更多群众参与立法工作，让“高大上”的立法走入寻常百姓家。通过基层立法联系点收集到自治区固体废物污染环境防治条例（草案）修改意见221条，占全区收集意见总数的20.90%。发挥高校和律师事务所的专业优势，设立3个地方立法咨询服务基地，常态化参与法规起草、论证等工作，立法质量持续稳步提高。

抓好法规普及实施。深入推进地方性法规进入执法融入司法列入普法，听取5件实施满两年的地方性法规执行情况报告，督促政府修改完善涉及法规实施的考核指标，将法规实施情况列入职能部门权责清单。首次在县域召开新法规颁布施行新闻发布会，使法规宣传更接地气；加强立法全过程宣传，注重对立法主旨、主要制度设计、社会关注热点等的解读，为法规实施打好社会共识基础。出台“八五”普法决议，推动全社会形成自觉学法守法用法的良好氛围。

持续加强法治监督。针对多发高发的电信网络诈骗犯罪，专门出台全面开展打击治理电信网络诈骗违法犯罪工作的决定，促进源头治理、综合治理，保障人民群众财产安全。首次听取市监察委员会专项工作报告，依法拓展监督领域。听取审议市中级人民法院关于知识产权审判工作情况报告，开展人民调解工作专题调研，跟踪督办加强检察公益诉讼工作决定执行情况、羁押场所建设管理等审议意见办理落实情况，促进司法公正高效权威。受理办理群众来信来访来电151件次，促进人民群众合理诉求依法解决。

维护国家法治统一。严格落实党中央和全国人大、自治区人大的部署要求，围绕涉及妨碍统一市场和公平竞争、机构改革职能调整、野生动物保护等，对南宁市地方性法规开展专项清理，作出修改燃气管理条例等16件法规、废止公共食（饮）具卫生管理条例等5件法规的决定，推动立法和改革决策相衔接。加强规范性文件备案审查工作，首次开展本市地方性法规配套文件备案审查；建立健全衔接联动机制，切实做到"有件必备、有备必审、有错必纠"。

（四）着力优化服务保障，代表在践行全过程人民民主中的重要作用充分发挥。

把尊重代表主体地位、发挥代表作用作为做好人大各项工作的基础，保证代表依法行使国家权力，更好地发挥代表反映民意、汇聚民智、解决民忧的作用。

高质量办理议案建议。始终以对人民高度负责的态度办理好每一件议案建议，认真调查审议6件代表议案，作出处理意见6件，办理质量持续提升。通过督办邕宁区精神病专科医院实施整体搬迁的议案，项目前期工作正在有序推进。通过督办实施郁江（横州六景）至宾阳引水工程的议案，宾阳县水资源配置工程已列入水利部环北部湾广西水资源配置总方案、自治区水安全保障规划。将代表提出的196件建议，交50个单位、部门和组织办理，坚持市领导领衔督办代表建议机制，做好分类督办、重点督办、落实情况"回头看"等工作，代表建议被采纳、问题得到解决或正在解决的比例达91.33%，再创新高。

持续拓展"两个联系"深度和广度。深入落实常委会组成人员联系代表制度，常委会组成人员与280多名基层一线的市人大代表建立常态化联系机制，对代表提出的意见建议及时答复或转办，做到事事有回应。新一届市人大代表选举产生后，及时调整编组，组建新的专业小组8个、代表小组16个。各级人大代表通过进站点履职、日常走访等，实现联系和服务群众常态化。"两个联系"让人大代表"上接天线、下接地气"，让人大离百姓更近，深深根植于人民群众之中。

强化代表履职能力建设。制定实施五年培训计划、年度培训计划，组织开展新一届市人大代表集中培训，支持指导各县（市、区）采取多种形式组织代表培训，为代表履职奠定坚实基础。落实向代表通报工作情况和征求意见制度，坚持为代表订阅赠阅相关报刊资料，为代表充分履职创造条件。健全管理监督机制，组织4432名县乡人大代表向选区选民进行述职，接受人民群众监督。

（五）全面加强自身建设，依法履职能力和水平有效提升。

主动适应新时代新任务新要求，切实改进工作作风，提高队伍素质能力，服务人大工作高质量发展。

健全完善机关工作机制。与时俱进抓好机构建设，将市人大农业委员会更名为市人大农业与农村委员会；成立市人大机关事务服务中心，为做好立法、财经、代表、信息化建设等工作提供有力保障。经自治区人大常委会批准，市人大常委会组成人员名额上限增加10名。对代表大会议事规则、代表议案工作规定进行修改完善，提交本次大会审议，不断提升人大工作规范化水平。

抓实抓好干部队伍建设。坚持正确选人用人导向，加大机关干部轮岗交流力度，组织开展经常性、多层次学习培训，干部干事创业内生动力充分激发。举办常委会组成人员、处级科级干部、宣传工作等培训班、经验交流会10期，参训人员600多人次。

守正创新讲好人大故事。多层次、多角度、全方位传播人大声音，在全区率先策划推出"局长通道""代表通道""记者会"；在《中国人大》、人民网等省级以上媒体刊发新闻稿件130多篇；南宁人大网站发布各类信息6600多条，《南宁人大》出刊6期，"人大之声"专题栏目在《南宁日报》、南宁广播电视台刊发刊播120期（次），微信微博发布信息2100多条，"人民代表大会制度在南宁的生动实践历程展"接待参观人员1500多人次，人大宣传平台不断拓展，传播力、吸引力和感染力不断增强。

协同联动密切交流交往。自觉接受上级人大的工作指导，积极配合全国人大、自治区人大做好执法检查、专题调研、会议举办、法律法规案征求意见等工作20多项。加强对县乡人大工作的指导，实现上下联动、协力共为，县级人大机构建设得到新加强。通过线上线下相结合的方式，加强与各地人大同行的交流交往。

各位代表，之所以取得这些成绩，最根本的是有习近平新时代中国特色社会主义思想的科学指引，这是市委正确领导的结果，是全体市人大代表、常委会组成人员、专门委员会组成人员和常委会机关工作人员辛勤努力的结果，是市人民政府、市政协、市监察委员会、市中级人民法院、市人民检察院和各县（市、区）人大常委会协同配合的结果，是全市各族人民和社会各界大力支持的结果。在此，我代表市人大常委会，表示崇高的敬意和衷心的感谢！

同时，我们也清醒地认识到，对标新时代人大工作新要求，常委会工作还存在一些差距和不足：全过程人民民主的实践有待进一步推进；立法对改革发展的引领和保障作用有待进一步发挥；监督实效性有待进一步增强；代表履职能力、服务代表水平还需要提升；常委会自身建设与"四个机关"要求还有一定差距，等等。对此，我们将以问题为导向，虚心听取各方面意见建议，自觉接受人大代表和人民群众监督，切实加以改进、完善和提高。

二、2022年主要任务

2022年是党的二十大召开之年，是全面贯彻落实自治区第十二次党代会精神的第一年，也是全面落实强首府战略、巩固"十四五"良好开局乘势而上的关键之年，做好今年各项工作事关全局、责任重大。1月11日召开的市委十三届三次全会暨经济工作会议，对做好今年工作作出全面部署，为南宁市经济社会高质量发展找准了定位、明确了路径。1月14日，市委召开人大工作会议，进一步明确新时代全市人大工作的历史使命和任务要求，对全市各级人大及其常委会依法履职、创造性开展工作，作出了重要部署，提出了明确要求。面对新形势新任务，首府人大必须增强责任感、使命感、紧迫感，不忘初心、牢记使命，埋头苦干、勇毅前行，推动全市人大工作再上新台阶。

市人大常委会工作的总体要求是：坚持以习近平新时代中国特色社会主义思想为指导，全面贯彻党的十九大和十九届历次全会精神以及中央人大工作会议精神，深入贯彻习近平总书记对广西工作系列重要指示精神特别是视察广西"4·27"重要讲话精神，弘扬伟大建党精神，坚持党的领导、人民当家作主、依法治国有机统一，认真贯彻自治区第十二次党代会、自治区党委人大工作会议，以及市委十三届三次全会暨经济工作会议、市委人大工作会议的决策部署，完整、准确、全面贯彻新发展理念，服务和融入新发展格局，紧紧围绕建设壮美广西“1+1+4+3+N”目标任务体系，紧扣全面落实强首府战略的“1+3”重点任务，围绕推动高质量发展，“五强”工作要求和防疫稳定安全“三件大事”，以持续打造人大工作“南宁品牌”为抓手，创造性做好立法、监督等工作，更好发挥人大代表作用，全面加强自身建设，努力打造“四个机关”，丰富和发展全过程人民民主的南宁实践，不断开创新时代首府人大工作新局面，为凝心聚力建设新时代中国特色社会主义壮美广西首善之地作出积极贡献。

（一）强化政治建设，坚定不移贯彻落实坚持党的领导这一最高政治原则。

牢牢把握人大是党领导下的政治机关的定位，坚持把政治建设摆在首位，毫不动摇坚持和捍卫“两个确立”，增强“四个意识”、坚定“四个自信”、做到“两个维护”，不断提高政治判断力、政治领悟力、政治执行力。自觉把坚持和加强党的全面领导贯穿到人大工作的全过程各环节，严格执行请示报告制度，全面贯彻落实党中央、自治区党委和市委决策部署。持续强化理论武装，坚持把学习贯彻习近平新时代中国特色社会主义思想作为首要政治任务，深入学习贯彻习近平法治思想、习近平总书记关于坚持和完善人民代表大会制度的重要思想，贯彻落实中央、自治区党委和市委人大工作会议精神，不断将制度优势转化为治理效能。

（二）坚持人民至上，不断丰富全过程人民民主的南宁实践。

深入贯彻习近平总书记关于全过程人民民主的重要论述，积极探索、丰富全过程人民民主的地方实践，使人民依法享有的知情权、参与权、表达权、监督权，真实、生动、具体地体现在首府人大工作各方面各环节全过程。修改常委会议事规则、地方性法规制定条例等法规制度，健全人大议事、立法等方面制度，完善发展全过程人民民主的措施和要求。进一步完善人大的民主民意表达平台和载体，瞄准全国先进、广西标杆目标，全面运用“智慧南宁人大”赋能站点，持续提高站点标准化、规范化、智能化水平。健全吸纳民意、汇集民智的工作机制，深入推进人大协商、立法协商等工作，审议制定地方性法规，审查批准计划、预算，决定经济社会发展重大问题和事关人民群众切身利益的问题都要深入开展调查研究，广泛听取各方面意见建议，扩大人民群众有序参与人大工作的途径和渠道，让民主更加可感、可知。

（三）依法履职尽责，在围绕中心服务大局中展现人大新担当新作为。

坚持把人大工作放在全市工作大局中去谋划、去推进，切实做到全市工作重心在哪里，人大工作就跟进到哪里，力量就汇聚到哪里，作用就发挥到哪里。聚焦强开放、强产业、强市场、强投资、强治理“五强”工作要求和防疫稳定安全“三件大事”，统筹谋划人大立法、监督、代表等工作，打出更多更有效的履职“组合拳”，奋力推动各项工作开新局、谱新篇。

——在促进强开放上勇于担当作为。积极服务和融入新发展格局，抢抓RCEP生效实施机遇，围绕高水平共建西部陆海新通道，全面对接粤港澳大湾区发展，服务建设更为紧密的中国—东盟命运共同体，推进更高质量的立法、更高效能的监督。开展促进临空经济示范区发展立法调研，加快展会管理条例修改步伐。对南宁市融入RCEP情况、中国—东盟人文交流合作示范区建设、归国创业人员情况等进行专题调研。做好缔结国际友好城市关系审议批准工作，进一步推动南宁与国际友好城市加强交流交往。组织代表对自贸区南宁片区、中国—东盟信息港南宁核心基地等重大开放平台推进情况进行调研视察。

——在促进强产业上勇于担当作为。项目为王、环境为本、创新为要，聚焦发展实体经济、做大做强现代产业，发挥好立法、监督职能作用，助力构建现代产业体系。加强对新兴产业、新兴领域、优化营商环境等立法研究。对科技成果转化法和自治区科技成果转化条例等法律法规实施情况进行执法检查。听取审议东部产业新城规划建设工作情况报告。开展工业专项资金使用情况专题调研。持续关注粮食和重要农产品生产供应，开展乡村产业振兴促进立法调研，听取审议农业生产安排及“菜篮子”工程、现代特色农业产业发展情况报告，开展新型农业经营主体发展、林产业发展等专题调研，对乡村振兴促进法等法律法规实施情况进行执法检查。

——在促进强市场上勇于担当作为。围绕积极抢占内贸市场、扩展外贸市场、做大消费市场，找准切入点、着力点，提升立法、监督等工作质效。重点围绕建设国际旅游消费中心城市，继续审议全域旅游促进条例，开展民宿业发展促进条例、宾阳炮龙文化保护条例立法调研。对大健康和文旅产业融合发展专题询问的审议意见办理情况进行持续跟踪督办，推动商文旅融合发展。

——在促进强投资上勇于担当作为。围绕推动新型基础设施、新型城镇化和交通、水利等重点领域扩大投资，综合运用立法、监督、决定等法定职权，促进相关工作开展。持续做好财政资金使用监督，运用财经联网监督系统强化在线监督，常态化抓好抓实计划、预算、审计、国有资产等审查监督。制定国有资产管理监督五年规划，听取审议2021年度国有资产管理情况综合报告和金融企业国有资产管理工作专项报告。对审计查出问题整改情况进行专题询问。对农村饮水安全工程建设情况、法院司法保障优化营商环境工作情况开展专项工作评议。开展乡村规划和农房建设管控专项工作督查。

——在促进强治理上勇于担当作为。坚持以人民为中心，充分发挥人大职能作用，推动治理体系和治理能力现代化水平提升。围绕“中国绿城”建设，探索区域协同生态和环境保护立法，继续审议邕江两岸滨水区域条例、城市绿化条例（修改），开展城市内河湖泊保护、生物多样性保护等立法调研，开展“双碳”控制立法研究。对生活垃圾分类管理条例、大明山保护管理条例进行执法检查。听取审议年度环境质量状况和环境保护目标完成情况等报告。围绕城市管理精细化，做好二次供水管理规定、违法小广告查处规定立法调研和审议工作；开展老旧小区、城中村改造，无物业小区管理，背街小巷管理等专题调研；对道路交通安全条例进行立法后评估。围绕铸牢中华民族共同体意识，听取审议铸牢中华民族共同体意识工作情况报告，开展民族乡特色产业发展专题调研。围绕促进教育、社会保障等事业发展，对义务教育“双减”工作情况进行专题询问，听取审议长期护理保险制度试点工作等报告，开展残疾人事业发展等专题调研。审议奖励和保护见义勇为人员条例（修改），开展志愿服务条例（修改）立法调研。

——在做好防疫稳定安全“三件大事”上勇于担当作为。开展大调解工作立法调研，听取审议市人民政府构建大调解工作格局情况等报告，开展公立医院探索“大专科小综合”发展模式推进情况、工程建设领域监察监督工作情况、检察机关诉前羁押率等专题调研。审议爱国卫生条例（修改），持续加强对重大传染病防控救治能力建设等议案决定落实情况的跟踪督办。全面落实法规“三人”决定，开展专项检查，听取专项报告，促进南宁市地方性法规的有效实施。探索开展备案专项审查，不断提高审查工作质量。

（四）激发代表活力，汇聚起建设新时代中国特色社会主义壮美广西首善之地强大合力。

拓展“两个联系”的广度和深度，加强常委会组成人员与基层一线代表的联系，丰富人大代表联系人民群众的内容和形式，更好接地气、察民情、聚民智、惠民生。坚持“内容高质量、办理高效率”，完善办理情况答复、反馈机制，提高代表议案建议办理质效，推动真刀真枪解决实际问题。继续推动办理“民生微实事”，以“短平快”方式解决老百姓通过站点反映的操心事烦心事揪心事。指导县乡人大探索开展民生事项代表票决制，更好地倾听民意、反映民声。加强代表培训，持续提高代表履职能力，切实当好“宣传员”“联络员”“监督员”“服务员”。制定实施人大代表、常委会组成人员、专门委员会组成人员履职管理办法，实施代表履职考评积分管理，全面实行市人大代表向选举单位述职制度，强化履职“硬约束”。探索试行人大任命干部履职满意度测评，强化任后监督。

（五）高标准严要求，努力打造让党放心、让人民群众满意的“四个机关”。

对标“政治机关、国家权力机关、工作机关、代表机关”的定位和要求，不断加强自身建设。突出党建引领，建立健全领导班子和领导干部带头深入学习贯彻习近平新时代中国特色社会主义思想的长效机制，加强党员、干部政治能力训练和政治实践历练，巩固拓展党史学习教育成果，持续提升机关党的建设质量。抓好干部队伍建设，树牢正确选人用人导向，加强教育管理，打造政治坚定、服务人民、尊崇法治、发扬民主、勤勉尽责的人大工作队伍。加强党风廉政建设，营造良好政治生态和社会生态。稳步提高常委会会议审议质量。加快“智慧南宁人大”建设步伐，以智能化提升工作效能。探索在开发区设立人大工作机构。加强对县乡人大工作的指导，经常性制度化开展上下级人大协同立法、联动监督、代表联合调研视察，持续提升全市人大工作整体水平。

各位代表！初心如磐、使命在肩。让我们更加紧密地团结在以习近平同志为核心的党中央周围，坚持以习近平新时代中国特色社会主义思想为指导，在市委坚强领导下，牢记领袖嘱托、勇担历史使命，踔厉奋发、笃行不怠，不断开创新时代人大工作新局面，为全面落实强首府战略，凝心聚力建设新时代中国特色社会主义壮美广西首善之地作出新的更大贡献，以优异成绩迎接党的二十大胜利召开！

政府工作报告（摘要）

——2022年1月25日在南宁市第十五届人民代表大会第二次会议上

代市长　廖立勇

一、2021年工作回顾

2021年是党和国家历史上具有里程碑意义的一年，是南宁市改革发展进程中极其重要的一年。这一年，习近平总书记再次视察广西、莅临南宁，向第18届中国—东盟博览会和中国—东盟商务与投资峰会致贺信。领袖的殷殷嘱托和殷切期望，让全市广大干部群众倍感温暖、倍受鼓舞。这一年，我们庆祝中国共产党百年华诞，开展党史学习教育，深入学习贯彻党的十九届六中全会精神，在赓续红色血脉中汲取奋进新征程的伟大力量。这一年，南宁市脱贫攻坚成果进一步巩固拓展，与全国同步全面建成小康社会，为实现第一个百年奋斗目标作出了南宁贡献。一年来，全市上下坚持以习近平新时代中国特色社会主义思想为指导，深入学习贯彻习近平总书记对广西工作系列重要指示精神特别是视察广西“4·27”重要讲话精神，牢记嘱托、感恩奋进，统筹疫情防控和经济社会发展，全面落实强首府战略，稳住了经济基本盘，保持了社会大局和谐稳定，“十四五”开局良好。

——经济总量再上台阶。全年地区生产总值同比增长6.1%，经济总量迈上5000亿元台阶，达5120.94亿元。其中，第一产业增加值606.76亿元，增长7.9%；第二产业增加值1198.76亿元，增长4.3%；第三产业增加值3315.42亿元，增长6.3%。规模以上工业增加值增长7.5%。社会消费品零售总额2364.17亿元，增长8.4%。一般公共预算收入391.77亿元，增长5.24%。

——项目建设取得突破。工业投资增长21.2%。区市层面统筹推进重大项目893个，完成投资1094.3亿元，增长20.2%。重大交通基础设施项目完成投资502.8亿元，增长49.1%。华南地区首条无人驾驶地铁线路5号线开通运营，广西首条智慧公路沙井至吴圩高速公路建成通车。

——开放合作成效明显。外贸进出口总额1231.9亿元，增长24.9%。中越跨境班列开行数量、吴圩国际机场国际货邮吞吐量增速均超100%。招商引资签约区内外项目270个，总投资额1808.3亿元，预计到位资金881.08亿元；实际利用外资5.78亿美元，增长31.3%。新设外资企业291家，增长95.3%。南宁市获批国家加工贸易产业园。

——市场主体活力增强。营商环境持续优化，登记财产、政务服务两项指标获评“全国标杆”，“多测合一”“豁免清单”等建设项目审批制度改革在全国复制推广。落实减税降费政策，帮助市场主体增强信心、激发活力，“桂惠贷”投放金额541.6亿元、惠及市场主体13954户。新登记各类市场主体16.1万户，增长20.7%。

——生态优势巩固提升。市区环境空气质量优良率达97%。水环境质量创历史最好成绩，地表水水质排名全国地级及以上城市第25名、省会城市第2名，境内主要流域地表水水质优良比例保持100%，黑臭水体治理经验入选生态环境部通报表扬典型案例。环境信访投诉总量、建筑施工噪声投诉量实现“双降”。国家卫生城市通过复审考核。

——民生保障更加有力。居民人均可支配收入32679元，名义增长8.5%。居民消费价格指数上涨1.4%。城镇新增就业7.7万人，城镇登记失业率2.8%。新开办公办幼儿园26所、新增学位8640个。新建成投入使用公办中小学校22所、新增学位4.04万个，接收进城务工人员随迁子女读书人数17.4万人。基本养老保险、基本医疗保险制度实现全覆盖。建成保障性租赁住房4092套（间），公租房工作经验在全国推广。

一年来，我们主要抓实抓好以下几项工作。

（一）调整优化产业结构，经济发展稳中提质。工业振兴扎实起步。出台工业振兴工作成效考核办法，强化运行调度和电力保供。培育壮大工业企业，新增规模以上工业企业235家，培育国家级专精特新“小巨人”企业15家，净增亿元企业55家。推行新兴及优势产业链链长制，引进产业链补链强链项目178个，总投资额797.1亿元。列入自治区“双百双新”在库项目61个，数量居全区第一。东部产业新城启动建设，南宁临空经济示范区建设提速。服务业提质增效。人民币存贷款余额增长8.5%，保费收入增长9.2%，新增上市（挂牌）公司2家，中国—东盟金融城新增入驻金融机构（企业）123家。新增3A级以上物流企业10家，公路、水路客货运周转量增速超20%。京东线下城市旗舰店、宜家家居、首创奥特莱斯等开业运营，“三街两巷”和邕江南岸片区入选首批国家夜间文化和旅游消费集聚区，全市接待国内旅游总人数、旅游总消费分别增长18.6%、25.8%。数字经济加快发展，组建数丝科技公司，中国—东盟信息港南宁核心基地引进数字经济及其核心产业类项目23项，全市规模以上互联网和软件信息技术服务业营业收入增长50.7%。总部经济加快培育，成功引进smart高端智能电动车全球销售中心，腾讯、康恒环境等知名企业区域总部落户南宁。五象新区特色平台经济营业收入超200亿元。

（二）全面提高开放水平，“南宁渠道”越走越畅。开放通道持续拓宽，西部陆海新通道（平陆）运河列入国家“十四五”规划，中越跨境班列开行346列、增长108%，新开行中越老农资产品跨境多式联运班列，首趟“公铁海”多式联运班列“南宁—钦州—唐山”顺利开行，吴圩国际机场国际货邮吞吐量2.38万吨、增长119%。开放平台持续做实，临空经济示范区吴圩国际机场口岸获批设立进境水果指定监管场地，自贸试验区南宁片区新设立企业20649家、增长215%，实际利用外资4.47亿美元。金融开放门户南宁核心区中国—东盟黄金产业园运营中心揭牌，浙商银行南宁分行等开业运营，跨境人民币结算量增长39%。跨境电商综试区完成跨境电商进出口额增长259%。

（三）深化改革推动创新，发展动力不断增强。创新平台增量扩面，新增国家级创新平台3家、自治区重点实验室9家、自治区级双创示范基地3家、广西工程技术研究中心14家、广西新型研发机构11家、自治区级科技成果转化中试基地5家。创新主体增量提质，1011家企业获评国家科技型中小企业，拥有广西瞪羚企业37家，新增备案高新技术企业357家、占全区比重44.13%，新增中国专利优秀奖1个。重点领域改革实现突破，完成7家市属集团公司主业调整、处置“僵尸企业”7家，国资监管企业实现利润总额25.45亿元、增长17%。探索“长期租赁”“弹性年期”供应工业用地，新建商品房实现“交房即交证”，实现全市户籍业务“全城通办”。建立全国首个灵活就业人员合法权益保障中心，打造全国首个“智慧人才”一体化服务平台，“免申即办”服务模式等创新成果向全国推广。

（四）大力推进乡村振兴，农业农村现代化加快。脱贫攻坚成果持续巩固，筹措各级财政衔接推进乡村振兴补助资金22.5亿元，严格落实“四个不摘”要求，发放防贫基金435.2万元，组织脱贫劳动力外出务工27.1万人，帮扶产品销售45.8亿元，守住了不发生规模性返贫的底线。现代特色农业加快发展，守住耕地保护红线，粮食生产保持稳定，总产量达211.55万吨。生猪出栏量增长35.3%。新增隆安香蕉、良庆百香果2个地理标志商标，有效期内“三品一标”产品193个，3个产品通过“圳品”认定，南宁火龙果远销荷兰，武鸣沃柑出口加拿大等国家。2家农业企业获评首批全国生态农场。全市林下经济产值78.7亿元。乡村建设取得新进展，荣获全国首批“四好农村路”市域示范创建突出单位，完成农村饮水安全维修养护项目441个，15个农村区域集中连片供水项目已完工10个，1018户农村危房改造项目全部竣工。

（五）提升城市功能品质，“中国绿城”成色更足。市级国土空间总体规划编制取得阶段性成果。五象新区产城融合加快，建成区面积达62平方公里。南宁至大王滩二级公路、城市主要出入口整治提升一期工程等一批道路交通项目建成通车。横县获批撤县设立横州市。完善网格化管理，全国文明城市创建工作常态长效。开展治堵、排涝、拆违、改旧专项行动，打通6条“断头路”，建成运行排水地理信息系统，完成77处城市内涝点整治，清理拆除“两违”面积900.2万平方米，基本完成127个老旧小区改造。生活垃圾分类实现常态化，回收利用率达36.5%。碳达峰行动有序推进，8家企业进入自治区绿色制造体系名单，建成充电桩3982个，获列为广西新能源汽车推广应用示范市。第二轮中央生态环境保护督察反馈指出问题整改取得阶段性成效。

（六）持续增进民生福祉，生活品质稳步提高。扎实做好常态化疫情防控，两次调整充实疫情防控前线指挥部工作人员，集中办公，牢牢盯住“外防输入、内防反弹”，严格“人、物、环境”同防，不断提高流调能力、核酸检测能力、集中隔离能力、应急处置能力，累计接种新冠病毒疫苗1754.5万剂次，截至2021年底连续351天无新增本土病例。社会保障体系不断完善，稳步实施国家扩大长期护理保险制度试点工作，3个医养结合案例获评全国医养结合典型经验，4个社区入选广西老年人宜居社区，累计发放低保金9.4亿元、特困人员供养补助2.3亿元。教育事业高质量发展，全面落实“双减”政策，集团化办学深入推进，成立天桃实验学校、南宁二中、三中、十四中、沛鸿民族中学为龙头学校的教育集团；南宁教育园区初步成型，入园院校实现招生办学10所，在校学生规模达7.8万人。健康南宁加快建设，组建市一、市二医院医疗集团，获自治区“公立医院综合改革成效明显的城市”，新改扩建社区卫生服务中心5个，前海人寿广西医院和南宁医院先后投入使用，医保基金监管信用体系建设试点通过国家医保局终期验收。文体事业繁荣发展，舞剧《刘三姐》获第十三届全国舞蹈展演优秀剧目，广播剧《少年黄大年》等42件作品获国家级、自治区级荣誉（奖项）；全面实现全民健身和全面健康深度融合发展，南宁籍运动员在第十四届全运会中获2金1银3铜的优异成绩。社会治理能力全面提升，推进扫黑除恶常态化，加强矛盾纠纷多元预防化解，打击传销、打击电信网络诈骗、禁毒等工作成效显著。再次荣获全国民族团结进步示范市荣誉称号。安全生产、食品药品安全形势总体稳定。

一年来，民族、宗教、保密、档案、退役军人、审计、统计、林业、人防、粮食和储备、机关事务管理、地方志、公共资源交易、供销、海关、海事、出入境边防检查、侨务、台湾事务、贸促、税务、气象、调查、水文、文史、决策咨询、哲学和社会科学等工作扎实推进，妇女、儿童、老龄、残疾人、公益慈善、红十字等事业健康发展。

一年来，我们坚持把党的政治建设摆在首位，坚决落实全面从严治党要求，毫不动摇坚持和捍卫“两个确立”，不断增强“四个意识”、坚定“四个自信”、做到“两个维护”。巩固提升法治政府建设成果，出台政府规章3件，修改、废止规章4件，依法接受人大及其常委会的监督，自觉接受人民政协的民主监督，办理市人大代表议案建议192件、政协提案669件，办结率均达100%。巩固拓展落实中央八项规定及其实施细则精神成果，坚决整治形式主义、官僚主义，持续为基层松绑减负，政府自身建设持续加强。

各位代表，过去一年的成绩来之不易，这是习近平新时代中国特色社会主义思想科学引领的结果，是自治区党委、自治区政府和市委正确领导的结果，是市人大、市政协监督支持的结果，是各级各部门担当履职的结果，是全市各族人民团结奋进的结果。在此，我代表市人民政府，向全市各族人民，向人大代表、政协委员，向各民主党派、工商联、无党派人士和人民团体，向驻邕部队、武警官兵、政法干警、消防救援队伍，以及所有参与、关心和支持南宁发展的各界人士，表示衷心感谢并致以崇高敬意！

在看到成绩的同时，我们也清醒地认识到经济社会发展面临的困难和问题。主要表现在：工业对经济增长的贡献偏小，农业产业链较短，县域经济发展滞后；开放优势发挥不充分，投资结构不优，产业投资偏弱，创新驱动发展的动能不强；民生保障仍然存在短板弱项，营商环境有待提升等。对于这些问题，我们将采取更加有力的措施，切实加以解决。

二、2022年工作总体要求和主要任务

2022年是党的二十大召开之年，做好各项工作，具有特别重要的意义。我们要紧跟总书记，奋进新征程，勇于求变、敢于求新、善于求质，以“跳起来摸高、跑起来赶超”的奋斗姿态，坚定信心、勇毅前行，在建设新时代中国特色社会主义壮美广西中彰显首府担当。

2022年政府工作的总体要求是：坚持以习近平新时代中国特色社会主义思想为指导，全面贯彻党的十九大和十九届历次全会精神，全面贯彻中央经济工作会议精神尤其是习近平总书记重要讲话精神，全面贯彻习近平总书记对广西工作系列重要指示精神特别是视察广西“4·27”重要讲话精神，紧紧围绕自治区第十二次党代会提出的建设壮美广西“1+1+4+3+N”目标任务体系，按照自治区党委十二届二次全体会议暨经济工作会议和市委十三届三次全体会议暨经济工作会议的安排部署，弘扬伟大建党精神，坚持稳中求进工作总基调，完整、准确、全面贯彻新发展理念，服务和融入新发展格局，全面深化改革开放，坚持创新驱动发展，坚持以供给侧结构性改革为主线，统筹疫情防控和经济社会发展，统筹发展和安全，继续做好“六稳”“六保”工作，坚持政策为大、项目为王、环境为本、创新为要，全面落实强首府战略，举全市智慧和力量做好“1+3”重点工作，坚定不移推进高质量发展，坚持强开放、强产业、强市场、强投资、强治理“五强”工作要求，抓好防疫稳定安全“三件大事”，奋力建设新时代中国特色社会主义壮美广西首善之地，以优异成绩迎接党的二十大胜利召开。

2022年全市发展的主要预期目标是：地区生产总值增长7%以上，工作目标力争增长8%左右。一般公共预算收入增长3.5%，规模以上工业增加值增长11%，固定资产投资增长10%，工业投资增长30%以上，社会消费品零售总额增长10%，外贸进出口总额增长11%，居民人均可支配收入增长与经济增长基本同步，居民消费价格指数涨幅控制在3%左右，城镇调查（登记）失业率低于全区平均水平。

面对当前形势，要实现上述目标，我们必须转变观念，创新思路，在实际工作中，强化“五种思维”：

——强化首府都市圈思维。实施强首府战略，建设南宁都市圈，是落实国家“十四五”城市群和都市圈战略的重大举措，也是广西实施区域协调发展战略的重大行动。强首府，南宁当自强。我们要自我加压、招大引强，提升经济首位度，加快建设特大城市，构建南宁大都市圈，加速形成极化效应、虹吸效应，发挥中心城市的辐射带动作用，为建设壮美广西多作贡献。

——强化“双链”融合思维。围绕产业链部署创新链，围绕创新链布局产业链。抓住全球产业链价值链重构的机遇，聚焦全产业链和产业生命周期，打通产业链上下游，吸引跨境产业链关键环节留在南宁，积极服务中国产业走向东盟及RCEP成员国，并向“一带一路”国家和地区拓展。组织产业关键核心技术和共性技术攻关，以一个领域或一项科技创新，培育一个细分产业，盘活一个产业集群。

——强化枢纽经济思维。枢纽经济背后是流量，实质是市场。南宁深耕东盟多年，要充分发挥南宁作为离东盟最近首府城市、西部陆海新通道重要节点、我国连接“一带”和“一路”重要枢纽的优势，积极服务建设中国—东盟命运共同体，畅通中越物流通道，以东盟博览会吸引商品、服务和要素聚集，大力培育国际大市场，破解“过而不驻、流而不聚”难题，推动“通道经济”向“枢纽经济”转变。

——强化“项目为王”思维。今天的项目就是明天的产业，要把项目建设作为促进发展的第一支撑，谁英雄谁好汉，项目面前比比看。要超前谋划项目，争取各类资金支持，按照市场化、项目化、责任化、节点化“四化”和资金、政策、要素“三下沉”工作法，大抓项目、抓大项目，保持投资对经济增长的强力拉动。

——强化市场主体思维。市场主体是经济的力量载体，保市场主体就是保社会生产力。要换位思考、主动作为，想企业之所想、急企业之所急，积极帮助企业解决难题，提供有温度的服务。要坚持公平参与、平等竞争的原则，持续优化市场化法治化国际化的营商环境，让各类市场主体活力充分释放，经济发展内生动力更加强劲。

2022年，我们将着力做好以下10个方面工作。

（一）拓宽“南宁渠道”强开放。

主动服务和融入国家开放战略，发挥“南宁渠道”作用，做实做强开放平台，以深化改革促进高水平开放。

服务推动东盟博览会、峰会升级发展。促进东盟博览会功能从服务“10+1”向服务RCEP和“一带一路”拓展，高质量办好RCEP展区，推动东盟博览会、峰会转型升级为RCEP博览会、峰会。大力发展会展会议经济，实施“会展+”战略，推动建立中国—东盟博览会全球采购中心，常态化运行“云上东博会”，吸引新产品发布会、订货会等更多国际性、全国性展会在邕举办，培育一批高质量龙头展会和专业品牌展，打造会展名城，建设国际会展城市。强化东盟博览会和峰会的政治、外交、经贸、人文等功能，以文化艺术、旅游、教育等为纽带，促进民心相通，结对更多国际友城，打造“一带一路”人文交流的重要支点城市。

高标准建设中国（广西）自由贸易试验区南宁片区。大力推进制度创新，形成一批制度创新成果，复制推广更多试点经验。加快推进惠企政策“免申即享”平台建设，设立RCEP政务中心，鼓励有条件的律师事务所开展国际化业务合作。深化“三合一”集约式监管，实现易腐货物、快运货物无布控查验6小时通关。建立加工贸易货物担保机制，参与海关事务担保，降低企业贸易成本。推动片区内综保区、跨境电商综试区、加贸产业园等国家级开放平台融合发展，强化自贸区协同发展区建设，最大程度发挥政策叠加和溢出效应。

加快建设中国—东盟信息港南宁核心基地。突出抓好基础设施建设、产业发展壮大、对外合作交流等重点工作，年内力争新增投资超30亿元、竣工项目累计超45个。优化升级南宁国际互联网专用通道，启动建设中国—东盟人工智能计算中心，加快推进中国电信东盟国际信息园、中国移动（广西）数据中心等超大规模数据中心建设。培育壮大一批数字企业，加快打造人工智能、空间信息、信息技术应用创新等数字经济产业链。发挥华为—南宁数字经济产业创新中心等平台作用，拓展数字应用场景，培育平台经济、跨境电商、智慧旅游等新产业新业态。加强与东盟的数字经济合作交流，积极服务和办好中国—东盟信息港论坛、数字丝绸之路峰会等活动，加强与东盟国家在数字经济标准制定、技术创新、市场共享等领域的

合作。

加快建设金融开放门户南宁核心区。扩大跨境人民币结算，推动中银香港面向东盟的人民币结算清算业务落地，支持驻邕金融机构与更多RCEP成员国商业银行建立人民币结算关系，推动非银行支付机构开立跨境人民币备付金账户。促进跨境投融资，推动中国—东盟跨境金融服务中心运营，制订跨境金融产品和服务清单；开展跨境人民币同业融资、跨境人民币双向流动便利化、人民币信贷资产转让、境外项目人民币贷款等试点。扩大人民币与东盟国家货币直接交易，引入更多东盟国家商业银行参与广西银行间市场区域交易，促进与东盟国家双边本币结算。

高质量实施RCEP。学好用活RCEP规则，大力优服务、扩贸易、促投资。积极参与建设中国—东盟经贸中心、RCEP中小企业服务中心，推动AEO企业获批经核准出口商资质，全力服务企业搭乘RCEP快车。用好关税减让规则，扩大机械设备、建材等传统行业产品的出口，拓展茉莉花茶、沃柑、火龙果等优势农产品出口，扩大日韩澳新先进装备和技术、矿产品及农产品、美妆和日用品等高端消费品进口。用好用足原产地累积规则，为企业制定针对性享惠方案，推进原产地证书的认证；依法落实外商投资国民待遇，加快构建连接日韩澳新等发达国家和东盟国家之间跨国产业链供应链，引导和鼓励电子信息、新能源汽车等企业在RCEP成员国内开辟产品原料和零部件采购渠道，开展出境加工业务。

加快建设南宁临空经济示范区。做大南宁国际航空枢纽，建设航空之都。配合自治区开展示范区系列规划编制工作。年内南宁国际空港综合交通枢纽工程投入使用，6月底前开工建设吴圩国际机场第二跑道，争取12月底开工建设T3航站楼，加快建设南宁零公里空港产业园、临港大道、友谊路延长线改扩建（平丹村—群益村）等重大项目，开展轨道交通机场线等项目前期工作。迅速开展24平方公里启动区产业链招商，力争年内引进机电、服装、医药、海鲜、水果等一批贸易头部企业和电子信息、先进装备制造、新能源、新材料等制造企业，引进航空物流、临空商务、港航服务等产业项目30个。依托吴圩国际机场航空口岸，打造中国—东盟生鲜交易中心、南宁空港国际跨境电商中心等商品贸易集散基地。

大力发展向海经济。平陆运河开工建设将重塑南宁的城市形态和产业布局，南宁通江达海的区位优势更加突出。要全方位实施向海发展战略，加大力度建设向海交通体系、发展向海产业体系、强化向海创新体系，进一步做足边的文章、释放海的潜力、激发江的活力，积极构建南宁内外畅通、陆海联动的向海发展新格局。加快改造提升南宁港六景、牛湾港区，提升南宁内河航道通航等级，优化港口功能，打通江海联运物流通道，吸引沿海临港产业向内河延伸拓展，大力发展临港工业，把东部产业新城打造成为向海经济发展示范园区，推进“港产城海”融合发展。

持续推进改革攻坚。落实减税降费政策，继续清理规范市级涉企行政事业性收费事项。深化财税体制改革，加强财政资源资产资金统筹，防范化解政府债务风险。深化投融资体制改革，积极构建多元化投融资体制和资本运作机制。优化国有资本布局，推动国有资本投向民生领域、优势产业和战略性新兴产业；推动市属集团的战略性重组和市场化整合，稳妥推进国有企业混合所有制改革。构建亲清政商关系，关心支持帮助民营企业健康发展。

南宁开放无止境，越开放越向上。我们要坚持东西协作、南北互济，向海而兴，向海图强！

（二）主攻实体经济强产业。

把做强实体经济作为主攻方向，全力推进工业振兴，促进生产性服务业和先进制造业深度融合，大力发展新经济新业态新产业，加快建设现代化经济体系。

尽锐出战振兴工业。实施新兴产业产业链再造工程，着力提升南宁在跨境产业链供应链价值链中的地位和竞争力，推进新兴产业快成长上规模，全力建设南宁中越（中国—东盟）跨境产业链关键环节生产总部集聚区。电子信息产业，重点发展计算机和网络通信设备、智能终端、新型显示、集成电路四条产业链，打通中国南宁至越南北宁、北江跨境公路铁路电子信息产品快速通道，做大瑞声科技等重点企业，力争引进一批行业内龙头企业，着力构建“大湾区—南宁—东盟”电子信息产业链供应链。先进装备制造产业，重点打造新能源汽车、物料处理装备、环卫环保装备三条产业链，支持新能源汽车整车企业实现合规化生产，引进电池、电机、电控及其他配套零部件企业，推动合众新能源汽车项目年内投产，积极引进吉利汽车项目，推动美斯达、博世科等企业发展壮大。其中，驱动电机方面，重点引进永磁体、定子、转子、电机控制器等零部件生产企业。动力及储能电池产业，着力发展电芯制造，力争引进光伏电池及组件、电芯制造龙头企业，发展电解液、隔膜、铜箔、极耳、电池管理系统等上游产业链高附加值产品，推动电芯、电池等产业链一体化发展。生物医药产业，按照“研发+临床+制造+应用”全产业链发展思路，吸引国内外重点科研院所、医学院校和知名企业在南宁市设立实验室和运营平台，引进专业团队建设运营生物医药产业园区，加快建设“葫芦娃”品牌系列药品南宁生产基地、江苏吉锐生物新药研发生产基地等项目，打造海城医疗器械产业园、凤巢湖生物医药港产业园。实施传统产业改造提升行动，紧扣数字化绿色化高端化，推动传统产业提层次强实力，重振传统产业雄风。铝精深加工产业，发挥南南铝加工和南南铝业等龙头企业的技术辐射和带动效应，培育和引进一批铝材压延加工企业，重点拓展航空航天、轨道交通、船舶用高端铝合金材料，以及新能源汽车轻量化车身、铝合金零部件、动力电池用铝箔、光伏组件等产业链下游应用领域，推动铝加工产品向建筑模板、铝制家具、家电等终端产品延伸，深化与中车集团更紧密的合作，努力将铝精深加工打造成南宁的工业名片。食品产业，发展肉制品加工、休闲健康食品、调味制品、乳制品、饮料和精制茶加工等产业链；延伸拓展蔗糖精深加工产业链，推动环保纸模等产业链下游项目的实施建设。造纸产业，发展高端纸制品，配套发展产业链上游的造纸助剂及下游的包装、印刷等环节，建设横州市高端纸制品产业园。绿色家居产业，重点补足产业链配套产品，发展高端多功能板材、中高端家居，配套发展五金等产品。精细化工产业，建设专业化工园区，重点发展为电子信息、新能源汽车和生物医药等产业配套的精细化工新材料产业，积极发展芳纶纤维、电子级树脂、碳纤维等高端化工产业。绿色建材产业，积极培育硅基新材料、先进陶瓷材料、纤维复合材料等关键战略材料产业，发展壮大深加工玻璃、化学建材等绿建协同材料产业，优化提升水泥、预拌混凝土等基础支撑材料产业。

尽锐出战做大园区。按照临港城市谋划布局工业发展，推动重点工业园区拓展发展空间，提高园区投资和产出强度，积极培育500亿元、1000亿元产业园区。东部产业新城要进一步理顺管理体制机制，突出工业发展导向，加快编制国土空间规划、产业发展规划，加快基础设施和配套设施建设，规划建设临港工业园区，大力发展造纸、新能源汽车、电池、铝精深加工、汽车零部件、化工等临港工业。高新区要重点发展电子信息、节能环保、生命健康等高新技术产业，推进智慧显示园区等项目建设。经开区要加大电子信息、生物医药等高新技术产业招商引资力度，推进电子信息千亿产业园、临空生物医药产业园建设。东盟经开区要建设特色食品产业园，集聚食品企业和上下游配套企业，推进卤制肉制品及副产品加工、餐饮果浆配料生产基地等重点项目。年内三大国家级开发区规模以上工业增加值均要增长20%以上。各县（市、区）要推动本地园区产业特色化、差异化发展，打造1—2个成长性好、优势突出、带动力强的主导产业，大力培育经济强县（市、区）。

尽锐出战强化保障。健全领导干部联系重大项目服务重点企业、工业振兴特派员等工作机制，推动生产要素向工业集聚，着力解决企业生产经营面临的困难问题。加大资金投入，市本级财政筹措100亿元资金支持工业发展，引导信贷资金向工业企业倾斜。强化用地保障，提高工业用地比重，东部产业新城工业用地储备不少于4000亩，高新区、经开区（南宁临空经济示范区）、东盟经开区、黎塘工业园、现代工业产业园工业用地储备均不少于2000亩，其他县（市、区）工业用地储备均不少于500亩。重视解决城乡接合部、城中村小微企业用地问题，推动小微企业入园集聚发展。强化用电保障，加强用电调度和科学预警，完善市、县两级保供电协同机制，指导和协调企业加强燃料储备，全力保障重点企业正常用电。强化用工保障，增加就业补助资金，加强公共就业服务，适时启动应急用工机制，满足企业用工需求。

着力发展大金融。大力“引金入邕”，力争中国—东盟金融城新增入驻金融机构（企业）100家。加大金融服务实体经济力度，加强财金联动、“政金企”对接，扩大工业企业贷款、小微企业贷款、涉农贷款、政府性融资担保等规模，力争全市人民币存贷款余额突破3万亿元，工业企业贷款增速高于各项贷款增速，“桂惠贷”投放达550亿元。支持企业扩大资本市场融资，精准培育一批上市（挂牌）后备企业，重点推动森合高科、广西东呈、汉和生物等企业上市（挂牌）；扩大信用债券入邕渠道，加大“绿色债”“科技创新债”等创新债券发行，推动私募基金集聚发展。加快发展金融示范区，建设绿色金融改革创新和保险创新综合示范区，推动“惠邕保”等落地见效，力争保费收入达到300亿元，全力创建供应链金融示范区。防范化解重点领域金融风险。

加快发展大物流。着力畅通通道，完善衔接越南的跨境物流体系，以电子信息产品为重点，公路争取12小时厂对厂通达，铁路实现24小时通达；加密南宁至“一带一路”国家和地区的铁路货运班次和航空货运航线，力争吴圩国际机场新开通2条国际货运航线，国际货邮吞吐量确保4万吨、力争达到6万吨；推动恢复南宁港内河口岸。着力完善枢纽，推动物流园区均衡布局，完善物流节点衔接，加快南宁国际铁路港、中新南宁国际物流园等物流枢纽建设，完善货物转运、冷链物流、邮政快递等相关功能配套，健全港区、园区的集疏运体系，使货物快进快出。着力提升服务，完善保税物流、展示交易、跨境结算等服务功能，提高通关时效。着力降低费用，落实国家、自治区降低物流成本有关政策，进一步降低物流制度、要素、税费、信息、联运、综合等6个方面成本。

推动房地产业良性循环和健康发展。科学合理规划，完善住宅用地市政配套，促进土地成交，提升土地保障能力。加大医养地产和文化体育旅游地产等综合房地产业供地，优化房地产用地结构。支持房地产项目合法合规开发贷款，保障房地产开发企业的正常融资需求。加快拟出让地块的前期工作，大力推行“拿地即开工”、预售许可“线上全办理”，提高楼盘上市效率。加快推进旧城改造，释放新的购房需求。优化公积金贷款发放流程，提高公积金贷款额度。推动优化差别化信贷政策和适当降低二套房贷款首付比例，推介“绿城”宜居宜业品牌，吸引更多外地人来邕养老、度假、置业，提高区外购房群体比例。开展房地产市场秩序专项整治，防范市场风险。

推动新经济蓬勃发展。高质量打造五象新区新经济新产业高地。大力发展总部经济，完善总部经济发展支持政策，建立总部企业招商项目库，盘活总部基地存量楼宇，大力引进一批国际总部、区域总部和功能型总部，力争培育税收亿元以上楼宇超10栋。培育发展平台经济，加快建设电商平台载体，推动京东营销推广平台、吉利大宗商品智慧供应链平台等项目落地，支持云宝宝公司等企业打造数字化应用平台。积极发展网红经济、IP经济。

工业兴则产业旺、首府强。我们有信心、有决心挺起首府工业的脊梁，坚决打赢产业振兴这场硬仗！

（三）畅通内外循环强市场。

发展大贸易，促进消费持续恢复，保持外贸快速增长势头，深度融入国内大循环和国内国际双循环。

建设国际消费中心城市。推动商文旅融合。推动文化旅游融入商圈，埌东—凤岭片区建设一批特色商业街区，打造“旅游+会展+住宿”商圈；朝阳片区提质建设“老南宁·三街两巷”、中山路等一批特色商业街区和夜间经济集聚区，推动国有文艺院团驻演“三街两巷”人民剧场，形成“夜游”“夜购”“夜食”“夜娱”集聚区；五象片区发展首店经济、首发经济、品牌经济，建设具有国际影响力的新型消费商圈。推动商业融入文化旅游，优化“两圈一轴”布局，加快发展高端文旅产业，培育和打造时尚产业，紧盯“90后”“00后”消费群体，围绕旅游精品路线建设集“吃住行游购娱”一体的消费商圈。加快推进2023年广西文旅大会项目。大力发展专业市场，立足“买东盟满足国内，买国内服务东盟”，着力筹建中国—东盟药品市场、黄金珠宝市场、海鲜贸易加工市场、食品水果市场、艺术品交易市场等专业市场，扩大华南城、大嘉汇东盟国际建材家居城等专业市场影响力。推进消费便民惠民。完善社区、乡村商业服务功能，建设改造乡镇农贸市场。举办大型消费类展会，办好南宁消费购物节和南宁欢乐消费季，开展家电“以旧换新”等惠民利企活动。

扩大进出口贸易。加大出口增量奖励力度，壮大优势产品出口规模，培育金融、大数据、文化创意等领域服务贸易。支持企业建设跨境电商枢纽仓、在东盟布局海外仓，发展跨境电商零售出口、B2B出口业务，力争跨境电商出口交易额达80亿元。加快南宁国家加工贸易产业园建设，推动中韩（广西—江原道）产业园、赢衍光电、利远电子等项目建设投产，力争加工贸易进出口额突破1000亿元。推动境外采购和进口商品分销，扩大大宗商品进口。提升进境食用水生动物指定口岸和进境水果指定监管场地等功能，扩大东盟国家优质农产品、水海产品和中药材进口，力争新增进口200亿元。

（四）突出“项目为王”强投资。

把扩大招商引资摆在突出位置，狠抓重点领域重大项目建设，保持投资强度，发挥投资对稳增长的关键性作用。

推行“全员招商”引投资。狠抓工业招商，力争全年签约总投资额5000万元以上工业项目超150个。大力开展领导干部带头招商，成立市级招商领导小组，组建16个产业链招商工作队，由市领导任工作队队长，市领导、国家级开发区领导每人每年签约落地总投资额5000万元以上的工业项目不少于2个，县（市、区）、市直部门主要领导每人每年不少于1个。大力实施专业招商，市投促部门和各县（市、区）、开发区要组织招商小分队，开展常态化驻点招商。大力推进平台招商，支持国有平台通过股权投资、基金投资等多种方式招大引强。大力推行以商招商，通过瑞声、合众等龙头企业带动、吸引更多上下游企业落户，借助行业商会协会推介会员单位来邕投资发展。强化招商考核，考核结果与绩效考评、奖惩挂钩。

坚持“项目为王”扩投资。建立完善储备项目库长制、要素保障制、督战考评制等工作机制和“赛马”机制，做好“两榜、两挂钩、一问责”工作，力争区市层面统筹推进重大项目完成投资1200亿元以上。超前谋划投资项目，建立总投资1万亿元以上的投资项目总库，加强工业、现代服务业、商贸流通等8类项目分库的策划和包装，争取项目转化投资3500亿元。拓宽投融资渠道，按照财政聚资、贷款借资、平台扩资、市场融资、社会引资的思路，建立多元筹融资机制，用好用足PPP额度空间，推出一批有吸引力的PPP项目。抓好重大项目建设，依托强首府重大项目库指挥调度系统，对重大项目实行智慧化、精细化管理和指挥调度，强化全流程跟踪、全过程管理，加快形成更多投资工作量。

优化营商环境聚投资。开展营商环境重点指标创新突破行动，争取更多指标入选“全国标杆”。推进“跨省通办”“证照分离”改革全覆盖，推动招标投标全流程电子化。推进政务服务“简易办”改革和便民利民“微改革”，加快“邕易办”系统平台建设，完善惠企惠民一站通平台功能，实现行政许可及相关服务事项100%可网上办理。探索建立企业容错机制，试行包容审慎监管。建立营商环境诉求直通快办机制，及时协调解决市场主体诉求，为企业发展保驾护航。争创全国社会信用体系建设示范区。

（五）深化建管融合强治理。

坚持以人为本，强化城市规划建设管理，促进城乡融合发展，推进城市治理能力和治理体系现代化。

高质量推进城市建设。编好国土空间规划，注重“多规合一”，形成覆盖全市的国土空间规划“一张图”。实施城市更新行动。推进以老旧街区、厂区、小区和城中村改造为主的城市更新，加快推进109个项目改造，做好46个项目前期工作，重点推进火车站、中尧路、五一中路片区3个TOD项目。加强城市交通建设。强化主城与副城新城的交通联系，推进绕城高速与城市主干道互通节点建设，解决进出城交通拥堵问题。加强五象、埌东—凤岭、朝阳三大片区互联互通，完善五象新区与江北跨江通道建设，缓解南宁大桥等重点区域高峰期拥堵问题。加快打通“断头路”、拓宽“瓶颈路”、建设“连接路”，畅通道路微循环。加快轨道交通第三轮建设规划申报，开展六号线等前期工作。提升“生态园林城市”品质。打造“百里秀美邕江”升级版，分批推进沿岸城市更新改造，整体提升沿岸城市风貌，推进水面和两岸“商文旅”业态融合发展，塑造城市人文客厅。加快建设翠湖、松柏湖、天潭湖、新坡湖、楞塘中湖，改造提升明月湖、相思湖、金沙湖等城市内湖，建设青秀、邕宁、良庆等体育公园，规划建设青秀山南部片区和五象岭森林公园。加快环湖、沿江、绕山、穿城绿廊建设，完善一体化城市生态景观。

高效能提升城市管理。完善“美丽南宁·整洁畅通有序大行动”工作机制，推进城市管理科学化、精细化、智能化。优化城市交通秩序，强化机场、高铁、地铁、公交等运输方式的有效衔接，优化调整公交线路，推行以轨道交通为节点的微循环，努力实现“零距离换乘”；推进非机动车、机动车停车泊位设置标准化建设和车辆有序停放，加强对电动自行车、共享自行车规范化管理，加大对地铁出入口、火车站、大型商业街区等区域周边车辆乱停放现象的整治力度，加强智能交通系统建设，实施道路及路口改造，年内重点治理30个交通拥堵点段，在主干道新增10条绿波带，力争在全国50个大中城市中交通健康指数保持前10位。加强无物业小区管理，落实各城区、街道、社区无物业小区管理属地责任，加强排查摸底、分类施策，对条件成熟、群众支持的小区，鼓励引进物业公司或成立物业管理机构进行统一管理；对条件尚未成熟的小区，根据实际情况由城区兜底统筹，落实保安、保洁等服务，加强有效管理，切实解决环境差、安保缺、停车难、设施差问题。强化市容市貌整治，抓好“五乱”治理，重点开展城市管理薄弱区域专项整治，防止乱象反弹回潮。突出做到地面干净，深入开展爱国卫生运动，提高环卫保洁频次、标准，加强摊点管理，确保无路面垃圾、无乱堆乱放、无占道经营。突出做到墙面美观，推进墙面的门牌、招牌规范化设置，确保整齐统一，无违规广告牌匾、无贴墙小广告。突出做到空中整齐，开展线缆乱拉乱挂专项整治，实施管线改造，规范架空管线，清除废弃管线，杜绝飞线充电，推进空中线缆入地或者捆绑贴墙，消除“空中蜘蛛网”。加强智慧城管建设，以数字城管系统为基础，逐步构建全市城市运行管理服务平台，推进扬尘治理综合管理系统及视频智能监控等技术应用。强化违法用地、违法建设治理。

高水平推进新型城镇化。推动城市基础设施向乡村延伸，推进城乡水、电、气等设施一体化建设，统筹城乡文化、教育、卫生、社保等民生事业发展。做好青秀区、横州市城乡融合发展改革集成试点。深化户籍制度改革，推进居住证制度全覆盖，逐步将持有居住证人口纳入基本公共服务保障范围。调整公租房准入政策，让新市民进得来、有得住、住得好。保障进城落户农民的农村土地承包权、宅基地使用权、集体收益分配权，提高农业转移人口市民化质量。

我们要“一张蓝图绘到底”，下足“绣花”功夫，建好管好我们的家园，让首府颜值更高、品质更优！

（六）大力推进乡村振兴。

坚持以乡村振兴统揽新时代“三农”工作，守住粮食安全和不发生规模性返贫两条底线，促进农业高质高效、乡村宜居宜业、农民富裕富足。

坚决巩固脱贫攻坚成果。严格落实“四个不摘”要求，筑牢脱贫群众返贫防线。落实对脱贫不稳定户、边缘易致贫户、突发严重困难户的动态监测帮扶机制，确保应纳尽纳并给予精准帮扶，及时消除返贫致贫风险。落实乡村振兴重点帮扶县、乡（镇）、村的扶持政策，发展一批能带动更多群众就业的特色优势富民产业。深化粤桂协作，抓好“圳品”认证、“供深基地”建设，在上林、马山和隆安三县分别发展1—2个特色产业园区。加快农村集中供水工程建设。做好易地搬迁后续扶持工作，抓好“十个强化”，加强产业培育和就业帮扶，确保搬迁群众“稳得住、有就业、逐步能致富”。

加快发展现代特色农业。坚决扛稳粮食安全政治责任，落实最严格的耕地保护制度，坚决遏制耕地“非农化”和防止耕地“非粮化”，新开工建设26.1万亩高标准农田，推动粮食稳面积提产能。做优特色产业，打造乡村振兴“6+6”全产业链，加快建设中林·南宁、牧原、益豚、双汇等一批重大项目，实施“三品一标”提升行动，加快形成一批产值超百亿元的产业集群。抓紧抓实农业园区发展，年内新创建6个自治区级现代特色农业示范区、2个自治区级现代农业产业园。加快发展设施农业，因地制宜发展设施大棚、日光温室等设施设备，鼓励发展智慧养殖场等新型设施，推动储运保鲜冷库等设施装备应用。推进农村一二三产融合发展，推动“农业+深加工”，加快兴宁富凤、江南立腾等项目建设，打造宾阳古辣香米、武鸣林木等一批农产品加工集聚区；推动“农业+旅游”，建设一批城郊休闲农业与乡村旅游示范点、美丽休闲乡村；推动“农业+物流”，加快建设一批农产品专业市场，新布局建设一批农产品集散市场，大力发展冷链物流、农村电商。支持马山等有条件的县（市、区）大力发展现代种业。

改善农村人居环境。强化乡村振兴规划引领，推动县级国土空间总体规划同村庄规划编制系统衔接。实施村庄清洁行动和绿化美化行动，全面清理私搭乱建、乱堆乱放。抓好农村改厕整改巩固，年内完成22个整村推进示范项目，农村卫生厕所普及率达97%以上。分类分批推进农村生活污水治理，实施农村小流域治理，年内全面消除农村黑臭水体。完善“村收、镇运、县（片区）处理”的生活垃圾治理体系，年内全面完成行政村、自然屯落后垃圾收集池改造、镇村垃圾中转站建设。

加强农村社会治理。持续推进农村“雪亮工程”，全面实施网格化服务管理。加强农村警务工作，持续打击“村霸”，整顿农村治安乱点。有效化解农村各类矛盾纠纷。扎实推进农村精神文明建设，拓展建设新时代文明实践中心（所、站），丰富农民精神文化生活，推进农村移风易俗，推动形成文明乡风、良好家风、淳朴民风。

推进农村改革开放。稳慎推进农村宅基地制度改革，探索农村宅基地有偿使用和自愿退出机制。完善盘活农村存量建设用地政策，推进横州市、宾阳县、青秀区等农村集体经营性建设用地入市取得重大进展。深化农村集体产权制度改革，不断壮大村级集体经济。完善农村产权交易服务体系，重点做好市县农村产权流转交易市场建设。深化农村金融改革，促进农业保险扩面、增品、提标。扩大农业对外合作，支持企业在境外建设生产基地和加工、仓储物流设施，积极创建供应粤港澳大湾区的农产品示范基地。引进和推广国内外新品种、新技术和先进设备。

（七）大力推进科教振兴。

坚持教育为本，发展大科技，推进科技创新，把首府科教优势转化为发展优势。

推进创新链与产业链深度融合。主动对接国家级实验室，加强与国家实验室、全国重点实验室以及行业大企业深度合作，加快与中南大学协同建立储能电池研究中心，推动南宁市武汉理工大学先进技术产业研究院联合企业成立北部湾港装备技术联合创新中心，与中车集团戚墅堰研究所合作，建立铝合金材料应用研究中心；加强与中国电子科技集团的合作，积极引进网络通信设备等项目。抓好创新平台建设，加快建设中国—东盟区域科技创新合作区，提升建设南宁·中关村创新示范基地，推动广西南宁五象科技企业孵化器建设国家级综合型科技企业孵化器，抓好深圳、上海两地“飞地科技企业孵化器”建设运营，推进南宁国家农业科技园区建设，规划建设南部科创新城，全市力争引进新型产业技术研究机构5家，新增各类自治区级以上创新创业平台30个。强化企业创新主体作用，推动建立企业牵头、高校和科研院所协同的创新联合体，推行“揭榜挂帅”等制度，实施10个以上重大科研攻关项目，实施重大科技成果转化项目110项。力争高新技术企业达1500家，新增培育瞪羚企业30家。推动人才快速集聚，重点引育“高精尖缺特”人才和青年人才，加快建设中国—东盟人才城，集聚事业急需、爱国奉献的各类优秀人才。

支持驻邕高校做大做强。加快南宁教育园区建设，完善基础设施和公共服务配套，发展生活性服务业态，推进产教城融合。推动相思湖、五合等大学城提升发展。加大地方特色高校建设力度，积极培育南宁工科院校，推动南宁职业技术学院升格本科院校、南宁学院创建为南宁大学。加强职业教育专业集团建设，探索中职学校与重点行业龙头企业共建共管产业学院。积极引进外地高校到南宁办学。建立校地合作机制，形成高校集聚区，力争年内驻邕高校在校生达60万人。

提升基础教育质量。坚持五育并举、立德树人，推广“品质教育、学在南宁”品牌，建设高质量的首府教育体系。扩大教育资源供给。编制完善学校布局与人口规模相适应的教育设施专项规划，盘活老城区教育资源用地，优先留足教育用地，年内建成14所中小学校，新建、改扩建幼儿园20所。鼓励社会力量举办幼儿园。加快教育优质发展。打造5个全区领先的优质教育集团，提升新建学校（校区）及乡村薄弱学校的办学品质。发展“互联网+教育”，推动优质教育资源共享。实施中小学教师支教走教计划，开展义务教育阶段校长教师交流轮岗。加强教师队伍建设，深入实施“名师、名班主任、名校长”培养工程。支持马山县、兴宁区率先开展县域义务教育优质均衡达标创建工作。深化教育综合改革。全面落实“双减”政策，统筹抓好减负提质和学科类校外培训清理整治等工作。深入推进高考综合改革和普通高中新课程新教材实施国家级示范区建设。

（八）以加强生态文明建设推动绿色发展。

坚持“绿水青山就是金山银山”的理念，以生态优先、绿色发展为导向，加强生态环境保护，持续抓好污染防治，推动经济社会绿色低碳发展。

坚决打好污染防治攻坚战。打好蓝天保卫战。加强部门联防联控、源头专项整治，深入开展扬尘、臭氧污染、餐饮油烟治理专项行动，加强烟花爆竹禁燃限放管控，提高秸秆综合利用，严控露天焚烧，巩固提升空气质量。打好碧水保卫战。以右江及其支流等流域为重点，深化流域生态环境综合整治，开展生活污水、农业面源污染、工业污染整治。抓好内河治理，建成西明江、心圩江等20.8公里示范河段，加快建设良庆河、楞塘冲、二坑溪龙腾湖等水环境综合治理项目。加快建成仙葫、武鸣城南水质净化厂，启动沙井、五象湖、马巢河等一批水质净化厂建设，巩固提升黑臭水体治理成效，力争城市污水集中收集率达到65%、集中处理率达到100%。打好净土保卫战。加强土壤污染综合防治，实施化肥、农药使用减量化，推进土壤污染治理修复。全面推行垃圾分类，完善生活垃圾分类处理系统，推动双定循环经济产业园生活垃圾焚烧发电厂、有机垃圾处理厂等垃圾处理项目加快竣工运营。切实抓好中央生态环境保护督察反馈问题整改。

推进绿色低碳转型。落实河湖林长制，统筹山水林田湖草系统治理。主动适应国家能耗“双控”向碳排放总量和强度“双控”转变的新要求，实施碳达峰碳中和行动。大力发展绿色能源，重点发展光伏、风能、生物质等新能源发电，推进抽水蓄能、化学储能等储能项目建设，引导热电联产项目建设，加快实施宾阳县新能源双碳示范产业园、马山县农业光伏等可再生能源项目，推进横州市六景风光储氢一体化等多能互补项目建设，推动鑫凯隆年产30万吨生物柴油项目建设。大力推行绿色生产方式，推动高耗能行业节能改造，支持万元工业增加值能耗低于符合控制目标的产业项目加快上马，发展废旧汽车回收拆解资源化利用等循环经济。大力倡导绿色生活方式，深入开展绿色家庭、学校、建筑、社区等绿色生活创建行动，积极创建国家绿色出行示范市。

（九）以增进民生福祉推动共享发展。

始终践行以人民为中心的发展思想，加快补齐民生领域和社会事业短板，在高质量发展中促进共同富裕。

促进重点群体就业。认真落实退役军人安置任务，支持退役军人自主就业创业。推进农村劳动力就地就近就业，加大农村富余劳动力外出就业服务力度。加强城镇就业困难人员帮扶，做好零就业家庭动态清零。做好来邕留邕应届高校毕业生的就业服务，今后凡有就业意愿的，确保“人人有岗位、个个能就业”，实现100%就业。

推进健康南宁建设。加快推动优质医疗资源下沉，完善覆盖市、县、乡、村四级医疗卫生服务体系。统筹推进“三医联动”改革，推动医疗服务均质化、医保支付方式多元化、药品耗材价格“平民化”。完善疾病预防控制体系，提升早期监测预警、风险评估研判、应急处置等能力。探索公立医院“大专科小综合”模式，加强专科学科建设。发展中医药事业，促进中医药壮瑶医药传承创新发展。积极应对人口老龄化，创新居家养老、社区服务模式，提升医养结合服务能力。落实三孩生育政策及配套支持措施，年内3岁以下婴幼儿托位增加到22650个。广泛开展全民健身运动，完善全民健身公共服务体系，积极发展竞技体育，做好第一届全国学生（青年）运动会南宁赛区赛事活动筹办工作。

强化社会保障。深入实施全民参保计划，进一步扩大社会保险覆盖面。按政策规定提高参保人员基本养老保险待遇，强化基本医疗保险、大病保险、医疗救助三重保障功能，建立健全职工基本医疗保险门诊共济保障机制，持续推动长期护理保险制度试点工作。加强社保基金监管和风险防控。完善社会救助制度，加强对特殊困难群体的关爱服务，提高低保、临时救助等兜底保障能力。保障妇女、未成年人、残疾人、退役军人合法权益。

推动文化蓬勃发展。践行社会主义核心价值观，深入实施首府文化品质提升工程，持续争创全国文明典范城市。加强文艺队伍建设，引进一批优秀的艺术创作表演人才，培养一批在全国具有一定影响力的本土文化名家。大力创作精品力作，创作排演邕剧《梁小霞》及歌舞剧实景旅游演艺等精品剧目，持续办好南宁国际民歌艺术节、“壮族三月三”、中国—东盟（南宁）戏剧周等文化活动。深入实施文化惠民工程，大力推进基本公共文化服务标准化、均等化建设，广泛开展群众性文化活动，扶持发展乡村社区业余文艺队，坚持开展送戏下基层进校园等活动。持续加大对文物保护和非物质文化遗产的保护传承力度。

落实为民办实事项目。围绕社会保障、医疗卫生、文化教育等民生领域，实施十大为民办实事工程共30个项目，全力解决群众关注度高、社会覆盖面广、民生关联度大的“急难愁盼”问题，让群众得到更多实惠。

（十）抓好防疫稳定安全“三件大事”。

统筹发展和安全，切实抓好疫情防控、社会稳定、城市安全“三件大事”，守牢安全稳定底线，建设更高水平的平安南宁。

抓好疫情防控。坚持“外防输入、内防反弹”总策略、“动态清零”总方针，压实“四方责任”，加强常态化疫情防控。强化外防输入，市县两级指挥部要针对国内中高风险地区的人员建立自动启动应对机制，强化对“三非”人员、走私人员排查打击，加强重点人群排查管控，加强对冷链物品的监测检验，坚决从源头阻断疫情传播渠道。强化内防反弹，加强社会面管理，做好公共区域、重点场所的出入管理和健康监测，安全有序推进疫苗接种工作，健全应对突发疫情应急响应机制，织密织牢防控网络。强化防疫基础工作，提高大规模核酸检测能力，确保开展全员核酸检测时能够在2天内完成。配强基层疫情防控队伍，做好防疫物资储备，完善隔离场所管理服务，做到“宁可备而不用、不可用而无备”。加强信息系统建设，提升疫情管理信息化水平。

抓好社会稳定。深入开展市域社会治理现代化试点工作。落实意识形态工作责任制，加强意识形态阵地管理。全面推进依法治市，深入推进“八五”普法，建设更高水平的法治南宁。深化平安南宁建设，深入开展重点地区集中整治行动，常态化机制化开展扫黑除恶斗争，深入开展打击整治突出违法犯罪专项行动，严厉打击电信网络诈骗、传销、“黄赌毒”等违法犯罪。精准排查精细化解矛盾纠纷，妥善解决重点群体的合法利益诉求。强化基层自治组织建设。全面提升新时代双拥工作水平。铸牢中华民族共同体意识，在开展铸牢中华民族共同体意识示范创建工作中走在前作表率。

抓好城市安全。加强安全生产工作，严格落实安全生产责任制，深入推进交通运输、建筑施工、消防领域、食品药品等重点行业领域安全整治，及时发现和消除各类风险隐患。抓实城市基础设施安全管理，加强城市公共设施建设与维护，实施公共基础设施安全加固工程，对市政设施开展周期性安全检测。加强城市供水安全保障，加快实施邕江取水口上移工程和石埠水厂建设，实施大王滩等水库除险加固、饮用水源地综合治理，规划建设五象水厂，积极构建第二水源。推动危房排查整治，落实动态监管，防范化解危房安全事故。完善邕江防洪体系、推进石埠堤等堤防建设。提升城市内涝防治能力，重点推进朝阳溪、心圩江、五象新区全流域内涝系统化治理，加强排水防涝基础设施建设，大力推进城市易涝积水点改造；健全城市防洪排涝设施与城市生命线工程应急保障联动机制，提升轨道交通、地下车库等城市地下空间应对能力。全面提升自然灾害综合防范能力，加强寒潮、台风等自然灾害监测预警，强化宣传教育和应急演练、物资储备，切实保障人民群众生命财产安全。

生命至高无上，稳定压倒一切，安全重于泰山，我们要牢牢抓好这“三件大事”，守护好首府各族人民的幸福安康！

三、全面加强政府自身建设

坚决落实全面从严治党要求，把党的领导贯穿政府工作全过程各领域，以严实过硬的作风狠抓工作落实。

旗帜鲜明讲政治。增强忠诚核心、拥护核心的政治自觉、思想自觉、行动自觉，巩固拓展党史学习教育成果，毫不动摇坚持和捍卫“两个确立”，增强“四个意识”、坚定“四个自信”、做到“两个维护”，始终在政治上思想上行动上同以习近平同志为核心的党中央保持高度一致。把握新发展阶段、贯彻新发展理念、构建新发展格局、推动高质量发展，引导督促党员、干部真正悟透党中央大政方针，时时处处向党中央看齐，扎扎实实贯彻党中央决策部署，不打折扣、不做表面文章，坚决确保执行不偏向、不变通、不走样。

提升政府执行力。着力健全各项政策传导机制，把政策、要素保障传导到一线，传导到各类市场主体，打通政策落实的“最后一公里”。健全经济工作与绩效考评全过程管理机制。提高领导干部驾驭经济社会发展的专业化能力。坚持实字当头、干字当先，带头抓落实，善于抓落实，层层抓落实。大力发扬斗争精神，把忠诚履职、主动担责落实到推动高质量发展的具体工作中，体现到为党分忧、为国尽责、为民奉献的实际行动上。

严格依法行政。贯彻落实习近平法治思想，忠诚履行宪法和法律赋予的职责，把政府工作全面纳入法治轨道。深化全国法治政府建设示范市建设，依法接受人大及其常委会的监督，自觉接受人民政协的民主监督，主动接受社会和舆论监督。加强审计监督。

推进自我革命。深入学习贯彻习近平总书记在十九届中央纪委六次全会上的重要讲话精神，坚持严的主基调不动摇，始终保持全面从严治党、推进自我革命的政治定力，把党风廉政建设与中心工作同谋划、同部署、同落实、同考核，全面构建政府系统自我净化、自我完善、自我革新、自我提高的制度规范体系。严格落实中央八项规定及其实施细则精神，锲而不舍纠“四风”树新风。加强对重大工程、重点领域、关键岗位的监督制约，持续整治群众身边腐败和不正之风，一体推进不敢腐、不能腐、不想腐，努力实现政治清明、政府清廉、干部清正、社会清朗。

各位代表，战鼓催征强首府，感恩奋进新时代。让我们更加紧密地团结在以习近平同志为核心的党中央周围，坚持以习近平新时代中国特色社会主义思想为指导，牢记领袖嘱托，勇担历史使命，踔厉奋发、笃行不怠，全面落实强首府战略，奋力建设新时代中国特色社会主义壮美广西首善之地，以优异成绩迎接党的二十大胜利召开！

中国人民政治协商会议南宁市委员会常务委员会工作报告（摘要）

——2022年1月24日在政协第十二届南宁市委员会第二次会议上

市政协主席　杜伟

一、2021年工作

2021年是党和国家历史上具有里程碑意义的一年。伟大的中国共产党迎来百年华诞。习近平总书记庄严宣告，中华大地全面建成小康社会，历史性地解决了绝对贫困问题，开启向第二个百年奋斗目标进军新征程。中共十九届六中全会全面总结党的百年奋斗重大成就和历史经验，确立习近平总书记党中央的核心、全党的核心地位，确立习近平新时代中国特色社会主义思想的指导地位。以习近平同志为核心的中共中央团结带领全党全国各族人民，有力应对百年变局和世纪疫情，构建新发展格局迈出新步伐，高质量发展取得新成效，实现了“十四五”良好开局。

2021年也是南宁改革发展进程中极不平凡的一年。习近平总书记再次视察广西、莅临南宁，提出“建设新时代中国特色社会主义壮美广西”总目标、“四个新”总要求和四个方面重要工作要求，为新时代广西发展确标定向、擘画蓝图，给我们带来巨大鼓舞和强大动力。

这一年，面对世界百年变局和世纪疫情交织影响，面对多重突发风险挑战，在以习近平同志为核心的党中央坚强领导下，在自治区党委的正确领导下，中共南宁市委团结带领全市上下，以史为鉴、笃志前行，统筹疫情防控和经济社会发展，扎实做好改革发展稳定各项工作，经济发展“质”与“量”同步提升，“南宁渠道”作用更加凸显，生态环境质量持续改善，民生福祉持续增进，为开启建设新时代中国特色社会主义壮美广西首善之地奠定了坚实基础，汇聚了磅礴力量，赢得了群众赞誉。

一年来，在中共南宁市委的坚强领导下，市政协及其常委会坚持以习近平新时代中国特色社会主义思想为指导，深入学习贯彻中共十九大和十九届历次全会精神，深入学习贯彻习近平总书记对广西工作系列重要指示精神特别是视察广西“4·27”重要讲话精神，坚持团结和民主两大主题，紧扣中心工作履职尽责，充分发挥专门协商机构作用，积极建言资政，广泛凝聚共识，为助推全面落实强首府战略、奋力谱写新时代南宁高质量发展新篇章作出了积极贡献。

（一）坚持把政治引领贯穿履职始终，切实把牢政协工作的正确方向。

理论武装入脑入心。坚持把学习中共十九届六中全会、自治区第十二次党代会和市第十三次党代会精神作为重大政治任务，深刻领会习近平总书记“七一”重要讲话精神，从党的百年光辉历程中汲取奋进新征程的智慧和力量；准确把握习近平总书记对广西工作系列重要指示精神特别是视察广西“4·27”重要讲话精神，自觉把习近平总书记的殷切期望转化为奋勇前行的磅礴伟力；深入学习习近平总书记关于加强和改进人民政协工作的重要思想，切实担负起把中共中央、自治区党委和市委决策部署不折不扣落实到政协全部工作中的政治责任。认真落实以政协党组理论学习中心组学习为引领的各项学习制度，推进理论学习常态化制度化。全年共组织各类学习、研讨活动50余次，在自治区级刊物上发表理论文章12篇，引导广大政协委员、各党派团体和各族各界人士坚定不移听党话、感党恩、跟党走，自觉做“两个确立”的衷心拥护者、忠诚实践者，不断增强“四个意识”、坚定“四个自信”、做到“两个维护”。

政治方向把准把牢。始终把坚持党的领导作为政协工作的生命线，贯穿到政协全部工作之中。市委高度重视和支持政协工作，加强对政协工作的全面领导，坚持定期听取政协党组工作汇报，坚持党政领导领衔督办重点提案，坚持参加政协重大协商活动。充分发挥政协党组把方向、管大局、保落实的重要作用，做到重要工作、重大事项向市委请示报告，重要工作安排报经市委批准后组织实施。一年来，向市委常委会专题汇报6次，召开党组会议21次，确保政协各项工作始终在市委领导下主动负责、协调一致地开展。积极探索政协党建工作实践，做深做实“两个覆盖”，全面提升政协党的建设工作质量。市政协“推动党建与履职深度融合的实践探索”的经验做法分别在全国政协、自治区政协党建经验交流会上做交流发言。

党史学习教育走深走实。扎实做好“谋、深、学、合、检、践、强”7篇文章，突出抓好以中共党史为重点的“四史”学习教育，突出政协特色，组织开展“走企业、献良策”“进乡村、助振兴”“下社区、商民事”“看群众、送温暖”等主题实践活动，25项清单任务全面完成，为民办实事198件。举办“同心向党　凝心聚力”庆祝中国共产党成立100周年系列活动，选树20名优秀共产党员、5名优秀党务工作者、20名中共党员委员履职先锋，6个党建工作优秀集体，有效激发了党员委员履职的积极性和主动性，推动党史学习过程成为强化党的创新理论武装、加强党对政协工作领导的过程，努力做到学党史、悟思想、办实事、开新局。

（二）坚持把建言资政贯穿履职始终，强力助推首府经济社会高质量发展。

紧扣中心任务建言献策。坚持把助推首府经济社会高质量发展作为履职主线，聚焦全面落实强首府战略、“六个全面提质”等重大部署，精准选题、建言资政，推动“十四五”良好开局。围绕“完善新能源汽车配套政策促进产业发展”开展专题议政性常委会议协商，提出5个方面17条建议，为推动南宁市新兴产业提质建真言。围绕“加快推进南宁市装备制造业高质量发展”召开专题协商会，提出完善装备制造业体系、促进装备制造产业集约发展、实施创新驱动发展战略、增加机械装备产业发展后劲、缓解装备制造企业用工问题等对策，为推动制造业高质量发展献良策。扎实开展“引企入桂　委员行动”活动，围绕“进一步优化创业创新生态　提升南宁市营商环境竞争力”召开双月协商座谈会，提出科学制定涉企政策、做好惠企政策宣传辅导、改进和创新服务方式方法等对策建议，为优化提升营商环境出实招。围绕建设体育强市开展专题视察，提出的“两个纳入”、加快建设新体校等建议被市政府采纳。围绕挖掘边疆少数民族文化资源、城中村改造提升等重大问题开展重点课题调研，积极议政、精准建言，提出具有前瞻性、综合性、建设性的对策建议。全年共形成各类调研报告54

份，提出意见建议269条，得到自治区领导和市委、市政府领导的批示，为党委、政府提供了有益的决策参考。重点做好服务统筹疫情防控和经济社会发展、争创全国文明典范城市、迎接国家卫生城市复审和重大项目工作，圆满完成服务中国—东盟博览会、中国—东盟商务与投资峰会工作。

助推乡村振兴献计出力。把助力乡村振兴作为履职重点，高站位主动作为，高质量建言资政，高水平双向发力。向全体政协委员发出《“乡村振兴　委员行动”倡议书》，主动扛起助推乡村振兴政治责任；举办“弘扬脱贫攻坚精神　践行政协委员担当”专题报告会，动员广大政协委员积极投身乡村振兴伟大实践；围绕“发挥村庄规划在乡村建设行动中的引领作用”开展双月协商座谈会，围绕“易地搬迁安置点产业发展情况”“加强产业发展，助力乡村振兴”开展视察，为真正实现“搬得出、稳得住、可发展、能致富”建言献策；组织一批政协委员开展“三下乡”服务活动，开展职业技能培训200多场次，捐款、捐物约500万元；选派优秀干部继续担任定点帮扶村第一书记，落实机关处级干部结对帮扶脱贫监测户机制；重点督办一批涉及乡村振兴的提案；组织召开全市政协“乡村振兴　委员行动”现场经验交流会，交流巩固拓展脱贫攻坚成果同乡村振兴有效衔接成功做法和经验，持续推动乡村振兴。2名市政协委员荣获“全国脱贫攻坚先进个人”称号，市政协办公室获得“全区脱贫攻坚先进集体”称号。

紧贴民生热点精准发力。围绕“培育和发展住房租赁市场，增加保障性租赁住房供给”深入调研，召开议政性常委会议协商，提出的意见建议得到市委、市政府领导批示，相关建议被政府采纳。围绕“推进义务教育优质均衡发展”开展深度调研，提出意见建议得到市政府主要领导批示，推动南宁三中等教育集团挂牌，为破解“学区房”“择校热”等社会关注的热点难点问题支实招。围绕改善农村人居环境、加强医院警务室建设、养老机构建设、公共文化服务体系建设等人民群众关心关注的问题开展视察，为百姓就学、就医、就业难题鼓与呼，为群众吃得放心、住得舒心、出行安心陈实情，为打造宜居南宁积极建真言。树立提案民生导向，一年来，共收到提案997件，立案737件，其中涉及民生提案占60%以上，通过提案办理，解决了一批群众关注的热点难点问题。如商品房“交房即交证”已成功实施，《人民日报》等多家媒体作了报道。充分发挥社情民意信息直通车作用，全年共收集社情民意信息496条，自治区政协采用12条，为党和政府了解社情民意、化解矛盾纠纷、维护社会稳定发挥了积极作用。

（三）坚持把协商民主贯穿履职始终，进一步彰显专门协商机构的独特优势。

深耕协商主业。牢牢把握专门协商机构的性质定位，不断丰富有事好商量、众人的事情由众人商量的制度化实践。有效运用各种协商形式，认真抓好年度协商计划制定和实施，全年举办各类重要协商26次，重点打造“双月协商座谈会”履职品牌，大力培育与时代和任务相适应的“平等议事、畅所欲言、求同存异、体谅包容、务实管用、合法依章”南宁协商文化，探索“互联网+政协”履职新途径，搭建线上履职平台，组织港澳委员线上履职，开展远程协商、网络议政、云端参会等，确保在疫情防控常态化条件下履职活动不松、不乱、不断。扎实推进政协协商与基层协商相衔接工作，较好地发挥了人民政协在基层治理中的独特作用。

发挥监督优势。围绕农村水环境综合治理、城市二次供水管理、医保定点民营医疗机构监督管理、河长制落实情况等问题开展专项民主监督，提出意见建议35条，整改落实21条；围绕“十三五”城建项目完成情况、农村科技服务、交通运输工作情况等开展视察监督；围绕《加快打造全国健康城市典范建议》等24个重点提案，开展提案办理监督；围绕《抢占生物医药产业制高点助推实施强首府战略》等多个重点提案，开展提案办理“回头看”跟踪问效；积极组织委员参加电视问政、乡村振兴、提升政府行政效能等各项监督活动164人次，为助推党政重大政策落地、重大决策落实，形成合力、增强推力。

提升协商质量。坚持调研于协商之前，做到不调研不协商，做到讲真话、讲实话、讲有用的话。积极改进大会发言工作，提升大会发言质量。一年来，共有8篇材料在全国政协和自治区政协做经验交流和大会发言，连续3年获得自治区政协最佳大会发言。创新提案办理清单制，推动“二次”办理和深度办理，注重数量上做减法，质量上做加法，提案工作质量明显提升。及时调整委员智库人员，为提升协商质量提供智力支撑。

（四）坚持把凝聚共识贯穿履职始终，广泛汇聚全面落实强首府战略强大正能量。

思想引领聚共识。继续完善谈心谈话、走访座谈、界别活动等载体，发挥政协讲坛平台作用，举办“传承红色基因汲取前行力量”“中国共产党艰苦卓绝的奋斗历程”等专题讲座，召开“同心向党　凝心聚力”读书交流座谈会，进行正面宣传，教育引导委员和各族各界人士在重大根本性问题上形成共识，做到学党史、感党恩、跟党走。组织委员就全市经济社会发展形势和重大项目开展专题学习考察，引导委员在亲历亲见亲闻中领悟新思想、感受新成就、勇担新使命。

团结合作增共识。发挥人民政协作为实行新型政党制度重要政治形式和组织形式作用，通过提案、大会发言、调研视察、参与协商等多种途径，为各民主党派、工商联和无党派人士参政议政搭建平台，召开“坚持和完善中国共产党领导的多党合作和政治协商制度”理论研讨会。一年来，党派团体提出集体提案117件，占集体提案总数的86%；提交各类大会发言30篇、社情民意信息338条，为党委、政府科学决策提供积极参考。组织港澳台侨委员和特邀嘉宾开展线上履职，积极引导港澳委员为保持港澳长期繁荣稳定和促进首府经济社会发展发挥“双重积极作用”。密切同党外知识分子、非公有制经济人士、新的社会阶层人士等的联系交流，全面贯彻党的民族宗教政策，推动各民族交往交流交融，把各党派团体、各族各界人士紧紧团结在一起，携手前行。

文史宣传汇共识。编纂出版《南宁市政协志》文史史料，出版《坚持和完善中国共产党领导的多党合作和政治协商制度论文集》《政协第十一届南宁市委员会优秀提案及办理成效选编》，在政协文史馆建立市委党校学员培训基地和政协委员培训基地，充分发挥文史工作“存史、资政、团结、育人”作用。落实意识形态责任制，意识形态阵地管理不断加强。创新开展《政协故事》《邕有协商》《政协建言　委员心声》栏目，制作《图说政协这五年》宣传画册，全年新闻媒体宣传报道市政协履职新闻360篇（次），讲好履职故事，发出政协声音，汇聚磅礴伟力。

（五）坚持把强基固本贯穿履职始终，为政协有效履职提供坚强保证。

委员履职更显责任担当。完善委员学习培训机制，扎实开展新任委员全员培训，共举办各类培训班、学习讲座21期，开展“书香政协”读书活动，引导委员读出政治责任、读出精神追求、读出生活方式，提升履职能力。持续改进委员履职管理，建立委员履职档案，严格落实委员履职考评制度，激发委员履职活力。广大政协委员牢记领袖嘱托，立足本职岗位，积极履职尽责，踊跃投身凝心聚力、决策咨询、协商民主、社会治理第一线，交出了合格的“委员作业”。

机关建设更富活力高效。以党的政治建设为统领，以打造一流模范机关为目标，以着力推进“246”工程为载体，以加强机关干部队伍建设为抓手，推进模范机关创建活动走深走实，市政协机关被选树为“南宁市模范机关示范单位”。加强制度建设，修订完善各项制度11个，为人民政协有效履职提供制度保障。加强机关信息化建设，建立南宁政协微信公众号，完成门户网站改造提升工作，为委员履职和机关服务管理提供有力技术支撑。设立书香政协展示厅，建立读书角，营造浓厚学习氛围。加强对县（市、区）政协常态化的联系指导，推动全市政协事业协同发展。举办全市政协系统“学党史、担使命、开新局”专题培训班，机关干部队伍能力不断提升，工作作风显著改进。支持派驻政协机关纪检监察组履行监督责任，努力建设讲政治、守纪律、负责任、有效率的模范机关。

换届工作圆满完成。坚持把加强党的领导、充分发扬民主、严格换届程序、依法按章办事和严肃换届纪律贯穿政协换届工作全过程，按照市委统一部署要求，选派14名机关干部担任换届风气巡回督察员，加强对县（市、区）政协换届工作的督察指导。按照高标准、严要求做好市政协十二届一次会议各项会务工作，确保会议圆满成功。会议期间，市委、市政府等领导听取大会发言、参加委员联组（小组）讨论，听取委员的意见建议，与委员们共商首府高质量发展大计。会议风清气正、务实高效，新老班子顺利交接，圆满完成换届任务。

各位委员，过去一年来的工作成绩，是中共南宁市委高度重视、坚强领导的结果，是市人大、市政府大力支持的结果，是全市各级党委、政府及有关部门和社会各方面支持帮助的结果，是全市各级政协组织、政协各参加单位和广大政协委员团结奋斗的结果。在此，我谨代表市政协常务委员会表示衷心的感谢!

同时，我们也清醒看到工作中的不足：凝聚共识方法有待进一步探索，协商议政能力有待进一步提高，界别优势作用有待进一步发挥，“两个薄弱”问题有待进一步解决等。这些问题要在今后工作中认真研究改进。

二、2022年工作任务

2022年是中共二十大召开之年，是全面贯彻落实自治区第十二次党代会和市第十三次党代会精神的第一年，也是全面落实强首府战略、巩固“十四五”良好开局乘势而上的关键之年。市政协工作的总体要求是：坚持以习近平新时代中国特色社会主义思想为指导，全面贯彻中共十九大和十九届历次全会精神，全面贯彻习近平总书记对广西工作系列重要指示精神特别是视察广西“4·27”重要讲话精神，深入贯彻习近平总书记关于加强和改进人民政协工作的重要思想，深入贯彻落实党中央、自治区党委和市委政协工作会议精神，按照自治区第十二次党代会和自治区党委十二届二次全体会议暨经济工作会议、市第十三次党代会和市委十三届三次全体会议暨经济工作会议的决策部署，在中共南宁市委的坚强领导下，牢牢把握团结和民主两大主题，紧扣强开放、强产业、强市场、强投资、强治理“五强”工作要求和防疫稳定安全“三件大事”，坚定不移推动高质量发展，充分发挥专门协商机构作用，提高政治协商、民主监督、参政议政水平，更好凝聚共识，为助推全面落实强首府战略，凝心聚力建设新时代中国特色社会主义壮美广西首善之地贡献政协力量!

（一）强化理论武装，着力在坚持党对政协工作全面领导上下功夫见实效。

始终把理论武装摆在突出位置，把深入学习贯彻落实中共十九届六中全会精神作为当前和今后一个时期的重要政治任务，及时跟进学习习近平总书记最新重要讲话精神，着力在学懂弄通做实上下功夫。持续深化以党组理论学习中心组学习为引领的学习体系，建立习近平新时代中国特色社会主义思想学习座谈会制度，发挥好政协讲坛、书香政协、智慧政协等平台作用，形成全员覆盖、整体提升的学习格局，让政协真正成为用党的创新理论武装各界人士的重要平台。按照中共中央、自治区党委和市委的决策部署，认真做好中共二十大精神学习宣传贯彻工作，确保中共二十大精神在政协系统得到全面贯彻落实。

砥砺初心使命，始终把坚持党对政协工作全面领导作为根本政治原则，坚定不移把“两个确立”真正转化为坚决做到“两个维护”的思想自觉、政治自觉、行动自觉，不断提高政治判断力、政治领悟力、政治执行力。充分发挥政协党组把方向、管大局、保落实的重要作用，建立健全中共党史学习教育长效机制，大力弘扬伟大建党精神，全面加强政协系统党的建设，推动党建工作与履职工作双融合双促进，确保政协工作始终坚定沿着习近平总书记指引的方向勇毅前行。

（二）聚焦中心大局，着力在助推首府高质量发展上下功夫见实效。

充分发挥专门协商机构作用，突出协商特色，自觉把协商议政置于全市发展大局之中。坚持稳中求进工作总基调，完整、准确、全面贯彻新发展理念，服务和融入新发展格局，全面落实强首府战略，认真贯彻市委十三届三次全会暨经济工作会议精神，聚焦强开放、强产业、强市场、强投资、强治理“五强”工作要求和防疫稳定安全“三件大事”，坚定不移推动高质量发展，深入协商集中议政，强化监督助推落实。以高质量建言，助推高质量发展，提供“政协方案”、作出“政协贡献”。

助推强开放协商建言。聚焦高质量建设RCEP先行示范区、加强与“一带一路”东盟沿线国家交流合作、扩大外贸出口等开展专题调研，深入协商议政；聚焦加快新通道建设助推南宁市成为国际国内双循环重要节点枢纽、营造国际化营商环境等开展专项民主监督。为持续拓展“南宁渠道”，主动服务和融入国家开放战略，发挥好开放平台和政策“富集区”优势献良策。

助推强产业协商建言。坚持政策为大、项目为王、环境为本、创新为要，紧扣做强实体经济，强化创新驱动，突出抓好工业、生产性服务业等重点产业，加快建设现代产业体系，着力围绕“突出产业定位，高质量推动东部产业新城产城融合发展”开展专题议政性常委会会议协商；围绕“充分发挥现有科技人才的作用，引领创新驱动，促进高质量发展”“培育发展平台经济　促进新兴产业发展”开展专题协商；围绕“依托东部产业新城开发建设　推动六景工业产业强链补链提质发展”开展重点课题调研；围绕推动创新链产业链深度融合，促进我市生物医药产业高质量发展等开展调研视察。为坚持创新发展，建立现代产业体系，助推首府经济持续健康发展出实招。

助推强市场协商建言。着力聚焦推进市区农贸市场改造升级、加强农产品产地冷藏保鲜设施建设、健全农产品流通市场体系、打造南宁国际休闲度假城市、推进精品民宿建设等开展多层次协商议政。为深度融入国内大循环和国内国际双循环，主动对接国内外市场建诤言。

助推强投资协商建言。持续开展“引企入桂　委员行动”，围绕加快副城新城建设、推动南宁市基础设施REITs试点、加强县域体育场地设施建设、抓好基础教育新建学校建设、2023年广西文化旅游发展大会重大项目建设等课题开展深度调研，集中协商议政。为大力推动有效投资，促进经济增长集众智。

助推强治理协商建言。以问题为导向，汇聚集体智慧，把人民政协制度优势转化为助推强治理效能。着重就破解五象新区与江北片区交通瓶颈，推动跨江新通道建设开展专题议政性常委会会议协商；围绕建设铸牢中华民族共同体意识示范区、加强小区物业管理开展专题视察监督。为推动南宁市治理体系和治理能力现代化水平提升汇众力。

助推抓好防疫稳定安全“三件大事”协商建言。统筹发展和安全，就疫情防控常态下加大劳动人事争议调解仲裁力度，保障劳动者合法权益开展协商议政；围绕多元化纠纷调解机制开展情况、推进南宁市应急管理体系建设等开展调研视察；聚焦加强中小学周围店铺、流动摊贩食品安全监督管理开展专项民主监督。为高质量发展营造安全稳定的良好环境作贡献。

（三）坚持人民至上，着力在助推乡村振兴、增进民生福祉上下功夫见实效。

以继续深入开展“乡村振兴　委员行动”为载体，按照“产业兴旺、生态宜居、乡风文明、治理有效、生活富裕”总要求，围绕培育新型农业经营主体、南宁市乡村治理能力建设、推动打造邕系农产品品牌等开展调研视察、协商议政，为促进农业高质高效、乡村宜居宜业、农民富裕富足建言献策。继续加大对定点帮扶村工作力度，落实机关处级干部结对帮扶脱贫监测户机制。组织广大政协委员更好地联系和服务所在界别的群众，主动深入基层一线，认真倾听民声、广泛汇集民智、积极反映民意，积极宣讲党的方针政策、决策部署等，助力乡村振兴。

坚持以人民为中心的发展思想，全力助推普惠性、基础性、兜底性民生建设。围绕人民群众关心关注的就业、教育、医疗、养老、社保等急难愁盼问题，综合利用提案、社情民意信息等形式，倾听群众呼声，解决群众诉求。围绕生态环境资源保护公益诉讼情况、农村环卫设施使用情况、水利管理信息化建设等开展专项民主监督，积极协助市委、市政府推进民生实事落地见效。推动共同富裕取得实质进展，不断提升人民群众获得感、幸福感和安全感。

（四）深化凝聚共识，着力在坚持团结合作、凝心聚力上下功夫见实效。

深刻理解“坚持统一战线”这一重要历史经验的丰富内涵，准确把握政协在统战工作中的职责任务，坚持把加强思想政治引领、广泛凝聚共识作为履职的中心环节，抓好习近平新时代中国特色社会主义思想和党的创新理论学习，筑牢共同奋斗的思想政治基础。对各民主党派以本党派名义在政协发表意见、提出建议作出机制性安排，继续抓好谈心谈话、走访看望委员、党员委员联系党外委员、委员联系界别群众工作等制度落实，促进与各民主党派、工商联、无党派人士的团结合作，畅通党外知识分子、非公有制经济人士、新的社会阶层人士意见诉求表达渠道，密切与港澳委员、海外特邀嘉宾的联系交往，举办“港澳委员活动日”，更好发挥双重积极作用。认真贯彻党的民族宗教政策，积极响应自治区政协倡议，组织委员扎实开展“建设铸牢中华民族共同体意识示范区委员行动”，推动各民族深度交往交流交融，积极引导宗教与社会主义社会相适应。组织委员深入界别群众，加强正面宣传，及时解疑释惑，把更多的人团结在党的周围，拉长团结的半径，画出最大同心圆，汇聚强大正能量。

（五）积极探索实践，着力在践行全过程人民民主上下功夫见实效。

坚持把协商民主贯穿履职全过程，“建”出质量、“专”出水平、“商”出特色。完善协商议题征集机制，广泛征集议题，扩大协商范围，丰富协商内容。继续落实好党委会同政府、政协制定年度协商计划制度，做到协商议题与协商形式相匹配，视察调研和协商议政相衔接。制定《市政协协商工作规则》，规范协商程序，提升协商质量。及时总结完善双月协商座谈会、提案办理“月走访”“回头看”、线上履职等创新举措和有效做法，形成新的制度规范。把南宁协商文化融入协商实践之中，营造浓厚文化氛围，最大限度凝聚共识。发挥协商式监督特色优势，增加大会发言和常委会会议监督性议题比重。加大统筹推进在基层建立健全政协委员协商服务平台工作力度，搭建向群众拓展、向基层延伸的协商平台，更好地把人民政协的制度优势转化为参与基层治理的效能，发挥政协作为专门协商机构在实现全过程人民民主中的独特作用。

（六）坚持守正创新，着力在推动政协工作提质增效上下功夫见实效。

坚持问题导向，以改进工作为目的，调研于协商之前，打牢“说得对”的基础，提升建言资政的质量。积极探索政协党建与履职相融合的新路子，创建一批具有政协特色的党支部品牌。积极探索新的履职实践，精心打造《邕有协商》《互联网+》履职新品牌，结合实际开展“微协商、微监督、微建议”，丰富凝心聚力新载体，进一步拓展凝聚共识新格局。积极探索具有南宁特色界别履职新模式，让界别工作动起来、活起来、强起来。强化提案清单工作制，积极探索建立提案办理成效第三方评估机制，开展提案办理民主评议工作，建立提案办理质量科学评价体系，提升提案工作质量。积极改进政协调研视察、大会发言、社情民意信息、文史资料、新闻宣传等经常性工作，发挥委员智库作用。围绕“加强思想政治引领，广泛凝聚共识”主题开展理论研讨活动，为更好发挥专门协商机构作用提供理论支撑。进一步发挥政协网站、微信公众号、委员履职管理系统等平台作用，打造智慧政协升级版，不断增强政协事业的生机活力。

（七）强化责任担当，着力在不断提升履职能力建设上下功夫见实效。

政协委员要把事业放在心上，把责任扛在肩上，按照“懂政协、会协商、善议政，守纪律、讲规矩、重品行”要求，认真履职尽责。创新学习培训机制，组织好委员学习培训。完善委员履职考评，落实常务委员每年提交履职报告制度，激发委员履职热情。深化委员履职“7+4”系列活动，提高“委员作业”质量，做到知责于心、担责于身、履责于行，在新征程中展现政协委员新担当。发挥专委会基础性作用，健全工作机制，拓展工作形式，提高专委会工作质量和水平。认真落实中共中央办公厅《关于加强和改进新时代市县政协工作的意见》，加强政协系统的上下联动和横向联系，不断提升履职整体效能。加强党风廉政建设，支持派驻政协机关纪检监察组工作，落实意识形态责任制。加强政协机关建设，持续改进工作作风，深化模范机关创建活动，锻造过硬机关干部队伍，不断增强保障履职和服务委员水平。

各位委员，力量生于团结，幸福源自奋斗。让我们更加紧密地团结在以习近平同志为核心的中共中央周围，坚持以习近平新时代中国特色社会主义思想为指导，在中共南宁市委的坚强领导下，牢记领袖嘱托、勇担历史使命，忠诚履职尽责，踔厉奋发、笃行不怠，奋力开创政协工作新局面，为全面落实强首府战略，凝心聚力建设新时代中国特色社会主义壮美广西首善之地而不懈奋斗，以优异成绩迎接中共二十大胜利召开！

南宁市中级人民法院工作报告（摘要）

——2022年1月25日在南宁市第十五届人民代表大会第二次会议上

市中级人民法院院长　韦武斌

一、2021年主要工作

2021年，是中国共产党成立100周年，是“十四五”规划开局之年，也是全面落实强首府战略、加快打造引领全区高质量发展核心增长极的关键之年。全市法院在市委坚强领导，自治区高级人民法院悉心指导，市人大及其常委会有力监督，市政府、市政协和社会各界关心支持下，坚持以习近平新时代中国特色社会主义思想为指导，全面学习贯彻党的十九大和十九届历次全会精神，深入学习贯彻习近平法治思想，认真学习贯彻习近平总书记“七一”重要讲话精神和对广西工作系列重要指示精神特别是视察广西“4·27”重要讲话精神，坚持党对法院工作的绝对领导，深刻领悟“两个确立”的决定性意义，进一步增强“四个意识”、坚定“四个自信”、做到“两个维护”，紧扣自治区第十二次党代会、南宁市第十三次党代会决策部署，围绕“1+3”重点工作，牢记初心使命、忠诚履职尽责，坚持服务大局、司法为民、公正司法，统筹抓好疫情防控和审判执行工作，各项工作取得了新的发展进步，为实现“十四五”良好开局，推动南宁高质量发展贡献了司法力量。全市法院受理案件250082件，审执结211299件，同比分别上升12.09%、7.46%，员额法官人均结案328.6件。其中，市中级人民法院受理案件35778件，审执结28190件，员额法官人均结案251.7件。全市法院有3个集体、6名个人获国家级表彰，31个集体、164名个人获自治区级表彰，135个集体、631名个人获地市级表彰。其中，兴宁区人民法院立案庭（诉讼服务中心）被评为全国法院先进集体，青秀区人民法院执行局局长赵会被评为全区“最美公务员”。

（一）坚持贯彻总体国家安全观，不断推进更高水平的平安南宁建设。

坚决维护国家政治安全和人民群众生命财产安全。审结各类刑事案件8624件。严厉打击煽动颠覆国家政权、宣扬恐怖主义、利用邪教组织破坏法律实施等犯罪，坚决维护国家政治安全特别是政权安全、制度安全。严惩杀人、伤害、抢劫等暴力犯罪，审结相关案件883件。严惩危害公共安全犯罪，审结相关案件2290件，青秀区人民法院审结广西首例高空抛物案，维护人民群众生产生活安全。严惩危害食品药品安全犯罪，审结相关案件21件，西乡塘区人民法院审结陈以哲“农药残留超标”刑事附带民事公益诉讼案，江南区人民法院审结米润军等3人销售有毒有害减肥胶囊刑事附带民事公益诉讼案，保障老百姓“菜篮子”“药瓶子”安全。

常态化开展扫黑除恶斗争。审结涉黑恶犯罪案件11件43人。兴宁区人民法院审结尹明春等14人组织、领导、参加黑社会性质组织案，对首要分子尹明春依法判处有期徒刑二十三年。坚持“打财断血”，涉黑恶财产执行到位1.45亿元，隆安县人民法院加强府院联动，成功处置恶势力头目巫江林、巫江华名下价值577.4万元的房产；西乡塘区人民法院利用网络直播助力司法拍卖，成功拍卖价值1500万元的黑恶财产。坚决“打伞破网”，审结黑恶势力保护伞案件2件2人。

重拳打击重点领域犯罪。严厉打击“黄赌毒”犯罪。审结组织、强迫、容留卖淫等犯罪案件215件442人，兴宁区人民法院审结吴卫廉等38人组织、协助组织、容留卖淫案，依法判处首要分子有期徒刑十五年，并处罚金6000万元。审结开设赌场、赌博等犯罪案件213件605人，横州市人民法院审结为网络赌博转账1.39亿元的黄仁阳等12人帮助信息网络犯罪活动案，依法对被告人从重处罚。审结毒品犯罪案件960件1449人，判处五年以上有期徒刑130人，市中级人民法院审结涉案毒品160余千克的韦德华、郭俊良制造、运输毒品案，依法判处二被告人死刑。上林县人民法院在全区禁毒“清零贩剿毒网”专项工作推进会上介绍经验。严厉打击涉众型经济犯罪，审结传销、集资诈骗、非法吸收公众存款等犯罪案件289件1053人，青秀区人民法院审结刘霞等21人组织、领导传销活动案，判处刘霞有期徒刑五年六个月，并处罚金三十万元。严厉打击电信网络诈骗犯罪，审结该类案件339件386人，宾阳县人民法院综合运用刑事审判、加大罚金执行力度、反诈防骗普法等多种手段，努力遏制该类犯罪多发高发态势，成效明显。严厉打击“三非”人员，审结妨害国（边）境管理犯罪案件56件210人，市中级人民法院通过发布典型案例、加强审判指导等方式，助力防范和阻断境外疫情输入。

保持惩治腐败高压态势。审结贪污、贿赂、渎职等职务犯罪案件77件108人。市中级人民法院公开开庭审理自治区农业农村厅原党组书记李新元受贿案，审结钦州市人大常委会原副主任徐贵受贿案，依法判处徐贵无期徒刑。积极配合市纪委监委开展“以案为鉴”警示教育活动，组织旁听庭审9次，现场接受警示教育1000余人次。

依法加强人权司法保障。落实宽严相济刑事政策，判处五年有期徒刑以上刑罚779人，判决适用非监禁刑1356人，其中免予刑事处罚10人，对未成年人犯罪案件适用缓刑23人。办理减刑假释案件2364件。坚持罪刑法定、疑罪从无，对9名被告人依法宣告无罪，裁定准许公诉机关撤回起诉7件。保障赔偿请求人依法取得国家赔偿，审结国家赔偿案件39件，决定赔偿12件280.63万元。

（二）坚持贯彻新发展理念，不断助推首府经济社会高质量发展。

持续优化法治化营商环境。依法平等保护各类市场主体，严格区分经济纠纷与经济犯罪，为创新创造营造公平公正的法治环境，全年审结商事纠纷案件103382件。健全商事纠纷快立快审快执机制，商事案件当场立案率99.83%。大力推行诉前、诉中调解，加大简易程序、小额诉讼程序适用力度，加强评估鉴定管理，最大限度降低商事纠纷诉讼成本。江南区人民法院经开区法庭成立“法庭+商会”涉企纠纷诉调对接中心，为涉企纠纷提供便捷、高效化解渠道。强化善意文明执行理念，审慎采取保全措施，及时解封广西申龙汽车公司等企业银行账户，依法帮助解决资金流转问题，服务保障工业强市战略深入实施。服务供给侧结构性改革，审结破产案件174件，市中级人民法院成功重整德宁房地产公司、广西煤炭进出口公司等企业，推动涉案标的24亿元的恒元贸易公司破产案和解，得到自治区高级人民法院充分肯定。开展涉民营企业执行案件集中攻坚行动，执结1423件，执行到位2.1亿元。引导企业规范经营、健康发展，江南区人民法院向“抖音”平台发出广西首份网络购物司法建议书，促进该平台规范网络购物合同条款。

着力服务建立现代产业体系。走访调研重点项目、重点工程104次，帮助企业解决法律问题133个。充分发挥园区派出法庭和法官工作站作用，助推工业产业园区高质量建设，武鸣区人民法院伊岭工业集中区法官工作站成功诉前化解一起涉案标的1230万元的股权转让纠纷，促使停工近11个月的企业顺利复工复产。

主动服务创新驱动发展。审结知识产权案件2508件。市中级人民法院依法公正高效审结雅全食品公司等企业起诉的侵害商标权及不正当竞争纠纷案，保护“荷花味精”等老品牌；审结侵害国美、华润等知名企业字号和商标权案件，引导经营者诚信经营；审结的永福县供水公司滥用市场支配地位案，入选全国法院反垄断和反不正当竞争十大典型案例。

积极保障巩固提升生态优势。审结各类环境资源案件273件，其中环境公益诉讼案件15件。推动修复受损生态环境，马山县人民法院审结蓝爱益失火刑事附带民事公益诉讼案，判决蓝爱益补植复绿87.75亩、承担修复费1.87万元，并在县级以上媒体公开道歉。践行绿色发展理念，马山县人民法院成立环弄拉生态环境司法保障服务中心，兴宁区人民法院建立法治保障绿色发展服务站，武鸣区人民法院设立大明山生态环保旅游巡回法庭，用法治手段守护绿水青山。

大力服务乡村振兴战略。审结农村土地流转、林权转让等案件724件。严惩各类坑农害农犯罪，上林县人民法院审结吴士信非法占用农用地刑事附带民事公益诉讼案，判处吴士信有期徒刑一年五个月，并判决支付损失费、修复费合计31.5万元。强化人民法庭乡村治理职能，打造“生态农业振兴巡回法庭”“护农兴邕法庭”“沃柑法庭”等特色法庭，推动当地特色农业发展。探索司法服务乡村振兴新路子，横州市人民法院校椅法庭主动融入全国特色小镇（茉莉花小镇）建设，为打造世界茉莉花文化产业中心提供司法保障；宾阳县人民法院武陵法庭积极开展“法护十里稻香”工作，护航国家地理标志性产品“古辣香米”健康发展。

助力防范化解重大金融风险。审结银行、证券、期货、保险等金融类案件17403件。开展涉农村合作金融机构执行案件清理专项活动、防范化解金融风险集中执行攻坚行动，执结2581件，执行到位7.6亿元。凝聚防范化解金融风险合力，与银行业协会、金融消费权益保护联合会等行业组织建立金融纠纷诉调对接机制。市中级人民法院联合广西证监局、中证法律服务中心成立全区首个证券期货纠纷多元化解诉调对接调解工作站；青秀区人民法院持续推进金融纠纷调解中心驻点金融机构调解工作站建设，服务保障金融安全。武鸣区人民法院及时对广西首例涉抵押权金融债权调解协议进行司法确认，提高金融纠纷解决效率，保障金融债权及时回收。审结民间借贷纠纷17090件。加大防范和打击民间借贷涉套路贷与虚假诉讼力度，依法严惩“套路贷”“校园贷”、非法高利放贷等违法犯罪，规范民间融资市场秩序。

助推“南宁渠道”持续拓展。审结涉外民商事案件167件、涉外商独资企业商事案件1733件，办结涉外司法协助67件。市中级人民法院自贸区巡回法庭正式受理案件，良庆区人民法院设立知识产权审判庭，跟进服务自贸区南宁片区建设。市中级人民法院与南宁仲裁委员会（南宁国际仲裁院）建立涉外商事案件联络机制，共同研究制定涉外商事仲裁的司法审查规则。青秀区人民法院成立广西自贸区首家商事争议诉调对接中心，成功调解标的4224万元的两起关联纠纷，被中国贸促会作为典型案例推广。

支持法治政府建设。审结行政诉讼案件1723件，办结行政非诉执行案件687件。加强协调沟通，促进行政争议实质性化解，推动行政机关负责人出庭应诉，全年行政机关负责人出庭应诉201次。贯彻落实市人大常委会《关于全面推进地方性法规进入执法融入司法列入普法工作的决定》，在审判工作中加强南宁市地方性法规的适用。兴宁区人民法院建立行政争议实质性化解“三个一”工作方法，审结的管道燃气特许经营纠纷案，入选广西法院一次性实质解决行政争议典型案例。邕宁区人民法院对徐加伟介绍诱骗他人加入传销组织行政处罚案，依市场监督管理部门申请，依法裁定准予强制执行，支持行政机关依法行政。

（三）坚持以人民为中心的发展思想，不断满足人民群众多元司法需求。

切实加强民生司法保护。审结涉民生案件25724件，依法及时解决人民群众急难愁盼问题。建立健全民生保护协同机制，市中级人民法院在市总工会设立“劳动争议巡回法庭”，推动全市法院与工会搭建诉调对接平台，兴宁区人民法院劳动争议联调中心成功化解一起历时五年的工伤赔偿案。西乡塘区人民法院与劳动监察部门联合成立全国首个灵活就业人员合法权益保障中心，为灵活就业人员劳务报酬类纠纷提供快速解决机制，自2021年10月成立以来，已为489名灵活就业人员确认劳务报酬720.23万元，央视《新闻联播》予以报道。邕宁区人民法院推动设立“三产房”纠纷专项整治工作领导小组，妥善化解“三产房”纠纷。宾阳县人民法院执结宾都大厦商品房预售合同纠纷系列案，解决300多名业主办理不动产权证难题。开展涉农民工工资案件专项执行行动，执结425件，执行到位4991.69万元。全市法院还办结司法救助案件546件674人，发放救助金1084.71万元，及时为困难当事人送去司法温暖；依法缓减免诉讼费1448.14万元，让困难当事人打得起官司。

及时兑现胜诉当事人合法权益。执结案件60981件，执行到位65.91亿元。组织全市法院开展“邕城风暴”系列执行行动，推进执行指挥中心实体化运行。强化网络司法拍卖，节约执行成本、提高执行效率、增强执行透明度，全年网络司法拍卖11773次，拍卖标的物6786件，成交30.16亿元，为当事人节省佣金9447.81万元。兴宁区人民法院成立执行事务集约中心，集中办理核对信息、财产查控等8类事务性工作。西乡塘区人民法院联合交警部门开通“一键通”车辆查控网络平台，快速办理查询、查封、解封车辆等执行事项。良庆区人民法院建立被执行人不动产托管机制，解决暂时无法变现的不动产闲置与贬值问题。市中级人民法院执结广西农垦糖业公司等企业申请执行天成纸业、华成纸业公司案，成功整体拍卖被执行人9.6亿元资产，推动当事人达成执行款分配和解协议，保障500余名职工安置补偿款和220家供应商货款。宾阳县人民法院强制执行永凯大桥纸业公司欠缴社会保险费案，为258名职工追缴到位559万元社保费。加大失信惩戒威慑力度，公布失信被执行人22757人。完善正向信用激励机制，及时为8917名履行债务的被执行人修复信用。

巩固深化一站式诉讼服务体系建设。采用“互联网+诉讼”方式，统筹做好疫情防控和审判执行工作，全年网上立案111329件、跨域立案341件、网上交费6449件、电子送达670.52万次、在线调解14160件。兴宁区人民法院探索信息化、集约化、社会化送达，“法院+邮政”送达模式入选广西法院2021年改革培育亮点。邕宁区人民法院为陈志杰诉北京碧水源净水科技公司买卖合同纠纷跨域立案，双方当事人“足不出户”即成功和解。横州市人民法院推出“就近能办、同城通办、异地可办”立案服务举措，隆安县人民法院、武鸣区人民法院设立午间立案、咨询服务专窗，上林县人民法院开展夜间立案、夜间开庭、夜间调解，为人民群众提供便利诉讼服务。

坚持和发展新时代“枫桥经验”。把非诉讼纠纷解决机制挺在前面，主动融入党委领导、政府负责、社会协同、公众参与、法治保障的社会治理体制。与房屋产权交易中心、工会、仲裁委、商会等主管部门、行业组织签订诉调对接、裁审衔接合作协议47个，搭建“专业调解+司法确认”多元解纷平台34个，引进特邀调解组织46个，促进纠纷多元化解、源头化解。全年诉前调解收案38326件，调解成功13911件，依当事人申请司法确认1580件。市中级人民法院主动作为，强化沟通协调，推动中国音协、KTV经营者等达成音乐著作权许可使用收费共识，从源头上预防与减少KTV行业侵权纠纷。横州市人民法院健全完善“1+4+N”诉前调解机制和诉源治理挂点联系制度，推动50%的交通事故、劳动争议、医疗纠纷化解在诉前。隆安县人民法院通过示范诉讼、强化诉源治理等多种举措，促使新收诉讼案件同比下降10.15%。江南区人民法院苏圩法庭创建“逢四说法”暨“三说会诊”解纷机制，推动矛盾纠纷化解在基层、消除在萌芽。

认真贯彻实施民法典。组织民法典培训学习、集中学习，加大对基层法院适用法律的指导力度。正确适用民法典关于“高空抛物”“居住权”“自甘风险”“个人信息保护”“人格权”等方面的新规定新理念，依法保护人民群众人身权利、财产权利及其他合法权益。市中级人民法院审结韦凤英诉冯庆国健康权纠纷案，适用“自甘风险条款”，依法保障正常文体活动。西乡塘区人民法院适用“居住权条款”妥善化解一起老年夫妻房屋赠与纠纷，保障当事人老有所居。武鸣区人民法院发出广西首张同居关系人身安全保护令，保护家暴受害者。

扎实开展普法宣传。充分利用“两微一端”、抖音等新媒体传递首府法治声音，加大巡回审判力度，积极开展送法进学校、进乡村、进社区、进企业等法制教育活动。市中级人民法院联合市教育局，组织全市法院开展“护苗2021”普法宣传教育进校园系列活动，受普法师生92000余人；未成年人审判工作专题宣传片《成长守护者·重获新生》在央视播出。武鸣区人民法院成立广西医科大学马克思主义学院大学生法治教育实践教学基地，促进高校法治教育发展。深入推进社会主义核心价值观融入司法裁判，邕宁区人民法院审结的非亲生子无条件返还赠予房屋案，在《今日说法》栏目播出；西乡塘区人民法院审结涉案标的154万元的某歌手粉丝后援会众筹款委托管理案，助力整治“饭圈”乱象，《人民法院报》予以报道。

（四）坚持改革创新，不断推进审判体系和审判能力现代化。

深化司法责任制综合配套改革。常态化开展员额法官遴选工作，深化司法责任制综合配套改革，坚持有序放权与有效监督相结合，推动审判权规范运行。实行案件在线监管、进度管控，强化“四类案件”自动识别、跟踪预警机制。院庭长带头办案常态化，共审执结案件114361件，占结案总数54.12%。完善类案检索初步过滤、专业法官会议研究咨询、审判委员会讨论决定的法律适用分歧解决机制，统一法律适用标准和裁判尺度。

健全完善诉讼制度机制。深化以审判为中心的刑事诉讼制度改革，严格执行“三项规程”有关要求，落实庭审实质化。贯彻落实认罪认罚从宽制度，审结认罪认罚案件5024件，认罪认罚适用率79.91%。深化繁简分流改革，进一步强化速裁团队建设、优化审判流程、简化法律文书，适用简易程序审结一审民商事案件74396件，占一审民商事结案总数65.05%，其中适用小额诉讼程序审结案件21752件，平均审理时间55天。

巩固提升智慧法院建设。聚焦智能化办案、无纸化办公、集约化送达等重点项目，着力提升智慧法院建设水平。市中级人民法院在五塘羁押中心建成5个驻所科技法庭，解决疫情防控期间提讯难、开庭难等问题。青秀区人民法院开发的“借贷利息计算”系统，在全区法院推广运行。兴宁区人民法院建设互联网融合式法庭。江南区人民法院推出“智慧诉服管家”和“江小排”智能排期软件，着力提升导诉服务质效与案件开庭率。良庆区人民法院上线诉讼费自助缴费终端系统，实现收费票据同步打印。西乡塘区人民法院建设“云享法庭”，得到自治区党委政法委和自治区高级人民法院高度肯定。

（五）坚持全面从严治党从严治院，不断加强过硬法院队伍建设。

始终坚持政治建院。坚持党对法院工作的绝对领导，认真贯彻《中国共产党政法工作条例》及其自治区实施办法，严守政治纪律和政治规矩，严格落实意识形态工作责任制。深入开展党史学习教育，举办建党百年系列庆祝活动，引导全体干警从党的百年奋斗重大成就和历史经验中汲取智慧和力量，做到学史明理、学史增信、学史崇德、学史力行，不断提高全体干警政治判断力、政治领悟力、政治执行力。扎实开展政法队伍教育整顿，筑牢政治忠诚、清除害群之马、整治顽瘴痼疾、弘扬英模精神。坚决加力肃清孙力军政治团伙、傅政华、李东生、蒙永山、李健流毒影响，持续教育引导全体干警筑牢政治高压线、法律红线和道德底线。

持续提升司法能力。举办、组织各类培训班110余期，培训干警1.8万余人次，组织全市法院业务骨干到高校脱产培训。江南区人民法院坚持“法官沙龙+院校合作+培养调研人才”机制，全面增强干警司法能力。开展文书评比、案例评选、学术研讨等岗位练兵活动，不断增强干警职业技能与研究能力，市中级人民法院获全国法院第三十二届学术讨论会组织工作先进奖。

狠抓党风廉政建设。高质量开展“书记引航担使命”主题活动，全面履行从严治党主体责任，组织全市法院领导干部到市纪委监委学习观摩机关党建工作经验。加强对基层法院“一把手”和领导班子监督，对辖区基层法院“一把手”和市中级人民法院各部门主要负责人监督谈话，推动全面从严治党、从严治院、从严管理向纵深发展。常态化开展审务督察、专项检查，查纠整改群众反映强烈的突出问题。严格落实防止干预司法“三个规定”等铁规禁令，以零容忍态度惩处司法腐败，立案查处违纪违法24人，营造风清气正的司法环境。

（六）坚持自觉接受监督，不断改进首府法院各项工作。

全市法院自觉接受人大及其常委会的监督，向人大及其常委会报告工作。市中级人民法院向市人大常委会专项报告知识产权审判工作，认真落实审议意见，切实整改存在问题。按时办结人大代表建议、政协委员提案。主动联络走访人大代表、政协委员，邀请人大代表、政协委员视察工作、旁听庭审、监督执行。认真贯彻监察法，自觉接受监察机关监督。依法接受检察机关法律监督，审结抗诉案件47件，邀请检察长列席审判委员会32次。认真落实人民陪审员制度，选任人民陪审员1439人。人民陪审员参与审理案件42834件。强化司法公开，直播庭审15618场，公布裁判文书104586份，广泛接受社会监督。

各位代表，全市法院所取得的成绩与进步，是市委正确领导、市人大及其常委会有力监督的结果，也是市政府、市政协以及社会各界大力支持的结果，同时离不开各位人大代表、政协委员和人民群众的关心支持。在此，我代表市中级人民法院致以崇高敬意，并表示衷心感谢！

回顾过去一年的工作，我们清醒地认识到，全市法院工作中还存在不少问题和不足，比如，一些法官司法理念、司法能力与新时代人民群众司法新需求新期待相比还有差距；案多人少矛盾还未从根本上解决，部分法官常年超负荷工作，聘用人员流动性过大，履职保障有待强化；智慧法院建设和基层人民法庭建设有待加强；法院内部监督、队伍管理还有薄弱环节，违纪违法仍时有发生，监督管理机制有待完善，等等。对此，我们将持续采取有效措施，切实加以解决，也恳请各位代表继续予以监督、支持和帮助。

二、2022年工作安排

2022年，是党的二十大召开之年，是全面贯彻落实自治区第十二次党代会精神的第一年，也是全面落实强首府战略、巩固“十四五”良好开局乘势而上的关键之年。全市法院将坚持以习近平新时代中国特色社会主义思想为指导，全面学习贯彻党的十九大和十九届历次全会精神，深入学习贯彻习近平法治思想，认真学习贯彻习近平总书记“七一”重要讲话精神和对广西工作系列重要指示精神特别是视察广西“4·27”重要讲话精神，全面贯彻落实习近平总书记对政法工作重要指示精神和中央政法工作会议精神，以为党的二十大胜利召开创造安全稳定的政治社会环境为主线，紧紧围绕建设壮美广西的“1+1+4+3+N”目标任务体系，围绕市第十三次党代会确定的目标任务和市委十三届三次全会暨经济工作会议决策部署，紧扣强开放、强产业、强市场、强投资、强治理重点工作，聚焦疫情防控、社会稳定、城市安全“三件大事”，统筹抓好常态化疫情防控和审判执行工作，抢抓发展机遇，勇于开拓进取，加力攻坚克难，切实履行好维护国家安全、社会安定、人民安宁的重大责任，让人民群众切实感受到公平正义就在身边。重点抓好6个方面工作：

一是牢牢把握正确政治方向，全面强化政治担当。坚持党对法院工作的绝对领导，把党的十九届六中全会精神贯彻落实到审判执行工作中，严格落实意识形态工作责任制，坚持和捍卫“两个确立”，增强“四个意识”、坚定“四个自信”、做到“两个维护”，不断提高政治判断力、政治领悟力、政治执行力，始终在政治立场、政治方向、政治原则、政治道路上同以习近平同志为核心的党中央保持高度一致。认真贯彻《中国共产党政法工作条例》及其自治区实施办法，确保党中央、自治区党委和市委的决策部署在全市法院得到不折不扣贯彻执行。

二是紧紧围绕首府中心工作，充分发挥审判职能。聚焦防疫稳定安全“三件大事”，常态化开展扫黑除恶斗争，严厉打击电信网络诈骗、传销、“黄赌毒”等突出犯罪，强化打击“三非”人员力度，防范化解各种重大安全风险，积极参与市域社会治理现代化试点工作，推进建设更高水平的平安南宁。围绕“五强”重点工作，完整、准确、全面贯彻新发展理念，进一步优化法治化营商环境，加大产权和知识产权司法保护力度，服务打赢工业振兴攻坚战；加强涉外民商事审判，服务保障自贸区南宁片区和RCEP示范区建设；加强涉环境资源案件审判，服务打好污染防治攻坚战；依法妥善化解房地产领域的矛盾纠纷，促进房地产业良性循环和健康发展。支持行政机关依法行政，服务保障全面推进依法治市。

三是积极践行司法为民宗旨，着力保障民生权益。坚持以人民为中心的发展思想，狠抓执法办案主业，在多办案、快办案、办好案上下更大的功夫，在实现办案的政治效果、法律效果、社会效果相统一上想更多的办法，用心用情用力解决好人民群众急难愁盼的问题。主动融入共建共治共享的乡村社会治理格局，深入推进平安乡村建设，严厉打击“村霸”等农村黑恶势力及宗族恶势力。持续加强新时代人民法庭建设，依法妥善审理涉“三农”案件，服务保障乡村振兴战略。加强涉诉信访工作，做到件件有回声。加强执行工作，推动向“切实解决执行难”迈进。

四是不断深化改革创新，切实提高审判质效。全面深化司法责任制综合配套改革，推进四级法院审级职能定位改革，健全完善司法制约监督制度机制，规范司法权力运行。深化以审判为中心的刑事诉讼制度等改革，持续加强“智慧法院”建设，推进审判体系和审判能力现代化。全力推进一站式多元解纷和诉讼服务体系建设，精细化解矛盾纠纷。

五是坚持全面从严治党，努力锻造过硬首府法院铁军。持续巩固党史学习教育、政法队伍教育整顿成果。突出重基层一线、重实践实绩、重担当实干，大力培养选拔担当实干、善作善成的干部。加强专业化能力建设，着力提高干警司法能力，特别是群众工作能力。严格落实防止干预司法“三个规定”等铁规禁令，锲而不舍落实中央八项规定及其实施细则精神，加强对基层法院“一把手”和领导班子的监督，持之以恒纠“四风”树新风，以零容忍态度严惩司法腐败，不断优化良好的政治生态。

六是自觉接受各方监督，持续提升司法公信。自觉接受市人大及其常委会的监督，及时主动报告工作，认真执行人大及其常委会的决议决定。加强与人大代表的沟通联系，认真听取意见建议。主动接受纪委监委监督、政协民主监督、检察机关法律监督和社会各界监督，努力提升人民群众对法院工作的认同感和满意度。

各位代表，新的一年，全市法院将更加紧密地团结在以习近平同志为核心的党中央周围，在市委坚强领导下，认真落实本次大会决议，牢记初心使命、忠诚履职尽责，弘扬伟大建党精神，踔厉奋发、笃行不怠，不断开创全市法院工作新局面，为全面落实强首府战略，凝心聚力建设新时代中国特色社会主义壮美广西首善之地作出司法新贡献，以优异成绩迎接党的二十大胜利召开！

南宁市人民检察院工作报告（摘要）

——2022年1月25日在南宁市第十五届人民代表大会第二次会议上

市人民检察院检察长　梁毅

一、2021年工作

2021年，全市检察机关在市委和自治区人民检察院的正确领导、市人大及其常委会的有力监督、市政府的大力支持和市政协的民主监督下，坚持以习近平新时代中国特色社会主义思想为指导，学深悟透践行习近平法治思想，全面贯彻党中央、地方党委和上级检察院的决策部署，坚定为大局服务、为人民司法的检察使命，进一步更新监督理念，延伸监督触角，创新监督方式，提升监督能力，以高度的政治自觉、法治自觉、检察自觉推动“四大检察”“十大业务”全面协调充分发展，首府检察整体工作稳居全区前列。

一年来，我们提高站位狠抓党建，政治建设更加突出。以大力推进党支部规范化标准化建设为抓手，机关党建做到了政治过硬、组织过硬、业务过硬、队伍过硬，市直机关深化模范机关创建暨党支部标准化规范化建设工作推进会在市检察院召开，市检察院机关获评“模范机关示范单位”并在会上作经验发言。我们着眼长远谋篇布局，发展路径更加明确。紧扣《中共中央关于加强新时代检察机关法律监督工作的意见》（以下简称“中央《意见》”）和市委就全市检察机关贯彻落实中央《意见》提出的要求，明确以抓落实、求极致、保大局、护民生为四大着力点，以改革创新、科学管理、文明创建、开放共赢、科技应用为五大战略支撑，市检察院连续11年在全市机关绩效考评中获评综合绩效考评一等等次。我们打造精品引领司法，法律监督更加强化。以有创新、进步、引领、示范价值的典型个案办理引领司法进步，持续强化监督，3件案件入选全国检察机关典型案例、34件案件入选全区检察机关典型案例或精品、优质案件。我们强基固本争先创优，基层基础更加扎实。坚持强基导向，着力打造班子团结、队伍过硬、司法规范、业绩突出的基层检察院、先进集体，江南区检察院、西乡塘区检察院获评全区先进基层检察院，5个部门获评全区检察机关先进集体。我们涵养文明提振精神，检察文化更加亮丽。持续推进检察职业道德建设、文明创建和检察文化建设，塑好形，铸好魂，全市检察机关11个集体、7名个人获国家级荣誉，27个集体、24名个人获自治区级荣誉，涌现出全国优秀办案检察官孔德雨、全国检察机关对口援助工作先进个人张俨匀等业务强、素能优的先进典型。2021年主要抓好以下工作：

（一）弘扬伟大建党精神，筑牢忠诚有担当，把讲政治贯穿检察工作全过程各方面。

以习近平总书记对政法工作作出重要指示强调的，要坚持党对政法工作的绝对领导，从党的百年奋斗史中汲取智慧和力量，弘扬伟大建党精神为根本遵循，不断提高政治判断力、政治领悟力和政治执行力，始终保持检察工作正确方向。

坚持讲政治与抓业务有机统一。自觉贯彻落实《中国共产党政法工作条例》和各项党内法规，坚决落实党中央、地方党委和上级检察院的决策部署，认真落实党组向党委请示报告制度，主动向本级党委及其政法委和上级院党组请示报告检察工作中的重大事项，首次向市委专题综合报告履行法律监督工作情况，召开党组会、理论中心组学习会、检察委员会，研究部署党建、意识形态及重大决策、重大事项、重要案件等各项检察工作，就市委对全市检察机关贯彻落实中央《意见》提出的要求，专题研究落实举措、细化目标任务清单，把党对检察工作的绝对领导落实到各项制度的执行和检察职责的担当上。

以政治领悟引领检察实践。持续深化科学理论武装，将党史学习教育与持续学习习近平新时代中国特色社会主义思想联系，与全面学习贯彻习近平法治思想贯通，作为理论学习的“第一议题”，纳入政治轮训、业务培训内容，依托“邕江检察讲坛”等平台专题解读辅导，党组书记及党组成员开展宣讲28场次，开展“感党恩、跟党走”3个主题系列活动，举办专题读书班、知识竞赛、党史宣讲、“微党课”比赛、征文评比、演讲比赛等活动300余场次，形成“人人讲、大家议”的互动学习模式。以“检察为民办实事”为实践载体，明确4个方面20项重点任务，开展为民办实事活动700余件次。依法保护、充分发挥红色文化资源在党史学习教育中的红色阵地作用，组织开展专项监督，办理英烈保护领域公益诉讼案件41件，推动政府和相关部门投入150余万元开展烈士纪念设施修缮工作，督促管理维护烈士纪念设施88个，以“检察蓝”守护“英烈红”，营造缅怀、尊崇英烈的浓厚氛围。

纵深推进全面从严管党治检。严守政治纪律和政治规矩，扎实开展政法队伍教育整顿，学习教育覆盖全市检察干警，全市两级检察院选树表彰先进集体59个、先进个人288人次，江南区检察院获评广西法治建设先进集体、2名干警获评先进个人，3名干警获评“邕城平安卫士”，树立起一批事迹可信、形象可亲、品格可敬、精神可学的检察英模和先进典型。坚持“负面警示”与“正面激励”两端发力，彻底肃清孙力军政治团伙和蒙永山、李健等流毒影响，召开民主生活会、组织生活会深入查摆，常态化开展全面排查，未发现涉及问题线索。通过聚焦共性问题全面查、聚焦顽瘴痼疾重点查、聚焦检察履职结合查、聚焦个人岗位对照查的“四查”，深入查纠整改，全市检察干警主动说明情况264人。开展法律监督专项整治，以“小专项”提升“大整治”质效显著，相关经验在全区检察机关强化法律监督职能、促进顽瘴痼疾整治专题会上作介绍。坚持“当下治”与“长久立”有机结合，建章立制（含修订）140项，着力构建规范检察权运行和监督管理的常态长效机制。坚持刀刃向内自我检视，对2021年全市检察机关赔偿案件涉及的原刑事案件开展专项督察，评查认定3件瑕疵案件，均按规定对承办人进行批评教育。狠抓“三个规定”落实，共记录报告重大事项505件，无“零报告”单位，把讲政治落到实处。

（二）法治护航担使命，保障大局有作为，倾力服务南宁经济社会高质量发展。

坚决落实习近平总书记要求广西“在巩固发展、民族团结、社会稳定、边疆安宁上彰显新担当”的重要指示，充分发挥检察监督职能，运用法治方式保障安全和发展。

在维护国家安全和首府安宁中担当作为。严密防范、坚决打击敌对势力的分裂、渗透、颠覆活动，依法严惩向境外组织非法提供国家情报、间谍、恐怖主义、邪教组织等犯罪，坚决捍卫首府政治安全。深化平安南宁建设，批准或决定逮捕各类刑事犯罪6788人，起诉10322人，其中，批捕故意杀人、抢劫、绑架等严重暴力及涉毒犯罪1830人、起诉2465人，彰显生命不容践踏、暴力必受严惩理念。坚持疫情防控常态化、法治化管理，严厉打击妨害疫情防控犯罪和妨害边境管理秩序犯罪，批捕267人、起诉225人。突出惩治盗抢骗等多发性侵财犯罪，批捕2126人、起诉2541人，批捕涉爆涉枪、重大安全事故等犯罪40人、起诉65人，完善社会治安防控体系。积极参与网络治理，逮捕电信网络诈骗、帮助信息网络犯罪活动案等涉诈涉卡犯罪628人、起诉1997人，宾阳县检察院获评全区反诈工作成绩突出集体。

在拓展扫黑除恶专项斗争成果中担当作为。主动落实扫黑除恶斗争由阶段性专项任务向常态化、法治化治理形态推进，制定《常态化开展扫黑除恶斗争工作方案》《涉黑涉恶案件办理工作规定》，持续落实对涉黑恶案件统一把关制度，坚决守住“一个不放过、一个不凑数”法治底线。聚焦行业领域乱象和问题，深度参与信息网络、自然资源、交通运输、工程建设等四大行业领域集中整治，受理审查逮捕涉黑恶案件6件11人，批准逮捕3件5人，受理审查起诉4件23人，提起公诉7件38人，结合政法队伍教育整顿，倒查涉黑恶案件（线索）35件，新发现并移送涉及6人的“保护伞”线索1条。2人获国家级表彰，2个集体、5名个人获自治区级表彰，努力为扫黑除恶斗争作出检察新贡献。

在巩固反腐败斗争胜利中担当作为。严格落实监检办案相互配合、相互制约的政治要求和法定责任，形成反腐败合力，起诉职务犯罪案件46件67人，起诉案件数同比增长58.6%，突出加大对党的十八大后不收敛不收手，特别是十九大后仍不知止、胆大妄为的职务犯罪的惩治力度，依法办理处级以上干部职务犯罪案件6人，涉案金额逾3亿元，已获有罪判决3人，圆满办结广西涉案金额最大的贿赂案件——自治区农业农村厅原党组书记李新元受贿案，反腐肃贪更加有力。立案查办司法工作人员相关职务犯罪案件4件7人，立查数连续2年居全区首位，起诉2件5人，已获有罪判决2件3人（含积存），坚决清除司法队伍中的害群之马，促进公正司法。

在营造一流营商环境中担当作为。组织开展严防金融风险、服务创新发展等专项监督，批捕破坏社会主义市场经济秩序类犯罪553人、起诉730人，保持对传销、非法集资等涉众性犯罪的打击力度，批捕281人，起诉384人，助力我市传销"脱榜摘帽"；依托办案参与金融监管治理，牵头与人民银行南宁中心支行召开反洗钱工作联席会议，在信息共享、衔接配合、依法惩治等方面达成共识，批捕6人，起诉4人，涉案金额1223万余元；加大知识产权检察工作力度，批捕24人，起诉27人，对知识产权权利人实行一案一告知，保障其合法权益。着力构建"亲清"检商关系，全市检察机关共在辖区民营企业设立检察官联络室25个，分别与辖区统战部、工商联等建立健全协作沟通、指导服务民营经济发展的联系机制12项。制定《规范办理涉民营经济刑事案件十条措施》，从办案理念、风险评估、处理尺度、审前羁押、法律监督、释法说理等10个方面，规范、精准、稳妥地办理涉民营企业刑事案件171件；专项排查清理久拖未决的涉民营企业刑事"挂案"138件，帮助民营企业"松绑""减负"；开辟涉非公企业"绿色通道"，受理控告申诉案件278件，市检察院成功办理一起超标查封审判程序违法监督案，促使法院对某房地产公司名下178套总估值逾亿元的房屋解除查封，维护了企业正常生产经营和200多名购房者的合法权益，最大限度减少违规查封、扣押、冻结等带来的负面影响。探索加强企业合规建设，市检察院与市工商联联合印发《关于进一步加强南宁市检察机关与工商联沟通联系工作机制的实施意见》，制定服务保障民营企业健康、规范、有序发展的13项具体措施，市检察院驻自贸区检察室制定涉及"四大检察"业务、检企对接、检察听证、预防宣传等工作机制，提供精准法律服务。

在服务全面推进乡村振兴中担当作为。严厉打击危害农村稳定、破坏农业生产等涉农犯罪，起诉15人，立案办理涉农公益诉讼案件201件，良庆区检察院履职中发现大量废弃农资包装物随意丢弃田间地头与其他垃圾混同处理，污染土壤、水源，破坏农村人居环境，发出检察建议并督促推动相关部门共同建立健全废弃农资包装物闭环管理体系，实现长效治理，该案入选全国检察机关公益诉讼检察服务乡村振兴、助力脱贫攻坚典型案例。以司法救助助力巩固拓展脱贫攻坚成果、助推乡村振兴，向376名贫困对象发放司法救助金582万余元，救助人数、金额均居全区首位。开展剥夺政治权利罪犯刑罚执行专项检察，及时发现违法并督促纠正行使选举权17人，保障村（社区）"两委"换届顺利进行。主动开展法治进乡村128次，市检察院法治进校园巡讲团重点深入偏远地区中小学开展"一村一法治巡讲"，加强对农村留守儿童、困境儿童的普法教育。与被帮扶村党支部结对共建，开展专题学习、宣讲辅导、研讨交流、廉政教育等活动，扶持鼓励发展特色种养殖业，协调农业专家现场指导种植技术，2名干警分别获评全区脱贫攻坚先进个人、全区优秀驻村工作队员。

（三）以民心为检心，司法为民有温度，强化检察履职促进社会治理效能提升。

习近平总书记就如何为民解难题提出了"着力解决群众的操心事、烦心事、以为民谋利、为民尽责的实际成效取信于民"的具体要求。全市检察机关坚持在知民情、解民忧、纾民怨、暖民心中强化检察监督，以监督"小案件"推动社会"大治理"，把以人民为中心的发展思想落到实处。

用真心化解矛盾纠纷。刚性落实群众信访件件有回复制度，依法及时办理群众信访3642件，均在7日内告知"收到了、谁在办"，3个月内办理过程或结果答复率100%。积极运用领导包案、联合接访、带案下访等制度，专项集中治理重复信访，化解信访积案，信访总量同比下降26.62%。健全检察环节依法维权与化解矛盾纠纷机制，促成刑事和解，对281件轻微刑事案件作出不起诉处理，既解"法结"，又解"心结"。深化落实认罪认罚从宽制度，强化审查把关、释法说理，听取律师意见，全年总体适用率超过80%，提出确定刑量刑建议7009人，法院采纳率99.2%，减少社会对抗，制度效能彰显。认真落实"谁执法谁普法"责任制，围绕热点贴近群众开展经常性的法治宣传，西乡塘区检察院以微动漫揭露"对敲式"地下钱庄犯罪行为，获评全国检察机关"金融微课堂"优秀奖；坚持"案件办理+调处化解+普法宣传"，做到办好一件案、化解一起纠纷、教育一片群众、维护一方稳定，1个集体、1名个人分别获评全区普法工作先进单位、先进个人。

用真招全方位保障群众安全。落实食品药品安全"四个最严"要求，批捕19人，起诉24人，办理社区团购、网络餐饮、冷链生鲜、校园食品、自动售货机、农贸市场等食药安全公益诉讼案件254件，保障群众"舌尖上的安全"。关注群众"头顶上的安全"，青秀区检察院提起公诉的广西首例高空抛物案当庭宣判，着力解决"悬在城市上空的痛"。推进涉窨井盖、通信及电力设施占道等问题综合治理，与相关部门开展现场调查，制发检察建议，保障群众"脚底下的安全"。推行"专业化监督+恢复性司法+社会化治理"模式，办理涉生态环保刑事案件318件、公益诉讼案件521件，督促恢复被毁损的耕地、林地、土壤3176亩，督促治理恢复被污染水源地面积1122亩，回收和清理各类垃圾、固体废物9133吨，追偿修复生态、治理环境费用约223万元，达到办理一个案件、澄清一片碧水、净化一片蓝天、恢复一片生态的效果。持续推进"河湖长+检察长"协作机制，市检察院牵头与钦州市、防城港市检察院联合签署《广西八尺江（库）流域生态环境和资源保护协作机制》，办理系列案件9件，打造生态安全的"南宁检察样板"。

用真爱加强未成年人综合司法保护。构建"依法惩戒+感化挽救+法治教育"的专业化、立体化未成年人司法保护模式，既惩戒矫治，逮捕涉罪未成年人290人，起诉326人，又依法从宽，对涉罪轻微并有悔罪表现的未成年人不起诉56人，附条件不起诉189人，通过训诫教育、家庭教育指导、跟踪帮教等个性化方式帮助70名涉案未成年人回归社会。严惩侵害未成年人犯罪，批捕383人、起诉376人，一男子利用聊天软件诱骗、威胁未成年人拍摄不雅照片、视频，致其羞愧自杀，良庆区检察院准确把握利用网络威胁、实施猥亵的本质特征，从严从重指控犯罪，并作为支持起诉机关出庭支持被害人母亲提起民事赔偿诉讼，该男子犯强制猥亵罪判处有期徒刑六年，承担民事赔偿47万余元。针对监护人监护缺失、监护侵害等问题，建议变更、撤销未成年人监护权案件5件，已为4名未成年人落实新监护人，武鸣区检察院发出全市首份《督促监护令》，督促纠正涉罪未成年人家庭教育不当问题。常态化开展"法治进校园"活动，全市54名检察官担任法治副校长，法治宣传教育覆盖近5万人。推进未成年人司法保护社会化建设，市检察院会同3部门建立南宁市未成年一站式保护中心和反家暴服务中心，与共青团南宁市委、南宁市绿城青少年事务社会工作服务中心共同构建未成年人工作社会支持体系，被确定为全国示范建设试点单位。全市检察机关实现自治区级妇女儿童维权岗全覆盖，青秀区检察院获评全国青少年维权岗，市检察院获评全国巾帼建功先进集体、1名干警获评全国维护妇女儿童权益先进个人。

用真情全面守护人民美好生活。通过办案体现对老年人、农民工、残疾人等特殊群体的司法关爱，开展养老机构食品安全、消防安全保护公益诉讼案件“回头看”，督促相关职能部门规范28家养老机构日常管理；开展依法助力农民工工资支付专项监督，起诉拒不支付劳动报酬犯罪27人，民事支持起诉23件，督促涉农民工工资支付行政非诉执行案件的申请与办理2件，共追索劳动报酬450万余元，以法治方式助力解决“讨薪难”；制发检察建议督促整治盲道被占用、铺设不规范、不合理问题，保障视障人士的出行安全；主动帮助残疾人、军人军属申请司法救助，救助军人军属16人，救助金额43.3万元，救助残疾人26人，救助金额83.35万元，努力做到应救即救、应救尽救。加大制发检察建议、释法说理力度，发出社会治理类检察建议34份，均获采纳，优化公共决策、规范行政执法，促进首府治理体系和治理能力现代化。

（四）深耕检察主责主业，法律监督有成效，坚守法治维护公平正义。

牢记习近平总书记“中国检察机关是国家的法律监督机关，承担惩治和预防犯罪、对诉讼活动进行监督等职责”的重要指示，坚持检察机关宪法定位，以法治思维和法治方式维护执法司法公平和社会正义。

刑事检察向“深”做优，维护司法正义。切实履行好追诉犯罪、保护无辜、引领法律意识和法治进步的新时代刑事检察职责使命。持续提升办案整体质效，刑事“案-件比”优于全国检察机关考评指标均值，做到简案“快办”，难案“细办”，要案“精办”。聚焦刑事执法前端问题，督促侦查机关立案304人、撤案364人，提前介入引导侦查取证1984件，同比上升42.8%，依法提前介入办理的吕某某等人贩卖毒品案入选全国检察机关依法惩治新型毒品犯罪典型案例。坚持既追诉犯罪又保障人权，既纠正违法又维护合法，科学适用少捕慎诉慎押刑事司法政策，对不构成犯罪或罪行轻微、无社会危险性的，不批捕1449人、不起诉1391人；对依法应捕应诉而未移送的，纠正漏捕311人、纠正漏诉297人、纠正漏罪150人。强化审判活动监督，提出抗诉31件，法院已改判或发回重审16件，3件刑事抗诉案件获评全区检察机关精品、优秀刑事抗诉案件；发出纠正审判活动意见书26件，均获法院采纳，共同维护司法正义。持续强化刑罚执行监督，纠正刑事执行活动违法389件，纠正财产刑执行履职不当737件，开展集中清理犯罪嫌疑人、被告人未依法收押和判处实刑犯罪未依法交付执行刑罚专项监督，纠正195人，均居全区首位，有效维护“高墙内”刑罚执行的公平正义。

民事检察向“精”做强，促进社会公正。每一起民事检察案件背后都是民心，精准办理民事监督案件1365件，同比增长12.6%。依法办理民事生效裁判、调解监督案件556件，紧盯虚假诉讼不放，充分发挥检察一体化办案机制，重点从涉黑恶“套路贷”、诈骗、敲诈勒索等刑事案件中摸排线索28件，抗诉、提请抗诉7件，法院已全部再审改判，改判总标的6000余万元，连续2年在全区检察机关虚假诉讼监督工作推进会上介绍经验。强化民事审判程序监督，办理该类案件445件，就超期审理、审判组织不合法、财产保全不当等审判活动发出检察建议123件，法院采纳124件（含积案），全力推动程序正义看得见摸得着。聚焦法院执行监督，发出执行强制措施、财产处分、终结执行等检察建议194件，法院采纳196件（含积案），促进解决执行难问题。能动履行民事支持起诉职能，印发《关于开展民事检察支持起诉工作的指导意见》，保障特殊群体合法权益，横州市检察院召开支持起诉听证会，督促被告方及时支付快递小哥的派件报酬，马山县检察院支持起诉3件养老服务费拖欠纠纷案件，督促赡养义务人向养老院支付相关费用，助力依法维权，体现司法温度。

行政检察向“质”做实，助力法治政府建设。秉持化解争议、监督权力、救济权利的理念，既监督人民法院公正司法，又监督行政机关依法行政，共办理行政监督案件316件，同比增长107.9%。常态化开展行政争议实质性化解工作，以推动和解、纠正违法、司法救助等方式化解争议28件，促进案结事了。经市检察院建议，市政府在印发的《南宁市行政复议体制改革实施方案》中明确，市、县级司法行政机关、检察机关探索建立检察机关参与行政复议协作机制，开展行政争议实质性化解。武鸣区检察院根据协作机制依法介入潘某某申请工伤认定行政复议案，审查认为人社局不予认定为工伤的决定正确，遂向当事人充分释法说理，使得当事人理解、接受人社局的决定并撤回复议申请，实现了诉源治理。强化行政非诉执行监督，共办理案件275件，位居全区首位。重点开展土地执法查处领域行政非诉执行专项监督，发出检察建议197份，切实破解域内土地行政处罚决定申请强制执行难问题，督促恢复违法占用的土地143万平方米。

公益诉讼向“效”做好，保护深度广度同步提升。深入落实市人大常委会《关于加强检察公益诉讼工作的决定》，把法律明确赋权的九大领域案件办好办扎实，立案861件，同比增长39.32%，坚持把诉前实现维护公益目的作为最佳司法状态，向行政机关发出诉前检察建议545件，同比增长46.5%，首府公益诉讼检察工作始终位居全区前列。持续加大国有财产保护和国有土地使用权出让领域案件办理力度，立案41件，督促保护、收回国家所有财产和权益的价值832万余元，追缴国有土地出让金1013万余元，武鸣区检察院督促规范民间借贷利息收入所得税征收，牵头与法院、税务部门会签协作机制，市检察院随即在全市部署民事诉讼案件利息、股息、红利所得税收征管专项监督，增强国家税收管控、拓展税源。积极办理群众反映强烈的个人信息保护、易燃易爆物品、违法建设施工等新领域案件38件，锁紧个人信息“安全锁”，排除废弃、倾斜、占道的线杆、线塔、线箱带来的交通安全隐患，督促解决“飞线充电”、堵塞消防通道等公共安全问题。

（五）高标定位重自强，队伍建设有活力，全面提升检察现代化水平。

切实将习近平总书记“对党忠诚、服务人民、执法公正、纪律严明”的训词精神贯穿于业务工作、队伍建设、深化改革的全过程，以更高标准、更严要求，努力提升检察履职能力，更好地履行党和人民赋予的职责使命。

抓紧抓实政治能力建设。推进“行动学习法”深度应用，把政治理论学习作为各类教育培训、学习研讨的必修课，融入培训班、办案组、研讨沙龙中，利用“书记讲堂”“党课开讲啦”平台，以“线上+线下”“个人+集中”等多形式，推行党组带头学、支部研讨学、部门结合学、干警自主学的“四步走”学习法，读原著、学原文、悟原理，深入思考、融会贯通，深化政治淬炼、汲取精神动力。坚持党建工作与业务工作同谋划、同部署，打造“一院一品牌、一支部一品牌”，精心培育“监督铸检育先锋”市检察院党建母品牌，创建各基层党支部25个子品牌，市检察院第二党支部“‘一破二推三落实’党建红引擎检察蓝”、上林县检察院“党建引领公益显担当守护绿水践初心”等2个党建案例获评全区检察机关“党建与业务工作深度融合”先进典型案例，市检察院第五党支部“慧眼护民生”支部党建案例获评全区检察机关“一支部一品牌”先进典型案例，实现党建与业务的“双融双促”。

久久为功提升综合素能。建立“培训+办案+研究”业务能力建设模式，大力开展业务竞赛、课题研究、技能培训、互派锻炼等精准培训，坚持领导干部上讲台，各业务条线开设常态化业务讲堂“检察官教检察官”，开展法律职业共同体同堂培训，促进各司法群体、多业务层次的广泛学习交流互动，强化检察理论与应用研究，获全国、全区检察理论研究优秀成果26项。着力打造专业化优秀团队，市检察院第五检察部与西乡塘区检察院民事检察一体化办案团队、上林县检察院公益诉讼办案团队分别获评全区十大特色办案团队。加强各类检察人才库建设，培养通专结合的复合型人才，全市检察机关现有全国检察业务人才库人才22名，全区检察业务人才库人才96名，获评自治区级业务竞赛业务标兵、能手18人。

持之以恒实基础强基层。坚持市级检察院主抓、基层检察院主责，建立基层检察院“互学互联互助”结对共建，及市检察院领导、业务部门重点联系、对口指导机制，推动基层检察工作均衡发展。结合2021年换届工作开展基层检察队伍建设调研，精准摸清薄弱环节和亟须解决的突出问题，完成全市基层检察院主要负责人调整交流工作，其中新提拔9人，交流6人，改任非领导职务6人，调整后基层检察院班子平均年龄、学历层次都得到进一步优化。持续推进办案办公信息化、智能化进程，常态化运用远程视频提审、庭审系统及网上办公、移动办公系统，建设与南宁市羁押中心监控信息联网系统及派驻检察室智能化管理系统，实现办案数据互联互通，建设智能化案件监管中心，构建涉案财务管理、业务数据分析研判、业务数据核查、文书规范自动巡查的规范化、流程化、智能化体系，提升检察技术为司法办案服务的应用实效，6件案件获评全区检察机关检察技术精品、优质案件。

积极稳妥深化各项改革。着力推进政法领域改革涉及检察事项落实，深化执法司法制约监督体系改革和建设，完善优化协同高效的执法司法责任体系。南宁市两级检察院分别与辖区公安机关设立侦查监督和协作配合办公室，在全区率先实现全覆盖，在共同构建一站式、全要素、即时性的执法监督机制上取得实质进展；市检察院制定《刑事审判监督工作规定》，以刑事抗诉为中心，兼顾实体监督与程序监督，与审判机关在规范司法、提高整体办案质效上，达到双赢共赢多赢效果。与市司法局联合印发《南宁市社区矫正执法检察监督工作实施办法》，强化与市县两级司法行政机关的配合制约，纠正监外执行和社区矫正活动履职不当或违法情形1010人次，居全区首位。大力推进检察听证改革，坚持应听证尽听证、能公开尽公开，组织检察听证797件次，居全区首位，邀请人大代表、政协委员、人民监督员及社会各界人士参与公开听证，让公平正义可见可感。抓好科学管理，修订完善员额检察官、检察辅助人员、司法行政人员业绩考评办法，落实平时考评和评价总结，深度激活办案动能和工作效能，为司法监督提质增效。完善检察权运行监督机制，制定《驻市检察院纪检监察组与检务督察部协作配合办法》《南宁市人民检察院内部审计工作办法》《南宁市人民检察院防止干预司法“三个规定”告知制度》，用制度管好关键人、管到关键处、管住关键事。

自觉主动接受各方监督。依法接受人大及其常委会监督，贯彻落实人大法定决议，对人大及其常委会负责并报告工作，逐条办理、及时反馈代表提出的意见建议，主动接受政协民主监督，广泛征求意见，及时改进工作，认真办理政协委员提案，提升办理层级，提高办理质量，办结代表意见建议52件，委员提案9件。坚持深度参与、实质联络，搭建多媒介信息服务平台，积极服务代表委员履职，邀请代表、委员视察检察工作705人次，走访人大代表、政协委员并通报检察工作140人次，监督更直接更深入。自觉接受社会各界监督及舆论监督，定期公布主要业务数据，发布案件重要信息25651条，接受人民监督员监督评议案件439件，推动人民群众监督执法办案、有序参与司法。组织新闻发布活动，依托新媒体平台发布检察信息21415条，让检察权在阳光下运行。积极构建良性检律关系，开展检律会商、同堂培训、互督互评等13次，办理律师职业权利保障案件3件，邀请律师参与“四大检察”履职6899次。

各位代表，过去的一年，是首府检察机关以充分履职服务大局、以重点工作带动整体工作、以狠抓落实实现提质增效的一年。成绩的取得，离不开市委的正确领导，离不开人大及其常委会的有力监督，离不开政府、政协以及社会各界的支持帮助。在此，我代表全市检察机关表示衷心的感谢！

对标对表新时代新任务新要求，全市检察工作仍然存在不少亟须解决的问题和补强的短板：以党的政治建设统领检察工作的政治自觉需要进一步增强；聚焦主责做精主业、推进检察业务全要素全面协调充分发展任重道远，为提高治理效能提供优质高效检察产品仍需努力；推进检察队伍和基层基础建设仍然面临诸多难题，队伍教育整顿中仍发现一些检察人员违纪违法问题；推进现代科技应用与检察工作深度融合仍需加大力度。对此，我们将高度重视并持续改进。

二、2022年主要工作安排

全市检察机关将持续以党的百年奋斗重大成就和历史经验为遵循，以贯彻落实中央《意见》为牵引，围绕凝心聚力建设新时代中国特色社会主义壮美广西“1+1+4+3+N”目标体系，突出抓好高质量发展和疫情防控、社会稳定、城市安全“1+3”重点工作，统筹好常态化疫情防控和检察履职，突出政治立检、融入中心大局，护航经济发展、坚持司法为民、助力社会治理、狠抓自身建设，始终以争先进位的姿态推动首府检察工作继续走在前列，为推动首府高质量发展提供坚实法治保障。

（一）以政治建设为统领，坚持党对检察工作的绝对领导。坚持检察履职“从政治上看”，加强检察机关党的政治建设，持续深入开展习近平法治思想学习宣传研讨实践活动与深入学习贯彻党的十九届六中全会精神和深入贯彻落实习近平总书记视察广西“4·27”重要讲话精神，与贯彻落实自治区第十二次党代会、市第十三次党代会、市委十三届三次全会精神结合起来，以科学政治理论凝聚推进检察发展的思想力量。毫不动摇地坚持和捍卫“两个确立”，不断增强“四个意识”、坚定“四个自信”、做到“两个维护”，以坚强政治领导厚植推进检察发展的制度力量。对标“十四五”检察发展蓝图，从讲政治的高度进一步深入思考、谋划、推进新时代首府检察工作转型创新发展，以正确政治路线引领检察发展的方向。

（二）以促进发展为己任，主动在服务大局、为民司法中彰显检察担当。深刻领会市委十三届三次全会指出的“安全和发展是一体之两翼、驱动之双轮”，结合检察职能，聚焦强开放、强产业、强市场、强投资、强治理五项重点工作，精准服务保障大局。

服务强开放，健全派驻自贸区检察室运行制度，探索完善涉自贸区案件协调机制，加强对RCEP司法规则、司法合作的前瞻性研究，为拓宽“南宁渠道”提供司法服务。保障强产业，探索实行知识产权案件集中办理，研究制定服务保障工业企业发展意见，完善产权执法司法保护制度，促进创新发展。保障强市场，稳慎试点涉案企业合规管理，健全企业家合法权益保护体系，营造法治化营商环境。保障强投资，加大惩治洗钱犯罪和涉众型经济犯罪力度，促进提升金融监管法治化水平，严防经济金融风险演化为政治社会风险。着力强治理，统筹安全和发展，全面落实国家总体安全观，常态化机制化推进扫黑除恶斗争，严厉打击危害国家利益、社会治安、公共安全和群众利益的盗抢骗、“黄赌毒”、食药环、套路贷、涉枪涉爆等犯罪活动，紧盯网络安全主战场、意识形态主阵地，积极参与依法治网，强化对网络犯罪全链条打击；实践好、发展好新时代“枫桥经验”，巩固深化群众信访件件有回复，加强诉源治理，助推市域社会治理现代化；综合运用检察职能构建生态环境治理体系，助力推动绿色发展；持续深入开展“检察为民办实事”实践活动，出台和落实更多更实的执法司法服务举措，推进乡村振兴，保障和改善民生。

（三）以司法办案为中心，持续做优做强做实做好法律监督工作。认真落实中央《意见》赋予的职责使命及市委提出的贯彻要求，完善检察职能体系，增强与首府经济社会发展要求的适配性，持续推进刑事、民事、行政、公益诉讼检察全面平衡充分发展，注重通过检察监督办案，在引领社会主义核心价值观、司法政策、人民群众法律意识观念上发挥更重要的检察作用。强化检察质效管理，以敢于监督、善于监督、依法监督、规范监督的担当作为，推动首府检察工作由“好”向“更好”迈进。

（四）以改革创新为动力，持续提升司法质量效率和公信力。贯彻落实中央《意见》、中央政法委《关于加强政法领域执法司法制约监督制度机制建设的意见》，把检察机关法律监督摆在党和国家监督体系中谋划推进，用好侦查监督和协作配合机制，健全刑事司法与行政执法衔接机制，完善检察机关与其他政法部门之间制约监督体制机制，将检察监督与党内监督和其他监督贯通协调，构建覆盖刑事、民事、行政诉讼各领域的执法司法责任链，共同形成严格执法、公正司法的合力，更加充分发挥法律监督在推进法治南宁建设中的独特重要作用，切实维护司法公正和社会公平正义。

（五）以素能建设为保障，聚力打造忠诚干净担当检察铁军。巩固深化政法队伍教育整顿和党史学习教育成果，坚持严管就是厚爱，驰而不息纠正“四风”，严格执行防止干预司法“三个规定”，强化监督执纪问责，努力锻造让党放心、让人民满意、忠诚可靠、清正廉洁的检察铁军。持续强化思想淬炼、政治历练、实践锤炼、专业训练，实现检察监督能力、办案质量效率、专业化建设“质”的提升，真正将首府检察丰厚的人才资源优势转化为推动首府检察高质量发展的能力优势、组织优势和精神气质。大力推进科技应用，更好发挥“智慧检务”在上下联通、内外沟通、日常管理和政治建设、业务建设、队伍建设等方面的重要作用，为凝聚首府检察智慧与力量注入新“硬核”。

各位代表，在新发展起点上，全市检察机关将高举中国特色社会主义伟大旗帜，毫不动摇坚持党的绝对领导，认真落实本次会议部署，干在实处、走在前列，昂扬向上、勇立潮头，在推进新时代首府检察工作创新性、引领式、高质量发展上迈出坚毅步伐，为全面落实强首府战略，坚定不移推动高质量发展，奋力建设新时代中国特色社会主义壮美广西首善之地贡献检察智慧和力量，以优异成绩迎接党的二十大胜利召开！

关于南宁市2021年国民经济和社会发展计划执行情况与2022年国民经济和社会发展计划草案的报告

——2022年1月25日在南宁市第十五届人民代表大会第二次会议上

一、2021年国民经济和社会发展计划执行情况

2021年是党和国家历史上具有里程碑意义的一年，是南宁市改革发展进程中极其重要的一年。面对错综复杂的宏观形势、艰巨繁重的改革发展稳定任务和新冠肺炎疫情的持续影响，在市委的坚强领导下，在市人大、市政协监督支持下，全市始终坚持以习近平新时代中国特色社会主义思想为指导，深入贯彻党的十九大和十九届历次全会精神，深入学习贯彻习近平总书记对广西工作系列重要指示精神特别是视察广西“4·27”重要讲话精神，全面落实“三大定位”[1]新使命和“五个扎实”[2]新要求，认真执行市十四届人大六次会议审议批准的《政府工作报告》、2021年国民经济和社会发展计划，落实市人大财政经济委员会的审查意见，坚持稳中求进工作总基调，以推动高质量发展为主题，以深化供给侧结构性改革为主线，以改革创新为根本动力，全面落实强首府战略，持续巩固拓展疫情防控和经济社会发展成果，全市经济运行持续恢复、韧性增强，民生福祉不断改善，社会大局和谐稳定，实现了“十四五”良好开局。

（一）统筹疫情防控和经济社会发展，经济持续平稳向好。持续打好疫情防控和经济社会发展“两场硬仗”，经济社会保持平稳健康发展。

一是疫情防控有力有序。坚持“外防输入、内防反弹”，全面落实“四早”[3]防控措施，进一步压实“四方”[4]责任，快速处置“1·14”“5·25”“9·25入境人员核酸检测复阳事件”“12·5”等突发疫情，有效遏制了疫情对外扩散和蔓延，定点医院收治新冠阳性病例均得到有效治疗，为守好祖国的“南大门”做出了突出贡献。有序推进新冠病毒疫苗接种工作，全市累计接种新冠疫苗1756.5万剂次，其中12岁及以上人群全程接种676.9万人，完成率105.27%，疫苗接种完成率排全区前列。截至2021年底连续351天无新增本土病例。

二是经济发展稳中有进。坚持全面落实强首府战略，深入开展工业振兴、现代服务业提质、扩大有效投资等一系列三年行动，成立强化服务企业和经济运行监测分析工作专班，强化经济分析调度和企业服务，按季度分别开展奋战一季度、攻坚二季度、拼搏三季度、冲刺四季度经济稳增长攻坚工作，全市经济保持平稳健康发展。全年地区生产总值同比增长6.1%，经济总量迈上5000亿元台阶、达5120.94亿元。其中，第一、二、三产业增加值分别同比增长7.9%、4.3%、6.3%；一般公共预算收入完成391.77亿元，同比增长5.24%；社会消费品零售总额同比增长8.4%；民生指标保持稳定，城镇登记失业率为2.8%，低于年内控制目标1.7个百分点；居民消费价格指数同比上涨1.4%，低于预期目标1.6个百分点；居民人均可支配收入名义同比增长8.5%。

专栏1　2021年全面落实强首府战略工作成效

内容	取得成效
强工业	工业加快高质量发展。工业增加值占全市GDP的比重较2020年提升0.2个百分点；61个项目列入自治区“双百双新”[5]产业在库项目，数量排名全区第一
强创新	各类科技型企业、创新平台数量均居全区首位，拥有国家级创新创业平台35家，占全区比重33.02%，居全区首位；全市1011家企业获评国家科技型中小企业，占全区比重31.52%，为全区第一；25家企业上榜广西高新技术企业百强；拥有广西瞪羚企业[6]37家，位居全区第一，占全区比重34.58%
强金融	全市人民币存贷款余额29657亿元，贷款增加1791.76亿元，均占全区比重达39%。保费收入增速在省会城市全国排第四、西部排第一。新增资本市场直接融资1077.8亿元，占全区比重达55%，增速高于全区14个百分点
强枢纽	枢纽联通功能不断壮大，全年通车3条高速公路，新开工3条高速公路，稳步推进6条一级公路、6条高速公路以及西部陆海新通道（平陆）运河前期工作。南宁市跨境运输持续高位增长，2021年中越班列共开行346列，同比增长108%。南宁吴圩国际机场累计完成国际货邮吞吐量2.4万吨、同比增长119%
强开放	全市外贸进出口总额1231.9亿元，同比增长25%；两年平均增长28.3%、比全国高3.5个百分点、比全区高3.1个百分点。行企助力补链扩群取得新成效，签约区内外项目269个、总投资额1808.07亿元。实际利用外资5.78亿美元，同比增长31.3%
强治理	市区环境空气质量、水环境质量分别在全国省会城市排名第6位、第2位，黑臭水体治理经验入选生态环境部通报表扬典型案例。整合110、119、120、122等四大应急信息资源，创建“情、指、行、勤、督”一体化综合监测预警平台，被国务院安委办确定为全国城市安全风险综合监测预警中心建设试点城市。建成城管综合执法数字化系统，获评第三批数字广西建设标杆引领重点示范项目

（二）全力推进产业提质升级，经济发展动能不断增强。扎实开展产业振兴三年行动，推动传统产业“补短板”、新兴产业“锻长板”，经济发展质量效益稳步提升，新动能加速蓄势聚力。

一是工业发展新动能不断增强。大力推动工业振兴，出台工业振兴工作成效考核办法，全年安排专项资金23.4亿元、重大工业项目及重点园区配套基础设施建设资金50亿元支持工业发展，在全区率先实施工业振兴特派员服务企业制度，助推工业高质量发展。全年高技术制造业增加值同比增长10.4%，高于全市规上工业增加值增速2.9个百分点。企业培育成效明显。全年新增规上工业企业235家，其中新建投产125家，数量均居全区第一。净增亿元企业55家，亿元企业对全市工业增长的贡献率达到120.1%，瑞声科技、南南铝加工、世纪创新等企业加快成长为工业增长的重要推动力。新培育国家级、自治区级和市级专精特新“小巨人”[7]分别达15家、35家和90家。重大工业项目建设提速。海天调味品、东盟—李宁中心开工建设，产投汽车青秀产业园生产配套园区、产投创新产业园二期项目实现开工，申龙汽车项目获得新能源货车产品整车生产资质，东创精密、日行科技、赢拓终端等一批项目先后投产，全年工业投资同比增长21.2%。产业链招商取得新进展。全年新签约工业项目178个，总投资额797.15亿元。引进金泰克半导体存储产业研发制造基地、赢拓AI智能创新终端生产、阳光通信移动智能终端制造等项目，推动以瑞声科技为龙头的电子信息产业加快集聚，“瑞声好声音”获李克强总理肯定；引进多氟多20GWh锂电池、玉柴芯蓝新能源动力、金固轮毂等新能源汽车关键配套项目，以合众等企业为龙头的新能源汽车产业集群初具规模；引进吉锐生物新药研发生产基地项目，填补我市在生物技术药研发领域的空白；引进海天、农夫山泉等产业项目，推动传统优势产业加快转型升级。工业园区建设加快推进。启动南宁东部产业新城规划建设，安排10.81亿元支持新城基础设施项目建设。开工建设经开海城、五象振邦、产投创新产业园二三期、汽车青秀产业园配套园区等园区基础设施项目。

表1　2021年部分新培育工业企业和新引进工业项目

2021年新上规入统企业	2021年新引进重点工业项目
广西鑫尔泰智能科技有限公司	吉利智慧新能源整车工厂项目
广西邕之泰实业有限公司	多氟多20GWh锂电池生产基地项目
正大饲料（广西）有限公司	玉柴芯蓝新能源动力项目
南宁市易力天电子集团有限责任公司	新松机器人智能制造项目
南宁精成生物科技有限公司	农夫山泉上林生产基地项目
广西大唐桂冠新能源有限公司	绝味年产25000吨卤制肉制品及副产品加工建设项目
广西纳颐半导体科技有限公司	阿尔维汽车KD件项目
广西燚能新能源有限公司	金泰克半导体存储产业研发制造基地项目
南宁大川生物科技有限公司	德馨年产3.2万吨餐饮果浆配料生产基地项目
广西赢衍光电有限公司	

二是现代服务业加快发展。出台加快服务业龙头企业高质量发展的若干政策、南宁市服务业提升发展三年行动等多项政策措施，推动现代服务业加快发展、提质发展。大金融发展格局初步形成。中国—东盟金融城新增入驻金融机构（企业）123家，累计达285家，是门户设立前的13.6倍。光大永明人寿保险广西分公司、财达证券广西分公司正式开业运营。设立绿色金融专营机构达到78家并不断扩员，全市绿色贷款余额占全区比重为53.8%；设立智能城市风险研究院等保险创新孵化平台，形成以中国人寿、太平保险等28家保险机构集聚的保险创新产业园，推出34项保险创新清单。实施企业上市（挂牌）攻坚工程，新增上市（挂牌）企业2家、港交所上市报审企业1家、纳入广西重点拟上市企业名单6家，数量位居全区首位。现代物流业蓬勃发展。依托建设国家物流枢纽，有序推进物流枢纽、通道、网络建设，大力发展跨境铁路班运、国际货运航线、跨境公路班车，全市出海出边通道进一步通畅，公路、水路客货运周转量分别同比增长25.84%、20.04%，邮政业务总量同比增长19.3%，全年新增3A级以上物流企业10家。京东南宁电子商务产业园及运营结算中心项目（一期）、顺丰创新产业基地等项目建成并投入运营。美宜佳（广西总部）产业园项目、南宁临空冷链医药跨境电商基地项目等一批物流项目签约落地；南宁国际铁路港、中新南宁国际物流园加快建设。总部经济、平台经济发展取得新突破。浪潮、绿地、桂民投等一批总部项目加快建设，成功引进smart高端智能电动汽车全球销售中心、金光集团APP（中国）林务总部，全国连锁酒店城市便捷（东呈）总部迁入南宁，腾讯、康恒环境等知名企业区域总部落户南宁。在全区率先打造南宁市灵活用工监管平台，五象新区特色平台经济发展营业收入超200亿元。会展业加快复苏。全年举办各类展览活动68场，累计面积约81万平方米，其中超过1万平方米展会29场，承接各类会议452场。

三是数字经济发展后劲增强。坚持数字产业化、产业数字化发展思路，加快推进数字经济发展。南宁市被认定为第一批广西数字经济示范区，中国—东盟信息港南宁核心基地建设扎实推进，在建项目43个，竣工项目40个。加快构建信创产业生态。中国—东盟数字经济产业园吸引华为、麒麟、东软、金山等40多家国内知名企业入园，形成华为鲲鹏、中国电子PKS、中国电科三大信创生态体系，积极打造“中国信创第一园”。中国—东盟智能制造产业园、中关村信息谷科技园、浪潮集团东盟运营总部、京东南宁电子商务产业园等一批重大项目加快建设。数字经济企业加速聚集。中国—东盟人工智能计算中心落地南宁。根据中国信息通信研究院对南宁进行专题测算的数据显示，全市数字经济企业超5660家。预计全年规模以上互联网和相关服务、软件和信息技术服务业营业收入154.16亿元、同比增长51.9%。产业数字化转型步伐加快。泛糖科技获第三届中国互联网大赛“工业互联网+精益生产”专业赛决赛二等奖，实现了南宁乃至广西在国家级工业互联网比赛中获奖零突破；全市有7家企业、37个项目和3个平台入选第三批数字广西建设标杆引领重点示范项目（企业、平台）。信息基础设施不断完善，全市已开通5G基站累计10343个，5G基站建设数量和覆盖水平居全区首位；南宁数据中心集聚区（五象新区）建设加快，已建、在建数据中心规划承载能力达11.6万架标准机架，占全区总量的42.5%；南宁国家级互联网骨干直联点建设开通运行，区内互联网用户跨网访问时延明显降低。

（三）全力以赴扩投资促消费，有力支撑经济平稳增长。积极出台促消费、扩投资政策措施，深度挖掘内需潜力，内需对经济的拉动力进一步增强。

一是有效投资精准扩大。深入实施南宁市投资提速三年攻坚行动，持续扩大有效投资。投资结构逐步优化。全市5000万元以上项目投资同比增长10.8%，占全市投资比重较上年提高3.2个百分点。工业投资同比增长21.2%，占全市投资比重较去年同期提高2个百分点。基础设施投资同比增长9.9%，占全市投资比重较去年同期提高1.5个百分点，其中，交通运输和邮政业投资同比增长48%，成为拉动投资增长的重要动力。纳入自治区“五网”[8]大会战项目库项目完成投资373.82亿元，完成年度计划的134.25%，高于全区22.02个百分点。重大项目支撑有力。893个区市层面统筹推进重大项目完成投资1094.32亿元，完成年度计划投资的114.99%，较去年同比增长20.22%，实现新开工项目192项、竣工110项。项目筹融资渠道进一步拓宽。年内获得中央预算内投资资金10.58亿元，获得地方政府新增专项债券资金49.68亿元，2个申报项目纳入自治区REITs（房地产信托投资基金）试点项目库。谋划储备PPP项目50个，涉及总投资1373.83亿元，年度重点推进项目31个，总投资885.68亿元。南宁市采用PPP模式推进城镇老旧小区改造工作经验做法获国家发展改革委推广。积极谋划储备一批重大项目。重点在工业、基础设施、新型城镇化、农业农村、现代服务业和社会民生等五大领域谋划储备和推进重大项目，累计储备项目超2800项，2021—2023年计划投资超万亿。

专栏2　2021年重大项目建设成效

新开工项目	上林至横县公路一期工程、广西民族大学相思湖学院转设投资项目、龙光东盟生鲜食品智慧港、海天调味品生产基地建设项目、南宁奥特莱斯购物广场、东盟—李宁中心、南宁零公里空港产业园项目、隆安县震东扶贫生态移民与城镇化结合示范工程产城融合区（集中安置区后续产业扶持基地第5期）、南宁市武鸣区第一人民医院新建项目、轨道交通4号线沿线道路维修整治工程等项目
续建项目	万有（南宁）国际旅游度假区项目、瑞声科技南宁产业园项目、桂林至钦州港公路（南宁六景至宾阳段）、G322/358南宁至宾阳至黎塘公路、天际新能源汽车年产10万辆新能源乘用车项目、新希望南宁市生猪养殖聚落全产业链生态循环农业投资项目、合众新能源汽车年产能10万辆新能源乘用车项目、广西申龙汽车制造有限公司新能源客车及物流车生产项目、南宁国际铁路港二期、泰康之家桂园养老社区等项目
竣工项目	南宁轨道交通5号线一期工程、南宁市朝阳溪河道综合整治工程（秀厢大道—罗伞岭水库）、前海人寿南宁医院项目、南宁首创奥特莱斯项目、南宁宜家家居商场、广西主要支流郁江南宁市那平江堤工程、良庆壇清岭风电场工程、广西宾阳双桥门头岭风电场工程等项目
预备项目	轨道交通机场线（吴圩机场—玉洞）、轨道交通6号线一期、20GWh锂电池项目、南宁南过境线（六景至大塘段）公路、南宁抽水蓄能电站、上林国际马术运动康养基地项目、横县健康特色农产品加工产业园（二期）工程项目、南宁西乡塘区坛洛镇智慧物流园（B区）、南宁农产品交易中心（二期）、农工商集团智慧牛业及乡村振兴产业园等项目

二是消费市场持续回暖。出台《南宁市提振消费促进商贸业高质量发展若干措施》《2021年南宁市促消费稳增长若干措施》《南宁市消费提振三年行动工作方案（2021—2023年）》，编制《南宁市建设国际消费中心城市商业网点规划和行动计划》，促进消费加快恢复。全年社会消费品零售总额同比增长8.4%，限额以上21类商品零售额“13增8降”，有9类商品零售额实现两位数增长。发展“首店经济”成效显著。广西首家特斯拉中心、综合开发模式宜家家居商场、欧式首创奥特莱斯和京东华南地区首家城市旗舰店顺利开业，广西首家沃尔玛山姆会员店等重点项目开工建设。线上线下加快融合。组织“线上年货大集”“云上赶圩”等专题促销活动，倡导直播带货、社区团购、无接触配送等新业态，网上年货节参与企业达1400余家，线上销售额超3.2亿元。电商直播、社交营销等新模式发展迅猛，全市通过公共网络实现的商品销售同比增长55.8%。积极扩大重点商品销售。启动汽车以旧换新试点，开展家电以旧换新活动，组织全市11万商家企业参与广西“33消费节”南宁专场活动，累计交易额超370亿元。组织企业参加首届中国国际消费品博览会，轩妈蛋黄酥、酒小二全国销量进一步扩大。文旅消费稳步恢复。2021年南宁市国内旅游总人数1.37亿人次，同比增长18.6%，国内旅游消费1529.14亿元，同比增长25.8%。举办了南宁月月文化旅游节、“开年游南宁”“留邕过年”系列活动，兴宁区三街两巷和江南区邕江南岸片区入选国家级夜间文旅消费集聚区，“老南宁·三街两巷”[9]历史文化街区和百益·上河城街区获评“广西旅游休闲街区”称号。大明山风景旅游区和九曲湾温泉度假区获评广西第二批中医药健康旅游示范基地。成功创建广西全域旅游示范市，成为2023年广西文化旅游发展大会承办城市。

（四）持续深化改革创新，发展的活力动力不断激发。聚焦制约经济发展的重点问题、短板弱项，全面推进重点领域改革，大力实施科技创新，首府经济发展迸发新的动力活力。

一是重点领域改革加快推动。国资国企改革提速加力。实施南宁市国企改革三年行动，完成98项重点改革任务。南宁交投集团3亿美元债券成功发行，实现市属国企境外发债“零的突破”。持续深化国有资本授权经营体制改革，推动南宁城投集团改组为国有资本投资公司。深化农业农村改革。市级农村产权流转交易中心运营步入正轨，完成农村集体三资管理服务平台系统开发并上线运行，构建市级平台、县区级平台、乡镇（街道）服务站、村级服务室“四级”联动的“1+N”[10]南宁市农村产权流转交易市场体系。抓好农村宅基地管理，推动乡镇人民政府依法开展农村宅基地审批。深化财税体制改革。出台应急救援、公共文化、自然资源等领域市以下财政事权和支出责任划分改革实施方案。市以下各级政府间财政关系进一步理顺，横州市六景镇、宾阳县黎塘镇等经济发达镇财政管理体制改革有序推进。促进民营经济政策和服务体系进一步改善。出台南宁建设高标准市场体系行动实施方案、南宁市支持民营企业加快改革发展与转型升级责任分工方案，从制度层面破除民营企业发展的体制机制性障碍。继续执行有关降费率政策，着力降低民营企业要素成本，大力推进“桂惠贷”[11]，截至12月末，累计投放金额541.62亿元，占全区22.75%，累计投放17004笔，共惠及13954户市场主体，投放金额及笔数均位居全区第一，为企业减少融资成本10.87亿元。加快推进“信易贷”工作，广西（南宁）民营小微企业首贷续贷中心与全国信易贷平台直连并实现数据共享，全市入驻全国信易贷平台企业2078家，累计授信147.91亿元。深化公立医院改革。取消药品加成，实施药品和医用耗材集中带量采购，推行医保DRG支付方式改革，获评自治区级“公立医院综合改革成效明显的城市”。

二是营商环境明显提升。2021年国家发展改革委公布的上年国家营商环境评价结果显示，南宁市等14个城市在80个参评城市中营商环境改善幅度最大，南宁市登记财产、政务服务2项指标获评“全国标杆”。破解异地办事难题，与8个省17个城市建立“跨省通办”合作关系，实现183项事项“跨省通办”、447项事项全区通办。持续深化“简易办”改革，启用“一窗综合服务区”，600个事项纳入“一窗综合服务区”无差别受理。“互联网+不动产登记”创新推出“即核即办”办理模式，实现新建商品房项目“交房即交证”。推行全国首创“三合一”[12]集约化监管模式，跨境电商总体出口通关时长压缩至1小时，创造跨境电商通关“南宁速度”。打造全国首个“智慧人才”一体化服务平台，实现全市人才政策宣传、待遇测评、打包办事、求职招聘“一体化”服务。信用体系建设工作取得新成效，首次列入创建全国社会信用体系建设示范区名单，正式上线使用南宁市事前信用承诺监管平台，南宁市公共信用信息共享平台荣获全国信用“示范平台网站”称号。

专栏3　营商环境建设成效

“简易办”改革：提供“一件事一次办”精品套餐256个。建立企业注册登记协同工作机制，企业0.5天内即可在银行网点领取营业执照和免费印章，同步完成银行开户手续
深入推进工程建设项目审批制度改革：接续推出“拿地即开工”2.0版本，优化再造审批流程，变部门审批“接力跑”为“齐步跑”，以五大“极简审批”实现审批服务内容的不断拓展、延伸，并于2021年8月31日起实现施工许可证“零纸质材料”全流程网上办理
便民利民“微改革”“微创新”：在全国率先实现“巡游出租汽车驾驶员从业资格证核发（新办）”“网络预约出租汽车驾驶员从业资格证核发（新办）”两个年办量万件以上的政务服务事项“零材料”“扫脸即办”，成功发放全区首张网约车驾驶员从业资格电子证照。36项高频勘验事项制作生成现场勘验指南二维码，办事群众只需“扫一扫”即可快速查询

三是创新动能加速集聚。重大创新平台加快建设。南宁·中关村累计聚集创新主体485家，获批为国家级科技企业孵化器。南宁市—中关村深圳协同创新中心正式启用，引进9家粤港澳大湾区企业落地南宁。年内新引进广西精准医学研究院等5家新型产业技术研究机构落地南宁，全市累计引进新型产业技术研究机构达12家，带动24项前瞻性技术成果在南宁转化，其中广西先进铝加工创新中心承担首个国家重大短板装备项目已完成“国内首台（套）大型铝合金热处理气垫炉”研发，南宁吉锐生物医药研究院研发的新型儿童手足口药已进入临床试验阶段。新增广西博世科环保科技股份有限公司国家产教融合型企业等国家级创新平台3家，新增自治区重点实验室9家、广西工程技术研究中心14家、自治区级双创示范基地3家、自治区级工程研究中心10家、广西新型研发机构11家，均位列全区首位。标志性创新成果取得新突破。血小板免疫学研究走在全国前列，血小板CD36分子生物学核心技术研发获得国内外发明专利和国家版权证书的认可。“新能源汽车母线导体用6101铝合金新材料研发及产业化”重大项目填补了国内技术空白。深入开展科技成果转化大行动。新增自治区级科技成果转化中试研究基地5家，完成自治区重大科技成果转化项目132项，累计成果登记830项，技术合同成交额99.12亿元。创新型企业主体发展壮大。新增高新技术企业357家，预计全市总量超1300家、占全区比重超三分之一。高层次创新人才引育实现新突破。南宁市“人才飞地”深圳人才工作站、广州人才工作站正式运营。2021年第四届中国·南宁海（境）外人才创新创业大赛成功举办，达成产业化项目落地意向21项。累计引进直接或间接持股创业院士等国家级顶尖人才14名、引育高层次科技人才和团队66人（个）。大力实施创新创业领军人才“邕江计划”等重大引才计划，共向24个项目拨付资助2600万元。

（五）坚定不移扩大开放合作，“南宁渠道”功能持续提升。牢牢把握多重国家战略叠加实施的重大机遇，加快重大开放平台和载体建设，着力构建开放型经济体系，城市发展的比较优势不断凸显。

一是重大开放平台建设取得新进展。中国（广西）自由贸易试验区南宁片区发展提速。南宁片区新设立企业20649家，同比增长215%，占广西自贸试验区的52.5%。高质量完成87项改革试点任务，完成率达95.6%。累计形成51项制度创新成果，工程建设项目“分阶段审批+提前介入监督”改革模式等34项成果获选广西自贸试验区首批及第二批自治区级制度创新成果，南宁片区2020—2021年度制度创新指数位居广西自贸试验区首位、在同批19个片区中综合排名第4。率先在广西自贸试验区制定南宁片区对接RCEP先期行动计划，加快对接RCEP规则落地见效，率先启动南宁建设高质量实施RCEP示范区研究。南宁临空经济示范区建设全面推进。南宁国际空港综合交通枢纽工程（GTC）加快建设，南宁吴圩机场改扩建工程（第二跑道）、T3航站楼等项目前期工作扎实推进，机场周边高速路网建设有序推进，南宁沙井至吴圩、吴圩至隆安高速公路建成通车。南宁零公里空港产业园、唯品会东盟电商现代物流中心等一批重大项目实现开工，瑞声精密制造产业园、宇培（南宁）电商冷链产业园等项目加快推进。国际货运航线培育取得新突破，南宁吴圩国际机场在飞国际货运航线11条。西部陆海新通道建设取得积极成效。南宁至贵阳客运专线、南宁至崇左城际铁路、西津水利枢纽二线船闸工程等项目加快推进，柳州经合山至南宁、沙井至吴圩高速公路已建成通车。南宁国际铁路港海关监管作业场所封关运营。中欧班列、多式联运班列培育取得重要进展，南宁国际铁路港首趟“南宁—钦州—唐山”班列（“公铁海”多式联运班列）、“中国—越南—老挝”农资产品跨境多式联运班列、南宁至哈萨克斯坦直达班列顺利开行。

二是开放型经济蓬勃发展。广西新外贸孵化基地加快建设，已入驻企业103家，服务已辐射至梧州、北海等区内城市。获批全国首批、广西首个国家加工贸易产业园，全力打造以电子信息为主导产业的加工贸易梯度转移示范园区，2021年全市加工贸易进出口总额827.25亿元，同比增长18.9%，占全区总量近70%。国家服务外包示范城市加快建设，全市服务外包执行额13.64亿美元、同比增长18.7%。积极推动企业“走出去”，中国—东盟经贸中心设立工作站，开设APEC商务旅行卡申办窗口，为企业“走出去”提供便利，全市新增备案非金融类企业机构16家，中方协议投资额1.22亿美元，占全区总量69.3%。CEPA示范城市建设取得新进展，通过CEPA项目绿色通道新设港澳企业116家，占新设企业数52.25%，同比增长127.45%。跨境电商产业扩量提质，中国（南宁）跨境电子商务综合试验区预计完成跨境电商进出口额77.7亿元、同比增长259%，东南亚知名跨境电商平台Lazada在邕设立全国首个跨境电商创新中心，建设面向东盟的跨境电商网络直播基地，累计入驻企业超100家，为400多家企业提供外贸服务。

三是对外交流合作成效显著。圆满服务第18届东盟博览会、峰会，实现签约项目21个，总投资561.85亿元。举办第三届南宁国际友城进东博活动、第三届世界茉莉花大会，开展“驻邕领事机构看南宁”系列活动，持续提升“南宁渠道”影响力。整合外事、外资、外贸、外管、外侨“五外”资源，创新建立“五外融合促开放”工作机制，建立起平台共享、渠道联通、衔接顺畅的“大外事”体系。积极参与国际抗疫合作，向10个国际友城捐赠防疫物资，与智利伊基克市举办“南宁—伊基克线上抗疫经验交流会”。创新开展“云交往”系列活动，举办第四届中非地方政府合作论坛分论坛暨南宁市与班珠尔市视频会晤，与墨西哥莫雷利亚市达成建立友好城市关系意向，与日本秋田市建立友好城市关系，国际友城达26个。

四是强化合作狠抓招大引强。建立“四个一”[13]招商工作机制，充分发挥“三企入桂[14]项目落实”3个行动专班、“行企助力转型升级”行动12个产业招商专班优势，创新招商方式，大力实施驻点招商、以商招商、产业链招商、平台招商。“三企入桂”成果加快转化，项目履约率、开工率、竣工率均超额完成自治区下达的全年目标任务。行企助力补链扩群取得新成效，签约区内外项目270个、总投资额1808.32亿元，引进南宁牛湾文化旅游岛、吉利智慧新能源整车工厂、多氟多20GWh锂电池生产基地、农夫山泉上林生产基地等一批重大项目。

专栏4　“行企助力转型升级”行动重点签约项目

制造业	
吉利智慧新能源整车工厂项目	农夫山泉上林生产基地项目
多氟多20GWh锂电池生产基地项目	骏东新能源基材制造项目
玉柴芯蓝新能源动力项目	金泰克半导体存储产业研发制造基地项目
绝味卤制肉制品及副产品加工建设项目	德馨年产3.2万吨餐饮果浆配料生产基地项目
新能源	
南方电网调峰调频发电有限公司武鸣抽水蓄能电站项目	宾阳县300MW农光互补综合能源利用项目
龙源横州市六景风光储氢一体化示范项目	马山县周鹿武平农业光伏项目
大健康和文旅产业	
南宁牛湾文化旅游岛项目	右江湾水乡康养文旅项目
南宁七彩世界森林旅游度假区项目	中林生态城·南宁项目
物流业	
南宁国际铁路港电商物流区一期项目	美宜佳（广西总部）产业园项目
亚冷国际智慧物流产业园	现代综合物流园（东盟供应链基地）一期项目
总部经济	
金光集团APP（中国）林务总部项目	华为广西区域总部项目

（六）全力强功能优环境提品质，城市宜居水平进一步提升。坚持“治水、建城、为民”，不断完善城市功能布局和公共设施水平，扎实推动生态环境持续改善，绿城品质持续提升。

一是城市综合承载能力不断提升。大力推进城市基础设施建设。轨道交通5号线于12月16日开通运营，南宁市成为全国第七个开通全自动运行地铁的城市；合坡路（昆仑大道—凤凰岭高速环路立交）、亭洪路延长线（规划一路—规划四路）、长湖路延长线（长堽路—衡阳东路）等断头路项目扎实推进，城市交通更为顺畅。城市公共服务设施不断完善。建设和改造供水管网116公里、供气管网613公里，新建成地下综合管廊主体9.2公里，打通市政道路雨污水断头管43处。城市更新项目持续推进。中尧路片区、火车站片区、五一中路片区等TOD[15]项目前期工作加快推进，青秀区二塘煤矿片区棚户区改造项目等7个旧城改造项目完成地块出让，全年城镇棚户区改造开工建设9351套，基本建成13427套；危旧房改造新开工1198套，基本建成1510套；统筹推进256个老旧小区项目开工，涉及38648户、1126栋、总建筑面积328.02万平方米，被国家发改委纳入城镇老旧小区改造推广经验案例。

二是城市生态环境持续改善。“南宁蓝”持续巩固，市区环境空气质量优良率为97%，排位保持在全国重点城市前列。水环境质量连续11个月位列全国“红榜”，境内主要流域地表水水质优良比例保持100%，持续实现“Ⅱ类水入境Ⅱ类水出境”。黑臭水体治理经验入选生态环境部通报表扬典型案例。全市污染地块安全利用率保持100%，农整项目大数据智能化管理模式成为全区创新典型，土壤污染防治和农村环境治理成效全区领先。生活垃圾处理能力显著提升，生活垃圾无害化处理率保持100%，生活垃圾回收利用率达36.5%以上。

三是绿色低碳发展迈出新步伐。启动实施南宁市碳达峰碳中和行动计划，“碳中和”[16]数字丝绸之路共建共享平台、能源大数据综合服务平台加快建设，组织22家重点碳排放企业完成年度碳排放报告工作，组织4家发电企业进入全国碳排放权交易市场。严格能耗双控管理，加强重点行业、重点企业节能监督管理，推动列入自治区名单的49家重点高耗能企业制定节能技改方案。积极开展示范创建绿色园区和绿色工厂，全市有8家企业进入自治区绿色制造体系名单。城市规划区全面推进绿色建筑建设，2021年新建民用建筑全面按照绿色建筑标准设计，竣工绿色建筑占比达到87%。大力发展循环经济，双定循环产业园垃圾焚烧发电项目（一期工程）三台焚烧炉、两组发电机组投入使用，设计日处理垃圾能力2250吨。大力发展新能源汽车，全市新能源汽车新增2.9万辆、保有量达5.5万辆，新建充电桩3982个、累计建成11138个，新能源汽车增量及充电桩完成量均排在全区前列，南宁市获评“广西新能源汽车推广应用攻坚行动先进集体”称号，并被列为广西新能源汽车推广应用示范市。

四是城市治理现代化能力持续提升。创城创卫工作取得新进展，成功恢复全国文明城市资格。强化市容环境、建设、住房、非法燃气经营、矿产及矿山资源、邕江水面等治理，累计立案查处违法违规案件1.18万件、罚款2.64亿元。全面推行“城管进社区”，选派城管执法人员进驻全市262个社区，服务工作辐射家庭117.8万户、群众354万人。开展“两违”[17]治理，清理拆除违法建设8020处（栋），清理违法用地面积463.44万平方米，拆除违法建设面积436.74万平方米。推进智慧城管建设，初步搭建市级城市综合管理服务平台，建成城管综合执法数字化系统，建立扬尘治理大数据资源中心，初步实现扬尘违规行为智慧化监控管理。建成城市静态交通管理系统，打造全市停车资源“一张网”，解决市民出行停车难题。“爱南宁APP”服务功能持续升级，加载完善电子健康卡、智慧医保、小学生报名、南宁市新冠疫苗预约平台、养老托育、出生即入户等功能应用，实现高频民生事项“掌上办”，截至2021年12月31日，“爱南宁APP”注册用户突破747.48万，日均活跃用户达80万。

（七）全面推进乡村振兴战略，城乡协调发展持续加快。坚持农业农村优先发展，加快农业农村现代化，全面提升乡村“形、实、魂”，在促进农业高质高效、乡村宜居宜业、农民富裕富足上迈出坚实步伐。

一是巩固脱贫攻坚成果同乡村振兴实现有效衔接。统筹安排市本级资金6.9亿元支持巩固拓展脱贫攻坚成果和衔接推进乡村振兴；乡村振兴项目共71个，获得自治区乡村振兴补助资金3.58亿元。易地搬迁脱贫户实现后续扶持不断加强，完成安置区配套建设义务教育学校新建及改（扩）建11所，完成配套建设卫生医疗机构7个，上林、马山、隆安三县共投入1.64亿元财政衔接推进乡村振兴补助资金用于10个易地搬迁后续扶持项目建设。打造易地扶贫搬迁农民安置培训基地，全市易地搬迁有劳动能力且有就业意愿的搬迁户14843户，全部实现一户至少一人就业目标。加强粤桂协作，实施42个粤桂协作项目，全市粤桂协作资金支出进度达98.05%；新增引导落地投产企业14家，实际到位投资额12.27亿元；广东直接采购、帮助销售我市农畜牧产品和特色手工艺产品金额达3.56亿元。

二是现代农业稳步提升。全力抓好农业生产，超额完成自治区下达的粮食生产任务和生猪生产任务，粮食种植面积和产量连续两年实现正增长，粮、果、蔬、肉等重要农产品供应充足。“邕”系品牌获得新提升，“隆安香蕉”“良庆百香果”新获注册为地理标志商标，“伊蜜”红心火龙果通过“圳品”认定，“古辣香米”等15个品牌入选第四批广西农业品牌目录，新增绿色食品认证产品15个，有机产品13个，全市入选广西农产品品牌目录达67个，有效期内“三品一标”[18]产品达193个；“上林小龙虾”品牌持续打响，“中国沃柑看武鸣”品牌影响力不断扩大，横州茉莉花和茉莉花茶综合品牌价值达215.3亿元，连续四年蝉联广西最具价值农业品牌。现代农业高质量平台建设再创佳绩，宾阳县获批创建国家首批农业现代化示范区，武鸣区现代农业产业园获批创建自治区级现代农业产业园，良庆区“嘹啰歌乡”、隆安县“那乡果海”获批创建自治区级田园综合体，四野牧业、金福农业2家农业企业获评首批全国生态农场，分别新增国家级、自治区和市级农业产业化重点龙头企业2家、10家和24家，全市市级以上农业产业化重点龙头企业达224家。科技兴农扎实推进，安排665万元市级财政资金用于支持6个现代种业提升工程项目建设，主要农作物耕种收综合机械化水平达到71.75%。

三是宜居乡村建设取得新进展。大力推进城乡交通路网建设，完成新增通二级或三级公路乡镇4个，实施76个共207.5公里农村公路路面提升工程，2021年南宁市荣获全国首批“四好农村路”市域示范创建突出单位、自治区示范市等荣誉称号。全面推进农村人居环境整治，完成13个农村公共卫生厕所改建造项目，开工15个农村区域集中连片供水项目、已完工10个，完成农村饮水安全维修养护项目441个，1018户农村危房改造项目全部竣工。加快推进高标准农田建设，26.5万亩高标准农田建设任务顺利完成。全力推进农村人居环境提升，完成自治区下达“两高”[19]沿线农房风貌整治任务，开展“三师”[20]、建筑施工企业技术下乡服务等做法得到中央、自治区肯定并作为经验宣传。强化农村文化公共设施建设，全市建成102个乡镇综合文化站、1352个村级公共服务中心，基本实现公共文化基础设施全覆盖；累计建成广播电视乡镇无线发射台站17个，直播卫星户户通建设5660户。

四是新型城镇化建设加快推进。编制印发《南宁市新型城镇化规划（2021—2035年）》，推进县域经济高质量发展，青秀区、良庆区和武鸣区获评2020年度广西高质量发展先进县（城区），西乡塘区获评2020年度广西高质量发展进步县（城区），横州市成功纳入第三批国家农村产业融合发展示范园名单。县域交通网络不断完善，市县一小时交通圈加快构建，柳州经合山至南宁、吴圩机场至隆安、沙井至吴圩等高速公路项目建成通车，六景至宾阳、上林经宾阳至横州高速公路加快推进。县、乡、村三级电商服务覆盖率达90%，农村电商交易额超30亿元。村镇建设取得新突破，宾阳县古辣镇入选第十一批全国“一村一品”[21]示范村镇，隆安县那桐镇入选2021年农业强镇创建名单，横州市校椅镇石井村入选2021年全国乡村特色产业亿元村，武鸣区双桥镇入选2021年全国乡村特色产业十亿元镇名单，宾阳县古辣镇马界村获评2021年“中国美丽休闲乡村”。茉莉特色小镇、攀岩特色小镇、芳香特色小镇成功纳入全区特色小镇清单。武鸣区、西乡塘区、良庆区成功创建广西全域旅游示范区。

（八）加快发展社会事业，民生福祉不断增进。始终践行以人民为中心的发展思想，不断提高人民生活品质，人民群众获得感成色更足、幸福感更可持续、安全感更有保障。

一是居民就业更加充分、社会保障体系更加完善。出台更积极的就业扶持政策，在全国率先建立灵活就业人员劳务报酬联合调处机制，在全区创新打造一体化求职平台、率先搭建劳动维权一体化系统平台，积极促进居民就业，全市城镇新增就业7.73万人，城镇登记失业率为2.80%，全市就业形势总体稳定。全面实施全民参保计划，全市基本养老保险、工伤保险和失业保险参保总人次755.40万人次、同比增长16.46%，发放养老、失业、工伤保险待遇188.90亿元，惠及参保人员114.81万人。基本医疗保险参保人数744.75万人、同比增长3.86%，享受医疗保障待遇1137.10万人次、医疗保障统筹基金支出82.23亿元，其中基本医疗保险统筹基金支出72.69亿元、医疗救助支出1.95亿元、职工大额医疗费用统筹支出1.49亿元，城乡居民大病保险支出6.10亿元。稳步推进国家扩大长期护理保险制度试点，减轻长期失能人员家庭长期护理服务需求带来的经济与事务双重负担。充分发挥社会救助兜底保障作用，完善社会救助制度建设，全市累计发放城乡低保332.68万人次、9.4亿元；城乡特困供养保障金25.77万人次、1.85亿元，失能、半失能特困人员照料护理费4万人次，3455.98万元。保障性安居工程建设持续推进，开工28个保障性租赁住房项目共13539套（间），建成11个项目共4092套（间），已经发放住房租赁补贴10839户共2012.49万元。

二是教育、健康事业加快发展。大力实施教育优先战略。全年新开公办幼儿园26所，提供学位约8640个；建成投入使用公办中小学校22所，提供学位约4.04万个；设立101个社区教育学院、学校、基地，累计261个。全力推进“双减”[22]工作，全市压减学科类校外培训机构654家、压减率86.17%；2021年秋季学期我市义务教育阶段应开课后服务学校实现100%全覆盖，学生参与率88.52%。积极推进集团化办学试点工作，天桃实验学校教育集团2月正式挂牌成立，成立南宁市二中、三中、十四中和沛鸿民族中学教育集团，大力推进直属公办学校和城区、开发区集团化办学工作。职业教育优质发展，新成立南宁市智慧商务职业教育集团，再次入选广西“职业教育改革成效明显市”。获批自治区产教融合型试点城市，产教融合型试点企业24家，占全区比重为55.81%。南宁教育园区初步成型，入园院校达18所，实现招生办学10所，在校学生规模达7.8万人。“健康南宁”建设稳步推进。建成141个发热门诊，新建1个、改扩建4个社区卫生服务中心，为14个社区卫生服务中心增添基本医疗设备。深入推进老年健康照护服务和国家级医养结合试点城市建设工作，3个医养结合案例获评全国医养结合典型经验。积极开展普惠托育专项行动，全市已完成备案托育机构35家，共有15个项目获得国家普惠托育专项补助资金1020万元。大力发展养老服务业，推动300—500张床位县级养老福利机构建设运营，建设17个街道综合养老服务中心，在全区率先开展2000户特殊困难老年人家庭居家适老化改造和30个“长者饭堂”试点，华润悦年华颐养社区、前海人寿幸福之家等一批健康养老产业项目先后投入运营。

三是文化体育事业繁荣发展。精品文化制作成绩突出，举办第9届中国—东盟（南宁）戏剧周，39项活动在线上展演展播，播放（点击）量达670多万人次；舞剧《刘三姐》入选第13届全国舞蹈展演；壮族末伦《何时再相见》入选第4届中国西部优秀曲艺节目展演优秀剧目；歌曲《仰望星空》入选“庆祝中国共产党成立100周年——‘百年百首’”全国优秀新创歌曲。群众文化惠民暖心，开展“我们的中国梦”——文化进万家等文化惠民活动1580多场，惠及群众147万多人次。积极推进南宁市非物质文化遗产展示中心、壮族歌圩文化（南宁）生态保护区建设，成功举办“文化和自然遗产日”非遗宣传展示、南宁礼物大赛活动。积极开展全民健身活动，举办了南宁市2021年“壮族三月三·民族体育炫”、2021南宁生态马拉松比赛、南宁龙舟公开赛、青少年阳光体育大会等赛事活动，南宁市围棋联赛获评为2021国家体育旅游精品赛事，全年全市举办各类体育健身赛事活动500多项，经常参加体育锻炼的人数比例保持在46%以上，唯一获评2021年度自治区级全民健身和全民健康深度融合示范市。

四是社会治理能力和水平不断提升。统筹发展与安全，积极稳妥化解各种重大风险，严格规范政府举债和融资行为，抓实化解隐性债务；建设覆盖全市的处非网格化服务管理体系，推动金融风险不断化解。坚持科学民主依法立法，提请市人大常委会审议地方性法规草案3件，出台政府规章3件，开展政府规章立法后评估5件。市域社会治理现代化试点稳步推进，完成12个县（市、区）社区矫正管理局的挂牌工作，江南区福建园街道淡村等4个村获评“全国民主法治示范村”；深入推进矛盾纠纷精准排查精细化解，江南区“逢四说事”协商工作机制[23]入选全国社会治理创新典型优秀案例。建立重大突发矛盾纠纷和紧急敏感案件信息报送机制，2021年全市开展矛盾纠纷排查27157次，调解各类矛盾纠纷23802件，调解率100%，调解成功率97.1%。生产安全形势稳定向好，全年事故起数较去年同比下降13.6%；食品安全形势总体稳定，消费者满意度在全国100个大中城市中位居前列。民族融合团结，荣获第九批全国民族团结进步示范市。全市保持和谐稳定发展局面，群众安全感达98.24%。

2021年，在疫情影响仍在持续、各方面风险挑战较多的情况下，全市上下统一思想、坚定信心，攻坚克难、开拓创新，全力推动经济社会实现稳中向好、稳中提质，全市计划指标完成情况总体好于预期，总体实现了“十四五”良好开局，为2022年经济持续健康发展打下了坚实基础。

年初确定的46项指标中，35项指标预计能够完成预期目标，11项指标与预期值存在一定差距。其中，地区生产总值、第二产业增加值、规模以上工业增加值、建筑业增加值、第三产业增加值、固定资产投资、工业投资、财政收入、社会消费品零售总额等经济指标没有达到预期目标，主要受疫情持续反复、大宗商品价格上涨以及限电、能耗双控等多重叠加因素影响，市场供给端和需求端都受到较大冲击；同时南宁市经济结构不优问题仍较为突出，房地产、批零住餐等传统产业占比较大，2021年在房地产持续低迷情况下，南宁市地区生产总值、固定资产投资等指标都受到较大影响；研发经费投入增长率低于预期目标主要是驻邕高校院所研发投入占全市比重59%，但由于财政支出紧张驻邕高校研发投入下降30%，对全市科研经费投入影响较大。

专栏5　2021年46项指标完成情况

指标类型	2021年指标完成情况
经济发展（13项）	完成预期目标（4项）：第一产业增加值、外贸进出口总额、实际利用外资、居民消费价格指数 未完成预期目标（9项）：地区生产总值、第二产业增加值、规模以上工业增加值、建筑业增加值、第三产业增加值、固定资产投资、工业投资、财政收入、社会消费品零售总额
创新驱动（3项）	完成预期目标（2项）：数字经济核心产业增加值占GDP比重、每万人口高价值发明专利拥有量 未完成预期目标（1项）：研发经费投入增长率
节能减排和生态建设（13项）	完成预期目标（13项）：城市环境空气质量优良率、万元地区生产总值能耗、万元地区生产总值二氧化碳排放量、万元地区生产总值用水量、化学需氧量减排量、氨氮减排量、氮氧化物减排量、挥发性有机物减排量、地表水达到或好于三类水体比例、森林覆盖率、市区生活污水集中处理率、县城生活污水集中处理率、城市生活垃圾回收利用率
民生和社会事业（16项）	完成预期目标（15项）：常住人口城镇化率、居民人均可支配收入、城镇居民人均可支配收入、农村居民人均可支配收入、城镇新增就业人数、城镇调查失业率、城乡居民基本医疗保险参保人数、城镇参加失业保险人数、城乡居民基本养老保险参保人数、每千人口拥有3岁以下婴幼儿托位数、护理型床位数占养老机构床位总数比例、学前教育三年毛入园率、九年义务教育巩固率、高中阶段教育毛入学率、城镇保障性安居工程开工量 未完成预期目标（1项）：每千常住人口执业（助理）医师数
安全保障（1项）	完成预期目标（1项）：粮食综合生产能力

2021年的成绩来之不易，是党中央、国务院总揽全局、亲切关怀的结果，是自治区党委、自治区政府正确领导的结果，是全市上下齐心协力、顽强拼搏的结果。但同时，我们必须清醒地认识到当前经济运行面临的风险挑战增多，新情况和老问题交织叠加，经济发展面临不少困难和挑战：一是疫情持续对全市经济产生较大影响。境外疫情持续蔓延，国内部分省市出现多点散发疫情，对南宁市的需求端、供给端都形成较大冲击。消费领域由于旅游、商务、会议活动频率减少，住宿餐饮业恢复势头放缓，2021年8月起当月增速持续负增长，其中住宿业尚未恢复疫前水平（恢复至九成左右）；生产端由于全球疫情影响，国际产业链、供应链恢复进度参差不齐，国际海运长期延误、出口集装箱紧缺、海运价格飙升等问题突出，导致部分加工贸易企业产能出现波动。二是原材料价格处于高位态势仍将延续。去年以来，大宗商品价格大幅上涨，推动企业生产成本上升，也抬高了农业生产、投资建设、交通运输等领域综合成本，对全市多个行业形成较大影响。在国家密集出台保供稳价政策措施推动下，煤炭、水泥等部分原材料价格有所回落，但考虑到国际货币政策宽松、市场需求仍然旺盛等因素，预计今年大宗商品价格仍将维持高位，对经济的影响也将持续。三是房地产市场低迷态势仍将延续。2021年以来，房地产市场持续低迷、商品房销售乏力，房地产投资力度减弱，传导到建材、建筑业等房地产上游产业，以及装饰、家电等房地产下游产业链，对全市GDP、投资、财政等多项指标产生非常大的影响。目前中央经济工作会议虽然提出要促进房地产良性循环和健康发展，但大的调控政策不会变，且因2021年住宅用地成交面积大幅减少（减少2000亩以上），今年房地产行业缺少足够的增量支撑，预计房地产行业仍将面临较大压力。四

是投资增长动力不足问题突出。2021年四季度以来，受房地产投资下滑、基础设施投资增速回落等影响，南宁市投资增速呈逐月下滑的态势，稳投资的压力非常大。2022年在房地产市场需求不足、财政资金紧张情况下，南宁市房地产开发投资、基础设施投资仍将面临非常大的下行压力，投资增长后劲不足问题日益凸显。此外，居民增收、教育医疗、养老托育、环境保护、社会治理等社会民生领域仍存在薄弱环节，对上述困难和问题，将在今后工作中采取有力措施加以解决。

二、2022年经济社会发展计划的总体要求和主要预期目标

2022年是党的二十大召开之年，也是巩固发展"十四五"良好开局乘势而上的关键一年。做好今年各项工作，意义深远、任务艰巨、责任重大。

2022年世界形势更加复杂多变，我国经济发展面临需求收缩、供给冲击、预期转弱三重压力，各种不稳定不确定因素仍在增加。但我们也要看到，当前我国经济稳中向好、长期向好的基本趋势没有变，经济潜力足、韧性大、活力强的基本特点没有变，中央经济工作会议明确提出2022年经济工作要稳字当头、稳中求进，提出"七大政策"[24]，全区也将积极推出一批有利于经济稳定的政策，一批重大工程、重大项目、重大改革有望加快推进，将为南宁市经济社会发展注入强大动力活力。随着全面落实强首府战略，加快推进中国（广西）自由贸易试验区南宁片区、临空经济示范区、面向东盟的金融开放门户南宁核心区、国家物流枢纽等重大平台建设，开放优势和政策红利将不断释放，一批重大工业、现代服务业项目将竣工投产，新的增长动能将加速集聚，高质量发展将迈出更大步伐，南宁市有基础、有条件保持经济平稳向好的发展势头，这些积极因素更加坚实了我们做好今年经济工作的信心和决心。

（一）总体要求。

2022年全市经济社会发展工作的总体要求是：坚持以习近平新时代中国特色社会主义思想为指导，全面贯彻落实党的十九大和十九届历次全会精神，全面贯彻中央经济工作会议精神尤其是习近平总书记的重要讲话精神，全面贯彻习近平总书记对广西工作系列重要指示精神特别是视察广西"4·27"重要讲话精神，按照自治区第十二次党代会和自治区十二届二次全会暨经济工作会议以及市第十三次党代会、市委十三届三次全会的安排部署，弘扬伟大建党精神，坚持稳中求进工作总基调，完整准确全面贯彻新发展理念，服务和融入新发展格局，全面深化改革开放，坚持创新驱动发展，坚持以供给侧结构性改革为主线，统筹疫情防控和经济社会发展，统筹发展和安全，继续做好"六稳"[25]"六保"[26]工作，坚持政策为大、项目为王、环境为本、创新为要，全面落实强首府战略，围绕"1+3"重点工作[27]，坚定不移推进高质量发展，坚持强开放、强产业、强市场、强投资、强治理"五强"工作要求，抓好防疫稳定安全"三件大事"，奋力建设新时代中国特色社会主义壮美广西的首善之地，以优异成绩迎接党的二十大胜利召开。

（二）主要预期目标。

2022年全市经济社会发展的主要预期目标为：地区生产总值增长7%以上，工作目标力争增长8%左右。一般公共预算收入增长3.5%，规模以上工业增加值增长11%，固定资产投资增长10%，工业投资增长30%以上，社会消费品零售总额增长10%，外贸进出口总额增长11%，节能减排降碳控制在自治区下达的目标内，居民人均可支配收入增长与经济增长基本同步，居民消费价格指数涨幅控制在3%左右，城镇调查（登记）失业率低于全区平均水平。

提出上述目标，兼顾积极性和稳妥性。其中，经济增长预期目标安排高于全国、全区，贯彻了中央、自治区经济工作会议精神，体现市第十三次党代会部署要求，与强首府、"十四五"发展目标进行衔接，充分考虑了南宁市经济增长潜力和支撑条件，兼顾了需要与可能，有利于转方式调结构、推动高质量发展，有利于合理引导市场预期、提振发展信心。全市各级各部门要围绕这个目标，坚持问题导向、目标导向、结果导向，自我加压、策马扬鞭，全力以赴完成今年目标任务。

三、2022年国民经济和社会发展主要任务

2022年，按照市委十三届三次全会和政府工作报告的部署，落实市委"1+3"重点工作要求，全力攻坚确保完成全年目标任务。着力抓好以下10个方面工作。

（一）聚焦"强开放"，着力畅通和拓宽"南宁渠道"。深入贯彻落实"三大定位"新使命，抢抓RCEP生效实施机遇，发挥好开放平台和政策"富集区"优势，加快把独特区位优势转化为开放发展优势。

一是高标准建设实施RCEP示范区。抓住RCEP货物贸易、服务贸易、投资等一揽子政策逐步落地实施机遇，做好"学规则、优服务、扩贸易、促投资"几篇文章。学规则，重点以产品为对象开展RCEP政策研究，深度梳理、挖掘重点产业和企业同RCEP国家对接合作机会，细化推进落实举措。优服务，积极参与建设中国—东盟经贸中心、RCEP中小企业服务中心，推进南宁片区RCEP服务中心功能完善，为企业制定针对性享惠方案，推动AEO[28]企业获批经核准出口商资质，全力服务企业搭乘RCEP快车，提升企业国际竞争力。扩贸易，巩固东盟传统市场，拓展日韩澳新贸易空间，加大高新技术产品、机电产品、农产品等出口，扩大优质消费品、先进技术、重要设备等进口，推动设立RCEP进口商品展示交易中心，扩大与RCEP成员国的贸易规模。促投资，大力"引进来"，依法落实外商投资国民待遇，清理调整与RCEP投资规则不相适应的投资管理措施，建立完善外商投资项目和企业库，推动精准招商，着力建设中越跨境产业链关键环节生产总部集聚区；推动"走出去"，用好用足原产地累积规则、知识产权保护、减少投资壁垒等规则，鼓励瑞声科技、富桂精密等企业开展出境加工业务，引导企业开展面向RCEP的投资和供应链合作。

二是服务推动东盟博览会、峰会升级发展。积极服务建设中国—东盟命运共同体，推动东盟博览会功能从服务"10+1"向服务RCEP和"一带一路"拓展，高质量办好RCEP展区，推动举办RCEP工商高峰论坛、RCEP高官会议等国际性会议，推动东盟博览会、峰会转型升级为RCEP博览会、峰会。强化东盟博览会和峰会政企对话、经贸合作、人文交流等平台功能，聚焦文化艺术、旅游、教育、科技创新等，加强与全球其他地区和城市交流合作，打造"一带一路"人文交流的重要节点城市。

三是高标准建设中国（广西）自由贸易试验区南宁片区。推动自贸试验区南宁片区与国家级开发区、经济功能区协同发展，对标国际经贸规则和国内先进经验，以制度创新为核心，以产业发展为目标，紧扣企业需求，年内力争在深化"三合一"集约式监管、构建"东盟—香港—南宁"三地金融合作新机制、创新中国—东盟跨境保险共同体合作模式、加快推进惠

企政策"免申即兑"等方面形成10项以上制度创新成果，持续打造贸易投资便利、金融服务完善、监管便捷高效的营商环境，吸引更多企业落户，力争2022年南宁片区新增企业1万家以上，加快打造自贸试验区南宁片区升级版。

四是加快建设中国—东盟信息港南宁核心基地。加快核心基地内的基础设施、数字经济产业项目建设，力争年内新增投资超30亿元、竣工项目超过45个。大力推动信息基础设施建设。重点优化升级南宁国际互联网专用通道，启动建设中国—东盟人工智能计算中心，加快推进中国电信东盟国际信息园、中国移动（广西）数据中心等超大规模数据中心建设，打造面向东盟的国际通信网络节点和信息服务枢纽。推进数字产业化。依托南宁·中关村创新示范基地、中国—东盟数字经济产业园、中国—东盟地理信息与卫星应用产业园、中国—东盟互联网应用技术联合创新中心等平台，引进行业头部企业在南宁设立面向东盟的区域总部，培育壮大一批数字企业，加快打造人工智能、空间信息、信创等数字经济产业链。推进产业数字化。发挥华为—南宁数字经济产业创新中心等平台作用，争取设立中国—东盟（华为）人工智能创新中心和中国—东盟信息港鲲鹏生态创新中心南宁分中心，拓展数字应用场景，培育平台经济、跨境电商、智慧旅游等新产业新业态。加强与东盟（RCEP成员国）的数字经济合作交流。积极服务和办好中国—东盟信息港论坛、广西面向东盟的数字丝绸之路峰会等活动，推动中国—东盟新型智慧城市协同创新大赛向RCEP成员国拓展，促进与东盟国家在数字经济标准制定、技术创新、市场共享等领域加强合作，共建数字丝路。

五是加快建设面向东盟的金融开放门户南宁核心区。深化金融改革开放，强化面向东盟的跨境人民币结算、跨境投融资服务和货币交易，畅通跨境经济金融合作通道，打造面向东盟、服务RCEP的区域性国际金融中心。扩大跨境人民币结算。推动中银香港面向东盟的人民币结算清算业务落地，支持驻邕金融机构与更多RCEP成员国商业银行建立人民币结算关系，扩大人民币在对外贸易、直接投资、跨境融资、国际产能和装备制造合作中的使用。推动非银行支付机构开立跨境人民币备付金账户，为企业和个人跨境货物贸易、服务贸易提供人民币结算业务。促进跨境投融资。推动中国—东盟跨境金融服务中心运营，制定跨境金融产品和服务清单；开展跨境人民币同业融资、跨境人民币双向流动便利化、人民币信贷资产转让、境外项目人民币贷款等试点；鼓励开展人民币海外基金业务，推进私募股权投资基金跨境投资、本外币合一银行结算账户体系试点落地；培育融资租赁主体，开展融资租赁公司外债便利化试点；鼓励金融机构规范运用政府和社会资本合作（PPP）模式，支持社会资本参与跨境重大项目建设和产业合作。扩大人民币与东盟国家货币直接交易。推动人民币与越南盾、柬埔寨瑞尔等货币直接交易扩面提量，引入更多东盟国家商业银行参与广西银行间市场区域交易，通过建立跨境人民币使用工作推进机制、落实跨境金融业务奖补政策等措施，促进与东盟国家双边本币结算，降低双边汇兑风险，助力完善中国与东盟国家货币汇率形成机制。

六是加快建设南宁临空经济示范区。积极拓展开发建设空间。配合自治区开展示范区系列规划编制工作，争取将示范区规划范围由118平方公里谋划拓展至280平方公里，通过布局优化、标准控制、盘活闲置土地等方式，集约节约高效利用土地，为示范区建设提供充足发展空间。强化示范区基础设施建设。年内实现南宁国际空港综合交通枢纽工程竣工投入使用，开工建设吴圩国际机场第二跑道、第三航站楼，加快推进临港大道、友谊路延长线改扩建（平丹村—群益村）等重大项目，开展南宁轨道交通机场线等项目前期工作。大力吸引临空产业集聚。谋划布局新能源、临空物流、医药、医疗器械、临空制造等五大产业园区，推进南宁零公里空港产业园等一批重大项目建设，推动吉利智慧新能源整车工厂落地；积极对接正大集团、普洛斯、深圳航空等国内外知名企业，年内引进航空物流、临空商务等临空产业项目30个；依托南宁吴圩国际机场航空口岸，打造中国—东盟生鲜交易中心、南宁空港国际跨境电商中心等商品贸易集散基地，推动区内外货物在示范区集散。

七是积极融入西部陆海新通道建设。聚焦建设西部陆海新通道重要节点城市，大力发展跨境运输，力争开工建设平陆运河等项目，建成南宁至崇左铁路、西津二线船闸、南宁至平果高速公路等项目，努力打造中国西部地区"公铁海空"多式联运的货物集散中心、区域性综合交通枢纽。全力抓好通道重点项目建设，力争南宁国际铁路港公路港电商物流区、城市配送区成件货物作业仓库投入使用，进一步降低国际铁路班列成本，稳定并加密发行中越、中欧班列；中新南宁国际物流园科创苑二期项目建成投入使用，推动中新南宁国际物流园成为南宁市申报商贸型国家物流枢纽核心项目。

（二）聚焦"强产业"，着力提升实体经济发展水平。以推动产业转型升级为重点，统筹推进补短板锻长板，加快培育具有市场竞争力的重点产业集群，做实做强做优实体经济。

一是持续推进工业振兴。坚持强龙头、补链条、聚集群，着力抓项目做增量，加快资源要素向工业集聚，加大对工业企业的服务力度，推动工业发展质效双升。

推动构建富有竞争力的产业链。以"链长制"为抓手，实施"五个一"[29]工作推进机制，以重点项目带动关键产业链建链补链强链延链，力争2022年引进重点产业链项目100项以上。大力发展战略性新兴产业。电子信息产业链，重点瞄准计算机和网络通信、智能终端、新型显示、集成电路封测"四大链条"，引进一批行业头部企业，加快打通中国南宁至越南北宁、北江跨境公路铁路电子信息产品快速通道，着力构建"大湾区—南宁—东盟"电子信息产业链供应链，打造中越跨境产业链关键环节生产总部集聚区。先进装备制造产业链，重点打造新能源汽车、物料处理装备、环卫环保装备三条产业链。新能源汽车产业链，以整车带动零部件发展理念，服务业整车企业取得生产资质并实现量产，引进动力电池、汽车电子、驱动电机及控制器以及其他配套零部件企业，加快形成关键配套产业链条。物料处理装备、环卫环保装备分别以美斯达、博世科等龙头企业为核心，加快引进相关配套企业。生物医药产业，出台"研发+临床+制造+应用"全产业链支持政策，引进专业团队建设运营生物医药产业园区，加快建设"葫芦娃"品牌系列药品南宁生产基地、江苏吉锐生物新药研发生产基地等项目，打造海城医疗器械产业园、凤巢湖生物医药港产业园。推动传统优势产业改造升级、焕发新的活力。食品产业，重点发展农副食品加工、调味制品、乳制品、休闲健康食品等产业链，推进海天调味品生产基地建设项目（一期）年内投产，加快推进轩妈蛋黄酥等项目建设。造纸产业，重点发展高端纸制品，吸引上游造纸化工助剂和下游纸浆深加工、包装、印刷等企业进驻，加快建设横州市高端纸制品产业园。铝精深加工产业，聚焦产业链中端发力，发展铝合金、汽车座椅、轮毂等制造，培育电池材料、光伏组件，拓展高端铝合金材料下游应用领域。绿色家居产业，重点补足产业链配套产品，发展高端多功能板材、中高端家居，完善家具配套产业。

大力拓展工业发展空间。结合平陆运河开工建设，按照临港城市谋划布局工业发展，推动重点工业园区拓展发展空间，积极培育工业产值超500亿元、1000亿元产业园区。加快推进东部产业新城专项规划编制工作，理顺管理体制机制，突出完善交通、水、电、气、网等产业基础设施配套，规划建设临港工业园区，大力发展造纸、新能源汽车、电池、铝合金、汽车零部件、临港化工等临港工业；提升建设南宁六景港、牛湾港区，优化港口功能，谋划发展向海经济。推动三大开发区优化升级，年内三大开发区规模以上工业增加值均实现20%以上增长，其中，高新区要加快与县（市、区）合作共建“飞地园区”，打造工业发展新战场，重点发展电子信息、节能环保、生命健康等产业，加快推进歌尔南部制造基地、世纪创新智慧显示园区等项目落地、建设；经开区要积极盘活存量用地，重点加大生物医药产业的招商引资力度，不断完善生物医药产业公共服务平台建设，打造专业生物医药产业聚集区；东盟经开区要进一步完善项目退出机制，盘活存量闲置低效工业用地，吸引食品企业和上下游配套企业向园区集聚，以科技创新为食品产业发展赋能，推进绝味卤制肉制品及副产品加工、德馨餐饮果浆配料生产基地等重点项目建设，集中力量打造特色食品产业园。各县（市、区）要推动本地园区向产业特色化、差异化发展，集中力量规划建设一批特色园区。

培育壮大工业企业。对龙头企业实施“一企一策”帮扶政策，重点支持瑞声、南南铝加工、美斯达、合众等龙头企业加快发展，力争2022年新增1家50亿元以上企业。推动企业新建入规，加强对临规企业扶持服务，支持新建项目加快投产释放产能，力争2022年全市新建入规企业100家。加快培育专精特新[30]企业，制定专精特新三年行动计划，加大专精特新政策宣传和政策扶持力度，鼓励中小企业公共服务平台开展一对一或多对一服务，力争2022年新增市级专精特新中小企业100家。

全力做好工业发展服务保障。健全领导联系重点企业重点项目、工业振兴特派员、“两强两促”[31]服务企业大行动等工作机制，做好企业降本减负，着力解决企业在资金、土地、用工、用电等方面的困难问题。加大资金投入力度，市本级财政筹措100亿资金支持工业发展，充分发挥“两台一会”[32]财政资金对信贷的撬动作用，加强对重点企业、重大项目的融资服务。加强土地储备，东部产业新城工业用地储备余额不少于4000亩，高新区、经开区、东盟经开区、黎塘工业园、现代工业产业园工业用地储备余额不少于2000亩，其他县（市、区）工业用地储备余额不少于500亩。强化用电保障，加强用电调度和科学预警，指导和协调企业加强燃料储备，全力保障重点企业正常用电。强化用工保障，适用启用应急用工制度，满足企业用工需求。

二是推进服务业发展提质增效。把生产性服务业放在重要位置，加快发展金融、物流、工程设计与技术服务、人力资源、商务服务等生产性服务业，促进生产性服务业和先进制造业深度融合。加快构建大金融发展格局。完善金融机构组织体系，引进国内外各类银行、证券、基金、保险等金融机构区域总部、功能总部和专业子公司，引进培育消费金融公司、财务公司等，推动富邦华一银行、交银人寿等分支机构落地，建设黄金产业园、金融大厦等项目，力争2022年中国—东盟金融城新增入驻金融机构（企业）100家。加大金融服务实体经济力度，落实国家稳健的货币政策，力争全市人民币存贷款余额突破3万亿元，为实体经济提供更多“源头活水”；加强财政金融联动，开展“政金企”融资对接活动，用好广西（南宁）民营小微企业首贷续贷中心、企业融资服务中心等平台，扩大工业企业贷款、小微企业贷款、涉农贷款、政府性融资担保等规模，力争工业企业贷款增速高于各项贷款增速、“桂惠贷”投放达到550亿元。发展资本市场，力争年内新增直接融资规模1000亿元；精准培育一批上市（挂牌）后备企业，重点推动森合高科、广西东呈、汉和生物等企业上市（挂牌）；做强做优企业主体信用，推动发行“绿色债”“科技创新债”等创新债券；围绕新兴产业链、优势产业链，推动私募基金集聚发展。加速发展金融示范区，建设绿色金融改革创新示范区，推动绿色交易所、绿色金融综合服务平台、绿色认证中心等建设，助力产业绿色转型升级；建设保险创新综合示范区，设立城市风险管理研究院，加快“惠邕保”落地见效，推动跨境保险与东盟国家接轨，力争保费收入达到300亿元；创建供应链金融示范区，建立供应链企业“白名单”制度，丰富供应链金融参与主体、产品、服务。防范化解重点领域金融风险，依法加强对地方金融组织的监管，全面落实《防范和处置非法集资条例》，加强金融风险预警，加大农村中小金融机构、网贷机构风险化解力度，统筹做好资本市场风险防范，坚决守住不发生系统性金融风险底线。加快构建大物流发展格局。畅通物流通道，重点提升衔接越南的跨境物流体系，力争中越跨境班列实现“天天班”，尽快恢复南宁到越南跨境公路直通车。以中新南宁国际物流园、南宁国际铁路港为载体，大力引进国内外品牌物流企业，加强本土物流龙头企业培育，加快构建“通道+枢纽+网络”现代物流运行体系，力争新开通一条铁路班列（南宁—广州货运班列）以及水铁联运示范线，加快培育南宁至越南北宁、北江跨境公路和铁路直通线路，积极发展面向东盟和“一带一路”的全货机国际航线，力争年内新开通2条国际货运航线。加快推进南宁京东智能产业园及一批大型快递仓库、本地仓项目建设。加快构建大科技发展格局。引导孵化载体提升专业化孵化服务能力，搭建“天使投资+创业导师+专业解化”等新型创业服务平台。加大科技服务型企业培育力度，确保年内上规入统的科技研究和技术服务业企业累计达200家、年营业收入200亿元，形成一批科技服务业知名企业或知名品牌。推进科技服务业集聚发展，聚焦工程技术与设计服务、工业设计、科技推广与应用服务、专业技术服务、检验检测等领域，促进创新资源和科技服务机构向开发区聚集。加快建设成果转化转移体系，建设具有技术评估、成果推介、融资担保、知识产权等专业性和综合性科技成果转移转化服务中介机构，鼓励国内知名高校、科研机构、国家级技术转移示范机构在南宁设立分支机构，年内培育3家自治区级技术转移分支机构。加快会展业发展。推动设立市会展办和会展业高质量发展专项扶持资金，整合会展资源，培育具有浓郁民族区域特色的县区会展节庆品牌。提升东博会品牌效应，着力引进和培育会展生态链重点企业、国际知名商务会议、高峰论坛和品牌展会，申办全国性巡回展。推动新经济蓬勃发展。大力发展总部经济，完善总部经济发展支持政策，建立总部企业招商项目库，盘活总部基地存量楼宇，大力引进一批国际总部、区域总部和功能型总部，力争培育税收亿元以上楼宇超10栋。培育发展平台经济，加快建设电商平台载体，推动京东营销推广平台、吉利大宗商品智慧供应链平台等项目落地，支持云宝宝公司等企业打造数字化应用平台。积极发展网红经济、IP经济。

三是力促房地产业良性循环和健康发展。坚持“房住不炒”定位，从供需两端双向发力，探索新的发展模式，着力稳地价、稳房价、稳预期。供给方面，科学合理规划，完善住宅用地市政配套，加大医疗地产、养老地产和文化体育旅游地产等综合房地产业供地，优化房地产用地结构；大力推行“拿地即开工”、预售许可“线上全办理”，提高楼盘上市效率。支持房地产项目合理开发贷款，保障房地产开发企业的正常融资需求；优化公积金放款节点，加快公积金贷款发放进度。需求方面，推动优化完善差别化信贷政策和适当降低二套房贷款首付比例；加快二手房流通速度；加快发展保障性租赁住房和长租房市场，探索购买存量商品住宅转为保障性租赁住房；推介绿城宜居宜业品牌，吸引更多外地人来养老度假置业，提高区外购房群体比例；加强房地产行业正面宣传引导，开展房地产市场秩序专项整治，净化市场环境，防范市场风险，稳定市场预期。

（三）聚焦“强市场”，积极服务和融入新发展格局。把握市场规律，深挖市场潜力，积极抢占内外贸市场，做大消费市场。

一是加快建设区域性国际消费中心城市。打造商文旅融合商圈。推动文旅项目配套商圈建设，优化环首府生态旅游圈、环大明山生态旅游圈、百里秀美邕江文化旅游发展“两圈一轴”[33]布局，加快发展数字文旅、文化创意、大健康为重点的高端文旅产业，围绕旅游精品路线建设集“吃住行游购娱”一体的消费商圈。推动商圈融入文旅消费元素。推进万有（南宁）国际旅游度假区等文旅项目建设，建设国际旅游消费中心城市、区域性国际旅游中心城市。在埌东—凤岭片区，建设一批特色商业街区，依托国际高端酒店、旅游民宿、精品度假酒店，打造“旅游+会展+住宿”商圈。在朝阳片区，提质建设“三街两巷”、中山路等一批特色商业街区和夜间经济集聚区，丰富文旅消费场景，规划建设一批高品质“网红”夜市，打造“夜游”名片。形成“夜游”“夜购”“夜食”“夜娱”集聚区。在五象片区，引进一批具有国际影响力的零售企业在南宁设立全国总部、区域性总部和面向东盟的贸易中心、结算中心、运营中心等功能型总部，发展首店经济、首发经济[34]、品牌经济，建设具有较强国际影响力的新型消费商圈。大力发展专业市场。立足“买东盟满足国内，买国内服务东盟”，提升完善、规划建设一批专业市场，把南宁建设成为东盟进出口商品集散中心、交易中心和配送中心。加快建设龙光东盟生鲜食品智慧港、南港粮食健康产业园等食品批发专业市场，规划建设中药材、水产品等专业批发市场。打造黄金产业园，提供东盟首饰定制服务，培育黄金产业链条。推进消费便民惠民。完善村、社区商业服务功能，建设城乡全覆盖的消费网点；引导大型商贸流通企业下沉，建设改造一批乡镇商贸中心。建立全年“促消费日历”，积极举办大型消费类展会，办好南宁消费购物节和南宁欢乐消费季，开展节能补贴、家电“以旧换新”等惠民利企活动。推进商务信用体系和农产品流通追溯体系建设，营造安全放心的消费环境。

专栏6 国际消费中心城市培育建设试点内容

功能定位	建设东盟进口消费品集散中心城市、东盟消费者旅游购物热门城市、智慧消费示范城市
主要目标	到2022年，社会消费品零售总额突破2600亿元，增长10%以上；其中跨境电商进出口总额突破80亿元；培育建设百亿级商圈2个以上；年均新增限额以上批零住餐企业100家以上
主要任务	※实施“消费品牌培育”行动，聚集优质消费资源 ※实施“市场体系完善提升”行动，建设新型消费商圈 ※实施“消费转型升级”行动，推动消费融合创新 ※实施“培育东盟消费中心”行动，打造消费时尚风向标 ※实施“消费便利提升”行动，优化国际消费环境 ※实施“消费服务优化”行动，完善消费促进机制

二是推动外贸加快发展。聚焦扩大优势产品出口和资源类、特色消费品进口，不断提升开放型经济发展水平。积极扩大出口贸易。加大外向型企业扩能增产奖励力度，巩固电子信息、铝材、农产品等行业出口优势，培育金融、大数据、文化创意等领域服务贸易。做大跨境电商，加快虾皮、菜鸟等国际跨境电商枢纽仓建设，在东盟国家布局跨境电商海外仓，大力发展跨境电商零售出口、B2B[35]出口业务，力争全年跨境电商出口交易额达80亿元。做强加工贸易，建设南宁国家加工贸易产业园，推动中韩（广西—江原道）产业园、赢衍光电、利远电子等项目建设投产，力争全年加工贸易进出口突破1000亿。做优外贸服务，完善广西新外贸孵化基地[36]服务功能，为外向型企业开拓国际市场提供物流通关、供应链金融等一站式服务。大力鼓励进口贸易。聚焦发展高端产业、服务实体经济，优化进口结构，扩大来自东盟及日韩澳的电子电器产品、精密仪器及设备、资源性商品等南宁市发展现代产业体系所需重要产品进口。聚焦大宗商品，培育大宗商品供应链管理企业，推动境外采购和进口商品分销，支持北港资源、建发（南宁）供应链等重点企业扩大大宗商品进口。聚焦食用商品，扩大东盟国家优质农产品进口；提升进境食用水生动物指定口岸和进境水果指定监管场地等功能，扩大高品质水海产品和水果进口。聚焦中药材商品，推动东盟国家中药材进口，发挥全区唯一药品进口口岸优势，打造区域性集散中心。力争全年新增进口200亿元。

（四）聚焦“强投资”，提升经济发展后劲支撑。坚持“项目为王”[37]，围绕新型基础设施、新型城镇化和交通、水利等重点领域，狠抓项目建设扩投资，为经济增长提供强劲动力。

一是超前谋划投资项目。紧盯中央政策趋向，抓住国家适度超前开展基础设施投资机遇，建立总投资1万亿元以上的投资项目库，加强工业、现代服务业、商贸流通、农林水与民政、新基建与能源、交通与城市建设、自贸试验区与金融等8类项目策划与包装，谋划当年实施以及中长期储备项目，形成“包装一批、签约一批、开工一批、竣工一批”的项目梯次推进格局。

二是推动重点项目建设。深入实施重大项目建设三年行动计划，落实投资提速三年攻坚行动“五大重点领域投资超千亿”实施方案，力争区市层面统筹推进重大项目完成投资1200亿元以上。强力推进基础设施项目建设。深入实施基础设施补短板“五网”建设三年大会战，重点推进南宁至玉林、南宁至崇左、南宁至贵阳铁路，南宁至湛江、南宁至横县高速公路，南宁抽水蓄能电站、横县南乡新福风电场工程等一批重大交通能源基础设施项目建设，持续加大5G、工业互联网、人工智能等新基建投资力度，力争2022年“五网”投资完成600亿元以上。大力推进东部产业新城、临空经济示范区基础设施建设，持续改善城市微循环，力争全年城建计划投资500亿元以上（含还本付息、配套资本金）。持续扩大工业投资。推动20个以上项目列入2022年广西“双百双新”项目计划，其中“双百”项目3个以上。力争2022年全年推进重点工业项目100项以上，重点推动吉利汽车、金固阿凡达轮毂、株洲中车时代乘用车电驱、吉锐生物等项目2022年开工，海天调味品、农夫山泉、绝味食品、东盟—李宁中心等项目加快建设，广西申龙二期等项目上半年投产，合众汽车、多氟多电池等项目年底前投产。继续大力实施“投贷补”联动[38]，支持一批具有示范效应的重点技改项目建设，力争2022年实施技术改造300项以上。全年工业投资力争增长30%以上。

专栏7 2022年重大项目建设计划

☆新开工项目：南宁产投智创江南投资开发有限责任公司江南产业园，南宁吉昇新能源有限公司邕宁吉电百济新平农光互补发电，现有高速公路东环改造二期工程（三岸大桥改造工程），南宁南过境线（吴圩机场至隆安延长线段）公路，南宁南过境线（六景至大塘段）公路，宾阳马王风电场三期工程，南宁农产品交易中心（二期一区），横县健康特色农产品加工产业园（二期）工程等项目
☆续建项目：海天调味品生产基地建设，合众新能源汽车年产能10万辆新能源乘用车，南宁华润水泥投资有限公司装配式建筑构件厂，中国东盟金属材料产业园，东盟—李宁中心，中国智能骨干网申通南宁智慧物流产业园，南宁启迪东盟科技城—科技研孵中心、高科技企业总部，五象云谷云计算中心，浪潮集团东盟运营总部（云创谷），桂民投总部基地，中银金融中心，龙光东盟生鲜食品智慧港项目，南宁国际铁路港，中新南宁国际物流园，桂林至钦州港公路（南宁六景至宾阳段），上林至横县公路一期工程，轨道交通4号线沿线道路维修整治工程，南宁市蓉茉大道（龙岗大桥—柳南高速）扩建工程，南宁奥特莱斯购物广场，泰康之家桂园养老社区，新希望南宁市生猪养殖聚落全产业链生态循环农业投资，万有（南宁）国际旅游度假区等项目

☆竣工项目：多氟多20GWh锂电池项目，瑞声科技精密制造项目一期厂区建设，南宁市双定循环经济产业园生活垃圾清洁焚烧发电厂工程，南宁新江镇至崇左扶绥县一级公路（南宁段），快环综合整治项目（邕宾立交）改造工程，南宁市第四人民医院综合传染病门诊住院楼项目，马山县周鹿三星100MWp农业光伏项目，广西桂台现代农机产业服务园等项目

☆预备项目：广西浩源再生资源利用有限公司废钢铁加工仓储配送中心，南宁西乡塘区坛洛镇智慧物流园，中新南宁国际物流园（三期），宾阳县露圩经泉南高速甘棠互通至石塘公路工程，广西南宁市桂牧食品公司年屠宰200万头生猪及精深加工，南宁“花花大世界”生态度假区项目，中林生态城·南宁（一期）等项目

三是强化项目资金保障。按照“聚”“借”“扩”“融”“引”的思路，聚集财政资金、争取银行贷款、扩展资金平台、加强市场融资、引进社会资金，建立多元筹融资机制。积极对接国家、自治区有关部门，及早做好项目审核申报，力争全年获得中央预算内投资超过20亿元、地方政府专项债券额度80亿元以上。发挥政府投资对社会投资的带动作用和放大效应，优化PPP[39]项目联评联审机制，用好用足PPP额度，加快推进大王滩国家湿地公园及水环境工程、相思湖（可利大道—江北大道段）综合整治PPP项目等项目落地。推动南宁二环（南段及吴隆路延伸段）高速公路，南宁市第一人民医院相思湖医院PPP项目等6个项目开工建设。积极争取南宁市符合条件的项目列入国家基础设施领域不动产投资信托基金试点。

四是加大招商引资力度。实施“项目为王”全员招商工作机制，把工业招商摆在更加重要位置，组建16个招商工作队，市领导带队开展产业链招商，市领导、国家级开发区领导每人每年签约落地投资5000万元以上的工业项目不少于2个，县（市、区）、市直部门领导每人每年不少于1个。大力开展平台招商，推动南宁产投集团等国有平台参与招商引资工作，发挥产业基金、重资产在引进大项目中的作用；大力开展以商招商，利用瑞声、合众等龙头企业带动作用，吸引更多上下游企业落户，加快推进招商主体多元化、招商模式多样化、招商对象精准化。力争全年引进5000万以上项目200个，其中工业项目超150个，招商引资到位资金增长10%以上。

（五）聚焦“强治理”，推动城乡协调发展。着力完善城市公共配套设施，推进城市管理科学化、精细化、智能化，推动新型城镇化建设，不断提升城乡规划建设管理水平。

一是优化城市形态和空间布局。重点向东、向南拓展城市发展空间，构建形成“一区、三城、多节点”城镇空间格局。高水平规划好“一区”（即中心城区，包括1个主城区和4个副城新城）。优化提升主城区，集聚强化商务、金融、国际交往等功能，适度引导人口、产业功能由老城区向新区新城疏解，高品质建设五象新区，推进产城深度融合发展，积极争创国家级新区；大力培育武鸣副城区、东部产业新城、临空经济示范区、南部科创新城。科学规划好“三城”（横州城区、宾阳县城、黎塘镇），打造综合型小城市。统筹规划好“多节点”（即隆安、马山、上林县城和若干重点镇）。强化城市设计。加强对城市空间立体性、平面协调性、风貌整体性、文脉延续性的规划管控，突出城市特色，充分展现首府现代化、国际化城市形象。

二是进一步完善城市功能配套。加强城市交通建设。推进绕城高速与城市主干道互通节点建设，大力缓解进出城交通拥堵问题；强化五象、埌东—凤岭、朝阳三大城市聚集区互联互通，加快解决南宁大桥等重点区域高峰期拥堵问题，提升主城和副城新城道路通行效率；加快打通“断头路”、拓宽“瓶颈路”、建设“连接路”，缓解路段拥堵。推动轨道交通第三轮建设规划尽快获得国家批复，加快轨道交通机场线（吴圩机场—玉洞）、轨道交通6号线一期等前期工作；优化调整公交线路，推广定制公交，推行以轨道交通为节点的微循环，强化机场、高铁、地铁、公交等运输方式的有效衔接，努力实现“零距离换乘”。加强市政基础设施建设。深入实施供电、供水、燃气、排水、污水、通信和综合管廊等七大类地下管网建设，加快智能电网、天然气储气工程等公共设施建设，加强居住区周边道路、管网、学校、医院等配套设施建设，不断提高市政设施建设水平。持续推进城市更新。推动“三街两巷”二期项目5月实现开街，加快推进南宁火车站、中尧路、五一中路片区3个TOD项目，推进西乡塘屯渌村、兴宁区鸡村等城中村改造，实施190个老旧小区改造。持续推动棚户区改造工作，2022年城镇棚户区改造工作，计划开工建设4691套，基本建成7521套。

三是提升城市管理水平。深化“美丽南宁·整洁畅通有序大行动”工作机制，强化市容市貌整治，重点针对城市管理薄弱区域，抓好摊点乱摆、车辆乱停、垃圾乱扔、广告乱贴、工地乱象等“五乱”治理，防止乱象反弹回潮。优化城市交通秩序，加强对电动自行车、互联网租赁自行车规范化管理，加强智能交通系统建设，实施道路及路口改造，年内重点治理30个交通拥堵点段，在主干道新增10条绿波带，力争在全国50个大中城市中交通健康指数保持前10位。深入推进违法用地、违法建设“两违”治理，持续以严控新增、稳消存量为重点，全力做好“两违”管控工作。加强智慧城管建设，以数字城管系统为基础，逐步构建全市城市运行管理服务平台；积极推进扬尘治理视频综合管理系统及视频智能监控、无人机监控等技术应用，切实用科技赋能城市管理。

四是加速推进以人为核心的新型城镇化。推动以城带乡融合发展。健全城乡融合发展体制机制，扎实做好青秀区和横州市城乡融合集成改革试点。统筹城乡规划建设管理，注重与产业发展、区域发展、特色小城镇建设等专项规划统筹兼顾、有机衔接；积极促进城乡基础设施融合，推动城市基础设施向乡村延伸；结合打造区域性综合交通枢纽和发展旅游产业，全面提升乡村公路等级，构建覆盖城乡、内外畅通的交通网络。统筹城乡文化、教育、卫生、社保等民生事业发展，加强城乡公共服务设施与服务能力建设，逐步实现城乡基本公共服务均等化。推进以县域为重要载体的城镇化建设，实施县城综合服务能力提升工程，促进县城公共服务设施提标扩面、环境卫生设施提级扩能、市政公用设施提档升级、产业培育设施提质增效。推动县域高质量发展。根据资源优势和产业基础，支持各县（市、区）发展1—2个优势突出、成长性好、带动力强的特色主导产业，形成“一县一拳头产业”。推进市属国有平台公司与县区合作共建园区，支持县域建设特色产业集聚区，加快宾阳县黎塘工业园区宾州电子信息产业园、六景工业园区、马山县苏博工业园区农民工创业园创业基地等县域工业园区建设；推动工业园区和城镇化同步发展、融合发展，提升园区发展软环境，推进县域扩容提质，完善农田水利等基础设施，不断提升县域综合承载能力。

专栏8　2022年各县（市、区）发展重点

兴宁区	建设现代服务业中心城区。实施朝阳片区城市更新行动和朝阳商圈提质工程等，建设朝阳区域性国际消费中心。打造兴宁东城市副中心区，加快天鹰无人机、泰康之家桂园养老服务社区等项目建设，加快昆仑关军事主题文旅小镇建设。重点支持发展现代商贸、文化旅游、大健康、数字经济等产业，建设成为生态宜居精品城区
	加快五塘工业园区建设。以项目建设引领，重点培育西牛皮、盛天、机动车牌中心、盈康药业等亿元企业。加快推进北投交通科技产业园、普天制造基地等项目建设，打造工业发展新增长点

青秀区	打造现代服务业集聚区。推动荣和东站城市广场、沃尔玛山姆会员店、龙湖·凤岭天街等商业综合体建成运营。持续做强楼宇经济，培育金融、律政、科技等特色主题楼宇，加快构建“竖起来的产业园”。点亮夜间经济，升级中山路美食街、东盟商务区不夜城、绿地万国风情商业街等成为国家级夜间经济示范街区。深入实施“会展+”战略，打造1—2家具有区域影响力的会展品牌
	推进工业新城发展。建设东部产业新城，加快推动合众新能源汽车、多氟多锂电池等项目建成投产，打造集电池、电机、电控为一体的新能源汽车产业集群。依托中国—东盟数字经济产业园等项目，大力引进国内外数字经济头部企业，完善研发、生产和服务体系，打造面向东盟、具有区域竞争力的数字创新示范高地
江南区	打造先进制造业生产基地。推动高端高精铝材首台套重大短板装备及配套建设、年产20000吨电子外观件用铝合金新材料、智能管控中心等项目加快实施。加强生物医药产业布局，推动研发、制造、销售全产业链发展，谋划建设凤巢湖生物医药港，加快江苏吉锐生物医药有限责任公司生物新药研发生产基地项目落地。鼓励粮食加工、建材、饲料等传统行业加大技改力度
	提升服务业发展水平。推动五一路片区旧城改造，利用邕江南岸片区入选首批国家级夜间文化和旅游消费集聚区的契机，推动亭子码头、南宁剧场、江南万达、百益·上河城等夜间经济体连点成线、以点带面，提质打造集光影文化、花样秀带、夜游邕江、茶颜夜色、文脉传承于一体的夜间文旅消费集聚区
西乡塘区	优化产业园区布局。优化拓展空间布局，将大塘片区作为主要拓展区域，发展都市型工业、高端服务业、总部经济；规划兴贤片区为高环外拓展区域，聚集发展轻工业。加快建设特色产业园，重点发展医美产业园、乡村振兴产业园，持续发展智慧物流、大健康、新型建材、新能源新技术、循环经济等产业园
	建设生态宜居宜游宜养品质区。实施城市更新行动，推动火车站片区、中尧路片区城市更新项目建设。抓好右江湾水乡康养、南铁记忆等项目建设。深入实施服务业提升工程，持续打造安吉、北湖、大学路、“三华”、水街、南铁秀灵路商圈
良庆区	打造产城融合的现代化中心城区。加快现代金融、智慧物流、数字经济、文化传媒等现代服务业发展。发展建设总部商务经济高地，吸引金融创投等一批现代服务业优质项目落地，形成楼宇经济产业集聚和规模效应。推动新经济壮大升级，依托中国（南宁）跨境电商综合试验区，打造跨境电商产业带及集聚地。依托中国—东盟信息港五象核心基地，服务做好广西建筑安全态势数字化管理平台等项目
	打造扩大开放引领区。服务中国—东盟科技城建设，聚焦创新平台、人才和高质量创新成果，提升创新体系整体效能。服务自贸试验区南宁片区、面向东盟的金融开放门户南宁核心区以及西部陆海新通道等国家级战略平台，助力畅通“南宁渠道”，深化交流合作，全方位高质量对外开放
邕宁区	建设先进制造业引领区。加快布局新兴产业，持续引进发展装备制造、信息技术、新能源、新材料等战略性新兴产业。推动阿尔维KD件、浙江金固400万套阿凡达轮毂产业、吉电百济新平农光互补发电、珠海腾普充电桩、远景能源叶片等项目建设，引进风力发电上下游企业，抢占新能源产业发展先机
	打造乡村振兴样板区。做大做强优质桑蚕、畜禽、水果、林木、中药材五大优势特色产业，推动一产“接二连三”融合发展。加快推进新江农产品加工园区基础设施建设，服务丰树、温氏等项目，延伸农产品深加工，提升附加值。持续推动农业示范区提档升级，着力将示范区打造成为乡村振兴样板区
武鸣区	打造文旅融合宜居区。推进南宁北·伊岭壮乡文化旅游综合示范区重大文旅项目建设，促进大健康和文旅产业融合，不断提升壮文化特色休闲旅游地品牌知名度。充分保护和开发秋霞园、双桥镇大伍屯等古建筑和古村落，进一步拓展民俗客栈、休闲农庄等多种旅游产品业态，打造“宜居宜留、功能完善、配套齐全”的旅游休闲度假区。充分利用教育园区东片区高校等资源，开展多元化特色消费场景试点建设
	打造特色农业产业新名片。打响“中国沃柑看武鸣”品牌，支持“武鸣沃柑”冠名高铁专列，支持武鸣沃柑出口加拿大、东盟等国家和地区，不断发展壮大百亿沃柑产业。推动牧原、新希望等大型生猪全产业链项目稳产达产，全力保障首府南宁“肉篮子”供应
横州市	积极推进国家现代农业产业园建设，持续壮大茉莉花“1+9”，办好世界茉莉花大会，打造世界茉莉产业中心。打造广西县域工业发展标杆，推动特色农产品加工业、电子信息、新型建材、新能源、绿色化工“五个百亿”产业建设，重点推进横州市龙源一体化项目、现代林业产业园等项目建设。深化国家县城新型城镇化建设试点工作
宾阳县	全力打造“古辣香米”、生猪、家禽全产业链，推动农业农村现代化。推进桂中农产品交易中心、“超级田螺街”城市综合体等项目建设，培育扩大商贸企业规模；大力发展电子商务，培育一批电商示范企业、示范镇、示范村。加快电子信息产业园标准厂房项目和配套基础设施建设。积极承接粤港澳大湾区、长三角产业辐射转移，重点谋划引进电子信息、新型建材等产业
上林县	加快推进中医农业，打造一批标准化稻渔综合种养示范基地，加快推进“上林大米”“上林八角”等地理标志农产品品牌化发展。加大大龙湖、南丹卫城、马术康养基地等重点文旅项目建设。夯实象山工业园区基础设施建设，重点推动农夫山泉上林生产基地等重大项目建设。鼓励平台经济、夜间经济、数字经济、共享经济发展，深入打造夜游大龙湖、水街、核心美食圈、特色民宿等文旅新场景新名片。积极发展“乡村民宿”“汽车营地”“智慧餐厅”等新业态新模式
马山县	发展马山黑山羊、马山里当鸡、周鹿香牛、果蔬、桑蚕、旱藕粉等地方特色产业，打造现代种业“五大研发中心”“五大育种繁育基地”“六大示范区”。培育电子信息产业，全力推进博禄德电子总部搬迁至马山及利用IPO[40]上市。稳妥推进风电、光伏发电等清洁能源产业重大项目建设。支持传统农林产品加工业向高端木材深加工产业转移。深化马山模式，构建国家级全域旅游发展格局，致力打造知名旅游目的地
隆安县	推动火龙果、香蕉等优势特色农业发展。推进震东新区、老城区、产城融合区建设，加大招商引资力度，抓住深圳福田区和隆安县东西协作的机会，积极承接粤港澳大湾区产业转移

（六）全面深化改革创新，增强发展活力与动力。坚持问题导向，围绕制约经济社会发展的关键领域、重点环节精准发力，推动改革再深入、创新再提速，充分释放经济社会发展的巨大潜力。

一是聚焦激发市场主体活力推动重点领域改革。深化供给侧结构性改革，着力突破供给约束堵点，打通生产、流通、分配、消费各环节，畅通经济循环。强化信用监管，加大信用信息共享应用力度，创新优化融资模式，争创国家社会信用体系建设示范区。建设高标准市场体系，完善产权保护、市场准入、公平竞争等制度，推进土地、劳动力、资本、技术、数据等要素市场化配置改革。纵深推进“放管服”[41]改革，健全政府权责清单制度，推进“跨省通办”、实现“证照分离”改革全覆盖，深化“互联网+政务服务”，实现行政许可及公共服务事项100%“可网上办理”。深化财税体制改革，理顺东部产业新城各区域间收支分配关系，完善五象新区财政支持方式，继续推进经济发达镇财政管理体制改革。深化国资国企改革，继续抓好国企改革三年行动各项任务收尾工作，二十大召开前完成全部改革任务；推动构建反应灵敏、运行高效的市场化经营机制，推行市属集团公司子企业经理层成员任期制和契约化管理；加快推动南宁城投集团改组国有资本投资公司取得实效，推动数字丝路科技集团组建。坚持“两个毫不动摇”，营造支持民营企业发展的法治环境、政策环境、市场环境、人文环境，推动民营企业改革创新、转型升级、健康发展。深化农村改革系统集成，加快推进马山县乡村振兴改革集成试点，稳慎推进农村宅基地制度改革，加快建立城乡统一的建设用地市场，推进青秀、横州、宾阳等农村集体经营性建设用地入市取得重大进展；深化农村集体产权制度改革，加快构建全市农村产权交易服务体系，重点做好市县农村产权流转交易市场建设。

二是夯实科技创新支撑。推动产业链创新链融合。坚持“产业出题，科技答题”，围绕电子信息、先进装备制造、生物医药等重点产业的关键技术需求，梳理形成产业链创新链融合发展清单，推行“揭榜挂帅”等制度，实施10个以上重大科研攻关项目，促进产业链与创新链双向融合、协同发展。加快高水平科技创新平台和载体建设。推动南宁·中关村创新示范基地、南宁市—中关村深圳协同创新中心提质增效；推进中国—东盟科技城建设，吸引一批国际国内科技领军企业和研发机构入驻。建立企业牵头、高等院校和科研院所协同的创新联合体，力争全年引进和布局新型产业技术研究机构5家，新增各类自治区级以上创新创业平台30个。提升企业自主创新能力。持续实施科技创新券、科技保险、科技信贷风险补偿政策，激励企业加大研发投入，力争实施科技成果转化项目110项，培育高新技术企业达1500家，新增瞪羚培育企业30家。大力引进和培育创新创业人才。举办好第五届中国·南宁海（境）外人才创新创业大赛、第五届中国—东盟新型智慧城市协同创新大赛、2022年全国大众创业万众创新活动周等赛事活动，探索引才育才新模式，加大创新型人才引进力度，实施一批南宁市优秀青年科技创新创业人才培育项目，引进和培育高层次科技人才和团队35人（个）。加快建设中国—东盟人才城，加强校企、校地供需对接，加大工程师和技能人才的“订单式”培养力度，推动人才与产业配套、智力与项目对接。

（七）大力推动乡村振兴，推动农业农村现代化迈上新台阶。坚持“乡村美、产业旺、农民富、治理优”的乡村振兴之路，加快推动农业农村现代化水平，促进农业高质高效、乡村宜居宜业、农民富裕富足。

一是持续巩固拓展脱贫攻坚成果。严格落实“四个不摘”[42]要求，让脱贫基础更加稳固、成效更可持续。落实好防贫动态监测和帮扶机制，强化对脱贫不稳定户、边缘易致贫户、突发严重困难户的常态化监测，及时消除返贫致贫风险。提升脱贫地区发展能力，严格落实对乡村振兴重点帮扶县、乡（镇）、村的扶持政策，积极争取国家和自治区乡村振兴衔接资金，市本级每年安排不少于2亿元的财政专项资金，用于支持重点帮扶地区巩固脱贫攻坚成果。以脱贫县为单位因地制宜规划发展特色产业，确保财政衔接补助资金投入产业发展的比例不低于55%。深化粤桂协作，以抓好“圳品”[43]认证、“供深基地”[44]建设为重点，在上林、马山和隆安三县分别发展1—2个特色产业园区。做好易地扶贫搬迁后续扶持工作，重点推进隆安震东安置区可持续发展，加强产业培育和就业帮扶，扎实推进“十个强化”，确保搬迁群众“稳得住、有就业、逐步能致富”。

二是加快推动农业现代化。坚决扛稳粮食安全政治责任。落实最严格的耕地保护制度，牢牢守住耕地保护红线，全面推行耕地保护田长制，实行县、乡、村三级联动全覆盖的耕地保护网格化监管，坚决遏制耕地“非农化”[45]和防止耕地“非粮化”[46]，新开工建设26.1万亩高标准农田。落实粮食生产支持政策，加快高标准农田建设步伐，大力发展现代种业，提高农机装备水平，力争粮食产量不低于212万吨。大力发展现代特色产业。做优特色产业，着力打造以粮食、林木、水果、蔬菜、生猪、糖料蔗为主，以茉莉花（茶）、家禽、桑蚕、牛羊、水产、中药材为辅的乡村振兴“6+6”全产业链，大力发展设施农业，重点发展设施大棚、智慧养殖场、储运保鲜冷库等，持续推进设施农业提速扩面，提质增效、提档升级，力争蔬菜（不含食用菌）、园林水果产量分别达到740万吨、510万吨，确保生猪生产稳定，推动形成一批产值超百亿元的产业集群。推动现代特色农业示范园区发展提质增效，高标准建设宾阳县国家农业现代化示范区，加快三黄鸡国家优势特色产业集群建设和沃柑自治区级优势特色产业集群创建步伐，抓好“嘹啰歌乡”“那乡果海”“岭南梅乡”等区市两级田园综合体项目建设，加快武鸣区现代农业产业园创建自治区级现代农业产业园步伐，力争2022年新增创建1—2个自治区级现代农业产业园。推动“农业+深加工”，加快兴宁富凤、江南立腾、良庆捷城等项目建设，打造宾阳大米、武鸣林木等一批农（林）产品加工集聚区；推动“农业+旅游”，建设一批城郊休闲农业与乡村旅游示范点、美丽休闲乡村。推动“农业+物流”，加快建设一批农产品专业市场，新布局建设一批农产品集散市场，大力发展冷链物流、农村电商，提高农产品流通效率。扩大农业对外开放，推进境外农业投资合作，加快构建面向东盟的农产品流通批发市场体系，打造中国—东盟农产品交易集散地。

三是改善农村人居环境。推动村容村貌整体提升，全面清理私搭乱建、乱堆乱放，整治残垣断壁，通过集约利用村庄内部闲置土地等方式扩大村庄公共空间。深入实施乡村绿化美化行动，充分利用荒地、废弃地、边角地等开展村庄小微公园和公共绿地建设。深入实施农村人居环境整治提升五年行动，高标准开展“三清三拆”[47]，大力推进“厕所革命”，力争年内完成22个整村推进示范项目，农村卫生厕所普及率达97%以上。持续改善乡村生产生活条件，加强水利设施建设，开展新一轮农村水、电、路、气、通信、物流等基础设施建设。分类分批推进农村生活污水治理，年内全面消除农村黑臭水体。提升农村垃圾治理能力，完善“村收、镇运、县（片区）处理”的生活垃圾治理体系。

四是加强农村社会治理。完善党组织领导的自治、法治、德治相结合的乡村治理体系，加快构建治理有效、充满活力、和谐有序的乡村社会。完善村民自治。健全村民（代表）会议制度和村级议事协商制度，推行村级事务阳光工程，让农民自己“说事、议事、办事、主事”，完善村规民约和村务监督，推进村民自治制度化、规范化、程序化。深入推进平安乡村建设。持续推进农村“雪亮工程”，全面实施网格化服务管理，加强农村警务工作，严厉打击“村霸”等农村黑恶势力及宗族恶势力。加强农村精神文明建设。持续推进农村移风易俗，抵制歪风邪气，革除陈规陋习，培育文明乡风、良好家风、淳朴民风，大力推进文明村镇、文明家庭创建，深入开展“我们的中国梦”——文化进万家等群众文化活动，持续实施农村公益电影放映等为民办实事工程，满足人民群众精神文化需求。

（八）加强生态文明建设，提升绿色发展水平。以生态优先、绿色发展为导向，持续抓好污染防治，加强生态保护，推行绿色生产生活方式，巩固提升生态优势。

一是筑牢绿色生态屏障。编制实施国土空间规划，强化“三线一单”生态环境分区管控。统筹推进山水林田湖草湿地系统治理，加强石漠化、水土流失综合治理和绿色矿山建设。强化重点生态功能区、自然保护地等重点区域保护，完善珠江防护林体系，加强生物多样性保护，完善自然保护地管护机制，深入开展天然林保护修复工程，构建以天然林和生态公益林为主体的森林生态系统。加强流域跨市生态环保合作，落实河长制、湖长制、林长制，健全水利基础设施体系，完善生态环境保护监管、自然资源资产产权和用途管制、生态产品价值实现等制度体系。完善市场化、多元化生态补偿机制，推进流域上下游横向生态保护补偿机制建设。

二是持续提升“中国绿城”品质。深入打好污染防治攻坚战。加强PM2.5和臭氧协同控制，加大水污染防治力度，持续推进农村生活污水治理、农村黑臭水体治理、饮用水水源地保护等重点工作，持续强化土壤污染防治工作，力争全市城市环境空气质量优良天数比率达到95.5%以上，争取国家地表水考核断面水质优良比例达到100%。强化统筹协调和督查督办，扎实推进中央生态环境保护督察反馈问题整改落实到位。加大生态保护和修复力度。深化“三线一单”[48]成果应用，强化国土空间用途管制，坚持山水林田湖草海湿地系统治理，实施重点流域生态保护和修复提升工程。提升“生态园林城市”品质。加强邕江两岸天际线规划和管理，分批推进邕江沿岸改造提升。按照“300米见绿、500米见园”标准，大力推进城市湿地公园、社区公园、体育公园、口袋公园等建设，将文化旅游体育商业休闲娱乐等融入其中，建设翠湖、松柏湖、天潭湖、楞塘中湖等，改造提升明月湖、相思湖、金沙湖等，加快推进青秀山南部片区和五象岭森林公园规划建设。加快环湖、沿江、绕山、穿城绿廊建设，构建郊野—城区—社区三级绿道网络。

三是推动绿色低碳发展。制订碳达峰碳中和实施意见、碳达峰实施方案，以及能源、工业等5个领域碳达峰实施方案及各项保障政策。大力发展绿色能源，重点发展光伏、风能、生物质等新能源发电，加快实施横县南乡新福风电场、马山周鹿武平农业光伏项目、马山周鹿三星农业光伏项目等新能源项目建设，推进横州市六景风光储氢一体化、横州市茉莉风光储一体化等多能互补项目建设，以及六景工业园区“源网荷储”一体化项目，推动鑫凯隆年产30万吨生物柴油等项目建设。利用国家推动能耗“双控”[49]向碳排放总量和强度“双控”转变政策调整契机，优先支持万元工业增加值能耗低于符合控制目标的产业项目加快建设，推动高耗能行业节能改造，坚决遏制“两高”项目盲目发展，助力产业转型升级和经济高质量发展。积极推进传统产业绿色升级，发展废旧汽车回收拆解资源化利用等循环经济。按国家部署推进相关企业参与全国碳排放权交易。深入开展绿色家庭、学校、建筑、社区等绿色生活创建行动，坚决制止餐饮浪费行为，因地制宜推进生活垃圾分类和减量化、资源化，积极推进塑料污染全链条治理，积极创建国家绿色出行示范市。

（九）加快补齐民生领域和社会事业短板，持续增进民生福祉。始终坚持以人民为中心，持续做好保居民就业、保基本民生，加快发展各项社会事业，推动邕城人民共同富裕不断取得实质性进展。

一是实现更加充分更高质量就业。持续提高就业质量。继续大力实施就业优先政策，突出保市场主体，落实降低失业和工伤保险费率、失业保险稳岗返还、新增岗位社会保险补贴、带动就业补贴等政策扶持企业政策。积极提升公共就业服务水平，加快构建覆盖城乡、统一规范、上下贯通、便捷高效的公共就业服务体系。突出抓好高校毕业生、退役军人、农民工、就业困难人员等重点群体就业，确保“零就业”家庭动态清零。力争2022年城镇新增就业5.6万人。

二是建设高质量社会保障体系。深入实施全民参保计划，依法依规推进农民工、灵活就业人员、新业态从业人员等参加社会保险，进一步扩大医疗保险参保覆盖面。按时足额发放养老、医疗、生育、工伤、失业等各项社会保险待遇，按照自治区要求提高参保人员基本养老保险待遇。强化基本医疗保险、大病保险、医疗救助三重保障功能，建立健全职工基本医疗保险门诊共济保障机制，持续推动长期护理保险制度试点工作。进一步加强社保基金监管和风险防控，强化数据互联共享，以零容忍态度严厉打击贪污、侵占社会保险基金和欺诈骗保等违法行为。完善社会救助制度，加强对残疾人、困难老人、孤儿、事实无人抚养儿童和农村“三留守”人员等特殊困难群体的关爱服务，提高低保、临时救助等兜底保障能力。保障妇女、未成年人、残疾人、退役军人合法权益。深化全市殡葬改革，推进殡葬服务设施建设三年行动计划。有效增加保障性住房供给，加快城镇老旧小区、棚户区、危旧房改造，加快培育和发展住房租赁市场，多途径优化住房供给。

三是推动各项社会事业均衡发展。打造“品质教育、学在南宁”品牌。深化教育改革，进一步优化教育设施布局和资源配置，推行学区制管理，落实“双减”政策，健全校内课后服务，强化线下校外培训机构规范管理，稳步推进高考综合改革。盘活老城区教育资源用地，优先留足教育用地，年内建成投入使用14所中小学，新建、改扩建幼儿园20所。打造以南宁二中、南宁三中等学校为龙头的5个全区领先的优质教育集团。加快高等教育高质量发展，加快南宁教育园区建设，力争入园院校达30所左右，推进产教城融合。全面推进健康南宁建设。加快推动优质医疗资源下沉，进一步健全完善覆盖市、县、乡、村四级医疗卫生服务体系。统筹推进“三医联动”[50]改革，推动医疗服务精细化、医保支付方式多元化、药品耗材价格“平民化”。探索公立医院“大专科小综合”[51]模式，加强专科学科建设，鼓励医务人员多点执业。大力发展中医药事业，促进中医药壮瑶医药传承创新发展。创新居家养老、社区服务模式，提升医养结合服务能力，加强老龄产业规划、标准等基础性工作。落实三孩生育政策及配套支持措施，积极申报第一批国家儿童友好城市建设试点，加大三孩补贴，年内3岁以下婴幼儿托位增加到22650个。推动文化繁荣发展。抓好革命文物保护和修缮，提升“老南宁·三街两巷”文化内涵，推进非物质文化遗产展示中心建设，积极申报国家历史文化名城。以精品演出推动文化事业发展，力争创作推出歌舞剧《山水之约》、粤剧《茉莉天香》等一批艺术精品剧目，持续办好南宁国际民歌艺术节、跨国春晚、“壮族三月三”、中国—东盟（南宁）戏剧周等文化活动。加快建设体育强市。完善全民健身公共服务体系，广泛开展全民健身运动，进一步构建完善城市社区“10分钟健身圈”，提升竞技体育综合实力，组队参加自治区第十五届运动会以及自治区第十五届少数民族传统体育运动会，力争实现“金牌榜、奖牌榜、团体总分三项第一”目标；做好全国第一届学生（青年）运动会南宁赛区赛事活动筹办工作。

（十）抓好防疫稳定安全，建设更高水平的平安南宁。统筹发展和安全，守住疫情防控、社会稳定、城市安全“三条底线”，为高质量发展营造良好环境。

一是抓好疫情常态化防控。始终坚持“外防输入、内防反弹”总策略、“动态清零”总方针，进一步压实“四方”责任。科学精准扎实做好疫情防控工作，重点抓好边境口岸疫情防控，实现从“境外”到“国门”再到“家门”的全链条、闭环式管理。紧盯3—11岁接种人群，安全有序加快推进疫苗接种工作，坚决筑牢疫情防控安全防线。强化对“三非”人员、走私人员排查打击，加强重点人群排查管控。严格进口货物监管，加强对冷链物品的监测检验，坚决从源头阻断疫情传播渠道。健全应对突发疫情应急响应机制，织密织牢防控网络。强化防疫基础工作。提高大规模核酸检测能力，确保开展全员核酸检测时能够在2天内完成。配强基层疫情防控队伍，做好防疫物资储备。

二是抓好社会稳定。牢牢掌握意识形态工作领导权。加强意识形态阵地管理，完善网络综合治理体系，有效防范化解意识形态领域重大风险。有效防范化解重大风险。持续做好防范化解政府债务、金融风险工作。梳理排查产业链、供应链可能出现的新风险，切实保障骨干企业、重点产业和关键领域运行平稳。守住粮食安全底线，确保粮食播种面积和产量不降低。推动房屋网签备案全国“一张网”建设，及时有效防范化解房地产市场风险。扎实推进平安南宁法治南宁建设。全面贯彻总体国家安全观，守牢反恐维稳底线。推进应急管理体系和能力现代化，有效防范重特大安全生产事故发生，持续开展平安创建活动。持续深化市域社会治理与基层社会治理，加强“数字平安南宁”建设，全面推行“综治中心+网格化+智能化”社会治理模式，深化市域社会治理现代化试点。坚持和发展新时代“枫桥经验”，健全矛盾纠纷多元预防调处化解综合机制，创建全国社会治安防控体系建设示范城市，深入推进治安重点地区整治，强化道路交通事故预防“减量控大”[52]和“疏堵保畅”工作。深化全国法治政府建设示范市建设，完善公共法律服务体系，积极推进科技创新、公共卫生、生态文明等重要领域立法。深化法治领域改革，全面提升执法司法公信力。同时，还要统筹抓好民族团结、双拥、群团等工作。

三是抓好城市安全。加强安全生产工作，严格落实安全生产责任制，深入推进交通运输、建筑施工、消防领域、食品药品、危险化学品、矿山等重点行业领域安全整治，及时发现和消除各类风险隐患。抓实城市基础设施安全管理，加强城市公共设施建设与维护，实施公共基础设施安全加固工程，扎实做好设施设备保养维修工作。加强城市供水安全保障，加快实施邕江取水口上移工程和石埠水厂建设；规划建设五象水厂，积极构建第二水源。推动危房排查整治，多渠道筹集排险解危资金和临时安置房源，落实动态监管，防范化解危房安全事故。提升城市内涝防治能力，重点推进朝阳溪、心圩江、五象新区全流域内涝系统化治理，加强排水防涝基础设施建设。全面提升自然灾害综合防范能力，切实保障人民群众生命财产。

名词解释

[1]“三大定位”——广西构建面向东盟的国际大通道，打造西南中南地区开放发展新的战略支点，形成“一带一路”有机衔接的重要门户。

[2]“五个扎实”——扎实推动经济持续健康发展，扎实推进现代特色农业建设，扎实推进民生建设和脱贫攻坚，扎实推进生态环境保护建设，扎实建设坚强有力的领导班子。

[3]“四早”——即早发现、早报告、早隔离、早治疗，及时发现和隔离病毒的感染者，将防控关口前移，加快社区的网格化管理，同时进一步提高检测的能力，优化诊疗流程，缩短确诊时间，有效地阻断疫情的扩散蔓延，降低感染率。

[4]“四方”——指在疫情期间，把全市动员起来，全面落实属地、部门、单位、个人的四方责任，建立全社会共同防控体系。

[5]“双百双新”——“双百”项目主要指总投资100亿元、年产值100亿元以上的重大产业项目，“双新”项目主要指总投资1亿元以上的新产业、新技术类型重大项目。

[6]“瞪羚企业”——是指跨越死亡谷、进入快速成长期的创新创业企业，其成长速度快、创新能力强、专业领域新、发展潜力大，是地方创新能力提升和经济增长动力转换的重要力量。

[7]“小巨人”——是“专精特新”中小企业中的佼佼者，是专注于细分市场、创新能力强、市场占有率高、掌握关键核心技术、质量效益优的排头兵企业。

[8]“五网”——交通网、能源网、信息网、物流网、地下管网。

[9]“三街两巷”——“三街”指兴宁路、民生路和解放路三条街道，“两巷”指金狮巷和银狮巷两条明清时期的古巷。范围包括朝阳路以西、民族大道以北、当阳街以东、新华街以南围合区域和解放路沿街区域，以及市人民政府核定的延伸区域。

[10]“1+N”南宁市农村产权流转交易市场体系——1个市级农村产权交易机构运营建设N个县乡村节点，统一联网对接自治区平台。

[11]“桂惠贷”——根据《广西壮族自治区人民政府办公厅印发关于深入开展“桂惠贷”支持广西经济高质量发展实施方案的通知》（桂政办发〔2020〕92号）精神，围绕广西经济社会发展的重点领域和薄弱环节，统筹全区各级财政资金，每年安排40亿元，对辖内金融机构当年新发放且符合条件的贷款按照2或3个百分点利差比例进行补贴，为全区经济高质量发展提供有力支撑。

[12]“三合一”——集国际邮件、跨境电商、国际快件监管于一体的“三合一”式集约化通关新模式。

[13]“四个一”——“一个重点产业、一名市领导、一个市直牵头部门、一套招商工作方案”的招商工作机制。

[14] 三企入桂——央企入桂、民企入桂、湾企入桂。

[15] TOD——是一种以公共交通为导向的发展模式，以400—800米为半径建立的中心广场或城市中心，其特点在于集工作、商业、文化、教育、居住等为一身的混合用途，以实现各个城市组团紧凑型开发的有机协调模式。而TOD站城一体化正是基于TOD模式之上，将地铁与上盖物业、地面交通接驳点等进行有效连接，实现交通枢纽功能与城市物业功能的有效立体结合。

[16]“碳中和”——是指企业、团体或个人测算在一定时间内直接或间接产生的温室气体排放总量，通过植树造林、节能减排等形式，以抵消自身产生二氧化碳排放量，实现二氧化碳“零排放”。

[17]“两违”——违法用地、违法建设。

[18]“三品一标”——是对无公害农产品、绿色食品、有机农产品和农产品地理标志的统称，是政府主导的安全优质农产品公共品牌，是当前和今后一个时期农产品生产消费的主导产品。

[19]“两高”——高铁、高速公路。根据《广西壮族自治区人民政府办公厅关于印发2021年度广西乡村风貌提升工作实施方案的通知》（桂政办发〔2021〕39号），按照“全域整治、突出重点、搞就搞好、逐步拓展”的基本思路，坚持“共同缔造”，深入推进“三清三拆”环境整治，因地制宜完善村庄基础设施和公共服务，加强农房特色风貌塑造，并下达南宁市两批高铁、高速沿线风貌示范带，共30372栋房屋风貌和所涉及的345个村庄环境整治任务。

[20]“三师”——规划师、建筑师、工程师。为加快推进乡村振兴，加强乡村规划管理队伍建设，切实提高村镇规划建设水平。2021年3月23日，南宁市人民政府印发实施《关于印发南宁市“三师”（规划师、建筑师、工程师）下乡挂点服务活动工作方案的通知》（南府办函〔2021〕47号），“三师”下乡挂点服务实施范围为全市5县7城区和经开区、高新区，

共106个乡镇（街道），其中102个乡镇，4个涉农街道。

［21］“一村一品”——是指在一定区域范围内，以村为基本单位，按照国内外市场需求，充分发挥本地资源优势，通过大力推进规模化、标准化、品牌化和市场化建设，使一个村（或几个村）拥有一个（或几个）市场潜力大、区域特色明显、附加值高的主导产品和产业。

［22］“双减”——指要有效减轻义务教育阶段学生过重作业负担和校外培训负担。

［23］“逢四说事”协商工作机制——即以社区“大党委”为核心，每月逢4日、14日、24日或星期四，定期、不定期在议事场所组织社区党员群众说事议事，共同解决基层治理重难点问题的协商治理模式。

［24］“七大政策”——宏观政策、微观政策、结构政策、科技政策、改革开放政策、区域政策、社会政策。

［25］“六稳”——稳就业、稳金融、稳外贸、稳外资、稳投资、稳预期。2018年8月，中共中央政治局召开会议提出要做好稳就业、稳金融、稳外贸、稳外资、稳投资、稳预期工作。

［26］“六保”——保居民就业、保基本民生、保市场主体、保粮食能源安全、保产业链供应链稳定、保基层运转。

［27］“1+3”重点工作——“1”是指推动高质量发展，“3”是指切实抓好疫情防控、社会稳定、城市安全“三件事”。

［28］AEO——经认证的经营者，以任何一种方式参与货物国际流通，并被海关当局认定符合世界海关组织或相应供应链安全标准的一方，包括生产商、进口商、出口商、报关行、承运商、理货人、中间商、口岸和机场、货站经营者、综合经营者、仓储业经营者和分销商。

［29］“五个一”——“一个链长、一个智库、一个产业平台、一个资本平台、一套产业政策”工作推进机制。

［30］“专精特新”——专业化、精细化、特色化、新颖化。

［31］“两强两促”——强保障、强服务、促资源配置、促项目建设。

［32］“两台一会”——以南宁市中小企业服务中心为投融资服务平台、原有担保公司为担保平台、南宁市企业信用协会为项目推介协会。

［33］“两圈一轴”——指环首府生态旅游圈、环大明山生态旅游圈、百里秀美邕江文化旅游发展轴。

［34］首发经济——国内外品牌发布最新最潮的产品，推出新业态、新模式，开设首店等经济活动的总称。

［35］B2B——是指进行电子商务交易的供需双方都是商家（或企业、公司），她（他）们使用了互联网的技术或各种商务网络平台，完成商务交易的过程。

［36］广西新外贸孵化基地——基地是南宁市依托自治区认定的首批外贸综合服务企业建设，推行“互联网+新外贸+物流+金融”模式，为外贸企业开拓国际市场提供一站式服务。

［37］“项目为王”——就是一切发展以项目招商、落地为核心，所有资源跟着项目走、所有要素围着项目转、所有干部为项目服务。

［38］“投贷补”联动——投贷补是指对技改项目投入、融资、技改补助等各环节统筹联动，支持企业实施技改。

［39］PPP——又称PPP模式，即政府和社会资本合作，是公共服务和基础设施领域中的一种项目运作模式。

［40］IPO——首次公开募股，是指某公司（股份有限公司或有限责任公司）首次向社会公众公开招股的发行方式。有限责任公司IPO后会成为股份有限公司。

［41］“放管服”——简政放权、放管结合、优化服务的简称。“放”即简政放权，降低准入门槛；“管”即创新监管，促进公平竞争；“服”即高效服务，营造便利环境。

［42］“四个不摘”——摘帽不摘责任，摘帽不摘政策，摘帽不摘帮扶，摘帽不摘监管。

［43］“圳品”认证——通过供深食品评价。

［44］“供深基地”——供应深圳农产品示范基地。

［45］“非农化”——违规占用耕地绿化造林，超标准建设绿色通道，违规占用耕地挖湖造景，占用永久基本农田扩大自然保护地，违规占用耕地从事非农建设，违法违规批地用地。

［46］“非粮化”——是流转土地的用途变更，反映了农业种植结构内部粮食作物与其他作物之间比例关系的失调，且过程大多是不可逆的，对耕地造成的伤害短时间内也无法恢复。

［47］“三清三拆”——三清：主要是清理村巷道及生产工具、建筑材料乱堆乱放，清理房前屋后和村巷道杂草杂物、积存垃圾，清理沟渠池塘溪河淤泥、漂浮物和障碍物。三拆：主要是农村的危旧废弃房屋、露天厕所；乱搭乱建房屋；违规商业广告、招牌；通过此种方式能够有效改善农村居民的住房环境，杜绝违规违建以及违法占用土地等行为。

［48］“三线一单”——是指生态保护红线、环境质量底线、资源利用上线和生态环境准入清单，是推进生态环境保护精细化管理、强化国土空间环境管控、推进绿色发展高质量发展的一项重要工作。

［49］“双控”——能耗双控政策的概念本身最早于党的十八届五中全会中提出，全称为实行能源消耗总量和强度“双控”行动，属于一项严格的环境规制政策。

［50］“三医联动”——是医保体制改革、卫生体制改革与药品流通体制改革联动。

［51］“大专科小综合”——主要强调的是要明确医院业务方向，积极合理匹配资源，集中精力打造某项专科服务，并通过建设特色科室，形成专业、高效的医疗服务模式。

［52］“减量控大”——预防交通事故“减量控大”，即削减交通事故总量及控制特大的交通事故发生。

关于南宁市与市本级2021年预算执行情况和2022年预算草案的报告（摘要）

——2022年1月25日在南宁市第十五届人民代表大会第二次会议上

一、2021年全市和市本级预算执行情况

2021年是党和国家历史上具有里程碑意义的一年，是南宁市改革发展进程中极其重要的一年。全市各级各部门以习近平新时代中国特色社会主义思想为指导，全面贯彻习近平总书记对广西工作系列重要讲话精神特别是视察广西“4·27”重要讲话精神，在市委的正确领导下，统筹疫情防控和经济社会发展，全面落实强首府战略，构建新发展格局迈出新步伐，高质量发展取得新成效。全市当年一般公共预算收入391.77亿元，同比增长5.24%，高于全区0.4个百分点，税收收入占一般公

共预算收入比重为70.95%，高于全区4.78个百分点。全市财政运行总体平稳，财政收入质量进一步提升，积极的财政政策提质增效、更可持续，基层“三保”底线兜牢兜实，地方政府债务风险总体可控，财税体制改革持续深入，基本实现了市十四届人大六次会议确定的目标任务。

（一）一般公共预算执行情况。

1.全市一般公共预算执行情况。

全市一般公共预算总收入931.04亿元。其中，当年一般公共预算收入391.77亿元，完成年初预算的100.93%，增长5.24%；上级补助收入347.21亿元；上年结余收入28.48亿元；调入资金63.37亿元；地方政府一般债务转贷收入72.10亿元；动用预算稳定调节基金28.10亿元。

全市一般公共预算总支出931.04亿元。其中，当年一般公共预算支出775.40亿元，完成调整预算的94.52%，下降5.76%，下降的主要原因是2021年国家调整政策取消市县通过权责发生制方式列支、政府性基金收入下降导致调入资金减少，以及2020年中央2万亿抗疫支出政策退出等因素影响；上解支出15.83亿元；补充预算稳定调节基金34.83亿元；地方政府一般债务还本支出70.32亿元；年终结余34.65亿元。收支相抵，全市一般公共预算收支平衡。全市民生支出604.38亿元，占一般公共预算支出的77.94%，比上年提高0.22个百分点。

2.市本级一般公共预算执行情况。

市本级一般公共预算总收入711.48亿元。其中，当年一般公共预算收入219.79亿元，完成年初预算的102.32%，增长7.09%；上级补助收入347.21亿元；上解收入21.57亿元；上年结余收入9.24亿元；调入资金23.56亿元；地方政府一般债务转贷收入72.10亿元；动用预算稳定调节基金18亿元。

市本级一般公共预算总支出711.48亿元。其中，当年一般公共预算支出273.08亿元，完成调整预算的90.40%，下降2.71%；上解支出15.83亿元；补助下级支出307.52亿元；补充预算稳定调节基金27.76亿元；地方政府一般债务转贷支出15.28亿元；地方政府一般债务还本支出61.72亿元；年终结余10.29亿元。收支相抵，市本级一般公共预算收支平衡。

（1）市本级预备费执行情况。

市本级预算安排预备费3亿元，全年动用预备费6498万元，全部安排用于新冠病毒疫情防控。预备费结余2.35亿元，按规定补充预算稳定调节基金。

（2）市本级“三公”经费、会议费和培训费执行情况。

市本级一般公共预算安排的“三公”经费、会议费和培训费支出合计1.68亿元，比上年执行数增长16.64%。增长的主要原因是疫情防控成果持续巩固，线下会议和培训活动逐渐恢复，相应支出增加。其中，公务接待费支出286.31万元，因公出国（境）经费支出13.71万元，公务用车购置费及运行维护费支出3539.30万元，会议费支出2014.78万元，培训费支出1.09亿元。

（3）市本级对县（市、区）、开发区税收返还和转移支付执行情况。

市本级对县（市、区）、开发区税收返还和转移支付支出307.52亿元，下降5.89%。下降的主要原因：一是2020年中央2万亿抗疫支出政策退出导致上级转移支付规模较上年有所减少；二是城乡居民基本医疗保险实行市级统筹，原分配至县（市、区）核算的补助资金转列为市本级支出。

（4）超收收入使用情况。

市本级一般公共预算收入219.79亿元，完成年初预算的102.32%，超收收入4.98亿元已按照预算法和预算管理有关规定全部用于补充预算稳定调节基金。

（5）市本级预算稳定调节基金执行情况。

2020年末市本级预算稳定调节基金29.64亿元，经市十四届人大六次会议审查批准，2021年初调入一般公共预算18亿元统筹使用。2021年当年超收收入、预备费和其他项目资金结余等27.76亿元将按规定补充到预算稳定调节基金。2021年末预算稳定调节基金规模为39.40亿元。

（二）政府性基金预算执行情况。

1.全市政府性基金预算执行情况。

全市政府性基金预算总收入747.75亿元。其中，当年政府性基金预算收入547.92亿元，完成年初预算的94.39%，下降14.21%。下降的主要原因是土地出让规模减小，国有土地使用权出让收入下降；上级补助收入6.98亿元；上年结余收入84.16亿元；地方政府专项债务转贷收入108.70亿元。

全市政府性基金预算总支出747.75亿元。其中，当年政府性基金预算支出540.92亿元，完成调整预算的90.03%，下降16.05%，下降的主要原因是国有土地使用权出让收入下降，国有土地使用权出让收入安排的支出相应减少；上解支出26.04亿元；调出资金50.30亿元；地方政府专项债务还本支出68.44亿元；年终结余62.05亿元。收支相抵，全市政府性基金预算收支平衡。

2.市本级政府性基金预算执行情况。

市本级政府性基金预算总收入638.67亿元。其中，当年政府性基金预算收入464.03亿元，完成年初预算的91.47%，下降16.86%，下降的主要原因与全市相同；上级补助收入6.98亿元；上年结余收入58.97亿元；地方政府专项债务转贷收入108.70亿元。

市本级政府性基金预算总支出638.67亿元。其中，当年政府性基金预算支出407.57亿元，完成调整预算的90.95%，增长1.83%；补助下级支出61.97亿元；上解支出26.04亿元；调出资金12.18亿元；地方政府专项债务转贷支出41.33亿元；地方政府专项债务还本支出59.10亿元；年终结余30.48亿元。收支相抵，市本级政府性基金预算收支平衡。

（三）国有资本经营预算执行情况。

1.全市国有资本经营预算执行情况。

全市国有资本经营预算总收入14.35亿元。其中，当年国有资本经营预算收入13.83亿元，完成年初预算的258.52%，下降8.76%；上级补助收入858万元；上年结余收入4378万元。

全市国有资本经营预算总支出14.35亿元。其中，当年国有资本经营预算支出8460万元，完成年初预算的77.99%，剔除上年县（市、区）、开发区增加国有企业注册资本金等一次性因素，增长60.14%；调出资金13.08亿元；年终结余4318万元。收支相抵，全市国有资本经营预算收支平衡。

2.市本级国有资本经营预算执行情况。

市本级国有资本经营预算总收入12.13亿元。其中，当年国有资本经营预算收入11.68亿元，完成年初预算的242.29%，下降3.51%，下降的主要原因是部分国有企业上缴资产处置收益减少；上级补助收入858万元；上年结余收入3648万元。

市本级国有资本经营预算总支出12.13亿元。其中，当年市本级国有资本经营预算支出5982万元，完成年初预算的77.65%，增长134.40%，增长的主要原因是国有企业“三供一业”移交补助支出大幅增加；补助下级支出545万元；调出资金11.38亿元；年终结余1013万元。收支相抵，市本级国有资本经营预算收支平衡。

（四）社会保险基金预算执行情况。

1.全市社会保险基金预算执行情况。

全市社会保险基金预算收入197.69亿元，完成调整预算的

100.78%，增长8.48%，增长的主要原因是2020年阶段性减免社会保险费政策执行到期，各项社会保险费恢复正常征收。

全市社会保险基金预算支出184.81亿元，完成调整预算的96.63%，增长9.22%，增长的主要原因是新冠病毒疫苗及接种费用增加。收支相抵，全市社会保险基金预算当年结余12.89亿元，年末滚存结余232.24亿元。

2.市本级社会保险基金预算执行情况。

市本级社会保险基金预算收入139.74亿元，完成调整预算的100.64%，增长6.96%，增长的主要原因与全市相同。

市本级社会保险基金预算支出133.11亿元，完成调整预算的95.28%，增长6.79%，增长的主要原因与全市相同。收支相抵，市本级社会保险基金预算当年结余6.62亿元，年末滚存结余188.86亿元。

（五）2021年市本级预算调整情况。

2021年预算执行中，受上级下达地方政府债券资金等因素影响，2021年市本级一般公共预算、政府性基金预算及社会保险基金预算的收支预算较年初预算发生了变动。根据预算法的相关规定，市人民政府分别于2021年10月和12月编制了《南宁市2021年市本级预算调整方案》《南宁市2021年市本级第二次预算调整方案》，并经市十五届人大常委会一次、三次会议审查批准。

一般公共预算调整方案：市本级一般公共预算总收入增加71.77亿元，全部为地方政府一般债务转贷收入。相应增加市本级一般公共预算总支出71.77亿元，其中安排市本级一般公共预算支出1.32亿元，安排债务还本支出和债务转贷支出合计70.45亿元。

政府性基金预算调整方案：市本级政府性基金预算总收入增加108.70亿元，全部为地方政府专项债务转贷收入。相应增加市本级政府性基金预算总支出108.70亿元，其中安排市本级政府性基金支出16.30亿元，安排债务还本支出和债务转贷支出总计92.40亿元。

社会保险基金预算调整方案：市本级社会保险基金预算收入合计数减少2.46亿元，减少的主要原因是结合市本级机关事业单位基本养老保险基金运行情况和财力状况，适当减少财政补助投入。市本级社会保险基金预算支出合计数增加8.16亿元。

（六）全市与市本级政府债务举借、安排使用和偿还情况。

1.政府债务限额情况。

自治区核定南宁市2021年政府债务限额1326.63亿元。其中，一般债务限额660.69亿元，专项债务限额665.94亿元。

市本级政府债务限额1002.02亿元。其中，一般债务限额524.76亿元，专项债务限额477.26亿元。

2.政府债务余额情况。

截至2021年底，全市政府债务余额1231.15亿元。其中，一般债务余额609.41亿元，专项债务余额621.73亿元。

截至2021年底，市本级政府债务余额914.67亿元。其中，一般债务余额478.17亿元，专项债务余额436.50亿元。

全市和市本级政府债务余额均控制在限额以内。

3.政府一般债券情况。

经自治区人民政府批准，核定转贷南宁市2021年地方政府一般债券71.77亿元。按用途划分，新增一般债券8.87亿元，主要用于高速公路、南宁教育园区、自贸试验区南宁片区道路等项目支出；再融资一般债券62.90亿元，全部用于偿还2021年到期的政府一般债券本金。按使用层级划分，转贷市本级56.49亿元，转贷县（市、区）、开发区15.28亿元。

4.政府专项债券情况。

经自治区人民政府批准，核定转贷我市2021年地方政府专项债券108.70亿元。按用途划分，新增专项债券49.68亿元，主要用于产业园区、公立医院、生态环保等项目支出；再融资专项债券59.02亿元，全部用于偿还2021年到期的政府专项债券本金。按使用层级划分，转贷市本级67.37亿元，转贷县（市、区）、开发区41.33亿元。

5.政府债券还本情况。

全市政府债券还本支出137.83亿元。其中，一般债券还本69.90亿元，专项债券还本67.94亿元。

市本级政府债券还本支出119.89亿元。其中，一般债券还本61.30亿元，专项债券还本58.60亿元。

6.政府债券付息情况。

全市政府债券付息支出43.13亿元。其中，一般债券付息支出21.07亿元，专项债券付息支出22.06亿元。

市本级政府债券付息支出32.78亿元。其中，一般债券付息支出16.63亿元，专项债券付息支出16.15亿元。

到期政府债券本息均已如期足额偿还。

7.未来政府债券到期情况。

分年度看，全市2022年到期本金157.14亿元；2023年到期本金222.97亿元；2024年到期本金107.77亿元；2025年到期本金108.90亿元；2026年到期本金51.23亿元；2027年及以后年度到期本金559.03亿元。

（七）市属三个国家级开发区和青秀山风景区预算执行情况。

1.高新技术产业开发区预算执行情况。

高新技术产业开发区一般公共预算总收入33.64亿元。其中，当年一般公共预算收入18.56亿元，上级补助收入10.70亿元，上年结余收入1.85亿元，调入资金4714万元，动用预算稳定调节基金1.12亿元，债务转贷收入9400万元。一般公共预算总支出33.64亿元。其中，当年一般公共预算支出27.03亿元，上解支出2.15亿元，补充预算稳定调节基金9251万元，地方政府一般债务还本支出1.05亿元，年终结余2.49亿元。收支相抵，高新技术产业开发区一般公共预算收支平衡。

高新技术产业开发区政府性基金预算总收入32.22亿元。其中，当年政府性基金预算收入1.47亿元，上级补助收入18.57亿元，债务转贷收入8.16亿元，上年结余收入4.03亿元。政府性基金预算总支出32.22亿元。收支相抵，高新技术产业开发区政府性基金预算收支平衡。

高新技术产业开发区国有资本经营预算总收入3197万元，国有资本经营预算总支出3197万元。收支相抵，高新技术产业开发区国有资本经营预算收支平衡。

高新技术产业开发区社会保险基金预算总收入4562万元，社会保险基金预算总支出2511万元。收支相抵，高新技术产业开发区社会保险基金预算当年结余2051万元，年末滚存结余6849万元。

2.经济技术开发区预算执行情况。

经济技术开发区一般公共预算总收入26.82亿元。其中，当年一般公共预算收入16.38亿元，上级补助收入6.51亿元，上年结余收入2.52亿元，调入资金5323万元，动用预算稳定调节基金8775万元。一般公共预算总支出26.82亿元。其中，当年一般公共预算支出22.30亿元，上解支出1.45亿元，补充预算稳定调节基金6491万元，年终结余2.41亿元。收支相抵，经济技术开发区一般公共预算收支平衡。

经济技术开发区政府性基金预算总收入21.28亿元。其中，当年政府性基金预算收入1624万元，上级补助收入9.13亿元，债务转贷收入4.70亿元，上年结余收入7.29亿元。政府性基金预算总支出21.28亿元。收支相抵，经济技术开发区政府性基金预算收支平衡。

经济技术开发区国有资本经营预算总收入5330万元，国有资本经营预算总支出5330万元。收支相抵，经济技术开发区国有资本经营预算收支平衡。

经济技术开发区社会保险基金预算总收入6198万元，社会保险基金预算总支出3941万元。收支相抵，经济技术开发区社会保险基金预算当年结余2257万元，年末滚存结余7685万元。

3.广西—东盟经济技术开发区预算执行情况。

广西—东盟经济技术开发区一般公共预算总收入10.09亿元。其中，当年一般公共预算收入5.28亿元，上级补助收入4.13亿元，上年结余收入2844万元，动用预算稳定调节基金635万元，债务转贷收入2300万元。一般公共预算总支出10.09亿元。其中，当年一般公共预算支出9.17亿元，上解支出2012万元，补充预算稳定调节基金1494万元，地方政府一般债务还本支出2500万元，年终结余3243万元。收支相抵，广西—东盟经济技术开发区一般公共预算收支平衡。

广西—东盟经济技术开发区政府性基金预算总收入14.29亿元。其中，当年政府性基金预算收入9.00亿元，上级补助收入325万元，债务转贷收入5.11亿元，上年结余收入1455万元。政府性基金预算总支出14.29亿元。收支相抵，广西—东盟经济技术开发区政府性基金预算收支平衡。

广西—东盟经济技术开发区国有资本经营预算总收入227万元，国有资本经营预算总支出227万元。收支相抵，广西—东盟经济技术开发区国有资本经营预算收支平衡。

广西—东盟经济技术开发区社会保险基金预算总收入2756万元，社会保险基金预算总支出2029万元。收支相抵，广西—东盟经济技术开发区社会保险基金预算当年结余727万元，年末滚存结余2770万元。

4.青秀山风景区预算执行情况。

青秀山风景区一般公共预算总收入5.32亿元。其中，当年一般公共预算收入3.01亿元，上级补助收入2.31亿元。一般公共预算总支出5.32亿元。其中，当年一般公共预算支出4.49亿元，上解支出371万元，补充预算稳定调节基金7932万元。收支相抵，青秀山风景区一般公共预算收支平衡。

青秀山风景区国有资本经营预算总收入8万元，国有资本经营预算总支出8万元。收支相抵，青秀山风景区国有资本经营预算收支平衡。

各位代表，以上报告的2021年预算执行数均为快报数，具体执行情况详见预算执行草案，最终执行结果以决算数为准。

（八）2021年市人大预算决议落实和重点财政工作情况。

2021年，全市各级各部门按照预算法及其实施条例和市人大预算审查监督重点向支出预算和政策拓展的要求，全面落实市人大各项决议，持续优化财政支出结构，有效实施积极的财政政策，有力保障全市经济社会高质量发展。

1.着力支持产业结构调整优化，助力产业体系提质升级。

助力工业振兴。筹措23.40亿元重点支持电子信息、先进装备制造、生物医药等重点企业重大项目发展。继续滚动投入工业用地储备和工业园区基础设施建设资金10亿元，争取到政府专项债券资金31亿元，完善园区基础设施建设和综合配套建设，“筑巢引凤”，积极引进优质企业入驻，推进产业链供应链延伸。促进服务业升级发展。筹措服务业发展专项资金1.72亿元，加快“智慧南宁”建设，促进流通产业结构调整、优化供应链管理，推动现代服务业加快发展。强化财税政策与金融、产业政策协同发力，深入实施“桂惠贷”财政贴息政策，拨付“桂惠贷”财政贴息资金6.73亿元，投放“桂惠贷”金额及笔数均位居全区第一。筹措金融产业发展专项资金2434万元，增强金融服务实体经济能级，引导金融资源服务实体经济发展。发挥创业投资引导基金、天使投资基金的杠杆作用，撬动其他各类资本2.44亿元，助力打通企业融资瓶颈，带动社会资本投资科创中小企业。

2.着力支持创新驱动发展战略，充分激发市场主体活力。

支持创新驱动。全市科技投入13.65亿元，提升科技创新支撑能力。筹措强创新专项扶持资金5000万元，激励企业加大研发投入，加快培育专精特新“瞪羚企业”。继续执行企业研发费用加计扣除75%的政策，将制造业企业的加计扣除比例提高到100%，全市超千户企业研发费用加计扣除总额超19亿元。筹措科学技术研究与开发经费1.25亿元，在科技基地、科技重大专项、重点研发计划、成果转化、技术创新引导等方面给予支持，引导企业成为科技创新主力军。落实减税降费政策。继续执行降低增值税税率、增值税留抵退税、个人所得税专项附加扣除等减税政策，突出强化对小微企业的税收优惠，继续清理规范行政事业性收费和政府性基金，落实取消港口建设费、普通护照加注收费、社会抚养费政策，援企纾困政策叠加效应持续显现。

3.着力支持“南宁渠道”拓宽畅通，深度融入“一带一路”建设。

支持西部陆海新通道建设。筹措7.87亿元加快南宁国际空港综合交通枢纽工程建设，助力提升南宁临空经济示范区综合交通枢纽功能。筹措1.75亿元拓展覆盖东盟国家的航线网络，推动中越集装箱国际铁路联运班列稳定运行，加速构建国际交通大通道。筹措3944万元，支持南宁国际铁路港建设。支持自贸片区加快发展。筹措9.09亿元支持自贸试验区南宁片区等开放平台加快发展，重点用于片区基础设施建设和产业发展，加快自贸红利释放。支持优化环境和提升服务。筹措6.89亿元，重点支持面向东盟的金融开放门户南宁核心区和中国—东盟金融城等项目建设。筹措1200万元服务中国—东盟博览会，不断深化与东盟各国及其他国家、地区的合作交流。支持外向型经济稳定发展。筹措加工贸易产业发展资金7000万元，支持园区主动承接产业转移，推动加工贸易产业转型升级。筹措3000万元培育跨境电子商务经营主体，服务中国（南宁）跨境电子商务综合试验区等跨境电子商务园区建设。

4.着力支持乡村振兴全面推进，加速农业农村现代化进程。

支持“四个不摘”要求。保持财政支持政策和资金规模总体稳定，筹措各级财政衔接推进乡村振兴补助资金22.50亿元，重点支持马山县、上林县、隆安县、邕宁区等脱贫地区。助推乡村产业兴旺。筹措农业生产发展资金3.66亿元，支持农业优势特色产业高质量发展。筹措农田建设补助资金2.39亿元，大力推进高标准农田建设，推动“藏粮于地、藏粮于技”战略深入实施。筹措3.03亿元支持糖料蔗良种良法技术推广，推进糖业高质量发展。筹措水利发展资金4.64亿元，支持农村区域集中连片供水，加大水库安全运行保障力度。筹措财政农业保险保费补贴2.77亿元，新增肉鸽养殖市级地方特色险种，提升农业保险覆盖面和保障水平。支持农村综合改革。筹措资金6.20亿元推进农村综合改革各项工作。其中，筹措农村公益事业财政奖补资金2.20亿元，惠及行政村988个、农民717万人次，加快补齐农村基层设施短板，改善农民生产生活条件；筹措903万元支持1506个行政村、29606个村民小组完成农村集体经营性资产股份合作制改革，支持加快推进农村集体产权制度改革，搭建农村集体“三资”管理服务平台和市农村产权交易中心，实现资源变资产、资金变股金、农民变股东。支持生态宜居乡村建设。调整完善土地出让收入使用范围，筹措11.34亿元土地出让收入，重点用于生态宜居特色小镇及农村生活基础设施等项目建设。

5.着力支持“中国绿城”品质提升，加快推进城乡融合发展。

支持城市更新行动。筹措1.84亿元城市棚户区改造资金用于改造6710套棚户区住房。筹措城镇老旧小区改造项目资金5.80亿元，将城镇老旧小区改造项目纳入PPP项目开发计划，积极吸引社会资本参与城市更新行动。支持城市管理精细化。筹措1.46亿元用于全市公园及市政道路绿化养护、安保环卫，筹措2613.70万元支持推进邕江沿岸公园中心城区段管理，巩固生态宜居成果。筹措3.80亿元支持垃圾分类事业发展，加快生活垃圾分类设施建设，提升生活垃圾回收利用率。支持城市交通建设。筹措交通项目资金99.28亿元，大力推进国家物流枢纽城市建设，健全立体交通网络，实现柳州经合山至南宁高速公路顺利通车。筹措44.30亿元建设轨道交通项目，实现轨道交通5号线开通运营，增强城市交通便捷度。支持持续巩固生态优势。筹措大气污染防治资金2225万元，力保空气质量继续保持优良。筹措9.12亿元支持污水处理服务及污水管网、排水管网运营维护，对建成区范围内的700公里污水管网、3000公里排水管网进行养护。筹措水污染防治资金6160万元，支持防范农村水污染风险。筹措600万元用于土壤污染防治及固体废弃物处置，扎实推进土壤环境管控，支持打好蓝天、碧水、净土保卫战，推动实现碳达峰碳中和。推动绿色发展。全市共采购节能、节水产品5.74万件，采购金额2.75亿元。采购环保产品36.72万件，采购金额3.76亿元，政府绿色采购金额占同类产品采购金额的98.71%，不断促进绿色低碳消费。筹措17.09亿元用于公交及轨道交通运营补助，积极倡导绿色出行理念。筹措充电基础设施建设及运营补助资金2001.12万元，用于推动形成清洁低碳、生态友好的出行环境。

6.着力支持民生福祉有效增进，牢牢兜住基本民生底线。

加大卫生投入力度。筹措91.02亿元支持健康南宁加快建设。继续巩固和拓展疫情防控阶段性成效，筹措疫情防控资金12.62亿元，支持居民疫苗免费接种。筹措6.93亿元，重点用于“应检尽检”人员核酸检测、疫情防控物资和设备采购、市本级集中隔离观察点和疫情防控人员临时性工作补助等方面支出。筹措市本级财政公立医院综合改革以奖代补资金8000万元，推动深化公立医院综合改革、医药卫生体制改革和卫生健康事业发展。支持就业优先政策。筹措就业补助资金6.59亿元，推动就业扩容提质，重点支持高校毕业生、退役军人、农民工和城镇就业困难群体就业创业，促进就业公平。筹措职业技能提升资金6643.81万元，着力加强农村劳动力、就业困难人员等就业重点群体职业技能培训。向全市4.39万户企业发放失业保险稳岗返还资金9809.18万元，惠及职工73.41万人，受益企业户数是上年的1.29倍，中小微企业受益面持续扩大。优化教育资源配置。筹措154.12亿元促进首府教育高质量发展。筹措教育基本建设项目资金22.94亿元，大力推进公办学校项目建设，全年新开办公办幼儿园26所，新建成投入使用公办中小学校22所。筹措8282.13万元，加强中小学、幼儿园安全防范建设，确保校园及周边治安秩序良好。支持文体事业发展。筹措旅游发展专项资金4750万元，大力支持发展旅游产业，加快环首府生态旅游圈建设。筹措文化产业发展专项资金2000万元，用于支持打造南宁国际民歌艺术节、“壮族三月三·八桂嘉年华”等文化品牌，推动深入实施首府文化品质提升工程。筹措体育场馆运营补助4200万元，满足市民体育健身需求。支持为民办实事。落实各级资金113.22亿元，确保自治区和南宁市为民办实事项目落地见效。

7.着力构建现代财政制度，不断提升财政治理效能。

深化预算管理制度改革。以推广实施预算管理一体化为抓手，建立健全统一规范的业务标准和制度，初步构建起现代信息技术条件下“制度+技术”的管理机制，促进预算管理各项制度的系统集成、协同高效。实施财政支出标准化改革，实施项目全生命周期管理。不断优化政府间财政关系。加大对县域经济建设支持力度，持续协调理顺市以下财政关系，加快推动构建区域经济发展新格局。应急救援、公共文化、自然资源等领域市以下财政事权和支出责任划分改革有序推进，稳妥推进横州市六景镇、宾阳县黎塘镇等经济发达镇财政管理体制改革。持续健全转移支付制度，权责清晰、财力协调、区域均衡的财政关系逐步建立完善。拓宽预算绩效管理范围。统一要求所有一级预算单位编制部门整体支出绩效目标、所有项目支出和转移支付资金项目填报绩效目标。对列入重点审核的14家单位采取预算单位编制、第三方审核、财政复核、三方商定的模式提高绩效目标编制质量。首次对政府性基金预算项目和国有资本经营预算项目开展绩效运行监控。加快完善绩效管理制度建设，夯实预算绩效管理的制度基础。落实财政资金直达机制。完善常态化直达资金机制，全年共分配下达直达资金119.09亿元，完成支出110.48亿元，全市直达资金惠及企业5.81万次、人员315.15万人次，重点支持基本民生领域和基层财力保障，同时确保惠企利民资金发挥实效。积极推广运用PPP模式。合理统筹财政可承受能力空间，聚焦重点和关键领域，全年签约落地PPP项目12个，总投资166.85亿元，有效引导社会资本投向和扩大投资，加大基础设施投资力度和优化公共服务供给。完善政府采购制度。持续优化政府采购领域营商环境，全面实施政府采购全流程电子化，首次实现南宁市政府采购项目市县两级远程异地评标，全市全年实际采购金额113.44亿元，节约资金8.25亿元。积极推进政府购买服务，有序推进事业单位政府购买服务改革，全市实施政府购买服务项目1746个，执行金额19.65亿元。加强政府投资项目评审。充分发挥投资评审在政府性投资工程建设项目的作用，科学合理安排政府投资资金，提升资金使用效益。全年全市共受理报审项目1845项，审结项目1462项，受理报审金额321.29亿元，审定金额286.75亿元，节约资金34.54亿元。

8.着力防范化解财政风险，确保财政高质量发展更可持续。

加强政府债务管理。不断健全政府债务管理制度，严格限额管理，强化预算约束，全口径监测债务变动情况，有效排查债务风险隐患，按时足额偿还到期政府债务，抓实化解隐性债务，坚决遏制违规举债和新增隐性债务，规范、高效推进政府债券资金使用，切实发挥专项债券资金的撬动作用。兜牢基层“三保”底线。出台《南宁市县级“三保”风险应急处置预案》，从预算编制源头和执行双向管控风险。把“三保”支出放在支出的优先位置，切实保障基本民生、工资发放和机构运转。防范化解财政运行风险。以推进财税政策落实、加强预算管理监督、深化会计监督、强化内部控制为重点，扎实开展财政监督，建立完善日常监督工作制度，推进财政监督与财政核心业务深度融合。组织开展2020年度财务管理情况专项检查，突出抓好“三公”经费、粮食风险基金、财政收入质量、预决算公开、投融资平台会计信息质量等监督检查，加强对直达资金使用的日常管理和动态监控，确保资金下达与资金监管同步。

总的来看，2021年全市财政运行总体平稳、稳中向好，财政管理持续规范，财政改革取得新进展。这是市委科学决策、正确领导的结果，是市人大代表、政协委员们监督指导和大力支持的结果，是全市各族人民勠力同心、攻坚奋进的结果。同时，我们也清醒地认识到，财政仍将处于紧平衡状态，财政收支矛盾依旧突出，财政管理改革仍需持续推进，基层“三保”方面压力仍然存在。我们将高度重视这些问题，采取措施努力加以解决。

二、2022年全市和市本级预算草案

（一）2022年财政收支形势分析。

当前，世界百年变局和世纪疫情交织影响，外部环境更趋复杂、严峻和不确定。我国经济发展面临需求收缩、供给冲击、预期转弱三重压力，区域竞争愈加激烈。从财政收入看，南宁市新的支撑性税源不足，税收增长基础薄弱；县域经济发展滞后，财政稳增收预期较低；土地出让收入出现波动，影响地方财力。但我们也看到，中国与东盟历史性互为第一大贸易伙伴，RCEP生效实施，西部陆海新通道、粤港澳大湾区建设等国家区域发展战略深入推进，落户南宁的多个国家级战略平台带动效应逐渐显现，强首府战略深入实施，使南宁市服务和融入新发展格局的战略地位和作用更加凸显。综合研判，财政收入恢复性增长态势不变，预计2022年全市一般公共预算收入增长3.5%。从财政支出看，南宁市要深入落实强首府战略，坚定不移推动高质量发展，切实抓好防疫稳定安全“三件大事”，各方面支出资金需求迫切，并且呈现刚性强、总量大的特点。总体来看，2022年全市财政收支预算平衡难度进一步加大，基层“三保”等重点领域风险也不容忽视，必须加强财政稳定运行预期管理，加强财政资源统筹，大力优化支出结构，完善资金分配和使用机制，提升财政资金绩效，切实增强财政可持续性。

（二）2022年预算编制和财政工作的总体要求。

根据中央经济工作会议、自治区党委十二届二次全体会议暨经济工作会议和市第十三次党代会、市委十三届三次全体会议暨经济工作会议精神，结合南宁市经济形势，2022年全市预算编制和财政工作总体要求是：坚持以习近平新时代中国特色社会主义思想为指导，全面贯彻落实党的十九大和十九届历次全会精神，全面贯彻习近平总书记对广西工作系列重要指示精神特别是视察广西“4·27”重要讲话精神，弘扬伟大建党精神，坚持稳中求进工作总基调，完整、准确、全面贯彻新发展理念，服务和融入新发展格局，全面深化改革开放，坚持创新驱动发展，坚持以供给侧结构性改革为主线，统筹疫情防控和经济社会发展，统筹发展和安全，继续做好“六稳”“六保”工作，坚持政策为大、项目为王、环境为本、创新为要，全面落实强首府战略，围绕“1+3”重要工作，坚定不移推进高质量发展，坚持强开放、强产业、强市场、强投资、强治理“五强”工作要求，抓好防疫稳定安全“三件大事”，持续改善民生，保持经济运行在合理区间，保持社会大局稳定。积极的财政政策要提升效能，更加注重精准、可持续；加强财政资源统筹，保证财政支出强度，加快支出进度，增强重大战略任务财力保障；坚持艰苦奋斗、勤俭节约、精打细算，坚持党政机关过紧日子；严肃财经纪律，强化预算约束和绩效管理，提高财政支出的精准性有效性；深化预算管理制度改革，推进零基预算改革，加快建立现代财税体制；防范化解地方政府债务风险，坚决遏制新增地方政府隐性债务，兜牢基层“三保”底线，奋力建设新时代中国特色社会主义壮美广西首善之地，以优异成绩迎接党的二十大胜利召开。

根据上述总体要求，2022年预算编制和财政工作将主要坚持以下原则：

一是提升积极财政政策效能。积极的财政政策要提升效能，精准实施跨周期和逆周期调节，合理把握政策节奏，促消费、扩投资政策适当靠前发力，确保早支出，早见效，促进全市经济开局平稳、持续向好。二是加大重点支出财力保障。把保障自治区党委、政府和市委的决策部署摆在首位，全力支持重大战略、重大政策、重大改革的有效实施。继续争取上级补助资金和新增政府债务限额，强化财政收入组织，增强财政保障能力。三是强化零基预算理念运用。加强财政资源统筹，合理确定保障重点和保障顺序，对最急需最紧迫的大事优先安排，对必保的刚性支出足额安排，对到期政策、非急需项目予以清理，提升财政资源配置效率。四是牢固树立过紧日子思想。从严从紧编制支出预算，压减低效无效支出，清理盘活长期沉淀资金，厉行节约办一切事业。坚持尽力而为、量力而行，做好国家民生政策资金保障，增强人民群众的获得感、幸福感、安全感。五是全面实施预算绩效管理。将绩效理念和方法深度融入预算管理全过程，不断提高预算编制科学性，稳步推动预算和绩效管理一体化，强化绩效评价结果应用，提高财政资金效益和政策效果。六是防范化解财政风险。科学稳妥安排收支预算，优先保障“三保”支出、债务还本付息支出，坚决防止风险累积形成系统性风险，增强财政可持续发展能力，确保财政稳健运行。

（三）一般公共预算草案。

1.代编全市一般公共预算安排情况。

全市一般公共预算总收入安排791.94亿元。其中，当年一般公共预算收入安排405.49亿元，增长3.5%；上级补助收入288.33亿元；上年结余收入34.65亿元；调入资金27.55亿元；动用预算稳定调节基金35.92亿元。

全市一般公共预算总支出安排791.94亿元。其中，当年一般公共预算支出安排764.28亿元，上解支出15.86亿元，地方政府一般债务还本支出11.81亿元。收支相抵，全市一般公共预算收支平衡。全市一般公共预算安排民生支出584.77亿元，占当年全市一般公共预算支出的76.51%。

2.市本级一般公共预算安排情况。

市本级一般公共预算总收入安排588.63亿元。其中，当年一般公共预算收入228.04亿元，增长3.75%；上级补助收入288.33亿元；上解收入20.19亿元；上年结余收入10.29亿元；调入资金11.78亿元；动用预算稳定调节基金30亿元。

市本级一般公共预算总支出安排588.63亿元。其中，当年一般公共预算支出306.04亿元，上解支出15.83亿元，补助下级支出256.64亿元，地方政府一般债务还本支出10.12亿元。收支相抵，市本级一般公共预算收支平衡。

（1）市本级预备费安排情况。

市本级一般公共预算安排预备费3.5亿元，占当年一般公共预算支出的1.14%，主要用于当年预算执行中因处理自然灾害等突发事件增加的支出及其他难以预见的开支。

（2）市本级对县（市、区）、开发区税收返还和转移支付安排情况。

市本级对县（市、区）、开发区税收返还和转移支付支出安排256.64亿元。其中，返还性支出18.65亿元，一般性转移支付支出175.06亿元，专项转移支付支出62.93亿元。

（3）市本级“三公”经费、会议费和培训费安排情况。

市本级一般公共预算安排的“三公”经费、会议费和培训费支出合计1.63亿元，比上年年初预算下降7.53%。其中，公务接待费1096.19万元，因公出国（境）经费211万元，公务用车购置及运行维护费4957.69万元，会议费2573.67万元，培训费7453.38万元。

3.市本级重点支出预算安排情况。

2022年，市本级财政一般公共预算支出安排将聚焦党中央、自治区党委的决策部署和市委的工作要求，突出保障强开放、强产业、强市场、强投资、强治理五项重点工作和防疫稳定安全“三件大事”，为全面推进改革发展稳定各项工作提供财政支撑。

——统筹安排6.71亿元拓宽“南宁渠道”，保障强开放。其中，安排3.56亿元统筹用于自贸试验区南宁片区等开放平台

的产业发展、创新研发、人才引进培养和基础设施建设，提升全面对外开放合作水平；安排跨境物流通道建设资金1.95亿元，优化国际物流结构，培育跨境物流市场；安排航线补助专项资金9000万元，拓展面向东盟的国际航线，加强国际城市交流；安排跨境电子商务补助资金3000万元，提升跨境物流基础设施建设水平。

——统筹安排30.03亿元支持实体经济，保障强产业。其中，安排现代工业发展专项资金20亿元，加大对工业领域的投资力度，加快构建现代工业体系；安排现代信息服务业发展专项资金1.53亿元，支持现代服务业发展，加快信息基础设施和“智慧南宁”建设；安排“桂惠贷”财政贴息专项资金2.50亿元，引导金融机构加大信贷投放力度。

——统筹安排10.30亿元畅通内外循环，保障强市场。其中，安排商业服务业等支出9.10亿元，优化商业业态和商业结构，加快全市商品消费市场回暖；安排1.20亿元支持文化旅游项目建设，服务筹备2023年广西文化旅游发展大会，扶持文化产业，支持改善旅游设施，促进旅游消费。

——统筹安排6.92亿元支持项目建设，保障强投资。其中，安排预算内基本建设投资计划资金5亿元，保障预算内投资力度不减，切实发挥项目投资促进经济恢复增长的作用；安排3082.15万元保障产业招商，支持产业招商大突破；安排1.31亿元持续深化“放管服”改革，提升优化营商环境；安排国有企业注册资本金3000万元，深化市属国企供给侧结构性改革。

——统筹安排48.14亿元加强城乡统筹，保障强治理。其中，安排城乡社区公共设施建设支出15.82亿元、城乡社区环境卫生支出11.03亿元，加快构建城市“一主四副”总体空间格局，加快城市更新，积极推进新型城镇化；安排交通运输支出17.72亿元，完善路网建设，强化主城与副城新城的交通联系。

——统筹安排15.56亿元推进乡村振兴，加快农业农村现代化。其中，安排衔接推进乡村振兴补助资金6.91亿元，支持巩固拓展脱贫攻坚同乡村振兴有效衔接；安排水利发展资金2.75亿元，支持水利设施建设；安排农业生产发展专项资金3.39亿元，支持乡村振兴农业全产业链提升和现代特色农业示范区等项目；安排农业综合发展资金1.90亿元，扶持壮大村集体经济；安排水库移民基础设施建设资金4600万元、美丽乡村建设示范项目补助资金1500万元，优化生产生活条件提升村容村貌。

——统筹安排40.76亿元推进科教振兴，培育科教资源优势。其中，安排教育支出38.07亿元，支持优先发展教育事业，加快整合优化教育资源，加强教育基础设施建设；安排2.69亿元科学技术支出，重点支持创新驱动，鼓励企业加大研发经费投入，建设国家级农业科技园区。

——统筹安排26.06亿元推动绿色发展，巩固提升生态优势。其中，安排生态类PPP项目补助14.93亿元，污水处理服务及污水管网、排水管网运营维护经费5.90亿元，推进城市黑臭水体治理，升级城市“水清岸绿”美丽形象；安排垃圾处理经费5.02亿元，实施垃圾分类和资源化利用，巩固提升生态治理成果，助力绿色转型；安排大气污染防治资金2125万元，鼓励企业采用先进工艺和治理技术实现达标排放，改善大气环境质量。

——统筹安排66.70亿元推动共享发展，持续增进民生福祉。其中，安排社会保障和就业支出23.99亿元，统筹用于落实基本养老保险财政补助责任，保障弱势群体权益，扶持重点人群实现就业创业，切实促进社会保障事业发展；安排卫生健康支出36.71亿元，统筹落实城乡居民基本医疗保险资金市本级财政补助责任，强化公共卫生体系建设，促进优质医疗资源均衡布局；安排资金6亿元，落实自治区和南宁市为民办实事项目，支持为群众办好事办实事。

——统筹安排32.41亿元支持防疫稳定安全。其中，安排新冠病毒防疫专项资金1.70亿元，支持做好“外防输入、内防反弹”各项工作；安排28.03亿元聚焦社会治安综合治理，完善城乡治理体系，持续深化法治南宁平安南宁建设；安排2.46亿元提升城市综合防灾减灾救灾能力，防范和遏制重特大安全事故发生，切实保障人民群众生命财产安全；安排粮食风险基金2200万元，加强储备粮收储管理，稳定粮食市场价格，维护粮食流通秩序。

（四）政府性基金预算草案。

1. 代编全市政府性基金预算安排情况。

全市政府性基金预算总收入安排525.12亿元。其中，当年政府性基金预算收入459.62亿元，下降16.12%，下降的主要原因是预计2022年国有土地使用权出让收入减少；上级补助收入3.45亿元；上年结余收入62.05亿元。

全市政府性基金预算总支出安排525.12亿元。其中，当年政府性基金预算支出457.60亿元，下降16.82%，下降的主要原因是全市土地出让规模减小，从土地出让收入中安排的支出相应减少；上解支出33亿元；调出资金25.34亿元；地方政府专项债务还本支出9.17亿元。收支相抵，全市政府性基金预算收支平衡。

2.市本级政府性基金预算安排情况。

市本级政府性基金预算总收入安排420.41亿元。其中，当年市本级政府性基金预算收入386.48亿元，下降16.71%，下降的主要原因与全市相同；上级补助收入3.45亿元，上年结余收入30.48亿元。

市本级政府性基金预算总支出安排420.41亿元。其中，当年政府性基金预算支出337.54亿元，下降26.13%，下降的主要原因与全市相同；补助下级支出34.12亿元，增长15.95%；上解支出30亿元；调出资金10亿元；地方政府专项债务还本支出8.75亿元。收支相抵，市本级政府性基金预算收支平衡。

（五）国有资本经营预算草案。

1.代编全市国有资本经营预算安排情况。

全市国有资本经营预算总收入安排3.30亿元。其中，当年国有资本经营预算收入2.80亿元，下降79.74%，下降的主要原因是2021年存在上缴国有企业资产处置收益的一次性因素，预计2022年无此因素；上级补助收入716万元；上年结余收入4318万元。

全市国有资本经营预算总支出安排3.30亿元。其中，当年国有资本经营预算支出1.10亿元，增长1.39%，增长的主要原因是国有企业注册资本金支出增加；调出资金2.21亿元。收支相抵，全市国有资本经营预算收支平衡。

2.市本级国有资本经营预算情况。

市本级国有资本经营预算总收入安排2.23亿元。其中，当年国有资本经营预算收入2.06亿元，下降82.40%，下降的主要原因与全市相同；上级补助收入716万元，上年结余收入1013万元。

市本级国有资本经营预算总支出安排2.23亿元。其中，当年国有资本经营预算支出3481万元，下降54.82%，下降的主要原因是国有企业“三供一业”分离移交改造工作已完成，不再安排相关支出；补助下级支出1029万元；调出资金1.78亿元。收支相抵，市本级国有资本经营预算收支平衡。

（六）社会保险基金预算草案。

1. 代编全市社会保险基金预算安排情况。

全市社会保险基金预算总收入安排212.66亿元，增长7.57%，增长的主要原因是参保缴费水平提高和人数增加，以及财政补助标准提高。

全市社会保险基金预算总支出安排187.78亿元，增长1.61%，增长的主要原因是社会保险待遇水平政策性提高和待遇领取人数增加。收支相抵，全市社会保险基金预算当年结余24.88亿元，年末滚存结余257.12亿元。

2．市本级社会保险基金预算安排情况。

市本级社会保险基金预算总收入安排155.86亿元，增长11.54%，增长的主要原因：一是职工基本医疗保险（含生育保险）参保缴费水平提高和人数增加；二是2021年底医保业务信息系统切换，部分城乡居民基本医疗保险费顺延至2022年初缴纳。

市本级社会保险基金预算总支出安排140.64亿元，增长5.66%。增长的主要原因：一是参保群众就医需求的合理增长；二是重度失能人员认定人数增加，长期护理保险待遇支出持续增长。收支相抵，市本级社会保险基金预算当年结余15.22亿元，年末滚存结余204.08亿元。

各位代表，现在报告的2022年全市预算是汇总全市预计收支的预算，是一个指导性指标，待各县（市、区）预算经同级人民代表大会批准后，我们将按有关规定和程序，汇总后报市人大常委会备案。

（七）预算草案批准前安排支出的情况。

在本次人民代表大会批准2022年市本级预算草案前，为了统筹做好岁末年初各项工作，我们按照预算法的规定，加快安排上年结转项目支出，并及时安排必须支付的部门预算基本支出、项目支出和提前下达对县（市、区）、开发区转移支付补助。截至目前，市本级共安排一般公共预算支出4.56亿元，政府性基金预算支出4.71亿元，社会保险基金预算支出1.20亿元。

（八）市属三个国家级开发区和青秀山风景区预算草案。

1.高新技术产业开发区预算草案。

高新技术产业开发区一般公共预算总收入安排25.36亿元，一般公共预算总支出安排25.36亿元；政府性基金预算总收入安排16.88亿元，政府性基金预算总支出安排16.88亿元；国有资本经营预算总收入安排2814万元，国有资本经营预算总支出安排2814万元；收支相抵，高新技术产业开发区“三本预算”收支平衡。社会保险基金预算总收入安排5714万元，社会保险基金预算总支出安排2829万元。收支相抵，高新技术产业开发区社会保险基金预算当年结余2885万元，年末滚存结余9734万元。

2.经济技术开发区预算草案。

经济技术开发区一般公共预算总收入安排21.98亿元，一般公共预算总支出安排21.98亿元；政府性基金预算总收入安排9.10亿元，政府性基金预算总支出安排9.10亿元；国有资本经营预算总收入安排3000万元，国有资本经营预算总支出安排3000万元；收支相抵，经济技术开发区“三本预算”收支平衡。社会保险基金预算总收入安排7042万元，社会保险基金预算总支出安排4200万元。收支相抵，经济技术开发区社会保险基金预算当年结余2842万元，年末滚存结余1.05亿元。

3.广西—东盟经济技术开发区预算草案。

广西—东盟经济技术开发区一般公共预算总收入安排8.15亿元，一般公共预算总支出安排8.15亿元；政府性基金预算总收入安排15.08亿元，政府性基金预算总支出安排15.08亿元；国有资本经营预算总收入安排138万元，国有资本经营预算总支出安排138万元；收支相抵，广西—东盟经济技术开发区“三本预算”收支平衡。社会保险基金预算总收入安排2765万元，社会保险基金预算总支出安排2302万元。收支相抵，广西—东盟经济技术开发区社会保险基金预算当年结余463万元，年末滚存结余3110万元。

4.青秀山风景区预算草案。

青秀山风景区一般公共预算总收入3.87亿元，一般公共预算总支出3.87亿元；国有资本经营预算总收入安排8万元，国有资本经营预算总支出安排8万元；收支相抵，青秀山风景区一般公共预算和国有资本经营预算收支平衡。

三、2022年财政重点工作

2022年，我们将全面落实强首府战略，全力推动高质量发展，重点做好以下工作。

（一）统筹财政资源配置，增强财政保障能力。

一是精心做好组织收入工作，加强经济走势预研预判，强化财源建设意识，促进经济持续稳定增长。紧盯重点税源重点项目，加强财政、税务和自然资源等多部门协调联动，深入挖掘税收增长潜力，依法应收尽收。强化非税收入征管，稳妥推动国有土地使用权出让收入等非税收入统一划转税务部门征收，压实各部门责任。更加注重财政收入质量，努力实现收入结构持续优化，提升财政收入征管质效，增强财政发展的可持续性。二是加强一般公共预算、政府性基金预算、国有资本经营预算和社会保险基金预算四本预算衔接，统筹谋划盘活政府和国资国企资产资源，全方位拓宽资金来源。全力争取、管好用好地方政府债券资金。强化财政资金统筹盘活使用，通过压减非急需非刚性支出、加强沉淀资金和存量资金盘活使用等措施，优先保障“三保”、民生等重点支出领域资金需求。三是加大收入统筹力度，充分挖掘各种闲置资源潜力，加强政府性资源综合管理。规范部门和单位收入统筹管理，依法依规将各部门单位取得的各类收入纳入预算管理，未纳入预算的收入不得安排支出。

（二）主动服务实体经济，涵养厚植财源基础。

一是千方百计拓展产业投资渠道，健全政府引导、企业主体、社会资本参与的产业投入稳定增长机制，在五个方面下硬功夫，花大力气：从政府投资上“聚”，整合统筹关联资金形成投入规模效应，持续加大财政对“双百双新”等重点产业重大项目的投入力度；从银行信贷上“借”，发挥财政资金杠杆作用，深入实施“桂惠贷”等财政贴息政策，引导银行机构加大信贷投放力度；从基金平台上“扩”，建立健全基金投贷联动新融资模式，培育发展产业投资基金、创业投资引导基金、天使投资基金等股权投资基金；从资本市场上“融”，在严控政府债务风险的前提下，积极申报新增政府债券，开展专项债券项目市场化配套融资，推进重大项目建设；从民间资本中“引”，充分发挥市场在资源配置中的决定性作用，更好发挥政府作用，推动有效市场和有为政府更好结合，持续加大PPP项目储备和推进力度。二是继续落实好制造业研发费用加计扣除、增值税留抵退税、固定资产加速折旧等制造业优惠政策，确保制造业税负下降，营造良好营商环境和政策环境，把培育产业财源的工作落实到具体项目，帮助企业轻装上阵、释放活力，加快构建现代产业体系，持续厚植税源。三是鼓励企业加大研发经费投入，继续实施研发经费直接补贴政策，支持企业供应链产业链稳定循环和优化升级，支持工业企业建设制造业创新中心、企业技术中心、工程研究中心、技术创新示范企业。

（三）强化预算支出管理，用好用活财政资源。

一是全力保障自治区党委、政府和市委重大决策部署贯彻落实，加强财政资源资金统筹，突出保障强开放、强产业、强市场、强投资、强治理五项重点工作，全力推进乡村振兴和科教振兴，全力促进绿色发展和共享发展，大力支持抓好防疫稳定安全“三件大事”。二是在财政收支紧平衡日趋常态化的形势下，坚持量入为出，继续严格落实过紧日子要求，真正把钱花在刀刃上。严控一般性支出，进一步压减非急需非刚性支出。严格执行各项经费开支标准，严禁违反规定乱开口子、随意追加预算，继续强化“三公”经费管理。三是优化支出结构，切实做好2022年项目预算安排。合理安排支出预算规模，以保障和改善民生为重点加强社会建设，尽力而为、量力而行，有效运用预算稳定调节基金等跨周期调控机制，做到以丰补歉、削峰填谷。完善直达资金直达机制，确保资金直达使用单位，直接惠企利民。充分考虑我市财政可承受能力和市场需求，适度超前进行基础设施建设，扩大政府有效投资，推动经济持续恢复。四是全面实施预算绩效管理，提高资金使用效益。强化“花钱必问效，无效必问责”的预算安排绩效理念，建立健全新增重大项目事前绩效评估机制，优先保障预期绩效较高的项目，并按照中央要求做好财政承受能力评估工作。

（四）推进财政管理改革创新，持续提升财政治理效能。

一是认真贯彻实施预算法及相关法律法规，自觉接受人大依法开展预算审查监督，落实人大预算审查监督重点向支出预算和政策拓展有关要求。二是深入推进预算管理改革，推进零基预算，打破支出固化僵化格局。推进支出标准体系建设，将支出标准作为预算编制的基本依据，做实做细项目储备。加快推进预算管理一体化系统建设，完善现代信息技术条件下“制度+技术”的管理机制。三是深入推进财政体制改革。立足加快建立现代财政制度，建立权责清晰、财力协调、区域均衡的市以下财政关系，推动形成稳定的各级政府事权、支出责任和财力相适应的制度。理顺东部产业新城各区域间收支分配关系，完善五象新区财政支持方式，继续推进经济发达镇财政管理体制改革，充分调动各县（市、区）、开发区当家理财积极性。四是提升财政资金绩效管理水平。强化预算约束和绩效管理，强化预算绩效管理信息化支撑，着力提高全过程预算绩效管理质量，不断提升财政资源配置效率和资金使用效益。五是推进财政领域“放管服”改革，全面实施政府采购意向公开，加强政府采购执行管理，持续推进“互联网+政府采购”，提高市场主体便利度。

（五）强化财政风险监管，严守不发生系统性风险底线。

一是防范化解政府债务风险。强化偿债主体责任意识，及时足额偿还到期政府债务本息，确保政府法定债务不发生风险。在保证债券资金使用安全、规范的基础上加快支出进度，充分发挥新增政府债券资金的使用效益。稳妥有序化解存量隐性债务，杜绝化债不实行为，坚决遏制政府隐性债务增量。二是兜牢基层“三保”底线。全面落实“三保”兜底保障机制，坚持“三保”支出在预算安排、预算执行和库款拨付的优先保障顺序，切实保障基本民生、工资发放和机构运转，坚决防止出现“三保”风险。三是完善财政财务监管。严肃财经纪律，加强财会财务监管，对违反有关财税法规的行为严肃追责问责。加快消化财政暂付性款项，严格控制新增财政暂付性款项，加强预拨经费和其他应收款管理。建设法治财政，改进预决算公开，增强财政透明度，发挥多种监督方式的协同效应。

各位代表，做好今年的财政工作责任重大、使命光荣、任务艰巨，我们将更加紧密地团结在以习近平同志为核心的党中央周围，坚持以习近平新时代中国特色社会主义思想为指导，牢记领袖嘱托，勇担历史使命，踔厉奋发、笃行不怠，全面落实强首府战略，奋力建设新时代中国特色社会主义壮美广西首善之地，以优异成绩迎接党的二十大胜利召开！

党史学习教育

工作综述

党史学习教育综述

根据党中央部署要求，南宁市党史学习教育于2021年2月启动，贯穿2021年全年，全市共有1.8万多个党组织，29万多名党员参加，实现了全覆盖。市委坚决履行政治责任，按照学史明理、学史增信、学史崇德、学史力行的要求，扎实推进党史学习教育，行动快、措施实，特色足、亮点多，声势强、氛围浓，学党史、悟思想、办实事、开新局取得明显成效，得到党史学习教育中央第七指导组、自治区党委党史学习教育第七巡回指导组充分肯定。自治区巡回指导组对南宁市党史学习教育成效进行了评估，综合评价为“好”。

一、用功“学党史”，全市形成知史爱党、知史爱国的高度自觉

市委坚持把党史学习教育作为重大政治任务来抓，聚焦主题主线，健全组织机构，压紧压实责任，教育引导全市广大党员干部在党史学习教育和“四史”宣传教育上下功夫。一是完善学习制度。健全市县两级常委会会议、党委（党组）理论学习中心组、基层党组织“三会一课”、干部教育培训等制度机制，引导广大党员干部深入学习党的百年奋斗历史，从党的非凡历程中深刻认识中国共产党为什么“能”、马克思主义为什么“行”、中国特色社会主义为什么“好”。二是深入开展宣讲。组织成立市县两级宣讲团，选派3000多名大众宣讲员，进企业、进农村、进机关、进校园、进社区、进网络，广泛开展“百场千员下基层”宣讲活动，把“基本原理”变成“生动道理”，累计宣讲5万多场次、受众超300万人次，南宁市选送的山歌理论宣讲报告《山歌似水赞英雄　理想如炬耀壮乡》被中宣部评为2021年全国“优秀理论宣讲报告”。三是创新学习方式。扎实开展“党员心声大家谈”“党史知识大家答”“红色歌曲大家唱”等“感党恩　跟党走”主题系列活动，让党史学习教育融入日常、学在经常，真正入脑入心；充分运用南宁市丰富的红色资源，采取现场参观体验学、红色线路旅游学、线上线下打卡学等方式，弘扬革命传统、传承红色精神，以一艘邕江红色主题游船、一列红色主题地铁专列、一批红色主题公交车为载体的“流动党史馆”，将首府南宁红色资源融合、串联起来，让党史学习教育“动起来、活起来、热起来”。全市各主要教育基地共接待单位9000多批次，参观人数超过130万人次。四是大力营造氛围。统筹内宣外宣、网上网下、大屏小屏，推进媒体深度融合，全媒体、全方位宣传党史学习教育，让主旋律有高频率、正能量有大流量，营造了浓厚的党史学习教育氛围。中央广播电视总台《东方时空》对南宁市庆祝建党百年灯光秀进行了直播；全市各级各类新闻媒体共刊发党史学习教育稿件3万多篇，新媒体阅读量超2858万人次；市属新媒体平台党史学习教育短视频总播放量超1.9亿次，抖音和微博话题“建党百年南宁篇”网络阅读总量达2800多万人次。

二、用心“悟思想”，深入学习贯彻习近平新时代中国特色社会主义思想

把学习宣传贯彻习近平新时代中国特色社会主义思想贯穿党史学习教育始终，教育引导广大党员干部自觉做这一伟大思想的坚定信仰者、坚决拥护者、忠实践行者，切实用党的创新理论武装头脑、指导实践、推动工作。一是在学懂上下功夫，从市委常委班子做起，原原本本学、全面系统学、及时跟进学，带动全市各级党组织和广大党员干部群众持续兴起学习热潮。二是在弄通上下功夫，坚持用联系的而不是孤立的、系统的而不是零散的、全部的而不是局部的方法，准确把握习近平新时代中国特色社会主义思想的重大意义、核心要义、科学体系和丰富内涵，深入领会历史逻辑、理论逻辑和实践逻辑，深刻感悟强大真理力量、独特思想魅力、巨大实践伟力，努力做到知其然更知其所以然。三是在做实上下功夫，与贯彻落实习近平总书记关于党史学习教育的重要讲话重要指示精神结合起来，与贯彻落实党的十九届六中全会精神结合起来，与贯彻落实习近平总书记视察广西“4·27”重要讲话精神和对广西工作系列重要指示要求结合起来，切实把学习成效转化为推进全市改革发展稳定事业的实际行动。

三、用情“办实事”，不断增强群众获得感幸福感安全感

市委始终牢记初心使命，自觉践行以人民为中心的发展思想，扎实开展“我为群众办实事”实践活动，着力解决群众“急难愁盼”问题，不断增进民生福祉。一是大力推进为民办实事项目。找准群众关注的安居保障、教育均衡、交通畅行、生态环境、医疗惠民、就业社保、养老托育、文体服务等重点民生领域问题，出台一项项利民惠民的政策措施、实施一批批为民便民的项目工程、解决一桩桩损害群众利益的不正之风问题。南宁市承接的自治区51项重点项目和市本级77项重点项目已全部完成，累计完成“我为群众办实事”实践活动项目250903件，居全区之首。南宁市成立的全国首个灵活就业人员合法权益保障联动化解中心，被中央广播电视总台《新闻联播》宣传报道。二是不断完善为民办实事制度机制。建立健全责任落实和投入保障机制，在全国首创“24小时不打烊”网上全自助登记办证模式，推出新建商品房“即核即办”模式，惠及4.4万多户；将群众的“需求清单”变成党员的“履职清单”，推动办好实事凝聚民心长效化，等等，使人民群众深切感受到党史学习教育带来的变化和实效。

四、用力“开新局”，奋力推动首府经济社会高质量发展

坚持把学史力行作为党史学习教育的落脚点，聚焦学思用贯通、知信行统一持续用力，推动党史学习教育与中心工作融合发展，以史为鉴、笃志前行，统筹疫情防控和经济社会发展，统筹发展和安全，全面落实强首府战略，经济发展“质”与“量”同步提升，实现“十四五”良好开局。2021年全市地区生产总值突破5000亿元大关，一般公共预算收入增长5.2%。召开市第十三次党代会，系统谋划南宁市未来五年和今后一个时期的工作。召开市委十三届三次全会暨经济工作会议，审议通过《中共南宁市委员会关于深入学习宣传贯彻党的十九届六中全会精神的决定》，围绕实现高质量发展，突出落实强开放、强产业、强市场、强投资、强治理“五强”重点工

作，抓好疫情防控、社会稳定、城市安全“三件大事”，切实把党史学习教育成果转化为奋力建设新时代中国特色社会主义壮美广西首善之地的扎实成效。

2021年，南宁市党史学习教育全面铺开、扎实推进，持续走深走实，各级党组织和广大党员干部用党的奋斗历程和伟大成就鼓舞斗志、明确方向，用党的光荣传统和优良作风坚定信念、凝聚力量，用党的实践创造和历史经验启迪智慧、砥砺品格，进一步增强了学习贯彻党的创新理论的自觉性、坚定性，锤炼了政治意识、增进了历史自信，树牢了宗旨意识和为民情怀，提振了奋进新征程、建功新时代的精气神，增强了应变局、开新局的能力本领。

（市委宣传部　供稿）

工作会议

市委常委会召开会议
学习贯彻习近平总书记在党史学习教育动员大会上的重要讲话精神

3月4日，市委常委会召开会议，学习贯彻习近平总书记在党史学习教育动员大会上的重要讲话精神以及全区党史学习教育动员大会精神，审议《关于在全市开展党史学习教育的实施方案》，研究部署有关工作。自治区党委常委、市委书记王小东主持会议并讲话。

会议合并召开市委党史学习教育领导小组第一次会议。会议指出，习近平总书记在党史学习教育动员大会上发表的重要讲话，深刻阐述了开展党史学习教育的重大意义，阐明了党史学习教育的重点和工作要求，对党史学习教育进行了全面动员和部署，为我们开展党史学习教育指明了前进方向、提供了根本遵循。全市各级各部门要进一步提高政治站位，迅速把思想和行动统一到习近平总书记重要讲话精神上来，增强“四个意识”、坚定“四个自信”、做到“两个维护”，不断提高政治判断力、政治领悟力、政治执行力，严格落实党中央、自治区党委和市委的部署要求，结合首府实际扎实开展党史学习教育，切实把学习成效转化为推动首府高质量发展的强大动力。

会议强调，要准确把握好目标要求、学习内容、工作安排，通过开展专题学习、加强政治引领、组织专题培训、开展“我为群众办实事”实践活动、召开专题组织生活会等形式，推动学习教育融入日常、抓在经常，确保党史学习教育高标准高质量扎实开展。要坚持集中学习和自主学习相结合，坚持规定动作和自选动作相结合，开展特色鲜明、形式多样的学习教育，深入学习共产党人为理想信念奋斗的历史、践行初心使命的历史、推进理论创新的历史、不断攻坚克难的历史、勇于自我革命的历史等，深刻把握中华民族从站起来、富起来到强起来的历史逻辑、理论逻辑和实践逻辑。各级党委（党组）要加强组织领导，扛起主体责任，切实把各项任务落到实处；要发挥领导干部的“关键少数”作用，带头深学深悟、带头深入一线解难题，示范带动广大党员干部全身心投入学习；强化宣传引导，推动党史学习教育深入基层、深入人心；坚持两手抓、两促进，以学习教育成果推进强首府各项工作开展，以经济社会高质量发展成效检验学习教育成果，确保“十四五”发展开好局、起好步，以优异成绩庆祝建党100周年。

全市党史学习教育动员大会召开

3月5日，全市党史学习教育动员大会召开，自治区党委常委、市委书记王小东出席会议并作动员部署讲话。王小东强调，全市各级党组织和广大党员干部要深入学习贯彻落实习近平总书记在党史学习教育动员大会上的重要讲话精神，按照党中央和自治区党委的部署要求，结合南宁实际，按照“学党史、悟思想、办实事、开新局”的要求，抓实抓细各项重点任务，推动党史学习教育高标准高质量开展，取得实实在在的成效，为全面落实强首府战略、推动南宁高质量发展努力奋斗，以优异成绩庆祝建党100周年。市人大常委会主任冯学军、市政协主席杜伟出席。

王小东指出，党的十八大以来，以习近平同志为核心的党中央以强烈的政治自觉和历史自觉，把学习党史提高到事关党和国家工作全局的重要地位。在庆祝中国共产党百年华诞的重大时刻，在“两个一百年”奋斗目标历史交汇的关键节点，党中央部署开展党史学习教育，正当其时，十分必要。这是牢记初心使命、推进中华民族伟大复兴历史伟业的必然要求，是坚定信仰信念、在新时代坚持和发展中国特色社会主义的必然要求，是推进党的自我革命、永葆党的生机活力的必然要求，对于总结历史经验、认识历史规律、掌握历史主动，对于传承红色基因、牢记历史使命、坚持正确方向，对于深入学习领会习近平新时代中国特色社会主义思想，进一步统一思想、统一意志、统一行动，建设更加强大的马克思主义执政党，在新的历史起点上奋力夺取新时代中国特色社会主义伟大胜利，具有重大而深远的意义。全市各级党组织要提高思想认识，坚持用习近平总书记重要讲话精神统领党史学习教育，立足实际、守正创新，引导广大党员干部增强“四个意识”、坚定“四个自信”、做到“两个维护”，不断提高政治判断力、政治领悟力、政治执行力，真正做到学史明理、学史增信、学史崇德、学史力行，学党史、悟思想、办实事、开新局，为全面落实强首府战略、推动南宁高质量发展，夺取全面建设社会主义现代化新胜利而不懈奋斗。

王小东强调，要牢牢把握重点，高标准高质量开展党史学习教育。要教育引导广大党员干部在强化政治自觉、做到“两个维护”上下真功出实效，自觉把对党绝对忠诚作为生命线和根本点，始终在政治立场、政治方向、政治原则和政治道路上同以习近平同志为核心的党中央保持高度一致，党中央提倡的坚决响应、党中央决定的坚决执行、党中央禁止的坚决不做，以实际行动践行“两个维护”。在感悟思想伟力、学懂弄通做实上下真功出实效，深化对中国化马克思主义既一脉相承又与时俱进的理论品质的认识，坚持学习党史和学习新中国史、改革开放史、社会主义发展史相贯通，把学习宣传贯彻习近平新时代中国特色社会主义思想作为重大政治任务，坚持不懈用党的创新理论最新成果武装头脑、指导实践、推动工作。在把握历史规律、创造比较优势上下真功出实效，牢固树立大历史观，把握南宁发展的历史方位和阶段性特征，深入贯彻“三大定位”新使命和“五个扎实”新要求，准确把握新发展阶段、抢抓用好新发展机遇、深入贯彻新发展理念、加快融入新发展格局，努力在危机中育先机、于变局中开新局，不断推动全市对外开放合作再上新水平。在永葆初心使命、增进民生福祉上下真功出实效，持续强化全心全意为人民服务的宗旨意识，始终把人民对美好生活的向往作为奋斗目标，自觉坚持人民立场，践行群众路线，扎实开展“我为群众办实事”实践活动，加强普惠性、基础性、兜底性民生建设，着力解决好关系人民群众切身利益的“急难愁盼”问题。在汲取历史经验、应对风险挑战上下真功出实效，总结运用党在不同历史时期成功应对风险挑战的丰富经验，强化底线思维和忧患意识，不断增强斗争意识，丰富斗争经验，提升斗争本领，统筹好发展和安全，防范化解各种风险挑战，努力实现更高质量、更有效率、更加公平、更可持续、更为安全的发展。在发扬革命精神、锻造过硬作风上下真功出实效，用好红色资源，向革命先辈学习，向先进典型学习，大力发扬红色传统、传承红色基因，永葆“闯”的精神、“创”的劲头、“实”的作风，以永不懈怠的精神状态和一往无前的奋斗姿态，扎实抓好各项工作。

王小东强调，开展党史学习教育是当前一项重大政治任务。各级党委（党组）要加强组织领导，高度重视、科学谋划、精心组织，压紧压实责任，坚持守正创新，及时跟进指导，强化宣传引导，切实把党史学习教育各项工作抓紧抓实抓到位。要坚持两手抓两促进，做好结合文章，把开展党史学习教育同深入贯彻落实习近平总书记对广西工作的重要指示精神、同统筹疫情防控和经济社会发展、同抓好强首府各项工作等紧密结合起来，切实把学习教育成效转化为推动高质量发展的实际成果。

市委常委会召开会议
听取全市党史学习教育开展情况汇报

5月21日，市委常委会召开会议，传达学习全区市、县（市、区）党委党史学习教育领导小组办公室主任座谈会精神，听取全市党史学习教育开展情况汇报，研究部署有关工作。自治区党委常委、市委书记王小东主持会议并讲话。

会议合并召开市委党史学习教育领导小组第二次会议。会议指出，南宁市党史学习教育取得了阶段性成效。全市各级各部门要进一步提高政治站位，在感悟思想伟力中将党史学习教育进一步引向深入。要持续在学习贯彻习近平新时代中国特色社会主义思想，特别是习近平总书记视察广西时的重要讲话精神上下功夫，不断推动党史学习教育走深走实。

会议强调，要严格对标对表，推动党史学习教育取得更大成效。要高质量落实“规定动作”，用心用情用力开展“我为群众办实事”实践活动。要高标准开展“自选动作”，深入挖掘本地红色资源，创新学习教育载体，不断增强学习教育的吸引力、实效性。要高水平做好结合文章，把开展党史学习教育同深入贯彻落实习近平总书记视察广西时的重要讲话精神紧密结合起来，同推动“十四五”高质量发展、推进强首府各项工作、争创全国文明典范城市、实现国家卫生城市“四连冠”、确保“双过半”目标任务顺利完成等重点工作紧密结合起来，做到两手抓、两促进。要结合开展庆祝建党100周年系列活动，持续加大党史学习教育宣传力度，实现全覆盖，营造浓厚氛围。

会议强调，要强化责任落实，确保党史学习教育扎实有序推进。各级党委（党组）要切实扛起主体责任，主要负责同志要履行好第一责任人职责，各相关部门要强化分类指导督导，力戒形式主义、官僚主义，合力推动各项任务要求落到实处，切实以高质量发展成效检验学习教育成果，确保“十四五”发展开好局、起好步，以优异成绩庆祝建党100周年。

全市深入推进党史学习教育
座谈会召开

10月16日，全市深入推进党史学习教育座谈会在市委、市政府会议中心召开。会议深入学习贯彻习近平总书记“七一”重要讲话精神和关于学习党史的重要论述，贯彻落实全区深入推进党史学习教育座谈会精神，研究部署下一阶段工作。

会议指出，党史学习教育是贯穿全年的一项重大政治任务。党史学习教育开展以来，市委认真贯彻落实党中央、自治区党委的决策部署，紧紧围绕“学史明理、学史增信、学史崇德、学史力行”的目标要求，高标准高质量推进党史学习教育，取得阶段性成效，有力推动了首府经济社会高质量发展。

会议强调，当前，党史学习教育进入关键阶段。全市各级各相关部门要提高政治站位，按照自治区党委和市委的部署要求，以更高标准、更严要求、更实举措，不断拓展党史学习教育广度深度，持续推动党史学习教育走深走实。要聚焦学习深化，突出学习主题、专题宣讲、鲜活特色，在学深悟透上持续下功夫，做到真学真懂真信真用。要聚焦“急难愁盼”，把党史学习教育落实到看得见摸得着的为民办实事上来，深化拓展“我为群众办实事”实践活动。要聚焦成果转化，把学史明理、学史增信、学史崇德的成果转化为改造主观世界和客观世界的实际行动，转化为全面落实强首府战略的强大动力和工作成效，坚决完成全年目标任务，确保“十四五”开好局起好步。要聚焦问题整改，从压实责任、系统深入、建立机制等方面入手，较真碰硬抓整改，切实提升党史学习教育质量。要聚焦责任落实，确保党史学习教育取得实实在在的成效。

全市党史学习教育总结会议召开

2022年1月13日，市委召开全市党史学习教育总结会议，坚持以习近平新时代中国特色社会主义思想为指导，深入学习贯彻党的十九大和十九届历次全会精神，认真落实习近平总书记对党史学习教育的重要指示精神，以及习近平总书记在中央政治局专题民主生活会、省部级主要领导干部学习贯彻党的十九届六中全会精神专题研讨班开班式上的重要讲话精神，按照全区党史学习教育总结会议要求，对南宁市党史学习教育进行全面总结，巩固拓展成果，弘扬伟大建党精神，激励全市干部群众更好地从党的百年奋斗历史汲取智慧和力量，全面落实强首府战略，凝心聚力建设新时代中国特色社会主义壮美广西首善之地，以优异成绩迎接党的二十大胜利召开。自治区党委常委、市委书记、市委党史学习教育领导小组组长徐海荣出席会议并讲话。

徐海荣指出，习近平总书记高度重视开展党史学习教育，亲自谋划、亲自部署、亲自推进，多次发表重要讲话，作出重要指示，深刻阐明了党百年奋斗的历史价值和学习党史的根本目的、基本要求、科学态度，把我们对党的历史认识提升到新高度，为开展党史学习教育指明方向，推动党史学习教育不断取得新成效。习近平总书记对党史学习教育的重要指示精神和在中央政治局专题民主生活会上的重要讲话精神，从政治和全局高度深刻阐明开展党史学习教育的重大意义，充分肯定党史学习教育的显著成效和重大成果，对深入学习贯彻党的十九届六中全会精神，推动党史学习教育常态化长效化提出明确要求，为总结好、巩固好、拓展好党史学习教育提供了根本遵循。全市广大党员干部要切实提高政治站位，深入学习领会、坚决贯彻落实习近平总书记重要指示和重要讲话精神，切实把学习成效转化为工作动力、发展成就和为群众办实事的实际行动，推动首府经济社会高质量发展。

徐海荣指出，党史学习教育开展以来，市委认真贯彻落实习近平总书记重要指示精神和党中央决策部署，按照自治区党委的要求，持续在学史明理、学史增信、学史崇德、学史力行上下功夫，用功“学党史”，用心“悟思想”，用情“办实事”，用力“开新局”。通过党史学习教育，全市广大党员干部受到了一次全面深刻的政治教育、思想淬炼、精神洗礼，历史自信进一步坚定，理论自觉进一步提高，政治意识进一步强化，宗旨意识进一步增强，革命精神进一步弘扬，发展本领进一步提升，各级党组织的创造力、凝聚力、战斗力大大提升，达到了学党史、悟思想、办实事、开新局的目的。

徐海荣强调，要坚定不移抓好政治建设，深刻领悟“两个确立”的决定性意义，坚决把“两个维护”作为最高政治准则和根本政治规矩，切实提高政治判断力、政治领悟力、政治执行力，始终在政治立场、政治方向、政治原则、政治道路上同以习近平同志为核心的党中央保持高度一致。要坚定不移强化理论武装，把学习贯彻习近平新时代中国特色社会主义思想作为首要政治任务，紧密结合思想和工作实际，在干中学、学中干，学以致用、知行合一，继续把党史总结、学习、教育、宣传引向深入。要坚定不移践行人民至上理念，坚持以习近平总书记“民之所忧，我必念之；民之所盼，我必行之”的深厚为民情怀为标杆，引领全市各族人民朝着共同富裕目标稳步前进，共享改革发展成果和幸福美好生活。要坚定不移发扬斗争精神，坚决与畏难情绪懒惰思想作斗争、坚决与发展中遇到的困难和问题作斗争、坚决与不可预见突发性事件作斗争，坚持底线思维，增强忧患意识，统筹发展和安全，高度重视和防范化解重大风险隐患，坚决维护政治安全、经济安全、社会安全。要坚定不移推进自我革命，始终把管党治党责任抓在手上、扛在肩上、落实在行动上，全面推进党的政治建设、思想建设、组织建设、作风建设、纪律建设，把制度建设贯穿其中，深入推进反腐败斗争，抓实抓好各级“一把手”和领导班子的监督管理，努力实现政治清明、政府清廉、干部清正、社会清朗。要坚定不移推进学习常态长效，以学习贯彻党的十九届六中全会精神为重点，深入推进党史学习教育，原原本本学习全会决议，用好党委（党组）理论学习中心组制度，用好干部教育培训机制，用好学校思政课这个渠道，用好红色资源，用好“我为群众办实事”实践活动形成的良好机制，进一步做到学史明理、学史增信、学史崇德、学史力行。要坚定不移推动成果转化，把汲取到的智慧和力量体现到深入贯彻落实习近平总书记对广西工作系列重要指示精神特别是视察广西“4·27”重要讲话精神的行动上来，完整、准确、全面贯彻新发展理念，坚持政策为大、项目为王、环境为本、创新为要，坚定不移推动高质量发展，全力落实“五强”重点工作，突出抓好防疫稳定安全“三件大事”，不断推动首府各项事业发展取得新成效。

专题学习和民主生活会

市委常委班子党史学习教育第一次专题学习暨市委理论学习中心组2021年第一次专题学习

3月30日，自治区党委常委、市委书记王小东主持召开市委常委班子党史学习教育第一次专题学习暨市委理论学习中心组2021年第一次专题学习。

王小东强调，站在“两个一百年”奋斗目标历史交汇点上，以习近平同志为核心的党中央部署在全党开展党史学习教育，对于统筹中华民族伟大复兴战略全局和世界百年未有之大变局，激励全党全国各族人民满怀信心投身全面建设社会主义现代化国家新征程，具有重大现实意义和深远历史意义。全市各级各部门特别是各级领导干部要深入学习党史、感悟思想伟力，带头做到“两个维护”，持续在学懂弄通做实习近平新时代中国特色社会主义思想上下更大功夫，不断提高政治判断力、政治领悟力、政治执行力，以高度的政治自觉推动党中央决策部署在南宁不折不扣贯彻落实，真正做到学党史、悟思想、办实事、开新局。要深入学习党史、践行为民宗旨，全力以赴增进民生福祉，始终坚持以人民为中心，认真开展“我为群众办实事”实践活动，着力解决基层的困难事和群众“急难愁盼”问题，加快完善民生保障体制机制，持续提升发展的质量和效益，推动改革发展成果更多更公平惠及群众。要深入学习党史、把握发展规律，牢牢掌握高质量发展主动权，始终坚持用马克思主义的立场、观点和方法分析问题、研判形势，时时处处与党中央的大政方针和决策部署对标对表，准确把握新发展阶段、抢抓用好新发展机遇、深入贯彻新发展理念、加快融入新发展格局，以经济社会高质量发展的成效检验党史学习教育的成果。要深入学习党史、发扬革命精神，在敢担当善作为上做好表率，大力发扬红色传统、传承红色基因，永葆“闯”的精神、“创”的劲头、“实”的作风，不断提升斗争本领，统筹好发展和安全，防范化解各种风险挑战；继续发扬自我革命精神，推动全面从严治党向纵深发展。要坚持把开展党史学习教育同深入贯彻落实习近平总书记对广西工作的重要指示精神、统筹疫情防控和经济社会发展、抓好强首府各项工作等紧密结合起来，切实做到学史明理、学史增信、学史崇德、学史力行，按照“起步就要提速、开局就要争先”的要求，把发展的方向、工作的重点和主观的努力有机结合起来，创造和发挥比较优势，全力推动首府“十四五”开好局、起好步，以优异成绩庆祝建党100周年。

市委理论学习中心组2021年第二次专题学习

5月20日，市委理论学习中心组举行2021年第二次专题学习集中讨论，深入学习贯彻落实习近平总书记视察广西时的重要讲话精神，深刻理解把握“建设新时代中国特色社会主义壮美广西”总目标、“四个新”总要求和四个方面重要工作要求，感恩奋进、狠抓落实，全面落实强首府战略，扎实推动“十四五”高质量发展，努力在建设新时代中国特色社会主义壮美广西中走在前作表率。自治区党委常委、市委书记王小东主持会议并讲话。

会议指出，习近平总书记视察广西时的重要讲话，站在党和国家事业发展全局的战略高度，精准概括广西的四个突出特点，明确提出了“建设新时代中国特色社会主义壮美广西”总目标、“四个新”总要求和四个方面重要工作要求，这与总书记以往对广西工作的系列重要指示精神一脉相承、与时俱进，为我们指明了前进方向。习近平总书记重要讲话精神是引领高质量发展的科学指南、指导高质量发展的思想宝藏、推动高质量发展的行动纲领，我们要对标对表、紧跟紧随，学深悟透、融会贯通，坚决贯彻、坚定执行。要进一步增强“四个意识”、坚定“四个自信”、做到“两个维护”，不断提高政治判断力、政治领悟力、政治执行力，按照自治区党委决策部署，切实用习近平总书记重要讲话精神统一思想、统揽全局、统领发展，真正把总书记的关心关怀转化为强大动力，把总书记的殷切嘱托转化为生动实践，把总书记赋予的使命任务逐步变为美好现实，努力创造出无愧于党、无愧于人民、无愧于历史的业绩。

会议强调，要完整、准确、全面贯彻新发展理念，持续以“起步就要提速、开局就要争先”的奋斗姿态，加快构建现代产业体系，深入实施工业振兴三年行动，坚持强龙头、补链条、聚集群和强创新、育品牌、拓市场，持续做好产业发展、园区建设、企业培育三篇文章，牢牢扭住项目建设和工业投资，加大务实精准招商力度，加快培育壮大电子信息、先进装备制造、生物医药等重点产业集群，全力推动经济高质量发展。要持续畅通“南宁渠道”，在全区加快融入新发展格局中发挥好龙头带动作用，积极参与西部陆海新通道建设，主动对接粤港澳大湾区建设，加快推动中国—东盟博览会升级发展，建好用好各大开放平台，在创新体制机制和完善基础设施、引进落户项目、集聚企业、做大产业上取得更大进展。要深入学习贯彻习近平生态文明思想，坚持绿水青山就是金山银山，扎实推进生态文明建设和生态环境保护工作，狠抓中央生态环保督察反馈意见整改落实，巩固提升邕江综合整治和开发利用成果，积极创建国际花园城市，加快推动绿色低碳发展，持续提升“中国绿城”品质。要大力弘扬伟大脱贫攻坚精神，严格落实“四个不摘”要求，牢牢守住不发生规模性返贫的底线；要强化四级书记抓乡村振兴，在塑造“形、实、魂”上持续下功夫，加快推动乡村全面振兴。要坚持以人民为中心，着力提高人民生活品质，持续在加强普惠性、基础性、兜底性民生建设上下更大力气，着力解决群众“急难愁盼”问题，扎实推进新一轮全国民族团结进步示范市创建工作，巩固发展民族团结、社会稳定的大好局面。

会议强调，全市各级党组织要将学习贯彻习近平总书记重要讲话精神作为当前和今后一个时期首要政治任务，与贯彻落实党的十九届五中全会精神和“十四五”规划紧密结合起来，与开展党史学习教育、推进改革发展稳定任务、推动当前各项重大工作紧密结合起来，教育引导广大党员干部铭记嘱托、感恩奋进，以饱满的热情和扎实的作风，投入到全面落实强首府战略的生动实践中，真正做到以抓好落实体现忠诚、以推动发展体现担当，加快打造引领全区高质量发展的核心增长极，勇当贯彻四个方面重要工作要求的先行者、勇当落实“四个新”总要求的领头雁、勇当建设新时代中国特色社会主义壮美广西的排头兵，以优异成绩庆祝建党100周年。

市委常委班子党史学习教育第三次专题学习、专题读书班暨市委理论学习中心组2021年第三次专题学习

6月24日，市委常委班子开展党史学习教育第三次专题学习、专题读书班暨市委理论学习中心组2021年第三次专题学习，深入学习贯彻习近平总书记视察广西时关于党史学习教育的重要指示精神，结合学习改革开放新时期和党的十八大以来的历史，学习习近平总书记关于意识形态工作和关于发扬斗争精神、防范风险挑战的重要论述进行专题研讨，进一步增强信仰、信念、信心，解放思想、改革创新、扩大开放、担当实干，全面落实强首府战略，推动首府经济社会高质量发展，在凝心聚力加快建设新时代中国特色社会主义壮美广西中作出首府应有的贡献。自治区党委常委、市委书记王小东主持会议并讲话。

会议指出，习近平总书记视察广西时强调，学史增信，就是要增强对马克思主义、共产主义的信仰，增强对中国特色社会主义的信念，增强对实现中华民族伟大复兴的信心。我们要传承红色基因，充分运用首府丰富的红色资源，缅怀革命先烈，继承革命传统，弘扬革命精神，教育引导广大党员增强信仰信念信心，深刻认识中国共产党为什么能、马克思主义为什么行、中国特色社会主义为什么好，进一步增强“四个意识”、坚定“四个自信”、做到“两个维护”，始终牢记总书记嘱托，真抓实干、善作善成、造福于民，努力创造无愧于党、无愧于人民、无愧于历史的业绩。

会议强调，要坚持守正创新，进一步抓牢意识形态工作，坚持党管宣传、党管意识形态、党管媒体，结合党史学习教育和意识形态工作，建好主阵地、唱响主旋律、弘扬正能量，筑牢思想基础，不断增强社会主义意识形态的凝聚力和引领力，为首府高质量发展提供坚强思想保证和强大精神力量。

会议强调，要发扬斗争精神，进一步防范化解风险挑战。要统筹发展和安全，把安全发展贯穿首府发展各领域和全过程，有效防范化解各类风险挑战，扎实推动首府经济社会发展行稳致远。要高标准、严要求抓好安全稳定工作，始终坚持问题导向和结果导向，坚决防止发生影响社会稳定的重大政治事件、暴力恐怖事件和个人极端案事件、大规模群体性事件、重大恶性刑事治安案件、重大进京上访集访事件、重大舆情炒作

事件、重大安全生产事故，全力为庆祝建党100周年营造安全稳定的社会环境。

会议强调，要做好结合文章，进一步凝聚推动首府高质量发展强大力量。要把开展党史学习教育同深入学习宣传贯彻落实总书记视察广西时的重要讲话精神结合起来、同解决实际问题结合起来，开展好“我为群众办实事”实践活动，用心用情用力解决好基层的困难事、群众的烦心事，凝心聚力谱写新时代南宁高质量发展新篇章，以优异成绩庆祝建党100周年。

市委常委班子党史学习教育第四次专题学习暨市委理论学习中心组2021年第四次专题学习

7月16日，市委常委班子党史学习教育第四次专题学习暨市委理论学习中心组2021年第四次专题学习举行，深入学习贯彻习近平总书记在庆祝中国共产党成立100周年大会上的重要讲话精神，深刻领会把握讲话的重大意义、丰富内涵、核心要义、实践要求，切实把思想和行动统一到讲话精神上来，弘扬伟大建党精神，牢记初心使命，坚定理想信念，践行党的宗旨，进一步解放思想、改革创新、扩大开放、担当实干，全面落实强首府战略，加快打造引领全区高质量发展核心增长极，勇当建设新时代中国特色社会主义壮美广西的排头兵。自治区党委常委、市委书记王小东主持会议并讲话。

会前，市委理论学习中心组成员听取中国社会科学院党组成员、当代中国研究所所长姜辉关于学习贯彻习近平总书记“七一”重要讲话精神的专题辅导报告。

会议指出，习近平总书记“七一”重要讲话，立足中国共产党百年华诞的重大时刻和“两个一百年”历史交汇的关键节点，站在时代发展和战略全局的高度，统揽全局、纵贯百年、远眺未来，深情回顾了百年光辉历史，深刻阐述了百年辉煌成就，精辟概括伟大建党精神、鲜明提出“九个必须”根本要求，对全体党员发出了伟大号召，擘画了赓续红色血脉、引领复兴航程的宏伟蓝图，是指引全党全国人民立足百年大党新起点、置身百年未有之大变局、接力百年奋斗新征程的马克思主义纲领性文献。我们要从百年奋斗历程、百年沧桑巨变、百年伟大实践中深刻感悟、准确把握中国共产党为什么能，马克思主义为什么行，中国特色社会主义为什么好，始终坚持党的领导，紧密团结在以习近平同志为核心的党中央周围，进一步增强“四个意识”、坚定“四个自信”、做到“两个维护”，不断提高政治判断力、政治领悟力、政治执行力；始终高举中国特色社会主义伟大旗帜，善于运用制度力量应对风险挑战冲击，在危机中育先机、于变局中开新局；推动学习贯彻习近平新时代中国特色社会主义思想往深里走、往心里走、往实里走，在社会主义现代化建设新征程中不断夺取新胜利，为人类和平与发展的崇高事业作出新的更大贡献。

会议强调，全市各级党组织和广大党员干部要深入学习贯彻习近平总书记“七一”重要讲话精神，深入贯彻落实党中央和自治区党委的决策部署，自觉把南宁发展与中国特色社会主义伟大事业紧密联系起来，主动担当起南宁在全国、全区发展大局中的特殊职责和使命任务，为实现中华民族伟大复兴贡献南宁力量。

要坚定对党绝对忠诚，坚决做到“两个维护”，以思想武装夯实忠诚根基，以党性修养擦亮忠诚底色，以实际行动体现忠诚自觉，严守党的政治纪律和政治规矩，做到党中央提倡的坚决响应、党中央决定的坚决执行、党中央禁止的坚决不做。

要把学习贯彻习近平总书记“七一”重要讲话精神作为党史学习教育的核心内容，与学习贯彻习近平总书记对广西工作的系列重要指示精神结合起来，完整准确全面贯彻新发展理念，做实做强做优实体经济，坚持“强二扬三优一”，扎实做好产业发展、园区建设、企业培育三篇文章，加快构建现代产业体系，抢抓用好国家级战略平台叠加的机遇，持续畅通“南宁渠道”，在全区打造国内国际双循环重要节点枢纽中发挥龙头带动作用，全力推动首府高质量发展。

要深入贯彻习近平生态文明思想，坚持绿水青山就是金山银山，坚持治水、建城、为民，坚决打好污染防治攻坚战，巩固提升邕江综合整治和开发利用成果，抓实抓好中央环保督察反馈问题整改，持续推动绿城品质升级、绿色低碳发展，持续擦亮“中国绿城”名片。

要弘扬脱贫攻坚伟大精神，推动巩固拓展脱贫攻坚成果与乡村振兴有效衔接，全面提升乡村“形、实、魂”，走出一条乡村美、产业旺、农民富、治理优的南宁乡村振兴之路。

要坚持以人民为中心，着力提高人民生活品质，扎实开展“我为群众办实事”实践活动，抓好普惠性、基础性、兜底性民生建设，解决人民群众“急难愁盼”问题，统筹发展和安全，建设更高水平的平安南宁、法治南宁。

要坚持党总揽全局、协调各方，全面贯彻落实新时代党的建设总要求和新时代党的组织路线，树牢从“四个一线”选用干部的鲜明导向，持续加强基层党组织建设，持续推动全面从严治党向纵深发展，全力维护首府风清气正的政治生态，为建设新时代中国特色社会主义壮美广西作出更大贡献。

市委常委班子党史学习教育第五次专题学习暨市委理论学习中心组2021年第五次专题学习

12月14日，市委常委班子党史学习教育第五次专题学习暨市委理论学习中心组2021年第五次专题学习举行，深入学习贯彻党的十九届六中全会精神，牢记初心使命，坚定理想信念，贯彻落实自治区第十二次党代会精神和市第十三次党代会精神，全面落实强首府战略，着力抓好“1+3”重点工作，奋力建设新时代中国特色社会主义壮美广西首善之地，以优异成绩迎接党的二十大胜利召开。自治区党委常委、市委书记徐海荣主持会议并讲话。

会议指出，党的十九届六中全会，是在隆重庆祝我们党成立100周年的重要历史时刻，在“两个一百年”奋斗目标交汇的重大历史关头，召开的一次具有重要里程碑意义的会议。习近平总书记在全会上的重要讲话，回望历史、面向未来，思想深刻、内涵丰富，充满对党的光荣历史的高度自信、对党和国家事业发展的深邃思考，进一步深化了我们对党的历史的认识，增强了我们奋进新征程、夺取新胜利的信心和力量。全会审议通过的决议，同党的前两个历史决议既一脉相承又与时俱进，是一篇马克思主义的纲领性文献，是新时代中国共产党人牢记初心使命、坚持和发展中国特色社会主义的政治宣言，是以史为鉴、开创未来、实现中华民族伟大复兴的行动指南。

会议强调，一要深刻领悟“两个确立”的决定性意义，更加坚定地做到“两个维护”。党的十九届六中全会进一步明确确立习近平同志党中央的核心、全党的核心地位，确立习近平新时代中国特色社会主义思想的指导地位。我们一定要深刻领悟“两个确立”的重大政治意义、历史意义，始终把做到“两个维护”作为最高政治准则和根本政治规矩，始终在思想上政治上行动上同以习近平同志为核心的党中央保持高度一致，坚决把习近平总书记对广西工作系列重要指示精神落实好、贯彻好。二要深刻认识和准确把握党的百年奋斗重大成就，更加自觉地传承红色基因、赓续精神血脉。《决议》全面总结的党在四个历史时期走过的百年光辉历程和重大成就，是一代又一代中国共产党人用理想和信仰书写的，用鲜血和生命铸就的，用拼搏和奉献赢得的。传承红色基因、赓续精神血脉，就是要坚持弘扬伟大建党精神，牢记初心使命，践行党的宗旨，把革命先烈流血牺牲打下的红色江山守护好、建设好，努力创造不负革命先辈期望、无愧于历史和人民的新业绩。三要深刻认识和准确把握党的百年奋斗历史经验，更加坚定地走好新的赶考之路。《决议》精辟概括了一百年来党领导人民历经艰辛和磨难形成的“十个坚持”宝贵历史经验。全市各级各部门要把“十个坚持”同习近平总书记“七一”重要讲话提出的“九个必须”结合起来，与深入学习领会习近平总书记视察广西“4·27”重要讲话精神和对广西工作系列重要指示精神结合起来，与首府各项事业发展紧密结合起来，紧扣建设新时代中国特色社会主义壮美广西总目标，坚定不移落实强首府战略，推动党的十九届六中全会精神在首府落实落地。要按照“1+3”工作思路，全面推进改革发展稳定各项工作，坚持稳中求进工作总基调，充分发挥政策和平台优势，做大做强实体经济，以南宁高质量发展成果检验学习贯彻全会精神的实效。要切实抓好疫情防控、社会稳定、城市安全“三件事”，牢牢守住安全底线，为高质量发展营造良好环境。

市委常委班子党史学习教育专题民主生活会

2022年1月12日，市委常委班子召开党史学习教育专题民主生活会，深入学习贯彻习近平总书记对党史学习教育的重要指示精神和在中央政治局党史学习教育专题民主生活会上的重要讲话精神，学习贯彻自治区党委常委班子党史学习教育专题民主生活会精神，以“大力弘扬伟大建党精神，坚持和发展党的百年奋斗历史经验，坚定历史自信，践行时代使命，厚植为民情怀，勇于担当作为，团结带领人民群众走好新的赶考之路”为主题，联系市委常委班子和个人的思想作风和工作，进行对照检查，开展党性分析，扎实开展批评和自我批评。自治区党委常委、市委书记徐海荣主持会议并讲话。自治区党委党史学习教育第七巡回指导组组长李芳源到会指导并作点评讲话。

市委对开好这次民主生活会高度重视，科学谋划，精心组织，专门制订工作方案，认真开展会前学习，广泛征求意见建议，深入开展谈心谈话，精心准备常委班子对照检查材料，常委同志认真撰写发言提纲，为高质量开好专题民主生活会作了充分准备。会议通报了市委常委班子2020年度民主生活会暨中央巡视整改专题民主生活会整改措施落实情况和市委常委班子党史学习教育专题民主生活会征求意见情况，审议了《关于2021年市委常委会贯彻落实中央八项规定精神情况的报告》和《关于2021年持续解决形式主义问题深化拓展基层减负工作情况的报告》。徐海荣代表市委常委班子作对照检查，并带头作个人对照检查发言，常委同志逐一发言进行对照检查，相互开展批评和自我批评。

李芳源在点评讲话中指出，这次市委常委班子党史学习教育专题民主生活会主题鲜明、准备充分、严肃认真、积极健康、求真务实，常委班子严肃认真开展批评和自我批评，真点问题，点真问题，打扫了政治灰尘，净化了政治灵魂，达到了坚持真理、修正错误，统一意志、增进团结的目的。下一步，要以深入学习贯彻党的十九届六中全会精神为重点，紧密结合学习贯彻习近平总书记视察广西“4·27”重要讲话精神和自治区第十二次党代会精神，深刻认识、深刻领悟“两个确立”的决定性意义，增强“四个意识”、坚定“四个自信”、做到“两个维护”，继续把党史总结、学习、教育、宣传引向深入。要认真做好专题民主生活会问题整改，与党史学习教育过程中发现的问题一体研究、一体部署、一体整改，制定问题清单，完善整改措施，落实整改责任，以务实有效的问题整改提升民主生活会效果。要建立健全党史学习教育和“我为群众办实事”常态化长效机制，做到常学常新，持续巩固拓展党史学习教育成果。

徐海荣指出，这次市委常委班子党史学习教育专题民主生活会紧扣会议主题，聚焦工作重点，结合个人思想、学习和工作实际，逐项对照、逐条查找、逐个梳理，严格查摆、深入剖析、深挖根源，体现了正视问题的自觉和刀刃向内的勇气，做到了见人见事见思想，对于查摆出来的问题，也都明确了整改措施和努力方向，达到了统一思想、明确方向、凝聚力量的目的。要以这次民主生活会为新的起点，紧紧围绕凝心聚力建设新时代中国特色社会主义壮美广西的总目标，坚持稳中求进工作总基调，完整、准确、全面贯彻新发展理念，勇于求变、敢于求新、善于求质，坚定不移落实强首府战略，加快推动高质量发展，抓好防疫稳定安全“三件大事”，奋力建设新时代中国特色社会主义壮美广西首善之地，以优异成绩迎接党的二十大胜利召开。

徐海荣强调，市委常委同志要带头忠诚核心，深刻领悟“两个确立”的决定性意义，增强“四个意识”、坚定“四个自信”、做到“两个维护”，自觉做“两个确立”的坚决拥护者和“两个维护”的坚定践行者。要贯彻落实好习近平总书记对广西工作系列重要指示精神特别是视察广西“4·27”重要讲话精神，按照习近平总书记的重要指示批示精神办好每一件事、落实好每一项工作。要带头转变作风真抓实干，完整、准确、全面贯彻落实新发展理念，突出抓好强开放、强产业、强市场、强投资、强治理五项重点工作，大力发扬斗争精神，推动各项工作落细落实、终端见效，推进首府经济高质量发展。要带头践行初心使命，坚持“民之所忧，我必念之；民之所盼，我必行之”，深入践行人民至上理念和以人民为中心的发展思想，巩固拓展“我为群众办实事”实践活动成果，解决好人民群众“急难愁盼”问题，加快补齐民生领域和社会事业短板，切实提高全市各族人民群众的获得感、幸福感、安全感。要带头进行自我革命，着力解决“四风”问题，自觉接受监督，管好身边人，杜绝违法乱纪的事。要带头抓好问题整改，坚持立行立改，深挖问题根源，梳理好问题清单、制定好整改清单，坚持“当下改”与“长久立”相结合，主动整改、全面整改，确保整改取得实实在在的成效。

工作纪事

牢记嘱托　担当作为　不断丰富全过程人民民主的南宁实践

市人大常委会党组

2021年，市人大常委会党组坚持以习近平新时代中国特色社会主义思想为指导，全面贯彻党的十九大和十九届历次全会精神，深入学习贯彻习近平总书记"七一"重要讲话精神，深入贯彻落实习近平总书记视察广西"4·27"重要讲话精神和对广西工作系列重要指示要求，学习贯彻中央、自治区党委人大工作会议精神，坚持党的领导、人民当家作主、依法治国有机统一，紧扣自治区第十二次党代会和市第十三次党代会决策部署，紧扣推进治理体系和治理能力现代化的需求，依法履职、担当尽责，为凝心聚力建设新时代中国特色社会主义壮美广西首善之地作出积极贡献。

5月31日，南宁市人大常委会召开2021年立法工作会议　（黎天勇　摄）

一、党建概况

2021年，市人大常委会有基层党组织11个，其中机关党委1个、党支部10个，党员212名。

（一）持之以恒强化理论武装。充分发挥常委会党组龙头带动作用，把学习习近平总书记重要讲话重要指示精神作为常委会党组会议"第一议题"，提高政治站位、筑牢思想根基。党组成员以身作则，带头上党课、作报告，带头开展理论中心组学习、集中专题研讨等。坚持机关干部职工每周2小时自主读书制度，常态化开展"每月一讲""每月一研""每月一评"等系列学习研讨活动48次，坚定不移把"两个确立"转化为坚决做到"两个维护"的政治自觉、思想自觉、行动自觉。对标对表习近平总书记提出的"四个新"总要求，新增和强化年度工作安排11项，确保习近平总书记重要讲话精神在人大工作中贯彻落实到位。

（二）从严从实恪守政治纪律和政治规矩。始终坚持党对人大工作的全面领导，坚决按照市委的部署要求开展工作，严格执行请示报告制度，及时主动向市委请示报告64次。组织常委会依法作出决议决定33项，确保党的主张通过法定程序成为国家意志。坚持党管干部原则与人大依法任免相统一，组织常委会依法任免地方国家机关工作人员165人次，确保组织意图顺利实现。严格执行新形势下党内政治生活若干准则，领导班子成员认真到所在党支部参加党组织生活，严格落实民主集中制，不断加强能力建设，打造坚强有力领导集体。

（三）高质高效推进党史学习教育。贯彻落实党中央、自治区党委和市委关于党史学习教育的部署要求，把工作任务"项目化""清单化"，确保学习跟进、认识跟进、行动跟进。常委会党组带队到兴安、全州、灌阳开展现场学习活动，党组成员到所在的机关党支部和联系的基层党支部上党课12次；开展经典红色歌曲传唱、红色故事演讲比赛、"历程展"青少年研学实践等系列活动50多次，在形式出新、氛围浓厚中传承红色基因、赓续精神血脉。开展"我为群众办实事"实践活动，创新推出"民生微实事"活动，以"短平快"方式推动600多个问题得到有效解决，把"群众的事再小也是大事"理念真正落到实处。

（四）坚定坚决推进全面从严治党。加强对人大各项工作的政治领导和督促检查，每半年召开专题会议研究全面从严治党工作。扎实开展党支部标准化规范化建设，严格落实"三会一课"、主题党日活动等组织生活制度。持之以恒正风肃纪，组织开展"书记引航担使命"主题活动，坚持教育在先、警示在先、预防在先，一体推进不敢腐、不能腐、不想腐。加强机关内部科级以下人员轮岗交流、竞争上岗，选派优秀干部到基层挂职锻炼，积极营造"能者上、平者让、庸者下"的良好用人氛围。

（五）毫不松懈抓实作风建设。坚决贯彻落实中央八项规定及其实施细则精神，严格执行自治区党委和市委的实施办法，严格控制各类会议规模，严格执行公务接待规定，公务活动轻车简从，节俭务实。党组成员按规定如实报告个人有关事项。深入基层、深入一线，倾听民意、反映民声，切实帮助解决群众反映强烈的突出问题。

（六）严格落实意识形态工作责任。坚决守好"责任田"，专题听取意识形态工作汇报2次，及时研判意识形态领域的动态动向。加强对人大工作宣传平台的管理，建好主阵地、唱响主旋律、打好主动仗，讲好人大故事。

二、主要工作

市人大及其常委会坚持聚焦"十四五"规划实施，聚焦全面落实强首府战略，在大事要事上担当尽责，努力做到全市工作重心在哪里，人大工作就跟进到哪里，有力推动全市“十四五”开好局起好步。一年来，组织召开市人民代表大会2次，常委会会议11次；审议地方性法规8件，颁布施行5件，开展立法调研10项；听取“一府一委两院”专项工作报告28项，开展执法检查4项、专题询问2项、专项工作评议2项、专题调研10项，各项工作在创新中发展。中共中央政治局常委、全国人大常委会委员长栗战书继2020年三次肯定南宁市人大代表联络站和基层立法联系点建设工作之后，在2021年12月2日第二十七次全国地方立法工作座谈会上再次予以表扬。自治区党委和市委高度重视人大工作，自治区党委主要领导深入伶俐工业园区站点开展调研、座谈交流，要求人大代表当好党的政策“宣传员”、党和群众的“联络员”、政风行风“监督员”、人民群众的“服务员”。市委主要领导多次关心、指导推动人大工作，带头进站履职，带动全市1.2万名各级人大代表进入站点开展主题活动。南宁市监察司法、财经、农业农村、外事侨务、基层立法联系点建设、服务代表等工作，在全区人大系统6个经验交流会上分别作典型发言；圆满承办全区基层立法联系点建设现场观摩会；“智慧南宁人大”项目获评2021年广西信息化“优秀案例奖”；多项工作经验获《中国人大》、人民网等省级以上媒体刊发。

（一）多措并举护航经济高质量发展。立足新发展阶段，贯彻新发展理念，主动服务和融入新发展格局，在促进产业发展、改革创新、乡村振兴、扩大开放等方面持续发力。紧扣宏观经济健康运行，加强对规划、计划的审查和监督，推动重大决策部署落到实处。紧扣打好工业振兴攻坚战、促进产业转型升级，开展大健康和文旅产业融合发展专题询问，听取审议工业高质量发展促进产业振兴报告，开展“三企入桂”项目落实、高新技术企业培育等专题调研，推动传统产业提层次、强实力，推动新兴产业快成长、上规模。紧扣推进乡村振兴，制定横州市茉莉花保护发展条例，听取审议粮食安全保障等报告，助力巩固拓展脱贫攻坚成果同乡村振兴有效衔接。

（二）加强监督守好人民“钱袋子”。扎实推进“全口径、全过程、全方位”预算审查监督，完成财经联网监督系统二期建设，在全区率先实现人大财经联网监督延伸到计划、预算、国有资产、审计4个领域；听取审议预算执行等报告，审查和批准市本级决算、预算调整方案，督促财政资金用到“刀刃”上，以有力的经济监督助推首府经济高质量发展。连续三年审议国有资产管理综合报告，听取审议国有自然资源资产管理情况专项报告，推动国有自然资源资产更好服务发展、造福人民。

（三）综合施策助推生态宜居城市建设。坚决贯彻习近平生态文明思想，强化生态环境保护制度供给，颁布施行水土保持若干规定、扬尘污染防治条例，审议通过城镇排水与污水处理条例，审议邕江两岸滨水区域条例、城市绿化条例，通过法治手段让青山常在、清水长流、空气常新。紧盯环境质量状况、固体废物污染防治、黑臭水体治理等方面问题，通过听取专项报告、开展执法检查、专项工作评议等，促进生态环境持续改善。加强对电动自行车管理的综合监督，颁布施行停车场管理条例，开展农贸市场管理等立法调研，有力推动城市管理精细化。组织代表和人大干部当先锋、作表率，为创建全国文明城市整改提升工作取得可喜成效、国家卫生城市“四连冠”作出贡献。

（四）持续用力促进民生事业发展。牢记让人民生活幸福是“国之大者”，紧扣人民群众关心的教育、医疗、社会保障、文化事业发展等强化监督。针对人民群众反映强烈的电信网络诈骗犯罪，出台全区首个针对打击电信网络诈骗的决定，有力促进源头治理、综合治理。颁布施行献血条例，审议通过扬美古镇保护管理条例，听取审议高中教育发展情况报告，对居家养老服务进行专项工作评议，检查非物质文化遗产法实施情况，开展铸牢中华民族共同体意识、新业态劳动者社会保险情况、校外培训机构规范管理专题调研等，积极回应人民群众普遍关注的突出问题。深入推进法治南宁、平安南宁建设，以高标准组织编制新一届常委会五年立法规划，出台“八五”普法决议；加强司法监督力度，首次组织听取审议市监委专项工作报告，听取审议法院关于知识产权审判工作情况报告，开展人民调解工作等专题调研。重视人大信访工作，协调办理群众来信来访来电151件次，促进人民群众合理诉求依法解决。

（五）更好发挥代表在全过程人民民主的重要作用。认真贯彻落实自治区党委和市委决策部署，切实抓好市县乡三级人大换届选举工作，全市顺利选举产生三级人大代表12257名，代表结构进一步优化；各县（市、区）、乡（镇）新一届人大一次会议成功召开，顺利选举产生新一届本级国家机关领导人员。进一步优化代表履职服务，高质量办理议案建议，认真调查审议6件代表议案，作出处理意见6件；将代表提出的196件建议，交50个单位、部门和组织办理，坚持市领导领衔督办代表建议机制，做好分类督办、重点督办、落实情况“回头看”等工作，代表建议被采纳、问题得到解决或正在解决的比例达91.33%。持续拓展“两个联系”深度和广度，各级人大代表通过进站点履职、日常走访等，接待群众10万多人次；组织开展新一届市人大代表集中培训，支持指导各县（市、区）采取多种形式组织代表培训，为代表履职奠定坚实基础。

三、经验体会

做好新时代人大工作，最根本的是要以习近平新时代中国特色社会主义思想为指导，坚决维护习近平总书记党中央的核心、全党的核心地位，坚决维护党中央权威和集中统一领导，坚持党的领导、人民当家作主、依法治国有机统一，保证党领导人民有效治理国家。

（一）必须始终坚持党的集中统一领导不动摇。坚持党的全面领导是人民代表大会制度的本质特征，也是最大优势，只要深入学习贯彻习近平新时代中国特色社会主义思想，把学习成果转化为践行“两个维护”的政治自觉，转化为毫不动摇坚持和完善人民代表大会制度的坚定信念，转化为做好新时代人大工作的使命担当，把党的领导贯彻到人大工作的各方面各环节全过程，就一定能推动人大工作沿着正确方向创新发展。

（二）必须始终坚持围绕中心依法履职不松劲。人民代表大会制度是一套有效保证能干事、干好事、干成事的政治制度，只要坚持围绕中心、服务大局，找准找实履职的切入点、结合点、发力点，就一定能充分发挥人大制度优势，展现更大担当作为。

（三）必须始终坚持践行党的群众路线不走样。人民代表大会制度的设计和运行、人大及其常委会依法行使职权，都是为了保证和发展人民当家作主，只要坚持人民至上、履职为民，始终同人民群众想在一起、干在一起，就一定能推动全过程人民民主焕发出勃勃生机和强大活力。

（四）必须始终坚持守正创新强化治理不止步。法治是治国理政的基本方式，各级人大及其常委会在全面依法治国中负有重大职责、承担着重要任务，只要坚持科学立法、民主立法、依法立法，以创新思维提升立法质量、强化法律法规实施，就一定能把制度优势更好地转化为治理效能，为加快推动高质量发展提供更有力的法治保障。

（五）必须始终坚持改进作风真抓实干不懈怠。只要坚持笃学尚行、真抓实干，有效激发干部队伍干事创业动力活力，就一定能够创造出无愧于党、无愧于人民、无愧于时代的新业绩。

（陈舒婷）

全面落实强首府战略　推动“十四五”发展开好局起好步

市人民政府党组

2021年，市人民政府党组坚持以习近平新时代中国特色社会主义思想为指导，深入学习贯彻习近平总书记视察广西“4·27”重要讲话精神和对广西工作系列重要指示要求，全面贯彻落实党中央、国务院和自治区党委、政府以及市委的决策部署，统筹疫情防控和经济社会发展，扎实做好“六稳”“六保”工作，全面落实强首府战略，稳住了经济基本盘，保持了社会大局和谐稳定，“十四五”实现良好开局。

10月25日，市人民政府党组召开扩大会议，传达市人大、政协“两会”精神，研究贯彻落实措施 （梁枫　摄）

一、党建概况

2021年，市人民政府党组共有11名党员，其中正厅级1名、副厅级9名、正处级1名。

（一）旗帜鲜明讲政治，在政治上思想上行动上同以习近平同志为核心的党中央保持高度一致。一是毫不动摇坚持和捍卫“两个确立”，坚决做到“两个维护”。强化理论武装，坚持以习近平新时代中国特色社会主义思想武装头脑、指导实践、推动工作。通过集中学和自主学相结合，认真学习习近平新时代中国特色社会主义思想，学习习近平总书记在党的十九届六中全会、庆祝中国共产党成立100周年大会、党史学习教育动员大会、全国脱贫攻坚总结表彰大会等发表的重要讲话精神，学习习近平总书记视察广西“4·27”重要讲话精神和对广西工作系列重要指示要求，深刻领悟“两个确立”的决定性意义，坚持把“两个维护”作为最高政治准则和根本政治规矩，始终在政治立场、政治方向、政治原则、政治道路上同以习近平同志为核心的党中央保持高度一致。2021年共召开市人民政府党组会暨理论中心组学习会22次。二是扎实抓好巡视反馈问题整改。认真落实自治区党委《关于进一步健全落细落实习近平总书记重要讲话、重要指示批示精神和党中央决策部署长效机制的意见》，自觉把抓好中央巡视整改作为“两个维护”的重要政治检验。坚持以问题为导向，全力抓好国家统计督察、中央环保督察以及中央巡视广西反馈意见涉及南宁市的问题，特别是涉及政府系统问题的整改落实。国家统计督察反馈涉及南宁的13个问题42项整改任务已全部完成整改；第二轮中央环保督察反馈涉及南宁的18个问题整改工作有序推进，其中要求2021年前需完成整改的6个问题已基本或全部完成整改；中央巡视广西反馈问题已全部完成整改。三是严守政治纪律和政治规矩。坚持把纪律和规矩挺在前面，严守“五个必须”，坚决杜绝“七个有之”，始终做到对党忠诚老实。严格执行新形势下党内政治生活若干准则，严格落实“三会一课”、民主生活会、双重组织生活等制度，党组成员坚持以普通党员身份参加支部组织生活会，到联系分管部门讲专题党课共9人次。党组成员把分管部门的管党治党工作抓具体、抓深入，层层传导压力，级级压实责任，确保责任落实到位、工作落实到位。严格贯彻执行民主集中制，充分发扬党内民主，坚持科学决策。严格执行重大问题请示报告制度，严格按规定按程序报告工作、反映情况、提出建议。严格落实领导干部个人事项报告制度。

（二）深入开展党史学习教育，从党的百年光辉历程中汲取奋进新征程的智慧和力量。一是坚持学党史悟思想，感悟马克思主义的真理力量和实践力量。着力在读原著、学原文、悟原理上下功夫，深入学习党史、党章，学习习近平《论中国共产党历史》等，2021年共召开市人民政府党组党史学习教育专题学习暨理论中心组学习6次，深刻领会总结党的百年奋斗重大成就和历史经验的重大意义，深刻领会党的百年奋斗的初心使命和重大成就，深刻领悟“两个确立”的极端重要性，切实从党的百年历程中感悟党的辉煌历史，感悟思想伟力，在真学真信中坚定理想信念，在学思践悟中牢记初心使命。二是坚持学党史办实事，增强人民群众获得感幸福感安全感。始终牢记“为人民服务”的根本宗旨，深入开展“我为群众办实事”实践活动，突出围绕教育、卫生健康、市政设施建设、公共出行、食品安全、养老等重点领域，层层落实责任、做好资金保障、强化督查督办，着力解决一批群众最急最忧最盼的难事实事。2021年承办自治区级30项为民办实事项目和市本级30项为民办实事项目已全部完成或超额完成全年目标任务。同时，按照“尽力而为、量力而行、突出重点、当年见效”的原则，在全市范围内开展2022年民生实事征集活动，确定了南宁市2022年实施的市本级30项为民办实事项目。三是庆祝建党百年华诞，赓续红色血脉。市人民政府党组深入学习领会伟大建党精神的丰富内涵和实践要求，切实从伟大建党精神中涵养斗争精神，培养斗争本领，主动担当作为，全面落实强首府战略。围绕自治区第十二次党代会提出的建设壮美广西“1+1+4+3+N”目标任务体系和市委的部署要求，坚持政策为大、项目为王、环境为本、创新为要，全力抓实抓好经济运行分析调度，强化督查督导，推动经济平稳增长。抓紧抓实常态化疫情防控、社会稳定和城市安全，牢牢守住了全市安全稳定底线。

（三）严格落实全面从严治党主体责任，营造干事创业的良好政治生态。一是抓紧抓牢意识形态工作。牢牢把握正确的政治方向，认真贯彻落实党中央、自治区党委和市委关于意识形态工作的决策部署，贯彻落实党委（党组）意识形态工作责任制实施办法及实施细则，按照“一岗双责”要求，切实加强政府系统意识形态工作，巩固和发展了意识形态良好态势。带头深入基层开展党的创新理论宣讲，党组成员到党建联系点调研指导18人次。坚持唱响主旋律发出好声音，持续加强意识形态阵地建设，结合第18届中国—东盟博览会、第18届中国—东盟商务与投资峰会、庆祝建党百年系列活动，强化南宁高质量发展正面宣传，提振全面落实强首府战略、推动南宁高质量发展的信心决心。牢牢掌握意识形态主导权，完善市人民政府新闻发布制度，共举行了20场市人民政府新闻发布会，内容涉及疫情防控、工业发展、水环境综合治理、生态环境质量、教育等。加强政务信息公开，强化舆论指导，共公开市人民政府、市人民政府办公室名义印发的文件142件。二是持之以恒正风肃纪。始终坚持严的主基调，严格落实全面从严治党主体责任，一体推进不敢腐、不能腐、不想腐，强化对扶贫等重点领域、关键岗位的审计和监督执纪问责，持续整治群众身边腐败和作风问题，不断巩固发展反腐败斗争压倒性胜利。完善决策科学、执行坚决、监督有力的权力运行机制，确保权力在阳光下运行，推动政府系统广大干部廉洁奉公，勤勉尽责为人民做事。依法接受人大及其常委会的监督，自觉接受人民政协的民主监督，主动接受社会和舆论监督，人大代表议案、政协委员提案办结率均为100%。三是持续强化作风建设。坚决贯彻落实中央八项规定及其实施细则精神，严守国务院“约法三章”，驰而不息纠治“四风”，力戒形式主义、官僚主义。牢固树立过“紧日子”思想，从严控制“三公经费”等一般性支出，压减非刚性、非急需的低效无效支出。规范督查检查考核，改进调查研究，自觉践行“四为”理念，提高政府系统执行力。坚持工作在一线研究，责任在一线落实，问题在一线解决，强化督查问效，推进各项工作落实落细、终端见效。2021年党组成员共深入基层开展调查研究792次，累计调研531天。进一步改进文风和会风，严把市人民政府文件质量关、数量关、效能关，严格减文控会，及时清理和规范议事协调机构80个。2021年纳入精简范围以市人民政府、市人民政府办公室名义印发的文件144份，召开会议27次，分别同比减少55.3%、28.9%。

二、主要工作

市人民政府党组坚持发展第一要务，紧紧围绕党中央、国务院和自治区党委、自治区政府以及市委的决策部署安排，扎实做好改革发展稳定各项工作，全力推动高质量发展。2021年，全市地区生产总值同比增长6.1%，经济总量迈上5000亿元台阶，达5120.94亿元。其中，第一产业增加值606.76亿元，增长7.9%；第二产业增加值1198.76亿元，增长4.3%；第三产业增加值3315.42亿元，增长6.3%。规模以上工业增加值增长7.5%。社会消费品零售总额2364.17亿元，增长8.4%。一般公共预算收入391.77亿元，增长5.24%。

（一）调整优化产业结构，经济发展稳中提质。工业振兴扎实起步。出台工业振兴工作成效考核办法，强化运行调度和电力保供。培育壮大工业企业，新增规模以上工业企业235家，培育国家级专精特新“小巨人”企业15家，净增亿元企业55家。推行新兴及优势产业链链长制，引进产业链补链强链项目178个，总投资额797.1亿元。列入自治区“双百双新”在库项目61个，数量居全区第一。东部产业新城启动建设，南宁临空经济示范区建设提速。服务业提质增效。人民币存贷款余额增长8.5%，保费收入增长9.2%，新增上市（挂牌）公司2家，中国—东盟金融城新增入驻金融机构（企业）123家。新增3A级以上物流企业10家，公路、水路客货运周转量增速超20%。京东线下城市旗舰店、宜家家居、首创奥特莱斯等开业运营，“三街两巷”和邕江南岸片区入选首批国家夜间文化和旅游消费集聚区，全市接待国内旅游总人数、旅游总消费分别增长18.6%、25.8%。数字经济加快发展，组建数丝科技公司，中国—东盟信息港南宁核心基地引进数字经济及其核心产业类项目23项，全市规模以上互联网和软件信息技术服务业营业收入增长50.7%。总部经济加快培育，成功引进smart高端智能电动车全球销售中心，腾讯、康恒环境等知名企业区域总部落户南宁。五象新区特色平台经济营业收入超200亿元。

（二）全面提高开放水平，“南宁渠道”越走越畅。开放通道持续拓宽，西部陆海新通道（平陆）运河列入国家“十四五”规划，中越跨境班列开行346列、增长108%，新开行中越老农资产品跨境多式联运班列，首趟“公铁海”多式联运班列“南宁—钦州—唐山”顺利开行，吴圩国际机场国际货邮吞吐量2.38万吨、增长119%。开放平台持续做实，临空经济示范区吴圩国际机场口岸获批设立进境水果指定监管场地，自贸试验区南宁片区新设立企业20649家、增长215%，实际利用外资4.47亿美元。金融开放门户南宁核心区中国—东盟黄金产业园运营中心揭牌，浙商银行南宁分行等开业运营，跨境人民币结算量增长39%。跨境电商综试区完成跨境电商进出口额增长259%。

（三）深化改革推动创新，发展动力不断增强。创新平台增量扩面，新增国家级创新平台3家、自治区重点实验室9家、自治区级双创示范基地3家、广西工程技术研究中心14家、广西新型研发机构11家、自治区级科技成果转化中试基地5家。创新主体增量提质，1011家企业获评国家科技型中小企业，拥有广西“瞪羚企业”37家，新增备案高新技术企业357家、占全区比重44.13%，新增中国专利优秀奖1个。重点领域改革实现突破，完成7家市属集团公司主业调整、处置“僵尸企业”7家，国资监管企业实现利润总额25.45亿元、增长17%。探索“长期租赁”“弹性年期”供应工业用地，新建商品房实现“交房即交证”，实现全市户籍业务“全城通办”。建立全国首个灵活就业人员合法权益保障中心，打造全国首个“智慧人才”一体化服务平台，“免申即办”服务模式等创新成果向全国推广。

（四）大力推进乡村振兴，农业农村现代化加快。脱贫攻坚成果持续巩固，筹措各级财政衔接推进乡村振兴补助资金22.5亿元，严格落实“四个不摘”要求，发放防贫基金435.2万元，组织脱贫劳动力外出务工27.1万人，帮扶产品销售45.8亿元，守住了不发生规模性返贫的底线。现代特色农业加快发展，守住耕地保护红线，粮食生产保持稳定，总产量达211.55万吨。生猪出栏量增长35.3%。新增隆安香蕉、良庆百香果2个地理标志商标，有效期内“三品一标”产品193个，3个产品通过“圳品”认定，南宁火龙果远销荷兰，武鸣沃柑出口加拿大等国家。2家农业企业获评首批全国生态农场。全市林下经济产值78.7亿元。乡村建设取得新进展，荣获全国首批“四好农村路”市域示范创建突出单位，完成农村饮水安全维修养护项目441个，15个农村区域集中连片供水项目已完工10个，1018户农村危房改造项目全部竣工。

（五）提升城市功能品质，“中国绿城”成色更足。市级国土空间总体规划编制取得阶段性成果。五象新区产城融合加快，建成区面积达62平方公里。南宁至大王滩二级公路、城市主要出入口整治提升一期工程等一批道路交通项目建成通车。横县获批撤县设立横州市。完善网格化管理，全国文明城市创建工作常态长效。开展治堵、排涝、拆违、改旧专项行动，打通6条“断头路”，建成运行排水地理信息系统，完成77处城市内涝点整治，清理拆除“两违”面积900.2万平方米，基本完成127个老旧小区改造。生活垃圾分类实现常态化，回收利用率达36.5%。碳达峰行动有序推进，8家企业进入自治区绿色制造体系名单，建成充电桩3982个，获列为广西新能源汽车推广应用示范市。第二轮中央生态环境保护督察反馈指出问题整改取得阶段性成效。

（六）持续增进民生福祉，生活品质稳步提高。扎实做好常态化疫情防控，两次调整充实疫情防控前线指挥部工作人员，集中办公，牢牢盯住“外防输入、内防反弹”，严格“人、物、环境”同防，不断提高流调能力、核酸检测能力、集中隔离能力、应急处置能力，累计接种新冠病毒疫苗1754.5万剂次，截至2021年底连续351天无新增本土病例。社会保障体系不断完善，稳步实施国家扩大长期护理保险制度试点工作，3个医养结合案例获评全国医养结合典型经验，4个社区入选广西老年人宜居社区，累计发放低保金9.4亿元、特困人员供养补助2.3亿元。教育事业高质量发展，全面落实“双减”政策，集团化办学深入推进，成立天桃实验学校、二中、三中、十四中、沛鸿民族中学为龙头学校的教育集团；南宁教育园区初步成型，入园院校实现招生办学10所，在校学生规模达7.8万人。健康南宁加快建设，组建市一、市二医院医疗集团，获自治区“公立医院综合改革成效明显的城市”，新改扩建社区卫生服务中心5个，前海人寿广西医院和南宁医院先后投入使用，医保基金监管信用体系建设试点通过国家医保局终期验收。文体事业繁荣发展，舞剧《刘三姐》获第十三届全国舞蹈展演优秀剧目，广播剧《少年黄大年》等42件作品获国家级、自治区级荣誉（奖项）；全面实现全民健身和全面健康深度融合发展，南宁籍运动员在第14届全运会中获2金1银3铜的优异成绩。社会治理能力全面提升，推进扫黑除恶常态化，加强矛盾纠纷多元预防化解，打击传销、打击电信网络诈骗、禁毒等工作成效显著。再次荣获全国民族团结进步示范市称号。安全生产、食品药品安全形势总体稳定。

三、经验体会

（一）必须坚持把党的领导贯穿政府工作的全过程各领域。要坚持以党的政治建设为统领，始终坚持以高度的政治责任感和使命感，坚定执行党的政治路线，做到党中央提倡的坚决响应、党中央决定的坚决照办、党中央禁止的坚决不做，坚决保障中央政令畅通。坚决贯彻落实党中央、国务院和自治区党委、自治区政府以及市委决策部署，带头抓落实，善于抓落实，推动层层抓落实。增强斗争精神，敢于斗争、善于斗争，把忠诚履职、主动担责落实到行动上，体现到推动高质量发展的实际行动上，体现到为党分忧、为国尽责、为民奉献的实际行动上。

（二）必须坚决落实全面从严治党要求。要认真贯彻落实新时代党的建设总要求，深入推进党风廉政建设和反腐败斗争，不断强化政府自身建设。坚持严的主基调，贯通落实“两个责任”，大力推进清廉建设，一体化推进不敢腐、不能腐、不想腐。严格落实中央八项规定及其实施细则精神，持之以恒纠治“四风”。加强对重大工程、重点领域、关键岗位的监督制约，永葆忠诚干净担当的政治本色，努力实现政治清明、政府清廉、干部清正、社会清朗。

（三）必须坚持推进党史学习教育常态化长效化。要坚持把党史学习教育作为加强党的建设的永恒课题和政府系统广大党员干部的终身课题常抓不懈，大力弘扬伟大建党精神，从党的百年奋斗历程中汲取强大力量，进一步做到学史明理、学史增信、学史崇德、学史力行。建立常态化长效化制度机制，教育引导广大党员干部学党史、悟思想、办实事、开新局，更好用党的创新理论武装头脑，努力把党史学习教育成果转化为推动首府高质量发展的生动实践，走好新的赶考之路。

（刘士瑞）

同心奋进谋发展　砥砺前行谱新篇　凝心聚力为建设新时代中国特色社会主义壮美广西首善之地贡献政协力量

市政协党组

2021年，市政协党组坚持以习近平新时代中国特色社会主义思想为指导，增强“四个意识”、坚定“四个自信”、做到“两个维护”，认真贯彻落实党中央、自治区党委和市委的决策部署要求，引导广大政协委员和各界人士把思想和行动统一到党中央、自治区党委和市委的决策部署上来，充分发挥政协专门协商机构作用，主动担当作为，积极建言献策，为助推全面落实强首府战略、奋力谱写新时代南宁高质量发展新篇章贡献政协智慧和力量。

7月13—14日，市政协机关党员赴梧州市开展“不忘来时路　奋进新征程”主题党日活动

一、党建概况

2021年，市政协机关基层党组织共9个，其中机关党委1个，基层党支部8个，党员166名，在职党员70名，离退休党员96名。

（一）始终坚持党的领导，切实把牢政协工作的正确方向，夯实团结奋斗共同思想政治基础。一是始终坚持用习近平新时代中国特色社会主义思想统领政协工作。坚持把学习贯彻中共十九届六中全会和自治区第十二次党代会精神作为当前和今后一个时期重大政治任务，与深刻领会习近平总书记“七一”重要讲话精神相结合，从党的百年光辉历程中汲取奋进新征程的智慧和力量；准确把握习近平总书记视察广西“4·27”重要讲话精神和对广西工作系列重要指示要求，自觉把习近平总书记的殷切期望转化为奋勇前行的磅礴伟力；深入学习习近平总书记关于加强和改进人民政协工作的重要思想，切实担负起把党中央、自治区党委和市委决策部署不折不扣落实到政协全部工作中的政治责任。认真落实以政协党组理论学习中心组学习为引领的各项学习制度，推进理论学习常态化制度化。全年共组织开展理论中心组学习、“书香政协”读书活动、政协讲坛等各类学习、研讨活动58次，参加学习的委员2000多人次，在自治区级刊物上发表理论文章12篇，引导广大政协委员、各党派团体和各族各界人士坚定不移听党话、感党恩、跟党走，自觉做“两个确立”的衷心拥护者、忠诚实践者，不断增强“四个意识”、坚定“四个自信”、做到“两个维护”。二是坚持党对人民政协工作的全面领导。始终把坚持党的领导作为政协工作的生命线，贯穿到政协全部工作之中。市委高度重视和支持政协工作，加强对政协工作的全面领导，坚持定期听取政协党组工作汇报，坚持党政领导领衔督办重点提案，坚持参加政协重大协商活动。市政协党组做到重要工作、重大事项向市委请示报告，重要工作安排报经市委批准后组织实施。一年来，市政协党组多次向市委常委会作专题汇报，召开党组会议21次，确保政协各项工作始终在市委领导下主动负责、协调一致地开展。积极探索政协党建工作实践，做深做实“两个覆盖”，全面提升政协党的建设工作质量，市政协“推动党建与履职深度融合的实践探索”的经验做法分别在全国政协、自治区政协党建经验交流会上作交流发言。三是高标准高质量推进党史学习教育。按照自治区党委、市委的部署要求，结合政协特点，扎实做好“谋、深、学、检、践、合、强”七字文章，突出抓好以中共党史为重点的“四史”学习教育，举办“同心向党　凝心聚力”文艺汇演、“诵读红色经典　汲取奋斗力量”诗歌朗诵会等系列庆祝活动，选树了20名中共党员委员履职先锋，有效激发了党员委员履职的积极性和主动性，结合走访、调研、协商、监督等政协履职工作，组织开展“走企业、献良策”“进乡村、助振兴”“下社区、商民事”“看群众、送温暖”等25项“走基层心连心　我为群众办实事”实践活动，把群众反映的“问题清单”变成“履职清单”，推动党史学习过程成为强化党的创新理论武装、加强党对政协工作领导的过程。

（二）切实履行政协党组主体责任，持之以恒正风肃纪，推动全面从严治党向纵深发展。一是充分发挥政协党组在政协工作中的领导核心作用。提高政治站位，全面加强党对政协工作的领导，全面推进政协党的政治建设、思想建设、组织建设、作风建设和纪律建设，不折不扣贯彻市委决策部署。强化对市政协机关党组、机关党委的领导，定期听取市政协机关党组、机关党委工作汇报，及时研究市政协机关党组、机关党委建设的重要问题，推动市政协机关党组、机关党委工作取得实效。在模范机关建设中，市政协机关以“246”工程（即两个覆盖、四项活动、六个阵地）为抓手，开展党员政治生日、书香政协、“主题党日+”、党支部标准化建设等4项重点活动，完善了书香政协、智慧政协、界别党员委员活动中心、政协文史馆等6个阵地，有效提振了机关干部精气神。2021年市政协机关被选树为南宁市模范机关示范单位，并在南宁市直机关深化模范机关创建暨党支部标准化规范化建设工作推进会上做了典型发言。二是坚持加强党风廉政建设和反腐败工作。政协党组切实担负起管党治党政治责任，严格落实“一岗双责”，层层落实责任，层层传导压力。市政协党组成员带头严格贯彻落实中央八项规定及其实施细则精神，坚决防止和反对特权思想、特权现象，带头不搞任何形式主义、官僚主义，带头廉洁自律。认真落实党组成员个人重大事项报告制度，管好家人和身边工作人员，自觉接受监督，筑牢思想道德防线，对今年新提拔的干部严格把好“政治关”“廉政关”，全年共提拔或职级晋升了12名处级、科级机关干部，对11名处级、科级干部在机关内进行轮岗。全力支持市纪委监委派驻政协机关纪检监察组和机关纪委履行监督职责，强化监督执纪问责，深入推进政协党风廉政建设和反腐败斗争，营造风清气正的政治生态。三是坚持落实意识形态工作责任。市政协党组认真贯彻落实中央、自治区党委和市委关于意识形态工作的决策部署，坚持把意识形态工作列入党组重要议事日程，纳入干部培训的重要内容，并与政协工作同部署、同落实，教育引导各界别政协委员、政协工作者始终保持清醒政治头脑，明确政治方向。全年召开2次专题研究意识形态工作，在各项调研、视察、协商、交流，以及各次大会发言、会议学习、座谈讨论中，坚决扛起意识形态工作责任，主动抓、认真做，牢牢守住意识形态安全底线。

二、主要工作

2021年，在市委的坚强领导下，市政协党组坚持团结和民主两大主题，紧扣中心工作履职尽责，充分发挥专门协商机构作用，积极建言资政，广泛凝聚共识，为助推全面落实强首府战略、奋力谱写新时代南宁高质量发展新篇章做出了积极贡献。

（一）坚持把建言资政贯穿履职始终，强力助推首府经济社会高质量发展。一是紧扣中心任务建言献策。坚持把助推首府经济社会高质量发展作为履职主线，聚焦全面落实强首府战略、“六个全面提质”等重大部署，精准选题、建言资政，推动“十四五”良好开局。围绕“完善新能源汽车配套政策促进产业发展”开展专题议政性常委会议协商，提出5个方面17条建议，为推动南宁市新兴产业提质建真言。围绕“加快推进南宁市装备制造业高质量发展”召开专题协商会，提出完善装备制造业体系、促进装备制造产业集约发展、实施创新驱动发展战略、增加机械装备产业发展后劲、缓解装备制造企业用工问题等对策，为推动制造业高质量发展献良策。扎实开展“引企入桂　委员行动”活动，围绕“进一步优化创业创新生态　提升南宁市营商环境竞争力”召开双月协商座谈会，提出科学制定涉企政策、做好惠企政策宣传辅导、改进和创新服务方式方法等对策建议，为优化提升营商环境出实招。围绕建设体育强市开展专题视察，提出的“两个纳入”、加快建设新体校等建议被市政府采纳。围绕挖掘边疆少数民族文化资源、城中村改造提升等重大问题开展重点课题调研，积极议政、精准建言，提出具有前瞻性、综合性、建设性的对策建议。全年共形成各类调研报告54份，提出意见建议269条，得到自治区领导和市委、市政府领导的批示，为党委、政府提供了有益的决策参考。重点做好服务统筹疫情防控和经济社会发展、争创全国文明典范城市、迎接国家卫生城市复审和重大项目工作，圆满完成服务中国—东盟博览会、中国—东盟商务与投资峰会工作。二是助推乡村振兴献计出力。把助力乡村振兴作为履职重点，高站位主动作为，高质量建言资政，高水平双向发力。向全体政协委员发出《“乡村振兴　委员行动”倡议书》，主动扛起助推乡村振兴政治责任；举办“弘扬脱贫攻坚精神　践行政协委员担当”专题报告会，动员广大政协委员积极投身乡村振兴伟大实践；围绕“发挥村庄规划在乡村建设行动中的引领作用”开展双月协商座谈会，围绕“易地搬迁安置点产业发展情况”“加强产业发展，助力乡村振兴”开展视察，为真正实现“搬得出、稳得住、可发展、能致富”建言献策；组织一批政协委员开展“三下乡”服务活动，开展职业技能培训200多场次，捐款、捐物约500万元；选派优秀干部继续担任定点帮扶村第一书记，落实机关处级干部结对帮扶脱贫监测户机制；重点督办一批涉及乡村振兴的提案；组织召开全市政协“乡村振兴　委员行动”现场经验交流会，交流巩固拓展脱贫攻坚成果同乡村振兴有效衔接成功做法和经验，持续推动乡村振兴。2名市政协委员荣获“全国脱贫攻坚先进个人”称号，市政协办公室获得“全区脱贫攻坚先进集体”称号。三是紧贴民生热点精准发力。围绕“培育和发展住房租赁市场，增加保障性租赁住房供给”深入调研，召开议政性常委会议协商，提出的意见建议得到市委、政府领导批示，相关建议被政府采纳。围绕“推进义务教育优质均衡发展”开展深度调研，提出意见建议得到市政府主要领导批示，推动南宁三中等教育集团挂牌，为破解“学区房”“择校热”等社会关注的热点难点问题支实招。围绕改善农村人居环境、加强医院警务室建设、养老机构建设、公共文化服务体系建设等人民群众关心关注的问题开展视察，为百姓就学、就医、就业难题鼓与呼，为群众吃得放心、住得舒心、出行安心陈实情，为打造宜居南宁积极建真言。树立提案民生导向，一年来，共收到提案997件，立案737件，其中涉及民生提案占60%以上，通过提案办理，解决了一批群众关注的热点难点问题。如商品房“交房即交证”已成功实施，《人民日报》等多家媒体作了报道。充分发挥社情民意信息直通车作用，全年共收集社情民意信息496条，自治区政协采用12条，为党和政府了解社情民意、化解矛盾纠纷、维护社会稳定发挥了积极作用。

（二）坚持把协商民主贯穿履职始终，进一步突显专门协商机构的独特优势。一是深耕协商主业。牢牢把握专门协商机构的性质定位，不断丰富有事好商量、众人的事情由众人商量的制度化实践。有效运用各种协商形式，认真抓好年度协商计划制定和实施，全年举办各类重要协商26次，重点打造“双月协商座谈会”履职品牌，大力培育与时代和任务相适应的“平等议事、畅所欲言、求同存异、体谅包容、务实管用、合法依章”南宁协商文化，探索“互联网+政协”履职新途径，搭建线上履职平台，组织港澳委员线上履职，开展远程协商、网络议政、云端参会等，确保在疫情防控常态化条件下履职活动不松、不乱、不断。扎实推进政协协商与基层协商相衔接工作，较好地发挥了人民政协在基层治理中的独特作用。二是发挥监督优势。围绕农村水环境综合治理、城市二次供水管理、医保定点民营医疗机构监督管理、河长制落实情况等问题开展专项民主监督，提出意见建议35条，整改落实21条；围绕“十三五”城建项目完成情况、农村科技服务、交通运输工作情况等开展视察监督；围绕《加快打造全国健康城市典范建议》等24个重点提案，开展提案办理监督；围绕《抢占生物医药产业制高点助推实施强首府战略》等多个重点提案，开展提案办理“回头看”跟踪问效；积极组织委员参加电视问政、乡村振兴、提升政府行政效能等各项监督活动164人次，为助推党政重大政策落地、重大决策落实，形成合力、增强推力。三是提升协商质量。坚持调研于协商之前，做到不调研不协商，做到讲真话、讲实话、讲有用的话。积极改进大会发言工作，提升大会发言质量。一年来，共有8篇材料在全国政协和自治区政协做经验交流和大会发言，连续3年获得自治区政协最佳大会发言。创新提案办理清单制，推动"二次"办理和深度办理，注重数量上做减法，质量上做加法，提案工作质量明显提升。及时调整委员智库人员，为提升协商质量提供智力支撑。

（三）坚持把凝聚共识贯穿履职始终，广泛汇聚全面落实强首府战略强大正能量。一是思想引领聚共识。继续完善谈心谈话、走访座谈、界别活动等载体，发挥政协讲坛平台作用，举办"传承红色基因汲取前行力量""中国共产党艰苦卓绝的奋斗历程"等专题讲座，召开"同心向党　凝心聚力"读书交流座谈会，进行正面宣传，教育引导委员和各族各界人士在重大根本性问题上形成共识，做到学党史、感党恩、跟党走。组织委员就全市经济社会发展形势和重大项目开展专题学习考察，引导委员在亲历亲见亲闻中领悟新思想、感受新成就、勇担新使命。二是团结合作增共识。发挥人民政协作为实行新型政党制度重要政治形式和组织形式作用，通过提案、大会发言、调研视察、参与协商等多种途径，为各民主党派、工商联和无党派人士参政议政搭建平台，召开"坚持和完善中国共产党领导的多党合作和政治协商制度"理论研讨会。一年来，党派团体提出集体提案117件，占集体提案总数的86%；提交各类大会发言30篇、社情民意信息338条，为党委、政府科学决策提供积极参考。组织港澳台侨委员和特邀嘉宾开展线上履职，积极引导港澳委员为保持港澳长期繁荣稳定和促进首府经济社会发展发挥"双重积极作用"。密切同党外知识分子、非公有制经济人士、新的社会阶层人士等的联系交流，全面贯彻党的民族宗教政策，推动各民族交往交流交融，把各党派团体、各族各界人士紧紧团结在一起，携手前行。三是文史宣传汇共识。编纂出版《南宁市政协志》文史史料，出版《坚持和完善中国共产党领导的多党合作和政治协商制度论文集》《政协第十一届南宁市委员会优秀提案及办理成效选编》，在政协文史馆建立市委党校学员培训基地和政协委员培训基地，充分发挥文史工作"存史、资政、团结、育人"作用。落实意识形态责任制，意识形态阵地管理不断加强。创新开展《政协故事》《邕有协商》《政协建言　委员心声》栏目，制作《图说政协这五年》宣传画册，全年新闻媒体宣传报道市政协履职新闻360篇（次），讲好履职故事，发出政协声音，汇聚磅礴伟力。四是换届工作圆满完成。坚持把加强党的领导、充分发扬民主、严格换届程序、依法按章办事和严肃换届纪律贯穿政协换届工作全过程，按照市委统一部署要求，选派14名机关干部担任换届风气巡回督察员，加强对县（市、区）政协换届工作的督察指导。按照高标准、严要求做好市政协十二届一次会议各项会务工作，确保会议圆满成功。会议期间，市委、市政府等领导听取大会发言、参加委员联组（小组）讨论，听取委员的意见建议，与委员们共商首府高质量发展大计。会议风清气正、务实高效，新老班子顺利交接，圆满完成换届任务。

三、经验体会

（一）必须坚持党对政协工作全面领导。坚定不移听党话，矢志不渝跟党走，主动向市委汇报重大事项和重要工作，邀请市委、市政府领导参加政协重要会议和重大活动。实践证明，只有始终坚持党的领导，才能有效发挥人民政协作为坚持和加强党对各项工作领导的重要阵地作用，不断提高政治判断力、政治领悟力、政治执行力，是人民政协必须恪守的根本政治原则。

（二）必须坚持人民政协性质定位。牢牢把握人民政协性质定位基本要义，坚持在依照宪法法律和政协章程准确定位的基础上履行职能，利用好政协的话语权，发挥好政协的影响力，坚定不移走中国特色社会主义政治发展道路。实践证明，只有准确把握人民政协性质定位，才能凸显政协工作的时代追求，确保人民政协工作始终沿着正确方向前进。

（三）必须坚持聚焦中心任务履职尽责。始终坚持围绕中心、服务大局，做到党委工作推进到哪里，政协工作就跟进到哪里，力量就汇聚到哪里，使各项履职活动更加契合党委中心任务，更加符合决策需要。实践证明，只有在全局中谋划、在大局中行动，政协职能作用的发挥就越充分，政协的社会影响力就越大。

（四）必须坚持建言资政与凝聚共识双向发力。始终坚持把协商民主贯穿履行职能全过程，把加强思想政治引领广泛凝聚共识作为履职中心环节，努力做到建言资政有用、凝聚共识有效。实践证明，只有坚持双向发力，才能充分发挥专门协商机构作用，画出最大同心圆。

（五）必须坚持人民政协为人民。坚持以人民为中心的发展思想，把不断满足人民对美好生活的向往作为履职尽责的出发点、落脚点，建利民之言、谋便民之策、促惠民之举。实践证明，只有把履职实践与群众利益紧密联系起来，让人民群众感到政协委员就在身边，人民政协离得很近，才能赢得群众的欢迎、社会的尊重。

（六）必须坚持以改革创新精神推进履职能力建设。坚持以提高履职能力为重点，积极创新履行职能的新方式，不断探索发挥作用的新途径，建立提高效能的新机制，强化委员的责任担当，提升履职能力。实践证明，只有牢牢把握时代脉搏，推进改革创新，政协事业才能保持旺盛活力。

（卢远新）

坚定不移打好党风廉政建设和反腐败斗争攻坚战持久战 为建设新时代中国特色社会主义壮美广西首善之地 提供坚强保障

市纪委监委机关

2021年，市纪检监察机关坚持以习近平新时代中国特色社会主义思想为指导，全面贯彻党的十九大和十九届历次全会精神，深入贯彻落实习近平总书记视察广西“4·27”重要讲话精神和对广西工作系列重要指示要求，认真贯彻十九届中央纪委五次全会部署，落实自治区纪委十一届七次全会要求，坚持不懈把全面从严治党向纵深推进，坚决将反腐败斗争进行到底，为全面落实强首府战略、凝心聚力建设新时代中国特色社会主义壮美广西首善之地提供坚强保障。

一、党建概况

市纪委监委机关党委设12个党支部，共302名党员。其中设委机关退休党支部，党员61名。

（一）坚持“书记抓、抓书记”，压实政治责任。市纪委常委会把抓好党建作为践行“两个维护”具体行动，将学习习近平总书记系列重要讲话和重要指示批示精神作为常委会会议“第一议题”，做到学习跟进、认识跟进、行动跟进。实行“清单化”管理，市纪委常委会会议每月至少研究1次党建工作，每季度至少听取1次支部书记汇报加强党员理论学习、抓实党建工作情况。坚持每月举办专题演讲活动，举办32期，346人次参与市本级活动，60多家机关单位到现场观摩。

（二）坚持“支部抓、抓支部”，锻造坚强堡垒。明确领导班子、机关党委、党支部三个层面的“15个抓手”，引导党员干部合力攻坚、奋勇争先。把选优配强党务干部队伍作为提升机关党建的有力抓手，实行提拔晋升、重要岗位任用、评优评先向党务干部倾斜，推动党务工作成为既成就事业又成就人才的工作。常态化开展党建工作“六个一”（一月一演讲、一月一党课、一月一学习重点、一月一主题党日活动、党支部书记一月一例会、一支部一特色），把情景党课等新形式新平台融入支部活动中，做到月月有主题、月月有活动。

6月25日，市纪委监委举行“党建为魂铸铁军——首府南宁纪检监察系统庆祝建党100周年”主题演讲展示活动，充分展示纪检监察干部新时代风采，表达感党恩、听党话、跟党走的坚定信念

（三）坚持“创新抓、抓创新”，激发工作活力。争创“最强党支部”。考核评比设置6个一级考核指标、50多项二级考核指标，将案件办理、信访件办理等主责主业工作作为创优加分项同步纳入党建考评范围，有效解决党建与业务工作融合难的问题。按照“一支部一特色”的要求，着力打造立得住、叫得响、推得开的支部特色品牌和管理模式，先后推出“邕好监督”等10个支部品牌。以评选活动为着力点，引导全市纪检监察干部进改进作风，在工作标准上瞄准最高最好最优，在工作举措上落细落小落实。该做法得到北海市银海区、北流市等地学习借鉴。

二、主要工作

（一）践行初心使命，围绕“两个维护”强化政治监督。一是聚焦重大决策部署抓监督。紧盯习近平总书记重要指示批示和系列重要讲话精神特别是视察广西“4·27”重要讲话精神，以及中央巡视反馈意见整改、推进污染防治攻坚战、巩固拓展脱贫攻坚成果同乡村振兴有效衔接等重点工作强化监督，确保党中央、自治区党委和市委重要决策部署落地见效。二是紧盯“两个责任”落实抓监督。针对自治区党委主要领导点评2020年度南宁市党风廉政建设工作有关问题，协助市委制定4大项15小项整改具体措施，明确整改时限。完善各级党委书记听取点评所辖单位党委（党组）主要负责人落实主体责任制度。开展全市年度落实党风廉政建设责任检查考核，查处违反政治纪律问题12起，处分23人。三是创新工作方式方法抓监督。明确全年10个方面37项政治监督重点任务，推动政治监督深入化实效化。结合深化“书记引航担使命”主题活动，推行每月监督清单管理工作模式，部署监督任务168项，涉及监督内容391项，发现并督促整改问题3179个。

（二）全面巩固反腐败斗争压倒性胜利，一体推进“三不”。一是持续强化“不敢腐”的震慑。加强对“一把手”和领导班子监督，坚决查处“五个交织”的腐败案件，坚持受贿行贿一起查，推进“信访举报质量强化提升年”“案件质量提升年”活动。全市纪检监察机关立案查处违纪违法案件1772件，党纪政务处分1862人，移送司法机关54人，其中查处单位一把手违纪违法案件105件，查处领导干部受贿行贿案件67件。二是系统扎牢“不能腐”的笼子。贯通协同“四项监督”，协助市委制定出台《关于促进党内监督同其他监督贯通协同的意见》，出台市纪检监察机关与市审计机关、财政部门、市委巡察机构等部门单位的协作配合工作办法、协作配合机制。完善全面从严治党阶段性重点工作月度提示单制度，累计向各级党委（党组）发出51个工作提示，督促推动党委（党组）领导班子及一把手强化责任担当，规范履职用权。三是逐步增强“不想腐”的自觉。建立旁听庭审警示教育长效工作机制，组织开展旁听庭审典型案件等警示教育活动4次，接受教育1000余人次。发挥南宁市廉洁文化主题园廉洁教育作用，有365批次、1.89万余名党员干部到廉洁文化主题园接受教育。收集整理严重违纪违法党员干部典型案件剖析材料编印《忏悔录》，坚持常态化点名道姓通报曝光涉及查处的违反中央八项规定精神问题、群众身边的腐败和作风问题等方面的典型案例，有效发挥查处一案、警示一片、规范一域综合效应。

（三）加强新时代新征程作风建设，驰而不息纠“四风”树新风。一是强化查处问责。对巡视巡察发现以及审计移送、税务移交、执纪审查、专项督查发现、群众反映的问题线索快查快办、严肃处理，对顶风违纪、不收手不收敛的典型问题严肃问责，查处违反中央八项规定精神问题175起，党纪政务处分246人。二是强化专项整治。深入开展集中纠治“四风”突出问题“六项行动”，聚焦基层减负、违规吃喝、违规发放津贴补贴、酒驾醉驾等突出问题，细化实化18项具体措施。三是强化监督质效。点名道姓通报曝光违反中央八项规定精神问题典型案例47批次72起，持续释放执纪必严强烈信号。发挥《电视问政》等媒体监督作用，集中曝光和推动整改不担当、不作为等作风问题49起，问责11人。四是强化新风涵养。开展“以竹倡廉·树清廉家风”等廉洁主题活动，选树和宣传一批立得正、叫得响、群众公认的勤廉榜样和先进典型。

（四）持续整治群众身边腐败和不正之风，提升群众获得感幸福感安全感。一是聚焦巩固拓展脱贫攻坚成果同乡村振兴有效衔接加强专项监督，查处腐败和作风问题123起，给予党纪政务处分87人。二是聚焦群众“急难愁盼”，紧盯教育、医疗、供销、就业创业、养老社保、环境污染等领域，查处整治群众身边腐败和作风问题299个，处理414人。三是聚焦政法队伍教育整顿，立案查处政法干警违纪违法案件217件，始终保持正风肃纪高压态势。四是聚焦扫黑除恶，立案查处涉黑涉恶和“保护伞”问题27起，给予党纪政务处分26人。五是聚焦粮食购销领域腐败问题开展专项整治，对粮食收购、储存、销售等关键环节开展监督，立案查处“靠粮吃粮”问题34起。六是聚焦工程建设领域腐败问题开展专项治理，立案查处工程建设领域腐败问题127起，给予党纪政务处分72人，移送司法机关13人，其他处理16人。

（五）坚持上下联动，推动巡察工作深化发展。将中央和自治区党委巡视反馈问题整改情况纳入市委巡察监督重点内容。出台《南宁市委巡察整改效果评价办法（试行）》，采取“百分制”对被巡察党组织整改效果进行量化评价，确保巡察整改不落空、不走样。深入开展市十二届党委第八、第九轮巡察以及市十三届党委第一轮巡察，以及优化营商环境建设机动式巡察、涉粮专项巡察，不断提升巡察质效。建立市委巡察机构联系指导县级巡察机构常态化机制，重点加强巡察与纪律、监察、派驻、组织等监督统筹衔接，与审计、统计、信访等监督协调协作，形成系统集成、协同高效的监督工作机制。

（六）精准有力追责问责，激励干部担当作为。一是坚持精准问责。全市查处失职失责问题32个，其中党内问责问题22个，问责党员干部26人，给予党纪处分22人。二是坚持关心关爱。坚持“三个区分开来”，综合运用“四种形态”处置6440人次，其中第一、第二种形态占比94.1%，抓早抓小、“治病救人”的综合效应充分彰显。常态化做好被问责和受处分干部跟踪回访工作，对500多名受处分和被问责干部开展跟踪回访。三是坚持澄清正名。为170名受到诬告、错告的党员干部在一定范围内澄清或消除影响。对被反映人运用第一种形态774人次，为担当者担当，为负责者负责。

（七）深化纪检监察体制改革，推动制度优势转化为治理效能。开展“乡镇纪委规范化建设年”活动，进一步规范派出乡镇（街道）监察办公室职责权限和工作程序。配齐配强工作力量，推动监督下沉到乡镇、到村（社区）。出台市直企业纪检监察机构监督检查审查调查措施使用管理办法等制度，规范市直企业纪检监察机构审查调查流程，积极探索室组、室组企联动监督等方式，有效解决企业内设纪委权威性不足、独立性不强的难题。开展监委向同级人大报告专项工作，市监委2021年8月向市人大常委会首次报告专项工作，并指导12个县（市、区）扎实开展监委向本级人大报告专项工作。

（八）践行伟大建党精神，锻造高素质专业化纪检监察铁军。结合党史学习教育，引导纪检监察干部弘扬党的优良传统。以市、县、乡集中换届为契机，提拔晋升重用纪检监察干部104人次，系统内外双向交流9人。二是抓机关党建。探索形成“搞好理论武装、用好党务干部、带好党员队伍、建好党建阵地、抓好工作落实”的“五好”模式，实现以党建引领推进模范机关建设。机关党建工作经验做法多次在中央、自治区级媒体刊登，先后获得“全区先进基层党组织”、全区“创建模范机关示范单位”等称号。严格执行监督执纪工作规则、监督执法工作规定，加大严管严治、自我净化力度，坚决防治“灯下黑”。

三、经验体会

（一）必须始终坚持忠诚于党。市纪委监委始终牢记职责使命，全面贯彻落实习近平总书记重要讲话、重要指示批示精神，将“两个维护”落实到执纪审查、调查处置、问责追责等每一项具体工作，深入查纠违反中央八项规定及其实施细则精神等作风问题，为全市经济社会发展提供坚强的纪律保障。

（二）必须始终坚持党建引领。市纪委监委以“抓党建、带队伍、促业务、出成效”为主线，推动党建与业务全融入、双促进、共发展，形成党建工作“五好”模式，树起机关党建风向标。

（三）必须始终坚持系统施治。自觉坚持系统观念，在全区率先一体推进“三不”工作机制建设，统筹运用党性教育、政策感召、纪法威慑，将防腐措施与改革举措同谋划、同部署、同落实，反腐败工作的整体质量和效能不断提高。

（四）必须始终坚持争创一流。南宁作为广西首府，各项工作必须坚持高标准、走在前、作表率。市纪委监委始终真抓实干、担当作为，实现案件质量攻坚突破、信访举报件稳妥办结、信息宣传等各项工作位居全区前列。

（叶鹏）

牢记初心使命　忠诚履职尽责
以高质量司法服务保障首府高质量发展

市中级人民法院党组

2021年，市中级人民法院党组坚持以习近平新时代中国特色社会主义思想为指导，全面学习贯彻党的十九大和十九届历次全会精神，深入学习贯彻习近平法治思想，认真学习贯彻习近平总书记“七一”重要讲话精神，贯彻落实习近平总书记视察广西“4·27”重要讲话精神和对广西工作系列重要指示要求，全面贯彻落实自治区第十二次党代会和市第十三次党代会精神，充分发挥把方向、管大局、保落实的领导作用，团结带领全体干警坚持服务大局、司法为民、公正司法，统筹抓好疫情防控常态化下的司法应对，从严从细投入战疫情、防风险、保安全、护稳定、促发展等工作，切实履行好维护国家安全、社会安定、人民安宁的重大责任，奋力推进法院工作高质量发展，各项工作取得新的发展进步。

6月8日，市中级人民法院组织全体党员到龙州红色教育基地开展“重温红色记忆、赓续红色血脉”主题党日活动　　（伍彬　摄）

一、党建概况

2021年，市中级人民法院设机关党委1个，机关纪委1个，党支部21个，现有正式党员366名，培育发展预备党员5名。

（一）深入开展党史学习教育。认真落实党史学习教育主体责任，把党史学习教育作为重大政治任务摆在突出位置，成立党史学习教育领导小组和办公室，制定专项工作方案，压紧压实责任。狠抓学习教育不放松，每周组织2次以上集中学习研讨，做到内容、人员全覆盖，形成领导示范“带头学”、围绕主线“重点学”、创新载体“深入学”的浓厚学习氛围，深化广大干警对党性质宗旨的认识和对党史全貌的把握。举办喜迎建党100周年“感党恩　跟党走”主题活动、“光荣在党50周年”纪念章颁发仪式等建党百年系列庆祝活动，举办党的百年奋斗历程集中宣讲报告会3期4200多人次，开展爱国主义和革命传统教育活动1900多人次，引导干警从党的百年奋斗史中汲取智慧和力量，做到学史明理、学史增信、学史崇德、学史力行。坚持问题导向，召开党史学习教育专题民主生活会，认真检视整改5个方面31条意见建议，推动党史学习教育往深里走往实里走往心里走，不断提高政治判断力、政治领悟力、政治执行力。

（二）持续加强党组自身建设。始终把党的政治建设摆在首位，认真贯彻《中国共产党党组工作条例》，贯彻落实“五个坚持”“六个带头”“六个表率”要求，切实提高党组履职的有效性和政治性。坚决贯彻民主集中制，严格落实“三重一大”制度，召开党组会66次，集体讨论决定审判执行、司法改革、重大开支、人事任免等重大事项，确保科学决策、民主决策、依法决策。严肃党内政治生活，开展积极健康的批评与自我批评。加强和改进作风，扎实开展一次调查研究、讲一堂专题党课、帮助解决一个问题“三个一”活动，巩固提升对基层党组织与团支部、妇委会、工会等群团组织的领导指导能力。严格落实为基层减负各项规定，党组成员先后70多次深入一线倾听呼声、指导工作、解决困难。严守政治纪律和政治规矩，认真贯彻执行《中国共产党重大事项请示报告条例》《中国共产党政法工作条例》等党内法规，及时向市委和自治区高院党组请示报告重大案件、重要情况、重大事件、重要工作，确保党中央、自治区党委、市委和上级法院决策部署在全市法院得到不折不扣贯彻执行。自觉接受驻院纪检监察组监督，共同维护党章党规党纪的严肃性和权威性。

（三）着力加强基层党组织建设。强化抓党建责任意识，拧紧抓党建责任链条，扎实开展“党支部标准化规范化建设”和“党支部组织生活质量提升行动”活动，组织学习观摩市纪委监委机关党建工作经验，强化基层党组织战斗堡垒作用。推动组织设置标准化规范化，落实“支部建在庭上”工作要求，将16个党支部调整为21个党支部，实现“一庭一支部”。推动组织生活标准化规范化，落实“三会一课”、组织生活会、党建述职考核、谈心谈话等党内政治生活制度，评选标杆党支部13个。推动学习阵地标准化规范化，常态化机制化开展支部书记带头讲党课、政治理论测试等活动，落实“每日一报”“每月一检”工作制度。推动管理标准化规范化，研究制定年度党建工作、发展党员工作、党员教育、党风廉政教育等“四个计划”，健全干部职工、党员、入党积极分子、发展党员等“四个名册”，规范理论中心组学习、党费收支、党支部学习等“三本”记录标准。推动主题活动标准化规范化，加强和创新“党员活动日”机制，做到一月一主题。持续加强定点扶贫村党建指导工作，选优配强驻村第一书记，帮扶修建党建活动室和文化宣传墙。

（四）严格落实意识形态工作责任制。把意识形态工作摆在更加突出位置，召开意识形态工作专题党组会2次、理论学习中心组专题研讨会1次，开展全市法院意识形态工作专项督查，将意识形态工作列入年度绩效考评项目，牢牢把握意识形态斗争领导权、主动权和话语权。持续强化理论武装融入经常，制订《南宁市法院2021年理论学习计划》等方案，抓好时事政治教育，突出学习重点。举办贯彻习近平总书记视察广西重要讲话精神专题培训班等学习活动，持续推进党的十九届六中全会精神和习近平法治思想、习近平总书记“七一”重要讲话、习近平总书记视察广西“4·27”重要讲话精神进教材、进课堂、进头脑，教育引导干警坚定不移走中国特色社会主义法治道路，坚决防范和抵制西方“宪政”“三权鼎立”“司法独立”等错误思潮侵蚀。坚持“三同步”工作机制，提高防范和处置政治风险的能力，切实维护司法领域意识形态安全。加强意识形态阵地建设和管理，成立舆情宣传管控组，充实网络评论员队伍，加强舆论宣传培训，提升舆情应对和宣传水平。强化正面宣传，在官网发布信息800多条、图片1400余张，网站点击率1758万余次，在《人民日报》、新华网等主流媒体刊登新闻500多条，官方微信号在全区政法微信影响力排名前列。加强法院文化建设力度，深入推进社会主义核心价值观融入司法裁判，培育和实践社会主义核心价值观。扎实开展民族团结进步创建工作，持续深化“族老”“呗侬”等特色调解品牌，助力创建全国民族团结进步示范市。

（五）狠抓落实全面从严治党主体责任。深刻认识腐败和作风问题的政治本质、政治危害，研究制订《领导班子2021年度主体责任清单》，全部完成8方面43项目标任务。抓好“关键少数”以上率下，持续深化“书记引航担使命”主题活动，落实工作任务61项。加强对“一把手”和领导班子的监督，中院党组书记对基层法院院长和中院各部门负责人开展监督谈话。开展日常审务督察54次、专项审务督察22次，建立健全规章制度18项。对基层法院开展司法巡查，及时反馈问题及整改建议，加强督促和“回头看”。牵头开展工程建设等重点领域腐败问题专项治理。坚持严的主基调不动摇，严格执行中央八项规定及其实施细则精神、防止干预司法“三个规定”等铁规禁令，全市法院立案查处违纪违法24人。坚决拥护纪委监委查处违法违纪干警，坚持以案为鉴、以案促改，深刻反思、吸取教训、举一反三、警钟长鸣。

二、主要工作

2021年，全市法院受理案件250082件，审执结211299件，同比分别上升12.09%、7.46%，员额法官人均结案328.6件，收结案数、人均结案数均排全区第一。审判执行质效稳中向好，一审服判息诉率、法定第一次审限内结案率同比分别上升5.46个百分点、4.73个百分点；长期未结案件同比下降69.53%，为近年清理效果最好；刑事、民事、行政上诉案件平均流转时长同比分别缩短16天、59天和21天。市十五届人大一次会议以99.59%赞成率，表决通过中级人民法院五年工作报告；市十五届人大二次会议以99.79%赞成率，表决通过中级人民法院2021年工作报告。

（一）扎实开展政法队伍教育整顿。中级人民法院党组把队伍教育整顿作为“一把手”工程和重大政治任务来抓，紧扣“打造忠诚干净担当政法铁军”主线，着力抓好筑牢政治忠诚、清除害群之马、整治顽瘴痼疾、弘扬英模精神“四项任务”，扎实推进学习教育、查纠整改、总结提升“三个环节”，坚决加力肃清孙力军政治团伙、蒙永山、李健等流毒影响。结合党史学习教育，深入开展政治轮训、专题辅导报告等政治教育，引导教育干警永葆忠诚纯洁可靠政治本色。坚持用身边事警示身边人，扎实开展廉政教育报告会等警示教育153场23710人次，教育引导干警知敬畏、存戒惧、守底线。大力开展英模教育活动，选树宣传先进集体4个、先进个人33名，举办英模事迹报告会等英模教育51场9443人次。围绕六大顽瘴痼疾和审判执行领域突出问题开展集中排查与整治，全市法院共排查整改各类顽瘴痼疾518个，交叉评查重点案件106件，推动审判执行工作健康发展。精准运用“自查从宽、被查从严”政策，以零容忍态度惩处司法腐败，着力维护队伍肌体健康。坚持“当下治”与“长久立”相结合，全市法院制定出台《关于严格执行审理、执行期限的暂行规定》等规章制度132个，将队伍教育整顿创新经验和成果转化为长效常治机制。

（二）坚决维护国家安全社会稳定。中级人民法院党组团结带领全市法院干警充分发挥刑事审判职能，依法打击各类刑事犯罪，坚决维护国家政治安全和人民群众生命财产安全，全年审结各类刑事案件8624件，判处五年有期徒刑以上刑罚779人。常态化开展扫黑除恶斗争，审结涉黑恶犯罪案件11件43人，涉黑恶财产执行到位1.45亿元，同比增加1.33亿元，“打财断血”取得新突破。突出打击毒品、电诈、传销等重点领域犯罪，审结相关案件1588件2888人，助力南宁市摘掉毒品、电诈、传销“三顶帽子”。从严从快打击“三非”人员，审结妨害国（边）境管理犯罪案件56件210人。保持惩治腐败高压态势，审结职务犯罪案件77件108人。扎实排查防范重大涉稳问题、个人极端案事件风险隐患，清查、化解涉法涉诉案件和信访积案。

（三）服务保障经济社会高质量发展。中级人民法院党组团结带领全市法院干警紧紧围绕全面落实强首府战略，聚焦“六个全面提质”，紧扣“1+3”重点工作，忠实履行宪法法律赋予的职责。持续优化法治化营商环境，审结商事案件103382件。开展涉民营企业执行攻坚行动，执行到位2.1亿元。服务供给侧结构性改革，审结破产案件174件。服务建立现代产业体系，走访调研重点项目、重点工程104次，帮助解决法律问题133个。服务创新驱动发展，审结知识产权案件2508件。服务巩固提升生态优势，审结环境资源案件273件、环境公益诉讼案件15件。服务乡村振兴战略，打造“护农兴邕法庭”“沃柑法庭”等特色法庭。服务防范化解重大金融风险，审结金融类案件17403件，为农信社等金融机构执行到位7.6亿元。服务“南宁渠道”持续拓展，审结涉外民商事案件167件、涉外商独资企业商事案件1733件。支持法治政府建设，审结行政诉讼案件1723件，办结行政非诉执行案件687件。

（四）深入践行司法为民宗旨。中级人民法院党组团结带领全市法院干警聚焦人民群众对法治、公平、正义等方面的新期待，切实加强民生司法保护力度，用心用情用力解决好人民群众打官司过程中的急难愁盼问题。制订《南宁市法院“我为群众办实事”实践活动项目清单》，狠抓落实利民便民措施26项。强化涉民生审判执行工作，审结涉民生案件25724件，执结各类执行案件60981件，执行到位65.91亿元。开展涉农民工、涉民生专项执行行动，执行到位1.09亿元。巩固深化一站式诉讼服务体系建设，加强诉讼服务中心分类建设和“一窗通办”，持续优化网上立案、跨域立案、午间立案等服务，不断满足人民群众司法新需求。坚持和发展新时代“枫桥经验”，搭建灵活就业人员合法权益保障中心等多元解纷平台34

个，引进特邀调解组织46个，促进纠纷多元化解、源头化解。办结司法救助案件546件674人，发放救助金1084.71万元，依法缓减免诉讼费1448.14万元。认真贯彻实施民法典，弘扬社会主义核心价值观。扎实开展送法进村屯、企业、社区等普法宣传，发放普法资料1.5万份，举办抖音普法直播活动21场，195.2万名网民在线与法官互动。

（五）加快推进审判体系和审判能力现代化。中级人民法院党组团结带领全市法院干警准确把握改革要求，更加注重系统观念、法治思维、强基导向，紧紧扭住影响公平正义实现的关键环节突出问题持续发力。常态化开展员额法官遴选工作，遴选员额法官32名，晋升法官等级33人，完成222名法官助理和书记员职级套转工作。坚持有序放权与有效监督相结合，持续深化司法体制综合配套改革，推动审判权规范运行。健全完善诉讼制度机制，深化以审判为中心的刑事诉讼制度改革，贯彻落实认罪认罚从宽制度，深化繁简分流改革。健全完善法律适用分歧解决机制。推进智能化办案、无纸化办公、集约化送达等项目落地见效，创新建设互联网融合式法庭、"云享法庭"，推出"智慧诉服管家"等智能应用，智慧法院软硬件基础更加夯实。

（六）持续加强过硬法院队伍建设。中级人民法院党组坚持抓班子带队伍促审判，按照政治过硬、业务过硬、责任过硬、纪律过硬、作风过硬要求，全面加强全市法院队伍政治、思想、组织、作风、纪律建设，加强高素质专业化人才队伍培养，努力锻造绝对忠诚、绝对纯洁、绝对可靠的法院铁军。全市法院经过刮骨疗毒式的自我革命、激浊扬清式的"延安整风"、铸魂扬威式的主题教育，政治生态持续向好、纪律作风明显好转、素质能力不断增强、司法公信力持续提升、队伍面貌形象焕然一新。全体干警经过革命性锻造，思想上得到洗礼、政治上得到淬炼、党性上得到升华。涌现出一批全国、全区先进典型，其中，兴宁区人民法院立案庭（诉讼服务中心）被评为全国法院先进集体、青秀区人民法院执行局局长赵会被评为全区"最美公务员"。

三、经验体会

（一）必须牢牢坚持党对法院工作的绝对领导。"中国共产党是领导我们事业的核心力量。"人民法院之所以能够战胜各种艰难险阻、从胜利走向胜利，最根本的就是听党话、跟党走。我们只有建立党史学习教育常态化长效化制度机制，弘扬伟大建党精神，把"两个确立"决定性意义的共识转化为"两个维护"的自觉行动，真学真信笃行习近平法治思想，坚定不移走中国特色社会主义法治道路，始终在思想上政治上行动上同以习近平同志为核心的党中央保持高度一致，才能确保法院工作始终沿着正确的政治方向前进。

（二）必须坚持以人民为中心的发展思想。"全面依法治国最广泛、最深厚的基础是人民。"民生无小事，民心是最大的政治，造福人民是最大的责任，让人民生活幸福是"国之大者"。我们只有坚持人民至上，把实现好、维护好、发展好最广大人民根本利益作为出发点和落脚点，不断加强民生审判执行工作，健全覆盖城乡、便捷高效的现代化诉讼服务体系，提供多途径、高效率、低成本的纠纷解决方案，努力使办案质量更优、效率更高、效果更好，才能让人民群众切实感受到公平正义就在身边。

（三）必须完整准确全面贯彻新发展理念。"贯彻新发展理念是新时代我国发展壮大的必由之路。"强首府，南宁当自强，首府法院也当自强不息。我们只有坚持稳中求进工作总基调，统筹发展与安全，自觉融入大局、服务大局，找准司法服务大局着力点和切入点，紧跟、盯住、办好党中央、自治区党委、市委和上级法院决策部署，持续营造市场化法治化国际化营商环境，勇于求变、敢于求新、善于求质，走在前、作表率，全力推动法院工作高质量发展，充分发挥法治固根本、稳预期、利长远的保障作用，才能在建设壮美广西首善之地中彰显首府法院担当。

（四）必须紧紧抓住队伍建设这个关键。"党和人民事业发展需要一代代中国共产党人接续奋斗，必须抓好后继有人这个根本大计。"勇于自我革命是中国共产党区别于其他政党的显著标志。我们只有坚持从严治党、从严治院、从严管理，发扬自我革命精神，把严的主基调长期坚持下去，巩固拓展队伍教育整顿成果，持之以恒正风肃纪，驰而不息纠"四风"树新风，抓好新时代领导班子、干部队伍和人才队伍建设，树立良好的用人激励导向和干事创业导向，自觉践行全过程人民民主，把接受监督作为推动工作发展的强大动力，打造一支堪当时代重任的首府法院铁军，才能走好新的赶考之路。

（五）必须筑牢夯实"一盘棋"思想。"一百年来，党和人民取得的一切成就都是团结奋斗的结果，团结奋斗是中国共产党和中国人民最显著的精神标识。"新时代新征程新形势赋予新任务，对法院工作提出新的更高要求。我们只有"像石榴籽一样紧紧抱在一起"，搞好团结、管好班子、带好队伍，同心同德、团结奋进，才能凝聚奋进力量不断战胜前进道路上的一切困难挑战。

（六）必须发扬敢于斗争、善于斗争的精神。"敢于斗争，善于斗争，逢山开道、遇水架桥，勇于战胜一切风险挑战！"司法体制改革已进入系统性、集成性变革的新阶段，面临着诸多深层次矛盾和问题。我们只有发扬斗争精神，坚持守正创新，以改革创新破解审判执行难点堵点，深化司法体制综合配套改革，持续推动现代科技从工具性运用向更深层次规则治理和制度机制构建，才能加快实现审判体系和审判能力现代化。

（唐伟）

忠诚履职善作为　服务大局勇担当
贡献推动南宁高质量发展的检察力量

市人民检察院党组

2021年，市人民检察院党组坚持以习近平新时代中国特色社会主义思想为指导，全面贯彻党的十九大和十九届历次全会精神，认真学习贯彻习近平总书记视察广西“4·27”重要讲话精神和对广西工作系列重要指示要求，学深悟透践行习近平法治思想，落实党中央决策部署、上级党委和检察院各项决策部署，坚定为大局服务、为人民司法的检察使命，以高质量的检察履职推动社会治理效能不断提升，为建设更高水平的平安南宁、法治南宁贡献检察智慧和力量。

11月25日，市人民检察院在市直机关深化模范机关创建暨党支部标准化规范化建设工作推进会上作经验发言　（陈铭迩　摄）

一、党建概况

2021年，市人民检察院设立机关党委1个，下设党支部14个（其中在职党支部11个、离退休党支部3个），党员225名（其中在职党员122名、离退休党员103名）。

（一）持续在学懂弄通做实习近平新时代中国特色社会主义思想上下功夫。市人民检察院党组把学深、悟透、践行习近平新时代中国特色社会主义思想、习近平总书记“七一”重要讲话精神和视察广西“4·27”重要讲话精神等作为首要任务和“第一议题”，把坚定不移坚持和捍卫“两个确立”转化为坚决做到“两个维护”的思想自觉、政治自觉、行动自觉。推行党组带头学、支部研讨学、部门结合学、干警自主学的“四步走”学习法，开展习近平法治思想全覆盖培训，自觉做习近平法治思想的坚定信仰者、积极传播者、模范实践者。

（二）持续在加强党的建设上下功夫。市人民检察院党组坚定扛起党建主体责任，对标对表《中国共产党政法工作条例》《中共中央关于加强党的政治建设的意见》等标准要求深化党建实践，定期听取党建工作报告，确保院党组领导核心作用、机关党委、党支部战斗堡垒作用和党员干警先锋模范作用的有效发挥。健全和完善组织机构设置，选优配强基层党组织班子，机关党委设委员9名，机关纪委委员3名，其中1名机关党委专职副书记兼任机关纪委书记。着力提升党支部标准化规范化水平，市人民检察院机关党支部均为组织生活质量标杆党支部。坚持党建工作与业务工作同谋划、同开展，精心培育“监督铸检育先锋”党建母品牌及各基层党支部子品牌，3个党建案例获评全区检察机关党建先进典型案例。推行“行动学习法”进支部，升级完善党建文化阵地，规范办公秩序，每月评选“最美办公室”。坚持党建引领，群团共建，市人民检察院团支部获评“广西五四红旗团支部（总支）”称号，1名干警荣获“广西青年五四奖章”。南宁市直机关深化模范机关创建暨党支部标准化规范化建设工作推进会在市人民检察院召开，市人民检察院机关被市委市直机关工委评为“模范机关示范单位”并在会上作经验发言。

（三）持续在深化党史学习教育上下功夫。市人民检察院党组带头读原著、学原文、悟原理，开展宣讲，领学促学督学。持续深入开展“书记引航担使命”主题活动，充分发挥党支部学习主体作用，利用“党课开讲啦”“书记讲堂”平台，多形式开展党史宣讲交流活动27场次，组织党员干警分批次赴红色教育基地参观学习16场次，踏寻革命足迹、感悟光辉历程。开展“感党恩、跟党走”3个主题系列活动，举办专题读书班、知识竞赛、党史宣讲、“微党课”、征文评比、演讲比赛等活动300余场次。

（四）持续在推动全面从严管党治检上下功夫。从严从实推进政法队伍教育整顿，召开民主生活会、组织生活会深入查摆，常态化开展重点人员排查、选人用人排查、重点项目排查、技侦手段排查、重点案件排查、涉案人员图文信息全面排查，全市检察机关未发现存在涉及“六查”方面的问题。从严落实“两个责任”，认真履行“一岗双责”，签订党风廉政建设责任状，制定《驻市检察院纪检监察组与检务督察部协作配合办法》《内部审计工作办法》《防止干预司法“三个规定”告知制度》，形成一把手负总责、分管领导各负其责，班子成员齐抓共管、纪检监察部门协调督查的工作机制。严格落实中央八项规定及其实施细则精神，遵守廉洁从检各项规定，公务用车、办公用房、生活、住房等均按照规定标准执行，无超标问题存在。狠抓“三个规定”落实，对检察干警填报过问或干预、插手司法办案等重大事项实行一月一通报，全市两级检察院共记录报告重大事项505件，无“零报告”单位。

（五）持续在服务全面推进乡村振兴中担当作为。严厉打击危害农村稳定、破坏农业生产等涉农犯罪，起诉15人，立案办理涉农公益诉讼案件201件。良庆区人民检察院履职中发现大量废弃农资包装物随意丢弃田间地头与其他垃圾混同处理，污染土壤、水源，破坏农村人居环境，发出检察建议并督促推动相关部门共同建立健全废弃农资包装物闭环管理体系，实现长效治理，该案入选全国检察机关公益诉讼检察服务乡村振兴、助力脱贫攻坚典型案例。以司法救助助力巩固拓展脱贫攻坚成果、助推乡村振兴，向376名贫困对象发放司法救助金582万余元。开展剥夺政治权利罪犯刑罚执行专项检察，及时发现违法并督促纠正行使选举权17人，保障村（社区）“两委”换届顺利进行。主动开展法治进乡村128次，市人民检察院法治进校园巡讲团重点深入偏远地区中小学开展“一村一法治巡讲”，加强对农村留守儿童、困境儿童的普法教育。与被帮扶村党支部结对共建，开展专题学习、宣讲辅导、研讨交流、廉政教育等活动，扶持鼓励发展特色种养殖业，协调农业专家现场指导种植技术，2名干警分别获评全区脱贫攻坚先进个人、全区优秀驻村工作队员。

二、主要工作

市人民检察院党组深刻把握蕴含在党中央、地方党委重要决策部署中的司法需求，就市委对全市检察机关贯彻落实《中共中央关于加强新时代检察机关法律监督工作的意见》提出的要求，专题研究落实举措、细化目标任务清单，以高质量检察履职服务保障首府高质量发展。

（一）紧扣更高水平的平安南宁建设，把保障实现“中国之治”的任务部署落到实处。坚决捍卫国家政治安全，依法严惩各类刑事犯罪，批捕6788人、起诉10322人。积极参与网络治理，严厉打击“黄赌毒”、盗抢骗等多发性犯罪，持续惩贪肃腐。落实扫黑除恶常态化工作要求，制定《常态化开展扫黑除恶斗争工作方案》《涉黑涉恶案件办理工作规定》，努力为扫黑除恶斗争作出检察新贡献，2人获国家级表彰，2个集体、5名个人获自治区级表彰。深化落实认罪认罚从宽制度，全年总体适用率超过85%，提出确定刑量刑建议法院采纳率99.2%。刚性落实群众来信件件有回复制度，全市检察机关受理各类信访3642件，同比下降26.62%。

（二）紧扣高质量的发展目标，把主动服务构建新发展格局的各项部署落到实处。精准把握依法办案与服务发展的关系，组织开展严防金融风险、服务创新发展等专项监督，保持对传销、非法集资等涉众性犯罪的打击力度，助力南宁市传销“脱榜摘帽”；牵头与人民银行南宁中心支行召开反洗钱工作联席会议，在信息共享、衔接配合、依法惩治等方面达成共识，起诉4人，涉案金额1223万余元。全市检察机关在辖区民营企业设立检察官联络室25个，分别与辖区统战部、工商联等单位建立健全协作、指导服务民营经济发展的沟通联系机制12项。市人民检察院牵头与钦州市人民检察院、防城港市人民检察院联合签署《广西八尺江（库）流域生态环境和资源保护协作机制》，打造生态安全的“南宁检察样板”。

（三）紧扣以人民为中心的初心使命，把增进人民福祉的各项要求落到实处。助力巩固拓展脱贫攻坚成果同全面推进乡村振兴有效衔接，重点办理危害农村稳定、破坏农业生产的相关案件，向376名贫困对象发放司法救助金582万余元。持续做好公开听证、行政争议实质性化解等民生检察工作，公开听证范围覆盖“四大检察”业务；切实履行好未成年人司法保护主导责任，市人民检察院被确定为全国未成年人检察工作社会支持体系示范建设试点单位，获评“全国巾帼建功先进集体”称号，青秀区人民检察院获评全国“青少年维权岗”称号。

（四）紧扣全面依法治国战略布局，把维护社会公平正义的职责使命落到实处。刑事检察向深做优，刑事案件比优于全国检察机关考评指标均值；民事检察向精做强，精准办理民事监督案件1365件，同比增长12.6%，连续2年在全区检察机关虚假诉讼监督工作推进会上介绍经验；行政检察向质做实，办理行政监督案件316件，同比增长107.9%；公益诉讼向效做好，把法律明确赋权的9大领域案件办好办扎实。充分运用办案数据发布、案件质量评价、业绩考评、典型案例评选等方式，切实把法律监督做深做实，3件案件入选全国检察机关典型案例，34件案件入选全区检察机关典型案例或精品、优质案件。

（五）紧扣正规化专业化职业化要求，把夯实检察事业发展根基的目标任务落到实处。坚持常态化开展领导干部上讲台，推行“培训+办案+研究”检察业务能力建设新模式，着力培养通专结合的复合型人才，全市检察机关现有全国检察业务人才库人才22名，全区检察业务人才库人才96名，获评自治区级业务竞赛业务标兵、能手18人。着力打造专业化优秀团队，2个办案团队分别获评全区十大特色办案团队。持续深入实施基层人民检察院建设提升工程，建立基层人民检察院“互学互联互助”结对共建，及市人民检察院领导、业务部门重点联系、对口指导机制，推动基层检察工作均衡发展，江南区人民检察院、西乡塘区人民检察院获评全区先进基层检察院，5个部门获评全区检察机关先进集体。

三、经验体会

回顾过去一年来市人民检察院党组的工作，我们深切地体会到，检察事业的发展进步，根本在于以习近平同志为核心的党中央坚强领导，根本在于习近平新时代中国特色社会主义思想科学指引。做好检察工作，必须始终坚持市委的正确领导，紧紧依靠市人大及其常委会有力监督、市政府的大力支持、市政协的民主监督，市监察委员会、市中级人民法院的配合与制约。只有强化政治意识和大局意识，强化班子自身建设，始终坚持把服务大局、促进发展融汇在检察工作整体思路中，使全市检察工作更加符合中央的要求和南宁的实际，充分发挥检察职能，准确把握检察工作规律，实现执法办案的政治效果、法律效果和社会效果的有机统一，才能推动首府检察工作高质量发展，才能赢得更高的司法公信和满意度。市人民检察院党组将紧密联系中国特色社会主义进入新时代、首府检察工作发展站在新的历史起点上这个最大的实际，坚持以习近平新时代中国特色社会主义思想特别是习近平法治思想武装头脑，围绕凝心聚力建设新时代中国特色社会主义壮美广西“1+1+4+3+N”目标体系，突出抓好南宁市重点工作，坚持讲政治与抓业务相统一，认真贯彻落实《中共中央关于加强新时代检察机关法律监督工作的意见》，围绕市委和上级检察院的各项决策部署，科学谋划全市检察工作，积极践行新发展理念，主动服务新发展格局，为全面落实强首府战略，推动高质量发展，奋力建设新时代中国特色社会主义壮美广西首善之地贡献检察智慧和力量，以优异成绩迎接党的二十大胜利召开。

（邓艳秋）

深入贯彻习近平强军思想　奋力开启一流警备区建设新征程

南宁警备区党委

2021年，南宁警备区党委坚持以习近平新时代中国特色社会主义思想为指导，坚决贯彻党中央、中央军委、习近平主席和上级党委决策部署，聚焦庆祝建党100周年，瞄准“双一流”建设目标，积极作为，趁势而上，圆满完成年度各项任务，部队全面建设保持向上向好发展势头。

12月10日，南宁市2022年度春季征兵工作动员部署会议召开

一、主要工作

（一）政治引领有力有效。坚持不懈抓好理论武装，召开两级党委民主生活会，考核团级单位党委班子。围绕庆祝建党100周年，统筹抓好党的十九届六中全会精神、习近平总书记“七一”重要讲话精神学习贯彻，扎实开展党史学习教育，集体过“七一”主题党日，组织“做新形势下合格共产党员”党课辅导；开展“赓续优良传统，争当强军先锋”主题演讲、“两优一先”评选表彰、颁发“光荣在党50年”纪念章、专项走访慰问系列活动；组织两支参赛队参加军区歌咏比赛分别获得二、三等奖，参加军区党史知识竞赛获三等奖，部队听党话、跟党走的思想自觉增强。党管武装坚强有力，清理2017年以来市委常委会议军会议定事项，强力推进未落实事项落实；结合换届调整提拔重用专武干部，安置随军家属71名，军人子女优待入学400余名。

（二）练兵备战落深走实。修订完善战备方案预案。民兵工作迎接军区检查考评全区排名第一。扎实推进群众性战法斗法创新研究，1篇成果获战区三等奖、军区一等奖，1篇成果获战区优秀奖、军区二等奖；在军内媒体发表文章百余篇。分层级开展基干民兵群众性实战化练兵比武，参加全区比武取得了金银铜牌数第一、奖牌总数第一的好成绩。组织人员担负“神舟十二号”应急搜救任务备勤。接受军区军事训练监察，受到通报表扬。

（三）动员建设提质增效。积极适应“一年两征”新常态，高质量完成新兵征集任务，“五率”量化考评全区第一，市征兵办被评为全区征兵工作先进单位。完成基干民兵和国防动员专业保障队伍编组任务；编建特种语言分队，高标准完成军区赋予的外军资料翻译任务。进一步完善“退役军人作战型骨干人才数据库”，明确各类退役骨干在哪里在干什么。完成潜力统计调查，4个国民经济动员中心规范化建设持续加强。

（四）基层基础不断夯实。高标准完成“四个秩序”规范化抓建任务，6个人武部完成改建，5个人武部新营院顺利开工。市国防教育训练基地进入建设前准备阶段。积极开展干休所达标建设，组织交叉考评，开展“双争”“三先”评选表彰活动，定期走访慰问老干部及遗孀，干休所全面建设稳步提升。第三干休所党委被军委国动部表彰为先进基层党组织。按照“三个不降”标准要求，真心真情做好老干部服务保障工作，老干部满意度普遍较高。毫不松懈做好常态化疫情防控，按照应接尽接要求完成全员疫苗接种。开展“净网”、微信清理专项整治行动，每周常态开展“保安全四要求”安全教育训练活动，结合工作提高官兵职工安全意识、安全素质和干部骨干安全组织力，安全基础得到巩固。

（五）政治生态持续向好。扎实开展“四清一查”，全面彻底清理涉郭徐房张信息；聘请地方审计公司多点同步进行工程审计、资产清查，对照通报举一反三全面自查自纠，共完成7大类600余项问题整改并清退违规款项；提前完成重复购房清理整治，得到军委国动部检查组的高度评价；严肃认真开展干休所作风纪律教育整顿，针对1起违规吃喝问题，举一反三、深入反思、汲取教训；成立突击专班，强力推进地方绩效清退，排除万难，齐心协力啃下了最后的硬骨头，得到军区表扬。

二、经验体会

（一）务必在保持清醒中稳中求进。越是形势好时越要看到问题和差距，越要清醒判断形势，在全局中找准自身定位。任何时候都不能好高骛远、任性妄为，任何时候都要客观地、实事求是地定目标、作决策，增强“稳”的底气，提高“进”的质量。

（二）务必在凝聚军心中团结共进。坚持用信任、欣赏、发展的眼光看待官兵和职工，主动倾听呼声，真心解难帮困，严在格内、管在理上，不搞简单的“封堵禁”，大力纠治官兵身边的“微腐败”，才能真正把部队搞得清爽亮堂、气顺心安。少一些东家长西家短，多一些你干得多我更要多干。坚持和用好“高铁动车”原理，既统一领导，又发挥各级能动，才能形成“心往一处想、劲往一处使”的良好格局。

（三）务必在奋发有为中砥砺初心。惟有知责尽责，才能初心入心。必须树牢扛红旗、争第一的志气，凡事都追求卓越、干成精品；涵养功成不必在我的胸怀，耐得住寂寞、吃得了亏，多做打基础、利长远的工作，少在无关大局的边角上做无用功；力戒形式主义、官僚主义，多一份落实少一点折腾，确保每项工作都经得起历史、实践和官兵检验。

（四）务必在清零问题中彰显作为。每解决一个问题，就为部队建设卸掉了一个包袱，为奋进“双一流”增加了一分胜算。对历史遗留的、四清一查的、巡视巡察指出的问题，应逐条对表销账，决不能搞成“问题秀”；对工程建设、资产移交、债权债务等重难点问题，应立足自身、立足任内，啃下硬骨头，决不上交、不甩锅。

（五）务必在“联产承包”中促进落实。就像农村分土地一样，把部队的任务按职按权明确到人，将分管责任田的“产出”和“效益”作为评价个人实绩的基本标尺。树立公平使用干部、公正评价政绩、客观看待问题的正确导向，才能聚人气、鼓士气，形成“建设重担大家挑、人人肩上有指标”的工作格局和强大合力。

（何铭　朱英杰）

坚持守正创新　持续厚实底蕴 加快推进全面建设高质量内涵式发展

武警南宁支队党委

2021年，武警南宁支队坚持以习近平新时代中国特色社会主义思想为指导，全面贯彻党的十九大和十九届历次全会精神，深入贯彻习近平强军思想，贯彻落实新时代军事战略方针，深入学习贯彻总体国家安全观，聚焦建军100年奋斗目标，全面推进政治建军、改革强军、科技强军、人才强军、依法治军，坚决落实军委、武警部队和总队党委决策部署，紧跟总队迈向第一方阵步伐，以“十四五”规划高起点开局为牵引，坚持守正创新、接续厚实底蕴，铆定统思想、强能力、固基层、正风气、抓落实，高标准实现“三个确保”，以高质量内涵式发展的优异成绩迎接建党100周年。

3月26日，武警南宁支队组织官兵开展党史故事分享会

一、党建概况

2021年，武警南宁支队始终坚持靠理论武装统班子、靠提升素质强班子、靠严格制度管班子、靠树好形象立班子，班子的领导力组织力执行力不断增强。

（一）更加注重在识变求变中把正建设方向。支队党委深刻认识到，只有准确识变、科学应变、主动求变，才能更好地把握大势、驾驭全局。面对百年变局的加速演进、应对强敌的特殊要求、疫情防控的严峻形势给部队建设带来的风险挑战，支队立足新发展阶段、贯彻新发展理念、融入新发展格局，突出强化感知力，准确吃透上级决心意图和指示要求，召开党委全会分析研判形势，走高质量内涵式发展之路，鲜明提出“稳中求进抓落实、守正创新求突破”，在各种场合反复强调提领，进一步提高思想认识；突出强化洞察力，结合季度考评、蹲点帮建等时机，围绕部队建设重点、官兵关注热点、工作落实难点，党委常委深入一线搞调研、摸实情、找对策、解难题，较好地掌握了工作主动权；突出强化引领力，抓理论学习、抓党性锤炼、抓氛围营造、抓积弊纠治，着力破除官兵境界差、格局小、层次低的问题，将党委的认识变成部队的共识、党委的规划图变成全部队的施工图，确保部队上下同欲、同频共振。

（二）更加注重在真打实备中锤炼过硬本领。始终把锻造练兵备战、领兵打仗的素质本领作为第一要务抓紧抓实，聚力清除思想锈蚀，主动进入战位议战议训，坚持固定勤务定期议、重大任务及时议、敏感时期跟进议，以纠治和平积弊、形式主义官僚主义活动为契机，党委班子带头讨论辨析、对照整改；坚持练兵先练官，紧盯应对强敌和疫情防控，刻不容缓推进各项任务准备，带头学指挥、练战术、研战法，融入重大任务历练，接力积蓄领兵打仗底气本领。

（三）更加注重在严守规矩中凝聚班子合力。始终注重党委班子自身建设，每逢班子调整后，第一次常委会、全委会都要求大家讲团结、严自律，时常用“欲望不能太强、私心不能太重、心胸不能太窄”三句话来提醒，不断校正思想和行为偏差。坚持用共同的事业来凝聚，用共同的目标来引领，倡导清清爽爽的同志关系、规规矩矩的上下级关系；严格贯彻民主集中制，修订完善常委会议事决策细则，在工程建设、经费使用等敏感问题上，坚持先学政策后议事、先定原则后议事，确保权力在阳光下规范运行；注重强化党性淬炼，严格落实“三会一课”、个人事项报告等制度，扎实推进“不忘初心、牢记使命”主题教育常态化制度化，召开民主生活会直接点问题、诚心提建议、真心拉袖子，既红了脸、出了汗，又增强了团结、提纯了党性。

（四）更加注重在攻坚克难中强化责任担当。着力培塑讲担当、敢担当、真担当的品格，坚持把岗位当战位、把职务当责任，带领部队狠下一条心，啃硬骨头、除拦路虎。面对棘手矛盾问题，不回避、不推诿，面对历史遗留问题，知责负重、迎难而上，攻坚解决巡视审计整改、行业问题整肃、滞留人员移交、对外停偿服务、违规住房清理和生活区物业管理运行等问题，帮助部队卸下包袱、轻装前行。

（五）更加注重在纠偏正向中立牢鲜明导向。始终把正风肃纪作为党委领导的主体责任，坚持立身为旗、立行为范，不断提升党委班子的凝聚力战斗力感召力。立起领导行为导向，刚性落实廉洁从政各项规定，始终心怀镜鉴、手握戒尺，以实际行动引领清风正气；立起选人用人导向，注重用人品官德、能力素质、工作实绩来衡量使用人才，大力营造“有为才有位，挑好担子才能坐好位子，凭素质立身靠实绩进步”的浓厚氛围，推出选拔任用“四个优先”举措，实行全程公开、阳光透明，自觉接受官兵监督，真正做到用对一个人，激励一大片。立起工作评价导向，坚持把

"提倡什么、反对什么，什么是对、什么是错"搞得很鲜明、氛围营造得很浓厚，部队正能量更加充盈；立起问责问效导向，坚持挺纪在前，严抓监督执纪，层层传导压力，真正起到问责一个、震慑一批、教育一片的效果。

二、主要工作

2021年，武警南宁支队按照上级党委统一部署，坚持"一个指导"、把准"一个定位"、紧盯"一个关键"、抓住"五个重点"，牢牢把握"六个努力推动"这个着力点突破口，坚持守正创新，接续厚实底蕴，支队全面建设呈现稳中有进、向上向好的发展态势。

（一）紧扣"三个绝对"抓引领，铸魂育人扎实有力。跟进学习党的十九届六中全会精神和习近平总书记"七一"重要讲话精神，常态抓好党委中心组学习、理论服务走基层、"双百"微课活动，推动强军思想入心入脑。认真落实全军思想政治教育工作会议精神，体系推进主题教育、党史学习教育和经常性教育，邀请专家教授讲座，重温入党誓词，举办党史知识竞赛，瞻仰革命纪念场馆，官兵忠诚底色更加纯粹鲜亮，多人被总队评为优秀政治教员。与市文广旅局签订文化建设军民融合发展协议，为市博物馆、群艺馆等单位颁授"军民融合文化活动场馆"牌匾，如期完成"书香军营"、党建墙建设，以文育人聚力作用更加彰显。邀请市公安局领导授课辅导，扎实做好一人一事思想工作，探索优化"三互"活动方式方法，打好意识形态斗争主动仗。

（二）聚焦稳内压舱务主业，胜战能力显著提升。深入贯彻军委、武警部队军事训练会议精神，刚性落实党委议战议训制度，以"四考四带"为抓手，严密组织各类集训、军人运动会、巡回教学、卫士演习和"两官"队伍季度考核，部队军事素养得到跃升。着力发挥值班室总控作用，常态组织执勤教育整顿，强力整治执勤隐患，确保执勤安全无事故。大力加强战备体系建设，广泛开展"学研用"纲要和"修学推"方案活动，审时度势组织扑灭山火、抗洪抢险、处置个人极端行为授课辅导和训练演练，部队实战实备水平明显提升。全年，圆满完成习主席来桂视察、东盟博览会安保等专项任务，支队参谋部被总队评为先进参谋部。

（三）深悟训诫警示固根基，基层基础逐步夯实。坚决贯彻习近平主席关于深圳支队案件重要批示精神，召开常委会专题研究部署，对照问题清单抓整改。分层制定按纲建队计划，严密组织《纲要》培训、"双争"评比、季度考评和"法规学习周"活动，立起大抓基层鲜明导向。坚持精准帮建，制定"一队一策"抓建措施，基层发展不平衡的问题逐步改观。常态开展大练基本功活动，如期完成警官等级转换，推动新的干部政策制度平稳落地。注重抓安建安，以争创"六无"先进单位为抓手，大力推进各类安全活动，深纠"三个不放心"问题，部队安全基础更加稳固。

（四）坚持多措并举强服务，综合保障更加高效。紧跟军事行动进程修方案，规范战勤编组和编携配装，全面落实野战饮食快餐化保障，与地方军民融合保障单位签订代储代运协议，前勤保障能力稳步提升。常态抓实疫情防控，严密组织核酸检测、接种疫苗，实现"零感染"目标。深化行业整肃治理，纵深推进资产、住房、评残等清查整治，办结历史遗留问题，帮助部队卸下历史包袱。办好利军惠兵实事，安排专款用于配套设施建设，为基层单位配发衣物烘干设备，官兵幸福感、获得感不断增强。

（五）持续挖根除弊纯生态，新风正气持续上扬。认真贯彻落实武警部队党建法规培训会精神，修订完善常委会议事决策细则，严密组织党委（支部）班子考评、"党组织建设规范月"活动，推开党员发展、党费收缴使用管理和奖励表彰专项清查整治，各级党组织的政治功能和组织力明显提升。聚力抓好郭徐房张流毒清理，走稳踩实"十个规定动作"，过细开展"四个过一遍"，抓实党建"四个一"，落实考察帮建、干部讲评和民主生活会"三个全覆盖"，召开专题组织生活会，洗涤了思想、提纯了党性。深入开展党规党纪教育，抓实基层风气监察联系点建设和"廉政三进"活动，落实风气监督员交叉派驻制度，着力纠治官兵身边"微腐败"和不正之风，部队政治生态更加纯正。

三、经验体会

2021年，武警南宁支队深入学习贯彻习近平总书记关于选人用人工作的重要论述，牢固确立与能打仗、打胜仗相适应的选人用人观，始终按照打仗标准选人用人。

（一）支队党委坚持用备战打仗导向牵引选人用人方向，官兵备战打仗能力显著增强，部队战斗力水平稳步提升。在广西总队组织的"千人万卷"参谋业务考核大比武中，南宁支队多名新晋干部表现突出。

（二）受体制编制调整影响，支队干部调动频繁，同时受工作压力大、现实困难多等问题影响，一些干部一度出现认识上不去、能力上不去、心态状态差、形象威信差等问题。支队党委班子坚持扭住备战打仗不放松，树立为战选人、以战用人的鲜明导向，着力培养造就真想打仗、真谋打仗、真抓打仗、真会打仗的高素质新型军事人才。

（三）支队党委科学构建选人用人机制，确保备战打仗导向不偏移。他们坚持"有为才有位、挑好担子才能坐好位子、凭素质立身靠实绩进步"的思路，创新推出"考主官带班子、考班子带机关、考机关带基层、考干部带战士"的科学考评帮带机制，有计划地安排各级干部思想补课、技能补差、阅历补缺，固化干部在机关与基层、机动分队与执勤分队、市级与县级的交流任职路子，使干部成长和发展路径更加符合部队建设和战斗力需要。

（四）为帮助每名干部看清差距、补齐短板，支队党委为每名干部量身定制发展规划表，通过"参谋业务夜校""中队长指导员之家"等抓手，精准指导干部成长进步。近两年来，支队先后有30余名干部参加各类学习培训，人才成长和良序竞争局面逐渐形成，人才梯次结构逐步优化，后劲潜力明显增强。

（五）导向正则方向明，人心顺则干劲足。支队党委坚持德才兼备、按绩排名，把选人用人的"刻度"放在备战打仗上。2020年，作训科参谋靳晓涛参加总队"以赛强能"比武获得3个课目第一，执勤十一中队指导员潘能健带领官兵圆满完成全区看守所规范试点任务，出色的工作业绩拉高了他们晋升资格的排名，2021年两人都顺利晋升。如今，支队干部队伍"想干事的有机会、能干事的有舞台、干成事的有地位"的干事创业氛围越来越浓厚。

（董亚涛）

从百年党史中汲取奋进力量 以新担当新作为争当“三服务”示范表率

市委办公室

2021年，在市委的正确领导下，市委办公室坚持以习近平新时代中国特色社会主义思想为指导，全面贯彻党的十九大和十九届历次全会精神，认真贯彻落实自治区第十二次党代会、市第十三次党代会精神，坚决捍卫“两个确立”，不断增强“四个意识”、坚定“四个自信”、做到“两个维护”，全力践行“五个坚持”，坚定不移落实强首府战略，有力推动党中央、自治区党委和市委各项部署落实落细。

11月5日，市委办公室与自治区党委办公厅开展“党史联学　支部联建　业务联通　服务联动　队伍联谊”结对共建主题活动

一、党建情况

2021年，市委办公室机关党委下设7个党支部，有146名党员，其中，在职党员104名，退休党员42名。

（一）深学细照笃行，在推动学习贯彻党的创新理论上走在前、作表率。坚持把深入学习贯彻习近平新时代中国特色社会主义思想作为首要政治任务，通过理论学习中心组、“党办人”学习研讨、“党办业务大家谈”等方式，引导党员干部始终沿着习近平总书记指引的方向坚定前行。把学习习近平总书记最新重要讲话和指示批示精神作为室务会的第一议题，带动市委办公室全体党员干部毫不动摇捍卫“两个确立”。深入学习贯彻习近平总书记“七一”重要讲话精神，开展庆祝建党百年系列活动。扎实开展党史学习教育，把学习领会习近平新时代中国特色社会主义思想同学习党史、新中国史、改革开放史、社会主义发展史贯通起来，做到学史明理、学史增信、学史崇德、学史力行。年内，组织开展理论中心组学习暨党史学习教育专题学习5次，室务会学习26次，全体党员专题学习14次，“党办人”学习研讨活动7次。

（二）加强组织建设，在持续打造让人满意的模范机关上走在前、作表率。把坚持和加强党的全面领导作为党的建设根本原则，切实履行全面从严治党主体责任，全面贯彻落实新时代党的建设总要求，坚持把机关党建、党风廉政建设和意识形态工作与“三服务”中心工作同部署、同考核、同落实，主要领导履行第一责任人职责，班子成员履行“一岗双责”，各科室不折不扣抓落实。严格执行民主集中制、“三重一大”制度，常态化抓好党规党纪的学习，抓好节假日的廉政教育提醒。抓好巡视反馈问题的整改，由市委办公室牵头整改的10项整改措施全部完成整改并销号。积极协助市委抓好意识形态工作，贯彻落实党中央、自治区党委和市委关于意识形态工作的决策部署及指示精神。加强市委网站和市委办公室网站管理，牢牢把握意识形态工作主动权。抓实党支部标准化规范化建设，7个党支部全部达到南宁市直机关（事业）单位基层党支部达标创优考评标准，全年吸收5名入党积极分子为预备党员。积极组织干部职工参加全区党办系统深入学习贯彻习近平总书记“5·8”重要讲话精神主题演讲比赛，荣获个人二等奖2名、三等奖3名，优秀演讲稿二等奖和三等奖各1篇，市委办公室获优秀组织奖，1名同志在自治区党委礼堂参加汇报演出。

（三）加强人才培养，在建设忠诚干净担当的干部队伍上走在前、作表率。切实加大干部选拔和干部职级晋升工作力度，持续激励干部担当作为。年内，先后拿出30个职数，分两次开展干部选拔和职级晋升。开展干部轮岗交流8人次，交流调动干部3人。选派2名优秀年轻干部交流到上级机关，选派2名优秀年轻干部挂任第一书记，选派3名新录用选调生到村任职历练，选派1名科级干部担任重点企业服务专员。引进高层次人才和优秀年轻干部4人。借调29名年轻优秀干部跟班学习。组织干部参加各类培训班46期、400多人次。

二、主要工作

（一）重要文稿精品力作不断涌现。坚持高质量完成各类重要文稿的起草和核改工作，全面提高文稿质量和效率。全年起草市委主要领导在市第十三次党代会、市委全会等会议上的讲话稿共计120余篇47万字；起草关于贯彻落实习近平总书记视察广西重要讲话精神情况报告等全市有关工作情况报告20多份；核改各类文稿100多份约26万字；整理讲话录音30余篇。起草市委办公室领导讲话稿及各类报告、工作总结等文字材料200多篇。上报及编印《南宁信息》《每日要情》《参考信息》《值班要情》等刊物1767期。

（二）公文办理把关更严更细。始终把好办文的政治关、政策关、程序关、格式关、内容关、文字关，努力做到“文不过夜、事不隔天、办不超时”，不断提高公文办理质量和流转效率。创新制定并严格执行《中共南宁市委办公室公文办理政治把关专人审核制度（试行）》，进一步严把公文政治关。年内，收到自治区印发的纸质县团级文件157个文号共31400份、地师级文件136个文号共2040份，办理各类来文6055份，发文1359个文号，处理市委主要领导批示355份。年内，市本级印发文件1069件，同比减少64%；召开会议492场，同比减少42%。明确全市综合性督查检查考核事项23项，同比减少42.5%。清理规范移动互联网应用程序18个、网络工作群272个。

（三）重大会议活动服务保障能力更强。坚持落实好全市党委办公室主任座谈会、四家班子秘书长联席会等制度，制订印发《关于开展“下基层、转作风、办实事”结对联系点建设工作的方案》，加强与市四家班子办公室等部门以及各县（市、区）、开发区的沟通协调。及时编制《全市重大会议活动计划表》《关于自治区及南宁市主要会议活动预安排》《市委常委一周活动主要安排》等活动安排表。年内，共编发月度安排表、周安排表66期，服务保障市委常委会会议47次、书记专题会25次，服务保障市委全会、南宁市庆祝中国共产党成立100周年系列活动、市委领导基层调研、春节慰问等会议活动共421场次。

（四）督查落实到边到底见实效。坚持围绕全局督大事、紧扣热点督难事、关注民生督实事，着力抓好“1+3”重点工作，确保市委重大决策部署落地生根。先后组织对疫情防控、创建全国文明城市等重点工作开展联合督查和“回头看”再督查，共形成报告80份，其中大明山保护区“明顶山庄”“景兴山庄”拆违复绿情况、中央环保督察反馈新又鲜公司环保问题整改落实情况等18份督查报告得到市委主要领导批示。年内，共对47次市委常委会会议议定的63项议题96项具体工作落实情况进行跟踪督查；完成市委主要领导调研讲话录音整理29份，分解明确督查事项341项，开展相关督查活动121次；办理中央和自治区党委领导同志批示件385件，办理市委领导同志批示件396件，印发南督查通知192份，形成批示件办理报告35期，30期得到市委主要领导的批示或圈阅，到期办结率100%。开展节假日值班情况督查7次、会风督查活动95次，形成会风会纪督查通报7期。扎实做好人民网网民留言办理工作，回复人民网网民留言2870条，回复率100%，有效解决了新际路小学变相捆绑销售早餐、高新区一心养老院垃圾池异味扰民等一大批网民反映的民生问题。

（五）党内法规工作链条更加完整。建立横向到边、纵向到底的备案审查体系，开展备案审查标准化建设；率先制定执规责任清单，建立执规联络机制；率先开展实施评估，建立健全评估体系；率先成立研究机构，开展党内法规理论研究。加强计划管理，统筹出台市委党内规范性文件35件。做细做实做精审核审查工作，对43件市委党内规范性文件开展前置审核，确保党中央精神不折不扣落到实处；对217件下级党组织报备的党内规范性文件开展审查，维护党内法规制度协调统一；对5件地方性法规开展合法合规性审查，把党的领导贯穿到立法工作全过程。

（六）国家安全观和机要保密意识不断加强。以各种形式开展系列宣教活动，推动国家安全公园等宣传载体建设。全面落实终端国产电脑替代工作，推动自治区综合办公平台在南宁市全覆盖。组织开展庆祝中国共产党成立100周年保密宣传教育作品征集活动、保密知识竞赛活动、南宁地铁“两法”宣传活动，机要保密工作成效全面提高。

（七）档案管理更加科学有序。编制实施《南宁市档案事业发展“十四五”规划》，开展“6·9”国际档案日系列宣传活动，联合举办庆祝中国共产党成立100周年南宁党史图片展。全面完成脱贫攻坚和疫情防控档案归集工作任务，做好脱贫攻坚文书档案、疫情防控档案文书档案的归集进馆工作。做好重大建设项目档案的监督指导，完成507个重大建设项目登记备案、4个重大建设项目档案专项验收。组织召开全市档案工作会议，完成4期档案业务培训，完成涉改单位的归档范围和保管期限审批，指导并完成108个市直机关档案室和自治区级档案管理单位的等级认定。对市直机关单位、企事业单位的档案工作进行全覆盖年检。完成2020年度档案系列中（初）级职称颁证和中（初）级职称评审工作。

（八）为民办实事，群众更有获得感。市委办公室领导多次到帮扶村开展走访调研，并召开座谈会与驻村干部、村“两委”干部共同研究推进帮扶措施，年内到帮扶村调研指导工作共计16次。加强帮扶村基础设施建设，助推农村人居环境提升，帮扶村江南区保卫村、马山县雅联村的生活条件不断改善，村容村貌持续提升，村级集体经济持续壮大，有效促进了村民增收致富。

（九）后勤服务保障坚强有力。一方面，坚决抓好常态化疫情防控工作。始终坚持抓好疫情防控宣传教育、办公区闭环管理、防疫物资保障、重点时点环节管控，积极接种新冠疫苗，接种率达99%，是全市第一批完成接种率达90%以上的单位。另一方面，持续严格做好内部管理工作。进一步健全和完善办公室内部制度和党内监督制度，规范财务管理、采购审批流程，精益求精做好会议服务、公务用车、公务接待保障等各项日常工作任务。

三、经验体会

做好党办工作，当好让市委放心的“前哨”和“后院”，履行好承上启下、协调左右的中枢作用，必须做好以下三点：

（一）必须旗帜鲜明讲政治。始终牢记“党办”姓党，把旗帜鲜明讲政治作为第一准则，把对党绝对忠诚作为第一标准，践行“五个坚持”，不断提高政治判断力、政治领悟力、政治执行力，始终在思想上政治上行动上同以习近平同志为核心的党中央保持高度一致。坚持以习近平新时代中国特色社会主义思想为指导，全面贯彻落实党的十九大和十九届历次全会精神，全面贯彻习近平总书记“七一”重要讲话精神、习近平总书记视察广西“4·27”重要讲话精神和对广西工作系列重要指示要求以及自治区第十二次党代会精神和市第十三次党代会精神，确保党中央、自治区党委和市委的决策部署不折不扣贯彻落实。

（二）必须精准发力抓落实。牢固树立服务意识，牢牢把握新形势新要求，精益求精做好办文办会办事等各项工作。坚持高水平参谋服务、高效率统筹协调、高质量督促检查、高标准运行保障。特别是要深入学习领会党中央、自治区党委重大决策部署，准确把握全市各方面工作情况，善于将上级部署与南宁实际相结合，切实提高工作能力尤其是文稿起草能力，以便更好为市委决策提供服务保障。

（三）必须驰而不息强作风。坚持落实全面从严治党，以永远在路上的韧劲抓作风建设，坚决贯彻落实中央八项规定及其实施细则精神。坚持严在日常、抓在经常、管在细微，引导党员干部加强党性锻炼、党性修养，做到知敬畏、存戒惧、守底线，以优良的作风、风清气正的政治生态推动各项工作再上新台阶。

（黄栋）

围绕中心　提升服务
强化保障全过程人民民主在南宁落地生根

市人大常委会办公室

2021年，市人大常委会办公室坚持以习近平新时代中国特色社会主义思想为指导，全面贯彻党的十九大和十九届历次全会精神，学习贯彻中央人大工作会议精神，深入贯彻习近平总书记视察广西“4·27”重要讲话精神和对广西工作系列重要指示要求，贯彻落实自治区第十二次党代会、自治区党委人大工作会议精神，以及市第十三次党代会精神，紧紧围绕中心工作，充分发挥参谋助手、组织协调、督促落实、服务保障等作用，为市人大及其常委会依法履行职责作出了积极贡献。

一、党建概况

2021年，市人大常委会办公室基层党组织总数为3个，其中机关党委1个、党支部2个，党员27人。

（一）扎实开展党史学习教育。严格按照常委会党组党史学习教育方案部署要求，组织开展党史学习教育。抓好党史学习教育专题培训，邀请专家学者为机关党员干部进行党史专题讲座5场，参加人数近300人次；开展“感党恩　跟党走”主题系列活动，组织机关干部职工参观湘江战役纪念馆等爱国主义教育基地，传唱经典红色歌曲、观看现代红色经典剧目，开展演讲比赛。激励机关党员干部传承红色基因，汲取精神力量，强化履职担当，将学习成效转化为履职能力，推动人大机关工作水平不断提升。

（二）着力推进理论武装。结合学习型人大机关建设，组织机关各党支部开展“悦”读分享、党员讲“党史微党课”、党史知识有奖问答等活动，全年各党支部集中开展学习研讨10多次，开展“悦”读分享交流党史书籍学习心得和党史故事3次。为机关党员订阅《论中国共产党历史》等学习书籍，组织党员交流分享学习心得，帮助机关党员干部加快知识更新、优化知识结构，使书本理论入脑入心。

（三）加强党建工作规范化建设。持续夯实党支部建设基础，组织开展党支部规范化建设活动，推动党建工作有序开展；研究制订《南宁市人大常委会机关在职党支部调整工作方案》《机关支部党员大会选举办法》，为下一步党支部调整和机关党支部标准化规范化建设奠定基础；做好党员发展工作，组织机关两名党员发展对象参加入党培训和入党宣誓等活动；按时组织开展2020年度组织生活会和开展民主评议党员工作，召开党史学习教育专题组织生活会；及时办理党组织关系接转16人次。2名党员分别被评为“南宁市优秀党务工作者”“市直机关优秀党员”，1个党支部被评为“市直机关先进基层党组织”，党组织的生机与活力不断增强。

9月26日，市人大常委会办公室举办“牢记殷殷嘱托　让青春在奋斗中出彩”青年干部座谈会暨“每月一研”“悦”读分享活动

（四）深化精神文明创建活动。充分发挥机关各党支部和党员志愿者服务队战斗堡垒和先锋模范作用，全年共组织党员志愿者开展社区治理志愿服务活动8次，参加文明交通劝导活动11次；加强机关党员干部家庭家教家风建设，组织机关党员干部到南宁家风馆参观学习，引导党员干部廉洁齐家；积极开展文明机关创建活动，以创建“五型”模范机关为抓手，成功创建南宁市文明单位。

（五）有效推进助力乡村振兴工作。成立常委会机关助力乡村振兴工作领导小组，进一步强化对市人大常委会机关定点帮扶工作的组织领导。同时，跟踪推进本机关承办的“我为群众办实事”实践活动项目落实，完成隆安县都结乡西南片区村级道路拐弯镜建设项目，惠及片区6个村近万人口；为兴宁区三塘镇那笔村教学点购置教学用一体化电子黑板3套。

（六）深入推进“书记引航担使命”主题活动。持续推进党风廉政建设，制订常委会办公室2021年度党风廉政建设工作要点，经常运用监督执纪“四种形态”对全体干部进行监督、提醒和教育；扎实落实党风廉政建设责任制，研究制订市人大机关党组领导班子、主要负责人及其他成员2021年度全面从严治党主体责任清单，每月均按时向派驻纪检监察组报告主体责任清单落实情况，报送工作信息18条；召集机关党组会议专题研究落实全面从严治党主体责任工作提示单，不断巩固深化巡视巡察成果，推进全面从严治党向纵深发展；开展抵制工程建设领域腐败问题专项治理，组织92名机关干部职工签订抵制工程建设领域腐败承诺书。

（七）切实做好离退休老党员服务工作。组织离退休老党员读党史、听党课、看直播、悟思想，结合离退休支部开展主题党日活动开展党史学习教育和专题组织生活会，参加活动的离退休老党员近120人次，确保离退休老党员党史学习教育不漏学、不掉队；切实做好老党员、困难党员党内关怀帮扶工作，真心实意帮助2名困难老党员解决实际问题；以春节、“七一”等重要节日为契机，走访慰问老党员、关爱老党员，拉近党组织和老党员的距离，进一步增强党组织的凝聚力、号召力和向心力；进一步完善离退休干部党组织党建工作经费保障机制，年内协调办理离退休干部党组织副书记、委员工作补贴发放事宜，离退休党支部战斗堡垒作用不断增强。

二、主要工作

2021年，市人大常委会办公室主动服务大局，充分发挥参谋助手作用，全力服务保障市第十三次党代会、十四届人大六次会议、十五届人大一次会议胜利召开。同时，高质量完成11次常委会会议、39次党组（扩大）会议、30次主任会议和28次机关党组会议、1次秘书长会议的有关工作；高效抓好公文办理，在各专委、各部门大力支持下做好档案工作，获评全市档案工作优秀单位；坚决抓好常委会党组决策部署的贯彻落实，原代表活动中心管理处升格为副处级事业单位——机关事务服务中心，同时做好28名领导干部的考察公示、职级晋升等工作，推进事业单位干部竞聘上岗，选派3名干部驻村担任第一书记、工作队员，组织4名干部轮岗交流，选派1名干部到企业挂职，进一步激发干事创业活力；抓好干部学习培训、机关绩效考评等工作，举办市人大常委会组成人员和人大代表履职能力提升班，以及人大机关处级、科级领导干部履职能力提升班，不断提升干部队伍整体水平。

（一）在“深”字上下功夫，把坚持党的全面领导贯彻到各项工作全过程。持续加强理论武装，通过专题辅导、学习研讨、“三会一课”等形式，及时跟进学习习近平总书记重要讲话重要指示精神，推动学习贯彻走深走实。自觉把党的全面领导作为首要原则，严格贯彻执行请示报告制度，凡是机关的重大会议、重要事项、重点工作，都及时向常委会党组请示报告。坚决贯彻常委会党组的部署要求，充分发挥办公室桥梁纽带作用，高效率做好上情下达、下情上报、督促提醒等工作，扎实推动各项部署落地见效。

（二）在“快”字上见实效，强化担当助推工作落实。在服务“三会”上，加强与各级各部门的沟通联系，认真收集汇总常委会的重要指示、重要文件、重要活动信息，科学统筹、合理安排，高质高效完成“三会”保障任务，常委会的指示精神和各项会议的部署要求得到有效贯彻落实。在公文处理上，建立层级把关制度，坚持重要文件不过夜，强化分级负责、全程管理，实现公文及时流转、办结，助推机关工作高效开展。全年完成69盒共866件文书档案的收集、整理、组卷归档立卷等工作。在后勤保障上，把原有的高耗能灯具改为LED灯，对多处用水设施进行维修和更换，综合节能效果达到75%以上。节约高效完成接待全国、自治区人大专题调研组、执法检查组，以及区内外来访考察团组74批次。在队伍建设上，优化机构设置，增设秘书一科。坚持重实干重实绩，正确选人用人导向牢固树立。在信访案件办理上，加强与自治区人大、“一府一委两院”及县区的沟通协调，建立信访协调联动、大督查等机制，加强督办、提醒和责任追究，有效解决群众合理诉求。全年接到的159次群众来信来访来电，全部妥善处理。

（三）在“新”字上求突破，全面提升“三服务”工作质量。增强服务大局能力，在做好严控“三公两费”开支，公积金和医保金代扣、核对，组织采购，工程财务竣工决算，“无烟机关”创建等工作的基础上，把主要精力和时间放到服务大局上，在积极服务领导决策、协调解决重大问题、督查落实重大事项等方面下更大功夫，有力推动决策部署贯彻落实。强化主动服务意识。紧贴常委会领导的要求，准确研判工作趋势，早介入、早谋划、早准备、早安排，主动反映情况、提供参考，主动出谋划策、拾遗补阙，主动抓好信息反馈和检查督办，对重大会议、活动、综合性工作的协调安排更加科学合理。比如，创新医疗保健服务，适量采购、分发口罩，严管人员进出、严格测温登记，多次组织接种疫苗，守好机关疫情防控安全。围绕建党100周年，组织离退休同志参加电影放映、公益讲座、书画摄影展等活动，更好满足老干部精神文化需求。提高综合服务水平。进一步拓宽服务领域、延伸服务内涵、改进服务方式，积极配合各专委、各部门做好各类会议的通知下达、人员落实、会场布置等工作，保障专题询问会等顺利召开。围绕建设“学习型机关”，创新开展“悦”读分享会、党史知识竞赛等活动，引导广大干部职工学思践悟党的创新理论。做好领导干部学习贯彻十九届五中全会精神专题轮训和集中轮训，常委会领导参加区管干部培训班，领导干部参加市管女干部、中青年干部、少数民族干部、新录用公务员初任等培训班的服务保障工作。进一步加强机关文化建设。协助开展参观湘江战役发生地等红色教育基地、“人民代表大会制度在南宁的生动实践历程展”青少年研学实践等系列活动50多次，组织开展气排球、竞走等活动，进一步增强团队凝聚力。

（四）在“严”字上做文章，发扬真抓实干的优良作风。进一步强化督查效能。紧扣“三会”作出的重大决策，以会议纪要、召开协调会等形式，及时传达到各专委、各部门，督促贯彻落实。充分发挥督查“指挥棒”作用，紧盯常委会组成人员在会上提出的审议意见，督促提醒责任专委和部门及时整理、上报主任会议研究，分送“一府一委两院”及相关部门，加强跟踪督办。进一步提升干部队伍素质和能力。

三、经验体会

（一）坚持和加强党的全面领导，是我们持续取得成功的根本保证。旗帜鲜明、坚定不移贯彻落实坚持党的领导这一最高政治原则，紧紧围绕市委工作大局、市人大常委会党组部署要求去谋划、去思考、去推进人大工作，才能确保各项工作始终沿着正确政治方向前进。

（二）坚持勇于探索、敢于创新，才能不断提高工作质量水平。与时俱进、创新发展是对人大工作的本质要求，这需要我们在遵守法律、把握原则的基础上，做出更多探索和尝试，不断创新工作内容、工作方式，努力形成坚持和完善人民代表大会制度的生动实践。

（三）坚持勤于履职、真抓实干，才能在新征程上展现新作为。一分部署、九分落实。目标任务确定后，只要我们依法履行职责，坚决把市委和市人大常委会党组的决策部署一抓到底，就一定能推动各项工作见真章、出实效。

（许淇）

党建引领　担当作为　全力推进“三服务”工作高质量发展

市政府办公室

2021年，市政府办公室坚持以习近平新时代中国特色社会主义思想为指导，全面贯彻习近平总书记视察广西“4·27”重要讲话精神和对广西工作系列重要指示要求，严格执行市委、市政府的工作部署，发挥好协调服务作用，协助市政府领导统筹疫情防控和经济社会发展，全力推进“三服务”工作高质量发展。

一、党建概况

2021年，市政府办公室基层党组织总数为13个，其中机关党委1个，党支部12个，党员229人。

（一）思想政治建设不断增强。坚持以习近平新时代中国特色社会主义思想为指导，认真学习贯彻党的十九届六中全会精神，深入贯彻习近平总书记“七一”重要讲话精神和对广西工作系列重要指示精神以及自治区第十二次党代会精神和市第十三次党代会精神，精心组织办公室党组理论学习中心组专题学习5次，中心组成员发言20人次，组织举办党务干部培训班1期，培训党务干部21人次，举办党员教育培训2期，培训党员244人次，引导广大党员以实际行动捍卫“两个确立”、做到“两个维护”。

（二）党史学习教育深入开展。立足职责定位，把“五个坚持”融入学党史、悟思想、办实事、开新局，体现到“三服务”工作全过程，扎实推动党史学习教育走深走实。发挥党组会和理论学习中心组示范带动作用，认真学习《论中国共产党历史》等指定书目。举办“传承红色基因，践行初心使命”党史学习教育培训班，组织110多名党员干部分三期赴全州县湘江战役革命精神教育基地开展专题学习。组织观看“党课开讲啦”10场名家党课云直播、专家现场宣讲11次，超过1000多人次党员参与。组织开展读书班研读、红色教育基地现场学习、“光荣在党50年”纪念章颁发仪式、“乘邕江红船”现场观摩学习、微党课比赛、党史知识竞赛、红色歌曲大家唱、专家专题宣讲、主要领导讲党课、支部书记讲微党课、普通党员讲红色故事、第一书记进村屯讲党史等活动。

6月3日，市政府办公室党员干部在红军长征湘江战役纪念馆开展“传承红色基因，践行初心使命”党史学习教育培训班第一期

（三）组织建设水平不断提升。机关党支部按照“每月一主题”的要求，每月常态化组织党员开展各具特色的主题党日活动；机关党支部设置宣传栏10个，展示党员风采和活动开展情况；机关党支部打造培育党建品牌9个，其中第十二党支部《创新党律课发展“三方共建”立新功》获市直机关“党建与业务融合　服务强首府战略”优秀成果案例一等奖。机关党支部扎实开展达标创优、组织生活质量提升行动，12个党支部验收达标通过率100%。组织党员志愿者开展城市社区治理志愿服务活动4次，发放宣传资料130余份，收集调查问卷30余份。开展“先锋引领、文明邕城”文明交通劝导志愿服务活动16次，参与党员64人次。开展中华慈善日捐款活动，筹集党员捐款1.22万元。

（四）作风纪律建设持续推进。开展以案示警、以案说纪、以案促改等活动，组织全体干部职工观看反面典型警示教育片。在政务内网党风廉政建设学习园地发布查处“四风”和腐败问题典型案例通报等相关文件资料14份，编发廉政短信8次，发送约1000人次。深入开展工程领域腐败问题专项整治，制定工程领域腐败问题专项治理工作方案，列出重点问题清单，制订整改措施，建立工作台账，签订抵制工程建设领域腐败承诺书76人。

二、主要工作

（一）协助抓经济社会发展有新成效。围绕市委、市政府中心工作，以深入开展“提质效促落实”专题行动为抓手，大力开展公文办理、会议筹办、文稿写作、服务保障、督促落实、作风建设等6个提质提效工程，助推全面落实强首府战略各项目标任务。2021年，南宁市全年地区生产总值同比增长6.1%，经济总量迈上5000亿元台阶，达5120.94亿元。其中，第一产业增加值606.76亿元，增长7.9%；第二产业增加值1198.76亿元，增长4.3%；第三产业增加值3315.42亿元，增长6.3%。规上工业增加值增长7.5%。社会消费品零售总额2364.17亿元，增长8.4%。一般公共预算收入391.77亿元，增长5.24%。项目建设取得突破，工业投资增长21.2%。区市层面统筹推进重大项目893个，完成投资1094.3亿元，增长20.2%。重大交通基础设施项目完成投资502.8亿元，增长49.1%。

（二）以文辅政水平有新提高。在综合文稿起草上，努力吃透上级精神，精心锤炼文字，高质量完成2020年政府工作报告和换届政府工作报告等相关重大综合文稿254篇117.31万字。围绕疫情防控、经济运行调度、文明城市创建、乡村振兴、全面落实强首府战略等重点工作，服务市政府领导深入县（市、区）、部门开展调查研究792次，累计调研531天。及时掌握第一手资料，广泛听取意见，形成调研报告8篇。推动制订出台《南宁市国企改革三年行动实施方案》、支持民营企业加快改革发展和转型升级分工方案等一批含金量高、务实管用、受众认同的文件。全年编印各类信息刊物282期，获市领导批示14条次；获自治区政府办公厅采用政务信息310条，采用率41.06%；获国务院办公厅采用40条，国家领导人批示15条；政务信息工作获自治区绩效考评超额加分2.77分。

（三）综合协调能力有新提升。统筹疫情防控和经济社会发展各项工作，有力保障市政府全体（扩大）会议2次，市政府党组（扩大）会议24次，市政府常务会议32次。先后服务召开市疫情防控工作指挥部工作推进会、经济运行分析调度会60余次，组织部门起草出台工业振兴工作成效考核办法。主动加强与市委、市人大、市政协办公室的沟通对接，积极推进疫情防控、脱贫攻坚、污染防治、生态环境保护、防范化解重大风险等各项重点工作。组织有关部门圆满完成党和国家领导人视察以及第18届中国—东盟博览会和中国—东盟商务与投资峰会等大型活动的服务保障工作。协调推进横县获批撤县设立横州市，启动建设高质量实施RCEP示范区，打造全国首个“智慧人才”一体化服务平台，建立全国首个灵活就业人员合法权益保障中心。金融开放门户核心区中国—东盟黄金产业园运营中心揭牌，浙商银行南宁分行等开业运营，东部产业新城启动建设，南宁临空经济示范区建设提速，“三街两巷”和邕江南岸片区入选首批国家夜间文化和旅游消费集聚区，全市户籍业务实现“全城通办”。2021年，南宁市获列为广西新能源汽车推广应用示范市，获自治区评为“公立医院综合改革成效明显的城市”，荣获全国首批“四好农村路”市域示范创建突出单位，国家卫生城市通过复审考核，再次荣获“全国民族团结进步示范市”称号。

（四）督查督办工作有新亮点。通过立项督办、跟踪督办等方式，对领导批示件进行督办。大力推行线索核查法、“四不两直”工作法，聚焦全面落实强首府战略、政府工作报告、为民办实事项目建设等中心工作开展督查，及时掌握第一手材料。认真做好议案提案办理工作，主动与自治区、市级人大代表、政协委员沟通。全年办理各级人大代表议案和建议213件，各级政协提案686件。南宁市人民政府“互联网+督查”平台和小程序在南宁市人民政府门户网站、爱南宁APP客户端、南宁市政府网微信公众号、手机微信小程序正式上线运行，平台上线以来，收集并核查办理群众提供各类线索2017条。实行督查检查考核事项年度计划和审批报备制度，与市委办联合制订印发《2021年南宁市督查检查考核计划》，大规模的综合性督查事项继续精简，较上年减少40%。组织开展暗访督查114次，形成市政府常务会决定事项督查报告12期、市政府主要领导工作专题会决定事项督查专报9期。

（五）创建模范机关有新措施。以“建设让党放心、让人民群众满意的模范机关”为主线，组织开展“争当服务先锋　创建模范机关”“我为群众办实事”等系列主题实践活动。组建11个服务小分队，定期联系服务基层群众、重大项目和企业，完成办实事项目18个。持续下大力气助力两个定点帮扶村乡村振兴工作，派出4名年轻干部驻村开展工作，实施平荣村蓄水池安装防护栏、巴香村行浪屯池塘排污排洪等乡村建设项目。设置24面科室文化墙，定期展示市政府办公室务实服务经济运行监测调度、新兴及优势产业链链长制运行、全国首个“智慧人才”一体化服务平台建设、公共租赁住房南宁经验获得全国推广等突出成效。

（六）“基层减负年”活动有新进展。及时清理和规范议事协调机构80个。创新推行“多会合一”，将内容相近、时间相近、参会人员相同的会议合并召开，切实精简开会次数；统筹运用市政府视频会议系统，融合形成机要线路、电信线路、政府常务会议视频系统、值班点名视频系统、云视讯等5个视频会议体系，覆盖各县（市、区）、开发区和63个单位，可实现市政府与基层单位乃至外省、市实时召开视频会议。以市政府常务会议为模板，先后召开食品安全委员会全体会议、质量强市工作会议等11个会议，全年召开全市性会议52次，较上年同期减少10次，会议精简率达16.1%，其中以视频会议形式召开45次，占比86.5%。

（七）严格公文办理流转有新做法。采取有效措施加强政府决策过程和领导批示的保密工作，严控领导批示件的知悉范围。继续严把文稿审核关，实行发文“六校”制度和限时办结、错情通报等制度。坚决压缩文件篇幅，市政府印发的政策性文件原则上控制在10页以内。出台《南宁市电网建设促进办法》《南宁市公共卫生防控救治能力建设三年行动计划（2020—2022年）》等一批含金量高、务实管用、受众认同的文件，纳入精简范围以市政府和政府办名义印发的文件144份，同比减少55.3%。

（八）锻造高素质干部队伍有新机制。打造青蓝结对“传帮带”特色品牌，先后形成7对新老干部青蓝对子。在政务内网学习园地增设“政办人”交流平台，举办1期“科（处）长讲坛”，组建“业务服务小分队”深入基层交流，形成办公室内部定期交流行业新动向和工作新经验新做法的机制。严格遵守《党政领导干部选拔任用工作条例》，选拔任用科级领导干部7名，职级晋升干部22名，调任、遴选招录年轻干部7名。

三、经验体会

（一）谋划发展强学习。明确日常学习“第一重点”和各类会议“第一议题”，开展常态化教育培训，着眼解决干部“知识恐慌”“本领恐慌”问题，以学促用、以考促学，不断提升服务经济社会发展的能力，增强履职本领。

（二）提高能力促发展。围绕自治区党委、政府决策部署，大力实施改革创新、参谋辅政、督促落实三方面“能力提升工程”，以全市政府系统办公室干部职工能力水平的提升服务强首府高质量发展。

（三）加强作风助发展。根据高质量发展需求，大力弘扬党的优良传统，开展“联心基层”、为基层减负巩固提升、紧抓快办提效率三项行动，深入基层、深入群众、深入一线，雷厉风行、紧抓快干，着力锻造过硬作风，以实际行动助力经济社会高质量发展。

（邓泽华）

以高质量“三服务”工作　助推全市政协工作高质量发展

市政协办公室

2021年，市政协办公室坚持以习近平新时代中国特色社会主义思想为指导，在市政协党组正确领导下，紧紧围绕市政协年度目标任务和工作重点，充分发挥承上启下、参谋助手、服务保障、沟通协调作用，认真履行职责，较好地完成了各项工作任务，并在2021年全区政协秘书长工作会议上作典型发言。

一、党建概况

市政协办公室共有党员22名，隶属市政协机关第五党支部。

（一）坚持以政治建设为统领，不断加强思想理论武装。市政协办公室切实把学习贯彻习近平新时代中国特色社会主义思想、党的十九大和十九届历次全会精神作为首要政治任务，通过邀请专家辅导、编印学习资料、发放学习用书、参加集中轮训、举办培训班等方式，深入学习贯彻习近平总书记视察广西时的重要讲话精神，深入学习贯彻习近平总书记关于加强和改进人民政协工作的重要思想及党中央、自治区党委和市委政协工作会议精神，进一步提升服务政协履职的能力和水平，真正做到把理论武装的成果体现在坚定理想信念上，体现在强化政治担当上，体现在更好服务大局上。

（二）扎实开展党史学习教育，深入推进模范机关创建。一是高标准、高质量推进党史学习教育。按照自治区党委、市委和市政协党组的部署要求，办公室研究制订关于开展党史学习教育的实施方案，成立市政协机关党史学习教育领导小组，确定政协机关党史学习教育系列活动安排表，推动政协机关党史学习教育高标准起步、高质量开局。通过组织学习宣讲，举办脱贫攻坚主题报告会、书画摄影展、文艺汇演、党史知识竞赛，重温入党誓词，参观爱国主义教育基地等主题鲜明、内容丰富的专题活动和“七个一”学习活动，推动党史学习教育取得实效。先后组织部分政协委员到延安干部培训学院、百色干部学院、梧州等地，充分利用当地红色教学资源开展培训、学习。同时，注重结合政协的履职活动，开展“我为群众办实事”实践活动，通过为群众办实事办好事的成效，来检验党史学习教育取得的成效，推动党史学习教育走深走实。二是不断巩固深化模范机关创建工作。认真总结政协系统党建工作双线模式经验，持续推进“246”工程，打造“两个覆盖”品牌，常态化开展党员政治生日、书香政协、“主题党日+”、党支部标准化建设四项重点活动，把诗歌朗诵、读书分享、知识竞赛、支部联建等新形式融入其中，做到一月一重点、一月一主题，进一步增强党支部凝聚力、向心力，逐渐形成“一活动一特色”的党建新品牌，深化党建工作与机关文化、业务工作、创新工作、干部素质提升工作有机融合。2021年市政协机关被选树为南宁市模范机关示范单位，并在南宁市直机关深化模范机关创建暨党支部标准化规范化建设工作推进会上作了典型发言。

8月26日，市政协举行“同心向党　凝心聚力”主题读书活动交流座谈会

（三）切实加大宣传政协履职工作力度，讲好政协故事。年内，有关信息刊登在《人民政协报》8篇；《广西政协报》25篇，其中头版10篇；《广西日报》4篇；《南宁日报》156篇；编发《南宁政协信息》27期；《社情民意》24期，在数量和质量上都有新的提高。创新大会宣传方式，在市政协十一届六次会议期间，首次开设“政协建言　委员心声”特别节目；在市政协十二届一次会议期间，开设《政协故事》《邕有协商》，编制《图说政协这五年》宣传册，会议期间发布信息176篇，图片200余张，新闻视频28条，大会开幕新闻阅读量过千次。

二、主要工作

（一）认真落实常委会工作任务。按照市政协常委会2021年工作要点和主席会议的要求，办公室及时将常委会工作要点进行分解，并将2021年常委会议议政性协商、专题协商、重点课题调研、对口协商、双月协商、民主监督计划及其他重要工作和活动分工落实责任到部门、到人，形成层层抓落实，一级抓一级机制，保证市政协各项工作的顺利实施。坚持召开秘书长会议，对照工作计划，逐项检查工作进展情况，及时解决出现的新情况、新问题，扎扎实实地把各项工作落到实处。协助各专委会组织市政协常委和委员围绕“少数民族传统文化保护与利用情况”等16个专题开展视察工作，推进相关工作深入开展。

（二）切实提高会议服务保障水平。圆满完成市政协各类会议组织保障工作，严格按照节俭办会的原则，细化方案，精心组织，科学安排。一年来，共顺利完成了2次全体会议、8次常委会议、2次专题议政性常委协商会议、5

次双月协商座谈会、23次党组会议和20次主席会议的会务工作，协助自治区政协和外地市政协来市政协召开各类调研座谈会40余次。

（三）不断提高办文水平和文稿质量。认真起草各种文稿，重点起草好市政协十一届六次会议、十二届一次会议的有关文件材料和市政协文件、市政协领导的讲话稿和各种综合性材料，所起草的各种文稿，均符合党的路线方针政策和政协工作要求。年内，协助完成了市政协常委会2021年工作要点等30余篇重要文稿，共收发文828份，办文690份。

（四）切实做好文件归档和保密工作。制定完善市政协文件接收、处理、整理归档、保密、保护、统计等档案管理制度。加强档案法及其相关法律法规宣传，开展“国际档案日”和“档案法制宣传月”等活动，圆满完成2020年档案归档工作。加强保密工作组织领导，落实各项保密制度，按季度组织开展机关保密自查自评工作。严格管理涉密文件，清退2020年涉密来文，按计划逐步开展市政协涉密设备国产化替代工程。

（五）认真做好人事教育和机关绩效管理工作。切实做好机关干部职工的工资、保险、福利，以及办理招退手续、统计造册和看望慰问等经常性工作。协助选派人员参加自治区政协和市直有关部门开展的各类班次及区内外教育培训。全力配合市绩效办顺利完成2020年度绩效考评工作，及时做好机关干部职工调入、工资正常晋级等工作。完成工资系统、公务员信息系统、机关干部出入境系统、老干部工作系统数据等报送工作。按照“任人唯贤、德才兼备”的原则，通过群众评议的方式对干部进行考评，结合多层次推荐、考察意见，真正把作风过硬、工作业绩突出、群众认可的干部选拔到科级领导岗位上来。选派了2名优秀科级干部到对口联系村担任第一书记，顺利完成了12名处级、科级机关干部的提拔、职级晋升工作；完成机关内处级、科级干部轮岗11人，完成13名干部调入机关。

（六）全力做好后勤服务保障工作。认真做好重点课题调研和领导深入乡村振兴联系村、联系企业、项目调研指导的服务保障工作；全力做好上半年市政协常委和部分委员视察的服务和后勤保障工作。进一步落实岗位责任制，对机关办公大楼的消防、供电、供水、空调、电梯等进行经常性管理和检修保养，确保各类设备安全运转。加强与物业公司的沟通协调，保持机关办公环境美化、清新、整洁，确保了机关各项工作有效运转；全力做好全国各省各级政协来邕调研和考察组的接待工作，全年共接待全国政协、自治区政协及区内外来邕考察学习客人75批、共676人次。高标准完成机关维修改造工程和固定资产处置工作，完成球场防水维修及地板胶铺设项目、充电桩项目、党政视频项目、“书香政协”读书角项目、地下停车场地坪漆补修项目、机要房建设项目、市政协委员活动中心WIFI项目等7个项目，累计投入370余万元。按规定程序报废了一批旧办公桌椅，价值10余万元。完善后勤管理相关制度，提供更优质的服务保障。年内制定《南宁市政协新能源汽车充电桩试行方案》《南宁市政协机关LED显示屏使用和管理试行办法》《南宁市政协灯光球场使用管理暂行规定》3项管理制度。

（七）毫不放松抓好常态化疫情防控工作。按照市委的要求，积极协助各专委会发挥各界别委员优势，运用提案、社情民意和网络议政等形式，支持和参与全市常态化疫情防控工作。一年来通过智慧政协平台、政协网站等宣传疫情防护知识30余条，上报委员提出“采用流动疫苗接种车进行新冠疫苗接种”等社情民意16条。配合推进机关干部职工接受新冠疫苗接种工作，加强机关应急值班值守，持续织牢织密疫情防控网。

（八）积极做好离退休干部服务管理工作。及时研究制订市政协离退休人员服务管理工作计划，坚持“五必访”制度，落实好离退休人员的政治生活待遇；坚持每月电话联系离退休人员或家属，认真梳理离退休干部存在的困难和问题，建立困难清单，协调解决困难和问题；坚持每季度组织离退休人员举行一次“政治生日”活动；按时发放报纸杂志，定期组织离退休人员进行身体检查和接种新冠疫苗。结合党史学习教育，协助组织老同志开展主题党日、政治生日、重温入党誓词、观看红色影片等活动8次，举办退休欢送会2次、举行“光荣在党50周年”纪念章颁发仪式、开展重阳节“弘扬尊老敬老爱老美德·助推家庭家教家风建设”主题活动，走访慰问离退休人员及遗偶118名，精准帮扶特殊困难的离休干部及遗偶，申请市级帮扶经费，解决他们的实际困难。

（九）加快推进信息化和文史馆建设。制定并印发《南宁市“智慧政协”平台管理制度（试行）》等5项制度，进一步规范信息化和文史馆管理工作。积极探索“互联网+政协”履职新途径，不断创新“智慧政协”履职形式，首次在十二届一次会议上使用无感签到系统。充分利用“南宁市政协”APP、南宁政协门户网站和微信公众号等信息化手段，搭建市政协港澳委员和特邀贵宾线上履职平台，邀请他们以远程协商、网络议政的形式，在“云端”参会；通过“南宁市政协”APP客户端现场直播方式，收看大会开、闭幕式等，通过“云端”履职，线上履职走在全区前列。积极做好信息化融媒体建设工作，建立了南宁政协官方微信公众号，全年发布新闻150余篇。完成政协新门户网站的改造提升工作，优化专栏设置，提升安全性，全年在门户网站更新上传信息1800余篇。通过“智慧政协”APP发布各类信息宣传文稿1700余篇，接收政协委员提交的社情民意近500份、接收政协委员提交的提案1000多件。完成了市政协委员活动中心WIFI项目建设，积极做好正版软件等相关工作，为市政协工作提质增效提供有力的支撑。同时切实做好文史馆文史资料、档案等的收藏整理、宣传展示以及文史馆的管理等工作，全年共接待来访参观客人50批次，更新展板20多块，更新馆内电子设备内容5次。

三、经验体会

（一）聚焦重点抓落实。抓落实不能眉毛胡子一把抓，必须围绕中心、突出重点。要坚持以高质量发展统揽全局，紧紧围绕市政协党组各项工作，坚持“闯”字当头、“抢”字为先、“新”字为重、“干”字为本，找准主要矛盾，抓住矛盾的主要方面，一件一件推动落实，一项一项跟踪问效，引领和推动工作全面提档升级。

（二）健全机制抓落实。高效健全的机制是抓落实的重要保障。健全完善责任机制，认真抓好市政协党组决策部署任务分解，明确时间表、责任人，构建横向到边、纵向到底的“责任网”，形成同心协力、齐抓共管的工作机制和责任体系，下好先手棋、打好主动仗。

（三）提高能力抓落实。过硬的本领是狠抓落实的基础。围绕提高“谋”的能力，引导党员干部时刻保持“本领恐慌”和“本领饥渴”，储备“谋”的知识库，练好“谋”的基本功，努力谋深、谋远、谋实。围绕提高“写”的能力，搭建文稿交流、联合起草、实战练兵的平台和机制，锻造更多文稿起草精兵尖兵。围绕提高“说”的能力，鼓励党员干部积极开口说，把握说的尺度，注重说的技巧，提升说的实效，做到敢说、能说、会说、真说。围绕提高“办”的能力，强化制度意识、精品意识、效率意识，下足“绣花”功夫，守好“无差错”底线，把各项工作做到细致、精致、极致。

（卢远新）

在服务保障首府高质量发展中彰显使命价值和组织担当

市委组织部

2021年，市委组织部坚持以习近平新时代中国特色社会主义思想为指导，全面贯彻党的十九大和十九届历次全会精神，深入学习贯彻习近平总书记视察广西“4·27”重要讲话精神和对广西工作系列重要指示要求，坚决贯彻落实新时代党的建设总要求和新时代党的组织路线，以高质量组织工作服务高质量发展，为“十四五”开好局起好步、全面落实强首府战略提供坚强组织保证，以优异成绩庆祝中国共产党成立100周年。

6月28日，市委组织部机关干部参加“感党恩　跟党走　强首府”市直机关庆祝中国共产党成立100周年文艺汇演

一、党建概况

2021年，市委组织部机关党委下设6个党支部，其中，机关支部5个，离退休干部党支部1个。共有党员104人，其中在职党员93人，离退休干部党员11人。

（一）深入开展党史学习教育，强化“两个维护”的政治担当。认真履行市委党史学习教育领导小组成员单位职责，扎实推进“规定动作”做到位、“自选动作”做出彩。一是坚持领导干部“带头学”。部务会先后开展7次专题学习研讨，带头学懂弄通做实习近平新时代中国特色社会主义思想，深入学习习近平总书记“七一”重要讲话精神、视察广西“4·27”重要讲话精神和对广西工作系列重要指示要求，示范带动全体党员深刻领悟“两个确立”的决定性意义，进一步增强“四个意识”、坚定“四个自信”、做到“两个维护”。二是坚持基层组织“跟进学”。支部书记带头上党课，共组织交流发言90人次，发放《习近平在正定》《中国共产党组织建设一百年》等学习书籍1000余册。深化“我为群众办实事”实践活动，创新开展“一线学习组织史，争当换届排头兵”活动。三是坚持创新形式“全面学”。充分利用广西及南宁的红色历史和红色资源常态化开展对党忠诚教育、部史部风教育，引导党员始终悟初心、守初心、担使命。

（二）突出围绕中心服务大局，强化推动高质量发展的使命担当。坚持机关党建工作与业务工作深度融合，有力提升组织工作质效，为首府南宁高质量发展提供坚强组织保障。组织全市29万多名党员学懂弄通做实党的创新理论，更加深刻领悟“两个确立”的决定性意义，坚定做到“两个维护”。组织“百名讲师示范课”及“千场党课下基层”巡回讲党课活动1021场次，听课人数超过3.7万人次，评选出南宁市“十佳优秀党课”“十佳党员教育好讲师”以及14个“优秀组织奖”单位。市县乡领导班子集中换届圆满完成，市县乡换届选举100%实现组织意图。聚焦全面落实强首府战略，持续落实中央、自治区激励干部担当作为系列政策文件，集成运用选人用人、容错纠错、考核评价、表彰奖励等激励措施，推动干部想担当、愿担当、敢担当、争担当。在全区率先完成村（社区）“两委”换届，圆满实现“四个100%”目标。统筹抓好机关企事业单位党建，全市所有党支部标准化规范化建设100%达标。采取“线上+线下”方式举办2021年南宁·东盟人才交流活动月系列活动，累计吸引超过42万人次参与，促成包括中国工程院院士、贵州大学校长宋宝安和广西田园生化股份有限公司合作项目在内的9个重大人才项目签约。

（三）突出筑牢堡垒全面过硬，强化“打造一流组工，创建模范机关”的责任担当。深化“打造一流组工，创建模范机关”主题实践活动，认真落实各项组织生活制度，常态化开展重温入党誓词、党员过“政治生日”等政治仪式；打造支部党建“三亮三展”平台（即亮支部工作，展工作成果；亮活动内容，展组织风采；亮党员身份，展模范形象），持续提高组工干部业务水平和专业素养；持续组织开展一次主题党日、一份关心关爱、一次氛围营造、一场组工讲坛、一次红色电影、一次专题党课、一次社区服务“七个一”系列主题活动，不断激励部机关党员干部立足岗位担当作为。2021年6月，部机关成功创建市级“模范机关单位”。

二、主要工作

（一）突出抓好习近平新时代中国特色社会主义思想学习教育，为推动首府高质量发展凝心聚力。举办南宁市学习贯彻习近平总书记“七一”重要讲话和视察广西时的重要讲话精神专题学习班，全覆盖培训市委管理干部和乡镇、街道党政正职约1480人次。深入实施

"习近平新时代中国特色社会主义思想教育培训计划"，在全市干部教育159个主体班次中开设相关课程共315门，培训学员约2.07万人次。围绕全面落实强首府战略、自贸试验区南宁片区建设等全市中心工作，大力实施"干部专业化能力提升计划"，重点开展换届后新任职的领导干部培训，举办包括县（市、区）部分四家班子成员的市管干部培训班和研修班、乡镇（街道）党政正职和党政班子成员"乡村振兴"专题培训班，共培训领导干部3820人次。

（二）突出抓好党史学习教育，引导全市党员干部奋力推动首府高质量发展。扎实开展建党百年党员教育系列活动，线上依托"绿城党旗红"等党员教育平台开设建党百年专题栏目，选树和宣传一批先进典型，参与党员群众超过109.8万人次。线下组织开展"党课开讲啦"暨"将《红色传奇》进行到底""打卡红色教育基地"等系列活动，打造邓颖超纪念馆、南宁园博园等6个"对党忠诚教育"现场教学点，接待参观学习超过10万人次。扎实推进"我为群众办实事"实践活动，组织开展"党旗在基层一线高高飘扬"系列活动，设立1.2万个党员先锋示范岗、党员责任区、党员突击队，广泛开展志愿服务、承诺践诺、认领"微心愿"等活动，推动广大党员立足本职岗位，创造一流业绩。组织机关事业单位党组织开展"惠企纾困在一线"等联建共建活动190余次，解决用工用电难题80多个，惠及企业800多家。开展"学习身边榜样"学习和宣传活动1.5万多场次，推荐61个榜样集体和18个榜样个人。扎实做好庆祝建党百年评选表彰、走访慰问等活动，韦球获评全国优秀共产党员，南宁市公安局中山派出所党支部获评全国先进基层党组织，18人获评自治区优秀共产党员，13人获评自治区优秀党务工作者，30个基层党组织获评自治区先进基层党组织。组织召开南宁市"两优一先"表彰大会，对103名共产党员、103名党务工作者、101个基层党组织予以表彰，圆满完成"七一"专项走访慰问。

（三）突出抓好市县乡村四级集中换届，锻造堪当首府高质量发展重任的干部队伍。认真贯彻落实习近平总书记关于"配备让党放心、让群众有信心的班子"重要指示要求，把加强党的领导贯穿换届工作始终，市县乡换届选举100%实现组织意图。树牢选人用人鲜明导向，优先使用在重要斗争一线表现突出的干部，县（市、区）换届中提拔乡镇（街道）党政正职占提拔副处级领导人数的62.3%。换届后各级领导班子的结构和功能进一步优化，实现了"五个好"的目标。围绕高质量发展和防疫、安全、稳定"三件大事"，广泛动员组织力量向中心聚焦、为中心聚力。在全区率先选派137名工业振兴特派员服务141个重点企业和项目，选派一批优秀处级干部到东部产业新城建设等重点工作驻点办公、推动发展。

（四）突出抓好"先锋引领+"系列行动，建强服务首府高质量发展的战斗堡垒。在全区率先全面完成1820个村（社区）"两委"换届，圆满实现"四个百分之百"目标，市本级和12个基层单位获评全区换届先进单位。深入推进农村基层党建"整乡推进、整县提升"示范创建行动，做好7个示范（达标）县（区）、54个示范（达标）乡镇，以及第五批196个星级党组织申报和960个达标村（农村社区）、873个达标屯党支部认定命名工作，选派428名驻村第一书记和1300多名工作队员，扎实推进巩固拓展脱贫攻坚成果同乡村振兴有效衔接，推动全市村级集体经济总收入达5.26亿元，村均33.73万元，超额完成自治区下达的指标任务数。在成功承办全区城市基层党建工作推进会的基础上，持续深化"织密红色经纬，建强壮乡首府"主题活动，建设"六化"示范小区260个，统筹抓好机关企事业单位党建，推动全市所有党支部标准化规范化建设全部达标、全面过硬。深入开展"先锋引领·亲商强企"大行动，出台加强自贸试验区南宁片区两新党建若干措施，做法获评全国两新党建地方创新案例。持续加大基层干部待遇保障投入，截至去年底村干部和城市社区工作者月报酬最高分别达4162元、7654元。

（五）突出抓好人才政策红利加快释放，为推动首府高质量发展集聚更多"第一资源"。加快释放"强首府18条"等人才政策红利，在西部地区首推高层次人才同行举荐，打造全国首个"智慧人才"一体化服务平台，将39个单位72项人才服务事项一网融合、打包快办，相关做法获中组部宣传推介。深入实施"邕江计划"重大引才项目，集聚领军人才团队24个；给予南宁市A类人才王双飞及其创办企业超过2700万元资助，助力其成功当选中国工程院院士。落实市领导联系服务人才制度，细化落实人才安居、生活补贴、医疗优诊等人才服务保障，人才发展生态进一步优化。

三、经验体会

（一）必须坚持旗帜鲜明讲政治，践行"两个维护"。组织工作本质上是政治工作，政治属性是第一属性。做好新时代组织工作必须旗帜鲜明讲政治，带头学懂弄通做实习近平新时代中国特色社会主义思想，把忠诚践行"两个维护"体现和贯彻到组织工作全过程、各方面，推动全市党的建设和组织工作始终沿着正确的方向不断前进。

（二）必须坚持服务中心大局，狠抓贯彻落实。做好新时代组织工作，必须牢牢把握服务保证政治路线这一根本定位，主动在大局下思考和行动，始终聚焦南宁建设新时代中国特色社会主义壮美广西首善之地这一目标选贤任能、强基固本、育才聚才，在狠抓落实中推动组织工作发挥更大作用、实现更大作为。

（三）必须坚持问题导向，主动担当作为。面对复杂形势、艰巨任务和各种难题，只有敢于碰硬、迎难而上、担当作为，才能够经受考验、战胜困难。组工干部必须带头大力弘扬求真务实、真抓实干的作风，以求解破解难题，以优解促提升，确保各项工作干必成、成必优，经得起实践、人民和历史检验。

（四）必须坚持首善标准，不断创新突破。只有拿出与首府地位相匹配的工作力度和一流标准，始终以"不做则已，做必首善"的免检要求，力求把每一项组织工作做细做好、做出成效、做到圆满，才能在创造性地抓好落实中推动工作出新出彩、形成品牌。

（李超　覃杰百　李明智）

自觉担负起举旗帜聚民心育新人兴文化展形象使命任务 推动全市宣传思想工作高质量发展

市委宣传部

2021年，市委宣传部坚持以习近平新时代中国特色社会主义思想为指导，全面贯彻落实党的十九大和十九届历次全会精神，深入学习宣传贯彻习近平总书记关于宣传思想工作的重要思想，贯彻落实习近平总书记“七一”重要讲话精神，学习贯彻习近平总书记视察广西“4·27”重要讲话精神和对广西工作系列重要指示要求，学习宣传贯彻自治区第十二次党代会精神，深刻领悟“两个确立”的决定性意义，增强“四个意识”、坚定“四个自信”、做到“两个维护”。在市委坚强领导下，扎实做好宣传思想文化各项工作，为深入落实强首府战略，在建设新时代中国特色社会主义壮美广西中走在前作表率提供强大的思想保证、精神动力和舆论支持。

6月2日，民族大道沿线，印着庆祝建党百年、“爱国卫生　你我同行”等宣传标语的红旗十分醒目，形成一道亮丽的风景线　　（黄维业　摄）

一、党建概况

市委宣传部设立机关党委1个，下设党支部4个（其中离退休党支部1个）。有正式党员98名（其中退休党员23名）。

（一）“两个推动”深入学习宣传贯彻习近平新时代中国特色社会主义思想。推动党的创新理论落地生根。把深入学习宣传贯彻习近平新时代中国特色社会主义思想作为首要政治任务，部务会议及时跟进学习习近平总书记最新重要讲话和指示批示精神，深入学习宣传贯彻习近平总书记“七一”重要讲话精神，迅速传达学习贯彻十九届六中全会精神，学习贯彻习近平总书记视察广西“4·27”重要讲话精神和对广西工作系列重要指示要求，理论学习中心组开展专题学习5次，建立理论学习中心组学习巡听旁听机制。组织3000多名大众宣讲员开展“百场千员下基层”宣讲活动5万多场次，举办领导干部学习专题辅导报告会、读书会，开展集中和常态化宣讲活动近2万场。

（二）“两个加强”突出履行基层党建工作职责。一是加强政治机关的建设。以党的政治建设为统领，以创建模范机关为抓手，建设忠诚可靠、勤学善思、实干担当、队伍过硬的模范机关。落实“一岗双责”，认真贯彻落实党员领导干部双重组织生活制度，部领导班子成员以普通党员身份参加所在党支部活动，坚持党员领导干部上党课制度，围绕“对党忠诚”等专题上党课9次。二是加强党支部规范化建设。认真贯彻落实《中国共产党支部工作条例（试行）》《中国共产党党和国家机关基层组织工作条例》，严格执行“三会一课”、民主生活会、组织生活会、民主评议党员、谈心谈话等党内政治生活制度，规范党费收缴、使用和管理工作，扎实推进党支部达标创优、党支部组织生活质量提升行动。

（三）“三个突出”推动党建工作与业务工作相融合。一是突出政治理论学习。加大对党的创新理论、十九届六中全会精神及党史学习教育等培训力度。委托中央党校（国家行政学院）刘春教授制作中共南宁市委宣传部干部职工学习习近平总书记“七一”重要讲话专题培训课程，组织全员进行培训。在各党支部开展学习十九届六中全会精神的交流活动，并举办学习成果交流分享会。二是突出党建工作品牌打造。打造“讲好南宁故事”“网友看南宁”“做志愿者创文明城”支部党建工作品牌。举办8期“网友看南宁”活动，微博话题总阅读量达1723万次，开办“网信讲堂”并延伸到全市网信系统和互联网行业党委。组织9场“感党恩　跟党走”道德模范基层巡演活动和10场“颂党恩　传家风”红色家风巡演活动。在全市中小学组织“童心向党”教育实践活动900余场次，参与学生达10万人次。三是突出党建促发展的实效。在疫情防控、乡村振兴、争创全国文明典范城市创建工作中积极作为。组织“绿城闪耀‘志愿红’”公共文明引导、城市广场服务等系列志愿服务活动，发动8000人次参与。“我为群众办实事”实践活动除完成原有项目还增加8个项目，累计完成327个。2021年2月、6月，定点帮扶的马山县金钗镇龙印村党支部获全国脱贫攻坚先进集体和自治区先进基层党组织称号。

二、主要工作

（一）党的创新理论在壮乡首府落地生根、开花结果。一是理论学习入脑入心。市委理论学习中心组充分发挥龙头带动作用，先学一步、学深一层，学懂弄通做实习近平新时代中国特色社会主义思想，围绕习近平总书记最新重要讲话精神、党史学习教育等专题开展学习研讨，为全市理论学习作示范、树标杆，带动各级党委（党组）理论学习中心组和全市各级党员干部对标对表跟进学。全年市委理论学习中心组开展10次学习，2期专题培训、1期专题读书班。二是理论研究做优做强。组建队伍围绕理论热点难点开展课题研究攻关，获自治区哲学社会科学规划课题（省部级）立项8项。作品《广西横县：扎根脱贫攻坚一线的“追梦人”》《茉莉芬芳脱贫路》分别获2021年第1期、第2期全国县级融媒体中心优秀作品双月赛二等奖。三是理论宣讲高质高效。围绕重大主题，采取集中宣讲、山歌宣讲、“双语”宣讲等方式，推动党的创新理论“飞入寻常百姓家”。开展各类宣讲活动5万多场次，受众超300万人次。《山歌似水赞英雄　理想如炬耀壮乡——党史学习教育专题山歌理论宣讲报告》获中宣部评为2021年优秀理论宣讲报告，是广西唯一入选的宣讲报告。

（二）党史学习教育走深走实、见行见效。市委宣传部负责市委党史学习教育日常工作，做好全市党史学习教育组织实施、协调督促，确保全市党史学习教育高规格高质量高效率推进。开展“感党恩　跟党走”主题系列活动，组织“红色歌曲大家唱”、“党史故事大家讲”、“党员心声大家谈”、重温入党誓词等活动，做到月月有课堂。建党百年宣传浓墨重彩，全市各级各类新闻媒体共刊发稿件3万多篇，新媒体阅读量超2858万次；市属新媒体平台党史学习教育短视频播放量超1.9亿次，抖音和微博话题“建党百年南宁篇”网络阅读总量达2800多万次；中央广播电视总台《东方时空》对庆祝建党百年灯光秀进行了直播；发挥文化育人的作用，在机关文化氛围建设中融入党史学习教育内容。文化活动丰富多彩，举办“永远跟党走”南宁市庆祝中国共产党成立100周年大型交响合唱音乐会，组织拍摄《邕江组曲》系列音乐电视作品，网络点击量超过100万。打造“三个一”流动党史馆，获中央主流媒体报道。自治区党委第七巡回指导组对南宁市党史学习教育综合评价为“好”。

（三）重大主题宣传声势强劲、充沛高昂。一是新闻舆论凝心聚力。统筹内宣外宣、网上网下做好庆祝中国共产党成立100周年、党的十九届六中全会、自治区第十二次党代会、全面落实强首府战略等重大主题宣传，开设“深入学习习近平总书记‘七一’重要讲话精神”等专题专栏50个，共推出相关报道6万多篇（条）。7月1日，在《广西日报》推出28版南宁市特刊，《南宁日报》推出128版特刊。《人民日报》、新华社、中央广播电视总台、《光明日报》、《经济日报》等中央媒体在头版头条、重要时段报道南宁改革发展成就。全市组织举办发布活动100多场，疫情新闻发布得到中宣部（国新办）对外新闻局充分肯定。二是媒体融合加快推进。12个县（市、区）的融媒体中心全部建成运行，横州市融媒体中心列入全国和全区首批建设试点，做法和经验得到中宣部调研组充分肯定。市级媒体融合向纵深发展，打造南宁云、老友云等新型主流舆论阵地，南宁广播电视台在广西率先实现全部电视频道高标清同播。三是社会宣传热烈广泛。整合广告牌、电子屏、工地围挡、楼体等各类宣传资源和载体，精心设置小品造型、文化景观、宣传标语、POP旗，高质高效做好庆祝建党百年、第18届中国—东盟博览会和第18届中国—东盟商务与投资峰会、提升城市文明程度等重大节庆、重大活动、重要会议的社会宣传，市区设置灯杆POP旗超过2.5万杆、公益广告保有量超过60万平方米、小品造型超过500座（个）。

（四）国际传播效能全面提升、彰显自信。一是文化外宣促文明互鉴。加强面向东盟国家为主的国际传播能力建设，成功举办《春天的旋律·2021》跨国春节晚会，入选文旅部和国家广电总局重点外宣项目；跨国春晚制作的短视频《守护吴哥的微笑》在中国外文局主办的“第三只眼看中国”国际短视频大赛中荣获最佳摄影奖，是广西唯一获奖作品。首次举办“人月两团圆　千里共婵娟”跨国中秋诗歌晚会，在海外150多个国家、地区落地播出。二是友城外宣助民心相通。推出“南宁渠道　丝路交响”跨国采访子项目、“南宁朋友圈　跨国云访谈”节目，与4个国际友城的官员开展“云端”对话，搭建跨越疫情阻隔、增进务实合作的桥梁。举办“友城进东博”，推出“友城直通车”等直播访谈、探馆等新媒体互动节目。三是精品外宣展南宁形象。持续办好南宁国际民歌艺术节、中国—东盟（南宁）戏剧周等品牌活动，举办越南电影展映活动。开通“云上丝路”国际传播项目，建成面向海外的中、英文网站，开通系列海外社交平台账号。

（五）争创全国文明典范城市基础更牢、信心更足。一是文明创建提升城市品质。在全国文明城市基础上争创全国文明典范城市，努力建设信仰坚定、崇德向善、文化厚重、和谐宜居、人民满意的文明城市，2021年7月15日成功恢复全国文明城市资格。广泛开展文明村镇、文明单位、文明校园、文明家庭创建活动。二是文明培育引领道德风尚。大力践行和培育社会主义核心价值观，“道德模范”“中国好人”不断涌现，抗疫英雄梁小霞荣获第八届全国道德模范称号，全市现有全国道德模范及提名奖人选11人，自治区道德模范及提名奖人选31人，“中国好人”72人。加强未成年人思想道德建设，2人获评2021年度广西“新时代好少年”，其中石唯颂当选2021年度全国“新时代好少年”。三是文明实践弘扬时代新风。建好用好新时代文明实践中心（所、站），全市建成各级文明实践中心（所、站）1980个，横州市列入新时代文明实践中心建设全国第二批（广西首批）试点县。南宁志愿者网注册志愿者超162万人，注册志愿服务组织4313个。开展线上线下志愿服务活动近5.1万场（次），惠及群众超150万人次。

（六）首府优秀文化供给丰富多彩、服务大众。一是文艺创作好戏连台。举办“好日子　歌里过”南宁市庆祝中国共产党成立100周年群众文化活动暨第23届南宁国际民歌艺术节“大地飞歌·2021”，节目播放点击量近1500万次，短视频播放点击量3200多万次。南宁国际民歌艺术节入选中华优秀传统文化传承发展工程广西“十佳案例”。《邕江组曲》系列音乐电视作品网络点击量超100万次。创作微电影《梁小霞》、广播剧《我在你身旁》等作品。舞剧《刘三姐》被评为第十三届全国舞蹈展演优秀剧目。广播剧《少年黄大年》、篆刻《姜铁朱迹》等4部作品获第十届广西文艺创作铜鼓奖。话剧《大山壮歌》等一批作品在自治区各类重大艺术活动中摘获36个奖项。二是群众文化惠民暖心。开展“我们的中国梦”——文化进万家、民歌湖大舞台周周演等群众文化活动7600多场，放映公益电影2.1万多场。“壮美广西·智慧广电”工程实现全市所有行政村广电光缆联网、数字农家书屋全覆盖。完成1442个农家书屋、13个异地扶贫搬迁安置点农家书屋出版物补充更新。新增41个市级非物质文化遗产代表性项目、53名市级非物质文化遗产代表性传承人。南宁书画院完成修缮并向公众开放。三是文化产业提档升级。“三街两巷”、邕江南岸片区获评“国家级夜间文化和消费集聚区”称号。广西文化艺术中心举办各类演出和活动300多场。全市建成各级文化产业示范基地（园区）123家，全市规模以上文化及相关产业211家，同比增长11.6%。规模以上新闻出版业、电影放映营业收入26.13亿元，同比增长13.9%。

（七）意识形态领域安全稳定、向上向好。一是严格落实意识形态工作责任制。坚持党管宣传、党管意识形态、党管媒体，贯彻落实《中国共产党宣传工作条例》，实现宣传机构全覆盖。定期开展专项巡察和专题督查，实现全覆盖。定期分析研判形势、及时通报意识形态领域情况，开展意识形态述职和民主评议，推动落实意识形态工作责任制。从严从实抓好党中央、自治区党委意识形态巡视反馈问题的整改工作，30多条整改措施均已落实到位。树立鲜明选人用人导向，选优配强专业化宣传干部人才队伍，组织全市4922名学员参加“脚力、眼力、脑力、笔力”学习教育；深化职称制度改革，推进行业领军人才工程和青年创新人才工程，切实提升宣传思想文化战线战斗力。二是意识形态阵地管理有力有效。压实主体责任、主管责任、监管责任，深化“扫黄打非”五大专项行动和“剑网”行动，加大“扫黄打非”案件查处力度，查办各类案件297件，查获各类非法出版物3.5万件。将企业广告平台内容纳入意识形态工作责任制督查范围。采取“线上+线下”方式，开展2021年“绿书签”行动。三是意识形态工作机制日益完善。出台贯彻落实中国共产党宣传工作条例配套措施、南宁市党委（党组）意识形态工作责任制实施细则、南宁市意识形态工作综合分析和预警研判实施办法、关于加强论坛讲坛科研社团以及广播电视安全播出管理办法等规范性文件和规章制度，完善工作机制。

三、经验体会

（一）坚持以习近平新时代中国特色社会主义思想指导全市宣传思想工作。要牢牢把握宣传思想工作的政治属性，坚定不移地将习近平新时代中国特色社会主义思想作为一切工作的根本遵循和行动指南，特别是要学深悟透习近平总书记提出的党的宣传思想工作的新思想新观点新论断，不断提高政治站位，强化政治机关意识、政治工作意识，自觉把党的政治建设摆在首位，自觉用习近平新时代中国特色社会主义思想武装头脑、指导实践、推动工作，以实际行动维护以习近平同志为核心的党中央权威和集中统一领导。

（二）坚持党对宣传思想工作的全面领导。牢牢掌握意识形态工作领导权，守好阵地，筑牢防线，不断增强意识形态领域主导权和话语权，确保首府意识形态安全。毫不动摇坚持党管宣传、党管意识形态、党管媒体，把政治家办报、办刊、办台、办新媒体的要求，不折不扣落实到工作的全过程和各方面。认真贯彻落实《中国共产党宣传工作条例》，强化“一盘棋”思想，构建“党委集中统一领导、党政齐抓共管、宣传部门组织协调、各部门履职尽责、各方面共同参与”的大宣传工作格局。不折不扣地贯彻落实党中央、自治区党委和市委决策部署。把做好宣传思想工作与聚焦贯彻新发展理念、推动高质量发展、构建新发展格局结合起来，为全面落实强首府战略作出应有的贡献。

（三）坚持以人民为中心的工作导向。深入开展增强脚力、眼力、脑力、笔力“四力”教育实践工作，切实回应人民呼声，最大限度地汇聚主流民意，做强主流思想舆论，激发团结奋进、爱党爱国爱社会主义的强大力量；深入生活、贴近群众，聚焦培养时代新人，深化文化惠民，持续推出有深度有温度、群众愿听想看的作品，提供优质的公共文化服务，不断提升文化软实力，促进满足人民文化需求和增强人民精神力量相统一。

（钱治宏　吴苏焱）

以党心聚民心　步调一致向前进　为建设新时代中国特色社会主义壮美广西首善之地贡献统战力量

市委统战部

2021年，市委统战部坚持以习近平新时代中国特色社会主义思想为指导，全面贯彻党的十九大和十九届历次全会精神，深入学习贯彻习近平总书记视察广西“4·27”重要讲话精神和对广西工作系列重要指示要求，以学习宣传贯彻《中国共产党统一战线工作条例》（简称《条例》）为重点，坚持凝心聚力、守正创新，为全面落实强首府战略，建设新时代中国特色社会主义壮美广西首善之地贡献统战力量。

一、党建概况

2021年，市委统战部直属基层党组织总数为7个，其中党委1个、党支部6个，党员76人。

（一）党史学习教育走深走实。市委统战部主要领导先后到南宁女商会上主题为“学党史、感恩党、跟党走，坚定信念，再立新功”的专题党课，到非公企业广西恒源钢结构有限公司党支部上主题为“感恩党　跟党走　坚定信心加快发展”的专题党课。组织机关党员到李明瑞、韦拔群等革命烈士纪念馆现场接受精神洗礼，赴桂林市开展“学党史忆先烈、守初心担使命”主题党日活动，参观湘江战役脚山铺阻击战纪念碑林和红军长征湘江战役纪念馆，到南宁经济技术开发区两新领域“电影党校”暨盛天上影党建教育基地开展“观看红色电影　弘扬传承民族精神”活动。举办同心聚力大讲堂暨机关优秀党员、党务工作者表彰大会，3名获表彰党员代表围绕“百年华诞学党史　喜迎国庆颂党恩”的主题分享学习心得。举办统战大讲堂——南宁市统战系统“学习英雄事迹　传承红色精神”教育宣讲会，邀请“共和国勋章”获得者李延年及亲属讲述红色故事。组织离退休党员与在职党员共同观看庆祝建党100周年大会并召开南宁市统一战线庆祝建党100周年座谈会，会上为5名入党日期在7月的党员过“政治生日”。“南宁统战”微信公众号刊登全市统一战线学习教育动态新闻70余篇，推送“党史回眸”学习专栏、“感党恩　跟党走”党史知识大家答专栏430余期，组织机关党员拍摄《庆祝建党百年·对党说句心里话》党建微视频。

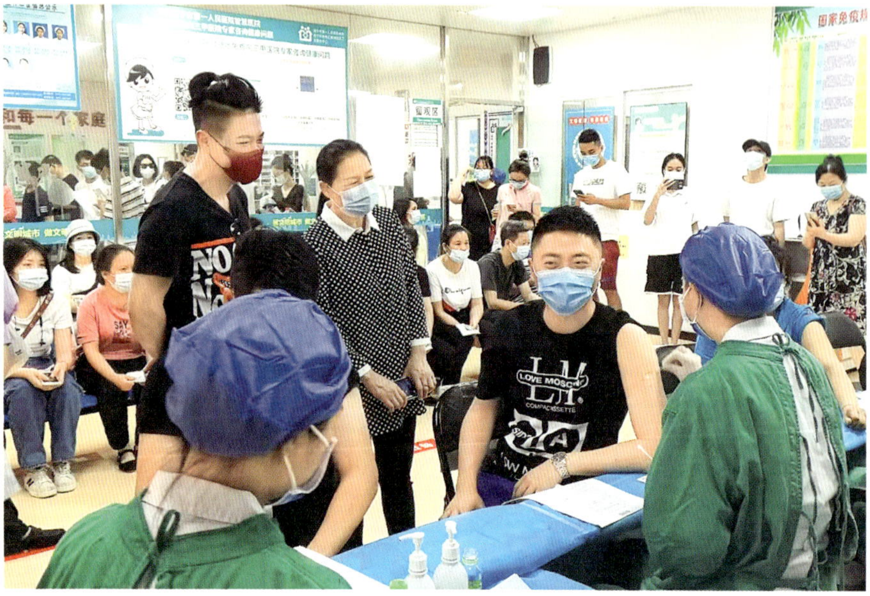

市台办积极对接联系并引导在邕台胞接种新冠肺炎疫苗，图为台胞接种疫苗现场

（二）部门自身建设强化提升。市委统战部机关党委与派驻纪检监察组联合印发《关于建立全面从严治党协同工作机制的意见》，进一步加强在推进全面从严治党、党风廉政建设和反腐败工作中的协调配合。严格制订2021年度全面从严治党主体责任清单，坚持问题导向推动巡察“回头看”整改，修改完善财务审批等工作制度，加强“四风”源头治理。开展《党委（党组）落实全面从严治党主体责任规定》及“三重一大”制度执行落实情况、持之以恒纠“四风”树新风等专项检查，组织机关全体党员干部对发生在身边的反面典型案件深入反思。新选派2名驻村第一书记到贫困村开展乡村振兴工作，选拔一批经过一线实践锻炼、实绩突出、群众公认的干部，全年提拔或晋升干部10人次，1个党支部获评南宁市直机关先进基层党组织、2名党员分别获评南宁市直机关优秀党员和优秀党务工作者。

（三）服务中心大局见招见效。在全区率先启动设区市统一战线助力乡村振兴主题实践行动，召开现场会为首批15个南宁市统一战线助力乡村振兴示范村授牌，发动统战组织、商协会、民营企业共156家与141个行政村结对帮扶共建。积极参与“广西统一战线助力村卫生室提质升级行动”，全市统一战线共分三年认捐资助款项1380万元，首年到位530.23万元，与市卫健委联合为全市128个受助村卫生室招募医务志愿者184名。举行2021年“霞光天使同心计划”慰问先进医务工作者活动，提前完成原定三年募捐100万元的目标。组织开展市委统战部“党员当先锋　创城走在前”主题党日暨志愿服务文明实践活动，党员志愿服务分队到兴宁区高峰社区参与疫苗接种排查和创城一线工作，到民族金浦路口开展文明交通劝导志愿服务活动。

二、主要工作

（一）多党合作和政治协商事业迈上新台阶。圆满完成各民主党派市委会换届工作，市县两级换届后人大、政府、政协领导班子实现党外副职全配备。做好党外人大代表、政协委员推荐提名工作，2021年两会推荐提名非中共人大代表173名（其中人大常委会委员4名），推荐提名非中共政协委员296名（其中非中共常务委员52名）。支持民主党派和无党派人士履行参政议政、民主监督的职责，全年市委共召开4次专题（调研）协商座谈会，出台专门文件加强政府部门与各民主党派、工商联、无党派人士对口联系，建立专题调研活动机制，各民主党派成员通过多种途径提交议案提案784篇、社情民意等672篇。台盟南宁支部获台盟中央授予2021年度参政议政突出进步奖。

（二）民族宗教领域和谐稳定。总结全国少数民族流动人口服务管理示范城市经验，做好国家民委城市民族事务依法治理基层联系点工作，建立站点联建联动工作体系，在西乡塘区华强街道中华中路社区设置服务少数民族流动人员专门接访窗口，为少数民族群众提供经商就业、子女入学、法律援助等八项服务。落实各级少数民族发展资金5952万元，实施项目115个，建设同心文化载体项目61个。申报2021年广西民族特色村寨18个，获评11个；马山县古零镇乔老村小都百屯、隆安县那桐镇定江村定典屯、西乡塘区石埠街道忠良村（美丽南方）被自治区民宗委列为广西2021—2022年民族特色村寨农旅融合发展试点村屯。推动南宁市入选第九批全国民族团结进步示范市名单，成为全区唯一连续获评的城市。持续开展民族团结进步绩效考评和示范创建，昆仑关战役旧址、邓颖超纪念馆等8个单位获命名为首批“南宁市铸牢中华民族共同体意识实践教育基地”，16所中小学校获命名为南宁市“铸牢中华民族共同体意识教育进校园试点学校”。组织开展“感党恩　跟党走　铸牢中华民族共同体意识”2021年南宁市民族团结进步宣传月、“党的民族政策在南宁市民族乡的实践”媒体集中采访报道等活动。召开南宁市宗教团体负责人述职会议，开展“宗教政策法规学习月”活动，完成南宁市宗教团体换届。

（三）支持民营经济发展政策机制不断完善。完善非公经济代表人士综合评价制度、市领导和非公经济工作领导小组成员单位联系服务非公企业和非公经济代表人士制度。开展解决民营经济突出问题攻坚年活动，市四家班子领导及有关部门走访民营企业700余次，解决问题347个。市委主要领导主持召开企业家座谈会听取意见建议，各级各部门抓好《南宁市营造更好发展环境支持民营企业改革发展实施方案》《南宁市贯彻落实〈新时代广西加快完善社会主义市场经济体制实施方案〉分工方案》等工作方案和惠企政策的落细落实。完善青年一代民营企业家代表人士数据库，打造南宁市非公经济人士理想信念教育基地“盛天电影党校”。探索推行“统一战线+商会人民调解”基层社会治理新模式，在全区率先实现市县乡三级商会人民调解委员会全覆盖。为4000多家商会会员企业提供矛盾纠纷排查调处、法制宣传教育等服务，成功调解各类涉企纠纷51起，涉及协议金额5000多万元。

（四）党外知识分子和新的社会阶层人士组织管理逐步规范。开展“守初心　筑同心　谋发展——中共党员与党外知识分子面对面”活动，300余名党外知识分子代表参加活动献计献策，组织党外知识分子参加营商环境调研、医疗卫生系统统战工作调研等活动25次。通过召集海归企业高管开学习会、党外教师群体开设同心师德大讲堂形式，组织各新阶层群体参与党史学习教育，印发《南宁市新的社会阶层代表人士培训计划（2021—2025年）》。加强市、县（市、区）两级新的社会阶层人士联谊会（简称新联会）组织建设，组建同心讲师团开展“知新讲堂”直播活动，持续打造“绿城玫瑰”“邕州才子”“四个圈”等新阶人士统战工作品牌。收集整理由83位全市互联网企业负责人及互联网相关行业企业组成的网络代表人士数据库，举办南宁市首个以网络代表人士为主体的培训班，打造宾阳县网络统战工作站、青秀区同心e站桂港青年企业家创新创业孵化基地、良庆区中国—东盟新型智慧城市协同创新中心等网络统战工作创新基地。

（五）联系服务港澳台侨与海外同胞措施更加得力。率先成立全国首批、全区首个内地港澳人士社团——南宁市港澳同胞联谊会，开展“港澳同胞乡情之旅”红色主题活动。在全区试点建设线上“云上侨音”和线下“侨家小苑”平台，加强对海外同胞和归侨侨眷的思想引领。承办“党恩福泽·侨心筑梦”广西侨界医疗专家义诊暨普法宣传活动，走访慰问困难归侨侨眷570人，发放慰问金和慰问品30余万元。选派教师分赴泰国、柬埔寨、老挝等国家6所海外华文学校任教，利用节庆为外派教师寄送慰问信及暖心包。为400多名港澳台同胞完成疫苗接种，为在邕港澳台侨企业协调解决有关问题86件。落实《关于在疫情防控常态化形势下促进南宁台资企业稳步发展的若干措施》并制定相关配套文件，承办自治区“百名台青体验在八桂”活动，建设邕台青年就业创业服务站5个。

三、经验体会

（一）加强党对统一战线工作的集中统一领导。坚持党管思想，市委统战部、市委组织部、市社会主义学院联合印发2021年培训计划，统筹举办南宁市民主党派骨干成员培训班等12个培训班次，把《条例》纳入各级党委（党组）理论学习中心组学习内容，纳入党校、经济干部学院、社会主义学院教学内容。市委召开全市民族、宗教工作会议，市委常委会会议合并召开市委统战工作领导小组第六次全会，审议领导小组成员单位述职报告，全市各县（市、区）党委统战工作领导小组共召开各类专题会议26次。坚持党管队伍，新选拔任用政治坚定、业务精通、作风过硬的7名党员干部担任县（市、区）党委常委、统战部部长，全市有6名县（市、区）党委统战部部长同时任县（市、区）政府副职。

（二）思想政治引领是统战工作的重要抓手。发挥统一战线人才荟萃、联系广泛的优势，面向各领域统战成员开展庆祝中国共产党成立100周年为主题的学习教育宣讲、征文和短视频征集等活动130余次。依托市工商联、市民宗委开展非公经济人士、宗教界人士系列庆祝活动，组织统战成员开展“百年党旗红　启航新征程”邕江红色主题学习活动。举办南宁市统一战线庆祝中国共产党成立100周年“学党史　感党恩　跟党走　筑同心　共奋进”主题书画摄影作品展，展出138幅精品力作。举办南宁市统一战线庆祝中国共产党成立100周年座谈会，邀请民主党派、无党派人士、党外知识分子等各界人士110余人参加，11名各界代表结合学习工作实际进行了交流发言。

（三）建立统战工作督查考核机制势在必行。2021年南宁市把开展统一战线重点工作情况纳入年度督查考核计划，首次组成考核组到全市开展督查考核。将《条例》落实情况分别列入市委常委会、市委统战工作领导小组2021年工作要点，把《条例》执行情况纳入党政领导班子和领导干部考核内容，纳入政治巡察和监督执纪问责范围。自治区关于《条例》的落实措施印发后，及时研究制定南宁市贯彻落实责任清单，明确目标任务及牵头责任单位。继续将民族团结进步创建示范工作列入年度绩效考评，纳入市委政治巡察内容并强化经费激励机制，对创建工作成效显著的单位，给予创建经费支持。通过系列举措，南宁市统一战线工作“大统战”格局进一步形成。

（周麒）

党建示范引路　补短板破难点 以模范机关创建助推平安南宁建设

市委政法委

2021年，市委政法委坚持以习近平新时代中国特色社会主义思想为指导，深入贯彻习近平总书记关于党史学习教育系列重要讲话、重要指示精神，高标准高质量推进党史学习教育走深走实，扎实推进“党建引领平安南宁建设，固本强基创建模范机关”主题实践活动，通过创建“双学双创”演讲比赛、“四实微讲堂”等党建品牌项目，结合政法队伍教育整顿，引导全市政法干警把党史学习教育成效转化成推进为群众办实事解难题成效，一举摘掉传销、电诈、毒品“三顶帽子”，圆满完成习近平总书记视察南宁、第18届中国—东盟博览会和中国—东盟商务与投资峰会等安保维稳任务，在推进平安南宁建设方面发挥了表率作用。

5月7日，市委政法委联合市委党史研究室在雷经天故居开展党史学习微讲堂进红色教育基地主题党日活动

一、党建概况

市委政法委机关设3个党支部、1个离退休支部，管理南宁励志专门学校党支部，共有党员90人（含离退休党员），预备党员3人。

（一）高站位加强政治建设。一是把讲政治摆在首位。市委政法委班子领导把作风建设纳入党建工作总体布局，与业务工作同部署、同落实、同检查、同考核。及时组织召开书记办公会研究部署机关党建和党风廉政建设工作，年内召开书记办公会研究党建工作2次、组织理论中心组学习会4次。制订2021年度全面从严治党主体责任清单、党的建设工作要点、理论学习中心组2021年学习计划，认真组织机关党员干部学习习近平新时代中国特色社会主义思想、党的十九大和十九届历次全会精神。通过党员大会、专题培训、专题宣讲和演讲等形式，从严贯彻落实习近平总书记系列重要讲话精神、党的十九大和十九届历次全会精神、自治区第十二次党代会和市第十三次党代会精神。二是落实主体责任。严格落实“10项制度”和“10个带头从严”，健全完善领导班子责任清单、请示报告事项清单。年内召开党建业务布置会14次，制订《市委政法委机关深入推进党史学习教育工作方案》等，组织开展党史学习教育专题学习11次。购买“四史”书籍260本，组织“党史故事大家讲”演讲活动7场次、“党员心声大家谈”活动3场次、“红色歌曲大家唱”5场次、“重温入党誓词”5场次。在“南宁政法”微信公众号陆续推出27期“党员心声大家谈”系列访谈活动，出台机关17个“我为群众办实事”制度，组织党员为群众办实事累计189件。三是坚持领导班子成员联系基层党组织制度。每名班子领导联系一个基层党支部，带头深入基层调查研究，认真倾听群众诉求，切实解决实际问题，密切干群关系。委机关六名班子成员为联系党建联系点上党课共12次，深入兴宁区望仙坡社区、西乡塘区明秀社区等开展“我为群众办实事”实践活动等主题党日活动8次。

（二）抓实抓细党风廉政建设。组织全委干部职工专题学习中共中央办公厅印发的《党委（党组）落实全面从严治党主体责任规定》，及时传达学习市委、市纪委有关文件精神、典型案例通报，结合民主生活会开展典型案例剖析，组织党员干部旁听庭审、观看廉政电教片、上廉政党课等。市委政法委书记面向全体干警讲主题党课，邀请市纪委监委书记主讲廉政教育报告，组织全市警示教育大会和英模事迹报告会，将选树的10名“邕城平安卫士”先进事迹和宣传报道在“南宁政法”微信公众号连续登载，促进机关干部不断增强“四个意识”、坚定“四个自信”。机关党委、机关纪委将家风、党风建设融入“支部微课堂”、支部党日活动中，把对党忠诚纳入家庭家教家风建设，开展树家风正党风活动。组织党员针对中纪委、自治区纪委以及市纪委通报的违反中央八项规定及其实施细则精神典型案例反映出来的问题、特点及案发原因等进行反思和剖析，以案为鉴，利用“身边事”教育“身边人”，使党员干部接受面对面、“零距离”的警示教育。

（三）强化纪律作风建设。深入开展党章党规党纪专题教育，充分运用反面典型开展警示教育，强化党员干部宗旨意识和法纪意识。及时修订完善政法机关铁规禁令，年内修改完善《厉行节约反对浪费制度》《公务用车使用管理办法》《公务接待管理办法》《差旅费管理办法》《财务管理制度》《招标采购与监督管理办法》《中共南宁市委政法委执行“三重一大”制度实施办法》等规章制度。此外，结合政法队伍教育整顿，针对执法司法中的苗头性倾向性问题、教育管理监督中的薄弱环节、长期没有解决好的死角盲区，推动各级政法单位加快建立完善监管制度。

（四）深入实施“支部建设升级行动”。及时调整业务能力强的机关党委委员为专职副书记，开展“一支部一品牌”党建品牌创建活动，打造“党建+服务强首府中心大局”“党建+强化担当保安全护稳定”“党建+社会治理全域提升”“党建+关爱帮教青少年”“党建+攻坚破难勇担当”等支部党建品牌。指导邕宁区龙象社区推动南宁学院等企事业单位入驻，在翡翠园一期物业小区建立市域社会治理“红色物业”示范点，着力推进“大党建、大联盟、大治理、支部在行动”区域化党建联盟工作。

二、主要工作

（一）红色引擎强引领，党建机制增“底气”。一是强化党建引领。市委政法委牵头在全市出台《关于坚持发展新时代“枫桥经验”推进首府市域社会治理现代化的若干意见》《关于加快推进社会治理现代化开创平安南宁建设新局面的实施方案》，坚持党建引领，在强化平安南宁建设协调小组成员单位党建与业务工作融合机制上下功夫。深入贯彻落实市委《关于加强和改进新时代机关党的建设的实施意见》，在机关制定下发《中共南宁市委政法委员会关于开展“党建引领平安南宁建设，固本强基创建模范机关”主题实践活动实施方案》，开展“一支部一品牌”党建品牌创建活动和星级党支部评选，鼓励机关各支部到联系的广西美斯达集团、嘉宾社区、南安商会等开展党建共建活动，积极探索符合时代特点、部门实际的党建工作新模式、新举措，已初步形成“党建服务助力重点民营企业”“四实微讲堂”“支部书记轮值助理”“双学双创”演讲比赛等党建品牌项目。二是培育“红色细胞”。制定下发《南宁市域网格化服务管理规范实施办法（试行）》，指导全市1821个村（社区）科学划分8936个网格，建立红色网格、探索建立网格党支部，在疫情防控工作中，发动全市党员网格员做好重点人群排查和社会面维稳工作，有效发挥基层党组织在社会治理中的政治引领作用。三是增强协同合力。着力推进“大党建、大联盟、大治理、支部在行动”区域化党建联盟工作，如指导青秀区嘉宾社区推动区、市单位入驻地王大厦党员活动中心党建联盟，指导邕宁区龙象社区推动南宁学院、南宁市第一职业技术学校等企事业单位入驻，开展“党员先锋、助力创城”等志愿服务活动，在翡翠园一期物业小区建立市域社会治理“红色物业”示范点，与平岭社区建立党建联盟，通过党员下派、下沉、下访到小区，让基层党组织担负起引领社会治理的政治责任。

（二）党建资源全整合，“抱团”联动增“志气”。一是以“便民”为中心，拓展社区服务内涵。市委政法委制定下发《南宁市推进市域社会治理现代化试点实施“十大项目”方案》，把市域社会治理的“全链条”延伸到基层、到社区、到网格，指导青秀区嘉宾社区、西乡塘区明秀社区等12个社区（村）综治中心开展试点工作。着力建好以“一中心四室”为基础的市域社会治理“前线指挥部”，为群众提供高效便捷的服务。二是以“安民”为保障，实现社会治理创新。下发《南宁市推进市域社会治理现代化试点工作制度》，依托社区综治中心，以“社区微脑+微治”为格局，充分发挥南宁政法云信息系统数据分析等智能化功能，推行“综治+警务”一体化运作，实现社区服务“零距离”、管理“全覆盖”、居民诉求“全响应”。三是以“助民”为动力，党建+志愿聚民心。大力发展“南宁红”志愿服务服务队伍，下发《关于擦亮“南宁红”品牌加强群防群治队伍建设的实施方案》。发动党员、居民、物业、志愿者等社会力量，成立以党员为骨干的思想宣传、治安巡逻、帮扶救困有力队伍。如七星社区退休党员组成有66名成员的七星夕阳红志愿服务队伍，配合新城派出所联合对辖区进行巡逻防控、治安信息收集、志愿帮扶等工作，充分党员先锋模范作用。

（三）强化责任担当，项目推进增“骨气”。一是推行社区“党建引领治理项目”。以朝阳街道为试点，借助“街乡吹哨、部门报到”制度机制，增强乡镇（街道）在基层治理中的主体作用。把红色物业服务融入社区治理中，以党组织引领提升红色物业服务水平，形成“小事居民治，大事物业办，难事大家商”的治理新格局，有效解决社会生活噪声污染、继承权公证材料获取难等群众反映强烈的突出问题。二是推行社区“党建引领平安创建项目”。针对葛麻小区等无物业管理，街巷路灯无人管理，盗窃案件多发的情况，市委政法委通过“雪亮工程”“为民办实事项目”，推动视频数据信息与人工智能技术深度融合，为寻找失踪儿童、老人事件和电动车电瓶被盗破案等提供了信息化支撑。由社区党委牵头，综治中心定期分析研判“三无”小区治安形势和发案情况，把日常巡查常态化，有效提高社区治理水平。2021年二季度全市群众安全感达98.20%，创历史新高。三是推行“社区党建引领普法教育项目”。在望仙坡社区等不定期组织政法单位、行政部门党员开展多元化普法活动。定期对社区居民开展普法宣传教育活动，形成群众办事依法、遇事找法的良好法律环境。

三、经验体会

（一）干部职工政治信念更加坚定。机关党员干部在严明政治纪律和政治规矩方面，特别是做到“两个维护”方面站位更高，对标更严，有效提升了机关党员干部的政治判断力、政治领悟力和政治执行力。

（二）队伍作风有了明显转变。机关党员干部的廉政勤政意识得到增强，特别是在坚持以人民为中心，为基层群众办实事、办好事、解难事方面取得了初步成果；在谋工作、促落实、显成效方面有了明显提升。

（三）为基层群众办实事成果显著。通过扎实开展党史学习教育，强力推进南宁市励志专门学校二期项目等市域社会治理现代化试点“十大项目”建设，创办了全区首家励志专门学校，在教育矫治严重不良行为未成年人工作上创出南宁经验，目前已办学5期，成功教育矫治160人。

（四）在全面落实强首府战略中展现担当作为。在新冠疫情防控工作中，积极组织机关党员和发动全市网格员做好南宁市重点人群排查管控和社会面维稳工作，创新实施“综治中心+网格化+N”举措。

（五）化解矛盾纠纷促进社会公平正义。结合政法队伍教育整顿查摆工作中的短板弱项，精准施策开展整改，避免个人极端案事件发生。开展督促“三非人员”专项整治行动和打击传销集中宣传月活动启动仪式，印发《关于进一步贯彻落实市委、市政府文件精神　强化领导下访　源头化解矛盾　切实抓好庆祝建党100周年安全稳定工作的通知》，成功化解兴宁区国悦九曲湾业主与物业纠纷等32件重大涉稳问题，成功化解宾阳县宾州镇蒙村村委杨村与芦圩公社农具厂土地纠纷等2件千人以上重大矛盾纠纷。

（六）让人民群众感受到政法工作成效。共制订下发《南宁市擦亮“南宁红”品牌加强群防群治队伍建设的实施方案》《关于将灾害性天气预警信息传播纳入网格化服务管理的通知》等17项文件，组织开展电动自行车规范停放充电场所标准化建设现场会、打击传销“清源行动”等“我为群众办实事”实践活动35场次，不断提升广大市民对首府政法队伍教育整顿的公信力。

（曹莉）

聚焦中心　服务大局　奋力开创首府政研和改革工作新局面

市委政研室（改革办）

2021年，市委政研室（改革办）坚持以习近平新时代中国特色社会主义思想为指导，深入学习贯彻党的十九大和十九届历次全会精神，深入学习贯彻习近平总书记视察广西“4·27”重要讲话精神和对广西工作系列重要指示要求，认真贯彻落实自治区第十二次党代会及市第十三次党代会精神，紧紧围绕市委中心工作，聚焦文稿起草、深化改革和调查研究等主责主业，团结协作，充分发挥市委智囊团、参谋部和改革协调中枢的职能作用，推动全市政研和改革工作迈出新步伐、实现新提升。

10月21—22日，市委改革办在市委党校举办2021年南宁市全面深化改革培训班

一、党建概况

2021年，市委政研室（改革办）机关党支部共有党员24名，其中退休党员2名，预备党员1名。

（一）扎实开展党史学习教育。根据党中央、自治区党委和市委关于开展党史学习教育的部署要求，在党员干部自学的基础上，采取理论学习中心组学习、党员大会集中学习等形式，分专题开展党史学习研讨。组织党员干部参观南宁博物馆等红色教育基地，重温入党誓词，进一步坚定理想信念。开展“我为群众办实事”实践活动，组织党员志愿者到青秀区金洲社区、长湖金湖路口开展环境整治活动和创建文明城市志愿服务活动20余次。

（二）不断加强机关党组织建设。以“三会一课”、主题党日活动等为抓手，开展形式多样主题活动，建设机关党建文化走廊，不断增强党组织的政治功能和组织功能。围绕“感党恩　跟党走”主题，广泛开展“我为群众办实事”实践活动等活动。与金洲社区党委联合开展环境卫生清洁、民族团结进步宣传、红歌快闪、宣讲党的十九届六中全会精神等志愿服务活动。通过“党建引领+”开展结对共建联建，到党支部建设联系点青秀区凤翔社区金碧党支部、武鸣区伏唐村党支部、南宁产投园区公司党支部、江南区江南路东社区第二党支部、宾阳县莲花党支部调研产业发展情况、协调解决问题、讲党课、慰问困难党员、指导党支部规范化标准化建设，引导党员干部发扬党的优良传统，积极为基层群众、企业排忧解难。开展党员活动大家谈活动，室（办）领导班子成员、支部委员通过与党员个人进行谈心谈话，交流思想，沟通工作情况。培养1名入党积极分子发展为预备党员，2名党员被市委市直机关工委分别授予优秀共产党员、优秀党务工作者称号。

（三）助力对口帮扶村扎实推进乡村振兴。市委政研室（改革办）紧紧围绕“产业兴旺、生态宜居、乡风文明、治理有效、生活富裕”乡村振兴总要求，选派第一书记到青秀区南阳镇二田村助力村级党组织建设、产业发展、脱贫攻坚、基层治理等工作，完善村级基础设施，谋划山羊繁殖养殖基地建设、打造农旅休闲观光产业示范区，不断巩固二田村脱贫攻坚成果，改善当地群众生产生活交通条件，辐射带动村民逐步实现增收致富，2021年二田村集体经济收入达到25.5万元。室（办）主要领导4次带队到市乡村振兴第一书记驻村点青秀区南阳镇二田村开展主题党日实践活动，看望慰问老党员，为二田村的发展建言献策，助推二田村加快实现乡村全面振兴。

（四）抓好党风廉政建设。班子成员带头落实党要管党、从严治党要求，制订领导班子、主要负责人和其他成员深化“书记引航担使命”主题活动2021年度主体责任清单，抓好每月工作提示单、市纪委监委专项监督检查清单的责任落实。抓好廉政风险防控，对重要问题集体研究做出决定，促进权力规范透明运行。根据市纪委监委驻市委办公室纪检监察组反馈的《〈党委（党组）落实全面从严治党主体责任规定〉及“三重一大”制度执行落实监督检查情况》，领导班子结合单位工作职责，扎实有效地开展谈心谈话活动（交心谈话、工作谈话、任前谈话、离任谈话、会前谈话、提醒谈话等），坚持以履职尽责为主业，推动“主体责任”落实到位。召开领导班子会议16次，对34项重要问题集体研究做出决定，促进权力规范透明运行。

二、主要工作

市委政研室（改革办）聚焦市委中心工作，发扬不怕苦、不畏难的精神，不折不扣把市委交办的各项工作抓实抓好，推动政研和改革事业创新发展。

（一）加强理论学习，始终把政治建设摆在首位。持续在学懂弄通作实习近平新时代中国特色社会主义思想上下功夫，深入学习贯彻习近平总书记视察广西“4·27”重要讲话精神和对广西工作系列重要指示要求，先后召开16次室（办）务会议，4次理论学习中心组专题学习会，全体干部职工会、党员大会及时跟进学习，进一步加深对习近平新时代中国特色社会主义思想的理解和把握，确保各项工作始终沿着正确方向前进。

（二）聚焦工作重点，以文辅政迈向新台阶。紧跟市委工作思路，按照“高质量、出精品”要求，深入实际，加强调查研究，高标准高质量做好市委重要文稿和政策文件起草工作，切实提升各类文稿的思想性、针对性和逻辑性，积极主动为市委战略决策和工作部署服务。一是市委重要文稿量多质高。坚持高标准严要求，集中主要力量做好文稿材料起草、审改工作，在文稿起草过程中认真领会党中央、自治区党委和市委系列重要会议、文件精神，完成市委重大政策性文件及市委主要领导讲话稿等重要文稿起草。年内，起草审改南宁市国民经济和社会发展第十四个五年规划和二〇三五年远景目标的建议、市第十三次党代会报告等市委重要文稿及市委主要领导在市委十二届十一次全会、全市党史学习教育动员会、市委学习贯彻落实习近平总书记考察广西时的重要讲话精神、全市政法队伍教育整顿工作推进会、工业振兴大会、全市经济运行分析会、临空经济示范区联席会议等全市性会议发言材料共计300余篇。二是重大课题调研成果丰硕。围绕党中央、自治区党委、市委重大决策部署及中心工作，创新思路开展调查研究，先后到各县（市、区）、开发区开展市第十三次党代会报告起草专题调研，总结梳理调研情况，形成调研报告4篇。结合全区党委政研室（改革办）系统2021年“大学习大调研”活动，牵头开展社会矛盾纠纷排查化解的思考与对策、南宁市服务业转型升级的对策研究、南宁市加快乡村全面振兴的工作研究等3项课题的研究，形成调研报告，为市委科学决策提供参考依据。积极引导和带动全市上下大兴调查研究之风，组织各县（市、区）围绕产业发展、乡村振兴、社会发展、基层党建等领域开展19个专项课题研究，上报自治区党委政研室申报优秀成果。三是信息服务高效精准。抓好《南宁工作研究》期刊采编发行，年内共完成4期8000册，共计70多篇文章28万多字170幅照片发行。做好门户网站信息发布及更新维护，共发布“工作动态”“改革进行时”“机关党建”“公告通知”“图片报道”等70余条信息。及时、有针对性地向市委报送20余篇工作信息及外地先进经验，圆满完成党委信息年度目标任务。

（三）统筹协调，扎实推进，全面深化改革成效显著。根据市委深改委的部署安排，加强协调推进，强化督察问效，推动改革和发展深度融合、高效联动，10个领域的43项重点、55项面上任务有力有序推进，为首府高质量发展注入强劲动力。一是强化系统谋划，发挥改革协调作用。全方位服务好市委深改委日常工作，高质量筹备和服务3次市委深改委会议，共起草审改各类文稿150多篇，办理各类文件超500份。推进修订推动改革落地见效的若干规定、改革督察实施办法和改革第三方评估办法等6项改革文件，统筹推动市委深改委专项小组成员调整，及时印发重大改革任务落实提醒函，完善98项任务、6项国家级试点、14项自治区试点等3本改革台账及日常跟踪工作。举办2021年南宁市全面深化改革培训班，不断提升南宁市从事改革业务相关同志的改革创新本领。扎实做好中央第二巡视组巡视广西反馈意见整改，按时按质完成巡视整改任务并及时销号。二是加强协同高效，推动改革系统集成。建立改革集成试点市县联系指导制度，聚焦改革集成试点增点扩面，马山县成功列入第二批自治区乡村振兴改革集成试点。强化对改革集成试点的跟踪指导，多次深入横州、马山、青秀等试点县（市、区）开展调研指导，搭建区、市、县沟通机制，核改集成试点案例、总结等文稿20多篇，收集36个方面问题上报自治区。联合市委农办等部门筹办2021年度乡村振兴现场推进会，助推改革集成与乡村振兴深度融合。三是突出务求实效，推动改革落细落实。进一步调整落实改革专项督察事项，对《要点》提出的10项已出台的重大改革举措进行督察问效，印发关于支持民营企业发展、加强农房管控、构建更加完善要素市场化配置体制机制等督察整改函，推动解决20个方面的突出问题。邀请第三方评估机构开展隆安县易地扶贫搬迁震东集中安置区可持续发展机制成效评估，有效推动5个方面15个突出问题整改。发挥改革绩效指挥棒作用，完成全市74个单位2020年绩效考评工作，落实要求，制订南宁市贯彻落实自治区改革创新专项工作绩效考评方案，从全市各单位报送的40项改革创新工作成果中筛选出5项具有代表性的工作成果参加考评。研究制订《2021年南宁市创新专项工作绩效考评方案》。四是强化总结宣传，扩大南宁改革影响。推广落实自治区改革典型经验，向自治区报送4批60篇本市改革典型经验，其中4篇纳入自治区推广清单，《广西南宁市创新“三师”下乡服务机制　塑造乡村特色风貌》案例获自治区高度认可，得到中央改革办《改革情况交流》单篇刊发。在全市范围内开展2020年优秀改革创新项目评选，以市委、市政府名义通报表扬20项改革优秀创新项目，并汇编成册，印发各级各部门。精心策划2021年全面深化改革宣传，聚焦中国共产党成立100周年、习近平总书记视察广西、市第十三次党代会等重要时间节点，开展10个领域24项改革典型题材宣传，在自治区和南宁市新闻媒体上共刊发30多篇宣传报道。编发《南宁改革简报》共10期共22篇，向中央改革办报送信息1篇，向自治区报送改革信息20多篇，被自治区改革简报采纳2篇，“广西改革”公众号采用9篇，2021年南宁市改革信息继续保持全区领先。

三、经验体会

（一）加强政治建设，坚持围绕中心服务大局。市委政研室（改革办）坚持把思想武装作为立足岗位干好工作的强大动力，持续在学深悟透习近平新时代中国特色社会主义思想上下功夫，深入学习贯彻习近平总书记对广西工作的重要指示精神，深入学习领悟“两个确立”的决定性意义，增强“四个意识”、坚定“四个自信”、做到“两个维护”，始终在思想上政治上行动上同以习近平同志为核心的党中央保持高度一致，不断提高服务决策、推动改革的能力。

（二）坚持担当实干，服务首府发展大局。市委政研室（改革办）坚持真抓实干，以钉钉子精神全力推动习近平总书记重要讲话、重要指示批示精神和党中央、自治区党委和市委决策部署落细落实。围绕全市中心工作，全力抓好市委重要文稿起草、课题调研及全面深化改革工作，推动政研和改革事业创新发展。特别是紧盯经济社会发展的重点难点问题，加强分析研判，深入基层走访调研，为市委决策提供更多务实管用有效的参考。

（三）坚持从严治党，打造忠诚干净担当政研和改革队伍。从严从实抓好廉政建设，强化制度执行，筑牢不敢腐、不能腐、不想腐防线，抓好廉政风险防控，强化党员干部廉政建设意识，持续开展警示教育，引导全室党员干部筑牢思想防线，遵纪守法、廉洁自律，提高拒腐防变能力，有效预防和遏制腐败行为发生，为政研和改革各项事业发展提供坚强有力的保障。

（阴乐乐）

高举思想旗帜 汲取奋进力量 不断推动首府网信事业高质量发展

市委网信办

2021年，市委网信办坚持以习近平新时代中国特色社会主义思想特别是习近平总书记关于网络强国的重要思想为指导，深入贯彻落实党的十九大和十九届历次全会精神，全面贯彻落实习近平总书记视察广西“4·27”重要讲话精神和对广西工作系列重要指示要求，认真贯彻落实党中央、自治区党委和市委决策部署，紧紧围绕庆祝中国共产党成立100周年这条主线，以开展党史学习教育为契机，着力加强网络内容建设，强化网络安全保障工作，统筹协调信息化发展，推动网信工作取得新进展新成效，为首府经济社会高质量发展提供有力服务、支撑和保障。

6月17日，市委网信办举办2021年南宁市网络安全培训班

一、党建概况

市委网信办设党支部1个，隶属于市委宣传部机关党委，党员25名。

（一）旗帜鲜明讲政治，坚持和捍卫“两个确立”，做到“两个维护”。市委网信办把学习宣传贯彻习近平新时代中国特色社会主义思想作为首要政治任务，严格落实“第一议题”学习制度，全年召开专题学习会议25次，深入学习党的十九届六中全会精神、习近平总书记“七一”重要讲话精神、习近平总书记在党史学习教育动员大会上的重要讲话精神、习近平总书记视察广西“4·27”重要讲话精神和对广西工作系列重要指示要求，深入学习《中共中央关于党的百年奋斗重大成就和历史经验的决议》、《习近平谈治国理政》（一至三卷）、《论党的宣传思想工作》、《习近平关于网络强国论述摘编》等，学习自治区第十二次党代会精神、市第十三次党代会精神，引导全体党员干部深刻领悟“两个确立”的决定性意义，增强“四个意识”、坚定“四个自信”、做到“两个维护”，不断提高政治判断力、政治领悟力、政治执行力，始终在政治方向、政治原则、政治道理上同以习近平同志为核心的党中央保持高度一致。加强互联网行业党建工作，推进互联网企业党的组织和工作“双覆盖”，推动党管互联网落地见效，在全区互联网企业党建工作推进会上做经验介绍。

（二）汲取百年党史奋进力量，高标准高质量开展党史学习教育。第一时间传达学习全国、全区、全市党史学习教育动员大会和总结大会精神。第一时间动员部署，第一时间贯彻落实，成立党史学习教育领导小组，主要负责人任组长，其他班子成员担任副组长，各科室、中心负责人为成员，明确工作职责，压实工作责任。制订市委网信办党史学习教育方案和“我为群众办实事”实践活动项目清单，做到规定动作不走样、自选动作有实效。召开专题会议，对互联网行业党组织开展党史学习教育进行专项部署。打造南宁“网信讲堂”，举办13期活动，推进党的创新理论和“四史”学习，强化年轻干部思想锤炼、政治历练、实践锻炼和专业训练。市委网信办2名同志被自治区党委宣传部评为“学习强国”学习积极分子。举办市网信系统“感党恩跟党走 网聚正能量”主题党日活动和“感党恩 跟党走——‘党史故事大家讲’演讲比赛”；开展“网友看南宁”建党百年主题系列活动，强化宗旨意识，扎实开展“我为群众办实事”实践活动，密切监测收集、研判和反映网民关切诉求，及时通报转办涉及民生问题网络舆情1479条，积极办理人民网《领导留言板》网友给自治区党委主要领导的涉邕留言1100条，促进各级各部门及时回应群众关切，助推群众急难愁盼问题得到有效解决。

（三）切实履行全面从严治党主体责任。严守政治纪律、政治规矩，始终做到业务工作与党风廉政建设工作同部署、同落实、同考核，形成落实主体责任的整体合力。制订全面从严治党主体责任清单，层层传导压力抓落实。切实做到党纪红线不逾越、法律底线不触碰。围绕管网治网权力，查找廉政风险点，上下联动、齐抓共管。建立完善人、财、物等管理制度，切实把纪律和规矩挺在前面。持续开展党风党纪教育和警示教育，不断增强自身免疫力。组织党员代表到市纪委监委机关观摩学习党建先进经验，参加南宁市“颂党恩 传家风”主题宣传教育活动现场观摩会。认真落实中央八项规定及其实施细则精神，紧盯敏感环节和时间节点，进行廉政提醒，加强教育监督。全力做好中央第二巡视组巡视广西反馈意见南宁整改任务、中央网信办网络综合治理体系建设专项督查反馈意见中涉及市委网信办的整改工作，整改任务全部整改到位。加强党支部建设，充分发挥党组织战斗堡垒作用。严格执行“三会一课”、组织生活会、民主评议党员、谈心谈话制度，认真执行双重组织生活制度、党员领导干部带头讲党课制度，督促办领导班子以身作则带头严肃党内政治生活。

二、主要工作

（一）坚持守正创新，唱响首府网络空间最强音。坚持围绕中心、服务大局，精心策划组织重大主题网上宣传，加强网上舆论引导和网络文化建设，不断巩固壮大网上主流思想舆论。一是持之以恒做好习近平新时代中国特色社会主义思想网上宣传。指导市属新闻网站及所属新媒体平台在首页首屏常设“习近平新时代中国特色社会主义思想”专题，及时转载中央主要媒体关于习近平总书记重要讲话、重要指示批示、重要活动的报道和评论。做好习近平总书记视察广西的网上宣传，推出《牢记总书记嘱托　建设新时代中国特色社会主义壮美广西》等融媒体专题报道。开展党的十九届六中全会精神、习近平总书记“七一”重要讲话精神进网站、进互联网企业宣讲活动。二是网络主题宣传浓墨重彩。紧紧围绕庆祝建党百年主线，整合各级各类媒介资源，建立联动宣传机制，深化与中央、自治区主要新闻网站和重点商业网络平台战略合作，精心策划开展庆祝建党100周年、党史学习教育、党的十九届六中全会、自治区第十二次党代会提出的建设壮美广西“1+1+4+3+N”目标任务体系和市委重点工作部署，开设“奋斗百年路　启航新征程”等专题132个，制作新媒体产品1256个。其中，#建党百年南宁篇#网络话题阅读量2800多万次。三是网上舆论引导及时有效。围绕重大主题和网络舆论热点开展网上舆论引导工作，打赢“武鸣沃柑浸抑菌药保鲜”网络舆论斗争，掌握网络舆论主导权。四是网络文明建设持续深入。深入开展“网络中国节”系列文化活动，累计开设专栏71个，发布稿件2600多篇，制作微视频等新媒体产品34个，南宁发布主持的#我们的节日#等微博话题阅读总量1.6亿次。深入实施“争做中国好网民工程”“网络公益工程”，开展“邕有爱　E起来”网络公益活动。五是网上群众路线走深走实。充分发挥互联网听民声知民情、解民忧纾民困的作用，围绕建党百年、党史学习教育等主题，组织开展8期“网友看南宁”活动，#网友看南宁#微博话题阅读量达1680万次。积极回应网民诉求，办结人民网《领导留言板》网友给自治区党委主要领导的涉邕留言1100多条。

（二）防范化解网络舆情风险，坚决守牢守好网络意识形态安全主阵地。强化网上舆情监看、研判、处置工作，推动网络意识形态工作责任制落细落实，对36个县、区、市直单位落实网络意识形态工作责任制情况开展督查，督促整改存在问题。开展网络意识形态宣讲31场/次。指导市直单位做好政务网络平台信息审核工作，及时排除风险隐患。

（三）扎实推进网络综合治理体系建设，网络空间日益清朗。加快推进网络综合治理体系建设，全面提高管网治网能力水平。建成南宁市网络安全应急指挥中心。对属地网站实行动态管理，扎实开展网络生态治理，深入开展“清朗”等专项行动，及时清理网上各类有害信息，关闭违规网站、账号。在全区网络综合治理体系建设推进会作经验介绍，在全区网信系统执法培训班上作案例分享。打造“南宁市互联网举报·辟谣”新媒体矩阵，受理处置并上报举报线索信息200多条，发布辟谣文章2100多篇。壮大网络文明志愿者队伍参与网络综合治理。工作信息《南宁市“三建三立”切实推进网络举报和辟谣工作取得实效》获中宣部、中央网信办采用，入选全国网信系统举报工作创新实践案例。

（四）加强统筹协调，筑牢网络安全屏障，提升信息化水平。统筹协调市委网信委委员单位各司其职，密切配合，形成网信工作全市“一盘棋”工作格局，合力做好网络安全和信息化工作。一是网络安全防护能力持续提升。认真贯彻落实网络安全工作责任制，统筹开展电子政务、交通运输、水电气等涉及经济社会稳定的关键信息基础设施网络安全检查，对全市20多家单位（企业）的网络安全进行抽查，督促整改并消除安全漏洞。二是网络安全工作基础不断夯实。开展“护网2021”南宁市服务第18届中国—东盟博览会网络安全攻防实战演习，组织21支攻击队对223家单位的1132个信息系统进行实战攻击演习，为第18届中国—东盟博览会等重大活动提供扎实有力的网络安全保障。精心组织国家网络安全宣传周南宁活动，拓展网络安全社会宣传载体，上天（楼宇灯光）落地（地铁宣传）、线上线下、上屏入网相结合，受众超过1100万人次，取得明显成效。三是数字乡村建设有序推进。贯彻落实《数字乡村发展纲要》，横州市“数字茉莉”大数据平台作为广西唯一案例入选中央网信办等7部委联合印发的《数字乡村建设指南1.0》。

三、经验体会

（一）必须坚持党对网信工作的全面领导，牢牢把握网信工作正确政治方向。党的十九届六中全会把“过不了互联网这一关就过不了长期执政这一关”这一重大论断写进《决议》，充分体现了党中央对网信工作的高度重视和殷切期望。网信部门处在意识形态斗争的主阵地、主战场、最前沿，必须始终把讲政治作为第一位的要求，旗帜鲜明讲政治，坚持正确政治方向，深刻认识、深刻领悟“两个确立”的决定性意义，把“两个确立”真正转化为“两个维护”的思想自觉、政治自觉、行动自觉，始终做到思想上充分信赖核心，政治上坚决维护核心，组织上自觉服从核心，情感上深刻认同核心。坚持敢抓敢管、敢于亮剑，增强底线思维，保持斗争精神，压紧压实网络意识形态工作责任和网络安全工作责任，推动党管互联网落地见效，使互联网这个最大变量变成事业发展的最大增量。

（二）必须坚持用习近平总书记关于网络强国的重要思想武装头脑、指导实践、推动工作。习近平总书记关于网络强国的重要思想是习近平新时代中国特色社会主义思想的重要组成部分，是引领网信事业发展的思想指南和行动遵循。要始终坚持以习近平新时代中国特色社会主义思想特别是习近平总书记关于网络强国的重要思想武装头脑、指导实践、推动工作，在学懂弄通做实上下更大功夫，深入领会丰富内涵、精神实质、实践要求，将这一科学理论的强大思想伟力转化为推进网信事业取得新发展的巨大实践动力。

（三）必须坚决贯彻落实党中央、自治区党委和市委关于网信工作的决策部署。党的十九届六中全会对网信工作作出新论断新部署新要求，党中央、自治区党委和市委就网信领域出台一系列法律法规政策文件，对网信工作提出工作要求。只有紧紧围绕贯彻落实习近平总书记重要指示精神和党中央、自治区党委和市委关于网信工作的决策部署，创造创新开展网络安全和信息化各项工作，才能推动网信事业高质量发展。

（莫常慧　袁贵香）

围绕中心 服务大局
为全面落实强首府战略提供机构编制和绩效考评服务保障

市委编办（市绩效办）

2021年，市委编办（市绩效办）坚持以习近平新时代中国特色社会主义思想为指导，深入学习贯彻党的十九大和十九届历次全会精神，深入学习贯彻习近平总书记“七一”重要讲话精神，贯彻落实习近平总书记视察广西“4·27”重要讲话精神和对广西工作系列重要指示要求，紧紧围绕自治区党委“1+1+4+3+N”目标任务体系，围绕首府高质量发展工作部署，统筹抓好深化党政机构改革、重点领域和关键环节体制机制改革，稳步推进事业单位改革，统筹配置各类编制资源，全面推动绩效管理升级，取得了良好成效。

9月2日，全市绩效考评工作会议召开，部署推进南宁市2021年度绩效考评工作

一、党建概况

市委编办（市绩效办）机关党总支委员会下设2个支部委员会，分别为市委编办（市绩效办）机关第一支部委员会、市委编办（市绩效办）机关第二支部委员会。2021年，共有党员45名，其中在职党员36名，退休党员9名。

（一）扎实开展党史学习教育，以实际行动坚持和捍卫“两个确立”、做到“两个维护”。以学懂弄通做实习近平新时代中国特色社会主义思想为基本，认真学习贯彻党的十九大和十九届历次全会精神，深入贯彻习近平总书记“七一”重要讲话精神和习近平对广西工作系列重要指示精神，通过多种方式推动党员干部职工开展党史学习教育。一是领导干部示范带头学。通过理论学习中心组学习、集中传达学习、专题宣讲等方式，充分发挥领导干部“头雁”作用。开展中心组学习5次，集中传达学习12次，专题宣讲（上党课）7次。二是党支部组织深入学。各支部依托“三会一课”、党员集中活动日、读书分享会等载体组织开展专题学习，党支部开展了专题研讨学习3次，安排交流发言80人次，撰写学习心得30余篇，发放学习书籍230余册。三是青年党员创新主动学。通过召开青年座谈会、开设微讲堂、青年学习汇等方式，青年理论学习小组共创新开展各类专题学习活动15次。四是组织现场教育学。利用红色资源，通过组织党员赴人民公园毛主席接见广西各族人民纪念馆、南宁博物馆、广西革命纪念馆等红色教育基地开展“重温红色历史·传承奋斗精神”现场学习体验活动唤醒红色记忆。五是开展“感党恩 跟党走”主题系列活动。扎实开展“党员心声大家谈”“党史故事大家讲”“党史知识大家答”“红色歌曲大家唱”“党员忆初心”征文等主题活动15场次，其中在市直机关微党课比赛获二等奖，深入推进对党忠诚教育。

（二）聚焦党建与业务相融合，深入践行为人民服务宗旨。以“我为群众办实事”实践活动为契机，通过党建引领，结合工作职责，制定印发“我为群众为实事”任务清单，着重在乡村振兴、基层治理、疫情防控、创城等中心任务发力，充分发挥基层党组织和党员作用，在重点民生领域工作中抓落实、解难题，做好机构编制的服务保障工作，发挥绩效考评“助推器”作用。一是落实疫情防控要求，加大疾控预防体系的改革力度，强化职能配置，加强新冠肺炎疫情防控人员力量。二是聚焦基层管理体制创新，率先推出南宁市横州市六景镇、宾阳县黎塘镇的工业园区“镇区合一”的管理体制。三是推动编办服务窗口事项“当场办、一网办、集成办、限时办”，深化政务服务改革，提高办事效率。四是聚焦民生实事考评督查，推动部门落地落实。五是积极组织党员干部深入社区、农村开展志愿服务活动13场次，200多人次。

（三）扎实推进创建模范机关和党支部建设，为“创先争优开新局”凝心聚力。坚持以党的建设为统领，以“争做改革先锋，创新绩效治理”为目标，通过多项举措开展模范机关创建活动。一是重点突出政治属性，对标“党委口”“组织口”干部标准，始终将政治建办摆在首要位置。二是重点锤炼业务能力，成立青年理论学习小组，做好理论和业务的“传帮带”，坚持将能力立办贯穿全局工作。三是重点树立良好形象，培育“组织口”作风，坚持将作风强办作为工作准则。四是重点紧盯党风廉政，深刻汲取各类负面典型案例教训，围绕“廉政”“四风”认真开展自查自纠，切实将从严治办落实到位。年内，机关党总支所属2个党支部均通过了党组织生活质量达标验收和支部达标创优验收复核。

二、主要工作

（一）服务保障强首府战略及时到位。全力服务保障重大发展战略，根据中国（广西）自由贸易试验区南宁片区、西部陆海新通道、南宁临空经济示范区等国家重大战略平台建设需要，调职能、设机构、配编制，想方设法提供服务保障。对3个国家级开发区创新管理体制研究提出意见建议，及时提供决策参考。核减县（市、区）园区管理机构60多名科级领导职数，园区管理更加规范高效；全力服务南宁东部产业新城建设，牵头承担新城管理体制机制改革，以“领导小组+筹建办”的模式，将横州市六景镇、青秀区伶俐镇2个工业园区上收市级统一领导、统一规划、统一管理，破解首府工业发展空间不足问题；组建临空经济示范区管理机构，及时研究提出管理机构框架，按程序上报，并同步开展“三定”规定制定等前期工作；理顺部门单位职责边界，及时更新公布部门权责清单，依法保留权力事项4202项、共性权力10项、责任事项29259项。对五象新区、高新区等与属地城区存在的职责边界不清问题研究提出意见建议；梳理上报需自治区授权或委托的权力事项，对部门提出需自治区授权或委托的39项权力事项及时做好汇总报批工作；研究出台人才引进编制保障政策措施，创新建立“人才编制周转池”，对急需紧缺人才所需编制“上不封顶”，为年内引进2800多名各类人才提供了编制保障。

（二）重点领域和关键环节改革稳健有力。完成行政复议体制改革，推动行政复议案件由“多门办理”向司法部门“一门办理”升级；调整优化事业单位结构布局，主动承担中央编办赋予的规范地方行政执法队伍人员编制管理试点任务，研究提出市本级23支综合行政执法队伍的改革路径，着手草拟改革试点方案。完成全市91个经营类事业单位改革评估，对35个事业单位涉及的机构编制事项进行了规范完善；完成经济发达镇改革试点任务，创新推出的经济发达镇“镇区合一”管理体制得到了自治区党委编办的充分肯定；牵头推进基层整合审批服务执法力量改革，将全市102个乡镇、3个街道的“四所合一”机构统一更名为乡村建设综合服务中心，加挂综合行政执法队牌子，赋予乡镇（街道）农村宅基地服务管理职责，并增核80多名事业编制，有效解决了农房管控等工作“看得见”“管不着”的问题。指导县（市、区）加大综治中心建设力度，推动全市102个乡镇和25个街道综治中心实体化运行。

（三）服务保障民生主领域务实有效。全力服务乡村振兴，将市扶贫办整建制重组为市乡村振兴局，指导12个县（市、区）按规定要求开展重组调整，在全区率先完成挂牌工作。强化医疗疾控机构服务保障，指导县（市、区）按照每个行政村配置1名挂点公共卫生人员的标准，为乡镇卫生院及时补充400多名公共卫生人员，增核市县疾控机构120多名编制，为疫情防控、疫苗接种提供有力支持。着力弥补教职工编制缺口短板，积极争取自治区党委编办为南宁市下达9977名中小学教职工“周转编制”，“入学难”问题得到进一步缓解。加强应急处突力量保障，处理好噪声污染行政执法、森林防火、地铁安全防护等涉及的机构编制问题，增核市县应急、林业部门行政编制，为地铁5号线安全运营增核200多名辅警员额。

（四）绩效考评助力首府高质量发展作用充分发挥。高质量完成2020年自治区对南宁市的综合绩效考评，得分890.16分，考评等次重回一等等次。完成2020年度市绩效考评等次评定，对111个被考评责任单位评定了等次，4个专项考评同步完成；科学制订2021年度考评方案，紧扣首府高质量发展主题主线，把考评权重向国家重大战略、重大项目、重点工作倾斜，分值权重比自治区考评南宁市高出20多分。突出创优争先和改革创新，将市直机关创优争先分值由50分增加到100分，同时推动考评指标同比减少28项，加快发展的考评导向更加鲜明；建立健全“红黑榜”通报、约谈、沟通、会议等制度，年内组织召开3次绩效考评工作会议，发布3期“红黑榜”通报，对15个后进单位进行约谈，督促43个市直部门做好向上汇报工作；推动社会评价取得新突破，出台南宁市社会评价反馈问题整改管理办法（试行），构建整改落实“七个有”规定，形成工作闭环，对自治区反馈的1144条社会评价意见，逐一制定方案、分解落实到位，并将完成情况进行公示。开展问题整改、城乡居民、社会热点、推进经济社会发展、乡村振兴5个专项服务提升活动，得到群众点赞。

（五）管理工作更加规范高效。“智慧人事”系统建设取得新突破，会同组织、人社、财政部门推进“智慧人事”系统建设取得新突破，打破数据壁垒，实现资源共享，形成“一站服务、一网通办、一体监管”的管理新格局，被自治区党委编办列为4部门数据共享和业务协同工作试点市。绩效管理智能化平台建设取得新进展，打造“横向到边、纵向到点、多级联动”的考评指标落实监控体系和履职考核体系，实现了绩效管理多级联动、多元评价、过程量化，通过平台实现了对2100多项绩效考评指标实时监控、动态管理，该项工作走在了全区前列。事业单位年度报告、统一社会信用代码办理、机构编制监督检查、编外人员规范管理等工作有序开展。

三、经验体会

（一）要把加强党的全面领导、做到“两个维护”贯穿始终。必须始终坚持党对机构编制工作的集中统一领导，谋工作、推改革、提建议要鲜明体现党的意志、党的立场、党的纪律，对“国之大者”要心中有数，时刻关注党中央关心什么、强调什么，自觉把党中央的重大决策作为机构编制工作的“风向标”，切实把“两个维护”落实到机构编制工作各方面全过程。

（二）要把深入贯彻新发展理念、全方面服务保障中心大局贯穿始终。要深刻把握改革与发展的内在联系，紧抓重要战略机遇期，准确识变、科学应变、主动求变，紧紧围绕科技创新、产业发展、深化改革、城市安全、乡村振兴等重点领域，加强优化机构编制资源配置和绩效考评指标设置方面的研究，努力当好市委、编委的参谋助手。

（三）要把坚持以人民为中心的发展思想、厚植党的执政根基贯穿始终。把为民造福作为机构编制和绩效考评工作的最大政绩，切实关注民本民生，从社会反映、群众关注的重点、热点问题及其背后的体制机制入手，发挥绩效考评“指挥棒”作用，通过优化职能配置、调整机构设置、理顺职责边界、加大扩权赋能、科学设置考评指标，用心用力解难题、办实事，以实际行动回答“我是谁、为了谁、依靠谁”这个时代之问。

（黄川洛）

弘扬伟大建党精神　奋力谱写机关党建高质量发展新篇章

市委市直机关工委

2021年，市委市直机关工委坚持以习近平新时代中国特色社会主义思想为指导，扎实开展党史学习教育和庆祝建党百年活动，弘扬伟大建党精神，坚持以政治建设为统领，全面推进机关党的建设，为全面落实强首府战略、实现"十四五"良好开局提供了有力支撑和坚实保障。

3月26日，南宁市直机关党的工作暨党风廉政建设工作会议召开　（黄璐璐　摄）

一、党建概况

市委市直机关工委本级设置1个机关党总支部，下设3个党支部，其中机关党支部2个，退休干部党支部1个。有党员36名，其中在职党员25名，退休党员11名。

（一）以政治建设为统领，坚决做到"两个维护"。市委市直机关工委机关党总支坚持以习近平新时代中国特色社会主义思想为指导，通过"三会一课"、党员集中活动日、学习讨论会等方式，组织市委市直机关工委全体党员干部深入学习贯彻党的十九大和十九届历次全会精神、自治区第十二次党代会和市第十三次党代会精神，并在学习中不断提升干部的政治素质和党性修养，确保全体党员干部在政治上始终保持清醒头脑，严守党的纪律，在思想上、行动上与党中央保持高度一致。党员带头开展提升"五力"培训，在强化政治理论学习的基础上，坚持将党建知识、业务知识等内容融入党员日常学习当中，有效拓宽党员干部视野，提升业务素质，为有效开展各项工作打下坚实基础。

（二）加强组织建设，建强战斗堡垒。持续开展"党支部达标创优工作"和"党支部组织生活质量提升行动"，进一步加强党支部标准化规范化建设，推动党支部切实担负起严格落实组织生活制度、教育管理监督党员的职责任务。扎实做好支部换届工作，根据支部工作实际，选优配强新一届支部委员会，年内圆满完成了市委市直机关工委3个党支部的换届选举工作。严格落实党内生活制度，认真贯彻落实"三会一课"和主题党日、组织生活会、民主评议党员、谈心谈话、党费收缴等制度。持续深化纠"四风"树新风，教育引导工委党员干部加强党性修养。通过上廉政主题党课、参观廉政教育基地、开展典型案例警示教育等多种方式，加强对党员的党风廉政教育。

（三）深化党史学习教育，汲取奋进力量。党史学习教育开展以来，市委市直机关工委机关党总支坚持把党史学习教育作为重大政治任务，坚持学党史与悟思想融会贯通、办实事与开新局同向发力，紧密结合业务工作实际，开展形式多样、内容丰富的学习活动。组织深入学习贯彻习近平总书记在党史学习教育动员大会上的重要讲话和"七一"重要讲话精神、认真学习中央指定四本必读书目、参考书目等。把党史学习内容纳入"三会一课"、党员集中活动日，深入开展潜心自学、集体研学、领导领学、典型带学，以集中上党课、党员自学、学习研讨会等方式引导党员干部学习党史。年内共组织党员学习研讨12次，聆听党史党课10场。先后组织党员干部到人民公园革命烈士纪念碑、毛主席接见广西各族人民纪念馆、广西军区军史馆、湘江战役纪念园等红色教育基地开展党史学习教育，通过重温入党誓词、唱红歌、参观教育基地，实地聆听红色故事，传承革命精神，赓续红色血脉。积极探索"党建+志愿服务"模式，着力构建党建工作为引领、志愿服务活动为载体、支部志愿服务队为骨干的"党建+志愿服务"的工作体系。围绕乡村振兴、平安南宁建设、民族团结、争创全国文明典范城市和国家卫生城市复审工作等开展志愿服务活动，增强志愿服务的针对性和实效性。以学雷锋志愿服务、党员志愿服务进社区、春节送温暖等为主题，组织工委党员深入帮扶村和社区开展"文明乡村喜盈门　民族团结福万家""学习党史国史悟初心　建设法治文明新农村""织密红色经纬　助力社区治理"等一系列"我为群众办实事"实践活动。持续深化创建全国文明城市"十大提升行动"，组织党员开展文明交通劝导，深入社区开展垃圾分类宣传指导、文明城创建知识宣传等志愿服务活动。

二、主要工作

（一）突出政治统领，政治机关建设坚强过硬。深入学习习近平总书记系列重要讲话精神、党的十九大和十九届六中全会精神和自治区第十二次党代会、市第十三次党代会精神，组建学习贯彻党的十九届六中全会精神和自治区第十二次党代会精神市直机关宣讲团集中开展宣讲活动，共宣讲36场次，听取报告党员4600多人次。在全区率先出台《南宁市直机关创建模范机关工作指南（试行）》，细化模范机关创建标准，命名8个争创模范机关示范单位，召开市直机关深化模范机关创建工作推进会。2021年5月，自治区党委区直机关工委在南宁市召开全区创建模范机关现场推进会，南宁市模范机关创建工作成为全区标杆。

（二）党史学习教育务实求质，庆祝党的百年华诞活动热烈隆重。2021年，市直机关各单位理论中心组开展学习1000多场次，1.6万人次参加学习。开展“百名党组（党委）书记讲主题党史课、千名党支部书记讲党史微党课、万名党员干部讲党的故事”活动，市直机关党组（党委）书记讲主题党史课380多场次，机关党支部书记上党史微党课2000多场次，听课党员2.8万人次，党员1.2万人次分享党史故事。各机关党组织组织党员到红色教育基地开展现场教学1300场次，参加党员2.5万人次。为民办实事走心走实，市直机关党组织为民办实事2.98万件。举行市直机关庆祝中国共产党成立100周年“两优一先”表彰大会，向市直机关1424名机关老党员颁发“光荣在党50年”纪念章，慰问党员1323名。以“感党恩　跟党走　强首府”为主题，举办市直机关庆祝中国共产党成立100周年文艺汇演、红色故事演讲比赛、微党课比赛、书画摄影作品比赛、“四史”网上知识竞赛等系列活动。

（三）坚持固本强基，机关基层党组织全面进步全面过硬。开展“深入调研、精准指导、推广典型、推动工作”专项调研活动，对机关组织党建工作进行全面盘点、督导。开展“党支部达标创优工作”和“党支部组织生活质量提升行动”，全力推进党支部标准化规范化建设，2021年市直机关党支部组织生活质量提升达标100%，党支部达标创优100%。着力抓好机关党务干部“四力”建设，组织举办了市直机关学习贯彻习近平新时代中国特色社会主义思想理论专题培训班和市直机关党务干部、市本级两新组织党组织党务干部、市直机关团干、工会干部等系列培训班，召开模范机关创建工作、二层单位党组织党建工作现场推进会等。

（四）服务中心大局，机关党建助力发展取得新成效。组织90个市直机关党组织与81个社区党组织进行联建，市直机关702个机关党支部到社区开展党员志愿服务活动，为群众办实事1320多件。派出273名第一书记进驻重点帮扶村接续助力乡村振兴，选派45名优秀中青年干部担任重点企业服务专员和工业振兴特派员。开展“百名书记引航，推动消费帮扶”主题活动，帮助贫困村销售农特产品价值1619.63多万元。开展市直机关党组织“我为群众办实事·共建共享文明城市”新时代文明实践志愿服务活动，市直机关党员志愿者参加文明交通劝导、垃圾分类宣传指导、文明城创建知识宣传等志愿服务活动8000多人次。《半月谈》杂志、《机关党建研究》杂志、旗帜网等媒体对市直机关党组织服务中心工作做法、成效、经验进行专题报道。

（五）强化责任与引导，意识形态阵地筑牢守稳。开展意识形态工作专项督查，召开市直机关意识形态工作座谈会，举办意识形态工作专题培训班，意识形态工作抓紧抓牢。组织市直各机关理论工作者开展理论课题研究，共收到课题研究成果224篇，表彰优秀作品33篇。强化舆论引导，在《南宁日报》刊发南宁机关党建专版7版，南宁机关党建网、南宁机关党建微信公众号发布信息1650多篇。

（六）坚持党建带群建，群团合力、统战力量进一步增强。划拨经费11.2万元用于支持基层工会组织建设职工之家和开展职工文体活动，举办第六届南宁机关“公仆杯”书法美术摄影比赛、“民族团结健身”运动会、五人制足球比赛等活动，丰富机关干部职工文化生活。举办3期团干和团员培训班，开展“请党放心，强国有我”“爱心点亮心灯”等主题团日活动，引导广大青年团员进一步坚定理想信念。做好选树先进典型，教育引导广大职工、青年和妇女立足岗位争先创优。

（七）持之以恒正风肃纪，机关政治生态风清气正。召开市直机关党风廉政建设工作座谈会，部署机关党风廉政建设工作。举办机关纪检干部培训班，提升纪检干部履职能力。市直各机关通过上廉政主题党课、参观廉政教育基地、开展典型案例警示教育等多种方式，加强对党员干部的党风廉政教育。年内，机关党员干部5000多人次到青秀山竹园廉洁文化主题园等教育基地接受廉政教育。开展“颂党恩　传家风”主题活动和“讲家史、立规矩、正家风、传家训”主题教育活动300多场次，接受教育党员干部4000多人次。

三、经验体会

（一）坚持以政治建设为统领，推动全面从严治党向纵深发展。持续深化政治机关建设，教育引导机关党员干部深刻领悟“两个确立”的决定性意义，不断提高政治判断力、政治领悟力、政治执行力，坚决做到“两个维护”，推动党中央和自治区党委、市委各项决策部署得到有效落实。深化对党忠诚教育，严格执行重大事项请示报告制度，对政治巡视巡察反馈问题真改实改、全改彻改。严肃查处违反党的政治纪律和政治规矩的问题，及时通报典型案例。严肃党内政治生活，严格执行组织生活制度，督促“关键少数”发挥好示范作用。要巩固拓展党史学习教育成果，探索建立党史学习教育常态化、长效化制度机制，健全完善为民办实事常态长效机制。

（二）加强机关党员干部理论武装，凝聚激发奋进力量。坚持把习近平新时代中国特色社会主义思想作为党组（党委）理论学习中心组学习的“第一议题”、支部学习的“第一内容”、党员学习的“第一任务”。严格落实各项学习制度，发挥党组（党委）理论学习中心组示范带动作用，着力解决机关党员干部学习热情缺乏、学习方法简单、学用脱节等问题，推动党的创新理论往深里走、往心里走、往实里走。

（三）推动机关基层党组织全面进步全面过硬。持续开展“党支部达标创优工作”和“党支部组织生活质量提升行动”，评选“百个示范党支部”，推动机关基层党组织强起来硬起来。全面推进党支部标准化规范化建设，提升支部建设质量。创新组织生活内容形式，完善重温入党誓词、入党志愿书等方式，增强党支部、党小组工作吸引力感染力和针对性实效性。

（四）找准党建工作与业务工作的切入点。围绕中心工作，处理好共性与个性、党建与业务的关系，把党建工作的立足点放在服务业务工作上，根据业务工作的目标任务，明确党建工作的内容；围绕业务工作，落实保障措施；把业务工作的难点，作为党建工作的重点，强化“两手抓，两手硬”的合力，促进业务工作和党建工作一起布置，一起落实，一起督促，一起检查，一起总结，一起奖惩，共同提高，使党建工作在机关有声音、有活力、有作用。

（黄璐璐）

全面提升巡察质量　做深做实政治监督

市委巡察办

2021年，市委巡察办坚持以习近平新时代中国特色社会主义思想为指导，深入学习贯彻习近平总书记关于巡视工作的重要论述，贯彻落实全国巡视工作会议、全区巡视巡察工作会议精神，紧扣党中央、自治区党委和市委决策部署，精准落实政治巡察要求，稳步推进巡察全覆盖，推动巡视巡察上下联动和贯通融合，不断提高巡察工作质量，为首府“十四五”开好局、起好步提供坚强保障。

一、党建概况

市委巡察机构党支部为市纪委监委机关党委所属的党组织，现有党员24名。

（一）强化思想政治建设，切实增强“两个维护”的自觉性和坚定性。坚持以党的政治建设为统领，用习近平新时代中国特色社会主义思想武装头脑，深入学习贯彻党的十九大和十九届六中全会精神，扎实开展党史学习教育，加强理论学习，强化党性锻炼。实施“一月一重点”学习清单制度，结合巡察工作实际组织开展研讨交流，保持正确政治方向。年内，围绕党中央、自治区党委和市委重大决策部署，围绕建党100周年等重要时间节点，组织党员干部到李明瑞、韦拔群等革命烈士纪念馆，邕江红色主题游船，南宁博物馆，昆仑关爱国主义教育基地等开展理想信念和党性教育，围绕习近平总书记视察广西“4·27”重要讲话精神和对广西工作系列重要指示要求、习近平总书记关于巡视工作的重要论述以及《习近平谈治国理政（第三卷）》《习近平调研指导过的贫困村脱贫纪实》《论中国共产党历史》等重点书籍组织巡察干部开展学习研讨活动20余次，进一步提高巡察干部的政治判断力、政治领悟力、政治执行力，坚持和捍卫“两个确立”，坚决做到“两个维护”。

（二）严肃党内组织生活，不断增强组织力凝聚力战斗力。认真落实“三会一课”、主题党日等组织生活制度。年内召开5次党员大会、13次支委会，及时调整巡察组党小组，在有3名以上党员的巡察组均成立1个党小组，定期组织开展党小组学习研讨活动，党支部书记、委员带头讲党课4次。在开展巡察期间，在巡察一线建立临时党支部，由巡察组组长担任支部书记，压实巡察期间的党员教育管理监督工作。把抓实主题党日活动作为破解党内组织生活难题的重要抓手，将主题党日活动与巡察工作充分结合起来，提高党员参与的积极性、主动性。先后组织开展“学习党史增信仰　疫情防控勇担当”“牢记初心使命·守清廉本色”“支部联建互促，助力乡村振兴”等主题党日活动14次。创建“巡察小论坛”“巡察沙龙”等党建品牌，围绕提升巡察质量目标，结合每轮巡察总结复盘，共同探讨如何精准发现问题，坚持每月一期、一期一主题、一期一小组轮值的形式，持续开展主题研讨。

（三）夯实纪律作风建设，树立巡察干部良好形象。认真贯彻全面从严治党要求，教育引导支部党员干部树立打铁必须自身硬的理念，努力铸造巡察铁军。一是积极开展警示教育活动。组织党员集中观看《远离家庭腐败》等警示教育片，阅读《清风传家》《严以治家》等书籍，常敲廉洁自律警钟。二是做深做实日常监督。在每轮巡察动员培训中，均安排纪律和保密培训，并签订保密承诺书。巡察撤点时，对巡察干部在巡察期间纪律作风等表现开展巡察后评估活动，促使巡察干部始终绷紧廉洁自律这根弦。完善考核评价机制，对巡察期间表现优异的抽调干部给予通报表扬。三是关心关爱党员干部。支部书记带头落实“五必访”“六必谈”制度，常态化开展党员过“政治生日”活动，支部书记为当月入党的党员开展“三个一”活动（赠送一张初心卡、一本红色书籍、过一次政治生日）。全年共为16名党员过政治生日，促使党员强化身份意识、宗旨意识和责任意识，激发奋勇前行的动力。

二、主要工作

（一）强化政治担当，扛稳抓牢主体责任。年内，市委常委会会议多次听取巡察工作情况汇报并审议巡察工作年度计划，研究部署中央巡视广西以及对广西巡视指导督导、自治区对南宁巡察指导督导反馈意见整改落实等工作，中央巡视广西以及对广西巡视指导督导、自治区对南宁巡察指导督导反馈意见整改任务全部完成。市委主要领导先后3次主持召开市委书记专题会听取巡察情况汇报，点人点事点问题。市委巡察工作领导小组认真落实组织实施责任，深入推进26项质量提升计划，研究制订《市委巡察工作领导小组联系指导市委巡察组工作方案》，加强对巡察组的联系指导，为巡察工作有效开展提供坚强保障。市委其他班子成员切实履行“一岗双责”，带头督促抓好分管领域问题整改，推动巡察整改与业务工作深度融合。

（二）深化政治巡察，充分发挥监督保障执行、促进完善发展作用。始终围绕“两个维护”根本任务，聚焦党的路线方针政策，习近平总书记重要指示要求和党中央、自治区党委和市委重大决策部署的贯彻落实，深入查找政治偏差。2021年组织开展了十二届市委第九轮、十三届市委第一轮巡察。其中，4月，启动十二届市委第九轮巡察，对市住房和城乡建设局党组开展巡察“回头看”，对南宁市营商环境建设各相关责任部门、平台公司等单位党组织开展优化营商环境建设机动式巡察。9月，启动十三届市委第一轮巡察，对市粮食和物资储备局党组开展涉粮问题专项巡察，对兴宁区、江南区、青秀区、西乡塘区、良庆区等5个城区提级开展涉粮问题专项巡察，并同步对市发展改革委、市财政局、市农业农村局、市市场监督管理局、市国资委等5个涉粮单位党组织开展常规巡察。全市各级巡察机构围绕中心、服务大局，自觉跟进、服务、保障“国之大者”，与时俱进深化政治巡察，共发现问题1601个，问题线索101条，转立案48件，党纪政务处分19人，移送司法1人。

（三）强化统筹协调，推动上下联动和贯通融合。落实一体推进上下联动、贯通融合要求，健全完善巡察横向全覆盖、纵向全链接体系。一是互相借势借力，推动涉粮问题专项巡察提质增效。着力加强涉粮问题专项巡察与纪委监委粮食购销领域腐败问题专项整治、涉粮单位常规巡察、县（市、区）专项巡察的联动贯通，巡察提质增效明显提升。二是加强指导督导，全面提升县级巡察质量。建立县级党委书记专题会报备材料审核制度、县（市、区）巡察办主任例会制度，开展优秀巡察报告赏析活动。10月派出2个巡察指导督导组，通过开展专题培训、现场跟进指导、开展调研督导、加强规范传导等方式，对南宁市12个县（市、区）、3个开发区进行巡回指导督导，对指导督导发现的210多个问题当面向县（市、区）、开发区巡察工作领导小组组长、副组长及巡察干部反馈，并跟踪督促整改落实。三是加强制度建设，建立健全巡察与其他监督贯通融合的长效机制。制定出台《关于建立健全市委巡察机构与市纪检监察机关协作配合机制的实施办法》《关于进一步加强市委巡察机构与市委组织部协作配合的实施办法》《关于抽调优秀干部参加巡察工作的实施办法》，推动巡察与纪检监察机关、组织部门的协作配合。

（四）加强跟踪督促，做实巡察“后半篇文章”。建立健全巡察全过程、各环节整改促进机制，推动巡察整改落实落细。一是建立巡察整改效果评价机制。制定出台《南宁市委巡察整改效果评价办法（试行）》，12月，市委巡察办联合市纪委监委机关、市委组织部、市委宣传部对21个被巡察党组织的整改情况开展“四方联审”和评估，压实整改主体责任。二是建立巡察再反馈机制。制订出台《关于开展市委巡察再反馈的工作方案》，市县两级对77个换届后被巡察单位的新任党组织主要负责人进行巡察再反馈，防止“新官不理旧账”问题。三是健全整改日常监督协作机制。市纪委监委机关制定出台《南宁市纪委监委巡察整改日常监督办法（试行）》，细化流程及责任，并将巡察整改日常监督情况纳入机关党支部书记“一月一例会”内容，动态跟进巡察整改成效；市委组织部积极派员参加巡察反馈，严格督促被巡察党组织开展涉及领导班子建设等方面问题整改。四是建立整改落实问责机制。对巡察整改迟缓的2家市直单位党组主要负责人进行“面对面”约谈，并将存在问题进行通报。

（五）加强队伍建设，着力锻造巡察铁军。通过充实、调整、建设、提升“四项措施”，为巡察工作高质量发展提供坚强的组织保障和人才支撑。一是充实巡察干部队伍。2021年，市县巡察机构共增加行政编制16名，增设8个巡察组，增加事业编制44名，3个开发区党工委建立巡察机构并落实巡察人员11名，全市巡察机构人员编制总数增幅达61.7%。二是积极推进同级纪委领导班子成员担任巡察办主任。南宁市及所辖12个县（市、区）党委巡察办主任全部实现由同级纪委领导班子成员担任。三是全力推进巡察信息化建设。市县两级巡察机构自10月起全面应用巡察“单机系统”和“网络平台”。12个县（市、区）均成立巡察工作信息中心，并积极推进成立市本级巡察工作信息中心。四是提升巡察干部履职能力。坚持每月举办一期“南宁市巡察大讲堂”，全年市县参与人员达1200多人次。选派优秀年轻干部、新提拔或拟提拔的干部到巡察岗位接受锻炼。

三、经验体会

（一）必须始终围绕中心、服务大局，与时俱进深化政治巡察。巡视巡察工作是上级党组织对下级党组织履行党的领导职能责任的政治监督，根本任务是“两个维护”，目的是坚持好、巩固好、维护好党的领导。全市巡察工作必须聚焦“两个维护”根本任务，深入贯彻落实习近平总书记视察广西“4·27”重要讲话精神和对广西工作系列重要指示要求，紧扣自治区第十二次党代会、市第十三次党代会部署要求，深入开展政治监督。同时，持续深入发现群众身边的腐败问题和不正之风，及时移交纪委、组织等部门严查快处，督促推动被巡察党组织建立完善相关制度，强化党员干部教育监督管理，一体推进不敢腐、不能腐、不想腐。

（二）必须抓牢质量管控，高质量推进十三届市委巡察全覆盖。实现一届任期内巡察全覆盖，是党章的明确要求，要坚持数量与质量并重、进度与效果兼顾，推动有形覆盖与有效覆盖相统一。要科学制订实施十三届市委巡察五年规划，深化对重点领域、重点行业的巡察监督，加大提级巡察、交叉巡察力度，不断提升监督效果；建立健全巡视巡察上下联动、“四项监督”贯通融合的制度机制，发挥巡察综合监督平台作用；深入开展巡察报告质量评估、典型事例剖析、优秀巡察报告赏析活动，提高巡察报告质量；坚持县（市、区）党委巡察办主任定期例会制度，加强对基层巡察工作常态化指导督导。

（三）必须加强自身建设，打造高素质专业化巡察干部队伍。巡察监督别人首先要自己过硬，必须以更高标准、更严要求抓好自身建设。要建立健全巡察干部准入、管理、监督和激励机制，不断优化队伍结构，深入开展新任巡察干部全员培训，加快巡察信息化建设步伐，推进信息技术与巡察工作有效融合。持续做好市委巡察机构党支部各项党建工作，在创新巡察党建品牌上下功夫，有效促进党建和巡察业务双提升。

（任拂晓）

坚持以人民为中心　奋力开创新时代首府信访工作新局面

市信访局

2021年，市信访局坚持以习近平新时代中国特色社会主义思想为指导，认真贯彻落实党的十九大和十九届历次全会精神，深入学习贯彻习近平总书记视察广西“4·27”重要讲话精神和对广西工作系列重要指示要求，坚持以服务保障建党100周年为主线，以深入开展党史学习教育为动力，着力深化信访制度改革，深入推进信访矛盾化解攻坚，有效应对各种风险挑战，推动南宁市信访形势持续平稳向好。

一、党建概况

2021年，市信访局直属基层党组织总数1个（市信访局机关党支部），党员24名。

（一）组织开展党史学习教育。一是提高政治站位。市信访局高度重视党史学习教育，坚持读原著、学原文、悟原理，传承红色基因、补足精神之钙，用伟大的建党精神坚定马克思主义信仰，坚定共产主义信念。自觉坚持和捍卫“两个确立”，增强“四个意识”、坚定“四个自信”、做到“两个维护”。将学习贯彻习近平总书记“七一”重要讲话精神、习近平总书记对广西工作系列重要指示精神、自治区第十二次党代会和市第十三次党代会精神融入党史学习教育之中，做到“两促进、两提高”。二是抓好统筹安排。结合信访工作实际，研究制定《南宁市信访局开展党史学习教育实施方案》《党史学习教育计划安排表》，落实好中国共产党“四史”和三部“简史”的学习教育，结合开展清明祭英烈活动、重温入党誓词、参观建党百年图片展、观看梁小霞先进事迹报告、开展学习交流、合唱革命歌曲、参与市委市直机关工委组织开展的“百年建党话初心，勇担使命开新局”等活动，确保把党史学习教育学深悟透。三是用好新媒体平台。充分发挥新媒体平台的作用，推动党史学习教育往深里走、往实里走、往心里走，在支部微信群开展“每日一学”、在微信公众号宣传党史学习教育故事、在党媒和参与上级机关组织开展的征文等。一年来，市信访局共向自治区信访局、市委市直机关工委、市委党史研究室提交征文3篇；在《南宁日报》发表理论文章1篇，通讯2篇，新闻稿1篇，散文2篇；《红豆》杂志发表乡村振兴小说1篇；机关党建网发表3篇；自治区、市纪检监察网发表信息11篇。

3月8日，开展全国两会期间信访接待日活动

（二）积极开展“我为群众办实事”实践活动。一是领导班子带头承包重要案件。2021年，市信访局结合学习党史情况，及时制定开展“我为群众办实事”实践活动实施方案，每名班子成员带头接待和办理重要信访案件，截至12月底，市信访局领导班子带领大家接待群众366批900人次。其中，接待群众信访事项8批19人次，主要涉及劳务工程款、征用采石场赔偿等问题，经反复接待、反复督办，最终得到协调解决。二是集中攻关化解信访积案。根据文件精神，市信访局扎实推进“我为群众办实事”实践活动，为推进南宁市重点项目落实做好服务保障。三是为帮扶村振兴和社区做好服务。2021年开展党史学习教育以来，领导班子成员轮流下乡为马山县里当乡龙那村党员干部开展讲党课活动，以党建引领带动乡村振兴发展，全年支持龙那村购置办公电脑和慰问金共计2.6万元，得到了群众广泛好评。6月4日，龙那村委送给市信访局一面写有“精准扶贫勇担当，脱贫摘帽奔小康”的锦旗。在参与“我为群众办实事·共建共享文明城市”活动中，市信访局党员干部职工参与城市交通分流60人次；参与社区信访、打击传销、扫黄打非、垃圾分类宣传28人次。

（三）发挥党支部战斗堡垒作用。一是严格落实组织工作制度。市信访局机关党支部严格落实组织生活制度、履行教育管理监督党员的职责任务并落实工作经费。党支部书记认真履行主体责任，按要求向上级党组织和党员大会述职、接受评议考核。支委会坚持民主集中制原则讨论重大事项，按照“六有”要求组建活动阵地。严格落实“三会一课”“组织生活会”和“党员活动日”等组织生活制度。领导班子成员能以普通党员身份主动参加所在党小组的组织生活。年内，市信访局领导班子召开民主生活会和组织生活会2次。每名班子成员讲党史课2次，都按要求到驻点龙那村过组织生活，开展帮扶工作。二是强化党建工作引领。牢固树立“把抓好党建作为最大的政绩”的理念，严格落实从严治党责任，坚决克服“两张皮”现象，形成一名党员就是一面旗帜，一个岗位就是一个工作阵地的良好局面。2021年，机关党支部共召开党员大会8次，召开党支部委员会会议13次，召开党小组会12次，领导班子成员带头宣讲12课次，开展主题党日或党员集中活动日16次。召开组织生活会和民主评议党员各1次。领导班子和党支部委员之间、党支部委员和党员之间、党员和党员之间坚持开展谈心谈话活动，解开了思想包袱，提高了工作积极性，推动解决了大量信访问题，全年共办理信访总量37819件次62371人次。三是深入开展“三个争创”活动。积极开展“争当‘三个表率’、争创‘模范机关’、争创‘人民满意窗口’”活动，推动市信访局机关党支部标准化规范化建设取得新成效。机关党支部按照“六有”要求，建立健全党建文化阵地。市信访局党员干部率先垂范，努力工作，建立健全了接待人员多元、信访工作制度健全、信访渠道便利畅通、功能设施完备、受理办理规范、解释疏导到位的信访工作格局。市信访局工作成效得到自治区通报表扬并获得“人民满意窗口”授牌；庆祝“七一”建党百年活动期间，市信访局机关党支部有1名同志被市委市直机关工委评为“优秀党务工作者”；1名同志被评为“优秀共产党员”。

（四）开展党风廉政建设。推动全面从严治党主体责任落实。根据市纪委监委驻市委政法委纪检监察组下发的《关于做好2021年度党风廉政建设主体责任清单制定工作通知》要求，严格按照“一个领导班子一张清单”“一个班子成员一张个人清单”的规定内容，带头自觉增强主责意识，把自己摆进去，既各司其职，各尽其责，又注意“分工不分家”，持续深化不敢腐、不能腐、不想腐一体推进，重点加强对“一把手”和领导班子的监督。按照清单要求，领导班子专题研究党风廉政建设工作会议3次，带头讲授党风廉政课5次，开展中央八项规定及其实施细则精神和警示教育6次，落实每月清单专题学习12次，涉及讨论“三重一大”问题25个，下乡开展调研指导驻点乡村振兴工作10人次。

（五）加强意识形态工作。坚持以习近平新时代中国特色社会主义思想为指导，全面落实强首府战略，深入学习贯彻落实党的十九大和十九届历次全会精神，深入学习贯彻落实习近平总书记视察广西“4·27”重要讲话精神和对广西工作系列重要指示要求，始终在政治上、思想上和行动上同以习近平同志为核心的党中央保持高度一致。坚持把党的思想政治教育（党史）放在第一位，高度重视意识形态建设，全年共开展政治理论学习17次（其中讲党史10次、纪检课5次、党课开讲3次），通过开展理论学习教育，极大地开阔了大家的视野，夯实了履行信访工作责任的思想基础。

二、主要工作

（一）聚焦主业主责，南宁市信访形势总体平稳向好。年内，南宁市信访总量37819件次62371人次。南宁市共受理信件（含网上信访）共10790件，同比下降6.25%，其中传统来信4378件，同比下降28.36%；网上信访6412件，同比增长18.78%。接待上访群众1520批3127人次，同比批次、人次分别下降8.5%、26.9%。进京到非接待场所上访5人5人次，同比2020年7人7人次，分别下降28.5%、28.5%；到自治区非接待场所上访26人27人次，同比2020年48人48人次，分别下降45.8%、43.7%。

（二）畅通信访渠道，领导干部接访下访形成常态化。扎实开展市领导信访接待日和重点时期市领导信访接待活动。南宁市组织开展了12次市领导信访接待日和自治区两会、全国两会、建党100周年、中国—东盟博览会和中国—东盟商务与投资峰会期间的南宁市领导信访接待活动。南宁市领导倾听来访者诉求，接待群众12批13人次。现场接待单位共接待群众434批895人次。协调组织全市各级各部门开展4次“公开大接访”活动，共有214个单位参加活动，5928人次领导干部参与接待（其中厅级干部7人次，处级干部653人次，科级干部3130人次，科级以下干部2138人次），共接待群众1781批3415人次，受理信访事项1155件，当场解决602件。

（三）强化风险防范，及时分析研判信访形势。在建党100周年庆祝活动和党的十九届六中全会期间，取得了进京到邕零非接待场所涉访和零社会面清理的好成效，实现了“大事不出、中事不出，敏感时期小事也不出”的工作目标。落实好敏感时期和节假日值班“零报告”机制。强化信访信息“一日一研判、一日一报告”工作，在敏感时期和节假日实行每天24小时值班和“零报告”机制。

三、经验体会

（一）提高政治站位，强化思想引领。深入学习贯彻党的十九大和十九届六中全会精神和习近平总书记关于信访工作的重要指示。深刻领悟“两个确立”的决定性意义，坚决维护党的核心和党中央权威，加强党对信访工作的全面领导，深入学习贯彻习近平总书记关于加强和改进人民信访工作的重要思想，牢记信访部门是政治机关、信访工作是政治工作的政治定位，牢记为民解难、为党分忧的政治责任，忠诚履行四项职责使命，牢固树立“人民信访为人民”的工作理念，不断完善了解民情、集中民智、维护民利、凝聚民心的工作机制，把群众呼声反映好、信访事项处理好、合法权益维护好。

（二）领导高度重视，高位推动信访工作高质量发展。市委、市政府主要领导对信访工作亲力亲为，既阅批重要信访件，又接访下访群众，解决群众合理合法诉求，特别是中央、自治区部署开展集中治理重复信访、化解信访积案的专项工作后，各级领导亲自部署、高位推进。年内，化解中央交办信访积案1135件。2021年，上级交办南宁市化解的第二批信访积案330件，截至2021年12月31日，330件第二批上级交办化解信访积案已提交上报自治区办结168件，办结率51.06%。

（三）完善制度机制，推动信访工作走上法治化。加大对《信访工作条例》和处理信访问题“三到位一处理”原则的宣传力度，引导群众到市委、市政府指定的信访接待场所或依法有权处理部门上访，反映诉求。妥善安排律师参与接待，直接让群众得到法律援助服务。全年共有248名律师参与接待，共接待群众256批445人次。同时视情安排一些心理咨询师参与接待，从心理和心态上让一些偏激的老上访户改变一些思想观念。

（蓝白晓）

坚持改革创新 提升办学水平 奋力谱写新时代党校事业发展新篇章

市委党校

2021年，市委党校坚持以习近平新时代中国特色社会主义思想为指导，深入学习贯彻习近平总书记关于党校办学治校系列重要指示精神，认真贯彻落实《中国共产党党校（行政学院）工作条例》（简称《条例》）以及各级党委关于党校工作的部署要求，积极践行党校姓党原则，以办学质量评估为抓手，聚焦主责主业抓创新、抓管理、抓规范，推动南宁市干部教育事业再上新台阶。

7月16日，市委党校与南宁广播电视台联合制作的《中国精神》公开课开播

一、党建概况

2021年，市委党校内设机关党委1个，机关党委辖党支部10个（含2个离退休党支部），正式党员171名（离退休党员72名）。

（一）以理论学习中心组为引领，带动全校学习党的最新理论成果。组织理论学习中心组学习5次、校委会专题学习14次，全体党员集中学习24次，引导全校教职工深入学习习近平新时代中国特色社会主义思想、党的十九大和十九届历次全会精神，学习贯彻习近平总书记视察广西“4·27”重要讲话精神和对广西工作系列重要指示要求，着力做到学懂弄通做实，切实做到用党的理论成果武装头脑、推动工作，促使党校事业高质量发展。

（二）聚焦提升基层组织力，开创党建工作新局面。强机关委员会领导班子，严格按程序将政治素质好、大局意识强、勇于创新、敢于担当的党员干部选进机关党委、机关纪委新一届委员会领导班子，进一步夯实组织基础。继续开展“书记引航担使命”主题活动，严格落实“三会一课”及政治学习制度，创建党建品牌和模范机关，抓好党支部书记抓党建专项述职评议，规范党支部组织生活，加强对党员的教育、管理和监督，确保党员队伍先进性和纯洁性。坚持多措并举，推动巩固拓展脱贫攻坚成果同乡村振兴有效衔接。全年召开3次校委会研究帮扶工作，到帮扶村召开1次现场办公会帮助解决实际问题，共资助2个村现金及物资约12万元。新选派两名政治素质高、工作能力强的中层干部任第一书记；校领导及普通党员到定点帮扶扶贫村开展工作82人次；完成脱贫地区农副产品采购10.48万元，超额完成目标任务。

（三）加强党风廉政建设，切实推进作风转变。通过开展廉政谈话、观看廉政教育影片、学习典型案例、节假日向教职工发送廉政短信等形式，提高党员干部的廉洁自律意识。开展“天价茶”专项整治、违规使用公务加油卡整治工作和工程建设领域腐败问题专项治理工作。制定《关于进一步规范公务租车的规定（试行）》，严格落实公务租车公示制度。充分发挥纪检的监督执纪作用，机关纪委全程参与校园自行采购招标会议13次，涉及26个标的开标；大力支持纪检监察部门履行监督责任，邀请驻市委组织部纪检监察组到校参与干部选拔、“三重一大”等重点领域和关键环节监督6次。

（四）扎实开展党史学习教育，从党的百年伟大奋斗历程中汲取奋进力量。通过举行党史学习专题辅导报告会、举办“读书节”等形式，分专题学习研讨党在4个时期的历史；创新学习形式，除严格按要求开展“规定动作”外，高标准开展“自选动作”，举办“奋斗百年路 共筑中国梦”——红色艺术专题党课、党史知识竞赛等活动，提升党史学习教育实效；扎实开展“我为群众办实事”实践活动，组织开展到社区上党课、安装直饮净水机等26个项目；把干部教育培训作为推动党史学习教育的重要抓手，新开发10门党史课程、10个党史学习教育现场教学点，设在市委党校的广西党组织成长的光荣之路和南宁市反腐倡廉警示教育馆共接待136个单位8000多人次。

（五）坚持党管意识形态，严格落实意识形态工作责任制。把意识形态工作纳入党建工作责任制，对全校意识形态形势进行研判，多措并举严把讲坛、论坛、网站等阵地政治纪律关。不断拓展对外宣传，在《南宁日报》刊登动态新闻9篇，主动向媒体单位推送刊登16篇新闻信息。发挥宣传阵地作用，利用党校微信公众号、校园网站、LED显示屏、液晶电视等载体开展宣传。

（六）持续开展精神文明建设，大力弘扬社会主义核心价值观。大力弘扬社会主义核心价值观，持续做好黄文秀、黄景教、梁小霞等同志先进事迹学习宣传。巩固自治区文明单位创建成果，落实文明城市创建各项工作。强化图书馆服务职能，阅览室订有110种期刊、10多种报纸、近200种学习资料，图书流通室购有500多册新书供学员借阅，在主体班开班期间坚持晚上开馆，为学员提供借阅、上网服务，开放书画室，营造良好的校园文化氛围。

二、主要工作

（一）持续做好党的理论进课堂、进教材、进头脑。始终把学懂弄通做实习近平新时代中国特色社会主义思想作为首要政治任务，建立形成习近平新时代中国特色社会主义思想“1+N”课程体系，安排《〈习近平谈治国理政（第三卷）〉导读》等课程进课堂，实现所有主体班次全覆盖；开发党的十九大和十九届六中全会、自治区第十二次党代会和市第十三次党代会精神解读课程，教育引导学员将学习成果转化为推动南宁经济社会高质量发展的强大动力。深入宣传阐述党的最新理论成果，在党报党刊发表22篇理论文章；推荐7名校领导和骨干教师作为南宁市宣讲团成员，13名教师和学员接受南宁电视台等媒体采访；在“邕江红色主题游船”上讲微党课158场，受教育党员达1万多人；组织教师深入基层单位开展主题宣讲上百场；与南宁广播电视台合作推出15集“中国精神”公开课融媒体节目，向全社会深入宣传解读“中国精神”。

（二）坚持以学习贯彻习近平新时代中国特色社会主义思想为中心内容和首要任务，切实抓好干部培训工作。全年共举办全市厅级以上领导和处级主要负责同志学习贯彻党的十九届五中全会精神专题研讨班、南宁市学习贯彻习近平总书记“七一”重要讲话和视察广西“4·27”重要讲话精神专题学习班等109个班次22591人次。突出党的理论教育和党性教育的主课地位，共安排468门主课进入主体班课堂，超过总课时的70%；坚持发挥党校党性锻炼“大熔炉”作用，组织12个班次551名学员到市中级人民法院、邓颖超纪念馆等教学点开展党性教育现场教学；在学制1个月以上的主体班安排党性分析会，开设《百年回望：中国共产党反腐倡廉基本历程、基本经验》等课程；严格落实领导干部上讲台制度，共有领导干部59人到党校授课128次；坚持理论联系实际，安排“学懂弄通南宁市第十三次党代会精神　在推进‘六个全面提质’中勇担当善作为”等一批紧扣中心工作的专题讲座，着力提升领导干部专业化能力。

（三）深化教学改革，提升干部教育培训实效。持续探索并优化“党校+基地+异地”办班模式，利用异地党校或高校开发的现场教学基地开展教学。通过以“理论导入+案例分享+实操演练”的模式，在主体班共开展行动学习理论培训和行动学习研讨70多次，行动学习团队到全市各单位开展行动学习培训50多场，市委党校被评为“广西行动学习宣传报道先进单位”，1名教师被评为“广西行动学习宣传报道先进个人”和“广西行动学习十大行者”。创新教学方式，综合运用研讨式、案例式、体验式、情景式教学和现场教学等方式方法，进一步提升干部教育培训实效。加强课程建设，有7门专题课入选广西干部网络学院必修课，3门课程入选广西干部教育培训好课程。严把课程质量关，组织专家对56门专题课进行验收评审并全部通过，并安排进入主体班课堂。加强教学基地建设，共开发铸牢中华民族共同体意识研究基地等6个教学基地，截至12月，共有64个现场教学基地。

（四）实施量化考核，营造风清气正的学风校风。在主体班实行“半封闭式管理”、中青班实行“准军事化”管理的基础上，根据中青班特点，制定《中青年干部培训班量化考核管理办法（试行）》，将“软任务”量化细化成具体可行的“硬指标”，进行量化赋分，全面考核评价学员的在校的学习情况。坚持训用结合，将学员量化考核结果分为4个等次，记入学员自我鉴定，对评为优秀学员和优秀班干的同志，将表彰通知寄送学员所在单位，促进干部培训和使用相结合，提升党校培训的影响力。

（五）加强科研管理，着力提升科研咨政服务中心大局的能力和水平。立项各级各类课题51项，发表学术论文25篇，公开出版《中共南宁市委党校学报》6期；与市委党史研究室、市社会科学界联合会等部门联合举办全市“学党史　悟思想　担使命：推动南宁高质量发展”理论研讨会。推进新型智库建设，编发《党校咨政专报》7期，推出12项决策咨询成果，6项获自治区和市领导肯定性批示；在学员中开展“我为南宁发展献一策”活动，为市委、市政府中心工作服务。

（六）加强软硬件设施建设，不断夯实党校事业高质量发展基础。深入开展“担当作为，狠抓落实”提升年活动，树立正确的选人用人导向，开展公务员职级晋升和专业技术人员岗位竞聘工作，7名参公人员职级得到晋升，26名专业技术人员被聘任到高一级岗位。继续实施“名师工程”和“薪火计划”，努力营造人才成长的良好环境，1名教师评得副高级职称；3名教师获得南宁市高层次人才E类认定；2名教师获2020年度南宁市培养新世纪学术和技术带头人专项资金5万元资助。组织选派教职工参加各类培训713人次；选派14名干部到市直有关部门和乡村振兴一线挂职、调研。本校教师共有54名教师授课312次，占课时总数的46.6%。持续加强基础设施建设，培训实训综合楼工程已基本完成建设；进一步提升信息化软硬件设施建设水平，完成党政视频会议系统建设，对在线办班及学员管理系统进行升级，为承办全市重大会议提供有力保障。加强后勤保障，改善食堂膳食服务水平，持续加强校园文化建设和绿化、彩化工作，为学员提供良好学习生活保障。

（七）坚持一盘棋思想，构建形成“大党校”工作格局。深入各县级党校调研指导党史学习教育、办班办学、校园建设、办学质量评估等工作。强化县级党校师资队伍建设，举办3次集体业务学习会，培训县级党校教学科研骨干121人次，选派32人次骨干教师到各县级党校授课。加大科研指导工作力度，资助县级党校科研咨政结项课题8项，共计4.1万元。年内12个县级党校共承办培训班355期，教育培训4.48万人次，其中主体班121期14225人次，计划外办班234期30570人次；结合党史学习教育，开展宣讲335场次，受教人数超过3万人；共开发41门课程，申报各类课题43项，公开发表理论文章10篇。

三、经验体会

（一）坚持党校姓党是党校办学治校的根本原则。市委党校始终坚持正确政治方向，坚持一切教学活动、一切科研活动、一切办学活动都坚持党性原则，在思想上政治上行动上自觉同党中央保持高度一致，把姓党要求贯彻党校工作各方面各领域各环节。坚持严以治校、严以治教、严以治学，不断健全和完善内控制度，从严落实中央八项规定及其实施细则精神，不断强化学风建设，以务实学风涵养优良作风，永葆清正廉洁的政治本色。

（二）市委高度重视是党校事业高质量发展的重要保障。市委将党校工作纳入市委党建工作目标责任制考核和年度述职内容，加大投入不断完善校园基础设施建设。市委党校始终牢固树立党校是市委办、市委管、市委建的意识，提请市委常委会听取党校工作汇报，协调解决实际问题，对党校工作把关定向。

（三）办学质量评估是提升办学整体水平的重要抓手。自治区评估领导小组第三工作组于12月1—3日对南宁市委党校2016—2020年的办学质量开展全面评估。工作组对市委党校2016年以来办学情况以及迎评整体工作给予了充分肯定，并反馈了存在的主要问题及整改建议。市委党校针对反馈问题举一反三，不断巩固和扩大办学质量评估的工作成效，切实实现以评促改、以评促建、以评促优的目标。

（钟逸）

固本强基提质　全面推进党建工作

南宁日报社

2021年，南宁日报社以习近平新时代中国特色社会主义思想为指导，深入学习贯彻落实党的十九大和十九届历次全会精神，贯彻落实习近平总书记视察广西“4·27”重要讲话精神和对广西工作系列重要指示要求，紧紧围绕市委、市政府中心工作，紧扣建党百年、党史学习教育、争创全国文明典范城市、国家卫生城市、脱贫攻坚、乡村振兴、全面落实强首府战略等重点主题，圆满完成年度各项工作任务，为首府高质量发展凝聚强大精神力量。

7月28日，南宁日报社党员志愿者到西乡塘区新阳街道万力社区开展“庆祝建党100周年　我为群众办实事”新时代文明实践志愿服务活动　（覃妮妮　摄）

一、党建概况

南宁日报社有在职党员123人，退休党员72人，分为6个在职党支部和2个退休党支部。

（一）扎实开展党史学习教育，激励党员践初心、担使命。南宁日报社认真贯彻落实上级的部署要求，把开展党史学习教育与推动新闻事业发展、推进党组织建设等各项工作结合起来，积极调动报社全体党员干部的参与热情，努力把党史学习教育成果转化为加强党的建设、推动南宁日报社发展改革的强大力量和生动实践。一是开展专题学习。制订《开展党史学习教育实施方案》，购买备齐学习书籍，明确党史学习教育的进度安排、学习形式、学习要求等内容，系统安排和部署学习，为有力推进党史学习教育工作提供了制度和组织保障。开展“感党恩　跟党走”主题系列活动，指导支部通过“三会一课”和党员集中活动日等形式，组织党员学习“四史”和指定书目，并在学习书籍的基础上，采取线上线下相结合，指导支部以“党员心声大家谈”“党史故事大家讲”“党史知识大家答”等方式开展专题学习，推动党史学习教育入心入脑，取得实实在在的成效。二是开展专题宣讲。先后2次邀请专家学者到南宁日报社开展宣讲。通过南宁日报社班子成员上党课、支部书记上党课等方式开展专题宣讲，引导党员干部进一步领会党史学习教育的重大意义、目标要求、主要内容。三是开展传承红色基因教育。“七一”前夕，组织在职党员开展“永远跟党走　同心共乘去追梦”活动，通过赴广西军区军史馆、林景云故居参观研学及听烈士后人讲述烈士事迹，并融入了重温入党誓词、“红色歌曲大家唱”及为党员过政治生日等环节，鼓舞党员从党的百年伟大奋斗历程中汲取继续前进的智慧和力量。四是深入推进“我为群众办实事”实践活动。在南宁日报社班子的领导下，先后协调指导落实了南宁日报社13项“我为群众办实事”实践活动项目，其中南宁日报社“健康公益大讲堂”作为南宁市对外公布的77个“我为群众办实事”实践活动重点项目之一，承诺年底前举办20场，截至12月31日，南宁日报社共举办“健康公益大讲堂”26场。积极对接西乡塘区万力社区，先后赴西乡塘区开展了8场公益活动，将防电诈知识、法律讲座、家风家教、垃圾分类等讲座直接送到社区。先后组织14批次56名党员参加在云景枫林路口开展的交通文明劝导活动，以实际行动助力创建全国文明典范城市。

（二）固本强基提质，推动南宁日报社党组织建设不断提升。一是扎实做好换届选举工作。南宁日报社于7月9日召开党员大会，以差额选举的方式选举产生了新一届机关党委委员（9名）和机关纪委委员（5名），以等额选举的方式选举产生了南宁日报社机关党委书记、副书记、专职副书记，机关纪委书记和副书记，圆满完成了换届。此外，在机关党委的指导下，南宁日报社退休党支部换届工作如期顺利完成。二是持续推进党建工作与业务工作进一步融合。坚持把党的政治建设摆在首位，全面贯彻落实党中央、自治区党委、市委的决策部署，扎实推进党建与业务工作的深入融合，通过抓党建促业务，着力提升党员队伍素质和凝聚力。引导各支部认真学习贯彻落实习近平新时代中国特色社会主义思想，深刻领悟“两个确立”的决定性意义，增强“四个意识”、坚定“四个自信”、做到“两个维护”，切实推进作风建设常态化。引导各支部结合自身业务特点开展党建活动，持续打造支部党建品牌，不断深化对党员干部的学习教育实践，深入推进机关党组织建设上台阶。

（三）履职尽责，全面加强党风廉政建设工作。一是切实履行主体责任。根据市委的要求，在驻宣传部纪检监察组的指导下，报社领导班子制定并公示了《“书记引航担使命”主题活动2021年度主体责任清单》（含领导班子、主要负责人、其他成员共7份），并按要求上报市纪委。二是持续抓好“书记引航担使命”主题活动。报社领导班子把主题活动作为一项重要政治任务来抓，将主题活动纳入《南宁日报社2021年党建工作计划》和《2021年度南宁日报社党风廉政建设工作计划》，并结合党史学习教育，及时召开重点工作落实会，逐项传达学习、研究部署，全力推进落实，确保责任压实，见到实效。三是认真开展专项检查。先后组织开展《党委（党组）落实全面从严治党主体责任规定》及“三重一大”制度执行情况自查自纠、整治“天价茶”专项自查、工程建设领域腐败问题专项治理、违规发放津补贴自查自纠、整治违规使用公务加油卡、“我为群众办实事”实践活动督查等专项活动。南宁日报社主要负责人认真履行从严治党第一责任人职责，管好班子、带好队伍、抓好落实；班子其他成员严格按照“一岗双责”要求，加强对分管部门和党员干部的监督和管理，形成一级抓一级、层层抓落实的工作局面，确保主体责任落实落地。四是坚持纠“四风”、树新风。南宁日报社严肃整治形式主义、官僚主义和“昏庸懒散拖”现象，严实工作纪律和工作作风。机关纪委、人力资源部等组织各部门召开会议，讨论修改完善钉钉考勤细则，为狠抓工作纪律提供制度保障。在每个节假日前都通过钉钉系统给全体在职党员和中层副职以上干部发送廉洁提醒短信，按规定在每个节假日前后对南宁日报社车辆进行封存、解封，提醒广大党员干部自觉严守纪律规定，廉洁过节，杜绝节日期间出现公车私用现象。五是强化监督执纪问责。南宁日报社严格执行“三重一大”制度。机关纪委多次对南宁日报社招投标流程、合作项目报价、设备验收、物品采购、服务采购、招租评估等环节进行监督，还依规派人参加竞争性磋商、大宗物品采购询价会议、职称评审、干部选拔谈话、各类工作协调会、验收会等会议。六是加强廉洁自律教育。南宁日报社领导班子把党风廉政建设要求融入业务工作中，落实谈心谈话制度，主动参加在所在党支部党员活动，并为党员上廉政党课。机关纪委组织各支部观看警示教育片《理想信念滑坡是最危险的滑坡》，及时组织党员干部职工学习近期中纪委、自治区纪委、市纪委通报的典型案例7次，提醒党员干部时刻警醒自己，保持廉洁自律。

二、主要工作

（一）办好两报一网，守好舆论宣传主阵地。一是持续报道贯彻落实习近平总书记视察广西“4·27”重要讲话精神和对广西工作系列重要指示要求，讲好南宁故事。4月25—27日，习近平总书记再次来到壮乡广西，先后到桂林、柳州、南宁等地调研。《南宁日报》及时刊发了《习近平总书记在广西考察时的重要讲话在南宁市广大干部群众中引起热烈反响》系列报道共6篇，并配合刊发5篇评论文章；7月1日以来，在《深入学习贯彻习近平总书记“七一”重要讲话精神》等专栏专版及重要版面共刊发学习贯彻习近平总书记“七一”重要讲话精神动态报道近160篇，相关稿件近800篇。《南宁晚报》开设《牢记总书记嘱托　建设壮美广西　共圆复兴梦想》《担当实干强首府　提速争先开新局》等专栏，刊发相关稿件200余篇；南宁新闻网在官网、南宁云APP等平台开设了《在习近平新时代中国特色社会主义思想指引下——迎建党百年　谱八桂新篇》专栏，转载习近平视察广西的新闻及评论。二是以报道建党百年活动激发全面落实强首府战略奋进力量。《南宁日报》开设《在习近平新时代中国特色社会主义思想指引下——迎建党百年　谱八桂新篇·党史学习教育》等专栏，共刊发相关稿件1600多篇，集中重点做好党史教育专题学习、专题培训、专题组织生活会等宣传报道，并结合“我为群众办实事”实践活动、“知党史、守初心、勇担当”等主题活动开展精心策划宣传，刊发一系列有高度、有深度的理论文章；策划出版了“庆祝中国共产党成立100周年纪念特刊”——百版大型报道《奋斗百年路　启航新征程——首府南宁庆祝建党百年巡礼》，集中展示南宁市经济社会取得的历史性成就；开设《感党恩　跟党走·党史知识人家答》栏目，每天刊发党史知识问答题。《南宁晚报》开设《奋斗百年路　起航新征程》等专栏，运用H5、手绘漫画、早安海报图等多媒体技术手段，做好党史学习教育宣传和“永远跟党走”群众性主题宣传教育活动、“我为群众办实事”实践活动等宣传，共刊发稿件近1500多篇（条）；开设《牢记总书记嘱托　建设壮美广西共圆复兴梦想》《担当实干强首府　提速争先开新局》等专栏，刊发报道130多篇；“爱帮之家”围绕“庆祝建党100周年”主题组织开展志愿服务、公益活动9场，为超过1500人提供服务。南宁新闻网制作推出党史学习教育专题专栏7个、“我的入党故事”系列微访谈25个、原创手绘栏目“党史漫漫说”系列长图4幅，开展2场“我为群众办实事”实践活动网络直播；推出“百年恰是风华正茂——线上档案文献展”，生动展现了党在南宁的红色历史，发布3期专题融媒体报道；在“壮丽航程写新篇”——庆祝中国共产党成立100周年全区新媒体作品大赛中，南宁云全媒体中心、南宁新闻网选送的“我的入党故事”系列微访谈荣获二等奖；南宁新闻网全媒体矩阵推出的党史学习教育系列专题专栏，点击量累计超过80万次，系列融媒体产品阅读量、播放量、点赞数超过50万。三是凝心聚力，为“创城”深入推进营造良好舆论氛围。《南宁日报》全力以赴做好争创全国文明典范城市、国家卫生城市宣传工作，助力首府卫生、文明城市创建。采编部门及时对接，每月根据责任内容，查漏补缺，每天不间断宣传报道。《南宁晚报》开设《争创全国文明典范城市　实现国家卫生城市“四连冠”》专栏，刊发稿件800多篇（含图片）；南宁新闻网开设《争创全国文明典范城市　实现国家卫生城市“四连冠”》等专题专栏，凝聚“创城”工作强大合力，营造“创城”浓厚舆论氛围。四是关注民生、为南宁高质量发展鼓与呼。南宁日报社所辖两报一网及各“微、端、号、屏”。持续推出《精彩“十三五”　南宁新发展》专栏，充分展现南宁市经济高质量发展，改革开放扎实推进，营商环境日趋优化、民生事业持续改善，社会大局和谐稳定的良好局面。《南宁日报》推出28个版《这五年，南宁巨变——首府“十三五”新发展巡礼》号外特刊。持续跟进疫情防控报道，强化对事件跟踪报道。开设“疫情防控权威发布”“疫情防控最前线”等专栏，及时发布疫情发展信息、专家权威解读、疫情防护知识等。针对推动乡村振兴、政法队伍教育整顿、中央环保督查、污染防治、打击电信诈骗、聚焦“双减”政策等方面展开深入报道，开设《巩固拓展脱贫攻坚成果　全面推进乡村振兴》《贯彻习近平法治思想　锻造新时代政法铁军》《打好“三大攻坚战”》等专栏专版。五是崇德向善，公益广告及活动凝聚正能量。《南宁日报》开辟《践行社会主义核心价值观》《诚信建设万里行》《学习先进模范　弘扬时代精神》等专题专栏，共刊发相关稿件1200多篇；每月持续刊发“文明健康　绿色环保”、预防新冠肺炎、防艾控烟等内容为主题的公益广告近120幅，近80个版。《南宁晚报》爱帮之家工作室围绕“庆祝建党100周年”主题组织开展志愿服务、公益活动，为市民提供现场微党课、“党史大家学”互动、义务理发、家电维修、义诊、应急救护知识培训等服务，开展30场活动，为超过3000人提供服务；开展4场邕江公益骑行“守护”宣传活动；开展垃圾分类、守护共享单车等活动共计16场。两报一网刊发了一系列公益广告，两报共刊发庆祝建党100周年等公益广告210个版（次），南宁新闻网更新公益广告近300幅（条）。

（二）蹄疾步稳，融媒体建设纵深推进。《南宁日报》新媒体平台广泛应用移动端直播技术，实现了突发事件、各类新闻发布会移动直播。编辑可1分钟搭建起直播平台，将文字、图片、视频完整整合，全年直播23场，单场直播浏览量均破万，最高达到15万+。《南宁日报》抖音号坚持每天第一时间权威发布南宁热点新闻，全年粉丝量达24.4万，浏览量近2亿。《南宁晚报》新闻客户端“南宁宝”APP粉丝量超过4.7万人，官方微信粉丝量突破20万大关，微博粉丝量超过55.6万人、今日头条号、抖音号粉丝量超50万人；新开通面向年轻群体的视频号等宣传平台和直播渠道，新媒体矩阵粉丝量超过150万，10万+、100万+甚至上千万阅读量的推文不断增加。南宁新闻网持续发力，依托官网、南宁云客户端、微信、抖音等平台，做大做强主流舆论阵地，形成了“网、端、屏、微”（抖音）一体化的全媒体传播格局。南宁云全媒体平台孵化的南宁云客户端至今累计装机量达10万+，日活用户达2万+；抖音号粉丝达167.9万，累计点赞数达5806.5万，播放量超35亿；每月制作新闻日历、撰写网络宣传工作大事记，打造了一批符合网络传播规律、具有南宁本土特色、网民点赞的现象级融媒体产品，全网点击量播放突破10亿。

（三）优化干部队伍，激发职工工作热情。充分体现“能者能上”，优化队伍结构，从报社提拔1名副处级领导干部补充到报社领导班子。经过动员、民主推荐、考察、公示等程序，共有6名同志提拔到相应的中层管理岗位。经过公开报名、资格审查、笔试、面试、考察、体检等程序，共有6名报社聘用的人员录用为报社在编人员。

三、经验体会

（一）深化党的政治建设。坚持以习近平新时代中国特色社会主义思想为指导，全面贯彻落实党的十九大和十九届历次全会及自治区、南宁市重要会议精神，强化政治意识教育，教育引导党员干部深刻领悟“两个确立”的决定性意义，带头做“两个确立”的坚决拥护者和“两个维护”的坚定践行者。

（二）巩固拓展党史学习教育成果。积极开展丰富多样的学习活动，建立常态化、长效化机制，弘扬伟大建党精神，推动党员干部传承红色基因，赓续红色血脉，坚定理想信念，践行初心使命。坚持以人民为中心的发展思想，深入推进“我为群众办实事”实践活动，积极为群众办实事、解难事。

（三）严格落实意识形态责任制。压实意识形态工作主体责任，围绕“举旗帜、聚民心、育新人、兴文化、展形象”使命任务，坚持政治标准，把握正确政治方向，及时召开意识形态工作专题会，分析研究意识形态领域的形势，解决工作中存在的实际问题。充分发挥首府主流媒体的舆论导向作用，管好阵地、带好队伍、把牢方向。

（李朝晖）

肩负职责担使命 凝心聚力开新局

市委党史研究室

2021年，市委党史研究室坚持以习近平新时代中国特色社会主义思想为指导，坚决贯彻落实党中央、自治区党委和市委重大决策部署，围绕市委、市政府中心工作，立足党史部门职能职责，谋划和推动各方面工作，以担当作为的实际行动，抓实抓好主责主业，特别是围绕党史学习教育，做了大量卓有成效的工作，有力服务全市工作大局，为实现“十四五”良好开局打下坚实基础。

6月30日，市委党史研究室全体干部职工参观南宁百年党史图片展 （李乾 摄）

一、党建概况

2021年，市委党史研究室设机关党总支部1个，下辖党支部2个，共有党员23名（其中在职党员9名，退休党员14名）。

（一）以政治建设为统领。一是深入学习领会新时代党的创新理论。年内，组织开展理论学习中心组学习11次，认真学习党的十九届五中、六中全会精神，学习习近平总书记“七一”重要讲话精神、习近平总书记视察广西“4·27”重要讲话精神和对广西工作系列重要指示要求，学习贯彻落实自治区第十二次党代会和市第十三次党代会精神，坚持理论学习制度化、常态化，确保党中央、自治区党委和市委的各项决策部署落地落实。二是精心开展党史学习教育。以理论学习中心组学习为引领，以支部学习为抓手，认真组织学习新民主主义革命时期、社会主义革命和建设时期、改革开放和社会主义现代化建设新时期、中国特色社会主义新时代四个时期的历史，认真研读《中国共产党简史》《习近平新时代中国特色社会主义思想学习问答》等党史学习指定书籍，创新推进“感党恩 跟党走”主题系列活动，开展“党员心声大家谈”5次、“党史故事大家讲”3次、“党史知识大家答”2次、“红色歌曲大家唱”2次、重温入党誓词2次、打卡红色教育基地活动5次。扎实开展“我为群众办实事”实践活动，把为民办实事作为党史学习教育的出发点和落脚点。

（二）以组织建设为重点。坚持全面从严治党，多措并举加强党的建设。一是研究制订《2021年度机关党建工作计划》，年度召开领导班子会专题研究部署机关党建工作2次。加强党支部班子建设，按流程补选机关第一党支部委员1名。严肃党内政治生活，认真执行“三会一课”、民主生活会、组织生活会、民主评议党员、谈心谈话等党内组织生活制度，全面提升党支部建设质量。二是加强党员教育管理，每月组织开展主题党活动日。组织党员深入学习党的方针政策和理论知识，参观党史纪念展馆，提升党员干部党性修养，坚定理想信念，激励党员干部守初心、担使命。三是加强党员干部队伍建设，晋升四级调研员1名、一级主任科员1名、转正副科长1名。四是开展评先推优活动，1名同志被评为2021年南宁市直机关优秀党务工作者，2名党龄50周年以上党员荣获“光荣在党50年”纪念章，有效发挥优秀党员模范带头作用。五是助力乡村振兴工作，选派了1名优秀的正科长级干部担任武鸣区灵马镇坡江村第一书记。年内，室领导班子到坡江村召开集体办公会1次，解决帮扶资金1.81万元和驻村第一书记交通差旅费等事宜；室主要领导下村调研指导工作3次，与第一书记谈心谈话3次，分管领导下村调研指导工作9次，与第一书记谈心谈话9次。开展春节慰问贫困户和困难群众，发动干部职工开展“消费扶贫”，送党课到村党支部，耐心倾听群众所需所盼，研究解决该村在乡村振兴工作中的发展难题。深入开展乡村建设行动，持续推进农村人居环境整治，发展壮大乡村特色产业。村级乡村风貌提升工作开工率达100%，已经推动12个微菜园、微花园、微果园“三微”乡村建设工程，着力推进坡江村乡村振兴建设发展。

（三）以思想建设为根本。一是落实意识形态工作主体责任。室领导班子带头抓思想建设工作，召开专题会议研究部署意识形态工作2次，压紧压实做好意识形态工作。二是牢牢把握意识形态主动权。定期开展谈心谈话，研究分析党员干部思想动态，及时查找整改问题。三是加强阵地建设管理。加强涉地方党史作品、报刊、文章材料等的审核把关，确保主阵地干净无杂音；将“南宁党史网”打造成宣传地方党史、反对历史虚无主义的主阵地，确保党史姓党、党史为党。四是加强精神文明建设。深入开展党员志愿服务等活动，加强机关文化建设，大力弘扬社会主义核心价值观，推进新时代文明实践中心建设。

（四）以正风肃纪为关键。一是认

真履行全面从严治党主体责任，落实“一岗双责”责任制。组织召开2次领导班子会议专题研究部署党风廉政建设工作，细化室领导班子、室主要领导、班子其他成员全面从严治党主体责任清单，落实全面从严治党要求，把加强全面从严治党作为促进各项业务工作的重要保证措施。二是加强干部廉政教育。班子成员带头上廉政党课，通过周例会、党员大会通报警示案件、观看警示教育影片，开展廉政谈话，严格填写个人有关事项报告、组织干部职工参观南宁市青秀山廉洁文化主题园等，不断强化党员领导干部的纪律规矩意识；突出抓好节假日前廉政教育，坚决反对“四风”，倡导崇廉尚俭、循规守纪的良好风尚，提高干部法治意识和规矩意识。组织开展抵制工程建设领域腐败问题承诺活动，室主要领导和派驻纪检组签订承诺书1份，党员签订承诺书10份，郑重承诺坚决抵制工程建设领域腐败。大力纠正形式主义、官僚主义，用好监督执纪“四种形态”，打造良好的风清气正的政治生态。

二、主要工作

（一）聚焦党史业务，编研成果丰硕。一是大力推进党史基本著作编纂。根据党史专家的意见和先进省份的经验，把握重点，进一步修改完善《中国共产党南宁历史（1949—1978）》。组织编撰《中国共产党南宁历史（1978—2012）》，搜集并整理改革开放和社会主义现代化建设时期的史料、开展专题研究，修改完善编纂大纲，为编写课题打牢基础。编纂出版《中国共产党南宁历史百年大事记（1921—2021）》。以中国共产党成立100周年为契机，系统梳理收录南宁百年来在政治、经济、军事、文化和社会等方面的大事要事，全书50万字，记述了南宁市波澜壮阔的伟大历史进程，献礼中国共产党百年华诞，也为全市开展党史学习教育提供地方党史教材。做好《南宁市大事记》资料的收集、整理、编纂、出版工作。年内，编纂出版《南宁市大事记》（2019年卷），全书共24万字，收录2077条大事条目和121张图片；汇编形成《南宁市大事记》（2020年卷）送审稿，共收录25万字；征集到《南宁市大事记》（2021年卷）资料28万字，图片800多张。组织编纂《中共南宁市委执政纪事（2021）》，共150万字，全面记录市委及全市各级党组织的执政实践和成功经验，为贯彻党务公开、交流党建经验、积累党史资料提供范本。二是强化史料征编，开展资政课题研究。编纂出版《砥砺奋进四十年——南宁市改革开放纪实（第三卷）》。继续组织开展南宁市改革开放时期的专题研究，精选20个专题组织撰写、修改、完善，组织审读，规范编辑，提高书稿质量。全书共50万字，配图70多张，系统概述南宁改革开放时期经济、政治、文化、生态、社会等领域取得的辉煌成就和重要经验。编撰红色题材党史人物长篇纪实文学作品《革命理想高于天——追寻雷经天的光辉足迹》，以纪实的方式讲述南宁党史人物雷经天的传奇革命生涯，用榜样的力量传播爱党、爱国的红色旋律。开展《中共广西区委执政纪事（2021）》南宁市委年度工作纪事的撰写工作，并推荐报送马山县乔老村、青秀区新竹社区、南宁轨道交通集团3篇党建经验材料和相关图片素材，经市委审定后报自治区党史研究室。联合市乡村振兴局开展脱贫攻坚口述史征集工作，征集全市脱贫攻坚工作的口述史料和图片资料，及时记载、总结、研究南宁市在脱贫攻坚工作中的成功实践和重要经验，深入挖掘扶贫先锋人物在产业扶贫、教育扶贫、科技扶贫、健康扶贫等方面的重大贡献和先进经验。年内，完成整理扶贫先进人物的访谈稿件6篇。组织开展“广西三线建设”课题资料征集工作，征集著作1本、档案文献资料57份。

（二）构建大党史格局，优化党史宣教品牌。一是组织开展党史集中宣讲宣传工作。组建一支36人组成的党史专家队伍，深入机关、企业、学校、社区、农村等开展集中宣讲，宣传党的百年光辉历程、伟大精神和习近平总书记“七一”重要讲话精神等，引导广大党员干部群众从党史中汲取前进的智慧和力量。年内，共宣讲340余场，听课人数4万多人次。与市关工委等部门开展“百名五老进校园，我为下一代讲党史”主题活动，室领导带头向青少年群体讲好百年党史历程，讲好党在南宁的故事，弘扬革命传统、传承红色基因。宣讲场次400余场，受众20多万人次。与市委党校、市社科联、市党的建设研究会联合开展“学党史　悟思想　担使命：推动南宁高质量发展”理论征文活动，征集论文142篇，评审出获奖论文38篇；召开理论研讨会，研究和阐释好中国共产党的初心和使命。充分发挥邓颖超纪念馆等12个南宁市中共党史教育基地的作用，用历史图片、文物、革命事迹向广大人民群众阐释党的优良作风和革命精神。二是组织筹办南宁市百年党史图片展览。与市档案局、市国家档案馆、市博物馆联合举办“百年风华正茂　奋斗铸就辉煌——庆祝中国共产党成立100周年南宁党史图片展”，完成展陈大纲的编写和各个历史时期图片的征集、整理和配插工作。6月30日，在市博物馆面向全市人民开展，展现南宁市党组织百年来团结带领人民群众浴血奋战、励精图治、担当作为及所取得的伟大成就。展陈4个月，参观人数达16万人次，团体270多批次，形成响亮的宣传品牌。三是为广大党员干部群众订阅赠送党史书籍。为全市领导干部、各级党组织、社区群众赠送各类党史书籍3000多册，引导广大党员干部群众传承红色基因，赓续好中国共产党人的精神血脉。联合广西新华书店邕华公司开展“百年伟业铭党史　红色经典传八桂”南宁党史书籍联展活动，共展陈南宁地方党史书籍26类300册，展示南宁党史研究成果，宣传党在南宁的光辉历程和丰功伟绩。四是坚持“开门办史”，加强横向联动。其一，审读涉及地方党史题材的材料。配合市委办、市委宣传部、市文广旅局、各级电视台等部门审读修改各类党史宣传题材共40多份，完成南宁市对党忠诚教育6个现场课的文案审读和提升工作，把好政治关和史实关。其二，统筹处理涉及党史内容的市政协会议提案和市人大代表有关议题，就相关提案给出答复，出具意见。其三，与市委宣传部、市文广旅局等部门联合开展革命历史类纪念设施普查工作，准确掌握全市重要遗址遗迹基本情况和现状，提出具体的保护利用规划方案。同时，积极推荐申报第二批广西中共党史教育基地，做好已获评的广西中共党史教育基地利用情况的定期检查和阶段性汇报等工作。

（三）围绕中心工作，全力服务大局。一是积极为全市党史学习教育贡献党史力量。选派精干力量3人参与全市党史学习教育领导小组办公室及简报组的工作。发挥专业优势和资源优势，整理中共南宁重大党史事件、重要党史人物和重要会议等党史资料，提供并指导相关部门开展党史宣传报道和采访。与自治区、市相关部门和新闻媒体等协同合作，组织开展“永不褪色的红色印记——党史故事大家讲”主题活动录制10期；采制“奋斗百年路　启航新征程——寻访南宁红色足迹”系列节目10集；制作和把关重温建党百年大事的《红色日历》56期，在南宁广播电视台微信公众号、视频号等平台推送，浏览量超过100万；7月1日在《南宁日报》上刊载《中国共产党在南宁100年大事记（1921—2021）》，全文共2.5万字；参与打造“邕江红色主题游船”“感党恩　跟党走——地铁红色主题专列”流动党史展馆等。四是为自治区“感党恩·跟党走·党史知识大家答”题库提供南宁党史问答题目，做好出题审定工作。二是积极开展新冠肺炎疫情常态化防控、全国文明城市创建等工作。坚决落实“外防输入、内防反弹”防控策略，持续做好疫情常态化防控工作，组织干部职工做好个人日常安全防护措施，到农村、社区宣传疫情防控知识，积极收集全市抗击疫情的实践经验和典型事迹材料。积极参与全国文明城市创建工作。组织干部定期到西乡塘区上尧街道相思湖社区开展志愿服务活动，向居民宣传创建全国文明城市、生活垃圾分类、党史知识等，开展志愿“文明交通劝导”活动14次，劝导车辆规范有序出行、停放，扎实做好服务城市社会治理工作。

（四）加强对县（市、区）的业务指导。一是3月16日组织召开全市党史研究室主任会议，传达学习上级党史部门的工作要求和精神，汇报交流市、县（区）党史工作，安排部署全市党史工作。二是室领导班子带队到各县（市、区）开展调研，就党史基本著作编撰、资料征集研究、党史宣传教育、红色教育基地作用的发挥等方面的内容进行业务指导，协调解决各县（市、区）工作中遇到的问题。三是指导县（市、区）开展党史课题编研工作。审核审读县（市、区）各课题书稿，提出审读意见，指导修改完善书稿。组织推进《革命老区县发展史》课题编纂工作，横州市、马山县、上林县、隆安县、武鸣区均已完成书籍出版发行工作。抓住建党百年的时间节点，指导各县（市、区）编撰出版《中国共产党广西南宁市武鸣区百年历史大事记》等一批较高质量的书籍，为党史学习教育提供了较好的教材。指导各县（市、区）做好纪念场馆展陈、文艺作品等涉及党史内容的审读审查，把好政治关、史实关、质量关；用活用好红色资源，开展党史宣传教育工作；组织党史专家队伍宣讲宣传党史，讲述“红色故事”，赠送地方党史学习资料，展陈地方党史书籍，做好党史学习教育的服务者、推动者和实践者。宾阳县拍摄6集中共宾阳百年历史纪录片《红色传奇》，通过各种形式有效地传播了红色基因，用党的恢宏历史引导广大党员不忘初心、牢记使命，献礼党的百年华诞。

三、经验体会

（一）增强党性意识，坚定党史工作正确方向。一方面，要坚持“党史姓党、党史为党”原则，深入学习领会习近平新时代中国特色社会主义思想的核心要义、丰富内涵、精神实质、实践要求，将其运用到党史工作的全过程、各方面。另一方面，全面贯彻“一突出两跟进”要求，认真贯彻落实习近平总书记关于党史和文献工作的系列重要论述，明确新时代做好党史工作的新要求，确保政治方向不偏航，始终同以习近平同志为核心的党中央保持高度一致。

（二）增强大局意识，提升党史工作自身价值。紧扣市委、市政府各项决策部署，坚持围绕中心，服务大局，聚焦主责主业，强化使命担当，着力在“资政”上做文章，在“育人”上下功夫。以正确的党史观研究和宣传党的历史，切实做好党史基本著作编纂出版工作，深化党史系列专题研究，宣扬红色传统，赓续红色血脉，汇聚党史智慧和力量，充分发挥以史鉴今、资政育人的作用，为全面落实强首府战略，凝心聚力建设新时代中国特色社会主义壮美广西首善之地提供坚强保障。

（三）增强创新意识，推动党史工作科学发展。解放思想、与时俱进才能使党史工作常做常新，永葆活力，不断适应新形势下党史工作发展新要求。要坚持以科学发展的态度审视党史工作，以战略性思维和前瞻性眼光谋划党史工作布局，深入挖掘和利用地方特色党史资源，创新研究和宣传方式，多渠道、多视角为大众呈现精品力作，使党史工作更好地体现时代性、把握规律性、富于创造性，提高党史工作科学化水平。要着力加强自身建设，努力打造一支政治素养好、理论素质高、业务能力强的党史队伍，为促进党史工作科学发展提供人才支撑。

（杨茜　林美兰）

用心用情精准服务　激发老干部工作新活力

市委老干部局

2021年，市委老干部局坚持以习近平新时代中国特色社会主义思想为指导，全面贯彻新时代党的建设总要求和新时代党的组织路线，认真按照全国、全区老干部局长会议的部署要求，坚持以人为本、服务为先，积极推动离退休干部党建工作进一步加强，离退休干部优势作用进一步发挥，老干部工作水平进一步提升，各项工作做精做优，为全面落实强首府战略作出积极贡献。

一、党建概况

市委老干部局内设机关党委1个，负责局系统的党群工作。机关党委下辖5个党支部（含离退休党支部1个），2021年，在职党员52名，退休党员30名。

（一）拥护“两个确立”，持之以恒强化党的政治建设。深入学习贯彻习近平新时代中国特色社会主义思想和党的十九大、十九届六中全会精神，深入学习贯彻习近平总书记对广西工作系列重要讲话和指示精神，深入学习贯彻习近平总书记关于老干部工作的重要论述，深入学习自治区第十二次党代会和市第十三次党代会精神，坚持把党的政治建设摆在首位，不断深化党的组织建设、思想建设、作风建设、纪律建设，引导全体党员干部职工在坚决捍卫“两个确立”，增强“四个意识”、坚定“四个自信”、做到“两个维护”上走在前、作表率。11月19日召开全体党员干部职工会议，专题传达学习党的十九届六中全会精神，以实际行动拥护和捍卫“两个确立”；及时召开全体党员干部职工会议，传达学习习近平总书记视察广西时的重要讲话和重要指示精神、传达学习习近平总书记在全国老干部工作会议上的重要指示精神，研究部署相关措施，推动总书记重要讲话和重要指示精神在首府老干部工作中落实落细。

（二）扎实开展党史学习教育，务实推进“我为群众办实事”实践活动。严格对照党中央、自治区党委和市委的要求，以高度的政治责任感和使命感推进党史学习教育各项任务，尤其是“我为群众办实事”实践活动落实落地。局本级对南宁市及各县（市、区）生活困难的离休干部（遗偶）进行帮扶，确定帮扶特殊困难离休干部（遗偶）对象40人，落实帮扶金额30万元。5月30日，市老干部活动中心党支部组织870名老同志和师生在南湖社区卫生服务中心接种第一针新冠疫苗，并于6月25日组织接种第二针，解决老同志分散接种不方便、不及时的问题。

10月13日，市老年大学学员参加广西“敬老月”活动启动仪式。图为诗歌朗诵表演《老有老的骄傲》

（三）认真履行党建主体责任，不断提升党建工作水平。着力配强配齐基层党组织领导班子，市委老干部局主要负责人为机关党委书记，由一把手扛起党建主体责任。严格落实“三会一课”、党员活动日制度，扎实开展党支部达标创优、“争创模范机关”工作。全年4个党支部全部自评为组织生活标杆党支部，标杆率100%。着力培育和打造基层党建工作品牌，全面提升党建工作水平。4个党支部分别打造了“融合社区资源，精准服务老干部”“敬老·传承·创新”“党建领航　情暖桑榆”“绿城夕阳耀党旗　为老服务更添彩”为主题的党建工作品牌。

（四）坚持党建引领促发展，持续推动全市老干部工作上新台阶。市委老干部局始终围绕党中央、自治区党委和市委的决策部署，以“党建+”为抓手，不断在改进全市离退休干部党建工作、压实各级各部门履行离退休干部党建工作责任上，在宣传贯彻落实老干部工作方针政策、督促和协调落实老干部政治生活待遇上，在深化全市老年大学、老干部活动中心“两个阵地”建设、创新组织开展各类文体活动上，在发挥党支部战斗堡垒作用和党员的先锋模范作用、用真心真情做好老干部服务管理等工作上不断展现新担当新作为，为全面落实强首府战略贡献老干部工作者应有的智慧和力量。

二、主要工作

（一）坚持政治引领，离退休干部党组织的凝聚力不断增强。组织广大离退休干部深入学习习近平总书记视察广西“4·27”重要讲话精神，引导离退休干部党员积极参加党史学习教育，引导老同志珍惜光荣历史、永葆政治本色。根据老同志的兴趣、爱好、特长，组织开展形式多样的特色教育活动。举办“中国共产党与中国文化自信”主题讲座、建党百年红色电影展，组织观看全国离退休干部网上专题报告会、党史学习教育专题报告会、广西10场名家云直播党史党课、“党史故事大家讲”微视，在“绿城金秋”微信公众号上及时推送学习资料、红色党课，在南宁电台开办“金色华年”老年广播节目，多方位开展思想政治“云教育”。深入开展“老书记初心讲堂”精品党课宣讲。各级老书记、老党员为基层上党课、开展党史学习宣讲活动120多场，参加听课人数约1.8万人次。扎实开展离退休干部党支部标准化规范化建设，统筹整合街道社区党群服务中心、辖区驻地单位场所共同打造党建活动阵地。全市创建标准化规范化离退休党支部和“金秋家园”共享党建活动阵地19个。指导建立各级各类离退休干部工作微信群、支部书记微信群及QQ群，把线上互动与线下服务相结合，确保离退休党员与党组织保持紧密联系。

（二）坚持服务大局，离退休干部优势作用得到充分发挥。围绕庆祝建党100周年，组织开展“我看建党百年新成就”专题调研，广泛走访慰问老党员和离退休干部，登门及线上访谈老同志557名，召开主题座谈会48场，研讨会11场。老同志们通过各种方式为南宁经济社会发展点赞加油、建言献策，有力地激发爱党爱国的政治热情。依托市老干部活动中心（市老年大学、市委老干部党校）举办“最美的祝福献给党”微视频展播、党史知识竞赛、主题征文、朗诵会、书画摄影展、百首红歌进校园等活动。通过南宁云直播平台，实时转播市老年大学“颂党恩　听党话　跟党走”文艺汇演，观看点击量达1.6万次；举办全市离退休干部“永远跟党走”山歌歌友会网络展演活动以及书画摄影网络展，以电视录播形式举办全市离退休干部庆祝中国共产党成立100周年文艺汇演。全市参与主题征文与书画摄影作品创作活动的老同志达316人次、创作作品388篇；参与文艺系列活动约6500人次；参加学习教育考察活动达561人次，发表感言建言达623人次。围绕疫情防控、乡村振兴、基层治理等重大任务，为老同志发挥自身优势和作用搭建平台。市委老干部局联合市老年书画研究会，在春节前组织老年书法爱好者为社区群众义务书写春联、送春联2000多副；组织9名老书画家到西乡塘区北星学校，为孩子们绘写彩色书画墙绘29幅，营造建党100周年热烈气氛。全市开展助力产业、人才、文化、生态、组织振兴以及综合性助力活动408场次，参加活动人数达6.5万人次。

（三）坚持精准导向，离退休干部服务管理水平有效提升。春节期间，市四家班子领导率队登门慰问离退休老领导55人，探望因病住院的离休干部60人，为他们发放慰问金并致以节日的祝福。年内，组织副厅级以上离退休干部参加党史学习教育宣讲团报告会、政府工作报告征求意见座谈会、“永远跟党走”大型交响合唱音乐会、传达学习党的十九届六中全会精神大会等重要会议；组织全市96名离休干部进行健康体检；协调有关单位落实了86名市属改制、破产企业离休干部的公用经费，落实114名市属企业离退休人员的生活补助费；为中华人民共和国成立初期参加革命工作的部分退休干部落实了医疗补助费和护理费149.28万元；为符合条件的24名离休干部办理提高医疗待遇申报手续。因受疫情影响，对3名易地安置的离休干部坚持定期通过电话了解思想、政治、生活待遇情况，为他们发放慰问金0.9万元。深入开展“我为群众办实事”实践活动，联合南宁日报社开展健康大讲堂、法律咨询、理发等志愿服务项目，联合市第一人民医院埌东分院以及南湖社区卫生服务中心开展“迎国庆　贺重阳”爱心义诊及免费体检活动。结合“七一”前夕走访慰问老同志，持续深化“登门入户解难题”活动。积极协调有关单位为146名离休干部遗偶按照2021年标准发放生活困难补助费，协助有关单位办理16名离休干部丧事并慰问遗属。

（四）坚持以人为本，离退休干部学习活动阵地建设推进有力。认真落实自治区《关于进一步加强老年大学建设的意见》，指导全市各级单位加强老年大学建设，为老同志“教、学、乐、为”提供支持和保障。严格落实疫情防控常态化要求，周密细致地做好活动中心、老年大学开放开学方案。在市老干部活动中心、老年大学建设文化长廊、LED宣传视窗、橱窗等展示平台。积极开展“智慧助老”行动，搭建校园Wi-Fi全覆盖，开设计算机、摄影、PS等信息化课程，开展抖音APP、剪映APP使用培训，建设网上老年大学录播演播室，让老同志共享网络时代智能教学新体验。依托老干部学习活动阵地，利用传统节日和重大庆典活动举办电影招待会，组织门球、乒乓球、桌球等比赛。在自治区第九届“多彩金秋”文化活动的各项比赛、评比中，南宁市取得优秀成绩：征集精选69篇诗歌散文、山歌等文艺作品参加“感党恩　跟党走”主题征文活动；选送31幅书法、绘画、摄影作品获展；征集选送20本优秀出版刊物和1个“党史故事大家讲”微视频获展；乒乓球交流赛获团体第一名、太极剑获团体第一名、门球交流赛获团体第五名；2个精品文艺节目获优秀节目奖。结合实际，精心组织开展全市“多彩金秋”文化活动月活动，参加的老同志约1万人次。

（五）坚持固本强基，老干部工作队伍素质进一步提高。把精准理念贯穿到老干部工作的全过程全方面，积极做好疫情常态化防控形势下的服务管理工作，创新完善信息化、智能化条件下服务保障离退休干部的方式方法。通过QQ群网络平台举办全市老干部工作者智能手机应用培训课程，培训人员150多人次，带动各级老干部工作者强化业务学习，熟练掌握信息化技能。举办互联网反诈骗知识讲座、网络常用软件使用培训等，培训各级老干部工作者和离退休干部超5000人次，培养了一批网络骨干，帮助更多的老同志尽快融入智慧社会。认真做好评选推荐全国“双先”工作，积极培树南宁市老干部工作的先进典型。广泛发动全市老同志和老干部工作人员关注“离退休干部工作”“广西老干部”等老干部工作微信公众号，年内“绿城金秋”微信公众号推送信息328条，关注人数达3300人；“金色华年”电台栏目播出250期，播出老干部工作信息290条，涉老信息730条。

三、经验体会

做好新时代老干部工作，必须坚持以习近平新时代中国特色社会主义思想为指导，深入贯彻落实习近平总书记关于老干部工作重要指示精神和党中央、自治区党委、市委的决策部署，推动老干部工作在服务大局中提升站位、在求真务实中提质增效、在开拓进取中激发活力。

（一）勇于承担政治责任，提高政治站位。牢牢把握围绕中心、服务大局这一科学定位，对标对表党中央和自治区党委、市委的决策部署，自觉树立全局视野、培养大局意识，找准老干部工作融入党的建设新的伟大工程、服务全市改革发展稳定大局的切入点和着力点，不断提升政治站位，履行政治责任，进一步在服从服务大局中彰显老干部工作价值。

（二）勇于承担历史责任，牢记老干部的历史功绩。抚今追昔，没有老同志浴血奋战、艰苦奋斗，就没有建党开天辟地、中华人民共和国成立改天换地、改革开放翻天覆地的伟大成就。要始终牢记老干部的历史功绩，从尊重历史、维护历史的高度来认识老干部工作，从传承党的优良作风和弘扬中华民族传统美德的高度来把握老干部工作，以饮水思源的感恩之心尊重、服务离退休干部。同时，还要积极引导广大离退休干部发挥政治优势、经验优势、威望优势，激励他们老有所为、继续发光发热，为全面落实强首府战略献智献计。

（三）勇于承担社会责任，提升老干部服务保障水平。当前，人口老龄化问题已经成为一个突出的社会问题，需要各级党委、政府及社会各界都给予高度重视。要认真研究在积极应对人口老龄化国家战略大背景下谋划和推进老干部工作的新思路新举措，积极整合社会资源，不断创新服务模式，坚持思想上关心、生活上照顾、精神上关怀，满腔热情为老同志办实事办好事，让老同志安享幸福晚年。

（杨景平　左强　肖笛　何莹　吴蔚）

多措并举做好疫情防控下的内宾接待工作

市接待办

2021年，市接待办坚持以习近平新时代中国特色社会主义思想为指导，紧紧围绕市委、市政府中心工作，严格贯彻落实中央八项规定及其实施细则及国内公务接待有关规定要求，切实履行部门职责，不断改进工作作风，提高接待工作水平，圆满完成了各项接待工作任务，为全面落实强首府战略作出了积极贡献。

一、党建概况

2021年，市接待办机关党支部共有干部职工19人，均为党员。

（一）强化主体责任，抓好理论学习。坚持习近平新时代中国特色社会主义思想为指导，深入学习贯彻党的十九大和十九届历次全会精神，贯彻落实习近平总书记视察广西“4·27”重要讲话精神和对广西工作系列重要指示要求。一是强化政治理论学习。以机关党支部理论学习为依托，制订学习计划，围绕中心学，结合实际学，带着问题学，用先进的理论武装头脑、统一思想、凝心聚力。二是扎实开展党史学习教育。把学党史、悟思想作为一项重要的政治任务，及时征订了《论中国共产党历史》等一批指定学习资料，坚持集中学习和自学相结合，以理论学习中心组学习、专题党课等形式开展集中学习，做到学史明理、学史增信、学史崇德、学史力行；充分利用《支部学习》专刊、微信、QQ、“学习强国”学习平台、“绿城党旗红”平台等开展线上学习活动，营造党员干部主动学习、奋勇争先的良好氛围，进一步拓宽学习的广度和深度。

（二）夯实党建基础，争创模范机关。一是年初组织支部成员精心研究制定机关党支部工作日程安排表和机关党支部支委会计划表，使“三会一课”的内容更加全面更加多彩。采用课堂教学和现场教学相结合、集中和分散相结合、会议和活动相结合等形式抓好落实，用心丰富“三会一课”形式。针对“三会一课”的具体内容、有关要求、书写格式等进行了培训，并建立由支部委员、各党小组长及记录员组成的“三会一课”专项工作QQ群，不定期将学

3月5日，开展南宁—百色两市接待业务交流会

习重点、学习材料发布到群里，供大家参考，对“三会一课”进行规范化。组织“三会一课”学习60余次。二是通过专家讲座、集中培训、讲党课、现场教学等方式，提高了党员学习的积极性，实现了学习方式多样化、学习对象全覆盖。全体党员进一步增强“四个意识”、坚定“四个自信”、做到“两个维护”。三是组织观看革命教育影片、观看违纪案件警示录、到广西烈士陵园开展“学党史　清明祭英烈”暨“感党恩　跟党走　铸牢中华民族共同体意识”主题党日活动，不断创新开展机关党员集中活动日活动，进一步坚定了党员干部理想信念。

（三）强化党建引领力，助推乡村振兴发展。组织开展走访慰问活动4次，慰问贫困户56人次，慰问困难学生24人次，慰问困难党员12人次。召开座谈会，了解群众所需，积极为村民办实事办好事，推进贫困村基础设施及村集体经济发展。

（四）畅通交流渠道，提升基层接待服务水平。市接待办领导带队到挂点城区开展党课活动四次，并以此为契机，加强对县（市、区）贯彻落实中央八项规定及其实施细则精神、《党政机关国内公务接待管理规定》及系列配套制度情况的督查和指导，提升基层接待工作水平。

（五）坚守纪律底线，确保机关风清气正。一是严格落实中央八项规定及其实施细则精神，营造风清气正氛围。以年初、年末为重点时段，以春节、端午节、中秋节等重要节点，做好正面宣传工作和监督检查，狠刹公款吃喝和奢侈浪费等不正之风，严格规范“三公”经费、职务消费和业务支出，严格车辆使用管理。把家风建设摆在重要位置，坚持理想道德高线，自觉树立良好家风。杜绝违规公款购买名贵特产、违规收受赠送名贵特产、违规将名贵特产占为己有、本人或特定关系人违规参与经营名贵特产类特殊资源等问题。二是拓宽宣传渠道，强化党员主动学习意识。在党员宣教室设立廉政书柜、添置廉政书籍、订阅廉政报刊，让党员干部随时学习廉政文化知识，提高廉洁奉献意识；机关党支部每月组织编印《支部学习》专刊1期，每月编发《学习与素养》网微版3期、《接待知识》网微版12期，并充分利用办公长廊、党员学习活动室以及“学习强国”、“绿城党旗红”、南宁机关“两学一做”网上党校、微信等关键载体，多角度宣传学习党和国家重大决策部署。三是完善监督体系，做好廉政风险防控工作。加强对党内监督工作的领导，按照主要领导负

总责，分管领导具体负责分管科室的原则，定期或不定期地召集分管科室相关人员学习有关文件精神，对分管科室相关人员开展廉政谈心谈话，及时发现并纠正有关问题；加强岗位廉政风险防范机制建设。全面加强库房保管、财务收支、大型活动后勤接待保障工作等重点领域、重要岗位和关键环节廉政风险排查、评估，促进惩防体系建设。

二、主要工作

（一）着力教育宣传、筑牢抗疫思想防线。扎实做好公务接待活动中疫情防控工作，坚持把接待对象和干部职工的生命安全和身体健康放在第一位，严格按照上级部门要求开展接待工作，着重从人员、场所、物品等基本要素入手，切实完成好疫情防控常态化要求下的接待任务，收到良好成效。组织干部职工认真学习自治区、市关于新冠肺炎疫情防控工作的相关文件指示，进一步统一思想、提高认识，确保全员达成统一的操作共识，把疫情防控要求落实到位。利用微信群等方式，大力宣传疫情防控政策文件、科普疫情防控知识，实现组织动员全覆盖，要求干部职工从我做起，把防控要求转化为自觉行为方式，强化自我防护和管理意识，让健康生活习惯常态化。

（二）用心谋划，细致做好日常接待工作。全年共接待内宾277批次（其中等级任务10批次，省部级32批次），接待客人数2686人，接待总人数5257人，安排市领导及重要嘉宾机场、火车站便捷通道143次。接待过程中，坚持实事实办、深入细致的作风，认真把握线路流程等细节问题，严格做好疫情防控措施，各类接待保障工作没有出现一丝纰漏，得到各级领导肯定。

（三）全力以赴，创新完成大型活动的服务保障工作。克服变数多、时间紧、任务重等困难，先后参与并圆满完成了第3届南宁专家咨询委员会、第18届中国—东盟博览会及中国—东盟商务与投资峰会、第3届中国—东盟电视周、市第十三次党代会和市党代表会议等重要活动的前期筹备及后勤接待服务保障工作。在市第十三次党代会和党代表会议召开之际，正逢全国部分城市新冠肺炎疫情出现外延趋势阶段，根据疫情防控常态化管理的工作要求，参会代表及服务会议的工作人员在会议召开期间全部实行闭环管理，会议接待酒店的需求量和食宿经费成倍增长。为实现节俭办会，以市委、市政府办公地点为中心，按照区域划分，以埌东片区为首选延伸至五象片区和朝阳片区等多家酒店进行考察，挑选出能够满足会议档期实现闭环管理要求且软、硬件服务设施过硬的酒店作为本次会议食宿酒店。从会议筹备到方案制订再到实施，全体干部职工加班加点，毫无怨言，工作主动，注重细节，从酒店环境和房间设施设备的检查，到疫情防控措施的落实，到菜单的设计和菜品搭配等等环节，都反复推敲，做到接待工作的“零差错，零失误”。

（四）细化接待要求，确保措施落实。严格控制同桌同包厢人数，包厢内用餐人数不超过10人（含10人），每个座位预留安全距离，人员间隔1米左右，每人配备消毒湿巾，以位上分餐或公筷公勺形式，确保用餐安全；对食品采购、加工、存放、装盘、送餐等流程严格把关，及时检查服务人员口罩手套佩戴、洗手液等用品配备和餐具使用消毒等防控措施落实情况，及时发现问题、消除隐患，确保防控各项措施落到实处；指导督促接待酒店提前对嘉宾入住的房间进行卫生消杀检查，房间适当配备酒精消毒剂、免洗抑菌洗手液、一次性医用口罩等防疫物资，保证入住安全卫生。在车辆使用上，严格按照疫情防控的标准，对车辆进行清洗消毒，对车辆驾驶员进行体温检测，车上配备消毒喷液等防疫用品，确保用车安全。

（五）挖掘本土资源，彰显特色文化。在接待工作中注重挖掘本地特色资源，融入少数民族风俗等特色文化，宣传本市地标文化产品，充分展示城市文化内涵。在餐叙桌面布置上，根据不同的接待对象，在凸显壮乡特色的主题中融入对方城市的地标和文化特点，契合接待主题，设计出不同的桌面造型，给宾客留下了深刻的印象。在宣传文化地标产品上，指导县（市、区）相继开发出地域特色的产品，如横州市的茉莉花系列茶品、化妆品及糕点；邕宁区的水果系列果干；上林县的养生系列食品；隆安县的特色农产品伊蜜火龙果、绿水江香蕉等；以横州茉莉花和邕宁的果干产品为龙头初步形成南宁接待文化的地方特色体系。在传承地方饮食文化上，利用本地的特产资源，不断推陈出新，创新推出水街美食拼、百香果回锅肉、茉莉花美食、壮乡盆菜和簸箕菜、百香果酸奶等邕城特色菜品饮品；在宣传推介南宁特色资源上，在宾客房间摆放南宁宣传画册和《邕江》纪录片U盘，让来宾充分了解南宁的历史文化；在考察车辆上放置茉莉花绣球和配备茉莉、六堡等特色茶水，进一步提升了茉莉花品牌的知名度。

（六）强化业务指导，提升接待品质。利用基层调研后勤保障工作契机，主动作为，在各县（市、区）、开发区开展一对一业务交流指导工作，对县（市、区）接待部门在制定接待制度、规范接待流程、落实接待标准、完善接待台账等方面存在的不足提出意见和建议，并整改落实。同时利用全市接待系统学习交流微平台定期每月发送12期《接待知识》，在日常工作中利用微信、电话等形式为各县（市、区）接待部门答疑解惑，收到了良好的工作成效，得到广泛好评。

三、经验做法

（一）抓好党史学习教育，提高政治站位。坚定不移地将习近平新时代中国特色社会主义思想作为一切工作的根本遵循和行动指南，发挥党引领发展的核心作用，坚决服从、服务于市委、市政府中心工作，确保接待事业发展始终坚持正确的政治方向。

（二）贯彻落实中央八项规定及其实施细则精神，规范公务接待。认真贯彻落实中央八项规定及其实施细则精神，坚持从政治大局和服务中心工作来认识和把握，切实把中央、国务院和上级有关接待工作精神、规定不折不扣地落到实处。把解放思想作为机关学习和干部培训的重点内容，着力增强广大干部解放思想、改革创新的意识和能力。

（三）强化工作作风，提升接待服务水平。认真学习领会习近平新时代中国特色社会主义思想蕴含的思想方法和思维方式，认真查找在发展理念、领导方式、工作作风等方面存在的问题，在新的认识基础上达到更高的思想统一。牢固树立科学的理想信念，紧跟发展变化的新形势，坚持以习近平新时代中国特色社会主义思想为指导，立足本职，努力提升接待服务水平。

（四）创新工作思路，助力经济社会发展。坚决破除惯性思维、路径依赖，墨守成规、缺乏创新，见事迟、行动慢、办法少等问题，打开解放思想这个总开关，健全完善体制机制，注重全面协调配合，形成全办工作的强大合力。摆脱条条框框束缚，用创新的思维和办法应对新情况、解决新问题，围绕发展大局，抓住重点问题，找准关键症结，以自我革命的勇气和魄力坚决冲破各种陈旧落后的思想观念和思维定式束缚，以思想大解放推动事业大发展。

（李泽辉）

全面贯彻落实新时代党的建设总要求 为推动首府档案事业高质量发展提供坚强的组织保障

市国家档案馆

2021年，市国家档案馆始终坚持以习近平新时代中国特色社会主义思想为指导，深入学习贯彻习近平总书记视察广西“4·27”重要讲话精神和对广西工作系列重要指示要求，贯彻落实习近平总书记新时代档案工作的重要批示精神，紧紧围绕建党百年和党史学习教育扎实做好档案服务，按照习近平总书记对档案工作提出的四个“好”、两个“服务”的目标要求，积极履行“为党管档、为国守史、为民服务”的职责使命，不断加强档案资源、利用、安全、治理体系建设，坚持把党的政治建设摆在首位，全面贯彻新时代党的建设总要求，为推动档案工作服务经济社会发展大局提供了坚强的组织保障。

3月8日，市国家档案馆机关党支部联合市五象湖社区党总支部，组织党员干部到五象湖公园开展守护“绿水青山”志愿服务活动

一、党建概况

2021年，市国家档案馆设机关党支部1个，党员44人，其中在职党员21人（含预备党员2人），退休党员23人，分设3个党小组。

（一）加强政治建设，带头做到“两个维护”。坚持把党的政治建设摆在首位，全面贯彻落实新时代党的建设总要求，深化政治机关意识教育，始终把习近平新时代中国特色社会主义思想作为馆领导班子理论学习中心组学习的“第一议题”、支部学习的“第一内容”、党员学习的“第一任务”，发挥理论学习中心组的示范作用，坚持领导带头学、做辅导，认真抓好习近平总书记“七一”重要讲话、视察广西“4·27”重要讲话精神和对广西工作系列重要指示要求、对档案工作的重要批示精神的学习贯彻，引导全馆党员干部胸怀“两个大局”，把讲政治的要求从外部要求转化为内在主动，切实提高党员干部政治判断力、政治领悟力、政治执行力。围绕“建设壮美广西 共圆复兴梦想”总目标总要求，全面落实“三大定位”新使命和“五个扎实”新要求，推动《中共广西壮族自治区委员会关于进一步健全落细落实习近平总书记重要讲话、重要指示批示精神和党中央决策部署长效机制的意见》落实落地。贯彻落实《中共南宁市委员会常务委员会关于坚决维护以习近平同志为核心的党中央权威和集中统一领导的规定》，推动全馆党员干部切实增强“四个意识”、坚定“四个自信”、做到“两个维护”。

（二）加强思想建设，扎实开展党史学习教育。按照“学史明理、学史增信、学史崇德、学史力行”的总要求，将党史学习教育作为2021年党员、干部教育培训重点任务。党支部通过主题党日、“三会一课”等组织党员干部学习“四史”读本，开展中国特色社会主义制度宣传教育。围绕“知史爱党、做好表率”讲专题党课，通过开展“读书班”、党史宣讲、现场教学、专题研讨、知识讲座、“爱党爱国爱家”党史知识竞赛、打卡红色教育基地、重温入党誓词、红色歌曲大家唱、“感党恩跟党走”、“党建引领+”、“我为群众办实事”、结对共建等主题系列活动，广泛开展以党史为重点的“四史”学习宣传教育，全力推进学习教育走深、走心、走实，进一步坚定了党员干部听党话、跟党走的信念。

（三）夯实基层基础，不断提高党支部的组织力。认真贯彻落实习近平总书记在中央和国家机关党的建设工作会议上的重要讲话精神，以创建模范机关为抓手，着力建好建强党支部。结合档案馆职能职责，开展“铸党魂、强档基、树形象，打造新时代模范机关”主题活动，将创建工作与破解难题、改进作风、推动工作结合起来，确保创建实效。严格落实“三会一课”、民主生活会、组织生活会、民主评议党员、谈心谈话等党内政治生活制度。党支部达标创优、组织生活质量提升达标工作先后通过验收。年内预备党员转正2人，发展预备党员2人。

（四）落实工作责任，牢牢掌握意识形态工作主动权。认真贯彻落实《党委（党组）意识形态工作责任制实施办法》《党委（党组）意识形态工作责任制实施细则》等，按照意识形态工作分级负责和谁主管谁负责的原则，制订《南宁市国家档案馆2021年落实意识形态工作责任制实施方案》，把意识形态工作纳入党建工作责任制，纳入领导班子年度目标责任。党支部书记作为第一责任人，带头抓思想理论建设，馆领导班子其他成员作为直接责任人，根据工作分工，协助党支部书记、馆长抓好统筹协调指导工作，按照“一岗双责”要求，抓好分管科室的意识形态工作，并将意识形态作为党建述职的重要内容，推动意识形态各项工作的落实。按照“谁组织谁负责、谁审批谁监督”的原则，加强内部刊物、讲座、报告会、研讨会的管理。建立健全了网络意识形态工作机制，切实加强网络信息管控，确保网络意识形态安全。

（五）强化监督执纪，不断深化党风廉政建设和反腐败斗争。召开2021年南宁市国家档案馆党的建设暨党风廉政建设工作会议，深入开展“书记引航 担使命”主题活动，认真贯彻落实《中国共产党重大事项请示报告条例》《中共南宁市委办公室关于认真做好重大事项请示报告工作的通知》，组织分管领导、各科室签订《2021年度南宁市国家档案馆党风廉政建设主体责任责任书》。制订领导班子及成员2021年度党风廉政建设主体责任清单，持续推进《王小东书记点评2020年度市直机关党建工作有关问题整改方案》整改落实。深入贯彻落实中央八项规定及其实施细则精神和自治区党委、市委实施办法，坚持把学习党章党规党纪作为党员干部必修课，每月常态化开展警示教育，及时传达党中央、自治区党委、市委有关党风廉政建设和反腐败工作会议、文件精神和违纪违法典型案例通报。持续深化纠治“四风”，教育引导党员干部加强党性修养，严格家教家风，自觉反对特权思想和特权行为。协助纪检组精准运用监督执纪“四种形态”，加强经常性监督和全方位管理，紧盯人事管理重要岗位、大额资金使用重点领域，持续净化机关政治生态。

二、主要工作

（一）档案基础业务服务中心大局水平有了新提升。一是用活红色档案资源，服务党史学习教育。充分发挥爱国主义教育基地作用，深挖馆藏档案资源讲好红色故事，举办或联合举办“感党恩 跟党走 铸牢中华民族共同体意识——南宁市爱国主义教育基地民族团结进步主题活动”“百年风华正茂 奋斗铸就辉煌——庆祝中国共产党成立100周年南宁市党史图片展”“壮族文化（南宁）档案陈列展”等。推出《百年风华 红色印记——这个档案会说话》微视频，用档案讲好党的百年辉煌故事，丰富党史学习教育形式。拍摄制作建党百年档案系列微视频《传承·奋进》获选全国入围作品。采集录制建党100周年获南宁市“两优一先”表彰优秀共产党员口述历史档案专题视频10部，拍摄录制以各县（区）市级以上非物质文化遗产项目名录中富有特色的壮族山歌传承人/基地的非遗项目专题视频5集。二是做好新冠肺炎疫情防控工作。严格按照市委、市政府要求做好新冠肺炎疫情防控工作，全馆干部职工疫苗接种率达90%，做好馆公共区域消毒，采购安装热成像测温仪及配套系统2套，落实人员进出馆区“三码联查”和测量体温等防控制度，全年排查5600多人次。三是围绕巩固脱贫成果，衔接乡村振兴。筹集2.5万元为横州市马山镇西竹村新建100平方米的星棚结构文化舞台，为村民群众提供一个文化娱乐场所。组织村“两委”干部、致富带头人到横州市南乡镇、马山县、青秀区刘圩镇等地考察种鸡养殖孵化、肉牛养殖等技术，不断巩固脱贫成果，推动乡村振兴。四是持之以恒抓好创卫创城各项工作，为首府创建文明城做好服务。围绕全国文明典范城市创建，紧贴新时代文明实践和志愿服务要求，联合良庆镇宋厢社区党总支部开展“我为群众办实事·共建共享文明城市”新时代文明实践志愿服务活动，开展守护“绿水青山”、文明交通劝导志愿服务活动等。配合市文明办、市卫办、良庆区、社区做好迎接创卫创城复审各项工作，发布宣传信息19项，清洗路面、标识引导牌3次。严格按照创卫创城宣传和检查要求，利用LED屏幕、大厅大屏幕、电梯口、查阅窗口、食堂等张贴并播放宣传口号、标语、视频等60多处，粘贴禁烟标识50多处。市国家档案馆获命名2021年南宁市民族团结进步示范机关（单位），成功创建无烟单位。

（二）档案法律法规的宣传力度取得新提升。联合市档案局组织开展以“档案话百年”为主题的“6·9”国际档案日宣传活动，与南宁日报社、南宁新闻网、南宁云平台等新媒体拓宽宣传形式，推出《档案话百年》宣传专版2期。开展档案馆开放日及档案保护体验活动，向市民赠送国际档案日主题宣传手册、环保袋等宣传用品，举办新修订《中华人民共和国档案法》知识讲座，组织参观自治区档案馆《红色广西》档案专题展。通过南宁市政务信息平台向全市党员干部、群众发送政务短信，宣传档案法律法规知识。在市级以上报刊、网站刊发112篇档案工作宣传报道，稳居全区各地市首位。

（三）档案“三个体系”建设得到新增强。一是丰富档案资源体系。全面开展到期档案依法接收工作，全年共接收包括脱贫攻坚和疫情防控档案在内的58个全宗纸质档案7222卷又501820件（折合57404卷），照片档案12800张，录音录像带242盘，数字化光盘574张，实物档案1077件。至12月底，馆藏纸质档案163172卷、照片档案24643张、录音录像带678盘、数字化光盘1128张、实物档案2068件、图书8322册。二是拓宽档案利用体系。积极开展“我为群众办实事 党员干部窗口服务日”活动，全年接收2021年度各单位政府信息主动公开纸质文件9274件、电子目录7619条，接待查档1703人次，提供档案14750件次，复制档案资料14860页，解决单位及群众编史修志、房产过户等民生问题1000多个，全年接待江苏省无锡市等区内外93个单位1216人次参观“中国档案珍品展”等展览，讲解服务35场。完成《南宁市国家档案馆年鉴·2021年卷》《2021年南宁市国家档案馆工作大事记》《南宁市国家档案馆地方志资料年报》《2021年度档案利用实例30例》《建党100周年优秀共产党员口述历史档案采集成果汇编》《南宁市国家档案馆档案查阅利用制度汇编》。开展1991—1996年到期档案鉴定开放工作，完成88个全宗15011卷165803件档案开放鉴定。建立完善2007—2020年南宁市非物质文化遗产档案目录211项、2020年壮族文化采集项目目录21项。三是强化档案安全体系建设。深入贯彻落实习近平总书记关于国家安全观的重要论述精神和筑牢安全防线确保档案安全的要求，强化档案安全保管基地建设、网络安全与信息安全管理，加强人防、物防、技防“三位一体”综合防范体系，按照库房“八防”的标准，严格落实安全管理主体责任，全面梳理排查档案安全风险隐患点，开展档案安全风险排查专项整治，及时消除安全隐患，确保档案安全。做好馆藏重点档案抢救保护工作，修裱国家重点档案98卷17375页。数字化扫描馆藏档案1.2万多卷150万页。四是综合档案馆业务建设评价整改工作取得新成效。积极开展综合档案馆业务建设评价整改工作，通过自查、互查相结合的方式，对照问题清单，对本馆业务建设存在问题和解决情况进行全面梳理和总结，逐项落实整改。与广西民族大学联合开展《乡村振兴战略下档案资源精准化服务模式研究》课题，并申报国家档案局科技项目。积极参加国家档案局主办的“档案见证历史巨变——纪念建党100周年学术论坛”征文活动，1人征文荣获一等奖。

三、经验体会

（一）坚持以习近平新时代中国特色社会主义思想为指导，坚持把党的政治建设摆在首位，全面贯彻落实新时代党的建设总要求和党的组织路线，弘扬伟大建党精神，是筑牢党员干部理想信念之基。

（二）以创建模范机关为抓手，坚持以创促建、以创促改，将创建工作与破解难题、改进作风、推动工作结合起来，着力建好建强党支部。

（三）深入学习贯彻习近平总书记关于新时代档案工作的重要批示精神，充分发挥“档案工作存史资政育人”的作用，不断提高档案工作质量和服务水平，推动档案事业创新发展。

（周心龙）

忠诚党的事业 竭诚服务职工 团结带领全市广大职工为建设新时代中国特色社会主义壮美广西首善之地而不懈奋斗

市总工会党组

2021年，市总工会党组坚持以习近平新时代中国特色社会主义思想为指导，全面贯彻党的十九大和十九届历次全会精神，深入贯彻习近平总书记视察广西“4·27”重要讲话精神和对广西工作系列重要指示要求，深入学习贯彻习近平总书记关于工人阶级和工会工作的重要论述，紧紧围绕建设壮美广西“1+1+4+3+N”目标任务体系和市委重点工作部署，不断加强工会系统党的建设，扎实开展党史学习教育，团结带领全市广大职工为建设新时代中国特色社会主义壮美广西首善之地而不懈奋斗。

一、党建概况

2021年，市总工会直属基层党组织14个，其中党委1个，党总支部1个，党支部12个，党员161人。

（一）加强党的政治建设，确保工会工作正确政治方向。始终坚持把党的政治建设摆在首位，深刻领悟“两个确立”的决定性意义和实践要求，切实增强“四个意识”、坚定“四个自信”、做到“两个维护”。始终坚持以习近平新时代中国特色社会主义思想武装头脑、指导实践，坚决把思想和行动统一到党中央决策部署和自治区党委、市委的部署要求上来，并将精神要义贯彻到工会工作中。充分利用工会刊物、网站、微信公众号等阵地加大宣传阐释力度，从全局中找准工会位置，推动党中央和自治区党委、市委决策部署落到实处。不断推动基层党组织建设全面发展，把从严要求贯穿发展党员全过程，严格落实党组织书记管党治党主体责任述职评议考核工作，努力提高基层党组织党务干部的综合素质和履职能力。完成市总机关党委、文化宫党总支、各支部换届选举工作，为建设坚强战斗堡垒打好基础。

（二）突出责任落实，推动全面从严治党向纵深发展。推动“两个责任”落实落细，研究制订2021年度市总工会全面从严治党主体责任清单，切实把党建工作与工会业务工作同谋划、同部署、同推进、同落实。严格执行重大事项请示报告制度，确保上级党委重大决策部署在工会系统落实落地。党组班子成员认真履行“一岗双责”，抓好职责范围内的管党治党工作，做到一级抓一级、层层抓落实。持之以恒落实中央八项规定及其实施细则精神，督促推动市总工会领导干部特别是主要领导干部带头改作风转作风，主动抓作风治歪风，全年召开2次会议，专题研究党风廉政建设工作。严格执行公务用车管理规定，扎实开展公务加油卡整治工作，发现问题并整改2条。做实党员干部警示教育，及时传达学习违反中央八项规定及其实施细则精神典型案例通报，持之以恒正风肃纪。共发送廉洁短信471条，召开警示教育大会2场。认真开展工程建设领域专项整治活动，召开抵制工程建设领域腐败承诺会议，签订抵制工程建设领域腐败承诺书22份。党组书记代表党组和纪检组签订抵制工程建设领域腐败承诺书1份。

劳模和工匠人才创新工作室团队成员在探讨研究工作

（三）强化自身建设，工会组织凝聚力战斗力不断增强。市总工会派出干部6名组成3个工作组，赴基层开展蹲点活动，到基层和职工最需要的地方去办实事、解难题。其间共指导19个基层工会开展工会规范化建设，深入24家企事业单位进行调研访谈，开展宣讲活动6场，指导新建基层工会组织7个。发挥工会优势助力乡村振兴，全市基层工会购买消费帮扶产品累计3120.62万元。选派2名优秀党员干部担任定点帮扶村第一书记，加大对定点帮扶村特产产业项目支持力度，补助项目经费70万元。以全面提升能力素质为导向加强工会干部队伍建设，举办新任基层工会干部培训班和各类工会业务素质提升培训共18个班次，培训工会干部1503人。开展“送教到基层”，培训基层工会干部4000多人次。

二、主要工作

（一）创新开展党史学习教育，构建南宁工会红色教育文化圈。围绕学党史、悟思想、办实事、开新局，扎实开展“学党史 守信念 绿城职工跟党走”主题活动，通过举办专题学习会、南宁工运史专题研讨、开展红色经典诵读、打卡红色教育基地等形式，以学党史带学工运史，凝聚工人阶级奋进力量。投入资金3026.9万元，以17项任务为重点，开展“我为群众办实事”实践活动、“工会进万家”调研走访慰问活动。建成开放南宁市红色工运教育体验馆，全区首创“党史+工运史”“展陈式讲解+沉浸式体验+课堂式提升”的学习教育方式，结合南宁工运历史陈列馆、南宁劳动模范纪念馆等工会红色教育阵地，构建起南宁工会红色教育文化圈。共有各级机关企事业单位168批次4935名干部职工群众到市总工会各红色教育阵地参观学习。

（二）聚焦全市中心工作，组织广大职工建功立业。一是充分发挥劳模工匠示范作用。在市委的领导下，开展劳模先进推荐评选工作，评上2021年全国五一劳动奖状1个、全国五一劳动奖章1名、全国工人先锋号3个、广西五一劳动奖状6个、广西五一劳动奖章10名、广西工人先锋号10个、“广西工匠”2名，选树命名“南宁工匠”19名、南宁工人先锋号100个、工人先锋岗100名。深入推进劳模和工匠人才创新工作室创建工作，全市123家创新工作室提出创新合理化建议251条，完成技术攻关656项，技术改造1468项，申请专利357项。二是劳动和技能竞赛蓬勃开展。围绕重大战略、重大工程、重大项目、重点产业，开展“勇当主力军、建功新时代”主题劳动竞赛，全市共有31个企业、69个重点项目参加竞赛。举办2021年南宁市职工职业技能大赛，设置精密结构件装配、机器人自动焊接、网络与信息技术、智慧家庭工程等35个竞赛工种，参赛职工达26万人次。组织南宁市职工参加2021年全区职工职业技能大赛，斩获5个赛项第一名。推荐5名选手代表广西参加第七届全国职工职业技能大赛，获得了国赛第七名的全区最好成绩。三是深化产业工人队伍建设改革。围绕产业工人队伍思想政治引领、建功立业、素质提升、地位提高和队伍壮大五大任务，积极探索，形成了一批可复制、可推广的经验做法。以班组长建设为突破口，实施“产业工人队伍建设改革提升年”行动，举办全市首届班组长竞赛，共有24支不同行业企业代表队120名班组长参加，开创了全国不同行业企业班组长竞赛的先河。实施职业技能提升行动和职工素质建设工程，对标南宁市产业发展方向，聚焦企业技能岗位需求，开展在岗职工技能提升培训、职业技能等级培训、高技能人才培训、“送培创”等，培训职工1.64万人次。

（三）不断健全完善维权服务工作体系，职工合法权益得到有效维护。一是不断完善企事业单位民主管理，全市已建工会组织的公有制企业厂务公开和职代会建制率均保持在100%，非公企业厂务公开和职代会建制率分别为96.3%和96.6%。二是积极构建和谐劳动关系。建立26个劳动领域政治安全和劳动关系监测点，成立市总工会协调劳动关系专家工作室、市中级人民法院劳动争议巡回法庭，建立“法院仲裁+工会+N”劳动争议纠纷多元化解联动机制，实现矛盾纠纷化解“一窗式”办理、“一条龙”服务。市总工会共接待和处理各类信访求助、咨询事项157件，涉及职工1157人，帮助追回被拖欠的工资和经济补偿金共128.92万元。三是加强职工服务阵地建设。新建“工会爱心驿站”5家、“司机之家”2家、园区“职工之家”2家。建成开放市总工会职工心理健康服务幸福空间，免费为11578名职工开展心理测试及心理咨询。联合市文广旅局下发《南宁市职工疗休养基地（点）认定和管理办法》，新认定自治区级职工疗休养基地1家，市级疗休养基地（点）9家，组织2387名一线职工分批次进行疗休养。实施女职工关爱行动，新建5家女职工关爱室。四是持续深化工会“四季帮扶”品牌活动，开展“春送岗位”活动，共举办招聘会51场，组织1256家用人单位参加，达成就业意向2509人；开展“夏送清凉”慰问活动，共走访企业和项目工地138家，慰问农民工36641人次，发放防暑降温物品165.83万元；开展“金秋助学”资助活动，共资助困难职工子女126人，发放助学金65.68万元；开展“元旦、春节温暖”慰问活动，共慰问各类职工群众12595人次，发放慰问款物253.98万元。全力做好职工医疗互助保障工作，完成职工医疗互助保障参保28.4万人次，累计补助6593人次，补助金额672.96万元。

（四）扎实开展“基层工会建设年”活动，工会基层基础进一步夯实。一是在巩固传统领域建会入会基础上，重点加强“三新”（新产业、新业态、新商业模式）领域工会组织建设，开展“新就业形态劳动者入会集中行动”，成立全国首家盲人按摩行业工会联合会、全区首家网约车行业工会联合会，全市新建工会606个，新发展工会会员2.0992万人，其中新就业形态劳动者加入工会组织1.51万人。开展小微企业工会经费返还工作，累计返还189家小微企业工会经费1372.7万元；补助基层工会“职工之家”40家，补助资金130万元。建立健全基层工会领导机构、工作机构和工作制度，选树“党建带工建、工建服务党建”工作示范点5个，评选确认全市先进职工之家112个、全市先进职工小家133个、全市优秀工会工作者133名。强化“互联网+”工会顶层设计，完成南宁市工会会员管理系统建设。制定《南宁市总工会信息安全制度》《南宁市总工会普惠服务特约商户管理办法》，进一步规范工会网上工作。更加注重运用网络手段、网络平台开展工会工作，在市总工会网站、微信公众号等媒体平台发布信息2600多条，点击量59.6万次；在抖音平台发布信息57条，浏览量1537.67万次，2021年南宁市职工职业技能大赛启动仪式预热短视频登上南宁热搜榜前三名。

三、经验体会

（一）要深刻把握工会组织政治性，引导职工群众坚定不移听党话、跟党走。工会是党领导下的工人阶级群众组织，政治性是工会组织的灵魂。各级工会要把深入学习贯彻习近平新时代中国特色社会主义思想作为重大政治任务，始终在思想上政治上行动上同以习近平同志为核心的党中央保持高度一致，引导广大职工不断增强对党的政治认同、思想认同、情感认同，不断巩固党执政的阶级基础和群众基础。要清醒认识新阶段工会工作面临的新使命、新目标、新任务，找准工会工作融入中心、服务大局的切入点、着力点和落脚点，持续提升工会工作服务中心大局的贡献度。

（二）要深刻把握工会工作先进性，团结动员职工以主人翁姿态建功新时代。工会工作的先进性体现在工人阶级的先进性。更加自觉地全面贯彻习近平总书记对广西工作系列重要指示精神，紧紧围绕建设壮美广西的目标任务体系和市委的重点工作，团结动员广大职工在改革发展第一线建功立业。要扎实推进新时期产业工人队伍建设改革，把产业工人的命运与南宁产业发展壮大紧紧联系在一起，把广大职工的高素质与南宁经济发展的高质量紧紧联系在一起，着力建设一支有力支撑南宁市经济高质量发展的有理想守信念、懂技术会创新、敢担当讲奉献的宏大产业工人队伍。

（三）要深刻把握工会组织的群众性，全力维护职工合法权益、竭诚服务职工。各级工会要不断创新服务职工的方式和手段，推动服务项目、服务内容等向新领域、新阶层、新群体不断拓展。要坚持普惠性原则，整合各方资源，不断扩大工会服务覆盖面和受益面，要把更多的力量和资源向基层倾斜，使基层工会真正建起来、转起来、活起来，把各级工会组织建设成为广大职工信赖的“职工之家”，让工会干部真正成为职工信得过、靠得住、离不开的“娘家人”。

（师吕　赵振套）

凝聚“青”力量　奋进新征程

团市委

2021年，团市委坚持以习近平新时代中国特色社会主义思想为指导，全面贯彻落实党的十九大和十九届历次全会精神，以庆祝中国共产党成立100周年为主线，以党史学习教育为抓手，按照自治区第十二次党代会和市第十三次党代会决策部署，全面加强从严治团，深化青少年思想引领，团结带领全市团员青年和少先队员围绕中心、服务大局，为全面落实强首府战略、推动南宁高质量发展凝聚青年力量。

3月31日，团市委举办“点亮微心愿　聚力暖童心”——2021年广西移动频道爱心公益活动

一、党建概况

2021年，团市委设1个机关党支部，在职党员22人。

（一）强化思想政治建设。构建以理论中心组学习为龙头、党员干部为重点、党支部为基础的理论武装工作格局，充分用好“学习强国”学习平台，深入学习习近平总书记“七一”重要讲话精神、习近平总书记视察广西“4·27”重要讲话精神和对广西工作系列重要指示要求、党的十九届六中全会精神及自治区第十二次党代会精神、市第十三次党代会精神等重要内容。年内组织开展理论中心组学习4次、专题研讨3次，党员集中学习15次，机关读书交流会8次。

（二）筑牢组织战斗堡垒。严格落实“三会一课”制度、党员集中活动日活动制度、民主生活会和组织生活会制度、民主评议党员制度、谈心谈话制度、发展党员制度和党费收缴制度。年内召开党员大会7次、支委会12次、党课5次，党员集中活动日活动47次，民主生活会1次，组织生活会2次，民主评议党员1次，谈心谈话4次。发展党员2名、入党积极分子1名，收缴党费9201.83元。充分发挥党员先锋模范作用，组织党员进社区开展志愿服务活动22次。深入党建联系点和“亲商强企”企业开展调研指导工作10次。

（三）落实全面从严治党。严格落实2021年度党风廉政建设责任清单和全面从严治党月度工作提示单。推进党风廉政建设和反腐败工作，持之以恒纠“四风”树新风，开展专题廉政党课2场、专题实地教育3场、家风建设主题活动3场，集中学习纪委通报的典型案例和观看廉政电影12次，开展任前廉政谈话1次和节前廉政提醒7次，开展专项整治督查5次，认真整改巡视巡察、审计监督、上级专项督查督导等反馈的问题。严格执行机关请（休）假制度、办文制度、比选规定、财务管理规定、干部人事制度和“三重一大”议事规则。

（四）抓牢意识形态工作。贯彻落实意识形态工作责任制，把意识形态工作作为团市委开展青年工作和党建工作责任制的重要内容，一同部署、一同落实、一同考核，切实形成班子统一领导、部门分工负责、全团齐抓共管的工作格局。认真做好意识形态宣传教育工作，完善和规范意识形态领域突发事件的应急处理程序，牢牢掌握意识形态主导权。年内召开2次专题会议研究意识形态工作，开展意识形态工作集中宣讲1次，开展全市共青团系统意识形态和网络安全工作督查1次。

二、主要工作

（一）提升共青团的引领力。一是学深一层，筑牢思想根基。在全市青少年中广泛开展专题学习、座谈交流、知识竞赛，教育引导全市青少年坚定理想信念，厚植爱党爱国爱社会主义情怀。开展党史学习教育、习近平总书记“七一”重要讲话等宣讲256场，全市团员青年参与“青年大学习”网上主题团课超664万人次，全市19656个少先队中队均参与“红领巾爱学习”网上主题队课。二是丰富载体，深化主题教育。通过“线上+线下”“体验+实践”等方式有序开展主题党日、团日系列教育实践，引导青年不断增强听党话、跟党走的思想自觉和行动自觉。全市10843个团（总）支部组织开展“学党史、强信念、跟党走”、学习习近平总书记“七一”重要讲话精神、“请党放心、强国有我”等主题团日活动6632场次，参与青年120万人次。三是主动发声，抓好新媒体引领。充分发挥网络新媒体矩阵的影响力、引领力，微信公众号“南宁青年圈”发布正能量文章超1095篇，阅读量超560万人次，粉丝量突破70万。录制《壮乡首府青少年唱支山歌给党听》视频，该视频在“学习强国”、广西电视台、“广西青年圈”等媒体平台上展播。

（二）提升共青团的组织力。一是

坚持党建带团建。在巩固机关、学校、企业等传统领域共青团组织基础上，全力推进“两新”组织团建，对“两新”组织团建工作统一部署，加强指导，扎实推进。年内，全市建立非公企业团支部3290个，社会组织团支部851个。全市易地扶贫安置点全部建立团组织，全市12个产业园区全部建立团工委，新建南宁市律师行业等8个市级行业团工委。开展县域共青团基层组织改革试点工作，选定横州市、宾阳县、青秀区、西乡塘区为县域共青团基层组织改革试点，带动全市县域共青团改革纵深推进。二是深化团组织规范化建设。开展基层团组织评星定级，全市626个团支部被评为五星级团支部。规范团员发展，坚持总量控制，严格按计划发展团员，严控团青比，高质量完成2021年南宁市新发展18170名团员工作。年内，南宁市青年约280万人，其中14—28岁青年约172万人，现有团员180178名，占14—28岁青年的10.5%。三是选优配强基层团干部队伍。与各县（市、区）党委换届同推进，完成全市各县（市、区）团委领导班子成员调整和1820个村（社区）团组织换届工作。建立专、挂、兼相结合的团干部队伍，安排11名年轻基层干部到团市委机关挂职锻炼。

（三）提升共青团的服务力。一是推动《广西中长期青年发展规划（2018—2025）》在南宁落地见效。严格执行联席会议制度，积极推进青年发展工作纳入市级和各县（市、区）“十四五”规划，设置青年工作专栏。召开南宁市中长期青年发展规划实施工作联席会议第二次全体会议，印发《南宁市中长期青年发展规划2021年实施工作要点》。二是打造南宁市青年人才驿站。为来南宁就业创业的大学生、青年人才提供免费住宿、政策解读、就业指导、城市融入等一站式公益服务，帮助更多外地青年了解南宁、融入南宁、扎根南宁。经审核入住200人，其中110人在南宁就业。依托“原子社区青年公寓”，为青年提供房屋租赁、联谊交友、公益志愿、就业创业等服务，不断提升服务青年的能力。三是推进团属阵地建设。根据“青年在哪里，青年之家就建到哪里”的工作思路，2021年新建“青年之家”3个，全市82个“青年之家”开展活动1198场，服务青少年5.3万人次。以自建、联合企业共建等形式，打造48家户外工作者服务站，为快递小哥、网约车司机等户外工作者提供饮水、休憩、充电等20项便民服务。全市各级团组织共举办联谊交友活动56场次，服务青年1.2万人次。四是加强未成年人保护工作。推动区市共建“12355”青少年服务台，设置接待窗口、个案服务室、对外宣传栏，组建234人的专业志愿者队伍。开展青少年法治宣教主题活动31场，覆盖青少年1.5万人。开展心理减压活动76场，覆盖青少年2.9万人。开展禁毒防艾、防溺水、防拐防骗等青春自护主题活动82场，覆盖青少年3.2万人。五是实施新时代希望工程。筹集价值156.5万元的善款及爱心物资，为希望小学、农村学校送去大批生活文体用品、教学设备、书籍和专业课程，直接惠及农村青少年4558人。实施南宁市希望工程“圆梦行动”，发放助学金50.6万元，资助家庭困难大学生112人、中小学生128人。

（四）提升共青团的大局贡献度。一是引领青年投身乡村振兴。选派2名优秀年轻同志分别到马山县古寨乡古棠村、加显村担任第一书记，助力乡村产业、人才、文化、生态、组织振兴。培训农村青年致富带头人731人次，不断提升农民致富能力。挂牌成立南宁市青年大学生服务乡村振兴实习实训基地，招募705名大学生开展“返家乡”社会实践。开展乡村振兴志愿服务活动152场次，参与志愿者4272名。二是引领青年投身经济建设主战场。选拔30名优秀青年创业者成立青年创业导师团，指导青年创业创新。在南宁市“青年文明号”集体中推荐16支青年突击队参加广西重大项目青年突击队建功竞赛。开展南宁市“青年岗位能手”评选，授予104名青年工匠“青年岗位能手”称号。三是引领青年投身社会基层治理。在全市25个试点社区推进社区青春行动，开展社区青春志愿行、“七彩假期”、“金晖助老”等志愿服务活动700余场次。根据疫情防控常态化工作需要，招募7000多名志愿者参与防控排查、秩序维护、数据录入、心理疏导等志愿服务。围绕文明交通劝导、创城宣传教育、城乡环境整治等内容，组织开展创文明城志愿服务1900余场次，上岗青年志愿者超1.5万人次。开展“保护母亲河·争当河小青”、垃圾分类、植绿护绿等志愿服务活动500余场次。

（五）加强少先队工作。一是常态化开展少先队主题活动。全市各级少先队组织紧密结合建党100周年、建队72周年等重大时间节点，常态化开展主题队日活动。2021年全市新入队少先队员114898人，全市各级少先队组织开展各类庆祝建党100周年系列活动、“争做新时代好队员”主题队日活动等1.5万场次，覆盖全市约80万名少先队员。承办共青团广西区委的“红领巾心向党”广西、新疆、西藏三地少年儿童庆祝六一儿童节主题云队会活动和“红领巾心向党　争做新时代好队员”广西少先队庆祝少先队建队72周年主题队日活动。二是巩固拓展少先队组织工作体系。全市有少先队大队1450个，中队19656个，少先队员796349人。全市中小学100%建立少先队组织，乡镇及以上符合条件的中小学100%成立学校少工委。指导南宁市青少年活动中心建立全市首个校外教育基地少先队组织。全市建设4个少先队名师工作室，其中3个被评为自治区级少先队名师工作室。全市建设25个校外少先队活动阵地，不断拓宽少先队组织动员渠道。三是加强少先队辅导员队伍建设。聚焦少先队辅导员政治素质提升，加强少先队干部队伍建设。全市配备市级少先队总辅导员7人，县级少先队总辅导员15人，总辅导员实现100%配备。举办市级和各县（市、区）骨干少先队工作者培训班，培训全市1263名少先队骨干，提升全市少先队工作者政治能力和专业化水平。组建22人的南宁市红领巾巡讲团，开展以“请党放心，强国有我”为主题巡讲150余场次，覆盖人次6.8万人次。

三、经验体会

（一）必须深刻把握用习近平新时代中国特色社会主义思想统领共青团工作。习近平总书记围绕共青团工作发表的一系列重要论述，深刻阐述了新形势下共青团工作的重大理论和实践问题，为共青团工作的下一步开展和改革指明了方向。共青团工作要坚持政治建团、思想立团、固本兴团、改革强团、从严治团。

（二）必须深刻把握习近平新时代中国特色社会主义思想对青年工作的重要指导作用。习近平新时代中国特色社会主义思想是党和国家必须长期坚持的指导思想，为做好新时代党的青年工作指明了前进方向、提供了根本遵循。把学习贯彻落实习近平总书记重要论述作为工作动力，并转化为服务青年各项举措，才能不断提高共青团组织的凝聚力和吸引力，才能不断提升团员青年的获得感和幸福感。

（三）必须深刻把握群团改革后新时代共青团工作的职责定位。共青团改革必须坚持党的领导，深刻把握中国特色社会主义群团发展道路“六个坚持”的基本要求和“三统一”的基本特征，以保持和增强政治性、先进性、群众性为基本要求，构建“凝聚青年、服务大局、当好桥梁、从严治团”的工作格局，引导全市团员青年为南宁全面落实强首府战略贡献力量、绽放青春。

（甘继伟）

立足妇女儿童需求　推动党建与业务融合 团结带领邕城妇女为推动南宁高质量发展贡献巾帼力量

市妇联党组

2021年，市妇联党组坚持以习近平新时代中国特色社会主义思想为指导，聚焦保持和增强政治性、先进性、群众性，围绕开局“十四五”，着力强化思想政治引领，着力服务党和政府工作大局，着力深化妇联改革，在“凝、实、暖、联”字下功夫，推进新时代妇联工作高质量发展，团结动员广大妇女为全面落实强首府战略，推动“十四五”开好局起好步贡献巾帼力量。

6月26日，市妇联开展“永远跟党走·红色歌曲大家唱”主题宣传教育活动

一、党建概况

2021年，市妇联辖机关党总支1个，党支部3个（其中在职党支部2个、离退休党支部1个），共有党员45名（其中在职党员23名，退休党员22名）。

（一）聚焦政治建设、提高党员干部理论水平。抓实党史学习教育。印发《理论中心组学习方案》，充分发挥理论学习中心组学习的龙头示范作用，全年以扩大会形式召开9次理论中心组学习会、4次专题理论学习会，把党史学习教育与学习贯彻习近平新时代中国特色社会主义思想、习近平总书记视察广西“4·27”重要讲话精神和对广西工作系列重要指示要求以及党中央、自治区党委、市委最新部署要求紧密结合起来。拓宽理论水平，引导党员干部职工在读原著、学原文、悟原理的基础上，充分利用“学习强国”、“两学一做”网上党校、“八桂先锋”、“绿城党旗红”等平台开展学习，“两学一做”网上党校党员学习完成率达100%。组织党员干部到桂林市全州县、兴安县湘江战役发生地开展党史教育现场教学，召开学习“七一”重要讲话精神研讨会，举办线上展演网上直播巾帼风采展活动、组织观看爱国主义电影、开展“宁宁姐党史微课堂”活动、开展女党员志愿服务项目活动、开展党组成员带头深入基层调研活动、开展“我为群众办实事”实践活动等一系列教育活动，引导党员干部把思想和行动统一到党中央、自治区党委、市委的决策部署上来。

（二）聚焦组织建设，强化党建工作责任落实。明确党组书记第一责任人的职责，抓好班子队伍建设，带好党员干部，扎实推动全面从严治党，严格执行“三会一课”、党员集中活动日、民主生活会、组织生活会、谈心谈话、民主评议党员等制度。定期开展谈心谈话活动，党员之间开展谈心谈话达87人次。严格落实支部书记上党课制度，党组书记，支部书记都分别上党课。召开2次专题组织生活会、6次专题党课、14次党员集中活动日活动。落实好直接联系妇女制度及与非公企业党组织的结对共建机制，组织党员与结对共建非公企业广西凯威、广西石埠乳业、广西金花茶党支部开展主题党日活动。抓好党支部换届工作，督促指导机关支部按期完成换届选举工作。开展党组织书记述职评议工作，按照要求，机关党总支书记年度向市委市直机关工委进行述职，党支部书记向党总支述职，同时组织所属党组织开展述职评议考核。

（三）聚焦作风建设，提高党员干部反腐倡廉能力。抓制度建设。制定下发《市妇联党风廉政建设2021年工作要点》《南宁市妇联2021年度主体责任清单》《市妇联重大事项请示报告实施细则》等制度。从严从实抓好中央八项规定及其实施细则精神的落实，继续紧盯作风问题专项治理。严格执行民主生活会制度，召开民主生活会开展批评与自我批评。抓好机关党风廉政教育，组织召开廉政专题的党课4次，定期对市纪委监委通报违反党纪党规案例进行剖析学习，在重大节假日节前进行廉政事项提醒、在布置重要工作时强调遵守党风党纪，主动接受派驻纪检监察组的监督。专题研究部署意识形态工作，强化意识形态阵地建设，有针对性地做好网络舆论引导工作，密切关注妇女儿童领域新问题，提高线上发声能力，跟进做好线下维权服务。

二、主要工作

2021年，市妇联坚持党建与业务同频共振，在“凝、实、暖、联”字下功夫，夯实牢固党和群众的“连心桥”。

（一）强化思想政治引领，写好“凝”字文章。一是创新开展党史学习宣传活动“凝人心”。打造党的理论学习妇联模式，开展“宁宁姐党史微课堂”进基层进机关系列活动20多场次，以党史学习教育“桂姐姐”宣讲队为主力，依托各级妇女儿童活动中心、妇女之家、女党员志愿服务中心等妇联阵地开展巾帼大宣讲。举办线下展演网上直播巾帼岗位建功、扶贫济困、志愿服务等奋斗风采、三八妇女节纪念日活动、“永远跟党走”红色歌曲大家唱、“万张笑脸迎百年”、图片展等喜闻乐见的群众性宣传活动。二是用好主流媒体、融媒体“凝共识”。在“南宁女性网”、南宁女性微信公众号开设《建党百年》《百名优秀女性风采展》《宁宁姐学党史》《宁宁姐民之法典》《朱槿之约》等多个志愿服务系列专栏。开展百名优秀女性风采展示系列访谈，联合南宁日报社开展建党百年巡礼特刊宣传等，全年累计对外编发各类稿件2500多条，被市级以上媒体、单位采用200多篇（条）。三是打造特色朱槿之约巾帼志愿服务品牌“凝力量”。建立健全巾帼志愿服务管理机制，抓住“爱国卫生”“民族团结”“安全生产”“全民建身”“信用宣传”等主题，动员各行各业巾帼力量利用节点节庆，联合多部门开展主题活动，开展“朱槿之约”——公交车站点公共文明引导志愿服务活动，在人流密集的公交站点开展服务100天，共出动志愿者1.8万人次，劝导服务群众约100万人次。开展“阳光行动”巾帼志愿服务活动，创建1个国家级、1个自治区、5个市级巾帼志愿阳光站。

（二）全面贯彻新发展理念，聚焦“实”字下功夫。一是在巾帼创新创业工作中“出实招”。以“巾帼文明岗”创建为抓手，培育4个全国巾帼文明岗、2个全国巾帼建功先进集体、3名全国巾帼建功标兵。举办15场次妇女创业就业招聘会、妇女家政技能推介会，成功介绍女性就业200多人。开展巾帼文明岗“两学两增”活动、“党旗领航促发展　巾帼奋进新时代”结对共建劳动技能大比拼活动，助力妇女创新创业。升级打造9个“壮乡巧娘”工作站。在横州市和马山县打造南宁市“壮乡巧娘”居家灵活就业刺绣培训基地。打造“邕”字号家政服务品牌，培树了100名“最美邕嫂”，家政技能“大篷车”开进55个村（社区）。二是在巩固拓展脱贫攻坚成果同乡村振兴有效衔接“求实效”。提质发展“妇”字号农业基地，将巾帼脱贫示范基地转型升级为乡村振兴巾帼示范基地，认定15个乡村振兴巾帼示范基地。实施乡村振兴智慧女性成才计划，争取399万元专项资金，委托定点培训机构完成4284名女农民工培训。举荐21名新型女农民参加在上海、义乌举办的新型职业女农民、电商培训班。做好防止返贫监测和帮扶工作，重点做好易地扶贫搬迁妇女就业创业帮扶工作。持续派出第一书记入驻邕宁区新江镇新乐村定点帮扶，会领导多次带队到定点帮扶村邕宁区新江镇新乐村开展“把爱带回家”、支教助学、交流座谈等活动。三是在发挥家庭家教家风作用中“用实劲”。实施家庭文明创建行动，常态化寻找“最美家庭”活动，表彰2020年获全国、广西“最美家庭”、“抗疫最美家庭”、“五好家庭”33户家庭，推荐10户家庭荣获广西2021年“最美家庭”。深化绿色家庭创建行动，成立“环保妈妈志愿服务队”，组织“环保妈妈”参加“关爱山川河流·保护母亲河”等志愿服务，6支“环保妈妈”队伍荣获自治区级“环保妈妈志愿服务队示范点”称号。以“颂党恩　传家风”为主线，联合市纪委等部门开展6场次不同主题家风家教主题宣传活动。实施家庭教育支持行动。推进新一轮家庭教育工作五年规划的编制工作。承接30多场次线下线上“学党史　颂党恩　传家风”广西2021年家风家教大巡讲活动，5500多户家庭从中受益。联合南宁市各场馆开展18场“走进场馆　科学伴成长”主题活动，常态化举办“童心向党　快乐成长”等亲子活动，16个亲子作品获自治区妇联表扬。充分发挥南宁市家庭教育协会作用，开展“父母成长计划”20场，6520户家庭受益，以南宁励志专门学校为阵地，合作共建家风家教基地，开设特殊家长课堂。推进校外教育工作，市妇儿中心开设558个班级招生6303人次，开发公益研学活动9场，组织250名小学生开展体验式学习。

（三）持续优化妇女儿童环境，围绕“暖”字抓落实。一是健全党政主导的维权服务机制“暖民心”。开展反家暴、家庭教育立法等调研，为推动妇女儿童工作创新开展和相关法律法规的制定和修订提供参考。推动将妇女儿童发展和家庭建设相关内容纳入南宁市“十四五”规划，紧盯妇女儿童维权重难点问题，开展防范涉妇女儿童重大案事件专项排查行动，全市妇联系统发现风险隐患线索156个，排查和调处矛盾纠纷事件124起。持续关注特殊困难家庭或重大案件中权益受损的妇女儿童及其家庭，开展关爱帮扶活动334次，配合处理侵害妇女儿童权益舆情个案7例，帮助2名家暴受害者申请人身安全保护令。帮助10名上访求助妇女申请困难妇女临时救助金2.6万元。重点加强家庭纠纷矛盾信访事件的接待和调解、处理，全年调处来电、来信、来访618件，信访调处率达100%。二是创新参与基层社会治理的工作机制“暖民心”。积极推动村“妇女议事会”建设，推动巾帼志愿服务队伍融入基层治理格局，通过“妇联+高校+社会组织+爱心人士”模式在48所“儿童之家”开展志愿服务140多场次，服务儿童5000多人。联合市民政局、南宁女企协等举办“阳光儿童”“困难儿童关爱之星”活动，慰问表扬24名孤儿及19名村（社区）妇女主任。探索建立婚姻危机干预新机制，成立市未成年一站式保护中心和反家暴服务中心，新建2个婚姻家庭辅导教育工作站，举办婚姻家庭教育辅导讲座30场和“转角遇到爱”公益相亲交友婚恋沙龙等婚恋辅导活动16场，促进平等和睦文明的婚姻家庭关系建设。制作编写妇女维权宣传手册和动漫视频。线上通过在《南宁晚报》、“南宁女性”微信公众号等开设妇女儿童维权等专栏，线下通过深入乡镇（街道）、村（社区）开展普法宣传讲座及咨询活动68场次，引导妇女和家庭成员参与和谐社区建设，从源头上预防化解社会矛盾。三是办好民生实事“暖民心”。持续破解妇女儿童活动阵地建设难题，抓好四级妇女儿童活动阵地建管用工作。推进南宁东盟妇女儿童活动中心项目前期工作，推进江南、邕宁妇儿中心建设列入2021年市政府为民办实事项目并完成建设，加强对已建成的6个妇儿中心的运营指导。完成自治区为民办实事267所新建村（社区）“儿童家园”的项目建设任务，举办“儿童之家”管理员培训。深化巾帼健康行动，推动将低收入妇女“两癌”免费检查纳入政府民生实事，构建妇女“两癌”“宣传+检查+保险”关爱服务体系，开展“两癌”防治知识宣传205场，22.92万名妇女购买关爱女性健康“两癌”保险，同时免费为158447名城镇和农村困境妇女购买“两癌”保险。

（四）全面深化改革，发挥“联”字优势。一是持续提升党建带妇建的质量与水平，做好“联”字文章。以党史教育活动为主线，推动党建工作与业务工作同频共振，结合庆祝建党100周年开展“巾帼心向党　奋斗新征程”“党旗领航促发展　巾帼奋进新时代”等主题活动。持续加强党风廉政建设。推动妇联系统全面从严治党向基层延伸，持之以恒落实中央八项规定及其实施细则精神，把纠治形式主义、官僚主义突出问题作为日常监督的重要内容，精准运用监督执纪“四种形态”，加强党风廉政教育、警示教育，制定主体责任清单，推动市委、市纪委决策部署落地见效。二是推动全市妇联组织改革向纵深发展，扩大“联”的范围。加强组织领导和统筹协调，做好市、县、乡、村四级妇联组织换届选举工作，配强配齐妇联领导班子，扩大执委规模、优化人员机构，推进村（社区）妇女参政议政。在新群体新领域女性集中的地方灵活建妇女组织，新建新领域妇联组织示范点10个。创建19个“妇女微家”示范点。打造“执委履职小课堂”工作品牌，策划拍摄3部教学视频。提升妇女干部队伍能力和素质，在全市寻找50名2021年最美基层妇女干部，9名自治区最美基层妇女干部。三是加强妇联干部队伍建设，发挥“联”的作用。争取自治区、南宁市培训配套专项资金，举办南宁市基层妇女组织“领头雁”专题培训班、南宁市妇联执委综合素质和能力提升班等。抓好妇联干部队伍建设，开展干部选拔任用工作和机关干部全员培训及在线培训工作，市妇联领导干部参训率达100%。落实好执委直接联系妇女群众制度，开展调研、结对妇女群众活动，注重妇女情怀培养和群众工作方法培训，注重实践锻炼，严格管理监督。提升专业化水平、锤炼做好妇女群众工作的过硬本领和作风。

三、经验体会

（一）必须坚持党的领导。党的领导是妇女事业和妇女工作发展的根本保证。要加强党的政治建设，妇联组织是党领导下的群团组织，要把政治建设融入妇联各项工作中，不断提高政治判断力、政治领悟力、政治执行力，加强政治引领，引导广大妇女始终同以习近平同志为核心的党中央保持高度一致，坚决把党的路线方针政策和党中央对妇女工作的重大决策部署落实到位。

（二）必须坚持以人民为中心的工作理念。要始终立足妇女需求，深入妇女群众，倾听妇女心声，关注妇女民生，回应妇女关切，解决妇女急难愁盼问题，充分调动各族各界妇女的积极性、主动性、创造性，要引导广大妇女充分发挥在社会生活和家庭生活中的独特作用，把个人理想、家庭梦想融入民族复兴伟大梦想中，共建共享美好生活。

（三）必须坚持改革创新精神。要始终围绕保持和增强政治性、先进性、群众性，着眼服务大局、服务妇女，持续深化妇联改革创新，增强斗争本领，让妇联组织更加充满活力，让妇联干部永葆激情，让妇女群众更得实惠。

（周燕丽　谢顺）

感悟光辉历程　书写精彩华章

市文联党组

2021年，市文联党组坚持以习近平新时代中国特色社会主义思想为指导，深入学习宣传贯彻党的十九大和十九届历次全会精神，认真贯彻落实自治区第十二次党代会、市第十三次党代会精神，贯彻落实习近平总书记视察广西“4·27”重要讲话精神和对广西工作系列重要指示要求，紧扣建设壮美广西“1+1+4+3+N”目标任务体系，围绕市委重点工作部署，充分发挥党委和政府联系文艺界的桥梁和纽带作用，围绕中心、服务大局、繁荣创作、服务人民，为首府经济社会高质量发展作出应有的贡献。

一、党建概况

市文联机关党总支下辖3个党支部，共有党员38名，其中在职党员24名、退休党员14名。

（一）强化理论武装，思想政治引领更加鲜明有力。把深入学习贯彻习近平新时代中国特色社会主义思想作为首要政治任务，认真执行“第一议题”制度，把习近平总书记最新重要讲话和重要指示批示精神作为党组议事决策的第一议题。年内，组织开展理论学习19次，通过党组会、党组理论学习中心组专题学习会、“三会一课”、党员集中活动日、全市性文艺家协会主席团理事会议、读书班等多种形式，团结引领首府文艺工作者自觉用党的创新理论武装头脑、凝聚共识、指导实践，广泛组织动员各领域各层次各方面文艺工作者学党史、听党话、感党恩、跟党走，积极投身党的文艺事业，繁荣创作、服务人民。党组成员两篇理论文章《以更好的文艺创作放歌新时代》《坚守人生信条　立得稳行得远》分别在《广西日报》《广西政协报》刊发，并在“学习强国”APP转发。2篇体会文章《以史为鉴　开创未来必须坚持中国共产党坚强领导》《江山就是人民　人民就是江山》获自治区、南宁市学习贯彻习近平总书记“七一”重要讲话精神、“党员心声大家谈”暨“四史”学习教育主题征文比赛优秀奖、二等奖。

（二）严肃党内政治生活，不断增强政治免疫力。一是认真贯彻落实党内政治生活各项制度。市文联党组严格按要求召开民主生活会，党组成员严格执行双重组织生活制度，深入开展批评与自我批评，以普通党员身份参加所在支部组织生活会。1月和3月分别召开党组民主生活会和党支部组织生活会，7月市文联党总支下属党支部都召开党史学习教育专题组织生活会。严格落实党内谈话制度，1月、3月、7月党组主要负责人与班子成员、党组成员与分管部室、二层单位负责人，党员之间开展谈心谈话。严格贯彻民主集中制要求，实行党组会议主持人末位表态制，涉及“三重一大”事项决策必经党组集体研究。二是严格执行请示报告制度。认真贯彻落实《中共南宁市委办公室关于认真做好重大事项请示报告工作的通知》精神，制定向市委请示报告报备的具体事项清单以及请示报告工作流程。对接受巡视巡察反馈意见、报送和公开的整改情况报告、经党组成员集体研究或者传批审定的重大事项请示报告，对向上级党委推荐报送拟提拔或进一步使用的人选和考察党政领导职务拟任人选廉洁自律情况提出的结论性意见等有关材料，一把手均“签字背书”。三是开展自上而下的监督、廉政谈话。把上级一把手监督下级一把手情况作为每年述职的重点内容；定期开展监督谈话，对存在苗头性、倾向性问题的进行批评教育，对存在轻微违纪问题的及时予以诫勉。认真落实党政领导干部选拔任用工作条例规定，提拔干部均严格按组织规定流程进行。

6月11日，“永远跟党走　文艺进校园”——庆祝中国共产党成立100周年“文艺鉴赏在基层”专场活动在南宁市智兴路初级中学举办　（曹正文　摄）

（三）层层压实责任，扎实推进党风廉政建设工作。一是压实“两个责任”，推进全面从严治党。持续深化“书记引航担使命”主题活动，严格贯彻执行《党委（党组）落实全面从严治党主体责任规定》，党组书记履行第一责任人职责，党组成员按照“一岗双责”要求履行职责。制订并公示市文联党组、主要负责人以及班子其他成员主体责任清单。年内两次召开党组专题会议分析研究和部署全面从严治党工作，结合落实主体责任工作提示单和落实监督责任重点监督检查清单，每月召开党组会、专题会研究部署推动相关工作落实并报告纪检监察组。9月30日，召开党组会，党组负责人牵头对照市文联党组及个人2021年度全面从严治党主体责任清单落实情况，逐条开展自查。通过谈话提醒、日常监督抽查、年中检查、年底考核等形式督促二层单位党组织负责人落实全面从严治党主体责任。二是从“两个维护”的高度推进作风建设。落实中央八项规定及其实施细则精神，持之以恒纠“四风”树新风，深入纠治形式主义、官僚主义，激励担当作为，开展清廉建设。认真推进重大节假日的监督检查，重要时间节点就贯彻落实中央八项规定及其实施细则精神开展节前谈话，纠治“四风”工作，紧盯重要岗位和关键人员，严格执行好领导干部带班、离邕请假报备等相关制度，严格遵守各项纪律规定，带头移风易俗节俭文明廉洁过节。三是完善规章制度，用制度来抓党风廉政建设。重新修订《南宁市文联党组工作规则》《南宁市文联“三重一大”事项制度》，修订印发《南宁市文联党员干部廉政谈话制度》《南宁市文联党风廉政建设责任制督查考核制度》《南宁市文联党员干部廉政述职制度》等工作制度，加强党组对党风廉政工作的领导。针对薄弱环节建章立制，修订印发《南宁市文联财务支出制度》《南宁市文联资金划拨管理办法》等内部财务管理制度，督促南宁文学院严格执行《南宁文学院车辆使用管理规定》。四是坚持严管与厚爱相结合。二层单位南宁文学院2人从中级专业技术九级岗位提升至八级，2人从中级专业技术十级岗位提升至九级。鼓励党员干部主动作为、积极探索、大胆实践，在市文联党支部、文学院党支部委员会换届中3名35岁以下党员当选委员，1名40岁以下党员当选支部书记。

（四）持续做好驻村帮扶工作，全力以赴助力乡村振兴。选派正科级干部担任驻村第一书记，在帮扶村直接投入资金2.95万元，引进资金47万元，实施、引进帮扶项目4个。落实“三扶三助”12户28人共计8.376万元，购买消费帮扶产品5.58万元，扶贫日捐款4260元。

二、主要工作

坚持党建引领，紧扣时代主题、把准时代脉搏，聚焦党和政府中心工作和重大决策部署，大力开展导向鲜明、特色突出、内容丰富的系列主题文艺实践，有效服务经济社会发展大局。

（一）高标准高质量开展党史学习教育，达到“学党史、悟思想、办实事、开新局”的目的。一是做好“规定动作”，做优“自选动作”。第一，举办2021桂黔滇湘山歌作品云展演及山歌擂台赛系列活动、“山歌颂党恩”南宁市文艺界“快闪”、“学党史·鸣号角”青少年亲子读书沙龙、绿城公益文学讲堂等丰富多彩的主题文艺活动。第二，高质量举办党史知识竞赛、党史故事大家讲、党员心声大家谈、红色歌曲大家唱、党课开讲啦等活动，营造浓厚的党史学习氛围。第三，开展“百年党旗红　启航新征程”邕江红色主题活动、参观毛主席接见广西各族人民纪念馆等，推动党史学习教育再深入。第四，举办“从‘红色歌曲’出发看中国共产党的发展历程”音乐党课、“学史崇德　坚定信仰——学习党员楷模雷经天”专题党课，融政治性、思想性与艺术性为一体，出彩完成“感党恩　跟党走”主题系列活动。二是不断深化“我为群众办实事”实践活动。第一，举办“我们的中国梦”——文化进万家、“永远跟党走·文艺进校园”、“传承红色血脉·文艺助力老区”“红心向党”第12届“朱槿花”舞蹈展演等系列文艺惠民活动100余场。第二，将南宁书画院打造成南宁市文艺惠民的重要基地。第三，市文联党组班子成员带队深入12个县（市、区）基层文联走访调研，切实解决基层实际问题。第四，组织美术家到上林县东红村开展采风和乡村振兴主题墙绘创作，以墙绘的形式展示新农村的村容村貌。与澳华社区共筑共建，以文艺的方式服务城市社区治理。第五，整合场地资源，建设南宁市“我为群众办实事”文艺志愿服务站，常态化开展文艺志愿服务，同时开展新冠肺炎疫情防控、创建全国文明典范城市、民族团结进步、文明出行劝导等志愿服务16次。

（二）聚焦文化强市，扎实推进首府文化事业高质量发展。南宁书画院装修改造项目2020年12月17日施工，2021年6月底基本完成，拓展序厅、主展厅、副展厅、交流室、笔会馆、珍藏馆等功能，总建筑面积约为1500平方米，总投资约1000万元。南宁书画院将成为南宁市公共文化服务体系的重要组成部分、深入实施文化惠民工程的重要抓手以及丰富群众性文化活动的重要载体。

（三）围绕中心大局，特色主题文艺活动凝聚强大精神动力。一是精心组织庆祝中国共产党成立100周年系列活动。紧紧围绕庆祝建党百年这个重大主题，组织策划一系列主题文艺活动，用文艺的方式和力量，庆祝中国共产党百年华诞。与市委宣传部联合主办“不忘初心　牢记使命”南宁市庆祝中国共产党成立100周年美术书法作品展，并举办专题研讨会；与自治区文联联合主办“八桂书风”精品展暨理论研讨会、“八桂书风　童心向党”——南宁市百名儿童百米书法长卷现场书写活动及南宁市百名儿童百米书法长卷作品展；举办“庆祝中国共产党成立100周年”“感党恩　跟党走”主题摄影作品展、盛世墨缘——齐邕书法名家展、“壮美广西·魅力南宁”2021年广西南宁美术优秀作品展（青岛站、武汉站）等。二是大力开展重大主题文艺创作。聚焦重要时间节点和重大主题，开展各类主题文艺实践活动。市美协组织42位画家集体创作《“治水、建城、为民”——“百里秀美邕江”百米国画长卷》；市民协组织12名织娘编织一幅长12米、高2.3米的壮锦作品《美丽壮锦献给党》；市视协打造党史学习教育红歌献给党系列“快闪”《赞歌献给党》《新的天地》《我们的答卷》、系列音乐电视《邕江组曲》、广播剧《少年黄大年》《一根扁担》、纪录片《南宁·桥》、系列短视频《旗帜》、动画片《壮壮美美红色记忆之旅》等一批广播影视与网络视听精品。市剧协、市舞协创作排演小品《梦想》《左林右李》、小戏《夫妻抗疫》《催房租》、新彩调剧《大樟树下》、小品《明天会更好》《贴心人》《情系同心坡》、歌舞剧《石牌·瑶》参加全区展演比赛。市作协出版长篇报告文学《提灯天使——援鄂医疗队员梁小霞》，由市视协改编成30集广播版长篇报告文学《梁小霞》12月6—20日在南宁综合广播频道播出；市音协改编谭小萍长篇报告文学《绝地阳光》，选取杜丽群及团队十多年来护理艾滋病人最艰苦、最难忘、最感人的故事片段，制作6集广播剧《我在你身旁》12月1在广西各地市广播台播出。出版《“绿城玫瑰”作家优秀作品系列文丛》，充分展示南宁所取得的巨大成就。策划创编《壮乡美景等你来》《广西尼的呀》《美丽姑娘赶歌圩》等多个节目，参演“感党恩　跟党走”2021年“壮族三月三·八桂嘉年华”南宁会场活动文艺演出。三是积极开展特色主题文艺活动。元旦、春节期间，组织戏曲、音乐、美术、书法文艺志愿者到马山县羊山村、隆安县南兴村、兴宁区九曲湾社区、第四人民医院等地开展“我们的中国梦”——文化进万家2021年南宁市文艺家新春惠民志愿服务活动，义务为群众书写赠送春联、福字、绘年画、剪纸。举办2021年迎新春“我家春联我书写”楹联书法作品展；在微信公众号、“南宁云”APP等线上举办2021年文化进万家迎新春送“福”活动，通过答题、浏览新闻等方式，赢取由南宁书画名家挥毫书写、绘制的春联、“福”字和年画，在做好疫情防控的同时，为首府南宁营造祥和、欢乐、喜庆的迎新氛围。

（四）培育人才打造精品，文艺创作更加繁荣茂盛。在第10届广西文艺创作铜鼓奖中，广播剧《少年黄大年》、书法家姜铁的篆刻作品《姜铁朱迹》、梁绍武作词、梁政效作曲的歌曲《阿香》、电视动画片《海豚帮帮号》4件作品上榜。在由自治区政府主办的“永远跟党走”庆祝中国共产党成立100

周年·2021年广西艺术作品展中，朱震冬的国画作品《偏称晚风花气长》获第9届广西美术作品展优秀奖（最高奖），市美协11人的美术作品入展；冯周斌的隶书作品《忠诚奉献集联》、周焕俭的行书作品《瞿秋白·统溪沙梦回》获第9届广西书法篆刻作品展优秀奖（最高奖），市书协23人的书法作品入展；毕荣星的摄影作品《中国工程机械行业的排头兵（组照）》、罗培敏的摄影作品《邕城新貌》、于宏的摄影作品《风雨无阻》获第4届广西摄影作品展优秀奖（最高奖），市摄协28人的摄影入展。在第2届广西文艺花山奖中，市文联推荐的音乐家刘长武、书法家姜轶获广西文艺花山奖新人奖，音乐家何镇国、民间文艺家蓝桂义获广西文艺花山奖贡献奖，市书法家协会《书法与文学融合性主题创作》项目获广西文艺花山奖创新奖。此外，王勇英的文学作品《奔跑的叉叉房》（阿拉伯文）入选2021年丝路书香工程项目；《忠诚》《壮乡儿女跟党走》《不变的色彩》在广西"庆祝中国共产党成立100周年"主题歌曲征集活动中评为优秀歌曲；群舞《血色七星山》荣获第11届广西音乐舞蹈比赛表演一等奖，群舞《壮锦献给党》荣获第9届全区基层群众文艺汇演舞蹈类一等奖；中国画作品《山里的节日》（韦贵敏绘）入选抱石风骨·首届中国画双年展，中国画作品《中国武汉战疫》（韦贵敏绘）入选"凝聚新力量，筑梦新时代"庆祝中国共产党成立100周年自由职业艺术家作品展，中国画作品《笙歌行》（韦继毛绘）入选"丝路·新纽带"中国画青年扶持计划双年展；刘小静、潘文志的书法作品入展"伟业：庆祝中国共产党成立一百周年书法大展"；摄影作品《希望在田野上（组照）》（卢炳有摄）、《田园新歌（组照）》（陈维摄）、《种植香菇致富路（组照）》（陈雪华摄）、《运动场上（组照）》（卢伊琳摄）、《棋乐融融》（尹庆南摄）等入选第14届中国西南六省（区市）摄影作品联展；贺定钰组织创作的壮锦作品《美丽壮锦献给党》获得2021年"广西有礼"文化旅游创意设计大赛"献礼建党百年诞辰"红色专题组银奖，全国妇女创新创业大赛全国30强；郑天雄和周建孟编排的《过桥龙》在"2021南宁青秀传统舞龙邀请赛"中荣获金奖，周建孟编排、长塘中学舞龙队表演的龙舞获得铜奖；壮族歌手梁铭在"同庆三月三　山歌颂党恩"2021桂黔滇湘山歌作品云展演及山歌擂台赛活动获"最佳新人"；短视频《守护吴哥的微笑》获中国外文出版发行事业局颁发2021第3届"第三只眼看中国"国际短视频大赛最佳摄影奖，成为广西唯一获奖作品；张明学的《抗战时期漫木艺术研究》在第12届高校美术作品年展获学术论文类一等奖。

（五）深入生活、扎根人民，新时代文艺志愿服务蓬勃发展。一是文艺惠民工程成果显著。南宁市青秀区刘圩镇那度村那度坡等5个村被命名为文艺村；6个家庭被命名为文艺户。截至2021年，南宁市获得广西文联命名文艺村243个、文艺户494个，"千村万户文艺惠民工程"实现真正的文艺惠民。二是文艺志愿服务项目反响强烈。举办南宁文学院培训班1期、"绿城公益文学讲堂"3期，积极运用微信、抖音等社交网络平台开展"文艺进万家"舞蹈、美术、摄影等文艺志愿服务辅导线上直播讲座，组织首府文艺志愿小分队深入开展"文艺进社区""文艺进校园""文艺鉴赏在基层"等文艺志愿辅导，取得良好的社会效果；持续开展"我家春联我书写""南宁市少年儿童书法成长课堂"，发现和培养本土文艺后继人才。三是文艺群体品牌影响深远。经过多年打造，"绿城玫瑰"女作家群、"绿城翰墨"南宁书法家群、"绿城画韵"南宁工笔画家群、"绿城乐风"音乐家群等绿城系列文艺群体品牌和《红豆》杂志成为首府亮丽的文艺名片。

三、经验体会

（一）坚持政治引领，牢牢把握首府文艺工作的正确方向。坚持以习近平新时代中国特色社会主义思想为指导，贯彻落实习近平总书记在中国文联十一大、中国作协十大开幕式上的重要讲话精神，引导广大文艺工作者深刻领悟"两个确立"的决定性意义，增强"四个意识"、坚定"四个自信"、做到"两个维护"，展示中国文艺新气象，铸就中华文化新辉煌。

（二）坚持守正创新，打造更多跟上时代的精品力作。引导广大文艺工作者坚持以人民为中心的创作导向和工作导向，把满足人民对美好生活的向往作为文艺工作的出发点和落脚点，不断提高文艺创作的质量。加强文艺交流互鉴，提升南宁文艺的影响力。推进南宁书画院二期工程规划设计立项，将其打造成为集文艺创作、交流、培训、展览、展示、展演、艺术品交易于一体的综合文艺场所，成为南宁市区域性国际艺术品交易平台和文艺交流中心的示范窗口。

（三）坚持以人民为中心，推动文艺志愿服务高质量发展。践行以人民为中心的工作导向，创新文艺志愿服务方式载体，健全常态化工作机制，推动各项文艺志愿服务活动向精品化、品牌化发展，着力提升首府文艺志愿服务的质量和影响力。

（四）坚持落实责任，确保首府文艺界意识形态安全。全面落实意识形态工作责任制，压实主体责任，党组会专题研究意识形态工作，始终旗帜鲜明坚持党管意识形态不动摇，牢牢掌握主动权。严格落实《中国共产党宣传工作条例》，认真做好首府文艺界意识形态形势分析研判，把意识形态工作责任制要求贯彻到文艺和文联工作的方方面面。

（五）坚持"德艺双馨"，加强文艺人才队伍建设。进一步完善文艺人才教育培训机制，持续深入开展会员培训工作，把艺德修养培训和业务培训有机结合，不断扩大覆盖面，抓好文艺名家、中青年文艺人才、基层文艺人才等教育培训。积极吸纳符合条件的"文艺两新"代表人士、文艺工作者加入文艺家协会，增强文艺家协会的代表性和广泛性。

（六）坚持深化改革，拓展职能，推动首府文艺繁荣兴盛。继续深入推进文联改革，牢牢把握中国特色社会主义群团发展道路基本要求和基本特征，坚定自信，增强文化自觉，把文联改革推向深入。

（马德威）

汇聚科协动能　助推首府高质量发展

市科协党组

2021年，市科协党组坚持以习近平新时代中国特色社会主义思想为指导，学习贯彻党的十九大和十九届历次全会精神，全面落实强首府战略，强化责任担当，忠实履行“四服务”的职责定位，扎实推进“三型”组织建设，不断增强科协组织政治性、先进性、群众性。

2021年南宁市百名专家进百村（社区）乡村振兴科普服务活动走进隆安县城厢镇震东社区

一、党建概况

2021年，市科协设机关党总支部1个，下辖3个党支部，正式党员51名。

（一）以政治建设为统领，淬炼锐利思想武器。坚持以习近平新时代中国特色社会主义思想为指导，全面贯彻落实党的十九大和十九届历次全会精神，坚持和捍卫“两个确立”、增强“四个意识”、坚定“四个自信”、做到“两个维护”，不断提高政治判断力、政治领悟力、政治执行力。一是通过党组中心组学习、专题学习讨论等形式，深入学习习近平新时代中国特色社会主义思想、习近平总书记“七一”重要讲话精神、习近平总书记视察广西“4·27”重要讲话精神和对广西工作系列重要指示要求、自治区第十二次党代会和市第十三次党代会精神。全年组织理论学习中心组学习研讨10次，班子成员讲党课4次，组织党员集中学习13次，专题讲座3次。二是扎实开展党史学习教育，紧紧围绕庆祝中国共产党成立100周年主线，依托科协党校开展党史理论宣讲、主题党课，举办“众心向党、自立自强”2021年南宁市科技工作者代表座谈会、“感党恩　跟党走”老科技工作者书画展等，推动党史学习教育深入基层、深入人心。开展“我为群众办实事”实践活动，不断强化对科技工作者的政治引领和政治吸纳，引导广大科技工作者投身疫情防控、创建全国文明城市等，切实把党史学习教育成效转化为干事创业的强大动力。

（二）以组织建设为根基，铸造坚实基层战斗堡垒。一是全面贯彻新时代党的组织路线，持续提高党建工作质量，把党建工作与业务工作、重点工作同部署、同推动，形成层层抓落实的党建工作格局。督促各基层党组织严格落实“三会一课”、组织生活会、党员领导干部双重组织生活等制度，深化达标创优、组织生活质量达标行动，引导各级党员干部自觉在思想上、政治上、行动上同以习近平同志为核心的党中央保持高度一致，更好地推动落实全面从严治党要求和推动科协各项事业稳步健康发展。二是强化队伍建设，成功召开市科协第九次代表大会，选举产生市科协新一届领导机构。新当选的97名委员中来自基层一线科技工作者80名，“三长”（医院院长、学校校长、农技站站长等）13名，联系科技工作者的广泛性和代表性进一步增强。大力选拔任用干部，激励干部担当作为，继续选派1名优秀党员干部任脱贫村党组织第一书记，选拔任用科级干部2人，职级晋升3人。三是充分发挥基层党组织战斗堡垒作用，打造市科协党校新平台，面向党员干部、科协委员、科技工作者开展多种形式教育培训。带领党员深入基层联系服务群众，开展“我为群众办实事”实践活动，组织南宁市新时代文明实践科技与科普志愿服务队开展志愿服务活动，共发布志愿服务项目19个，招募志愿者2000多人次，累计服务总时长近2万小时。开展“固脱贫攻坚‘清渠’灌乡村振兴‘良田’”等主题党日活动、赴隆安县震东集中安置区开展“科学引航　筑梦未来”科普志愿服务活动等。

（三）以作风建设为抓手，纵深推进全面从严治党。一是持之以恒落实中央八项规定及其实施细则精神，深入开展“书记引航担使命”主题活动，落实全面从严治党“系统抓、抓系统”专项工作，落实日常考核、“两随机”督导等机制，从严落实抓基层党建第一责任人职责及领导班子成员履行“一岗双责”，压紧压实基层党建责任。制订《2021年党风廉政建设工作要点》，细化领导班子及班子成员2021年度全面从严治党主体责任清单，把全面从严治党的要求落实到各项具体工作当中。以专题会议、案例剖析等方式，加强习近平总书记关于作风建设的重要论述的学习，在重大节日时间节点，紧盯重要岗位和关键人员，做好防范管理。二是强化专项治理和督查，落实工程建设领域腐败问题专项治理，开展纠治“四风”专项督查整改落实“回头看”，筑牢党员干部拒腐防变思想道德防线。严格落实意识形态工作责任制，加强和改进思想政治工作，把握意识形态工作的领导权、管理权、话语权。

二、主要工作

（一）围绕中心服务大局，助推首府高质量发展。一是推进“科创中国”试点城市建设。制订并印发《2021年南宁市“科创中国”试点城市建设工作要点》，完成广西时宜农业科技有限公司等6家首批2021年“科创中国·南宁”科技经济融合样板间认定，围绕全市重大产业技术开展攻关需求，重点打通科技成果转化的“最后一公里”。成功推荐南宁泽威尔饲料有限责任公司入选广西“科技搭桥”行动计划，获得支持资金300万元。二是提升海外人才离岸创新创业基地效能。加强海外人才离岸创新创业基地建设，年内全市基地服务空间扩增至5600平方米。承办中国·南宁海（境）外人才创新创业大赛、海内外高层次人才与项目云上对接会以及海外人才项目路演等各类招才引智活动，吸引12个海外项目团队入驻基地，年内入驻项目达29个，柔性引进海外人才60多人。进一步加强对海外人才的服务，协助“复杂曲面的高效高质磨粒流超精密加工技术与装备”“一种用于即时检测的全自动生物芯片系统”“抗肿瘤小分子纳米药物研发平台建设”“广西数字化旅游景区VR建设平台”等4个海外项目团队申请获得创新创业资助250万元，协助入驻离岸基地的9个海外人才团队在基地内注册成立企业。三是科技助力乡村振兴，持续推广“科技小院”模式。培育广西富凤农牧有限公司挂牌建成南宁市第5家科技小院，促进农民与农技专家人才交流、协作，推动农业特色产业加快发展。实施“基层科普行动计划”，年内争取各级奖补资金133万元，以项目形式推动45家农技协、科普示范基地、科普示范村（社区）提质增效，扩大科技支撑乡村振兴的示范引领和辐射带动作用。实施“科普服务乡村振兴”培训工程，以百名专家进百村（社区）科普服务活动、绿城科普大行动等活动为载体，面向创业致富带头人、村级集体经济发展领头人、村干和脱贫户开展适用技术培训，大力培养新型职业农民和农村实用技术人才，全年覆盖1.2万人次。

（二）积极开展科普实践，着力提高全民科学素质。系统总结“十三五”南宁市全民科学素质工作成功经验，编制《南宁市全民科学素质行动规划纲要（2021—2035年）》，以公民科学素质的稳步提升，助推农村产业兴旺、生态宜居、乡风文明、治理有效、生活富裕。一是积极开展科普实践活动，联合成员单位开展全民科学素质行动，年内累计开展科技培训、科普报告（讲座）、科技咨询等科普活动近600场，参与活动36万人次。发挥市科技馆科普主阵地作用，开展“童心礼赞　建党百年”“畅想科技　点亮梦想”等主题科普活动共315场次，开设“未来科学+”系列科学公益课程共计600课时，年内接待游客近22万人次，实现科普发展成果全民共享。协助承办第五届“一带一路”青少年创客营与教师研讨活动，活动以“线上+线下”的形式开展，吸引53个国家、地区和国际组织百万余名师生实时连线交流，打造“一带一路”沿线国家科技教育实践新方式。二是指导市科技馆成功申报中国发明协会“燎原计划”中小学创新创造教育科创研学基地、广西第二批中小学研学实践教育基地，搭建南宁市青少年科普教育对外交流平台；新建南宁市消防救援科普基地、广西北斗科普基地、南宁市兴宁区白蚁防治科普基地等3家南宁市科普教育基地，探索高校、科研院所、企业、社会团体等社会多元主体的科普服务体系；加强140家科普中国e站的管理维护，提高科普供给效率。

（三）建好科技工作者之家，增强科技工作者凝聚力。一是助力党委和政府与科技工作者之间双向沟通。开展“全国科技工作者日”系列活动，走访慰问基层一线优秀科技工作者代表；召开科技工作者代表座谈会，面对面倾听科技工作者诉求与呼声。支持南宁学院、华蓝设计（集团）有限公司、南宁市知识产权协会、南宁市城乡规划设计研究院有限公司开展《广西自贸试验区南宁片区金融营商环境建设研究》《实施强首府战略，提高南宁城市更新技术水平——关于南宁市老旧小区改造工程建设对策研究》《南宁市国家知识产权示范城市建设发展现状及对策建议研究》《乡村振兴，南宁市城郊乡村义务教育规划布局研究》等课题研究。二是助力科技工作者交流合作。修订《南宁市高层次学术交流活动资助办法（试行）》，优化学术组织和机构来邕开展学术交流的条件，成功引入2021有色金属新材料大会在邕举办，举办澜湄区域环境保护国际技术培训交流、2021中欧数字健康研讨会等国内国际高端学术交流活动，邀请参会院士专家为南宁的高质量发展提出宝贵意见。以“科技创新与数字经济”为主题，举办南宁市第十一届学术年会，采用“线上+线下”形式组织科技工作者围绕计算机科学技术、医疗卫生、信息通信技术、交通运输等多个学科开展交流合作。三是助力科技工作者成长成才。组织开展南宁市自然科学优秀论文评选，评出一等奖论文3篇、二等奖论文9篇、三等奖论文21篇；在《南宁日报》、南宁电视台、南宁电台等新闻媒体集中宣传一批突出贡献的优秀科技工作者；广泛开展创新方法培训，提升科技工作者创新效能，推动企业在创新方法大赛上屡获佳绩。广西中烟工业有限责任公司荣获中国创新方法大赛广西赛区一等奖1项、二等奖2项、三等奖1项、优秀奖4项，南宁供电局荣获中国创新方法大赛广西赛区一等奖1项、二等奖1项、优秀奖2项。

三、经验体会

（一）始终坚持以政治建设为统领。始终坚持党对科协组织的领导，准确把握科协作为党领导下的人民团体的政治组织定位，深入学习贯彻习近平总书记关于群团工作、科技工作、科协工作的重要指示批示精神，领会落实习近平总书记关于科技创新的重要论述，不断增强科技工作者对党的基本理论、基本路线、基本方略的政治认同、思想认同、情感认同，团结带领广大科技工作者服务党委、政府中心工作。

（二）始终坚持围绕党委、政府的中心工作。把围绕中心、服务大局作为工作主线，把科协工作和中心工作有机结合，使科协成为推动强首府战略、推动科技创新、推动社会治理体系和治理能力现代化建设的重要力量。围绕南宁市重点工作要求，自觉把科协“四服务”融入实施强首府战略工作大局，以“科创中国”试点城市建设为抓手，在促进产业链创新链深度融合上狠下功夫，通过组织赋能、制度创新有效集聚和优化配置科技资源，形成长效机制。

（三）始终坚持团结凝聚广大科技工作者。扎实履行党和政府联系科技工作者的桥梁和纽带职责，不断拓展团结联系科技工作者的深度和宽度，切实把中央决策部署、市委工作要求和科技工作者的期盼转化为推动科协事业发展的生动实践。办好学术交流活动，组织好科技志愿者活动和科技工作者日系列活动，走访慰问一线优秀科技工作者，传递党的关怀，面对面倾听工作者的诉求和呼声。加大宣传一线有突出贡献科技工作者力度，不断提高对科技工作者的团结引领和组织动员能力，为科技工作者搭建干事创业、回馈社会的舞台，营造尊重知识、尊重人才、尊重创新的氛围，真正建设“有温度、可信赖”的科技工作者之家，更广泛地把广大科技工作者团结在党的周围，引导支持科技工作者走好高水平科技自立自强之路，为打造创新高地汇聚智慧和力量。

（戴溦　毛雨笛）

以党建带侨建　凝聚侨界力量助力强首府战略

市侨联党组

2021年，市侨联坚持以习近平新时代中国特色社会主义思想为指导，坚持捍卫“两个确立”，增强“四个意识”、坚定“四个自信”、做到“两个维护”，深入贯彻落实“解放思想、改革创新、扩大开放、担当实干”工作方针，紧紧围绕全面落实强首府战略，积极履行服务经济发展、依法维护侨益、拓展海外联谊、积极参政议政、弘扬中华文化、参与社会建设六大职能，扎实推进侨联各项工作的开展。

7月19日，市侨联与致公党广西区委直属经济科技基层委员会、南宁留学归国人员暨眷属联谊会联合举办“菁英人才中共党史学习分享会”，以“学史明理　鉴往知来”为主题，吸引南宁市侨界菁英人才与留学归国人才代表近40人参加

一、党建概况

2021年，市侨联有党组1个，党支部1个，党员17名，其中在职党员11名，退休党员6名。

（一）提高政治站位，加强政治建设。市侨联坚持以习近平新时代中国特色社会主义思想为指导，牢记领袖嘱托，贯彻落实习近平总书记视察广西“4·27”重要讲话精神，全面贯彻落实党的十九大和十九届历次全会精神，以及自治区第十二次党代会和市第十三次党代会精神，以政治建设为统领，持续深化全面从严治党，切实加强机关党的建设，为侨联事业创新发展提供了坚强保障。

（二）强化思想引领，筑牢思想根基。一是深入学习贯彻习近平新时代中国特色社会主义思想。通过线下召开“三会一课”、宣讲会，线上通过“学习强国”“十场名家云直播”等平台，多形式组织全体党员开展学习，确保了党史学习教育覆盖面达100%。二是深入开展党史学习教育系列活动。第一，抓好四个历史时期的专题学习，开展市侨联系统党史学习教育专题宣讲会。邀请市委党史研究室作题为“学史崇德　坚定信仰——学习党员楷模雷经天”的宣讲。第二，组织侨界党员、群众代表赴桂林全州、兴安打卡红色教育基地，参观毛主席接见广西各族人民纪念馆。第三，结合南宁华商会成立10周年暨第三届理事就职大会开展侨界“红色歌曲大家唱”活动，全市各县（市、区）侨联代表、各联谊校友会代表、华商会全体会员、市侨联机关全体人员、相关行业代表300余人参加活动。第四，抓好党史学习教育“我为群众办实事”8个项目的落实。第五，开展“党员心声大家谈”“党史故事大家讲”“党史知识大家答”等系列活动。三是开展具有侨特色的庆祝建党100周年活动。第一，9月30日，在“正培·侨胞之家”举行南宁市侨界庆祝中国共产党成立100周年暨欢度国庆群众性主题宣传教育活动。活动形式包括诗朗诵、唱红歌、舞蹈等，均由归侨侨眷自编自演。通过活动宣传党的丰功伟绩，展现广大归侨侨眷、海外侨胞听党话、跟党走的决心和信心。第二，各团体会员以庆祝建党100周年为契机，协助各级侨联或自发组织侨界群众利用“侨胞之家”平台开展形式多样、丰富多彩的纪念活动达到8次、党史学习教育5次、红歌大家唱活动7次，各类爱国主义教育活动4次、侨法宣传活动18次、主题宣教活动5次、传统文化（文体）活动5次、联谊团拜活动12次等。各团体会员已经成为各级侨联组织发动侨界群众，充分发挥“侨胞之家”作用的重要力量。

（三）强化组织领导，抓好党的建设。在党组的领导下，机关支部围绕中心，建设队伍，服务群众，推动机关党建和侨联业务工作深度融合。同时牢牢把握好侨联的党建工作和巡视巡察整改工作，顺利完成巡视巡察整改工作。

（四）抓好作风建设，全面从严治党。深入贯彻落实全面从严治党要求，年内召开专题研究全面从严治党工作2次，制定并公示班子和班子成员全面从严治党主体责任清单、班子成员严格落实“一岗双责”；开展巡察“回头看”专项检查、持之以恒纠“四风”树新风专项整治工作、巩固拓展脱贫攻坚成果同乡村振兴有效衔接专项监督和工程建设领域腐败问题专项治理工作，经自查，没有发现相关违纪违法情况；与驻市委统战部纪检监察组形成联动监督机制，邀请纪监组到会指导市侨联党风廉政建设专题会2次，定期与纪监组研究市侨联党风廉政建设工作，制订《2021年南宁市侨联与驻市委统战部纪检监察组联动监督重点工作清单》和方案，与纪监组形成监督合力，推动市侨联全面从严治党工作扎实开展；强化廉政教育，定期开展廉洁教育和家风建设活动，严格抓好市纪委节假日期间有关纪律的贯彻落实，开展好节假日期间防范“四风”工作，严格执行好领导干部带班、离邕请假报备、疫情防控、值班等相关制度，确保节日期间风清气正。

（五）严格执行纪律，形成用制度管人管事的长效机制。制定《南宁市侨联关于加强对一把手和领导班子监督的若干措施》，以有效监督把“关键少数”管住用好，充分发挥党员领导干部的先锋模范作用和表率引领作用；认真落实谈心谈话制度。开展党史学习教育组织生活会会前谈话、党史学习教育专题民主生活会会前谈话，及时掌握干部的思想动态并做好相关思想工作；做好平时考核工作，每名机关干部都结合自身工作岗位个性特点和机关单位共性，把每个季度工作和廉政工作写到平时考核纪实，每个季度上交分管领导签审并评定等次。

（六）学党史办实事促发展，巩固拓展脱贫攻坚成果同乡村振兴有效衔接。一是定期召开专题会议，研究年度乡村振兴工作思路，每个季度走访帮扶村，与村干部和第一书记座谈交流，掌握帮扶工作当前面临的主要问题，制订下一步工作计划。二是落实市委、市政府乡村振兴工作部署，会主要领导带队深入帮扶点开展防返贫致贫工作，组织华商爱心企业向马岭教学点捐赠价值约0.3万元的文体用品以及开展捐资助学活动。三是发放价值1.58万元的慰问金、慰问品对部分贫困户、返乡人员、乡村扶贫干部进行春节慰问。四是向上林县困难归侨侨眷以及南宁华商会、南宁市侨心慈善基金会结对帮扶的6个村（云蒙村、龙楼村、爱长村、龙宝村、大山村、覃排社区）贫困农户发放澳大利亚魏基成夫妇捐赠的羽绒服。五是举办南宁市侨联系统“学党史促乡村振兴”培训会，参观邕宁革命烈士纪念馆、徐汉林烈士陵园，在邕宁区百济镇红星村“百味坛里”上了乡村振兴体验课，听取《中国共产党统一战线工作条例》相关解读。

二、主要工作

（一）做好“六稳”工作，落实“六保”任务，服务首府华商经济发展。一是扎实做好“六稳”工作，全面落实“六保”任务，助力华商经济发展，实地走访华商企业50多家，了解企业发展情况，鼓励企业抱团发展，及时向上级侨联以及市委、市政府有关部门反映企业面临的困难和问题，争取协调推进相关政策。二是以南宁华商会成立10周年为契机，指导华商会做好换届工作，选优配强领导班子，指导华商会开展走访会员企业、联谊等活动，进一步凝聚华商力量。三是关注侨企发展，帮助广西盛虎金属制品有限公司反映出口企业面临海运费用暴涨困难的问题，得到了市领导、市商务局的重视和协调解决。四是开展关于推动首府华商经济发展的调研。就当前华商经济发展现状、机遇挑战，先进地区的有关经验，形成专题调研报告，为进一步服务华商经济发展提供重要依据。

（二）贯彻以人民为中心发展思想，提高服务侨胞工作质量。一是积极参政议政，依法维护侨益。第一，南宁市各级归侨侨眷人大代表和侨联界政协委员认真履行职责，加强对新侨回国创业发展及侨界人才建设、华侨农林场改革、“侨胞之家”建设、乡村振兴等重大难点热点问题的调查研究。组织做好新一届归侨侨眷人大代表、侨联界政协委员的推荐工作，确保完成换届任务，共向各级人大、政协推荐代表、委员35名，提交议案、建议和提案67件，社情民意21件，侨界参政议政影响力进一步扩大。第二，完成市侨联法顾委新一届领导班子及成员聘任工作，邀请10名在社会各界具有一定知名度和影响力的法律专家、权威人士与热心侨联事业的法律工作者进入法顾委，为法顾委顺利开展相关工作打好基础。青秀区侨联与北京华泰（南宁）律师事务所共同打造南宁市首个“为侨法律服务站”。武鸣区侨联成功促成一起涉侨刑事案件和解。第三，各级侨联组织开展形式多样的“侨法”宣传活动17次，发放各类宣传资料2万多份，各界群众5000多人次参加了活动。新建侨法宣传栏（宣传角）5个，进一步营造知侨法、懂侨法、用侨法的良好氛围。第四，组织部分基层侨联以及华侨农林场负责人组成调研组赴广东、海南归侨侨眷聚居地学习调研。调研期间，市侨联与海口市侨联签订战略合作协议书，共同为两地引进海外人才、资金和智力服务，促进两地经贸和科技交流搭建长期合作平台，更好助力“南宁渠道”和海南自贸港建设。二是关注侨界民生事业，推动“惠侨”项目实施。第一，南宁市侨心慈善基金会年度捐赠收入为75.17万元，捐赠支出为73.92万元，公益慈善活动主要涉及医疗扶贫、捐资助学、支持侨界群众文化活动开展等多方面。第二，协助广西协力扶助基金会捐赠价值5万元的书籍给浪湾华侨小学。第三，重大节日期间，积极开展“送温暖”活动，年内全市各级侨联组织共计走访慰问困难归侨侨眷、侨界代表人士、侨界困难党员、贫困生等共计1613人次，发放慰问金（救助金）及慰问品共计128.72万元。开展义诊12次、各类知识培训（课堂）13期。第四，开展归侨侨眷集中居住地侨胞生产生活情况的专题调研，深入归侨侨眷集中居住的社区、华侨农场开展调研7次，了解归侨侨眷就业收入、住房、饮水、社保等情况，形成调研报告上报市委、市政府。检查指导华侨事务预算经费使用情况，了解基层侨联开展送医送药义诊、“侨胞之家”建设、归侨侨眷技能培训等项目的开展情况，力促解决归侨侨眷生产生活面临的主要困难，维护侨界群众的合法权益，提高侨界群众的获得感。第五，市委领导到“正培·侨胞之家”实地调研“侨胞之家”建设和运营情况，慰问侨界代表人士。第六，关注国内外侨情热点问题。配合南宁新华侨华人眷属联谊会协助南宁籍华人亲属在美国寻求法律援助并得到妥善解决。第七，与广西华侨爱心基金会、南宁市侨心慈善基金会、兴宁区侨联等有关部门联合开展“‘睛’彩世界·看见未来——侨爱心关爱青少年爱眼公益活动”，为澳华小学等兴宁区5所学校的孩子们进行视力检测、护眼讲座等。第八，做好年度华侨事务预算经费的拨付使用，共拨付34个项目191万元，项目涉及归侨侨眷困难及特殊群体补助，加强基层组织建设、惠侨服务及发展产业、脱贫致富等。组织开展实地考察、检查看台账等方式督促指导华侨事务预算经费的落实落细、专款专用。第九，广西东盟经开区侨联推动开发区与国有平台公司联合推出华侨城归侨侨眷创业街项目，在归侨侨眷聚居最多的华侨城小区内腾出50多间商铺打造“华侨创业街”，对具有归侨侨眷身份的居民给予减免两年租金，激励归侨侨眷自主创业。

（三）深化改革，基层组织建设取得新进展。一是推动各县（市、区）基层侨联健全组织架构。西乡塘区、良庆区召开第一次归侨侨眷代表大会，选举产生城区侨联第一届委员会和领导班子。南宁市各县（市、区）中拥有完善组织架构的基层侨联组织增至9个。二是完成门户网站的改版工作，开通官方微博、微信公众号等新媒体平台，“网上侨联”建设取得突破性进展。“邕江侨韵”“侨法知识”等专题专栏取得良好宣传展示效果。青秀区侨联建成“祥云会侨”网络平台。三是侨联组织进一步向基层延伸拓展。新成立邕宁区蒲庙镇五合华侨社区以及红星社区2家社区侨联，全市社区级侨联组织达到13个。四是贯彻落实中国侨联关于进一步加强基层侨联组织建设要求，召开南宁市“侨胞之家”建设提升工作推进会，推进南宁市“侨胞之家”规范建设。五是积极贯彻落实推进会要求，做好“侨胞之家”创建工作。市侨联与“正培·侨胞之家”共同承办2021年广西侨界“侨心向党·同心逐梦”书画摄影作品展。采用线上线下、国内海外相结合的方式，精选240幅作品进行展出，观展侨胞和各界社会群众达到2.5万人次，在百度、“今日头条”等网络平台浏览书画摄影作品，参与点赞评选投票活动的国内外网民达到200多万人次，收到良好的宣传教育效果。新挂牌“五合华侨社区侨胞之家”“江南公园馨园侨胞之家”。广西人人想食品有限公司董事长个人出资10万元升级建设“人人想·侨胞之家”，用于开展食品加工、面点制作等项目职业技能培训。兴宁区侨联在邕武东社区积极打造富有侨文化内涵的宣传长廊。

（四）创新方式，积极做好海外联谊、侨界人才工作。一是创新方式方法，积极拓展海外联谊工作。第一，疫情期间，通过电话、微信、QQ等网络平台，与海外侨社团及重要侨领保持密切联系。第二，加强与回国的海外侨领的沟通与交流，并通过他们加强与海外的交流与合作。年内，接待巴西巴中友好协会副会长江弘一行，并聘请其担任协会海外顾问，双方就中巴经贸往来如牛肉进口、物流、货柜租赁等方面充分交流；接待澳门福善会理事长一行，与其商量以公益慈善项目支持南宁乡村振兴战略的实施方式。第三，参与承办广西大明山歌圩“仙圩印象·天地壮歌”暨“广西三月三·乡音播全球”文艺晚会，让更多的海外华侨华人“云看”广西，聆听八桂之声。第四，弘扬中华文化，举办为期15天的“亲情中华·为你讲故事”网上秋令营活动，来自美国的30余位华裔青少年通过听故事、看视频、线上打卡等方式，学习中华文化，在云端领略壮乡广西秀美山河、风土人情等。第五，通过波士顿中文广播电视台、密西根中文广播电视台向广大旅美海外侨胞送去中秋、国庆的节日问候，与青秀区侨联合作录制《绿水青山都是歌》宣传推荐南宁。第六，做好归侨侨眷、海外侨胞人员信息收集整理工作。建立南宁市归侨侨眷人员信息以及海外侨界代表人士数据资源汇总，壮大拓展海外联谊工作的人脉资源。二是为落实首府人才战略，积极开展侨界人才工作。第一，加强海外引智工作站的建设工作，在维护好、发挥好美东广西青年学友会海外引智工作站的基础上，积极与东南亚国家的侨社团与人才机构联络。第二，走访海归精英人才创办的企业，为他们协调解决各种实际困难，有针对性地做好服务，助力华商经济的发展，同时做好调查摸底，掌握侨界人才的基本情况。积极向市委人才办举贤荐才，全年共推荐桂籍海外杰出人才7人（其中博士3人），涉及专业有教育、医疗、机电设计等方面。第三，组织留学归国人才与华商人才代表赴武鸣纳天党建文化园举行侨界人才沙龙活动。活动期间参观了中新南宁国际物流园，了解园区的建设情况。在纳天党建文化园开展党史学习和爱国主义教育。

三、经验体会

（一）坚持党的领导，确保侨联工作的正确方向。要始终坚持以党的指导思想为侨联的指导思想，以党的中心任务作为侨联的奋斗目标，把旗帜鲜明讲政治贯穿事业发展各方面和业务工作全过程，深入学习贯彻习近平总书记关于群团工作、侨务工作的重要论述，自觉践行好为党和人民事业凝聚侨心侨力侨智的职责使命，引导侨界群众坚定不移听党话、感党恩、跟党走，不断增强侨界群众对中国共产党和中国特色社会主义制度的政治认同、思想认同、理论认同、情感认同，将“根”“魂”“梦”真正融入广大侨胞血脉之中，不断汇聚“侨心向党”的澎湃力量。

（二）坚持以人民为中心的发展思想，不断提升为侨服务的能力水平。为侨服务是侨联工作的生命线。要始终站稳群众立场，坚持人民至上，积极践行“以人为本，为侨服务”宗旨，认真贯彻好党的侨务政策，切实开展符合中央要求、契合侨联实际、顺应侨界群众期盼的活动，持续实施助侨惠侨行动，依法维护侨益，建好温暖的“侨胞之家”，出实招办实事，用优质服务赢得侨界群众的认同。

（三）胸怀“国之大者”，发挥侨联独特优势履职尽责。要树立大侨务理念，围绕党和政府的中心工作，引导动员侨界力量在更高的起点上参与改革开放。要深刻领会和坚决落实习近平总书记关于新发展理念的一系列重要讲话精神，将新发展理念作为侨联工作的行动指引，在服务发展大局、构建新发展格局中找好侨联定位，进一步明确侨联工作的重点和主攻方向，在助力高质量发展的道路上展现侨联作为，打好新时代“侨牌”。

（四）以改革促进自身建设，引领侨联工作开创新局面。要深入贯彻落实党中央关于群团改革和侨联改革的决策部署，解放思想、与时俱进，进一步提高侨联工作科学化水平，加强工作调研，深化涉侨理论研究，加快推进“网上侨联”建设，努力建设学习型、服务型、创新型侨联组织。加强干部队伍建设，围绕政治素质过硬、理论素质增强、能力素质提高、道德素质提升、廉政素质强化的目标，持续深化理论武装，锤炼过硬本领，改进工作作风，培养专兼挂相结合的侨联干部队伍，真正做到政治上强、作风优良、专业水平高，当好海外侨胞和归侨侨眷的贴心人，成为侨务工作的实干家，以优异成绩迎接党的二十大胜利召开。

（农婧）

积极履职　主动作为　努力促进非公经济“两个健康”发展

市工商联党组

2021年，市工商联坚持以习近平新时代中国特色社会主义思想为指导，认真贯彻落实党的十九大和十九届历次全会精神，全面贯彻习近平总书记“七一”重要讲话精神，深入学习贯彻视察广西“4·27”重要讲话精神和对广西工作系列重要指示要求，围绕市委、市政府中心工作，积极履职，主动作为，各项工作成效显著。

一、党建概况

2021年，市工商联内设机关党支部1个，共有正式党员26人。

（一）线上线下齐发力，强抓理论学习实效。线下为机关全体党员订购《论中国共产党历史》《毛泽东、邓小平、江泽民、胡锦涛关于中国共产党历史论述摘编》《习近平新时代中国特色社会主义思想学习问答》《中国共产党简史》《党的十九届六中全会〈决议〉学习辅导百问》等指定学习书籍，做到人手一册；线上利用“学习强国”、中央党校、“绿城党旗红”、“八桂先锋”等平台开展习近平新时代中国特色社会主义思想，党的十九大和十九届五中、六中全会精神专题培训，习近平总书记“七一”重要讲话精神和视察广西“4·27”重要讲话精神专题学习，组织党员收看“党课开讲啦”10场直播。全年党组中心组开展集体学习18次，机关党支部召开党员大会4次、支委会12次、上党课4次，每名党员集中学习培训时间不少于96学时，确保党史学习教育覆盖面达100%。

（二）开展党史学习教育宣讲，加强非公经济人士理想信念教育。开展党史学习教育、习近平总书记“七一”重要讲话、党的十九届六中全会及自治区第十二次党代会精神宣讲进商会、进民营企业活动。市工商联领导班子成员分别深入开发区、所属商会、民营企业等单位开展系列宣讲活动，结合实际对商会和企业开展理想信念教育活动进行指导，要求商会和企业以此为契机开展形式多样的庆祝中国共产党成立100周年活动，引导非公经济人士切实增强“四个意识”、坚定“四个自信”、做到“两个维护”。全年宣讲活动超过18次，共有超过1400人现场聆听，在驻邕商会、民营企业中掀起了学习热潮。

3月25日，市工商业行业党委党史学习教育动员大会召开

（三）利用丰富红色资源，多种形式强化党性教育。组织机关党员干部到李明瑞、韦拔群等革命烈士纪念馆，桂林市全州县、兴安县湘江战役发生地等开展“学习党史·缅怀先烈”活动，推动党史学习教育走深走实。“七一”前夕，组织党员代表慰问“共和国勋章”获得者李延年，聆听李老英雄讲述抗美援朝的作战经历，深切感受革命先烈为了党的事业奉献年华、倾注心血的崇高革命情怀。举办“学党史·忆初心·跟党走”政治生日会，活动涵盖了党史宣讲、重温入党誓词、唱红色歌曲、党史知识和党史事件竞猜、党员谈心声、颁发政治生日卡、分享政治生日蛋糕等丰富内容。组织50多名工商业行业党委党员赴遵义举办“念党情　铭党恩　跟党走”党性教育专题培训班，深入理解红军长征精神和遵义会议等多次重要会议对中国共产党的伟大历史意义。开展“观红色电影　学百年党史”主题党日活动，聆听微党课“中国共产党为什么能——习近平总书记在庆祝中国共产党成立100周年大会上的重要讲话精神”，观看红色电影《1921》。充分利用自治区爱国主义教育基地网上展馆等开展网上展馆学习体验，组织机关党员积极参与国庆节网上献花、网上纪念等活动。10月1日，组织机关干部参加市委在民族广场举办的庆祝中华人民共和国成立72周年升国旗仪式，致敬祖国母亲。

（四）学史力行，“我为群众办实事”各项工作成效显著。落实分组走访企业制度，每组由1名党员领导干部带队，全年累计走访380家民营企业和商会，了解民营企业生产经营状况及存在的困难和问题，反映和协调解决企业维权事项12项，并引导企业按规定、有步骤地做好复产复工。加强与金融、税务部门合作，为非公企业提供融资、税务服务。推荐12名表现突出的中共党员民营企业家参加自治区百名表现突出中共党员民营企业家表扬活动，引导广大民营经济人士进一步坚定“听党话，跟党走”的信念。组织机关党员深入定点联系社区开展服务活动8次，协助社区工作人员清理垃圾、清除小广告、打扫卫生等，同时组织机关党员志愿者利用业余时间开展文明交通劝导志愿服务活动，助力创文明城。与市献血办联合举办“百商行动，捐献热血——2021年南宁市第五届工商联献血月活动”，当天共有75人成功献血，献血量2.5万毫升。持续开展“先锋引领·亲商强企”大行动。加强与党建联系点的沟通和联系，结合走访联系企业制度开展调研座谈、现场交流活动，了解商会、企业运营和党建工作情况，充分发挥“娘家人”的优势与作用，积极为商会和企业解难题、办实事。

（五）创建模范机关，扎实推进党支部标准化规范化建设。选优配强支部班子，支部工作制度完善，班子政治建设、思想建设、履职能力、工作作风、廉洁自律建设制度健全。开展“争做‘三个表率’、争创‘模范机关’”活动，引导机关党员干部立足岗位、担当作为、干事创业，积极参加市直机关“党建与业务融合　服务强首府战略”优秀成果典型案件的申报。通过集中动员部署、定期跟踪提醒、制定台账清单等方式对照达标党支部评价标准要求进行自查整改，认真落实“三会一课”、主题党日、民主评议党员等组织生活制度，做好党建工作台账建立、档案整理工作，已通过党支部达标创优验收。着力打造“党旗领航+服务企业”党建品牌，围绕市委、市政府中心工作，充分发挥机关党支部战斗堡垒作用和党员先锋模范作用，通过牵线搭桥、宣传教育、走访调研、融资税务服务、法律维权等活动为非公经济发展解难题、破瓶颈，多措并举促进“两个健康”高质量发展。深度挖掘工商联系统及所属商会工作好经验好做法，利用“学习强国”、《南宁日报》、南宁机关党建网、南宁市两新党建微信公众号、南宁市工商联微信公众号、各商会微信公众号等多种方式进行宣传报道。年内，市工商联商会人民调解委员会工作被“学习强国”和《中华工商时报》报道1篇，“万企兴万村”工作被《南宁日报》同心专版报道1版，党建信息稿被南宁市机关党建网采用13篇、南宁两新党建微信公众号采用25篇。

二、主要工作

（一）以宣传教育为重点，做好非公经济人士思想引领工作。加强非公经济代表人士教育培训，与市委统战部共同组织132名非公经济代表人士赴厦门大学举办南宁市新时代非公经济创新发展培训班。与市发展改革委、市工信局联合举办3期“2021年南宁市信用修复”专题线上直播培训班，帮助150多家民营企业做好信用修复工作。组织100名两新组织党员开展“关注党员成长·激发组织活力”大培训。选树民营企业先进典型。

（二）开展调查研究，积极参政议政。组织92家企业参与全国工商联上规模民营企业调研。组织企业参评2021广西民营企业100强，南宁市有30家民营企业入围2021广西民营企业100强。组织15家企业申报广西最具竞争力最具潜力民营企业。完成《关于大力培育邕系工业品牌，为工业振兴注入内生动力的建议》调研任务。与市发展改革委、工信局、市场监管局、税务局联合编制《2020年南宁市非公有制经济发展报告》。积极参政议政，全年向市政协大会提交集体提案5件，有3个集体提案被评为市政协优秀提案。

（三）落实市委、市政府部署的“民企入桂”招商引资工作。贯彻落实市委、市政府关于“三企入桂项目落地、行企助力转型升级”的工作部署，积极跟进南宁市在2020年12月全国知名民营企业助推“建设壮美广西　共圆复兴梦想”大会上签约的8个项目落地注册、开工建设、竣工投产情况，建立跟进档案。2021年4月，会领导带队赴汕头、惠州、深圳、广州等地开展招商引资活动，积极推进“民企入桂”项目落地工作。组织会员参加阿里巴巴国际站云桂区域跨境商家开年盛典、首届中国国际消费品博览会、第四届中国国际进口博览会、第18届中国—东盟博览会等经贸活动，为会员“走出去、请进来”提供帮助。先后接待全国工商联汽摩配商会考察团、东莞市工商联考察团、南昌市工商联考察团等到南宁市考察投资环境。

（四）坚持服务立会，做好会员服务工作。积极推进民营经济领域纠纷多元化解，11月全市工商联系统（市、县区、乡镇三级）261家商会100%成立商会人民调解委员会，提前一年在全区率先实现商会人民调解委员会全覆盖。12月10日，自治区联合调研组到南宁南安商会调研“加强诉源治理推进矛盾纠纷源头化解”，实地了解南宁南安商会建设商会人民调解委员会、推进基层社会治理工作情况，并举行座谈交流，调研组领导充分肯定了南宁市“统一战线+商会人民调解委员会”基层社会治理新模式。南宁市商会人民调解工作的成效和经验先后被《中华工商时报》《广西法治日报》《南宁日报》等新闻媒体报道，并收入“学习强国”内容。坚持走访联系会员制度，协调解决会员维权事项100多项。开展“小微企业法律服务直通车”活动，引导小微企业不断增强法律风险防控能力。配合市发改委开展“信易贷”平台企业名单推荐工作，为会员企业融资1.24亿元。举办“学史力行　春雨润苗”暨全面推行“税务—商会”党员联络机制座谈会，联合打造“税+联+会+代”合作新模式，助力小微企业发展壮大。

（五）引导所属商会、民营企业参与光彩事业、公益事业和乡村振兴建设，积极履行社会责任。发动所属商会、民营企业为河南抗洪救灾捐款捐物1065.83万元，为村卫生室提质升级行动捐款520.23万元，为“霞光天使”计划捐款100万元。牵头召开南宁市“万企兴万村”行动启动大会，举行“万企兴万村”行动村企共建签约仪式。全年发动151家商会、民营企业与141个村结对共建，达成共建项目80多项，实际到位资金200多万元。加强粤桂协作工作，市工商联与深圳市工商联签署《“十四五”时期粤桂工商联推进“万企兴万村”行动协作框架协议》。签约当天，深圳市民营企业与南宁市签约项目总投资30.9亿元。

（六）加强工商联组织建设，不断推动商会改革发展。深入开展党史学习教育，积极开展党史学习教育系列活动，引导党员干部传承红色基因，弘扬党的光荣传统和作风，坚定理想信念、筑牢初心使命，把党史学习教育成果转化为工作动力。加强组织建设，全年发展企业会员20家，新成立商会12家，截至12月底市工商联担任业务主管单位的商会达105家。全市有8家县级工商联被认定为全国“五好”县级工商联，12家县级工商联全部被认定为广西“五好”县级工商联。全市有23家商会被认定为广西“四好”商会，有15家商会被认定为广西诚信建设先行商会。

三、经验体会

（一）坚持党的领导，做好新时期民营经济统战工作。团结、服务、引导、教育会员拥护中国共产党的领导，坚定走中国特色社会主义道路，在改革开放和社会主义现代化建设中贡献力量。

（二）坚持“两个健康”工作主题。扩大服务会员的广度和深度，为会员协调解决发展中遇到的困难和问题，全心全意为会员服务，把市工商联建设成为民营企业之家。

（三）凝聚人心、汇聚力量，引导民营企业积极履行社会责任。充分发挥工商联统战性、经济性、民间性的优势，把广大非公企业和非公经济人士紧密团结在党和政府的周围，积极参与乡村振兴和光彩事业、公益事业，积极构建和谐社会。

（四）与时俱进、创新工作方法。进一步建立健全南宁仲裁委工商联仲裁中心、南宁民营企业纳税人权益维护中心、南宁民营企业法律风险防范机制、南宁市民营经济领域纠纷多元化解联席会议制度，不断搭建各种工作平台、创新工作方法，将工商联工作不断推上新台阶。

（李增群　黄莹莹）

抢抓RCEP实施新机遇　推动全市贸促工作取得新成效

市贸促会党组

2021年，市贸促会党组始终坚持以习近平新时代中国特色社会主义思想为指导，学习贯彻党的十九大和十九届历次全会精神，全面贯彻落实习近平总书记视察广西“4·27”重要讲话精神和对广西工作系列重要指示要求，增强“四个意识”、坚定“四个自信”、做到“两个维护”，扎实做好“六稳”“六保”工作，充分发挥贸促会的桥梁和纽带作用，积极做好“三服务”（服务政府、服务企业、服务社会）工作，为服务南宁市对外经济贸易发展、服务《区域全面经济伙伴关系协定》（RCEP）实施、服务中国（广西）自由贸易试验区南宁片区建设贡献贸促力量。

7月19日，市贸促会、南宁国际商会到青岛、大连推介巴西海外仓项目

一、党建概况

2021年，南宁市贸促会内设机关党支部1个，党员15名。

（一）切实履行主体责任和“一岗双责”制度。市贸促会党组对党风廉政建设和反腐败工作高度重视，把党风廉政建设和反腐败工作列入重要议事日程，成立以党组书记、会长为组长，各分管领导为副组长，各部室负责人为成员的党风廉政建设和反腐败工作领导小组，不断完善领导体制和工作机制，研究制定落实领导班子、主要负责人、班子其他成员2021年度党风廉政建设主体责任清单，狠抓落实。

（二）着力抓好机关党支部建设工作。认真履行抓机关党建主体责任，完成机关党支部每月、每季度的规定动作，定时收缴党费，严格落实“三会一课”制度，明确责任人和工作任务，规范“一簿两本四档案”，确保党支部工作台账齐备。开展形式多样的党员活动日，先后开展主题党日活动15次，其中主题学习活动11次，春节送温暖慰问活动1次，助力抗疫爱卫“五大清洁行动”志愿服务活动1次，切实抓好党支部标准化规范化建设。

（三）扎实开展党史学习教育各项活动。组织全体党员干部职工认真研读规定书目，教育引导全体同志做到学史明理、学史增信、学史崇德、学史力行；开展“感党恩　跟党走”主题活动和“打卡红色教育基地”活动，组织全体党员干部职工参观毛主席接见广西各族人民纪念馆、广西烈士陵园、广西革命纪念馆和广西国防纪念馆；组织党员干部职工赴桂林市全州、灌阳、兴安三地湘江战役发生地实地开展党史学习教育；开展党史故事大家讲、党员心声大家谈、党史故事大家答、红色歌曲大家唱、重温入党誓词、集中观看红色教育影片等系列活动。积极参加自治区、市“学习贯彻习近平总书记‘七一’重要讲话精神‘党员心声大家说’暨‘四史’学习教育主题征文比赛”，获自治区、市一等奖。同时把业务工作融入党史学习教育的“我为群众办实事”实践活动中，进一步提升服务企业的能力水平。

（四）加强纪律建设，加强党员教育管理。落实全面从严治党，持续推进落实中央八项规定及其实施细则精神，深入整治形式主义、官僚主义，带头抓好党员教育活动，提升宗旨意识。扎实开展党风廉政教育和警示教育，及时传达学习自治区纪委、市纪委通报违反中央八项规定及其实施细则精神问题典型案例，进一步增强党员干部奉公守法、廉洁从政的责任意识，筑牢反腐思想防线。

（五）扎实开展干部队伍作风建设，激励干部担当作为。重视意识形态教育，引导党员干部树立正确的人生观、价值观，及时完善能上能下工作机制，进一步加强选人用人政策法规的学习培训，强化组织纪律意识，不断规范干部选拔任用程序。克服工作人员少、业务专业性强涉及面广的困难，创造一切可能的条件，鼓励干部学业务，学习外语、涉外法律、外贸等知识，提升服务政府、服务企业、服务社会的能力。

二、主要工作

2021年，市贸促会在继续做好新冠肺炎疫情防控任务的同时，扎实做好“六稳”工作，落实“六保”任务，积极服务政府、服务企业、服务社会，有序推进服务南宁市对外经济贸易发展、服务《区域全面经济伙伴关系协定》（RCEP）实施、服务中国（广西）自由贸易试验区南宁片区建设，推动南宁市贸促工作取得新成效。

（一）围绕中心服务大局，积极融入强首府战略。一是根据市政府的工作安排，积极协调并邀请到RCEP成员国家驻华商务联络机构韩国大韩贸易投资振兴公社中国地区总部总代表洪彰杓、广州代表处韩国馆长金柱澈一行、日本贸易振兴机构北京代表处所长高岛龙佑、广州代表处所长清水显司一行等2个来访团与市政府主要领导洽谈。2022年韩国计划在华再设立一个分馆，并把南宁市作为候选城市之一。日本代表团对南宁市的投资环境给予很高的评价，并组织企业到广西考察。此项工作受到了市领导和广西贸促会的高度关注和肯定。二是自主举办南美、中东市场信息交流会以及银企对接会等5场市场信息交流活动，78人次参加。三是先后组织96家企业参加中国—东盟博览会和商务与投资峰会以及进口博览会等国内16场经贸活动。四是发挥贸促会、国际商会的平台优势，积极为企业服务，先后促进会员企业与缅甸企业签约螺蛳粉出口及缅甸农产品进口，交易额达450万元；协助广西迁迈投资信息咨询有限公司促成陕西重汽集团与安哥拉企业签订意向合同92万美元；促成广西迁迈投资集团与柳工集团、陕西重汽达成合作，交易额达400多万美元；促成巴西牛肉、大豆进口国内，销售额达1.7亿人民币。

（二）丰富贸促渠道，构建贸促工作国际交流合作网络，扩大对外经贸交流与合作。一是进一步密切与东部沿海、珠三角、长三角、环渤海湾等地区贸促机构、国际商会间的联系，积极宣传推介南宁市经济社会发展、重点招商引资项目和投资环境，吸引更多项目落户南宁，更多客商来邕考察、投资。二是加强与世贸中心协会和国外商协会的联系与合作，为双方企业间的交流合作、贸易洽谈互通信息、牵线搭桥。三是发挥传统业务优势，积极组织企业参加国际展览、会议等活动，如中国国际进口博览会、中国国际消费品博览会等。四是不断拓展贸促工作网络，先后在五大洲聘请了40余名海外顾问，并在日本、越南、柬埔寨、智利等国家设立了南宁国际商会联络处。

（三）强化商事法律服务，主动代言工商，积极维护会员企业权益，帮助企业规避和防范风险。一是南宁市一般原产地签证点自2021年6月开办以来到12月份共签发一般原产地证书共1145份，FOB金额逾8000万美元，实现“零差错”“零投诉”。日均签证十余份。按照市政府领导的要求，已向中国贸促会申请商事证明书签发授权，正在积极筹备，待时机成熟申请优惠原产地证书签发授权。二是与中国贸促会、广西贸促会在南宁共同举办了企业国际化经营合规实务培训，会员企业、律师团队共计280余人参加。三是自主举办了RCEP项下知识产权法律风险解读及企业国际化经营合规实务培训班，先后30余次组织企业参加了由中国贸促会、商务部举办的线上线下法律培训，约3000人次参加。四是举办商事法律政策培训班。邀请国内知名专家举办商事法律专题培训班和邀请南宁国际商会海外顾问举办座谈交流会，为企业介绍贸易壁垒、进出口优惠政策，发布经贸预警信息等，提高企业防范风险能力。五是开办一般原产地证签证业务。积极参加中国贸促会、广西贸促会出证认证和商事法律服务工作培训，不断提高商事法律服务业务水平，系统掌握出证认证和商事法律服务等政策和业务流程，为南宁市企业提供优质的商事法律服务。六是发挥自身优势，按时完成营商环境暗访调研工作。

（四）加强南宁国际商会建设，精准服务企业。一是先后组织企业拜访了青岛市贸促会、柳州市贸促会、南宁漳州商会、柳工集团、陕西重汽集团、大湾区会展行业协会等。二是组织企业到中国—东盟经贸中心及五象新区企业进行考察调研，并促成两家企业进驻中国—东盟经贸中心开展业务。三是积极为企业排忧解难，连续两年免除了南宁国际商会所有企业会员的会费。四是主动协调市委编办、市民政局、县区、开发区推动设立基层贸促会（国际商会）的前期准备工作。

（五）加强国际市场信息研究与搜集，提高为企业提供信息咨询服务能力。一是加强南宁国际商会平台建设，提升服务水平和质量。根据南宁国际商会会员企业的需求举办推介会、交流会等经贸活动，提供精准会展会议信息，按照实际情况组织企业参展参会及出访等，得到会员企业认可。二是通过贸促网络、境外商协会、南宁国际商会海外顾问等了解境外经贸动态，及时向市委市政府和有关部门及企业提供国际贸易投资难点、热点问题的相关信息，加强对重点国家和地区的分析研判，积极捕捉产业、科技、文化等方面的合作信息；加大力度宣传进出口优惠政策，引导企业用好贸易政策，通过南宁市贸促会官方网站、南宁国际商会微信公众号等信息平台和编印《南宁贸促信息》对外发布。三是及时为企业提供信息服务。年内，通过贸促平台为企业提供了5000余条各种经贸、展会、市场供求和经贸预警等信息服务。

三、经验体会

（一）坚持党的领导，确保贸促事业发展始终坚持正确的政治方向。认真学习贯彻习近平新时代中国特色社会主义思想，全面贯彻党的十九大和十九届历次全会精神，认真学习贯彻习近平总书记在庆祝中国共产党成立100周年大会上的讲话、视察广西“4·27”重要讲话精神和对广西工作系列重要指示要求，增强“四个意识”，坚定“四个自信”，做到“两个维护”，坚决服从、服务于市委、市政府中心工作。

（二）围绕中心服务大局，完成市委、市政府赋予的工作任务，精准定位贸促工作。按照市委、市政府的工作部署和发展思路，抢抓RECP机遇，加强与东盟国家驻华使领馆、“一带一路”沿线国家、RCEP国家驻华使领馆、政商机构、商会协会和华人华侨组织的交流，充分利用国际商会、世贸中心平台，加大对外交流合作工作力度，巩固和扩大朋友圈，拓宽“南宁渠道”，为南宁市高质量发展服务。

（三）加强人员培训培养，不断提高工作人员的综合素质和专业服务水平。贸促工作范围广泛，点多线长，人员综合素质和专业服务水平关系到贸促工作的水平。全年多渠道多手段加强工作人员的培养与培训，一般原产地签证从无到有，实现“零差错、零投诉”；贸易对接有针对性，效果明显；国际联络按照市委、市政府要求，有的放矢，为南宁市经济发展，特别是南宁市对外开放合作作出贡献。

（覃觅）

对标首善标准　展现首府担当　推动全市残疾人事业提质增效

市残联党组

2021年，市残联党组坚持以习近平新时代中国特色社会主义思想为指导，全面贯彻落实党的十九大和十九届历次全会精神，深入学习贯彻习近平总书记视察广西“4·27”重要讲话精神和对广西工作系列重要指示要求，按照中央、自治区和南宁市关于残疾人工作的决策部署，对标首善标准，展现首府担当，全力推动全市残疾人事业提质增效。

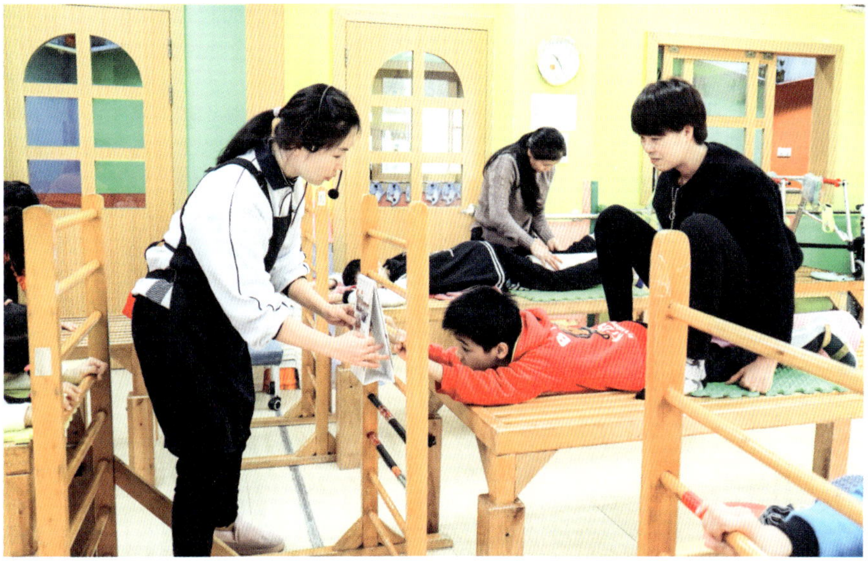

残疾儿童在康复机构开展康复训练　　（广西云彩社会工作服务中心　供图）

一、党建概况

2021年，市残联党组辖机关党总支1个，党支部3个，党员57名。

（一）以政治建设为统领，捍卫“两个确立”、做到“两个维护”。一是始终把机关党的政治建设摆在首位。全面贯彻落实新时代党的建设总要求，以开展“模范机关”创建工作为发力点，引导机关广大党员干部胸怀“两个大局”，把讲政治的要求从外部要求转化为内在主动，坚持“两个确立”、做到“两个维护”。二是突出思想政治引领。坚持把习近平新时代中国特色社会主义思想作为党组理论学习中心组学习的“第一议题”，党支部学习的“第一内容”，党员学习的“第一任务”，及时跟进学习习近平总书记视察广西“4·27”重要讲话精神和对广西工作系列重要指示要求，集中学习党的十九届六中全会精神6次，举办习近平总书记“七一”重要讲话精神学习班11期，把自治区第十二次党代会精神和市第十三次党代会精神列入党员学习的必学内容。三是深入开展党史学习教育。开展党史学习教育专题集中学习32次，党史专题党课20次，党史专题宣讲13场；突出红色主旋律，开展“感党恩　跟党走”主题系列活动44场次，参与党员1000人次；聚焦残疾群众“急难愁盼”问题，开展“我为群众办实事”实践活动，积极投入人力物力，多措并举为残疾人群众做好事办实事58件。

（二）以强基固本为核心，夯实基层基础、发挥引领作用。一是扎实推进党支部建设。以开展党支部组织生活质量提升行动和党支部达标创优活动为抓手，推动全面从严治党落到每个支部、每名党员，规范党支部组织生活，促进党支部争先创优，所属3个党支部已全部推荐评定为标杆党支部。二是严格党员教育管理。坚持党员集中活动日制度，将党员集中活动日与主题党日、“三会一课”等融为一体，常态化抓好党员教育管理，党员全年集中学习培训时间达48小时以上。落实生活困难党员帮扶制度，坚持逢重大节日走访慰问生活困难党员，传递组织温暖。三是发挥先锋引领作用。注重在乡村振兴、社区治理、疫情防控、全国文明典范城市创建等任务中发挥基层党组织和党员先锋引领作用，全年开展党员志愿服务活动30多次，参与党员300多人次。

（三）以强化履职为抓手，狠抓工作落实、推进从严治党。一是压实主体责任。贯彻落实《党委（党组）落实全面从严治党主体责任规定》，定期专题研究部署机关党风廉政建设工作，查摆存在问题，研究解决措施。督促党员领导干部切实履行“一岗双责”，抓好分管领域党风廉政建设工作。二是认真贯彻《中共中央关于加强对“一把手”和领导班子监督的意见》和自治区党委《关于加强对“一把手”和领导班子监督的实施意见》，落实一把手第一责任人职责，深入开展廉政监督谈话，一年来，班子主要负责人同班子成员、会属单位主要负责人分别开展廉政监督谈话2次，班子成员同所分管科室、会属两中心主要负责人分别进行监督谈话2次以上。三是强化廉政教育。常态化开展廉政警示教育，全年各党支部上廉政党课3场，集中廉政教育6次，教育引导干部职工增强廉政意识，做到明规守矩、知行合一，一体推进不敢腐、不能腐、不想腐，不断筑牢党员干部思想防线。四是开展专项治理工作。按照市纪委有关要求，深入整治“天价茶”背后违规违纪违法问题，组织各党支部自查公款购买、违规收送茶叶情况。积极开展工程建设领域腐败问题专项治理工作，组织签订抵制工程建设领域腐败承诺书，开展廉政风险排查，切实加强经常性监督和全方位管理。

二、主要工作

（一）残疾人基本民生保障提质增效。实施残疾人帮扶工程，2021年拨付资金3556万元，受益残疾人12724名。全市纳入低保的残疾人52.5441万人次，发放低保金3.05亿元；累计发放两项补贴159.41万人次，补贴资金1.274亿元。落实政府资助残疾人参加基本养老、医疗保险政策，全市参加城乡居民基本医疗保险的残疾人有15.75万人，参加城乡居民基本养老保险的残疾人有6.25万人。全面排查残疾人住房情况，持续抓好残疾人脱贫户住房安全保障动态清零，纳入全市农村危房改造的残疾人家庭205户。落实残疾人学生教育帮扶政策，共资助残疾学生和残疾人子女1750人，发放资助金173.45万元。

（二）残疾人就业创业成效稳步提升。全市就业年龄段持证残疾人7.73万人，已就业4.17万人，就业率53.95%。2021年新增就业1486人，其中城镇残疾人新增就业人数555人，完成率170.77%；农村残疾人新增就业人数931人，完成率173.05%。全市共建成11家辅助性就业机构，安置智力、精神和重度肢体三类残疾人185名。全市享受养老保险补贴项目的个体和灵活就业残疾人共757名，发放补贴资金350.39万元。扶持个体创业人员47名、微型企业1个、盲人按摩机构8个，扶持资金总额40.532万元。完成城乡残疾人培训2481人次，完成率160.79%。组队参加2021年全国残疾人岗位精英职业技能竞赛，南宁市的邓启润获“网络信息安全”项目优秀技能奖。扎实推进残疾人就业保障工作，全年征收残疾人就业保障金3.57亿元，审核3054户安置有残疾人就业的单位，安置8140名残疾人就业。

（三）残疾人基本康复服务显著增进。全市为1.71万名残疾人提供免费基本康复服务，完成率126%；为4437名残疾人提供基本辅具适配服务，完成率259%。开展0—17岁残童康复救助工作，年内，中央、自治区、南宁市三级下达残童康复经费2878.45万元，安排3134名残疾儿童到定点康复机构入训，完成率368%。健全完善残童康复服务工作齐头并进，对南宁市残疾儿童定点康复机构开展第三方评审工作；实地走访18家康复机构开展机构规范化建设督查工作；对5家申请定点康复的县级机构开展考核评审。健全精神障碍患者救治救助保障制度，采取经费配套补贴及新农合报销等方式，尽量覆盖急需救助的精神病患者。

（四）残疾人基层组织建设日趋完善。全市共评残办证（含换证）42018本，做到应评尽评；成立村（社区）残协1732个，配备残疾人专职委员1503名，打造出青秀区长湖社区、良庆区那马村、隆安县震东社区以及横州市校椅镇石井村、那阳镇那市社区等各有特色的村（社区）残协典型培育点，并召开现场推进会，对特色典型加以推广，横州市目前已对308个村（社区）残协进行重新组建。打造“残健互助，蓝灯指路”残联志愿服务品牌，团结组织志愿服务队1786支，助残志愿者超过5万名，服务残疾群众超过百万人次。认真落实好残疾人基本状况调查100%入户、100%手机APP录入的要求，完成18.25万名残疾人的入户调查。持续推动残疾人活动基础设施建设，南宁市残疾人康复托养基地项目建设有新进展；上林县、马山县、武鸣区残疾人康复中心已竣工并投入使用；横州市、宾阳县残疾人康复中心已竣工验收；隆安县残疾人康复中心主体工程基本完成；宾阳县残疾人托养中心已全部完成主体框架建设。

（五）残疾人宣传文体工作成绩显著。全市各级残联组织开展“全国助残日”“残疾人文化周”等各类宣传文化活动40多场次。在《广西日报》《南宁日报》等市级以上媒体刊登南宁市残疾人工作新闻报道183篇（幅），南宁广播电视台播发南宁市残疾人工作电视和广播新闻167条（次），残疾人公益广播节目《共圆人生梦》共播出46期，南宁电视台手语新闻节目正常录播，得到残疾朋友广泛好评。南宁市3个节目代表广西参加全国第十届残疾人艺术汇演，2个获评一等奖、1个获评三等奖。参加第十届全区残疾人艺术汇演，获团体一等等次，2个节目获一等等次、2个节目获二等等次。选派运动员在第11届全国残疾人运动会暨第8届全国特殊奥林匹克运动会上共获5金7银10铜，并打破1项全国纪录。南宁市盲人田径运动员刘翠青在东京残奥会勇夺2枚金牌、1枚银牌，并打破1项奥运会纪录。在做好疫情防控措施的基础上，开展残疾人活动中心场馆服务工作，为残疾人群众提供服务42564人次，开展文化体育康复类残疾人训练班30期次，参与训练班的残疾人3768人次。

（六）残疾人权益维护得到有力保障。积极推进法治建设工作，年内办理残疾人来信来电来访81件次，办结率100%，为残疾人提供法律援助11件次，获自治区残联通报表扬。聘请广西谦行律师事务所律师担任法律顾问，深入基层、社区广场开展法律咨询服务、普法讲座，发放普法宣传资料2000多册。发放残疾人机动轮椅车车主燃油补贴842辆，补贴金额21.892万元。积极协调顺联驾校做好汽车驾驶培训工作，为符合申领条件的36名残疾人汽车驾驶员发放每人900元的补贴。建立完善残疾人应急处置工作预案机制，深入基层开展专题调研活动，督促、指导各县（市、区）、开发区残联开展涉残不稳定情况排查，加强政策宣传和思想教育引导工作。

三、经验体会

（一）要科学统筹，把牢残疾人事业发展基本盘。残疾人事业是一个大盘子，必须科学谋划发展，全面统筹规划，不断打开工作新局面。必须坚持立足新发展阶段、贯彻新发展理念、构建新发展格局，以推动残疾人事业高质量发展为主题，以巩固拓展残疾人脱贫攻坚成果、促进残疾人全面发展和共同富裕为主线，推动残疾人事业向着现代化迈进。抓紧出台南宁市残疾人保障和发展“十四五”规划，为全市残疾人事业发展提供纲领性文件；梳理新一年度发展思路，对照新任务，分析新形势，破解新难题，总结新经验，从理论上、思想上、政治上、政策上进行学习、思考、研究、讨论，达到统一思想、凝聚共识、增强信心、鼓舞士气的效果。

（二）要守正创新，增强残疾人事业发展驱动力。残疾人工作是一项系统工程，涉及内容广，需协调部门多，必须牢牢守住残疾人保障和发展“十四五”规划的统筹性、协调性、指导性，创新工作方式方法，增强工作驱动力。必须激发基层残协的纽带作用，进一步配强基层残协力量，健全工作机制，强化服务意识，让基层残协真正成为沟通基层残疾人与政府的桥梁。要擦亮南宁市残联“残健互助，蓝灯指路”志愿服务招牌，鼓励根据需求为残疾人开展专业化、个性化的服务，把志愿服务送进社区，送进家门，送进心坎。要依靠南宁市区位、人力、物力、财力等多方面资源优势，探索社会助残新形式，鼓励更多的社会力量参与残疾人事业发展，推动康复水平上档进位，帮助残疾人就业增收。

（三）要固基提质，提升残疾人基本民生水平。残疾人民生保障是各级党委和政府最为关心关切的工作，必须织密筑牢残疾人民生保障安全网，提升残疾人民生水平，增强残疾人的获得感、幸福感、安全感。市残联要密切配合民政、住建、医保、社保、教育等部门落实好基本民生政策；建立定期数据比对工作制度，加强信息共享和部门协作。要鼓励企业探索多种灵活方式安排残疾人就业；开发适合残疾人条件、符合市场需求的实用技术培训，提高社会竞争力。要持续推进残疾人康复工程、阳光助残基地、无障碍改造项目等“六大助残工程”，切实保障残疾群众基本民生。

（宋海溪）

用心书写人道主义事业的光辉篇章

市红十字会党组

2021年，市红十字会以习近平新时代中国特色社会主义思想为指导，深入贯彻落实党的十九大和十九届历次全会精神，认真贯彻习近平总书记“七一”重要讲话精神，贯彻落实习近平总书记视察广西“4·27”重要讲话精神和对广西工作系列重要指示要求，深入学习贯彻习近平总书记关于群团工作重要论述和红十字事业重要指示批示精神，在市委、市政府的坚强领导下，紧盯目标任务，服务大局，大力弘扬“人道、博爱、奉献”的红十字精神，自觉把红十字事业融入南宁市经济发展的大格局中，立足做好党和政府人道救助领域的助手，用心书写人道主义事业的新篇章。

3月5日，市红十字会到青秀山开展“学雷锋月系列活动”之红十字“救”在身边活动

一、党建概况

2021年，市红十字会党组辖机关党组1个，党支部1个，党员17名。

（一）思想、组织、作风及党风廉政建设情况。一是市红十字会以习近平新时代中国特色社会主义思想为指导，深入贯彻落实党的十九大和十九届历次全会精神，引导党员干部职工增强“四个意识”、坚定“四个自信”、做到“两个维护”。二是严格执行“三会一课”工作制度和各项规章制度，通过扎实推进党史学习教育，举办“永远跟党走”——庆祝建党100周年主题活动，力争“学党史、悟思想、办实事、开新局”，传递永远跟党走的崇高信念和坚定决心，组织开展各类党员日活动、送温暖活动33次，党员志愿服务时长624小时。三是开展“书记引航担使命”主题活动，会党组中心组带机关理论学习上级文件，专题学习《党委（党组）落实全面从严治党主体责任规定》等116份文件精神。

（二）开展党史学习教育情况。市红十字会以高度的政治自觉、思想自觉、行动自觉扎实开展党史学习教育。一是开展专题学习，精确把握精神，推动党史学习教育高标准高质量开展。利用党组中心组带机关理论学习5次、开展专题会议10次、开展专题研讨5次、10场名家云直播党课8次、在微信公众号开展“党史知识大家答”155期次，在“学习强国”APP等多种形式开展自学和集体学习。二是加强政治引领，开展“感党恩 跟党走”主题系列活动。结合“红十字‘救’在身边”主题，开展“感党恩 跟党走”防溺水宣传、造血干细胞捐献、人体器官捐献工作十周年纪念活动，参加市委市直机关工委举办的“讲好红色故事 担当时代使命”——南宁市直机关庆祝中国共产党成立100周年红色故事演讲比赛，与中国国际贸易促进委员会南宁支会、广西印象物业服务有限责任公司联合举办“永远跟党走”——庆祝建党一百周年主题活动等活动11次。三是深入开展“我为群众办实事”实践活动，切实解决一批人民群众的困难事、人民群众的烦心事。结合红十字会资源优势，依托“红十字博爱家园”“红十字博爱送万家”等人道救助项目开展无偿献血、应急救护、关爱艾滋病致孤儿童等“我为群众办实事”实践活动13次。四是开展党史学习教育宣传。充分运用官方网站、微信公众号。通过制作3次板报、制作宣传标志和向市委党史学习教育领导小组办公室上报简报信息5条等形式，宣传学习教育的重大意义、目标任务和基本要求，宣传开展学习教育的好做法好经验好成果。五是市委党史学习教育第九巡回指导组到市红十字会指导工作和参加党课学习。

二、主要工作

2021年，市红十字会坚持开拓创新，聚焦主责主业，红十字事业发展取得了新进步、新发展，应急救护培训、造血干细胞捐献、人体器官和遗体捐献三项重点工作均列全区第一。

（一）探索人道资源动员新模式，助力保障改善民生。2021年，市红十字会积极动员社会资源，大力开展人道救助和人道服务，针对河南、山西等特大暴雨灾害，广大爱心企业、单位和个人也纷纷捐款捐物，全市红十字系统接收河南洪灾救灾捐赠款物价值51.5万元，有效支持河南灾区开展救灾工作。积极探索“互联网+公益”筹资模式，结合“99公益日”积极动员爱心人士筹集善款21万余元。“霞光天使同心计划”公益项目线下接收广西威壮房地产有限责任公司捐赠款100万元，该公司荣获中国红十字会总会颁发的2021年度中国红十字奉献奖章。2021年度市红十字会联合市委统战部、市卫健委发放“霞光天使同心计划”慰问金20万元用于慰问全市20名医务人员。

（二）救助弱势群体，彰显人道力量。人道救助领域持续拓宽，在元旦、春节前夕开展“红十字博爱送万家”活动，全市红十字会系统发放物资92.482万元，慰问金27.05万元，慰问困难家庭4487户；为83名符合条件的大病患儿申请“小天使基金”“天使阳光基金”等救助项目，共计发放救助金199.4万元，缓解了患者家庭负担；慰问器官捐献者困难家庭170户，共发放慰问金170万元。

（三）扩大应急救护培训覆盖面，助力健康南宁建设。高质量完成2021年为民办实事项目万人应急救护培训，投入资金232.8万元，推动应急救护培训进社区、进农村、进学校、进机关、进企业，累计开展培训474场，培训人数73074人，重点向服务企业、服务基层倾斜，为台胞、台商、旅游、交通等行业开展培训；完成红十字救护员及救护师资培训1160人，超额116%完成培训任务。扎实开展防溺水宣传培训51场，结合防溺水进校园，分别深入市一职校、三职校、江南小学等学校，受益人次近2万人次。

（四）扎实推进应急救援工作，助力“平安南宁”建设。全市各级各类红十字专业救援队常态化开展培训演练，组织参加全国红十字系统综合演练、开展跨市联合演练、本级培训演练等10余次；积极协助各部门开展实地救援，共接到市应急联动中心转来救援请求68次，出动救援队员550人次，完成水上水下各类救援任务，为保障城市安全勇担救援使命，助力南宁市强治理工作；派出红十字搜救救援队驰援河南省鹤壁市浚县开展灾后卫生防疫消杀工作，受到广大市民的高度关注和称赞。

（五）积极推进“三献”工作，助力挽救生命守护健康。结合重要节点开展主题宣传活动，提高“三献”科学知识的公众知晓率；全年完成造血干细胞捐献志愿者报名采样入库650人份，10名志愿者成功捐献造血干细胞，成功挽救10人生命，创造了历年捐献人数新高；实现人体器官捐献172例，单独眼角膜捐献3例，遗体捐献25例，为医学实验研究和挽救更多的群众生命做出贡献。

（六）健全志愿队伍服务体系，助力文明城市创建工作。围绕创文明城建设，结合“我为群众办实事”实践活动等主题，成立南宁市红十字会志愿服务工作领导小组，积极推进红十字志愿服务工作。组织红十字志愿者在邕江开展学雷锋邕江环保清洁、防溺水宣传等志愿服务活动，参与志愿者达4254人次，服务时长累计11251.5小时，服务群众达3.3万人次。年内市红十字志愿者郭慧仁荣获中国红十字会总会首次评选的全国“十大最美救护员”，市红十字搜救救援队副队长何力入选全国红十字志愿服务先进典型。市红十字搜救救援队获得交通运输部办公厅2020年度贡献突出社会搜救力量奖励。

（七）加强组织及阵地建设，助力夯实事业发展基础。依托桂林银行农村普惠金融综合服务点，合作共建“红十字博爱驿站”，年内在南宁启动100个试点，为基层群众提供应急救护、人道救助、志愿服务等一站式服务。积极推进高校红十字会建设，完成南宁职业技术学院、南宁学院红十字会的组建工作，为广西医科大学红十字会等5所学校红会争取到广西红十字志愿服务第四期发展项目资金支持。

（八）着力加强宣传工作，做好新时代红十字宣传工作。成立市红十字宣传志愿队，积极探索“志愿服务+红十字宣传”的模式，充分利用现有资源提升红十字影响力和公信力。以世界红十字日、防灾减灾日等重大纪念日为契机，开展线上宣传活动，累计在官网、微信公众号发布超过1600条宣传稿件，浏览人数超过1万人。全年在南宁电视台、电台播放应急救护、防溺水和关爱无偿献血者公益宣传片，提高红十字影响力。

三、经验体会

（一）要持续推进党史学习教育，及时转化学习成果。要把党史学习教育与加强党的建设相结合，组织全市红十字系统党员干部和红十字志愿者深入学习宣传党的十九大和十九届六中全会精神、自治区第十二次党代会精神，采取多种形式，在应急救护培训、志愿者活动中开展各具特色的宣传工作，营造全市红十字系统学习宣传贯彻的浓厚氛围，切实把学习成果转化为推动工作落实和红十字事业发展的思路举措，以优异成绩迎接党的二十大胜利召开。

（二）要坚持依法依规治会，推动理顺管理体制。要完善治理结构，进一步加强自身能力建设，推动市红十字会机构规格理顺和各县、区红十字会监事会建设，不断完善组织结构，为红十字事业发展提供组织保障。

（三）要扎实推进核心业务，增强人道服务能力。“三救三献”是红十字会的核心业务，要争做全区红十字核心业务的排头兵。要进一步扩大人道救助覆盖面，助力解决困难群众的“急难愁盼”问题。要把保护人民生命安全摆在首位，深入开展无偿献血宣传及造血干细胞、遗体和人体器官捐献宣传活动，提升造血干细胞捐献成功和器官捐献案例，挽救生命造福病患者。

（四）要持续探索筹资募捐新模式，拓宽募捐渠道。要做好常态化疫情防控筹资募捐工作，重视网络宣传筹资工作，进一步完善网络捐赠平台和网上募捐工作机制。通过线上+线下联动开展筹资募捐活动，千方百计拓宽筹资渠道，增强人道资源动员能力。

（五）要强化管理组织建设，夯实组织建设发展基础。要对全市各县（市、区）、乡镇、社区、学校建设的102个红十字示范点进行完善提升，建好用好各类红十字阵地，壮大红十字会员和志愿者队伍，开发富有红十字特色的志愿服务项目，充分调动心理、应急救护等专业志愿服务队伍力量，参与和助力基层治理，打造“群众身边的红十字会”，把红十字旗帜插到最基层。

（六）要健全志愿服务网络，抓好红十字青少年工作。要积极组织红十字志愿者参与常态化疫情防控，严格落实“外防输入、内防反弹”各项措施，完善工作机制，增强处置能力，助力联防联控。推动高校红十字基层组织建设，以南宁市职业技术学院、南宁学院为试点，重点推进高校红十字会建设。推进红十字青少年工作进校园，在学校红十字会直接指导下开展红十字运动基本知识传播、生命健康教育、应急救护培训和防溺水宣传培训，服务和促进青少年健康成长成才。

（七）要扩宽红十字宣传渠道，提升红十字社会影响力。要充分利用各类媒体，精心策划主题宣传、专题宣传。将红十字人在新时代开展“三救三献”、服务困难群众等方面的工作与践行社会主义核心价值观结合起来，充分发挥榜样的力量，传播“人道、博爱、奉献”的红十字精神，树立红十字会的社会公信力，使红十字会更好地联系志愿者，更好地动员群众跟党走，更好地服务党和政府的工作大局。

（王蔚然）

担当使命勇毅前行 奋力开创首府社科工作新局面

市社科联党组

2021年，市社科联坚持以习近平新时代中国特色社会主义思想为指导，认真贯彻落实强首府战略，围绕市委、市政府中心工作，不断夯实业务工作，切实担负起“培根铸魂”职责使命，扎实开展党史学习教育，全面推动党的建设、社科研究、社科普及、学会管理、学术交流、乡村振兴等各项工作，圆满完成了全年工作任务。

7月15日，市社科联组织召开南宁市社科界学习贯彻习近平总书记在庆祝中国共产党成立100周年大会上重要讲话精神座谈会 （李国燕 摄）

一、党建概况

2021年，市社科联设党支部1个，党员11人。

（一）以强化政治功能为引领，扎实推进党史学习教育。坚持以政治建设为引领，把深入学习贯彻习近平新时代中国特色社会主义思想、落实习近平总书记视察广西“4·27”重要讲话精神和对广西工作系列重要指示要求作为首要政治任务，带领机关全体党员干部扎实推进党史学习教育。全年组织开展专题学习12次，专题党课6次，党员大会5次，专题理论研讨会2次，专题宣讲3次，“感党恩 跟党走”系列主题活动20多场次，为民办实事8件，引导党员干部增强“四个意识”、坚定“四个自信”、做到“两个维护”，自觉做习近平新时代中国特色社会主义思想的坚定信仰者和忠实践行者。

（二）以服务中心工作为目标，充分发挥先锋模范作用。以市委、市政府开展乡村振兴、工业振兴、疫情防控等重点工作为切入点，积极组织社科专家高质量开展“强首府战略之强工业对策建议”“梁小霞优秀品质及其深远启示”“南宁市重大项目推进情况审计调查及对策研究”“后扶贫时期推进南宁市脱贫攻坚与乡村振兴有效衔接路径研究”等多项课题研究；组织党员深入定点帮扶的宾阳县六岑村开展调研、召开油茶产业发展研讨、指导蛋鸡养殖场转型和中草药种植基地发展，助推六岑村产业健康发展，助力该村获得“南宁市文明村镇”“宾阳县统一战线乡村振兴示范村”等称号。

（三）以提升组织建设为重点，不断夯实基层党建基础。紧紧围绕“组织要建强、活动要有效、作用要发挥”党建工作目标，建立以“党建工作为核心、支部建设为重点、模范创建为抓手、社科工作为落点”的党建工作模式，推动市社科联党建工作高质量发展。认真落实党组书记抓党建责任，支部书记由党组书记兼任，配齐配强支委班子，确保组织体系建设坚强有力。

（四）以强化正风肃纪为保障，全面推进党风廉政建设。组织机关党员干部以扎实推进党史学习教育为契机，深入学习中央、自治区、南宁市关于全面从严治党的重要论述。认真推进“书记引航担使命”主题活动，将扎实推进“书记引航担使命”主题活动列入2021年度党组和机关党支部班子主体责任清单，严格落实“10项制度”和10个“带头从严”。认真推进重大节假日的监督检查、各类专项整治行动等，持续推进机关党支部正风肃纪再上新台阶。

二、主要工作

（一）以“强科研”工作为抓手，勇当广西社科界排头兵。一是以课题立项为引领，积极服务南宁经济社会高质量发展。紧紧围绕市委中心工作，聚焦首府经济社会发展中全局性、战略性、前瞻性的重大理论问题和现实问题，积极推动和资助全市社科界开展哲学社会科学研究。全年立项组织开展课题研究40多项，100多名（次）社科专家学者投入课题研究，先后组织高质量完成“乡村振兴战略背景下南宁市全域旅游可持续发展研究”“夯实新型政商关系优化营商环境研究”“南宁市以公共文化服务推动社区治理创新研究”等课题，并积极向自治区党委、自治区政府和市委、市政府及相关部门报送咨政报告。二是以申报自治区、国家级规划课题为突破，奋力提升全市科研水平。加强对全市申报国家、自治区哲社课题的组织指导工作，鼓励和支持南宁市社科专家学者申报国家、自治区哲学社会科学研究项目。组织开展青年社科工作者沙龙，对市委党校青年课题组进行指导培训；组织自治区社科院等单位专家到宾阳县开展课题指导和调研工作，为推动县区社科工作发展提供服务。发动南宁市社科专家申报自治区哲学社会科学研究项目（省部级），南宁市有8项成果获得自治区立项。三是以智库建设为依托，积极培养和壮大科研人才队伍。向市直有关单位、各县区、各学会征集优秀社科专家名单，采取遴选考核方式将优秀的社科专家吸纳进入南宁市社科专家库。建立一支包含自治区、南宁市以及各县区优秀社科专家学者的专家队伍，组织做好社科专家人才的管理、培养和推荐工作。

（二）丰富科普活动形式，当好全民科普“宣传员”。一是成功举办2021年全市社会科学普及活动周。5月17—23日，联合市教育局、市民政局等市直10家单位以及各县区开展了主题为“学习百年党史 建设壮美广西”的2021年南宁市社会科学普及活动周。活动周期间，全市及各县区共开展党史知识报告会、党史学习教育进社区、进校园、进机关、进企业、线上党史知识宣传等宣传活动60多场次，投入经费50多万元，参与工作人员和志愿者800多人，受益干部群众10万多人次。二是举办全市社科界党史学习教育科普报告会。5月18日，举办全市社会科学界党史学习教育宣讲报告会，市委党校、市社科院、南宁职业技术学院、桂林理工大学南宁分校、南宁学院，以及市直有关单位社科界专家、学者，市属社科类学会、协会、研究会专家、学者，各县、区社科联主席、副主席、业务骨干等，共120多人参加。三是充分利用新媒体开展科普宣传活动。联合宾阳县社科联等单位摄制“民族心 山歌情——铭记百年党历程”（壮族）和“民族心 山歌情 多谢中国共产党”（回族）山歌视频，视频由自治区社科联推送至新华网客户端，“民族心 山歌情 多谢中国共产党”（回族）山歌短视频获得超过100万的收看点击量，民族心 山歌情”（壮族）获得近50万的收看点击量。

（三）规范管理社科类社会组织，不断增强社科界凝聚力。一是不断完善规章制度。认真落实《关于加强南宁市哲学社会科学学术社团建设的实施意见》，完善《南宁市社会科学界联合会学会管理办法》和学会管理评估考核机制，建立健全规章制度。二是强化社科类社会组织日常管理。与民政部门协调，积极配合做好学会年检工作，督促所属学会及时进行年审；抓好各学会、协会、研究会重大活动的审批，确保各学会、协会、研究会活动健康有序开展；认真落实社科联领导联系点制度，帮助学会解决发展中遇到的困难。三是积极服务社会展作为。围绕南宁市贯彻落实“强首府”战略，结合党史学习教育，联合市党建研究会开展“学党史 悟思想 担使命，推动南宁高质量发展”理论研讨会。组织社科类社会组织专家学者开展大型广场科普宣传活动咨询活动、科普下乡活动等活动。

（四）拓宽学术交流方式，充分发挥“联”的作用。组织县区社科联参加全区市县社科联工作经验交流会和全区市县社科联智库建设工作交流会，南宁市社科联就智库建设、宾阳县社科联就社科工作经验在会上作了典型发言；组织县（市、区）社科联到柳州市、桂林市社科联交流学习，学习社科工作和党史学习教育的先进经验和做法。接待了百色市社科联、柳州市社科联等学习调研。组织社科工作者积极参加中国—东盟民族文化论坛、广府文化论坛、第三届广西北部湾城市群发展论坛等学术研讨会及论坛，增进横向交流，拓宽了学术视野。与市委党校等单位联合举办“学党史 悟思想 担使命：推动南宁高质量发展”理论研讨会、全市社科界学习贯彻习近平总书记在庆祝中国共产党成立100周年大会上重要讲话精神座谈会等全市性理论研讨会，积极推动学术理论研究和学术研讨。

（五）基层社科工作多点开花，推动社科事业纵深发展。一是基层社科类社会组织健康发展。宾阳县社科联指导宾阳县民间炮龙艺术协会积极开展炮龙文化展演和交流活动；指导筹备王阳明文化研究会，配合广西综艺旅游频道《书记县长当导游》栏目组到宾阳县王阳明文化研究基地拍摄宾阳阳明文化。青秀区社科联结合疫情防控工作，组织青秀区中医艾灸研究会进社区开展中医义诊活动。二是基层社科普及活动丰富多彩。良庆区社科联举办“学习百年党史，建设壮美广西”主题社科普及活动周板报展，编印《感党恩 跟党走·党史知识大家学》学习手册；隆安县社科联深入各乡镇、村（社区），以及在隆安红七军烈士陵园、红七军隆安战斗遗址、沈静斋烈士遗迹等，以“普通话+本地方言”为广大党员干部讲述隆安革命历史；马山县社科联用好“两微一端”“学习强国”广西学习平台、“广西云”“南宁云”和马山县融媒体中心等现代媒体平台，通过自主安排线上学习时间这一方式力推党史社科知识的普及。三是不断拓展社科基地建设。组织县、区申报广西社科普及基地，南宁市方志馆、宾阳县丰山书院、宾阳稻花香里社会科学普及基地成功入选自治区级社会科学普及基地。充分依托全市各级社会科学普及基地丰富的社会科学文化资源、历史文化资源、场馆资源和先进的现代化科普手段资源，大力开展社会科学宣传普及活动达100多场次。四是积极培育特色社科工作品牌。宾阳县社科联联合多部门组成课题组深入研究阐释宾阳的古城文化、炮龙文化、宾阳阳明文化、昆仑关文化、黎湛铁路文化等独具宾阳特色的“五个文化”，撰写“五个文化”课题调研报告；隆安县社科联积极依托“档案·见证蝶变”隆安历史和成就展、“那”文化展示馆、隆安学宫、阳明公祠旧址等阵地，以“那”文化、“隆安”名字来由、非物质文化遗产等有温度、有亲近感的内容，面对面讲好隆安文化故事；邕宁区社科联充分利用新媒体，拓宽社会科学工作格局，开通“社科联盟”微信公众号、“邕宁社会科学”博客及微博、“邕宁社会科学”抖音号，全方位、多渠道宣传报道邕宁区的人文历史和名胜古迹，以及在社会科学领域涌现出的好人好事。

三、经验体会

（一）提高政治站位，坚定理想信念。以高度的行动自觉学习践行习近平新时代中国特色社会主义思想，只有始终同以习近平同志为核心的党中央保持高度一致，才能确保市社科联党组坚定的政治立场不动摇，全市社科工作正确的政治方向不偏移。

（二）强化为民意识，站稳人民立场。认真把握党史学习教育的精神实质，把党史学习教育成果转化为推动全市社科工作高质量发展的实践行动。党组班子成员以身作则，作好“领头雁”，当好“掌舵人”，彰显表率作用，从课题调研、学术研讨、宣传普及、乡村振兴等方面精准发力，坚持学习党史与指导实践相结合、推动工作与服务群众相结合、集体办实事与个人办实事相结合。

（三）从严管党治党，永葆清廉本色。学习贯彻习近平总书记关于党风廉政建设方面的重要论述，不断巩固和深化主题教育成果，努力推动廉政文化建设，打造清廉文明政治生态。落实全面从严治党主体责任，建立健全党风廉政风险防控体系，确保党风廉政建设各项工作落地落实，推动市社科联全面从严治党不断开创新局面、取得新进展、展现新成效。

（四）提升能力素质，推动事业发展。坚持集体领导、民主决策，发挥好班子每个成员的作用。加强与基层同志的沟通交流，用好谈心谈话制度，把从严要求与支持帮助、关心关怀结合起来，充分调动社科干部职工的工作积极性和主动性，为全面落实强首府战略，切实推动首府高质量发展，凝心聚力建设新时代中国特色社会主义壮美广西首善之地作出积极贡献。

（李国燕）

踔厉奋发　勇毅前行　为建设新时代中国特色社会主义壮美广西首善之地谱写发改新篇章

市发展改革委党组

2021年，市发展改革委党组坚持以习近平新时代中国特色社会主义思想为指导，认真学习贯彻党的十九大和十九届历次全会精神，深入贯彻落实党中央、自治区党委和市委决策部署，紧紧围绕市第十三次党代会确定的目标任务，全面落实强首府战略，积极推动全市经济社会高质量发展。

3月26日，召开2021年第一次服务业“百企见面会”暨惠企政策宣讲会

一、党建概况

2021年，市发展改革委基层党组织设机关党委1个，党支部14个，党员总数264人。其中，在职党员200人，离退休党员64人。

（一）坚持党建引领，压实从严治党主体责任。认真制定、落实全面从严治党主体责任2021年度重点任务清单。召开2次委党组专题研究部署机关党建工作会议。开展委属党支部书记抓基层党建工作述职述责评议工作。落实党组书记和其他党组成员党支部工作联系点制度，年内为基层党支部讲党课1次以上，到联系点开展工作2次以上，并为所联系党支部解决1—2个问题，强化各党支部书记抓机关党建主责主业意识，推动全面从严治党主体责任落细落实。

（二）强化政治建设，不断提高党员干部政治判断力、政治领悟力、政治执行力。把学习贯彻习近平新时代中国特色社会主义思想作为党组理论学习中心组学习的“第一议题”、党支部学习的“第一内容”、党员学习的“第一任务”。全年召开党组中心组理论学习会11次，举办党务干部培训1期，党员教育培训7期。坚持在每年首次党组会和主任办公会分别重温入党誓词和向宪法宣誓，激励全委党员干部坚决做到“两个维护”。全力配合做好市十三届党委第一轮巡察第二巡察组巡察工作，落实巡察反馈问题的整改，落实好管党治党政治责任。

（三）统筹谋划、精心组织，扎实开展党史学习教育。在市直机关中率先召开党史学习教育动员大会。组织召开党史学习教育工作例会6次、现场推进会2次，召开党组理论学习中心组学习党史专题会10次，党组成员主动到党支部联系点讲一次党史学习教育专题党课，组织开展党史国史知识宣讲和授课活动7次。举办25场次“感党恩　跟党走”主题活动。扎实开展“我为群众办实事”实践活动，全力推进28个“我为群众办实事”项目建设，真正把好事实事办到群众的心坎上。

（四）夯实基层党组织根基，推动党支部建设全面进步全面过硬。加强支部标准化规范化建设，委属14个党支部全部通过上级党组织验收。年内确定入党积极分子11名，完成6名发展党员计划。以“发改书吧·思享汇+”系列活动为载体，持续开展富有发改部门特色的机关党建活动。落实党内激励关怀制度，为1名党员申请党内关怀帮扶专项资金，走访慰问7名生活困难党员。积极开展自治区、南宁市“两优一先”评选推荐和本级“两优一先”评选表彰工作。实施“南宁发改好支部”行动计划，将中心工作克难攻坚任务压实到党支部，推动党建服务中心工作落地见效。全年接待7个单位到访参观学习交流机关党建工作经验。所属南宁工程咨询集团党支部被选作2021年南宁市直机关二层单位党组织党建工作现场经验交流会会场。

（五）落实全面从严治党主体责任，涵养风清气正的机关政治生态。制订和落实委党组及领导班子成员全面从严治党主体责任清单。坚持每半年专题研究党风廉政建设工作。严肃党内政治生活，全年召开党组会议42次。坚持规矩纪律挺在前，综合运用监督执纪“四种形态”。严格干部的选拔任用和监督管理，制定公务员平时考核制度并组织实施。积极推进以工程建设领域腐败问题为重点的专项整治工作，坚持以制度建设为抓手，建立健全重大价格预审等5个工作制度，强化对权力运行的有效制约和监督。常态化开展廉政教育，党组书记带头讲廉政党课，领导干部主动参与“以案为鉴”旁听案件庭审警示教育活动，举办预防职务犯罪廉政讲座。紧盯关键领域和时间节点进行廉政提醒，向全委（局）发送廉政短信共1784人次。

二、主要工作

（一）科学规划，精准调度，推动全市经济高质量发展。科学编制“十四五”规划。形成全市266项重点任务和266项重大工程项目，明确九大战略任务的任务清单。组织谋划一批“三个重大”，争取纳入国家和自治区盘子163项，采纳36项。精准调度经济运行。成立市强化服务企业和经济运行监测分析工作专班，上线运行南宁市经济指标数据系统，实时监测重点企业850家。建立特色指标考核体系。牵头制定各县（市、区）、开发区全面落实强首府战略专项考评指标体系，编制南宁市高质量发展综合绩效评价办法，建立南宁市高质量发展综合绩效评价指标体系。

（二）狠抓项目储备及建设，持续扩大有效投资。狠抓投资工作，2021年下达计划投资308.14亿元，完成投资338.93亿元。建立“项目为王”工作机制。成立总指挥部，建立1个项目总库、8个项目分库，强化要素保障，形成“谋划一批、储备一批、开工一批、建设一批、竣工一批”项目梯次推进格局。强化项目储备建设，制定“五大重点领域投资超千亿”实施方案，谋划储备和推进重大项目超2800项。1—12月，893个区市层面统筹推进重大项目完成投资1093亿元，同比增长20.1%，完成年度计划投资的122.44%。推进重大项目精细化管理，通过“南宁投资项目管理系统”“强首府作战云指挥调度系统”等“移动应用+办公”管理方式，提高项目管理的精准性和有效性。拓宽投融资渠道，积极争取上级资金，自2019年以来，共获得中央预算内资金29.34亿元，获政府专项债券资金232.48亿元。

（三）持续牵头抓总，全力推动服务业提质升级。强化政策保障。出台鼓励服务业龙头企业高质量发展的若干政策等促进服务业发展的政策措施，依托创新型产业用地政策引进中国—东盟数字经济产业园、华为广西区域总部等项目。加强总部经济和平台经济建设。引进smart高端智能电动车全球销售中心、城市便捷（东呈）、腾讯等一批知名企业的全国及区域总部。在全区率先建立灵活用工监管大数据平台，创立灵活用工平台南宁模式。加强企业服务。2018年设立现代服务业信贷风险补偿资金以来，累计发放补偿资金5127万元；全区首创政策兑现综合服务平台，实现“政策找人”；认定现代服务业企业15家，兑现现代服务业资金2668万元，兑现促进规上其他营利性服务业企业奖励资金617万元。

（四）深化开放合作，进一步畅通“南宁渠道”。南宁临空经济示范区建设迈上新台阶。2021年城建计划共安排临空经济示范区配套项目33个。南宁吴圩国际机场国内公共货站二期、南宁零公里空港产业园西区2号库等项目开工建设并建成投用。国家物流枢纽建设实现新突破。编制并印发实施《南宁国家物流枢纽建设“十四五”规划》。狠抓枢纽重点项目建设，南宁国际铁路港累计完成投资约50亿元（含配套道路等），其中2021年完成投资9.42亿元、占年度投资计划的134.64%。南宁农产品物流中心累计完成投资31.37亿元，占总投资的29.6%，项目一期累计实现营业收入8601万元，其中2021年完成5548万元，同比增长150%；进出货物量累计完成55.54万吨，其中2021年完成30.88万吨，同比增长50.4%。国际物流通道进一步畅通。南宁国际铁路港2021年开行中越（南宁—河内）跨境集装箱班列346列，同比增长108%，多式联运取得突破性进展及中欧班列培育取得重要进展。

（五）坚持城乡融合发展，推进乡村振兴全面提质。编制《南宁市新型城镇化规划（2021—2035年），开展南宁都市圈规划前期研究。制订2021年易地搬迁后续扶持产业项目实施方案，完善产业扶持项目储备，获得中央预算内资金4.76亿元；争取获得中央预算内资金4.8亿元，自治区乡村振兴补助资金3.58亿元，用于86个乡村振兴项目建设，编制下达农口市本级财政投资项目267个，市财政投入资金2.68亿元。四县（区）获2020年度“广西高质量发展先进县（城区）、进步县（城区）”称号，横州市成功纳入第三批国家农村产业融合发展示范园创建名单。

（六）强化保障，切实提高群众获得感幸福感。社会信用体系建设实现多个“首次”“首创”。首次进入全国社会信用体系建设示范区名单（第三批）。南宁市公共信用信息共享平台以全国第三名的成绩首次获全国信用信息共享平台和信用门户网站建设“示范平台网站”称号，累计归集信用信息18.47亿条。全国首创电子诚信卡，累计9.7万人次享受激励措施。大力发展社会事业。下达教育基建计划28.91亿元，全年建成投入使用的公办中小学校22所，提供学位4.04万个。重点推进市二医院门急诊综合楼、市四医院综合传染门诊住院楼、市体校、泰康桂园等一批重大卫生文体项目加快建设。继续加强能源消耗总量强度“双控”工作。启动和实施南宁市碳达峰碳中和行动计划，制定全市能耗双控百日攻坚实施方案，全力确保完成能耗强度下降3%的年度目标任务。强力推进新能源汽车推广应用和充电桩建设工作，两项指标均排在全区前列。截至12月底，南宁市新能源汽车增量29263辆，完成年度任务的272.8%；建成充电桩3982个，完成年度任务的130%。持续做好重要民生商品保供稳价工作，加强价格监测预警，保持全市价格总水平基本稳定。

三、经验体会

（一）必须坚持靶向发力，确保全市经济保持稳中向好态势。持续推进全市“十四五”规划落细落实，编制《南宁都市圈规划》，着力提升南宁核心城市综合功能。持续加强经济监测分析，推动经济保持稳中向好态势，力争2022年地区生产总值实现增长7%以上，做好2021年计划执行情况及2022年计划编制工作。

（二）必须全力以赴抓投资和重大项目。持续扩大有效投资。落实落细全市投资提速三年攻坚行动方案，推动工业振兴三年行动，预期2022年全市固定资产投资增长10%。强化重大项目谋划储备。大力实施投资提速三年攻坚行动和重大项目建设三年行动，贯彻落实“五大重点领域投资超千亿”实施方案。强力推进基础设施项目建设。做好2022年城建计划编制工作，谋划储备好2022年“五网”大会战年度计划建设项目，积极拓宽投融资渠道。

（三）必须多措并举构建首府特色现代服务业体系。大力发展总部经济、平台经济。围绕中国—东盟信息港南宁核心基地、国家物流枢纽、国家临空经济示范区等开放平台的建设，重点抓好产业导入、资源引流。落实《南宁市培育国家企业技术中心和国家工程研究中心工作方案》。积极培育生产性服务业。支持电商、研发设计、文化旅游等服务业企业向制造业产业链延伸。

锐意进取　勇担使命
奋力谱写首府教育高质量发展绚丽篇章

市委教育工委　市教育局党组

2021年，全市教育系统坚持以习近平新时代中国特色社会主义思想为指导，全面贯彻落实党的十九大和十九届历次全会精神，坚持党对教育事业的全面领导，全面贯彻落实党的教育方针，坚持五育并举，推进“双减”工作，全面启动“品质教育　学在南宁”系统工程，落实强首府战略，加快推进首府教育现代化，奋力谱写首府教育高质量发展绚丽篇章。

一、党建概况

2021年，市教育局直属单位基层党组织总数49个，其中党委30个、党总支部6个、党支部13个，党员5964人。

（一）把“两个维护”落到实处，全面加强党对教育的领导。始终坚持以习近平新时代中国特色社会主义思想为指导，牢牢把握立德树人的根本任务，压紧压实各级各类学校党组织管党治党政治责任。积极探索推行中小学校党组织领导下的校长负责制，严格落实“三重一大”集体决策制度。推动“双减”政策在南宁落地生效，科学减负提质增效。南宁市义务教育阶段应开展课后服务学校实现100%全覆盖。

（二）坚持思想引领，全面加强教育系统意识形态工作。深入推进“党课开讲啦”“学习身边榜样”“将《红色传奇》进行到底”等主题活动1407场，参与师生135.1万人次。深化爱国主义教育，成立大中小幼思政课一体化建设指导委员会，完成一批思政示范课录制工作，持续推进习近平新时代中国特色社会主义思想进课堂、进教材、进头脑。建立市领导联系学校制度，实现“领导干部上讲台”制度化常态化。

（三）坚持大抓基层导向，全面提升基层党组织政治功能和组织力。深入推进基层学校党组织标准化规范化建设，组织开展“最强党支部”评比活动。深化中小学校“一校一品”党建品牌创建活动，开展“最佳党建品牌”评选活动，打造一批示范性精品党建工作案例和党建品牌，南宁市13个中小学校党建工作案例入选《全区中小学党建工作案例选编》。坚持党建带群团建设，做好工会、共青团、少先队、统战等工作。深入开展“书记引航担使命”主题活动，选优配强党组织书记，定期举办业务能力提升专题培训班，组织开展干部跟岗学习活动。继续做好干部交流轮岗工作。继续实施南宁市中小学卓越校长培养工程（第二期）三年规划，全面实施“三名”（名师、名班主任、名校长）工程，强化名师的示范引领与辐射作用。

9月，华西路小学举行“童心向党庆百年　壮娃奋进新时代”主题活动

（杨小珍　摄）

（四）压紧压实责任，推动全面从严治党向纵深发展。健全完善学校基层党组织书记管党治党责任落实监督机制，推动学校领导班子成员及各级党员领导干部落实“一岗双责”。继续巩固拓展落实中央八项规定及其实施细则精神成果，深入开展“四风”问题专项治理，扎实开展形式主义、官僚主义专项整治。锲而不舍抓好党风廉政建设和反腐败斗争，制订落实教育局党组履行全面从严治党主体责任清单，对直属各单位落实“两个维护”和“三重一大”决策制度情况开展督查。开展“六个一”警示教育。开展党风廉政示范点创建工作，进一步发挥纪委书记、纪检委员的作用，试行片区监督协作工作机制。

二、主要工作

2021年，市委教育工委将党建工作纳入“品质教育　学在南宁”系统工程，开展“书记引航担使命　凝心聚力强教育”专项活动，深化“先锋引领+”系列行动，持续实施“支部建设升级”行动，坚定不移推进全面从严治党向纵深发展，以教育系统党的建设质量全面提升推动教育高质量发展，为推进首府教育高质量发展提供坚强的政治保障。

（一）推进党的建设全面提质，在加强党对教育工作的全面领导上展现更大作为。2021年全市中小学校党的组织覆盖率为99.8%，党的工作实现100%全覆盖。开展全市教育系统“书记引航担使命　凝心聚力强教育”专项活动，打造6个党风廉政示范点，推行片区纪检监察监督协作工作机制。扎实推进“我为群众办实事”实践活动15项重点项目，教育系统各单位已完成“我为群众办实事”实践活动979项。通过开展志愿服务、节庆活动、开学典礼、《红色传奇》进校园等活动，将习近平新时代中国特色社会主义思想和社会主义核心价值观融入教育教学全过程。完成164名卓越校长培养对象、163名“扬帆计划”培养对象轮训。

（二）推进教育内涵发展全面提质，在构建高质量发展体系上迈出更快步伐。南宁市在2020年度设区市人民政府履行教育职责评价中排名全区第一，12个县（市、区）均获评优秀等次，7个县（市、区）进入全区前10名，且包揽前5名的席位。南宁市本级及5个县区共获得自治区奖励6000万元。“十三五”期间南宁市新建中小学、幼儿园236所，新增学位22.75万个，较“十二五”时期增长224%。2021年秋季学期，南宁市建成投入使用公办中小学校22所（包括新建、迁建、重建），提供学位约4.04万个；新开办公办幼儿园26所，提供学位约8640个。2021年，广西县域学前教育普及普惠督导评估率先在南宁市启动，南宁市青秀区、良庆区成为首批接受自治区督导评估的县（市、区）。南宁市共有528所自治区多元普惠幼儿园，282所县区认定的普惠性民办幼儿园，2021年新认定51所自治区多元普惠幼儿园。成立“双减”工作领导小组及办公室，组建工作专班，落实半月报、周报、日报，全面指导义务教育学校100%按要求建立作业公示制度，开足开齐国家规定课程。2021年秋季学期南宁市义务教育阶段应开展课后服务学校实现100%全覆盖，学生参与率88.52%。印发2批校外培训机构黑白名单，联合多部门开展校外培训机构专项治理行动。截至12月，全市压减学科类校外培训机构498家，压减率65.61%。成立天桃实验学校、市二中、市三中、市十四中和沛鸿民族中学等优质教育集团。南宁市获评普通高中新课程新教材实施自治区级示范区，共17所普通高中获评示范校。年内，全市共26所自治区示范性普通高中，3所自治区特色高中，1所学校获批立项建设自治区示范性普通高中，7所学校获批立项建设自治区特色高中。年内，全市有5所国家级示范校、10所广西示范特色学校。南宁市在广西职业院校技能大赛获奖成绩连续11年保持全区首位，在2021年广西职业院校教师教学技能大赛课堂教学比赛成绩位居全区首位，并再次入选广西“职业教育改革成效明显市”。

（三）推进立德树人工程全面提质，在坚持“五育并举”发展上彰显更多特色。开展以“感党恩、立师德、强队伍、谋新篇”为主题的师德师风建设专项活动，持续开展“万名教师访万家”活动。与广西大学、广西民族大学、南宁师范大学3所高校签订对口支援协议书，未来三年双方将共同开展中小学心理健康教育工作。成立32个心理健康教育工作室，聘请40位高校专家对工作室进行指导。在广西第七届中小学生艺术展演活动中获一等奖47个、二等奖16个、三等奖8个。南宁市第二中学等6所学校入选第三批全国中小学中华优秀文化艺术传承学校名单。南宁市西乡塘区入选全国中小学劳动教育实验区。进一步强化师资配备，积极落实编制“周转池”制度，年内共获得调剂周转编制9977名，完成6269名聘用教师控制数人员考核入编工作。名师队伍建设成果显著，南宁市有正高级教师115人，全国模范教师、优秀教师42人，特级教师117人，广西教学名师14人，自治区优秀教师、班主任、教育工作者121人。全市共评选表彰年度优秀教师、优秀班主任、优秀教育工作者900人。

（四）推进教育改革全面提质，在努力办好人民满意的教育上激发更多活力。出台《品质教育　学在南宁——南宁市新时代教育高质量发展总体方案（2021—2023）》，全面推进“品质教育　学在南宁”新时代教育高质量发展系统工程总方案及28个子方案、100项重点任务落实落细。高水平编制《南宁市教育事业发展“十四五”规划》，为南宁打造引领全区高质量发展的核心增长极提供坚实的教育支撑和人才保障。严格执行公办民办义务教育学校同步招生，在“爱南宁”APP设置招生报名通道，搭建一站式就学报名平台。高水平提前完成中小学幼儿园安防建设“4个100%”达标任务，落实“护学岗”职责发挥联防作用。慎终如始抓好常态化疫情防控，学校严格执行门岗管理制度和“五个一律”要求。严格落实晨午晚检制度、病因追踪登记制度，严格管控校园聚集性活动。南宁市教职员工及12—17岁学生按“应接尽接”原则完成新冠疫苗的接种。

（五）推进教育公平全面提质，在提升人民群众教育获得感幸福感上达到更高水平。全年各项学生资助项目共投入资金约9.8亿元，受惠学生约80万人次。截至12月全市无新增失辍学学生，持续保持控辍保学“双清零”工作成果。持续实施农村义务教育学生营养改善计划，逾45万名学生享受营养膳食补助。全市676个教学点100%实现了数字教育资源全覆盖，并依托国家教育资源公共服务平台和南宁教育城域网，实现多学科资源互联互通。

三、经验体会

（一）加强顶层设计。出台《品质教育　学在南宁——南宁市新时代教育高质量发展总体方案（2021—2023）》、各子项目实施方案、项目实施指导意见、项目考评细则等文件。组建“品质教育　学在南宁”领导小组办公室和党建引领组、内涵发展组、质量提升组、项目建设组等项目工作专班，列出项目清单，明确时间表、路线图、责任人，推进方案全面落实。“品质教育　学在南宁”系统工程写入市委、市政府工作报告、教育“十四五”规划，上升为党委、政府推动的重点工作。

（二）打造示范样本。在全市按项目分别推出一批全学段常规管理样本校，以样本示范为引领，培育更多管理科学、特色鲜明、内涵深厚的品牌学校。通过召开现场会，大力宣传成功经验，树立项目样本。坚持以问题为导向，不断查找工作推进过程中存在的问题与差距，完善解决思路与方法，形成推动教育高质量的有效办法、措施，全面提升学校治理能力和办学水平，高效推进品质教育向纵深发展。

（三）坚持重点突破。系统推进十项重点任务，坚持党建引领凝聚力量，着力打造党建促教品牌；实施教师成长梯队联建，整体加速师资队伍建设；聚焦优质管理样本引领，提升学校办学管理实效；实施职业教育提质培优，推动产教融合创新发展；推行教育改革先行示范，稳步提升教育治理水平；积极引进优质教育资源，推进教育对外合作开放；构建教科研工作体系，全面提升教育教学品质；借助智慧平台建设，加快南宁教育现代化进程；坚持以点带面，重点突破，全面推进南宁教育高质量发展再上新台阶。

（四）强化专责督导。成立市级项目专责督导小组，负责对各部门相关工作进行督促、指导。采用定期检查与随机抽查相结合的方式，开展10项重点工作全覆盖式督导评估。建立实施方案落实通报、点评、考核制度，及时把握各阶段活动的进展情况。设立“品质教育　学在南宁”奖励项目，对学校教育教学质量提升特别突出的学校，在项目建设上优先考虑，逐步建立与绩效挂钩的教育教学质量激励机制。

（五）做好宣传总结。鼓励各级各类学校大胆探索，积极发挥各类平台、媒体作用，大力宣传南宁市新时代教育高质量发展推进过程中涌现的优秀人物、典型案例，讲好南宁教育故事。充分利用《南宁日报》、南宁电视台、“南宁教育”微信公众号等多种媒介渠道，开辟“品质教育　学在南宁”教育宣传专栏，积极宣传创新做法和典型经验，让全社会及时了解南宁市教育发展的新进展、新成效，形成全社会共同重视、关心、支持教育改革发展的良好氛围。

（欧阳怡　李佩珍）

强服务重实效　当好科技“店小二”

市科技局党组

2021年，市科技局党组坚持以习近平新时代中国特色社会主义思想为指导，深入实施创新驱动发展战略，全面落实强首府战略，解放思想、攻坚克难，为推进全市经济社会高质量发展贡献了强有力的科技力量，形成以党建统领科技创新，以科技创新助推强首府战略落实的良好工作局面，全市科技创新工作取得一系列新进展、新成效。

5月26日，市科技局在上林县镇圩瑶族乡排岜庄牵头举办2021年全国科技活动周南宁市科技文化卫生“三下乡”暨民族团结共建活动

一、党建概况

2021年，市科技局共有5个党支部，其中2个为机关内党支部、2个为直属事业单位党支部、1个为机关退休党支部，党员76名，其中在职党员39名、离退休党员37名。

（一）扎实开展党史学习教育，持续推进学习贯彻习近平新时代中国特色社会主义思想走深走实。一是规定动作到位。坚持党组带头、支部跟进、党员参与，开展“四史”学习，党组理论中心组全年专题学习9次，引导党员干部学深悟透笃行；组织党员干部到全州红军长征湘江战役纪念园开展党史学习教育，从红色基因中汲取力量。组织开展“我为群众办实事”实践活动，选派669名科技特派员开展产业科技帮扶，培训农户6.37万人次，获市委党史学习教育巡回指导组充分肯定。二是自选动作出彩。开展“感党恩　跟党走”主题系列活动25场次，1000多人次参加。以“学党史、守初心、强创新”为主题，与共建企业党组织赴对口帮扶村开展“汇聚创新力量　助力乡村振兴”主题党建活动，南宁·中关村创新示范基地18家共建企业捐助爱心款和慰问品12万多元。三是组织开展系列庆祝活动。组织开展庆祝建党100周年评选表彰活动，获评市直机关优秀共产党员1人、优秀党务工作者1人和先进基层党组织1个。积极做好局系统“光荣在党50年”纪念章颁发工作。

（二）发挥党组织堡垒作用，推动基层党建提质增效。一是在系统谋划党建上抓落实。市科技局党组将党建工作与业务工作同部署、同落实、同考核，建立市科研院所党建联席会议制度，牵头组织召开全市科研院所党建工作联席会议，不断提高科研院所党建科学化水平。二是在机关党建载体上出亮点。紧扣部门职能，以“企业发展　科技先行”为主题，在70家科技型企业建立科技服务先锋岗，为企业开展“一对一”服务。建立党组织结对共建制度，与博世科等42家科技企业党组织结对共建，班子成员每人联系3—5家科技企业党组织，组织举办科技政策培训20期。三是在党务能力提升上有抓手。组织全市科技系统53名党务干部赴苏州大学举办南宁市强创新党务培训，邀请专家教授举办5期专题讲座，不断提升党务工作者业务水平。

（三）开展模范机关创建，推动党建与业务工作互融共促。一是在引进培育人才中当先锋。以“招才引智先锋行”为主题，组建科技人才引育党员服务队，在深圳、广州成立全区首家人才工作站，组织粤港澳大湾区人才及创新项目交流活动18次，累计引进院士等顶尖人才14名，引育高层次科技团队和人才154个（名）。二是在做强创新主体中走在前。以“企业发展　科创先锋”为主题，实施科创企业提质增量行动，组织党员骨干服务企业，各类科技型企业数量在全区居首位，2020年全市共有国家科技型中小企业1011家，37家高企入榜广西百强，新增国家级创新平台3家，科技创新主力军不断壮大。三是在推动创新创业中作表率。坚持党建与业务工作“同频共振”，以“先锋引领　科技赋能”为主题，组建党员志愿服务队，先后举办六届南宁市创新创业大赛、“邕城创客行”常态化路演等品牌双创活动，为385家科技企业和人才团队提供项目路演和融资对接平台，5家企业获中国创新创业大赛优秀企业奖。

二、主要工作

（一）以建设创新平台为着力点，强化汇聚创新资源。南宁·中关村入驻创新主体485家，辐射带动效应进一步凸显。广西首家“飞地孵化器”南宁市—中关村深圳协同创新中心正式启用。南宁市第二家飞地孵化器“南宁—宝地”双园项目成功签约。17家新型产业技术研究机构带动24项前瞻性技术成果转化，实现营收超1.8亿元。南宁力合科技创新中心等开放合作创新平台加快建设。

（二）以培育创新主体为着重点，壮大科技创新主力军。全市各类创新型企业数量居全区第一。1011家企业获评国家科技型中小企业，全区占比31.52%；新增备案高新技术企业649家，占全区新增量的44%；拥有广西“瞪羚企业”45家，全区占比34.09%。南宁市各类企业研发创新平台数量位居全区首位，新增国家级创新平台3家、自治区重点实验室9家、广西工程技术研究中心15家、广西新型研发机构11家。

（三）以推动产业技术创新为落脚点，提高发展质量和效益。下达科技项目67项，涌现一批攻克关键核心技术的重大创新成果。完成自治区重大科技成果转化项目224项，提前超额完成年度任务。多渠道增加创新投入，指导和服务869家南宁市企业获得自治区研发奖补2.28亿元，为1149家企业兑现市级研发投入财政奖补金额达8980.31万元。科技和知识产权信贷风险资金池帮助32家科技企业共获金融机构贷款2.29亿元。推进南宁产投科技创新投资有限公司完成落地及管理创新型项目16个，项目总规模595.07亿元。

（四）以加快人才引育为支撑点，筑牢创新发展人才根基。南宁市“人才飞地”深圳人才工作站、广州人才工作站正式运营。2021年第四届中国·南宁海（境）外人才创新创业大赛成功举办。依托新型产业技术研究机构建设累计引进直接或间接持股院士等顶尖人才14名。引育高层次科技人才和团队75人（个）。

（五）以科技助力乡村振兴为着重点，推进农业农村现代化。广西南宁国家农业科技园区建设完成1.3亿元投资，实现全年目标任务的130%。新增广西农业科技园区3家。选派669名乡村科技特派员，有效保障有科技需求的乡村科技服务全覆盖。

（六）以优化创新创业环境为切入点，激发创新创造活力。支持34家国际科技合作基地建设提升。全市自治区级以上众创空间、科技企业孵化器数量居全区首位。出台实施《关于进一步深化科技体制改革全面落实强首府战略的若干措施》等政策，开展科技项目“揭榜挂帅”制、科研项目经费包干制试点工作，激励双创的社会氛围更加浓厚。

三、经验体会

（一）必须坚持党的领导，推动党建与业务共促发展。需要始终坚持“党建和业务一盘棋”的理念，厚植“围绕业务中心工作抓党建，抓好党建促业务”的指导思想，筑牢党建堡垒，积极发挥党组织政治功能和服务功能，充分发挥党建示范引领作用和党员先锋模范作用，推进党建引领科技创新各项工作开展，坚持把科技创新作为发展的战略支撑，聚焦产业高质量发展，确保从思想上高度重视推进科技创新工作的落实。

（二）必须坚持解放思想，探索解决科技体制改革发展新路径。把解决业务工作薄弱环节折射出来的问题作为党建工作的切入点，科技管理部门要做思想解放的带头人，要向先进发达地区学习，敢于破除影响科技创新发展的陈旧思维。完善科技创新体制机制，不断优化和完善科技政策，积极引导企业从讲政治的高度出发研究解决科技创新助推经济发展的问题。面向世界科技前沿、面向经济主战场、面向国家重大需求、面向人民生命健康推进科技创新。改革科技项目立项和管理制度，探索开展南宁市科技项目“揭榜挂帅”制试点工作。

（三）必须坚持人才为先，形成做好新时代人才工作的强大合力。坚持党管人才，实行更加积极、更加开放、更加有效的人才政策，深入实施新时代人才强国战略，坚持人才、项目、平台一体化推进，营造人才创新创业环境，探索在粤港澳大湾区建设人才飞地，柔性引进南宁市急需紧缺高层次人才。实施顶尖人才“突破计划”、优秀青年科技创新创业人才培育计划、引进国（境）外人才计划，探索举办海（境）外人才创新创业大赛常态化人才项目选拔，形成“招进一个高层次人才团队—引进一批优秀项目—打造一个产业链”的新格局，聚天下英才而用之。大力培养青年科技人才，尊重人才成长规律和科研活动自身规律，把培养人才第一资源、增强创新第一动力有机结合起来，建立完善的创新教育管理体系和制度体系。加快建立以创新价值、能力、贡献为导向的科技人才评价体系，做到“破四唯”和“立新标”并举。

（四）必须坚持服务为民，切实做到为民办实事办好事。把完成急难险重任务作为锤炼党性的重要平台，急难时刻豁出去。把党旗立在最前线，积极推进机关各党支部和党员走进企业开展“一对一”的送服务、解困难活动。聚焦企业需求，深入开展“先锋引领·亲商强企”大行动，经常深入企业调研指导，推进“我为群众办实事”实践活动走深走实走心，增强人民生活福祉是我国科技事业的战略主价值。把实现好、维护好、发展好最广大人民根本利益作为党的事业的出发点和落脚点。坚持人民至上，生命至上，推动科技创新助力乡村振兴，科技工作护佑生命健康。疫情期间，靠前攻关，用科技力量在临床救治、疫苗研发、疫情防控、复工复产等领域筑起战疫智慧防线。强化市、县（市、区）、开发区联动和部门协同，积极出台扶持企业创新政策，努力帮助企业解决人才引进难、融资难等问题，以企业的高质量创新引领首府高质量发展。

（陈虹羽）

优化产业结构　加快转型升级
全力推动工业高质量发展迈上新台阶

市工信局党组

2021年，市工信局坚持以习近平新时代中国特色社会主义思想为指导，全面贯彻落实党的十九大和十九届历次全会精神，深入贯彻落实习近平总书记视察广西"4·27"重要讲话精神和对广西工作系列重要指示要求，统筹推进工业发展和疫情防控，助力全市工业经济高质量发展。

11月11日，市工信局开展"感党恩　跟党走　孝亲敬老传承好家风"主题党日活动

一、党建概况

2021年，市工信局设置机关党委1个、机关纪委1个。机关党委所属党支部共11个，其中局机关在职党支部4个、所属事业单位党支部2个、离退休党支部5个，有正式党员180人。

（一）坚持政治建设为统领，抓实党建主体责任。局党组坚持把习近平总书记重要讲话和重要指示批示精神作为集中学习研讨第一议题，全年共召开2次机关党的建设会议、2次党风廉政建设会议、4次党组会专题研究党建相关工作，增强"四个意识"、坚定"四个自信"、坚决做到"两个维护"。加强理论武装，共开展5次中心组理论学习，在全市工信系统召开党的十九届六中全会、党史学习教育等专题讲座、宣讲报告会共6次，局主要领导带头认真落实党支部联系点制度，班子成员共12次指导支部建设。主动认领并坚决整改中央第二巡视组巡视广西反馈问题和市委巡察组优化营商环境机动式巡察反馈问题，全部问题整改完毕。

（二）学思践悟，高标准抓好党史学习教育。把党史学习教育作为当前首要政治任务来抓，迅速开展动员部署，制订工作方案，成立以党组书记为组长，其他处级领导为副组长，各支部书记、各科室负责人为组员的党史教育领导小组，全面加强党史学习教育工作。多形式全覆盖开展学习教育。一是各种形式扎实开展专题学习。通过党组中心组理论学习、党史专家宣讲培训、红色教育基地实践学习、网络培训学习、主题党日活动教育学习、党史知识竞赛等多种方式累计开展学习教育17场次，扎实推动"四史"学深学透。二是开展"感党恩　跟党走"主题系列活动。结合庆"七一"、爱国主义教育、家风教育等活动，开展"党员心声大家谈""党史故事大家讲""党史知识大家答""红色歌曲大家唱"等活动23场次，加深广大党员对党的历史的认识和理解，切实增强党员意识和党性观念。三是离退休党员"不缺课"。通过上门送书送学、支部集中学习、座谈会、"光荣在党50周年"纪念章颁发、邕江红色游船主题党日等活动，学习教育全覆盖到机关101名离退休党员。

（三）提质聚力，打造过硬支部堡垒。一是抓好支部标准化规范化建设。深化"支部建设升级"，按期完成5个退休党支部组织生活质量提升和9个党支部达标创优验收，获评市直机关先进基层党组织1个。二是抓实党员教育管理。通过每月一主题深入学习习近平新时代中国特色社会主义思想，通过收看"党课开讲啦""十场名家云直播"等线上党课，推进学习教育常态化。全年接收预备党员1名，培养积极分子2名，帮扶困难党员32人次，为3名党员申请党内互助帮扶资金。三是抓强工信志愿服务品牌。组织开展"文明创建展风采　为民服务解难题"等多个系列文明志愿服务活动超30场次，开展"双报到"活动10次。四是抓牢党建带群建工作。组织健康讲座、"益"课堂工信专场、"民族团结"运动会等工会、妇委会活动8场次，组织青年干部专场志愿服务活动3场次。

（四）聚焦企业、项目一线，抓党建强服务。以强首府强工业为主线，开展"三级联动"服务企业创建模范机关活动，以党建发展成效推动工业实现稳中提速、稳中提质。一是在全区率先选派137名优秀党员干部服务149个重点工业企业和项目。工业振兴特派员累计收集反馈问题627条，其中已协调解决413条。二是开展"党建引领工业振兴，精准服务企业大走访"活动，聚焦中小企业融资难、用工难、销售难、创新难、转型难等系列问题，通过成立党员先锋服务队、派驻先锋岗等方式，开展"企业传帮带　共育产业林"等6个主题实践活动，累计对接服务3168家次，信息化管理咨询服务256家企业，企业培训4500人次。三是深化支部联建助力乡村振兴，组织机关和企业党支部到村开展联建活动10余次，帮助解决问题6项，帮助自然村建设4G基站73个。

（五）抓好廉政建设，持续深化纠正"四风"，保持"严"的主基调。一是开展工程建设领域腐败问题专项治理自查自纠，组织签订抵制工程建设领域腐败承诺书，制定《建设工程项目管理办法》《领导干部插手干预重大事项记录制度》2项制度，坚决遏制工程建设领域腐败现象。二是开展为期3个月的专项整顿行动，制定严明工作纪律有关制度3项，每周不定期开展巡检，严抓工作纪律和会风会纪。三是开展纠治“四风”突出问题“六项行动”专项工作。对所属单位聘用人员加班费发放审批程序进行督促改进，并完善相关制度，进一步规范津补贴发放。四是从严抓好政治监督，推进各级党委部署落实落细。对项目资金拨付情况进行全面梳理，有力保障政策到位、资金安全、年度目标任务全面完成。

二、主要工作

2021年，市工信局在市委、市政府的坚强领导下，将强工业作为全面落实强首府战略的首要任务，扎实推进工业振兴三年行动，着力优化结构，加快转型升级，突出创新驱动，工业经济向高质量发展迈出新步伐。

（一）工业稳定较快发展，速度效益进一步提升。全市规上工业增加值同比增长7.5%，2年平均增长5.2%，高于全区0.4个百分点；高技术制造业增加值同比增长10.4%，高于全市规上工业增加值增速2.9个百分点。工业企业效益持续向好，规上工业企业税收同比增长12.1%，比上年同期提高12.1个百分点；规上工业企业营业收入同比增长9.5%，比上年同期提高8个百分点。

（二）企业培育成果显著，发展基础进一步夯实。新增规上工业企业235家，其中新建投产125家，数量均居全区第一，2020年和2021年新建投产的219家企业新增产值占全市新增产值总量的83.3%，拉动全市增长7.9个百分点。亿元企业达447家，较上年同期多55家，对全市增长贡献率达120.1%，拉动全市增长11.4个百分点，其中，瑞声科技、南南铝加工、浮法玻璃、世纪创新等重点企业加快成长，成为工业增长的重要推动力。新培育国家级专精特新“小巨人”15家，自治区级、市级“专精特新”中小企业35家和113家。

（三）重大项目加快推进，增长后劲进一步增强。列入自治区“双百双新”在库项目61个，数量居全区第一，其中开工16项、竣工投产11项。海天调味品项目、李宁东盟中心项目分别于2月、6月开工建设，为加快南宁传统优势产业转型升级注入强大动力；产投汽车青秀产业园生产配套园区、产投创新产业园二期项目分别于5月、6月开工，成为新能源汽车“产业林”的强大载体。东创精密、日行科技等一批电子信息产业链强链补链项目先后投产，电子信息产业生态圈加快形成。

（四）补链强链成效明显，发展动能进一步集聚。全市共新签约工业项目178个，总投资额797.15亿元，其中三大重点产业项目投资额比重超50%。引进金泰克半导体存储产业研发制造基地、赢拓AI智能创新终端生产、阳光通信移动智能终端制造等电子信息产业项目，推动以瑞声科技为龙头的电子信息产业加快集聚；引进多氟多20GWh锂电池、金固轮毂等新能源汽车关键配套项目，推动以合众等企业为龙头的新能源汽车产业集群初具规模；引进吉锐生物新药研发生产基地项目，填补南宁市在生物技术药研发领域的空白；引进了农夫山泉上林生产基地、绝味食品广西产业园、德馨餐饮果浆配料生产基地等其他产业项目，促进传统优势产业加快转型升级。

（五）工业园区加快建设，支撑作用进一步凸显。全市工业园区规上工业产值同比增长9.1%，占全市比重达77.2%。其中，三大国家级开发区规上工业产值占全市比重34.3%，较上年同期提高2.3个百分点；三大开发区产值平均增长16.6%，高于全市平均增速7.1个百分点，对全市增长的贡献率达到56.2%。全市共推进120万平方米标准厂房建设，超额完成年度目标任务；累计争取政府专项债额度31亿元用于基础设施项目建设。11月5日，东部产业新城建设启动工作动员大会顺利召开，标志着南宁市又一重大产业发展平台开发建设正式拉开帷幕。

三、经验体会

（一）集聚资源要素，全面推进工业振兴。紧紧围绕市委、市政府决策部署，坚持完善政策、拓展空间，强化资金、用地等要素资源向工业聚集，形成推动工业高质量发展的强大支撑。强化资金支持。市委、市政府加大对工业发展资金支持力度，2021年安排工业和信息化专项资金规模达23.4亿元，下半年再增加50亿元重大工业项目及重点园区配套基础设施建设资金，重点支持重大项目引进和建设、园区基础设施建设和企业培育。保障工业用地。抓住新一轮国土空间规划编制契机，进一步拓展工业发展空间，规划将全市工业用地占城镇建用地比例提高至2025年的20%。出台促进工业发展系列措施。制定出台《南宁市推进工业振兴三年行动方案（2021—2023年）》《南宁市推进工业振兴若干政策》等系列政策文件，在项目建设、技术改造、企业培育、科技创新、绿色发展等方面精准施策，主动打好工业振兴攻坚硬仗。创新工业振兴考核机制。制定工业振兴工作成效考核办法，加大工业振兴考核力度，通过对各县（市、区）、开发区相关指标完成情况进行综合考核，将工业发展的成绩与绩效考评挂钩，并作为县（市、区）、开发区干部选拔任用和职级晋升的依据，极大提振了干部抓工业、强工业的积极性，推动形成全市大抓工业浓厚氛围。

（二）推行链长工作制，发展新兴和优势产业链。制定出台《南宁市新兴及优势产业链链长工作机制实施方案》，成立新能源汽车、集成电路封装测试和智能终端核心零部件等12条新兴产业和优势产业链工作推进小组，由市领导领衔担任链长，政府部门及国有平台等部门主要领导担任副链长，通过建立“五个一”（一个链长、一个智库、一个产业平台、一个资本平台、一套产业政策）工作推进机制，围绕“研究一个产业规划、制定一套产业链配套政策、引进一批龙头企业、培育一批‘专精特新’中小企业、推动一批重点产业项目建设、搭建一个产业研究平台”的工作目标，打造南宁市“硬核”产业链，为工业高质量发展提供有力支撑。

（三）推动工业园区建设，提升产业承载能力。规划建设东部产业新城。实施产业发展规划，完成《南宁东部产业新城产业发展规划》起草工作，着力培育壮大新能源汽车、电子信息、先进装备制造等先进制造产业，推动化工产业、林产品加工产业等传统优势产业绿色发展；推动东部产业新城建设，参与新城筹建机构设立，筹备新城建设启动工作动员大会，在下半年市级新增资金中安排10.86亿元支持新城基础设施项目建设，统筹市、县级两级力量推动新城更快更好发展，着力拓展新空间，破解产业发展空间不足问题。推动标准厂房及基础设施建设。推动国有平台公司建立高标准、专业化标准厂房，推进122万平方米标准厂房建设，超额完成自治区下达的目标任务，累计争取政府专项债额度31亿元用于基础设施项目建设，为全市工业项目入驻提供了高效、低成本的产业承载平台。规划建设特色园区。制定出台《南宁市重点推进特色产业园建设工作方案》，推动县（市、区）、开发区集中力量规划建设一批特色园区，重点推进南宁（兴宁）高端绿色家居产业园、邕宁区牛湾特色建材产业园、横州市现代林木加工产业园建设等。

（李国栋）

牢记嘱托　感恩奋进
推动首府南宁民族宗教工作高质量发展

市民宗委党组

2021年，市民宗委党组坚持以习近平新时代中国特色社会主义思想为指导，紧紧围绕铸牢中华民族共同体意识为主线，贯彻落实习近平总书记视察广西“4·27”重要讲话精神和对广西工作系列重要指示要求，全面贯彻落实中央、全区民族工作会议精神以及全国宗教工作会议精神，深刻领悟“两个确立”的决定性意义，增强“四个意识”、坚定“四个自信”、做到“两个维护”，民族宗教工作取得显著成效。

一、党建概况

2021年，市民宗委内设机关党支部1个，有正式党员36名，其中在职党员23名、退休党员13名。

（一）强化政治建设，不断提升党员干部政治判断力、政治领悟力、政治执行力。一是委党组认真履行党建主体责任，切实把机关党建工作摆在突出位置，专题研究机关党建工作2次，召开意识形态工作会议暨党员干部思想动态分析会2次，审议党支部各类议题8次。二是以党史学习教育为主题，突出政治理论与党史学习。深入学习宣传贯彻党的十九大和十九届历次全会精神，组织研读党史学习教育指定用书，全年共开展各类政治理论学习23次。三是严格执行“三会一课”制度，规范党内政治生活。全年召开党员大会4次，党课15次，主题党日活动16次，支委会12次，党史学习教育“五大活动”34场次。

（二）创新活动载体，打造“红石榴”机关党建特色品牌。一是开展“红石榴”志愿服务。组建4支“红石榴”志愿服务小分队，到城市社区、乡村一线等开展民族政策宣讲、文明交通劝导等志愿活动，全年开展志愿服务活动26次，参与党员干部超过300人次，为各族群众解决难点问题60多件。二是开设“科长讲坛”。全年开展4期科长讲坛，推进广大党员干部政治理论素养和综合业务水平的提升。三是开展支部联建共建。先后与广西万益律师事务所党委4个党支部在民族影城开展“党史学习教育——观影《长津湖》党建联建活

11月19日，市民宗委机关党支部联合自治区党委宣传部第七党支部，市纪委监委机关第四、五党支部，西乡塘区纪检监察机关党支部，西乡塘区中华中路社区党委在全国民族团结进步示范单位——中华中路社区开展“党建引领聚民心　民族团结促发展”主题党日联建活动

动”，与自治区党委宣传部第七党支部等5个党支部开展“党建引领聚民心 民族团结促发展”联建活动，全年开展各类主题党日16次，参与党员干部超过250人次。

（三）狠抓支部建设，提高党员干部队伍干事创业水平。一是强化党员教育培训。投入教育经费5000多元购买学习资料，组织党员干部参加各类培训60余场次，参加“学习强国”、广西干部网络学院等平台学习。二是加强支部班子建设。机关党支部书记由委党组书记、主任担任，顺利完成委员补选工作，配齐配强支部班子，5名委员全部为70后、80后、90后党员，平均年龄36.2岁。三是抓好党风廉政建设。传达上级关于违反中央八项规定及其实施细则精神和作风问题典型案例15次，观看警示教育片4次，开展集体廉政谈心谈话2次，廉政警示教育7场次，节假日发送廉政短信超过400条（次）。

（四）坚持以党建为引领，推动工青妇建设。一是带准政治方向，永葆政治本色。切实加强党组对工会、妇委会工作的领导，将工会、妇委会工作纳入党组工作总体部署和党建工作要点，党组织书记定期听取工会、妇委会工作汇报，并积极参加相关重要会议和活动。二是带强理论武装，筑牢思想根基。通过落实“三会一课”制度和“不忘初心、牢记使命”等主题教育，教育引导广大干部职工、青年、妇女增进对党的基本理论、路线、方略的认同，不断强化服务意识，促进工青妇组织发挥作用。三是带活干部队伍，提高能力本领。建立选拔优秀干部充实工妇组织领导班子长效机制，把工会、妇委会干部培训纳入干部教育培训规划和年度计划，大力选派优秀工青妇干部和优秀年轻干部、女干部参加各类培训，提高政治素质和业务工作能力。

二、主要工作

（一）以全国民族团结进步示范市复核为引领，创建全国民族团结进步示范市有新突破。一是持续深化民族团结进步创建“九进”活动，截至2021年12月，获全区民族团结进步命名的示范县（市、区）达40%以上，命名上林县、横州市校椅镇等93家单位为第四批南宁市民族团结进步示范区（单

位），全市创建覆盖率达90%；市直机关、乡镇（街道）、村（社区）、学校等重点单位场所创建覆盖率达90%以上。二是深入开展“五争五比”评比活动，命名10个乡镇（街道）、8个村（社区）、144个单位、80个家庭、79个人为第五批南宁市民族团结进步创建“五争五比”活动模范单位和个人。三是顺利通过国家民委核验评审，获国家民委命名为第九批“全国民族团结进步示范市”称号。

（二）抓好国家民委基层联系点工作，民族事务基层治理现代化有新突破。4月21日，市民宗委被确定为国家民委城市民族事务依法治理基层联系点，兴宁区望仙坡社区等10个单位为基层联系站的“1+10”点站联建联动工作体系。组建红石榴专家组、“红石榴”法律援助小分队，并通过组织开展“民族团结 法治九进”活动，帮助解决各族群众的实际问题27次。健全“四项”机制，推动重点工作同谋；拓展服务平台，推动公共服务同质；出台系列政策，推动法治保障同权；抓好阵地建设，推动精神家园同建；聚焦交往交流交融，推动社会和谐同创。通过各项活动的开展，逐步将联系点站打造成为推动深入贯彻习近平法治思想、完善城市民族事务法治化体系和机制的前哨点和实践基地。

（三）深化民族团结宣传教育，铸牢中华民族共同体意识有新突破。一是以“九进”活动为抓手，以民族团结宣传月活动为载体，以传统媒体、各类门户网站、新媒体等为渠道，以校园文化活动为阵地，加大“互联网+民族团结”宣传力度。二是确定命名了昆仑关战役旧址、邓颖超纪念馆等8个单位为首批“南宁市铸牢中华民族共同体意识实践教育基地”。市委党校成为自治区首批中华民族共同体意识研究基地。三是确定命名16所中小学校为南宁市铸牢中华民族共同体意识教育进校园试点学校，引导各民族学生坚定对伟大祖国、中华民族、中华文化、中国共产党、中国特色社会主义的高度认同，不断推进中华民族共同体建设。

（四）聚焦各民族交往交流交融，城市民族工作有新突破。一是深化提升“13456”民族事务服务体系，依托“1+20+N”示范点把流动人口服务向社区一线拓展。年内服务中心及下设的20个社区民族之家共接待来访少数民族流动人员1100多人次，解决包括少数民族流动人员子女入学报名手续办理、流动人口居住证办理、保障性住房办理、协调流动摊位经营管理等诉求。二是积极搭建各族群众交往交流交融平台。在粤东会馆开展“同庆壮族三月三”民俗体验活动、组织各族群众代表在服务中心功能室开展“非遗”技艺湿画沙龙讲座；组织来邕各族流动人员代表游邕江红色主题活动，增强各族群众在邕生活幸福感和民族认同感，不断铸牢中华民族共同体意识。三是开展少数民族流动人员“五星”评比活动，共有33名分别获得“团结星、文明星、守法星、诚信星、敬业星”命名。

（五）以强首府战略为引领，民族文化传承弘扬有新突破。一是与南宁新闻网联合开展“山歌颂党恩 奋进新时代”短视频音频征集活动，共收到征集作品近60件，刊发稿件22篇，全网点击率突破10万，评选出15件优秀短视频、音频作品，并在南宁新闻网、南宁云客户端等全媒体平台进行推送。二是与南宁广播电台合作在《新闻夜班》栏目开设10期“学习民族语言文化 促进民族团结和谐”板块节目录制播放，并在“南宁头条”“南宁老友”网等新媒体客户端和网站上发布。三是先后开展两期少数民族山歌传承体验活动，共100多人参加培训与体验交流。四是壮族“三月三”期间，开展桂黔滇湘四省区山歌擂台赛，共有60余名民间山歌王（手）参加；推进地铁4号、5号线地铁导向标识、站牌使用壮汉两种文字。五是翻译壮汉两种文字公章牌匾2820条；翻译会标、横幅、宣传海报等200条，地名、路牌等指示牌80条；文字片段6000多字。

（六）民族特色村寨培育、助力乡村振兴有新突破。一是西乡塘区石埠街道忠良村（美丽南方）等11个村屯获命名为2021年广西民族特色村寨。二是马山县古零镇乔老村小都百屯获自治区民宗委列入广西2021年民族特色村寨农旅融合发展试点名单；隆安县那桐镇定江村定典屯、西乡塘区石埠街道忠良村（美丽南方）列入广西2022年民族特色村寨农旅融合发展试点名单。三是全年落实中央、自治区、市本级少数民族发展资金共5952万元，实施项目115个，落实市本级民族特需商品生产发展专项扶持资金210万元，全市获民贸民品贴息2992.7万元。

（七）宗教工作迈上新台阶，我国宗教中国化方向南宁实践走深走实。一是集中开展专项整治非法宗教活动、遏制宗教渗透蔓延工作，制订实施方案，召开专项工作部署会、工作培训会，建立健全长效机制。二是开展“和谐寺观教堂”“五进”活动示范场所创建和命名活动，命名南宁市清真寺等2处宗教活动场所为第一批“南宁市和谐寺观教堂”，命名南宁市观音禅寺等3处宗教活动场所为第一批“五进”活动示范场所。三是聚焦宗教界思想建设，推进佛教道教开展讲经交流、伊斯兰教举办新编“卧尔兹”演讲、天主教和基督教开展神学思想建设研讨活动。四是支持和鼓励宗教界依法有序开展公益慈善活动，完成宗教团体换届工作，开展与各宗教团体领导班子谈心谈话工作、指导好教职人员认定、教务内部管理。五是依法加强宗教事务管理，全力防范化解涉宗教领域重大安全隐患，有效应对处置涉宗教因素突发事件。

三、经验体会

（一）坚持正确政治方向，以习近平总书记殷切嘱托统领壮乡首府民族团结进步示范创建工作。市民宗委党组始终把创建全国民族团结进步事业作为关乎全局的大事来抓，铸牢中华民族共同体主线，牢牢把握各民族共同团结奋斗、共同繁荣发展主题，不断巩固和发展各民族平等团结、互助和谐的良好局面。坚持正确的祖国观、民族观，全面贯彻党的民族政策，确保首府南宁民族团结进步事业始终沿着正确政治方向前进。

（二）坚持部门协调联动，科学构建民族宗教工作新格局。市民宗委党组始终把党的领导贯彻民族宗教工作全过程，通过依靠和发挥党委总揽全局、政府协调各方的领导核心作用，充分发挥市委统一战线工作领导小组、市民族工作领导小组、宗教工作联席会议、民族团结进步创建活动工作领导小组等成员单位的作用，推动形成“党委统一领导、政府依法管理，统战（民宗）部门牵头协调，各部门通力合作，全社会共同参与”的新时代党的民族宗教工作格局。

（三）坚持“五个必须”，对推进民族团结进步创建工作至关重要。一是必须坚持党对民族团结进步工作的领导。在创建工作中，市委高位谋划，把方向、出思路、定目标、谋举措、抓大事，各级党组织认真对照创建活动的具体要求，一项一项抓好落实。二是必须将“铸牢中华民族共同体意识”这条主线贯穿始终，抓紧抓实。各族干部群众“三个离不开”“五个认同”的理念进一步增强。三是必须坚持以人民为中心的发展思想。着力解决好各族群众身边的热点难点问题，让各族群众共享改革发展成果，夯实民族团结的物质基础。四是必须坚持将持续创新作为创建工作的源头活水。始终坚持以创新推动创建工作，通过民族团结进步创建“五比五争”、民族文化“三进”活动、群众喜闻乐见的形式，打造宣传教育实体化。五是必须坚持全民参与创建工作。通过大力开展宣传工作，全面进行动员部署，扎实开展“九进”工作，提高各族群众对创建活动的知晓度，在创建工作中注重发挥群众主体作用，组织和动员广大群众投身到民族团结进步创建活动之中。

（刘建安）

全力推动公安工作高质量发展
为建党100周年创造安全稳定的政治社会环境

市公安局党委

2021年，市公安局党委坚持以习近平新时代中国特色社会主义思想为指导，全面贯彻落实党的十九大和十九届历次全会精神，深入学习贯彻习近平总书记重要训词精神，忠诚履行捍卫政治安全、维护社会安定、保障人民安宁的新时代使命任务，为庆祝建党100周年、深入实施强首府战略创造安全稳定可控的政治社会环境。

疫情期间，公安民警在安吉东检查站检查过往车辆

一、党建概况

2021年，市公安局党委牢牢把握新时代党的建设总要求，围绕党建统领公安工作发展这一主线，以开展党史学习教育为抓手，全面推动党建与公安工作同频共振、共同发展，取得较好成效。

（一）坚持政治建设，把牢思想认识“总开关”。坚持党对公安工作绝对领导，成立全面从严管党治警领导小组，制定关于进一步加强全市公安机关党建工作的实施意见、领导干部履行全面从严管党治警主体责任清单、监督责任清单等系列制度文件，把党建工作纳入绩效考评，进一步层层传导压力，压紧压实党建工作责任。深入开展党史学习教育，严格落实“第一议题”“三会一课”等制度，组织开展“早聚习、晚自习”“每周壹学时”活动和政治大轮训，教育引导全警深刻领悟“两个确立”的决定性意义，坚决做到“两个维护”。各级领导干部带头讲党课500多次，全局开展各类政治轮训64批次，参训2万余人次。

（二）坚持强基导向，建强基层党建“主阵地”。部署开展学习弘扬“扁担精神”创建公安基层党建示范点活动，全面加强基层党支部标准化规范化建设，表彰命名27个基层党建示范点，探索推出交警支队“360党建工作法”、青秀公安分局红色中山教育基地、西乡塘公安分局“政治夜校”、屯里站派出所“党建指导站”等一批党建特色品牌。大力推进公安党建信息化建设，引进大数据、云计算和人工智能等先进技术，先后探索搭建南宁公安党建云平台和民意导向警务工作平台，建设启用市局党建活动中心，累计接待1万余人参观学习。同时，在建党100周年、第18届中国—东盟博览会安保、疫情防控等重大任务中成立100余个临时党支部，形成线上线下党建新阵地。

（三）坚持严格管理，种好管党治警“责任田”。深入开展政法队伍教育整顿，全局开展党内监督谈话1.7万人次，依法查处违纪违法人员。加强队伍日常监督管理力度，修订内部监督管理细则、制定内务管理“五个严格”规定等系列队伍管理规章制度，常态化组织开展基层党建和队伍管理“两随机”调研督导，落实“红黑榜”制度，倒逼各级党组织用心用力抓实党建工作。组织开展专项督导10余次，下发督察通报90期，扣分警示1130人次，及时发现和解决了一批基层党建和队伍管理问题。

（四）坚持正向激励，筑牢人才队伍“压舱石”。严格落实新时代党的组织路线和好干部标准，选优配强各级领导班子和领导干部，选拔推荐9名，交流2名副处级领导，选拔175名科级领导。健全完善南宁公安人才库，加大警务人才培养力度，营造风清气正、干事创业的警营风气。强化典型培树，开展“十大榜样集体和十大榜样人物”“标兵系列民警和十佳民警辅警”评选等系列典型培树活动，涌现出“全国先进基层党组织”中山派出所、“平安中国建设先进个人”黄礼、“二级英雄模范”刘志双等一批先进典型，在“国字号”、省部级荣誉层次数量上创下近年来的新高。

（五）坚持惠警利民，绘好凝心聚力“同心圆”。畅通民警辅警就医“绿色通道”，对接25家在邕三甲医院作为协议单位。加快推动“危旧改”，公安幼儿园、小学项目，举办“红领巾成长体验营”活动，切实解决民警辅警后顾之忧。深入开展“我为群众办实事”实践活动，交警部门“生命救护绿波行动”得到《人民日报》、新华社、中国新闻网等数十家国家级、自治区级主流媒体宣传报道。持续推进疏堵保畅，完成29个拥堵点治理，安吉大道、民族大道平均拥堵指数分别下降13%、10%。依托“互联网+警务”服务体系，创新推出31项服务内容，网上便民新注册用户100余万人，办事服务36万余起。

二、主要工作

2021年，市公安局党委以建党100周年安保维稳工作为主线，树立“守初心、顺民心、暖警心”工作理念，锚定进入全国省会城市第一方阵的目标，推进“固稳、利剑、云网、法治、强基、砺警”六大工程，推动南宁公安工作高质量发展，圆满完成建党100周年庆祝活动、第18届中国—东盟博览会等安保维稳任务，确保全市社会治安持续稳定、持续向好。

（一）在疫情防控工作上彰显新担当。牵头市疫情联防联控工作，深入排查管控，全面落实管控措施，未造成疫情扩散。成立工作专班24小时运转，加大对非法入境人员排查打击，出台举报重奖措施，侦破一批妨害国边境管理类刑事案件。启动若干个公安检查站，24小时拦截非法入境人员。对滞留境外邕籍人员和缅北从事电信诈骗活动人员开展排查和动态管控，全力消除安全隐患。设置37个密接及次密接者隔离点，强化集中隔离安全维护，确保安保人员100%在位，安保设施设备100%正常运行，工作人员100%安全执行。

（二）在平安南宁建设上体现新作为。深入实施“固稳工程”，严厉打击敌对势力渗透、破坏、颠覆、分裂活动，严防发生危害国家政治安全的重大敏感案事件和暴力恐怖案事件，守住了“不打响、不炸响”底线。以实施“利剑工程”为抓手，探索多元化打击违法犯罪手段，突出集约用警，常态化推进扫黑除恶，严厉打击各类突出违法犯罪，构建打击违法犯罪新机制。主要工作指标实现“一新高、二上升、三全破、四下降”，即获“国字号”、省部级荣誉及批示层次数量创新高；刑事案件破案数和破案率较2019年同期相比分别上升31.34%和18.01个百分点；命案、“两抢”、八类严重暴力犯罪现案全破；刑事警情、刑事立案数、全市污水检测平均毒品消费量较2019年同期相比分别下降14.64%、12.59%、62%，交通事故四项指标全面下降。

（三）在重点难点工作上实现新突破。全力整治电信网络诈骗，案件发案环比、同比持续下降，日均推送预警劝阻信息7000余条，提前预警潜在被骗受害人145余万人次。创新推出打击传销技战法，有效遏制传销活动蔓延势头，国家市场监督管理总局不再将南宁市列为全国传销重点整治城市。建成全国首个地级市毒品治理监测信息化平台，推出多项禁毒“南宁经验”。严打突出高发类案，盗窃类案件破案率达69.87%。加大交通执法力度，推进交通事故预防“减量控大”工作，南宁交通健康指数在全国50个大中城市中排名第6。

（四）在法治公安建设上取得新提升。持续推进执法规范化建设，深入实施“法治工程”，全面推行“三级案管”机制，实行“日清、周结、月评、季考”新模式，完成17个执法办案管理中心建设和48个基层所队办案区升级改造。建成1个市级和17个县级公安机关接报案中心，推动落实接报案中心实体化运行。持续开展有案不立、压案不查和接报案推诿等顽瘴痼疾整治，受立案突出问题较2020年大幅下降。刑事案件分类分级侦办工作机制基本形成，治安案件的办结和案件调解工作进一步规范。整理汇编执法制度24个，执法指引38个，依托“教科书式”执法培训和每月案件评析实现“精准滴灌”，有效提升全市公安民警执法素质和依法履职能力。

（五）在深化公安改革上迈出新步伐。牢牢把握科技兴警战略导向，深入实施“云网工程”“强基工程”。推进大数据智能化应用，汇聚局内外数据总量约1500亿条；提供局内外各单位部门共享数据数量共2.5万条，数据服务近2亿次。推动“守望”工程建设，全市新建可共享摄像头4.7万路，自建和社会建设摄像头超13.2万路。大力推进社会治安防控体系建设，完成18个智慧社区警务室建设。完成96个户籍派出所合署工作，依托171个警民联合人民调解委员会，矛盾纠纷调解成功率达94.1%，衡阳派出所入围全国公安机关第二批拟命名“枫桥式公安派出所”名单。

三、经验体会

2021年，市公安局党委坚持不懈地用习近平新时代中国特色社会主义思想武装头脑、指导实践、推动工作，进一步加深了对做好新时代南宁公安工作的规律性认识。

（一）必须坚持旗帜鲜明讲政治。坚持“公安姓党”，不断提高政治判断力、政治领悟力、政治执行力，善于从政治上观察问题、分析问题、解决问题，确保在任何时候、任何情况下，都服从党中央指挥，切实肩负起护航新征程的重大政治任务。

（二）必须坚持一以贯之防风险。围绕推动南宁高质量发展和抓好疫情防控、社会稳定、城市安全“三件事”，以底线思维谋划思路，增强忧患意识，坚持未雨绸缪，凡事从最坏处着想、一切向最好处努力，从思想上、工作上切实做好应对各种风险挑战、驾驭各种复杂局势的万全准备，从严从实抓好防风险、保安全、护稳定各项措施的落实，牢牢把握维护国家政治安全和社会稳定工作的主动权。

（三）必须坚持人民公安为人民。创造性地贯彻党的新时代群众路线，切实把以人民为中心的发展思想落实到公安工作的各方面、全过程。持续推进执法规范化建设，健全完善监督管理机制，坚决把严格规范公正文明的执法要求落到实处。深入推进“我为群众办实事”实践活动，积极创新“互联网+警务”应用，推出更多交通、户政、出入境管理等方面服务措施，不断深化公安“放管服”改革。

（四）必须坚持改革创新促发展。牢牢把握改革强警、科技兴警战略导向，敢于求新、勇于求变、善于求质，按照“把机关做精、把警种做优、把基层做强、把基础做实”的要求，深入推进“情指勤舆督”一体化、实战化运行机制改革，深入实施公安大数据战略，全力构建适应新发展阶段要求的现代警务体系，为南宁公安事业长远发展进步提供源源不竭的强大动力。

（五）必须坚持严管厚爱聚警心。始终保持严的主基调，毫不动摇地坚持严管厚爱的治警方针，以永远在路上的高度政治自觉推进自我革命，持续深化肃清孙力军政治团伙流毒影响，坚决清除害群之马，不断纯洁公安队伍，持之以恒正风肃纪，不断巩固深化党史学习教育和政法队伍教育整顿成果，不断提高公安队伍的凝聚力、向心力和战斗力，着力锻造“三个绝对”“四个铁一般”的过硬南宁公安铁军。

（黄宇）

为民爱民守初心　保障民生担使命　推进民政事业高质量发展

市民政局党组

2021年，市民政局坚持以习近平新时代中国特色社会主义思想为指导，全面贯彻落实党的十九大和十九届历次全会精神，深入学习宣传贯彻习近平总书记“七一”重要讲话精神、对民政工作的重要指示精神，贯彻落实自治区党委、自治区政府和市委、市政府的决策部署，积极践行“民政为民、民政爱民”工作理念，扎实履行基本民生保障、基层社会治理、基本社会服务等职责，不断提升民政服务对象的获得感、幸福感和安全感。

6月25日，市民政局举办庆祝中国共产党成立100周年先进表彰暨文艺汇演

（谢裕旭　摄）

一、党建概况

2021年，市民政局内设机关党委1个，机关党委下辖基层党总支2个、党支部16个，共有党员500人。

（一）强化政治思想建设，夯实党员干部思想根基。制订局党组党史学习教育和理论学习中心组学习计划，组织中心组集中学习4次，每次学习安排3名党组成员结合规定专题内容中心发言；集中学习研讨党史学习教育规定的6个专题内容，举办读书班学习8次，带头学习《论中国共产党历史》等指定学习资料；学习习近平新时代中国特色社会主义思想、习近平总书记视察广西重要讲话精神和在中国共产党成立100周年上的重要讲话精神，认真组织学习贯彻习近平总书记对民政工作的重要指示批示精神以及党内法规、民族宗教、群团工作、统一战线、乡村振兴等重要内容，学习贯彻自治区第十二次党代会和市第十三次党代会精神。落实意识形态工作责任制，局党组召开专题会议研究部署意识形态工作2次。强化社会组织意识形态教育管理，加强信息网站、办公QQ群、工作微信群等监控管理。

（二）强化基层组织建设，深化党支部标准化规范化建设。组织开展党支部达标创优考评暨组织生活质量达标验收工作，局系统16个党支部全部通过验收；指导基层按时做好党组织换届选举工作，完成党支部换届9个；做好发展党员工作，全年新发展党员15人。结合局主要领导的调整，完成党组书记和机关党委书记的调整交接工作；落实党组书记和班子成员每人建立1个基层党支部联系点，深入联系点帮助解决突出问题；认真落实“三会一课”、党员领导干部双重组织生活会、谈心谈话等制度。创新开展党员集中活动日活动，举办“感党恩　跟党走”庆祝中国共产党成立100周年文艺汇演，为在党50年党龄的党员颁发纪念章，表彰局系统优秀共产党员30名、优秀党务工作者6名、先进基层党组织6个、优秀党建品牌7个；获得市委市直机关工委表彰优秀共产党员1名、优秀党务工作者1名、先进基层党组织2个。

（三）强化作风纪律建设，打造过硬民政干部队伍。健全一把手和领导班子监督机制，深化“书记引航担使命”主题活动，制订全面从严治党主体责任清单并逐一抓好落实；落实局党组成员上廉政党课，覆盖局机关和8个直属单位；开展经常性的党性党风党纪教育、先进引领示范和反面典型警示教育，组织党组中心组观看“历史虚无主义与苏联解体”专题片，组织干部职工集中观看“廉政广西”警示教育片，传达学习有关违纪案件的通报，每逢节假日开展节前集中提醒教育活动，举办家风建设讲座等。落实领导干部谈话提醒制度，党组成员开展谈心谈话34人次。制定出台《南宁市民政局机关财务管理办法》《南宁市民政局机关公务车辆使用管理规定》《南宁市民政局机关公务接待管理办法》等制度。严格执行“三重一大”决策制度、民主集中制和党组负责人末位表态制。建立政府采购项目全程监督制度，局机关纪委现场监督招标投标、物资采购、人员招聘等20多场次。抓好优化营商环境专项巡视反馈意见整改落实工作。开展“天价茶”背后违规违纪违法问题、工程建设领域腐败问题、养老社保领域腐败和作风问题、“窗口腐败”问题、社会救助领域腐败和作风问题专项治理暨农村低保专项治理巩固提升行动，防范民政领域腐败和作风问题的发生。

（四）强化党建引领作用，巩固脱贫成果助力乡村振兴。局系统对应帮扶5个精准扶贫村，分布在马山县、上林县，派出第一书记5人、支书助理2人。局系统投入、引进资金132.97万元，开展“三扶三助”1384户4684人35.18万元，消费帮扶84.67万元。举行市民政局2021年中华慈善日“巩固脱贫成果、助力乡村振兴”捐赠仪式，局系统共捐赠106197元。深入动员鼓励社会组织参与乡村振兴，广西李宁基金会、南宁市李宁体育园为上林县西燕镇云灵村捐赠总价值约16万元的体育器材共50套。

二、主要工作

（一）党史学习教育有序推进。以庆祝党的百年华诞为主线，按照学史明理、学史增信、学史崇德、学史力行的要求，精心组织实施，有力有序推进，学深学透指定书目；开展“党员心声大家谈”等五大“感党恩跟党走”主题系列活动，组织局系统党组织书记、领导班子成员、党务工作者等120人到百色党校进行培训学习，瞻仰百色起义革命烈士纪念碑，缅怀革命先辈，重温入党誓词；组织参观毛主席接见广西各族人民纪念馆、红军长征湘江战役纪念馆等“打卡红色教育基地”、讲红色故事、唱红色歌曲、庆祝建党100周年纪念活动等；创新开展党员先锋示范、特色志愿服务活动。用心用情推进独具民政特色的“我为群众办实事”实践活动，推进居住地申办低保等社会救助改革，全年在居住地领取低保累计20.32万人次，为1.5万名五类困难老年人提供政府购买居家养老服务，办理内地居民婚姻登记“全市通办”3681对，慈善资助困难大学生30万元。

（二）社会救助兜底保障精准有力。修订出台《南宁市最低生活保障办法》，公布南宁城乡低收入家庭收入标准，建立健全城镇困难群众常态化救助帮扶机制，兜紧基本生活、基本医疗、教育救助等六条保障线。落实“按户施保”和“按人施保”相结合的救助模式，全市有3.89万脱贫不稳定人口、边缘易致贫人口和突发严重困难户纳入低保和特困救助供养范围，7951人次获得临时救助。全年共筹集困难群众补助资金11.87亿元，将26.79万人纳入城乡低保，2.21万人纳入特困救助供养，对6.79万人次实施临时救助。

（三）特殊群体关爱帮扶落实到位。推进儿童福利机构优化提质和创新转型，落实孤儿、事实无人抚养儿童保障，全年发放孤儿、事实无人抚养儿童保障金2462.33万元。落实残疾人生活补贴、护理补贴制度，实施补贴标准动态调整机制和补贴申请“跨省通办”，全年发放残疾人“两项补贴”1.27亿元。推动生活无着的流浪乞讨人员救助管理提质，全年救助流浪乞讨人员7148人次，其中救助流浪乞讨未成年人135人次、危重病人257人次，寻亲成功223人。

（四）基层治理体系和治理能力不断提升。顺利完成全市1820个村（社区）“两委”换届选举，有效落实村（社区）干部薪酬待遇，有效实施3710万元社区服务用房和社区惠民资金项目。规范社会组织管理，全市社会组织总数达4923家，其中市本级社会组织1215家。加强社会组织党建工作，市社会组织综合党委直属基层党组织达27个，党员278名，流动党员50名。大力开展“中华慈善日”宣传和募捐活动，全年接收慈善捐赠款物达1000万元，广泛开展慈善助学助医、扶贫济困活动，惠及群众3000多人。建成乡镇（街道）社工站40个。全市注册志愿者超过158万人，累计志愿服务时间超过1700万小时。稳慎审核报批行政区划调整事项，指导横县完成撤县设市。依法依规稳慎开展不规范地名清理整治。加强彩票销售管理，销售即开型彩票2.61亿元，销量同比增长121.45%，完成全年销售任务的189.10%。

（五）基本社会服务不断完善。推动19个街道综合养老服务中心建设，覆盖率达70%。在全区率先开展2000户特殊困难老年人家庭居家适老化改造试点，让“小改造”满足人民群众的“大幸福”。在社区开设30个“长者饭堂”，《人民日报》《广西日报》等全国、全区主流媒体予以报道关注。在全区率先推进新建住宅小区配套养老服务设施“四同步”机制，已有126宗出让地块落实配套要求。全市大健康养老产业项目完成总投资11.2亿元，完成绩效任务目标数的124%。举办全国养老护理职业技能大赛市、县两级选拔，选派15名选手参加广西赛区选拔赛并荣获一等奖1名、二等奖4名、三等奖4名，南宁市以第一名成绩获得优秀组织奖。落实老年人福利工作，全年发放80岁以上老年人高龄补助18.3万人、1.92亿元。推进婚姻登记服务改革创新，在全区率先实现全市内地居民婚姻登记“全市通办”，全年办理婚姻登记5.68万件，合格率100%。联合开展公墓设施违规建设经营专项整治。持续推进红白事服务中心试点建设，武鸣区伏林村被列为全区乡风文明建设十大典型案例之一。同时，聚力加强民政各方面建设，编制南宁市民政事业发展“十四五”规划，统筹推进法治政府建设、政务服务改革、乡村振兴定点帮扶、民族团结进步创建、老干部关爱服务、信访等工作。全市民政系统实现疫情“零感染”、重特大安全生产事故“零发生”。

三、经验体会

（一）做好民政工作，必须坚持和加强党的全面领导。民政工作关系民生、连着民心，是社会建设的兜底性、基础性工作。各级民政部门要加强党的建设，坚持改革创新，更好履行基本民生保障、基层社会治理、基本社会服务等职责。做好民政工作，就要牢牢把握民政工作的政治属性，以政治建设为统领，坚定捍卫“两个确立”，增强“四个意识”、坚定“四个自信”、做到“两个维护”。要坚持用习近平新时代中国特色社会主义思想武装头脑、指导实践、推动工作，持续深入学习贯彻党的十九大和十九届六中全会精神，自治区第十二次党代会、自治区党委十二届二次会议和市第十三次党代会精神，巩固拓展党史学习教育成果。要大力弘扬伟大建党精神，引领民政干部团结一心、阔步前进，以高质量党建引领和保障全市民政事业高质量发展。

（二）做好民政工作，必须坚持以人民为中心的发展思想。民政工作直接服务于人民，触及社会生活的方方面面，也是党执政为民最直接的体现。只有牢固树立以人民为中心的发展思想，才能始终以广大人民的根本利益为出发点和落脚点，顺应人民对美好生活的向往，兜紧兜牢基本民生底线，加快推进基层治理现代化，持续提升基本社会服务水平，不断提高人民群众的获得感、幸福感和安全感。

（三）做好民政工作，必须坚持不折不扣贯彻落实上级各项决策部署。要深入学习贯彻习近平总书记视察广西“4·27”重要讲话精神和对广西工作系列重要指示要求、关于民政工作的重要指示精神，自觉将民政工作融入经济社会发展大局，不折不扣贯彻落实中央、自治区和南宁市的各项决策部署，积极保障和改善民生，以实际行动体现民政部门的政治自觉和责任担当。

（四）做好民政工作，必须坚持以全面从严治党为事业发展保驾护航。要认真履行全面从严治党主体责任，持之以恒正风肃纪反腐，严明党纪党规，强化监督制约。要驰而不息强化作风建设，坚决纠治不作为、乱作为等问题，促使民政党员干部进一步严明纪律、匡正风气。要勇于担当作为，狠抓工作落实，以扎扎实实的工作成效取信于民，奋力谱写全市民政事业高质量发展新篇章，为深入落实强首府战略、加快建设新时代中国特色社会主义壮美广西首善之地贡献民政力量，以优异成绩迎接党的二十大胜利召开。

（陈梅娇）

踔厉奋发　笃行不怠
扎实推进新时代司法行政工作高质量发展

市司法局党组

2021年，市司法局坚持以习近平新时代中国特色社会主义思想为指导，全面贯彻落实党的十九大和十九届历次全会精神，深入学习贯彻习近平法治思想、习近平总书记视察广西“4·27”重要讲话精神和对广西工作系列重要指示要求，深入贯彻落实自治区第十二次党代会、市第十三次党代会精神，在市委、市政府的正确领导下，扎实开展党史学习教育和政法队伍教育整顿，深入实施南宁市司法行政“14520”工作思路，为全面落实强首府战略，加快建设新时代中国特色社会主义壮美广西首善之地提供了优质的法律服务和坚实的法治保障，为建党100周年营造了安全稳定的政治社会环境。

3月5日，市司法局到青秀区建政街道广园社区开展“送法进社区”活动

一、党建概况

2021年，市司法局机关党委下设8个党支部，其中在职干部党支部7个、离退休干部党支部1个。共有党员156人，其中在职党员107人、离退休干部党员49人。全年共有25个集体、66名个人获得市级以上表彰奖励或通报表扬，其中，中共南宁仲裁委秘书处支部委员会获南宁市先进基层党组织。

（一）聚焦“主线”，着力推进思想政治建设。作为政法机关，市司法局坚持“首题必政治”，始终把学习贯彻习近平新时代中国特色社会主义思想作为重中之重。统筹开展党史学习教育和队伍教育整顿，召开64次专门会议，组织开展5轮督察，形成“部署快速、行动迅速、同频共振”的氛围。加强学习习近平总书记“七一”重要讲话精神和对广西工作系列重要指示要求，组织开展各类学习教育活动685次，推动政治教育入脑入心，警示教育触及灵魂，英模教育激荡人心。

（二）聚焦“高标”，推进活动阵地整体提升。充分利用办公楼空间，精心打造融党员活动和学习教育为一体，包括市司法局局史、纪律教育展示墙和党史长廊三大板块的二楼回廊，多维度、多视角宣传从党的一大到十九大历经的百年光辉征途，展示成立39年以来南宁司法行政的发展历程和取得成绩，极大地激发了集体荣誉感和自豪感，带动广大党员干部更加自觉地把思想认同转化为实践动力，丰富了机关红色内涵，起到了凝心聚力作用。

（三）聚焦“核心”，推进支部功能整体提升。坚持党的一切工作到支部的鲜明导向，聚焦“让党中央放心、让人民群众满意”目标，大力推进模范机关创建活动。一是推动党建主体责任压紧压实。深化“书记引航担使命”主题活动，党组每月研究部署“两个清单”重点工作，各党支部结合业务认真落实，机关党委定期在党组会上通报完成情况，推动全面从严治党主体责任落地见效。二是推动支部组织力不断强化。创新实施党建观察员制度，针对观察中发现党内生活存在的不规范、不到位、抓而不实、抓而不紧等情况进行会前提醒、现场指导、事后督促，并及时向机关党委报告观察分析情况，构建起“观察+总结+反馈”强责提效闭环机制，不断强化支部政治功能。三是推动党员管理常态化长效化。将严的要求落实到党员教育管理全过程，坚定不移正风肃纪反腐，持之以恒纠治“四风”，培育严、实、细、合、专、新的机关新风正气。严把发展党员政治关，注重在基层一线和业务骨干中发展党员，落实好请示报告、个人重大事项报告等制度，强化支部对党员考核表彰、评先推优的建议权和话语权。四是全面打造“四能”干部队伍。结合“学党史　知党恩　跟党走”主题活动，围绕建设忠诚干净担当的司法行政干部队伍，年内开展演讲、朗诵、知识竞赛等活动36场次，努力打造一支开卷能学、提笔能写、开口能说、遇事能干的“四能”干部队伍。

（四）聚焦“品牌”，推进党建业务融合提升。按照“一支部一品牌”的要求，力求找准切入点和突破口，努力变“两张皮”为“一股绳”。一是发挥基层党组织的战斗堡垒作用。统筹涉及公共法律服务职能的党支部，科学整合公共法律服务资源，为群众提供优质高效便捷的公共法律服务。桂南公证处党支部推出限时办结制度，16项公证事项由原来的10个工作日出证缩短为2小时出证。开通公证案件网上申请通道和“零接触”视频办证服务，满足申请人远距离办证需求；推出“绿色继承”服务，解决群众反映强烈的继承权公证材料难获取问题，将“当事人跑”变为“公证人员跑”“大数据代跑”。法律援助中心党支部将23类与民生密切相关的事项纳入南宁市法律援助补充范围，将经济困难认定标准调整为南宁市最低工资标准，并对农民工请求解决劳动保障等8类情形免予经济困难审查，实现应援尽援、应援优援；将法律援助申请的审批、指派办结时限从法律规定的14个工作日压缩到3个工作日。二是发挥党员干部的先锋模范作用。组织党员深入金象社区、广园社区等地广泛开展志愿服务活动，加大机关党员在疫情防控、服务基层社会治理等工作中受磨炼、长见识、得真知的力度，进一步提升机关党员干部解难题办实事的能力。引导和鼓励党员在司法行政工作一线勇挑重担、攻坚克难。创新推出行政争议调解中心、自贸区矛盾调解中心等，精心组织“千场法治宣传”活动月活动。制定涉及11个领域76项事项“轻微违法行为免罚清单”，组织编制公布涉及8个领域56项证明事项告知承诺制目录，在全区率先设立行政复议代办点130个。深入开展“我为群众办实事”实践活动，推出便民利民措施67项，组织活动1959场次，惠及群众15.9万人次。

二、主要工作

（一）从严从实完成党史学习教育和政法队伍教育整顿，党对政法工作的绝对领导持续增强。统筹开展党史学习教育和队伍教育整顿，一体推进全市律师、公证和司法鉴定行业突出问题专项治理。坚持以学习教育为先导并贯穿始终，将学习贯彻习近平新时代中国特色社会主义思想、党的十九大和十九届六中全会精神、习近平总书记“七一”重要讲话精神、习近平总书记视察广西“4·27”重要讲话精神和对广西工作系列重要指示要求作为重中之重，深入开展“四史”学习，组织开展各类学习教育活动685次。坚持刀刃向内抓好查纠整改，全系统61个干部主动向组织说明涉及六大顽瘴痼疾和违法违纪问题，核查线索30条，均已依法依规进行处理。全面核查2010—2020年社区矫正档案12993件，全面整改档案不规范社区矫正案件1394件、交叉评查发现的瑕疵案件138件、问题案件13件，并追究24名相关责任人责任。市司法局在全区第一批司法行政系统队伍教育整顿查纠整改环节工作推进会上作经验发言。坚持“查改治建”一体推进，印发62项制度，逐步从制度机制上根治顽瘴痼疾，源头治理取得显著成效。坚持用心用情为群众办实事，创新推出便民利民措施67项，组织开展“我为群众办实事”实践活动1959场次，惠及群众15.9万人次。市司法局分别在中央第十二督导组、全区司法行政系统“我为群众办实事”实践活动相关会议上作经验交流。坚持“五个不放过”，抓好队伍教育整顿“回头看”，坚决肃清流毒影响。坚持统筹抓好律师和公证、司法鉴定行业突出问题专项治理，同时与市纪委监委联合开展深入整治公证行业腐败和作风问题活动，市管的公证、司法鉴定机构和律所自查自纠并整改落实问题168项，树立法律服务队伍新形象。

（二）聚力聚焦全面落实强首府战略，服务大局更加有力。慎终如始抓好常态化疫情防控，积极参与全市疫情防控工作，深入一线开展疫情防控督导，做好涉疫情政策文件的合法性审查，为打击“三非”等涉疫情违法犯罪和处置涉疫矛盾纠纷提供法治保障。常态化开展扫黑除恶，组织开展涉黑涉恶案件（线索）倒查，收到律师事务所报备案件97件，到法院旁听黑恶案件审理5件。加强对社区矫正对象排查管理，排查犯罪总数155人，在册属黑恶势力集团成员2人，组织集中教育650场次，个别教育878人。着力优化法治化营商环境，出台《关于加强中国（广西）自由贸易试验区南宁片区法治服务保障工作的通知》。为2021年标志性重大产业项目提供精准法律服务。编制涉及11个领域76项轻微违法行为免罚清单，建立4项违法行为可以不采取行政强制措施清单，对市场主体实行包容审慎监管。创新商事调解纠纷机制，成立中国（广西）自贸试验区南宁片区矛盾纠纷调解中心。建立261个商会人民调解组织，实现全覆盖，年内调解成功案件18起，涉及金额1000多万元。开展“中国沃柑看武鸣　法治护航万里行”活动，成立首个沃柑产业法律服务室，促进沃柑产业大发展。围绕巩固拓展脱贫攻坚成果同乡村振兴有效衔接推进乡村治理，落实防止返贫动态监测和帮扶机制。抓好13个易地扶贫搬迁集中安置区人民调解委员会（人民调解室）法律服务工作，排查矛盾纠纷216次，受理调解案件26件，调解成功率92.31%。加强农业农村领域执法监督，开展“法律援助进万村”活动。组织636名律师、基层法律服务工作者担任村（居）法律顾问，培育“法律明白人”5490名，村（居）法律顾问为群众提供法治宣传、法律咨询和矛盾纠纷调解1.6万余次。马山县古零镇羊山村、江南区福建园街道淡村、青秀区刘圩镇团黄村、西乡塘区石埠街道忠良村被命名为第八批“全国民主法治示范村（社区）”。

（三）统筹统揽全面依法治市工作，法治政府建设示范市招牌越擦越亮。新时代法治南宁建设路线图、责任书建立并实施。坚决落实全市全面依法治市工作会议和市委全面依法治市委员会第三次会议精神，报请市委印发法治南宁建设规划、南宁市法治社会建设实施方案，组织编制南宁市法治政府建设实施方案，为法治南宁建设举旗定向。举办习近平法治思想专题讲座和2021年全面依法治市暨习近平法治思想专题研讨班，开展党政主要负责人履行推进法治建设第一责任人职责年终述法工作，完善县（市、区）法治建设议事协调机构，夯实基层法治建设组织基础。认真抓好中央依法治国办督察反馈37个问题的整改和“回头看”工作，组织开展2021年度南宁市法治督察，推动全面依法治市责任落实、目标落实、任务落实。法治政府建设巩固提升，年内完成4件地方性法规草案，报请市政府出台3件政府规章，完成5件政府规章立法后评估，牵头“打包”废止政府规章2件、修改政府规章2件。当好政府决策参谋助手，做好政府法律事务工作，市本级进行事前合法性审查或出具法律意见758件，出具备案审查意见177件；各县（市、区）、开发区进行事前合法性审查或出具法律意见3793件，出具备案审查意见32件，确保各项决策合法合规、运行高效。持续推进行政执法“三项制度”，强化乡镇“四所合一”执法人员履职能力建设，举办新修订的行政处罚法培训班和南宁市2021年度行政执法人员线上培训班，提升基层行政执法水平。协调解决行政执法问题，加强对教育培训、交通运输、城市管理、食品药品等重点领域执法监督，查办各类行政执法投诉案件11件，推进严格规范公正文明执法。随机抽选人民监督员参加检察院案件公开审查、听证207人次，促进司法公正。公共法律服务提质增效，建立公共法律服务体系建设市际联席会议制度。加强对律师和基层法律服务工作者的监督管理，律师党建工作实现100%覆盖。全市市管律师事务所253家、律师3133人，基层法律服务机构43家、基层法律服务工作者336人，办理各类案件34718件。深化法援惠民生，拓展法律援助工作站覆盖面，办理司法救助案件22件，发放司法救助金50.8万元。全市法律援助机构受理案件5932件，挽回经济损失4442.84万元。发挥公证预防化解纠纷作用，积极办理赋强公证、知识产权类公证，全市11家公证机构办理各类公证35726件，同比增长89.3%。加强司法鉴定监督管理，17家司法鉴定机构、254名司法鉴定人受理案件26021件。南宁仲裁委全面推行网上立案，与市中级人民法院建立仲审衔接机制，全年受理案件2303件，同比增长50%；受案总标的额约21.02亿元，同比增长24.7%；实收仲裁费1628.2万元，同比增长

22.8%；审结案件2131件，同比增长44.4%，仲裁受理数量、标的额、仲裁收费、审结数量均稳步提升。扎实开展普法与依法治理，实施“八五”普法，抓住领导干部“关键少数”、青少年“关键群体”、分类实施“关键环节”，开展各类主题普法活动3700余次，推出“阿洛小智”法治品牌文创项目，运用普法新媒体矩阵持续推送各类法治资讯，全力营造全民尊法学法守法用法的浓厚氛围，市司法局、上林县委依法治县办荣获全国“七五”普法工作先进单位。圆满完成疫情防控常态化下的国家统一法律职业资格考试组织实施工作。

（四）全策全力推进市域社会治理现代化试点，维护社会大局稳定成效更加明显。组织社区矫正法颁布实施一周年系列宣传活动，严格依法落实各项监管措施，创新开展社区矫正就业帮扶和心理服务。全市新接收社区矫正对象2145人，解除矫正2137人，有在册社区矫正对象2189人，累计再犯罪率0.1%，无重大恶性案件，非监禁刑罚执行取得显著成效。坚持和发展“枫桥经验”，深入推进矛盾纠纷精准排查精细化解，开展特殊人群排查整治专项工作，全市开展矛盾纠纷排查27157次，调解各类矛盾纠纷23802件，调解率100%，调解成功率97.1%，妥善处置涉疫矛盾纠纷等重大突发矛盾纠纷。做好安置帮教工作，全市共接收刑满释放人员4875人，安置率、帮教率均为100%。

（五）落实落细司法行政改革，执法司法公信力不断提升。行政复议体制改革全面推进，全市行政复议调剂增加35个编制，市本级新设4个科室。建立“三级办案组织”，推出系列便民利民措施，成立广西第一个行政争议调解中心，设置130个行政复议代办点，打通行政复议“最后一公里”。全年办理行政复议案件960件，审结行政复议案件432件，行政复议综合纠错率26.38%，办理市政府行政应诉、应复案件421件，行政复议作为化解行政争议主渠道的作用日益彰显。7月，在自治区行政复议体制改革总结大会上作经验发言。此外，执法司法制约监督机制不断健全完善，公证、律师、法律援助等改革深入推进，取得良好成效。

（六）久久为功推进五大建设，司法行政根基不断夯实筑牢。基层基础设施建设进一步加固。6个县区司法业务用房以及4个司法所建设纳入市政法基础设施建设“十四五”规划项目。规范化建设进一步加强。开展全市公证和司法鉴定机构“双随机、一公开”监督抽查。信息化建设进一步升级。全市建成38个区内远程视频会见帮教探访平台，建设法治服务地图和村（居）法律顾问信息管理系统，完成局机关监控设备建设、国产电脑安可替代、网络安全防护和信息化运维工作。队伍建设进一步提升。创新政校合作模式，与4所高等院校6个院系签订共建合作协议。开展一月一主题演讲（朗诵、知识竞赛）活动7期，举办领导干部上讲台暨新时代司法行政讲习所7期、各类培训班27期，着力打造一支“四能”司法行政队伍。全市司法行政系统共有27个集体、70名个人获得市级以上表彰奖励或通报表扬。政风行风建设进一步优化。深化“放管服”改革，组织编制公布全市涉及7个领域56项证明事项告知承诺制目录。市司法局37项政务服务事项列入同城通办、跨城通办、全区通办、跨省通办，解决企业和群众办事难问题。

三、经验体会

（一）坚持党的领导，坚定不移走中国特色社会主义法治道路，是司法行政事业不断发展的根本保证。党的领导是事业取得成功的根本保障。市司法局坚持党中央、自治区党委和市委的正确领导，深入学习贯彻党的十九大和十九届六中全会精神，全面贯彻落实习近平法治思想，深刻领悟“两个确立”的决定性意义，把“两个确立”的政治成效转化为“两个维护”的政治自觉，把理论学习成果转化为推动全市司法行政工作高质量发展的强大动力，持续提升司法行政各项业务，有力地推动平安南宁和法治南宁建设。

（二）坚持紧紧围绕市委、市政府中心大局，充分发挥司法行政机关职能作用，做好结合文章，是新时代推进司法行政事业发展的必由之路。法治兴则国兴，法治强则国强。市司法局紧紧围绕深入实施强首府战略中心工作，充分发挥法治对经济社会发展的引领、规范和保障作用。做好重大节假日的维稳安保工作，为首府社会稳定保驾护航。积极参与防控疫情、乡村振兴、优化营商环境、打击传销、反邪教、禁毒、道路交通安全、卫生、教育、妇女儿童、精神文明、安全生产、食品卫生、民族团结、国防教育等方面工作，为全面落实强首府战略，加快打造引领全区高质量发展核心增长极，把南宁建设成为新时代中国特色社会主义壮美广西首善之地提供强有力的法治保障。

（三）坚持全面依法治国基本方略，在法治轨道上推动司法行政改革发展，是司法行政机关发挥职能作用的基本要求。改革创新是发展的不竭动力。市司法局把鼓励改革创新、大胆探索作为抓改革落地的重要方法，充分激发创新创造力。聚焦社会治理、法律服务等领域，自主探索推进切口小、见效快的微改革微创新，如设置行政复议代办点、推出“零接触”远程视频公证、“绿色继承”公证、公证代跑代办服务等，有效解决了一批群众关心关切的问题，不断提高人民群众获得感、幸福感、安全感。

（袁姝涵）

坚定信心鼓足干劲　迎难而上扎实工作 不断开创财政事业新局面

市财政局党组

2021年，市财政局党组坚持以习近平新时代中国特色社会主义思想为指导，全面贯彻习近平总书记视察广西“4·27”重要讲话精神和对广西工作系列重要指示要求，牢固树立过紧日子思想，把有限的财政资金用在刀刃上，提高财政资源的配置效益和实施效果，全力支持首府经济高质量发展，为助力南宁勇当建设新时代中国特色社会主义壮美广西首善之地奠定坚实财政基础。

一、党建概况

2021年，市财政局党组内设机关党委1个，下属党支部13个，其中在职党支部11个（机关党支部6个、直属二层党支部5个）、退休党支部2个。有党员271名（正式党员269名、预备党员2名），其中在职党员189名、退休党员82名。

（一）突出抓好党的政治建设，党组织的政治站位和政治担当进一步增强。坚持深学笃行习近平新时代中国特色社会主义思想，始终把加强党的政治建设摆在首位，将其体现到财政工作重大战略谋划、重大财政政策制定、重大财政工作推进的实践中，贯穿于履职尽责的全过程和各方面。深入贯彻习近平总书记关于巡视工作重要讲话精神，全面整改落实党中央、自治区党委和市委巡视巡察反馈的问题，在条条要整改、件件有着落上集中发力，推动全面从严治党在基层见到实效。

（二）狠抓政治思想学习教育，党员的党性修养进一步提高。市财政局机关党委把旗帜鲜明讲政治作为党建工作的根本要求，把政治思想学习教育作为提高党性修养的首要任务，坚持用党章党规和习近平总书记系列重要讲话精神规范党组织和党员的行为。精心谋划制定“我为群众办实事”实践活动项目，既完成规定动作，又结合财政部门实际开展接地气有实效的自选动作。持续巩固“不忘初心、牢记使命”主题教育成果，科学制定年度和季度学习计划，严格检查督查、狠抓工作落实。严格落实局党组中心组理论学习制度，扎实推进“三会一课”质量提升和主题党课巡讲活动。

4月20日，市财政局组织基层党支部赴李明瑞、韦拔群等革命烈士纪念馆开展“学党史　悟思想　清明祭英烈”主题活动

（三）狠抓组织建设，党建工作水平进一步提升。大力加强机关党委和基层党支部班子建设，严格按照党章、条例要求，始终保持机关党委和基层党支部两级党组织班子健全。组织动员局属各党支部结合自身特点和优势，积极打造“阳光财政”党建品牌，不断提升财政机关党建工作整体水平和影响力。严格落实党员组织生活、党员发展和党费收缴以及违纪党员处理等日常工作。加强党务干部教育培训工作，分类组织党务干部培训，积极选派优秀党务干部上学，不断提高党务干部的综合素质。

（四）狠抓制度落实，党内政治生活进一步规范。扎实开展党支部规范化建设活动，积极发挥支部主导作用，使党支部成为教育党员的学校、服务群众的平台、攻坚克难的堡垒。认真开展党支部书记述职评议考核，进一步增强党支部书记抓党建工作的责任心。严格和规范党内政治生活制度，及时完善“三会一课”、组织生活会、民主评议党员和党员领导干部民主生活会、党员领导干部双重组织生活会等党内生活制度，不断提升党内政治生活质量。

（五）狠抓党风廉政建设，全面从严治党向基层进一步巩固拓展。狠抓主体责任的落实，坚持制定全面从严治党主体责任工作清单，形成任务明、责任清、要求严的工作机制。坚持做到主要领导负总责，分管领导具体抓、抓具体的工作机制，实现一级抓一级，层层抓落实。狠抓反腐倡廉教育。加强廉政文化建设，通过廉政文化建设，不断增强财政人员崇廉尚洁的思想和行动自觉。

（六）狠抓群团组织建设，生力军作用进一步激发。深入学习贯彻党中央、自治区党委和市委党的群团工作会议精神，坚持以党建带群团建设，确保机关工会、共青团和妇委会组织健全。积极响应市委市直机关工委开展的各类主题实践活动，积极做好困难职工救助等工作，及时办理职工重大疾病医疗互助保险和女职工安康互助保险，确保局机关干部职工的合法权益。

二、主要工作

（一）财政收入突出“稳”字，财政收入质量进一步提升。全市各级财政部门坚持稳中求进工作总基调，全面落实强首府战略，统筹疫情防控和经济社会发展，全市财政运行总体平稳，全市一般公共预算收入391.77亿元，同比增长5.24%，高于全区0.4个百分点，总量继续位居全区设区市第一，税收收入占比70.95%，高于全区4.78个百分点。

（二）财政预算突出“紧”字，资金管理水平进一步提高。牢固树立过紧日子思想，从严控制“三公”经费等一般性支出，全市压减的“三公两费”0.58亿元全部用于安排教育补短板项目。加强政府投资项目评审，科学合理安排政府投资资金。年内全市受理报审项目1845项，审结项目1462项，受理报审金额321.29亿元，审定金额286.75亿元，节约资金34.54亿元，项目审结率达79%。

（三）重点领域突出“保”字，疫情民生保障进一步加强。制订《南宁市县级“三保”风险应急处置预案》，从预算源头上严格落实“三保”主体责任。全市12个（县、市）安排“三保”保障支出254.36亿元。累计筹措就业补助资金6.59亿元，推动就业扩容提质，重点支持高校毕业生、退役军人、农民工和城镇就业困难群体就业创业。向全市4.39万户企业发放失业保险稳岗返还资金9809.18万元，惠及职工73.41万人。整合资金支持疫情防控。全市累计筹措疫情防控资金5.57亿元，重点用于设置大型疫苗临时接种点、疫情防控物资采购及市本级集中隔离观察点等方面支出。

（四）首府发展突出“强”字，强首府战略进一步落实。安排现代工业发展资金23.4亿元，助力推进产业转型升级。出台《南宁市促进全社会加大研发经费投入实施方案》，市本级安排科技支出13.65亿元，提升科技创新支撑能力。与市金融办联合出台《南宁市深入开展“桂惠贷”实施细则》等文件，累计拨付“桂惠贷”财政贴息资金6.78亿元，累计出资创业投资引导基金1.1亿元，天使投资基金0.5亿元。投入交通运输领域17.29亿元，提高城镇综合路网承载能力，完善南宁综合交通体系。安排中国（广西）自由贸易试验区南宁片区专项发展资金3亿元，支持打造现代服务业和新兴制造业为核心的集聚区。支持“强治理”，投入26.54亿元支持水环境治理、垃圾分类、园林绿化等项目建设，助力完善首府南宁治理体系。

（五）财政改革突出“优”字，财政管理体制进一步优化。以推广实施预算管理一体化为抓手，建立健全统一规范的业务标准和制度，初步实现财政数据大集中融合和管理，促进预算管理各项制度的系统集成、协同高效。加大对县域经济建设支持力度，持续协调理顺县区间财政关系，加快推动构建区域经济发展新格局。全面实行政府采购项目全流程电子化，实现供应商“一次都不用跑”的目标。首次实现政府采购项目市县两级远程异地评标，进一步优化全市营商环境。探索实行财政决算“云会审”模式，积极推广应用网络版财政票据电子化管理系统，稳步推进医疗收费票据电子化改革。

（六）财会监管突出“全”字，财政监督体系进一步健全。印发《南宁市财政局关于进一步加强日常监督工作的通知》，强化财政业务管理机构的日常监督责任，加强专职监督机构专项监督与业务管理机构日常监督的协调配合、有效衔接。突出抓好粮食风险基金、“三公”经费、水利发展专项资金和市属16个县（市、区）组织财政收入等监督检查，严肃财经纪律，提升资金使用效益。扎实开展预决算公开检查，对全市所有一级预算单位的2018年、2019年部门决算和2019年、2020年部门预算公开情况，从及时性、真实性、完整性、细化程度、公开方式等五个方面进行全面检查，并首次将部门所属二级预算单位全部纳入预算公开范围。

（七）财政风险突出“防”字，财政运行风险进一步降低。科学调度国库资金。累计正常调度下级财政往来资金274.3亿元，切实保障各县（市、区）的基本民生、工资发放和机构运转。加强政府债务管理。获得政府债券180.47亿元，进一步提升强首府资金保障水平。严格规范举债和融资行为，按时足额偿还到期债务。以推进财税政策落实、加强预算管理监督、深化会计监督、强化内部控制为重点，严控财政暂付款规模，加强直达资金监控，做好预算执行动态监控管理。

（八）财政管理突出“效”字，财政资金效益进一步提高。加强财政资源统筹，合理确定保障重点和保障顺序，对最急需最紧迫的大事优先安排，对必保的刚性支出足额安排，对到期政策、非急需项目予以清理，提升财政资源配置效率。按照“一元也要编”的原则，统一要求所有一级预算单位编制部门整体支出绩效目标、所有项目支出和转移支付资金项目填报绩效目标。首次对政府性基金预算项目和国有资本预算项目开展绩效运行监控。坚持花钱必问效、无效必问责，把有限的财政资金用在刀刃上，发挥好资金的最大效益。加快推进财政预算管理一体化平台建设，加强完善常态化直达资金机制，全年分配下达直达资金119.09亿元，完成支出110.48亿元，全市直达资金惠及企业5.81万次、人员315.15万人次，重点支持基本民生领域和基层财力保障，同时确保惠企利民资金发挥实效。

三、经验体会

（一）坚持旗帜鲜明讲政治，始终把加强党的领导作为财政工作的根本遵循。市财政局坚持和加强党的领导，始终把做到“两个维护”作为最高的政治原则和最重要的政治纪律，自觉用习近平新时代中国特色社会主义思想武装头脑、指导实践、推动工作，充分发挥党组把方向、管大局、作决策、保落实的作用，确保财政事业发展始终坚持正确的政治方向。

（二）坚持围绕中心敢担当，始终把推动高质量发展作为财政工作的首要任务。市财政局坚持把服务发展大局作为第一要务，把财政工作放在全市工作大局中谋划，紧紧围绕乡村振兴、产业发展、改革开放、生态建设、民生保障等中心工作，精准聚焦改革发展稳定热点难点持续发力，凝聚起全面落实强首府战略的强大合力。

（三）坚持践行宗旨守初心，始终把让人民共享发展成果作为财政工作的重大使命。市财政局坚持以人民为中心的发展思想，把人民对美好生活的向往作为奋斗目标，紧扣群众关注的教育、就业、住房、社保、环保等热点、难点问题，妥善处理好民生与发展的关系，最大限度发挥财政资金撬动作用，着力消除民生痛点，提高公共服务共建能力和共享水平，不断完善公共服务体系，织密织牢民生保障网。

（四）坚持真抓实干善作为，始终把加强作风建设作为财政工作的履职根基。市财政局坚持系统观念，注重统筹谋划，编制五年财政规划、制定人才培训计划，增强工作前瞻性；注重打出“组合拳”、多部门协调、上下级联动、第三方参与，增强工作合力；注重抓作风建设、提振精气神，树立“一线”意识、保持“一线”状态、发挥“一线”作为，实现各项工作在传承中发展、在发展中创新。

（马利芳）

牢记历史使命　坚定勇毅前行
凝心聚力推动人社事业高质量发展

市人社局党组

2021年，市人社局坚持以习近平新时代中国特色社会主义思想为指导，认真贯彻落实习近平总书记视察广西“4·27”重要讲话精神和对广西工作系列重要指示要求，扎实开展党史学习教育，把坚持党的领导、加强党的建设贯穿人社事业发展全过程各方面，着力践行以人民为中心的发展思想，牢记历史使命，坚定勇毅前行，奋力推动强首府战略落实落细，各项工作取得显著成效，为加快建设新时代中国特色社会主义壮美广西首善之地贡献人社力量。

4月18日，南宁市2021年民营企业招聘月首场空中招聘会在市人社局智慧人社联合创新实验室举行，图为企业人事专员（左）直播介绍岗位

一、党建概况

市人社局机关党委辖12个基层党组织，其中党委3个、党总支2个、党支部7个，党员2049名（含离退休党员260名，新经济组织党员1224名）。

（一）坚持以党的政治建设为统领，引导党员干部做“两个确立”的坚决拥护者和“两个维护”的坚定践行者。一是强化政治机关意识。常态化落实“第一议题”制度，发挥理论学习中心组领学促学作用，带领党员干部读原著学原文悟原理。组织党员干部通过中心组学习、专题党课、“南宁人社讲坛”、党务干部业务培训等形式开展学习。二是严肃党内政治生活。局系统12个党组织认真谋划、精心组织，完成年度组织生活会和党史学习教育专题民主生活会，并开展党员民主评议工作。三是狠抓思想政治建设。通过局党组扩大会、干部大会、工作会议、调研座谈会等多种场合，把学习习近平总书记系列重要讲话精神与人社业务知识结合起来，加深对习近平新时代中国特色社会主义思想的感悟。四是压紧压实意识形态工作责任制。从加强组织领导入手，注重调动全局党员干部的参与热情。加强舆论引导和正面宣传，积极在上级报刊、媒体和网站、微信群传播正能量，着力弘扬主旋律。

（二）结合庆祝建党100周年，扎实推进党史学习教育。在开展党史学习教育中，按要求开展好“规定动作”，通过线上线下“两个学习”，认真抓好“四史”学习，结合庆祝建党100周年组织好党史学习教育知识竞赛等“六大活动”。针对群众“急难愁盼”问题，将“绿城南宁惠民惠企100场招聘会”等18项工作纳入“我为群众办实事”实践活动清单，并全面完成。组织局系统党员干部为群众办实事2231件。创新推出“免申即办”模式打造惠企惠民新生态、全国首个灵活就业人员合法权益保障联动化解中心“直通车”服务、针对老弱群体推出人社“三暖”服务等工作亮点，切实将党史学习教育成效转化为人社服务群众成果。

（三）加强组织建设，夯实基层基础。一是开展党支部组织生活质量达标验收工作。对照考评标准和验收内容，局系统各党支部组织生活会质量全部达标。二是从严从实从细抓好基层党组织换届选举工作。坚持把政治觉悟高、服务意识强、综合素质优的人选出来，确保班子年龄、学历、能力、素质多维度最优化。三是强化党员日常教育管理监督。定期开展党员党性分析，不断加强党性锻炼。举办局系统党组织书记、党务干部专题培训班3次，实现支部书记、党务工作者和党员教育培训“全覆盖”模式。四是抓好党员发展工作。严把审批关、转正关、公示关，确保选拔入党动机纯洁、政治觉悟过硬的优秀党员。年内，按程序完成发展党员9名。

（四）从严落实管党治党主体责任。一是抓好局系统各党组织落实全面从严治党主体责任。组织开展落实全面从严治党主体责任规定及“三重一大”制度执行情况自查自纠。制订局领导班子共性清单27项，个性清单3项；领导班子成员共性清单20项，班子成员个性清单30项。二是注重执纪监督扎牢“紧箍咒”。严格推进“不敢腐、不能腐、不想腐”机制建设。启动“智慧人社”风控系统建设。在全市人社系统深入开展群众身边腐败和作风问题整治工作。三是推进作风建设打好“预防针”。注重抓早抓小关口前移，及时发现、收集、分析倾向性、苗头情况问题，推动谈话工作具体化、规范化、制度化。

二、主要工作

2021年，市人社局坚决贯彻落实党中央、自治区党委和市委的决策部署，主动担当，取得良好成效，为全面落实强首府战略提供有力的民生保障。

（一）聚焦更有力的就业扶持举措，在保障就业局势稳定上持续发力。一是针对出台就业扶持政策。牵头制定《南宁市人民政府办公室关于印发南宁市服务劳动密集型重点企业用工支持方案的通知》等政策，持续加大就业补助资金投入。全市就业补助资金支出6.46亿元；城镇新增就业7.73万人，城镇登记失业率2.80%，就业形势总体稳定。二是分类施策保障重点群体就业。全市城镇失业人员再就业2.16万人，就业困难人员实现就业8750人，农村劳动力新增转移就业5.77万人；核发就业见习补贴6079.42万元，惠及高校毕业生9824人。三是持续开展就业公共服务活动。先后开展“就业援助月”“春风行动”等活动，并结合“直播带岗”“视频面试”等创新方式拓宽公共就业服务渠道。举办招聘会532场，提供岗位70.33万个。四是大力支持人力资源产业发展。全市发放职业中介补助706.05万元，促进群众就业20万人次以上。五是深入推进职业技能提升行动。全市发放职业技能培训补贴金额2.75亿元，开展职业技能培训8.39万人次。

（二）聚焦更完善的社会保障体系，在兜紧兜牢民生底线上持续发力。一是全面实施全民参保计划。以灵活就业、新业态等群体参保扩面为重点，充分动员应保尽保。全市基本养老保险、工伤保险和失业保险参保总人次755.40万人次，全民参保入库参保率91.72%。二是持续落实社保降本减负政策。全市为企业降低失业、工伤2项社会保险费人工成本约8.33亿元。三是按时足额发放各项社保待遇。全市发放养老、失业、工伤保险待遇188.62亿元，惠及参保群众114.81万人。四是强化基金监管严防“跑冒滴漏”。实地稽核985家用人单位，查出违规用人单位373家，追回欠缴的社会保险费约180.21万元。

（三）聚焦更主动的人才引育机制，在充分释放人才活力上持续发力。一是全面释放人才政策红利。大力推动南宁市“1+6”人才政策、“强首府人才新政18条”等政策落地；配合修订《南宁市高层次人才认定参考目录（2021年）》，为南宁引才聚才提供政策支持。二是落实人才分类认定政策。全年全市认定高层次人才1034人。三是实施重大项目引才计划。全市向24个“邕江计划”项目资助2600万元。四是做好青年人才生活补助审发工作。发放青年人才生活补助2839万元。五是培养技能精进的人才队伍。全市新增技能人才3.68万人，其中高技能人才7276人。

（四）聚焦更规范的人事管理机制，在全面提高工作效能上持续发力。一是营造正确的选人用人导向。印发实施《南宁市激励干部担当作为奖励办法（试行）》等政策，充分调动工作积极性。二是统筹做好事业单位管理工作。完成各类人事考试12.29万人次，完成人事考试审核10.67万人次；备案自主公开招聘方案50批。三是完善职称评审制度。加大评审权限下放力度，打破申报壁垒，畅通自由职业者申报渠道。开展职称评审服务4.13万人次。四是做好行业试点薪酬改革政策出台工作。积极会同市财政局、市卫健委等相关部门及时出台系列改革试点文件，并做好指导。

（五）聚焦更多元的协调协商机制，在构建和谐劳动关系上持续发力。一是探索构建劳动监察协查员“协助调处+仲裁确认”模式。2021年9月开始试行，年内成功调解案件519件。二是大力推行区块链电子劳动合同签订。全市签订电子劳动合同3.13万份，在线查验2377人次。三是持续开展根治欠薪工作。为1268名劳动者追发劳动报酬1051.28万元，全市劳动保障监察举报投诉案件结案率100%，拖欠农民工工资举报投诉案件结案率100%。四是设立快审速裁专庭。全年承办案件2506件，审结2393件，结案率超96%。

（六）聚焦更扎实的振兴乡村举措，在做好脱贫攻坚后半篇文章上持续发力。一是稳步推进人社乡村振兴各项工作。印发《建立健全巩固拓展人社脱贫攻坚成果防止返贫致贫工作长效机制实施方案》等文件。二是持续开展就业帮扶。全市累计认定就业帮扶车间370家，吸纳就业在岗人数2.39万人，发放就业帮扶车间带动就业补贴316万元；“点对点”包车输送农民工返岗就业136车次5065人；利用就业补助资金开发乡村公益性岗位在岗1244人。三是实现脱贫人口社保全覆盖。2021年，全市符合条件的43.63万名脱贫人口100%参保，9.51万名60周岁以上（含）脱贫人口100%领取养老待遇。四是持续提升脱贫人口就业竞争力。培训脱贫劳动力6607人次、农村转移就业者1.53万人次。

三、经验体会

（一）必须坚持和加强党的全面领导，坚定不移做“两个确立”忠诚拥护者和“两个维护”示范引领者。党的十八大以来，在以习近平同志为核心的党中央坚强领导下，在习近平新时代中国特色社会主义思想科学指引下，实现了第一个百年奋斗目标，在中华大地上全面建成了小康社会，实现中华民族伟大复兴进入了不可逆转的历史进程。新时代坚持和发展中国特色社会主义必须始终坚持党的全面领导，深刻领悟“两个确立”的决定性意义，把“两个确立”转化为坚决做到“两个维护”的思想自觉、政治自觉、行动自觉，始终同以习近平同志为核心的党中央保持高度一致。

（二）必须坚持自觉践行以人民为中心的发展思想。江山就是人民，人民就是江山。习近平总书记强调，民生无小事，枝叶总关情。人社部门是政府民生工作部门，作为重要的民生保障部门，要心怀“国之大者”，把实现好、维护好、发展好最广大人民根本利益作为一切工作的出发点和落脚点，着力解决人民群众最关心的就业培训、社会保障、劳动维权等“急难愁盼”问题，让无业者有业可就、有业者技能提升、从业者收入增加、失业者有所救助、退休者老有所养。新的征程上，要全面贯彻以人民为中心的发展思想，使人民获得感、幸福感、安全感更加充实、更有保障、更可持续，才能体现共产党全心全意为人民服务的根本宗旨。

（三）坚持改革创新，通过“微改革”“微创新”，以人社优质服务提升人民群众幸福感、获得感。近年来，市人社局坚持以改革创新为抓手，聚焦群众办事的“痛点”“堵点”“期盼点”，用创新的思维、改革的办法、持续的韧劲着力推进人社信息化建设。2018年12月，在全国率先上线全业务一体化“智慧人社”系统，创新打造“线上一网通、线下一门办”人社服务新体系，实现窗口服务事项100%（233项）“一门式”服务，对外公共服务事项99%以上（247项）“一网通”服务。至2021年底，南宁“智慧人社”系统平台先后在全国或全区率先推出“免申即办”“打包快办”“区块链+人社”等100多项创新应用，特别是在全国率先打造的“政策找人、补贴找企”“免申即办”兑现服务模式，受到社会各界的广泛赞誉。实践证明，只有坚持改革创新，不断提升服务效能，才能让人民群众的获得感成色更足、幸福感更可持续、安全感更有保障，才能在实现第二个百年奋斗目标新的赶考之路上谱写民生幸福的新乐章。

（李泉）

以自然资源要素保障为牵引　多点助推高质量发展

市自然资源局党组

2021年，市自然资源局党组坚持以习近平新时代中国特色社会主义思想为指导，全面落实党的十九大和十九届历次全会精神，学习贯彻习近平总书记视察广西“4·27”重要讲话精神和对广西工作系列重要指示要求，紧紧围绕全市经济社会发展大局，切实将“十个坚持”的历史经验贯彻落实到自然资源工作全过程，奋力推进自然资源服务保障提质增效，助力全面落实强首府战略，全力打造引领全区高质量发展核心增长极。

9月17日，市自然资源局组织召开《南宁市国土空间总体规划（2021—2035年）》中期成果专家评审会

一、党建概况

2021年，市自然资源局所辖机关党委1个，机关纪委1个，党支部（含退休党支部）35个，党员795名。

（一）全面加强党的政治建设，严肃党内政治生活。以党组中心组学习、党支部学习、干部理论学习为载体，深入学习领会习近平总书记系列重要讲话以及上级有关会议、文件精神，倡导党员积极参与“学习强国”平台学习，采取主题党课、宣讲报告、电教片、学习竞赛、网上党课等多种形式，教育引导党员加强理论学习，增强政治意识；从严落实管党治党责任，梳理编制全市自然资源系统权责清单2012条、负面清单1354条。围绕重点岗位、重点环节及可能出现的苗头性问题，在全系统内开展廉政谈话共计2193人次，运用“第一种形态”约谈56人次。主动深入基层调查研究各城区承接部分自然资源管理职能落实情况，进行把脉指导，确保自然资源管理职能“放得下、接得住、管得好”；召开“一岗双责”履职情况汇报会，全面评议局领导班子成员及直属事业单位、代管企业主要负责人“一岗双责”履职尽责情况，检视过往、查找不足。

（二）加强组织建设，提高党员干部队伍政治素质。市自然资源局按要求完成2020年度党组织书记述职评议工作和2020年度组织生活会和民主评议党员工作，印发2021年党建工作要点，严格落实“三会一课”“党员集中活动日”制度，做好局属各基层党组织换届选举、收缴党费工作，落实5名党员发展工作，认真对标对表，提高市自然资源局党员干部队伍整体政治素养，努力打造模范机关。

（三）立足行业，深入开展党史学习教育。以“集体学习+自学”模式深入开展党史学习教育，夯实广大干部职工理论基础。以“多形式+多媒体”形式，利用板报、LOGO雕塑、楼宇电视、微信公众号等多种宣传载体，营造党史浓厚学习氛围。以“请进来+走下去”方式，邀请南宁市“感党恩　跟党走”宣讲团到市自然资源局作“汲取智慧力量，共圆复兴梦想”主题宣讲。制定《南宁市自然资源局2021年度领导干部宣讲计划及党课教育计划实施方案》，以领导干部带头讲、支部书记必须讲、普通党员积极讲的方式，在局属各基层党支部开展面对面、互动式党史学习教育，扎实做好宣讲工作。创新多种形式，按照“一支部一特色”原则，组织局属各党组织开展“打卡红色教育基地”、祭奠革命烈士、开展“4·22”世界地球日宣传和“百年党旗红　启航新征程”邕江红色主题游船等各项主题党日活动。截至12月31日，市自然资源局机关党委分批次组织广大党员干部职工参观红军长征湘江战役纪念园等爱国主义教育基地、党史教育基地累计69场次。以党支部为单位，充分利用不同形式组织党员参加“党员心声大家谈”活动1496人次、“党史故事大家讲”活动1867人次、“党史知识大家答”活动6246人次、“红色歌曲大家唱”活动1792人次、“重温入党誓词”活动1119人次。

（四）多措并举，扎实推进创城各项指标任务完成。对标对表，组织、协调各科室（部门）按职责开展各项创建工作，汇总报送相关报表、资料，扎实推进创建全国文明城市各项工作任务。同时积极开展志愿者服务活动，截至2021年底，市自然资源局组织局属各基层党支部开展服务城市社区治理工作16次，共34个党支部76名党员志愿者参加活动；开展交通文明引导工作14次，共14个党支部56名党员志愿者参加活动。

二、主要工作

（一）扎实做好自然资源要素保障，多措并举助力高质量发展。一是市级国土空间总规编制取得阶段性成果。横向协同推进编制40个专项规划与19个“十四五”专项规划；编制完成《南宁市国土空间分区规划编制技术指南（试行）》，全市5个县级总规初步成果已全部完成；7个城区开发区分区规划已形成初步方案；市级国土空间总体规划中期成果已通过专家评审，完成草案公示，并向市人大、市政协汇报总规最新成果。二是提高规划编制质量和管理效能。持续加强重点项目谋划，启动《南宁北站片区控制性详细规划》编制工作，完成《南宁国际铁路港控制性详细规划》并获市政府批复，完成轨道交通5号线一期工程全线用地预审、建设项目选址意见书、工程建设工程规划许可证的核发工作。全年共受理道路、桥梁、出入口、电力、管线等项目建设工程规划许可证159件。三是建设项目用地指标有效保障。全市落实2021年新增建设用地计划指标2585.34公顷；供应国有建设用地4898.98公顷；盘活土地3540.4公顷。全力做好重大项目用地保障工作，已保障南宁零公里空港产业园等202个自治区层面统筹推进重大项目用地。四是土地市场发展稳定有序。推进土地出让及征地拆迁“百日攻坚”专项活动，切实做好土地公开出让工作。完成储备土地供地7941亩，其中通过划拨方式供应储备土地1112亩，通过“招拍挂”方式出让储备土地6829亩，成交地价款254.35亿元；市本级（不含武鸣区）组织“招拍挂”出让活动126期，发布公告面积共10073亩。其中成交面积7361亩，“招拍挂”出让成交金额301.95亿元。土地出让金非税累计征收448.79亿元，其中招拍挂收入366.08亿元。在保障重大项目落地的同时将稳地价、稳房价、稳预期落到实处。五是“多测合一”改革深入推进。南宁市“多测合一”信息系统建设项目通过验收，升级完善工程建设项目审批系统“一张蓝图”系统功能，所涉及的各类业务全面实现线上办理，单栋测绘业务审批效率提升近20倍，优化提升营商环境。推动测绘业务市场化，将51家符合条件的单位纳入测绘机构名录库，其中27家单位已承接“多测合一”各类业务。破除行业壁垒，统一汇聚工程建设项目各阶段的测绘数据，为人防、工程竣工验收备案等行政审批事项提供数据支撑。2021年11月19日，自然资源部转发《南宁市人民政府关于印发南宁市建设项目“多测合一”管理暂行办法》，对南宁市建设项目“多测合一”改革成果予以肯定，并在全国自然资源系统内推广南宁经验。六是“互联网+不动产登记”改革再结硕果。创新推出新建商品房“即核即办”办理模式，实现新建商品房项目“交房即交证”的目标。截至2021年底，已有94家房开企业签订了“即核即办”功能使用协议，惠及60个房地产项目，5.3万户购房群众。积极开展农村不动产“房地一体”确权登记工作，2021年，南宁市发证总量为790022宗。南宁市“‘互联网+不动产登记’农村房地一体确权登记系统”荣获2021年全国优秀测绘工程银奖和测绘地理信息自主创新产品认定。七是行政审批制度改革稳步提速。严格执行一次性告知制度、限时办结制度、首问责任制度，2021年，南宁市审查新增用地报批报件270宗，已取得用地批复224宗，其中包含单独选址用地批复32宗、批次用地批复192宗，获批总面积2459.4458公顷。核发建设工程规划许可证3108份，涉及建筑面积约3430.02万平方米，其中按承诺制核发建设工程规划许可证276份，涉及建筑面积约362.65万平方米。住房和城乡建设部将南宁市推行建设工程规划许可证“豁免清单”、告知承诺制审批等改革举措列入工程建设项目审批制度改革经验清单，作为可复制推广的改革经验向全国推广。

（二）厚植绿色发展理念，牢牢守住发展和生态“两条底线”。一是坚守耕地保护红线。加快推进全市永久基本农田核实整改补划工作，初步成果已上报自治区自然资源厅审查。严格落实耕地占补平衡，全市获批的224宗非农建设用地共落实补充耕地1216.1631公顷（其中水田346.8848公顷）。通过土地开垦、耕地提质改造等措施，新增入库补充耕地数量指标162.0769公顷、水田指标1468.7911公顷（折合22031.8665亩）、粮食产能指标687.9652万公斤，统筹推进保护资源和保障发展两项任务。积极推进市级补充耕地指标交易工作，南宁市补充耕地指标交易平台交易补充耕地指标33宗，涉及耕地指标523.07公顷、水田指标1126.57公顷、粮食产能指标599.59万公斤，交易金额30.72亿元，有效助推乡村振兴。有序开展农村乱占耕地建房问题整治、农村新增宅基地审批和建房管理工作，初步形成“遏制新增、疏堵结合”的工作局面，全市累计批准新增宅基地3398宗，发放乡村建设规划许可证3398本。全市发现新增农村乱占耕地建房问题59宗，56宗已整改到位，其余3宗正在整改中。二是发布南宁市第三次国土调查数据成果。自2017年“三调”工作启动以来，南宁市历时三年完成七区四县一市城镇村庄内部细化调查、农村土地利用现状调查、统一时点更新调查等多项工作，全面查清了南宁市国土利用状况，形成了以2019年12月31日为标准时点的“三调”成果，并通过国家级核查。南宁市已发布“三调”主要数据成果，为继续做好耕地保护、生态建设和土地节约集约利用工作筑牢数据根基。三是有序开展绿色矿山建设工作。印发《南宁市2021年绿色矿山建设工作实施方案》，南宁市通过自治区级绿色矿山考核4座、市级绿色矿山考核32座，共完成创建绿色矿山36座。切实将采矿方式科学化和资源利用高效化的发展理念贯穿于矿产资源开发利用的全过程。四是积极推进国土综合整治与生态修复工作。南宁市正在组织开展《南宁市重要生态系统保护和修复重大工程实施规划》和《南宁市土地综合整治规划（2021—2035年）》编制工作；大力推进全域土地综合整治工作，在横州市、宾阳县、上林县、兴宁区、青秀区、西乡塘区等6个区域实施7个全域土地综合整治项目；完成耕地提质改造（旱改水）项目竣工验收67个，实施总面积2852.96公顷，建成水田面积2657.49公顷；完成全市2014个历史遗留矿山图斑初步核查及上报工作。

（三）千方百计增进民生福祉，持之以恒维护群众权益。一是实施乡村振兴战略成效明显。2021年自治区下达南宁市87个村庄规划编制任务。全市完成95个村庄规划编制工作，超额完成自治区下达的村庄规划编制任务。继续推行乡村规划师驻点工作，南宁市乡村规划师驻点覆盖率达100%。用好用活增减挂钩政策，2021年，南宁市交易出让脱贫县区增减挂钩节余指标8宗，涉及出让指标108.96公顷，获得收益4.24亿元；购买脱贫县区增减挂钩节余指标交易16宗，涉及交易指标152.95公顷，交易金额5.89亿元，为巩固脱贫攻坚成果、推进乡村振兴战略提供有力保障。二是全力做好地质灾害防治工作。将462个地质灾害易发区和959处地质灾害隐患点全部纳入群测群防体系，按照“村屯—乡镇—县区—市”四级联动的地质灾害排查工作制度，逐级布控开展地质灾害隐患排查，全年累计巡查排查地灾隐患点2637处。最大程度摸清地质灾害“隐患在哪里”，将县区1∶5万地质灾害详细调查成果纳入地质灾害隐患管理，为各级人民政府防灾减灾提供基础数据。三是有序开展征地拆迁及信访化解工作。全市征收集体土地面积3625.9773公顷，完成拆迁面积293.5014万平方米，为城市建设提供发展空间。重新修订《南宁市征收集体土地补偿安置指导标准》，废止《南宁市征收集体土地及房屋拆迁补偿安置若干问题的意见》。推进自治区自然资源厅交办涉及南宁市征地信访案的化解工作，落实“一案一策”和分管领导包案，确保按时完成案件化解工作任务。截至2021年底，涉及南宁市的7件征地信访案件已全部化解，有效防范征地拆迁领域的风险隐患。

三、经验体会

（一）全面从严治党，强化自然资源队伍使命担当。一是推动全面从严治党向纵深发展。坚持以习近平新时代中国特色社会主义思想为指导，持续深入学习党的十九大以及十九届历次全会精神，深刻领悟“两个确立”是党的十八大以来最大的政治成果，深刻领会党领导人民进行伟大奋斗长期实践积累的“十个坚持”宝贵经验，不折不扣把党中央、自治区党委和市委决策部署落实到位。二是以党的政治建设为统领加强党的建设。深化党史学习教育，坚持党建工作与业务工作同部署、同落实，把党对自然资源工作的领导落到实处，构建党建与自然资源业务深度融合新局面。三是加强党风廉政建设和干部队伍建设。抓实作风建设，持续推进不敢腐、不能腐、不想腐工作机制建设，深入排查风险隐患、堵塞制度漏洞。牢固树立“四个一线”选人用人的鲜明导向，推动监督执纪具体化常态化，督促干部担当作为，持续打造“信念坚定、勤政务实、清正廉洁”的自然资源干部队伍。

（二）强化要素保障，推动南宁经济首位度稳步提升。一是强化规划引领作用。全面落实强首府战略，深入推进强首府战略强治理专项工作，加快国土空间规划编制和报批进度，加强对县级国土空间总体规划编制的统筹指导。启动新一轮《南宁市综合交通规划》编制工作，推进《南宁市电力专项规划（2020—2035年）》《南宁临空经济区综合交通规划》编制，构建完善各类专项规划体系。继续稳妥推进全市“多规合一”实用性行政村村庄规划编制工作，加强“乡村规划师”挂点服务，助力乡村振兴。二是保障项目用地需求。严格落实新增建设用地计划指标总量控制，坚持指标跟着项目走，同时充分用好“两规”一致性处理土地利用总体规划成果，精准保障强首府建设项目用地需求。合理编制年度土地储备计划和“招拍挂”出让计划，积极开展土地推介活动，加强土地市场分析，调整供地结构，促进土地供应和有效投资。继续探索实施“先租后让”“带方案出让”“弹性出让”等产业用地供应方式，减轻企业负担。三是全面推进自然资源统一确权登记。理顺林权类不动产登记发证流程，统筹做好林权类不动产权籍调查和确权登记。学习借鉴先进地区经验，加快推进居住权、带抵押转让等类型的不动产登记工作。推进农村新增“房地一体”不动产确权登记发证工作，完善农村不动产登记数据库。四是提高群众幸福感获得感。巩固提升“多测合一”改革成果，持续优化营商环境。进一步完善工程建设项目审批信息化建设，推行低风险项目建设工程规划许可电子证照。坚持推动自然资源要素配置向农业农村倾斜，加大增减挂钩工作力度，为县（市、区）筹集发展资金，推动乡村振兴战略有效落实。指导横州市、宾阳县、青秀区审慎稳妥探索农村集体经营性建设用地入市先行先试工作。深入推进农村改革，激发农村发展内生动力。修订《南宁市地质灾害防治管理办法》，针对薄弱环节和关键领域，运用科技手段逐步建立完善“人防+技防”相结合的自然灾害防治体系，切实保护群众生命财产安全。

（三）强化底线思维，牢牢守好首府南宁资源红线。一是牢牢守住耕地红线。持续加强耕地保护和永久基本农田保护，强化永久基本农田对各类建设布局的约束管控，坚决制止耕地“非农化”。积极拓展补充耕地途径，发挥财政作用引入社会资本，充实全市新增耕地指标储备库。持续推动全域土地综合整治工作，建立并充实全市土地整治项目储备库。二是加快开展自然资源统一调查监测评价工作。查清查实全市范围内自然资源总量及分布状况，为科学编制国土空间规划，逐步实现山水林田湖草的整体保护、系统修复和综合治理等提供基础支撑。三是强化土地供后监管水平。加大存量土地盘活力度，全面清理排查历年批而未供项目，建立批而未供项目空间数据库，加强建设用地供后监管。推动建立以县（市、区）人民政府、开发区管委会为责任主体和多部门共同监管的长效执法监管机制，从源头上防范和减少土地违法行为发生。采用“无人机航拍+卫片执法”“互联网+”等工作模式，重点监控违法占地、破坏耕地问题，实现“一图多用”，提高执法监管水平，维护自然资源开发利用秩序。四是提高矿产资源开发保护水平。坚持问题导向，对“半边山、一面墙”矿山开展分类整治，推进南宁市自然资源领域生态文明建设。发展绿色矿业，建设绿色矿山，至2022年底全市应建绿色矿山建成率达100%，基本形成绿色矿山格局。

（韦欣辰）

凝心聚力　积极作为　不断开创首府生态环境保护新局面

市生态环境局党组

2021年，市生态环境局坚持以习近平新时代中国特色社会主义思想为指导，深入贯彻习近平生态文明思想，认真落实市委、市政府决策部署，以政治建设为统领，以党史学习教育为主线，以深入打好污染防治攻坚战为中心，扎实推进各项工作，全市生态环境保护工作实现“十四五”良好开局。

一、党建概况

2021年，市生态环境局党组辖机关党委1个，机关纪委1个，党总支1个，党支部5个（其中，局机关和二层事业单位共设党支部4个，局机关离退休党支部1个），党员186名（其中在职党员157名、退休党员29名）。

（一）始终聚焦立根铸魂这个根本任务，持续发力强化理论武装，坚决做到“两个维护”。一是牢记领袖嘱托，全市生态环境系统深入学习习近平总书记视察广西“4·27”重要讲话精神，坚决贯彻落实“四个新”总要求，准确把握“四个突出特点”，深入打好污染防治攻坚战，以实干实绩扛起生态文明建设和生态环境保护的政治责任。二是突出“关键少数”领学，开展局党组理论学习中心组专题学习4次，中心组成员在《中国环境报》发表理论文章，局党组扩大会议专题学习12次，领导班子上主题党课8次，学习党的十九届六中全会精神2场次，自治区第十二次党代会精神集中宣讲1场次，举办“岗位建功，党员先行”微讲堂8期。三是坚持线上与线下相结合，官方微信公众号推送“学‘习’时刻”65期、“学习进行时”83期，引导党员干部坚持使用“学习强国”平台开展线上学习。

（二）始终围绕“学党史、悟思想、办实事、开新局”这个目标要求，把规定动作做到位，把自选动作做出彩，推动党史学习教育走深走实。全市生态环境系统把党史学习教育作为贯穿全年的重大政治任务，深刻领悟“两个确立”的决定性意义，不断增强“四个意识”、坚定“四个自信”、做到“两个维护”。扎实开展“感党恩·跟党走”主题系列活动，发放党史学习教育指定学习用书近200套，组织学习习近平总书记“七一”重要讲话精神8场次，参观爱国主义教育基地、党史教育基地6场次。打造“传承红色精神　赓续百年征程”红色文化阵地，运用VR技术推出“红绿网教馆”。扎实开展“我为群众办实事”实践活动，大力整改第二轮中央生态环境保护督察反馈问题，督察反馈涉及南宁市的18个问题中，已有6个完成整改，其余12个问题均按时序推进整改；督察交办南宁市的777件环境信访件中，已办结569件，阶段性办结208件，整体办结率100%；群众急难愁盼的50套农村生活污水处理设施完成建设、38件畜禽养殖污染问题全部完成整改；进社区、街道、企业、学校开展创城志愿服务，组织党员志愿者利用业余时间协助交警开展交通劝导等，累计超过100人次。《唱支山歌给党听》微视频获“学习强国”广西平台推送。党史学习教育经验获《南宁日报》推送报道4次。

4月13日，市生态环境局组织党员干部到广西革命纪念馆开展“重温入党誓词”暨“传承红色基因、弘扬革命精神、感悟初心使命”主题党日活动　　（罗景元　摄）

（三）始终把握意识形态工作这个主动权，强化宣传阵地建设，唱响生态文明建设主旋律。一是坚持正确舆论导向，通过“两微”、各级融媒体中心等主流新闻媒体公开环境信息，回应社会关切，年内举办新闻发布会和新闻媒体通气会3次。二是通过制定《南宁市生态环境局网站信息发布管理办法（2021年修订）》、开展网络和信息系统安全自查等，切实做好网站信息编审和正版软件信息登记工作。三是建立网络舆情监测、网络评论员队伍，加强舆情监控，年内上报舆情信息11条。

（四）始终坚持塑强队伍这个根本抓手，不断厚植干部队伍发展后劲，着力锻造生态环保南宁铁军。加强干部队伍建设，严把干部选拔任用关口，完成10名公务员公开招录和1名博士选调生选录工作，提拔4名年轻同志任科级领导职务，向自治区生态环境厅党组推荐干部晋升职务、职级7人次，推荐优秀年轻干部8名，派出5名优秀干部驻村参加乡村振兴工作。集中组织市、县两级执法人员业务考试2次。年内，7人荣获市级以上荣誉，1人荣获“自治区优秀共产党员”“广西勤廉先进个人”称号，2人被评为“2021广西最美环保人”。

（五）始终涵养风清气正这个根本保障，坚决立起风向标，握紧纪律尺，推动全面从严治党向纵深发展。一是强化压力传导。党组会议研究部署全面从严治党相关工作8次。制订领导班子及班子成员主体责任清单，推动责任落细落实。二是强化风险防控。从快从实从严抓好《电视问政》反映的生态环境治理领域问题整改。针对2018—2020年召开的局党组会中涉及“三重一大”的95次决策、423项决策事项开展自查自纠。开展抵制工程建设领域腐败承诺活动。深入开展廉政风险点排查工作，形成环环相扣的廉政风险防控机制。三是强化作风建设。依规处理群众信访举报件3起，干部任前集体谈话2次，警示教育活动3次等。严把干部晋升政治关廉洁关，会同派驻纪检组对拟提拔调整、列入后备、评优评奖等60余人开展廉政审查。配合派驻纪检组开展对1人党内警告处理、1人诫勉处理。

二、主要工作

（一）环境空气质量保持优良、全面达标。进一步完善联防联治机制，突出抓好挥发性有机物和氮氧化物协同治理，强化城市扬尘、秸秆焚烧、烟花爆竹禁烧、污染过程应对等关键工作，持续抓好大气污染源头治理工作。市区环境空气质量优良率为97%，PM2.5平均浓度为28微克/立方米，全年未发生重度及以上污染天气。1—12月，南宁市区环境空气质量在全国168个重点城市排名第22位，省会城市第6位。

（二）水环境质量刷新成绩、再创新高。2021年1月，南宁市首次进入全国地表水水质排名“前30”，连续12个月上榜，南宁市地表水水质排名全国333个地级以上城市第24名、省会城市第2名。水质改善幅度排名全国第22名、省会城市第1名。4月，习近平总书记再次深入南宁进行视察，其间对南宁实现邕江水质年均值“Ⅱ类水入城 Ⅱ类水出城”给予充分肯定。年内，南宁市主要流域地表水水质优良比例保持100%，市、县两级饮用水水源水质达标率继续实现双“100%”。各断面均达到国家下达的考核目标，其中5个优于考核目标。原有38段黑臭水体水质达标率趋于稳定，南宁市黑臭水体治理经验入选生态环境部通报表扬典型案例。中央生态环境保护督察“回头看”反馈的南宁市黑臭水体整治问题，于2021年11月获自治区整改工作领导小组同意销号。

（三）土壤污染防治和农村环境治理成效、全区领先。2021年污染地块安全利用率持续保持100%，南宁市农整项目大数据智能化管理模式成全区创新典型。委托第三方专业机构对全市建成设施开展全覆盖监测与排查，累计开展监测及现场核查设施2068次，发现并督办问题226个。城区垃圾全部实现资源化利用，医疗废物管理规范，全市医疗废物安全处置率保持100%。

（四）声环境质量明显改善、还静于民。年内，南宁市声功能区夜间总点次达标率为85%，同比提高10个百分点。南宁市环境信访投诉总量同比下降2.2%，其中，建筑施工噪声投诉量同比下降9.98%，首次实现“双降”。

（五）生态文明建设及宣传教育有声有色、成绩喜人。全市23个左右江流域山水林田湖草生态保护修复工程项目已全部完工，其中完成验收22个，实际完成投资34.61亿元，完成中央奖补资金支出3.5343亿元，执行率100%。市生态环境局与崇左市生态环境局率先在全区探索建立跨市自然保护地联合监管模式。良庆区获“国家生态文明建设示范区”称号。年内建成生态环境教育基地4个（含国家级1个）。原创海报《跟“小山”“小水”一起做环保行动派！》被生态环境部评为优秀生态环境宣传产品。

（六）环保服务经济举措精准、推进有力。2021年南宁市新增环境保护挂牌重点服务企业128家，全市实行排污许可重点管理规上企业100%纳入重点服务管理。提前2个月完成年度排污许可管理工作任务，圆满完成南宁市第二次全国污染源普查工作和“三线一单”成果相关文件编制。自治区层面重大项目和“双百双新”项目前期环保服务全面推进，新开工项目环评手续完成率达92%，“双百双新”厅级领导项目环评手续完成率达72%。

（七）生态环境安全稳定、持续向好。全市共出动环境执法人员2万余人次，检查企业6000多家次，查处环境违法案件240件，处罚金额1345.8万元。对武鸣河流域和大明山开展专项排查整治，联合市检察院、市公安局、市工信局、市住建局、市城管执法局等部门，针对危险废物非法处置、在线数据弄虚作假、机制砂、建筑施工噪声、餐饮油烟等领域开展联合执法。年内处置南宁市医疗废物约1.51万吨（含疫情医疗废物约1456吨）。市区环境电离和电磁辐射处于正常水平，全年未发生突发环境事件。

三、经验体会

（一）必须坚持以习近平生态文明思想为指引。习近平生态文明思想是工作的指南、定盘星，必须常学常新，用以武装头脑、指导实践、推动工作。保护好广西的山山水水，是全市生态环境系统应该承担的历史责任。市生态环境局坚决扛起生态文明建设和生态环境保护的政治责任，深入打好污染防治攻坚战，持续改善生态环境质量，坚定不移走生态优先、绿色低碳的高质量发展道路。

（二）必须做到统筹兼顾，处理好生态环境保护、经济社会发展和疫情防控的关系。生态环境改善和修复是一个需要付出长期艰苦努力的过程，必须坚持常抓不懈、久久为功，既打攻坚战、又打持久战。市生态环境局完整、准确、全面贯彻新发展理念，牢固树立和践行绿水青山就是金山银山的理念，处理好发展和减排、整体和局部、短期和中长期的关系，定期研判经济社会发展与生态文明建设形势，充分发挥各级生态环境保护委员会统筹协调作用，更好统筹疫情防控、经济社会发展和生态环境保护工作，全力服务全市经济社会高质量发展。

（三）必须创新方式方法，不断提升生态环境保护治理能力和治理水平。创新是事业发展的不竭动力。2021年，市生态环境局在推进工作机制和方式方法创新方面取得了积极成效。水环境治理方面，通过创新体制机制、建立考评体系、健全预警制度、抓污染源消减，持续改善水生态环境质量，2021年全市主要流域地表水水质稳中有升，实现“三个百分百”“两个保持”。以“四个一”工作法开展大气污染防控，持续改善首府环境空气质量，收获347个优良天。创新持续开展市、县两级执法人员业务考试，扎实开展全员岗位执法大练兵，在2021年广西执法大练兵“实战比武”中，获现场实战比武一等奖和表现突出集体奖、案例讲解三等奖。

（四）必须守牢底线不动摇，依法依规推进各项工作。必须坚持依法治理环境污染和保护生态环境不动摇，对突出环境违法行为严惩不贷；必须坚持以习近平法治思想为指导，深入学习并严格落实生态环境保护法律法规，构建源头严防、过程严管、后果严惩的生态文明制度体系，大力构建“党委领导、政府主导、环保牵头、县区主责、部门联动、齐抓共管”的大保护、大治理工作格局，不断提升生态环境治理体系和治理能力现代化水平。通过严格执法，夯实“绿水青山”的法治基础。全力提升生态环境执法、监测、信息、人才队伍等各方面能力，加快打造生态环境保护铁军。

（何玉如）

坚持以人民为中心的发展思想 推进新时代住房和城乡建设事业高质量发展

市住建局党组

2021年，市住建局坚持以习近平新时代中国特色社会主义思想为指导，按照市委、市政府的决策部署，坚持以人民为中心，发挥住房和城乡建设重要支点作用，大力推进城市基础设施建设、促进房地产健康发展、实现建筑业稳增长，重点推进住房保障、农村危房改造、黑臭水体整治等民生保障工作。以行业管理和队伍建设为抓手，推动南宁市住房和城乡建设事业高质量发展。

10月20日，市住建局举办南宁市装配式建筑现场观摩会

一、党建概况

2021年，市住建局党组共有成员13名，其中正处级3名、副处级10名。市住建局机关党委下辖4个基层党委，2个基层党总支，41个党支部，市住建局系统共有党员1117名。

（一）深化理论武装，凝聚思想共识，激发奋进力量。学懂弄通习近平新时代中国特色社会主义思想，贯彻落实习近平总书记视察广西“4·27”重要讲话精神和对广西工作系列重要指示要求，深入学习自治区第十二次党代会及自治区党委十二届二次全会、市第十三次党代会及市委十三届二次全会精神。结合住建工作实际，先后组织举办2期南宁市住建局系统专题培训班、4次中心组理论学习扩大会、5次党史学习教育专题研讨会、4次邀请专家辅导授课。

（二）发挥党建引领作用，层层推动党建工作落实落细。坚持党统揽全局，以党建促工作落实，制订市住建局2021年党建、党风廉政建设、意识形态等工作要点，明确党组全面从严治党主体责任共性清单和个性清单，形成党组书记“第一责任人”、班子成员“一岗双责”的全面从严治党工作责任体系，推动党建责任层层落实。

（三）夯实基层基础，深度激发党建工作强大活力。推动党支部达标创优。市住建局系统40个党支部100%达标，82.5%创建标杆党支部。深入开展创建模范机关活动，多措并举抓实抓细模范机关创建工作。如住房保障管理依托“三个岗”服务民生，打造“三辆直通车”为民办实事经验。抓实基层党建联系点制度，深入基层、抓点促面，推动新时代党的组织路线落地生根。培育和打造“红色物业”和“红色工地”党建品牌。26个项目被评为2021年度红色物业示范点，50个工地项目党支部被评为2020—2021年度南宁市建筑行业“红色工地”党建先进单位。

（四）党建与业务深度融合，释放党建工作强大推力。树立融合发展理念，将党建工作和履职重点难点相衔接。以创建服务型党组织为目标，积极探索“党建+项目”“党建+安全”“党建+质量”“党建+复工”的党建工作模式，开展贴近企业“面对面”大走访等特色活动，着力解决群众关心的实事。2021年2次纳入住建部城市社区“美好环境与幸福生活共同缔造”专题活动培训地方经验分享案例。

（五）扎实开展党史学习教育，推进“我为群众办实事”实践活动走深走实。开展“四史”学习教育宣讲，开展“爱国主义教育”“党员心声大家谈”“党史故事大家讲”“党史知识大家答”“红色歌曲大家唱”“党史知识竞赛”等“感党恩　跟党走”系列活动，举行集中缴纳党费仪式、“光荣在党50年”纪念章颁发仪式。推动涉及城市更新、农村人居环境提升、老旧小区改造、住房保障等多个方面的“我为群众办实事”实践活动32个项目落实落地。

（六）深入开展专项治理工作，持续推进作风建设。加强农村危房改造领域腐败和作风问题整治工作，通过巩固排查、督查检查等方式发现问题、解决问题。开展工程建设领域腐败问题专项治理工作，通过强化建设工程领域监管治理和执法，稳妥化解建筑市政工程领域工程劳务款结算及支付争议问题。开展住建领域监管治理工作，先后开展整治住房租赁中介机构乱象、物业小区监管治理、招投标监管治理、燃气行业治理等工作，突出抓好重点行业领域监管治理工作。

二、主要工作

（一）经济建设成效明显。一是房地产市场平稳健康运行。加强房地产市场调控，做好“一城一策”调控工作。商品房销售面积1494.08万平方米，同比下降18.7%，房地产开发投资1359.95亿元，同比下降1.3%。持续规范住房租赁市场，推进中央财政支持住房租赁市场发展试点。筹集房源57815套，开工率100%。扎实开展商品房预售及预售资金监管工作。办理商品房预售许可

623份；累计纳入资金监管的有535家开发企业，涉及736个商品房预售项目，累计存入监管账户预售资金2389.21亿元，累计使用预售资金2271.75亿元，监管账户余额117.46亿元。二是多措并举推动建筑业高质量发展。建筑业总产值2647.7亿元，同比增长18.3%。三是规上营利性服务业平稳发展。全市规上工程技术与设计服务企业平台上报营业收入108.14亿元，同比增长17.5%。四是推进城建项目投资建设。全市累计完成投资311.79亿元，占年度计划投资的113.03%。合坡路（昆仑大道—凤凰岭高速环路立交）、亭洪路延长线（规划一路—规划四路）、长湖路延长线（长堽路—衡阳东路）3条断头路建成通车；五象壮锦立交配套人行过街天桥、安阳路安吉华都小区天桥、昆仑大道人行天桥已建成通行。五是推进供水供气项目建设。推进南宁市邕江上游二期引水和应急引水工程、邕江上游引水工程一期工程可心江原水专线工程、南宁市三津水厂扩建工程、石埠水厂一期工程等一批城市供水重点项目。南宁市完成建设和改造供水、燃气管网分别约136.78公里、804.82公里，分别完成投资约4.70亿元、4.24亿元。六是推进"地下管网"大会战。完成投资42.27亿元，占年度投资任务的120.93%。七是推进地下综合管廊建设。完成投资约3.20亿元，投资完成率约115.23%，新建成地下综合管廊主体约12.25公里，新增运营管理约16.33公里。

（二）保障性安居工程建设持续推进。一是加大公租房房源筹集分配力度。2021年自治区下达公租房开工任务2000套。南宁市开工公租房2275套，完成率113.75%，开展了11批次线上选房和滚动替补选房分配活动，分配公租房1.45万套。二是加快发展保障性租赁住房。2021年计划筹集保障性租赁住房13930套（间），已开工13539套（间），其中已建成4092套（间）。三是加大住房租赁补贴发放力度。自治区下达发放住房租赁补贴任务8000户。南宁市发放住房租赁补贴10838户共2012.49万元，完成率135.48%。四是稳步推进城镇棚户区改造工作。自治区下达南宁市城镇棚户区改造开工任务9351套，基本建成任务11793套。全年共开工9351套，完成率100%；基本建成13427套，完成率113.86%。

（三）有序开展城市更新。一是旧城改造工作稳步推进。重点推进南宁市火车站片区、中尧路片区、五一中路片区等3个TOD项目，已完成旧改立项，正在进行片区规划研究；实现南宁市青秀区二塘煤矿片区棚户区改造项目（二期地块三）等7个旧城改造项目地块的出让。全年完成投资9446.27万元。二是全面完成危旧房改住房改造目标任务。自治区下达南宁市危旧房改造任务为新开工1132套、基本建成1510套、完成投资4亿元。南宁市危旧房改造新开工1198套，完成任务105.83%；基本建成1510套，完成任务100%；完成投资额6.64亿元，完成任务166%。三是全力推进老旧小区改造。统筹推进南宁市514个城镇老旧小区改造项目，完成投资额约9.73亿元，已完工95个小区；年内选举成立"老友议事会"263个，组织召开老友议事会会议469场次。四是加快推进既有住宅加装电梯工作。新增既有住宅加梯项目332个，前期审批45个，正在施工164个，竣工并办理使用登记114台，发放加梯补助资金35台、补助资金700万元。

（四）持续推进农村人居环境整治助力乡村振兴。一是持续规范农房管控。印发《南宁市加强带图报建和按图验收实施要点（试行）》，组织编印农房建设通用图集143套，围绕建房办证、带图报建、违法建设查处等3个关键环节，组织南宁市各县区培训乡村建筑工匠3000名，提升农房建设水平。二是持续加强乡村基础设施建设，自治区下达的1018户农村危房改造任务全部竣工。完成农村公共照明项目160个、农村公厕项目13个、屯内道路项目6个。开工建设4座镇级、8座村级垃圾中转站。完成3个自治区乡改镇项目建设、1个生态宜居特色小城镇项目建设。

（五）公用事业高标准推进。南宁市污水处理能力（含武鸣区）达到188万吨/日。南宁市城市污水集中收集率达到62.58%，同比增长19.06%。完成"厂—网—河（湖）"一体化管理机制建设，管网"一张图"信息化管控平台于2021年2月正式上线运行。加快推进市、城区两级排水管线移交管理，督促南宁市排水公司完成接收排水管线改4473.15公里，泵站、闸坝37座，加快82处内涝积水点改造工作。

（六）严格把控安全生产。累计出动工程监督人员15148人/次，检查南宁市在建项目6939个/次；办理建设工程消防审验业务757份。完成排查在建房屋建筑项目1632个，排查在建房屋建筑8703栋，排查率100%。完成排查南宁市建成区范围内既有房屋27.18万栋，涉及建筑面积4.25亿平方米，排查率100%；开展自然灾害综合风险普查，完成调查南宁市房屋建筑287.10万栋，完成率98.74%。加强安全供气，推进智慧燃气监管平台建设，持续推进瓶装液化气市场整合工作，组建南宁市燃气行业大协会。

（七）全力推进创建全国文明城市和国家卫生城市工作。在创建工作中，对南宁市1626个有物业管理的住宅小区实行"一人一小区"工作制度，累计检查、复查小区21633个/次。督促南宁市建筑工地常态化落实创建标准，736个市管工地围挡按照创建要求设置公益广告，出动监督人员2811人次，巡查项目1483个次。

三、经验体会

（一）坚持以政治建设为统领，发挥党引领发展的作用。增强"四个意识"、坚定"四个自信"、做到"两个维护"，捍卫"两个确立"，及时跟进学习习近平总书记重要讲话和重要指示精神，切实提高党员干部政治判断力、政治领悟力、政治执行力。一手抓党建，一手抓发展，坚决把党中央、自治区党委、市委决策部署贯彻落实落地。

（二）全面从严管党治党，严格落实主体责任。按照新时代党的建设总要求，党组发挥牵头抓总作用，强化主责主业意识，立足全市发展大局，主动担当作为，把全面从严治党的要求落实到党的建设各领域，做到真管真严、敢管敢严。

（三）固本强基，推动基层党组织全面进步全面过硬。牢固树立党的一切工作到支部的鲜明导向，充分发挥党员和基层支部在推进住建发展中的先锋模范和战斗堡垒作用，扎实推进党支部达标创优工作。把以人民为中心的理念贯彻到支部，把党旗插在工地上、支部建在项目上、身份亮在岗位上，激励党员干部攻坚克难。

（四）围绕中心服务大局，力推"十四五"开好局起好步。对标对表市委、市政府提出的各项目标任务，既重视抓好开局，也重视打好基础；既重视经济发展，也注重民生事业发展，把工作任务具体化、项目化，实现党建与业务深度融合，助推各项工作落实落地。

（五）不断拓宽联系服务群众渠道，着力转变营商环境和工作作风。要求干部职工深入基层一线走访服务企业、项目工地，现场办公协调解决问题，让企业和群众真切感受到住建民生温度。营造南宁市住建系统干部清正、单位清廉的良好氛围，注重干部队伍建设，树立重实干、重实绩的选人用人导向，提升干部干事创业的凝聚力和向心力。

（林翔）

弘扬建党精神　抢抓发展机遇　全力开启交通强市建设新篇章

市交通运输局党组

2021年，市交通运输局党组坚持以习近平新时代中国特色社会主义思想为指导，深入学习贯彻习近平总书记视察广西“4·27”重要讲话精神和对广西工作系列重要指示要求，贯彻落实习近平总书记关于交通运输工作的重要论述，认真贯彻落实党中央、自治区党委和市委决策部署，坚持政策为大、项目为王、环境为本、创新为要，各项工作扎实推进并取得显著成效。

阡陌农耕美，曲径变通途。图为绕城高速新江出入口

一、党建概况

2021年，市交通运输局党组及基层党组织总数为27个，其中党组1个、基层党委2个、党总支3个、党支部21个，党员486人。

（一）两个“多元”扎实开展党史学习教育。按照党史学习教育部署要求，深入学习习近平总书记在党史学习教育动员大会、庆祝中国共产党成立100周年大会的重要讲话精神，深刻领悟“两个确立”的决定性意义，带领全体党员干部学百年党史、传红色基因、聚奋进力量。组织各级党组织购置党史学习教育指定用书及各类党建书籍1000余本，购买使用“四史”书籍71套，党员党史学习用书覆盖率为100%；邀请宣讲团讲师开展党史学习教育专题宣讲3次；各党组织书记、党员干部到基层讲党课49次；举办党史学习教育专题读书班、集中学习118次。发动全体党员干部、入党积极分子利用“学习强国”APP、“共产党员”微信公众号、“绿城党旗红”等平台开展自主学习，参与广西新闻网、广西云开展的线上知识竞赛等。开展“感党恩　跟党走　奋进交通运输新征程”主题系列活动；开展“峥嵘岁月百年史　不忘初心砥砺行”红色故事演讲比赛、“红色歌曲大家唱”歌唱比赛、“看红色电影　忆峥嵘岁月”红色电影大家看等活动；组织全体党员赴邕江红色主题游船开展纪念建党100周年暨党史学习教育，赴广西烈士陵园、广西革命纪念馆、南宁市人民公园的革命烈士纪念碑以及李明瑞、韦拔群等革命烈士纪念馆等地开展“清明祭英烈”活动；结合“我为群众办实事”实践活动全面推行农村公路“路长制”，推进高速公路、水运、城市交通等项目建设。

（二）三个“提升”充分发挥党建引领作用。市交通运输局始终把加强党的建设放在首要位置，充分发挥党建引领作用，助推交通运输事业发展。一是政治建设持续提升。严格遵守政治纪律和政治规矩，保持反腐高压态势，严肃党内政治生活，增强“四个意识”、坚定“四个自信”、做到“两个维护”，进一步提升全体党员干部的政治判断力、政治领悟力、政治执行力。二是组织建设持续提升。全面掌握党员流动情况，定期更新党员数据库；完成11名预备党员预备期满转正，新接收14人为中共预备党员，年内机关党委所辖党员合计486人，在职党员占比达76.9%。开展党史研究宣传阐释，在自治区级以上媒体、报纸、杂志等发表文章11篇；组织党员干部参加“百年建党话初心　永担使命开新局”微党课比赛，有2个作品荣获优秀奖、进步奖。三是党建引领全面提升。组织党员干部到淡村社区开展志愿服务活动7次，进一步强化精神文明建设；开展“党旗领航·爱心送考”活动，参与车辆105辆次，接送考生215人次；开展“党旗领航·捐资助力乡村振兴”活动、“党旗领航·春节帮扶送温暖”公益活动等，助力隆安县都结乡红光村、那桐镇镇流村等联系帮扶村乡村振兴工作。

二、主要工作

（一）常态化疫情防控“内外”联防。面对依然严峻的新冠肺炎疫情冲击，始终坚持“外防输入、内防反弹”总策略，抽调24名骨干力量开展集中办公（其中集中坐班人员11名、非坐班人员13名），统筹推进交通防疫，织牢织密交通防控网。严格查验进口冷链货物承运信息，抓好冷链运输人员核酸检测。修订完善闭环转运工作流程，调备10辆中巴车、1辆大巴车、6台负压车、11名司机和1名车队长参与异地入境解除隔离人员、国内中高风险地区返邕来邕人员、市内集中解除隔离人员以及国际货运航班机组人员的转运工作，全年累计转运车次3715趟次，转运人员1.12万人次。严格落实重点场站、重点工具、重点人群的常态化防控管理，动态调整重要节日、重点时段客运组织；强化交通场站消杀通风，落实实名制、佩戴口罩、查码测温、间隔排队等进出场站制度；联合设立56个交通检测卡点，建立高速公路“绿色通道”，保障应急物资优先快速通行；组织全体从业人员接种疫苗，接种人数近9万人，接种率保持在98%以上；落实吴圩国际机场当日当班人员、城区公交公司当日司机一天一次核酸检测制度，每天至少安排15个核酸监测点开展检测工作。

（二）交通基础设施建设“多点”开花。全年完成重大交通基础设施项目投资502.8亿元，占全区比重20%。高速公路方面，建成柳州经合山至南宁、沙井至吴圩、吴圩机场至隆安等3条高速公路；加快建设南宁至湛江、南宁经巴马至贵阳等8条高速公路；新开工建设横县至钦州港、南宁南过境线（吴圩机场至隆安延长线段）等2条高速公路。高速公路通车总里程达1085公里，形成了“一环七射”高速公路网。铁路方面，开工建设南宁北站非站房部分；获批建设市郊铁路机场线项目；稳步推进南宁至贵阳、南宁至崇左、南宁至玉林等3个铁路项目建设，建成后，将形成“六向辐射”高铁网络新格局。水运方面，稳步推进西津水利枢纽二线船闸工程；基本完成西部陆海新通道（平陆）运河项目可研编制工作，项目建成后，西江航运干线中上游船舶可经西部陆海新通道（平陆）运河从钦州港出海，较由广州出海缩短560多公里。航空方面，南宁机场改扩建工程取得突破性进展，项目可行性研究报告获国家发改委批复；在建的南宁国际空港综合交通枢纽项目成为继上海虹桥、北京大兴、成都双流等城市机场之后，国家开发建设的新一批全方位衔接公路、高铁及地铁一体化的区域性国际航空中心。物流枢纽方面，建成并投入运营新中保税智慧园、科创苑一期等项目；推进南宁国际铁路港出口监管仓、南宁高铁物流基地、南宁玉洞铁路货运中心等物流枢纽项目前期工作，建成后将有效助推货物快速集散、高效进出，促进物流、产业、城市联动发展。轨道交通方面，建成地铁5号线，轨道线网呈现“跨江连城、贯穿城市东南西北”的新格局。

（三）交通运输服务水平“软硬”兼修。交通运输行业逐渐摆脱疫情影响，全方位实现复苏，公路、水路客货运周转量同比分别增长25%、20%。一是出行服务品质持续优化。完成普通公路（含农村公路）养护项目、公交换乘机具改造、绿色出行等3个为民办实事项目。驾培机构“计时收费、先培后付”服务模式全覆盖。落地实施网约车新政，网约车合规率位列全国第3。深化公交都市创建，开通运营轨道交通1条共20.2公里，投入运营公交车3781辆，开行定制公交230条、社区公交2条，投放便民自行车3万部，推行95128热线24小时约车服务和增设网约车“一键叫车”功能。二是跨境运输能力有效提升。南宁吴圩国际机场开通客运航线184条，在飞国际货运航线11条，实现与全国各省会城市、东盟十国首都直通航，全年实现国际货邮吞吐量2.35万吨，同比增长119%。开行中越班列346列，同比增长108.4%；开行中国南宁至哈萨克斯坦重型机械首趟经西安中转中欧班列、中国南宁至哈萨克斯坦直达的中欧班列；开通“南宁—钦州—唐山”的“公铁水”多式联运班列以及两广班列，发送货物1.41万集装箱。三是物流降本增效初见成效。南宁入选国家陆港型物流枢纽城市；全市3A级以上物流企业增至40家；邮政寄递服务业务量完成1.29亿件，邮政业务总量达72亿元，同比分别增长13.8%、19.4%；甩挂运输、多式联运等模式稳步发展，铁路货运全年完成发送量210万吨，同比增长18.5%。南宁跨境电商综试区实施全国首个国际邮件、跨境电商、国际快件“三合一”集约监管模式，将总体出关时长从8小时压缩至1小时；封关运营南宁国际铁路港海关监管场所，为中越班列整体运行时间节省约30小时。

（四）统筹“四大交通”助力乡村振兴。将“四好农村路”建设作为服务乡村振兴的基础工程、巩固民族团结的破题之作，推进巩固拓展脱贫攻坚成果同乡村振兴有效衔接。新增4个乡镇通二级（三级）公路；马山县和良庆区成功创建“四好农村路”自治区示范县、西乡塘区成功创建全国示范县。截至年底，农村公路1.43万公里。全市乡乡通二（三）级及以上比例提高至93.1%，102个乡镇和1386个建制村通畅率达100%，20户及以上自然村屯通硬化路率达100%。全市12个县（市、区）城乡交通一体化评级达到4A、5A级的比例分别达100%、58.3%，城乡交通一体化水平在全区居于前列；全市建成县级物流中心12个、镇级物流站102个、村级物流点1326个，为农村居民提供覆盖到村的末端快递配送服务。建成产业路、资源路、旅游路约617公里，农村公路“+特色农业”“+乡村旅游”“+体育”模式落地生根，助力打响武鸣沃柑、横州茉莉花、西乡塘“美丽南方”、江南扬美古镇、马山攀岩特色小镇等品牌。建成农村客运（等级）站47个，开通农村公交班线135条，投入农村公交车1175辆，开通农村客运班线达300条，投入农村客运车辆1208台，建制村实现100%通客车。坚持抓党建、促发展不动摇，通过持续开展党史学习教育，不断提升交通队伍本领能力；通过开展“为民办实事”实践活动，全面增强群众满意度；通过加强组织建设，着力打造一支拉得出、打得响、干成事的交通铁军。

三、经验体会

（一）始终坚持党的全面领导。中国共产党的领导是中国特色社会主义最本质的特征，必须坚持以习近平新时代中国特色社会主义思想为指导，毫不动摇坚持党对交通运输事业的全面领导，充分发挥党组把方向、谋大局、定政策、促改革的核心作用，筑牢交通运输事业持续健康发展的政治保证，确保交通运输始终沿着正确方向前进。

（二）始终坚持为人民服务。为中国人民谋幸福，为中华民族谋复兴，是中国共产党的初心使命，事关党的理想信念、性质宗旨。在抢抓交通强市发展机遇上，必须坚持以最广大人民的根本利益为发展的出发点和落脚点，把人民交通为人民作为交通运输发展的根本宗旨，保障人民群众共享交通运输改革发展成果、共享美好交通服务，加快建设人民满意交通。

（三）始终坚持以发展为第一要务。解放和发展社会生产力，增强社会主义国家的综合国力，是党执政兴国的第一要务，是社会主义的本质要求和根本任务。必须毫不动摇坚持高质量发展，全面贯彻新发展理念，统筹做好疫情防控、城市安全、社会稳定三件大事，更好满足经济社会发展需要，为建设新时代中国特色社会主义壮美广西首善之地当好先行、提供支撑。

（四）始终坚持凝聚合力。集中力量办大事，是党带领人民长期实践探索的智慧结晶，是党的一贯主张和优良传统。必须充分发挥集中力量办大事的独特优势，坚持一张图、一盘棋，凝聚各方智慧和力量，调动一切积极因素共同推动交通运输事业不断向前发展。

（五）始终坚持全面从严治党。从严治党，是马克思主义执政党建设的基本规律，也是党自我革命的内在要求。必须按照新时代党的建设总要求，以政治建设为统领，不断推进党的建设新的伟大工程，深化全面从严治党，提高管党治党水平，不断增强各级党组织的组织力、战斗力、执行力，不断激励党员干部担当作为，为加快建设交通强市营造良好的政治生态。

（赵国军）

落实新发展理念　构建新发展格局
以"党建+"促进首府水利高质量发展

市水利局党组

2021年，市水利局坚持以习近平新时代中国特色社会主义思想为指导，全面贯彻落实党的十九大和十九届历次全会精神，深入贯彻落实习近平总书记视察广西"4·27"重要讲话精神和对广西工作系列重要指示要求，深入落实新时代治水思路，真抓实干、克难奋进，推动新阶段首府水利高质量发展迈出有力步伐，实现了"十四五"良好开局。

一、党建概况

2021年，市水利局党组辖机关党委1个，机关纪委1个，基层党委2个，党支部21个，党员435名。

（一）强化政治引领，坚持党建根本抓示范，作表率。市水利局党组始终压实党建工作主体责任制，坚持落实基层党建工作责任。4月12日召开了党建、党风廉政建设及意识形态工作部署会，推动机关党建工作任务落实。积极践行"两个维护"。积极按照水利部"三对标、一规划"（政治对标、思路对标、任务对标，"十四五"水利发展规划）要求，认真组织市水利系统单位编制了南宁市"十四五"水安全保障规划等一系列行业文件。大力争创"模范机关"。在市水利局党组带动下，全市水利系统党员干部深入创建模范机关，把模范机关建设体现在谋划和推动新阶段水利高质量发展的实践中。扎实开展党史学习教育，认真贯彻落实党中央决策部署和市委工作要求，通过邀请市委党校专家、大学专家授课，组织赴湘江战役纪念馆现场教学，各基层党支部书记交叉交流上党课，局领导班子成员送课到基层等形式，扎实推动全局党史学习高标准高质量开展。

（二）强化固本培元，守正创新抓组织，强队伍。加强分类指导，局机关党委所属21个党支部均已达标，达标率100%，支部创优率达80%。选优配强专兼职党务干部队伍，局机关党支部等12个基层党支部按期换届。严肃认真开展"三会一课"等组织生活，局党组成员以普通党员身份参加组织生活，在部分水利工程项目一线成立临时党支部，发挥支部主体作用。全年共接收入党积极分子15名、预备党员7名，转正预备党员6名。抽调12名党员挂职驻村第一书记，抽调1名党员担任工业振兴特派员（企业服务专员）。

10月27日，市水利局派出工作队到横州市开展饮水安全隐患大排查　（卢明发　摄）

（三）坚持党建引领，推动党建与水利发展深度融合。一是开展"办实事人饮工程，助力乡村振兴"党建主题活动。组建党员先锋队伍先后分5批次对全市开展饮水安全监测及隐患排查，督促整改隐患问题624个；印发2021—2025年农村饮水安全监测服务方案，投资560万元新建5个饮水工程示范试点、5个饮水水源工程示范试点，落实3576.23万元完成441个农村饮水安全项目维修养护，对全市现有7256个饮水工程项目强化网格化巡查。二是开展"注重生态建设，建设幸福河湖"党建主题活动。发挥基层干部党员示范带动作用，组织基层河长、党员、群众代表义务巡河护河超过6000人次。推进沙江河（竹排江A段）、五象湖、大王滩水库等12条河湖建设。积极探索河道采砂管理联合机制，联合自治区水利厅、来宾市、崇左市、河池市开展河道联合执法，依法查处非法采砂行为。三是开展"强党建　除隐患　保安全"党建主题活动。结合防汛检查、在建水利工程质量与安全检查、重点时段行业安全生产检查等，先后分5批次由局领导带队派出11个检查组，综合运用信息化等现代化手段和"四不两直"明察暗访等传统手段，全面排查整治安全隐患。印发实施全市水库安全生产专项整治三年行动集中攻坚实施方案，共开展7次安全大检查，督促整改749个安全隐患。四是深入一线敢担当，党员形象"亮"起来。市水利局系统各基层党组织分别与12个定点帮扶村党组织签订了结对共建协议书，由单位领导带头多次组织党员干部到村里开展结对共建活动，宣讲党的十九届五中、六中全会和自治区第十二次党代会精神，把党的政策和关怀送到群众手中，凝心聚力共谋乡村振兴。

（四）狠抓意识形态，坚持党风廉政建设，持之以恒抓作风、严执纪。坚持把意识形态工作纳入党建工作责任制，纳入领导班子、领导干部目标管理，纳入党的纪律监督检查范围。坚持定期分析研判，先后3次深入研判局系统党员干部职工思想状况。认真学习习近平总书记关于意识形态工作重要指示和系列讲话精神，邀请市委网信办专家上课。坚持全面从严治党，持之以恒落实中央八项规定及其实施细则精神，毫不松懈纠治“四风”。取消了水利行业投标保证金，实现公开招标投标活动“零费用”、无纸化备案“零跑腿”目标。开展南宁市水利工程建设暨招标投标突出问题专项整治和扫黑除恶常态化管理，认真整改落实中央第二巡视组巡视广西反馈意见整改问题。全年签订抵制工程建设领域腐败承诺书41份；加强廉政教育，举办2期培训班，组织参加旁听庭审警示教育110多人次。开展预防公职人员酒驾、违规发放津贴补贴、奖金（实物）以及“天价茶”“高档酒”和违规使用公务加油卡等专项督查活动。

（五）创建精神文明，资源共享结对子，抓联创。开展党组织结对共建工作。与明秀社区党委、定点帮扶贫困村、3家民营企业签订结对共建协议书，开展“欢度壮族三月三　共庆建党100周年”等活动。积极开展自愿捐款活动，开展中华慈善日、“春蕾计划”、“母亲邮包”等捐款活动，购买乡村振兴农副产品。积极开展志愿服务活动，2021年开展服务城市社区治理、共建共享文明城市、文明交通引导等志愿服务活动。组建党员先锋队，开展抗疫爱卫“五大清洁行动”、协助社区防疫抗疫等活动。

二、主要工作

（一）坚持人民至上、生命至上，做好水旱灾害防御文章。南宁市以保障防洪安全和供水安全为主要目标，及时调整水库（水电站）“三个责任人”名单；编制南宁市超标准洪水防御预案，及时做好强降雨（台风）预报、预警、预案演练和风险隐患排查，抽查水库水电站防汛值班1592座（次），成功防御台风“狮子山”“圆规”等强降雨天气。协调指导县（市、区）认真做好抗旱保灌溉，帮助解决16547名群众季节性缺水问题，科学抗旱12861.2公顷。

（二）围绕民生保障，进一步夯实水安全保障基础。全市完成水利固定资产投资12.7亿元，增长率6.3%。全年下达8.83亿元实施815项水利工程，完成邕宁区防洪工程二期、那平江堤、市抗洪救灾物资储备中心一期项目建设；完成9座水库除险加固、251座水库安全鉴定、75座已竣工项目验收、123座小型水库管护机制改革；总投资4.87亿元的五化灌区“十四五”续建配套和现代化改造项目开工建设，完成六冯灌区续建配套和节水改造投资1170万元，新硬化渠道10.24公里；市第二水源工程完成可研编制，推进邕江13座排涝泵站技术改造；启动邕北大型灌区和宾阳水资源配置工程前期工作。

（三）围绕乡村振兴和强首府战略，做好新时代水文章。积极推进城乡水利基础设施建设，完成15个列入市政府为民办实事农村区域集中连片供水项目年度目标任务（10个完工、5个开工），受益人口76.8万人。落实专项资金3576.23万元完成441个农村饮水项目安全维修养护，印发2021—2025年农村饮水安全监测服务方案，排查整改隐患问题624个。加快老口航运枢纽、邕宁水利枢纽、南宁抽水蓄能电站等在建、新建、规划水库（水电站）项目涉及移民淹没土地征收、安置前期规划、遗留问题处置等工作，发放移民后期扶持资金2.45亿元，落实2.96亿元指导实施317个基础设施项目，开展培训14期1009人（次）。

（四）围绕提升城市功能品质，持续改善全市水生态环境。持续推进河湖长制“有名”“有责”“有为”“有效”，结合中央生态环境保护督察、扫黑除恶专项斗争、违建别墅清查整治等，各级河湖长履职巡查14.89万人次，帮扶指导116次，河湖“四乱”问题基本实现动态清零，问题销号率100%。完成1400条流域面积50平方公里以下的河湖管理范围划定任务，划定成果电子标绘上图入库。完成左江（南宁段）、清水河、武鸣河、八尺江和南湖等河湖划界及岸线保护与利用规划编制；新建27个水质自动化监测站点，完成广西河道采砂“互联网+”监管系统平台信息录入；竹排江、沙江河、大王滩等12条（段、个）河（湖、库）列入广西第二批美丽幸福河湖建设名录。2021年南宁市主要流域二类以上水质占比达到100%，地表水水质优良比例达100%，地表水水质达标率实现100%。市境内主要流域保持“二类水入境、二类水出境”；2021年连续12个月跻身全国水质考核“红榜”，全年排名保持省会城市前2名。

（五）落实水资源刚性约束，水资源管理和水生态保护持续加强。落实节水行动方案，完成隆安县域节水型社会达标建设；下达年度取水计划14.69亿立方米，向自治区成功争取南宁市2035年用水总量控制指标提高到42亿立方米。持续开展市区、各县（市、区）集中式饮用水源地达标建设，完成南宁市龙潭水库饮用水源地整治工程等3个饮用水源地保护工程建设；制订并印发《南宁市重要河流（右江、郁江）生态流量（水量）保障方案（试行）》，确定了右江和郁江生态流量管理目标和保障责任主体；完成全市除市中级人民法院以外的市直机关和直属事业单位等67家节水型单位创建；建成广西水电职业技术学院武鸣校区和江南区富宁小学节水教育基地；组织市学生代表队参加2021年广西节约用水科普知识大赛，勇夺亚军；完成31个纳入自治区绩效考评整改问题、49个自治区水资源监督检查发现问题整改和385项全国取用水管理专项整治；提前完成全市628本取水许可电子证照转化工作，在全区率先进入取水许可电子化。

（六）强化水利行业监管，做好管水文章。配合完成《南宁市水土保持若干规定》颁布实施，制订《南宁市水利领域轻微违法行为免罚清单》；完成580个生产建设项目水土保持审批，指导兴宁区五塘工业集中区241.76公顷水土保持区域评估，全市开展水土保持监督检查6613次，征收水土保持补偿费8418.36万元；完成1095个疑似违法图斑复核认定；开展水行政执法监督80次，巡查里程13168.7公里、水面面积126.7平方公里，结案3起，处罚金额共计25.72万元。创新引入工程质量安全监督技术服务，检查104个水利工程，督促整改521个工程质量问题。

三、经验体会

（一）必须坚持党对水利工作的领导。坚持党对水利工作的全面领导，坚决捍卫“两个确立”，进一步增强“四个意识”、坚定“四个自信”、做到“两个维护”。不断提高政治判断力、政治领悟力、政治执行力，确保水利工作始终沿着正确方向前进。

（二）必须坚持以人民为中心。坚持以人民为中心的发展思想，始终牢记水利为人民造福的历史使命，下大气力解决人民群众最关心最直接最现实的涉水利益问题。坚持统筹发展和安全，以全面提升南宁水安全保障能力为总体目标，大力提升水旱灾害防御能力、水资源集约节约利用能力、水资源优化配置能力、江河湖库生态保护治理能力，为全面落实强首府战略，建设新时代中国特色社会主义壮美广西首善之地提供有力的水安全保障。

（三）必须坚持遵循自然规律。坚持山水林田湖草沙系统治理，坚持问题导向，准确把握新形势下治水的阶段性特征，全面检视、深入查找水利发展不平衡不充分问题，抓紧补短板、堵漏洞、强弱项，统筹解决好新老水问题，增强破解水利改革发展深层次矛盾的能力和水平。

（卢明发　张汝鹏）

坚持以乡村振兴统揽“三农”工作 推动农业农村各项工作稳步提质

市农业农村局党组

2021年，市农业农村局党组坚持以习近平新时代中国特色社会主义思想为指导，全面贯彻党的十九大和十九届历次全会精神，深入学习贯彻习近平总书记关于“三农”工作的重要论述，深入学习贯彻习近平总书记视察广西“4·27”重要讲话精神和对广西工作系列重要指示要求，坚持以乡村振兴统揽新时代“三农”工作，着力巩固拓展脱贫攻坚成果，推动农业农村各项工作稳步提质。

广西佳年农业有限公司武鸣火龙果基地

一、党建概况

2021年，市农业农村局党组辖机关党委1个，机关纪委1个，市农业综合行政执法支队党委1个（直辖3个党支部），党支部14个，党员393人。

（一）狠抓党建工作。切实履行抓党建主体责任，坚持做到把机关党建与中心工作同谋划、同部署。研究制定印发2021年党的建设工作要点，召开局系统党的工作暨党风廉政建设工作会议。全年召开党组会研究党建工作5次，每月督促所属基层党组织落实重点党建工作。对基层党建工作进行考核，听取15名基层党组织书记述职报告，开展综合考评，发现党建工作薄弱环节和不足之处，督促落实整改。制订印发开展党史学习教育实施方案，成立党组书记、局长为组长的党史学习教育领导小组；制订印发本局党史学习教育指导文件和学习安排表，组织集中学习5次、专题研讨5次、专题民主生活会1次，安排党组成员到局属各支部上专题党课10次，开展指导督学4次。在局党组的带领和指导下，各支部各单位分别组织学习会、“三会一课”学习200余次。组织党员深入学习党的十九届五中、六中全会精神，自治区第十二次党代会精神；组织召开“感党恩、跟党走”主题宣讲会，组织开展“感党恩、跟党走”主题系列活动。全面完成自治区、南宁市“我为群众办实事”实践活动重点项目任务清单5项，制定以局班子领导为主要负责人的项目清单25项。发挥党员引领示范作用，开展“我为群众办实事·共建共享文明城市”新时代文明实践志愿服务等20场次志愿服务活动，共近200名党员志愿者参加服务。持续推进党支部组织生活质量提升和党支部达标创优工作，所有基层党组织全部通过党支部达标验收。指导8个党支部完成换届工作；积极发展党员，接收预备党员1名，现有入党积极分子存量9人。2个基层党组织被评为市直机关先进基层党组织；1名党员被市委市直机关工委评为市直机关优秀共产党员，1名党员被评为市直机关优秀党务工作者；2篇调研文章被市委市直机关工委评为2021年度南宁机关党建优秀研究成果二等奖，局机关党委被评为优秀组织奖；27名老党员荣获“光荣在党50年”纪念章。结合上级点评指出、“双随机”和日常工作发现的问题，制订印发有关问题整改方案，切实抓好问题整改。年内全部完成整改。

（二）狠抓党风廉政建设。定期召开局党组会研究部署全面从严治党工作，全年局党组研究党风廉政建设工作6次。及时研究2020年度党员领导干部民主生活会典型案例、党的建设工作要点、全面从严治党主体责任清单、违纪党员处分意见、通报上半年党风廉政建设工作开展情况等工作，及时解决党风廉政建设工作重要问题和重大事项。召开局干部集体谈心谈话会议，局党组书记、局长就本局干部队伍在政治信念、担当实干、作风建设、廉政建设等4个方面存在的问题和不足，与局机关各科室负责人和局属各单位负责人进行了一次集体谈话。局党组书记与班子成员开展日常廉政谈话26人次，局党组班子成员与分管科室负责人、二层单位领导班子成员开展日常廉政谈话64人次。全年协助出具廉政鉴定意见24份。坚持把反腐倡廉教育作为中心组学习、民主生活会和“三会一课”、党员集中活动日内容，组织党员干部深入学习十九届中央纪委五次全会、自治区纪委十一届七次全会和市纪委十二届七次全会精神。组织党员学习自治区纪委、市纪委有关违反中央八项规定及其实施细则精神问题的通报及警示教育片，通过OA系统转发上级纪委通报素材开展警示教育7次。在元旦、春节、壮族“三月三”、五一国际劳动节、端午节等重要节日前发出廉政提醒，切实做到“十一个”严禁，坚决制止餐饮浪费行为。组织全系统开展“天价茶”问题自查自纠工作，持续督促党员干部严格执行中央八项规定及其实施细则精神。开展抵制工程建设领域腐败承诺活动，相关人员签订抵制工程建设领域腐败承诺书。在人事任免、项目安排等重点工作中，听取驻局纪检监察组工作通报2次，按照落实全面从严治党监督责任月度重点监督检查清单和市纪委监委月度专项监督检查清单要求，每月开展自查自纠并及时将有关情况报送驻局纪检监察组。

（三）狠抓意识形态工作。落实党管意识形态原则，多次召开专题会议研究部署意识形态工作，及时把党中央、自治区党委和市委重要会议和文件精神以及党的最新理论文章纳入党员干部学习重点。建立意识形态领域风险隐患排查机制，每半年开展意识形态风险隐患排查工作。组织开展意识形态宣讲活动，邀请市委党校教授和自治区农业农村厅3位专家进行专题授课。组织党员用好“学习强国”学习阵地。加强农业信息宣传力度，年内，南宁市农业农村局网站发布信息近3000条，南宁农业今日头条发布信息近800篇，南宁农业微信公众号发布信息近1000篇。

二、主要工作

（一）狠抓强一产促增长，农业农村经济实现快速增长。2021年全市第一产业增加值同比增长7.9%，农村居民人均可支配收入名义增长10.4%。第一产业增加值总量606.76亿元，占全区的15.11%，反超成都市（2021年成都市582.79亿元），在11个西部省会城市和5个自治区首府城市中均排第1位。农民收入总量从2016年的11398元提高到2021年的17808元，6年平均增速为9.3%，高于全国0.7个百分点。

（二）强化政策措施落实，粮食等主要农产品保供有力。严格按照粮食安全党政同责要求，深入实施“藏粮于地、藏粮于技”战略，粮食生产产量211.55万吨，同比增长1.1%。全年水果、蔬菜（含食用菌）产量分别达453.91万吨、683.69万吨，分别同比增长13.1%、4.06%。深入贯彻落实国家生猪生产恢复发展三年行动，加快推动生猪产业转型升级，全年生猪出栏432.41万头，同比增长35.49%。大力推动现代渔业高质量发展，上林县荣获“全国首批国家级水产健康养殖和生态养殖示范区”称号，全年水产品产量23.4万吨，同比增长4.14%。

（三）多项特色农业产业发展在全国、全区领先。南宁沃柑（全市92万亩，其中武鸣区46万亩）、茉莉花（主要集中在横州市，约12万亩）、火龙果（全市18.83万亩）、香蕉（全市种植面积44.19万亩）产业规模居全国之首；粮食、蔬菜、淡水产品产量全区第一，水果、猪肉、禽肉、蚕茧产量全区第二，甘蔗产量全区第三。2021年水果一产产值182.74亿元，蔬菜（含食用菌）一产产值超202.20亿元、生猪一产产值93亿元，粮食一产产值达75.96亿元，糖料蔗、家禽一产产值均超50亿元。

（四）农业园区建设成效显著。“十三五”期末全市已建成国家级和自治区级现代农业产业园、特色农产品优势区、田园综合体、农业科技园等共19个，全市累计获认定的自治区级现代特色农业核心示范区达39个，市级61个。宾阳县获批创建国家首批农业现代化示范区，武鸣区新增获批创建自治区级现代农业产业园，良庆区“嘹啰歌乡”、隆安县“那乡果海”2个田园综合体获批创建自治区级田园综合体。2021年南宁市获农业农村部颁发全国“平安农机”示范市称号，武鸣区获全国第六批率先基本实现主要农作物生产全程机械化示范县称号。

（五）品牌影响力持续增强。2021年“隆安香蕉”“良庆百香果”新获注册为地理标志商标，新增入选广西农业品牌目录15个。年内，全市拥有国家农产品地理标志6个，地理标志保护产品9个，入选中国农业品牌目录3个（南宁市香蕉、横县茉莉花茶、金穗“金纳纳”香蕉）、桂系农产品品牌目录67个，累计获认证富硒农产品达60个，有效期内“三品一标”产品193个。

（六）新型经营主体快速发展。2021年，四野牧业、金福农业2家农业企业获评首批全国生态农场，新增国家农业产业化重点龙头企业2家、自治区农业产业化重点龙头企业10家、南宁市农业产业化重点龙头企业24家，年内全市拥有市级以上农业产业化重点龙头企业共224家，其中自治区级以上农业产业化重点龙头企业74家，全年在市场监管部新增注册登记的农民专业合作社、家庭农场分别为327家、263家，累计分别达5894家、1591家。

（七）农村一二三产融合提速发展。建成并持续提升15个农产品加工集聚区，全市规模以上农产品加工企业142家。2021年横州市农村产业融合发展示范园入选国家第三批农村产业融合发展示范园创建名单，新增获批创建国家农业强镇1个，古辣镇、双桥镇和校椅镇石井村分别入选全国“一村一品”示范村镇、全国乡村特色产业10亿元镇和全国乡村特色产业亿元村名单。宾阳县古辣镇马界村获评“中国美丽休闲乡村”、新增创建2个广西休闲农业与乡村旅游示范点，全市拥有6个中国美丽休闲乡村、40个自治区级以上休闲农业与乡村旅游示范点。

（八）农村改革稳步推进。全市农村土地承包经营权确权登记颁证率达98.13%，全市家庭承包耕地流转总面积190.73万亩，占家庭承包耕地流转总面积的29.1%。村级产权制度改革基本完成，农村集体资产清产核资工作全部完成。市级农村产权流转交易中心运营步入正轨，完成农村集体三资管理服务平台系统开发并上线运行。

三、经验体会

（一）全市各级各部门从坚持和捍卫“两个确立”、增强“四个意识”、坚定“四个自信”、做到“两个维护”的高度，深入学习贯彻习近平总书记关于“三农”工作重要论述的内涵、外延和实践要求，切实用以武装头脑、指导实践、推动工作，奋力开创首府“三农”工作新局面。

（二）坚持一手抓牢疫情防控，一手抓好农业生产。强化政策措施落实，粮食等主要农产品保供有力。深入贯彻落实“藏粮于地、藏粮于技”战略和国家生猪生产恢复发展三年行动，主要农产品生产再获丰收，“菜篮子”产品供应充足。

（三）大力推进乡村产业高质量发展。重点打造以粮食、林木、水果、蔬菜、生猪、糖料蔗为主，以茉莉花（茶）、家禽、桑蚕、牛羊、水产、中药材为辅的乡村振兴“6+6”全产业链，形成一批产值超百亿元的产业集群，做强做优农业特色产业。抓好现代特色农业示范区、“三区三园一体”、优势特色产业集群和产业强镇等农业高质量发展平台创建。

（四）深化农村改革开放。加快推进农村重点领域和关键环节改革，推动人才、土地、资本等要素在城乡间双向流动和平等交换，激发农村资源要素活力。落实好第二轮土地承包到期后再延长30年政策，完善农村承包地“三权分置”制度，规范承包地经营权流转管理，发展适度规模经营。稳慎推进农村宅基地制度改革，探索农村宅基地有偿使用和自愿退出机制。

（五）稳妥推进乡村建设。坚持把农村厕所革命、生活污水治理、生活垃圾治理及村容村貌提升作为一个整体，开展一体化、系统性整治。深入实施村庄清洁和绿化美化行动，充分利用荒地、废弃地、边角地等建设村庄小微公园和公共绿地，引导鼓励村民开展庭院绿化。深入推进“厕所革命”，加快实现无害化处理与资源化利用。

（覃桂玉）

强化党建引领　坚持改革创新 全力推动首府商务经济高质量发展

市商务局党组

2021年，市商务局党组坚持以习近平新时代中国特色社会主义思想为指导，全面落实“三大定位”新使命和“四个新”总要求，落实自治区和南宁市推动经济高质量发展决策部署，全面落实强首府战略，促进内贸、外贸平稳健康发展。

9月23日，市商务局机关党委组织机关党员干部到南宁博物馆开展主题党日活动

一、党建概况

2021年，市商务局直属基层组织总数为7个，其中党组1个、党组成员6名，机关党委1个，党支部5个，正式党员132名。

（一）强化政治建设，以实际行动践行“两个维护”。市商务局党组坚持把党的政治建设摆在首位，把学习贯彻习近平新时代中国特色社会主义思想作为第一任务，认真组织学习贯彻党的十九届六中全会精神，深入贯彻习近平总书记“七一”重要讲话精神和习近平总书记对广西工作系列重要指示精神、自治区第十二次党代会及市第十三次党代会精神等。全年共组织理论学习中心组学习8次，通过党组会、办公会组织学习20多次，机关各党支部每月开展集中学习1次，及时跟进学习党中央、自治区党委及市委重要会议、重要文件精神，研究部署各项贯彻落实措施，切实把思想和行动统一到党中央、自治区党委、市委的各项重大决策部署上来，以实际行动捍卫“两个确立”、做到“两个维护”。

（二）加强组织建设，筑牢坚强战斗堡垒。紧紧围绕创建模范机关目标任务积极推进党的各项建设，研究制订《南宁市商务局机关党建品牌创建方案》，创建“商务党旗红　聚力强开放”党建品牌。机关第一、二、三党支部分别以“党建+稳增长”“党建+惠民生”“党建+稳外贸”形式推进党建与业务融合，实现党建与业务双促进。围绕党支部达标创优工作，完成机关3个在职党支部空缺委员补选工作。完成2个机关退休党支部的换届选举工作，产生新一届党支部班子。做好发展党员工作，吸收1名入党积极分子、接收1名中共预备党员。围绕建党100周年扎实开展党史学习教育，组织开展“学党史谈体会”、“书记讲党课”、“党史故事大家讲”、红色歌曲大家唱、党史知识竞赛、缅怀先烈、重温入党誓词、参观庆祝建党百年党史图片展、“光荣在党50年”纪念章颁发仪式、“我为群众办实事”等活动。

（三）强化作风建设，激发担当作为。市商务局党组注重加强党组班子和干部队伍作风建设，成立工作专班，深入基层、企业了解实际情况，出台《南宁市提振消费促进商贸业高质量发展若干措施》《南宁市消费提振三年行动工作方案（2021—2023年）》《南宁市促进现代物流业高质量发展若干政策》《南宁市大力推进多式联运发展若干政策》等政策措施，积极服务经济社会发展大局。坚决贯彻落实市委、市政府关于乡村振兴、疫情防控、全国文明典范城市创建等中心任务的部署要求，采取党建帮扶、结对帮扶、消费帮扶、发动企业帮扶等方式助力结对帮扶村的乡村振兴工作，为帮扶村筹措资金解决路灯安装、篮球场建设等基础设施建设问题。全力以赴做好全国文明典范城市创建工作，全年共出动730人次对全市68个商业大街、大型超市、大型商场进行检查督查，以局领导包片、干部职工包点的形式开展创城整改提升工作，路面破损、母婴室设置、卫生设施破旧失修、周边车辆乱停乱放、占道经营等问题得到有效解决。

（四）坚持正风肃纪，抓好党风廉政建设。市商务局党组按照《党委（党组）落实全面从严治党主体责任规定》履行全面从严治党主体责任，结合工作实际列出全面从严治党主体责任清单并抓好落实。及时传达学习中央、自治区、南宁市反面典型案例通报文件精神。逢年过节，通过会议集中学习市纪委关于严明节日期间纪律要求的通知精神，教育引导干部职工严格遵守中央八项规定及其实施细则精神。

二、主要工作

（一）消费稳增长成效明显。2021年全市社会消费品零售总额、批发业、零售业、住宿业、餐饮业分别同比增长8.4%、14.8%、15.5%、13.2%、24.8%。一是加强消费统筹调度。编制《南宁市建设国际消费中心城市商业网点规划和行动计划》，出台《促进商贸业高质量发展若干措施》《消费提振三年行动方案（2021—2023年）》。二是培育消费增长动能。新增企业入库394家，完成全年任务394%。广西首家特斯拉中心、综合开发模式宜家家居商场、欧式首创奥特莱斯、京东华南地区首家城市旗舰店相继开业，满足群众消费升级新需求。培育消费新业态，万象城海蓝之谜概念店首次在南宁出现，百益上河城、广西会展不夜城等14个夜间经济项目纳入储备。三是完善消费促进机制。聚焦汽车、家电、成品油、药品等重点商品加大促销力度，举办1万平方米以上大型展会32场，举办4次南宁欢乐消费季、南宁消费购物节活动，组织11万商家企业参与广西“33消费节”活动，累计交易额超370亿元。

（二）对外贸易创新发展。2021年全市外贸进出口总额1231.9亿元，同比增长24.9%，外贸规模首次突破1000亿元。一是促进加工贸易转型升级。获批全国首批、广西首个国家加工贸易产业园，承接粤港澳大湾区先进制造业转移，引进鑫尔泰智能科技、赢衍光电、利远电子等加贸项目，蓝水星、格思克等加贸龙头企业开展委托加工业务，加快打造以电子信息为主导的加贸梯度转移示范园区。全市加工贸易进出口824.25亿元，同比增长19%，占全市进出口比重67%。二是建设新外贸孵化基地。外向型企业扶持资金池为中小外贸企业垫税342.94万元。基地入驻企业达116家，服务已辐射至梧州、北海等区内城市，推行“互联网+新外贸”模式助力内贸企业转型出海的改革经验获全区推广。三是建设服务外包示范城市。印发《南宁市服务外包统计指导意见》，全市服务外包执行额13.64亿美元，同比增长18.69%。

（三）跨境电商扩量提质。发展以跨境电商为主的数字贸易，印发实施《南宁跨境电商综试区产业发展规划（2021—2025）》，建成东盟跨境电商孵化中心、跨境电商大数据中心等一批重点项目。综试区入驻企业达110家，全年完成跨境电商进出口77.7亿元，同比增长259%。一是创造跨境电商通关“南宁速度”。对跨境电商出口货物实行不卸车监管。推行全国首创“三合一”集约化监管模式，跨境电商总体出口通关时长大幅压缩至1小时，通关能力达日均100万件。二是构建跨境电商物流“南宁通道”。南宁国际铁路港海关监管作业场所投入运营，缩短中越班列运行时间约40小时。东南亚知名跨境电商平台Lazada在邕设立全国首个跨境电商创新中心。

（四）跨境通道建设提速。依托国家物流枢纽城市建设，加快构建面向东盟的物流大通道。出台《南宁市促进现代物流业高质量发展若干政策》《南宁市大力推进多式联运发展若干政策》，支持物流通道建设。全市物流网建设项目累计完成投资105亿元，新增3A级以上物流企业10家，3A级以上物流企业达46家。南宁国际铁路港新开行中欧班列、中越老农资产品跨境多式联运班列，中越跨境班列累计开行346列，同比增长108%。南宁机场在飞国际货运航线11条，国际货邮吞吐量2.4万吨、同比增长达119%。

（五）双向投资深度拓展。开展商贸流通产业招商33次，拜访重点企业、商协会30家，签约项目15个，总投资额54亿元。推进南宁国际铁路港二期、龙光东盟生鲜食品智慧港等百个商贸项目累计完成投资128.6亿元，完成年度计划105%。1—12月，通过CEPA项目绿色通道新设港澳企业153家，占新设企业数52.58%，同比增长118.57%。建设CEPA先行先试示范基地，共129家企业135款产品获优质“正”印证书。全市备案非金融类企业机构16家，中方协议投资额1.31亿美元，占全区总量69.3%。对接RCEP国际贸易新规则，组织2000多家企业7000多人次参加RCEP专题培训班，指导企业利用RCEP规则扩大对外交流合作。

（六）营商环境持续优化。一是提升跨境贸易便利化水平。南宁国际铁路港海关特殊监管作业场所封关运营，南宁机场国际货站正式启用，南宁机场航空口岸获批设立进境水果指定监管场地，推进南宁临空经济示范区保税物流中心（B型）申报。依托国际贸易“单一窗口”实现无纸化通关，指导企业用好“提前申报”“两步申报”模式，降低企业通关成本。南宁口岸进口通关时间为28.43小时，同比压缩23.47%。二是搭建银企对接平台。组织100多家外贸企业参加跨境金融政策培训会及产品推介会，动员280家出口企业通过国际贸易“单一窗口”线上投保出口信用保险5.53亿美元。“两台一会”为中小商贸流通企业助保贷累计达18.3亿元。三是规范市场监督管理。实施“互联网+监管”，制定《南宁市商务领域信用管理办法（试行）》，对20家企业开展6个监管项目“双随机、一公开”抽查。全市共开展成品油市场联合执法行动1710次，共查封非法加油点422个，查扣非法油品1265吨；查处涉嫌走私违法案件521起，案值6402万元，查扣走私冻品498吨。

（七）商务惠民取得硕果。获批全国一刻钟便民生活圈试点城市。实现电商进农村综合示范全覆盖，建成县级电商服务中心5个、物流配送中心5个和一批乡村电商站点，全市农村电商交易额达40亿元，其中农产品网络零售额超10亿元，累计销售农产品约1500万元。建设重要产品追溯体系，现有追溯节点318个。指导各主要商业街区、大型商场超市、农贸市场开展全国文明城、国家卫生城市创建，完成63个农贸市场改造项目，倡导“绿色消费”和垃圾分类。严格落实新冠疫情防控措施，重点加强商超进口冷链食品检查，切实把好南宁航空口岸“外防输入”关口。

三、经验体会

（一）必须把讲政治摆在首位，坚持党对商务工作的集中统一领导。自觉在思想上、政治上、行动上同以习近平同志为核心的党中央保持高度一致。要深刻把握、全面贯彻落实习近平总书记视察广西“4·27”重要讲话精神和关于商务工作的重要指示批示精神，并将之转化为强开放、强市场工作动力和惠企惠民的实际举措，不断推动全市商务高质量发展。

（二）必须聚焦主责主业，全面贯彻落实党中央、自治区党委、市委关于商务工作的重要决策部署。近年来，中央和自治区先后就商务重点领域出台一系列政策文件，尤其是统筹新冠肺炎疫情防控常态化形势下，对促消费稳增长、市场保供、口岸防疫等重点工作提出新要求，商务部门只有站在更高起点上，不断创新工作思路，用改革举措攻坚克难，才能打赢强开放、强市场两场攻坚战，真正把党中央、自治区党委、市委的决策部署落到实处。

（三）必须抓好自身建设，建设忠诚、干净、担当的高素质专业化商务干部队伍。要对标对表习近平总书记关于干部队伍建设的总要求，自觉用习近平新时代中国特色社会主义思想武装头脑、指导实践、推动工作。要不断加强作风建设，始终保持求真务实、严谨细致的工作作风，力戒形式主义、官僚主义。要从严从实抓好廉政建设，引导领导干部严于律己、慎终如始、廉洁从政，营造干事创业的良好氛围。要进一步加强学习型机关建设，围绕推进商务领域改革创新，加强对商务领域新政策、新模式、新业态有关知识的学习，凝聚推动商务高质量发展的磅礴力量。

（罗安平　黄莹　黄锡健　石敏洁）

砥砺前行创佳绩　乘势而上谱新篇
开启文化广电和旅游业高质量发展新征程

市文广旅局党组

2021年，市文广旅局党组坚持以习近平新时代中国特色社会主义思想为指导，全面贯彻党的十九大和十九届历次全会精神，贯彻落实中央、自治区决策部署，坚定文化自信，自觉承担起“举旗帜、聚民心、育新人、兴文化、展形象”的使命任务，全面落实强首府战略，加快建设国际旅游消费中心城市，统筹抓好常态化疫情防控及文化广电和旅游业发展，全市文化广电和旅游业平稳健康有序发展。

6月24日，开展南宁市文化广电和旅游系统党史学习教育红色故事展演活动

一、党建概况

2021年，市文广旅局党组辖机关党委1个，所辖党委1个，党总支2个，党支部23个（含退休支部），党员469人。

（一）以政治建设为统领，全面加强机关党的建设。认真贯彻落实《中共中央关于加强党的政治建设的意见》，全面落实坚定维护党中央权威和集中统一领导的各项制度。强化政治机关意识教育，引导各级党组织和广大党员坚持和捍卫“两个确立”，增强“四个意识”、坚定“四个自信”、做到“两个维护”。

（二）以思想建设为基础，扎实开展党史学习教育。充分发挥中心组学习“龙头”作用，形成局党组理论学习中心组示范学、基层党组织书记率先学、党员领导干部带头学、全体干部跟进学的良好局面。扎实开展党史学习教育，创新“文艺+党史”学习教育形式，将文化和艺术融入党史学习教育，通过党史知识大家答、红色故事大家讲、红色歌曲大家唱、红色剧目大家看、红色游船大家游等多种形式，推进党史学习教育走深走实。

（三）以组织建设为依托，提升基层组织引领作用。认真贯彻《关于深入开展党支部组织生活质量提升行动的实施方案》的通知，以提升组织力为重点，突出政治功能，有力推进党支部标准化、规范化建设，严格按照时间节点积极开展好党支部组织生活质量达标和党支部达标创优工作。全系统共设置设党支部23个，组织生活质量达标党支部23个。组织生活质量标杆党支部18个，占总数80%。党支部达标创优考核验收达标23个，占总数100%。认真贯彻落实《党员权利保障条例》，严格执行《党员教育管理工作条例》，充分发挥了党支部直接教育党员、管理党员、监督党员和组织群众、宣传群众、凝聚群众、服务群众的职责作用。对全体党员干部开展各类教育16次，进一步提高了党员干部队伍的能力和素质。严格发展党员各项程序，全年共发展党员7名。结合“我为群众办实事”实践活动，深入开展党员进社区志愿服务活动，党员赴“双报到”社区同社区干部面对面座谈交流，发放各类宣传资料发放调查问卷66份，宣传册、宣传彩页共计200余份，解决群众困难和问题5个。

（四）以作风建设为抓手，纵深推进全面从严治党。落实全面从严治党主体责任，深入开展“书记引航担使命”主题活动，统筹推进“抓书记”，贯彻落实“书记抓”。制定领导班子和班子成员全面从严治党主体责任清单，开展党组织书记落实管党治党主体责任述职评议考核工作，二层单位党组织书记均达到了称职标准。落实中央八项规定及其实施细则精神，持之以恒纠“四风”树新风。根据上级纪检监察机关部署要求，开展“天价茶”和违规使用公务加油卡自查自纠等专项整治活动。全年通过召开党组理论学习中心组学习会等形式开展管党治党相关专题学习18次，局属各党组织开展党风廉政学习20次，开展廉政党课15堂，受教育党员干部达1500多人次。局党组开展集体廉政谈话7次，覆盖谈话对象49人次。

（五）以群团工作为纽带，激发全局干事创业活力。充分发挥群团组织的桥梁和纽带、民主管理和监督、维护和保障职工权益的作用，关心群众生活，维护职工利益。组织开展困难职工及工会会员慰问活动。开展新春文化科技卫生“三下乡”、学雷锋、“文化春风行”等志愿服务活动，激发全系统干部员工干事创业活力。

二、主要工作

（一）谋划高质量发展蓝图，科学编制“十四五”文化广电和旅游业发展规划。以高站位、大格局、宽视野全面落实强首府战略，围绕健全文化广电旅游事业和产业体系，高质量编制《南宁市文化广电和旅游业发展“十四五”规划》《南宁市文化公共服务设施布局专项规划》《南宁市不可移动文物保护专项规划》《南宁市全域旅游专项规划》等，不断健全文化广电和旅游业高质量发展支撑体系。

（二）用好用活红色资源，创新开展党史学习教育。围绕庆祝建党100周年，结合精品文艺创作演出、群众文化活动、特色旅游活动、文博及传统文化4个大类25项庆祝中国共产党成立100周年系列文化旅游活动，开展党史学习教育。突出红色主题活动，重点推出庆祝中国共产党成立100周年大型交响合唱音乐会和群众歌咏活动；推出红色精品力作，提升粤剧《江姐》、排演红色经典粤剧《山乡风云》等精品剧目，《江姐》入选“永远跟党走”庆祝中国共产党成立100周年广西优秀舞台艺术作品展演剧目；用活红色文旅资源，依托南宁博物馆、邓颖超纪念馆、昆仑关战役旧址博物馆等场馆，开展系列具体鲜活的党史学习教育，深入挖掘南宁会议旧址、中共广西二大旧址、雷经天故居等历史文化内涵，大力发展红色旅游，进行“红色故事展演”，组织实施“百年党旗红 启航新征程”邕江红色主题游船项目。7月1日，中央广播电视总台对邕江红色游船项目进行了专题报道。

（三）繁荣发展文化事业，持续提升首府文化软实力。创新策划红色文化赓续、邕江文明展示、邕城文脉延续、文化空间惠民、文化品牌提升、文艺创作登峰、文化产业培育等首府文化品质提升工程。不断优化舞剧《刘三姐》、话剧《大山壮歌》、邕剧《顶蛳山人》等文艺作品和南宁国际民歌艺术节、中国—东盟（南宁）戏剧周、“壮族三月三·八桂嘉年华”等精品活动。组织实施为民办实事“送戏下基层进校园”、扶持乡村社区业余文艺队等文化惠民工程，开展民歌湖大舞台周周演、邕州剧场地方戏曲月月演、“邕州神韵”新会书院地方戏曲周周演等群众文化活动。加强文物保护利用，组织开展林景云烈士故居、津头村革命文物、黄氏炮楼保护利用项目建设，利用周家坡古民居群文物场地建设南宁市“非遗”展示中心工作。配合做好“三街两巷”（二期）、中山路片区和蒲庙老街等历史文化街区改造工作，加快创建国家历史文化名城。举办“5·18国际博物馆日”南宁主会场、“文化和自然遗产日”“非遗”宣传展示、南宁礼物大赛等活动，不断增强南宁市文博和文化遗产的影响力和传播力。

（四）聚焦重大项目建设，全面激发文旅融合发展新动能。紧盯重大文旅项目和大健康文旅产业重大项目建设，全力推进投资500亿元的强首府战略标志性重大项目——万有（南宁）国际旅游度假区建设，通过项目建设拉动文旅经济增长。持续推进大庙江生态旅游景区、水锦·顺庄、南宁牛湾文化旅游岛等市领导联系重大旅游项目建设。持续推进大健康和文旅产业工程建设，抓好七彩世界森林旅游度假区、南国乡村·农村综合旅游景区、南宁·桃李春风·健康颐养文旅项目等大健康和文旅产业项目建设，推动产业聚集发展，形成覆盖全生命周期的大健康和文旅产业体系。丰富乡村旅游、邕江游、研学旅游、文化体验、康养休闲度假为代表的旅游产品供给，培育特色旅游商品，开发文化旅游新业态新产品，推动文化旅游产业做大做强。

（五）夯实文广旅基础设施，建立健全公共服务体系。深入实施“智慧广电”项目建设，推动“智慧广电”示范点创建，启动全市应急广播体系建设，推进新型广电5G覆盖网建设，建设智慧文旅版块，加快推进南宁市全域旅游数据中心项目。启动开展强首府文化旅游公共服务设施建设三年攻坚战。全面完善提升村级公共服务中心、旅游集散中心等服务功能，深入推进“厕所革命”，形成层次分明、覆盖面广的文化旅游公共服务体系。

（六）积极融入新发展格局，加快建设国际旅游消费中心城市。以创建国家全域旅游示范区、国家中医药健康旅游示范区为抓手，加快构建“两圈一轴”，加快发展现代旅游业。积极推动国家文化和旅游消费试点城市向示范城市迈进，深化文旅商融合，进一步丰富文旅夜间经济消费新业态，鼓励主要景区延长开放时间，引进夜间文化娱乐演出项目，促进夜间文旅消费经济发展。不断优化航线格局，进一步强化南宁机场作为面向东盟门户枢纽的联通功能。积极融入北部湾（广西）旅游联盟、粤港澳大湾区、粤桂黔滇高铁经济带、澜湄旅游城市等区域合作，不断扩大南宁在区域合作中的影响力。巩固“线上+线下”的品牌营销模式，举办精彩纷呈的南宁月月文化旅游节、“开年游南宁”、“留邕过年”系列活动，开展文化旅游专场促销，全面激发市场消费潜力，唱响“老友南宁”品牌。

（七）强化行业监管，统筹疫情防控和文旅经济发展。扎实开展常态化疫情防控下的集中隔离专项工作，做好疫情中高风险地区来邕返邕人员、入境人员、密切和次密切接触者的集中隔离管理服务，确保各个集中隔离观察点安全、稳定、有序。大力打击和整治文旅市场乱象，加强广播电视传媒机构和节目监管，维护和规范行业秩序，确保文旅市场、广播电视、A级旅游景区、文化场馆、文化活动等各个领域的安全，筑牢文旅经济健康发展的根基。

三、经验体会

（一）始终坚持党的领导，以全面从严治党为根本保证，持续推动党的建设走深走实。坚持党对文化广电和旅游工作的全面领导，把加强党的建设和全面从严治党贯穿始终，以党的政治建设为统领，全面履行管党治党主体责任和监督责任，为推动文化广电和旅游业高质量发展打下坚实基础。

（二）始终坚持理论学习，以提升政治素养为重要目标，促进各项重点工作落细落实。把学习贯彻习近平新时代中国特色社会主义思想和党的十九届历次全会精神作为首要政治任务，作为全部工作的主题主线，紧密结合、融会贯通，一体推进。深入学习贯彻习近平总书记关于文化广电和旅游工作重要论述精神，完善抓工作抓落实的工作体系，健全长效机制，确保习近平总书记重要论述和指示批示精神落实落地。着力在学懂弄通上下功夫，精心组织开展好学习培训和宣讲活动；着力在落细做实上求实效，精心谋划，创新举措，推动工作见实效，确保党中央、自治区党委和市委决策部署落实落地。

（三）始终坚持守好底线，以提高风险防控能力为关键抓手，确保文化广电和旅游业平稳健康发展。文化广电和旅游工作有两条底线，一条是政治底线，一条是安全底线，必须牢牢守住。要深入落实意识形态工作责任制，完善文化安全工作机制。严格文化广电和旅游市场监管，加强文化广电和旅游活动内容审查，管好各类阵地。把安全生产放在各项工作极端重要的位置，牢固树立“隐患即事故”理念，建立健全工作机制，紧盯疫情防控、公共文化机构、文物保护、旅游安全等重点领域，深入排查安全隐患，坚决遏制重大安全事故发生。

（郭李宏茜　赵文思）

实现办结时限提速80%、即办件达20%。严格落实行政执法“三项制度”。公示行政处罚执法决定141件。配备86台执法音像记录设备，执法全过程音像记录共2187件。组织公开听证案件8次，对25件重大执法决定进行法制审核。妥善化解矛盾纠纷。2021年应复案件共6件、行政应诉案件0件，市政府复议办作出行政复议决定1件，维持卫健委的行政行为，申请人自愿撤回行政复议1件，其余尚在审理中。落实“谁执法谁普法”普法责任制。组织市卫生健康系统7090人参加学法用法考试，参考率和合格率均达到100%。2021年，卫健委被评为2016—2020年全区普法工作先进单位。

三、经验体会

（一）强化党建引领，提升行业党建水平。以党的建设工作为统领，全面落实党建重点任务，扎实开展党史学习教育，从百年党史中汲取智慧和力量，牢牢把握卫生健康工作政治属性和行业特点，持续增强党的组织力、战斗力、凝聚力。

（二）强化部门联动，切实抓好疫情防控。坚决贯彻落实党中央、国务院和自治区党委、政府决策部署，联合市疫情防控指挥部各成员单位，快速精准处置疫情。始终坚持“外防输入、内防反弹”，突出加强重点场所和重点人员防控，切实把各项防控措施落实到位。

（三）强化统筹兼顾，推动党建与业务双融双促。围绕市委深改重点任务，把提升党的建设能力实践成果落实到具体业务工作中，深化医药卫生体制改革，重点抓好市级公卫单位绩效工资改革，持续深入推进县医共体和三医联动改革，全力推进城市医疗集团建设，高质量推进公立医院发展。

（龚可奉）

突出党建引领　提升政治站位 推动退役军人服务管理工作再上新台阶

市退役军人局党组

2021年，市退役军人局党组坚持以习近平新时代中国特色社会主义思想为指导，按照“党建抓引领、队伍强素质、服务升温度、工作创特色”总体思路，扎实开展党史学习教育，统筹推进服务体系建设、权益维护、移交安置、就业创业、优抚褒扬等工作，不断推动南宁市退役军人服务管理工作再上新台阶。

8月2日，在李明瑞、韦拔群等革命烈士纪念馆揭牌成立“广西退役军人思想政治教育基地”

一、党建概况

2021年，市退役军人局直属基层党组织40个，其中党委（总支）6个、党支部34个，共有正式党员1056人，预备党员2人，发展对象2人。

（一）把牢“方向盘”，扎实推进政治建设。坚持以党的政治建设为统领，始终把抓好党的创新理论学习作为统一思想、提升能力、促进工作的“第一道工序”，探索形成个人自学、书记领学、交流互鉴、观看视频、现场教学“五学并举”联动学习机制。持续开展“党员大讲堂”活动，党组书记带头讲党课6次，宣讲党的十九届六中全会精神、自治区第十二次党代会和市第十三次党代会精神共7次，班子成员分别到联系党支部讲党课2次。严格落实“三会一课”党内政治生活制度，调整成立1个离退休党支部，撤销1个在职党支部，指导2个党委、7个党支部按期完成换届，配齐配强离退休支部党建联络员25名，建立健全离退休支部党建阵地10个，实现了34个党支部全部验收达标、组织生活全部标杆的目标。年内，5篇党建材料在《广西日报》《当代广西》等自治区级媒体刊载，12篇党建信息在《南宁日报》报道，经验材料《注重“三个坚持”结对共建引领民族团结进步创建融合发展》在市直机关党组织服务城市社区治理工作推进会上作典型发言。

（二）找准“发力点”，深入开展党史学习教育。坚持把党史学习教育与中心工作紧密结合，精心打造“先锋引领・戎归邕城”“永远跟党走”两大特色品牌。组建“老兵宣讲团”深入机关、企事业单位讲党史75场，受众1.2万人次。以军休干部老党员为原型拍摄《我是党员》和《永远跟党走》2组纪录片，在“学习强国”平台上播放量已逾万次。开展“情景式”主题党日活动，组织党员前往百色起义纪念馆、照金革命纪念馆、邓颖超纪念馆等13处红色教育基地接受现场教育，集中举办“政治生日”、学“习”读书会等活动。充分发挥榜样的示范引领作用，为314名老党员举行颁发“光荣在党50年”纪念章仪式，认真开展“两优一先”表彰，共推选自治区优秀党务工作者1名、市直机关优秀党员和优秀党务工作者各1名，局系统表彰优秀党员15名、优秀党务工作者5名、先进基层党组织5个。扎实开展“我为群众办实事”实践活动，召开民意座谈会和军地互提要求、互办实事“双清单”座谈会6场，梳理细化四大行动12项任务。案例材料《红色血脉永不忘　英烈精神代代传》入选广西2021年度“我为群众办实事”实践活动优秀基层案例并获优秀奖，经验材料《找准办实事“三个点”用心用情用力为退役军人办实事解难题》在全市“我为群众办实事”第三次联席工作会上作典型发言，《老兵讲史》《关爱烈士遗属》等党史学习教育材料被市委党史学习教育办《简报》刊载。

（三）夯实“压舱石”，坚定推进全面从严治党。压实主体责任，强化“抓机关党建是本职、不抓机关党建是失职、抓不好机关党建是渎职”的理念，落实“三个一”工作机制（创立一次督查调研，基层党组织书记抓基层党建工作述职评议前，开展全覆盖督查调研，发现问题列入评价“负面清单”；创制一个提示单，每月制订下发《全面从严治党工作提示单》；创设一个例会，每季度召开一次党建工作例会，构建起上下齐抓的机关党建责任共同体）。加强党员干部纪律教育和廉政教育，全年组织观看专题教育片11次，开展廉政谈话117人次。

二、主要工作

（一）健全退役军人事务服务保障体系。一是健全坚强有力的组织管理体系。完善党委领导下的行政部门、服务体系、社会力量“三驾马车”同向发力的组织管理体系。建立各级党委退役军人事务工作领导机构，完善领导机构成员单位职责清单，确保市委决策部署有效贯彻执行。按照退役军人服务保障体系建设“五有”要求，有力有序推进各级服务中心（站）标准化建设，128个乡镇（街道）均已单独设置退役军人服务站，落实2名以上人员编制。推进建立退役军人关爱基金会、退役军人学院、退役军人孵化基地等社会组织，形成政府与社会力量相互补充的服务管理模式。二是健全系统完备的政策制度体系。建立规范统一、系统完备、符合市情的政策制度体系，优化移交安置、就业创业、优抚褒扬、帮扶援助、双拥共建等制度。

（二）夯实退役军人各项业务工作。一是积极做好退役军人思想政治和权益维护工作。突出思想引领，分别在南湖公园李明瑞、韦拔群等革命烈士纪念馆，人民公园革命烈士纪念碑揭牌成立“广西退役军人思想政治教育基地”。积极落实领导包片联系点工作制度，年内联系生活困难、伤病残、信访矛盾突出、功臣模范、参战参试和遗属6类联系对象68人。对纳入财政解困范围的企业军转干部进行了全员慰问，发放困难企业军转干部补助金1615人次3700万元，组织556名困难企业军转干部免费健康体检。严格按照“三到位一处理”要求依法处理矛盾诉求，年内市本级共接待来信来电来访、办理上级转办件309件，其中来访165批226人次。二是扎实推进退役军人移交安置。坚持贯彻“妥善安置、合理使用、人尽其才、各得其所”的原则，接收安置转业军官178人，符合政府安排工作条件退役士兵190人，随调家属5人，接收自主就业退役士兵1900人，计划移交伤病残退役士兵2人。三是创新推动退役军人实现充分就业。探索新时代退役军人学历教育与技能培训的新模式，与南宁职业技术学院合作建设率先成立全区首个退役军人学院。签订29家承训机构，组织“无人机培训班”“全媒体运营培训班”等10余期培训班，培训自主就业退役军人550多人。年内开展自主就业退役士兵线下适应性培训9期1187人，线上培训1680人。举办线上、线下招聘会50场，参会单位832家，提供就业岗位4.8万个，达成就业意向退役军人、军属1208人。成立南宁市退役军人创业就业孵化基地，打造“退役军人创新成果转化+创新孵化培育+多层次人才集聚”的特色创业就业孵化平台，建立以“一个载体+两支团队+三个平台+N位退役军人”的“123+N”服务模式。举办就业创业大赛和产品展销会，全市62家军创企业报名参赛，70家军创企业报名参展，评选出获奖项目18个、优秀展商30名。联合农信社、柳州银行、桂林银行等金融机构开发“拥军创业贷”金融产品，已对157家军创企业提供国家创业担保贷款190万元。四是努力实现优待抚恤精准服务。按时下拨中央、自治区优抚对象抚恤补助经费1.91亿元，分配下拨年度入伍大学生一次性鼓励金约1323万元、优抚对象医疗补助金280万元。持续加强信息采集工作，年内全市共采集信息16.57万条。积极推动悬挂光荣牌工作，全年共为符合条件对象悬挂光荣牌14.99万块。广泛开展慰问优抚对象活动，全年共慰问驻邕部队及各类对象9万人次，发放慰问金（品）3110.2万元。切实保障优抚对象医疗待遇，支出医疗保障经费1056.05万元，共为3494名优抚对象提供医疗救助。为176户现役军人家庭送立功喜报，发放奖励金33.49万元。提升优抚保障水平和质量，组织120名重点优抚对象参加短期疗养。开展年度部分老年优抚对象免费健康体检，共为1639名重点优抚对象进行免费体检。五是全面提升褒扬纪念工作水平。全面做好清明烈士祭扫服务保障工作，高标准承办烈士纪念日向人民英雄敬献花篮仪式，指导各县（市、区）开展相关纪念活动7场次。下拨1616.1万元资金修缮维护马山县鳌鱼山烈士墓、西乡塘区富庶烈士陵园等296个项目，整修县级以下烈士纪念设施。开展“关爱老兵，慰藉英烈”走访慰问100名烈士遗属和100名重点优抚对象的“双百”活动，完成梁小霞评定烈士相关工作并举办向其遗属颁授烈士光荣证仪式，开展“为烈士寻亲”活动找到南宁籍烈属23名。六是全盘统筹军休军供工作。按照“随退随审、即交即接”原则，接收移交政府安置军队离退休干部和退休士官57人（占全区接收总量的48.2%）。与市第一人民医院等三甲医疗机构签订合作协议，开辟军休干部专门绿色通道，挂牌设立拥军病区，“健康养老—医疗诊治—日常居家照护—健康跟踪”闭环式健康服务体系基本成型。重点做好军休老旧小区改造工作，南宁市退役军人服务保障基地项目获得立项批复用地89亩，南宁军供分站已完成土地交接、土地围挡确权工作。年内接待过往部队126批次，无一出现错漏，南宁军供站荣获地供系统机动保障演练暨烹饪技能竞赛二等奖。七是持续巩固双拥创建成果。出台《南宁市双拥工作领导小组工作规则》等3项规章制度，制作并推荐双拥文艺作品营造浓厚双拥氛围，建立健全“双清单”制度，合力解决军地需求，参加海军“南宁舰”入列仪式。

三、经验体会

退役军人工作关乎党基、国脉，是一项连接着强国兴军伟业的战略工程。市退役军人局坚持以提升体系治理能力和精准服务水平为主线，着眼退役军人期盼和需求，不断实现从抓组建到强基础再到精服务逐级提升，逐步形成一条可复制能推广的“南宁经验”。

（一）坚持加强党的领导。加强党对退役军人工作的全面领导，是做好退役军人服务保障工作、维护社会大局稳定的政治要求和重要实践。退役军人事务部门首先要坚持建成牢固树立和践行“四个意识”的政治机关、坚决落实中央决策部署的行政机关、有力维护退役军人和其他优抚对象合法权益的服务管理机关，落实全面从严治党主体责任，打造忠诚干净担当的干部队伍，发挥党的政治、组织和群众工作优势，推动各项任务有效落实。要充分发挥基层党组织的战斗堡垒作用，加强对退役军人党员的教育管理，寓教于管、融管于服，把党和国家的关心关怀面对面、心贴心地传递出去，真正把广大退役军人凝聚在党的旗帜下。

（二）坚持以退役军人为中心。退役军人为国家、为社会牺牲奉献，让他们成为全社会尊重的人、让军人成为全社会尊崇的职业，是退役军人事务部门持之以恒的奋斗目标。要牢固树立以人民为中心的发展思想，把退役军人和其他优抚对象对美好生活的向往作为工作导向，全心全意为他们服务，切实将党和国家的各项政策、方针落到实处。要充分发挥退役军人天然优势和独特作用，鼓励支持他们投身经济社会发展，使他们始终成为爱国奉献、忠诚担当、奋发有为的积极力量。要加强舆论引导，大力彰显“一次当兵　一生荣光”的精神风范和价值导向，在全社会营造尊崇军人、优待退役军人的良好氛围，让广大退役军人的获得感、归属感、幸福感不断增强。

（三）坚持不断创新发展。做好退役军人工作，发展是第一要务，创新是第一动力。要坚持在方式上创新，以全面提升退役军人服务质量为基本目标，围绕“以感情为基础、以教育来引导、以法规作保障”的工作思路，着力打造退役军人事务工作品牌特色亮点，做到高效精准精细服务。要坚持在服务上创新，积极探索“互联网+退役军人服务”模式，不断完善政策法规、政务公开、政策解释、交流互动、就业服务、公告发布、网上信访等功能，为广大退役军人提供智慧化便捷服务。要坚持在思维上创新，准确把握新时代退役军人工作面临的新形势新任务，切实打开思路、转变观念，始终以创新为动力源泉，推动退役军人工作持续发展。

（周若　李维全）

凝心聚力　担当实干　奋力推进应急管理体系和能力现代化

市应急局党委

2021年，市应急局党委坚持以习近平新时代中国特色社会主义思想为指导，深入贯彻落实党的十九大和十九届历次全会精神，习近平总书记关于安全生产、防灾减灾救灾、应急管理的系列重要论述，全面落实强首府战略，在应急管理、安全生产、防灾减灾救灾上认真履职，有效化解安全风险，为南宁高质量发展创造了安全稳定的环境，进一步推进首府应急管理事业改革发展。

一、党建概况

2021年，市应急局基层党组织总数7个，其中局党委1个、机关党委1个、党支部5个，党员97人。

（一）抓组织领导，压实主体责任。市应急局认真履行从严治党主体责任，以对党绝对忠诚的站位推动“两个责任”落实。各级党组织书记严格履行第一责任人职责，带头加强政治理论学习，带头遵守党纪国法，带头上党课，带头落实双重组织生活会制度。抓好2021年度全面从严治党主体责任清单的编订及落实，压紧压实主体责任。印发《关于对局党委班子成员建立党支部工作联系点进行调整的通知》，班子成员按照分工，分别联系一个党支部，严格履行“一岗双责”责任，加强对分管联系点党建工作的指导、督促工作。积极推进模范机关创建工作，扎实开展党支部规范化标准化建设，年内对所属5个党支部“两个达标”工作进行验收。

（二）抓思想建设，强化理论武装。印发《2021年理论学习计划》《2021年基层党组织理论学习党史学习教育重点内容安排》，规范各级党组织学习内容。年内召开中心组集中学习5次；举办党务干部培训班1期，培训党务干部15人次；开展党员教育培训11期，培训党员600余人次，形成党委理论学习中心组示范学、基层党组织书记率先学、党员领导干部带头学、党员干部跟进学的良好局面。充分利用“学习强国”、应急管理干部网络学院、南宁机关“两学一做”网上党校等学习平台，拓宽党员干部学习渠道。组织各党支部观看“十场名家云直播”党课，教育引导党员干部从党的光辉历程中汲取养分，传承党的优良品质和优良作风。组织学习《中国共产党党员权利保障条例》《中国共产党党徽党旗条例》《中国共产党地方组织选举工作条例》《中国共产党组织工作条例》等党纪法规，不断强化党员干部的党纪意识。扎实开展“思想政治工作年”工作，深化“五型机关建设”，切实加强宣传和意识形态工作，以思想自觉引领行动自觉。年内，中共南宁市安全生产监察支队支部委员会获评先进集体，市应急局综合协调科科长、机关第一党支部书记杨懿被评为全国应急管理系统二级英雄模范、先进工作者。

5月21日，2021年南宁市防汛抢险救灾应急演练在邕宁区蒲庙镇八尺江龙岗大桥沿岸举行

（三）抓作风建设，筑牢廉政防线。市应急局注重加强对重大节假日期间的监督检查力度，在春节、清明节、五一节、端午节等重点节点前，组织干部职工学习纪律规定，学习中央纪委国家监委、自治区纪委和市纪委下发的各类违规问题的文件通报精神，通过短信、微信发送廉政提醒，严明纪律要求，筑牢拒腐防变思想防线。深入整治安全生产和防灾减灾领域腐败和作风问题，紧盯贪污挪用、虚报冒领、优亲厚友、吃拿卡要等腐败问题，坚持问题导向，在全市应急管理部门开展自查自纠，梳理出涉及整治安全生产、防灾救灾领域腐败和作风问题的“家底清单”。扎实开展家庭家教家风建设，印发《2021年中秋、国庆致全局党员干部职工及家属的一封信》，以“廉”为主题，以弘扬“好家风”为主线，开展争当“廉参谋”、争当“廉书记”、争当“廉管家”、争当“廉内助”活动，全局128名干部职工家属对廉洁修身廉洁齐家作出承诺。

（四）抓群团工作，共建和谐家园。针对全市、定点帮扶村及党组织对口服务社区实际，结合应急管理中心工作，先后组织党员志愿者服务分队、巾帼应急响应先锋队开展各类志愿服务活动30次。其中开展学雷锋活动5次；开展应急知识进校园、进社区活动8次；开展垃圾分类宣传、“啄木鸟”行动4次；开展文明交通劝导志愿服务活动13次，累计350余人次参加志愿活动，发放各类宣传资料5000余份，引导正确投放垃圾40余人次，入户宣传30余户，收集调查问卷50余份，发放小奖品500余份，向结对服务社区反馈城市社区治理方面需改进的问题3个。积极落实帮扶工作，定点帮扶对象——横州市平马镇平马社区和平马镇大茶村均未出现规模性返贫情况。

二、主要工作

（一）党史学习教育更加深化。坚持以领带学，局领导班子充分发挥示范引领作用，带头认真研读党史、新中国史、改革开放史和社会主义发展史“四史”，做到读原著，学原文，悟原理，带头上台讲党课，进一步加深党员干部对党的历史的认识和理解。坚持聚焦主题主线，突出抓基层支部党员“三会一课”的专题学习内容，督促党员潜心自学，推动党史学习教育走深走实、入脑入心。坚持以活促学，组织开展“党员心声大家谈”、重温入党誓词、“清明祭英烈”、乘坐邕江红色主题游船、“重走长征之路、擦亮红色底板、南宁应急铁军永远跟党走”红色主题现场实践教学活动、“党史故事会”党史故事比赛活动和“颂党恩　听党话　跟党走”南宁市应急管理系统红色歌曲合唱比赛、参观“百年风华正茂　奋斗铸就辉煌”——庆祝中国共产党成立100周年南宁党史图片展等系列活动，进一步提升党员干部的组织力战斗力凝聚力。

（二）安全生产形势更加稳定。规范“双随机、一公开”监管制度，狠抓信息化监管服务工作，科学制定2021年度综合行政执法计划，深纠思想上不想执法、担当上不敢执法、作风上不深入执法、能力上不会执法等情况，加强赴基层检查指导工作。年内全市应急管理部门监督检查各类生产经营单位3785家次；实施行政处罚536次，共处罚款2683.85万元，其中监督监察罚款852.77万元，事故罚款1831.08万元，下达各类行政执法文书8816份。坚持以安全生产专项整治三年行动为统揽，认真开展安全生产大检查大排查大整治，全面排查整治安全隐患，突出重点行业领域专项整治，加强安全风险防控，强化各个环节的安全责任措施落实。

（三）应急指挥体系更加科学。将“智慧应急”纳入提升应急管理整体规划的重要位置，依托南宁市电子政务云平台，构建符合本市特点的“纵到底，横到边”的安全生产综合信息平台，监测预警范围涵盖各行业、领域的生产经营单位，为安全监管、行政执法、事故预防和应急救援提供技术支撑。创建“情、指、行、勤、督”一体化综合监测预警平台，有效突破应急管理部门与公安、消防、卫健等专业部门的信息壁垒，整合110、119、120、122等四大应急信息资源，打造市城市应急联动中心前台接处警和信息分类处置，市应急管理局指挥中心后台综合研判和快速响应的指挥协调模式。将安全生产、森林防灭火、防汛防内涝、地震监测等分散的业务信息、视频以及其他应急资源归集到应急指挥中心，实现应急管理信息获取、会商研判、监测预警、快速响应、指挥协调、协同处置“六位一体”，应急管理信息化建设初见成效。率先在全区开展国家安全发展示范城市创建工作，2021年9月，南宁市被国务院安委办确定为全国城市安全风险综合监测预警中心建设试点城市。

（四）防灾减灾基础更加夯实。坚决贯彻“两个坚持、三个转变”新理念，严格落实防汛、防内涝“五个一”工作要求，全面开展防汛防涝隐患排查整治，排查水库744座、水电站85座、堤防106.08公里，山洪灾害危险区1950个、内涝易发区75处、地质灾害隐患点985处，并督促整改。推动救灾应急物资保障转型升级工作，加快引入京东集团参与应急救援救灾物资供应链，实现应急救援救灾物资的采购、调运、配送的全链条集成管理。强化森林火灾管控力度，紧盯重要领域、重点时段，开展野外火源专项治理行动；组织全市防灭火人员2500多人次参加全国、全区森林草原防灭火大讲堂7次，不断提升防灭火人员专业素质和能力。开展自然灾害风险第一次普查工作，摸清自然灾害风险隐患底数，掌握重点区域抗灾能力，进一步夯实防灾减灾基础。

（五）安全科普宣传更加广泛。组织开展全国第二十个安全生产月活动和推进全市安全宣传“五进”工作。围绕“落实安全责任　推动安全发展”主题，依托防灾减灾宣传周、安全生产月、科普宣传周、防汛宣传季、森林防灭火宣传月和“新安法”实施等重要节点开展安全科普大宣传，实施“百千万”科普宣传行动计划，加大普及与人民群众生产生活息息相关的互救等应急安全常识。年内开展安全宣传主题活动2204场，3128家单位、企业参加科普宣传，受众人数约2400万人次，社会公众安全意识、防灾减灾及避险能力大幅提升。

（六）应急处突机制更加高效。抓好制度完善和预案修订工作，不断完善全市突发事件应急救援联动机制，建立健全应急联动联席会议制度、督办督查工作制度，组织修订《南宁市森林火灾应急预案》《防汛抗旱应急预案》等14个专项应急预案，开展市本级演练7个。年内受理值班电话21898个，处置各类突发事件2093起，其中较大或较为敏感事件366起，发送“应急信息直报”短信、防汛、防火信息短信和预警类短信息129038条，向全体市民发送预警和提醒类百万条次短信4次。

（七）为民服务项目更加务实。围绕应急指挥、抢险救援、联合执法、技术保障等重点工作环节，梳理12个为群众办实事项目。12个为群众办实事项目均如期完成，达到了预期的效果。其中，被列入77个市级重点项目之一的特种作业和高危行业领域5万人次培训项目完成年度目标计划的101.8%；初步完成安北下自由集市安全隐患整治；清退矿山外包工程队伍1个，关闭注销尾矿库1座；调拨上林等4县救灾物资共3110件（套）支持县（市、区）开展冬春救灾低温冷冻灾害救助工作；做好因灾倒损住房恢复重建及维修救助，帮助重建和维修住房17户35间，发放重建维修补助资金21.9万元；全市2020—2021年度冬春期间共救助受灾群众38143人，发放救助资金539.69万元。

三、经验体会

（一）必须坚决维护以习近平同志为核心的党中央权威和习近平新时代中国特色社会主义思想的指导地位。只有深入学习领会、全面贯彻落实习近平新时代中国特色社会主义思想，把学习贯彻习近平总书记关于应急管理、安全生产、防灾减灾救灾的重要论述和重要指示批示精神作为谋划和推进应急管理工作的总纲和主线，锚定目标，笃行实干，才能不断推动应急管理体系和能力现代化建设。

（二）必须坚持把政治建设摆在应急管理现代化建设的首要位置。只有深入开展思想政治建设，以理想信念强基固本、以高尚道德砥砺品格，锤炼党性修养、淬炼作风品格，才能锻造忠诚干净担当的高素质干部队伍，为应急管理事业发展提供坚实的基础。

（三）必须坚持解放思想、敢于担当，充分调动各方面积极性。健全完善体制机制，注重全面协调配合，充分动员各部门、社会各界力量共同参与到应急管理工作当中，凝聚应急管理事业改革发展的强大合力。

（蒋莉）

坚持党建引领 提升监督效能 全力护航首府经济社会高质量发展

市审计局党组

2021年，市审计局党组始终坚持以习近平新时代中国特色社会主义思想为指导，把党的领导贯穿审计工作全过程各环节，以政治建设为统领，紧扣新时代党的建设总要求，扎实开展“锻造审计铁军 创建模范机关”建设，促进依法全面履行审计监督职责，推动首府经济社会高质量发展。

一、党建概况

市审计局共有基层党组织5个，其中机关党委1个、党支部4个，党员92名。2021年，组织实施“五项行动”，争创模范机关。

（一）实施“强素质、增本领”行动，建设信念过硬的模范机关。牢固树立政治机关意识，把党的政治建设作为铸魂工程抓实抓细，着力提升审计队伍战斗力。充分发挥局党组“头雁”效应，把学习贯彻习近平总书记最新重要指示批示精神作为党组会“第一议题”，形成“党组带头学、支部推动学、党员跟进学”，通过党组理论学习中心组重点学、专家辅导专题学、支部研讨学、集中整训全面学、网络学习日常学等多种形式持续抓好理想信念教育和对党忠诚教育，不断提升审计干部的政治素质和专业能力。

（二）实施“夯基础、补短板”行动，建设组织过硬的模范机关。紧扣“两规范一坚持一提升”工作法，以建好“四强”党支部为目标，夯基础、补短板，畅通机关党组织的经脉气血，形成一支部一特色、一支部一品牌。建立完善“一把手负总责、分管领导具体管、各科室齐抓共管”的工作机制，深入实施“提升支部建设质量行动”和“一月一清单”工作制度，把创建“责任田”种成“高产田”；认真执行“三会一课”、组织生活会、主题党日和民主评议党员等基本制度，定期对支部建设情况把脉问诊，扎实推进支部标准化规范化建设。以深入开展党史学习教育为契机，加强与有关单位开展联建联学，不断提升党组织凝聚力、向心力、战斗力。

11月19日，市审计局“开展研究型审计推动审计高质量发展”主题党日活动

（三）实施“明礼仪、讲文明”行动，建设文化过硬的模范机关。坚持文化铸魂，把精神文明建设纳入模范机关创建工作，以创建文明单位为抓手不断提升审计干部思想觉悟，树立文明审计形象。倾心打造廉政文化室、阅读室、文化走廊、新时代文明实践站等文明阵地，以“道德讲堂”、“我们的节日”、品悦书香、“文明科室”和“最美审计人”评选等活动持续打造审计机关文化品牌，让党员干部在潜移默化中陶冶情操、增强党性修养，筑牢文明创建思想根基。创新开展“订单式”志愿服务推进“我为群众办实事”实践活动，与江南区五一中路社区结对共建。组织党员到社区开展疫情防控、生活垃圾分类、政策宣讲、交通劝导、民族团结宣传、创文明城市、控烟宣传等工作，让党旗飘扬在一线、党徽闪耀在一线、志愿红马甲活跃在一线。

（四）实施“亮品牌、促业务”行动，建设业务过硬的模范机关。以“抓党建带队伍、促业务出成效”为主线，推动党建工作与审计业务深度融合，着力实现党建与业务工作双提升。以“百日攻坚”活动为载体，打造“审计先锋”党建品牌，每年组织开展审计项目“百日攻坚”活动，引导党员干部在审计工作一线勇挑重担、攻坚克难，优质高效全面完成年度审计工作任务。以提高审计监督效能为目标，打造大数据审计品牌，构建具有南宁特色的大数据审计模式，在全区率先实现市、县（市、区）一级预算单位审计全覆盖；以青年党员为骨干的大数据审计分析“青年突击队”，不断创新审计技术方法，优秀计算机审计项目、创新计算机审计案例评比获奖数量和等次均排广西审计系统首位。

（五）实施“优作风、倡廉洁”行动，建设纪律作风过硬的模范机关。扎实开展“书记引航担使命”主题活动，加强对一把手和领导班子监督工作，扎紧作风建设“铁藩篱”。严格执行审计“四严禁”工作要求和审计“八不准”工作纪律，健全廉政教育长效机制，打造忠诚干净担当的党员干部队伍，营造风清气正的良好政治生态。出台移送处理事项暂行办法、协作配合工作办法，加强审计监督与各类监督贯通协同，构建集中统一、全面覆盖、权威高效的审计监督体系。

二、主要工作

2021年，完成审计项目114项，审

计查出问题金额91.53亿元，促进整改落实有关问题资金44.23亿元，促进被审计单位制定整改措施和健全规章制度113项，移送涉嫌违纪违法问题线索26条。1个审计项目获审计署优秀审计项目一等奖，6个审计项目获审计厅一等奖，局机关获评南宁市“模范机关示范单位”“文明单位”，机关党委获评市委市直机关工委“先进基层党组织”，涌现了“广西勤廉先进个人”、市直机关“优秀共产党员”“优秀党务工作者”等先进典型，实现了审计工作的新突破。

（一）聚焦政策落地见效，持续开展重大政策措施落实情况跟踪审计。牢牢抓住改革热点难点、“六稳”“六保”、常态化疫情防控和经济社会发展等方面的决策部署，紧盯政策不落实、项目不落地、措施不衔接等问题进行跟踪审计，重点关注涉企收费征管、政府投资基金引导、清理拖欠企业账款等方面的情况，推动市本级和4个开发区（风景区）、35个部门单位上缴结余资金、清退各类保证金4.87亿元。

（二）聚焦经济高质量发展，深入开展重大项目审计。围绕“强龙头、补链条、聚集群”的工业战略及产业大招商攻坚突破年活动，对57个“双百双新”产业项目和63个招商引资项目实施专项审计调查。对6个重大政府投资项目、部分城区征地拆迁项目、5个企业集团的工程结算管理情况进行审计，发现223个项目多计建设成本或费用1.74亿元，1516个项目未及时办理竣工验收、决算、结算等问题。

（三）聚焦资金提质增效，深入开展财政预算执行审计。从财政体制改革、财政预算和决算草案编制、财政存量资金、上级转移支付、预算绩效管理等方面开展市本级财政管理情况审计。从国有资产管理、政府采购、体制机制性问题及原因等方面开展部门预算执行情况审计，发现非税收入未上缴国库、存量资金未及时统筹使用等问题86个，涉及金额33.20亿元。

（四）聚焦促进国有资本保值增值，深入开展企业审计（调查）。对6家集团公司本部及其103家子公司投融资情况开展专项审计调查，对相关国有控股企业财务收支情况进行审计。发现部分企业存在债务风险、融资渠道单一、1家企业未及时确认对外投资71.58亿元等问题。

（五）聚焦民生热点难点，深入开展民生资金审计。聚焦乡村振兴、养老、教育等重点领域，开展易地扶贫搬迁后续扶持、社区惠民和居家养老服务、学前教育情况等审计，发现搬迁群众创业培训效果不佳、居家养老服务政策覆盖面较低、学前教育资源供给仍然不足、项目建设未发挥效益等问题。

（六）聚焦生态文明建设，深入开展自然资源资产离任审计。围绕生态保护约束性指标、自然资源资产开发利用重大决策事项，对生态环境保护和污染防治情况进行审计，发现耕地保护责任落实不到位、违规占用永久基本农田、耕地“非农化”、土地违法案件未得到有效查处、落实水污染防治工作不到位等问题，促进自然资源管理和生态环境保护政策有效落实。

（七）聚焦权力规范运行，深入开展领导干部经济责任审计。完成对82名领导干部经济责任审计，查出主要问题金额6.44亿元，其中：违规金额2.06亿元，管理不规范金额4.38亿元；提出审计建议247条，审计促进增收节支0.03亿元。

（八）坚持科技强审，提升审计质量。依托数字化审计平台，在全区率先运用大数据方式对全市预算单位审计全覆盖，预算执行审计形成“南宁特色”；运用地理信息技术、卫星遥感技术、无人机航拍技术对自然资源进行全方位核查，自主研发工程造价数据分析工具、企业数字化分析软件，运用大数据“精准画像”，资源环境审计、政府投资审计、经济责任审计、企业审计全面提质增效。

（九）创新“1+3模式”，提升审计整改质效。打造“系统+数据+应用+机制”的“1+3”审计整改管理模式。通过审计整改智能化管理、建立审计整改“信息库”、审计整改“全方位、全过程、全链条”跟踪、构建审计整改立体格局，实现审计整改率明显提高、审计整改影响明显扩大、审计整改成效明显提升，推动管理规范、改革创新和机制体制完善，服务首府高质量发展。

（十）紧紧围绕目标要求，扎实开展党史学习教育。局党组发挥示范引领作用，召开党组会议50次、党组理论学习中心组学习5次、党史学习教育读书班4次，讲党课14次。征订党史学习教育书籍637册，分阶段、分专题及时开展学习。积极用活用好南宁本土红色教育资源，开展“学党史跟党走”庆祝建党100周年系列活动、“学党史爱祖国庆中秋送温暖”主题党日活动、文明交通劝导、创城“啄木鸟”行动等，通过党史联学、队伍联建、资源联用、活动联办等措施，加强与机关、企业、社区、帮扶村等开展联学共建，深入开展“党史知识大家答”“党史故事大家讲”“红色歌曲大家唱”“党员心声大家谈”，共开展主题党日活动102次。扎实开展“我为群众办实事”实践活动，精心设计“讲理论、讲政策、讲审计”服务活动、“文明进社区”志愿服务活动、“审计助力乡村振兴”服务活动等，细化13项责任事项和17项具体工作措施，为民办实事项目100%完成。

（十一）强化干部学习培训，锻造高素质审计队伍。通过视频转播、专题讨论、心得交流、行动学习等方式，不断增强干部学习培训的针对性和实效性，切实抓好党员干部思想教育和理论武装。制定干部培训计划，组织干部参加上级审计机关以及南宁市各部门举办的各类培训学习共96次，参加培训人员共计1721人次。

三、经验体会

（一）坚持政治强审，牢牢把准审计工作的政治方向。牢固树立审计机关首先是政治机关的意识，把讲政治贯穿审计工作始终，认真落实加强党对审计工作的集中统一领导各项要求；切实发挥市委审计委员会把方向、谋大局、定政策、促改革作用，站在政治和全局的高度谋划推进审计工作；严格执行重大事项请示报告制度；强化上级党委审计委员会对下级党委审计委员会的领导，完善党委审计委员会工作机制，优化党委审计委员会办公室运行机制和对外协调机制。

（二）坚持质量强审，积极推动审计工作提质增效。聚焦主责主业，围绕党中央、自治区、南宁市重大决策部署，找准审计工作的着力点和落脚点，自觉融入、主动服务全市经济社会发展大局，科学制定审计项目计划，加大对南宁市经济社会发展重大战略、重大举措、重大项目、重大资金等落实落地情况的审计力度，以高质量审计监督为全市经济社会高质量发展保驾护航。

（三）坚持创新强审，全面提升审计监督效能。牢固树立审计精品意识，精心谋划项目计划，提前锁定拟创优项目，强化成果导向，努力打造审计精品项目；优化审计项目管理，制定审计任务时间表、路线图，实行挂图作战，时时追踪进度，提升审计效率；坚持问题导向，扎实做好审计“下半篇文章”，健全审计整改长效机制，建立审计查出共性典型问题“负面清单”，打好“预防针”，敲响“警示钟”，系统推动查核问题、提出审计建议、督促审计整改相统一。

（四）坚持人才强审，锻造高素质专业化审计队伍。认真践行习近平总书记提出的“以审计精神立身、以创新规范立业、以自身建设立信”要求，坚持从严治审，强化“三能”（能查、能说、能写）建设，不断提高审计干部的政治能力和专业水平，努力建设一支信念坚定、为民服务、业务精通、作风务实、敢于担当、清正廉洁的高素质专业化审计队伍。

（谢晓　杨嘉依）

深化开放合作 加快创新发展 全力推动全市外事工作迈上新台阶

市外事办党组

2021年，市外事办坚持以习近平新时代中国特色社会主义思想为指导，全面贯彻党的十九大和十九届历次全会精神，深入贯彻落实习近平外交思想，学习贯彻习近平总书记视察广西“4·27”重要讲话精神和对广西工作系列重要指示要求，按照中央对外工作部署、自治区党委十一届九次全会、市委十二届十一次全会和市第十三次党代会的决策部署，突出重点、精准发力，在常态化疫情防控背景下，强化开放引领，增强创新意识，主动服务国家总体外交、全区对外开放和强首府战略大局，为实现高水平开放引领高质量发展、实现“十四五”良好开局作出了积极贡献。

7月8日，南宁市国际合作服务工作站在中国—东盟经贸中心揭牌，市“五外融合促开放”工作机制正式建立

一、党建概况

2021年，市外事办党组下设1个机关党总支部、3个机关党支部（2个在职、1个退休）、3个二层机构（党员数均不足3人，合并到机关一、二党支部），党员52人（正式党员49名、预备党员3名）。

（一）加强政治建设。全面落实主体责任，立足新发展阶段、贯彻新发展理念、构建新发展格局，以党的政治建设为统领，以创建模范机关为主线，以推动机关党的建设高质量发展为主题，扎实开展党史学习教育，以“党建引领强首府，担当作为走前头”主题实践活动为载体，围绕地方外事服务强首府战略，贯彻全面从严治党要求，探索“五好”模范机关创建路径，搭建党员活动载体，不断充实“桂花讲堂”新时代讲习所内涵，以“党旗在南宁渠道中闪光”党建品牌为基础，孵化出机关各党支部党建子品牌，把科长上讲台、五外融合促开放、友城进东博等子品牌，深度融入红色要素。推动机关党组织在疫情防控、友城交流、领事保护、乡村振兴等工作中发挥战斗堡垒作用。

（二）加强思想建设。按照学史明理、学史增信、学史崇德、学史力行，“学党史、悟思想、办实事、开新局”要求，广泛开展以党史为重点的“四史”学习宣传教育。学习了习近平总书记关于党史学习教育一系列重要讲话精神等“必学篇目”，围绕党史学习教育“四本书”和习近平总书记“七一”重要讲话精神，开展了收看现场直播，组织党组理论中心组开展各类学习5次，党组理论读书班4期，党员领导干部结合落实从严治党集体学习12次、参加市委各级理论培训班6期，机关第一、第二党支部分别组织了4期党员心声大家谈，党史知识大家讲活动，开展11场次党员集中活动日，组织全办党员干部在“八桂先锋”网平台集中收看“十场名家云直播”之“学习习近平总书记在庆祝中国共产党成立100周年大会上的讲话专题辅导报告”党课，广大党员干部带头捍卫“两个确立”、自觉践行“两个维护”，思想境界不断提升。

（三）加强组织建设。规范基层党组织设置、换届和届中调整工作，选优配强支部班子。牢固树立党的一切工作到支部的鲜明导向，持续深化“支部建设升级”行动，完成机关党支部届中补选1名书记、2名委员工作。坚持“书记抓、抓书记”，结合党史学习教育，开展时代前沿知识讲座互融互助学习平台，邀请专家、教授进行理论宣讲，相继开设了“党课开讲啦”3堂，并择优推荐3堂党课参与自治区公务员学习平台、市直机关优秀党课评选选活动，获评优秀奖，“科长上讲台”开展业务培训学习7场，“经典诵读”“外语早读”每周3次等一系列学习课堂，建党100周年等重要和敏感时间节点，党总支书记、党支部书记带头为党员讲专题党课6场次，同时选拔政治强、业务精、作风好的党务干部参与建党100周年“两优一先”评选，1名同志被评为市直机关优秀党务工作者，把落脚点放在基层党支部建设上，全年实现了机关第一、二党支部组织生活全部达标。

（四）加强作风建设。加强机关作风建设，充分利用机关干部集中的区域和场所，合并党员活动室建立党员道德讲堂，院内花园建成外事文化宣传阵地，开展党纪条规宣传，使之成为宣传党的路线方针政策的窗口、弘扬社会正气的阵地、丰富群众生活的场所，联系干群关系的纽带。持之以恒整治“四风”转变作风，持续开展“机关整风肃纪作风纪律整顿”活动，在机关作风建设上，在发生在群众身边的腐败问题治理中，在扶贫领域的腐败问题整治中，形成长效的高压态势，坚决纠正文山会海，彻底纠治办文办会错漏失误等能力弱的情况，强力整治“四风”，深入排查“四风”问题特别是形式主义、官僚主义的新表现，重点查找在文风、会风及下沉一线、服务群众等方面的问题，针对存在的问题，拿出过硬措施，切实加以整改。

（五）加强制度建设。对照党的建设标准，制定修订了多项党建工作制度，涵盖党组、总支、支部各层面，以及政治、思想、组织、作风、纪律建设各方面，不断提升党建工作规范化水平。按照模范机关创建要求，制定“五好”模范机关实施细则，出台相关制度，以党建工作责任制为抓手，开展全方位党组抓基层党建工作检查督导和述职评议，建立健全党组书记及班子成员联系点制度，以领导干部上党课和到联系的党支部开展季度指导工作作为基层党支部达标创先的有力抓手。实行网格化跟踪问效，推动党组履行主体责任、党组书记履行第一责任、班子成员履行“一岗双责”，以责任制落实带动党建工作制度落地。

（六）加强纪律建设。认真履行全面从严治党主体责任，党组班子始终把全面从严治党主体责任扛在肩上，认真抓好党员领导干部每月学习监督，领导干部谈心谈话制度，全年共完成4次党员领导干部警示教育，专题研究党风廉政建设会议2次，驻统战部纪检组到市外事办进行政治监督、专项监督、“三重一大”事项监督等共5次，参加党组民主生活会、党组会议3次，开展集中谈话2次，将责任清单不断细化、目标管理不断具体。党支部书记严格落实“党风廉政建设负责人”职责，传导主体责任压力，支部委员根据职责分工，逐级分解责任，认真履行“一岗双责”，对本支部范围内的党员党风廉政建设工作主动督促。

二、主要工作

（一）科学谋划创新机制，做好外事统筹管理与服务。一是召开2021年市委外事工作委员会会议，深入学习贯彻习近平外交思想和自治区党委外事工作委员会会议精神，研究部署2021年外事、港澳工作，审议通过《2021年全市外事、港澳工作要点》《南宁市外事、港澳工作“十四五”规划》，为当前和今后一个时期外事、港澳工作做好谋划、提供指引。二是开展外事服务需求调研，向全市各部门、各县（市、区）全面收集外事服务需求和涉外活动开展情况，实地走访调研马山县、隆安县、兴宁区、青秀区、西乡塘区特色参观点以及社区国际化建设情况，建立外事服务资源库，编制《南宁市外事参观点手册》《南宁市外事礼宾礼仪工作规范手册》。建立联系企业制度，走访广西纵览线缆集团、广西国际博览集团等企业和单位，为企业提供精准服务。利用海外引智站，向南宁市科技、工信、金融等有关部门推送海外人才和项目16个，向第四届南宁市海（境）外创新创业大赛推荐项目7个，服务国际化城市招才引智。三是根据疫情政策调整，统筹全市各类国际会议、比赛、文艺演出等对外交往计划80项，按照“非必要不出访”“非必要不邀请或延期邀请入境”原则，逐案审核审批因公出国（境）团组和邀请外国人来华事项，为赴境外开展医疗援助和招商推介的团组开设“绿色通道”，服务特殊任务和复工复产。四是创新建立“五外融合促开放”工作机制，整合外事、外资、外贸、外管、外侨“五外”资源，建立起平台共享、渠道联通、衔接顺畅的“大外事”体系，有效促进国际要素集聚和营商环境改善。在机制框架下，在中国（广西）自由贸易试验区南宁片区重大标志性项目——中国—东盟经贸中心设立工作站，开设APEC商务旅行卡申办窗口，为企业“走出去”提供便利；举办领保助力企业“走出去”暨驻邕领事机构投资贸易合作推介会，为企业应对风险和挑战保驾护航；点对点迅速回应外资企业“引进来”诉求，积极争取将南宁市威宁集团等7家企业纳入自治区简化因公出国（境）手续适用名单，配合自治区开展因公出国（境）网上申报系统测试，服务南宁市企业更快更好地“走出去”。

（二）加强疫情常态化防控，持续开展国际抗疫合作。根据南宁市疫情防控各项措施，严防境外疫情输入，做好领馆区的疫情防控工作，组织全面消杀2次，协助完成9批17名外国驻南宁总领事馆官员的入境转运和医学隔离等健康管理服务工作。成功举办南宁—伊基克线上抗疫经验交流会，分享抗疫成果，加强友城间抗疫合作。密切跟进国际疫情形势变化，向柬埔寨金边市和西哈努克省、老挝万象市和占巴塞省、缅甸仰光市、菲律宾达沃市、尼泊尔博卡拉市、马来西亚霹雳州和怡保市、冈比亚班珠尔市共10个国际友好（交往）城市以及柬埔寨外交与国际合作部捐赠医用呼吸机2台、小型制氧机50台、一次性医用口罩10万只、医用防护口罩2.8万个、连花清瘟胶囊1万盒、医用手套1万双、防护服1250套和防护面罩4000个，极大缓解了友城物资紧缺压力，获友城政府和国际社会的高度赞誉。

（三）开启“云上”交往新模式，深化对外人文交流。一是在重要节庆日为友城送去“云祝福”。为菲律宾达沃市、泰国孔敬市、日本秋田市、澳大利亚班达伯格市、法国普罗旺斯地区、波兰格鲁琼兹市、乌克兰伊万诺—弗兰科夫斯克市等友城录制新春贺词视频，为澳大利亚班达伯格市、菲律宾达沃市、泰国孔敬市录制展示中国传统民族文化的节目视频和新春祝福视频，为菲律宾达沃市第84届城市日、波兰格鲁琼兹市建市730周年录制祝福视频，邀请加拿大维多利亚市市长丽莎·海尔普斯和法国普罗旺斯地区副主席保罗·奥当在第三届世界茉莉花大会上视频致辞，保持对外交往热度。二是利用中外媒体扩大友城人文交流宣传。成功录制《南宁朋友圈　跨国云访谈》节目，邀请老挝占巴塞省、意大利拉斯佩齐亚市、奥地利克拉根福市、乌拉圭派桑杜市线上参与录制，并在《南宁新闻》频道播出。与南宁广播电视台共同制作《外眼看南宁》节目5期，打造更多外宣视角。在《南宁新闻》栏目上播出澳大利亚班达伯格市、菲律宾达沃市、加拿大维多利亚市等9个国际友城及东盟六国驻邕总领馆的新春祝福视频及贺信。在澳大利亚班达伯格市新闻网播出《春天的旋律·2021》跨国春节晚会。邀请法国普罗旺斯地区、意大利克雷马市、奥地利克拉根福市、马达加斯加塔那那利佛市、智利伊基克等国际友城“云上”参加第23届南宁国际民歌艺术节“大地飞歌·2021”中《赶圩归来啊哩哩》节目录制，促进民心相通和文化交流互鉴。三是举办多种形式的人文交流活动。成功举办2期2021年中国—东盟创业挑战营活动，来自中国、新加坡、马来西亚、柬埔寨、菲律宾、越南、印度尼西亚等10个城市150名学生报名参与，为南宁高校学生深入认识并发掘东盟国家的市场契机、培养国际思维、激发创业潜力提供平台。成功举办“支持本地农业　振兴广西乡村”公益摄影摄像大赛，充分展现广西乡村振兴的真实风貌，为讲好中国故事提供珍贵素材。成功举办2021南宁青秀国际传统舞龙邀请赛，邀请泰国孔敬市、马来西亚怡保市、澳大利亚班达伯格市3个国际友城以视频方式参赛，获金奖、铜奖和优秀奖，友城间人文互动进一步加强。

（四）借力国际舞台，对外交往取得经贸实效。一是借力中国—东盟博览会平台，成功举办第三届“南宁国际友城进东博”活动，12个国际友城携超30种商品参展，成为中国—东盟博览会组委会重点推荐巡展首位展位，获中央广播电视总台、《中国日报》、中阿（拉伯）卫视等国内主流媒体以及巴基斯坦、泰国等境外媒体报道30余篇，收到乌拉圭红酒、法国薰衣草精油、越南鱼露等友城商品合作意向80余条，获自治区党委副书记、自治区主席蓝天立和泰国驻华大使阿塔育·习萨等10余名国内外领导政要的高度评价。中国—东盟博览会、中国—东盟商务与投资峰会期间，组织友城代表团与广西桂贸天下企业管理服务有限公司、广西汇贸通商贸有限公司等南宁市重点外贸服务平台企业进行对接推介和贸易洽商，达成多个合作意向。二是组织参加世界城市与地方政府联合组织（UCLG）亚太区理事会视频会议，南宁市成功连任城地组织亚太区2020—2022年理事会成员。加入世界城地组织亚太区旅游委员会，南宁市成为该委员会初始会员并参加线上成立仪式，充分利用国际多边专业平台服务南宁市旅游产业发展。

（五）充分发挥外国驻华使领馆渠道作用，推动“南宁渠道”升级。一是举办4场“领事机构看南宁”品牌活动，加强与各国驻邕总领事馆联络。成功举办“纪念中国—东盟建立对话关系30周年——南宁市人民政府与各国驻南宁总领事馆共植友谊树”活动、“驻邕领事机构看南宁——走进南宁市党建和廉洁文化基地”活动、“领保助力企业‘走出去’暨驻邕领事机构投资贸易合作推介会”活动、“驻邕领事机构看南宁——乡村振兴隆安行”活动，于建党百年之际对外宣传中国共产党执政理念及南宁市建设发展成就，讲好中国故事的“南宁篇章”。二是畅通往来渠道，加强南宁市各部门、企业与外国驻华使领馆间的联系对接。协调安排南宁市各部门、企业与韩国驻广州总领事馆等外国驻华使领馆会晤26次，接待外国驻华使领馆来访17批105人，充分利用使领馆资源推动南宁市重大项目建设，为南宁市深化各领域，尤其是经济领域的对外交流与合作牵线搭桥。

（六）加强涉外管理和海外安全知识宣传，维护安全稳定的内外环境。召开2021年南宁市涉外管理联席会议和驻邕领事机构安保联席会议，制订《南宁市外事办公室涉外突发事件应急预案》。妥善处置涉南宁籍人员境外安全案（事）件32起，妥善处置涉外突发事件3起，为129人提供安全指导和协助，维护南宁市在外居民的合法权益和南宁市的社会稳定。多渠道开展海外安全宣传教育工作，通过《南宁日报》、南宁新闻网等市属媒体和“两微一端”等新媒体平台，播放和推送《帮帮侠领事保护动画》《外交部“非必要　非紧急　不出国”公益广告》《领事保护宣传》等领事保护公益视频，同时深入马山县、江南区等县（市、区）开展现场海外安全宣传，扩大宣传覆盖面，切实提高市民安全防范意识和自我保护能力。做好境外媒体管理工作，印发《南宁市外国和港澳记者采访管理指导手册》300本，为各县（市、区）、各部门开展工作提供详细参考。

（七）主动服务深入调研，全面优化在邕港澳企业和居民的营商生活环境。一是实地走访调研广西京士敦进出口贸易有限公司、五象孵化器、培力（南宁）药业有限公司旗下南宁农本方中医门诊部等企业，就鼓励和服务港澳青年来邕创新创业、经营发展上的困难进行深入调研，推动解决港澳企业和个人反映的实际问题。二是编印发布《南宁市港澳居民公共服务指南》1000本，为在邕港澳企业和个人提供便利化服务。三是成功举办2021年港澳台籍人才引进支持政策宣讲会，协助南职院做好与香港职业训练局共同举办的“2021讲东讲西——网上文化交流及演讲比赛”活动，进一步推动邕港澳人才交流。

三、经验体会

（一）坚持党对外事工作的集中统一领导。办党组始终坚持以习近平外交思想作为新时代对外工作的根本遵循和行动指南，增强“四个意识”、坚定“四个自信”、做到“两个维护”，将党的领导贯穿外事工作各领域、全过程，确保外事工作始终保持正确的政治方向。坚持党管外事原则，重大事项、重要工作必须由领导班子集体决定，全面从严落实管党治党主体责任，充分发挥党建引领和党员先锋模范作用，办党组领导外事工作的水平不断得到提升。

（二）坚持服务大局推动疫情防控取得成效。疫情当前，严格落实各级新冠肺炎疫情防控工作指挥部的指示和要求，及时成立组织和制定相关措施，充分调动各方面力量和资源，深入一线开展工作，积极搞好物资筹措和涉外服务保障，有效推动企业复工复产。

（三）坚持聚焦主责主业抓好各项工作统筹。严格落实党中央、自治区党委和市委的决策部署，主动作为、迎难而上，紧密结合南宁实际情况，坚持统筹兼顾抓好疫情防控和外事工作，充分利用线上和线下多种渠道开拓交流平台，创新开启“云交往”模式，有效促进多方交流和合作，实现外事工作不断取得新成效。

（唐若溪）

改革提速　发展提质
党建“红色动力”激发国企“发展活力”

市国资委党委

2021年，市国资委坚持以习近平新时代中国特色社会主义思想为指导，全面贯彻落实党的十九大和十九届历次全会精神，坚决贯彻落实中央、自治区和南宁市的决策部署，坚持以党的建设引领保障国资国企高质量发展，推动市国有企业改革提速、发展提质，为建设新时代中国特色社会主义壮美广西首善之地，推动全市经济社会发展做出积极贡献。

12月16日，广西乃至华南地区首条全自动运行地铁线的轨道交通5号线一期正式开通运营
（苏振源　摄）

一、党建概况

2021年，市国资委党委下辖直管和双管企业党委21个（其中直管企业党委11个、市级双管企业党委10个）、党总支20个、党支部387个，党员7819名。

（一）坚持党的领导，在公司治理中强核心、促融合。着力推动党的领导与公司治理深入融合，实现符合条件的145家国有企业100%完成“党建入章”，100%建立党组织前置研究重大经营管理事项清单和党组织决策清单，以及学习贯彻习近平总书记重要讲话和重要指示批示精神“第一议题”制度，严格按照要求完成党代表换届工作。把混合所有制企业党建工作纳入党的建设总体布局，出台《南宁市加强和改进混合所有制企业党建工作若干措施意见》，确保混合所有制企业改革发展的正确方向。

（二）坚持真学深学，在党史学习教育中悟思想、办实事。创新开展市国资委党委庆祝建党100周年暨党史学习教育“十百千”系列活动，推动党史学习教育入心入脑、真学深学。指导企业打造的“流动党史馆”“流动党建馆”两大主题专列和邕江红色主题游船，特色做法获新华社、《人民日报》、《光明日报》、央广网、国务院国资委新闻中心、中新社等多家国家级知名媒体及地方各级媒体报道350多篇（条）。聚力推进“我为群众办实事”实践活动项目207个，办实事3000多件。

（三）坚持固本强基，在达标创优中强支部、树标杆。深入开展党支部达标创优工作，所属387个党支部全部核验达标，组织生活质量标杆党支部占比达85%，新培育打造示范党支部22个。南宁轨道交通集团党委获评“自治区先进基层党组织”，南宁交投集团公交驾驶员朱英获评“自治区优秀共产党员”。全年在生产经营骨干等重点群体发展党员557人，同比增加95%。市国资委党委及直管企业领导干部建立党支部联系点96个，帮助解决突出问题300多个。深化国企党建“素质提升”行动，组织开展各级学习培训200多场。

（四）坚持正向激励，在人才战略中强机制、添活力。制定印发《南宁市市属国有企业董事会及董事评价暂行办法》《南宁市市属国有企业外部董事管理暂行办法》，加强市属国企董事会建设。对103户子企业、261名经理层成员实行任期制和契约化管理。2021年在引进A类顶级人才上实现重大突破，化工领域农药专家张立新教授成为广西首位通过人才举荐制认定的A类高层次人才。

（五）坚持正面引导，在舆论宣传中把方向、聚人心。坚持正确舆论导向，充分运用国资国企宣传阵地加强舆论引导，市国资委党委指导监管企业在央媒刊发稿件44条、区媒41条、市媒125条。持续推广使用“学习强国”平台，开展“市国资国企大讲堂”11场，邀请市政协、市委党史研究室、市委讲师团等领导及专家宣讲习近平总书记在庆祝中国共产党成立100周年大会上的重要讲话精神、党的十九届六中全会精神等方面内容。

（六）坚持书记引航，在党风廉政建设中强监督、固防线。深化“书记引航担使命”主题活动和市国有企业“监督护航促发展”专项行动，通过实行“一月一清单”主体责任落实动态管理机制和“两随机”督查调研机制，形成每月一报、每季一查、重点突出的监督模式。深入开展“三重一大”制度执行落实情况、整治违规使用公务加油卡等专项自查自纠，并督促相关监管企业严格开展粮食购销领域专项整治。大力开展市直企业勤廉好榜样宣传活动，通过《南宁日报》、南宁广播电视台等市属媒体对6名2020年市直企业勤廉好榜样深入开展宣传报道。

二、主要工作

（一）全力以赴稳增长，国有经济发展提质增效。一是监管企业经济效益稳步提升。根据企业财务快报统计，市国资委监管企业全年累计实现营业收入232.29亿元，同比增长23.27%；利润总额25.45亿元，同比增长17%；完成固定资产投资额337.31亿元，同比增长0.90%；实现劳动生产总值97.42亿元，同比增长18.23%。资产总额3924.69亿元，同比增长7.94%；净资产1590.74亿元，同比增长11.77%；资产负债率59.47%，同比下降1.39个百分点。全年监管企业已缴税费总额20.59亿元，同比增长18.41%。二是重大项目建设加快推进。扎实推进合众新能源汽车项目、双定循环经济产业园、轨道交通站城一体化、威宁青运村等一批重大项目建设。其中，合众新能源汽车项目厂房施工、产品研发有序推进，合众新能源汽车园区建设顺利实现竣工验收。广西乃至华南地区首条全自动运行地铁线的轨道交通5号线一期于12月16日开通运营，实现南宁轨道交通第一轮和第二轮建设规划1—5号线建设运营的圆满收官。南宁市双定循环经济产业园生活垃圾焚烧发电厂1号焚烧炉顺利发电，实现南宁市建成区原生垃圾“零填埋”目标。积极融资用于项目建设和产业发展，全年到位融资额403.12亿元，完成年度融资计划的141.16%。南宁交投集团3亿美元债券成功发行，实现市属国企境外发债零的突破。三是监管企业科技创新切实加强。对标自治区关于工业企业研发投入强度不低于2%的目标要求，明确国有资本经营预算支出除用于解决企业历史遗留问题外，优先支持企业创新研发项目。加快推进引进培育的铝加工创新中心、3D打印研究院等4个新型产业技术研究机构建设，为市属国有企业发展拓展空间。2021年12月，南宁产投集团投资采购的首台全球最大规格3D金属打印设备顺利通过投产验收并落户南宁，助力南宁工业“制造”升级“智造”；南宁轨道交通集团三项科研项目列入国家交通运输部及广西交通运输厅重点科技项目。

（二）深化改革激活力，国企改革三年行动扎实推进。市国资委党委深入实施国企改革三年行动，累计完成三年133项任务中的98项，完成率73.68%，超额完成国家要求70%的任务。一是中国特色现代企业制度不断完善。市属国有企业及下属子企业实现董事会应建尽建，100%的集团公司制定董事会授权制度，90%符合条件的二、三级子企业实现外部董事占多数。联合市委组织部制定印发《南宁市市属国有企业董事会及董事评价暂行办法》《南宁市市属国有企业外部董事管理暂行办法》，并制定相应的薪酬和报酬管理办法。二是市场化经营机制改革有效推进。经理层任期制契约化管理工作取得新突破，完成经理层成员任期制和契约化管理的各级子企业112户，涉及经理层成员279人，形成改革“一子落”、发展“满盘活”的效应。七大集团全覆盖建立并推行管理人员末等调整不胜任退出机制，企业用工效率得到提升。三是国有资产配置不断优化。建立“僵尸企业”处置出清长效机制，新增完成处置“僵尸企业”7家，完成26户企业清产核资立项，5户企业国有资本金核实。明确11家已转企事业单位分类处理产权关系路径，推动其中2家整合进入国资系统。多渠道向监管企业注入经营性资产，通过货币注资、土地作价出资、房产作价出资等方式注资65.24亿元。四是考核评价体系更加科学。出台《南宁市国资委履行出资人职责企业年度目标责任综合考核实施办法（试行）》《南宁市国资委履行出资人职责企业负责人经营业绩考核办法》及其配套实施细则，根据企业功能定位设置不同的指标权重。

（三）聚焦重点强引领，国有资本布局结构持续优化。一是推动国有资本向重要行业和关键领域集中。编制发布南宁市国资国企“十四五”发展规划，推动国有资本向战略性新兴产业、现代服务业、公共服务、基础设施建设运营等领域集中。完成监管7家市属集团公司主业调整申报工作，调整后7家集团公司主业均不超过3项，严格限制企业年度非主业投资额不超过投资总额的10%。二是推动国有企业战略性重组和专业化整合。牵头组建数字丝路科技集团，统筹推进南宁市大数据产业的建设运营。在南宁威宁集团开展国有资本运营公司试点取得初步成效的基础上，指导南宁城投集团改组为国有资本投资公司，进一步形成国有资本投资、运营公司和产业集团公司功能鲜明、分工明确、协调发展的国家出资企业格局。三是推动新兴及优势产业链深入发展。指导南宁产投集团编制完成《南宁市新能源汽车产业链发展研究白皮书》《南宁市新能源汽车（2021—2025）产业发展行动指南》《南宁市汽车电子产业发展研究白皮书》《南宁市动力电池产业发展研究白皮书》等系列规划，提出南宁市新能源汽车产业“1+N+5”总体发展战略，为全力打造新能源汽车产业生态圈绘制详尽蓝图。

（四）完善机制强监管，国资监管效能不断提升。启动“智慧国资”系统迭代升级工作，将31个业务功能纳入信息化建设范畴，涵盖“三重一大”监管、重要资产管理、产权管理、投融资管理、财务管理等重要监管内容，基本实现线上审批、综合分析、辅助决策等功能。开展监管企业内控体系建设监督评价工作，将风险、合规管理制度建设及实施情况纳入内控体系监督评价范畴和经营业绩考核指标。指导监管企业制定投资负面清单，开展投资项目后评价36项，出台实施《南宁市国资委监管企业违规经营投资责任追究实施办法（试行）》及工作规程，初步形成职责明确、流程清晰、规范有序的责任追究工作机制。

三、经验体会

（一）必须坚持学习贯彻习近平总书记关于国有企业的重要论述不动摇。习近平总书记关于国有企业改革发展和党的建设的重要论述具有极强的政治性、思想性、战略性和指导性。推动国有企业高质量发展，必须坚持把学习贯彻习近平总书记关于国资国企改革发展和党的建设重要论述，牢牢把握国资国企改革发展和党的建设正确方向。

（二）必须坚持党对国有企业的领导不动摇。坚持党的领导、加强党的建设，是国有企业高质量发展的“根”和“魂”。要切实发挥好企业党委把方向、管大局、保落实的领导核心作用，推进全面从严治党，充分发挥党组织战斗堡垒和党员先锋模范作用，为全面落实强首府战略、推动南宁高质量发展提供坚强组织保障。

（三）必须坚持做强做优做大国有企业不动摇。国有企业是中国特色社会主义经济的“顶梁柱”，必须坚持有利于国有资产保值增值、有利于提高国有经济竞争力、有利于放大国有资本功能的方针政策，推动国有企业深化改革、提高经营管理水平，加强国有资产监管，坚定不移把国有企业做强做优做大。

（四）必须坚持国有企业改革的方向不动摇。要坚持把深化改革作为做强做优做大国有企业的根本动力，加快实施国有企业改革三年行动，健全党的领导和公司治理相统一的中国特色现代企业制度，进一步完善国资监管体制机制，激发各类市场主体活力，实现2022年底前全部完成国企改革三年行动任务目标，以改革创新推动国有经济高质量发展。

（刘石清　冯也倪）

党建引领　履职尽责　全面助力首府高质量发展

市市场监管局党组

2021年，市市场监管局坚持以习近平新时代中国特色社会主义思想为指导，深入学习贯彻党的十九大和十九届历次全会精神，全面贯彻落实市委、市政府决策部署，充分履行市场监管职责，主动服务发展大局，坚决保障民生安全，为加快推动首府高质量发展贡献市场监管智慧和力量。

南宁市场监管部门执法人员对药品店进行实地检查　　（何正君　摄）

一、党建概况

2021年，市市场监管局内设机关党委1个，机关纪委1个，党总支部3个，党支部31个，共有正式党员516人，预备党员19人。

（一）强化理论武装，深入开展党史学习教育。制订党史学习教育实施方案，成立以党组书记为组长的党史学习教育领导小组，确保党史学习教育取得实效。通过党组会、理论中心组学习和支部“三会一课”、主题党日、专题讲座，以及组织开展“党员心声大家谈”“党史故事大家讲”“党史知识大家答”“红色歌曲大家唱”“重温入党誓词”“学党史征文”等六大主题活动，深入系统学、结合实际学、融会贯通学，将党史学习教育与学习贯彻习近平新时代中国特色社会主义思想结合起来，与学习贯彻习近平总书记视察广西“4·27”重要讲话精神结合起来，同贯彻落实市委市政府工作部署要求结合起来，真正把学习贯彻成效体现在履职尽责上、体现在服务发展上、体现在保障和改善民生上。

（二）强化组织建设，抓实建强基层党组织。认真贯彻落实《中国共产党支部工作条例（试行）》，严格党内组织生活，按要求发展党员，严格党费收缴管理，2021年发展党员11名、入党积极分子8名、发展对象9名。做好基层党组织书记述职评议工作、组织生活会、民主评议党员工作，共19名党支部书记作了2020年党建工作书面述职。以深入开展党支部组织生活质量提升行动为抓手，加强党建指导工作，局机关31个党支部建设全部标准化，党组织生活规范化建设实现全覆盖，打造党建促产业发展示范品牌取得良好成效，市市场监管局被国家市场监管总局评为“小个专”党建工作表现突出集体。市市场监管局2名同志获南宁市优秀共产党员表彰，12315投诉举报指挥中心党支部获“南宁市先进基层党组织”表彰；2名同志分别获市直机关优秀共产党员、市直机关优秀党务工作者表彰；市市场监管局专业市场管理分局总支部委员会获市直机关先进基层党组织表彰。

（三）深化作风建设，扎严党风廉政建设。深入贯彻新时代党的建设总要求，增强全面从严治党永远在路上的政治自觉，落实“一岗双责”，以强化“两个责任”落实为主线，持之以恒正风肃纪反腐。持续深化“书记引航担使命”主题活动，制定2021年度市市场监管局领导班子主体责任清单24条、领导班子主要负责人主体责任清单17条及其他班子成员的主体责任清单6人共102条，一体推进不敢腐、不能腐、不想腐机制，确保管党治党主体责任落地见效，推动党风廉政建设和反腐败斗争向纵深发展。

（四）强化责任担当，助力乡村振兴。市市场监管局领导分别带队深入横州市、马山县、邕宁区、武鸣区等12个定点帮扶村进行调研30余次，走访听取群众意见、建议，统筹各类资源进行帮扶，突出抓好产业富民，发展壮大村集体经济。充分发挥帮扶桥梁纽带作用，帮助定点村解决问题，组织合美村种植户、养殖户及贫困户参加技术培训，邀请广西亚热带作物研究所柑橘种植专家开展柑橘病虫害综合防治技术培训，提高农产品质量，确保完成乡村振兴防止返贫工作任务。截至2021年底，市市场监管局工会共计使用工会资金177540元用于购买定点帮扶村产品，共向12个定点扶贫村捐赠大米等慰问品约60余万元。

（五）丰富活动载体，提升工会群团活力。坚持以党建带群建，加强和改进机关群团工作，引导广大干部职工坚定不移听党话、跟党走。定期参加“青年大学习”线上学习活动，2021年学习人数达900多人次；市市场监管局获评南宁市直机关五四红旗团委（团支部），2名团干获评优秀共青团干部，3名团员获评南宁市直属机关优秀共青团员。举行2020年春节游园活动、迎新春晚会等活动；开展市直机关2021年春节慰问困难职工活动；积极参加南宁市直机关颂党恩　传家风“家是最小国·国是千万家”主题活动、爱党爱国爱家“四史”知识竞赛等活动；组织参加2021年南宁市直机关“民族团结”健身运动会获三等奖。

二、主要工作

（一）提效能敢创新，营商环境显著改善。对标先进，创新工作方法，进一步优化办事流程，解决企业开办堵点和难点，高质量完成企业开办“2个环节、7个事项、1个工作日内办结”目标。率先在全区推行企业跨辖区迁移登记改革，通过“一申即转”的“三零”服务模式，解决了企业“往返跑”难题。率先在全区实施企业名称“即报即得”改革，让企业在法律框架内获得最大取名自由度，有效解决企业“取名难”问题。作为全区首批试点城市，推行企业跨辖区“一照多址”试点改革，通过“一张执照、多个场所、多点经营”，实现适用区域、审批模式和执照地址“三突破”，充分释放住所资源、降低准入门槛、大幅节省了企业网点扩张的时间和成本，为企业做大做强培育良好的发展环境。截至2021年底，全市通过简易注销程序办结注销手续的企业达11371户，个体工商户达27371户。全市已办理涉及“证照分离”改革事项许可302274户，其中直接取消审批2747户，审批改备案5390户，告知承诺30133户，优化准入服务264004户，极大地激发了市场主体的活力。

（二）强监管严执法，市场秩序更加规范。及时办理各级各部门通过“三书一函”形式反馈的问题和线索200件，作出行政处罚决定152件。在食品、药品、知识产权、产品质量和广告等28个领域加强监管执法力度，市场监管综合行政执法效能得到明显提升。全市各级市场监管部门共立案1.25万起，作出行政处罚决定1.48万件，增长67%；向公安机关移送案件线索51件，增长50%。市市场监管局获评2021年度全区药品监管法治政府建设工作突出单位。南宁市实现从全国传销重点整治城市名单中“脱榜”，打传工作得到国家市场监管总局高度肯定。全市各级12315机构共接收处理投诉、举报和咨询共计14.85万件，同比上升8%，为消费者挽回经济损失3923.58万元。南宁12315效能评价获全国优秀等次。

（三）出真招求实效，“三个战略”落地落细。深入实施知识产权战略，大力培育高价值专利，统筹推进国家知识产权示范城市建设工作，多项指标持续保持全区首位优势，2021年，全市拥有有效发明专利1.02万件，每万人口高价值发明专利拥有量4.48件，专利授权1.59万件；新增中国专利优秀奖1个；获首届广西专利奖项目15个，数量居全区第一；开展知识产权保护直通车服务103家次，比上年增长80.70%。南宁展区成为第十一届广西发明创造成果展览交易会上最亮眼的展区。将实施商标品牌战略作为推动特色经济高质量发展的重要举措，积极拓展资源，助力乡村振兴，南宁市荣获第一批广西商标品牌战略实施示范市、第一批广西商标品牌创业创新基地称号，全市共拥有广西商标品牌战略实施示范企业5家，驰名商标4件；新增“隆安香蕉”“良庆百香果”2件地理标志商标；国家知识产权局商标业务南宁受理窗口在全国296个地方受理窗口中位于前十，继续稳居全区第一。质量强市战略稳固提升，深入推进质量强市建设，质量强市、县（市、区）活动覆盖率100%；建成2个质量服务“一站式”平台；建立年度政府质量奖培育库，58家自治区企事业单位纳入自治区主席奖培育库，64家企业纳入市长奖培育库；全市质量认证证书数量1.25万张，居全区第一；积极打造标准化品牌项目，共发布国家标准24项、行业标准4项、广西地方标准18项、团体标准63项。

（四）保安全护稳定，“四道防线”抓牢抓好。疫情防控防线严密，全市共查验进口货物7.22万吨，运输车辆6748车次，出具《出仓证明》1.06万张；高效处置涉疫进口冷链食品突发事件7起，主动配合相关部门处置涉疫邮件、物品突发事件3起；共开展农贸市场环境卫生清理8549次、清理垃圾2万余吨。牢牢守住了所有进口物品和中高风险地区入邕物品、农贸市场不发生、不传播疫情的底线。食品安全用心守护，2021年全市未发生区域性、系统性重大食品安全事故，食品安全形势保持稳中向好发展态势。“两品一械”安全监管有力有效，全市查处“两品一械”案件583件，其中：药品案件306件，化妆品案件123件，医疗器械案件154件，罚没金额2522.59万元。特种设备放心使用，南宁市连续26个月无特种设备安全事故发生，有效保障了全市8.08万台特种设备安全；南宁“电梯云”平台覆盖率达90.1%，基本实现了24小时应急呼叫处置，平均救援时间为19分钟，得到国务院安委会全国安全生产重点督导检查组高度肯定。

三、经验体会

（一）必须坚持聚力强市场，优化营商环境。深入推进企业登记注册便利化“一报即得”“一申即转”“一照多址”改革，持续降低市场主体准入门槛，健全市场主体退出机制，持续激发市场活力和内生动力。坚持处罚与教育相结合、过罚相当和综合裁量的原则，为广大市场主体提供更加包容的发展环境。进一步加强市场监管领域包容审慎监管等相关政策、措施的宣传和实施，为首府经济发展营造良好环境。发挥南宁市个体私营企业协会的桥梁纽带作用，更好服务个体私营企业健康发展。

（二）必须坚持聚力强产业，有效树品牌提质量。通过建设知识产权公共服务体系、培育高价值专利、强化知识产权保护等措施，推动知识产权高质量创造和运用。推进地理标志运用促进工程，依托国家知识产权局商标业务南宁受理窗口、商标品牌服务指导站，加强与南宁市商标协会等单位联系，围绕“邕系”品牌统筹规划、开展品牌推广，讲好品牌故事，推动品牌价值提升，提高品牌知名度，为促进南宁特色经济发展提供有效载体，助力乡村振兴。推行企业“首席质量官”制度，积极参与自治区市场监管局质量提升“十百千万”工程，指导、鼓励辖区企业积极申报第六届自治区主席质量奖，开展第五届南宁市市长质量奖评选。鼓励社会团体、企业参与国家标准、行业标准、地方标准制（修）订，实施“先进标准+”工程，推进标准化与科技创新、现代农业、先进制造、生态文明、消费升级、社会治理、公共服务等深度融合。

（三）必须坚持聚力强治理，切实严监管保稳定。不断拓展部门联合“双随机、一公开”抽查覆盖面，推进“双随机、一公开”监管与重点领域企业信用风险分级分类相结合，使监管既“无事不扰”又“无处不在”。继续加大对生活消费、互联网、医药购销、医疗服务、要素市场等重点行业和领域的不正当竞争执法力度。强化保供稳价工作，落实防疫物资及重要民生商品保供稳价措施。积极发挥南宁市消费者权益保护联席会议作用，健全消费纠纷多元化解机制，灵活运用约谈、警示、提示、信用约束、执法办案等工具组合，为维护消费公平提供全面有力的保障。

（四）必须坚持聚力强安全，全力防风险除隐患。坚持“外防输入、内防反弹”总策略、“动态清零”总方针，始终绷紧疫情防控这根弦，加强常态化疫情防控，全力守护市民生命健康安全。坚持源头严防、过程严管、风险严控、违法严惩，通过开展风险大排查、抓好问题大整治、促进行业大提升，守牢“四大安全”底线，夯实城市安全基础。落实“四个最严”要求，充分发挥食安办统筹协调作用，全面落实食品安全考核评议、责任约谈、定期调度、示范创建、风险会商等制度机制，凝聚监管合力，推动首府食品安全综合治理水平再上新台阶。针对药品、化妆品、医疗器械领域群众反映强烈的突出问题，集中深入开展安全专项整治。综合运用市场化机制、信息化手段，严格落实特种设备安全主体责任，建立南宁市特种设备大数据分析系统，有效保障城市安全。监督抽查与风险监测相结合，动态监管与现场核查相结合，加大重点工业产品质量安全监督。

（五）必须坚持聚力强党建，全面转作风反腐败。坚持把党的政治建设摆在局党组工作首位，坚持捍卫“两个确立”，增强“四个意识”、坚定“四个自信”、做到“两个维护”，打造“让党中央放心、让人民群众满意”的模范机关。推进基层党支部标准化、规范化建设，建立健全基层党支部的组织生活制度和工作制度，推进基层党组织“提质聚力”。坚定不移推进局机关党风廉政建设和反腐败斗争，全力打造清廉机关。充分发挥党员先锋模范作用，形成党建与业务工作齐抓共管的工作责任机制，营造想干事、能干事、干成事的良好氛围，以党建为抓手促进市场监管事业高质量发展。

（尹颖）

党建业务双融合 淬炼铁军促发展

南宁广播电视台党委

2021年，南宁广播电视台党委坚持以习近平新时代中国特色社会主义思想为指导，深刻领悟“两个确立”的决定性意义，增强“四个意识”、坚定“四个自信”、做到“两个维护”，紧紧围绕党建中心工作，深入推进党史学习教育，在学习方式方法上走出新路子，全面落实强首府战略，开好“十四五”新局，为推动首府广播电视事业高质量发展提供强有力的组织保障。

12月31日，“建党百年话初心 打造铁军促发展”南宁广播电视台党史学习教育“感党恩 跟党走”主题系列活动支部大展示第十期活动举办 （王艺 摄）

一、党建概况

2021年，南宁广播电视台设有机关党委1个、基层党支部24个。正式党员357人，其中在职党员308人、退休党员49人。

（一）突出政治建设抓党建，围绕部门促提升。坚持以习近平新时代中国特色社会主义思想为指导，加强党建与业务的融合，结合工作实际，以党的政治建设为统领，坚持从严管党治党，及时构建“支部建在部门”的党建工作格局，即以部门为单位建立基层党组织，将原有的9个支部重新调整为24个支部。选齐配强机关党委、纪委班子，找准党建与业务工作的结合点，坚持党建工作与业务工作同谋划、同部署、同落实、同检查，推进党建与业务深度融合，切实解决“两张皮”问题，各部门战斗力得到有力提升，助推首府广播电视和网络视听高质量发展，为全面落实强首府战略、建设新时代中国特色社会主义壮美广西首善之地提供强大的思想基础和精神动力。

（二）夯实思想建设抓铁军，立足岗位促落实。把党史学习教育与学习宣传贯彻习近平总书记视察广西“4·27”重要讲话精神和对广西工作系列重要指示要求结合起来，与深入落实强首府战略、乡村振兴、全国文明典范城市创建等中心工作结合起来，加强党章、党规、党纪和法律法规学习教育，探索党课辅导、专题研讨递进式推进学习教育，开展警示教育，重点选取新近案、典型案，抓关键节点、重要时段等时间节点，不断提高学习教育的针对性有效性，引导广大党员干部筑牢反腐倡廉防线，切实把党史学习教育成效转化为推进工作的强大动能。

（三）强化组织建设抓提质，创新教育促融合。把“书记引航担使命”主题活动成果转换成工作动能，以“争做‘三个表率’、争创‘模范机关’”活动为主抓手，加强基层党组织标准化规范化建设，对照达标标准，逐个支部验收过关；建立健全党建工作制度，突出发挥党员干部在重点工作、急难工作中的先锋模范作用，结合广播电视特有资源，组织开展10场“建党百年话初心 打造铁军促发展”——南宁广播电视台党史学习教育“感党恩 跟党走”主题系列活动支部大展示，以多种方式讲好党员干部身边的先进典型故事。坚持党管干部原则，健全管理机制，优化绩效考核指标体系，强化关键核心人才甄选，通过开展重点业务培训、组织外出学习、开展技术比武等方式，逐步提升从业人员素质。鼓励技术人员参加各类优秀作品评选、参加各级学术交流活动，不断增强“四力”，打造一支符合新时代要求的首府广播电视铁军。以党建引领业务工作，提升南宁广播电视台“六大工程”重点工作，积极履行首府主流媒体担当。

（四）深化党建带群团建设，丰富活动聚人心。深化党建带群团建设工作，充分发挥群团组织桥梁纽带作用。加强台工会和妇委会建设，完善创新文体活动模式，积极开展“助力乡村振兴 建设文明廉洁家风”关爱第一书记活动、“感党恩 众心向党”端午节员工包粽子比赛、南宁广播电视台“庆祝中国共产党建党100周年职工书画摄影作品展”、“感党恩 童心向党”少年儿童才艺大赛、亲子植树活动、“月圆中秋”亲子DIY灯笼活动及走访慰问困难职工、新生妈妈、住院职工等多种活动，当好干部职工的“娘家人”。强化机关青年团员教育，通过开展“重温入党誓词·追忆烈士事迹”党史学习党建活动、“百年正青春”主题团日等活动，增强团组织的凝聚力，引导青年团员建功立业。

（五）深化作风建设抓治理，正风肃纪促发展。一体推进不敢腐、不能腐、不想腐，开展巩固拓展脱贫攻坚成果同乡村振兴有效衔接专项监督及工程建设等重点领域腐败问题专项治理，主动查纠问题，从严规范行为。扎实开展干部作风整顿专项活动，落实中央八项规定及其实施细则精神。坚持转作风、树新风，长效治理昏庸懒散拖现象，通过抓住重要时期提醒、组织突击式暗访、专项审计等一系列举措，坚决纠治“四风”问题，抵制形式主义、官僚主义。

二、主要工作

2021年，南宁广播电视台坚持党建引领，媒体宣传持续加强，媒体融合持续深化，国际传播持续升级，品牌建设持续创新，安全播出实现零事故，积极围绕“全面落实强首府战略”，讲好南宁故事，担当实干强首府。

（一）全媒体宣传持续加强，唱响首府主流媒体最强音。一是紧跟重大时事，坚定及时准确地发出市委声音。综合运用台属全媒体矩阵，紧紧围绕建党百年宣传工作主线，深入实施头条工程，做好重大事件、重要会议和重要节点的宣传报道，坚定及时准确地发出市委声音。二是紧盯重大节点，极力拓展全媒体直播传播范围。推出2021年“壮族三月三　八桂嘉年华——感党恩　跟党走”主题报道及“第18届中国—东盟博览会南宁广播电视台全媒体云播站”特别节目等全媒体直播，全平台总点击量近千万。三是紧扣重要主题，多样产品构建“红色”宣传矩阵。广播剧《少年黄大年》在中央广播电视总台（央广）文艺之声、中国之声先后播出；制作推出《红色日历》《壮壮美美红色记忆之旅》等融媒体产品。联合打造“流动党史馆”——邕江红色主题游船项目，受到新华社、中央广播电视总台、《经济日报》、“学习强国”等主流媒体高度关注，超过280家单位登上主题游船接受流动的党史学习教育。

（二）媒体融合建设持续深化，奠定新型主流媒体发展基石。一是顺势而为，在平台建设上做“减法”。为落实中央关于推进媒体深度融合发展决策部署，积极推动首府广电事业深化改革、融合创新、做强做优，加快向新型主流媒体转型发展，完成全台新媒体账号关停并转工作，新媒体账号由170多个减至7个，广播电视的传播力、引导力、影响力、公信力进一步强化。二是乘势而上，在打造拳头产品上做“加法”。确立“老友云”系列拳头产品，重点打造拳头账号，实现台属4个频率可视化建设。全面完成4个频道高清化改造并实现高标清同播，成为广西率先实现全部电视频道高标清同播的广播电视台。4个电视频道高标清信号入网广西电信IPTV平台，实现所有电视频道IPTV网络播出。

（三）国际传播能力建设持续升级，更广维度讲好南宁故事展示好南宁形象。一是“春天的旋律”全球共响。《春天的旋律·2021》跨国春节晚会，首次入选文化和旅游部“欢乐春节”平台，第六次入选国家重点外宣项目。二是跨国中秋诗歌晚会全球共吟。创新性地推出沉浸式全实景“人月两团圆　千里共婵娟”——跨国中秋诗歌晚会，影响力覆盖全球150多个国家和地区。三是“南宁渠道　丝路交响”全球共鸣。连续成功开展6年的“南宁渠道　丝路交响”大型跨国采访行动，继续扩大品牌内涵，加强南宁与国际友城的交流，进一步助力构建中国—东盟命运共同体。四是优秀文艺作品全球共鉴。推出《邕江组曲》系列音乐电视、红色歌曲快闪活动《赞歌献给党》MV等作品登入国家级平台播发，《守护吴哥的微笑》获2021年第三届“第三只眼看中国”国际短视频大赛“最佳摄影奖”。五是“云上丝路”全球共赏。完成“云上丝路”国际传播项目中文、英文版本建设，并实现海外账号上线。

（四）品牌建设持续深化，交出首府广播电视优秀成绩单。一是品牌节目影响力不断增强。《南宁新闻》《新闻夜班》《政法在线》《990今早报》栏目收视率稳居前列；《向人民承诺——电视问政》不断增强舆论监督效能，成为广受群众欢迎的监督品牌。二是精品创作结出累累硕果。参与广西广播电视和网络视听优秀作品推选、中国广播电视大奖等各类评选活动90多项，组织报送作品近600件次，据不完全统计，获奖157项，其中省部级以上奖项23项、市厅级奖项126项、县处级奖项8项。

（五）底线思维持续强化，全力维护首府广播电视意识形态领域安全。牢牢掌握宣传舆论和意识形态工作领导权和话语权，把准政治方向、紧扣中心任务、压实主体责任，圆满完成中国共产党成立100周年庆祝大会等各项重大活动等重要保障期安全播出任务。积极组织开展软硬件设备安全隐患排查和关键岗位应急演练，进一步加强广播电视和网络视听节目及人员管理；开展为期100天的“杜绝差错百日活动”，强化日常内容生产监审督查；筑牢网络安全“防火墙”，平均每日抵御网络攻击40多万次，“老友云”等信息系统平稳安全运行，在2021年度广西网络实战攻防演练中抵御各种网络攻击507198次，获得满分1万分，全台实现安全播出零事故。

三、经验体会

2021年，南宁广播电视台以政治建设为统领，持续擦亮“党旗高扬　先锋领航”党建品牌，与时代和实践的结合，坚持“抓党建、建铁军、深融合、促发展”工作思路，提出“支部建在部门”的基层党组织改革措施，不断促进党建与业务深度融合，着力打造立足南宁、依托广西、面向全国、辐射东盟，具有较强区域性国际影响力的新型主流媒体，确保全面从严治党决策部署落地见效，推动首府广播电视事业高质量发展。

（一）旗帜鲜明讲政治作表率。南宁广播电视台各级领导带头讲政治作表率，充分发挥“头雁效应”，制订《南宁广播电视台2021年党的建设工作要点》，坚定不移把“两个确立”真正转化为做到“两个维护”的思想自觉、政治自觉、行动自觉，推动党史学习教育走深走实，提高以党的政治建设统领广播电视工作能力和水平，为全面落实强首府战略提供坚强舆论支撑。

（二）全力打造坚实战斗堡垒。上下一体推进支部标准化规范化建设，科学规范合理设置基层党组织，做到“支部建在部门”；成立台机关党委、机关纪委，以“争做‘三个表率’、争创‘模范机关’”活动为主抓手，扎实开展党支部组织生活质量提升行动和党支部达标创优工作，党支部组织力显著提升。培训锻炼强队伍，以邀请专家授课、选送参加专项培训、抽调到帮扶一线、宣传部门、纪检监察部门等地挂职等方式，进一步提高党员干部业务能力。正风肃纪抓作风建设，努力打造一支政治过硬、本领高强、求实创新、能打胜仗的宣传思想工作新铁军。

（三）促进党建成效高效转化。将党史学习教育成果转化为服务群众的具体实践，社区服务惠民生，受益群众数十万。及时将党建成果转化为工作动能，不断提高新闻舆论“四力”，深入实施头条工程，做好建党百年、党史学习教育、乡村振兴、民族团结、全面落实强首府战略、全国文明典范城市创建等中心工作的宣传报道，坚定及时准确地发出市委的声音。全力推进媒体融合向纵深发展，做强外宣品牌，在新型主流媒体转型发展道路上迈出坚实的一大步。

（谢如海）

真抓实干　勇毅向前　扎实推进体育强市建设高质量发展

市体育局党组

2021年，市体育局坚持以习近平新时代中国特色社会主义思想为指导，全面贯彻党的十九大和十九届历次全会精神，深入贯彻落实习近平总书记视察广西“4·27”重要讲话精神和对广西工作系列重要指示要求，认真学习贯彻习近平总书记关于体育的重要论述，按照自治区、南宁市的决策部署，紧紧围绕体育强市建设目标，推进改革创新，统筹推进疫情防控和体育事业高质量发展。

10月13日，南宁市第九届老年人体育健身大会在市体育场开幕

一、党建概况

2021年，市体育局内设机关党委1个，机关党委下属党支部9个，党员人数为151名。

（一）加强理论武装，扎实开展党史学习教育。紧紧围绕庆祝建党100周年的主题，扎实开展党史学习教育。通过召开党组中心组理论学习、党史学习教育专题学习、“书记引航担使命”学习会、专题宣讲会、赴红色基地观摩学习等方式组织党员深入学习“四史”、学习习近平总书记视察广西的重要指示和批示、习近平总书记“七一”重要讲话、市第十三次党代会、自治区第十二次党代会以及党的十九届六中全会精神。认真组织党史学习教育“感党恩　跟党走”主题系列活动，开展“红色歌曲大家唱”快闪拍摄，邀请体育行业老党员讲述南宁体育红色故事等行业特色鲜明的活动，引导党员把思想和行动统一到党中央、自治区党委和市委的决策部署上来。坚决捍卫“两个确立”，增强“四个意识”、坚定“四个自信”、做到“两个维护”。

（二）抓好组织建设，筑牢坚强战斗堡垒。压实党组织书记第一责任人责任，坚持党建工作与业务工作同频共振。多措并举加强“五个模范机关”建设，建立党组领导班子党支部联系点，指导党支部规范开展“三会一课”、主题党日活动等党内政治生活。在全局范围内认真开展党支部标准化规范化建设评比工作，开展党组织书记抓基层党建工作述职评议会。针对2020年上级对市体育局抓党建工作述职点评出的问题，及时制订整改方案及措施，完成整改。

（三）突出党建引领，推动工作提质增效。坚持以党建为引领，深入开展“先锋引领+”系列活动，发挥体育系统党员在全民健身运动、体育赛事服务、疫情防控、乡村振兴及创建文明城市等工作中的先锋模范作用。开展“体育为党旗添光彩”“亮身份作示范、亮承诺转作风、亮行动树形象”“党建领航，科学健身，健康同行”活动，认真办好各类体育赛事、体育服务活动和备战十五届区运会。结合“我为群众办实事”实践活动，开展“百项便民体育设施”“百场利民健身活动”“百场亲民体育赛事”“百场惠民体育培训”等项目。深入开展“先锋引领勇担当　抗击疫情党旗红”活动，推出“互联网+健身”和“云赛事”活动。开展“争创文明城为党旗添彩”志愿服务活动、民族团结创建活动、“平安南宁”建设工作，指派党员赴全市各城区开展高危项目和全民健身路径、体育器材督察。全力推进乡村振兴工作，与体育社会组织深入帮扶村开展春节、“六一”、“七一”等慰问活动，指导村“两委”换届、“三清三拆”等工作，向帮扶村小学捐赠价值16万元的体育器材和学习用具等。

（四）强化纪律严管，深化队伍建设转作风。认真落实党内监督各项制度，坚持民主集中制和“三重一大”事项报告制度。常态化组织开展“以案为鉴”警示教育活动，组织党员干部观看廉政教育警示视频，通报中央八项规定及其实施细则精神典型问题和电视问政反馈的问题，组织党员干部赴廉洁文化教育基地开展“明纪律、守底线、知敬畏”警示教育活动。严格落实党内谈心谈话制度，年内定期与班子其他成员及局属二层单位一把手开展谈心谈话，及时掌握党员干部在政治、思想、工作、生活、作风、纪律等方面苗头性、倾向性问题，切实做到防微杜渐。

二、主要工作

（一）完善公共体育服务体系，满足人民群众体育健身需求。坚持以满足人民日益增长的健身需求为目标，开展形式多样的、群众喜闻乐见的全民健身赛事和活动，推进全民健身和全民健康深度融合，2021年南宁市获评自治区级全民健身和全民健康深度融合示范市。一是不断丰富全民健身场地设施。落实自治区级和南宁市级为民办实事全民健身工程项目，新增体育场地面积26万多平方米。成立“全民健身体育设施建设工作专班”，积极推进体育公园建设。申请中央大型体育场馆免费低收费开放补助资金及奖励资金920万元，加强大型场馆免费低收费开放监督指导。加强与社会性健身场馆合作，在7个社会性健身场馆设立社区全民健身活动中心。二是广泛开展群众体育活动。结合党史学习教育实践活动，按照疫情防控要求，举办“运动在南宁健康过大年”2021年南宁市全民健身网络运动会、2021年“壮族三月三·民族体育炫”活动、“奔跑吧广西”生态马拉松系列赛2021南宁生态半程马拉松比赛、南宁龙舟公开赛、第6届南宁市社区全民健身运动会、2021年南宁市青少年阳光体育大会、南宁市第9届老年人体育健身大会等线上线下全民健身赛事活动，全市全年举办线上线下各类赛事活动500多项。三是强化体育社会组织服务。壮大基层全民健身组织，新成立体育社会组织20个，至2021年全市通过行政审批部门注册的体育社会组织260个。举办社会体育指导员培训班，审批二级社会体育指导员1624名。四是提高健身服务水平。在全市随机抽取9600人作为样本开展国民体质测试，为南宁市开展全民健身运动提供科学的数据指导。聘请专家团队定期为市民提供身体体质健康状况评估、运动和饮食建议指导及慢性病干预、健身指导讲座、幼儿不良姿势评估与纠正等服务，出具运动处方1.26万多份。

（二）提高运动成绩和训练水平，提升竞技体育实力。围绕备战自治区第15届运动会为重点，优化项目布局，提升后备人才培养质量。一是参加第14届全国运动会成绩优秀。南宁市体育运动学校、南宁吴数德举重学校培养输送的50名南宁市籍运动员代表广西参加第14届全国运动会，获得2金1银3铜的优异成绩。南宁籍运动员韦筱圆代表中国队参加第50届世界体操锦标赛获得女子高低杠冠军。二是做好自治区第15届运动会的备战和第1届全国学生（青年）运动会筹办工作。组织各项目运动队参加2021年广西青少年各单项锦标赛，举办自治区第15届运动会南宁市代表队选拔赛，以赛代练实现备战目标。全力推进运动员村（青运村）项目建设，项目整体形象进度已完成68%。三是实施运动员“尖子”工程和教练员“强将”工程。积极向上级体育部门输送优秀后备人才，全年向自治区级体校和优秀运动队输送运动员205人，任务完成率超过400%。

（三）扩大体育产业规模，促进体育消费培育经济新动能。一是激发体育市场主体活力。积极推动东盟—李宁中心、三塘智力综合体、上林马术康养基地等重点健康产业项目建设，建立服务业重点企业联络库，对重点企业实行“一对一”服务方式。全市体育行业规上营利性服务业企业在库7家，营业收入总量1.01亿元，同比增长25.3%。二是完善体育综合体扩大体育消费。进一步丰富南宁市李宁体育园、会展城·体育汇、万达茂、吾悦广场、五月汇运动街区、柳沙体育公园等体育综合体功能，创新打造鱼悦泳速体育综合体、136营地等新一批体育综合体项目。全年南宁市体育彩票销售9.03亿元，产生公益金约1亿元，体育产业总规模133.48亿元。三是培育项目打造精品。城市围棋联赛入选2021中国体育旅游精品项目，乔老河片区休闲体育旅游线路、横州奔象山乡村休闲体育旅游线路获评广西体育旅游精品线路。全市体育产业项目获得国家级荣誉16个，自治区级荣誉47个。

（四）抓好体育改革发展，助力体育强市建设。一是大力推进体教融合。落实自治区文件要求，印发《南宁市落实〈关于深化体教融合促进广西青少年健康发展的实施意见〉任务清单》，制订35项具体措施。联合教育部门制定《南宁市青少年体育俱乐部星级评定工作制度》，开展青少年体育俱乐部星级评定，提高青少年体育俱乐部等社会组织整体服务水平。积极开展体育进校园活动，联合教育部门开展2021年南宁市“奔跑吧·少年”儿童青少年主题健身活动、南宁市中小学体态筛查工作等。二是深入推进“体卫（医）”融合发展。大力推广“体育治未病”“运动是良医”等科学健身和健康理念，组织权威运动医学专家团队实地坐诊，为群众开具个性化运动处方；利用新媒体平台，持续推出居家健身指导视频和文章，拍摄了《肩颈操》《弹力带操》科学健身宣传片。联合市卫健委、广西体育科学研究所等相关部门编印《慢性病及办公室人群科学健身宣传手册》《南宁市全民健身和全民健康科普读物系列——一平米健康肩颈操》口袋书等科学健身宣传资料。三是加快体旅融合发展。推进广西体育旅游示范市创建工作，推荐南宁市李宁体育园、马山县攀岩小镇申报2021年度国家体育旅游示范基地。持续培育环青秀山、环大明山、昆仑大道及广西体育中心运动休闲集聚区，结合邕江沿线整治及利用开发，在邕江水域发展皮划艇、摩托艇、帆船等水上运动项目，打造国家级水上运动训练基地。四是加强体育市场监管。推进体育治理体系和治理能力现代化，完善执法模式，将5项行政处罚事项依法依规委托给南宁市文化市场综合行政执法支队开展，强化部门间协调配合，年内开出6张行政处罚通知书，进一步规范经营高危险性体育项目场所。

三、经验体会

（一）坚持党的领导是南宁体育事业发展的坚实政治基础。南宁市体育事业发展坚持以习近平新时代中国特色社会主义思想为指导，坚定正确政治方向，自觉在思想上政治上行动上同党中央、自治区党委、市委保持高度一致，大力推进体育强市建设，将体育融入强首府战略的实施、健康南宁建设、大健康产业发展等城市发展重要内容当中，切实发挥体育在社会经济和精神文明建设、人文交流等方面的积极作用。

（二）坚持目标引领是南宁体育事业的发展支撑。深入贯彻落实习近平总书记关于体育强国建设的重要指示精神，按照自治区关于重振广西体育雄风建设体育强区的任务目标，南宁市立足发展实际，提出建设体育强市目标，并根据目标制定南宁体育“12345”工程的工作思路，分步实施、逐项落实，强化党建引领，深化体育改革，协同推进群众体育、竞技体育、体育产业，促进体育高质量发展。

（三）坚持以人民为中心是南宁体育事业发展的根本宗旨。发展体育运动、增强人民体质是体育发展的基本方针和任务，南宁市将满足人民群众不断增长的体育需求作为体育工作的根本出发点和落脚点，着眼于提高人民群众的健康水平和生活质量。结合党史学习教育，开展“我为群众办实事”实践活动，着力推动建设好群众身边的体育设施，完善群众身边的体育健身组织，提高群众身边的体育健身指导，丰富群众身边的全民健身赛事活动。

（四）坚持改革创新是南宁体育事业发展的强大动力。南宁体育发展不断适应社会发展需求，持续推进管理体制和运行机制改革。深化依法治体，完善对体育市场、体育社会组织的管理监督，推进体育治理体系和治理能力现代化；加强融合发展，促进体育多元化多样化发展，广泛开拓体育发展新空间，充分发挥出体育在促进健康、推动城市经济发展、扩大文化宣传等方面的积极作用。大力推进体育数字化智能化发展，完善线上应用程序，引入大数据管理，增强体育服务功能，让体育发展展示新面貌。

（王丹萍）

提升精细化统计服务　助力全市高质量发展

市统计局党组

2021年，市统计局坚持以习近平新时代中国特色社会主义思想为指导，全面贯彻党的十九大和十九届历次全会精神，全面贯彻落实习近平总书记视察广西“4·27”重要讲话精神和对广西工作系列重要指示要求，习近平总书记学习贯彻关于统计工作重要讲话指示批示精神，深化统计改革创新，强化统计分析服务，加强基层基础建设，严格统计法治监督，全力为市委、市政府精准施策宏观管理，全面落实强首府战略，为确保“十四五”开好局起好步提供了扎实有力的统计保障。

2月4日，市统计局到帮扶村隆安县都结乡新风村开展2021年春节走访慰问活动

一、党建概况

2021年，市统计局机关总支部委员会下设5个基层党支部，有正式党员73名、预备党员1名，其中在职党员51人、退休党员23人。

2021年，市统计局机关党总支坚持以习近平新时代中国特色社会主义思想为指导，深入推进党史学习教育，推动党建重点任务落实落细落到位，为推进新时代首府统计改革创新发展提供了坚强有力的思想保证、组织保证和精神动力。

（一）以“忠”为先，争做维护核心的模范。始终把党的政治建设摆在首位，深入贯彻落实习近平总书记考察广西时的重要讲话、重要指示以及关于统计工作重要讲话指示批示精神，捍卫“两个确立”，增强“四个意识”、坚定“四个自信”、做到“两个维护”。

（二）以“思”为源，争做学思践悟的模范。制订2021年度全市统计系统干部教育培训计划，推进理论学习制度化规范化。紧紧围绕上级决策部署及指示精神，认真抓好专题学习，发挥局党组理论学习中心组示范带动作用。按照学史明理、学史增信、学史崇德、学史力行的要求，扎实推进党史学习教育，行动快、措施实，有特色、有亮点、氛围浓，“学党史、悟思想、办实事、开新局”取得明显成效。

（三）以“专”为本，争做本领过硬的模范。持续推进党支部标准化规范化建设，市统计局下属5个党支部标准化规范化建设均全部达标。深入开展党支部组织生活质量提升行动，市统计局下属5个党支部组织生活质量全部验收达标，其中标杆党支部4个。深入开展模范机关创建活动，把模范机关创建工作融入疫情防控工作和统计工作，着力提升创建实效。领导班子成员带头落实双重组织生活，积极参加支部活动。检查督促各党支部从严落实“三会一课”“党员集中活动日”等组织生活制度，推动支部组织生活更加严肃规范。持续推进“党课开讲啦”活动，教育引导全体党员牢记初心使命。打造“服务发展·统计先锋”系统党建品牌，着力做好党建与业务深度融合，着力提高党员干部善谋、善作、善成的本领。推进各类文明实践党员志愿服务活动，发挥共产党员的先锋模范作用。抓群团组织思想建设，营造积极向上的机关文化。

（四）以“清”为重，争做遵规守纪的模范。认真组织学习《党委（党组）落实全面从严治党主体责任规定》，切实扛起管党治党政治责任。坚持执行“一月一监督清单”制度和主体责任清单制度，落实“两个责任”，扎实开展各项专项治理，多形式重申纪律要求，加强作风建设，各项权力规范运行。切实担负起防范和惩治统计造假、弄虚作假的主体责任，持续强化统计执法监督，全面推进依法统计依法治统。

二、主要工作

（一）全面贯彻落实习近平总书记关于统计工作重要讲话指示批示精神，确保党中央、国务院关于统计工作的决策部署落实落地。严格按照全国全区统计工作会议部署要求，扎实推进统计方法制度改革，持续加大现代信息技术应用，不断夯实统计基层基础，切实担负起防范和惩治统计造假、弄虚作假的主体责任。积极主动协助市委、市政府抓好国家统计督察反馈问题整改落实，主要领导积极履行推进法治建设第一责任人职责，紧盯关键环节和重点责任单位，靠前指挥抓落实，5个方面42项整改措施全部按时完成整改。

（二）围绕推进高质量发展，紧盯决策需求，统计服务更加精准高效。面对错综复杂的经济形势，市统计局严格按照市委、市政府作出的全市经济社会发展决策部署，第一时间上报主要数据和经济运行监测预警分析报告。积极组织各相关经济部门召开2次全市国民经济核算联席会议，分析研究行业经济发展中的问题及走势，安排部署全市国民经济核算工作。每季度召开全市统计系统经济运行分析会，全面盘点全市各行业、各领域和各地区的经济运行情况，为全市经济健康发展提供及时有效的统计服务。逐月严密监测全市生产总值运行，认真分析地区生产总值核算46项指标运行情况，为各部门工作开展提出建议，为市委、市政府决策提供参考。强化统计预警分析功能，全年共撰写统计报告146篇，其中7篇得到市领导肯定批示。高质量做好第七次全国人口普查数据汇总、评估、发布、解读及资料开发工作，为市委、市政府科学决策提供统计支撑。加强企业上报数据审核评估，从源头控制好数据质量，同时每季度召开统计数据评估会，严格全市及各县区数据质量的审核评估。通过一系列强化提升，市统计局的分析能力和服务水平进一步提高，在全区处于领先地位。

（三）深入推进统计方法制度改革创新，全面提升统计工作效能。继续推进全市生产总值统一核算工作，改进和完善县级季度生产总值核算方法，完成了2003年以来地区生产总值相关历史数据修订工作。积极开展新经济统计监测工作，探索开展新经济增加值核算。探索在“四上”企业和具备条件的“四下”企业建立电子统计台账试点试行，完成了校验电子台账的技术关键点、确认各阶段重点内容等各项试点重要任务，为全区全面铺开电子统计台账工作积累丰富实战经验。继续与国家、自治区同步开展探索编制2019年度自然资源资产负债表工作，摸清自然资源资产“家底”及其变动情况。积极推进多领域及派生性统计改革，完善服务消费统计监测，持续改进劳动工资统计，优化营商环境评价监测工作，切实做好南宁市全面建成小康社会统计监测工作，发挥首府的表率作用。完善市、县、乡三级联动的企业培育入库工作格局，全市月度新增“四上”企业458家，位列全区各市第一，比排名第二的柳州市多56家。地方统计调查项目审批工作日压缩至4天，大幅提高项目审批办理速度。着力推进现代信息技术应用，统计服务“微改革”成效显著，内外网网站及微信公众号累计信息发布量2000多条，上线微信小程序“统计小助手”“在线会议报名”“在线学习考试”项目，提供数据查询、普法宣传、数据解读、培训考试等多项内外服务事项。

（四）着力夯实统计基层基础建设，促进统计工作健康发展。紧紧抓住基层最关键的人、财、物及人员素质问题，采取有力措施加以落实。大力开展全市新时代基层统计规范化建设工作督导，达标的企业抓巩固，未达标和新增企业继续抓建设，要求全部达标，实现新时代基层统计规范化建设常态化、制度化，县级统计局示范率达86.67%，乡镇（街道）示范率达80.31%，县级部门示范率达58.33%，企业示范率达46.41%，各项指标均为全区前列。全面实施协统员制度，全市共招录162名协统员，大大增强了基层统计工作的战斗力。全面实施首席统计师（员）制度，全市共聘任282名能够组织、指导本单位、本系统的统计业务工作的首席统计师（员）。全面推行基层统计工作网格化管理新模式，全市划分统计基层网格3716个，网格员5098人，实现农业农村、名录库和人口调查3个专业统计数据即报即审，全力推动基层统计信息化、数字化、网络化。首次组织全市1107家联网直报企业统计人员开展统计专业知识、党史党建、能力提升、人文国学等5个板块的36门课96个学时的大规模线上培训，强化提高统计业务水平和职业素养。

（五）持续强化统计执法监督，良好统计生态进一步生成。压紧压实防范和惩治统计造假、弄虚作假责任制问责制，督促全市各级各部门建立健全完善防范和惩治统计造假、弄虚作假相关制度，持续在年度考核工作中落实对统计造假、弄虚作假“一票否决”，将支持统计机构依法独立开展统计工作相关内容和部门统计工作纳入年度市直机关绩效考评指标体系框架，牵头将统计工作纳入党委巡察重点关注内容，牵头将统计造假、弄虚作假等违纪违法问题信息作为干部选拔任用和干部监督工作的重要参考。加大统计执法检查力度，12个县（市、区）统计局均已设置统计执法岗位，开展专项统计监督检查，开展数据专项核查核实工作，扎实推进“双随机一公开”统计执法检查常态化制度化，持续加大对统计违法案件的发现和查处力度。实现数据质量检查工作常态化，各专业科室每月随机选取不少于2—3个调查单位进行质量检查，发现问题及时整改。全力抓好统计法治学习宣传，开展南宁市统计普法宣传周活动、有奖统计法律法规知识竞答活动、统计违纪违法典型案例警示教育，发放典型统计违纪违法案例警示教育宣传册1万本，全年培训各级人员统计法律法规和统计业务知识4500余人次。

三、经验体会

（一）统计工作必须坚持党的领导。把习近平总书记对统计工作重要讲话指示批示精神作为南宁市统计工作的基本遵循和行动指南，把党的政治建设摆在首位，牢记政治机关属性，把旗帜鲜明讲政治的要求贯穿融入统计工作全过程、各方面，锻造埋头苦干、真抓实干的工作作风，不断提升统计工作水平。

（二）必须坚持不懈地进行统计改革。统计改革的内容与南宁市经济社会发展密切关联，统计改革的任务异常艰巨，必须深入搞好研究，积极主动地做好工作，以改革促工作促发展。对国家、自治区部署的改革任务，紧密结合南宁市实际，逐项制定改革方案，扎扎实实地推进实施，确保各项改革任务落实。

（三）必须坚持不懈地强化统计服务意识。要把统计分析研究工作放在更加突出的位置，围绕党中央、国务院重大决策部署，紧扣市委、市政府重点工作和任务，围绕经济运行中的苗头性、倾向性、趋势性问题，争取早发现、早准备、早预案，把进度分析做“实”，把专题调研做“精”，为推动经济高质量发展提供优质高效的统计分析研究成果。高度重视数据发布和统计分析信息细节，把握好媒体与公众的关注点，切实把好数据发布和统计分析的政治关、数据关、分析关、文字关和舆情关。

（四）统计工作必须坚持依法统计依法治统。坚持依法统计依法治统是全面贯彻落实中央关于统计工作的重大部署，是旗帜鲜明讲政治的根本体现。坚持依法统计依法治统，不断提高依法行政依法统计的能力和水平，不断增强依法行政依法统计的自觉性和坚定性，严肃惩治统计造假、弄虚作假行为，维护法治权威，维护党和政府的公信力，不断推动统计调查数据质量新提升。

（李朝晖　白克宁）

团结奋进　开拓创新　大力推动首府林业事业高质量发展

市林业局党组

2021年，市林业局党组坚持以习近平新时代中国特色社会主义思想为指导，全面贯彻落实党的十九大和十九届历次全会精神，认真贯彻落实习近平总书记视察广西“4·27”重要讲话精神和对广西工作系列重要指示要求，不忘初心、砥砺前行、锐意进取、开拓创新，带领市林业系统广大党员干部在常态化疫情防控中全面推进林业各项建设，推动全市林业事业高质量发展，为全面贯彻落实强首府战略、建设新时代中国特色社会主义壮美广西首善之地贡献力量。

11月2—4日，南宁市全面推进林长制工作业务培训班在市委党校举办

（黄秋屿　摄）

一、党建概况

2021年，市林业局基层党组织总数为10个，其中党组1个、机关党委1个、党支部8个，正式党员136人，预备党员6人。

（一）扎实开展党史学习教育。一是着力抓好学习研讨，推动党史学习教育见实效。按照党中央、自治区党委和市委关于党史学习教育的安排部署，把党史、新中国史、改革开放史、社会主义发展史内容以及习近平新时代中国特色社会主义思想、习近平视察广西“4·27”重要讲话精神、习近平“七一”重要讲话精神等列入局党组中心组理论学习重要内容，开展专题学习6次，举办读书班7次，班子成员带头学习研讨4个历史时期及党的百年奋斗的光辉历程、党为国家和民族作出的伟大贡献等党史学习教育重点内容，讲好党史故事，传承红色基因。二是深入开展“感党恩　跟党走”活动。局属各党支部共开展“党员心声大家谈”活动35次、“党史故事大家讲”活动28次、“党史知识大家答”活动37次、红色歌曲大家唱”活动78次、重温入党誓词活动31次。三是结合实际凸显特色。结合党史学习教育举办“南宁林业人工作讲坛”，分享创建模范机关，推动党史教育和重点工作深度融合。同时，通过印发党史学习练习册100册，组织党史知识测试，在全系统掀起学习党史知识的热潮。四是结合林业工作开展“我为群众办实事”实践活动，推动党史教育提质增效。局党组把“我为群众办实事”作为开展党史学习教育的重要载体，开展“我为群众办实事”实践活动79件，通过实实在在的活动和措施，把实事办实好事办好。

（二）组织建设富有成效。一是强化党支部标准化规范化建设。持续深入开展党支部组织生活质量提升行动和党支部达标创优工作，督促各党支部认真落实“三会一课”等各项制度，加强“三会一课”台账、各类党建工作文书资料、图片的整理，实现了党建工作的有形化和规范化。二是强化党员发展壮大工作。按照有关要求适当扩大发展党员规模，发展党员注重向一线岗位和年轻干部倾斜，不断发展壮大系统党员队伍。三是做好党内关怀帮扶工作。开展元旦、春节、“七一”等节日慰问，核查党龄达50周年且表现良好的党员情况并颁发“光荣在党50年”纪念章。四是开展模范机关创建工作。开展“创一流林业队伍　建四强模范机关”主题实践活动，结合林业工作深挖亮点特色，打造党建品牌。

（三）精神文明建设扎实开展。一是加强群团组织建设工作。坚持把群团组织建设纳入基层党组织建设整体规划，认真落实“工、青、妇”要求，积极发挥党支部、工会、团支部和妇女联合会的桥梁纽带作用，切实加强群团组织建设。二是加强民族团结工作。通过新媒体平台、社会宣传等多种方式进行立体宣传党的民族政策、法律法规；开展民族团结进步教育“六进活动”“壮族三月三·民族团结颂党恩”文化体验活动。三是抓好文明城市创建工作。持续开展“文明健康　有你有我”主题宣传教育，组织党员志愿者前往社区开展服务基层治理提升行动，开展“烟头不落地、垃圾不乱扔”清洁行动、文明交通劝导活动等，抓好环境整治，为文明城市创建作出贡献。四是选树一批先进模范典型。结合德能勤绩廉等方面表现，积极推荐“两优一先”“最美林业人”等一批信仰坚定、爱岗敬业、品质优良的先进典型，用典型模范作用激励党员干部不断进取、干事创业。

（四）作风建设持续推进。一是抓好全面从严治党主体责任落实。组织召开全市林业廉政工作会议，层层压实党风廉政责任。开展全市林业系统集体廉政谈话会，围绕重点岗位、重点环节及可能出现的苗头性问题，进行把脉指导。二是严明纪律规矩。始终把党的政治建设摆在首位，对各级党组织和党员干部学习贯彻习近平新时代中国特色社会主义思想、践行“两个维护”、落实党内政治生活等情况开展监督检查。三是坚决反对"四风"。组织开展"天价茶"背后违规违纪违法问题自查整改工作和抵制工程建设领域腐败承诺活动，并与全体党员干部签订承诺书。严明节日期间纪律作风，在春节、清明节、五一等重要节点均通过下发通知、温馨提示、电话检查等方式督促局机关、局属各单位贯彻落实，进一步筑牢思想防线。

二、主要工作

（一）大力精准落实造林绿化目标任务。年内，全市完成植树造林27.86万亩，占任务总数的118%，其中完成油茶新造林0.86万亩，占任务总数的107%；完成森林抚育64.08万亩，占任务总数的106.8%；完成桉树改造0.89万亩，占任务总数的149%；完成国家储备林建设5000亩，占任务总数的100%；完成全民义务植树951.2万株，占任务总数的101.2%。全市实施村屯绿化美化景观提升项目示范村屯10个，其中宾阳县2个、上林县2个、横州市2个、马山县2个、邕宁区1个、西乡塘区1个。截至12月31日，10个村屯绿化美化景观提升项目已全部竣工，共种植苗木1839株，绿化面积24.49亩。

（二）全力加强森林资源保护管理。一是全面实行林长制。建立四级林长组织体系、责任体系、制度体系，全市所有县（市、区）、开发区和涉林乡镇实施方案、配套制度全部印发，设置四级林长2715名，树立林长公示牌1742块，完成率100%。二是全市林木采伐量稳步增长。推进林木采伐"放管服"改革，落实林木采伐审批权限下放112个涉林乡镇实施，全市许可采伐林木620.0万立方米，同比增长15.0%，占任务的110.1%。三是积极保障涉林重大项目林地定额指标。全市196个建设项目获得许可使用林地1866.2185公顷，占自治区下达林地定额的242.3%。四是打击破坏森林资源违法行为初显成效。通过"绿网·飓风2021"专项行动，重点查处涉林违法案件。森林督查发现的刑事案件移交达100%，行政案件结案率达97.4%，超额完成任务。五是全力防范森林火灾和林业有害生物发生。年内，全市共发生森林火灾6起，过火面积97.47公顷，受害森林面积27.75公顷。无重特大森林火灾发生，无社会负面影响事件发生，森林受害率控制在0.0251‰，远低于0.8‰的目标任务。林业有害生物发生面积89255亩，成灾面积2799.19亩，成灾率0.17‰，严格控制在4.2‰考核目标以内。六是顺利推进自治区为民办实事之森林生态效益补偿项目。2021年，全市已兑付森林生态效益补偿公益林管护补助资金7349.83万元，资金兑付率为93.3%，完成目标任务。

（三）奋力推动林业产业转型升级。一是大力推进林业产业园区建设。积极推进南宁（武鸣）林产品产业示范园、横州现代林业产业园、广西（宾阳）宾龙高端绿色家居综合产业园建设。全年人造板产量完成1042.99万立方米，占年度目标的132.02%。组织参加第二届广西家具家居博览会，展品共获特等奖1个、金奖3个、银奖6个，南宁市获优秀组织奖。二是积极推动花卉产业多元发展。重点推进十里花卉长廊宝巾花标准园、上林万嘉六乐精品兰花基地扩建工程等7个自治区级花卉重点项目建设，组织参加第二届广西花卉苗木交易会，展品共获得金奖11个、银奖15个、铜奖23个，南宁市获优秀组织奖。三是积极引进重大项目并推动建设。南宁七彩世界森林旅游度假区项目一期（投资119亿元）和中林·南宁项目（投资155亿元）已分别于6月10日、9月14日由经开区、市政府与投资方签订了投资开发协议和战略合作框架协议，市林业局积极协调市自然资源局、经开区等单位做好项目前期工作，取得一定进展。高峰森林公园项目完成投资1.6亿元。四是做好林业龙头企业培育工作。获评自治区级林业重点龙头企业2家，申报国家级林业重点龙头企业1家。五是大力发展林下经济。完成西乡塘林下种植鸡血藤项目、横州市林下种植草珊瑚项目共2个2021年自治区级林下经济示范项目建设任务，全市发展林下经济总面积292.03万亩，林下经济产值完成78.63亿元，占任务总数的100.81%。六是大力发展森林旅游。2021年南宁市获得"广西森林体验基地"1个、"花卉苗木观光基地"2个。全市林业总产值完成934.69亿元，林业总产值继续保持全区第一位。

（四）积极强化生物多样性保护工作。一是依法加强自然保护地监管。完成中央巡视组反馈大明山自然保护区违规经营建设问题的整改销号。按照第二轮中央生态环境保护督查反馈问题，紧抓五象岭森林公园等自然保护地整改工作。广西大明山自治区级自然保护区功能区划方案获自治区政府批复同意。五象岭森林公园范围和界线确定方案获自治区林业局批复同意。按时回应中央环保督查组移交涉林信访案件8件。印发《南宁市自然保护地长效工作管理机制》。二是扎实开展野生动物保护工作。组织开展"清风行动""2021国门利剑"专项行动，共出动执法人员8531人次，出动执法车辆1117台次，检查经营利用场所等448次，共立涉野生动物案19起，其中刑事案件16起，破20起（其中破前案6起），行政案件3起，共收缴野生动物818只（头／条），蛇类1120公斤，收缴国家级保护动物制品169件；穿山甲鳞片29.9公斤。共救护野生动物356只（其中国家一级4只、国家二级190只、广西重点148只、国家三有14只）。定期开展野生动物疫源疫病检测工作，对那兰鹭鸟保护区鹭鸟禽流感、花鸟市场鹦鹉热病毒开展检测，有效了解和掌握南宁市野生动物携带病原体情况，评估野生动物疫病发生趋势及风险。严格开展疫源疫病监测，年内未发现陆生野生动物重大疫源疫病和重大动物资源破坏案件。

三、经验体会

（一）强化政治引领，坚持以习近平新时代中国特色社会主义思想武装头脑。要做好新时代林业事业发展工作，就要始终坚持党的领导，强化政治引领，坚持把思想政治建设放在首要位置，坚持和捍卫"两个确立"，增强"四个意识"、坚定"四个自信"、做到"两个维护"。

（二）围绕党史教育，深学细悟笃行推动林业工作创新实践。2021年是中国共产党成立100周年，按照中央、自治区和南宁市的决策部署，紧密结合党史学习教育，从党的百年奋斗历程中汲取前进力量，坚守初心使命，深学细悟笃行，切实把实事办实好事办好，推动党史学习教育提质增效。

（三）加强队伍建设，培育忠诚干净担当的干部队伍。坚持正确选人用人导向。严格执行《党政领导干部选拔任用工作条例》，健全科学的选人用人机制，以满足工作为前提，提拔、调任或转任一批业务骨干。加强教育培训。开展党的十九届六中全会精神、习总书记"七一"重要讲话精神等培训，不断提升队伍政治素质和业务能力。

（四）健全工作机制，在合作联动中提升林业工作实效。针对协调联动不畅的突出问题，制定《南宁市林业局与区、市、县林业系统上下联动和市直相关业务单位横向联动工作机制》。完善领导下基层调研制度，加强对县区工作指导。建立与区直林场、属地县区政府三方沟通协调机制，会商协调解决工作重难点问题，有效提升工作效率。和市直相关业务单位加强横向联动，建立不定期会商联动机制，健全沟通协调和信息共享机制，推动有关工作规范有序、取得实实在在成效。

（陆配配）

勇担使命　守正创新　为首府高质量发展贡献金融力量

市金融办党组

2021年，市金融办党组坚持以习近平新时代中国特色社会主义思想为指导，深入学习贯彻习近平总书记视察广西“4·27”重要讲话精神和对广西工作系列重要指示要求，全面落实中央、自治区和南宁市的各项决策部署，以建设面向东盟的金融开放门户核心区为主要抓手，全面落实强首府战略，推动党建与业务深度融合，推动全市金融业更好更快发展。

4月28日，2021年南宁市文化广电旅游业政金企融资对接会在南宁市民中心召开

一、党建概况

2021年，市金融办设机关党总支1个，党支部2个，党员36名。

（一）坚持抓思想融合，凝聚党建工作与中心工作向心力。坚持以政治建设为统领，严格落实党组理论中心组学习制度，把党中央、自治区党委和市委、市政府的重要指示精神及党史学习教育列入党组会、办公会第一议题和党支部“三会一课”，组织党员干部学习党的十九大及十九届历次全会精神、习近平总书记视察广西“4·27”重要讲话精神和对广西工作系列重要指示要求、习近平总书记“七一”重要讲话精神，自治区第十二次党代会、自治区党委十二届二次全会暨经济工作会议和市第十三次党代会精神，切实提升党员干部的理论武装。组织党建与业务共同研究、部署的会议36次，开展理论学习中心组集中学习暨党史学习专题研讨学7次，集中研讨87人次。印发《新时代文明讲习所》学习资料11期，收集整理习近平总书记讲话、文章、指示批示精神143篇，组织党员开展专题学习22场次。

（二）坚持抓队伍融合，着力打造堪当引领发展重任主力军。围绕党建与业务深度融合的主线，以创建“学习常新、党员亮新、工作创新、服务用新、作风清新”的“五新”模范机关为抓手，打造“3+3+3”党建工作模式。一是配齐配强党组织带头人。坚持由办党组书记担任机关党总支书记，业务科长和业务骨干担任党支部书记、委员，切实加强对基层党组织的领导。二是用“关键少数”带动“普遍多数”。办党组书记、主任充分发挥“领头雁”作用，带领班子成员和全体党员干部统筹做好强首府战略各项工作。党组成员以身作则，结合党建与业务深度融合的主线，扎实开展“我为群众办实事”实践活动，带领科室党员干部开展党建工作与业务融合的调研活动、政金企对接会153场。三是充分发挥党员先锋模范作用。组织“强金融”党员先锋服务队、金融开放创新攻坚突破组、优化金融生态环境先锋队3支党员队伍深入“四个一线”，在金融服务实体经济、强首府战略等急难险重任务中着力提升“七种能力”，实现党建工作和金融工作同频共振、同向发力。

（三）坚持抓载体融合，打造机关党建与业务共同体。一是开展南宁市居民金融素养提升工程。制订出台《南宁市居民金融素养提升工程实施方案》，建立“融资服务专员”和“融资服务专班”制度，搭建“金融防护安全网”、打造“金融安全百宝箱”、开设金融服务咨询热线，推动金融基础知识、风险防范技能、金融政策进机关、进社区、进校园、进乡镇、进企业、进项目“六进”活动。年内已开展南宁市居民金融素养提升工程——处非宣传、中小投资者保护宣传等防范金融风险主题活动17场，推送处非宣传推文共计180余篇。二是创新活动载体推动党史学习教育取得实效。以“党史内容天天学”“党史知识周周答”“党史故事月月讲”“党员心声大家谈”“红色歌曲大家唱”“心语心愿对党说”“重温入党誓词”为活动载体，组织党员干部上专题党课、打卡红色教育基地、缅怀革命先烈、创新学习教育网络直播、开展演讲比赛、合唱红色歌曲、与两新组织开展结对共建活动。向邕宁区八联村捐赠2万元用于乡村建设，协调爱心企业为邕宁区八联小学、八联村委捐赠价值1万元的物资，为二桥南社区捐赠2台柜式空调和价值3万元的党建活动用品。三是搭建“红色服务平台”，提升服务实体能力。以“党组织+金融机构+企业”的形式搭建信息共通、资讯同享、服务汇集的红色金融服务平台。党组书记和班子成员带头深入金融机构、企业开展结对共建活动，将党的政治优势和组织优势转化为助推企业及南宁市经济高质量发展的强大动力。开展“我为群众办实事”走访调研座谈暨党建研学主题活动走访金融机构30余家，政金企对接活动153场。

二、主要工作

（一）做大做强全市金融总量，金融综合实力迈上新台阶。2021年，南宁市金融业持续保持平稳增长态势，金融业增加值占全市生产总值的11.9%，占全区的35.6%，金融业增加值全区占比较生产总值全区占比高14.9个百分点。2021年末，南宁市人民币存贷款余额2.97万亿元，占全区的39%，同比增长8.5%。全市保险保费收入268.81亿元，同比增长9.18%，增速分别高于全国、全区4.28个、2.51个百分点，在全国省会城市中排名西部第1、全国第4，提供各类风险保障40.72万亿元。

（二）创新构建招商机制，金融集聚取得新突破。创新构建"资本+产业"招商合作机制，深入开展"行企助力转型升级"行动，举办中国（广西）—东盟国家2021年云上境外专场招商推介会。浙商银行南宁分行、光大永明人寿保险广西分公司、财达证券广西分公司正式开业运营，黄金产业园区、中国—东盟金融合作学院五象校区等重大项目有序推进，中国—东盟黄金产业园运营中心于12月挂牌运营。截至年末，中国—东盟金融城入驻金融机构（企业）285家，年内新增123家。自治区金融开放门户第一批重点示范项目13个中南宁市12个，占92.3%。

（三）系统集成打破改革瓶颈，金融创新打开新格局。推进建设金融中后台服务基地、中国—东盟跨境金融服务中心，建立广西（南宁）金融创新联合实验室、"丝路互联"金融创新中心等，10项金融创新事项获中国（广西）自由贸易试验区南宁片区复制推广制度创新案例。《建好中国—东盟金融城打造金融开放发展新高地》入选自治区党委组织部编印的《建设新时代中国特色社会主义壮美广西典型案例集》。绿色金融改革创新示范区和保险创新综合示范区分别获自治区评比第一和第二。推出全区首创的保险机制、制度、产品、服务创新10项。南宁被纳入全国首批长期护理保险试点城市。全年全市绿色贷款余额1949.38亿元，同比增长18.66%，占全区绿色贷款余额的52.79%；绿色贷款余额占本外币各项贷款余额10.79%，占比高于自治区1.5个百分点。推动跨境投融资便利化，筛选首批32家南宁片区跨境人民币双向流动便利化业务"白名单"企业并实现首单落地。广西北部湾产权交易所获批自治区跨境企业国有产（股）权交易试点。制定出台合格境外合伙人（QFLP）管理办法并成功落地广西首单QFLP业务。全市跨境人民币结算量同比增长38.69%，占全区47%，占比较上年提高7个百分点。

（四）推进金融保障不断强化，服务实体经济释放新优势。发挥广西（南宁）民营小微企业首贷续贷中心等"八大平台"作用，实现线上融资撮合、产品和政策推送、涉企政务数据共享、绿色企业和绿色项目认定以及风险预警等功能。截至年末，累计开展政金企对接活动153场，服务企业8279家次；"桂惠贷"投放金额541.62亿元，投放金额及笔数均位居全区第一，为企业减少融资成本10.8亿元。

（五）推进直接融资不断深化，多层次资本市场形成新活力。2021年南宁市新增上市（挂牌）企业2家、港交所上市报审企业1家、纳入广西重点拟上市企业名单6家，其中华蓝集团成为创业板注册制改革后广西首家上市企业；共培育96家上市（挂牌）后备企业，4家入选广西首批42家制造业单项冠军示范企业名单。截至年末，全市共有境内外上市企业17家、新三板挂牌企业26家、自治区上市后备企业29家、广西证监局辅导企业4家，分别占全区的35%、48%、29%、36%；债券融资总量创历年新高，新增资本市场直接融资1077.8亿元，占全区的55%。成功发行全国首单非储架核电用途绿色债券、广西首单碳中和绿色债券、广西首单乡村振兴债券；广西北部湾银行获批60亿元成功发行第一期20亿元绿色金融债券；南宁交投集团发行3亿美元债，实现南宁市属企业境外直接融资零的突破。"邕城创客行""邕城创投会"等成为科创企业与资本有效对接的服务综合平台。

（六）推进企业规范稳健经营，地方金融发展焕发新面貌。截至年末，南宁市地方金融企业数量达262家（当年新设或迁入30家），注册资本达392亿元，撬动服务实体经济的资金近1600亿元。截至年末，南宁市政府性融资担保业务发生额79.07亿元，综合完成率131.56%；年化担保费率从1.32%降至0.77%；辖内开展的政府性融资担保业务共为企业降低融资担保成本超1.3亿元。

（七）推动金融生态不断优化，金融发展环境呈现新气象。不断优化各类金融政策，出台《南宁市促进金融业高质量发展若干政策》《南宁市优秀金融创新项目评选奖励办法》等政策。2021年，在市民中心的政务窗口共受理并审批（审核）小额贷款公司、典当行各类事项130项，承诺办结时限比法定办结时限提速率达到85.86%；进驻市民中心办理率、可网办率、全程网办率均达到100%，即办率达57.14%。南宁市地方金融监管风险监测预警平台已在线监测企业逾12万家，归集网络舆情等数据863万余条。在全区率先建立防范金融风险宣讲团，全年开展处非宣传、中小投资者保护宣传主题活动17场，发放处非宣传品3000余件，推送处非宣传共计180余篇。市金融办信访事项及时受理率、按期答复率、12345热线工单满意率均达100%。

三、经验体会

（一）必须坚持和加强党的全面领导，才能更好地用理论指导金融实践。要坚持把政治建设摆在首位，以学懂弄通做实习近平新时代中国特色社会主义思想为首要政治任务，做到第一时间传达学习、第一时间安排部署、第一时间贯彻落实，用党的创新理论最新成果武装头脑、指导实践、推动工作，在金融工作中守住拒腐防变防线，练就过硬本领，发扬担当和斗争精神，把汲取的智慧和力量转化到推动首府高质量发展上来，推动全市金融业实现新的突破、开创新的局面。

（二）必须坚持党建与业务融合，才能更好地推动金融业高质量发展。坚持党建工作与业务工作"一盘棋"思想，按照"围绕中心抓党建，党建赋能促发展"工作思路，以创建模范机关为抓手，持续提升基层党组织的政治功能，切实发挥基层党组织战斗堡垒作用，以党建引领金融服务实体经济、防范化解金融风险、深化金融改革等中心工作，推动党的建设与金融工作同频共振、相互融合，带动全市金融机构（企业）履行社会职责以高质量党建推动全市金融业高质量发展。

（三）必须坚持服务为民，才能做到为民办实事办好事。始终牢记初心使命，自觉践行以人民为中心的发展思想，健全为民服务、办实事常态长效机制，充分发挥党员先锋模范作用。要持续开展"我为群众办实事"实践活动，组建金融党员先锋服务队，积极推动机关各党支部和党员干部走进驻邕金融机构（企业）开展"一对一"服务，切实帮助企业在投融资、上市、招商、深化"放管服"改革等方面排忧解难，以良好的金融生态环境推动全市优化营商环境迈上新台阶。

（李文君）

深入推进党的政治建设
打造忠诚干净担当的人防铁军

市人防办党组

2021年，市人防办坚持以习近平新时代中国特色社会主义思想为指导，全面贯彻落实党的十九大和十九届历次全会精神，贯彻落实习近平总书记视察广西“4·27”重要讲话和和对广西工作系列重要指示要求，贯彻人民防空“长期准备、重点建设、平站结合”的方针，围绕有效履行“战时防空、平时服务、应急支援”的使命任务，注重强化主体责任、坚持备战牵引、坚持统筹兼顾，深化人民防空军事斗争准备，高标准承办了全国人防集训活动，圆满完成了年度人防目标任务，全市人防事业保持了平稳较快发展势头。

12月4日，国家宪法日，市人防办党员志愿服务队走进西乡塘区北大北路社区，宣传宪法及人防相关法律法规，科普人防知识技能

一、党建概况

2021年，市人防办设党组1个、机关党委1个、党支部8个，党员138人。

（一）党史学习教育深入推进。市人防办党组始终把党的政治建设摆在首位，以“党建引领强首府，担当作为走前头”主题实践活动为载体，深入开展党史学习教育，弘扬伟大建党精神，把开展好党史、新中国史、改革开放史、社会主义发展史学习教育作为重要政治任务，系统学习习近平总书记系列讲话精神、习近平总书记视察广西“4·27”重要讲话精神、习近平总书记关于人民防控的重要指示精神，党的十九届六中全会精神、《中国共产党党员权利保障条例》、《党委（党组）落实全面从严治党主体责任规定》，将集中学习与个人自学结合起来，采取请分管领导上党课、普通党员上党课、党小组集中学习、个人自学、到红色教育基地打卡等方式，开展形式多样、特色各异的党史学习教育，多措并举推动党史教育入脑入心，不断在学懂弄通做实上下功夫，自觉用习近平新时代中国特色社会主义思想武装头脑、指导实践、推动工作，引导广大党员干部进一步解放思想、改革创新、担当实干。

（二）廉洁从政意识不断强化。始终注重筑牢不敢腐、不能腐、不想腐的思想防线，认真贯彻执行中央八项规定及其实施细则精神，认真履行党风廉政建设“一岗双责”，组织开展廉政警示教育，开展公车加油卡清理整治、天价茶叶清理整治和政治监督专项检查，组织开展制止餐饮浪费杜绝违规吃喝活动，组织开展工程建设领域腐败问题专项治理，积极开展承诺活动“双签订”和“三谈一访”，完成在职在编人员望州路、新竹路人防宿舍2013—2016年物业费追缴18.3万元。

（三）意识形态教育扎实开展。狠抓党员干部政治素养提升，切实增强思想淬炼，弘扬社会主义文化与核心价值观，筑牢马克思主义信仰，树立以人民为中心的工作导向，增进民族团结。贯彻落实《党委（党组）意识形态工作责任制实施办法》，用好南宁市网络意识形态安全预警感知处置平台，加强网络舆情监管，占领舆论高地，以各类杂志、报纸、融媒体等为阵地，数十篇次报道人防党建、精神文明建设以及人防知识宣传活动。

（四）基层党建组织力不断提升。严格落实“三会一课”制度，规范日常党建工作流程，夯实支部管党治党的责任。严格执行“三重一大”决策制度，加强对人防工程规划、财政预决算、重大经费开支、干部任免等重大事项的研究决策。严格贯彻《党政领导干部选拔任用条例》，始终坚持党管干部、德才兼备、注重实绩、持续激励的原则，按照人防机关“准军事化”要求，遵循“政治坚定、业务精湛、纪律严明、作风过硬、廉政高效”的标准，着力内强素质、外树形象，人防队伍建设有效提升。4月28日，完成了机关党委和机关纪委换届选举工作；10月15日，市人防办机关离退休老干一支部、二支部进行换届改选，由原来的两个党支部合并成一个党支部。

二、主要工作

（一）坚持备战牵引，全国人防集训任务出色完成。全国人防集训于2021年6月21—24日在南宁市举行，军地450余人参加了集训。南宁市以城市人民防空为课题，以平战转换、人口疏散掩蔽、重要经济目标防护为重点，组织人防专业队伍开展示范性演练，演习录像片在全国人防集训活动播放，受到与会代表的高度赞扬；练兵备战成果和集训保障得到军委国防动员部首长、国家人防办主要领导、全国与会人员的充分肯定，国家人防办专门向市政府、南宁警备区发来感谢信，感谢信获时任市委书记、市长签批。

（二）狠抓战备训练，人防专业队伍遂行保障能力加强。以提高基于信息系统的体系防护能力为根本出发点和落脚点，扎实抓好新时期信息化条件下的军事斗争准备。完成24小时战备值班和重大节假日值班，完成值班信息系统供电线路和数字程控交换机系统改造，完成全市防空警报维护检测检修；开展防空警报器管理人员培训350人次、指挥系统日常训练50次，电台联络训练69次，机动指挥信息系统训练总时长约230小时，确保了人防指挥网络处于良好战备状态；组织开展人防专业队整组训练；完成疏散体系项目试点，东线疏散体系在实兵演练活动中得到了实战化检验；组织开展"9·18"防空警报试鸣暨指挥部实战化演练活动，实际参演人员10万人，警报鸣响率99%以上；在上林县组织开展2021年度南宁人防疏散集结地域通信保障训练，在横州市组织开展2021年广西人防（中片区）应急抢险通信保障协同演练，在南宁市青秀区一品尊府小区开展南宁市人防工程平战转换演练，赴北海市参加2021年全区人防信息化建设培训，人防专业队伍遂行保障能力进一步加强。

（三）加强人防宣传，人防宣教成果明显。积极推进法治政府建设，出台南宁人防"十四五"首个规范性文件《南宁市人防领域轻微违法行为免罚清单》；积极开展人防宣传教育"五进"工作，在全市297所初级中学开设人防知识教育课；在《中国国防报》、《中国人民防空》、市委组织部"绿城党旗红"等媒体，广泛宣传南宁人防党的建设、精神文明建设、业务成效。

（四）严格依法行政，政务服务持续优化。认真做好优化营商环境、政务服务改革工作。持续推进政务服务模式创新，推进政务数据治理改革，深化"一网通办"，继续优化提升政务服务事项实施清单质量，推进"简易办""一窗受理""一表申请""异地办理"和"承诺审批"，提升政务服务满意度。依法开展行政执法和行政处罚工作，对2项违反《中华人民共和国人民防空法》的项目进行处罚，处罚金额12万元，缴纳人防工程易地建设费235.65万元；全年共完成人防工程线上线下监督检查1890项／次（其中，现场检查632项／次），项目面积约250万平方米；核实拆除人防工程7项，面积约7000平方米；竣工备案办结112项；完成南宁市轨道交通5号线一期工程人防工程的质量监督、验收监督工作。

（五）坚持统筹兼顾，重点工作有效落实。根据中央、自治区及南宁市有关通知要求，抓好新冠肺炎疫情防控措施的落实，根据人防实际情况抓好3个办公区及4个宿舍区的新冠肺炎疫情防控工作，加强人员管控，严格落实从中高风险地区来邕返邕人员的隔离和核酸检测工作，实施防控疫情常态化管理，有效防控疫情。积极开展新冠病毒疫苗接种工作，市人防办在职人员已全部完成疫苗接种。重新选派武鸣区太平镇庆乐村和隆安县都结乡陇选村驻村第一书记，协调人防爱心企业捐款10万元助力庆乐村红色广场建设。开展"我为群众办实事"实践活动及社区服务工作，向南宁市朝霞残疾儿童康复中心捐赠80床空调被并清洁打扫康复中心，组织部分农民工子女到"南宁海底世界"开展自我保护及海洋科普教育活动；定期邀请法律顾问坐班，协助解决干部职工法律问题；组织人防系统党员干部职工到北大北路社区开展党员志愿服务活动，为社区居民打扫卫生及清运垃圾、接送社区行动不便的老人往返于新冠病毒疫苗接种点进行疫苗接种。

三、经验体会

（一）深入推进党的政治建设，提高党员领导干部政治站位。把政治建设摆在首位，以"四个全面"战略布局为统领，组织党员干部系统学习习近平总书记重要讲话精神，重点学习党的十九届六中全会精神，深刻领会精神内涵，坚决捍卫"两个确立"，切实增强"四个意识"、坚定"四个自信"、做到"两个维护"，自觉用习近平新时代中国特色社会主义思想武装头脑、指导实践、推动工作，进一步提高领导干部的政治站位。

（二）持续加强人民防空建设，提高备战打仗核心能力。扎实推进"十四五"人防专项规划实施，结合防空警报试鸣暨人员疏散隐蔽演练活动开展实兵演练，认真落实《人民防空训练规定》《人民防空训练与考核大纲》，持续深入开展人防战备训练，加强人防工程维护管理和质量监督，坚持"建管并重"，落实平战转换要求，完善防护功能，提高人防工程的防护能力、战备能力。深入推进人防教育"五进"活动，积极推动乡村振兴和民族团结工作，扎实做好新冠疫情防控常态化工作。

（三）全面加强人防系统自身建设，打造一支忠诚干净、作风优良的人防队伍。聚焦新时代人民防空备战牵引，切实把信息化条件下战争制胜机理搞清楚，把人民防空防什么怎么防、建什么按什么标准建等关键问题研究透，突出作风纪律建设，认真履行党风廉政建设"一岗双责"，坚决贯彻落实中央八项规定及其实施细则精神，严格落实全面从严治党要求，持之以恒、毫不松懈地抓好党风廉政建设，编实扎紧制度的笼子，打造一支忠诚干净、作风优良的人防队伍。

（乐清林）

严守底线　多措并举巩固脱贫成果

市乡村振兴局党组

2021年，市乡村振兴局党组坚持以习近平新时代中国特色社会主义思想为指导，深入贯彻落实中央、自治区和南宁市关于实现巩固拓展脱贫攻坚成果同乡村振兴有效衔接的决策部署，积极统筹谋划，以“提速争先开新局”的奋斗姿态，着力巩固拓展脱贫攻坚成果，防止返贫致贫，实现良好开局。

9月13日，深圳市福田区——南宁市马山县粤桂协作联席会议召开

（蒋谭鲜 摄）

一、党建概况

2021年6月11日，市委办公室、市政府办公室联合下文，将市扶贫办重组为市乡村振兴局，6月28日，市委下文，撤销市扶贫办党组，设立市乡村振兴局党组。辖机关党支部1个，党小组4个，党员58人（其中，市乡村振兴局机关党员39人，与市乡村振兴局集中办公的市乡村振兴和防止返贫致贫工作指挥部办公室的党员19人）。

（一）深入学习贯彻落实习近平新时代中国特色社会主义思想，筑牢思想根基。坚持把习近平新时代中国特色社会主义思想作为局党组理论学习中心组学习的“第一议题”、党员集中活动日学习的“第一内容”、党员学习的“第一任务”，及时跟进学习习近平总书记重要讲话、重要指示批示精神。紧紧围绕“建设壮美广西　共圆复兴梦想”总目标总要求，深入学习贯彻落实习近平总书记视察广西“4·27”重要讲话精神和对广西工作系列重要指示要求，贯彻落实“三大定位”新使命、“五个扎实”新要求。将思想和行动统一到党中央的决策部署上来，深刻领悟“两个确立”的决定性意义，增强“四个意识”、坚定“四个自信”、做到“两个维护”。

（二）扎实开展党史学习教育，牢记初心使命。组织15期“党史故事分享班”和1期观摩会，组织3期“讲党的故事”比赛；编印《中国共产党党史知识口袋书》，支部党员人手一册；组织来自脱贫攻坚一线的全国、自治区脱贫攻坚先进个人、先进集体代表以及优秀第一书记和扶贫系统的党员代表参加了邕江红色主题游船活动、红色工运教育体验活动，参观共青团南宁地委旧址，到红军长征湘江纪念馆实地现场教学等，创新开展“四史”教育；局党组班子成员共上了5场专题党课，组织党员参加“十场名家云直播”党课学习、观看《红色传奇》及建党100周年庆祝大会，在门户网站上开设《党史学习教育》专栏；扎实开展“我为群众办实事”实践活动，对8204户监测对象按规定提供教育、医疗等全方位的保障措施。

（三）严格机关党支部建设，筑牢战斗堡垒。局党组成员结合支部工作联系点江南区苏圩镇隆德村的实际带头开展对党忠诚教育活动，开展调研、上党课等2次以上，为隆德村委解决办公设备缺乏等实际问题。以违反党的政治纪律和政治规矩问题典型案例为教材督促引导党员干部严守政治纪律和政治规矩。严格落实“三会一课”制度，组织开展“党员承诺践诺评诺”活动。投入近2万元，按照“六有”标准规范建设党员活动室和习近平新时代中国特色社会主义思想学习所。年内接收了1名预备党员，按要求做好自治区、南宁市、市直机关党代会代表推选工作。选树全国、全区脱贫攻坚先进个人9名、100名，全国、全区脱贫攻坚先进集体3个、78个。组织党员干部职工开展新时代文明实践志愿服务活动；工会组织编排的原创小品《每天都是好日子》获得第五届南宁机关干部职工才艺大展演二等奖、组织奖。

二、主要工作

（一）健全防止返贫动态监测和帮扶机制。出台《南宁市防止返贫动态监测和帮扶工作方案》，常态化监测易致贫返贫人口，进一步做好应纳尽纳工作。2021年，南宁市全国防返贫监测信息系统中未消除风险监测对象7995户25757人。将符合条件的农户按照类别、标准和程序纳入监测对象，对已纳入的脱贫不稳定户由原帮扶责任人继续帮扶，新增1名乡镇包村干部或驻村工作队员或村“两委”干部，与原帮扶责任人共同帮扶该户，形成“二对一”的帮扶模式；对新纳入的边缘易致贫户和突发严重困难户，每户落实1名干部帮扶，形成“一对一”帮扶模式；对纳入的监测对象，按规定提供教育、医疗、低保、特困人员救助供养、临时救助、购买社会服务等全方位的保障措施。南宁市还对因病、因学、因灾、因意外事故有返贫致贫风险的四类对象进行摸排，通过创新设立的“南宁市精准防贫基金”进行精准救助，已累计为672名符合条件的群众发放435.24万元的精准防贫专项保障金。

（二）高质量完成项目建设及管理。全国防返贫监测信息系统南宁市2021年项目库已录入各类项目4384个，预算总投资39.07亿元；纳入2021年度计划项目3562个，预算总投资32.64亿元，项目完工率99.44%。截至年底，市乡村振兴局承办2021年自治区为民办实事工程项目全部完工。截至2021年底，全市2013—2020年度投入各级各类扶贫资金形成扶贫资产项目24676个，已完成资产确权登记的有24597个，涉及扶贫资金107.62亿元，登记率99.68%。已进行资产移交项目18125个，占已登记项目（除到户类资产6459个项目除外）99.93%。

（三）资金使用和小额信贷发放取得新进展。截至年底，全市共筹措各级财政衔接推进乡村振兴补助资金22.50亿元，其中市本级资金6.90亿元。衔接资金累计支出22.21亿元，支出进度98.71%。截至12月31日，全市脱贫人口小额信贷新增贷款4.16亿元，已完成“保三”目标的134.32%。

（四）扶贫产品销售额进一步提升。截至2021年底，南宁市累计通过自治区审核并获国家批准进入《全国扶贫产品目录》的帮扶产品共计1427个，供应商543家。全市帮扶产品销售共计45.82亿元。全市有110家供应商在“832”平台上架商品880个，销售金额共计1.546亿元。通过开展“抓流通 助脱贫 供销大集”“壮族三月三·夜游广西”“第四届青秀山丰收节”等系列活动和参加2021年粤桂扶贫协作消费扶贫对接活动暨第20届广西名特优农产品（广州）交易会等系列消费帮扶活动，实现产销签约4.4亿多元。

（五）脱贫人口外出务工有新突破。压实县乡和第一书记、驻村工作队员、村“两委”干部、帮扶联系人的责任，广泛动员脱贫劳动力外出务工就业。截至12月底，全市脱贫劳动力外出务工271297人，比2020年底的266268人增加5029人，全市及12个县（市、区）均已完成脱贫劳动力外出务工规模高于2020年的任务。

（六）“雨露计划”补助应补尽补。截至年底，全市发放2021年春季、秋季学期中高职学历教育补助共42456人5770.98万元；审核发放脱贫人口劳动力就业技能培训4548人，发放补贴307.46万元；开展脱贫劳动力农村实用技术培训4388人次。使用培训经费21.1万元。

（七）新阶段粤桂协作稳步推进。深圳市福田区与上林县、马山县、隆安县签订了粤桂协作框架协议书。2021年广东财政帮扶资金下达给南宁市1.4129亿元，共实施42个粤桂资金项目。截至年底，南宁市依托粤桂协作平台，新增引导落地投产企业14家，实际到位投资额12.27亿元。

（八）南宁脱贫攻坚（乡村振兴）故事广为传播。据统计，年内，《人民日报》《农民日报》等中央级媒体报道南宁市脱贫攻坚（乡村振兴）经验做法共计712篇次，自治区级媒体报道396篇次，市属媒体报道554篇次。全市建立防止返贫监测和帮扶机制、有效巩固脱贫成果的典型经验入选大型政论专题片《摆脱贫困》。

三、经验体会

（一）强化政治担当。习近平总书记要求，坚决守住不发生规模性返贫的底线。南宁市是全国脱贫人口最多的省会城市，为防止返贫致贫，市委、市政府坚决扛起政治责任，主要领导亲自谋划、亲自部署、亲自推进，研究制定南宁市防止返贫致贫工作机制和巩固拓展脱贫攻坚成果同乡村振兴有效衔接工作，并将两项工作列入南宁市2021年重点改革项目。2月25日全国脱贫攻坚总结表彰大会结束后，市委市政府迅速部署、主动作为、担当实干，在没有上级同类指导性文件和兄弟市可借鉴做法的前提下，积极谋划,仅用1个月的时间就出台了《南宁市巩固拓展脱贫攻坚成果建立健全防止返贫致贫工作机制实施方案》,为南宁市迅速有效开展防返贫致贫工作提供了有力的政策保障。成立了市防止返贫致贫工作领导小组，市委、市政府主要领导任组长，高位推进、全面统筹、组织领导全市防止返贫致贫工作。

（二）坚持以人民为中心。习近平总书记要求，对易返贫致贫人口要加强监测，做到早发现、早干预、早帮扶。巩固脱贫成果，帮助脱贫群众持续稳固增收，防止返贫致贫体现了党以人民为中心，坚持群众路线，体现了党做一切事情的出发点和落脚点都是为中国人民谋幸福，为中华民族谋复兴的初心和使命。南宁市创新提出的防贫监测“政策找人、主动预警、及时干预、落实帮扶”的工作要求，变被动监测、事后帮扶为主动干预，坚决防止返贫致贫，就是坚持以人民为中心的发展思想，着力解决人民最关心最直接最现实的利益问题，在发展中使广大人民的获得感、幸福感、安全感更加充实、更有保障、更可持续。

（三）着力解决发展不平衡不充分问题。习近平总书记要求，要着力解决发展不平衡不充分问题，努力实现更高质量、更有效率、更加公平、更可持续、更为安全的发展。脱贫地区虽然摆脱了贫困，但经济社会发展、公共服务与其他地区仍存在一定的差距。为了缩小差距、促进平衡发展，南宁市将部分基础设施条件、公共服务水平、产业发展水平仍较差的乡镇和脱贫村确定为市级乡村振兴重点帮扶乡镇和重点帮扶村，通过动员企业结对帮扶、投入资金重点扶持、给予政策倾斜支持等措施重点帮扶。只有脱贫地区大踏步赶上全市乡村振兴的步伐，脱贫群众持续稳定增收，与全市农村居民一起实现共同富裕，才能真正实现首府南宁高质量发展。

（谭春兰）

牢记领袖嘱托　砥砺奋进　推动首府经济高质量发展

市北部湾办党组

2021年，市北部湾办坚持以习近平新时代中国特色社会主义思想为指导，认真学习贯彻习近平总书记视察广西“4·27”重要讲话精神和对广西工作系列重要指示要求，坚决贯彻落实中央、自治区和南宁市的决策部署，突出抓好西部陆海新通道建设、全面对接粤港澳大湾区建设、北部湾经济区高质量发展、北部湾城市群发展规划实施、全面落实强首府战略等重点任务的落实，服务好全市工作大局。

一、党建概况

2021年，市北部湾办机关党支部共有党员14名。

（一）牢记初心使命，高质量高标准推进党史学习教育。坚持每周一次集中学习，每季度一次集中研讨，深入开展政治思想学习。先后组织党员集中学习共计48次、专题组织生活会1次、中心组学习4次、专题党课6次、读书班4次，组织收看“十场名家云直播”党课10次，观看电教片5次，到龙光东盟生鲜食品智慧港项目、帮扶村邕宁区新江镇华联村、江南区沙井街道清川西社区宣讲5次。利用办门户网站、南宁市北部湾办微信公众号，开设《党史上的今天》栏目，讲好党的故事。向每位党员发放学习资料，开展读书学习活动，广泛开展“四史”学习教育。开展“党史故事大家讲”“党员心声大家谈”“党史知识大家答”等活动，举办机关微党课比赛。开展“学党史、忆先烈，守初心、担使命”主题党日活动。赴林景云烈士故居、湘江战役纪念馆开展党史学习教育。开展“环北部湾学党史、促发展”活动，在赴北部湾城市群内海口、湛江、北海、钦州等相关城市调研北部湾经济合作工作时，利用当地红色教育资源开展党史学习教育。组织观看红色宣教片，先后5次集体观看红色影像资料。举办系列党史学习教育专题党课。组织收看“十场名家云直播”党课；由办党组成员、机关支部委员每人上一堂专题党课。扎实开展“我为群众办实事”实践活动，深入重大项目建设工地和清川西社区、华联村，开展10次党建联建活动，解决9个“急难愁盼”的问题。

5月28日，南宁市北部湾城市群与粤港澳大湾区融合发展专题培训班在深圳开班
（蒋龙周　摄）

（二）推动管党治党主体责任落实落地，不断深化作风纪律建设。严明政治纪律和政治规矩，严肃党内政治生活。办党组成员坚持以普通党员的身份参加支部的组织生活，参加党员集中活动日活动12次、专题党课6次，过“政治生日”、重温入党誓词2次。强化廉政警示教育，开展专项治理活动。开展“学党史、悟思想，持之以恒推进作风建设”专题党课；集中学习典型问题的系列通报9次，强调节日期间纪律问题；开展工程建设领域腐败问题等专项治理。

（三）加强意识形态分析研判，强化阵地管理。2021年办微信公众号累计发布文章1220篇，办政务网站共发布文章2678篇；央媒、区属及市属主流官方媒体宣传涉及北部湾办主责主业的报道累计73篇，其中央媒体12篇；自治区媒体13篇，南宁市媒体48篇。

二、主要工作

（一）强首府战略和西部陆海新通道重点项目建设成效突出。2021年完成投资92284.72万元，占年度投资计划的131.84%。海关监管作业场所于5月30日封关运营，截至12月31日累计办理约1900个TEU的报关、查验业务。同兴路（国凯大道—海城路）于2021年5月1日建成通车，洪运路（海城路—国凯大道）于8月30日建成通车。全年完成投资58500万元，完成年度目标任务的130%，超额完成年度投资目标任务。南宁保税智慧园于2021年上半年建成投入试运营，科创苑一期2021年12月前建成投入使用。2021年中国—东盟博览会期间，巴基斯坦入驻中国—东盟特色商品汇聚中心，并在项目展示中心举行揭牌仪式。项目自运营以来，货运中转量累计超过110万吨。中新南宁国际物流园正逐步朝着打造面向RCEP及“一带一路”沿线国家高水平开放示范平台和重要物流中心的目标迈进。龙光东盟生鲜食品智慧港加快推进。组织召开项目专题协调会议21次，项目现场会6次，协调解决用地报批、征地拆迁、规划许可证和施工许可证件办理、水电气路配套设施建设等问题46个，项目从意向签约到拿地开工建设仅用两个半月时间，1—12月完成工业投资80342.3万元，完成年度投资计划的100.43%。

（二）西部陆海新通道建设提质增效。及时印发实施《南宁市推进西部陆海新通道建设2021年工作要点》等文件，统筹协调相关责任单位持续推进西部陆海新通道重要节点城市建设，加快基础设施互联互通、国家物流枢纽建设、南宁临空经济示范区建设。公路、铁路、航空、水运等交通基础设施项目按下“加速键”。1—11月，“交通网”项目累计完成投资457.02亿元，年度投资完成率114.96%，完成投资同比增长60.76%。南宁国际铁路港、中新南宁国际物流园等重大项目快速推进，京东南宁电子商务产业园及运营结算中心项目（一期）、顺丰创新产业基地等项目建成并投入运营。1—11月，“物流网”项目累计完成投资94.64亿元，完成自治区下达年度投资任务的119.6%。南宁吴圩国际机场1—11月国际货邮吞吐量达1.9万吨，同比增长100%。2021年中越跨境班列累计开行346列，同比增长108%，超额完成年度开行200列的目标，中欧班列培育取得重要进展。南宁国际铁路港首趟“南宁—钦州—唐山”班列（“公铁海”多式联运班列）顺利开行。

（三）全面对接粤港澳大湾区建设成效显著。印发《南宁市全面对接粤港澳大湾区建设2021工作要点》等文件，明确重点工作任务和重点项目。推动瑞声科技南宁千亿产业园、万有（南宁）国际旅游度假区等“湾企入桂”重点项目纳入南宁市全面落实强首府战略2021年市级层面标志性重大项目，全力保障项目建设取得成效。南玉城际铁路、南宁至湛江高速公路、南宁经横县至玉林高速公路等重点项目超额完成全年投资目标。全力推进“三企入桂”项目落实行动，“湾企入桂”项目“四率”（履约率、开工率、竣工率、资金到位率）均已超额完成全年目标任务。1—11月，“行企助力转型升级”行动新签约粤港澳大湾区项目39个，总投资625.26亿元；全市通过CEPA项目绿色通道新设港澳企业132家，同比增长100%。推进与大湾区科技医疗合作。广西首家粤港澳大湾区“飞地孵化器”南宁市—中关村深圳协同创新中心投入运营，累计入孵企业26家，其中9家企业已落户南宁。南宁市“人才飞地”深圳人才工作站、广州人才工作站投入运营。南宁市基本医疗保险参保人到大湾区就医门诊和住院医疗费用实现直接结算。

（四）向海经济发展按下“加速键”。将发展向海经济纳入南宁市“十四五”规划重要内容，强化与北钦防深度联动，规划建设平陆运河临港产业园，推动建设平陆运河经济带，在南宁市国土空间规划编制过程中统筹城市空间南向发展。成立向海经济产业招商工作专班，印发《2021年南宁市“行企助力转型升级”行动向海经济产业招商工作方案》，明确向海经济产业招商重点任务、工作计划及部门职责分工。2021年，共组织向海经济产业招商活动61批次，其中“走出去”27批次，“请进来”34批次；对接商协会21家，企业119家。签约向海经济产业项目18个，涉及金额273.6亿元，推动顺丰集团、武汉必盈生物科技有限公司等一批企业落地南宁。

（五）北部湾经济区高质量发展迈出新步伐。认真梳理南宁市落实《北部湾城市群发展规划》《广西北部湾经济区发展规划》实施情况，将“强化南宁作为北部湾城市群核心城市作用，推动与‘北钦防一体化’联动发展”纳入南宁市“十四五”规划纲要统筹推进。配合自治区做好《广西北部湾经济区高质量发展规划纲要（2021—2035年）》编制工作，谋划提出南宁市纳入规划纲要重大工程项目48个、重大改革举措10个。获得广西北部湾经济区发展专项资金支持项目3项，专项资金补助7345万元。南宁国际铁路港获得自治区、南宁市财政支持资金17510万元。

（六）法治政府建设和政策宣传取得新成效。印发2021年法治建设工作要点、法治建设教育培训工作方案等文件，组织集体学法5次，开展违法警示教育1次，组织学法用法在线考试和组织民法典培训2次、观看庭审案件1次。通过政务网站、微信公众号等加强政策宣传，组织召开政策解读会、新闻发布会，回应社会关注的热点问题。主动对接新华社、中国新闻网、《光明日报》《广西日报》《南宁日报》等央媒、区属及市属媒体，宣传本办工作成效超30篇（次）。

（七）干部队伍建设从严从实。选派1名正科级干部担任驻村第一书记。每季度（月）深入帮扶村开展调研、党建联建等活动，全力完成好帮扶任务。加强干部队伍建设，有序开展公务员职级晋升、平时考核等工作，激励干部职工实干担当作为。

（八）机关行政效能建设展现新面貌。认真完成好市人大、市政协交办的工作，办理市人大议案1件、市政协提案4件（其中市领导重点督办提案1件）。深入沙井街道清川西社区开展创文明城、垃圾分类等志愿活动，助力首府创建文明城市。加强公共机构节能、生活垃圾分类，厉行节约用水用电、节能减排降耗。认真做好“一服务两公开”工作，畅通政府信息公开渠道。加强保密管理，全年没有发生失密、泄密等案件。加强档案管理，年度档案检查考评获得优秀等级。

三、经验体会

（一）坚持党建引领，从领袖的思想伟力中汲取前行的力量。坚持以习近平新时代中国特色社会主义思想为指导，注重从习近平总书记视察广西“4·27”重要讲话精神和对广西工作系列重要指示要求中汲取力量精准指导，弘扬伟大建党精神，党建引领聚合力，全力抓好西部陆海新通道建设、全面对接粤港澳大湾区建设、北部湾经济区高质量发展、向海经济发展等重点任务的落实，推动习近平总书记对广西工作的重要指示要求落地生根。

（二）坚持问题导向，精准发力推动项目建设提速增效。市北部湾办认真履行南宁市西部陆海新通道建设指挥部办公室、南宁市全面对接粤港澳大湾区建设指挥部办公室、南宁国际铁路港建设指挥部办公室职责，强化对自治区统筹推进、强首府战略、自治区领导联系重大项目的统筹协调服务；坚持每周深入重大项目建设一线、重点园区（企业）一线调查研究或召开协调会、推进会一次以上，及时协调解决项目建设遇到的征地拆迁、用地报批、土地出让、临时用水用电、施工便道、周边市政道路建设、管线迁移、供水供电供气、污水排放等一系列问题；紧盯施工计划，增强工作合力，确保实现一季度“开门红”、二季度“双过半”、三季度“大提升”、四季度“决胜收官”。

（三）坚持目标导向，真抓实干确保各项工作终端见效。市北部湾办建立指挥部工作月报制度、工作会商机制、工作情况通报制度、工作组组长牵头负责制等多项制度，加强部门联动、上下联动；协助市领导召开指挥部会议，或牵头组织召开指挥部办公室会议，及时研究制订年度工作要点和产业项目表、推进计划表，明确年度工作任务，为全年工作定好“时间表”；加强检查督办，每2个月按时将南宁市西部海陆新通道建设进展情况、全面对接粤港澳大湾区建设进展报市委、市政府。

（贾正晖）

牢记使命担当　奋进新时代赶考路

市机关事务管理局党组

2021年，市机关事务管理局党组坚持以习近平新时代中国特色社会主义思想为指导，大力弘扬伟大建党精神，坚持把服务作为第一要务，把保障作为根本使命，认真履职尽责，扎实做好机关事务管理各项工作，积极服务南宁市建设新时代中国特色社会主义壮美广西首善之地，全面落实强首府战略，在新时代赶考路上砥砺奋进。

6月25日，市机关事务管理局组织举办庆祝中国共产党成立100周年“忆党史　颂党恩　跟党走”文艺晚会

一、党建概况

2021年，市机关事务管理局内设机关党委1个，机关党委下辖基层党总支部1个、党支部7个，其中局机关党支部2个、直属单位党支部5个，共有正式党员182名，预备党员2名。

（一）强化政治统领，筑牢思想根基。始终坚持以政治建设为引领，深入学习习近平总书记系列重要讲话精神、党的十九大和十九届历次全会精神、自治区第十二次党代会和市第十三次党代会精神。严格落实“第一议题”制度，跟进学习党中央最新决策部署和习近平总书记最新讲话精神。年内组织局党组理论学习中心组学习6次，局党组班子成员深入联系党支部开展宣讲活动6次，邀请专家教授开展专题讲座4场，各级党组织书记上党课14场，举办党史学习教育专题读书班4场，教育引导党员干部深刻领悟“两个确立”的决定性意义，切实增强“四个意识”、坚定“四个自信”、做到“两个维护”。以强烈的政治自觉和深刻的历史自觉抓好党史学习教育，把“我为群众办实事”实践活动作为党史学习教育的重要内容，聚焦机关干部职工普遍关注的问题、公务用车管理、公共资源交易监管、乡村振兴等重点领域，多措并举，将学习成果转化成为民服务的实践成效。年内累计为群众办实事183件，切实解决群众“急难愁盼”问题。成功举办本系统庆祝中国共产党成立100周年文艺晚会，组织全体党员赴红军长征湘江战役纪念园开展现场学习教育，推送的《谷米飘香》《不忘初心　倾情幼教》等各类作品获得市级表彰。

（二）坚持强基固本，全面提升基层党建质量。局党组坚持定期研究机关党建、党风廉政建设和意识形态工作，做到机关党建与业务工作同谋划、同部署、同推进、同考核。严肃党内政治生活，严格执行党支部“三会一课”、主题党日、组织生活会、谈心谈话等制度。以创建模范机关为抓手，持续加强对各党支部工作的指导和督查，着力提升各级党组织的凝聚力和向心力，指导各党支部开展标准化规范化建设，7个支部已全部达标。落实党组书记和班子成员联系支部制度，帮助支部解决实际困难14个，指导3个支部顺利完成换届。强化意识形态建设，开展意识形态专题培训，通过多平台、多渠道、多频次发声。积极开展党员志愿服务行动，年内180余名党员志愿者在疫情防控、乡村振兴、环境保护、社会治理、优化营商环境等改革发展一线亮出身份、发挥模范带头作用。

（三）注重从严从实，维护政治机关风清气正。局党组成员认真履行“一岗双责”，带头遵守执行全面从严治党各项规定，紧盯重点领域和重点岗位，加强监督和廉政风险防控，充分运用监督执纪四种形态，着力推进不敢腐、不能腐、不想腐的体制机制。开展节前提醒教育，传达有关违反中央八项规定及其实施细则精神的通报21份，开展现场学习教育3次、集体廉政谈话提醒255人次，召开警示教育会3次、观看警示教育片3次。切实把巡察反馈相关问题整改工作作为一项重要的政治任务抓好抓实，认真落实巡察整改主体责任，对巡察反馈的问题诚恳接受、照单认领、坚决整改。8月11日市委第二巡察组对优化营商环境责任单位党组（党委）开展了机动式巡察，并反馈巡察意见。局党组制订了落实巡察反馈意见整改工作方案，进一步明确责任和整改时限。通过3个月的整改，巡察反馈问题全部整改到位。

二、主要工作

（一）坚持在“一体两翼”上求发展，构建集约管理新格局。一是推进办公用房集中统一管理。共为8家单位和临时机构调剂1273.15平方米，巡检核验办公用房15664.42平方米。全面统计、准确掌握全市党政机关办公用房建筑面积、使用情况等基本信息，利用“一张网”进行市县区常态化监督、精细化管理。推进权属登记“一本账”，首批条件成熟的198宗土地、361处房产的无偿划转已获市政府批准，办结3宗土地、6处建筑物产权划转，土地总面积78391.55平方米，房屋总建筑面积69680.3平方米。二是构建公务用车集中统一管理体系。优化提升全市公务用车管理平台系统，确保平台顺利纳入全区公务用车管理平台“一张网”，实现了公车管理网上一站式审批服务。年内完成应急、调研、接待及行政执法用车保障任务7167台次，车辆行驶总里程约81.49万公里，行车安全零事故。市本级公务用车报废、更新工作由市机关车队统一办理，年内报废22辆，更新18辆。受理300多家单位公务车辆的办理申请、215辆车的新购申请、408辆车的定编及309辆车的销编工作。引导优先采购地产车和新能源汽车作为公务用车，共新增地产公务用车152辆、新能源汽车30辆。

（二）坚持在事务管理上求规范，构建现代治理新格局。一是推进事务管理制度化。抓好国家、自治区机关事务法规办法的贯彻落实；在汇编涵盖10个类别49项符合市机关事务管理局形势发展及实际工作需要的规章制度基础上，加强对专项资金使用情况的监督，严控机关运行经费支出规模；修订完善公共资源交易综合监管制度，健全招投标制度，开展制度文件清理与修订工作，共涉及8项文件、废止3项、修订5项。二是推进后勤服务标准化。制定机关食堂餐饮精细化管理规范及标准化操作流程；建立分散办公点归口保障机制，做到物业统一监管、公共配套资源统一分配使用，保障党政机关高效规范运转；在推进平安大院建设方面，细化落实人防、物防、技防相结合的标准管理制度。三是推进管理手段信息化。推进大数据、云计算、人工智能等新技术手段在机关事务领域的应用，完成OA办公系统升级工作；推进“互联网+”、大数据深度融入机关事务工作，推广使用“云食堂”，持续优化公务用车、办公用房、公共资源交易监管等信息管理平台功能，确保信息互联互通、数据共享共用。

（三）坚持在绿色发展上求实效，构建低碳转型新格局。一是推行“指尖上的绿色”，实行垃圾分类。组织召开南宁市公共机构生活垃圾源头减量暨万人志愿者行动推进会，联合医院、社区、学校开展源头减量志愿服务活动，多渠道、多层次、全方位引领垃圾分类和低碳环保意识成为社会生活新风尚；建设11个有特色、可示范、见成效的公共机构生活垃圾分类示范点，带动发挥示范效能，促进形成绿色低碳的生活方式。二是践行“双碳”战略，推进公共机构节能走深走实。引导各单位深入周边道路、单位宿舍、居民小区等地建设充电桩，共新建284个，其中138个接入自治区“八桂充”平台，完成率189%；投入资金1355万元，对全市7家公共机构进行节能改造，面积26.11万平方米；打造绿色机关，成功创建345家节约型机关，超额175家。三是落实“过紧日子”要求，遏制“舌尖上的浪费”。将机关食堂反食品浪费工作成效评估办法纳入南宁市公共机构节能绩效内容重点考核，严格落实公务接待、食材采购、做餐配餐等节约措施，抓好精细管理、建章立制、控制成本、宣传督促等工作，设置节约用餐监督员，提高节约化、规范化、品质化水平。

（四）坚持在服务质效上求提升，构建系统保障新格局。一是精细服务，疫情防控与后勤保障双推进。抓好市委、市政府集中办公区和重点部位的全时防控，从严从紧落实好核酸检测、疫苗接种、与社区联防联控、加强体温检测、查证验码、外出报备提级管控等各项防控措施，强化餐饮、会务、车辆、安保等服务保障人员和办公、会议、食堂、房屋维修等场所防控措施落实，持续推进“健康食堂”“放心食堂”建设，优化集中办公区安防系统升级改造，构筑疫情防控屏障。二是精心部署，强力推动消费帮扶。定期开展消费扶贫集市，年内组织20多家各县区扶贫企业分别进驻5个市直机关食堂，销售扶贫产品40多种，累积销售107.67万元，任务完成率达129.7%。三是精益求精，保持“优教品牌”特色。市直属机关保育院重点抓好校园安全、打造创城亮点等工作，发扬“爱心育苗　倾情幼教”品牌风采，入园率、满意率100%；实现党建与幼教联动推进，通过开展党史学习教育系列主题教育活动，在幼儿心中根植爱党爱国情怀，传承红色基因。四是精准施策，拓宽干部住房保障渠道。持续推进市四家班子危旧改项目建设，改造5个宿舍区，共新建2488套，其中还建房651套、非还建房1837套，保障了干部职工1186套。

（五）坚持在优化营商环境中求突破，展现首府示范新风采。一是“一网交易”，在全区实现房建市政、交通公路、水利等工程建设项目全流程电子化招标投标。部署使用自治区统一开发建设的自治区公共资源交易平台系统，并协调推进各类项目“应进必进”，年内，南宁市共完成5695宗交易，总金额1016.16亿元，节约或溢价金额73.96亿元。二是减负降费，实现投标保证金缴纳、CA数字证书办理“双免”。取消房建市政、交通、水利项目投标保证金，以政府购买服务的方式为投标人实现CA数字证书免费办理，年内共为29522家投标人减负投标保证金30.66亿元，为4639家中标人（供应商）减负履约保证金约5.74亿元，累计为146家投标企业免费办理CA数字证书，节省投标费用约15万元。三是创新改革，研究建立公共资源交易“降低成本+创新制度+信用管理”的南宁模式。实现公共资源交易“投标零门槛、交易零费用、服务零跑腿”，推动全市公共资源交易领域营商环境持续优化。3月5日，自治区政府印发《关于做好中国（广西）自由贸易试验区首批自治区级制度创新成果复制推广工作的通知》（桂政函〔2021〕28号），明确将中国（广西）自由贸易试验区南宁片区公共资源交易“降低成本+创新制度+信用管理”改革模式作为首批自治区级制度创新成果在全区复制推广。

三、经验体会

（一）以政治建设为统领，提高党的建设工作质量。坚持深入学习贯彻习近平新时代中国特色社会主义思想，对标对表习近平总书记视察广西“4·27”重要讲话精神和对广西工作系列重要指示要求，切实把思想和行动统一到中央、自治区和南宁市的决策部署和要求上来，将学习成果转化为推动机关事务工作高质量发展的强大动力。认真总结党史学习教育的经验做法，巩固拓展党史学习教育成果，用好“我为群众办实事”实践活动形成的良好机制，推动党史学习教育常态化长效化。

（二）以“四化”建设为基石，加快构建转型升级优势。坚持系统观念和全局思维，持续深入推进机关事务法治化、标准化、规范化、数字化建设，推动机关事务集中统一管理与“四化”建设互促互进、协调发展。加强机关事务运行保障立法研究，不断完善办公用房、公务用车、公共机构节能、机关食堂等重点业务领域的法规制度体系。充分运用互联网、大数据、人工智能等技术手段，推进国有资产管理数字化建设，加快推进办公用房和公务用车管理平台升级改造，落实“全市一张网”实现互联互通。推进安全保卫、餐饮服务、耗能管理等智慧化建设，延伸服务“触摸键”，推动机关事务由传统保障方式向“慧”服务、“惠”服务、“会”服务转型升级。

（三）以自身建设为源泉，提升服务大局本领能力。结合机关事务新形势，不断增强学习能力，重点学习前沿理论、知识技能、法规政策，提升理论素养和业务能力，全面提高履职能力和水平。以干部能力提升为导向，大力开展全系统学习调研、理论研究、业务合作，探索开展行业内的技能竞赛、岗位练兵、业务比武，培养工作标兵、技术工匠、岗位能手，引领大家学习先进、争当先进，进一步提升机关事务系统行业的整体工作水平，努力构建优化协同高效的机关事务管理体系。

（何雅君　黄春碧）

弘扬伟大建党精神　凝心聚力共谋发展
奋力开创全市医疗保障高质量发展新局面

市医保局党组

2021年，市医保局坚持以习近平新时代中国特色社会主义思想为指导，深入学习贯彻党的十九大和十九届历次全会精神，认真贯彻落实市委、市政府的决策部署，紧紧围绕全面落实强首府战略，充分发挥医疗保障在首府经济社会发展中保民生、促稳定的作用，以推动医疗保障高质量发展为主题，以深化医保制度改革为主线，通过深入开展党史学习教育，建立健全医疗保障制度体系，稳步提升医疗保障待遇水平，全面推进医保重点领域改革，不断优化医保公共服务效能，年度重点工作目标任务全部完成，为实现“十四五”良好开局打下坚实基础。

一、党建概况

2021年，市医保局机关党总支辖机关支部和局属二层单位市医保中心、市医疗救助和医药招采中心联合支部，其中机关支部管理党员14名，市医保中心、市医疗救助和医药招采中心联合支部管理党员31名。

（一）旗帜鲜明讲政治抓政治。市医保局坚持以习近平新时代中国特色社会主义思想为指导，把党的政治建设放在首位，坚持以政治建设统领全局，捍卫“两个确立”，增强“四个意识”、坚定“四个自信”、做到“两个维护”。加强党对医保工作的全面领导，49次召开党组会，始终把学习贯彻习近平总书记重要讲话、指示、批示精神，党中央、自治区党委和市委工作要求作为党组会“第一常设议题”。针对巡察反馈意见，制订63项具体措施。修订及新制定16项规章制度，认真落实整改措施，反馈的25个具体问题全部完成整改。把学习贯彻习近平总书记视察广西“4·27”重要讲话精神作为首要政治任务，举办党组理论学习（扩大）读书班，领导班子成员到支部联系点讲授专题党课4次。

（二）从百年党史汲取奋进力量。成立党史学习教育领导小组，印发党史学习教育实施方案，召开党史学习教育动员会。局党组带头学习习近平总书记在党史学习教育动员大会上的重要讲话、“七一”重要讲话和关于党史和党史学习教育系列重要论述，开展全市医保系统“七一”讲话精神专题培训，3次邀请自治区党委和市委宣讲团成员开展党史主题宣讲，8次开展领导班子成员和党组织书记讲党课。组织集中收看庆祝中国共产党成立100周年大会电视直播、参观庆祝建党100周年南宁党史图片展。开展“感党恩　跟党走”主题系列活动20次。

6月30日，市医保局新址搬迁至西乡塘区明秀西路108号

（三）筑牢全面从严治党思想根基。将学习贯彻党的十九届六中全会精神、自治区第十二次党代会和市第十三次党代会精神作为重大政治任务，4次组织集中学习。印发4份学习资料，组织学习测评。将意识形态工作纳入党组议事和年度工作计划，2次召开意识形态工作专题研讨会。用好“学习强国”“八桂先锋”等平台教材，激发“三会一课”制度功效，年内以专题党课、主题党日等多种形式集中学习20余次。开好领导班子2020年度民主生活会，指导2个基层党组织召开党史学习教育专题组织生活会。指导基层单位完成党支部组建、调整设置，指导二层单位成立工会组织。10次前往社区开展志愿服务活动。

（四）持续加强纪律建设。针对新形势下医保行业廉政风险防控新情况，出台措施堵塞漏洞。编制2021年党建工作要点，召开2021年党的建设暨党风廉政建设工作会议。制定领导班子、党组书记履行全面从严治党主体责任、班子成员履行“一岗双责”责任清单。召开2020年度党员领导干部述责述廉工作会议，局领导班子成员现场述责述廉，接受现场询问和民主测评。综合运用监督执纪“四种形态”，持续巩固从严执纪高压态势。深入推进“窗口腐败”和群众身边腐败和作风问题排查整治，彻底打击损害群众利益等违纪行为。

二、主要工作

2021年，市医保局深刻把握“四个新”总要求，坚决落实“四项指示要求”紧密结合全市医保发展改革实际，凝心聚力加快推进全市医保高质量发展。

（一）先试先行谋福祉，试点成效硕果累累。打造长期护理保险制度试点

"南宁方案"，于3月1日启动实施长期护理保险制度试点工作。截至2021年12月，覆盖全市156万参保职工，4000多人享受长护险待遇。6月，南宁市医疗保障基金监管信用体系建设试点通过国家终期评估验收，南宁市医疗保障基金监管平台项目全面启用。7月，南宁市被国家医保局、自治区医保局列为广西"高血压""糖尿病"门诊用药保障专项行动示范城市，通过完善医保待遇保障政策，完善就医取药管理，优化简化医保经办流程，让参保人员真切感受到惠民政策。

（二）夯实基础惠及民生，保障水平显著提升。全面推进落实全民医疗保障参保计划，全市基本医疗保险参保人数744.75万人，较2020年度同期增长3.86%。南宁市应参加城乡居民基本医疗保险脱贫人口588405人，参保率100%，对符合资助条件的脱贫人口100%落实参保资助政策。全年减少机关事业单位的保费支出3.7亿元，为全市符合条件的参保企业降低人工成本约3.94亿元，为灵活就业人员降低缴费负担1.02亿元。及时拨付新冠病毒疫苗及接种费用，医保基金专项预算资金及时划拨上解到位，全力保障新冠病毒疫苗接种；三次降低新冠病毒核酸检测价格，单人检测从60元（不含试剂耗材）降至40元（含试剂等耗材），多人标本混合检测从20元降至10元（含试剂等耗材）。

（三）持续深化医保改革，惠民力度日益增强。全面实施医保DRG付费改革，统筹地区内85家二级及以上开展住院服务的定点医疗机构已100%实现DRG付费，实现统筹地区、医疗机构、病组"三个全覆盖"改革目标。实施改革以来，三级、二级定点医疗机构次均住院医疗费用同比分别下降15.58%、13.92%，平均住院日同比分别下降14.64%、5.09%。常态化开展药品和医用耗材集中带量采购工作，累计落地12批次共计325种药品集采以及8类医用耗材集采，平均降幅达56.1%，预计年可减少采购资金近5亿元、减少医保基金支出近3.5亿元。

（四）强化医保基金监管，守好群众"救命钱"。用好多种载体搞好医保政策和基金监管宣传，年内发放各类宣传资料20余万份，播放宣传视频80余万次，发送宣传短信70余万条。持续保持打击欺诈骗保高压态势，开展存量问题"清零"行动和以打"三假"（"假病人""假病情""假票据"）专项整治为重点的医保违法违规行为专项治理工作。组织完成对全市2677家定点医药机构的全覆盖现场检查，检查覆盖率达100%，对检查发现问题的1765家定点医药机构进行处理，追回或拒付违规使用医保基金5879.89万元，加上开展存量问题"清零行动"追回基金13464.73万元，全年共追回基金19344.62万元。

（五）创新医保经办模式，医保服务提档升级。2021年12月起，全面启用国家医疗保障信息平台。推进医保公共服务事项全程网办、同城通办、跨区域通办，实现医保业务数据全区互联互通。医保经办服务网络延伸到市、县、乡镇（街道），线下窗口依托医保系统实现一窗受理、就近能办。推广激活使用医保电子凭证，群众就医购药"码"上支付。实施新生儿预参保登记，"落地"不用落户即可参保，医保报销"零跑腿"。

（六）忠诚践行党的宗旨，"我为群众办实事"见行见效。自治区、南宁市"我为群众办实事"实践活动2个重点项目"门诊费用跨省直接结算""推进实施'村医通+'工程"均于2021年8月提前完成。持续推动门慢"长处方"，高血压、糖尿病最长结算3个月。严格落实疫情防控"延缓降"政策，将2020年度城乡居民医保集中缴费期延长至2021年3月31日。推出"预约办""免费邮"新举措，33个事项同城通办，26个高频事项实现自助网办。重点加强农村地区经办能力建设，困难群众申请医疗救助由乡（镇）人民政府、街道办事处"一门受理、协同办理"。长护险试点获评国家医保局"我为群众办实事"优秀案例。

（七）强化责任担当，助力经济社会发展。作为南宁市"行企助力转型升级"生物医药产业招商工作专班牵头单位，履行好"行企助力转型升级"生物医药产业招商工作专班牵头单位责任，召开2次招商工作专班会，牵头或参与招商活动20次，拜访对接27家生物医药企业和3个行业协会，邀请近20家企业到南宁开展投资考察，开展考察活动共计10余次，精准服务武汉必盈生物科技有限公司等15家企业，组织广西达安创谷健康产业投资基金合伙协议等4个项目在2021行企助力广西生物医药产业高质量发展推介研讨会上签约，涉及签约额4.316亿元。

三、经验体会

（一）必须坚持正确的工作指导，这是根本。坚持正确的指导思想是中国共产党事业兴旺发达的根本所在。习近平新时代中国特色社会主义思想是当代中国马克思主义、21世纪马克思主义，是工作的根本指导和基本遵循。要推动2022年度工作任务圆满完成、医保"十四五"规划顺利开局起步，就必须高举马克思主义、中国特色社会主义伟大旗帜不动摇，必须坚持习近平新时代中国特色社会主义思想指导地位不动摇。

（二）必须加强党对医保工作的全面领导，这是保障。2021年市医保局党组坚持政治建局、党建引领，深化模范机关创建，强化思想理论武装，坚持严明党的纪律，建章立制规范权力运行，为医保服务强首府战略提供坚强保障，确保全市医保改革攻坚方向正、士气足。2022年，面对全市医保发展改革艰巨任务，必须始终保持"赶考"清醒，进一步发挥全面从严治党引领保障作用，落实全面从严治党主体责任，牢牢把握高质量发展医保事业主线，打造忠诚干净担当的高素质干部队伍，确保全市医保事业行稳致远。

（三）必须始终坚持心怀"国之大者"，这是担当。2021年，市医保局党组坚持以人民为中心，积极面对疫情之下提升参保群众待遇水平、医保新平台上线运行、强化医保基金安全等民生大考，书写暖心民生答卷。2022年，市医保局党组要更加自觉响应习近平总书记"七一"讲话伟大号召，始终同人民想在一起、干在一起，风雨同舟、同甘共苦，继续为实现人民对美好生活的向往不懈努力，努力为党和人民争取更大光荣，推动实现全市人民医保幸福指数提档升级。

（四）必须持之以恒加强作风纪律建设，这是保证。2021年，市医保局党组高度重视作风纪律建设，始终坚持以上率下，带头落实中央八项规定及其实施细则精神、带头持续纠治"四风"，持续开展形式主义、官僚主义问题专项治理，健全完善重大工作部署、重要批示指示督查督办机制。各级领导坚持深入一线，贯彻落实民主集中制和"三重一大"集体决策制度，决策机制更加科学、民主。2022年，必须持续纠"四风"树新风，着力打造"清廉医保"品牌，营造风清气正政治生态。

（徐建宇）

凝心聚力担使命　奋发作为谱新篇
全面推动南宁市政园林工作高质量发展

市市政园林局党组

2021年，市市政园林局党组坚持以习近平新时代中国特色社会主义思想为指导，全面贯彻落实党的十九大和十九届历次全会精神，深入学习贯彻习近平总书记视察广西“4·27”重要讲话精神和对广西工作系列重要指示要求，全面落实强首府战略，大力推进“中国绿城”全面提质，凝心聚力推动市政园林工作高质量发展，取得了较好的成绩。

11月2日，崭新的环卫作业车辆整装待发

一、党建概况

市市政园林局内设机关党委1个，下设基层党委3个、党总支5个、党支部43个。共有党员1040人，其中在职党员596人、离退休党员444人。现有预备党员8人。

（一）深化党的政治建设，做到“两个维护”。强化政治机关意识教育，教育引导党员干部深刻领悟“两个确立”的决定性意义，增强“四个意识”、坚定“四个自信”、做到“两个维护”。

（二）深化理论武装，推动习近平新时代中国特色社会主义思想走深走实。以学懂弄通做实习近平新时代中国特色社会主义思想为首要政治任务，及时跟进学习习近平总书记最新重要讲话精神和重要指示批示精神，开展“重温马克思主义经典　学习习近平新时代中国特色社会主义思想”主题活动，举办了2期专题读书班、3场专题辅导讲座、34期早读会、6次中心组学习，分享调研文章10篇。落实意识形态工作责任制，把牢意识形态工作领导权、管理权、话语权。专题研究意识形态工作2次，党内通报意识形态领域形势1次。举办道德讲堂2期，家风活动2期，民族团结趣味运动会1场。

（三）精心组织开展庆祝建党100周年系列活动。组织开展6个专题的党史党课、1个对党忠诚党课学习和课后学习研讨。举办知识竞赛、诵读比赛、红色故事大赛，拍摄快闪等“感党恩跟党走”主题系列活动。积极参加上级各类比赛，获自治区总工会全区职工演讲比赛三等奖1个、优秀奖1个，获南宁市红色故事大赛一等奖1个，获市委市直机关工委演讲比赛一等奖1个、三等奖1个。推出“云听党史故事”。参加党课竞赛，利用好市南湖公园、市人民公园红色资源发扬红色精神。开展党员活动，全年接待党日活动共5300余批次，参观人数超50.5万人次，安排讲解500余场。完成2项市级“我为群众办实事”实践活动重点项目。在市政园林系统内评选表扬了49名优秀共产党员、29名优秀党务工作者和9个先进基层党组织，其中获评市级先进基层党组织1个，获评市直机关优秀共产党员、优秀党务工作者和先进基层党组织各1名（个）。为76名符合条件的退休党员颁发了“光荣在党50年”纪念章。

（四）加强党的建设，强基固本提质。对基层党组织设置、换届选举、党员发展、党费收缴、阵地建设、档案资料管理、“三会一课”、组织生活会、谈心谈话和民主评议党员等制度作出规范要求，指导局属单位党组织落实落细规定动作。召开党建工作专题会议2次，党务干部轮训1次，全年发展预备党员6名，转正党员8名。所属41个党支部标准化规范化建设全部达标，打造了37个组织生活质量标杆党支部。创建了“市政园林党旗扬”等20个特色党建品牌，推出了3个党建工作创新示范单位。选送的党课作品获2021年南宁市“党课开讲啦”暨“十百千”党课活动“十佳优秀党课”，讲师获评“十佳党员教育好讲师”。选送的微党课作品分别获得南宁市直机关“百年建党话初心　勇担使命开新局”微党课比赛二等奖和进步奖。推行“党建+垃圾分类”“党建+市政管养”“党建+园林绿化”“党建+亮化”等工作模式以党建引领业务，推动党建与中心工作同部署、同推动、同落实、同考核。推进“公园城市”建设，建成20余处口袋公园。南宁市荣获2021年国际花园城市竞赛金奖。生活垃圾分类在全国76个大城市考核排名第七名。选派18名优秀干部到18个帮扶点驻村助力乡村振兴。

（五）强化纪律作风，提升风险防控能力。学习传达违纪违规典型案例，组织观看警示教育片2次，开展廉政培训2次，开展谈话提醒20次，编发廉政短信100条。坚持问题导向，常态化开展工程建设领域、酒驾醉驾等专项排查整治。运用“四种形态”抓好日常监督，排查廉政风险点222个，均制订了相应的防范措施。组织开展工作纪律督查、节假日值班督查等共计206次。

二、主要工作

（一）狠抓市政环卫园林工作精细化管理。推进邕宁、良庆、南宁综合保税区环卫一体化试点改革，加强环卫设施运营监管，规范环卫服务市场秩序。开展市政基础设施、城市绿地普查，摸清市管市政道路基础设施、建成区绿地现状底数，厘清绿地总量、分布及绿地规划实施完成情况。开展市容整治督办检查、火车东站片区专项整治、建筑垃圾存量治理、消纳场日常监管、户外广告专项整治三年攻坚行动和重大活动社会氛围营造。严抓市政基础设施维护、黄土裸露整治、环境卫生保洁、市政路面病害治理、绿化植物病虫害治理、扬尘治理和园林绿化养护工作。推进乡村振兴、“美丽南宁”乡村建设、“为民办实事”10座市政公共厕所新建改建项目和生活垃圾转运站“三防三化”试点提升改造工作。推行“公园+科普教育”“公园+花事”等10项“公园+”模式建设。截至12月31日，共完成路面维修22.62万平方米，路灯故障维修4756处，乔灌木修剪53.61万棵，片植灌木和地被修剪1110.19万平方米，黄土裸露补种31.27万平方米，鲜花下地169.7万盆。农村生活垃圾得到有效处理的行政村比例达99.4%，市区主要道路亮灯率达99.5%。

（二）狠抓行业规范化管理。成立南宁市市政园林建设发展“135”工作专班，实施市政园林“135”工程，推进“中国绿城”全面提质。开展《南宁市市政和园林发展“十四五”规划》《城市照明专项规划》《南宁市环卫专项规划（2020—2035）》等7项规划编制。印发实施《南宁市“门前三包”工作指引》《南宁市建筑垃圾消纳设施两年建设规划（2021—2022）》《南宁市城市道路井盖设施管理办法》等一批规范性文件。推动《南宁市园林绿化工程质保期养护考核办法》等12项规范性文件编制，推进121个市管项目顺利移交，建成区绿化工程监督覆盖面100%，项目验收合格率100%。完成《南宁市道路绿化带景观特色及乔木树种选择专项研究》，印发《南宁市园林技术管理手册》并召开宣贯会，规范绿化工程建设施工、监管和养护全流程。

（三）狠抓城建园林项目建设。2021年由市市政园林局牵头推进的城建计划项目共70个，计划总投资15.76亿元。截至12月31日完成投资14.46亿元，占年度投资任务的91.75%。其中双定循环经济产业园生活垃圾清洁焚烧发电厂首批垃圾于10月27日进场，城西生活垃圾中转站和武鸣区、广西东盟经开区生活垃圾中转站开工建设。厨余垃圾就地处理设施项目完成可研报告评审并取得评估报告。完成公园城市绿地建设项目（一期）可行性研究报告和环城绿带范围储备用地利用工程概念性规划编制。开展城市零星边角地块公共基础设施建设项目前期调研，筛选出和合路、龙马街、仁和路奥园名门等6个地块作为口袋公园一期项目用地并完成方案设计报市政府审批。第十三届中国（徐州）国际园林博览会南宁展园10月20日竣工验收。

（四）狠抓城市生活垃圾分类试点。围绕市第十三次党代会确定的目标任务和强首府战略契机持续推动生活垃圾分类工作走深走实。全年投入建设经费共计12.03亿元，试点工作成效明显，生活垃圾回收利用率达36.35%，在住建部对全国各地市生活垃圾分类工作考核中保持位居第一档，在自治区季度测评中保持全区首位。其他垃圾焚烧日处理能力达4250吨、厨余垃圾日处理能力达1720吨，各类有害垃圾终端处理企业日处理能力达530吨，具备总日处理能力2500吨的再生资源利用企业。建成一批日总处理能力达70吨的黑水虻生物转化处理厨余垃圾试点项目。截至2021年底，共配置厨余垃圾清运车158辆、有害垃圾清运车19辆、可回收物清运车183辆、其他垃圾清运车1691辆；累计建设有害垃圾暂存点10个、可回收物分拣中心6个、高标准可回收驿站53个，其他垃圾转运站56座；累计推进156个小区定时定点投放建设，已完成503个分类投放收集点改造；累计开展生活垃圾主题宣传活动超1万场次，居民垃圾分类参与度超85%。

（五）狠抓创城创卫迎检复查。建立了“局党组统一领导、党政齐抓共管、局创城创卫办综合协调、各工作组各司其职、局系统全员参与”领导体制。建立“沟通交流机制、巡查督导机制、经费保障机制、舆论宣传机制、网格责任机制、问题闭环机制、迎检应急机制”工作机制。制定《南宁市市政和园林管理局2021年深化创建全国文明城市“十大提升行动”责任清单》，组建局机关、局属单位两级纵向贯通和主次干道、城中村、公园广场等区域横向相连的网格队伍，按照“日巡查日督导”工作要求形成“问题清单”实行问题销号制度。围绕创城创卫测评指标制定《市政园林行业创城工作指导手册》《南宁市创建全国文明典范城市国家卫生城市城中村标准化规范化建设工作指引》。开展市政基础设施普查，加大井盖监管力度、设施管养力度，狠抓卫生管理、垃圾分类工作，强化市容市貌整治，开展城中村标准化规范化建设指导，创城迎检工作有序开展。

三、经验体会

（一）坚持党的领导。坚持把党的全面领导贯穿于市政园林工作高质量发展全过程各方面，坚决贯彻党中央、自治区党委和市委的决策部署。持续增强基层党组织的创造力、凝聚力、战斗力，引领市政园林工作始终沿着正确方向前进。

（二）坚持人民至上。以人民为中心，以问题为导向，坚持把人民生活幸福作为市政园林工作的出发点和落脚点。树立心中有民、行动为民政绩观，倾力惠民生、聚民心，不断满足人民群众对“城市让生活更美好、乡村让人民更向往、市政园林让百姓更满意”的高层次需求。把群众呼声作为“第一信号”，把群众需求作为“第一选择”，把群众利益作为“第一考虑”，把群众满意作为“第一标准”，提升人民群众获得感、幸福感、安全感。

（三）坚持中心引领。围绕强首府战略、《2021年政府工作报告》既定目标任务、“135”工程以及项目建设年工作方案，抓牢做实防疫稳定安全“三件大事”，推进城建项目建设，以中心工作带动市政、园林绿化、环卫、市容市貌工作全面发展。

（四）坚持改革创新。完整、准确、全面贯彻新发展理念，完善管理机制，推进事业单位机构改革，创新管理模式，强化行业规范化管理。合理配置人才资源，优化市场资源配置，为市政园林事业发展不断注入新动力。

（陈仁河）

勇当城市管理卫士　争做执法为民先锋

市城管综合执法局党组

2021年，市城管综合执法局党组坚持以习近平新时代中国特色社会主义思想为指导，深入贯彻落实习近平总书记视察广西“4·27”重要讲话精神和对广西工作系列重要指示要求，按照自治区第十二次党代会、市第十三次党代会的部署，围绕推进“中国绿城”全面提质主线，巩固深化“大行动”工作成效和经验做法，不断强化城市管理综合行政执法，推进城市治理体系和治理能力现代化，为全面落实强首府战略、推动首府城市高质量发展创建更好的城市环境，以优异成绩迎接党的二十大胜利召开。

3月22日，市城管综合执法局开展2021年“世界水日”“中国水周”普法宣传暨“网友看南宁”活动

一、党建概况

市城管综合执法局党组下辖市城管综合执法局机关党委及市城管支队党委2个党委，12个支部（市城管综合执法局机关2个、市城管支队9个、市智慧城管信息中心1个），共有243名党员（其中退休党员71名）。代管单位市城管监督评价中心党总支。

（一）聚焦从严治党，强化机关党组织建设。根据市直机关工委《关于转发〈中共南宁市委员会组织部印发（关于深入开展党支部组织生活质量提升行动的实施方案）的通知〉的通知》要求，扎实开展党支部达标创优考核工作，年内，12个党支部均已全部验收达标。细化完善党内谈话制度、深化监督执纪“四种形态”运用，系统安排科级党员干部和普通党员上台讲党课。在局机关建立“三室”（机关文化室、党建活动室、廉政作风室）、“三家”（工会之家、妇女之家、团员之家），建设局机关群众来访接待室，设立休闲书吧。通过板报、网络、QQ群、微信、道德大讲坛，树立身边榜样人，宣传“平民英雄”和“凡人善举”。

（二）聚焦结对共建，强化共建共享共帮。局党组成员每人联系一个基层党支部。以双重身份参与基层党建活动。局属各机关党组织与本局3个扶贫点横县栾城镇下滕村、横县马山乡罗板村、江南区延安镇平南村开展结对共建，进一步激发脱贫内生动力。局机关支部和局属单位机关支部与九州、中鹿、红木棉出租车公司等非公企业和邕宁区那元社区结对共建，共同开展主题党日活动。

（三）深入开展党史学习教育，开展“学党史办实事　城管一线建功”主题实践活动。为党员干部征订“四史”等重点学习书籍，积极组织党员干部读原著、学原文、悟原理。党支部采取“三会一课”和主题党日等形式，组织党员干部前往江南区江西镇二万五千里长征文化体验园开展“学党史，重温长征故事”活动，前往李明瑞、韦拔群等革命烈士纪念馆和广西烈士陵园开展“祭先烈　学党史　悟思想”祭扫等活动，开展形式多样的学习活动。充分发挥基层党组织和党员先锋模范作用，开展“学党史办实事　城管一线建功”实践活动，在“世界水日”“中国水周”来临之际，组织开展“学党史　办实事　护佑邕江母亲河”党员先锋志愿服务活动，进行“世界水日”“中国水周”普法宣传并现场拆除和清理岸边违规搭建阻碍行洪障碍物（违法钓鱼木台）。将党史学习教育与推进城市治理、城管执法工作紧密结合，提出设置城管执法服务岗亭、建立城管执法应急救助服务热线、规范设置临时便民市场等10项“我为群众办实事”实践活动任务。其中，规范设置16个城管执法服务站（岗亭）项目列入市委“我为群众办实事”实践活动77项重点任务清单，已全部完成建设。积极协调处置购房纠纷，为群众追回购房“血汗钱”21起，为群众挽回经济损失共计236.42万元。

二、主要工作

（一）健全完善城市治理体系，治理能力更加现代化。巩固深化“大行动”机制，全市479个“大行动”网格责任进一步调整压实；强化城市治理考评、督查机制，召开“大行动”考评会2次，融合创城创卫指标，将“创文明城”“创卫生城”考评事项纳入新版“大行动”考评细则，完成2021年版“大行动”考评办法修订；受理并派发处置“大行动”考评案件200.65万件，督办乱象问题3.6万余件。扬尘治理“慧眼”系统应用进一步加强，累计接入有土方工地、消纳场、搅拌站等扬尘污染源头视频936个，系统发现并派遣扬尘案件2914件，处置率为95.5%。强化沿岸公园专项督查考评及邕江水上执法，发放奖补资金2252.39万元，确保“百里秀美邕江”江畅、水清、岸绿、景美。

（二）扎实推进执法体制改革，城管综合执法更加有力。执法体制改革深入推进，完成《南宁市城市管理综合行政执法局十四五规划》编制；推动《南宁市城市管理综合执法条例》立法工作，动态调整城市管理综合行政执法部门权责清单；编制《南宁市城市管理领域轻微违法行为免罚清单》，服务优化营商环境。组织开展专项执法行动，强化市容环境、建设、住房、非法燃气经营、矿产及矿山资源、邕江水面等城市管理综合执法，为城市治理提供强力执法保障。1—12月，全市城管部门累计立案查处违法违规案件3.22万件，累计罚款6121.81万余元。其中，立案工地乱象、乱摆卖、乱停车等市容环境案件3.15万件，罚款2564.54万元；立案办结建设及住房类案件562件，罚款3114.8万元；立案盗挖盗采矿产资源办结60起，罚款410.06万元；立案非法燃气经营案件33起，查扣非法燃气罐1.16万个，罚款32.41万元。出动执法船巡航2.2万余公里，联合公安、海事等部门开展水上联合执法行动15次，查获“三无”及违规船只55艘，拆除违法建设2987处。

（三）铁腕开展“两违”治理，城乡建设秩序更加规范。对全市新增违建，采取“冒头就打，出土就拆”的快速处置手段，截至12月31日，全市清理拆除违法建设8020处（栋），清理违法用地面积463.44万平方米，拆除违法建设面积436.74万平方米，完成年度违法建设326万平方米拆除任务的133.97%。其中，拆除存量违法建设4948处（栋），面积266.66万平方米；拆除新增违法建设3072处（栋），面积170.79万平方米。

（四）创新创城实测执法，创城与日常城市治理更加融合。牵头编制出台南宁市住宅小区、农贸市场、城中村、背街小巷精细化管理标准及工作指引，针对小区、农贸市场、城中村分别打造30个示范点。实施创城三级督导体系，共发现并督办整改问题135.32万个。开发并启用“美丽南宁拍”小程序，设置创城创卫检查类型30大类、检查内容384项可勾选问题，供检查人员随地对标对表，实现数字化上报督办。采集创城专项问题112.15万件，并派遣责任单位落实解决。强化创城执法，开展夜市、占道经营、临时摆卖摊点乱象、车辆乱停、户外广告乱象、噪声扰民等专项行动，加强乱象问题执法处置。

（五）加快推进“智慧城管”建设，推动治理效能更加彰显。推进城市综合管理服务平台建设，初步搭建市级城市综合管理服务平台，并实现与国家、自治区平台联网，与武鸣等部分县区平台数据互联。建立扬尘治理大数据资源中心，初步实现扬尘违规行为智慧化监控管理。建成城管综合执法数字化系统，收录全市城管综合执法案件数据2.5万余条，初步实现执法信息云录入、执法程序云流转、执法活动云监督。11月，该系统获评第三批数字广西建设标杆引领重点示范项目。

（六）全面强化队伍管理建设，城管执法队伍作风形象更加优良。狠抓城管执法队伍标准化大队建设试点创建，试点单位顺利通过自治区住建厅考核验收，并获《广西日报》刊发宣传报道。扎实开展“业务大轮训”等技能活动，组队参加全区第二届城市管理执法队伍技能大比武活动，蝉联活动总分第一，荣获团体一等奖、军事队列竞赛二等奖、现场模拟执法竞赛二等奖。强化执法考核，完成《南宁市城市管理综合行政执法考核办法》修订，并于2021年7月正式实施。全面推进“城管进社区”服务工作，选派城市管理执法人员下沉262个社区。强化城管队伍形象宣传，围绕城管中心工作，讲好城管故事，向区市各媒体推送稿件67篇次，在门户网站和微信公众平台推送宣传信息800余条。

（七）深入开展铁路沿线治理，推动沿线安全隐患长治久安。落实长效机制，抓“双段长”制、联席会议制度等长效机制严格落实，推动沿线整治常态化。开展定期巡查整治行动，要求属地及涉及部门定期排查潜在安全隐患问题并自行整改，发现24处问题均已督办整改。积极配合开展沿线环境卫生综合整治及乡村建设活动，开展南宁市东站周边及铁路沿线风貌专项整治工作，发现72处问题均已督办整改。强化地铁协调联动处置机制，协调完成铁路部门及市级相关部门请求予以协调的铁路安全隐患及环境问题12处，确保安全隐患问题及时处理。

三、经验体会

（一）始终坚持以人民为中心，为人民管好城市。市城管综合执法局认真贯彻落实习近平总书记关于“城市管理要像绣花一样精细”的重要论述，立足首府城市治理和城市管理综合执法工作实际，始终坚持以人民为中心，为人民管好城市。局领导班子带头执行一线工作法，以上率下，带领全市城管系统干部职工坚持在一线发现问题，在一线协调问题，在一线解决问题。认真开展调查研究，倾听市民群众心声，及时解决人民群众急难愁盼问题。如为解决疫情防控常态化下生活困难群众就业问题，协调在各城区、开发区设置临时摆卖摊区，出台管理标准，既解决了群众生活出路困难，又方便了周边居民群众的购物需求，同时也提升了市容管理成效，得到了市民的肯定和拥护，促进了首府地摊经济的发展。

（二）始终坚持党建引领，推动党建工作与业务工作深度融合。市城管综合执法局始终坚持党建引领，不断擦亮“勇当城市管理卫士　争做执法为民先锋”党建品牌，推动党建工作与业务工作深度融合。坚持做到城市治理、城管管理综合执法工作的触角延伸到哪里，党建工作就跟进到哪里，不断夯实党组织基础，充分发挥基层党组织的战斗堡垒作用和党员的先锋模范作用，推进党建带动群建，动员全局系统广大干部职工投身城市治理和城市管理综合执法工作中。在推进落实市委、市政府重点工作、创建全国文明典范城市、助力社区治理工作中，党员干部始终坚持做到走在前、作表率。

（三）驰而不息强化执法队伍建设，“721”工作模式不断完善。市城管综合执法局始终坚持把队伍建设摆上重要议事日程，驰而不息强化城管综合执法队伍建设，出台了一系列执法队伍建设规范，认真践行“人民城市人民建，人民城市为人民”重要理念，深入实施“721”工作模式，即城市管理“70%的问题用服务手段解决、20%的问题用管理手段解决、10%的问题用执法手段解决，使城市管理工作变被动管理为主动服务，变末端执法为源头治理”，通过实施“城管进社区”、开列城市管理领域轻微违法行为免罚清单等措施进一步提升城管执法队伍为民服务的能力和水平。

（孟坚翔　廖茜茜　方忱）

担当作为　稳中求进　厚植南宁招商引资沃土

市投促局党组

2021年，市投促局坚持以习近平新时代中国特色社会主义思想为指导，深入学习贯彻党的十九大和十九届历次全会精神，全面贯彻习近平总书记视察广西“4·27”重要讲话精神和对广西工作系列重要指示要求，扎实开展党史学习教育，坚持新发展理念，认真贯彻落实自治区、南宁市工作部署，围绕强龙头、补链条、聚集群、强创新、育品牌、拓市场，全面落实强首府战略。

7月21日，市投促局赴青秀区中山街道桃源南社区开展志愿服务

一、党建概况

2021年，局机关设党总支1个，党总支下辖党支部3个，党员54名，入党积极分子3名。

（一）牢牢把握意识形态工作主动权。围绕关于加强新形势下宣传思想文化工作的部署和要求，以培育和践行社会主义核心价值观为重点，切实加强意识形态领域管理和引导，坚定“四个自信”，做到“两个维护”。深入贯彻落实《中国共产党宣传工作条例》，利用电子屏、机关门户网站、微信公众号、公告栏等宣扬奋进新时代的主旋律，设置专门场所放置庆祝中国共产党成立100周年宣传图文标语、展板。在《广西日报》《南宁日报》等主流媒体发表图文、视频宣传报道68条，全年召开3场新闻发布会，组织观看《大会师》《百炼成钢》等爱国主义题材影片。在2021年全市投资促进系统业务培训班中加入意识形态内容开展专题宣讲，把准全市投资促进工作正确的政治方向。

（二）扎实开展党史学习教育。紧紧围绕学史明理、学史增信、学史崇德、学史力行，创新形式、立足实际，推动局机关党史学习教育有力有效开展。一是聚焦学党史，扎牢理论基础，把习近平总书记视察广西“4·27”重要讲话精神，在庆祝中国共产党成立100周年大会上的重要讲话精神，党的十九届五中、六中全会精神作为党史学习教育的“魂”，引导全局党员深入学习《论中国共产党历史》《毛泽东邓小平江泽民胡锦涛关于中国共产党历史论述摘编》《习近平新时代中国特色社会主义思想学习问答》《中国共产党简史》等指定教材，通过“每天十分钟”“每周半小时”“每月专题学”积少成多。二是聚焦悟思想，营造浓厚氛围，开展“党员心声大家谈”93人次、“党史故事大家讲”82人次、微信小程序“党史知识问答”100期和“打卡红色教育基地”“唱红色歌曲　秀投促风采”暨庆祝建党100周年等主题活动，多形式常态化鼓励干部职工分享学习感悟。三是聚焦办实事，厚植民生情怀，坚持把学习党史同总结经验、对照现实、推动工作紧密结合起来，扎实推动“我为群众办实事”实践活动，开列“外资企业‘一站式’服务工作”“服务‘三企入桂’项目”“协助解决落地项目经营中遇到的实际困难”“协助企业申请‘三企入桂贷’”“深入开展志愿服务活动”等5个具有投促部门特色的服务项目，其中一项被列为南宁市2021年77个为民办实事的项目之一。到中山街道桃源南社区、会展越秀路口开展新时代文明实践志愿服务活动24次，参与志愿服务80人次，90%的干部职工参与到各项志愿服务活动当中。

（三）全面从严深抓党风廉政建设。一是扛起主体责任，班子成员认真做好述廉述职，参加双重组织生活，主动担当落实“一岗双责”。全年召开专题党组会安排部署年度重点工作、细化分解任务5次，召开干部职工大会传达学习中央、自治区和南宁市关于全面从严治党和推动重要工作的部署要求5次。二是细化责任清单，按照“10项制度、10个带头从严”的要求，把履行政治责任、强化作风担当、整治形式主义官僚主义、治理“庸懒散拖”等具体措施全部纳入年度全面从严治党主体责任清单，定期梳理内容完成情况。2021年局党组召开党风廉政工作会议2次，主要领导上党课3次、对班子成员开展谈心谈话12人次，班子成员对分管科室人员开展谈心谈话30人次。三是强化警示教育，利用办公室例会、支部大会、投资促进系统会等平台，通报典型案例、会风会纪督查情况，开展现场教学、集中收看警示教育片、中心组学习研讨、主题党日等5次警示教育活动。四是推进巡察整改销号，接受市委优化营商环境机动式巡察，对照反馈意见深入开展查摆，列出“部分优化营商环境责任单位党组（党委）政治站位还不够高”等3个方面问题，制定整改落实方案，确保整改事项均按期完成。

（四）持续接力做好乡村振兴。局党组深入贯彻落实习近平总书记关于乡村振兴的重要讲话精神，积极做好巩固拓展脱贫攻坚成果同乡村振兴有效衔接。一是强化党建引领，组织机关党员赴定点帮扶村——马山县林圩镇片圩村，指导做好抓党建促振兴相关工作。及时拨付工作经费，协助完善建设村党建文化墙。二是多方协调共建乡村新貌，先后拨付1.5万元，修复道路和灌溉水渠；捐赠电脑2套，折合人民币1.2万元，解决村委办公问题；协调企业为2名截肢残疾人捐赠电动轮椅、为片联中心小学捐赠学生课桌椅200套、捐赠防疫用水500件、资助6名困难学生等，折合人民币13.8万元。三是积极开展消费扶贫，在全局职工的共同参与下，年度消费扶贫金额1.9万元。工会购买扶贫产品金额3.45万元，占总消费金额的54.6%。

二、主要工作

（一）高位推动，大招商格局持续提升。以市投促委名义印发《2021年南宁市“三企入桂项目落实”行动工作方案》《2021年南宁市“行企助力转型升级”行动方案》，组建市领导牵头的3个“三企入桂项目落实”专班、12个“行企助力转型升级”专班，建立“一个项目、一名领导、一个班子、一个方案”的项目推进机制，梳理由自治区领导联系的7个、市领导联系的30个“三企入桂”重点项目，逐个项目明确责任。开展招商引资“提速争先开新局”行动、“三企入桂”项目服务月活动，召开全市“三企”“行企”行动推进例会13次，印发“行企助力转型升级”工作简报21期、“三企入桂项目落实”通报4期。

（二）紧盯“四率”，“三企”成果加快转化。依托招商引资“三大服务平台”（政企沟通平台、项目代办平台、投资投诉平台）及自治区大数据平台系统，动态跟踪在谈、签约、开工和竣工项目进展。2021年，南宁市“三企入桂”项目协议履约新增21个，增量10.88%，完成年度目标任务的108.8%；开工项目新增36个，增量18.65%，完成年度目标任务的207.25%；竣工项目新增49个，增量25.39%，完成年度目标任务的282.1%；资金到位新增415.83亿元，增量12.27%，完成年度目标任务的102.25%。

（三）聚焦行企，补链扩群不断提质。协调推进全市12个招商工作专班紧扣重点产业需求，利用行业协会资源拓展以商招商、政企协作招商方式方法，精准对接，强化延链补链项目引进。开展招商推介活动573批次、对接行企2213家，举办专题推介会29场次。“行企助力转型升级”行动签约区内外项目270个，投资额1808.32亿元，其中：区外项目106个，投资额1366.1亿元，完成年度目标任务的105%；签约二产项目178个，投资额797.15亿元，金泰克半导体、多氟多电池、吉锐生物等多个电子信息、新能源汽车及智能制造、生物医药产业链重点项目为做强南宁工业产业注入新动能；签约三产项目69个，投资额927.31亿元，南宁牛湾文化旅游岛、南宁七彩世界森林旅游度假区、五象博盟中心等一批标志性项目助力南宁现代服务业创新发展；一产项目23个，投资额83.86亿元，中国—东盟国际亚热带水果博览园项目、牧原、正邦、双胞胎等生态种植、养殖项目推动南宁现代农业转型升级。

（四）深耕驻点，百日攻坚成效显著。9月23日—12月31日，积极响应自治区工作部署，实施驻点招商百日攻坚行动，围绕“签订一批产业项目，储备一批签约项目，达成一批意向项目，策划一批招商项目，对接一批目标企业”任务目标，全市投资促进系统派出17支驻点招商小分队91人，紧盯粤港澳大湾区、长江经济带、京津冀等重点区域，多渠道对接拜访目标企业。为确保党的组织生活不间断，部分小分队成立临时党支部，充分利用时间学党史上党课，拓宽招商工作思路，提升干部队伍凝聚力。按区域、按产业在北京、上海、广州、深圳等重点城市搭建市级合作平台，组织专题推介活动18场，签订产业项目投资额420.1亿元，储备准签项目投资额863.1亿元，达成意向项目738个，策划招商项目239个，对接目标企业2299家。签约世界500强、中国500强、中国民营500强及行业龙头企业投资项目21个，投资额297.13亿元。推动普洛斯（隐山）东盟供应链基地项目、浙商银行南宁分行项目、吉利—广西大宗商品智慧供应链平台项目、龙源茉莉风光储一体化项目等落户南宁。

（五）优化服务，惠企政策逐项兑现。市投促局协调市政府、行业主管部门等，深入县（市、区）、开发区项目一线，加大会商力度。全面实施“一专员两清单”（外资企业服务专员、外资项目建设进展情况清单、外资企业问题清单）制度，开展2021外资企业百日精准服务行动，走访在邕外资企业90家、跟踪“三企入桂”外资项目18个，推进新加坡丰树、百胜智慧冷链、沃尔玛山姆店等重点项目加快建设。第18届中国—东盟博览会期间，邀请全国各地客商220名，成功举办2021南宁投资贸易洽谈会暨重大项目签约活动，南宁市签约项目21个，投资额561.85亿元，涵盖大健康文旅、新能源汽车及配套、电子信息、生物医药、轻工食品、现代物流、金融等产业。其中：自治区层面签约项目2个，投资额345亿元；南宁市层面签约项目19个，投资额216.85亿元。派驻瑞声科技工业特派员及时解决企业“急难愁盼”，收到生产经营类、项目建设类、法律政策支持兑现类、行政审批类、党建人才用工保障类等问题共30个，协调解决26个，解决率达86.67%。加大政策宣传支持，帮助重点企业用足用活“三企入桂贷”金融优惠政策，2021年向自治区推送“三企入桂贷”企业83家，经审批入库企业58家，贷款企业15家，授信金额23.2789亿元，放款金额13.1522亿元。兑现政策提振信心，奖励华润、绿地国际、中通吉供应链、瑞声科技等贡献突出的外资企业1792.79万元。

三、经验体会

（一）加强理论修养，主动担当作为。深入学习领会习近平新时代中国特色社会主义思想，推动党史学习教育常态化长效化。要从党史学习教育中汲取高质量发展的智慧和力量，通过系列招商活动落实优质产业项目、引进优质投资企业、培养优秀招商干部，为全市招商引资工作打下坚实基础。

（二）深化市县联动，推动项目落地。积极与各县（市、区）加强政策沟通、业务对接和模式创新，加强协同配合、协同作战，通过全市投资促进系统驻点招商小分队精准对接企业，充分发挥以商招商优势，向企业交底产业规划、发展思路、土地税收政策、配套设施条件、人才引进等各方面优惠政策。集中精力加快南宁市重点发展的电子信息、先进装备制造、生物医药产业链等上下游重点企业和“三大三新”“双百双新”重大项目引进，围绕“建链强链补链延链”，瞄准有带动作用的龙头企业，高新技术企业，专精特新“小巨人”，瞪羚、独角兽企业，抓好重点产业项目洽谈签约，确保项目早日落地开工建设。

（三）提升服务效率，优化营商环境。充分利用“三大服务平台”，拓宽政府与企业沟通渠道，持续延伸项目代办服务工作，及时受理、办结涉及全区营商环境建设的投诉举报，帮助协调解决企业生产经营问题，把“跟踪服务”贯穿到招商引资工作的每一个环节。深刻认识全面从严治党没有休止符，让全体投促党员干部知敬畏、存戒惧、守底线，构建“亲”“清”新型政商关系，打造南宁市良好投资环境氛围。

（杨琼）

党建引领风帆劲 凝心聚力奋楫行 双擎驱动尽显“邕易办”新作为

市行政审批局党组

2021年，市行政审批局坚持以习近平新时代中国特色社会主义思想为指导，紧扣学史力行目标要求，围绕深化“放管服”改革优化营商环境主线，积极创新服务举措，深入推进党建与业务深度融合，逐步打造“邕易办”政务服务品牌，双擎驱动大力提升政务服务精准度和满意度，“党建+业务”实现两不误、双促进，为全面落实强首府战略、奋力提速争先开新局提供有力支撑，以优异成绩庆祝中国共产党成立100周年。

2月5日，市行政审批局在南宁市民中心5楼启用“一窗综合服务区”

（肖瑛 摄）

一、党建概况

2021年，市行政审批局党组辖机关党委1个、机关纪委1个，下辖党支部5个，共有正式党员108名，预备党员6名。

（一）固本强基，机关基层党建标准规范。一方面，完成5个党支部达标创优工作。党支部认真执行党内政治生活制度，全年共开展主题党日活动68次，召开党员大会25次，上党课32次，局领导到党支部工作联系点参与组织生活15人次。年内吸收入党积极分子6名，列为发展对象3名，发展预备党员2名，收缴党费49464.6元。另一方面，推动党建和业务双提升。推行“有困难找党员”的“群众呼叫·党员报到”模式，划分“党员责任区”，持续开展“走基层　送服务”“党员接待日”等活动，提供“重点项目一帮一”“一企一策”“帮办代办”服务，年内创建“优质服务窗口”38名，“优质服务标兵”38名，“优质服务岗”571名。党员突击队在全面落实强首府战略、新冠肺炎疫情防控、创全国文明典范城市等各项重点任务中闻令而动，冲锋在前。

（二）学思践悟，党史学习教育见行见效。精心组织专题学习研讨、积极开展“感党恩　跟党走”主题系列活动、严肃认真进行专题民主生活会，全力推进“我为群众办实事”实践活动，广大党员干部坚持人民至上深入一线帮助群众解决操心事、烦心事、揪心事，用心用情用力为企业和群众排忧解难的创新举措获中央党史学习教育第七巡回指导组点赞。在全市深入推进党史学习教育座谈会上，书面交流发言《聚焦“急难愁盼”齐发力　尽显“邕易办”新作为》获得肯定。党史学习教育经验做法和亮点获自治区党史学习教育简报刊载3次，获南宁市党史学习教育简报刊载7次，获《南宁日报》综合采用2次。

（三）正风肃纪，全面从严治党向纵深推进。持续深化“书记引航担使命”主题活动，推动管党治党主体责任落实落地。制订《南宁市行政审批局领导班子、主要负责人、领导班子其他成员2021年度全面从严治党主体责任清单》，进一步细化完善科室和个人《南宁市行政审批局党风廉政建设风险点及监控表》80条。集中开展整治工程建设、安全生产准入、食品生产许可、政务服务窗口等领域的腐败和作风问题。全年无违纪的人和事发生。

二、主要工作

充分发挥局党组核心领导、党支部战斗堡垒及党员先锋模范作用，以业务工作检验党建成效，党建引领政务服务取得显著成绩。

（一）首府营商环境持续优化。一是强化顶层设计。对标国内先进水平，制定2021年持续优化营商环境行动方案，细化年度具体任务280项。积极借鉴标杆城市成功做法，将87条可复制推广的典型经验列入南宁市优化营商环境特色任务清单。落实2021年度持续优化营商环境工作专题协商座谈会精神，形成全市103条举措。二是抓好问题整改。配合市委巡察组做好优化营商环境机动式巡察并组织专项整改，“完成三年行动计划目标任务有弱项”等7项问题均已整改完成。梳理2020年国家、自治区和南宁市营商环境第三方评估反馈问题109个，督促全部完成整改销号。三是健全监督机制。设立营商环境监测点22个，选聘营商环境观察员27人，组织营商环境政企座谈会、服务企业活动4次。全区首推“12345+营商环境”企业服务专席，受理相关诉求工单5348件，工单办理满意率达99.7%。

（二）政务服务利企便民提速增效。一是深化“简易办”改革，让“易办、好办、快办”渐成常态。第一，推行“一站式一窗办”。启用“一窗综合服务区”，将食药等20个类别共600个事项纳入“一窗”实行全科无差别受理，群众办事等候时间大幅缩短。第二，深化“一件事一次办”精品服务。将部门“单个事项”集成为群众视角的“一件事”实行一体化办理，全市可提供“一件事一次办”精品套餐256个。第三，大力推进企业登记注册便利化改革。在中国（广西）自由贸易试验区南宁片区试行企业住所（经营场所）申报承诺制改革。探索政银合作服务新模式，与中国银行等3家银行建立企业注册登记协同工作机制，企业0.5天内即可在银行网点领取营业执照和免费印章，实现企业开办“就近能办”“多点可办”“开办即开户”的“南宁速度”。向新开办企业免费赠送5枚印章，惠及24411户企业，为企业减免印章成本801.74万元。2021年南宁片区新注册企业20649户，平均新设立企业数为2020年同期的近5倍。第四，纵深推进工程建设项目审批制度改革。接续推出“拿地即开工”2.0版本，对项目开工涉及的建筑垃圾排放、排水许可等相关上下游审批事项进行流程再造，以五大“极简审批”实现审批服务内容的拓展延伸，惠及全市67个项目。8月31日全区首家实现施工许可证“零纸质材料”全程网办，12月被自治区工改办列为创新亮点面向全区推广。第五，持续扩大“跨省通办”规模。陆续与粤赣湘闽黔宁辽苏等8省17个城市建立“跨省通办”合作关系，梳理公布南宁市通办事项183项，办件量达17.67万件。第六，提升窗口服务“温度”。设置“办不成事”反映窗口，为老年人等特殊人群开设绿色通道，强化“好差评”制度落实，全市政务服务群众满意度达99.99%。二是加强“互联网+政务服务”建设，持续优化办事体验。全面部署数字政务一体化平台，市县两级政务服务事项网上可办率达99.40%。推广电子印章、电子证照应用，制作配置政务服务专用电子印章762枚，关联电子证照11425条。“小切口”推进便民利民“微改革”，全国率先实现“巡游出租汽车驾驶员从业资格证核发（新办）”“网络预约出租汽车驾驶员从业资格证核发（新办）”2个年办量万件以上的政务服务事项“零材料”“扫脸即办”，2021年10月18日发放全区首张网约车驾驶员从业资格电子证照。三是服务强首府战略，助力提速争先开新局。第一，实行“重点项目一帮一”等量身定制服务，先后走进南宁国际空港综合交通枢纽工程等29家企业上门服务，当场解决问题60个，助力强首府重大项目早开工、早落地、开新局。第二，优化城市建筑垃圾处置（消纳）核准事项，全区首家出台相关审查清单，提供投资前的行政指导服务，为申请人降低投资风险，全年通过选址方案36个。第三，加强林地审批。全年完成建设项目林地审批210个，涉及长期使用林地1870.6691公顷，确保强首府重点项目顺利实施。第四，全区首家在自贸片区出台规范性文件，对撤销行政许可的操作程序予以规范。五是配合做好轨道交通5号线相关审批服务。核发施工许可证78份，特种设备使用登记证266份，公共场所卫生许可证34份。

（三）政务公开质效不断提升。通过市政府门户网站公开政府信息2.6万条，解读热门政策53条，回应热点问题43个。依法依规代市政府办理依申请公开65件，办理市民申请25件。11月30日完成47条热线整合工作，12345热线可“一号对外”提供7×24小时全天候人工服务。全年接听来电87.35万个，按时办结率96.5%，工单办理满意率97.4%。全区率先建立常态化热线成员单位主要负责人轮值接电制度，与110报警台搭建“话务引导+工单流转+三方通话”联动机制，推出热线跨市联动服务，推动民生诉求“一办到底”。

三、经验体会

（一）必须把政治建设摆在首位，为政务服务工作提供坚实的政治保障。只有旗帜鲜明讲政治，增强“四个意识”、坚定“四个自信”、做到“两个维护”，坚决服从服务于市委、市政府的中心工作，矢志不移感党恩、听党话、跟党走，才能把党的领导落实到政务服务的各方面、全过程，转化为把方向、抓导向、管阵地、促发展、强队伍的实际举措和成效，确保政务服务工作始终沿着正确的政治方向前进。

（二）必须坚持以人民为中心，不断增强企业和群众的获得感、满意度。只有把“以人民为中心”的发展思想作为政务服务工作的出发点和落脚点，积极回应企业和群众少跑腿办成一件事的呼声和期盼，持续深化“我为群众办实事”实践活动，才能充分发挥审批部门优势，与时俱进持续推出各项利企便民改革新举措，用心、用情、用力解决企业和群众的“急难愁盼”问题，用造福于民的实际行动践行初心使命，助力提升首府营商环境。

（三）必须坚持党建与业务相结合，切实做到“两不误”“两促进”。只有紧扣自治区第十二次党代会提出的“1+1+4+3+N”目标任务体系，围绕市委重点工作部署，把巩固拓展党史学习教育成果与做好全面落实强首府战略各项工作紧密结合起来，与推动首府高质量发展结合起来，才能把学习成效转化为推动政务服务改革创新的强大动力，转化为干事创业的巨大热情和自觉行动，打响擦亮“百姓事·邕易办”政务服务品牌。

（滕宗良　黄孟莹）

凝心聚力促发展　扛稳保障首府粮食安全的政治责任

市粮食和储备局党组

2021年，市粮食和储备局坚持以习近平新时代中国特色社会主义思想为指导，全面贯彻党的十九大和十九届历次全会精神，学习贯彻习近平总书记关于确保粮食安全的重要讲话和指示批示精神，认真落实市委、市政府决策部署，聚焦粮食和物资储备核心职能，胸怀“国之大者”，坚持从政治上谋划、部署和推动工作，扎实推进粮食购销领域腐败问题专项整治，粮食安全责任落实有力、储备基础持续夯实、监管执法多措并举、供应保障扎实有力、基础设施建设平稳推动、粮食节约宣传广泛开展、安全生产形势持续稳定，坚决扛稳保障首府粮食安全的政治责任，为全面落实强首府战略作出了应有的贡献。

7月15日，召开南宁市应急成品粮储备工作座谈会

一、党建概况

市粮食和储备局机关党委现有党员93名（在职党员59名、离退休党员34名），设置有7个党支部。

（一）强化政治建设，着力提升党建把方向、统全局的引领力。一是突出政治过硬。扎实开展模范机关创建活动，制定创建清单，党组书记和其他党组成员带头上党课，不断强化对党高度负责的政治品格。以深化“支部建设升级”行动为抓手，找准查实存在问题，从严高效整改落实，2021年，所属党支部标准化规范化建设全部达标。二是突出思想过硬。持续学习习近平新时代中国特色社会主义思想和习近平总书记关于保障国家粮食安全的重要论述，引导党员干部用党的理论创新成果武装头脑、指导实践、推动工作。扎实开展党史学习教育，组织开展7次中心组专题学习研讨，7个党支部开展集中学习研讨49次。通过“党员心声大家谈”、红色故事大赛、“红色歌曲大家唱”等活动，引导党员干部学党史、悟思想、办实事、开新局。三是突出责任过硬。2021年局党组召开专题研究党建工作会议4次，把责任压实到每个成员、落实到具体工作中。制定党建工作计划，召开党建工作部署会，全面落实从严治党主体责任。持续开展党组织书记抓基层党建工作述职评议，确保党建各项重点任务有效落实。

（二）强化组织建设，着力提升党建筑堡垒、聚人心的号召力。一是做实党建活动。结合实际选树1—2个有特色的党支部品牌，以点带面促进基层党建工作再上新台阶。市军粮供应站党支部以党建为引领，五位一体推动军民融合特色发展得到市委市直机关工委的肯定，被选定为市直机关二层单位党组织党建工作现场经验交流会党建阵地参观点，并作了经验交流发言。二是建强基层组织。配齐配强机关党委和纪委班子，确保机关党建工作正常运转。按时开展市军粮供应站党支部换届选举工作，把“讲党性、重品行、敢担当”的优秀党员干部选配到支委岗位上来，强化党组织引领保障企业高质量发展的作用。三是树牢党员意识。围绕全市中心工作，组织党员积极投入全国文明城市创建和市域社会治理活动，开展垃圾分类、文明交通引导、服务乡村振兴、民族团结等志愿服务57场次。突出行业特点，扎实开展“我为群众办实事”实践活动，充分利用新建成的15个粮食产后服务中心，为农民提供专业化的清理、干燥、分类等服务，切实帮助农民解决收粮后顾之忧，经验做法被《广西日报》《南宁日报》相继报道。

（三）强化作风建设，着力提升党建正风气、严监督的保障力。一是压实压细主体责任。研究制定2021年度领导班子和班子成员全面从严治党主体责任清单，推动全面从严治党责任落细落实。二是强化廉政教育。通过集中学习和现场教学相结合的方式，及时传达学习上级通报的违反中央八项规定及其实施细则精神典型案例以及粮食购销领域违纪违法典型案例。组织党员干部到青秀山（竹园）参观廉洁文化主题园、竹廉文化展示馆，组织观看《铭记党的纪律建设光辉历程》电教片，教育引导党员自觉增强廉洁自律意识。三是扎实推进粮食购销领域腐败问题专项整治。通过自查自纠，全市粮食系统共梳理查摆行政管理部门存在问题76个、国有粮食企业存在问题135个，向纪检监察部门移送涉粮案件线索6条。针对市纪委监委移送的问题，加强政策研究指导，帮助相关县（市、区）和企业找准病根、对症下药，不断完善制度机制，切实解决制度上存在的短板和漏洞。坚持边巡边改、立行立改，切实提高粮食和物资储备管理服务水平。截至2021年底，自查自纠发现和专项巡察、下沉督导反馈的问题中，已有198个问题完成整改。

二、主要工作

（一）粮食安全责任落实有力。南宁市认真落实粮食安全行政首长责任制考核各项工作，并将落实粮食安全责任制情况纳入对各县（市、区）的绩效考核，全面压实各县（市、区）重农抓粮的政治责任。各成员单位各司其职，密切配合，由市粮食和储备局牵头负责的自治区2021年乡村振兴—落实粮食安全责任制5项考评内容全部按要求完成。通过实施最严格的耕地保护制度，加大农田水利设施、高标准农田建设力度，积极发展现代种业，落实好各级补贴政策，大力推动藏粮于地、藏粮于技，进一步夯实粮食生产基础。2021年南宁市粮食播种面积达637.4万亩、粮食单位面积产量达4971.3公斤/公顷，总产量达211.55万吨，实现“面积、单产、总产”三增长。

（二）储备基础持续夯实。市粮食和储备局加大粮食收购政策宣传以及政策性粮食收购专项检查的力度，确保惠农政策落实到位。2021年，南宁市累计完成订单粮食收购任务12.63万吨，收购总量排在全区第二位。落实市本级应急成品粮（大米）储备2.35万吨、应急成品油（花生油）储备1600吨，落实应急猪肉储备2630吨（冻猪肉储备880吨、生猪活体储备35000头）。其中，高度重视审计发现问题整改，采取“政府委托、部门监管、财政补贴、企业运作”的模式，提前完成7000吨应急成品粮增储任务，进一步优化了储备粮的区域布局。探索建立企业社会责任储备机制，首次在市军粮供应站建立社会责任储备。完成价值50多万元的救灾物资采购任务，储备物资种类从14种增加到24种，并根据应急管理部门指令，及时向有关县（市、区）调拨棉被、防寒衣等储备救灾物资2180件（套），支持冬春救助和应对低温冷冻等自然灾害的救灾准备工作。

（三）监管执法多措并举。深入开展粮食流通“亮剑2021”专项执法行动，重点对南宁市粮食企业落实《粮食流通管理条例》情况以及在粮食购销、政策性粮食经营、统计制度执行、质量卫生、安全生产等方面执行国家政策法规情况进行检查。2021年组织开展市级检查12次，检查企业18家，立案查处拖欠售粮款、粮食质量等违法违规案件2件并依法依规予以行政处罚。南宁市各县（市、区）粮食行政管理部门开展县级检查48次，检查企业64家。加强粮油食品质量安全监管监测，开展粮油质量监测14批次，抽检粮油样品520份，超额完成自治区下达的任务。根据自治区统一部署，完成赴贵港市开展政策性粮油库存市间交叉检查，协助自治区抽查组和桂林市检查组到南宁市进行交叉检查。南宁市国家政策性粮食销售出库和加工转化监管运行体系和工作机制进一步完善，协助外地粮食和物资储备部门做好超标粮食交易流出、流入的全程监管衔接，严禁不符合食品安全标准的粮食流入南宁市口粮市场。

（四）供应保障扎实有力。认真落实市委、市政府保供稳价工作部署，充分发挥储备调节作用，确保节日和重大活动期间粮食市场供应充足、运行平稳。南宁市入统的粮食企业累计购进粮食513.11万吨、油脂5.75万吨；总销售（转化）粮食515.03万吨、油脂5.82万吨。加强粮食应急保障体系建设，南宁市目前已形成以40家应急加工企业、9家应急配送中心和近240个应急投放网点为支撑，市县两级储备为基础的粮食应急保障体系。南宁市军粮供应保质保量，部队官兵满意度100%，创新开发的“君颂”5款即食产品被中央军委后勤保障部军需能源局指定为部队串换品种。

（五）基础设施建设平稳推动。年内南宁市共争取上级各类粮食仓储设施建设补助资金7582万元，新建成标准仓房仓容7750吨，在建标准仓房仓容8.04万吨。南宁市粮油质量检验检测大楼建成并投入使用，是目前广西设区市中唯一建成的粮油质量检验检测大楼。宾阳县中心粮库一期项目完成投资4463万元，建设进度达80%；马山县粮食和应急物资储备库项目、上林县绿色低温仓储设施建设项目前期工作扎实开展。

（六）粮食节约宣传广泛开展。南宁市粮食和物资储备局牵头组织开展南宁市粮食节约专项行动，举办世界粮食日、全国粮食安全宣传周等主题突出、特色鲜明的宣传活动，向市民发送爱粮节粮公益短信100多万条，在广播电台、电视台、《南宁日报》等媒体播放和刊登公益广告。制作《爱惜粮食　从小事做起》公益小视频并在南宁地铁1—4号线进行为期一个月的滚动播放，每天受众达100万人次，为南宁市民深入了解粮食知识、共同参与“爱粮节粮”提供了平台，推动在全社会形成厉行节约、反对浪费的文明风尚。

（七）安全生产形势持续稳定。深入开展安全生产专项整治三年行动集中攻坚，2021年南宁市粮食和物资储备系统年内开展安全生产大检查4次，抽调检查人员450人次。加强安全生产大检查大排查大整治，对南宁市58个储粮库点进行事故隐患排查，及时整治安全隐患24处，全系统实现安全生产责任事故为零的目标。

三、经验体会

（一）改革发展任务越是艰巨繁重，越要坚持党建引领，把党的政治优势、组织优势转化为推动粮食和物资储备事业高质量发展的强大力量。2021年，市粮食和储备局加大学习贯彻习近平新时代中国特色社会主义思想的力度，把习近平总书记最新重要讲话、重要指示批示精神和中央最新出台的重大政策文件，作为党组会、支委会“第一议题”，作为理论学习中心组、“三会一课”学习的“第一内容”。结合党史学习教育，把习近平总书记关于确保粮食安全的系列重要论述融入日常的党史学习教育中，传承粮食人爱党爱国的光荣传统，引导党员干部坚定理想信念，自觉用党的理论创新成果武装头脑、指导实践、推动工作。2021年在保障重大节假日保供稳价、完成自治区绩效考评及应急成品粮临时增储等重要工作任务成效较好，为维护粮食安全、促进全市经济稳定健康发展做出了新贡献。

（二）抓住主要矛盾和瞄准矛盾的主要方面，以关键环节和重点工作的突破，才能更好带动各项工作的全面开展。2021年，市粮食和储备局结合实际，提出“做好保障粮食安全，主要抓两个重点，一个是保储备安全，一个是促产业发展”。其中，保储备安全，就是围绕“储得进、管得好、调得动、用得上”来谋划和推动粮食储备安全；促产业发展就是抓住实施优质粮食工程升级版，推动南宁市粮食产业升级晋档。全年实现粮食收购稳中有进、粮食储备规模增长、仓储设施有序建设、应急保障网络体系不断完善，粮食产业发展有益助推乡村产业振兴，并逐步形成品牌。

（三）全面加强自身建设，在工作中提质增效，才能更好为推动行业高质量发展提供坚强保障。2021年，南宁粮食和物资储备系统全面开展党史学习教育，深入开展粮食购销领域腐败问题专项整治，配合市委开展涉粮问题专项巡察。干部职工理想信念得到锤炼，增强了综合素质，提升了工作水平，制约粮食和物资储备行业的短板弱项得到补齐，政治生态得到净化。通过开展问题整改，进一步提高管理服务水平，为推动南宁市粮食和物资储备事业高质量发展提供保障。

（曾丹）

积极推进数字南宁建设 全面落实强首府战略

市大数据发展局

2021年，市大数据发展局以习近平新时代中国特色社会主义思想为指引，全面学习贯彻党的十九大和十九届历次全会精神，深入贯彻落实习近平总书记视察广西“4·27”重要讲话精神和对广西工作系列重要指示要求，扎实组织开展党史学习教育，立足本职，担当实干，全力推动数字南宁建设，为全面落实强首府战略、实现首府经济高质量发展贡献智慧和力量。

5月26日，市大数据发展局参加广西“护网2021”网络安全攻防实战演习总结暨表彰会，获“优秀防守单位”称号（蒋书琴 摄）

一、党建概况

2021年，市大数据发展局机关支部委员会共有党员13人，组织关系隶属于市发展改革委机关委员会。

（一）抓实支部建设，建强战斗堡垒。一是规范制度。严格执行“三会一课”制度，按照规定设立党课学习记录本、党员大会记录本、支部委员会记录本、组织生活记录本。支部书记认真开展落实管党治党主体责任述职。二是严格落实相关文件要求，做好党员党费的调整，每月按时足额收取上缴，清单完备，票据齐全，对于党员捐款、评优评先等党内事务，做到公开公平公正，保障全体党员的知情权、参与权。三是丰富党建活动，增强支部凝聚力。党支部做好结对帮扶和慰问活动，与宾阳县思陇镇六岑村党总支签署结对共建协议书，定期走访结对帮扶困难家庭，送去慰问品和慰问金。局机关党支部组织党员干部到蓉茉社区开展“我为群众办实事 共建共享文明城市新时代文明实践志愿服务”2次，开展“网络科普进社区”2次，开展文明交通引导活动2次，组织党员干部共8次到对口帮扶村（宾阳县思陇镇六岑村）开展现场办公、调研、慰问和谈心谈话等活动。通过一系列的活动，增强了党支部的凝聚力和战斗力，有力促进了各项工作的落实。四是加强队伍建设，努力创先争优。根据市委组织部印发的《关于深入开展党支部组织生活质量提升行动的实施方案》《关于开展党支部达标创优工作的通知》文件精神，党支部积极做好达标创优相关工作，支部对标对表，现已完成达标创优工作的验收。支部各业务科室提出创建“我为群众办实事”业务指标共4项，努力将党建和业务融合，在党建的引领下立足岗位为落实强首府战略做贡献。年内，支部共有2名党员被推荐为市发展改革委优秀共产党员，1名党员被评为市直机关优秀共产党员。

（二）强化作风建设，提高廉洁从政氛围。按照党要管党、从严治党的要求，党支部书记严格履行第一责任人责任，定期召开专题研究支部党建工作会，带头研究部署推动党建工作，支部委员按照分工履行好抓党建工作的职责。组织党员同志学习党风廉政建设的工作部署和要求，尤其是节假日期间关于纪律要求的文件，让广大党员干部警钟长鸣，时刻绷紧廉洁从政这根弦。支部各科室严格遵守委内内控制度，认真执行“三重一大”决策制度，将发改精神的“十个严禁”落实到日常工作中，切实提高党员干部的廉政风险防范意识，筑牢支部全体党员干部拒腐防变的底线。

（三）加强意识形态工作，提高政治素养。局机关党支部把意识形态工作作为党的建设重要内容，纳入重要议事日程，与各项工作同部署、同落实、同检查，将党中央、自治区党委、市委和委党组的决策部署、指示精神及相关意识形态领域的文件纳入支部学习教育内容。2021年，党支部组织全体党员干部学习习近平新时代中国特色社会主义思想和习近平总书记对广西工作系列重要指示要求、习近平总书记“七一”重要讲话、2021年市直机关党的工作暨党风廉政建设工作会议材料、四起违反中央八项规定及其实施细则精神问题典型案例、市第十三次党代会精神等。党支部各党员还通过自学、支部集中学习等方式，认真学习了《论中国共产党历史》《毛泽东 邓小平 江泽民 胡锦涛关于中国共产党历史论述摘编》《习近平新时代中国特色社会主义思想学习问答》《中国共产党简史》等著作，不断提高理论知识水平。在维护网络意识形态方面，强化舆情引导，积极组织开展全市范围的网络安全教育培训、网络安全自查，顺利完成自治区“护网2021”网络安全攻防实战演习，在全区所有政务防护单位中取得第一名的成绩，有效提升全市电子政务领域网络安全意识。在全国两会、抗击疫情等重大活动及突发事件期间，加强主管的网站、系统和机房等方面的安全防护工作。

二、主要工作

2021年是中国共产党成立100周年，是“十四五”开局之年，也是开启全面建设社会主义现代化国家新征程的第一年。在数字政府服务能力评估中，市政府网站连续2年荣膺全国省会城市第4名，连续6年荣获自治区政府网站绩效评估冠军；在广西“护网2021”网络安全攻防实战演习中，南宁市获得电子政务防护单位第一名，荣获自治区“优秀防守单位”；在广西政务数据资源管理与应用改革评估第二、三、四季度考核中，南宁市连续排名第一，第三季度南宁市的政务数据共享质量指数被评为全区14个地级市唯一的五星级。2021年1月，南宁被认定为第一批广西数字经济示范区。

（一）持续推进信息基础设施建设。一是大力推进“信息网”基础设施建设三年大会战，截至2021年12月底，南宁市“信息网”项目已开工建设68个，年度开工率100%，完成投资51.08亿元，投资完成率106.35%。全市已开通5G基站10343个，5G基站建设数量和覆盖水平居全区首位。中国—东盟信息港南宁核心基地在建项目43个，已竣工项目40个，累计完成投资357亿元。二是加速数据中心集聚发展。中国移动（广西）数据中心、中国电信东盟国际信息园、五象云谷云计算中心、五象远洋大数据产业园等超大规模数据中心加快建设步伐；同步推进中国—东盟（广西）人工智能计算中心落户南宁。三是加强政务“云网”基础建设。建设多云管控平台，对已有政务云平台实现集约化管理。积极推动，全年政务信息系统迁移上云71个，总计为全市320个政务信息系统提供云资源服务，为政务系统的稳定运行提供基础支撑。

（二）持续推动数字经济融合发展。一是加快推进数字产业化发展。中国电信东盟国际信息园（一期）、中国移动（广西）数据中心等超大规模数据中心即将竣工投产，数字产业化基础更加厚实；中国—东盟地理信息与卫星应用产业园引进南师大科创基地以及世纪空间等重点企业，打造“产学研商”园区生态；中国—东盟数字经济产业园签订投资协议入园企业60家，签约企业计划投资约44亿元，浪潮集团东盟运营总部等重点项目加快建设进度；组建数丝科技公司，整合数据资源，赋能数字南宁建设。二是加快产业数字化发展步伐。捷佳润等4家单位获评农业农村信息化示范基地，鸣鸣果业等12家企业获评广西农业信息化示范基地。轩妈食品ERP订单管理和智能溯源系统、富桂精密智能工厂建设、广西建工云建材智慧制造服务平台等项目通过验收。三是加快跨境电子商务发展。中国（南宁）跨境电子商务综合试验区进出口业务1.1亿单，跨境电商进出口额77.69亿元，同比增长259%。1—12月电子信息制造业产值同比增长10.1%，规模以上互联网和相关服务、软件和信息技术服务业营业收入154.16亿元，同比增长51.9%。四是优化数字经济发展生态环境。南宁市引进华为广西区域总部等数字经济类项目23项。升级华为—南宁数字经济产业创新中心，增加人工智能、工业互联网等领域云服务合作。服务企业用云，为全市140多家企业及10所高校发放3040余万元华为云资源，提供技术服务180多次，线上线下赋能培训70多次，企业上云数量快速增长，目前使用华为云的南宁企业开发者达2700余人，企业上云项目超850个。

（三）持续提升数字政府治理效能。一是政府网站和政务新媒体健康有序发展。梳理规范全市移动互联网应用程序和网络工作群，累计注销或解散的网络工作群272个，累计清理关停的移动互联网应用程序21个。在2021年国家、自治区和市政府网站及政务新媒体的普查中，市政府网站（共64个）整体合格率为100%，政务新媒体（共366个）整体合格率约为99%。全市政府网站的集约化管理和服务水平持续提高，“南宁市政府网站集约化平台”获评广西信息化优秀案例。二是政务一体化服务平台协同能力不断提升。打通全市各政务服务应用，完成南宁市10个自建专业业务办理系统共1711个政务服务事项、19个自治区部门垂直业务办理系统共7484个政务服务事项、13个国家垂直业务系统共1814个政务服务事项与广西数字政务一体化平台对接工作，提升了网上全流程办理率、上网办理率、网上办结率。三是统筹推进全市政务数据资源管理与应用改革工作。组建数据梳理专班，采用驻点全程跟进的工作模式，组织全市114个单位（含市县区）基于各自的“三定”规定、权责清单和488个非涉密信息系统产生的数据资源，梳理形成应发布、可发布数据资源目录清单，累计填报可发布目录逾4000条，收集数据共享需求298条，已在南宁市数据中台上新增发布结构化数据源目录（以库表或接口方式挂载数据资源）近3000条，政务数据汇聚总量、数据质量、共享服务能力均有大幅提升。组织开展云网统筹利用工作，共完成6762个单位认定，已接入政务外网单位5519个，互联网线路3929条，非涉密专网79个，非涉密数据中心261个，非涉密信息系统488个。四是统筹推进南宁市数据中台建设，夯实数据治理和应用底座。接入全市179个非涉密信息系统，挂载数据资源的目录数8600条以上，汇聚库表资源2800个以上，数据总量超过36亿条，汇聚接口资源1800个以上，数据服务被各单位调用近2500万次，形成了全市统一的数据资源图谱，初步编制形成南宁市数据采集汇聚、质量管理、清洗加工、数仓建设等多个技术标准规范。

（四）持续打造信息惠民服务应用。一是以惠民利企善政为目标，编制下达2021年智慧城市建设项目投资计划，总投资9000万元，重点支持城市治理精细化、优化营商环境、数据治理与创新应用、惠企便民等一批信息化项目。二是建成城市静态交通管理系统，汇聚停车资源大数据，打造全市停车资源“一张网”，实现市民一部手机全城通停，解决市民出行停车难题，提升城市管理水平，推动实现社会资源共享共通。三是通过跨层级、跨部门、跨云的政务数据共享应用，率先推出实现“网络预约出租汽车驾驶员从业资格证核发（新发）”“巡游出租汽车驾驶员从业资格证核发（新发）”2个高频政务服务事项“零材料”“零跑腿”“扫脸即办”。四是积极推进“爱南宁”APP升级完善，加载完善电子健康卡、智慧医保、小学生报名等功能应用，实现高频民生事项“掌上办”，进一步增强人民群众的获得感、幸福感、安全感，2021年“爱南宁”APP注册用户突破747万，日均活跃用户达80万。五是积极参与南宁市疫情防控重点人群信息研判和广西健康码转码部署落实工作，依托南宁市数据中台获取全区疫苗接种数据，推动疫情防控相关业务系统建设。

（五）持续推进中国—东盟信息港南宁核心基地建设。整合各部门力量，落实属地责任，实地走访23个推进较为缓慢的项目，上门服务，协调解决项目推进难点，加快推进中国—东盟信息港南宁核心基地项目建设。截至2021年底，中国—东盟信息港南宁核心基地累计完成投资357亿元。中国—东盟数字经济产业园吸引40多家信创企业入园，形成华为鲲鹏、中国电子PKS、中国电科三大信创生态体系。推动中国电信东盟国际信息园、中国移动（广西）数据中心、五象云谷云计算中心加快建设运营，打造数据中心集聚区。年内已有38家国内及东盟企业、科研机构入驻中国—东盟新型智慧城市协同创新中心，南宁市连续四年成功举办中国—东盟新型智慧城市协同创新大赛，推动与东盟国家在数字领域合作不断深化。中国—东盟地理信息与卫星应用产业园强化招商引资，与21世纪空间技术应用股份有限公司共建中国—东盟卫星数据服务中心已顺利验收，北京系列遥感卫星华南地面接收站已获国家发展改革委批复。积极推动中关村信息谷科技园、浪潮集团东盟运营总部、迈越大数据产业园、京东南宁电子商务产业园、中国—东盟信息港小镇研发中心、五象投资大数据产业园等项目加速落地。

（六）不断提升电子政务安全防护水平。统筹推进一体化网络安全保障项目建设，探索在网络安全等级保护制度的基础上建立覆盖云、网、数、站、应用端等一体协同的网络安全保障体系。坚持贯彻网络安全运营闭环管理。根据网络安全等级保护制度要求，对全市电子政务关键信息基础设施持续配备相应安全防护设施，通过与技术厂商、运维技术力量协同合作，不间断组织做好网络安全加固整改工作，补齐短板，夯实数字政府底座，并在中国—东盟博览会、中国—东盟商务与投资峰会、“壮族三月三”及国家法定节假日等重点时期开展网络安全预警监测与应急处置工作，确保各单位的网络安全稳定运行。

三、经验体会

（一）强化保障措施，确保数字南宁建设取得成效。一是依托数字南宁建设领导小组加强对数字南宁建设的统筹力度，市大数据发展局做好统筹指导、协调落实和具体推进工作，推进数字基础设施建设、数据治理工作，拓展应用场景，推进数字经济融合发展。二是印发《数字南宁发展“十四五”规划》，作为“十四五”期间数字南宁发展的顶层设计，对数字南宁在未来五年的总体思路、发展目标、主要任务、工作举措、建设项目做出系统、科学的规划布局，指导南宁市高质量高标准推动数字南宁建设工作，助力全面落实强首府战略。

（二）坚持以中国—东盟信息港南宁核心基地建设为主线，推动数字经济快速发展。不断完善统筹协调机制，全力服务项目建设，落实好“五十百千”增效提质工程。南宁·中关村创新示范基地生态体系建设有序推进，形成“一基地、一园区、一中心、一飞地、一平台”的发展格局；中国—东盟地理信息与卫星应用产业园引进南师大科创基地以及世纪空间等重点企业，打造“产学研商”园区生态，广投数字经济示范基地成为中国（广西）自由贸易试验区南宁片区首家税收超3亿元的楼宇园区，中国—东盟数字经济产业园首栋单体建筑国际交流中心投入使用，浪潮集团东盟运营总部等重点项目加快建设进度。

（三）强化项目支撑，加强全市政府投资信息化项目审核和验收。严格按照已印发的《市本级财政投资信息化项目管理办法》要求，本着“资源整合、信息共享”的原则，规范开展全市信息化项目审核和竣工验收组织工作，截至12月31日，累计完成市人大、市政园林局、卫健委、民政局、自然资源局等部门37个政府投资信息化项目的审核工作，累计组织召开了16个单位、24个项目的竣工验收会，确保项目建设的科学合理，达到既定的建设成效，促进了资源整合，大力提升了全市信息化项目建设水平。

（四）强化数据应用，推动政务数据有效为民。依托南宁市数据中台，通过数据共享、业务联办，实现跨层级、跨部门、跨云的政务数据共享应用。已为疫情防控、复工复产、绿色金融、扬尘治理、数字城管、公积金、工程建设审批等城市治理与服务领域的应用提供了有效的数据支撑，提升城市治理与便民服务能力。

（五）强化网上服务，让政务服务更加高效便捷。南宁市自建政务服务专业办理系统与广西数字政务一体化平台对接完成率100%，提升了网上全流程办理率、上网办理率、网上办结率，减少申请人到现场次数。2021年，通过网上申报、手机APP、智能终端等共为群众办事40.77万件，网办比率96.11%，“让数据多跑路，让群众少跑路”，更加方便群众网上办事，提高了政府行政效率。大力推进全市各级各部门梳理政务服务业务专用章以及申请制作电子印章工作。全市各级各部门共向自治区申请制作政务服务业务专用电子印章762枚，市本级向各政府部门制作发放电子印章320枚。南宁市应认领电子证照种类（国家发布证照类型）945类，全市已关联证照的事项占比40.06%，为电子证照互认提供数据基础支撑。

（六）强化运维保障，确保全市重大项目安全稳定运行。充分认识系统维护的重要性，明确责任到个人，采取专人负责维护的工作方式，持续做好南宁市电子政务网络及机房运维管理工作，确保电子政务基础设施安全稳定运行。持续做好市人大综合管理信息平台、南宁市一站式社会服务管理平台等系统的运维工作。顺利完成市政府视频会议系统877场次会议保障，其中视频会议192次（含常务会24次）。

（刘静　许泳玲）

发挥应急联动优势　保障城市安全发展

市应急联动中心党组

2021年，市应急联动中心党组坚持以习近平新时代中国特色社会主义思想为指导，贯彻落实党的十九大和十九届历次全会精神，按照党中央、自治区党委和市委决策部署，围绕中心、服务大局，在应急联动处置、城市安全工作方面充分发挥应急联动工作机制优势，扎实推动南宁市城市安全风险综合监测预警平台建设工作。以城市安全风险监测预警平台建设为契机，提高城市重大风险防控与突发事件处置能力，提升城市安全风险智能化管理水平，为全面落实强首府战略，保障首府南宁安全发展作出应有的贡献。

9月1日，市应急联动中心与市应急局指挥中心及110、119、120指挥中心召开应急联动工作协调会

一、党建概况

市应急联动中心现有党支部1个，共有党员10名。

中心党组坚持以党的政治建设为统领，坚持和捍卫“两个确立”，增强“四个意识”、坚定“四个自信”、做到“两个维护”，突出问题导向，强化使命担当，深入开展党史学习教育，认真落实抓基层党建的各项工作，推动管党治党各项举措落地见效。

（一）知责明责自觉担当，全面落实主体责任。按照上级党组织工作总体部署要求，认真落实党建主体责任清单，在夯实责任传导压力、完善机制强化保障等方面提出明确要求，进一步强化抓好党建工作的主体意识和责任意识。突出习近平新时代中国特色社会主义思想主题主线，深入学习习近平总书记在庆祝中国共产党成立100周年大会上的重要讲话、党的十九大和十九届历次全会精神，把理论学习与推动高质量发展结合起来，引领带动全体党员干部理论学习和理论武装工作不断深化，推动学习宣传贯彻习近平新时代中国特色社会主义思想走深走实。

（二）认真开展党史学习教育，践行初心使命砥砺前行。将党史学习教育作为重大政治任务，按照“学史明理、学史增信、学史崇德、学史力行”总要求，制订《南宁市城市应急联动中心开展党史学习教育的工作方案》，通过专题学习会、研讨会以及专题讲座、个人自学等方式，紧抓习近平新时代中国特色社会主义思想的学习与研读，切实增强学习贯彻习近平总书记重要讲话和重要指示批示精神的思想自觉、政治自觉、行动自觉；充分利用“三会一课”、主题党日等载体，组织党员干部深入学指定教材，将学习贯彻习近平总书记“七一”重要讲话精神与学习习近平新时代中国特色社会主义思想指定用书结合起来，与学习习近平总书记对广西工作系列重要指示精神结合起来，与学习市第十三次党代会精神结合起来，引导党员干部把学习党史同总结经验、观照现实、推动工作结合起来，把学习成效转化为工作动力，转化为服务群众的工作实绩；以庆祝建党100周年为主线，扎实开展“我为群众办实事”实践活动，优化应急联动系统功能，推进应急联动机制处置社会联动事项工作；开展新时代文明实践志愿服务活动，组织党员深入社区开展疫情防控、问卷调查、义务劳动、垃圾分类宣传等多种形式的志愿服务活动；组织党员到人民公园、红军长征湘江战役纪念地、邕江红色主题游船以及南湖公园参观学习、重温入党誓词，接受爱国主义和革命传统教育。

（三）强化党风廉政建设，推进全面从严治党。认真履行全面从严治党主体责任，切实将党风廉政建设和反腐败工作纳入中心年度重点工作中、纳入政治思想教育和干部培训工作总体部署中。严格落实中央八项规定及其实施细则精神，密切注意“四风”新动向新表现，持之以恒纠“四风”树新风，深入纠治形式主义、官僚主义，坚决抵制享乐主义、奢靡之风。着力加强重点工作、重要环节、关键岗位监督检查，一体推进不敢腐、不能腐、不想腐，不断增强党员干部廉洁意识，筑牢拒腐防变防线。

（四）狠抓意识形态工作，筑牢思想防线。认真贯彻落实新形势下中央、自治区和南宁市关于意识形态工作的部署和要求，巩固和发展意识形态领域良好态势。坚决落实意识形态工作责任，有效推动意识形态工作落地落实。牢牢守住意识形态阵地，始终把网络舆论安全工作放在重要的位置，加强网站、微信群等意识形态阵地的建设和管理，积极稳妥做好重大突发事件和热点敏感问题的舆论引导。

（五）加强党组织队伍建设，提升党组织凝聚力。开展支部选举工作，按照规定职数配备书记及委员等支委会成员，完善中心党组织的组织架构和支部工作的相关制度，为支部活动的正常开展提供组织保障和制度保障。持续推进党支部标准化规范化建设，对表对标文件要求开展党支部达标创优工作，持续提高组织生活质量、提升党支部建设质量。

二、主要工作

（一）做好应急报警平台119、120报警电话接报和应急联动机制处置社会联动事项工作，努力打造群众满意服务窗口。一是扎实做好接处警工作，树立窗口服务良好形象。2021年（截至12月31日）中心共接报警电话468373个，日均1283个，其中120报警电话314016个，占报警总量的67.04%，119报警电话154357个，占报警总量的32.96%。受理有效报警102979起，日均282起；受理咨询类电话17457个，日均48个；受理联动警情45697起，日均125起；受理社会联动事项11901起，日均33起。所有应急报警求助均得到高效、准确、快捷的处置，未出现重大责任投诉事件。二是加强接警人员业务技能培训，提升接警工作质效。规范报警事件录入流程、质量要求和接警用语，通过每月接警组长会议、每周接警小组会议总结、剖析工作中存在的问题和不足，提出解决、改进的方法和措施，不断提升整体接警业务技能和实战能力。三是加强与市公安局指挥中心沟通对接，建立骚扰电话常态化联动处理机制。针对119、120报警电话被恶意占用、骚扰的情况，中心与市公安局指挥中心建立常态化联动处理机制，依法查处无故或恶意反复拨打119、120报警电话，骚扰辱骂接警员等扰乱单位秩序的违法行为。

（二）积极推进应急联动机制建设，完善应急联动事件处置流程。发挥应急联动工作职能，积极推进应急联动机制建设。一是不定期组织市应急局指挥中心、110公安局指挥中心、120急救医疗中心、119消防救援支队指挥中心召开应急事件联动处置协调会，协调解决联动工作中出现的问题。二是积极推动《南宁市关于进一步深化应急联动机制处置社会联动事项工作方案》修订工作，11月16日《南宁市人民政府办公室关于印发南宁市进一步健全和完善应急联动机制处置社会联动事项工作方案的通知》正式印发实施，进一步明确应急联动报警平台处置社会联动事项的工作范围及成员单位工作职责，并将各县（市、区）人民政府及各开发区管委会纳入南宁市社会应急联动体系，构建“党政领导、指挥统一、部门参与、社会联动、处置高效”的应急联动处置工作机制，有效整合政府部门及社会应急资源，推动各部门职能归位和联动融合。

（三）做好技术保障工作，保障应急联动系统安全可靠运行。一是做好日常维护，保障应急联动系统平台平稳运行。按时按质完成应急联动系统各子系统日常巡查及常规巡检工作，认真落实24小时值班，日查、月检等各项值班、巡检制度，结合系统故障处理开展接处警主备系统切换、报警中继中断等应急演练，共计完成全系统月、季度维护40余次，日常巡检共抽查系统关键数据5000多项。二是周密计划，精心实施，做好应急通信保障服务。做好服务2021年中国—东盟博览会和中国—东盟商务与投资峰会及春节、国庆节等重大活动期间的现场保障和系统保障工作。完成12个基站的季度性例行巡检，及时处理巡检发现的问题；完成新对讲机用户的编程入网工作，保障各相关业务部门通信畅通。三是加强网络安全管理，牢牢把握网络安全底线。随着《中华人民共和国网络安全法》《中华人民共和国数据安全法》《中华人民共和国个人信息保护法》《关键信息基础设施安全保护条例》等法律法规的实施，认真修改和完善中心网络安全各项管理制度，以制度为依据做好网络与信息安全日常管理工作，在广西“护网2021”网络安全攻防实战演习中取得好成绩。认真开展网络安全自查工作，及时对照检查和整改各级下发的网络安全漏洞警告和检查中发现的问题，全年未发生网络安全事故。

（四）开展国家城市安全风险综合监测预警平台建设试点工作。6月，国务院安委办工作组到南宁市开展调研，明确指出南宁市城市应急联动中心非常符合城市生命线监测预警系统的第二种建设模式，即在应急联动中心的基础上建设监测预警系统，具备试点条件，指示自治区安委办推荐南宁市作为监测预警系统试点城市。9月国务院安委办批复同意南宁市列入全国18个试点城市之一开展国家城市安全风险综合监测预警平台建设试点。市委、市政府把建设城市安全风险综合监测预警体系作为创建安全发展示范城市的重要内容，中心党组高度重视，围绕“提高城市安全风险防控水平，保障城市安全发展”工作目标，紧扣“城市生命线工程风险监测预警”工作重点，按照“探索创新可复制、可推广、有效管用的符合首府南宁高质量发展要求的建设、运行新模式”的框架思路，积极配合市安委办推进国家城市安全风险综合监测预警平台建设试点工作。成立专人专班，制订工作计划，调研住建、水利、市场监管等部门燃气、供水、桥梁、电梯、综合管廊、城市洪涝等系统现状，摸清底数，起草南宁市城市安全风险综合预警平台建设工作方案并征求全市各相关部门、自治区安委办、国务院安委办意见。12月，方案根据反馈意见修改后，经自治区安委办审核通过，报国务院安委办备案。同时，与清华大学合肥公共安全研究院联系，开展南宁市城市安全风险综合预警平台试点建设初步设计，构建总体建设框架。

三、经验体会

要全面贯彻落实新时代党的建设总要求，以提升城市安全水平为主线，以党建引领为抓手，促进党建与业务的深度融合，有力推动各项中心工作落地落实。

（一）要增强政治领导，提高把方向、谋大局能力。要加强政治领导，旗帜鲜明讲政治，深刻理解和领悟“两个确立”的决定性意义，坚决在政治立场、政治方向、政治原则、政治道路上同以习近平同志为核心的党中央保持高度一致。要坚持以政治建设为统领，严肃党内政治生活，严明政治纪律和政治规矩，充分发挥总揽全局、协调各方的作用。

（二）要狠抓落实，推动方针政策有效落地。把抓落实作为一种政治自觉，勇于担当担责，敢抓敢管，严抓严管。要勇于直面矛盾，敢于动真碰硬，以钉钉子精神把各项工作往深处做、往实处落，结合实际深化应急联动机制的广度和深度，提高应急联动处置工作效率和水平。

（三）要牢固树立以人民为中心的发展思想。坚持人民至上、生命至上的理念，坚持改革创新，坚持问题导向，积极推动城市安全风险管理技术创新、模式创新、应用创新，构建“能监测、会预警、快处置”的综合监测预警体系，提高城市安全动态监测、实时预警能力，提升城市安全风险发现、防范、化解、管控的智能化水平，为推动城市安全发展提供坚实保障。

（班卫东　张莉　韦书真）

理清思路　真抓实干
奋力开创首府住房公积金事业高质量发展新局面

南宁公积金管理中心党组

2021年，南宁公积金管理中心（简称管理中心）党组坚持以习近平新时代中国特色社会主义思想为指导，全面贯彻党的十九大和十九届历次全会精神，深入贯彻习近平总书记视察广西“4·27”重要讲话精神和对广西工作系列重要指示要求，坚持以人民为中心的发展思想，加大政策支持力度、持续优化营商环境、着力探索改革创新，充分发挥住房公积金制度优势和服务功能，奋力开创首府住房公积金事业高质量发展新局面。

5月22日，南宁公积金管理中心参加第五届南宁机关干部职工才艺大展演，表演《没有共产党就没有新中国》节目并荣获二等奖　（梁建革　摄）

一、党建概况

2021年，管理中心机关党委下设8个党支部。共有党员120名，其中在职党员96名、退休党员24名，预备党员2名。

（一）旗帜鲜明推进思想政治建设。一是加强政治理论学习。先后组织党员干部学习习近平总书记在党的十九届六中全会、庆祝中国共产党成立100周年大会、视察广西“4·27”等重要讲话精神，深入学习“四史”，努力用新的理论武装头脑，捍卫“两个确立”，增强“四个意识”、坚定“四个自信”，做到“两个维护”，自觉在思想上、政治上、行动上同以习近平同志为核心的党中央保持高度一致。二是扎实开展党史学习教育。以党史学习教育为契机，着力开展“我为群众办实事”实践活动。落实南宁广发重工集团有限公司、崇左市复退军人医院、南宁市新秀公园住房公积金补缴工作，共为865名职工补缴住房公积金，共补缴金额4025万元。三是开展庆祝建党100周年系列活动。联合定点帮扶村（宾阳县陈平镇新安村、宾阳县洋桥镇凌达村）、青秀区新竹社区、兴宁区金桥社区、建行、农行等单位，共同开展学习张富清英雄事迹、“学党史、强信念”参观学习、党建助推乡村振兴等一系列活动。

（二）持之以恒推进基层组织建设。一是规范基层组织建设。持续深化“支部建设升级”行动，深入落实党支部工作联系点制度，扎实推进党支部达标创优工作，培育打造先进党支部，推动党支部建设标准化规范化。二是深入开展“模范机关”创建工作。将“模范机关”创建工作与改进作风结合起来，坚持以创促建、以创促改。三是加强机关群团工作。坚持党对群团组织的领导，充分发挥团总支、工会、妇委会联系人民群众的桥梁和纽带作用。管理中心舞蹈队参加南宁机关干部职工才艺大展演，表演节目《没有共产党就没有新中国》获二等奖。管理中心第四党支部参加“百年建党话初心　勇担使命开新局”南宁市直机关微党课比赛获一等奖。

（三）有力有效推进内控制度建设。一是组建风险防控部门。新成立审计稽核科，加强审计稽核工作，为构建完善的风险防控体系奠定了基础条件。二是完善政策法规体系。先后制定机关运转、公共关系、费用财务收支等7个风险防控管理办法以及政府采购、公文处理、缴存、提取、贷款等管理制度，填补制度空白。三是开展联合执法。管理中心和市公安局联合建立住房公积金骗提骗贷违法犯罪行为联合治理工作机制，打击骗提骗贷违法犯罪行为。

（四）从严从实推进纪律作风建设。一是及时部署。认真制订《2021年度党风廉政建设主体责任清单》，及时召开了管理中心党风廉政建设工作会议，对2021年度的党风廉政建设工作进行了安排部署。二是组织学习典型案例。管理中心通过OA系统向全体干部职工发送市纪委有关违反工作纪律、违反中央八项规定及其实施细则精神、领域腐败、违规收受礼金、酒驾醉驾等典型问题案例的通报11次。三是积极落实预防管理。重要节点和节假日期间注重通过短信、通知等方式提醒干部职工注意遵守廉政纪律。面向管理中心内部职工总共发送廉政教育短信374人次。

二、主要工作

（一）把准工作目标方向，瞄准任务推动业务高质量发展。2021年，住房公积金个人账户数达103.87万户，突破百万大关；住房公积金账户增长率为7.86%，超额完成账户增长率3%的年度计划。归集住房公积金121.38亿元，同比增长14.64%，继2020年后再次突破百亿元，完成年度计划任务的109.36%。提取住房公积金84.13亿元，同比增长0.79%，完成年度计划任务的107.86%。发放个人住房公积金贷款44.25亿元，同比增长9.82%，完成年度计划任务的109.26%；回收个人住房公积金贷款18.70亿元，同比增长5.22%，完成年度计划任务的101.1%；住房公积金贷款逾期率为0.07%。实现住房公积金增值收益4.74亿元，增值收益大幅增长，同比增长40.77%，完成年度计划任务的103.09%。

（二）加大政策支持力度，不断提升公积金安居保障水平。一是及时调整缴存政策。改进住房公积金缴存机制，扩大企业住房公积金缴存比例区间，由企业结合自身实际情况，在5%—12%范围内自主确定住房公积金缴存比例。对于因为发生亏损或其他经营困难，按上述比例缴存仍有难度的企业，主动指导企业办理降低缴存比例或缓缴手续。二是持续推广住房商业贷款转住房公积金顺位贷款业务（简称“商转公顺位贷款业务”）向县域覆盖。6月，中信银行实现了商转公顺位贷款业务，至此管理中心共有8家银行实现了商转公顺位贷款业务。10月，管理中心正式在县域开展商转公顺位贷款业务，实现了南宁市行政区域内商转公顺位贷款业务全面覆盖。全年管理中心共发放商转公顺位贷款业务2498笔，发放金额11.32亿元。三是继续实施高层次人才使用住房公积金贷款政策。管理中心发放高层次人才住房公积金贷款20笔，合计发放金额1555.3万元。四是实施个人自愿缴存住房公积金政策。认真贯彻落实习近平总书记在广西考察期间提出的“完善多渠道灵活就业的社会保障制度，维护好卡车司机、快递小哥、外卖配送员等的合法权益”的重要讲话精神，积极探索灵活就业人员自愿缴存住房公积金，开拓南宁市灵活就业人员参加住房公积金制度新局面。南宁市共有861名灵活就业人员办理住房公积金开户，缴存金额651.44万元。

（三）持续优化营商环境，让群众办事创业更加便捷高效。一是大力推广业务“不见面”办理。稳步推进住房公积金信息化建设，大力推广业务“不见面”办理，为缴存单位、缴存职工提供7×24小时便捷周到的全方位服务，实现业务“掌上”办理、“秒批”办结。南宁市市县提取业务合计离柜率达61.61%，城区提取业务离柜率达71.51%。二是全力推进业务即到即办。“减事项、减材料、减环节、减时限”，缴存业务实现即到即办。三是扎实推进高频服务事项“跨省通办”。管理中心开设“跨省通办”服务专窗17个，已实现8个事项“跨省通办”，办理“跨省通办”业务71笔，业务申请地、办理地涉及天津、西安、青岛、武汉、成都、上海等多个城市，有效解决群众异地办事“多地跑”“折返跑”问题。

（四）着力探索改革创新，推动高质量发展步子更加稳健。一是调整优化组织架构。重新梳理内设机构职能，努力解决内设机构设置不够科学合理，部分内设机构权责交叉、边界不清、分工不明等问题。年内，管理中心内设机构调整内容涉及新增1个机构、合并原有2个机构、更名16个机构。二是改变管理运作模式。借鉴省外先进地区的先进经验做法，全面实施“管办分离，业务下沉”管理模式，业务部门和服务网点之间职责更加清晰。三是理顺管理中心与铁路分中心管理关系。按照“四统一”和管办分离要求，及时全面梳理与铁路分中心的管理关系，对铁路分中心的内设机构和职能权限进行调整，努力实现管理中心“四统一”管理目标。四是科学制定发展规划。组织制订《南宁住房公积金发展“十四五”规划》，填补了规划空白。

（五）多措并举强化宣传，唱响主旋律讲好惠民利民政策。坚持采取“线上+线下”“传统媒体+新兴媒体”相结合的方式，多层次、多角度、多形式、全方位地为广大群众宣传住房公积金政策法规和信息动态。管理中心在人民日报网、中国日报网、《中国建设报》、《住房保障与住房公积金报》、《南宁日报》等媒体刊发新闻稿件10多篇；在广西广播电视台、南宁广播电视台等媒体播出新闻90多条、住房公积金政策公益广告400多次；每周通过微信公众号、微博等及时推送各类政策信息和服务资讯，在各服务网点、下基层现场办公点等发放告知单（指南）12万多份、宣传手册1万多份，充分发挥主流媒体的“助推器”作用。

（六）着力锻造干部队伍，夯实住房公积金事业发展根基。一是开展人员交流调整工作。在管理中心范围内对57名干部职工开展岗位交流调整，消除一些存留多时的陈年积弊，优化干部队伍结构。二是组织2批次职级晋升工作。先后有30名同志获得职级晋升，包括晋升四级调研员4名、一级主任科员14名、二级主任科员1名、三级主任科员7名、四级主任科员4名，有效激励干部职工担当作为、干事创业热情。

三、经验体会

（一）必须以更实的举措推进民生保障，充分发挥公积金政策优势。管理中心将加大工作力度，持续抓好住房公积金各项业务工作，推进住房公积金提取稳步增长，提高住房公积金贷款使用率，提高住房公积金增值收益，实现各项业务发展有新突破。全面强化住房公积金惠民利企政策落地见效，充分发挥住房公积金的住房保障作用。

（二）必须以更高的标准提升服务效能，切实增强人民群众满意度。立足工作实际，明确目标任务，进一步强化服务意识，创新服务方式，优化服务质量，提升工作效能，推进“放管服”改革再深化、营商环境再提升，努力实现住房公积金服务信息化、精细化、专业化、法治化、多元化、品牌化。

（三）必须以更大的力度推动管理改革，抓改革创新增强管理实效。坚持贯彻新发展理念，自觉融入新发展格局，推进住房公积金管理工作改革创新，加快构建住房公积金管理标准化建设。深入实施“管办分离、业务下沉”管理模式，进一步推动“四统一”管理，进一步实施标准化建设，进一步加强文化建设。

（四）必须以更严的要求落实风险防控，有效确保资金安全完整性。继续在“严”字上下功夫，进一步加大风险防控管理，筑牢风险防控基础，全面提升管理效能；进一步加强行政执法力量，解决执法人员短缺、非专业、缺经验等问题；进一步增强内部稽核审计监督工作，实现监督管理横向到边、纵向到底，有效防范各项业务风险，切实保障资金安全完整，提高住房公积金管理水平和风险防控能力。

（马剑）

弘扬伟大建党精神　奋力书写新时代地方志优异答卷

市方志办党组

2021年，市方志办坚持以习近平新时代中国特色社会主义思想为指导，全面贯彻落实党的十九大和十九届历次全会精神，深入学习贯彻习近平总书记视察广西“4·27”重要讲话精神和对广西工作系列重要指示要求，弘扬伟大建党精神，加强党对地方志事业的全面领导，扎实开展党史学习教育，全面落实强首府战略，抓党建、促业务，强主业、补短板，促进首府南宁地方志事业高质量发展，以优异的成绩庆祝中国共产党成立100周年。

12月1日，南宁市第三轮修志篇目框架搭建培训会在市方志馆举办　　（李康　摄）

一、党建概况

2021年，市方志办党组辖党总支部1个，党支部2个，党员27名（预备党员1名）。

（一）提高政治能力，加强政治建设。贯彻执行党中央、自治区党委、市委重大决策部署，坚决推动建设新时代中国特色社会主义壮美广西、全面落实强首府战略等决策部署落实落地。贯彻执行《中国共产党重大事项请示报告制度》《中共中央关于加强对“一把手”和领导班子监督的意见》，形成管党治党、全面从严治党长效机制。完成市委政治巡察反馈问题的整改，巩固和扩大巡察整改成果。发扬党内民主，召开党组会议33次对“三重一大”事项进行议事决策。

（二）强化理论武装，推进思想建设。开展党组理论学习中心组（扩大）学习6次，党组会学习16次，学习习近平新时代中国特色社会主义思想，学习贯彻党的十九届六中全会精神，及时跟进学习贯彻习近平总书记最新重要讲话和指示批示精神，组织党员干部深入学习贯彻习近平总书记视察广西“4·27”重要讲话精神和对广西工作系列重要指示要求，深刻领悟“两个确立”的决定性意义，增强“四个意识”、坚定“四个自信”、做到“两个维护”。党组召开专题会议研究部署意识形态工作2次，开展意识形态专题学习教育1次。

（三）提升组织力，抓好组织建设。完成党总支部、机关党支部、离退休干部党支部换届，落实“三会一课”制度，机关党支部召开党员大会6次、支委会16次、上党课11次、党员集中学习18次。谋划机关党建工作创新，打造党建文化长廊、科室文化墙。培养发展预备党员1名、预备党员按期转为正式党员1名。落实党内关怀，帮扶困难党员1人。

（四）加强廉政教育，强化作风建设。持之以恒纠治“四风”问题，持续整治形式主义、官僚主义、“昏庸懒散拖”等问题，落实定期开展实绩考核机制，提高干部履职尽责能力。办党组与中层干部进行提醒谈话8人次、其他干部职工2人次。贯彻落实中央八项规定及其实施细则精神，重大节日开展廉政工作提醒和督促检查。开展整治违规吃喝和违规发放津贴补贴、公款购买“天价茶”、工程建设领域腐败问题等专项治理。一体推进不敢腐、不能腐、不想腐。党组召开专题会议研究部署党风廉政建设工作2次，对新任科级干部、高风险岗位人员及时进行廉政谈话。强化廉政教育，党组书记上廉政党课1次，开展专题廉政教育3次，传达学习中央纪委、自治区纪委、市纪委通报的违反中央八项规定及其实施细则精神典型案例、工程建设领域腐败问题典型案件、党员干部酒驾醉驾问题等11次。

（五）做好巩固拓展脱贫攻坚成果同乡村振兴有效衔接。选派1名正科级干部任定点帮扶村宾阳县甘棠镇八德村党组织第一书记。办党组在八德村集体办公2次，党组书记为农村党员上党课1次。落实帮扶资金10万元用于发展村集体经济香杉产业示范园（二期）约60亩，组织干部职工到村开展香杉树苗种植活动1次。开展春节、“七一”慰问困难党员群众活动2次，发放慰问金1.28万元；干部职工为患癌症困难村民捐款4500元。到八德村学校开展“感党恩·跟党走”儿童节慰问活动、“金秋助学”活动。

二、主要工作

2021年，市方志办立足全面落实强首府战略，充分发挥地方志“存史、资政、育人”功能，全方位服务南宁市经济社会发展大局。

（一）做好资政地情信息服务。为市委、市政府科学决策提供地情信息，向市委信息办报送信息16条，采用2条；向市政府信息办报送信息4条，采用2条（其中自治区政府办采用1条）。参加南宁市申报国家历史文化名城工作专题会议、“南宁老友粉”地理标志商标品牌战略实施工作联席会议、南宁城市IP课题调研座谈会等，提出意见建议；为南宁市城市规划展示馆布展、“百年风华正茂　奋斗铸就辉煌”南宁百年党史图片展等提供地情资料和布展建议。接待地情咨询人员约200人，为市民提供更全面、更丰富的南宁地情资料。

（二）扎实开展党史学习教育，凝聚强大精神力量。按照党中央、自治区党委和市委的总体部署，扎实开展党史学习教育，做到“规定动作”不走样、“自选动作”有特色。传达学习习近平总书记在党史学习教育动员大会上的重要讲话精神以及自治区、南宁市党史学习教育动员大会精神，专题学习习近平总书记“七一”重要讲话精神。开展党史专题学习7次、“四史”专题学习3次，组织党员干部参加网上“十场名家云直播”党课专题培训8次，邀请市委党史学习教育宣讲团成员开展宣讲2次、纪检组长上“学党史 知敬畏”廉政专题党课1次，党员领导干部到八德村开展党史宣讲2次；利用红色资源开展学习教育活动6次，开展“我为群众办实事”实践活动8次、“感党恩 跟党走·党史故事大家讲”活动6次。在南宁地情网等网络平台开设《学党史·铭初心》专栏，宣传党的奋斗百年重大成就和党的创新理论。

（三）科学合理编制事业发展规划。完成《南宁市地方志事业“十四五”发展规划纲要（初稿）》起草，提出未来5年全市地方志发展目标及措施；制订《南宁市第三轮修志工作方案》，开展第三轮修志前期调研和准备工作。做好第二轮修志扫尾和第三轮修志顶层设计。《马山县志（1986—2005）》《上林县志（1986—2005）》正式出版，协助百色市乐业县《乐业县志（1986—2005）》编纂和出版；报请市政府协调解决了《横县志（1986—2005）》出版经费问题。报请市地方志编纂委员会同意印发《南宁市第三轮新方志编修顶层设计工作方案》并组织实施。邀请浙江省地方志办公室、自治区地方志办公室等地方志专家和了解南宁市情况的专家学者，对首轮、第二轮《南宁市志》进行质量评估，形成评估报告，为第三轮修志提供启迪。根据评审专家、承编单位对《南宁市志（2006—2025）》篇目框架提出的意见建议，修改完善市志篇目。11月，举办全市第三轮修志篇目框架搭建培训班，培训市本级、县（市、区）编写人员约50人。

（四）继续打造南宁年鉴精品群。高质量编纂《南宁年鉴（2021）》，完成41个部类157.6万字编纂、校对及补充完善，12月完成出版。启动《南宁网络年鉴（2021）》编修，向市直部门及县（市、区）征集网络年鉴条目，组织编辑、完善网络年鉴内容。加大对县（市、区）年鉴的业务培训和业务指导力度，组成3个业务指导小组对县（市、区）2021卷年鉴编纂进行业务指导。11月，召开全市年鉴业务培训会，培训市直单位、县（市、区）年鉴编写人员约180人。

（五）积极推进地方志资源开发利用。南宁地情网更新信息约550条（篇），网站点击量超过1.9万次，累计1164.79万次；“方志南宁”微信公众号每个工作日更新1次；市方志办政府网站更新信息约260条。扩充地情全文数据库，收集周边省份第二轮志书、全国优秀获奖年鉴689册。开展“方志文化进农村、进校园、进机关、进社区、进企业”活动，向广西—东盟经济技术开发区团结小学、定点帮扶村联系点宾阳县甘棠镇八德小学、五象湖社区党总支部、盛邦珑湖小区物业公司等赠送《南宁市志》《南宁年鉴》《南宁历史人物传略》160多册，宣传普及地方志文化。

（六）完善方志馆建设，办好方志期刊。采购中国名镇（名村）志丛书等77套，充实馆藏书籍；归类整理馆藏书库，上架《南宁年鉴（2020）》等1200套。开放期刊阅览室和电子阅览室，接待读者现场查阅资料173人。出版《南宁方志》内部期刊4期。

（七）打造地方史著作。完成《南宁通史》古代卷、近现代卷出版社二审后修改完善并报三审，当代上卷出版社已定稿，当代下卷正在进行出版社二审后修改完善。

（八）提升地方志资料年报质量。修改完善2020年南宁地方志资料年报提纲60多个，印发《关于报送2020年地方志资料年报的通知》，征集2020年地方志资料年报122份。组织开展全市地方志资料年报业务培训，培训承报单位编写人员55人。

（九）严格落实常态化疫情防控。认真落实中央、自治区和南宁市新冠肺炎疫情常态化防控工作部署，做好方志馆、办公室、电梯、食堂等公共场所日常消毒，坚持实行双休日、节假日和外出日常报告身体健康状况制度，利用单位微信群及时发布疫情相关通知公告。组织干部职工接种疫苗，获得新冠病毒疫苗“应接尽接”标识。

三、经验体会

（一）必须坚持习近平新时代中国特色社会主义思想为指导的根本方针。地方志承担着“为党立言、为国存史、为民修志”的使命，必须坚持用马克思主义中国化成果特别是习近平新时代中国特色社会主义思想指导谋划第三轮修志顶层设计、《南宁年鉴》篇目框架设计与创新等业务工作，培养党员干部准确把握历史发展的主题和主线、主流和本质的能力，才能科学把握好地方志书编修、年鉴编纂、地情书出版和地方志事业“十业并举”高质量发展的正确方向。

（二）必须坚持党对地方志工作的全面领导。地方志工作是一项政治性极强的工作，必须坚持党的全面领导，把党的政治建设摆在首位，增强政治意识，站稳政治立场，严守政治纪律。充分发挥党组把方向、管大局、保落实的领导作用，始终把政治坚定、对党忠诚放在地方志事业发展的首要位置，才能为地方志事业发展提供坚强政治保证，围绕新时代地方志事业新使命做出新作为。

（三）必须坚持“抓党建就是最大的政绩”的理念。只有不断强化党建工作，推进全面从严治党向纵深发展，更好地发挥党建引领作用，推动干部职工接受思想淬炼、政治历练、实践锻炼、专业训练，使干部职工信念更加坚定、作风更加务实、斗志更加昂扬，增强守土有责、守土负责、守土尽责的思想自觉和行动自觉，推进党建与业务深度融合、相互促进，实现党建、业务“一肩挑”，才能锻造一支忠诚干净担当的地方志队伍，以党的建设工作成效推动地方志事业取得新进展，更加坚定不移地走好新时代长征路。

（四）必须坚持地方志工作的人民性。地方志工作必须坚持政治性和人民性相统一，站稳人民立场，牢固树立“人民是历史的创造者，是真正的英雄”的唯物史观，将习近平总书记提出的“江山就是人民、人民就是江山”理念落到地方志工作行动上，才能在社会主义新方志上全面、真实、系统地反映人民创造的历史和取得的伟大成就，在志书年鉴上书写南宁人民为全面实现强首府作出的贡献。

（五）必须坚持改革创新推动发展。中国特色社会主义建设进入新征程，地方志事业必须主动适应新时代的新形势、面对新问题迎接新挑战，把握创新发展的好机遇，在抓好“十业并举”的理念思路、内容形式、手段方法、路径模式、体制机制等方面不断实现创新，才能跟上人民需求、社会需求的新变化，奋力解决地方志事业高质量发展中遇到的问题、突破发展中遇到的瓶颈，实现首府南宁地方志事业创新性高质量发展。

（陆靖）

以奋发有为的新姿态开启二轻事业新征程

市二轻联社党组

2021年，市二轻联社党组坚持以习近平新时代中国特色社会主义思想为指导，按照党中央、自治区党委和市委决策部署，开拓创新、克难攻坚、真抓实干，坚定不移推动全市二轻事业持续创新发展。

一、党建概况

2021年，市二轻联社党组直属基层党组织总数为9个，其中党委2个、党支部7个，党员134人。

（一）坚定不移捍卫“两个维护”。始终把学习宣传贯彻习近平新时代中国特色社会主义思想作为首要政治任务、全面贯彻党的十九大和十九届历次全会精神，以及习近平总书记视察广西“4·27”重要讲话精神和对广西工作系列重要指示要求。市二轻联社党组坚持把学习习近平总书记最新重要讲话和指示批示精神作为党组会第一议题，年内9次组织党组理论学习中心组13个专题集体学习，开展12次15个专题机关干部政治理论学习，举办2期党的十九届五中全会、习近平总书记视察广西重要讲话精神专题培训。所属各支部结合实际，利用“学习强国”“绿城党旗红”等线上平台，坚持学用结合，不断增强“四个意识”、坚定“四个自信”、做到“两个维护”。引导督促党员干部真正悟透党中央大政方针，扎扎实实贯彻党中央决策部署，坚决确保执行不偏向、不变通、不走样。

（二）筑牢思想阵地，夯实基层党组织建设。坚持把党史学习教育作为加强党的建设永恒课题和党员干部的终身课题常抓不懈，大力弘扬伟大建党精神，从党的百年奋斗历程中汲取强大力量，进一步做到学史明理、学史增信、学史崇德、党史力行。严格落实“三会一课”、主题党日等制度，年内所属各支部开展活动165次，“一月一党课”23期，“爱党爱国爱家”党史知识竞赛12期，“打卡红色教育基地”8次。7个党支部创优全部达标，年内发展4名中共党员，培养7名入党积极分子。

（三）聚焦主线织密学习教育合力网。领导带头在读原著悟思想下功夫，在通读的基础上认真思考，撰写学习心

5月13—14日，市二轻联社机关党支部党员赴湘江战役纪念馆、红军长征突破湘江烈士纪念碑园等红色教育基地开展“传承红色基因　感悟初心使命”党史学习教育

得提纲，在领导带学方面作表率。加强党史学习教育与工作统筹安排，根据总体方案每阶段每个专题的学习内容早计划、早布置，采取自学与集中学习相结合，规定动作与自选动作相结合，推动党史学习教育走深走实，举办读书班6期。组织到湘江战役纪念馆、红军长征突破湘江烈士纪念碑园、毛主席接见广西各族人民纪念馆等地开展红色教育现场教学，重温党的光辉历史，缅怀革命先烈，接受革命传统教育。围绕建党100周年主题开展工艺美术精品创作，南宁市选送的工艺美术作品在2021年广西工艺美术精品评比中获得21个金奖、20个银奖、32个铜奖，7件作品入选广西艺术优秀作品，获奖数量位居全区各地市第一。

（四）务求实效，直面解决急难愁盼民生问题。围绕保障基层民生需求办实事。梳理党史学习教育“我为群众办实事”实践活动事项6件。制订了“学党史、育工匠、创精品”工艺美术传承传授培训方案，开展南宁壮锦制作技艺传承、传授专项工作，共举办5期培训活动，培训了20名农村妇女、40名残疾人、169名院校师生。东宝路东一里3号小区长期无物业管理项目，目前已选聘物业公司进驻，小区的服务与往年相比服务环境有较大改观，业主们感到很满意。指导市手表厂装配车间净化工程改造项目，帮助争取4万元资金拆除旧天面、重新布管线、安装净化系统，有效改善了车间环境，减少因灰尘、纤维造成机芯的质量问题，大大提高了手表机芯装配质量。投入2万元资金帮助西乡塘区金陵镇邓圩村村委进行厨房修缮，改善村委及驻村第一书记居住和办公环境。联社每周二定点清理机关小区环境，组织党员志愿者到人民北一里社区、古城建政路口开展志愿服务，共发放禁毒知识、垃圾分类知识等宣传资料500余份，整治清扫无物业管理小区卫生环境杂物3吨。

二、主要工作

（一）组织指导城镇集体企业的改革和发展。联社成立的指导小组就市制鞋厂资产清算工作、财务审计报告拟制和公布、职工安置补偿项目、清算方案制订和征求意见等问题，召开38次专题会议研究鞋厂工作，32次听取鞋厂领导汇报，指导部署鞋厂工作，先后14次指导鞋厂修改完善清算安置方案，6

次下鞋厂现场检查指导工作，下发书面工作指导意见7份。接访鞋厂原在职职工、退休人员上访8次，化解矛盾3次。年内，市鞋厂在职职工大会表决通过《南宁市制鞋厂清算方案（草案）》，联社按期批复同意清算方案，现正逐步实施清算方案。向市政府上报《南宁市二轻联社关于南宁市毛毯总厂生活区危旧房改造项目存在重大风险的情况报告》，该旧改项目进入施工合同签订，为了确保该项目顺利实施且不发生其他合同纠纷，征求法律顾问意见后积极与该厂生活区旧改管理小组对接，为该旧改项目提供指导意见。指导手表厂进行技术改造和厂房改造，争取自治区资金扶持。据统计，市二轻联社下属企业南宁市手表厂2021年各项经济指标较2020年同期相比有所增长，工业总产值3710万元，与上年同比增长10.28%；入库产量60万只，与上年同比增长18.22%，销售数量60万只，与上年同比增长16.48%，销售收入（含税）4113万元，与上年同比增长17.66%，实现利润10万元。

（二）工艺美术作品成绩著显。组织南宁市35家驻邕院校、企业等单位和个人参加第56届全国工艺品交易会，南宁市共获得“金凤凰”创新产品设计大奖赛14个金奖、23个银奖、27个铜奖、30个优秀奖。金牌和奖牌总数均位居广西地级市第一。共获得广西工艺美术大师精品创作工程“精品奖”金奖5个、银奖3个、铜奖5个，广西工艺美术作品“八桂天工奖”（大师组）金奖1个、银奖3个、铜奖4个，广西工艺美术作品“八桂天工奖”（非大师组）金奖15个、银奖14个、铜奖23个，金奖和奖牌总数也均位居广西地级市第一。51件作品入选自治区政府主办的“永远跟党走”庆祝中国共产党成立100周年·2021广西艺术作品展览，7件作品被评为入选优秀作品，入选作品和优秀作品数量均位居广西地级市第一。传统技艺“横州铜器制作技艺”“宾阳瓷器制作技艺”“南宁古建筑营造技艺”等3项技艺入选第九批市级非物质文化遗产代表性项目名录；钟昀睿、覃岭、黄冬鹏、黄爱群、沈建红、覃晓燕等6名南宁市的广西工艺美术大师或工艺美术从业者入选第八批市级非物质文化遗产代表性传承人名单。

（三）积极培育工艺美术人才和项目扶持工作。协调5万元专项经费扶持国家“非遗”传承人、中国工艺美术大师谭湘光和国家“非遗”传承基地宾阳县湘光织锦坊，开展壮锦技艺传承传授活动，解决从业人员技艺落后、生产效率低、作品创意落后等问题。实施南宁市工艺美术精品创作工程，推动南宁市工艺美术行业小团队式的“以师带徒”人才培育工作。审核确认涵盖陶、瓷、玉（石）雕、金属工艺、刺绣等9个品类的36个南宁市工艺美术精品创作工程创作组。指导完成2家大师工作室申报工作。推荐3家大师工作室申请建设与精品创作项目融合资金20万元，为培育艺术美术人才奠定基础。为贯彻落实市委、市政府强首府战略要求，打造南宁工艺美术品牌，市二轻联社组织人员陪同市政府参事室围绕“那灵古陶”产业发展研究课题，先后到北流、横州杨村、魏振荣工作室、卢权智大师工作室考察，为规划南宁红陶产业的发展广泛收集资料，撰写报告提供协助。市二轻联社向市财政申请了20万元项目资金，设立南宁工艺美术项目发展扶持资金，重点扶持对传统基础深厚、产品特色鲜明、市场发展潜力较大的工艺美术品种和企业。经公开对外征集项目，共有10家企业和院校递交项目报告书。经讨论确立《南宁红陶制作技术规程》团体标准制定项目、宾阳县湘光织锦坊展厅升级改造项目2个资金扶持项目，2个项目均顺利完成验收工作。指导宾阳县开展特色区域复评考核工作，经自治区工信厅、自治区二轻联社的评审组考核，宾阳县顺利通过“广西小五金之乡”特色产业区域称号复评考核；指导市工艺美术协会按照规定完成协会年检和规范管理工作；为市手表厂改进工艺开拓市场提供资金和政策指导，为在改进产品工艺和提高产品质量向自治区二轻联社争取4万元中小企业发展资金。

（四）抓好信访维稳、安全生产监管工作。市二轻联社依照常态化制度化规范化要求开展信访维稳工作，主要领导亲自批阅信访材料，亲自接待上访人员，分管领导研究相关问题，依法解决职工诉求。年内市二轻联社办理市信访局自治区系统平台转办信访件58件，办结58件（其中56件为一信多投或信访事项相同的信访件），期限内办结率100%。严格落实安全生产主体责任，开展对所属企业进行安全生产检查，抓好安全生产工作常态化管理，全年无重大安全生产事故发生。

（五）积极推进扶贫点的对口帮扶工作。2021年是实现巩固拓展脱贫攻坚成果同乡村振兴有效衔接之年，二轻联社党组认真贯彻落实党中央、自治区党委、市委决策部署，迅速完成调整后定点帮扶村西乡塘区金陵镇邓圩村驻村第一书记的选派工作，充分发挥后盾单位作用，协助帮扶村制定乡村振兴计划，巩固脱贫攻坚成果，促进脱贫攻坚与乡村振兴的有效衔接。共拨付7.22万元经费用于定点扶持邓圩村委板房、厨房、卫生间修缮、广告宣传栏、慰问那良村贫困户、村委干部和贫困学生家庭、村委开展职业技能培训等项目，让当地群众切实感受到脱贫攻坚政策和乡村振兴带来的获得感和幸福感。

三、经验体会

（一）在学党史中践行为民服务初心。坚持正确政治方向，坚持全面准确贯彻落实上级决部署要求。坚持“学”“用”结合，深入学习贯彻习近平总书记关于党的历史的系列重要论述，深切感悟党史中蕴含的强大精神力量和价值追求，在学习党史中坚定理想信念、树牢宗旨意识、践行初心使命。围绕学党史、悟思想、办实事、开新局，把学习党史同推动二轻工作结合起来，同解决实际问题结合起来，从百年党史中汲取攻坚克难的精神力量，将学习中激发出来的热量、能量、力量转化为谋划二轻工作的思路和举措，努力把党史学习教育成效转化为开启二轻“十四五”、奋斗新征程的精神力量。

（二）主动作为，积极谋划和推进工作。紧紧围绕贯彻落实党的十九大和十九届历次全会精神，对标对表党中央和上级党委的决策部署要求，厘清工作思路，精心谋划二轻行业发展目标，制订工作计划，细化具体措施，创新工作理念、工作手段、工作机制，科学谋划和推进二轻事业发展。领导干部带领干部职工主动作为，真抓实干，善做善成，注重做好沟通协调工作，全力确保各项工作件件有着落、件件有成效。

（三）勤政廉政，打造风清气正的政治生态。严格遵守党章党规，进一步强化各级党员干部纪律意识和规矩意识，完善从严治党制度体系，确保从严治党抓具体、抓深入、抓到位。推进基层党组织标准化、规范化建设，推动党建与业务有机融合，增强党建的针对性、实效性。从严从实抓好党员干部作风和纪律，大力营造干事有为浓厚氛围，以奋发有为的新姿态开启二轻事业新征程。

（叶华）

凝心聚力　锐意进取　奋力开创社科工作新局面

市社科院党组

2021年，市社科院党组坚持以习近平新时代中国特色社会主义思想为指导，围绕中心，服务大局，锐意进取，主动作为，各项工作均取得好成效。12月，经全国城市社科院第三十一次院长联席会议评选，市社科院被评为全国城市社科院先进单位。

一、党建概况

2021年，市社科院设有1个党支部，党员32人。

（一）深入开展党史学习教育，机关党支部战斗力得到增强。市社科院切实把开展党史学习教育作为年度首要政治任务抓紧抓实，及时制订印发《南宁市社会科学院党史学习教育实施方案》，先后召开院领导班子集中学习会5次、院党组理论学习中心组集中学习会12次、全院党员干部集中学习会6次、支委会集中学习会3次、党小组集中学习会8次。院领导充分发挥引领作用，带头上党课、作中心发言，邀请一名专家作宣讲辅导。组织广大党员深入学习习近平在庆祝中国共产党成立100周年大会上的重要讲话及视察广西“4·27”重要讲话精神，抓好《论中国共产党历史》《中国共产党简史》等7本重点书籍的学习，组织广大党员撰写“我喜爱的一名共产党员”心得体会文章。组织广大党员参观毛主席接见广西各族人民纪念馆及中共广西省一大会址（旧址）、重温入党誓词，开展“红色歌曲大家唱”“党员心声大家谈”“党史知识大家答”等活动，引导党员干部增强“四个意识”、坚定“四个自信”、做到“两个维护”，自觉用习近平新时代中国特色社会主义思想武装头脑、指导实践、推动工作。深入对口帮扶的武陵村开展“我为群众办实事”实践活动，精心组织专题组织生活会，认真做好新党员发展及党费收缴工作，支部达标创优及模范机关创建活动跃上新台阶。

（二）贯彻从严要求，党风廉政建设和意识形态工作责任制得到较好落实。认真落实全面从严治党主体责任和“一岗双责”，将党风廉政建设、意识形态工作与业务工作同部署、同检查、同落实，一级抓一级。严格落实市委关于

4月23日，市社科院开展党史学习教育宣讲报告会

“书记引航担使命”主体责任清单管理要求，及时传达贯彻上级党委重要会议和文件精神，着力改进会风、文风，纠正形式主义和官僚主义，严格落实中央八项规定及其实施细则精神，反对铺张浪费，注重在重要节假日前夕提醒干部职工做到廉洁自律，自觉执行党和国家相关规定。一年来，本院没有党员干部违纪违法案件发生。强化意识形态工作的主体责任，层层传导压力，切实加强对院网站、本院出版的书刊、学术讲坛的管理，确保不出现违背主流意识形态的内容。

（三）扎实做好巩固拓展脱贫攻坚成果同乡村振兴有效衔接工作。积极贯彻落实市委、市政府关于乡村振兴工作的具体要求，及时选派驻村第一书记，认真做好巩固拓展脱贫攻坚成果同乡村振兴有效衔接工作，积极开展院党支部与武陵村党支部结对共建活动。院主要领导先后4次带队深入对口帮扶村开展调研慰问活动，走访慰问困难群众及第一书记，检查为民办实事项目落实情况，与武陵村干部共商乡村振兴大计。

二、主要工作

（一）课题研究取得新成果。一是精心组织开展6项市级重点课题研究。围绕全面落实强首府战略、推进南宁高质量发展，市社科院向各县区、开发区、市直相关部门广泛开展重点课题选题征集工作。经市政府领导审定同意，2021年市社科研究重点课题共立项6项，分别是《南宁市发展都市消费工业对策研究》《南宁市扩大内需对策研究》《南宁市推进临空经济示范区建设研究》《打造环南宁现代都市农业与旅游融合发展带研究》《南宁市脱贫地区特色产业发展研究》《RCEP背景下南宁市加快打造面向东盟的经贸中心研究》。自5月启动研究工作以来，各课题组认真落实院党组要求，注重调查研究，广泛收集资料，认真撰写研究报告，完成了课题研究任务。二是高质量完成了8项院级课题研究项目。社会科学院认真贯彻落实市委十二届十一次全会和市第十三次党代会精神，重点围绕全面落实强首府战略加强院级课题立项和研究工作，2021年市社科院院级课题立项8项，分别为《2020—2021年南宁市经济发展形势分析及展望》《2020—2021年南宁市社会发展形势分析及展望》《南宁市加快培育文化产业新业态的对策研究》《推动南宁市上市企业做优做强对策研究》《南宁市现代特色农业核心示范区发展研究》《南宁

市推进面向东盟的跨境电商高质量发展研究》《南宁市住宅小区物业管理服务质量提升对策研究》《高质量发展视域下学术期刊“核心”导向的风险防范》。该项工作于2021年1月正式启动，至9月，8项院级课题全部完成结项评审工作，其中《2020—2021年南宁市经济发展形势分析及展望》《南宁市加快培育文化产业新业态的对策研究》《南宁市住宅小区物业管理服务质量提升对策研究》获得优秀等次，其他5项研究成果被评审专家评为良好等次。

（二）资政信息报送有新成就。一是高标准编辑报送《领导参阅》。年内，市社科院共编报《领导参阅》11期，其中《推进南宁市面向东盟跨境电商高质量发展的对策建议》获得市长孙大光批示，《南宁市促进服务型消费扩容提质的对策建议》获市政府主要领导批示，《聚焦破解结构性瓶颈问题，着力推进广西自贸区南宁片区企业数量与效益“双提升”》获得市政府党组副书记陈竑批示，《打造韧性社区，提升南宁市社区公共应急管理水平》获得副市长李建文批示。二是加强信息报送。2021年，市社会科学院向市委办公室、市政府办公室等有关部门报送有关社会思想理论动态及疫情防控等各种信息148条，被采用60条，较好发挥了咨政参谋的作用。

（三）学术书刊编辑水平有新提高。一是《南宁蓝皮书》等书籍顺利编辑出版。市社会科学院编纂的《南宁蓝皮书·经济发展报告（2021）》《南宁蓝皮书·社会发展报告（2021）》共收录研究报告39篇50多万字。两书已于2021年7月由社会科学文献出版社正式出版发行，图书电子版同步在中国皮书网、皮书数据库同步发行。二是市社会科学院主办的面向全国公开发行的《创新》期刊影响力不断提升。2021年出版6期，刊登文章68篇。年内《创新》再度获评为广西优秀期刊。

（四）理论宣传有新作为。年内，市社会科学院充分发挥理论阵地的优势，积极鼓励科研人员围绕改革发展稳定等工作撰写理论文章，在各类期刊、报纸上公开发表26篇，其中院党组理论学习中心组在《南宁日报》发表《科学系统构建首府现代化经济体系》《深入贯彻以人民为中心的发展思想》，周博等在《人民论坛》发表《发挥头雁效应　提升致富带富能力——基于南宁市上林县“两培两带两促”模式的思考》，覃洁贞等在《当代广西》发表《在双循环背景下推动广西文化产业高质量发展》，梁瑜静在《传承》发表《中国共产党开展理想信念教育的主要历史经验及新时代启示》。此外组织干部职工围绕学习贯彻习近平“七一”重要讲话精神、党的十九届六中全会精神撰写理论文章，《以实践担当诠释对党忠诚》《始终坚持人民至上理念，奋力谱写城市高质量发展新篇章》等多篇文章在《当代广西》《南宁日报》发表，有《在学习党史中汲取前进力量》《做新时代“三实”型年轻干部》等3篇文章获当代广西网刊发。

三、经验体会

（一）以加强政治建设为统领。作为市政府直属的社会科学研究部门，为市委、市政府当好“智囊团”“参谋部”是首要职责，这就要求干部职工政治素质一定要过硬。因为，对于哲学社会科学研究而言，政治是“根”与“魂”，只有政治过硬，才能保证研究方向不偏，始终与上级党委、政府的决策部署保持高度一致；只有政治过硬，才能保证作品内容经得起时间、历史和人民的检验。

（二）以加强作风建设为保证。一流的团队要有一流的优良作风、一流的纪律作保证。市社科院始终强调科研人员如果要创作出人民满意的作品，必须有扎实的作风和严格的纪律；如果作风漂浮，就很难俯下身子、沉得住气，就很难守得住清贫、耐得住寂寞、坐得住冷板凳；如果没有严格的纪律要求，人的精神就会松松垮垮，就不能始终如一、专心致志地搞研究。

（三）以加强调查研究为基础。没有调查研究就没有发言权。作为社会科学研究部门，研究对象涉及方方面面，唯有通过调查研究，才能查实情、摸实底，才能掌握第一手鲜活、生动、真实而全面的素材，从而使创作出的课题研究成果更具针对性，所发表的理论文章更具说服力，所报送的信息更有实效性。

（宁春园）

加强昆仑关历史文化资源整合　奏响景区高质量发展新乐章

南宁昆仑关旅游风景区党组

2021年，南宁昆仑关管委会坚持以习近平新时代中国特色社会主义思想为指导，深入学习贯彻党的十九大和十九届历次全会精神，贯彻落实习近平总书记视察广西“4·27”重要讲话精神和对广西工作系列重要指示要求，围绕弘扬新时代爱国主义教育精神的目标，突出伟大抗战精神传承、国防教育、民族团结进步教育和海峡两岸交流4个重点，抓好文物保护、青少年研学实践教育、青少年德育教育、国防科普教育、民族文化宣教、红色文化旅游等6项工作，推动革命文物保护利用与爱国主义教育、文旅产业发展有机结合。

6月21—22日，昆仑关风景区举行“感党恩　颂祖国　昆仑雄关促团结　文旅融合助振兴”2021年南宁昆仑关民俗文化旅游活动　（周桂芬　摄）

一、党建概况

2021年，昆仑关管委会设立党支部1个，下设党小组3个，共有党员17名，其中预备党员2名。

（一）深化党史学习教育，赓续红色血脉。认真落实“学党史、悟思想、办实事、开新局”的要求，组织收看庆祝中国共产党成立100周年大会直播，并迅速传达学习贯彻习近平总书记“七一”重要讲话精神，切实把习近平总书记重要讲话精神转化为推动昆仑关景区工作高质量履职的具体行动和实际成效。通过“学习强国”、广西干部网络学院、“八桂先锋”、“绿城党旗红”等线上学习平台，开展集中学习和自我研读，深化对党史知识及相关文件内容的学习和掌握。创新开展“昆仑关上党旗红　我为党旗添光彩”“五个一”党史学习，即开展一次党史知识竞赛活动、开展一次学习党史为主题的红色故事演讲活动、开展一次“学党史、悟思想、办实事、开新局”主题征文活动、编排一部反映中国共产党推动全民族抗战的情景剧、开展一次学党史党课宣讲等“五个一”系列活动。选送《弘扬抗战精神　建设美丽南宁》参加市直机关“百年建党话初心　勇担使命开新局”微党课比赛，获得三等奖，组织党员干部参加市直机关红色故事演讲比赛和职工才艺大展演活动，让党员干部在排练红色故事和重读红色家书中深化对党的忠诚，以实际行动庆祝建党100周年。扎实开展“我为群众办实事”实践活动，内容涵盖乡村振兴助力景区周边村共同发展、改善职工工作餐、解决员工上下班乘车难、解决景区项目历史遗留问题等为民办实事项目。与南宁市图书馆在景区共建图书流通站，成为广大党员群众爱党、爱国和开展党史学习教育重要阵地。

（二）强化党建引领，筑牢战斗堡垒。党支部书记认真履行机关党建第一责任人职责，定期召开机关党建工作会议，确保不折不扣把党的精神和政策落实到景区各项工作中。压实机关党建主体责任，推进全面从严治党工作落到实处。严格落实“三会一课”，围绕学习习近平总书记“七一”重要讲话精神上专题党课。开展创建全国爱国主义教育示范基地、争创一流模范机关系列主题活动，活动启动以来共开展6期“昆仑关上党旗红、我为党旗添光彩”主题演讲活动，50余人次党员干部职工参加活动。加强党建阵地建设，设置党建标语墙、小书吧、休憩长廊等。结合景区文化氛围建设，在景区设置多处党建标语，为建党100周年营造浓厚氛围。通过与市委巡察机构党支部开展“学党史、守初心、促担当”主题党日活动，与市政协第四党支部开展“不忘来时路　奋进新征程”主题党日活动。与中国电信南宁分公司党组织开展共植“党员先锋林”和党史学习交流活动。

（三）推进全面从严治党，夯实纪律规矩。严格落实中央八项规定及其实施细则精神，持续抓好形式主义、官僚主义突出问题整治，促使党员干部牢记职责、履职尽责。结合党史学习教育，组织全体党员参观雷经天故居，重温入党誓词。观看警示教育片，集中学习市纪委通报的典型案例。大力整治侵害群众利益的不正之风和腐败问题，一体推进不敢腐、不能腐、不想腐。强化对权力运行的制约和监督，对违法违纪典型案件加大通报力度。

二、主要工作

（一）聚焦文物保护，进一步夯实景区发展基础。一是扎实推进文物保护基础工作。深刻领会习近平总书记对文物保护工作的重要论述，在坚持科学有效保护的前提下，积极推进文物合理利用。深入贯彻《南宁市昆仑关保护管理条例》（以下简称《条例》），着手制定并修改完善《〈条例〉行政处罚裁量权执行标准细化表》《〈条例〉行政处罚自由裁量权适用规则》及起草说明一系列规范性文件。重新分类梳理文物库房2008—2014年入库的1655件/套文物藏品，形成盘点报告和文物藏品清册。集中分类和编目征集到的历史照片，完成2019年历史图片纸质档案编目工作。完成昆仑关大捷80周年字画的登记和入藏工作。推进可移动文物预防性保护项目完成验收及支付。二是加强文物征集力度。制定《南宁昆仑关管委会文物（藏品）征集工作管理办法》，成立昆仑关管委会文物（藏品）征集工作小组，积极开展文物征集工作，接受昆仑关主题创作艺术作品大赛捐赠字画37幅，征集第五军军人子弟学校证章、抗战老兵军服等抗战类藏品21件/套。三是加强历史研究工作。走访10位老兵及老兵后人，整理文字资料约5万字，拍摄采访影像近9小时，录制音频资料19份，撰写专题推文10篇；对昆仑关战役战场周边9处遗址遗迹点进行田野调查；开展在邕阳明文化历史研究，形成《让王阳明先生的思想在八桂大地大放异彩》文章。

（二）聚焦规划建设，进一步完善景区功能布局。一是健全景区规划体系。争取市级层面协调景区和特色小镇用地需求纳入属地县区空间规划，南宁昆仑关风景区按照15.9平方公里的规划面积编制《南宁市昆仑关总体规划》。推动《宾阳县思陇镇昆仑村村庄规划（2020—2035）》完成批前公示。推进昆仑关军事历史文化旅游产业示范区建设工作，完成《昆仑关军事历史文化旅游产业示范区概念性规划》《昆仑关军事历史文化旅游产业示范区可行性研究报告》验收。推动《兴宁区昆仑关军事主题文旅小镇产业策划》《兴宁区昆仑关军事主题文旅小镇核心区建设规划》通过自治区住建厅集中审查，并由自治区住建厅下达核心区建设项目计划。二是稳步推进项目建设。推进兴宁区昆仑关军事主题文旅小镇一期项目前期工作，启动项目建议书编制工作。推进南宁昆仑关旅游风景区创国家5A级旅游景区一期项目前期工作，为子项游客服务中心兼博物馆附属馆落实建设资金1000万元。推进昆仑关军事主题文旅小镇文旅体验片区基础设施项目开工建设。昆仑关军事主题文旅小镇文旅体验片区环境整治工程项目完工并通过验收。完成兴宁区昆仑关军事主题文旅小镇APP、官网、微信公众号等系统搭建。昆仑关旅游风景区宾阳县思陇镇昆仑村委陶石村村屯给排水等配套工程项目完工并投入试运行，累计完成投资约570万元。推进南宁昆仑关战役旧址博物馆陈列升级改造、那灰水库维修工程、东广场排水系统抢修工程等3个项目竣工验收及工程结算。

（三）聚焦文旅融合，进一步驱动景区发展引擎。一是加快推进国家5A级旅游景区创建和昆仑关军事主题文旅小镇培育建设。推动景区创建国家5A级旅游景区工作成功纳入《南宁市国民经济和社会发展第十四个五年规划和2035年远景目标纲要》。修改完善《南宁昆仑关旅游风景区创5A级旅游景区规划》，完善《南宁昆仑关旅游风景区创建国家5A级旅游景区工作方案》并征求各相关单位意见。着力加强小镇培育建设，《兴宁区昆仑关军事主题文旅小镇产业策划》《兴宁区昆仑关军事主题文旅小镇核心区建设规划及风貌设计》等通过自治区住建厅审查。推动市本级财政奖补特色小镇资金1000万元拨付到位。二是抓好文旅产业投融资。提升兴宁区昆仑关军事主题文旅小镇外部交通，协调推动南柳第二高速公路昆仑出入口更名为昆仑关出入口。推动南宁昆仑关管委会、兴宁区政府与广西旅游投资集团全资子公司广西旅发中盛旅游发展有限公司就兴宁区昆仑关军事主题文旅小镇项目签订战略合作协议。与国奥中健公司合作启动运营昆仑关国防青少年先锋营地项目，与遵义市加盛文化旅游有限公司签订南宁市“昆仑关大捷”大型实景演艺项目战略合作协议，与中国电信建立战略合作伙伴关系，组织搭建兴宁区昆仑关军事主题文旅小镇官网、APP及微信公众号等。

（四）聚焦品牌塑造，进一步推动景区品质提升。围绕当地民俗和重要时间节点，成功举办“感党恩　颂祖国　昆仑雄关促团结　文旅融合助振兴”2021年南宁昆仑关民俗文化旅游活动、纪念中国人民抗日战争暨世界反法西斯战争胜利76周年系列活动、“勿忘国耻　振兴中华——纪念九一八”主题活动、昆仑关大捷82周年纪念活动等。围绕党史学习教育，引进“为抗战吹响号角——中国共产党与抗战文化主题展”“庆祝中国共产党成立100周年暨‘百年英烈’全区巡回展”，自主策划“八桂的抗战烽火——中国共产党与广西抗战主题展”“‘勿忘国耻　铭记历史　珍爱和平　开创未来’纪念九一八事变90周年专题展”，累计观展人数超过20万人次。3月，被市委统战部、市民宗委命名为南宁市铸牢中华民族共同体意识实践教育基地。积极推进“爱国主义教育基地”申报工作，6月，昆仑关抗日战役纪念地成功创建南宁市首个全国爱国主义教育示范基地。同时加强海峡两岸交流基地建设，持续参与时报金犊奖活动，发布“中华昆仑关　海峡两岸情——展现伟大的中华民族精神”创作命题，征集到参赛作品1490件，其中中国台湾投稿作品466件。配合自治区台办开展2021年两岸关系研讨会嘉宾接待工作，圆满接待台湾重要嘉宾。3月，南宁昆仑关旅游风景区入选自治区文旅厅发布的10条广西红色游学精品线路，作为“南国抗战之旅”线路的重要节点。

三、经验体会

（一）着力推进爱国主义教育产业高质量发展。围绕自治区党委、自治区政府和市委、市政府关于创建昆仑关国家5A级旅游景区的工作部署，建设昆仑关爱国主义“研学课堂”，围绕“广西学生军军史”“户外军事营地拓展”“本土优秀非遗文化历史”等方面开发爱国主义教育、抗战历史教育、国防军事教育、民俗文化体验等中小学精品研学课程，积极开展宣传推动研学公益课堂进校园，并向市青少年活动中心、南宁民族影城等公众场所延伸。

（二）加强文物保护利用，传承红色基因。加强文物“四有”（有保护范围、有保护标志、有记录档案、有保管机构）工作，完善基础管理，积极申报广西文化保护传承利用工程2021年中央预算内投资计划和第三批国家抗日英雄群体。加快智慧博物馆建设进程，改进博物馆陈列方式，综合运用文物、图片、模型、雕塑、景观等多种形式，采用科技手段，运用声、光、电、沙盘、影视等形式和载体，增强视听效果和感染力，力求思想性、艺术性和观赏性的有机统一。

（三）打造精品旅游项目，传承“非遗”文化。依托昆仑关周边列入国家级名录的宾阳炮龙节、市级名录的宾阳关公诞等30项非物质文化遗产，推进“‘非遗’进景区”，打造主题鲜明、群众参与度高的南宁昆仑关民俗文化旅游活动。挖掘“非遗”基本内涵，开发“讲昆仑关故事、扬昆仑关精神、做昆仑关使者”“昆仑关乡土民俗文化”等具有“非遗”特色的主题旅游线路。坚持守正创新，尊重“非遗”基本内涵，利用昆仑关“非遗”资源进行文创设计，通过持续协办时报金犊奖，极大丰富昆仑关的文创产品体系，促进桂台、邕台文化交流，提高旅游产品的文化内涵和创新品质，阐释挖掘民俗文化的时代价值。

（刘武　农晓岚）

“四重三强”夯基础　智库助力强首府

市发展研究中心党组

2021年，市发展研究中心坚持以习近平新时代中国特色社会主义思想为指导，紧紧围绕市委、市政府工作部署及“十四五”规划和2035年远景目标，以“起步就要提速、开局就要争先”的奋斗姿态，把发展的方向、工作的重点和主观的努力有机结合起来，主动担当作为，积极开拓创新。在重要文稿把关、重要课题研究、重要决策咨询、重要政策制定（以下简称“四重”）的主责主业上展现新作为、作出新贡献，在强政治、强业务、强队伍（以下简称“三强”）上迈开新步伐、跃上新水平。认真当好全市经济社会发展的工作参谋部、运行风向标和发展助推器，实现服务工作更紧贴大局，服务质量更上新台阶的良好的局面。

5月20—23日，市发展研究中心牵头主办的南宁市专家咨询委员会2021年工作会议在南宁五象山庄召开

一、党建概况

2021年，市发展研究中心设立支部委员会1个。有正式党员26名，其中在职党员21名，退休党员5名。2021年，中心党组以庆祝建党100周年为主线，扎实开展党史学习教育，持续抓好机关党建、意识形态等工作，深化开展“争做‘三个表率’、争创模范机关”活动，抓好“新智库　心服务”特色党建品牌建设，促进党建与业务的深度融合。坚持不懈开展纪律教育、廉政教育、家风教育，着力打造一支忠诚干净担当的研究队伍。

（一）严格落实“三重一大”集体决策和党政一把手末位表态等制度。根据市委的部署，巩固深化“不忘初心、牢记使命”主题教育成果，开展党员讲党史活动，增强做到“两个维护”的自觉性、坚定性。深化“书记引航担使命”主题活动，深入开展全面从严治党“抓系统、系统抓”专项工作，紧盯习近平总书记系列重要讲话和重要指示批示精神，以及自治区党委和市委重大决策部署贯彻落实，做实做细“一月一监督清单”专项监督检查，推动政治监督由具体化、常态化向深入化、实效化拓展。全年开展“书记引航担使命”主题内容学习18次。

（二）将发展壮大帮扶村村集体经济工作与深入推动党史学习教育“我为群众办实事”实践活动紧密联合起来，将武鸣区罗波镇板欧村村集体经济发展工作列入中心组理论学习会、全体党员大会、党小组会等重要议程。党组书记每个季度专题听取第一书记驻村工作汇报，研究解决第一书记驻村工作遇到的困难和问题，不定期组织中心党员干部结合乡村建设、村集体经济发展等重点工作开展调研指导。多方凝聚村级集体经济发展各方力量，引进广西鱼米之乡生态农业有限公司，建立示范产业园，发展甘蔗种植、养鱼、养羊等项目。挂点帮扶村板欧村集体经济年收入21.54万元。

二、主要工作

2021年，市发展研究中心党组全力当好参谋助手，围绕中心、服务大局，聚焦重要文稿撰改、重要课题研究、重要决策咨询、重要政策制定“四重”主责主业下功夫、见实效。

（一）围绕中心服务大局，在咨政研究主责主业上主动作为。在重要文稿撰改方面，具体牵头起草市第十三次党代会报告、政府换届工作报告等重要文稿，参与起草市委十三届三次全会暨经济工作会议领导讲话稿、2022年政府工作报告等重要文稿，起草市政府主要领导到各县（市、区）、开发区调研座谈会、专题研讨班、疫情防控工作等各类讲话稿，核改李克强总理考察南宁市汇报材料、南宁市向国家民委汇报民族团结进步示范创建工作总结等重要材料。在重要课题研究方面，开展全市发展研究重点课题14项，《南宁市与东盟十国国别经贸合作系列分析》获得国务院发展研究中心评定的“中国发展研究奖”三等奖，《加快发展大健康产业，全民推进健康南宁健身的实现路径》等课题获得市政府领导批示。开展提速建设临空经济示范区、建立完善经济运行分析监测机制、企业研发费用加计扣除等专题研究，得到市领导的充分肯定并进行专题研究，将调研成果转化为具体工作方案和工作措施。在重要决策参谋方面，围绕全市工作的热点难点问题开展调查研究，提出务实可行的对策建议。编印《调研参阅》（中心内部信息资料，主送市委市政府副秘书长以上领导和市人大、市政协主要领导）11期，获市领导批示10次，批示率91%。报送政务信息24篇，其中，上报市委信息12篇、获采用6篇，上报市政府信息12篇、获采用10篇。《关于提速建设临空经济示范区的建议》获自治区政府信息、《广西经济》、市政府信息采用。撰写的调研报告《关于发展注意力经济助力“强首府”的建议》获中新社中新网、国务院研究中心《经济参考》采用。组织专家建言献策，编印《专报》24期，获市领导批示9人次；《简报》13期，获市领导批示7人次，推动南宁市与对外经济贸易大学开展校地合作、3D金属打印设备项目落地。在重要政策制定方面，牵头起草《南宁市巩固拓展脱贫攻坚成果同乡村振兴有效衔接的实施方案》《南宁市外事工作“十四五”规划》等重要政策文件，修订印发了《南宁市专家咨询委员会管理办法》《南宁市专家咨询委员会经费管理办法》。

（二）狠抓干部队伍建设，营造昂扬向上干事创业氛围。市发展研究中心不断锤炼干部忠诚品质，提高干部的政治意识和强化求真务实的作风，增强工作的责任感和紧迫感。年内，1名副处级领导晋升为二级调研员，1名副处级领导晋升为三级调研员。开展科级干部职级晋升工作，一批优秀干部获得晋升，其中晋升一级主任科员3名、三级主任科员3名。中心1名处级领导荣获“自治区脱贫攻坚工作先进个人”，1名正科级干部荣获“自治区优秀脱贫攻坚（乡村振兴）工作队员”，1名副科级干部荣获“南宁市脱贫攻坚工作先进个人”，市发展研究中心获得“自治区脱贫攻坚先进集体”殊荣。

（三）改革创新成效初显，工作亮点纷纷呈现。一是更多重大文稿得到领导采用。牵头起草的50余篇市领导讲话稿等多项重要文稿得到市领导认可和采用、撰写的《2020年南宁市绩效分析》获得自治区党委3位常委批示，得到南宁市绩效办充分肯定，给予综合绩效总分加0.9分的奖励。中心连续第2年进入全市年度综合绩效一等奖行列。二是更多重大调研成果得到肯定。根据市领导关注的热点难点问题，带领有关单位积极开展多项专题调研。如《昆明、南昌、南宁、贵阳发展比较分析》《南宁与部分省会城市经济规模“上台阶”情况比较分析》《强化规划引领回应新市民需求应对南宁市人口快速增长——以医疗、教育为例》等调研报告，其中《南宁与昆明、贵阳发展比较研究》获市政府主要领导批示，并印送市政府各位领导以及市发改委、工信、投促等部门领导参阅，同时增送五象新区和3个国家级开发区。三是更多重大决策建议得到采纳。中心向市政府提出的多项决策建议，都得到全部或部分采纳。还有一些建议转化落地成为具体举措，如《关于提速建设南宁临空经济示范区的建议》获得市政府主要领导批示。李建文常务副市长、朱会东副市长对课题内容进行了专题研究，将调研成果转化为提速临空经济示范区建设的具体工作思路和工作举措。再比如《畅通源头活水　激发企业创新动能——关于我市落实加计扣除政策扩大企业研发投入的建议》，市领导专门召开会议进行专题研究，推动了研发费用加计扣除政策在全市落实落地。四是“智库品牌”有新增强。2021年以来，中心的课题研究成果得到广泛认可，多项咨政建议能够做到洞悉本质、直中要害。如根据市政府主要领导指示精神，中心主要领导带队，会同市委组织部、市委编办、开发区组织人劳局等有关部门负责人赴长沙、太原和昆明等地考察调研，先后撰写《关于赴长沙、太原、昆明三市考察学习开发区建设工作的报告》《赴长沙市的考察报告》等报告，获市政府主要领导批示并在市政府主要领导召开的专题会“研究开发区体制机制管理创新工作”议题，专门安排中心就调研成果做专题汇报。此外，南宁市三大开发区管理体制改革文件的起草，也采纳考察报告中所提的多项建议。由中心撰写的《关于完善全市经济运行监测分析预警机制的建议》得到市政府主要领导批示，将报告建议内容转化为全市经济运行监测分析工作方案的具体内容印发实施，促成了全市强化服务企业和经济运行监测分析工作专班的成立。五是“外脑”更显风采。5月11日，市发展研究中心首次召开南宁市专家咨询委员会工作情况新闻发布会，得到央广网、《广西日报》、《南宁日报》等10家媒体的广泛宣传，智库影响力和受关注度持续提高。5月20—23日，由中心牵头承办的南宁市专家咨询委员会2021年工作会议在南宁五象山庄召开，这是市专家咨询委员会成立8年来的首次工作会议，也是第三届市专家咨询委员会首次集中活动。来自全国各地的48位南宁市咨询专家及4位院士助手参加会议，市政府领导孙大光、朱会东等及市发改委、科技局等31个部门负责人出席会议。会议期间共收集咨询专家意见建议100余条，被编成7期《南宁市专家咨询委员会简报》。呈报的《校地合作：为南宁高质量发展添动力——市政府发展研究中心、市商务局、市外事办、五象新区管委会赴对外经贸大学就校地合作进行对接》及《关于加快3D金属打印项目落地的建议》等专报获市政府主要领导批示。

三、经验体会

（一）以党的政治建设为统领，把方向管大局。首要是坚持党的全面领导。市发展研究中心坚持以党的政治建设为统领，牢固树立“抓党建就是抓全局”理念，为各项工作掌好舵把好向。坚持在学深悟透中找准工作的方位、思路和依据，不折不扣把党中央的决策部署转化为履职担当的实际行动。

（二）以干部队伍建设为抓手，夯基础促提升。以高质量机关党建推动高质量发展，关键是要建强领导班子、提升人才服务保障水平。只有配强各级领导班子、建强干部人才队伍，才能在新发展阶段育新机、开新局。市发展研究中心狠抓干部能力提升，加强对干部的教育培训，通过业务学习、专题培训等，不断提高干部队伍的政治素质和业务能力。有针对性地把干部放到改革发展的主战场、重大任务和重大项目的最前沿，以及服务群众的关键点去锻炼，让更多优秀年轻干部在磨炼中脱颖而出。

（三）以“四重三强”为切入点，谋发展促融合。推进党建与业务工作深度融合，以机关党组织的政治优势、组织优势，为破解难题、推动发展提供有力武器和强大力量。把打造“新智库心服务”党建品牌作为加强支部组织建设的重要抓手，开展“四重三强”夯基础活动，以强政治、强队伍等为统领，在重要文稿把关、重要课题研究、重要决策参谋、重要政策制定上主动作为、靠前服务。同时，将参与党建工作情况纳入中心科级及以下工作人员个人平时考核内容，实行党建与业务工作“双考核”，实现互促共赢。围绕全面落实强首府战略、自贸区建设、优化营商环境等工作，引导党员业务骨干直接联系基层、面向企业、深入群众开展调研，听取意见建议，发挥决策咨询功能，撰写高质量的调研报告供市领导参考，积极为基层、为群众办实事、解难题。

（董晓花）

强化党建引领　深化双融双促
推动公共资源交易领域优化营商环境提档升级

市公共资源交易中心党组

2021年，市公共资源交易中心坚持以习近平新时代中国特色社会主义思想为指导，深入学习贯彻党的十九大和十九届历次全会精神，深入贯彻落实习近平总书记视察广西“4·27”重要讲话精神和对广西工作系列重要指示要求，紧紧围绕市委、市政府的决策部署，持续深化“放管服”改革，深入推进公共资源交易平台整合共享，优化营商环境，推动首府南宁经济社会高质量发展。

12月29日，南宁市首个主题为“推动利企便民、优化营商环境”的公共资源交易开放日活动在市公共资源交易中心举行　（黄淑倩　摄）

一、党建概况

2021年，市公共资源交易中心内设机关党委1个，机关党委下辖党支部2个，共有正式党员47名。

（一）提高政治站位，强化政治担当。组织党员干部职工认真学习贯彻党的十九届六中全会精神，深入学习贯彻习近平总书记“七一”重要讲话精神、视察广西“4·27”重要讲话精神和对广西工作系列重要指示要求，以及自治区第十二次党代会、南宁市第十三次党代会精神等。把握正确政治方向，增强“四个意识”、坚定“四个自信”、做到“两个维护”。

（二）深入开展党史学习教育，坚定理想信念。坚决把党史学习教育作为一项重大的政治任务抓好落实，制订实施方案，成立领导小组，并将党史学习教育列入党组理论学习中心组、党员教育培训、工青妇理论学习重要内容，发挥“关键少数”带头作用。深入开展“感恩党　跟党走”主题系列活动，举办读书班4期、“打卡红色教育基地”5次、专题讲座6次、党支部开展“一月一课堂”24期等，发放学习参考材料381册。

（三）加强组织建设，夯实党建基础。一是推进党建与业务深度融合。制订《南宁市公共资源交易中心推进党建工作和业务工作深度融合实施方案》，落实“一月一学习重点”等“七个一”措施，推动双融双促。二是做好支部换届选举。6月，顺利完成中心机关第一、第二党支部换届工作，配齐配强支部班子成员。三是打造标杆党支部。扎实开展党支部达标创优工作，完成2个党支部达标验收，其中第一党支部为组织生活质量标杆党支部。四是落实联系工作制度。建立4个班子成员联系党支部点，加强联系指导，及时研究解决支部建设问题。五是抓好发展党员工作。注重在一线发现、培养先进分子，加大对现有6名入党积极分子培养教育。

（四）强化党建引领，充分发挥先锋模范作用。一是打造党建品牌。创建“您的急盼　我来帮忙”党建品牌，评选交易“服务标兵”，以“马上就办、办就办好”及时回应、解决交易主体急难愁盼问题，共解决问题33个。二是积极参与文明典范城市创建活动。组建党员志愿服务先锋队，开展服务创城、社区基层治理、文明交通劝导等活动共291人次。三是筑牢疫情防线。压实疫情防控“四方责任”，实现交易“不见面、不聚集、网络化”，有效防范新冠肺炎疫情风险。四是助力乡村振兴。选优配强驻村第一书记，积极谋划推动党建促乡村振兴，落实帮扶措施，开展帮扶活动，巩固拓展脱贫攻坚成果同乡村振兴有效衔接。

（五）抓好作风建设，筑牢拒腐防线。一是严格落实中央八项规定及其实施细则精神。聚焦重要时间节点、重要环节，做好干部职工廉政提醒教育工作，督促严格落实公车管理制度、节假日值班制度、请休假制度、疫情防控要求和离邕报告制度等。二是加强日常监督管理。印发《南宁市公共资源交易中心工作人员行为规范》，组织开展作风建设专项检查，深入纠治形式主义、官僚主义，持之以恒纠“四风”树新风。三是深化“以案促改”警示教育活动。全年组织开展廉政学习19次，传达学习各级纪委通报的典型案例9次，观看警示教育片4次，参观廉政文化主题园1次，党组成员上廉政党课5次。四是开展基层减负行动。开展集中纠治“四风”突出问题“六项行动”，加强文风、会风建设，巩固减文控会效果，中心全年印发重点精简范围的文件同比下降4.9%。五是抓好廉政文化建设。用好中心门户网站、宣传栏、LED屏等载体，加强廉政文化阵地建设。六是加强廉政风险排查防控，印发中心《廉政风险点及防控措施》并严格抓好落实。

（六）加大专项整治，提升综合治理效能。按照市纪委统一部署，紧紧围绕全市工程建设领域腐败问题专项治理"六个紧盯"重点内容，研究制定具体实施方案，提出"十个一"工作措施，推动专项治理取得实效。通过开展一系列学习宣传、"以案促改"警示教育和"一对一"谈心谈话活动，推进廉政宣传常态化。通过组织评审专家开展评标前签订《廉洁自律承诺书》，督促评审专家严格遵守招标采购法律法规和规章制度，客观公正开展项目评审。通过制定《南宁市公共资源交易中心建设项目管理制度》《南宁市公共资源交易中心领导干部插手干预重大事项记录制度》等涉及预算、收支、合同、国有资产、采购、建设项目及插手工程记录7项制度，进一步明确和规范工作流程；通过深化公共资源交易平台整合共享和全流程电子化"一张网"建设，推动全流程电子化交易，实现了跨市远程异地评标和工程建设项目网上开标直播。

（七）扎实开展意识形态工作，坚持正确舆论导向。一是严格落实意识形态工作主体责任。2021年度，中心党组召开意识形态工作专题会议2次，印发中心2021年度意识形态工作要点，统筹推进意识形态工作责任制落实。二是加强意识形态工作培训。邀请市委党校讲师作意识形态工作专题辅导，选派人员参加市委市直机关工委意识形态工作专题培训。三是加强意识形态工作阵地管理。发布在中心网站、微信公众号、宣传栏、LED屏等宣传阵地上的内容，均严格进行审核。四是加强宣传工作，《南宁日报》、南宁电视台等新闻媒体宣传报道中心各项工作成效22次。

二、主要工作

（一）推动公共资源交易提质增效。2021年，全市公共资源交易共完成交易项目5695宗，交易总金额1016.16亿元，节约或溢价金额73.96亿元。接受采购人委托完成代理政府采购项目223个，预算金额111.69亿元，成交金额109.49亿元，节约财政资金2.2亿元。南宁市公共资源交易平台新增注册企业2561家，其中本地企业1151家，外地企业1410家，外地企业占比55%。

（二）大力完善电子化招标投标。一是在全区率先实现跨市远程异地评标。9月23日，中国（广西）自由贸易试验区南宁片区和钦州港片区顺利完成全区首个工程项目跨区域远程异地评标。11月12日，两大片区持续联合开展工程项目跨区域远程异地评标，为实现跨区域远程异地评标常态化夯实基础。二是实现工程建设项目网上开标直播。进入市公共资源交易平台招标的全流程电子化工程类项目，实现网络直播开标，投标人足不出户通过网上直接参与项目开标活动。三是配合推动政府采购全流程电子化。通过升级改造开评标室软硬件设备、完善政府采购交易流程、加强培训等，依托"政采云"平台，配合财政部门全面实现南宁市政府采购全流程电子化。11月23日完成南宁市首个政府采购远程异地评标项目。

（三）有效降低交易市场门槛。一是实现招标投标"零门槛、零费用、零跑腿"。通过取消投标报名、免收投标保证金、免费办理CA数字证书、免缴交易服务费、免费下载招标文件、全流程电子化招标项目网上投标、跨市远程异地评标等，实现"投标零门槛、服务零费用、企业零跑腿"。二是推行"一窗办、一网办、马上办"易办快办模式。线下，成立交易服务保障组、推行交易服务事项"容缺受理"、落实交易"好差评"、推行重大项目"四优先"服务。线上，推行公共资源交易"一网通办"，交易服务事项全面网上办。三是优化交易工作流程。通过"减流程、减材料、减时限"，交易流程由原来的12个减为7个，招标代理机构首次进场资格核验材料由原来的6项减为3项，采购文件编制时限由原来的3日压缩至2日。

（四）大力减轻市场主体负担。持续落实南宁市免收招标采购投标保证金和政府采购履约保证金政策。全年共29522家投标人减负投标保证金30.66亿元，为4639家中标人（或供应商）减负履约保证金5.74亿元；共清退到期历年滞留的各类保证金97.1万元。

（五）构建竞争有序、公正透明的市场环境。一是推行"电子见证"。印发《南宁市公共资源交易中心评标电子见证室管理规定（试行）》，10月正式启用工程建设项目评标"电子见证"平台，开启公共资源交易电子见证新模式。二是强化信用信息共享应用。全年市公共资源交易平台累计向自治区公共资源交易服务平台推送交易信息17831条，向市信用信息平台推送交易主体信息870条；市信用信息平台向市公共资源交易平台推送"失信被执行人"信息共2084085条。三是打造公开透明交易平台。进一步完善交易管理制度，编制交易服务容缺受理清单，开放政府采购项目开标现场观摩。深入运用公共资源交易大数据分析，2021年向监管部门移交围标串标问题线索5起。

（六）深化公共资源交易改革创新。推行公共资源交易"降低成本+创新制度+信用管理"改革模式，制度创新成果获全区推广。2021年3月自治区人民政府印发的《关于做好中国（广西）自由贸易试验区首批自治区级制度创新成果复制推广工作的通知》，中国（广西）自由贸易试验区南宁片区公共资源交易"降低成本+创新制度+信用管理"改革模式作为首批自治区级制度创新成果之一在全区复制推广。

（七）推动党史学习教育"我为群众办实事"实践活动走深走实。确定10个"我为群众办实事"实践重点项目（其中推行"一网办、一窗办、马上办"公共资源交易易办快办模式列入全市77个重点项目之一），推出29项系列新举措，精准发力，集中力量解决了一批制约公共资源交易改革发展的难事，切实将"我为群众办实事"实践活动的具体实效转化为开展党史学习教育的实际成效。

三、经验体会

（一）要坚持以习近平新时代中国特色社会主义思想为指导，认真学习贯彻党的十九大和十九届历次全会精神，认真贯彻落实上级党委、政府的决策部署，发挥党组把方向、管大局、保落实的作用，确保公共资源交易事业发展始终坚持正确方向。

（二）要深入学习贯彻习近平总书记关于党的建设重要论述，全面贯彻新时代党的建设总要求和新时代党的组织路线，切实履行管党治党主体责任，大力提高基层党建工作质量，围绕中心抓党建、抓好党建促业务，深入推动党建工作与业务工作双促双融，纵深推进公共资源交易改革创新，切实维护市场公平竞争秩序，大力激发市场活力，打造一流营商环境。

（三）要认真贯彻落实习近平总书记关于以人民为中心重要论述，全面贯彻落实市委决策部署，积极发挥党建引领作用，持续深化"我为群众办实事"实践活动常态化开展，推动公共资源交易"放管服"改革创新和优化营商工作取得更大成效，为全面落实强首府战略、奋力建设新时代中国特色社会主义壮美广西首善之地作出更大贡献，以实际行动和优异成绩迎接党的二十大胜利召开。

（黄碧新　黄淑倩）

聚焦主责主业　深化综合改革
奋力推进供销合作社高质量发展

市供销社党组

2021年，市供销社党组坚持以习近平新时代中国特色社会主义思想为指导，全面贯彻落实党的十九大和十九届历次全会精神，深入贯彻落实习近平总书记视察广西“4·27”重要讲话精神和对广西工作系列重要指示要求，贯彻落实自治区第十二次党代会和南宁市第十三次党代会精神，以推动高质量发展为主题，牢记为农服务宗旨，持续深化综合改革，加快成为服务农民生产生活的综合平台，为全面推进全市乡村振兴和加快农业农村现代化作出贡献。

11月5—7日，市供销社牵头组织南宁市展团参加2021年粤桂协作消费对接活动暨第20届广西名特优农产品（广州）交易会　（李景裕　摄）

一、党建概况

2021年，市供销社党组内设机关党委1个，机关党委下辖基层党组织7个，党员95人。

（一）坚持思想引领，强化政治理论武装。市供销社始终坚持把学习贯彻习近平新时代中国特色社会主义思想作为首要政治任务，努力做到学懂弄通做实。重点围绕习近平总书记系列重要讲话和中央和自治区、南宁市重要会议及部署精神，开展学习宣传和贯彻落实。开展党组理论学习（扩大）会21次，党组中心组专题理论学习研讨会4次。

（二）扎实开展党史学习教育，增强党员爱国爱党情怀。严格按照党中央、自治区党委和市委关于党史学习教育的工作部署，针对“四本指定用书”，围绕“四个历史时期”开展自学和研讨，组织开展读书班、党课、专题组织生活会、宣讲会、参观红色革命圣地等形式提升学习效果。

（三）深入推进党风廉政建设，打造廉洁机关。认真制订党组班子、班子主要负责人和其他成员党风廉政建设主体责任清单，自觉接受群众监督。每月对照“10项制度、10个带头从严”及其任务清单，逐项学习贯彻落实、开展问题检视。及时传达学习纪检监察机关关于违反中央八项规定及其实施细则精神、违反工作纪律等典型案例通报，以组织观看廉政电教片、参观廉政建设教育基地等形式，筑牢党员的思想防线。年内市供销社举办廉政教育报告会1场，开展以案促改专题警示教育1次，开展廉政教育专题党课和党员领导干部集体廉政谈话会各1次，通报违反中央八项规定及其实施细则精神典型案例10余次，参观廉政教育基地2次。

（四）弘扬社会主旋律，践行核心价值观。扎实开展“感党恩　跟党走”系列主题活动，增强爱国主义教育和社会主义核心价值观宣传。4月，组织党员到南宁市人民公园开展“跟党走　感党恩　清明祭英烈”活动。5月，市供销社党员代表到桂林红军长征湘江战役纪念园开展“学党史、强信念、跟党走”缅怀先烈传承红军长征精神主题活动，重温入党誓词，传承红色基因。“七一”前夕，围绕建党百年主题，开展了红色故事演讲比赛、讲“供销故事”党课、为“光荣在党50年”老党员颁发纪念章、唱红歌等主题系列活动。12月，举办系统“学党史　强体魄　促团结”气排球比赛暨党史、党的十九届六中全会精神知识竞赛活动。

（五）开展党员志愿服务，助力文明城市创建。组织机关党员每月到所联系社区开展“我为群众办实事·共建共享文明城市”新时代文明实践志愿服务活动，开展宣传资料发放、卫生清洁、疫情防控以及创城“啄木鸟”等活动。结合2021年南宁市“学雷锋·志愿服务满绿城”活动月主题活动，3月先后到马山县开展了“学党史　助力乡村振兴”送肥下乡和良庆区开展了“兴水利、察民情、送温暖、促发展”兴修水利主题党日活动。市供销社筹集10万元支持定点帮扶村隆安县都结乡荣朋村12个屯安装深水池护栏。

（六）加强舆论宣传，传播正能量。在春节、“七一”、国庆等重大节庆日、纪念日，广泛开展爱国、敬业、诚信等各类公益宣传。机关共制作宣传板报9期（版），上报及发布各类信息简报60余条，部分信息被全国总社网站、人民网等转载。举办习近平总书记“七一”重要讲话精神、党的十九届六中全会精神等宣讲报告会（专题党课）8次，举办法律讲座2期。

二、主要工作

（一）抓好传统经营业务，主要经济指标保持稳步增长。2021年，市供销社系统完成商品购进额170.09亿元，同比增长24.1%，完成任务107.5%，其中农副产品购进额37.55亿元，同比增长18.3%，完成任务101.9%；商品销售额203.14亿元，同比增长26.4%，完成任务109.7%，其中消费品零售额90.31亿元，同比增长17.5%，完成任务102.2%，再生资源回收额1.56亿元，同比增长18.97%，完成任务103.5%，电子商务销售额3.85亿元，同比增长46.6%，完成任务121.4%；实现利润6862万元，同比增长18.13%，完成任务102.7%。

（二）贯彻落实市委、市政府和上级部门工作部署，全面推进供销社综合改革。一是推进深化供销社综合改革。全市系统新改造升级薄弱基层社10个，完成任务100%，新增基层社社员数5.21万人，完成任务104.20%，新增村供销社96个，完成任务147.69%，建成乡镇为农服务综合体6个，完成任务150%，新增农业社会化服务面积41.81万亩次，完成任务186.65%，新增土地全托管面积7.2万亩，完成任务128.57%。二是开展生产、供销、信用“三位一体”综合合作试点和“十百千”工程创建申报。完成在横州市、邕宁区、良庆区、武鸣区4个县（市、区）8个单位“三位一体”综合合作试点工作。完成1个县级供销社、10个乡（镇）供销社、70个村供销社“十百千”工程达标创建申报工作。三是推进开放办社，提升农业社会化服务水平。引进广西科虹有害生物防治股份有限公司、广西惠旺尔农业科技有限公司、广西顺来茶叶有限公司、广西金花茶业有限公司、广西爱食季投资有限公司加入南宁市供销社成员社，增强农业社会化服务惠农能力。四是稳步推进农村金融合作发展。市供销社与南宁江南国民村镇银行累计创建“三农金融服务室”24个，累计发放贷款1773笔，金额12436.5万元，开卡数3703张，存款余额3.07亿元。此外，横州市、武鸣区供销社与当地邮储银行、信用社等金融机构合作开展“三农”金融服务，共发放贷款2135万元。

（三）抓好本级项目建设，壮大经济实力。一是实施农产品流通服务平台项目建设。利用人民商厦4楼闲置资产，打造南宁供销农产品展示展销馆，总投资约150万元，营业面积1352.12平方米。引入全市具有较强实力和农产品品牌的成员社、专业社、联合社等32家企业和85种农产品进馆展销。二是推进“新网工程”项目建设。2021年实施“新网工程”建设项目4个，项目总投资552万元，安排市本级财政补助资金230万元。

（四）发挥系统优势，开展消费帮扶行动，巩固拓展脱贫攻坚成果同乡村振兴有效衔接。一是开展“供销大集”农产品展销活动。在马山县等7个县（市、区）举办“供销大集”农产品展销活动7场，现场销售农产品294.18万元，产生订单792万元，接待游客约33万人次。二是依托“832平台”助力农产品行销全国。上林、马山、隆安入驻“832平台”企业110家，活跃供应商68家，上架商品880种，交易额1.55亿元，占自治区销售额23.1%，其中，上林县交易额1.03亿元，位列自治区贫困县交易额首位。三是牵头组织参加2021年粤桂协作消费对接活动暨第20届广西名特优农产品（广州）交易会。11月5—7日，市供销社牵头组织参展企业56家273种农产品参展，参展期间开展商品展示、南宁市主场推介、横州市茉莉花茶品牌推介、电商直播带货等活动，展会期间达成采购农产品意向企业10家，采购签约意向金额4.42亿元，同比增长29%。四是抓好产销对接促柑橘销售。市供销社系统通过开设农产品销售专区（柜）、“供销大集”、“供销优品”电商平台、“832平台”、“地头冷库”和其他销售渠道促进柑橘销售，市供销社系统累计销售砂糖橘6483吨、沃柑2.77万吨、荔枝2331.8吨、龙眼2吨、芒果72.6吨，其他当季水果175.6吨。五是扎实推进定点帮扶工作。市供销社组织所属5家企业到荣朋村开展“我为群众办实事”实践活动暨帮扶捐赠活动，捐赠资金10万元，用于安装全村12个屯955米的深水池护栏。另外，捐赠2.33万元用于慰问困难群众和解决村委实际困难。六是牵头实施废弃农资包装物回收处置，促进乡村生态环境改善。印发《关于做好南宁市2021年废弃农资包装物回收处置工作方案通知》，巩固横州市、青秀区、邕宁区、良庆区、武鸣区试点成果，新增江南区试点。全市完成废弃农资包装物回收量691吨，回收完成率89.5%，处置695.89吨，处置率100%。

（五）加强社有资产运营监督管理，避免投资经营风险。一是加强社有资产运营监管。对市本级3家全资、控股企业年度工资总额、财务收支预决算方案进行审核，修订了《南宁市供销合作联社社有资产监督管理办法》。二是推进监督整改工作。开展全市系统土地（房屋）被占用专项整治，以市人民政府名义印发《南宁市供销社系统基层土地（房屋）被占用专项整治工作方案》。选聘审计中介机构对社有企业法定代表人进行任期经济责任审计，配合做好地头冷库项目审计工作。推进与“西城品阁”项目合作方投资结算，成立工作专班，查找参与项目建设管理的人员了解核实相关问题，对钜燊公司出具的《项目审计报告》进行分析研究，督促供投公司加快与合作方对接落实项目结算。

（六）开展腐败问题专项治理，为改革发展创造良好环境。从2021年5月起，市供销社同市纪委监委联合开展全市供销合作社系统腐败问题专项治理工作。对照专项治理政治建设、监督制约、社有资产流失、资金管理使用等方面重点问题，市供销社系统自查自纠发现问题348条，提出整改措施380条，建立和完善相关制度194项，截至12月，共完成问题整改309个。有干部职工37人主动到纪检监察部门交代问题，28人主动清退违规违纪款项160余万元，纪检监察机关立案20余件。

（七）抓好安全维稳工作，打造和谐供销。结合行业特点开展安全生产专项整治三年行动。开展重大节日、活动前安全生产、防汛大检查，重点排查超市等经营场所、老旧仓库和宿舍区安全隐患等问题，从源头上防范生产安全事故发生。6月18日在供销烟花爆竹公司仓库举行防火应急救援演练。

三、经验体会

（一）坚持党的领导是供销合作事业发展的根本保证。必须坚定不移坚持党的领导，自觉服从服务党的中心工作，服从服务发展大局，始终做到为党委、政府分忧，为农民群众解难，确保市供销合作社综合改革始终在市委、市政府的坚强领导下，统筹谋划，协调推进。

（二）坚持为农服务宗旨是供销合作社立身之本、生存之基。供销合作社的发展根基在农村、在农民，必须牢固树立为农服务宗旨、始终做到为农、务农、姓农，在不断增强农民群众获得感中筑牢供销合作事业发展的根基，努力成为党和政府密切联系农民群众的桥梁纽带。

（三）坚持开放合作办社是供销合作社加快发展的不竭动力。实行开放合作办社，充分利用一切可以利用的资源和力量，不断补齐服务“三农”短板和弱项，进一步激活内生动力，促进供销合作事业快速发展壮大。

（四）发展壮大基层组织体系是助推乡村振兴的关键所在。基层组织是供销合作社直接服务乡村振兴的前沿阵地。只有持续加强基层组织建设，夯实服务乡村振兴的基础，在不断发展壮大供销合作社综合实力的同时持续提升为农服务能力和水平，才能加快成为党委、政府推进乡村振兴的重要抓手。

（毛强　覃著辉）

锚定“两监两提” 服务城市治理

市城管监督评价中心党组

2021年，市城管监督评价中心党组坚持以习近平新时代中国特色社会主义思想为指导，深入贯彻落实党的十九大和十九届历次全会精神，学习贯彻习近平总书记视察广西“4·27”重要讲话精神和对广西工作系列重要指示要求，围绕建设中国特色社会主义壮美广西“1+1+4+3+N”目标任务体系和南宁市重点工作要求，坚决落实全面从严治党政治责任，锚定监控预警、监督整改、提供决策、提升品质即“两监两提”的工作主线，促进党建与业务融合发展，夯实城市管理信息系统建设，强化“大行动”暨扬尘污染治理专项考评数据采集，完善城市治理考评体系，发挥数字城管机制优势，全力服务首府争创全国文明典范城市、迎接国家卫生城市复审等各项工作。

11月10日，市城管监督评价中心开展“察民情访民意，共话基层社区治理”数字城管服务社区治理交流活动 （孙雯静 摄）

一、党建概况

2021年，市城管监督评价中心党组辖党总支1个，党支部3个，党员59名。

（一）认真开展党史学习教育，突显政治引领。一是以“三个学”强化“头雁效应”。组织党组理论学习中心组读书班研学，系统学习习近平新时代中国特色社会主义思想；党组成员认真到联系支部领学，为联系支部党员上党课，充分发挥表率作用，激发党员看齐意识；积极开展党课送学，响应全市“千场党课下基层”号召，党组成员前往结对共建社区、第一书记派驻村开展党课送学，助力社区、派驻村精神文明建设。二是以“走出去”夯实理想信念教育。充分利用广西区内红色资源，组织开展“探寻红色印记，传承革命精神”“铭记湘江战役历史，传承红军长征精神”系列主题党日活动，将学习教育从“会场”向“现场”延伸，通过重温入党誓词、重走红军路、红色歌曲大家唱等，激发党员干部学习热情，夯实理想信念教育。三是以“政治生日”增强组织生活“仪式感”。围绕党员“政治生日”开展重温入党誓词、集体谈话活动，使“政治生日”成为唤醒入党初心、激励干事热情、增强党员荣誉感和归属感的载体。党史学习教育开展以来，党员的学习热情和理论水平得到了有效提高。2021年9月，中心党史微党课作品分获南宁市直机关微党课评比一等奖和进步奖。

（二）积极推进党建与业务融合，彰显责任担当。一是选优配强总支及支部班子，杜绝党建与业务工作“两张皮”。选拔业务科室负责人担任总支委员及支部书记，配齐配强支部班子，有力推动党建与业务工作同谋划、同部署、同落实。二是坚持党建先锋引领，保证“我为群众办实事”实践活动质量。年内，中心顺利完成第一书记派驻村挡土墙围栏建设、就业培训服务送学、数字城管系统与“慧眼”系统互通融合、县区城市综合管理服务平台建设、“大行动”专项考评数据分析、助力首府创建全国文明典范城市及迎接国家卫生城市复审工作等6项“我为群众办实事”实践活动项目，中心党员通过参与志愿服务、认领“微心愿”等方式为群众办实事77件。特别是在服务创城、创卫工作期间，中心党员志愿者带动数字城管监督员队伍持续开展“三随手”志愿服务，共清理零星垃圾、烟头22万余件，规范非机动车停放1万余辆，清理小广告2600余处。三是开展新时代文明实践志愿服务，助力社区治理。中心持续开展“察民情访民意 服务基层社区治理”系列活动，组织党员志愿者75人次前往江南区福建园街道亭子社区开展环境卫生清洁、垃圾分类宣传、文明城问卷调查、困难群众走访慰问等活动。11月下旬，集中开展以“数字城管服务基层社区治理”及“小手拉大手·共创文明城”为主题的“走进数字城管”活动，面向社区居民、小学师生代表宣传创城知识、介绍数字城管运行模式、倾听意见建议，使中心工作更“接地气”。四是巩固脱贫成果，推进乡村振兴。中心班子前往第一书记派驻村现场办公8次，落实项目建设资金1.35万元，走访慰问生活困难党员、群众13人次，发放慰问金慰问品共计3900元。

（三）落实全面从严治党主体责任，夯实党风廉政建设及惩防体系建设。一是以主体责任清单、市纪委监委“两个清单”为抓手，细化班子及班子成员的主体责任分工，加强对全面从严治党各项工作的领导。二是严格执行民主集中制，以党组会、办公会为载体经常性地研究党风廉政建设工作。三是以警示教育为载体，扎实开展“以案为鉴、以案促改”警示教育，持续强化廉政警示震慑效用。

二、主要工作

（一）强化监控预警，保障“大行动”暨扬尘污染治理专项考评数据采集质量。2021年，中心围绕首府争创全国文明典范城市、迎接国家卫生城市复审工作部署，强化监控预警职能，为全市城市环境综合治理提供有力的数据支持。全年，数字城管监督员采集数字城管案件126.34万件，其中“大行动”暨扬尘污染治理专项考评案件78.74万件。一是实现数字城管系统视频截图立案。共享接入公共安全、扬尘污染治理“慧眼”电子视频监控点4万多个，数字城管系统实现视频截图立案，进一步拓展城市管理问题监督渠道和手段。二是加强“门前三包”问题采集。组织监督员加强“门前三包”相关问题采集，全年共采集上报“门前三包”案件3.16万件。三是调整数字城管监督员采集时间及巡查重点。监督员晚班次采集时间延长半小时以加强夜市摊点乱象问题采集，同时巡查重心向城中村、背街小巷、城乡接合部、居住小区等区域倾斜，及时发现城市治理盲点。监督员数字城管案件采集数较上年度增加60.55%。四是不定期开展专项普查：监督员累计普查农贸市场190个、城中村81个、居住小区2631个、创城实测点1015个，共采集上报专项普查案件2万余件。

（二）加强监督整改，提升城市管理问题处置效率。一是做好数字城管系统应用拓展及地理信息数据更新完善。建设“五大区域”案件派遣及共享单车案件自动派遣功能，升级协同工作子系统的案件分派功能，完善处置通系统功能，并在江南、青秀、武鸣、经开等推广应用，提升案件处理效率；拓展“门前三包”上报功能，强化“门前三包”监管力度；更新完善14.01平方千米的11.9万个城市管理部件信息，目前系统累计入库城市管理部件数约144万个，进一步增强数字城管案件派遣准确性。二是提高案件流转效率，加大案件跟踪督办及协调力度。中心受理数字城管案件130.55万件，派遣案件110.21万件。为提升数字城管案件处置效率，中心加强超期未接受和超期未处置案件的跟踪督办力度，通过数字城管系统催办案件9.6万件，发放专项督办函130余份；通过点对点跟踪督办如井盖塌陷、线缆断落等存在安全隐患案件1329件。同时，针对责任不明、存在安全隐患的城市管理问题，组织召开现场协调会14次，协调完成1244起责任不清的数字城管案件处置工作，有效提升城市管理问题流转及处置效率。三是提升服务意识，及时协调解决责任单位实际问题。中心通过实地走访调研、约谈整改，及时协调解决责任单位在问题整改中存在难点、堵点。经约谈整改，结案率长期偏低城区及责任单位结案率均达到合格标准。特别是南宁供电局、中国联通南宁分公司，12月结案率由此前月均不到25%上升至75%以上，结案率大幅提升。

（三）注重提供决策，服务城市治理考评。中心受理“大行动”暨扬尘污染治理专项考评数据200.65万条，审核申诉数据14.85万条，报送《南宁市数字城管运行情况分析报告》《邕江沿岸公园城区（开发区）案件合格结案率报告》《全市共享单车数据分析报告》等专项考评分析报告50余份。

（四）着力提升品质，提高数字城管系统智能化水平。一是推进数字城管系统数据资源共享应用。实现与市电子政务数据共享交换平台融合共享，数字城管部件信息、案件信息等通过市电子政务数据共享交换平台发布率、数据挂载率均达到100%。二是推进城市综合管理服务平台建设联网工作。完成市级城市综合管理服务平台与自治区级平台联网和数据对接工作，实现与自治区级平台数据共享，向自治区级平台共享上传数字城管数据、城市综合执法数据约89万条。完成武鸣区数字城管平台搭建，市级平台与横州市、宾阳县、上林县平台联网和数据共享，全年市级平台汇聚县（市）级平台数据约1.3万条。三是推进政务数据资源管理与应用改革。完成电子政务外网接入、电子政务外网统一互联网出口、非涉密业务专网整合迁移、资源目录编制及资源挂载、“12319”城市管理监督服务热线与“12345”政务服务便民热线合并等相关工作，促进政务数字化转型。四是完善“美丽南宁拍”小程序功能。“美丽南宁拍”小程序囊括创城检查类型30个大类、检查内容384项、检查问题1157小项，提供专项数据走势图、行业部门案件量环比柱状图、类型案件占比图、区域案件占比图等数据分析模型，相关工作人员可通过小程序及时掌握全市及对应城区创城工作总体情况，从而有效提高城市治理智能化水平。五是优化“南宁12319”微信公众号扬尘污染治理有奖举报便民服务，开通公众号微信红包发放功能。公众号受理市民有奖举报案件232起，发放奖金4100元，进一步激发市民参与城市管理热情。

三、经验体会

（一）必须坚持以习近平新时代中国特色社会主义思想为遵循，不断推进党建与业务工作融合发展。坚定不移地将习近平新时代中国特色社会主义思想作为一切工作的根本遵循，巩固拓展党史学习教育成果，深化“我为群众办实事”实践活动，团结和带领全体党员干部深刻领悟“两个确立”的决定性意义，增强“四个意识”、坚定“四个自信”、做到“两个维护”，充分发挥党组把方向、管大局、促落实的作用，推进党建与业务工作融合发展，充分发挥党组织战斗堡垒和党员先锋引领作用。

（二）必须坚持优化城市管理信息化手段应用，不断推进城市管理治理体系和治理能力现代化。重点推进数字城管系统在大数据统计分析与决策支持应用、监控预警智能化、案件自动派遣、考核评价拓展完善、互联网便捷为民服务等方面的提升，不断提高系统运行效率和应用服务水平。积极推进市级城市综合管理服务平台建设，进一步推进数字化城市管理资源整合共享和汇聚应用，促进城市治理体系和治理能力现代化。

（三）必须坚持完善城市管理考评体系，不断推进城市治理长效机制建设。在实践中不断完善城市管理考评体系建设，总结现行“大行动”暨扬尘污染治理专项考评经验及面临问题，对专项考评体系进行整合完善，以考评为“杠杆”撬动城市管理责任主体强化责任落实，不断推进城市治理长效机制建设。同时，以专项考评问责机制为依托，及时约谈、通报对城市管理问题处置责任落实不力的相关部门或人员，层层传导压力，促进责任落实。

（四）必须注重发挥群众监督的力量，不断推进全民共建共治共享城市管理机制完善。坚持市民主体地位，注重发挥群众监督的力量，通过完善“12319”城市管理监督服务热线、“南宁12319”微信公众号、“便民通”APP、“美丽南宁拍”小程序等平台的服务功能，落实扬尘污染治理有奖举报制度，不断拓宽市民参与城市管理的渠道，鼓励引导市民参与城市管理监督，从而推进城市治理从“单一主体”到“协同治理”转变，更好地践行“人民城市人民建，人民城市为人民”理念。

（孙雯静）

以党史学习教育为契机　全民参保为抓手 完善社会保障体系　增进民生福祉

市社保中心党委

2021年，市社保中心以习近平新时代中国特色社会主义思想为指导，全面贯彻落实党的十九大和十九届历次全会精神，以党史学习教育为契机，始终践行以人民为中心的发展思想，大力推进全民参保计划，落实好降费率、保发放工作，不断提升社会保险服务水平，为推动首府社保事业高质量发展提供坚强保障。先后被市委市直机关工委授予"先进基层党组织"称号、颁发机关党建优秀研究成果一等奖、"百年建党话初心　勇担使命开新局"南宁市直机关微党课比赛二等奖、优秀奖，获得2020年度全区数字广西建设和政务服务工作突出奖。

7月13日，市社保中心开展南宁市2021年"全民参保计划"培训

一、党建概况

2021年，市社保中心党委辖5个党支部，（其中，在职党支部4个，离退休党支部1个），党员107名（其中，在职党员77名，离退休党员30名）。

（一）强化政治统领，落实主体责任。坚持从政治上谋划、部署、推动工作，把全面从严治党责任承担好、落实好。一是牢固树立"权力就是责任"的意识，领导班子积极发挥统揽作用，研究布置党建工作，明确目标要求和具体措施，推动党建各项工作有序开展。二是树立"抓党建就是抓全局"的鲜明导向，坚持党建与中心工作、业务工作同谋划、同推进、同落实。三是开展党史学习教育。扎实落实"我为群众办实事"实践活动，强化打造"服务惠民·社保先行"党建品牌，利用主题党日活动进社区、进企业、进乡村，解决群众急难愁盼问题。组织开展"感党恩　跟党走"主题系列活动，组织党员干部积极参加微党课比赛、重温入党誓词教育活动、"红色歌曲大家唱"歌咏会等，展示党员践初心、担使命、勇担当、敢作为的良好精神面貌。四是组织开展支部书记抓党建工作述职评议，使支部书记主责主业意识明显增强，抓党建工作力度持续加大，党支部的政治功能和服务功能不断提升。五是加强党员教育。举办习近平新时代中国特色社会主义思想线上读书班42次，800多人次参加；举办社保讲堂8次，400多人次参加；组织参观爱国主义教育基地、党史教育基地7次，126人次参加，党员的综合素质得到提升。六是持续开展"先锋模范党员"评选工作，激励广大党员干部在工作中担当作为、狠抓落实，党员先锋模范作用更加凸显。

（二）狠抓组织建设，提高党建工作科学化水平。一是加强督查指导各党支部落实组织生活会、"三会一课"、民主评议党员、党员联系群众等制度情况。年内先后2次召开组织生活会，中心4个在职党支部全部通过党支部达标创优考核验收，组织生活质量进一步得到提升。二是深化"普通党员主体工作法"，引导普通党员以开放的思维、开拓的视野、开朗的心态去谋划活动方案、丰富活动内容、创新活动形式，提高党员的参与度与积极性。三是扎实推进在职党支部换届工作。4个在职党支部均于年内完成换届，新一批支委会委员中，35岁以下年轻党员占比超过50%。四是规范党员管理，加强入党积极分子、发展对象的培养考察，严格落实发展党员备案制、预审制、公示制、票决制。

（三）强化党风廉政建设，推进全面从严治党。一是常态化研究、布置、检查社保中心的全面从严治党和党风廉政建设工作情况，将党风廉政建设与班子成员的分管工作链接，打出责任清单、谈心谈话、述职述廉、监督检查、绩效考核组合拳，压实班子成员"一岗双责"主体责任的同时把党风廉政主体责任延伸到业务科室、管理部负责人。二是分别开展就业创业领域腐败和作风问题整治、"窗口腐败"问题专项整治和"以案为鉴　警钟长鸣"主题警示教育月等工作，各科室、管理部建立任务清单、责任清单，确保整治工作落实落细，各项任务按时完成和取得实效。三是紧盯春节、清明、端午、中秋等重要时间节点，向各科室、管理部发送廉政提醒短信，针对"节日病"提前发信号、打招呼、提要求，严明"十个严禁"要求，确保节日期间风清气正。

（四）开展党建促帮扶，巩固拓展脱贫攻坚成果同乡村振兴有效衔接。一是围绕巩固脱贫攻坚成果和乡村振兴有效结合，强化组织保障。2021年，中心党委召开会议研究乡村振兴工作4次，在帮扶村现场办公2次，主要领导和分管领导先后下村调研指导工作8次，入户走访累计25户，为开展定点帮扶工作提供坚强组织保障。二是围绕民情恳谈，慰问帮扶困难群众。在春节期间到定点帮扶村开展帮扶慰问困难户，驻村第一书记、挂职干部及家属，发放社保宣传册，为村民详细讲解社会保险知识。三是根据定点帮扶村实际需要，出资为那度村购买鸡苗鸭苗，设计产销一体化土鸡、青头鸭特色产业，助力那度村产业发展。四是开展消费帮扶活动。积极发动中心干部职工“以购代捐”开展特色农产品团购，带动消费那度村黑土猪、土鸡、桂味荔枝、新品种小南瓜、西瓜等特色农产品。

二、主要工作

（一）全面实施全民参保计划，社保覆盖范围进一步扩大。以灵活就业、新业态、进城务工人员和城乡居民参保扩面为重点，充分动员应保尽保。截至2021年12月，南宁市基本养老保险、工伤保险和失业保险参保人数共755.40万人，比上年末增加106.76万人，增长16.46%，完成自治区下达2021年参保总人次704.38万人的107.24%。其中：全市参保基本养老保险521.71万人（含企业职工基本养老保险185.26万人、机关事业单位养老保险20.92万人、城乡居民基本养老保险315.53万人），完成自治区下达南宁市2021年目标任务503.29万人的103.66%；失业保险参保111.31万人，完成自治区下达南宁市2021年目标任务96.00万人的115.95%；工伤保险参保122.38万人，完成自治区下达南宁市2021年目标任务105.09万人的116.45%。放开灵活就业参保户籍限制，灵活就业人员到南宁市参加企业职工养老保险，凭身份证到任一南宁人社服务大厅即能办理参保，也可以在市人社部门微信公众号、APP办理掌上参保，保障灵活就业群体社保权益。

（二）持续落实社保降本减负政策，助力企业轻装上阵。继续执行降费率政策，2021年企业承担的社会保险总体费率继续降低为16.875%；继续延长实施阶段性降低失业保险和工伤保险费率政策。2021年，为全市企业降低职工失业保险、工伤保险二项社会保险费人工成本约8.33亿元，同比增长85.54%。2021年，向4.39万家企业核拨2020年度稳岗返还补贴9809.18万元，惠及参保职工73.41万人，符合“免申即享”条件的用人单位100%发放稳岗返还。

（三）立足兜牢民生底线，按时足额发放各项社保待遇。精准进行各项社保待遇核定调整，确保各项社保待遇发放不拖一天、不漏一人、不少一分。2021年，按时足额发放养老、失业、工伤保险待遇188.62亿元，惠及参保人员114.81万人；统一调整全市企业和机关事业单位退休人员基本养老金，其中企业退休人员基本养老金实现17连涨；继续执行失业补助金发放政策，兜住稳就业、保民生的基本盘。

（四）强化监管措施，严格防范社保基金“跑冒滴漏”。一是严格落实社会保险基金管理问题专项整治有关工作要求。依托“智慧人社”信息系统，内嵌专门的内控稽核系统模块，实现自动筛查，自动预警。2021年，核查参数103项，核查出疑点信息数据2260条。二是抓好一线监督检查。专项核查各县区开展业务经办管理、基金财务管理、风险防控管理等3个方面，规范业务经办行为，化解风险。三是加强日常举报稽核。2021年，实地稽核985家用人单位，查出违规用人单位373家，追回欠缴的社会保险费约180.21万元。四是积极推进审计整改专项工作，全面完成养老保险基金专项审计任务。积极履行基金预算编报主体责任，加强基金财务管理，在基金预算方面取得突出成效。2021年，全市基本养老、失业、工伤三项社保基金当期收入223.30亿元，同比增长57.00%；当期支出195.48亿元，同比增长6.87%；累计滚存结余71.83亿元。社保基金运行总体平稳，各项社保基金均有一定结余规模，并具备较强抗风险能力。

（五）夯实工作机制，推进巩固拓展社保脱贫攻坚成果同乡村振兴有效衔接。完善城乡居民养老保险制度，继续保留已脱贫人口和低保对象、特困人员、返贫致贫人口、重度残疾人等特殊困难群体原有最低缴费档次标准，扎实推进贫困人口应保尽保。截至2021年12月底，全市符合条件的43.55万名脱贫人口100%参保，9.47万名60周岁以上（含）脱贫人口100%领取养老待遇。

（六）推进改革任务，积极落实自治区重点工作部署。有序推进企业职工基本养老保险改革工作，在落实企业职工基本养老保险自治区级统筹工作中成效明显，推进实施企业职工基本养老保险激励约束办法，落实分担责任，激励约束考评等次B等，获得自治区人民政府办公厅通报督查激励。

（七）优化经办服务，大力提升行风建设工作效能。深入开展社保便民行动，实现6个事项“打包办”、7个高频事项“提速办”、全部服务事项“简便办”；积极推进“跨省通办”和“全区通办”工作，通过全程网办、多地联办或代收代办的方式，实现18个高频社保事项跨省通办和88个社会保险公共服务事项的全区通办；积极推进养老保险全国统筹工作，扎实推进数据整理；建立完善便捷的社保关系转移接续机制，其中企业职工基本养老保险关系转移实现全国联网办理，失业保险关系转移实现全区联网办理。

三、经验体会

（一）坚持理论武装，提高政治站位。坚定不移把学习贯彻习近平新时代中国特色社会主义思想、党的十九大和十九届历次全会精神作为重要政治任务，毫不动摇坚持和捍卫“两个确立”，增强“四个意识”、坚定“四个自信”、做到“两个维护”，始终在思想上政治上行动上同以习近平同志为核心的党中央保持高度一致。带头牢记初心使命，坚持融会贯通学、持之以恒学，不断巩固深化党史学习教育成效，切实做到真学、真信、真用，做到思想上更加清醒、理论上更加成熟、政治上更加坚定。

（二）锤炼党性修养，强化使命担当。引导广大党员把政治热情转化为做好本职工作的强大动力，充分发挥模范带头作用，关键时刻能够冲得上去、大项任务能够扛得起来、小事小节能够管住自己。进一步强化责任担当，认真贯彻落实习近平总书记对广西工作的重要指示批示精神，紧跟党和国家改革发展的大局大势，围绕“六稳”“六保”、疫情常态化防控、乡村振兴等重点工作，牢固树立底线思维、问题导向，坚持把改革创新作为第一动力，不断更新观念、创新方法，全面提高工作效能和整体水平。

（三）改进工作作风，勇于真抓实干。注重抓中心、务主业，自觉强化忧患意识、危机意识、使命意识，扎实抓好各项任务落实，真正做到心思向任务聚焦、工作向任务用力。树牢以人民为中心的发展思想，把改善民生作为工作的出发点和落脚点，切实增强领导干部的民本意识和民本情怀，自觉站在群众立场上想问题、做决策、干工作，不断提高为群众服务的能力，切实提高群众的获得感、幸福感、安全感。

（唐志娟　覃佳威）

凝心聚力　务实笃行　推动大明山各项工作再上新台阶

广西大明山管理局党组

2021年，大明山管理局党组坚持以习近平新时代中国特色社会主义思想为指导，深入学习贯彻落实党的十九大和十九届历次全会精神，认真落实市第十三次党代会精神，围绕强首府战略目标以及大明山“五区建设”工作思路，统筹推进疫情防控和经济社会发展，各项工作取得较好成效。

一、党建概况

2021年底，大明山管理局党组管辖机关党委1个，党支部10个，党员154名。

（一）着力加强思想政治建设。深入组织学习贯彻习近平总书记“七一”重要讲话精神、党的十九届六中全会精神等重要政治理论。采取自主学与集中学相结合、线上学与线下学相结合、研读原文与交流研讨相结合、学与讲相结合的方式，多形式、全覆盖开展理论学习，迅速掀起学习贯彻热潮。累计组织召开党组中心组学习会38次、研讨会6次、宣讲会6次、局班子成员下基层联系点讲专题党课18次。

（二）认真组织开展党史学习教育。严格按照“学党史、悟思想、办实事、开新局”要求，及时成立领导机构，制订实施方案，认真抓好“规定动作”和“自选动作”。自党史学习教育开展以来，共组织开展“党员心声大家谈”活动14场次，梳理意见建议32条，撰写个人心得体会200多篇，学党史征文活动3次，收到征文稿件28篇；开展“党史故事大家讲”30场次；开展“党史知识大家答”活动3次，在大明山党建微信公众号发布“党史知识大家答”问答题共26期；组织开展“红色歌曲大家唱”活动8场次、“学党史　感党恩　跟党走”庆祝中国共产党成立100周年文艺晚会1次；结合“清明祭英烈”活动、自然教育培训、专题党课学习、红色教育专题培训、党性教育专题培训、“七一”文艺晚会等开展重温入党誓词活动9场次。组织开展各类志愿服务活动10次；解决热点难点问题近10个，如积极搭建就业平台，通过招聘协警员、森林消防员、兼职护林员等形式，解决保护区周边就业人员共100多人次。

3月3日，大明山专业森林消防队在天坪服务区龙湖街道开展突击抢险工作
（梁庆宾　摄）

（三）从严落实主体责任。坚持把党的工作与业务工作同研究、同部署、同落实，召开党建工作专题会3次、党风廉政建设工作专题会2次，局班子深入基层党支部调研指导工作20次；组织召开党组会46次，集体研究“三重一大”事项18项；全力支持派驻纪监组发挥监督责任，向纪监组汇报工作6次。

（四）加强干部队伍建设。坚持正确的选人用人导向，晋升四级调研员1人、一级主任科员1人、四级主任科员3人，提拔副科级领导职务2人；晋升事业编专业技术岗位34人；对外公开招聘事业编制人员7人。积极培育和选树典型，共评选推荐自治区最美公务员1名，市直机关优秀共产党员1名、优秀党务工作者1名，评选表彰管理局2020—2021年度优秀共产党员34名、优秀党务工作者3名、先进基层党组织3个。

（五）坚守意识形态阵地。制订大明山意识形态工作实施方案、意识形态工作领导责任制，把意识形态工作与业务工作同部署、同落实、同检查、同考核。通过大明山微信公众号、微博、官网等发布信息300多条，形成良好的舆论氛围。

二、主要工作

（一）加强生态保护工作。严格按照中央、自治区、南宁市有关违建别墅问题和环保督察整改要求，全力抓好大明山科研中心、森林消防指挥中心等项目的后续整改工作。先后组织召开整改工作会6次，现场督查20多次，到自治区、市林业局和市专项办、市生态环境局等部门协调沟通整改事宜10多次。不断健全保护区网格化管理，按照“管理局—保护站—管护点”三级管理体制要求，重新优化、调整、配备4个护林防火站、15个管护点专职护林员，共配备91名专职护林员；聘请保护区周边社区24名村两委负责人作为兼职护林员，全面加强外围控制带管理。加大宣传保护力度，充分利用各种宣传媒体以及张贴标语、发放宣传单等方式加强对高火险区、周边54个行政村216个自然屯、所有入山人员的宣传，累计发放宣传单2万多份、宣传手册2500本、环保袋5000个，张贴防火告示近200份，深入社区村屯播放广播宣传防火知识20

次。加强执法监管工作，严格按照《南宁市大明山保护管理条例》相关规定，共打击盗采八角、杨梅等破坏森林资源违法活动14起，抓获并警告教育47人次。积极与南宁市武鸣区人民法院对接合作，于9月在保护区挂牌成立南宁市首家生态环保旅游巡回法庭，共公开开庭审理了2起涉及生态环保旅游纠纷案件（滥伐林木、非法占用农用地）。

（二）扎实推进项目建设工作。完成市财政扶持3000万元资金的执行率为100%。其中，大明山大门广场完善工程、大门区至9公里（集体林区）道路中修工程等20个项目已完成竣工结算。大明山旅游集团工作人员周转房工程、汉江至敢造道路K3+150处塌方应急抢修项目等14个项目已完成竣工验收。保护区保护管理基础设施工程、大明山危旧房改造（大门区）工程相关配套项目等5个项目正在加快施工；南宁市大明山生态宣教中心项目电力迁改、广西大明山国家级自然保护区保护管理基础设施工程室外水电工程项目等9个项目正在开展前期工作。

（三）持续科研工作新发展。保护区组织开展野生动物红外相机动态监测（三期）分析，共监测到林麝、黑叶猴、熊猴、斑林狸、黄喉貂等国家重点保护野生动物20余种。与广西大学林学院共同开展保护区中草药植物资源调查研究，调查发现目前保护区共有137科326属446种中草药植物，与2020年调查结果（124科278属362种）相比，增加了84种中草药植物。开展黑叶猴野外调查6次，记录多个黑叶猴群体和夜宿地环境情况，利用猴王声音引诱黑叶猴方法在大明山保护区验证。开展野生动物疫源疫病防控监测326次。设计“拓印树叶真有趣”“小小护林员”等具有大明山特色的研学课程近10个。积极参加广西野生动植物保护协会主办的“科斯德杯”广西首届红外相机摄影比赛，选送的红外相机摄影作品《熊猴》《黑叶猴》荣获三等奖、《赤麂》荣获优秀奖。先后与北京大学、广西大学林学院、广西师范大学、广西植物研究所等近10家高等院校、科研院所开展合作交流，研究方向涉及森林固定样地调查、植被类型考察等5个方面。

（四）优势发展生态旅游。一是积极创建品牌。组织申报“中医药健康旅游示范基地”品牌工作，目前已通过自治区中医药管理局组织的专家组的现场核验并公示。继续推进“国家气象公园”创建工作，目前正按合同约定稳步推进。积极开展森林康养基地服务体系建设试点前期工作，已完成招投标工作。举办2021广西大明山歌圩·“仙圩印象”盛会，累计活动人数达两万人次，启动仪式和“非遗”晚会开设直播当日累计观看宣传量超过120万人次。二是不断完善生态旅游基础配套设施。修建完成1条全长为4166米的登山健身步道；对现有药浴谷、神奇之旅线路基础设施进行提质升级，目前正在施工中。三是线上线下全方位宣传推介。累计在《南宁日报》、南宁电视台、大明山官网、大明山微信公众号、官方抖音等平台媒体发布信息700多条，普及受众100多万人次；在南宁东站设置2个灯箱广告牌，累计进行了4次宣传。四是加大招商引资力度。积极与广西明山仙菇食用菌有限责任公司合作，在天坪区域开展反季节名贵食用菌试种植项目；与广西全健蜂业科技发展有限公司合作，在天坪服务区打造蜜蜂生态科普展馆。受疫情影响，景区全年共接待游客8.97万人次，旅游总收入1438.22万元。景区各项工作安全、平稳、有序，没有发生重大旅游投诉事件和安全生产责任事故。

（五）持续增进民生福祉。组织召开帮扶工作专题会2次，局班子成员深入帮扶村调研12次，为帮扶村解决难题5件，如为帮扶村武鸣区两江镇福江村、横州市新福镇瓦灶村解决空调、热水器等办公、生活设备一批，投入资金58743元为瓦灶村小学购买60张学生午睡用床。

（六）抓好党风廉政建设工作落实。开展党风廉政专题学习10次；组织发送廉政短信4245条；发放廉政书籍280册，制作廉政板报2期34版。党组主要负责人对党组成员开展廉政谈话8次，对科级干部廉政谈话7次，党组其他成员对党员干部廉政谈话近10次；组织开展以案促改警示教育，党员干部职工受教育面100%；开展森林防火、项目建设、工作纪律等方面的督查45次，通报批评3人次。开展家庭家教家风主题系列活动3次。

（七）推动疫情防控成果持续巩固。扎实推进常态化疫情防控，坚持“外防输入、内防反弹”，持续做好景区日常管理。积极引导游客线上购票、非接触购票，优化检验票程序；合理布局游客入园路线；设立红外线测温验码区，严格排查疫情风险。定期采购医疗器械设备和防护用品，充实口罩、消毒液、手套等物资。定期对办公楼、职工宿舍区、厕所、电梯、饭堂等场所进行环境卫生消杀，并实行消杀登记造册制度。

三、经验体会

（一）加强团结协作。在各项工作中，特别是在科研监测、资源管护、项目建设、疫情防控等工作方面，局党组始终加强领导、统筹力量、一线指挥；各科室、各部门协调配合、完善机制、共同奋战；基层党组织充分发挥战斗堡垒作用，广大党员以身作则、冲锋在前，团结带领职工群众奋战在最艰苦一线，全局上下以激情昂扬的斗志和强烈的主人翁意识，坚持把发展的方向、工作的重点和主观的努力有机结合起来，主动投身各项工作。

（二）紧密联系实际。局党组始终坚持围绕上级工作进行安排部署，坚持联系基层党组织及党员的实际情况开展工作。通过提升党组织的凝聚力和战斗力来全面落实各项工作目标，指导下属各党支部健全完善工作制度、组织生活制度、发展党员制度等一系列制度，促使全局上下形成人人创先争优、努力创建佳绩的工作格局。

（三）增强创新意识。2021年，各项工作开展过程中遇到的困难和问题很多，要增强创新意识，用新思维、新手段、新方式来突破固有局限，推动各项工作有力有序有效进行。采用多种方式及时创新活动宣传，举办2021广西大明山歌圩·“仙圩印象”盛会，累计活动人数达2万人次，启动仪式和非遗晚会开设直播当日累计观看宣传量超过120万人次。深入学校和周边社区开展“世界野生动植物日”“爱鸟周”等主题宣传活动11次，举办“走进大明山，探索大自然”“领略秀美大明山，书写神奇大自然”等研学实践活动4次。累计在《南宁日报》、南宁电视台、大明山官网、大明山微信公众号、官方抖音等平台媒体发布信息700多条，普及受众100多万人次；在南宁东站设置2个灯箱广告牌，累计进行了4次宣传。积极参加自治区文广旅厅2021年4月10日—11日举办的“壮族三月三，相约游广西”公众宣传促销活动。

（马佳钰）

不忘初心砺忠诚　擎旗奋进谱新篇

市消防救援支队党委

2021年，市消防救援支队坚持以习近平新时代中国特色社会主义思想为指导，深入贯彻习近平总书记授旗训词精神，主动适应新形势，用心服务社会发展，队伍防范化解重大消防安全风险和应对处置各类灾害事故的能力和水平不断提升，实现了火灾形势和队伍管理“双稳定”。

一、党建概况

2021年，市消防救援支队为二类支队，设1个支队党委、17个大队党委、1个机关党委、7个机关党支部、56个基层一线党支部。改制以来，市消防救援支队不断规范各级党组织建设，着力提升党建标准化、规范化、科学化水平，强化组织力和政治功能，切实发挥党委核心领导作用、党支部战斗堡垒作用和党员先锋模范作用。

（一）健全党委决策机制。健全支队党建工作领导组织机构，完善党委议事、学习、报告规则，建立重大事项请示报告清单，从严落实“七议”制度，压实全面从严治党主体责任。调整两级领导班子成员工作联系点，明确7项党委委员联系点工作原则，建立权力与责任捆绑机制。联合地方党校，定期组织支队党委委员和基层党组织书记（副书记）培训。指导单位深入开展“五四”和建党100周年系列活动，开展“明职责、找短板、拿措施、促提高”查评活动，不断厚植对党忠诚的政治底色。

（二）规范各级组织设置。支队积极对接市委市直机关工委，理顺各级队伍党、群、团组织关系。被广西消防救援总队选定为全区消防救援队伍党组织规范化建设试点。运用党建APP平台系统，开展星级党支部创建。从严规范发展党员标准和程序，探索政府专职消防员、文员党员发展和组织转接规定。结合队伍层级任务差异实际，明确议事范围和方法，落实组织议事规则和决策程序，科学设置党委（支部）会议室、党团活动室、党务公开栏，运用信息化技术配强学习教育软硬件设施。

（三）提升为民服务功能。指导各级党组织制定“为民办实事”“为基层办实事”计划，形成执法服务、灭火救援、宣传教育、志愿服务、聚力基层5个大类95项实事清单全部落实销账，支队党委不断完善干部调动、挂职、借调规定，以及干部、消防员（政府专职消防员）休假探亲等系列规定。支队党委委员每半年开展政治家访，架起单位与家属交流桥梁。建立与各辖区党委政府信件沟通协调机制，推动落实指战员工资套改方案。

8月28—30日，市消防救援支队在广西（南宁）消防训练基地举办的广西壮族自治区消防行业职业技能竞赛中勇夺比武竞赛桂冠

（四）强化党史学习教育。在全市范围内积极构建红色基因“传承链”，队伍各级依托红色教育资源挂牌成立12个党员教育基地，组建17个党史学习教育交流站，打造全区消防救援队伍首个5G智慧党建融课堂，依托“5G+AI”技术创新“沉浸式”教育，形成分级分类、线上线下优势互补的教学模式；主动申报“红色数据线，蓝焰生命线”党建创新案例课题，深化“互联网+党建”的探索，巩固深化党建工作制度机制、经验做法和实践成果8项，举办蓝焰品牌“演讲赛”“合唱赛”“歌咏汇”“运动会”等文体活动12项，2个节目参演了自治区“永远跟党走”群众文艺汇演。

（五）落实巡察整改措施。支队党委根据部局巡察反馈意见的4大类12个方面31项问题进行自查自摆、深挖问题根源。各层级主动对标认领、举一反三，机关各业务处室及各大队开展自查自纠，对照部局反馈意见和剖析问题清单制定“一案三单”，阶段挂图作战，逐一对账销号，认真开展支队级党委政治巡察整改“回头看”，巡察整改期间共处理问题线索14起，严肃问责追责。

（六）构建立体监督体系。支队扎实开展专项政治监督工作，落实常态化队风队纪监督，重要节假日“四风”问题实现“零举报、零违纪”；加快推进全市干部廉政档案建档立卡工作，启动建立干部廉政信用等级评价制度，为选人用人提供精准“政治画像”。聘请地方审计机构或审计专家协助审计。

二、主要工作

年内，支队共接警出动1.13万次，抢救、疏散被困人员共1522人，抢救、保护财产价值共计5.24亿元，成功处置“2·28”笑笑建材市场火灾、“6·21”南乡镇红宜村坑洞救援、“10·12”五象大酒店火灾、“11·27”邕武路19号高峰花木篮市场火灾等急难险重灾情；圆满完成全国“两会”、第18届中国—东盟博览会、建党100周年消防安保任务以及中央首长来桂调研等156项重要等级勤务。圆满完成全国人大调研组来邕调研消防法实施情况各项工作任务。协办全国消防监督管理业务培训班暨防火监督工作专题会议。完成《南宁市消防救援事业发展十四五规划》编制。在2021年全区消防救援队伍"壮鹰竞桂"比武竞赛中荣获10个项目第一，7个项目第二，3个项目第三，团体总分第二名的佳绩；在2021年全区火灾调查暨新闻宣传比武竞赛中荣获火调比武团体二等奖、新闻宣传比武团体一等奖。

（一）党委统率作用更加突显。支队党委全面贯彻落实民主集中制、"七议"制度、党委中心组学习制度、联系点工作办法，开展两期党支部书记轮训班，年内召开党委会29次，230个重大事项落地见效，党委牢牢掌控队伍的建设和发展大局，党委选人用人、风气导向得到广大指战员的认可和支持。

（二）消防安全责任有效落实。各级党委政府高度重视消防工作，主要领导多次带队督导检查消防安全工作。市政府召开全市消防工作会议、联席会议和政府常务会议，专题研究部署年度消防安全工作、建党100周年消防安保和重要时期火灾防控工作，压实各级党委政府主体责任和行业部门监管职责，全市火灾形势保持平稳。

（三）聚焦风险防范精准有效。依托南宁市为民办实事项目，建成600个消防车登高作业区域和500个老旧小区电动车规范停放充电点；推动政府开展专项整治三年行动五大工程、七项任务；完成全市19万家营业场所风险要素普查。持续推动市（县）两级火灾风险预警中心建设，成功预警和处置8起电动车火灾事故。高标准服务全国消防监督业务培训班；承办自治区异地扶贫搬迁安置点消防安全现场会、自治区市域社会治理现代化试点会议。

（四）队伍正规化水平持续提升。扎实推进安全"九无"创建、条令纲要学习月、管酒治酒"六个严禁"活动，制定出台13类工作清单和46项具体措施；对标"两条令一纲要"要求，推广"江南正规化试点"成果，按照"安全、规范、智能、适用、暖心"的标准，推进基层单位达标创建验收合格。

（五）实战打赢能力不断增强。健全全员岗位练兵考核机制，完善作战功能编队、力量编成与调派方案；在自治区消防救援行业职业技能大赛中勇夺桂冠，在全区第二届"壮鹰竞桂"比武竞赛中荣获团体总分第二；积极开展作战训练安全专项整治，制作示范片30部，创新操法10个，革新装备8项。

（六）信息科技应用助力效能。深化"两严两准"平台应用，累计生成工作数据42.89万条，切实为基层减负增效；深化"智能接处警系统"应用，基于城市三维地图和智能化辅助决策系统打造智能指挥模式，实现由"单一指挥"向"全过程作战"的转变。利用移动作战指挥终端推送安全提示2万条，辅助安全风险管控。

（七）优待暖心措施落地兑现。推动市政府出台全市消防救援队伍职业优待保障政策文件。支队党委投入500万元为基层办成实事12件；完成全市政府专职消防员新工资套改发放；解决75名指战员子女入学、配偶就业问题，看望慰问38名困难消防人员。

（八）社会消防宣传成效显著。依托消防应急科普教育基地，深化"1+14"阵地宣传，联合教育、共青团、科协等部门系统，共建消防安全教育基地；建成消防宣传全媒体中心，与人民网等19家媒体签订战略合作协议，向社会推送形式多样的宣传作品；建成社区消防宣传云平台，提升消防宣传进社区、进家庭的效能。

（九）典型培树持续亮化名片。特勤一站荣获广西五四红旗团支部、广西青年文明号；张章煌获评全国应急管理系统先进个人，先后得到习近平总书记、自治区党委主要领导、市委主要领导的亲切接见；黄胜新获评自治区优秀共产党员；年内，支队5个集体、23名个人荣获市级层面表彰，42人荣立个人三等功。

三、经验体会

（一）围绕领袖训词精神，深化思想政治教育。支队始终把学习习近平总书记重要训词精神与实际工作结合起来，建立思想政治教育常态化学习，通过"邕城消防大讲堂""处长课堂""主官讲坛"三级平台进行各类政治理论、业务知识授课。依托全市红色教育资源挂牌成立红色教育基地，组建党史学习教育交流站，积极构建红色基因"传承链"；广泛开展"牢记领袖训词，永做忠诚卫士"主题教育活动，积极引导全员永葆忠诚政治本色、端正思想作风，主动担当作为。

（二）依托信息化科技手段，大幅提升接处警效率。支队深入贯彻习近平总书记关于安全生产的重要指示精神，创新智能化接处警模式，建立新型指挥工作机制，实现"精准化接警调度、全过程指挥支持和智能化辅助决策"的建设成果。立足"数据驱动、智慧支撑、智能决策"建设理念，搭建"智能接处警系统"，配套升级指挥中心，划分为3大功能分区、9类席位；引入语音识别、智能检索、定位导航等技术，自动提取生成警情要素，大幅提升接处警效率及精准度；完成"一短三快"初战机制改革试点，初战用时平均缩短4分57秒，为抢救人民生命财产安全赢得宝贵时间。

（三）构建火灾预警管控体系，提升城市安全治理能力。支队围绕护航服务市委重点工作部署，创新推进市（县）两级城市火灾风险预警管控中心建设，整合物联网远程监管、网格化管理、电动车停放点监测、城市火灾高点监控和微信便民平台五大系统，构建"重点单位监管、火灾防控难点监测、社会末端巡查防控、发动群众参与防范、城市风险守夜巡防"五位一体的火灾风险监测预警体系。建成以来，统筹指派网格员开展消防巡查10万次、处理火灾隐患4.1万件，成功预警和处置了8起电动车火灾事故。

（四）抓住改革转制机遇，正规化建设初显成效。支队坚持改革不改作风的工作思路，打造"智慧安防营区"，利用"智能门禁""GPS车辆追踪""电子隔离栏"等技术，实现对人、车、酒、盗、恐、疫"六管六防"功能。研发应用的"两严两准"系统平台，通过手机终端实时规范日常管理、工作记录的程序、流程和格式，实现远程督导访查；实施"三会一课"线上影像、录音资料采集存储，确保会议记录真实、及时、准确、可查。队伍日常管理和监督效率不断提升，确保全市消防救援队伍始终保持高度统一的思想和过硬的战斗作风，持续为南宁市经济社会发展保驾护航。

（李鑫　黄铭珩）

筑牢防线　保障民生　奋力推进南宁气象事业高质量发展

市气象局党组

2021年，市气象局坚持以习近平新时代中国特色社会主义思想为指导，深入贯彻落实习近平总书记关于气象工作重要指示精神，坚持人民至上、生命至上，对标监测精密、预报精准、服务精细，充分发挥气象防灾减灾第一道防线作用，推动南宁气象事业高质量发展。

一、党建概况

2021年，市气象局基层党组织数2个，其中局党组1个、机关党支部1个，党员50人。

（一）坚持政治引领，夯实思想根基。坚持以习近平新时代中国特色社会主义思想为指导，认真学习贯彻落实党的十九大和十九届历次全会精神，以习近平总书记关于气象工作重要指示精神为根本遵循，进一步提高政治站位，在服务地方经济社会发展中坚定捍卫"两个确立"，增强"四个意识"、坚定"四个自信"、做到"两个维护"。

（二）严抓制度落实，完善组织建设。以新时代党的建设总要求为指引，及时修订完善"三会一课"等制度，机关党支部及工会、妇委会等群团组织依法依规有序开展各项活动。以党建"五个一"为抓手，开展市直机关党组织生活质量达标创优。党组成员按要求参加双重组织生活，以普通党员身份参加党员大会、党小组会、党课、组织生活会并接受党员评议。高质量开展巡察整改专题民主生活会和党史学习教育专题民主生活会，党内政治生活严肃认真规范有序；严格落实党建工作联系点工作安排，党组成员深入气象服务一线、脱贫攻坚（乡村振兴）一线、基层调研一线，加强对局机关党支部和所辖7县（市、区）气象局党支部、1个定点帮扶脱贫村党组织的指导，2个党支部被评为2021年广西气象部门第三批党建示范品牌，1个定点帮扶脱贫村党组织被评为南宁市先进基层党组织。

（三）内容形式并重，促进双促双融。建设智慧党建新平台，向党员推荐必读书目，引导党员"读原文、学原著、悟原理"，经常性开展党的常识小测试；开展"科长讲堂"、青年理论学习等活动分享读书收获，结合党史学习教育开展"我为群众办实事"实践活动；利用气象行业技能竞赛平台，选派拔尖人才参加天气预报技能竞赛，获团体优胜奖二等奖，2人分获个人全能第一、第五名，"预报专业知识"单项奖三等奖1人，1人获"广西五一劳动奖章"，3人分获"广西技术能手""广西气象行业技术能手"称号。

（四）持续正风肃纪，激扬清风正气。将党风廉政建设列入目标考核重要内容，与业务同向推进。全面落实党风廉政建设"两个责任"，抓好"三重一大"议事决策、财务管理、公车使用、公务接待等制度的完善和落实；狠抓廉政思想教育，主要领导和班子成员带头讲廉政党课，开展警示教育，通过打卡红色革命教育基地、参观市纪委监委廉政教育基地、参观青秀山竹园廉洁文化主题园接受廉政文化熏陶、探索"廉洁促进师"工作制度；开展经常性谈心谈话，将"八小时之外"作为廉政教育监督重点。坚持"人在哪里、工作开展到哪里，党组织的学习、管理就跟进到哪里"，把党组织建设、党员管理教育延伸到机关科室、基层台站，确保责任到人、落实到位。

7月29日，市气象局运用5G车载应急指挥系统在横州市圆满完成横州撤县设市揭牌活动保障服务　（兰宇　摄）

二、主要工作

（一）切实发挥气象防灾减灾第一道防线作用。一是实现防灾减灾服务零失误，气象灾害零伤亡。按照"早、准、快、广、实"的要求，认真贯彻"一线工作法""四全四定"等要求，对所有重大天气过程均能准确提前做出预报。年内启动应急响应5次，发布369期决策气象服务材料，为市委、市政府各级领导、相关决策部门领导和气象信息员提供气象短信159条，接收近95万人次。出色完成习近平总书记视察广西、李克强总理考察南宁、南宁市"两会"、中国—东盟博览会等气象保障服务。二是公众气象服务卓有成效。多渠道及时准确向社会公众发送灾害天气预警信号1357份，预警短信接收人次超5000万条。首席预报员接受各类新闻媒体采访近百次。联合多部门开展防一氧化碳中毒有奖问答、防溺水知识有奖问答线上科普活动，参与竞答人数95.1万。南宁晚报抖音号发布的人工增雨主题视频播放量达1001万，点赞数12.4

万。系列本土创意漫画《南小天侃天》正式发布。三是持续深化部门联动。与市委政法委共同推进预警信息传播融入网格化管理，气象预警信息直达全市4000多名网格员。与市应急局、市生态环境局建立以天气预警为导向的城市内涝和大气污染防治等灾害应急联动机制，与市防内涝抢险指挥部联合发布防内涝预警近50次。与南宁广播电视台签订插播气象灾害预警信号业务协议。促成西津电厂地面人工增雨服务和左右江郁江流域飞机人工增雨服务合作。

（二）强化气象业务现代化建设。市局和武鸣局被列为广西高质量气象现代化建设先行试点。一是对标监测精密发展综合观测。建设中国气象局东盟大气探测合作研究中心智能观测试验基地，打造广西唯一面向“一带一路”国家的气象计量合作中心。陆续安装第三代国家级自动站、微型智慧气象自动观测站等智能观测设备。新增一个8要素航道站。60个站点被认定为志愿气象观测站。全国首批、全区首个气象计量检定标准化实验室投入使用。5G车载应急系统投入业务应用。二是对标预报精准发展智能预报。完成广西对流尺度数值预报模式本地化，可逐12分钟获取广西区域内水平分辨率为1公里的短临预报分析产品。开展暴雨预警精细到乡（镇）业务。自主研发《基于多模式的气温动态回归预报技术》，获第八届全国智能预报技术方法交流大赛温度单项第三名。靶向预警信息发布平台荣获2021年广西信息化公共服务类优秀案例。三是对标服务精细发展普惠气象。发布靶向预警信息85次，为超2000万人次提供气象灾害预警信息。“南宁气象”微信公众号关注人数达103万人，增长率71.6%，在全国241个气象公众号影响力排名中稳居前15名，天气过程推送图文206篇，总阅读量858万人次。四是对标创新驱动探索科技合作。第二届“5G+防灾减灾”应用征集大赛首次开设气象智能观测赛道，较首届项目数量增加49%。建成市局“创客空间”，提供局校、局企合作及部门科研人员创新场所。与南宁师范大学共建创新创业实践基地，签订科研合作协议。五是基础业务平稳高质运行。24小时低温预报准确率排名全区第二，暴雨预报排名全区第三，高温及晴雨预报排名全区第五。获广西优秀气象业务员通报表彰7人。高空、农气、酸雨等观测业务获得自治区气象局百班高质量通报表彰10人。高质量完成2021年酸雨样品考核工作，各酸雨台站自动观测样品、人工观测样品各项目考核结果均为优秀。

（三）扎实推进公共气象服务。一是有力推进生态气象服务。联合市生态环境局发布空气污染扩散气象条件预报730份。南宁环境空气质量综合指数实现“三年攻坚”最好水平，水环境质量排名保持全国前列。二是积极推进气象科普能力建设。完成南宁气象智慧导览大屏和智慧园区小程序部署，推进智慧园区建设工作。三是人影抗旱保丰收有成效。全年开展人工影响天气作业87次，2月8—10日，全市各级人影机构成功开展人工增雨作业，本次过程作业次数达到常年平均作业次数的50%，增雨效果显著，全市气象干旱得以解除。10—11月在左、右江及郁江流域内开展大规模人工增雨，西津电厂10月发电量创历史新高。

（四）气象科技助力乡村振兴。完成2020年马山县、上林县、横州市、武鸣区“乡村振兴”专项气象服务建设验收工作。发布为农服务材料36期，直通式服务覆盖率达100%。为武鸣沃柑颁发“特优”气候品质证书，让首个“气候好产品”标志走出国门、走向东盟。完成邕宁火龙果“气候好产品”认证。与中国人民财产保险股份有限公司南宁市分公司签订气象服务合作协议。

（五）加强气象法治建设与社会管理。全力做好南宁市优化营商环境、“互联网+政务服务”改革数据共享工作。推进诚信建设常态化，被信用南宁录用12条。全年开展防雷安全巡查400家次，发现60家单位存在不同程度的问题或隐患。加强与市应急局、市场监督管理、消防安全支队等部门信息共享和部门联动，做好雷电灾害防御工作，并开展全市重点单位“双随机”联合抽查18家次。组织市防雷减灾管理中心完成南宁市轨道交通5号线雷电防护装置验收工作。

三、经验体会

（一）推进建立和完善政府主导、部门联动、社会参与的综合减灾工作机制。一是完善气象防灾减灾工作机制。市县政府出台气象灾害应急预案和气象灾害防御规划；与市委政法委联合，将突发灾害性天气预警传播纳入网格化服务管理；与市应急局、市生态环境局建立以天气预警为导向的城市内涝和大气污染防治等灾害应急联动机制。二是建立多部门信息共享机制。基于市政务云平台，实时共享城市运行各类信息。与应急、水文、水利、自然资源、生态环境、林业等部门联合开展城市内涝风险预警、地质灾害风险预警、重污染天气预警、森林火险等级预报会商，通过“气象+”和“+气象”，增强服务有效性针对性。三是建立“三融入”一线气象服务机制。建立重大气象信息“报告”党政主要负责人制度、精细化预报预警服务细则和工作流程，细化暴雨“3小时”精细气象预警服务制度，将气象深度融入城市防汛指挥、应急联动和抢险救援体系。四是建立完善预警信息快速发布机制。成立南宁市突发事件预警信息发布中心，建成突发事件预警信息发布系统，实现全市预警信息及时、准确、权威、规范发布；南宁广播电视台、各通信运营商等单位部门按照《“全网短信”发布工作细则》《插播预警信号业务合作协议》等依法依规履行快速传播职责。

（二）提升城市气象保障监测预报预警服务能力。一是气象观测能力不断提高。新建风廓线雷达、微波辐射计、雨滴谱仪、雾滴谱仪投入使用，地面气象观测站平均间距加密到8.4公里，四要素以上自动气象站乡镇全覆盖。气象微智观测设备纳入南宁市多功能灯杆建设规划。建设中国—东盟南宁气象智能观测示范基地，发展面向“一带一路”国家的气象计量合作。二是预报预警业务稳步提升。研发《基于多模式的气温动态回归预报技术》《南宁市内涝暴雨预警决策服务平台》等业务平台，暴雨、大风等突发灾害性天气预警准确率达81%，预警提前量达到40分钟，24小时晴雨、气温预报准确率分别达81%、88%。三是预报预警信息发布能力不断提高。成立广西首个地市级短临天气预警中心，建成南宁市预警信息靶向发布平台，建成“扫码知天气”“邕城晓天”智慧服务终端，实现基于位置的预报预警信息服务。开发智慧气象服务接口，将气象信息融入“爱南宁”APP，提升气象信息时效性和覆盖面。四是重大活动气象保障能力不断加强。中国建立以5G网络为核心的车载120气象应急指挥系统，在第17届中国—东盟博览会气象服务保障中首次亮相，实现移动气象台、移动观测系统、移动会商系统、全景VR直播平台直连南宁市突发事件预警信息发布中心。五是城市生态环境气象保障服务更加有力。以市委、市政府和公众关注的空气质量、城市热岛、绿化覆盖、增雨等为切入点，与国家、省级业务单位加强联合攻关，建成南宁市环境气象业务平台、海绵城市气象监测服务系统、城市热岛效应监测系统等。呈报的决策服务材料受到市委、市政府和有关部门的高度重视与应用。

（韦良伟　谭容梅　张薇）

汲取奋进力量　勇担兴税使命
为全市高质量发展贡献税收力量

市税务局党委

2021年，市税务局坚持以习近平新时代中国特色社会主义思想为指导，坚决贯彻落实自治区党委、政府和市委、市政府的各项决策部署，以“起步就要提速，开局就要争先”的奋发姿态，聚焦“三个更加满意”“六大提升工程”等目标任务，担当实干、改革创新，各项工作呈现稳中向好、进中提质发展态势，实现了“十四五”全市税务工作良好开局，为高质量推进新发展阶段首府税收现代化、全面落实强首府战略作出了新的贡献。

11月17日，国家税务总局广西—东盟经济技术开发区税务局“特服号”工作人员正在为纳税人解答“银税互动”问题

一、党建概况

2021年，市税务局和16个县（市、区）税务局均成立了党委，全市税务系统共设立17个机关党委、106个党支部。截至2021年12月31日，共有党员2446人，其中在职党员1670人，离退休党员735人，编外人员党员41人。

（一）党史学习教育在悟思想、办实事、开新局中取得实效。一是在组织领导上发力，成立党史学习教育领导小组及办公室，组建党史学习教育专班临时党支部和党员先锋队，制订“系统+机关”两张任务清单，明确3个阶段工作主题，涵盖12大项63小项任务清单，确保党史学习教育高标准、严要求开展。二是在理论学习上发力，抓牢“关键少数”和“青年先锋”两个学习主体，各级党委班子始终坚持先学一步、学深一层，充分发挥领学促学作用；建立“1+4”青年联学机制，通过青年讲党史故事、青年谈学习体会、沉浸式主题党课等形式开展青年理论学习。全市税务系统开展党委会“第一议题”学习632次；中心组学习192次；青年理论小组学习314次；各级党委委员、党支部书记、先进典型讲专题党课388次。一堂党课获中组部“党课开讲啦”精品课程展播，“我眼中的红色税收”沉浸式主题党课被选为南宁市直团员青年主题团日的示范课程。三是在学用结合上发力，在100%完成规定动作的基础上，通过讲好“税务青年说党史”这个红色故事、建强“党员政治生活馆”这个学习阵地、办好“三个至少一次”和“老友品牌”智慧办税等多项惠民事实。

（二）党的建设在强基层、树典型、抓创建中取得实效。着眼建强基层党组织，实施“四强”党支部创建和基层党组织建设质量提升工程，践行6个一体化推进工作法，着力破解党建业务“两张皮”问题。在疫情防控、减税降费、征管改革等重大攻坚任务中建立临时党支部和党员先锋队，形成“工作推进到哪里、党旗就飘扬到哪里”的良好局面。切实开展“我为群众办实事”实践活动，为身边群众办实事1772件，解决纳税人“急难愁盼”问题8923个。着眼以创建促提升，打造“党建引领　税润绿城”“先锋税官”等一批党建工作品牌得到上级党委肯定，“春雨润苗”专项行动作为深入学习“七一”重要讲话的生动实践案例登上央视《新闻联播》。在市直机关深化模范机关创建暨党支部标准化规范化建设工作推进会上作了典型经验交流，代表市接受全国民族团结进步示范市评审核验组检查评审。着眼大力选树典型，开展“两优一先”评选，共选出“优秀共产党员”50人，“优秀党务工作者”50人，“先进基层党组织”30个。

（三）全面从严治党在压责任、严执纪、促整改中取得实效。严格履行管党治党党委主体责任、党委书记第一责任人责任和党委班子“一岗双责”，制订全系统落实全面从严治党主体责任和监督责任清单，出台全面从严治党向基层延伸的实施意见等制度办法30余项，建立党建联系点制度1项；对因私出国（境）管理、现金税费征缴专项整治、编外人员管理、增值税留抵退税优惠政策、不动产交易税收征管等5项工作进行项目化管理监督；开展纪律作风问题专项整治，积极与地方纪委监委、公安等外部单位沟通联系，对酒驾醉驾、“黄赌毒”进行查处。加强巡视巡察问题整改，税务总局巡视“回头看”和自治区局交叉督导组反馈的62项整改任务已按时完成，对负有责任的43名干部进行追责问责处理。

二、主要工作

（一）统筹“减”与“收”聚财有力。既依法依规组织税费收入，又不折不扣落实减税降费政策，妥善处理好减与收、质与量、税与费的关系。一是减税降费助企赋能。完善税费优惠政策直达快享机制，为拟上市重点扶持企业提供研发费加计扣除“红绿灯”定制服务，面向全市小微企业设立“春雨润苗”税务党员定向帮扶联络机制，以政策红利为企业顶住压力。全年累计新增减税降费68.33亿元，办理退税94.95亿元，其中出口退税11.98亿元，留抵退税56.3亿元。为制造业中小微企业办理缓税（费）2.46亿元，为煤电和供热企业办理“减、退、缓”税0.39亿元。二是税费收入量增质优。坚持依法依规、税费并重组织收入，坚决守住不收“过头税费”底线，共组织税费收入1282.51亿元。其中，组织税收收入744.08亿元，同比增长3.76%；持续推进社保费和非税收入征管职责划转，顺利完成5项社保费和非税收入划转，累计组织社保费收入438.76亿元，同比增长172.67%；累计组织非税收入99.67亿元，同比增长6.13%。

（二）统筹“管”与“服”治税有为。坚持走管理与服务并重之路，坚持有序有效“管”，税收现代化治理水平不断提升；坚持用心用情“服”，纳税人获得感不断增强。一是“管”更精准。更加突出执法方式优化，创新将“首违不罚”理念推广应用到发票领用和纳税信用监督领域。更加突出精准分类施策，围绕“风险+信用”，探索推行“4S风险直推”流转机制，承接总局企业所得税涉票风险应对试点工作，代表广西自编风险指标在全国视频交流会上做成果展示。更加突出精准依法施治，警税协作全面升级，依法严厉打击“三假”，全年立案检查企业812户，结案1263户，查补税款、滞纳金及罚款5.54亿元；录入重大税收违法案件信息1204件，推送联合惩戒信息1203件。二是“服”更精细。在全区率先推行集成核准管理，率先实现从“医保个人账户”扣缴基本医疗保险费，实现北部湾经济区异地通办，建立“老友帮e帮”不见面服务中心，实现主要办税事项100%线上办，“银税互动”全年累计授信391.95亿元，惠及纳税人3.41万户，在全区率先推出“纳税健康码”，得到区局肯定并在全区推广，获《中国税务报》头版头条采用。

（三）统筹“破”与“立”改革有效。深入贯彻落实好“两办”意见，破解管理制度障碍、办税缴费堵点等“肠梗阻”，实现以“改”促“成”的化学反应和管理效果。一是破旧立新。着眼破解“改革措施不够有力、不够具体、不够对症”问题，结合实际出台具有首府特色的211项改革措施。着眼破解传统管理模式下税源管理“差异化、专业化、个性化不高”问题，探索实施分类分级管理，实现基础管理标准化、税源管理差异化、风险管理专业化、大企业服务个性化。着眼破解行业发展的“卡脖子”问题，推出“一品一策”农产品进项税额“成本法”核定扣除，为茉莉花精制茶加工行业发展赋能，该行业税收收入同比增长39.66%。二是破堵立顺。聚焦纳税人缴费人“急难愁盼”问题，推出兼具特色与实效、可复制可推广的十佳创先争优项目，其中，围绕精细服务，推出增值税全项目和自然人不动产交易契税电子化退税，“智慧算税”、服务东盟“南宁税务带您‘云逛展’”工作得到总局王军局长的肯定性批示；围绕精准监管，参与《广西税务综合征管户籍报告》撰写并获总局充分肯定；建立“一体化管理指挥调度中心”，打赢了“大运维”征期保卫战、电专护围战、社保集中征缴阻击战、老友号接听疏通战、所得税汇算收官战五场“战役”，提高了重点工作、疑难问题的应对质效；围绕精诚共治，拓展“税院联动”助推企业破产清算精准易行；以百县行业管理擂台赛为切入口，形成房地产、精制茶加工、矿石等一批行业共治范本，青秀山风景区税务局、兴宁区税务局、高新区税务局、邕宁区税务局、横州市税务局5个基层单位获“擂主”称号。

（四）统筹“严”与“爱”带队有策。坚持从“严”要求管好人，推动全面从严治党向纵深发展；从“爱”出发带好队，构建关心人、培养人、激励人的机制，进一步激发干部干事创业热情。一是从严治队立规矩。聚焦“两权”运行，紧盯发票管理、出口退税、税款核定、现金税费征缴、土地增值税清算、信息化建设等重大风险事项，切实管好关键人、管到关键处、管在关键时；发挥人事、督审、巡察等部门和纪检机构的职能作用，以强有力的追责问责倒逼责任落实。编制重点工作“突出问题、靶向目标、改进措施”三张清单，坚持目标倒推与问题倒逼相统一，形成推动落实的常态长效机制。二是倾情育人长才干。选拔“能干事”的干部，通过推荐选拔等方式新提拔或进一步使用科级干部、基层股级中层266人，晋升职级293人。提升“会干事”的能力，实施青年骨干“定制式”培养，262人入围全区税务系统“千人人才”，入围总人数与入围比例均居各市局首位；30人取得“三师”资格，占全区22.6%；1名同志代表区局参加全国税务系统非税收入业务大比武，获得总成绩全国第三，该同志获个人赛全国第六名；5名同志代表区局参加“智税2021”竞赛，获得总成绩全国第十、算法模型团队赛全国第五的好成绩；37人入选全区“国别信息研究”团队。实施关爱工程，为干部职工解决就学就医、两地分居、长期借调等实际困难，在绩效奖金二次分配、职级晋升上体现激励先进的导向。

三、经验体会

（一）始终压实全面从严治党责任。坚持以政治建设为统领，持续深入学习习近平总书记关于全面从严治党的重要论述，把全面从严治党贯穿于税收工作全过程，坚决贯彻落实党中央、上级税务部门、地方党委政府的决策部署，推动首府税收高质量发展。

（二）始终主动作为体现首府税务担当。勇挑重担，出色完成了总量超1200亿元、占全区1/3的收入任务，确保税费收入量稳质优、非税收入占比保持在合理区间。纳税健康码、医保个账代缴、智慧算税、发票体检智慧核票等项目由南宁做法上升为“广西经验”，为全区税收事业发展贡献了首府税务智慧。

（三）始终先行先试提供了首府税务样板。牢记区局党委赋予的首府税务使命，坚持创新驱动发展，以敢为人先的勇气、攻坚克难的作风和由市局党委决策担责、基层落实的办法，创新推出了一系列行之有效的管理和服务举措，在引领全区税收工作、凸显首府特色上作出了大胆创新、先行先试的表率。

（四）始终着力建设高素质干部队伍。把带好队伍作为根本保障，紧紧依靠“人”这一干事创业最关键、最活跃因素，坚持严管与厚爱结合、激励与约束并重，进一步建强班子、优化结构、激活队伍、培育人才，全力打造一支素质高、业务精、作风优的首府税务干部队伍，为税收改革发展提供坚强组织保障。

（五）始终强化监督规范权力运行。强化过程监督，聚焦“两权”运行，紧盯发票管理、出口退税、现金税费征缴等重大风险事项，切实管好关键人、管到关键处、管在关键时，着力防范执法风险和廉政风险；发挥人事、督审、巡察等部门和纪检机构的职能作用，以强有力的追责问责倒逼责任落实，营造知敬畏、守底线的浓厚氛围。对南宁税务而言，强化监督是保障税收事业行稳致远的重要方法。

（黄舒爽）

践行初心使命　弘扬建党精神 走好新时代首府邮政快递行业赶考路

南宁市邮政管理局党组

2021年，南宁市邮政管理局坚持以习近平新时代中国特色社会主义思想为指导，坚决贯彻习近平总书记关于邮政快递业重要指示批示精神，坚决落实自治区邮政管理局和市委、市政府决策部署，坚定不移贯彻新发展理念，不断满足人民群众日益增长的美好生活用邮需求，着力稳态势、促改革、强基础、畅循环，统筹发展和安全两件大事，毫不放松抓好常态化疫情防控，全面落实强首府战略工作要求，以优异成绩迎接建党100周年。

3月4日，2021年南宁市邮政管理工作会议召开　　（张浩　摄）

一、党建概况

2021年，南宁市邮政管理局机关设有党支部1个，现有党员16名。

（一）开展党史学习教育。深入学习习近平新时代中国特色社会主义思想，组织学习习近平总书记视察广西指示精神。按照“学史明理、学史增信、学史崇德、学史力行”的要求，开展系列专题学习、宣讲、活动53场次，党史学习教育取得良好效果。快递员合法权益保护工作扎实推进，从业人员获得感幸福感得以提升。快递进村取得较好进展，建制村快递服务覆盖率不断提高，便利农特产品上行和工业品下乡。智能快递箱投递率不断提高，全市有智能快件箱超2000组，格口近20万个。

（二）加强党的建设。牢牢把握政治机关的职责使命，聚焦“两个维护”，压实全面从严治党主体责任，党建工作与业务工作同谋划、共部署。接受自治区邮政管理局党组巡察组巡察，积极认领巡察反馈问题，全力推进巡察整改落实。推进邮政快递企业党支部规范化建设与管理，推动快递企业成立非公党组织8个。配合市委组织部、市委市直机关工委推动成立中共南宁市快递物流行业委员会。加强机关党建工作，支部实现标准化、规范化，党组中心组学习、“三会一课”、主题党日活动扎实开展。组织歌咏比赛、诗词朗诵等庆祝建党百年系列活动。党建带团建，开展青年文明号创建工作。推进邮政快递职业技能培训和快递工程职称评审工作，积极参加第三届广西邮政快递行业职业技能竞赛。

（三）持续正风肃纪。落实党风廉政建设“一岗双责”。执行中央八项规定及其实施细则精神，厉行勤俭节约，反对铺张浪费。加强作风建设，持续整治形式主义、官僚主义。加强廉政提醒教育，在重大节假日等关键节点前进行廉政提醒。加强突出问题专项整治，开展“三重一大”决策不规范等3个专项整治。

（四）推进文明志愿服务。组织党员参加2021年南宁市公务员献血月暨南宁机关党员志愿献血活动。每月分批次组织党员干部进社区开展“我为群众办实事，共建共享文明城市”、文明交通志愿服务等活动。

二、主要工作

（一）贯彻落实重大决策部署。一是抓好常态化疫情防控。统筹推进疫情防控和行业发展，按照“外防输入、内防反弹”要求，督促企业严格落实疫情防控主体责任，组织企业开展防控措施自查、签订责任书、加强现场检查。修订《南宁市邮政管理局新冠肺炎疫情防控工作方案》，建立领导班子分品牌负责制。成立南宁市邮政快递业新冠肺炎疫情防控工作小组，完善指挥体系，明确任务要求。组建邮件快件处置专班，加强与指挥部及相关部门沟通联系。做好各阶段风险地区返桂来桂人员的排查和管理工作。妥善处置优速涉疫货物，追踪处置邮件快件2367件，隔离观察从业人员1553人，核酸检测15570人，暂时停止营业网点207个。对接市防疫指挥部和各社区疫苗注射点，从业人员完成全部针数注射疫苗16227人次，占100%；完成加强免疫接种12170人次，占75%。二是关心关爱快递员。开展快递从业青年服务月“暖蜂行动”南宁专场等活动或相关关爱行动18次。以8个支部和物流联合工会为示范点，引导快递员积极向组织靠拢。组织邮政快递企业党员代表开展形式多样的主题党日活动。推进行业精神文明建设，快递员获区内各项荣誉21人次。推动成立南宁市快递联合工会。组织开展快递末端派费和企业内部罚款调查工作，建立快递员固定联系工作机制。督导各企业重点落实0.1元派费调整到位、服务类罚款事项削减到位、快递员投诉申辩渠道开通到位。设立邮政“爱心驿站”“爱心青空间”等阵地156处，争取职业技能培训补贴资金170万元。三是推进绿色邮政建设。贯彻《广西加快推进快递包装绿色转型实施方案》等文件要求，落实“2582”［开展重金属和特定物质超标包装袋与过度包装2个专项治理，力争年底可循环快递箱（盒）使用量500万个，电商快件不再二次包装率达80%，新增2万个设置标准包装废弃物回收装置的邮政快递网点］工程要求，开展重金属和特定物质超标包装袋与过度包装专项治理。全市瘦身胶带封装比例达98%，不再二次包装的电商件达91.4%，循环中转袋使用率达91%，新增设置包装废弃物回收装置的网点数量114个。处罚涉及环保类违法行为3起。四是推进快递进村。建制村实现2个品牌以上企业进村的有1197个，覆盖率89.6%。为农产品上行提供专业化供应链寄递服务，推动“互联网+”农产品出村进城。打造“快递+小米蕉”产业链，寄递量达1249万件。沃柑、蛋黄酥、小米蕉寄递项目获评国家邮政局2021年快递服务现代农业金牌项目。落实国家邮政局关于邮快合作的工作部署，邮快合作网点1002个，覆盖率75%。落实建制村投递打卡工作要求。五是推进快递出海。支持企业提升仓储寄递效率，积极参与跨境电商综合试验区建设。多个邮政快递企业在南宁通过一站式跨境供应链网络布局，参与共建西部陆海新通道。成立广西中邮物流有限责任公司，代理跨境电商报关业务；广西圆通已成立国际业务部；中通筹备国际业务部门；顺丰入驻国际铁路港，在南宁机场空港产业园建设航空集散中心，顺丰、邮政、圆通开通国际全货机航线。邮政快递业列入临空经济示范区规划内容。

（二）持续优化行业发展环境。一是推进行业规划政策落地实施。完成邮政业发展“十四五”规划编制、发布。推动出台《促进南宁市现代物流业高质量发展的若干政策》。推动将邮政快递相关内容纳入南宁市“十四五”规划。落实与南宁交投集团签订的战略合作协议，马山圆通与南宁交投集团合作共建全市首个县级快递仓储共同配送中心。二是推进行业基础项目建设。邮政快递业有3个项目纳入第一批自治区层面统筹推进重大项目库，7个相关项目纳入市级层面统筹推进重大项目库。五网大会战“物流网”建设项目稳步推进。对重点邮政快递、电商物流项目进行督导。京东南宁电子商务产业园及运营结算中心项目、南宁顺丰创新产业基地项目、中通快递南宁转运中心先后竣工投产，申通南宁智慧物流产业园加快建设。三是推进县域寄递物流体系建设。邕宁区建成南宁市首个自购自动分拣设备并投入使用的统仓共配中心。马山县县级寄递公共配送分拨中心已进驻5家快递品牌企业并投产运行。在隆安县打造农村三级寄递物流体系建设试点，建设县级寄递物流公共配送中心和村级寄递综合服务站。四是持续推进“放管服”改革。做好快递业务经营许可证审批工作。全年受理审核各项许可事项累计4190项，其中，许可事项申请核查141项，分支机构事项备案121项，末端备案申请共3928项。办理普遍服务备案事项34项，其中暂停普特服务业务4项，变更网点信息19项，就近迁址11项。许可备案事项均在法定时限完成。

（三）筑牢行业安全发展防线。全年未发生重大安全生产责任事故。不断加强宣传教育，明确安全主体责任，多次组织召开安全生产培训会，加强与禁毒、公安、治安、烟草、消防等部门联系，与企业签署2021年安全生产承诺书。确保机要通信安全，联合市国家保密局完成两轮机要检查全覆盖及重大活动期间专项检查工作。结合推进查堵涉毒、涉枪涉爆、危险化学品和反恐工作，督促严格落实“三项制度”（实名收寄、收寄验视、过机安检）。开展“安全生产月”“安全生产八桂行”活动以及打击整治电信网络诈骗违法犯罪“断卡”专项行动。开展打击芬太尼类物质和非法寄递野生动物及其制品专项检查执法。联合组织禁毒培训，进行暗访测试，推进全市寄递渠道禁毒百日攻坚行动。强化应急管理。聚焦快递员劳动报酬、劳动强度等权益保障，关注价格竞争带来的末端网点生存、网络运营动态、快件积压爆仓等问题。对全辖区市场主体进行摸排调查，实行分片区网格化管理。打击违规收费和违反快递服务标准行为，对乡镇快递网点违规收费和违法快递服务标准行为采取重拳出击。加强快递电动三轮车规范管理，将快递电动三轮车纳入信息化平台管理，完成快递电动三轮车外观、车型、车牌改装6800余辆。

（四）推进行业高效能治理。一是开展日常监督检查。全年检查企业网点458家次，出检1070人次，约谈企业18家，下达责令整改通知书17份，排查安全隐患65处，查处违法违规案件50起，行政罚款33.2万元。二是加强邮政普特服务和特殊服务监督。配合国家邮政局开展2021年全国邮件传递时限监测工作，建制村实地打卡率稳定于98%以上，组织邮政服务质量检查，开展乡镇邮政局所专项检查回头看工作。出检218人次，对80个邮政营业场所开展服务质量检查。积极配合创城工作，对城区65个普通服务网点开展随机检查。对13个“十三五”西部和农村地区建设项目开展回头看监督检查。配合完成国务院第八次大督查第十一督查组指出的问题整改。完成中央环保督察等17个邮政专用信箱服务保障。完成高考录取通知书寄递任务。完成《中国共产党成立一百周年》等10套纪特邮票发行监督工作。三是推动邮政综合服务平台建设。把邮政综合服务平台建设作为提升普遍服务质量的重要抓手，全市开办警邮、税邮、政邮便民服务网点共63个，覆盖全市各县市区，完成寄递业务近30万件。四是做好消费者申诉工作。受理“12305”热线及国家局申诉网站消费者申诉并结案1156件。消费者申诉均依法依规做了调解处理，累计挽回经济损失46.93万元。消费者对邮政管理部门申诉处理工作满意率96.9%，对企业申诉处理结果满意率94.8%。受理市政府12345热线、局长信箱等投诉申诉814件。

三、经验体会

（一）必须坚持党对邮政事业的全面领导。南宁市邮政快递行业改革发展的成效，归根结底是党对邮政事业正确领导的结果，推进南宁市邮政快递行业高质量发展，必须坚持以习近平新时代中国特色社会主义思想为指导，始终把贯彻落实习近平总书记重要指示批示作为首要政治任务，自觉把党的领导落实到邮政业发展各领域各方面各环节。

（二）必须坚持人民邮政为人民的初心使命。推进南宁市邮政快递行业高质量发展，必须始终牢记“人民邮政为人民”的初心使命，更好解决人民群众用邮需要中的“急难愁盼”问题，不断增强人民群众用邮的获得感、幸福感和安全感。

（三）必须坚持“两个毫不动摇”。党的十九大报告强调“毫不动摇巩固和发展公有制经济，毫不动摇鼓励、支持、引导非公有制经济发展”。推进南宁市邮政快递行业高质量发展，必须坚持“两个毫不动摇”大力培育寄递市场体系，不断推动邮政企业与民营快递企业更好地协同发展。

（毛威）

党建引领促业务　以高质量党建引领高质量发展

国家统计局南宁调查队党组

2021年，国家统计局南宁调查队（简称南宁队）党组坚持以习近平新时代中国特色社会主义思想为指导，深入学习贯彻党的十九大及十九届历次全会精神，扎实推进党史学习教育，紧扣“建‘三高一好’队伍，创‘南宁调查’品牌”工作目标，全面落实广西国家调查工作会议决策部署，圆满完成各项调查任务。

10月8日，国家统计局南宁调查队组织召开全体党员大会

一、党建概况

2021年，国家统计局南宁调查队直属基层党组织总数为4个，其中党组（党委）1个、党总支部1个、党支部2个。正式党员34人，发展对象1个，入党积极分子1人。

（一）坚定思想引领，政治理论学习再创“新高度”。一是持续深入学习贯彻习近平新时代中国特色社会主义思想和党的十九届历次全会精神，跟进学习习近平总书记在党史学习教育动员大会、建党100周年大会及视察广西时的重要讲话和重要指示批示精神。二是认真学习习近平总书记关于统计工作重要指示批示精神及有效提高干部职工适应新时代统计调查工作要求的思想素质和业务能力。

（二）坚持学思践悟，党史学习教育收获“新实效”。年内，南宁队共组织开展党组中心组理论学习暨党史学习教育专题学习9次，每次学习安排有队领导领学发言，科室负责人作重点发言。组织上专题党课5次，既有本队的领导和支部书记授课，也有总队分管领导、总队第三、四支部的书记授课；既有序列专题的党课，也有微视频的党课，党课内容丰富，形式多样。到湘江战役纪念馆、红三军宿营地、大坪渡口接受爱国主义教育1次，亲身接受革命英雄血与火的洗礼。青年理论讨论小组专题研学4场，迎接总队、南宁市党史学习教育巡回指导3次；组织全队撰写党史学习教育心得体会21篇，参加国家局举办的“弘扬伟大建党精神”征文活动文章6篇，结合“三会一课”和主题党日等开展主题突出、特色鲜明、形式多样的学习活动9次。

（三）狠抓执纪监督，全面从严治党打开“新局面”。一是做细做实日常监督，党组纪检组通过逐一走访科室谈话、新提拔干部任前谈话、警示教育谈话、廉政提醒谈话等多种方式做到勤提醒、常监督、早警戒，促进干部廉政勤政。二是严肃整治清查，巩固三项专项治理成果，召开3次专题会议研究部署开展清查工作，成立领导小组明确责任落实，成立工作小组进行地毯式核查并将清查出的12类253项不规范问题列明清单逐条逐项整改，对公务接待不规范、违规发放津补贴问题，向16位相关责任人发出清退通知单并全部清退到位，清查工作取得实效。三是落实国家局巡视反馈问题整改，共梳理出4个方面、7种类别的9条主要问题和11项具体表现，制定19项整改措施，截至11月5日，19项措施整改进度已达100%，提前完成整改工作。

二、主要工作

（一）强化科技应用，农业调查工作实现“新跨越”。一是“e农调”系统应用稳步推广。辖区7个粮食大县在2021年春播、夏播调查期均使用“e农调”系统完成了对315个样方的遥感影像采集；秋收，邕宁区试点使用“e农调”进行晚稻估产数据联网直报，为来年“e农调”的进一步推广积累经验。二是积极落实广西调查总队关于畜禽专业电子记账工作的统一部署，扎实推进广西重要商品价格指数平台畜禽专业电子记账APP测试工作，农业调查信息化应用水平大幅提升。

（二）优化台账建设，住户调查工作走出“新路子”。在10月对前三季度的精准台账建设和使用情况进行集中验收，实现全市1610户记账户台账建立100%，做到按月更新，精准识户，精准台账的使用大大提高了审核效率，有效夯实基础工作，提高数据质量。

（三）积极探索实践，涉企调查工作使用“新工具”。积极探索信息化在涉企调查数据审核中的应用，自主开发数据审核小程序安装在调查员手机里，并首次应用于服务零售结构调查实地采集数据环节，有效提高了数据采集和审核的效率，得到了广西调查总队和国家统计局贸经司的高度认可。

（四）党建与业务融合，劳动力调查展现“新风貌”。劳动力调查全面扩样，全市125个劳动力调查点中，有党员辅调员的有65个。通过设立电话核查“红黑灰榜”，亮明党员统计员所在县（区）和党员调查员所在网点，主动接受考核和监督，充分发挥党员先锋模范作用，用创先争优的工作氛围有效推动工作开展。

（五）抓住关键重点，工价调查工

作建立“新机制”。搭建与调查重点企业间的高效联系机制，通过季末向本地区重点、热点行业企业发放调研问卷、电话问询、实地走访等方式了解生产经营情况，开展产品价格波动剖析，及时对掌握的信息数据进行分析、呈报，为党委、政府准确把握经济运行态势提供重要参考。

（六）巧用网购平台，ICP规格品采集取得“新突破”。使用“大数据×实地”调查方式，充分利用美团、京东到家、58同城等手机APP软件及购物网站开展调查，一方面极大节省了实地调查对人力和时间的消耗，另一方面本地难以搜寻的规格品得到了有效补充，采集率比上一轮ICP调查提高了18.1个百分点，工作成效取得新突破。

（七）积极主动作为，“美丽南宁”考评探索“新领域”。作为“美丽南宁·整洁畅通有序大行动”第三方考评单位，为更好促进城市建设和管理，积极联合有关部门对在武鸣区开展考评工作的可行性和必要性进行探索研究，推进考评工作在全市范围开展。

三、经验体会

（一）务求工作实效，统计服务工作展现“新作为”。一是强化主调查指标的跟踪监测和运行预警分析，密切关注调查指标的异常波动和敏感变化，第一时间发挥预警作用。二是充分利用《南宁日报》、《南宁晚报》、南宁新闻网等主流媒体及本队公众号解读调查数据，方便社会公众查询使用。2021年全队共撰写调查信息193篇，调查报告21篇，在全区市级调查队中排第二；获市两办采用162篇次，在全市98个政务信息考核单位中位居第一，卿嵩岚获自治区政府办公厅评“广西2021年4月政务信息报送之星”。

（二）适应时代潮流，新闻宣传工作尝试“新载体”。一是积极提升“南宁调查”公众号影响力，2021年全队共编发微信图文208篇，其中总队采用36篇，国家统计局采用5篇，6个月位居全国统计调查系统市级微信公众号综合影响力top50榜单，实现个性化制作、可视化呈现、互动式传播。二是大胆尝试抖音“新载体”，在南宁队官方抖音账号上推送的《壮族三月三，唱支山歌给党听》《巾帼心向党　数海筑梦圆》等内容单篇浏览量均超过1万次。

（三）市县联合执法，夯实法治基础开创“新思路”。一是召开南宁辖区市县调查队统计执法人员培训，提升执法骨干业务理论水平；二是从辖区县队各抽调1名执法人员协助南宁队对样本企业和辖区内县、区统计局开展“双随机”统计执法检查，采取“市县搭配”“老带新”的方式，整合市县队统计执法力量开展联合执法，相互学习借鉴，形成工作合力，使统计执法检查质量更高、整改效果更好。

（四）强化干部培养，干部队伍注入“新活力”。坚持党管干部，2021年选派2名干部到上林队、青秀区委宣传部帮助工作、挂职锻炼，提拔3名科级领导干部，4名干部职级晋升，从系统内遴选6名干部充实干部队伍；重点培养西藏籍干部全面发展，该名干部已主动向党组织提交入党申请书；对7名干部进行轮岗，各科室队伍结构得到有效优化，进一步激发干部干事创业的活力。

（五）关心关爱干部，搭建沟通桥梁探索“新举措”。积极落实《广西国家调查队系统关心爱护干部职工身心健康若干措施》有关精神，通过进一步完善谈心谈话制度、领导接访日制度及开设队长信箱等多举措强化班子领导与干部职工的沟通交流，及时了解干部职工所思所想所盼，解答工作疑惑、解决生活难题；对三名困难党员开展关心慰问并发放慰问金，帮助其向广西总队、市工委申报困难补助。

（六）着力提升效能，综合行政工作提升“新水平”。一是高标准办文，办理各类文电600余件，按要求及时公开政府信息，撰写上报政务信息176篇，总队采用123篇，国家统计局采用10篇。二是严要求督办，将全年重点工作任务、会议议定重大事项纳入督察督办范围，做好督促跟进落实。三是严格执行财务制度，重大开支事项集体研究决定，日常开支严格审批，细化预算分解，科学制定经费使用计划，进一步健全内控体系。四是强化红线意识做好安全保密工作，主要领导及办公室全员参加广西调查总队举办的保密工作培训，全方位健全防范泄密风险的工作机制和措施。五是坚持一流水准提升档案管理水平，在市档案局年检工作中再创佳绩，实现“九连优”。六是扎实做好综治、维稳、计生、信访、精神文明建设、能耗统计等其他综合性工作，与民族团结示范村——横县方村达成民族团结联建共识，民族团结进步宣传教育水平进一步提升。

（方文焕）

贯彻新发展理念　构建新发展格局
在聚力建设具有区域特色海事强局征程中当好先行者

南宁海事局党委

2021年，南宁海事局党委坚持以习近平新时代中国特色社会主义思想为指导，深入学习贯彻习近平总书记关于安全生产、交通运输、应急管理重要论述，认真落实党中央、自治区党委和市委各项决策部署，围绕高质量发展主题，统筹推进安全监管和疫情防控各项工作，确保辖区水上交通安全形势持续稳定，为建设具有区域特色的海事强局注入强大动力。

10月20日，南宁海事局成功承办广西海事智慧监管系统推广现场活动

（李建东　摄）

一、党建概况

2021年，南宁海事局党委下设9个党支部，其中机关党支部4个、基层海事处党支部4个，退休干部党支部1个。共有党员76人，其中在职党员57人，退休干部党员19人。

（一）坚持以政治建设为统领，在坚定捍卫“两个确立”，始终做到“两个维护”上走在前、作表率。深入贯彻落实党的十九大和十九届历次全会精神，引导干部职工深刻领悟“两个确立”的决定性意义，切实增强“四个意识”、坚定“四个自信”、做到“两个维护”。紧盯上级重要指示和重大决策集中发力，认真谋划并组织实施南宁海事“十四五”发展规划。持续开展模范机关建设，实施忠诚铸魂、组织强化、素质提升、示范引领、正风肃纪、作风锤炼六大行动，细化分解20项2021年度模范机关重点攻关任务，推动政治机关意识向机关部门、基层海事处延伸。深入开展“党旗飘在一线、堡垒筑在一线、党员冲在一线”突击行动，派出100余人次参与防疫志愿服务，积极推进新冠病毒疫苗接种工作。

（二）坚持以思想建设为首要，在强化理论武装筑牢理想信念根基上走在前、作表率。坚持把学习贯彻习近平新时代中国特色社会主义思想作为首要政治任务，严格执行“第一议题”制度，开展中心组学习8次，举办读书班4期，班子成员讲专题党课8次。扎实开展党史学习教育，建立班子领学、党员互学、融媒自学、集中研学、现场教学、微信推学6项学习模式，利用中心组、读书班、青年理论学习小组、党支部、党建联盟、专题讲座六大学习载体开展集体学习活动140余次，与高等院校、地方单位、航运企业等27家单位开展联学共建18次，24项“我为群众办实事”实践活动项目平均社会满意度超98%，161项党员承诺事项如期兑现。认真落实意识形态工作责任制，定期开展专项督查和分析研判，有效处置舆情3起。

（三）坚持以提升组织力为核心，在锻造坚强有力的基层党组织上走在前、作表率。推进党支部标准化规范化建设，以打造“四强”党支部为目标，调整支部设置和党员配置，开展支部书记述职评议考核，推动形成“书记抓、抓书记”的党建工作格局。持续落实与江南区延安镇那齐村签订的11条结对共建协议，8支党员先锋队和5支青年突击队在疫情防控、安全监管攻坚克难中冲锋在前，1名党员获“直属海事系统优秀党务工作者”称号。注重党员发展工作，发展预备党员6名，确定发展对象9名，培养入党积极分子11名。继续发挥好全国文明单位示范引领作用，建成“新时代文明实践站”，2021年南宁海事局获“交通运输党建文化建设优秀单位”称号。

（四）坚持以建设高素质人才为重点，在激励干部担当作为上走在前、作表率。实施“363”人才培养工作思路，坚持用好六景政治教育基地、“首善”业务讲堂、“首善”劳模创新工作室3个人才培养载体，组建水上应急搜救处置、海事监管新技术研究运用等6个研究小组，实施项目化人才培养模式，建立激励学习、鼓励创新、激励担当作为3项机制，实施公务员目标绩效考核积分制管理并将其作为评优评先依据。启动副科级领导干部选拔任用工作，完成2名科级领导干部试用期满转正考核和18名干部职级晋升工作，调整13名干部工作岗位，4名干部考取法律职业资格等相关从业证书。

（五）坚持以正风肃纪、营造良好政治生态为保障，在一体推进“三不”机制上走在前、作表率。严格落实党风廉政建设责任制，压紧压实“两个责任”和“一岗双责”，认真贯彻中央八项规定及其实施细则精神，持续优化检查督查工作方式。开展廉政教育月、廉政警示教育、现场教学、干部任前纪律教育、廉政家书和廉政作品征集等形式多样的廉政教育活动，不定期开展谈心谈话。修订政府采购管理办法、经费开支审批管理办法等内控制度，聚焦水上交通安全专项整治三年行动、海事行政执法领域突出问题专项整治等工作实施监督执纪，开展明察暗访和走访调研16次，政风电话回访59次，处理问题线索3件，函询1人，组织签订廉政合同4份，开展项目廉政谈话11次。

二、主要工作

（一）突出系统思维，筑牢本质安全根基。协调建立南宁市水上安全管理联席会议制度，牵头组织起草的《南宁市（农）自用船安全管理办法》经市政府常务会审议通过并印发实施，报请市政府印发《南宁市渡运安全管理问题整改实施方案》，推进治理20项渡运及农（自）用船安全管理问题，报请市安委办等相关部门印发《南宁市水上交通安全工作联席会议制度》，进一步厘清监管界限。联合市交通运输局制订并报请市政府印发《南宁市加强和完善水上搜救工作实施方案》，组织修订《南宁市水上搜救应急预案》《南宁市船舶污染事故应急预案》。报请市政府印发《南宁市水上搜救奖励和补偿管理办法》，积极协助南宁市蓝天救援志愿者协会、南宁市红十字搜救队申报并获得交通运输部2020年度贡献突出社会搜救力量表彰。协调隆安县建立隆安县水上搜救分中心。全年接到水上报警8起，组织搜救行动8次，救助遇险船舶7艘，遇险人员32人，获救人员31人，搜救成功率达96.875%。

（二）强化隐患治理，优化通航水域环境。扎实开展水上交通安全专项整治三年行动，制定问题隐患和制度措施清单，全面落实风险防控和隐患治理双重预防机制，作为全国海事系统第一个分支局在交通运输部海事局层面交流推广南宁辖区相关经验做法。完成2项市级涉水安全集中攻坚任务，有效消除48个突出隐患，纳入问题隐患与制度措施“两个清单”的16项问题隐患实现动态清零。辖区各类水上交通事故件数同比下降30%，航运公司管理船舶未发生一般及以上等级事故。针对近三年事故多发水域，配合编制百色、龙州、南宁、梧州至珠江水系基本航线重点航段引航操作指南等实用性教材，推动地方相关责任部门完成隆安小捆滩航道疏浚整治，优化横州市伏波滩等险滩助导航标设置，增设4座浮标。围绕邕江大桥水域未划定市民游泳专用水域存在安全隐患的问题，联合南宁航道养护中心绘制重点密集区域航道分布图，设立游泳密集区域航道分布告示牌4张，于2021年11月上旬在邕江沿岸投放，切实提升安全警示效能。

（三）深化机制改革，激发转型发展活力。积极推进交通运输部海事局关于“陆海空天”一体化水上交通运输安全保障体系建设和全要素水上“大交管”建设的工作部署。高站位、高标准、高质量试点运行“广西海事智慧监管系统”，实行水上巡查“派单制”，制定《水上巡查信息流转管理办法（试行）》，完善18个配套制度，初步建成“以指挥中心为中枢、以各业务部门为支撑、海事处现场执法单元精准执法”的动态监管模式。全年电子巡航查纠船舶违法行为250起，同比增长316.67%，出动执法人员总数下降21.85%。从客运量较大且地处急弯航段的江南渡口做起，在辖区10道一类渡口建立“电子斑马线”，同时在西津船闸设立“西江电子检查站”，电子巡查和现场核查互为补充，形成了“VHF远程沟通、CCTV无接触检查、智慧监管系统精准核查、海事处电子接单处理”的监管闭环。

（四）践行绿色发展理念，构筑船舶污染防治防线。稳步推进西江干线首个船舶水污染物“零排放”试点航区建设，牵头组织召开2次协调会议，阶段性完成试点航区内港口码头船舶水污染物接收设施建设布局，南宁市首批水上污染物回收船舶投入使用，船舶水污染物船上分类储存、交付接收、岸上处置的全链条闭环管理格局基本构成。联合市交通运输局等7家单位开展2021年南宁市船舶溢油应急联合演习，组织、指导航运企业和船舶开展应急演练16次。完成六景溢油设备库溢油应急设施设备入库管理和配套管理制度建设运行，建成西江广西航段首个一次性可处理50吨溢油的设备库，并有力支持了河池市处置“4·25”龙江洛东电站河段油污染事件。开展船舶燃油质量监督检查，其中简易设备硫检测452艘次，燃油送检测机构检测200艘次。严格西江干线船舶大气排放控制区监管，强化船用燃油限硫令，查处违规使用硫超标燃油17起，超标排放生活污水案件7起。

（五）主动担当作为，服务地方经济发展。积极服务西部陆海新通道建设，高效保障南玉高铁、伶俐大桥等19个自治区、南宁市重大涉水项目建设和4次大型群众涉水活动。年内，保障24.66万艘次船舶安全航行、1695.26万吨货物安全运输，服务981.56万群众水上安全便捷出行。聚焦船员培训难问题，指导帮扶1家船员培训机构通过交通运输部海事局审批，取得船员培训资质。做好新冠肺炎疫情常态化防控形势下船员培训和考试工作，服务保障2320人次顺利完成船员考试。调派师资开展典型事故案例进航运公司、进船员培训机构活动，累计组织集中宣讲61场次，覆盖航运公司401家次，培训机构35家次，教育管理人员563人次，船员1386人次。落实“放管服”改革和国家减税降费政策，推进自助服务站点建设，率先完成一站式政务行政审批模式改革，创新开设“局长直通车”、打造“移动政务窗口”，大幅减少办结时间，完成政务办理事项20585件，同比增长77.9%，助力辖区船舶抵押融资8.2亿元。圆满完成建党百年灯光秀现场直播、2021年南宁龙舟公开赛、金鸡岩“祈福节”等重大活动现场通航保障任务。围绕“水上平安交通，安全伴我成长”活动主题，深入开展水上交通安全知识进校园活动10次，水上安全社会实践活动5次，参与师生与市民约5400人次。

三、经验体会

（一）必须坚定不移抓好政治建设。把学习贯彻习近平新时代中国特色社会主义思想作为首要政治任务，深刻领悟“两个确立”的决定性意义，坚决把“两个维护”作为最高政治准则和根本政治规矩，切实提高政治判断力、政治领悟力、政治执行力，始终在政治立场、政治方向、政治原则、政治道路上同以习近平同志为核心的党中央保持高度一致。

（二）必须坚定不移践行人民至上理念。坚持以习近平总书记“民之所忧，我必念之；民之所盼，我必行之”的深厚为民情怀为标杆，把群众观点、群众路线具体落实到行动上，情系水运安全发展、提供创新优质服务、惠及各类行政相对主体，建成人民满意的海事。

（三）必须坚定不移发扬斗争精神。坚决与畏难情绪懒惰思想作斗争、与发展中遇到的困难和问题作斗争、与不可预见突发性事件作斗争，坚持底线思维，增强忧患意识，高度重视和防范化解风险隐患，持续推进水上交通安全形势持续稳定向好。

（四）必须坚定不移推进自我革命。始终把管党治党责任抓在手上、扛在肩上、落实在行动上，全面推进党的建设，纵深推进全面从严治党，持续推进海事监管模式数字化转型升级，推动构建共建共治共享的水上安全治理格局，为党的二十大胜利召开创造良好的水上交通环境。

（农乔媛）

勇担使命　砥砺前行　全面彰显央企责任担当

南方电网广西南宁供电局党委

2021年，南方电网广西南宁供电局坚持以习近平新时代中国特色社会主义思想为指导，坚持严的主基调，将党的领导贯穿改革发展、生产经营各领域各环节，坚决贯彻市委、市政府决策部署，从讲政治的高度做好首府电力保障供应，为全面落实强首府战略、推动全市高质量发展提供强劲电力支撑。

11月26日，南方电网广西南宁供电局工作人员上门服务华润风电新能源接入电网（肖军　摄）

一、党建概况

2021年，南方电网广西南宁供电局党委下辖7个县级供电企业党委、8个党总支部、116个党支部、193个党小组。共有2027名党员，其中局本部1010名党员。

（一）旗帜鲜明讲政治，坚决做到“两个维护”。全年开展党委会“第一议题”学习70次，清单式销号政治要件台账105项措施，带头示范引领各级党员干部持续学懂弄通做实习近平新时代中国特色社会主义思想，坚决做到“两个维护”。在提前两年完成电力扶贫指标、定点帮扶村4077人全部脱贫摘帽的基础上，全年将有序衔接乡村振兴等工作纳入“我为群众办实事”实践活动，累计治理重过载低电压台区2258个，农村及偏远地区频繁停电、长时间故障停电用户数分别下降63%、67%；择优选派新一轮11名乡村振兴帮扶干部，“线上+线下”推动产业扶贫成效显著，其中上林县云桃村村集体经济收入达到34万元，上林县覃浪村全村脱贫人口年人均收入同比增长40%。严格执行国家和自治区降低用电成本系列政策，全年累计为客户节约用电成本17亿元，有力服务“六稳”“六保”、服务“双碳”大局、服务广西自贸区建设和强首府战略落地。

（二）坚持党的全面领导，层层压实全面从严治党责任。以考班子、考融合、考成效为导向深化党建工作与改革发展生产经营深度融合“一库一榜一奖励”。扎实开展巡视巡察257项常态化整改，深入开展全国国企党的建设工作会议精神贯彻落实情况“回头看”，逐项抓好发现问题整改。党委书记认真履行第一责任人职责，扎实落实“三个必须”“四个亲自”要求。纪委更加聚焦班子成员及“关键少数”履职情况，织密建强监督网。党委班子成员认真落实分管领域责任，2021年累计到基层党建工作联系点等检查指导51次。定期研究党风廉政建设工作，督促班子针对突出问题抓整治、健机制、堵漏洞。在选人用人方面征求纪委意见83人次。3次主动与地方纪委、监委汇报，巩固政企合作的良好态势。

（三）坚持筑牢思想根基，扎实推进党史学习教育。精心谋划建立“两计划、四清单、六方案、办实事两清单”的工作管控模式，立足实际推进“我为群众办实事”实践活动，用心用情解决好群众用电问题。将持续学懂弄通做实习近平新时代中国特色社会主义思想作为首要任务，分层分级学习习近平总书记“七一”重要讲话精神、党的十九届六中全会精神并推动贯彻落实。强化意识形态管控，以“奋斗百年路　启航新征程”为主题主线加强宣传策划，确保正面宣传唱得响，负面舆情控得住。

（四）夯实组织建设，基层党组织战斗力有效提升。创新推出党建规定动作“一张表”，基层直接对照抓落实。深化党员、骨干“双培养一输送”工程，100%完成年度发展党员指标92人，党员轮训率72%。以“书记上讲台”、跨支部观摩交流等措施推动党务干部提升党建本领，以赛促学在广西电网公司举办的党建技能竞赛、党史知识竞赛、新闻宣传技能竞赛中包揽三个团体一等奖。将政治标准、廉洁要求和业绩导向融入干部“选育管用”全链条和人才发展全过程。择优选派92名干部参加广西电网公司“三级四进”递进式培养，职能部门与基层单位、市县、党政之间交流任职197人次。

（五）狠抓作风和纪律建设，深入推进反腐败斗争。严格落实中央八项规定及其实施细则精神，大力整治形式主义、官僚主义，建立下基层“三同步”、基层问题“直通车”等机制，着力为基层解难题、减负担。组织全员签订拒绝“黄赌毒”酒驾醉驾及严禁诬告陷害承诺书、向员工家属发送告知书，提高干部员工法纪意识。强化“不敢腐”的震慑，坚持有腐必反有贪必肃。扎牢“不能腐”的笼子，成立廉洁风险防控工作室抓实课题研究。增强“不想腐”的自觉，推出现场警示教育、“绿城清风”专栏等组合拳。

（六）坚持党对群团工作的领导，凝聚改革发展合力。坚持党建带团建，创新实施“青马工程导师制”，“电亮绿城”志愿服务队获评全国青年志愿者优秀组织，“蓝公益·安全同行　电亮未来”志愿服务项目获评南宁市新时代文明实践志愿服务优秀案例。大力弘扬奋斗精神和劳模精神，涌现出中央企业优秀共产党员丁特强、全国技术能手李炎等一批先进个人和先进集体。

二、主要工作

2021年，南方电网广西南宁供电局完成售电量273.5亿千瓦时，同比增长12.63%。全年全社会用电量298.35亿千瓦时，同比增长13.56%。其中，第一产业用电量10.77亿千瓦时，同比增长35.09%；第二产业100.38亿千瓦时，同比增长10.59%；第三产业95.25亿千瓦时，同比增长17.04%；城乡居民生活用电91.95亿千瓦时，同比增长11.33%。全年固定资产投资完成23.4亿元。全年累计缴纳税费3.62亿元。

（一）积极维护良好发展环境。坚决贯彻“切实抓好疫情防控、社会稳定、城市安全‘三件事’，牢牢守住安全稳定底线”的部署要求，守牢不发生聚集性疫情和重要防疫场所、防疫物资生产企业可靠供电内外两道防线。通过全区首个涉电公共安全联合公益宣传平台加大宣传力度，挂牌督战整治人员密集区重大涉电公共安全隐患。圆满完成国家主要领导人考察广西和庆祝建党100周年、第18届中国—东盟博览会等153项重大保供电任务。

（二）政企合作提供民生用电最强保障。面对严峻局面，南方电网广西南宁供电局坚决贯彻习近平总书记关于保障电力供应的重要指示批示精神和市委、市政府决策部署，全力做好电力保障供应。主动加强与市委、市政府的沟通汇报，协助政府在自治区内率先发布规范有序用电的重要文件，政企联合组建24个有序用电工作组每日检查全市错避峰落实情况，助推区市媒体平台积极开展节约用电专题宣传，保障电网的安全稳定运行。

（三）主动服务给予客户用电最大支持。提前研判电力供应需求，科学制定有序用电方案，主动向广西电网公司争取电力供应支援。通过信息化手段全过程监控有序用电情况，优先安排高耗能企业参与错避峰，全力保障强首府战略重大项目建设用电和高附加值企业生产用电。组织党员服务队近1200人次“一对一”做实做优近4000家有序用电用户供电服务，指导企业科学合理安排生产班次，支撑全市2021年全社会用电量增速达12.65%。

（四）积极探索寻求绿色低碳转型最优路径。开展以新能源为主体的新型电力系统建设，积极促进绿色清洁能源消纳，年内新增清洁能源并网装机22万千瓦，建成自治区首例基于智能用电管理的分布式储能示范工程，推动一批整县光伏或优质光伏项目合作开发协议签订，助力“双碳”目标实现。抓好电动汽车服务业务，新建充电桩超700个，实现充电桩电表业务“即报即装”。

（五）持续建强首府现代化电网。落实南宁市政府与广西电网公司签订的“十四五”电力合作协议，与所有区县组织签订“十四五”电力合作协议，重点优化城市核心区域电网布局。完成固定资产投资22.1亿元，年度投资计划完成率138%，建成10千伏及以上项目1087项，其中投产220千伏利华站、110千伏凯旋站等20项重点主网工程。客户平均停电时间6.2小时/户，同比下降28.7%，其中南宁城区0.4小时/户，同比下降45%。建成五象总部基地高可靠性配电网络示范项目，该片区平均停电时间0分钟，供电可靠率100%。

（六）打造优化用电营商环境标杆供电局。根据2020年国家发改委组织的营商环境测评情况及2021年营商环境报告，南宁市“获得电力”中5个二级指标中的“流程”“费用”均获得满分，在80个重点城市中排名第35位。开展优化用电营商环境三年行动，在自贸区及高新区等重点区域打造“获得电力”示范区，全面推行低压用户用电报装“三零”服务、高压用户“三省”服务，持续优化“爱南宁”“南网在线”19类23项远程渠道办理用电业务功能，远程业务比例超过99%，实现“证照共享”“刷脸办电”。实现外线工程并联审批压缩至1个工作日，所有低压外线工程、50米以内中高压外线工程免审批。低压零散居民、低压非居民和高压单电源用户报装全流程用时分别为1.3个工作日、2个工作日和22.2天，比2018年分别缩减85%、89%和79%，连续9年在地方政府公共服务行业满意度评价中排名第一。全面推广配电运维、电能保、快捷电工等17项增值服务，其中在广西率先推出“临电共享”租赁服务，纳入南宁市政府“拿地即开工”改革配套措施，助力用户“获得电力”时间压缩50%以上，节省办电成本20%以上。高质量完成南宁市256个小区“三供一业”供配电设施改造及管理职能移交工作，为6.1万户用户提供优质供电服务和设备运行维护。

三、经验体会

（一）必须加强党的领导，坚定正确政治方向。坚持从百年党史中汲取智慧力量，把捍卫“两个确立”、做到“两个维护”体现到贯彻落实上级决策部署、服务重大战略实施上，充分发挥党委把方向、管大局、促落实的领导作用，持续增强基层党组织的创造力、凝聚力、战斗力，以一流党建引领一流企业建设。

（二）必须牢记初心使命，情系人民造福于民。坚持以人民为中心的发展思想，践行“人民电业为人民”的企业宗旨，努力满足人民群众追求美好生活的电力需要，在助力乡村振兴落地、优化用电营商环境等方面作表率、树典范，进一步改善和增进用电福祉。将“紧紧依靠职工”作为企业发展的力量源泉，紧密联系基层，提升职工的获得感和归属感。

（三）必须坚持一流目标，矢志不渝争先创优。坚决贯彻党中央“三新一高”的部署要求，敢于直面斗争，勇于自我突破，对标先进提出“十四五”末建成世界一流电网企业这一目标，以先行先试的行动拼出先行示范的成果，以追求卓越的姿态赢得赶超跨越的成绩，全力以赴打造具有南方电网广西南宁供电局特色的经验样板。

（四）必须把握科学方法，全面提升治企效能。坚持将马克思主义基本原理和党的创新理论作为想问题、作决策、办事情的重要遵循，提升工作的系统性、整体性、协同性，正确处理安全与发展、创新与传承、当前与长远、内部与外部、重点与全面、顶层与基层的关系，全面提升管企治企效能。

（五）必须强化责任担当，真抓实干善作善成。充分认识“人”是事业成败的关键因素，突出政治标准、廉洁要求、基层导向、业绩导向着力打造高素质专业化干部人才队伍，把优结构、转作风、提能力、重激励一体推进，南宁供电局愿为、敢为、善为的干事创业氛围已然形成。

（李雨芳　段婷）

贯彻新理念　奋战新阶段　融入新格局
坚定不移推动南宁烟草高质量发展

市烟草专卖局党委

2021年，市烟草专卖局党委坚持以习近平新时代中国特色社会主义思想为指导，全面贯彻落实党的十九大和十九届历次全会精神，紧紧围绕国家烟草专卖局、自治区烟草专卖局各项决策部署，坚决贯彻落实广西烟草商业“11336”发展新思路，坚持稳中求进工作总基调，深入开展党史学习教育，认真落实“三新一高”要求，全面统筹推进疫情防控和生产经营各项工作，高标准完成全年任务目标。

12月29日，市委市直机关工委第四调研指导组在市烟草专卖局（公司）开展“两随机”调研指导，并开展年度党建工作考评

一、党建概况

2021年，市烟草专卖局机关党委下辖支部28个，在职党员384名。

（一）持续推动党史学习教育见实见效。把开展党史学习教育作为重大政治任务，以迎接建党100周年为契机，以“七个一”主题活动为切入点，开展“十佳党课”评比大赛、革命传统教育、党史知识测试等活动，组织优秀党员和党务工作者到福建古田开展“学党史·强党性，从古田再出发”实地学习培训，与重庆中烟公司开展在线联学，带领党员“云”参观了重庆渣滓洞、红岩村与红岩革命纪念馆等，全体党员的思想和精神在学党史中得到深刻洗礼，带头解决群众“急难愁盼”问题，带领各支部党员为群众办实事103项，以“人民为中心”的发展思想在南宁烟草进一步落实落细。

（二）持续探索党建引领工作模式。始终把学懂弄通做实习近平新时代中国特色社会主义思想作为重大政治任务，切实发挥党组把方向、管大局、保落实的政治领导作用，持续巩固意识形态领域安全，不断提高党员干部的政治判断力、政治领悟力、政治执行力，坚定捍卫“两个确立”，坚决做到“两个维护”。开展党支部组织生活质量及达标创优“双达标”工作，全面推进党支部标准化、规范化建设，建立健全党支部工作标准21份，初步形成“制度+标准+方法”的工作体系。积极探索党建引领工作模式，发挥首创精神，紧密结合行业实际、单位实际，制定出台与业务工作高度相关的“8+X”党建考核体系，开展党支部和党员劳动竞赛，以考核、竞赛双轮驱动模式，推动党的建设全面提质。

（三）持续深化全面从严治党。把迎接国家烟草专卖局政治巡视和抓好“两项整改”及“回头看”问题整改结合起来，对2018年以来中央、行业巡视及区局历次巡察、检查及审计检查发现的问题，开展了长达半年的集中诊断、举一反三检查、建立问题清单和清仓见底工作机制、强化建章立制长效治理等系列工作，大量历史问题得到有效解决，问题滚雪球效应有效消除。打造“纪法双施双守、教育监督并重”的长效工作机制，建立“三级四层五维”监督执纪问责管理体系，全面排查各岗位廉洁风险点1274个，提出防控措施270条，实现廉洁风险防控全覆盖；修订整合监督执纪问责制度，全面提升纪检监察工作科学化、规范化和法治化水平。严抓问题处置，对收到的18起问题线索依法依规办理，立案调查4起、直接审理1起、党纪处分2人、政纪处理5人。

（四）持续巩固脱贫攻坚成果。主动为职工排忧解困，组织“心系职工情，温暖送到家”的送温暖活动，为因家庭成员患病、遭受突发意外等情况造成生活困难的职工发放慰问款物6.3万元；积极组织开展的2021年度“金秋助学”活动，向本单位6名困难职工子女捐赠助学金1.8万元。主动担当解民忧社会责任，全年累计结对帮扶贫困大学生30名，捐赠助学款15万元，连续八年获得“南宁市希望工程贡献奖”；向定点地区采购农产品100余万元；助力乡村振兴工作，及时向定点帮扶村屯和社会公益组织进行捐赠；进一步做实应对新冠肺炎疫情帮扶工作，共减免小微企业和个体工商户租户租金31.9万元；主动履职保护未成年人成长，重点整治校园周边违法售烟行为，打造校园周边“无烟”环境，守护未成年人健康成长。

二、主要工作

（一）推进经济运行稳中向好实现新作为。贯彻落实“十六字”方针，坚持市场状态优先，均衡调控各项经济指标，实现“一个持续向好”“三个升级”：市场状态持续向好。根据区局（公司）要求和市场变化，结合自身定位，改进企业发展运行监测体系，建立起计划调整、货源衔接、精准投放的市场响应机制，各项经济指标实现同比增长，卷烟社会存销比保持在0.66左右的合理区间。品牌培育和终端建设同步升级。围绕行业“136”“345”品牌战略导向，持续优化品类布局，做精做强重点品牌和地产真龙卷烟品牌。积极投身美丽南宁全国文明城创建活动，大力推进现代零售终端建设和文明吸烟环境建设，打造现代终端7085户，建成吸烟区（室、点）1776个。精益物流优化升级。实施物流标准化管理，统一人财物定额，稳步推进智能配送、高架库技改、异标合一分拣线建设，升级智能配送管控平台功能，深化物流资源整合，完成95条配送线路的业务外包。

（二）提升市场监管效能落实新举措。持续加大卷烟打假打私、市场综合治理力度，保持卷烟市场良好秩序。一是打假打私有力推进。构建“1+5+N”联合打假打私体系，加强跨地区、部门协同，严查大案要案，强化源头治理。查处违法案件2554起，查获假非私烟9712万支，同比增幅22%；破获国标案件10起、百万元以上案件21起；移送追刑120起，拘留65人，逮捕78人，判刑10人。二是市场治理水平持续提升。深入开展“双随机一公开”和“APCD”检查，专销协同持续提升诚信互助小组运维质量，共建共管共享治理格局不断稳固。依法推进零售点布局规划，做好中小学周边零售许可证的清理整顿工作，累计清理红线范围内零售户563户。三是真烟非法流通有效遏制。抓好源头管控和关键节点监管，严格落实“一案双查”，加大考核问责力度，强化货源监督、大户治理、考核追责等重点环节监管，真烟非法流通得到有效整治。

（三）推进企业管理升级跨上新台阶。以“企业管理创新年”活动为契机，全面推进企业管理提质增效。一是企业治理效能显现。科学编制“十四五”规划，推进岗位标准化建设，完善“3+2”大经济运行管理体系，优化“1122”绩效管理模式，抓实“3+3”重点工作，全面提升“现代终端、诚信互助小组、基层所队”三大平台建设水平，有效防控“合规、安全、队伍”三大风险。二是员工创新能力深度激活。建立健全创新管理制度机制，搭建创新创造平台，全方位激发干部员工创新创造积极性，创新成果实现历史最好成绩：申请发明专利3项，获国家局级别学术论文、课题成果奖3项，获省级课题成果奖6项，获区局科技创新奖6项。三是财务管理水平全面加强。强化全面预算管理和费用精准管控，加强资金运营监管，提高国有资产使用效能，推进财务管理系统优化升级，推动财务管理转型，财务管理对经济运行的调控作用不断增强，全年降本增效291余万元。四是风险管控能力显著提升。牢固树立安全发展理念，统筹管控生产安全、科技信息、信访舆情、疫情防控等各领域风险，坚持不懈抓防范、抓整改，以全面安全为企业发展提供坚实保障。

（四）规范经营管理取得新突破。坚持规范管理无死角，实现规范全覆盖。一是强化法治建设。明确各单位主要负责人要履行推进法治建设第一责任人职责，把法治素养和依法履职情况纳入年度考核评价，加强领导干部学法用法培训。开展“执法实务大讲堂”竞赛活动，组建依法行政讲师队伍，建立两公律师队伍，为全面依法治企、依法行政、依法经营、依法管理、依法控烟履约提供高素质法治人才支撑。二是深化合规建设。巩固合规管理体系成果，强化合规体系运行的监督和考核，形成标准能落地、见实效、可问责的长效机制。严格落实采购规范主体责任、监督责任，落实“应招尽招”，全面自查、整改采购项目不合规问题，落实考核问责制度，加强“黑名单”供应商管理，积极推进办事公开民主管理，累计公开信息4708条，公招比例达81.08%。三是加强审计监督。建立内审机制、创新审计方法、抓实审计质量，累计完成项目审计42个，提出审计意见61条，对2018年以来历次审计发现问题举一反三抓整改，较好发挥了审计监督震慑作用。

（五）人才队伍建设进一步加强。坚持党管干部原则，严格执行选人用人和干部交流规定，持续优化人才队伍结构和县级局领导班子结构，全年管理人员轮岗交流85人次、调整科级干部28人次。聚焦员工业务能力提升，分层分类开展劳动竞赛、大培训、大比武活动。聚焦提升干部综合素质，拓宽培训渠道和师资，分类分层实施教育培训，人均受训188.2学时。突出抓好青年人才队伍建设，建立动态薪酬激励机制，采取技能提升、劳动竞赛、QC课题、科技创新等正向激励措施。在2021年度工资总额分配中，坚持效益优先、兼顾公平原则，坚持向基层倾斜、向关键岗位和紧缺急需的高层次、高技能人才倾斜，统筹考虑退休人员社会化改革和历史遗留问题。

三、经验体会

（一）党建领航是核心。始终坚持党对一切工作的领导是抓好企业经营管理的根本政治原则。南宁市局（公司）将党的建设贯穿于一切工作始终，在深入总结多年党建考核经验基础上建立党“8+X”党建考核体系，不仅满足了党建考核的需要，也给出了抓党建的导向，解决了党建两个责任和一岗双责落实落细问题，确保党中央和区局（公司）党组决策部署落实推进不偏离、不走样，为南宁烟草高质量发展提供了坚强的政治保障。

（二）人民立场是根本。坚持把“以人民为中心”思想作为一切工作的出发点和落脚点，积极履行社会责任，把工作重心向基层下移，把服务基层作为推进作风改进的持续工作，努力做到群众心坎上的事一件一件抓落实，一事一事见成效。

（三）建强队伍是源泉。坚持在搭平台、建机制、正风气上下功夫，多措并举加强干部队伍建设，用好人才“存量”，激活人才“增量”，锻造了一支讲政治、守纪律，既能打攻坚战、也能打持久战的员工队伍。

（四）系统思维是关键。在推进企业管理升级中，坚持系统思维、系统思考，通盘设计，形成具备南宁烟草独特基因的“1122”考核模式；一体推进“现代终端、诚信互助小组、基层所（站）”三大平台建设和“合规、安全、队伍”三大风险防控的“3+3”重点工作；形成“3+2”大经济运行管理体系，并将继续向“1+6”管理体系升级。企业内部运转更加规范高效，管理水平显著提升。

（五）改革创新是核心。紧紧围绕提升企业核心竞争力这一目标，全面推进体制机制创新、管理创新和科技创新，建立创客空间，打造企业创新的孵化器，为企业发展营造了良好的创新环境，取得累累的科技创新硕果。以改革创新打造自身发展优势，进一步坚定以创新驱动高质量发展的信心。

（韦广敏）

抢抓机遇　勇毅前行　全力跑出强市高质量发展加速度

中共横州市委员会

2021年，中共横州市委员会坚持以习近平新时代中国特色社会主义思想为指导，紧紧围绕市委重点工作部署，以力争“十四五”跻身全国综合实力百强县（市）为奋斗目标，坚定不移全面推进强市目标，科学统筹疫情防控和经济社会发展，全力跑出强市高质量发展加速度，综合实力稳步提升，社会大局和谐稳定，政治生态正气充盈，实现“十四五”良好开局。

一、党建概况

中共横州市委员会辖基层党（工）委60个、党总支部217个、党支部1836个，下辖17个乡镇党委、22个村级党委、181个村党总支部、105个村党支部。

（一）强化理论武装，坚决做到“两个维护”。持续学懂弄通做实习近平新时代中国特色社会主义思想，深入学习贯彻党的十九大和十九届历次全会精神，及时传达学习习近平总书记最新重要讲话和重要指示批示精神，特别是习近平总书记“七一”重要讲话精神、视察广西“4·27”重要讲话精神和对广西工作系列重要指示要求，扎实开展党史学习教育。年内组织召开市委常委会议38次、开展市委理论学习中心组党史学习教育专题学习5次，带动全市各级党委（党组）开展中心组理论学习300余次，示范引领全市广大党员干部捍卫“两个确立”，增强“四个意识”、坚定“四个自信”、做到“两个维护”。

（二）强化组织建设，建强基层战斗堡垒。扎实推进党支部标准化规范化建设，实施农村基层党建“整乡推进、整县提升”示范县乡创建、支部建设升级、党支部组织生活质量提升等行动，常态化整顿软弱涣散（后进）村（社区）党组织17个，全市申报达标村党支部191个，各领域标杆党支部占总数60%以上。建立健全党支部工作联系点制度，研究出台《关于党委（党组）书记和班子成员建立党支部工作联系点的通知》系列文件，将党支部工作联系点建设纳入党的建设专项工作绩效考评内容，处级党员干部率先垂范，带动全市各乡（镇）科级党员领导干部建立党支部联系点385个。创建打造“茉莉花都

7月29日，横县举行撤县设市揭牌仪式，正式宣告成立横州市　（黄汝德　摄）

党旗红”“好一朵横州茉莉花”“特色小镇党旗红”“集体经济‘三联三带’模式”等党建品牌，深入实施建强堡垒、红色产业、先锋示范、队伍提升、文明领航五项工程，成功打造中团村党史学习党建示范点1个，两新组织党建示范点22个。

（三）强化作风建设，纵深推进全面从严治党。顺利完成县乡村三级换届工作，配优配强领导班子，全市配备新一届乡镇领导班子成员204名，其中从“五方面人员”选拔干部17名进入乡镇领导班子。年内共提拔使用领导干部162名，其中来自“四个一线”干部142名；调整“下”的领导干部77名，引进18名优秀人才服务乡村振兴。坚持严的主基调不动摇，持续深化“书记引航担使命”主题活动，深入开展政法队伍教育整顿，坚决纠治形式主义、官僚主义，一体推进不敢腐、不能腐、不想腐，立案查处违纪违法案件285件、结案223件，党纪政务处分216人，完成第七轮巡察问题整改536个。

二、主要工作

（一）深入推进产业振兴，强市发展积蓄新动能。加快壮大“5个百亿级”工业产业，打造广西县域工业发展标杆、千亿工业强县（市），全市工业项目投产14个、总投资20.6亿元，新开工37个、总投资202.6亿元，新签约37个、总投资193.2亿元，新增规上工业企业26家。六景工业园区规上工业总产值、签约项目数、开竣工项目数分别占全市的64%、73%、60%。广西中恒建材项目实现当年签约、当年拿地、当年开工、当年竣工、当年投产、当年入规。深度布局茉莉花“1+9”产业集群，茉莉极萃园厂房建成投入使用，5家企业签约入驻，投资额达1.089亿元，健康特色农产品加工产业园加快建设，6家企业签约投资，中华茉莉园、中国茉莉小镇基础配套日益完善，福州福民茶叶有限公司茶叶生产基地建设项目等签约落户，帮利茶业产业园暨中国茶饮联合研发实验中心项目等开工建设，春伦茶业有限公司横州市茉莉花（花草）茶项目等竣工投产，茉莉花盆栽年销售超1200万盆，横州茉莉花（茶）综合品牌价值达215.3亿元。深入开展创建广西全域旅游示范区工作，编制《横州市大健康和文旅产业工作方案》，伏波景区获评国家3A级旅游景区，全市接待旅游总人数479.98万人次，旅游总收入47.09亿元。建立市退

役军人创业创新孵化基地，全市网商数量突破5000家，全年电商交易额达55.23亿元、增长21%。

（二）持续深化改革开放，高质量发展迸发新活力。深入推进广西第一批改革集成试点，农村产权流转交易中心完成实质性交易，茉莉花品种园建成使用，国家茉莉花及制品质量检验中心（广西）实验室改造完成并投入使用，校椅镇石井村入选自治区乡村振兴改革集成优秀试点村、“壮美广西·乡村振兴”年度特色案例、2021年全国乡村特色产业亿元村，横州市入选自治区农地入市工作先行推进市（县）。深入推进“放管服”改革，大力推广“互联网+政务服务”“代帮办”“上门办”等模式，依申请政务服务事项网上可办理率达100%，项目全流程平均办理时间缩减78%以上，全市新增市场主体6514户、增长3.99%。打造广西“东融、南向”通道重要节点，高铁、高速、航运等一批重大交通项目顺利推进，横州市获列南宁市第一批交通强市试点单位；第三届世界茉莉花大会成功举办，列入第18届中国—东盟博览会重要活动，大会期间签约项目总投资达136.17亿元，是前两届大会总和的3倍。院士合作项目持续深化，年内获认定自治区级企业技术中心的企业1家，获准入库自治区科技型中小企业库的企业6家，通过科技部高新技术企业备案的企业10家，获批入库自治区“瞪羚企业”培育库的企业3家。

（三）统筹抓好建设管理，城市发展取得新成效。加快打造区域性副中心城市，国家县城新型城镇化示范建设深入实施，56个总投资282亿元强弱项补短板项目扎实推进，茉莉花大道人行天桥建成使用，中医院东面道路人行天桥等市政工程开工建设，长安路交通改造工程、长安大道改造工程（二期）、茉莉花大道西段道路一路建设工程全面推进。秸秆禁烧行动有力有效，香稻溪黑臭水体治理工程开工建设，横州市第二生活垃圾卫生填埋场完成扩建，日处理量达20吨的厨余垃圾处理项目投入运营，清理郁江支流非法养殖网箱1.8万箱，市区空气优良天数率达96.3%，市区集中饮用水水源水质达标率达100%。创城“十大提升行动”深入实施，智慧城市建设深入推进，城市综合管理平台与南宁市实现互联互通，市区内5G网络基本实现全覆盖，城市“一网统管”网格化社会治理有效实施。横州市成功入选全国文明城市提名城市名单。

（四）深入推进“四园共治”，乡村振兴开创新局面。紧盯“两不愁三保障”，易返贫致贫人口动态监测和常态化帮扶机制不断健全，选派168名第一书记、工作队员进驻脱贫村，全年累计纳入监测对象1627户5265人，消除风险526户1850人，落实脱贫户务工就业超3万人，是2020的107.74%，发放城乡低保金15603.27万元。全市茉莉花加工企业超过150家，全市308个村（社区）村级集体经济年收入全部达5万元，其中10万元以上的村（社区）106个、20万元以上的村（社区）26个、50万元以上的村（社区）9个。乡村建设行动深入实施，实施农村道路改造提升50公里、新建成36公里，生活垃圾收集、转运和处置覆盖率达100%，镇级污水处理厂覆盖全市16个乡镇，完成基本整治村庄建设1403个，实施“两高”沿线乡村建设示范带农房建设2430栋，总投资约1100万元，开工率达100%。

（五）始终坚持人民至上，民生福祉实现新提升。居民人均可支配收入增长9%，82.62%的财政支出用于补齐民生短板。慎终如始抓好常态化疫情防控，严格“人、物、环境”同防，不断提高流调能力、核酸检测能力、集中隔离能力、应急处置能力，累计接种新冠疫苗144.91万剂次。教育强市三年行动全面启动，投入教育资金1.58亿元，大竹幼儿园、茉莉小学、鳌山小学建成使用，全市新增学位5800个，全面落实“双减”政策，校外学科类培训机构数压减71%。横州市履行教育职责评价位居广西111个县（市、区）第二，获奖励1000万元。市妇幼保健院婴幼儿照护服务中心建成使用，5个乡（镇）卫生院业务综合楼建成使用，5家县级医院和16家乡镇卫生院正式上线远程会诊系统，全市“乡聘村用”乡村医生555名，横州市成为2019—2021年创建周期南宁市唯一的全国基层中医药工作先进单位。大力开展2021年中国（横州）茉莉花文化节“千年茉莉情·世界花都行”“记者带你游横州”“沿着郁江看横州”等文化活动，全市308个村（社区）公共体育设施覆盖率达100%，推动茉莉文化体育持续繁荣发展。全年基本养老保险入库参保人数82.11万人，入库参保率达90.69%，城乡居民基本医疗保险参保110.6万人，完成95.8%，城镇新增就业3046人。深入开展“雷霆”“邕江”系列严打整治行动，政法队伍教育整顿取得扎实成效，“金钟罩”反诈系统注册13.8万人，全市社会大局和谐稳定，连续7年实现进京到非接待场所零上访，获评2021年度全国信访工作示范县（市、区）。

三、经验体会

（一）必须完整、准确、全面贯彻新发展理念。要强化系统思维，深刻理解新发展理念的实践要求，充分认识五大发展理念是一个有机整体，一体把握、相互贯通、统一贯彻，不能畸轻畸重、以偏概全。要推动创新发展，大力推进各方面创新；要推动协调发展，加快城乡融合发展，促进城乡互补、共同繁荣；要推动绿色发展，牢固树立“绿水青山就是金山银山”理念，大力发展新能源，推行绿色生产方式，倡导绿色生活方式；要推动开放发展，充分发挥茉莉花的文化优势、资源优势，扩大全方位开放合作；要推动共享发展，持续增进民生福祉，推动共同富裕不断取得实质性进展。

（二）必须创造、珍惜、抢抓重大发展机遇。要坚持“项目为王”，充分认识机遇和项目是一个“双生”载体，准确理解、主动作为、一体把握，不能坐失良机、贻误战机。要创造机遇，紧盯未来发展风向，跟紧最新政策方向，主动寻找机会，才能创造机遇；要珍惜机遇，及时将产业、城市、交通等领域的重大机遇最大限度转化为可量化的项目，谋划项目、储备项目、形成项目；要抢抓机遇，抓紧抓实现有的项目，顺应大势培育新的增长点和增长极，才能把劣势化为优势、把优势变为胜势。

（三）必须勇敢、坚定、全力跑出加速度。进入新发展阶段，作为后发展地区成立不久的县级市，尽管不唯地区生产总值，但并不意味不要发展、不要增速，而是要在高质量背景下的加快发展。要勇敢跑出加速度，坚持稳字当头、稳中求进，主攻实体经济特别是坚决打赢工业振兴攻坚战，理直气壮、旗帜鲜明地补齐横州市经济特别是工业短板，努力打一场经济结构优化的“主动仗”。要坚定跑出加速度，始终保持“功成不必在我”的境界和“功成必定有我”的担当，不惧困难挑战，不畏艰难困苦，履行发展职责，勇挑发展重担。要全力跑出加速度，锚定目标、紧盯不放、精准发力、一抓到底，努力在保持中高速增长中推动高质量发展，在推动高质量发展中保持中高速增长。

（杨宪路）

踔厉奋发　笃行不怠
奋力谱写新时代宾阳经济社会高质量发展新篇章

中共宾阳县委员会

2021年，中共宾阳县委员会坚持以习近平新时代中国特色社会主义思想为指导，统筹疫情防控和经济社会发展，全面落实强首府战略，全县经济运行总体平稳、稳中向好，守住疫情防控“零确诊”底线，实现“十四五”良好开局。

一、党建概况

2021年，中共宾阳县委员会辖基层党（工）委65个、党总支233个、党支部1958个，全县党员29420名，其中农村的农牧渔民党员14620名，占49.7%；两新党组织143个，党员1214名，占4.1%；县直机关党组36个（含2个党组性质的党委）。

（一）坚定不移做到“两个维护”。坚持把党的政治建设摆在首位，强化政治忠诚教育，把深入学习贯彻习近平新时代中国特色社会主义思想、党的十九届六中全会精神、习近平总书记视察广西“4·27”重要讲话精神和对广西工作系列重要指示要求作为首要政治任务，结合学习自治区第十二次党代会、市第十三次党代会和宾阳县第十五次党代会精神，全年组织召开34次县委常委会会议、4次县委理论学习中心组专题学习会，带动全县各级党委（党组）及时跟进学、全面系统学、深入思考学、联系实际学，举办专题理论学习300多场次，毫不动摇坚持和捍卫“两个确立”，引导全县党员干部不断增强“四个意识”、坚定“四个自信”、做到“两个维护”。

（二）深入开展党史学习教育。精心组织开展“党员心声大家谈”“党史故事大家讲”“党史知识大家答”“红色歌曲大家唱”和重温入党誓词五大主题系列活动，并获中央驻桂、自治区、南宁市等上级媒体的专访。建成中国共产党宾阳历史教育室、中共宾永迁临时工作委员会纪念馆、宾阳县国防教育主题公园等一批红色教育阵地，引导全县党员干部弘扬革命精神，传承红色基因，做到学史明理、学史增信、学史崇德、学史力行。

宾阳县黎塘工业园区一角

（三）持续抓好意识形态工作。加强舆论引导，组建县、镇、村三级“大众宣讲团”，开展各类宣讲活动7000多场次，受众60万多人次。主流媒体平台刊播新闻、信息12850多篇（幅），其中在市级以上媒体刊播新闻850多篇（幅）。在第28届全国青少年爱国主义读书教育活动中获组织特等奖。《请人民阅卷——宾阳电视问政》直播栏目荣获2021年全区广播电视媒体融合典型案例先进表彰。

（四）全力以赴推动基层组织建设。选优配强县镇村三级领导班子，全县16个镇和237个村（社区）完成换届选举任务。全县1167个党支部的标准化规范化建设全部达标，80个村党组织书记“民事联办”项目竣工验收。抓好12个后进村（社区）党组织整顿工作，整合各类资金8710.34万元发展壮大村级集体经济，推动全县村级集体经济总收入达2532.81万元。重点打造县级党建示范点4个，统筹推进各镇、各领域党建示范点建设26个。开展走访调研1200多次，开办技术培训班培训6326人次，帮扶脱贫户和监测户共6800多户，帮助解决民生问题1500多个。

（五）全心全意锻造高素质人才队伍。从“四个一线”提拔干部149人，占提拔总人数的87.6%；统筹推进实施公务员职务与职级并行制度，落实150名公务员职级晋升。借助数智化技术推进“数管干部”系统建设，实现干部信息全面规范和精准管理。加快推进人事档案管理服务信息化建设，实现2849卷干部人事档案电子查阅功能，配合推进人事档案信息全国联通，逐步实现人事档案转递线上申请、异地通办。完成各类主体和专题培训班24期，培训干部4188人次。建立健全乡土人才信息库，至年底共入库管理乡土人才4116名、高技能人才（专业技术人员）361人。

（六）全面推进党风廉政建设和反腐败斗争。压紧压实全面从严治党政治责任，开展“两个清单”监督检查770次。全县组织观看警示教育片100多场次，发出廉洁守纪提醒短信8批次4.6万多条，受理问题线索314件，立案237件，党纪政务处分237人，其中，涉及乡科级领导干部48人，移送司法机关处理7人，办理留置案件3起。运用监督执纪“四种形态”877次，纠治“四风”问题27起、处理50人，给予党纪政务处分40人；查处酒驾醉驾干部42人。紧盯重要时间节点，全年组织开展作风纪律专项监督检查明察暗访活动270多次，发现问题440多个，发出督办函62份、监督监察建议书24份。持续加强各项惠民富民政策措施落实情况的监督检查，收到相关问题线索17

件，信访举报件19件，立案审查调查14件。举办《电视问政》2期。

（七）全面深化民主政治建设。县委支持人大、政协做好各项工作。充分发挥党代表参与党内事务管理和议党议政的重要作用，支持监察委、法院、检察院依法独立公正履职。加强党对统一战线的领导，重视发挥工商联和党外代表人士的作用，认真做好宗教、外事和港澳台侨等工作。铸牢中华民族共同体意识，露圩镇露圩社区露圩村获广西民族特色村寨命名、县农业农村局等6个单位获得南宁市民族团结进步示范单位。改进对群团组织的领导，工会、共青团、妇联、文联、科协、残联等群团组织优势得到充分发挥。党管武装工作扎实有效，全民国防教育、国防动员和国防后备力量建设持续推进。

二、主要工作

（一）筑防线、扛责任，常态化疫情防控持续巩固。成立疫情防控工作领导小组，及时调整充实疫情防控前线指挥部工作人员，建立点、线、面立体防控体系。组织动员全县2100多个党组织和2.8万党员干部参与一线防控工作。在全县6个高速路口、6个二级公路交界处及8个客运站设置防控检查卡点，全县237个村（社区）设1479个疫情防控检查卡点，累计投入疫情防控经费2136万元，设置隔离酒店5家，疫苗接种点24个及应急移动接种点1个，确保符合条件的人员疫苗接种全覆盖，全力保障医疗物资和群众生活物资供应。建强应急专班队伍，开展3次大规模疫情应急处置综合演练，全面实施24小时应急值守制度和疫情防控“日报告”“零报告”制度，抓好联防联控。做实集中医学观察隔离管理工作。县辖区内129家冷冻库均使用“八桂冷链通”纳入监管，实行抽样检测，防止病从口入。常态化疫情防控状况良好，守住疫情“零发生”底线。

（二）夯基础、谋发展，经济运行保持稳中向好。坚持稳中求进总基调，统筹疫情防控和经济社会发展。年内，宾阳县“桂惠贷”投放笔数1173笔，放款金额28.77亿元，财政贴息5842万元，排在全区各县（区）前列。实施工业强县战略，落实工业振兴三年行动计划，以电子信息、先进装备制造、新型高端建材、绿色智能家居、米业加工等产业和产业链中高端发展为重点，突出做好产业发展、园区建设、企业培育，着力建设现代化工业发展轴。全年实施工业项目144个，完成工业投资61.03亿元，工业投资总量排南宁市第一；新增规模以上工业企业19家，累计123家，规上工业总产值突破200亿元。积极促消费扩内需，充分利用“壮美广西三月三暖心生活节”宾阳主战场，顺利举办直播带货等系列活动，新注册自主农产品商标225个，全年电商网络交易额8.86亿元，网络销售额4.38亿元。以创建广西全域旅游示范区为抓手，推进旅游重大项目建设，程思远故居、大陆村稻田艺术景区获评国家AAA旅游景区，全年全县旅游总消费51.52亿元，同比增长25.58%。统筹推进重大项目219项，完成投资117.34亿元，项目履约率、开工率、竣工率按时完成。聚焦“双碳”国家战略，签约新能源项目6个；成功签约南宁科技学院、南宁医药健康学院等高校项目。全年累计签约引进项目27个，计划总投资97.88亿元，完成任务110%，其中亿元以上项目20个，招商引资区外境内到位资金68.1亿元。

（三）抓改革、求创新，发展动力活力持续释放。推出改革任务86项，县域共青团基层组织改革试点获列入国家级改革试点，2项改革项目获列入自治区级改革试点。推出一批具有宾阳特色的“微改革”“微创新”，探索推进县本级“自选动作”改革任务19项，其中“宾阳县建立秸秆禁烧管控和综合利用机制打造蓝天净土生态品牌”项目成功获评2020年度南宁市优秀改革创新项目。完成组织编制县级地方行政许可事项目录236项，做到目录之外无审批。全县依申请政务服务事项“一窗”分类受理和进驻比例、宾阳县政务服务“好差评”评价数据好评率均达100%，政府服务各项指标在南宁市各县区中均排名前列，县本级“依申请和公共服务”事项承诺提速率位列南宁市第一。全县高新技术企业申请认定10家，企业研发投入6203万元，均排名全市五县第一。高新技术企业保有量19家，培育“瞪羚企业”1家，完成重大科技成果转化10项，获2021年度广西科学技术奖提名项目5个，新增自治区企业技术中心2家。

（四）优环境、提品质，生态宜居建设不断深化。深入实施生态立县战略，坚持绿色发展之路。宾阳县城空气质量优良率98.4%，秸秆离田收集率49.33%。辖区内主要河流水质检测指标均符合国家标准，彻底解决制革重金属土壤污染历史遗留问题。马王风电二期等一批新能源项目实现竣工，成功入选自治区级绿色矿山2座。柳州经合山至南宁高速公路、宾阳武陵至来宾良江二级公路建成通车，六景至宾阳等高速公路加快推进。城乡供水一体化供水网等水利项目有序推进，完成多条断头路的改造提升。完成南宁市下达8个老旧小区200户综合改造任务，完成全县约44万栋自然灾害综合风险普查房屋建筑调查工作。清理“两违”总面积23.85万平方米，拆除总建筑面积19.49万平方米。持续推进数字城管，利用数字化管理监督平台处理市容环境违章案件1300多件。

（五）固成果、促振兴，农业农村现代化加快推进。健全防止返贫动态监测和帮扶机制，年内纳入监测对象621户1802人，消除风险监测对象185户614人。投入各级财政资金16321万元，实施衔接推进乡村振兴项目360个。累计发放脱贫人口小额信贷3302万元，完成上级下达任务的114.3%；全县48个脱贫村村集体经济收入均超5万元。建设糖料蔗“双高”基地14.98万亩、高标准农田58.29万亩，全年完成粮食种植面积112.12万亩。因地制宜打造“一乡一品”“一村一品”特色产业，创建现代特色农业示范区（园、点）282个，获认定省级、市级现代特色农业示范区7个，主要农作物耕种收综合机械化率达71.11%。洋桥种猪、新桥肉鸽、和吉边山种苗鸡等3个项目列入2021年自治区级现代农业示范区创建名单，宾阳县“岭南梅乡”田园综合体立项为2021年市级田园综合体试点项目，古辣香米全产业链全面优化升级，宾阳优质稻全产业链智能管理平台成功搭建，“古辣香米”获认定为国家地理标志保护产品、列入第四批广西农业品牌目录区域公用品牌；稻花香里田园综合体入选自治区级田园综合体项目。

（六）保安全、促稳定，社会治理能力全面提升。全面推进法治宾阳建设，政法队伍教育整顿成效显著，新桥司法所荣获司法部授予“全国模范司法所”称号。组建专案组开展立足境内打境外专项行动，综合排名明显下降，大幅降低被中央政法委挂牌整治风险，宾阳县打击治理电信网络诈骗犯罪工作展示馆投入使用。破获涉诈团伙2个、涉组织偷越国边境案团伙9个，抓获涉嫌电诈嫌疑人319人，捣毁作案点29处，打掉作案团伙27个，全县群众安全感、扫黑除恶专项斗争成效满意度分别为97.88%、96.31%。破获涉毒刑事案件35起，查处吸毒人员263人，吸毒群体大幅减少，禁毒工作成效进入全市先进行列。排查矛盾纠纷3256次，矛盾纠纷调解成功率达97.18%。农村基本公共服务显著改善，农村社会保持和谐稳定。加强源头管理，狠抓食品安全，深入推进重点行业领域安全整治，各类事故起数、死亡人数、受伤人数分别同比下降21.71%、27.7%、26%，狠抓城市基础设施安全管理，强化应急队伍能力建设，全年未发生较大及以上生产安全事故和区域性、系统性食品药品安全事件。持续完善政府债务风险监测预警与防范化解重大安全风险制度，强化金融监管，牢牢守住不发生系统性金融风险底线。

（七）办实事、解民忧，民生福祉不断增进。学前教育优质资源不断扩大，和宾幼儿园等3所幼儿园进入装修阶段，顾明幼儿园通过自治区示范幼儿园复评，黎塘镇、中华镇中心幼儿园获评南宁市示范乡镇幼儿园。深入推进学区制管理改革，宾州镇第三小学教学楼等41个义务教育基建项目竣工。普通高中大班额逐步消除，高中教育办学品质持续提升。职业教育进展良好，县职校认定为自治区三星级中等职业技术学校、自治区示范性中等职业技术学校。制定出台作业管理办法，开展特色课后服务，综合治理校外培训机构，"双减"工作初显成效。如期完成学校安全防范"4个100%"（专职保安配备率、封闭式管理率、一键式报警电话和视频监控系统达标率、"护学岗"设置率）建设任务，师生安全更有保障。构建"基层首诊、双向转诊、急慢分治、上下联动"分级诊疗机制，推进实施"基层检查，上级诊断"服务模式，完成县中医医院整体搬迁项目建设，统筹做好县妇幼保健院整体迁建、县人民医院门诊综合楼、县中医医院老院区康养中心等重点储备项目前期工作；持续提升基层医疗服务水平，5家卫生院达到推荐国家先进基层单位基本条件。加强各基层医疗卫生院中医馆建设，建成11家基层中医馆，完成60个村级卫生室中医诊疗设备配备。探索"医中有养，养中有医"新模式，有序推进中医院健康养老基地建设和南宁市第九人民医院养老院项目建设等康养项目。2021年，全县有养老机构13家，取得医疗许可证1家。全县基本养老保险参保人数达66.32万人，完善公共就业服务体系，城镇登记失业率控制在3.15%以内。充分发挥社会救助兜底保障作用，关心关爱老弱病残群体，养老金、特困人员生活补助金、高龄补助及时足额发放。充分发挥自然资源及历史资源优势，精心打造宾阳古城古韵文化、炮龙文化、王阳明文化、昆仑关军事文化、黎湛铁路文化"五大文化"品牌，助推生态文化旅游产业平稳健康发展。加强非遗项目传承发展，6人成功申报自治区、市级非遗项目传承人，2个项目成功申报市级非遗项目。成功举办各类群众性健身系列赛事活动，推动全民健身和全民健康深度融合发展。持续开展文化惠民活动，基层文化基础设施不断强化，文化文艺队伍不断壮大，文化服务体系逐步完善，文体事业迈上新台阶。

三、经验体会

（一）坚持正确的政治方向是实现高质量发展的根本保证。正确的政治方向是新时代党的政治建设的灵魂。宾阳县始终毫不动摇坚持正确的政治方向，坚持和加强党的全面领导，紧密团结在以习近平同志为核心的党中央周围，把全面从严治党引向深入，学好用好党的创新理论，赓续红色血脉，深化拓展党史学习教育成果，锻造忠诚干净担当高素质干部队伍，将伟大的建党精神转化为干事创业的实际行动，为谱写新时代宾阳高质量发展新篇章奠定了坚实基础。实践证明，只有坚持正确的政治方向，学好用好百年党史，充分发挥党把方向、管大局、保落实的领导作用，发展才有根本方向。

（二）坚持稳字当头、稳中求进是实现高质量发展的重要基石。经济发展是保障和改善民生的物质基础，而稳字当头、稳中求进，是做好经济工作的根本遵循。"稳"是基础，是大局；"进"是方向，是目标。宾阳县既能慎终如始抓实疫情防控，细化举措，坚决守牢疫情防控防线，又能科学有序抓好经济运行调度，坚持稳中求进总基调，聚焦产业发展、"五网"建设、民生短板等重点行业和领域，坚持"政策为大、项目为王、环境为本、创新为要"，着力优化产业结构，推动传统产业转型升级，加快现代化产业体系建设，经济运行总体平稳、稳中向好。实践证明，只有坚持稳中求进工作总基调，统筹疫情防控和经济社会发展，攻坚克难、砥砺奋进，才能夺取疫情防控和经济社会发展的双胜利，实现高质量发展的目标。

（三）全面增进民生福祉是发展的根本目的。践行以人民为中心的发展思想，把保障和改善民生放在首位是一切工作的出发点和落脚点。宾阳县深化"我为群众办实事"实践活动取得新进展新成效，着力在"办好"上精益求精，在"办满意"上竭尽全力。全县教育质量稳步提升、公共卫生服务体系不断完善、市容秩序总体良好、群众文化生活日益丰富、人居环境持续优化、安全底线更加稳固，全县民生福祉持续增进，激发干群干事创业热情，各项事业向好发展。实践证明，只有全面增进民生福祉，让改革发展成果惠及更多人民群众，地方的发展进步才能最大范围地凝聚共识、最大限度地激发力量。

凝心聚力　开拓创新　推动上林高质量发展

中共上林县委员会

2021年，中共上林县委员会坚持以习近平新时代中国特色社会主义思想为指导，深入学习贯彻党的十九大和十九届历次全会精神，深入学习贯彻习近平总书记视察广西“4·27”重要讲话精神和对广西工作系列重要指示要求，落实落细自治区第十二次党代会和自治区党委十二届二次全会暨经济工作会议以及南宁市第十三次党代会部署要求，攻坚克难、砥砺前行，统筹疫情防控和经济社会发展，经济运行持续恢复，民生保障扎实有力，社会和谐稳定，实现了“十四五”良好开局。

一、党建概况

2021年，全县建立党的基层组织1016个。其中：县属基层党委13个，含乡镇党委11个、县直单位党委2个（公安局党委、县医疗集团党委），设工委2个（直属机关工委、象山工业园区党工委）；机关党组34个。机关、事业单位党委5个（教育、市场监管、税务、上中、县医院），党（总）支部996个（其中党总支部97个、党支部899个），全县共有14653名党员。

（一）抓主体责任，树牢思想根基。持续深入学习贯彻习近平新时代中国特色社会主义思想，结合党史学习教育，召开县委理论学习中心组学习6次，举办专题读书班、专题党课、主题宣讲等600多场次，带领广大党员干部学史明理、学史增信、学史崇德、学史力行。坚持把“两个维护”贯穿党建工作始终，主持召开常委会52次，党的建设工作领导小组会议2次，研究基层党建议题33项，制定重点任务清单，细化具体措施48项，把党校、党建带群建工作纳入党建考核体系。督促县委班子成员履行“一岗双责”，开展党支部联系点工作548次。开展“打卡红色教育基地”活动，各级党组织到巷贤镇卢柱村南陔革命旧址实地打卡学习，参观教育人数53批2600多人次。有序开展“将《红色传奇》进行到底”系列活动，开展《红色传奇》主题团（队）课（场）93场，开展“红湾”主题阅读体验活动41场，常态化开展“党课开讲啦”活动，纳入党员教育培训重要内容，制作精品党课课件6部，其中《南陔英魂永不朽》2部作品获评市级优秀党课作品观摩奖。举办培训班次28个，带动培训各级各类干部3900余人次，选派干部参加上级调训共82人次，推动提高领导班子和干部队伍适应新发展阶段、贯彻新发展理念、融入新发展格局的能力水平。

上林县振林（粤桂）生态产业园　　（李建宁　摄）

（二）抓队伍建设，激发干事活力。选优配强乡镇领导班子，注重将忠诚干净担当的“猛将”“闯将”“干将”选拔进入乡镇领导班子，县乡换届选举100%实现组织意图。年内共提拔正科级领导干部19名、副科级领导干部58名进入乡镇领导班子，其中选拔“五方面”人员进入乡镇班子12人，换届后领导班子的结构和功能整体优化。树立重实干重实绩的用人导向，注重在一线考察识别干部，优先提拔使用有乡村振兴、重大项目建设、征地拆迁、信访维稳、招商引资、巡察等基层一线经历、且表现优秀的年轻干部。2021年，共调整干部13批次、涉及干部559人次，其中提拔重用127人，属“四个一线”101名、占79.52%，以上均未出现“带病提拔”现象。着力激励担当作为，强化对公务员职级核定职数的统筹管理与使用，突出在“四个一线”晋升激励，职数使用向扶贫、征拆、交通、生态旅游等一线领域、以及全面落实强首府战略的关键部门倾斜。2021年共晋升公务员职级320人，其中晋升三级调研员5人、四级调研员29人、一级主任科员36人、二级主任科员81人、三级主任科员102人、四级主任科员67人，重点晋升对象为在“四个一线”表现突出和“老黄牛式”干部等，最大限度振奋干部干事士气。着力推动能上能下，加大对不胜任现职领导干部的调整力度。2021年，因存在违纪行为或工作状态不佳、担当不足调整“下”的干部23名，在2020年年度考核工作中对担当不足、工作状态差的干部给予基本称职3人，进一步加强对“昏庸懒散拖”干部的组织处理力度，积极营造优者上、庸者下、劣者汰的政治生态。

（三）抓强基固本，夯实基层基础。着力抓好134个村（社区）“两委”换届，圆满实现“四个百分之百”目标。村“两委”干部高中以上学历达89%以上，“双带”能人达43人，强化“两个带头人”互促互转，把208名致富能人选为村“两委”干部，储备村级后备干部536人，全年发展党员370名。持续提高村干部报酬待遇，稳定村干部队伍，村党组织书记基本报酬从

2600元/月提高至2800元/月，村定员全额补贴干部及村定员半额补贴干部基本报酬从2000元/月提高至2200元/月，激发基层干事创业活力。建立党员领导干部支部工作联系点235个，持续推进党支部标准化规范化建设，不断深化党支部达标创优，全县445个支部达标100%。加强党建阵地建设，共投入80万元在机关、农村、学校、医院、两新组织等领域重点培育打造13家党建示范点，打造沿大明山、沿清水河2条党建精品示范带，以点带面，辐射带动基层党建整体提升。持续开展“先锋引领·亲商强企”大行动，推动18个县直机关、国有企业党组织与37家民营企业党组织“结对共建”，帮助解决问题20个，提升两新组织“两个覆盖”质量，新成立4家两新组织党组织。依托粤桂协作，紧扣产业培育能人，推进“稻渔共作”等种养模式，集体经济年度收入1784万元。

（四）抓人才集聚，做优智力支撑。自觉把工业振兴、乡村振兴、新冠肺炎疫情防控等大战大考作为组织工作向中心聚焦、向大局聚力的实践平台。选派87名科技特派员送技术下乡，培育一批有能力、懂技术、会管理的本土人才。扎实推进巩固拓展脱贫攻坚成果同乡村振兴有效衔接，选派206名干部担任驻村第一书记和工作队员。印发《上林县企事业单位急需紧缺专业人才目录》，鼓励企事业单位引进急需紧缺人才，柔性引进农业科技、规划建设等专业人才100多人，吸引40名本土人才返乡创业就业。建立县四家班子领导联系服务专家人才机制，采取“一对一”“一对多”的形式对各领域有代表性的38名优秀人才进行结对联系服务。抓住粤桂协作契机，2021年从教育、卫生系统选派23名专业人才到深圳福田区进修，深圳福田区选派19名教师、医生到上林县挂职，通过双向交流，实现资源共享、优势互补。

二、主要工作

（一）经济运行健康稳定。2021年上林县地区生产总值101.99亿元、增长7.6%，突破100亿元大关。其中，第一产业增加值增长11%，第二产业增加值增长2%，第三产业增加值增长7.6%。规模以上工业总产值完成15.15亿元，同比增长13.1%；财政收入5.61亿元，同比增长7.3%；社会消费品零售总额完成24.95亿元，同比增长7.6%。居民人均可支配收入20305元，增长9.4%，其中，城镇居民人均可支配收入31463元，增长7.6%，农村居民人均可支配收入14648元，增长10.4%。

（二）特色产业持续壮大。一是农业发展稳中有进。大力发展上林大米等特色产业，粮食产量16.94万吨，全县农林牧渔业总产值增长12.9%。国家有机产品认证示范县创建成效明显，累计获得认证证书33张。成功创建四星级广西特色农业现代化示范区3家。新增农产品入选广西农业品牌目录3个，累计达到5个。新增自治区级、市级农业产业化重点龙头企业2家，累计达到15家。二是工业发展动能增强。深入实施工业振兴三年行动，鼓励扩大工业投资，新增2家规上工业企业，全县21家规上工业总产值同比增长13.1%。工业技改全年完成3400万元。加强联系服务重点企业，选派5名科级干部任工业振兴特派员。三是服务业发展提质增效。新增商贸限上企业1家。全年投放“桂惠贷”贴息贷款8.05亿元，1615户受惠。成功创建国家4A级旅游景区1家、广西五星级乡村旅游区1家、四星级乡村旅游区1家，顺利通过广西特色旅游名县复核。全年共接待游客716.18万人次，同比增长16.4%，实现旅游消费79.8亿元，同比增长26.84%。

（三）乡村振兴全面推进。一是巩固脱贫攻坚成果。坚持“三级书记抓乡村振兴”，完成206名新一轮脱贫攻坚（乡村振兴）工作队员选派工作。全年获各类衔接帮扶资金4.11亿元，投入产业、基础设施项目745个。发放以奖代补资金2548.83万元，新增脱贫人口小额信贷资金8099.39万元，1662户受益。村集体经济稳步增长，134个村（社区）年度收入均达5万元以上。粤桂协作和定点帮扶成效显著，获得粤桂帮扶及捐赠资金4937万元、中国宝武集团帮扶资金850万元，实施上林县特色高效水产养殖产业园、鳗鱼生态养殖基地等一批产业项目，新增2个广西供应深圳农产品示范基地。西燕镇、白圩镇被列为自治区装配式农房示范村镇，获得480万元扶持资金。二是有效衔接乡村振兴。农村人居环境持续改善，全县1205个村庄全域基本整治任务全部完成。农村安全饮水达标率100%。深入开展农村乱占耕地建房问题专项整治行动，坚决遏制新增农村乱占耕地建房行为。持续推进数字乡村建设行动，行政村光网覆盖率100%，自然村光网覆盖率99.6%，4G信号覆盖率100%，建成5G基站180个。

（四）城乡建设协调发展。全年城镇建设固定资产投资完成16亿元。县级国土空间规划和实用性村庄规划编制扎实推进，完成过渡期城镇开发边界划定。创新运用“互联网+调查”机制，高质量完成全国第三次国土调查，全面查清全县土地利用状况。城镇建成区面积由9.4平方公里扩展到11.7平方公里，形成南丹卫城、澄州水街、明澄社区3个核心组团区。上林汽车客运站、旅游集散中心等项目建设完成。投入7144.2万元实施县城特色风貌提升、绿化亮化无害化处理等工程，一批市政道路、雨污水管道工程、活禽市场雨污水分流改造项目完成建设。完成11个乡土特色示范村项目人居环境及污水管网续建工程。全县党政机关单位实现生活垃圾分类收运、分类处理全覆盖，农村生活垃圾收集、转运和处置覆盖率均为100%。新柳南高速公路、百兴大道（进城大道）、北归大道三期等道路顺利通车，上林真正融入南宁一小时经济圈。

（五）生态环境持续向好。严格管控烟花爆竹禁燃限放，健全“技防+人防”秸秆禁烧管理机制，环境空气质量优良率达98.3%。严格落实河湖长制，新划定巷贤镇五村水库、塘红乡南岩水库水源地保护区范围。实施入河排污口规范化管理，在用和备用水源地、河流湖库水质达标率100%。强化涉重金属源头管控，严格固体废物监管，危险废物规范化环境管理评估等级为A级。全面推行林长制，高效推进国家储备林项目建设，完成国家储备林PPP项目、污水网及市政配套PPP项目可研报告编制等前期工作。坚守“三线一单”底线，保持县域生态环境质量“基本稳定”，顺利通过国家生态文明建设示范县指标自治区级复核。

（六）改革开放深入推进。实施科技强县行动，13家企业入选国家科技型中小企业库，4家企业申报国家高新技术企业通过认定，4项重大科技成果转化项目通过自治区核验。加强与高校院所深入合作，建成广西科学院、产业互联网及供应链金融联合实验室等产学研合作平台。完成上林县医共体信息化平台建设，实现县级医院及乡镇卫生院数据共享、互联互通。加快推进“一网通办”，全县政务服务事项全程网办率100%。推行新设企业“开办即开户”、工程建设项目“拿地即开工”、商品房“交房即交证”，出台服务企业反向测评办法。大力推进“三企入桂”落地工作，成功引进中国民营500强企业农夫山泉公司落户上林。全年招商引资实际到位资金6.4亿元，完成全年目标任务106.72%，新签约固定资产5000万元以上项目8个，项目总投资额139.06亿元。

（七）民生福祉大幅提升。养老保险、社会救助、创业促就业等惠民政策全面落实，城镇新增就业1797人、农村劳动力转移就业6600人、失业人员再就业481人、就业困难人员再就业258人。实施教育高质量发展三年行动，全年教育支出7.76亿元，上林县中学塘马校区、卫城小学、卫城幼儿园、明澄第二幼儿园等一批新建中小学、幼儿园项目稳步推进。加强非物质文化遗产保护，成功获批自治区级“非遗”传承人1名，市级“非遗”传承人6名、文化遗产2项。上林运动健儿在广西青少年帆船、举重、手球锦标赛上，取得13金8银5铜的好成绩。县人民医院防治卒中中心通过国家评审，7家乡镇卫生院通过国家“优质服务基层行”活动评审。县人民医院内儿科综合楼等一批项目建成使用。国家禁毒委取消对上林县通报警示，上林县成功实现禁毒重点整治“摘帽”，被授予全区禁毒重点整治示范县。成功承办全区禁毒“清零贩　剿毒网”专项工作推进暨上林县打击零包贩毒工作经验推广会，向全区推广打击零包贩毒“上林经验”。坚持“外防输入、内防反弹”总策略，加强境外和国内中高风险地区来返上林重点人群防控，继续保持本土“零疫情”。有序推进新冠病毒疫苗接种工作，全年接种超过66万剂次。

三、经验体会

（一）加快产业转型升级，增强高质量发展牵引力。上林是国家重点生态功能区、首府南宁生态经济区，实现高质量发展，产业是关键，创新是动力。要把做强实体经济作为主攻方向，强化创新驱动，突出抓好特色农业、工业振兴、文旅康养等事关上林县当前和今后一个时期高质量发展的重点产业。

（二）加快改革开放步伐，激发高质量发展源动力。改革开放是发展的动力之源、活力之源。项目建设是拉动经济增长的“引擎”，牢固树立以项目论英雄、凭招商比本领、从落地看实绩的意识，要把优化营商环境、招商引资摆在突出位置，紧盯重点领域改革、重大项目建设不放松，保持适当投资强度，以高水平开放推改革促发展。

（三）全面推进乡村振兴，强化高质量发展支撑力。当前“三农”工作重心转向全面推进乡村振兴，“三农”投入和政策支持力度不断加大，农业农村经济保持良好势头，对稳固经济恢复基础、维护社会大局稳定发挥了基础支撑作用。要牢牢守住不发生规模性返贫底线，务实推进乡村产业、乡村建设、乡村治理和农村社会事业发展，推动巩固脱贫成果上台阶、乡村振兴开新局。

（四）加强城乡融合发展，提升高质量发展承载力。城镇化是现代化的必由之路。要坚持走特色新型城镇化道路，扎实推进以人为核心、具有壮族特色的新型城镇化建设，加快城乡融合，促进城乡互补、协调发展、共同繁荣。

（五）推进生态文明建设，增强高质量发展推动力。良好的生态是上林最大的优势，要牢固树立“绿水青山就是金山银山”理念，加快释放“世界长寿乡”品牌红利，保护生态、建设生态、经营生态，持续提升生态文明建设成果。坚决打好污染防治攻坚战。加强生态环境保护，让上林青山常在、碧水长流、空气常新。

（六）持续增进民生福祉，凝聚人民群众向心力。要牢记让人民生活幸福是“国之大者”的嘱托，始终践行以人民为中心的发展思想，把民生工作摆在更加突出的位置，扎扎实实办好民生实事，让上林百姓共享更多“强县富民”发展成果，巩固提升群众安全感，保持全区、全市前列。

（赵强　莫智勇　黄盛勋　邝文哲　李原旭）

砥砺前行　接续奋斗　以优异成绩向党的百年华诞献礼

中共马山县委员会

2021年，中共马山县委员会坚持以习近平新时代中国特色社会主义思想为指导，全面贯彻落实党的十九大和十九届历次全会精神，认真学习贯彻习近平总书记视察广西“4·27”重要讲话精神和对广西工作系列重要指示要求，按照党中央、自治区党委、市委决策部署，坚持稳中求进工作总基调，完整准确全面贯彻落实新发展理念，统筹疫情防控和经济社会发展，扎实做好“六稳”工作，全面落实“六保”任务，推进全县经济社会高质量发展，实现了“十四五”良好开局。

马山县白山镇合诚社区新貌　　（陆相江　摄）

一、党建概况

2021年，马山县有基层党组织1005个，其中党委（党组）26个、党总支部141个、党支部838个，党员13754名。

（一）深学践悟笃行，推动党的创新理论不断引向深入。坚持以习近平新时代中国特色社会主义思想武装头脑、指导实践，毫不动摇坚持和捍卫“两个确立”，不断增强“四个意识”、坚定“四个自信”、做到“两个维护”，全县广大党员干部群众始终沿着习近平总书记指引的方向坚定前行。扎实开展党史学习教育，精心组织开展庆祝建党百年系列活动，全县党员干部自觉做到“学党史、悟思想、办实事、开新局”。召开马山县第十五次党代会，科学谋划马山县未来五年发展，扎实推进党中央、自治区党委、市委各项决策部署在马山落地生根、见实见效。

（二）夯实基层基础，推动党组织全面进步全面过硬。强化组织体系建设、责任传导和党务队伍建设，实现123所中小学校、14家公立医院党的组织和党的工作全覆盖。扎实推进“整乡推进、整县提升”示范县乡创建，打造5个农村基层党建示范乡镇、107个达标村党组织、92个屯级党支部。圆满完成村“两委”换届工作，严格换届程序，选优配强156个村（社区）班子。全面强化村级党组织经费、待遇、力量、阵地等基础保障，落实党建工作专项经费1004万元。持续推动村级党组织“星级化”管理晋位升级，全县有星级党组织73个。深化“支部建设升级”行动，全县847个党支部全部实现达标。从青年农民、贫困村致富带头人、高知识群体以及两新组织从业人员等重点群体发展农村党员345名，100%完成上级下达的指导计划数。发挥县乡党校主阵地作用，全年举办各类培训班519期，培训人数达10810人次。

（三）坚持正确选人用人导向，建设高素质干部队伍。顺利完成县乡换届，选出新任县四家领导班子和乡镇领导班子。全年举办11期主体培训班，选派54名县处级领导干部和乡镇党政正职参与区市级轮训。派驻2名干部到深圳市福田区挂职锻炼。坚持重实干、重实绩的用人导向，全年提拔干部139名，晋升职级418名，开展3批次干部调配。落实干部监督工作联席会议制度，常态化开展提醒、函询、诫勉谈话工作。实施积极开放的人才政策，将7600余名“土秀才”纳入人才库，拿出674个岗位1143个编制招聘乡村振兴急需紧缺人才。推进粤桂人才协作行动计划，建立在外马山籍优秀学子信息库，引导马山学子返乡就业创业。与华南农业大学、广西农科院等单位合作共建现代种业科技创新中心，采用“政产学研用”等方式增强县域人才资源吸引力、承载力。

（四）坚持挺纪在前，保持正风肃纪反腐高压态势。持续深化“书记引航担使命”主题活动，压紧压实全县各级党组织落实全面从严治党主体责任。启动全县涉粮问题暨第十五届党委第一轮巡察，覆盖13个单位，扎实抓好巡视巡察反馈问题整改。严格贯彻中央八项规定及其实施细则精神，持之以恒纠治“四风”。聚焦乡村建设、民生领域、作风纪律等重点工作和群众反映的热点难点开展监督检查78次。深入开展粮食购销、供销合作社系统、工程建设领域、教育系统、养老社保、救灾资金监管等领域专项整治，共处置问题线索102件，立案审查调查25件，运用第一种形态处理40人。推进警示教育工作常态化，开展全县性警示教育活动7场次，各级领导干部开展廉政家访300多人次。

二、主要工作

（一）有效衔接固成果，开启乡村振兴新征程。持续落实“四个不摘”要求，组建县委农村工作（乡村振兴）领导小组，选派新一轮第一书记、工作队员245名，全县8799名帮扶干部持续开展帮扶工作。建立健全防贫监测和帮扶机制，持续落实教育、医疗、住房、饮水、社保、就业等帮扶政策，发放各类教育补助资金4983.52万元、产业“以奖代补”资金5742.82万元，开发乡村公益性岗位安置2485人。农业产业发展势头良好，农林牧渔业增加值增速8.8%，年内建设高标准农田3.82万亩，粮食总产量19.42万吨。新增规模养猪场54家，年出栏46.49万头。大力培育新兴产业，推进蓝莓引种试种。成立马山现代种业科技创新中心，引进9家种业企业入驻，马山黑山羊、优质稻、玉米等繁育、制种以及示范基地建设加快推进。大力发展农产品精深加工，建成年屠宰量达12万只的马山黑山羊屠宰加工生产线。开启农业数字化，初步完成马山黑山羊广西特色农产品优势区智能追溯体系项目。农村人居环境持续改善，乡村卫生厕所普及率达98.9%。

（二）稳中求进促转型，闯出经济发展新路子。县域经济持续健康发展，全年完成地区生产总值95.2亿元，同比增长7.4%；固定资产投资增长14.4%；社会消费品零售总额增长7.8%；全县一般公共预算收入2.21亿元，同比增长9.98%。全年完成工业投资11.33亿元，同比增长19%；规上工业总产值完成19.8亿元，同比增长20.7%；培育规上企业4家，新增亿元企业2家。苏博工业园区5#、6#标准厂房建成使用，广西梦洁茧丝绸有限公司实现当年建设、当年投产、当年“入规”，博禄德电子有限公司获评自治区、南宁市“专精特新”企业。落实各类惠企政策2938万元，开展“政银企”对接帮助7家企业融资6250万元。水锦·顺庄旅游综合开发项目顺利竣工投产，古零镇获评全国首批乡村旅游重点镇，水锦屯和弄拉屯入选2021年广西乡村旅游重点村。全年旅游接待人数550.16万人次，同比增长21.84%；实现旅游消费38.51亿元，同比增长23.12%。商贸流通行业平稳有序，限额以上社会消费品零售额同比增长50.6%。全县66个重大项目累计完成投资31.99亿元，易地搬迁后续产业农产品交易中心、乐圩至周鹿二级公路、乔老至加方三级公路、下局州至里当三级公路、110千伏康平（白山）送变电工程等项目稳步推进，百龙滩镇集中供水工程等一批项目顺利建成使用。全年区外境内实际到位资金7.48亿元，完成区市下达目标任务的213.59%。私营企业数量同比增长6.67%，个体工商户数量同比增长12.99%，农民专业合作社数量同比增长4.5%。

（三）坚定不移抓改革，激发社会发展新动能。全面启动自治区第二批乡村振兴改革集成试点工作，进一步拓展“体育+”内涵，延伸马山黑山羊产业链，初步探索形成一二三产业深度融合助推乡村振兴发展模式。重点领域和关键环节改革扎实推进，“放管服”改革持续深化，企业开办最快实现37分钟办结，水电办理实现并联审批，不动产登记办理时限压缩至1个工作日。农业农村改革持续深化，完成2530个村民小组集体经营性资产股份合作制改革，农村产权流转交易中心正式建成使用。科技创新能力进一步增强，现有高新技术企业4家、科技中小型企业入库2家，申报科技成果转化3项。

（四）久久为功不松劲，迈出生态建设新步伐。抓好重点行业污染物稳定达标排放，持续加强秸秆焚烧等面源污染管控，环境空气质量优良率为99.2%；持续落实河长制，县城集中式饮用水水源水质达标率100%，乡镇污水处理厂覆盖率达72.7%；全力打好净土保卫战，工业固体废物综合利用处理率达98%，危险废物安全处置率达100%，县城区生活垃圾无害化处理率达100%，乡镇生活垃圾无害化处理率达98%以上。全面推行林长制，设林长176名，聘用生态护林员1466名，全县森林覆盖率达71.58%。

（五）扩容提质优布局，展现城乡发展新面貌。国土空间总体规划（2020—2035年）编制加快推进，初步完成“三区三线”划定工作。编制完成高铁核心区修建性详细规划。全面启动全国文明城市创建工作，完成一批老旧小区改造和棚户区改造，建成南蛇岭大道至马山县第三高中市政道路、奥德燃气等一批市政项目，县文化馆、图书馆完成扩建，县城区路灯亮灯率、完好率均达98%以上，稳步推广垃圾分类，供电公司至人民医院河道黑臭水体得到有效整治，县城区公共绿地范围保持在11万平方米以上。乡镇高质量发展步伐加快，周鹿镇、永州镇分别获评南宁市高质量发展先进乡镇和进步乡镇。

（六）不遗余力谋福祉，交出民生事业新答卷。民生投入力度不减，全年民生支出占一般公共预算支出比重达86.83%。启动全国义务教育优质均衡发展县创建工作，马山县第三高级中学、马山福田幼儿园实现招生办学。全县就业形势总体稳定，城镇登记失业率控制在2.33%以内。县域医疗服务水平持续提升，县人民医院传染病区改造完成，县中医医院顺利实现整体搬迁，建成金钗镇中心卫生院急救示范点。常态化疫情防控有序有力，扎实做好进口冷链食品管理和重点场所、重点人群管控，牢牢守住疫情防控防线。社会保障体系更加完善，城乡低保、临时救助、残疾人生活补贴、优抚对象抚恤补助等政策全面落实。文体事业蓬勃发展，攀岩进校园计划被推选为自治区体教融合先进案例，“壮族会鼓”入选国家级非物质文化遗产名录，连续五届获评中国民间文化艺术之乡。

（七）总揽全局聚合力，谱写民主法治新篇章。坚持和加强党的全面领导，支持县人大、政府、政协、监委、法院和检察院依法依规依章履职尽责。爱国统一战线持续巩固壮大，宗教、侨务、外事、港澳台工作扎实开展，指导和支持工会、共青团、妇联、残联、文联、红十字会等群团组织广泛联系群众、服务群众。法治马山建设全面推进，县、乡、村三级公共法律服务体系进一步完善。全县安全生产工作总体稳定，常态化推进扫黑除恶斗争，2021年群众安全感满意度达98.50%；深入开展政法队伍教育整顿，执法司法公信力进一步提升。国防动员、双拥共建扎实开展，“一年两征”兵役制度改革稳步推进，圆满完成年度征兵任务。

三、经验体会

（一）必须坚持和加强党的全面领导。只有坚持和加强党的全面领导，才能更好凝聚起共谋发展的磅礴力量。马山县坚持把党的全面领导落实到各领域各方面各环节，在县委的领导下，全县各级党组织不断增强政治判断力、政治领悟力、政治执行力，全面贯彻落实党中央、自治区党委、市委和县委各项决策部署，真抓实干、感恩奋进，不断推动各项事业取得新成效。

（二）必须敢于求新、善于求变。与其他先进地区相比，马山仍然存在不小差距和短板，要在“十四五”实现赶超跨越，必须解放思想，大抓创新才大有希望。马山县坚持“政策为大、项目为王、环境为本、创新为要”理念，立足作为南宁市唯一的国家乡村振兴重点帮扶县的发展实际，积极争取列入自治区第二批乡村振兴改革集成试点，依托良好的生态资源，借助政策优势，优化土地、资金、人才等资源配置，推进改革创新，以“一产接二产连三产”思路，推动三次产业齐发力，以发展现代种业作为切入点，打造农业全产业链，增强农业核心竞争力，顺势发展壮大工业和乡村旅游业，着力推动一二三产业深度融合。

（三）必须坚持以人民为中心的发展思想。马山县委始终坚持全心全意为人民服务的根本宗旨，始终把人民放在心中最高位置，把以人民为中心的发展思想贯穿各项工作始终，把人民群众的根本利益作为工作的出发点和落脚点，站稳人民立场，加快补齐民生短板，着力解决好人民群众急难愁盼问题，全县各族群众幸福感、获得感明显增强，始终感党恩、听党话、跟党走，朝着县委擘画的“十四五”宏伟蓝图奋勇前行。

（韦泽光）

围绕“一园一城一基地”谋篇布局 在高质量推进富民强县新征程上迈出新步伐

中共隆安县委员会

2021年，中共隆安县委员会坚持以习近平新时代中国特色社会主义思想为指导，深入学习贯彻习近平总书记“七一”重要讲话精神和对广西工作系列重要指示要求，带领全县各族人民坚决落实党中央决策部署，落实自治区党委和市委的工作部署，围绕“一园一城一基地”谋篇布局，勠力同心、笃定前行，统筹疫情防控和经济社会发展，全力巩固脱贫攻坚成果，扎实推进乡村振兴，全县经济稳中向好，民生福祉持续增进，社会大局保持稳定，在高质量推进富民强县新征程上迈出新步伐，实现“十四五”良好开局，为建设新时代中国特色社会主义壮美广西贡献了隆安力量。全县地区生产总值同比增长7.9%，经济总量迈上百亿台阶、达112.12亿元。其中，第一产业增加值48.87亿元，增长10.6%；第二产业增加值24.71亿元，增长4.5%；第三产业增加值38.53亿元，增长6.8%。社会消费品零售总额12.95亿元，增长4.9%。一般公共预算收入完成3.33亿元，增长12.5%。

11月3—5日，隆安县委、县政府在县体育健身活动中心举办“隆安县深入学习贯彻习近平总书记重要讲话精神　巩固脱贫攻坚成果　推进乡村振兴　推动经济高质量发展　今冬明春疫情防控”专题培训班　（陈建倬　摄）

一、党建概况

2021年，中共隆安县委员会辖基层党委12个，党工委2个，党组41个，党（总）支部688个，党员13288人。

（一）强化政治引领，把牢正确方向。始终坚持把学习贯彻习近平总书记系列重要讲话和重要指示批示精神作为县常委会会议“第一议题”、县委理论学习中心组学习会“第一内容”，县委领导班子带头学、系统学、示范学，各基层党组（党委、总支、支部）及时跟进学、全面学、深入学，坚定捍卫“两个确立”，坚决做到“两个维护”。坚持以政治建设为统领，进一步压紧压实各级各部门政治建设责任，把党的全面领导落实到改革发展稳定各领域、全过程，不断提高党委“把方向、谋大局、促改革”的领导水平和执政能力，切实提高政治判断力、政治领悟力、政治执行力，确保全县党员干部统一意志、统一行动、步调一致，推动上级各项部署要求和“一园一城一基地”经济建设目标任务落地落实。

（二）强化理论武装，筑牢思想根基。坚持把理论学习作为一项重大政治任务来抓，结合党史学习教育，通过专题学习研讨、专题党课、现场教学等多种方式，扎实推进理论武装向纵深发展。围绕习近平总书记视察广西“4·27”重要讲话精神和“七一”重要讲话精神、党的十九届六中全会精神、自治区第十二次党代会精神以及南宁市第十三次党代会精神，组织宣讲团、宣讲队开展集中宣讲142场，组织新时代文明实践中心（所、站）开展理论宣讲活动2013场次，受众超13.8万人次。积极推进“七一”公园命名揭牌和中共隆安县特别支部委员会成立会址修复工作，组织开展“党史故事大家讲”“党史知识大家答”“党员心声大家谈”等各类活动4000多场次，教育引导广大党员干部群众铭记历史，感怀党恩，坚定永远跟党走的决心，以实际行动筑牢思想根基。严格落实意识形态工作责任制，扎实开展网络意识形态斗争，坚决守住意识形态工作领导权。

（三）抓班子带队伍强组织，夯实战斗堡垒。坚持把政治过硬摆在首位，严格执行“五个突出、五个大力选拔、五个坚决不用”标准，圆满完成县乡村（社区）三级领导班子换届工作，选举新一届县委、人大、政府、政协领导班子28人；配齐配强10个乡镇党委、人大、政府新一届领导班子120人；选举产生132个村（社区）“两委”班子定工干部554人，半定工359人，除震东社区党委书记与社区居委会主任分设外，其他131个村（社区）实现了党组织书记、村（居）委会主任“一肩挑”。突出重实干重实绩的用人导向，持续选拔重用“猛将”“闯将”“干将”，全县共提拔科级干部91人，晋升职级112人。选派261名干部到各村（社区），充实一线力量，助力乡村振兴。开展党支部达标创优和组织生活质量提升行动，595个党支部全部达标。开展农村基层党建“整乡推进、整县提升”示范县乡创建行动，认定达标村83个。扎实推进10个软弱涣散（后进）村党组织整顿工作，132个村（社区）村级集体经济年收入全部达到5万元以上，对100名优秀共产党员、50名优秀党务工作者和30个先进基层党组织进行表彰，为972名党员颁发“光荣在党50年”纪念章，发展党员325名，全面筑牢党在基层的执政之基。

（四）强化作风建设，守好公仆本色。始终把作风建设作为党建的重要内容，牢牢把握用人正确方向，着力建设忠诚干净担当的干部队伍，加强干部日常监督管理，持续纠治“四风”，为基层松绑减负，推动作风建设规范化常态化长效化。年内开展以案促改警示教育58场次，查处违反中央八项规定及其实施细则精神8人，通报典型案例3起15人。持续深化政法队伍教育整顿，加大政法系统腐败惩治力度，立案审查调查政法干警6人，着力锻造“五个过硬”政法队伍，不断增强干部自身作风建设，养成不断自我革命的习惯，守好人民公仆的纯洁本色。

（五）强化纪律建设，全面从严治党。始终把纪律建设列为全面从严治党的重要工作，长期坚持严的主基调，严格落实中央八项规定及其实施细则精神，履行“第一责任”和“一岗双责”，扎实推进反腐败斗争，一体推进不敢腐、不能腐、不想腐，真正把惩治的震慑力、制度的约束力、教育的感染力有机统一起来，营造出风清气正的政治生态。2021年，全县受理信访举报147件，处置问题线索395件，有效运用“四种形态”处置337人，其中，立案94件，结案132件，党纪政务处分117人。

二、主要工作

（一）巩固拓展脱贫攻坚成果。一是监测帮扶脱贫不稳定户、边缘易致贫户和突发严重困难户“三类人员”。坚持每月常态化排查与每半年集中排查相结合，排查易返贫致贫人口，对监测对象及时落实帮扶责任人和帮扶措施。全县累计纳入监测2468户8764人，其中消除风险1177户4468人，未消除风险1291户4296人。落实兜底救助性保障政策，农村低收入人口应保尽保、应救尽救。2021年，全县累计发放城乡低保金27.02万人次7004.3万元，其中脱贫人口19.24万人次4774.29万元。二是突出抓产业就业促增收。扶持群众发展自选产业，扶持农业龙头企业和群众建立联农益农利农机制，助力群众增收。抓就业帮扶，通过就业技能培训、“点对点”送工、推荐就业岗位、开发公益性岗位等，保障脱贫户、监测户劳动力就业增收。全县有劳动力的23455户脱贫户实现转移就业45028人、有劳动力的1904户监测户实现转移就业2632人。三是强化易地搬迁后续扶持。投入6484万元建设完善市政、公共服务设施，投入3.9亿元推进配套农民工创业园建设，建成17栋标准厂房，引进12家企业，提供就业岗位5800多个，吸纳劳动力就业2700多人。探索“小梁送工”就业帮扶，累计为50、60后人员送工698批54775人次，易地搬迁户除无劳动力的108户外都实现有1人以上劳动力就业。

（二）实现有效衔接。一是在力量衔接上，成立县委农村工作（乡村振兴）领导小组，下设指挥部及14个专责小组，选优配强乡镇、村（社区）“两委”班子，选派第一书记、驻村工作队员到各村（社区）主抓巩固脱贫成果推进乡村振兴工作。二是在政策衔接上，制定实施脱贫过渡期巩固成果方案、年度工作方案、具体项目实施方案等文件，推动政策和帮扶机制有效衔接。三是在工作衔接上，帮扶对象从脱贫人口拓展到全县农村低收入人口11892户30284人，扶持村屯从63个脱贫村拓展到全县132个村（社区），工作从集中解决“两不愁三保障”拓展到推进乡村产业、文化、人才、生态、组织“五大振兴”。

（三）稳步推进乡村振兴。一是发展乡村产业。落实粮食生产责任，稳定粮食种植面积51.84万亩、产量15.51万吨；稳定发展特色产业，种植特色优质水果33万亩，其中连片百亩以上特色水果基地485个；建设规模以上生态养殖基地162个，实现年出栏家禽1000万羽以上。二是推进乡村建设。推进以改厨改厕、污水处理、垃圾处理为重点的农村人居环境整治提升行动，全县100%农户住上有厨房、有卫生间的稳固安全住房，6个镇级和华侨管理区污水处理厂、82个农村污水处理设施正常运行，村屯生活垃圾清运处理覆盖率达100%。三是加强乡村治理。集中力量抓换届后村（社区）“两委”干部能力提升、发展村集体经济、化解“三大纠纷”、打击“黄赌毒”、排查个人极端事件风险等工作，确保乡村稳定有序。

（四）推动经济高质量发展。一是以“一个工程”（震东扶贫生态移民与城镇化结合示范工程）建设为动力推进县城开发。震东集中安置区、县城新区、产城融合区“三区”同步建设继续推进，污水处理厂二期、应急医院等一批项目建设完成；老城区推进蝶城路改造，完成西宁水厂产能扩充应急工程。二是以“一园（区）”（农民工创业园和华侨管理区）建设为抓手推进工业发展。农民工创业园第四期标准厂房建设完成，新引进企业12家；华侨管理区完成10条道路拓宽、污水处理厂提标改造等工程；重点服务好华宏水泥系列工程项目。全县新增规模以上工业企业4家、达60家，完成工业总产值91.93亿元，同比增长33.44%。三是以“一（批）基地”建设为载体推动现代特色农业发展。培育一批龙头企业、家庭农场、致富带头人，创建连片百亩以上特色水果基地485个，自治区、市级现代特色农业示范区6家；创建“那乡果海”田园综合体，培育新型农业经营主体82家；创建规模以上生态养殖基地162个。

（五）保障和改善民生。全年投入民生资金21.61亿元，占一般公共预算支出82.39%。一是统筹文教卫生事业发展。落实教育优先，促进教育优质均衡发展，筹集资金3618万元，实施教育基础设施建设项目41个，农民工创业园配套学校、隆安中学震东校区投入使用。全力推进易地扶贫搬迁震东集中安置区配套公共卫生服务中心以及村级文化室、篮球场、村屯文化体育设备等文化项目，持续做好“那”文化挖掘保护利用，推进基本公共卫生服务均等化，累计建立29.16万居民个人电子健康档案。二是抓好“稳就业”工作。主动对接、精准服务推动企业有序复工复产，开通赴粤直通车有效护航农民工返工返岗。全县在外务工10.97万人，安置区劳动力1.31万人，实现稳定转移就业1.25万人。三是落实社会各项保障。发放农村低保5467.79万元，城市低保1805.72万元，重度残疾人护理补贴584.71万元惠及73089人次，困难残疾人生活补贴476.76万元惠及59895人次；基本养老保险入库参保率91.77%。四是改善生态环境。抓好中央环保督察指出问题整改及污染防治，打好水污染、大气污染、土壤污染三大攻坚战。组织实施36个农村千人以上饮用水源地保护区划定工作，推进完成已划定44个农村千人以上饮用水水源地保护区标识牌和警示牌设立工作。加强秸秆垃圾露天焚烧和烟花爆竹禁燃限放管控，县城空气质量优良率98.5%。组织开展农用地安全利用和涉镉等重金属企业排查工作，隆安县土壤环境质量状况总体平稳。五是持续深化改革。深入推进政务服务“简易办”改革，推行“一窗受理、集成服务”，落实“异地办”工作和容缺受理工作机制，实现“一网通办”。推进41项重点改革，132个村（社区）2435个村民小组完成农村组级产权制度改革任务。六是优化营商环境。落实减税降费政策为企业纾难解困，累计减税降费4602.99万元；投放“桂惠贷”政策贷款12.57亿元，惠及企业145家、个体工商户196户，降低相关市场主体融资成本2457.6万元。

（六）防疫安全稳定在可控状态。一是抓好疫情防控。慎终如始抓好常态化疫情防控，坚持“外防输入、内防反弹”总策略和“动态清零”总方针，建立县、乡、村三级防控体系，严格落实“四方”责任，做好重点场所、重点人员的排查和管控。扎实推进新冠疫苗接种工作，开展核酸检测“应检尽检”，累计接种新冠疫苗65.9万剂次，全年无确诊病例、无疑似病例。二是抓好安全生产。严格落实安全生产“党政同责、一岗双责、失职追责”，全面加强安全隐患排查整治，开展安全生产专项整治行动，不断提升防灾减灾能力，确保安全生产在可控状态。三是抓好社会稳定。落实信访维稳第一责任人和属地责任，组织开展系列行动着力解决治安突出问题，加强矛盾纠纷排查处理，依法打击非法集资、网络传销、电信网络诈骗等违法犯罪行为，全力维护社会和谐安全稳定。

三、经验体会

（一）利用隆安革命老区红色资源深入开展党史学习教育，是推动基层党的建设取得良好成效、做到“两个维护”的重要基石。隆安县充分利用革命老区红色资源，深入开展党史学习教育，让党的百年奋斗史、新时代理论成果与具有地方特色的党史故事、英雄事迹有机结合，以鲜活的理论宣讲贯穿全县各级党组织2021年党建工作全过程，成为以习近平新时代中国特色社会主义思想武装头脑、指导实践、推动工作的神器。“七一”公园的命名揭牌和中共隆安县特别支部委员会成立会址修复，深化了隆安地方党史引导教育作用，激发广大党员干部群众铭记党的历史，感怀党的恩情，传承红色血脉，发扬伟大建党精神，统一思想，坚定理想信念，增强“四个意识”、坚定“四个自信”、做到“两个维护”，始终在思想上政治上行动上同以习近平同志为核心的党中央保持高度一致，为经济社会健康发展奠定重要基石。

（二）统筹巩固拓展脱贫攻坚成果同乡村振兴有效衔接，是落实中央乡村振兴战略、推进乡村“形实魂”有序建设的主要利器。隆安县准确把握中央相关文件精神，统筹做好巩固拓展脱贫攻坚成果同乡村振兴有效衔接，坚定落实“四个不摘”要求，实现帮扶政策持续稳定。聚焦“形实魂”目标扎实统筹脱贫攻坚与乡村振兴相关资金、项目合理安排，积极推进乡村产业、乡村建设和乡村治理各项工作，稳妥推动乡村振兴工作有序开展、取得实效。

（三）聚焦“一园一城一基地”推进高质量发展，是持续推动县域经济稳中向好、增进民生福祉、保持社会安全稳定的关键法宝。隆安县聚力园区项目引进和建设，主动承接东部产业转移，推进园区现代工业扩规升级，加速县域工业的发展集聚壮大。县委县政府制订了工业振兴三年行动方案，全面推动工业振兴扎实起步。加快县城的城镇化建设，继续推进易地扶贫搬迁震东集中安置区、县城老区、产城融合区“三区”同建，加快城乡融合、助推城镇功能明显提升。以建设一批现代特色农业基地“一（批）基地”为载体，培育一批龙头企业、家庭农场、致富带头人，坚持培优做强，推动特色农业提质增效。在内外环境复杂、疫情形势严峻的特殊条件下，隆安县通过聚焦“一园一城一基地”推进高质量发展这个关键“法宝”，投资与收益同向逆势增长，为县域经济持续稳中向好、民生福祉不断增进、社会安全稳定创造必要条件。

（许天旺　陆文丰）

踔厉奋发　笃行不怠
开启全面建设社会主义现代化兴宁新征程

中共兴宁区委员会

2021年，中共兴宁区委员会坚持以习近平新时代中国特色社会主义思想为指导，全面贯彻党的十九大和十九届历次全会精神，深入学习贯彻习近平总书记视察广西“4·27”重要讲话精神和对广西工作系列重要指示要求，认真贯彻落实自治区第十二次党代会和南宁市第十三次党代会精神，聚焦建设壮美广西“1+1+4+3+N”目标任务体系和南宁市重点工作要求，奋进新征程、建功新时代。

一、党建概况

2021年，中共兴宁区委有基层党组织871个，其中基层党（工）委42个、党总支部45个、党支部784个，党员14817名。设立党组35个。

（一）宣传思想工作见行见效。坚持把学懂弄通做实习近平新时代中国特色社会主义思想作为党员干部的基本功、必修课，将学习习近平总书记最新重要讲话和重要指示批示精神作为各类会议的“第一议题”，以党的创新理论武装持续增强“两个维护”的思想自觉、政治自觉和行动自觉，全年举办领导干部党性修养提升班、中青年干部培训班等主体班10期，“兴宁讲坛”4期，共培训1648人次。全面实施意识形态工作责任制，保持意识形态领域平稳可控。建强用好新时代文明实践中心（所、站），聚焦习近平总书记“七一”重要讲话、党的十九届六中全会等重大主题，开展对象化、分众化、互动化宣讲活动近千场。

（二）党史学习教育走深走实。坚持聚焦主题、把握节点，持续开展“感党恩　跟党走”主题系列活动，“党史故事”成为口耳相传的日常事，“党员心声”成为相互鼓励的加油声，“红色歌曲”成为感恩奋进的进行曲，使党员干部受到深刻思想洗礼，毛主席接见广西各族人民纪念馆、邓颖超纪念馆等成为红色教育的“网红打卡点”。深入开展“我为群众办实事”实践活动，一批好事实事办到群众的心坎上，“汽配党建联盟”抓联学优服务做法获中央党史学习教育第七督导组肯定，北宁社区“长者饭堂”做法获《人民日报》宣传推广，党史学习教育成效获市委党史学习教育领导小组综合评价“好”的等次。

9月19日，兴宁区大型商业体——南宁首创奥特莱斯正式开业

（三）基层党建工作有声有色。在压实党建责任上持续发力，建立党建工作定期研讨机制，定期召集区委常委和有关部门集体研究推进党建重点工作，推动机关事业单位党员负责人担任党组织书记比例从19%提升至100%，夯实党建与业务齐抓共管的组织基础。在抓党建促示范引领上精心谋划，建立“五色服务”“四权落地”特色机制，促进小区党组织从“有名”向“有实”转变、从“有形”向“有效”提升，单独、联合组建小区党支部187个，实现辖区364个居民小区党的组织全覆盖。在抓党建促担当作为上勇于开拓，以打造全国有影响力的党建品牌为目标，谋划推动朝阳商圈三街两巷党建示范点和那考河党建示范带建设，作为南宁市首个主城区举办的“我为家乡代言”电商大集活动引发较高关注热度。

（四）干部队伍建设务实扎实。坚持在一线考察干部、凭实绩任用干部，年内提拔晋升、进一步使用干部170名，超九成来自五大攻坚工程主战场。坚持党管干部原则，圆满完成县乡村三级换届，选优配强各级领导班子，实现党组织书记、村（居）委会主任“一肩挑”全覆盖。出台高层次基础教育人才引进若干措施，引进各领域紧缺人才、青年人才1.25万名。

（五）监督执纪网络越织越密。坚持全面从严治党，全面落实“两个责任”。在全区范围内先行先试，探索构建以党内监督为主导的“1+9”大监督格局，聚焦“贯通什么”“怎么贯通”等核心问题制定贯通协同机制15项，突破“中梗阻”，织密监督网。充分运用监督执纪“四种形态”，严肃查处违反中央八项规定及其实施细则精神问题，持续整治群众身边腐败和作风问题，处置问题线索296件，立案78件、结案95件，给予党纪政务处分79人，挽回经济损失136.72万元。在高质量完成政治巡察全覆盖任务的基础上，及时开展十届区委第一轮巡察，向镇、街道派出监察办公室，实现基层一线监察全覆盖。

二、主要工作

（一）勇于求变，五大攻坚工程成效初显。一是实施项目建设攻坚工程，经济发展支撑有力。坚持项目为王，以城区市管干部领衔服务重大项目为牵引，采取一个项目、一个牵头单位、一个工作专班协同模式，全力推进项目建设。普天、博繁等重点项目落地，武拖、人防等项目实现开工，京东结算运营中心等重大项目如期竣工运营，超额完成自治区、南宁市层面重大项目年度投资计划。借助区属大型国有企业优势，与北投集团签署战略合作协议，推动城区项目建设、产业投资能力进一步提升。二是实施工业振兴攻坚工程，现代工业稳步发展。园区承载力逐步提升，五塘工业集中区基础设施项目建设基本完成，为更多优质项目落户兴宁创造条件。引进明电电气、天鹰兄弟等一批工业项目，谋划一批龙头型、基地型“双百双新”项目。深挖工业发展潜力，工业投资总量翻一番，增长速度远超全市平均增速，工业技改投资、制造业投资增势向好，工业发展积蓄强劲动能。创新驱动持续发力，高新技术企业保有量增长近两成，近半数重大科技成果转化为生产力。三是实施商旅提质攻坚工程，传统服务业焕发生机。朝阳商圈升级改造加快推进，进一步激活老邕州历史文化资源，用文化深度拓展商圈繁荣广度。“老南宁·三街两巷”历史文化街区获评国家级夜间文化和旅游消费集聚区，入选国家级旅游休闲街区公示名单。新商业体加快布局，推热吾悦广场等大型商业综合体，支持首创奥特莱斯引流发展首店经济，带动兴宁东新商圈起势成形。建设“兴工惠”网上服务平台，邀请多家企业进驻，发放“惠工卡”5万多张。进一步打响兴宁购物节、体育旅游休闲大会等活动品牌，以“旅游+”推动商圈经济、节庆经济、夜间经济发展。四是实施城市品质提升攻坚工程，宜居兴宁成色更足。新区逐步扩容扩能，三塘控制性详细规划修编获批、三塘核心区基础设施工程完成设计招标，加速融入东站高铁经济圈。老城逐步改造提升，棚户区和老旧小区改造惠及群众超八千户，“三街两巷”历史文化街区二期改造进展顺利。交通路网逐步加密，甘泉路、龙湖路等一批道路竣工验收，城市微循环更加畅通。精细化管理水平提高，投入专项经费1.62亿元推进全国文明典范城市建设、迎接国家卫生城市复审工作。五是实施乡村振兴攻坚工程，乡村迎来新气象。防返贫致贫机制不断健全，投入5268万元衔接资金，保持帮扶力量稳定，创新采取扶贫商业保险模式为防返贫“上保险”。鼓励本土党员能人与村级集体经济组织通过土地流转、吸纳就业、入股分红等方式与村民建立利益联结机制，为村级集体经济“造血”。“三清三拆”等工作有序推进，近300个自然村旧貌换新颜。“四好农村路”建设再上新台阶，农村公路管理养护体制改革得到交通运输部肯定。乡村振兴文明实践积分卡制度试点先行，进一步推动文明乡风建设。

（二）敢于求新，深化改革开放蹄疾步稳。一是重点改革取得进展。聚焦自主创新，推进十里花卉长廊与朝阳商圈改革集成试点，推出一批微改革微创新项目，持续增强人民群众对改革的获得感。探索“族老”调解纠纷机制，创新做法获央视《今日说法》栏目、社会与法频道宣传报道。医疗卫生体制改革稳步开展，实现镇级卫生院与二级医疗机构对口帮扶。完成村民小组集体经营性资产股份合作制改革任务，实现改革由村向组深度拓展。被国家能源局确定为整县推进屋顶分布式光伏开发试点县区。二是营商环境再上台阶。服务企业用心用情，继续推进城区领导干部与重点企业结对服务机制。财金联动持续强化，推进“桂惠贷”贴息政策，帮助辖区超千户市场主体降低融资成本，有效帮助企业解决融资难、融资贵问题。法治营商环境良好，保护市场主体合法权益，商业纠纷解决平均用时181天。成立朝阳商圈联合商会，为民营企业搭建资源共享平台。三是招商引资持续发力。城区领导带头招商、招商小分队驻点招商，全力引进好项目大项目。出台招商引资项目审查评估制度，把好引进项目质量关，防范项目引进风险。借力强化产业招商，加快推进“三企入桂”项目落实，开展“行企助力转型升级”行动，实现新签项目13个，总投资约14.58亿元。

（三）善于求质，群众生活品质稳步提升。一是疫情防控有战果。严格落实外防输入、内防反弹各项措施，建立重点人员主动报备报告和举报“三非”人员奖励制度。采取技防与人防相结合，构建社区“智慧防疫”模式，实现闭环管理。妥善处理好虎邱村、燕子岭疫情相关工作。累计完成新冠病毒疫苗接种超115.81万剂次，逐步建立起免疫屏障。二是民生保障见效果。近八成财政支出投向民生领域，让改革发展成果更多惠及人民群众。坚持就业优先政策，超额完成城镇新增就业人口任务数近两倍，城镇登记失业率保持在较低水平，发放国家创业担保贷款、职业技能补贴等各类就业创业补贴超4000万元。教育品质不断提升，开工建设、交付使用一批学校，履行教育职责评价结果为优秀、排名全区第三。医疗卫生基础设施不断完善，推进兴宁区人民医院、兴宁区中医医院、兴宁区嘉和城医院项目建设。三是平安稳定结硕果。深入开展政法队伍教育整顿，常态化开展扫黑除恶专项斗争，兴宁区连续8年获评广西平安县（市、区）。坚持和发展新时代“枫桥经验”，成功化解列入自治区、南宁市重大涉稳问题的全部案件。全年未发生较大及以上安全生产事故和食品安全事故。四是生态环保出成果。压紧压实生态环境保护责任，深入开展中央生态环境保护督察组交办案件整改工作。打好蓝天保卫战，环境空气优良率达95.3%，优于市级考核指标。黑臭水体治理实现常态化，39家农村生活污水处理设施运行达标率达100%。全面落实河长制林长制，推动河流治理、森林保护常态长效。

三、经验体会

（一）突出政治引领。坚持旗帜鲜明讲政治，党的领导是推动事业胜利的根本保证，只有深刻领悟“两个确立”的决定性意义，坚决做到“两个维护”，强化区委总揽全局、协调各方的领导能力，才能更好地汇聚起团结奋进的强大合力。

（二）坚持改革创新。改革创新是促进高质量发展的根本动力，只有深化改革、加快创新，才能更好地开创兴宁各项事业新局面。我们深深体会到，坚持以人民为中心是做好各项工作的根本出发点，只有始终心怀“国之大者”，赢得群众的拥护和支持，才能更好地推动兴宁经济社会发展行稳致远。

（三）走好群众路线。始终牢固树立以人民为中心的发展思想，不断推动“我为群众办实事”实践活动落细落实，用心用情用力增进民生福祉，把党史学习教育成果转化为锐意进取、开拓创新、埋头苦干、真抓实干的强大动力，不断推动全方位高质量发展取得新成效，奋力谱写全面建设社会主义现代化兴宁新征程。

（谢婧）

勇担使命再出发　笃行不怠向未来 建设产城高度融合的现代化中心城区

中共江南区委员会

2021年，中共江南区委员会坚持以习近平新时代中国特色社会主义思想为指导，全面贯彻落实党的十九大和十九届历次全会精神，深入贯彻落实习近平总书记视察广西“4·27”重要讲话精神和对广西工作系列重要指示要求，贯彻落实自治区第十二次党代会部署要求和南宁市第十三次党代会精神，聚焦市委“1+3”工作思路，统筹抓好疫情防控和经济社会发展，扎实做好“六稳”“六保”工作，全面落实强首府战略，努力推动城区经济社会高质量发展。

7月29日—30日，中国共产党南宁市江南区第十次代表大会召开

一、党建概况

2021年，中共江南区委员会辖党组织1065个，共有党员16445名。

（一）旗帜鲜明抓好政治建设。坚持把政治建设摆在首位，严格落实《中共中央关于加强党的政治建设的意见》，深入学习习近平新时代中国特色社会主义思想，深入学习贯彻党的十九届六中全会和自治区第十二次党代会、市第十三次党代会精神以及城区第十次党代会精神，教育引导党员干部深刻领悟“两个确立”的决定性意义，增强“四个意识”、坚定“四个自信”、做到“两个维护”。结合月监督清单，部署开展政治建设督查检查3次。

（二）对标对表抓好问题整改。重点抓好市委主要领导点评2020年江南区委落实主体责任存在问题的整改，召开区委常委会会议研究整改措施，制订印发整改方案，实行“销号”落实。针对“基层党建特色亮点不够鲜明，基层党组织星级化管理还不够严格”的问题，推行“质量党建”建设标准和评价体系，从严落实党组织“堡垒指数”和党员“先锋指数”星级化考评管理，常态化开展“两随机”调研，实行“红黑榜”制度；针对“农村‘三资’管理、乡村振兴项目建设管理存在廉洁风险隐患”的问题，开展全面从严治党“抓系统、系统抓”专项工作，加强农村集体“三资”管理，完成以案促改案件44件；针对“意识形态阵地管理存在薄弱环节”的问题，严把辖区内举办的各类讲座、报告会、文艺演出等意识形态阵地关口，扎实开展“扫黄打非”五大专项行动25次，建立“护苗”扫黄打非工作站6个，开展属地网站专项治理活动20余次。

（三）凝聚共识抓好思想建设。坚持把意识形态工作责任制落实情况纳入党委（党工委、党组）书记述职评议的重要内容，健全党委（党工委、党组）理论学习中心组学习制度机制，全年组织开展区委理论学习中心组学习4次。高标准高质量开展党史学习教育，组织学习习近平总书记“七一”重要讲话精神等各类宣讲200多场次，“感党恩 跟党走”主题系列活动参与人数34万多人次，制作原创视频在“学习强国”全国平台累计播放量近16万次。

（四）强根固基抓好组织建设。修订《江南区激励干部担当作为实施办法》，从“四个一线”提拔重用54人，晋升职级43人，选派53名干部赴“四个一线”实践锻炼。制订《党建引领产城融合“八大行动”实施方案》，以“活细胞、强基层、优服务”为主线，抓紧抓实基层党建工作。推进“星级党组织”评比、“达标村屯”争创活动，32个村、22个屯党组织达标创优，打造农村星级党组织7个，转化提升被警示提醒五星级村党组织2个。打造党建引领乡村振兴示范点3个，建成“六化”示范小区27个，老干部党群服务中心被选定为2021年自治区老干部党支部标准化规范化现场会参观点。加快南宁市村级集体经济产业示范园建设，48个村集体经济收入全部实现10万元以上。大力推行“人才+产业”模式，引进重点领域急需人才366人。南南铝、桂电人才团队入选南宁市创新创业领军人才“邕江计划”项目。

（五）久久为功抓好作风建设。以“作风建设深化年”活动为牵引，组织开展集中纠治“四风”突出问题“六项行动”，对城区63个单位部门落实中央八项规定及其实施细则精神情况和纠治“四风”工作开展专项检查2次，发现问题74个，约谈、提醒谈话7人，下发监察建议书3份，立案3人，责令清退补缴款项约353万元。部署对重点工作和重大项目落实情况开展监督检查230余次，约谈21人，下发督办函25份，发现整改问题1155个。

（六）持之以恒加强纪律建设。持

续深化“书记引航担使命”主题活动，深入开展全面从严治党“抓系统、系统抓”专项工作，探索建立“1+9”大监督格局，加强对“一把手”和领导班子以及基层治理中“小微”权力的监督。政法队伍教育整顿取得阶段性成果，立案6件，党纪处分6人。深化运用“四种形态”监督执纪280人次，全年立案73件，给予党纪政务处分88人。为11名受到诬告、错告的党员干部澄清正名或消除负面影响。

二、主要工作

（一）产业发展提质增效。三次产业比重5.5∶34.6∶59.9。引进联代智能通信终端生产线、吉锐生物新药研发生产基地等重点项目。启动规划凤巢湖生物医药港项目，兰丁医学检验实验室运营。培育7家“专精特新”和1家“小巨人”工业企业。成功申报南宁国家加工贸易产业园区江南片区。加快建设桂林电子科技大学南宁产教融合基地，广西—东盟国际医疗健康电子信息科技产业园竣工，广西航空航天铝合金新材料工程研究中心开工建设。泉港·江南企业总部获评自治区特色小微企业示范园区、南宁市科技企业孵化器，产投江南企业公园获自治区小型微型企业创业创新示范基地认定，百益·上河城入围国家级众创空间培育、入选广西旅游休闲街区。举办江南区首届互动车展，南宁奥特莱斯购物广场项目开工，新增限额以上商贸企业45家。邕江南岸片区获评首批国家级夜间文化和旅游消费集聚区。创建“江韵扬美”和“南曦朝阳”乡村振兴示范带，1家企业获评农业产业化国家重点龙头企业，2家企业入选全国农产品包装标识典范名录，2个品牌入选广西农业品牌目录，新增自治区级现代特色农业示范区1个、自治区休闲农业与乡村旅游示范点1个，建成市级农产品加工集聚区1个。

（二）城乡面貌有效改善。年内实施6个农村道路提升改造工程。沙吴高速、吴隆高速建成通车，地铁5号线开通运营，城区10条道路竣工，亭洪路延长线（壮锦大道—沙井大道）主线通车。五一片区TOD站城一体化产业新城项目确定土地熟化人，西园片区（二期）、南糖亭洪片区项目开工建设。启动40个老旧小区改造，棚户区改造任务完成。污染防治力度加大，两个饮用水水源地水质保持为优，老口国考断面水质优良比例100%。全域整治改善农村人居环境，实现321个自然村基本整治型“三清三拆+”全覆盖，“两高一线”沿线3752栋房屋提升见效。

（三）改革开放蹄疾步稳。改革工业园区管理体制，调整园区管委会内设机构。上线江南区电子政务办公平台移动办公系统，推行政务服务“一件事一次办”，基本实现“一窗办多事”“最多跑一次”“群众办事最多等候一小时”。江南区人民法院在全区率先试行“智慧诉服管家”。在全市率先创新性实现新生儿医疗“落地即保”。工业园区和苏圩镇纳入南宁临空经济示范区江南区拓展延伸区。深入粤港澳大湾区开展驻点招商，新签约产业项目14个。

（四）文化活力持续激发。建好管好用好村级公共文化服务中心、农家书屋等各类基层文化阵地，举办各类线上线下群众性文化活动487场次，受益群众14万余人次。建成全区首个广西土地改革历史博物馆，推荐作品《真理的味道》荣获全区红色故事大赛优秀奖，舞蹈《莫文骅1927》荣获第十一届广西音乐舞蹈比赛舞蹈类创作一等奖、表演一等奖。江南区志愿者莫丽英获授予2019—2020年度全区红十字优秀志愿者称号。新屋村“复兴少年宫”成为南宁市首个试点启用。

（五）民生实事精准惠民。慎终如始抓牢疫情防控。开展“疫情防控·党员先行”行动，成立党员先锋队35支、设立党员先锋示范岗230个。建立健全常态化疫情防控机制，累计接种新冠病毒疫苗153万剂次。开展“我为群众办实事”实践活动服务群众近20万人次，有效解决1500多件群众急难愁盼问题。持续开展促进就业系列专项活动，实现城镇新增就业8769人，农村劳动力转移就业3412人。乡镇公办幼儿园实现全覆盖，普惠性幼儿园覆盖率93.08%，文骅小学及江南区第三、第四幼儿园等投入使用，新增幼儿园学位720个、小学学位4050个。全面落实“双减”政策，学校开展课后服务率100%。江南区人民医院二期完工，江南区妇幼保健院、仁义社区卫生服务中心项目开工。建成2个市域社会治理现代化市级示范点、1个示范性青少年法治宣传教育实践基地。持续高压严打违法犯罪行为，安全生产事故起数、死亡人数分别下降46.15%、56.25%。

三、经验体会

（一）必须坚持在党的领导下统领发展。党的十九届六中全会全面总结党的百年奋斗重大成就和历史经验，提出“两个确立”，对新时代党和国家事业发展、对推进中华民族伟大复兴历史进程具有决定性意义。江南区委坚持捍卫“两个确立”，坚决做到“两个维护”，对标对表党中央、自治区党委、市委决策部署，充分发挥统揽全局、协调各方的作用，确保建设产城高度融合的中心化城区始终沿着正确方向前进。

（二）必须坚持以开阔的视野高位谋划发展。江南区委始终坚持将城区发展置于全国全区全市的大格局中去谋划、去推进、去提升，结合城区实际，积极融入国家、自治区、南宁市发展战略，贯彻落实自治区和南宁市的重点工作部署，持续发挥江南区沿江、临空、近边的区位优势，持续放大江南区工业基础好、工业产值占全市比重大的产业优势，拓展新空间、厚植新优势、展现新作为。

（三）必须坚持产城高度融合推动高质量发展。江南区委始终坚持问题导向，找准产城融合度不高制约城区高质量发展这一短板，以建设产城高度融合的现代化中心城区为目标，部署开展“三旧”改造攻坚年、乡村产业提升年、招商引资突破年、项目建设提速年、作风建设深化年“五个年”活动；成立重点工作先锋队和先锋组全力攻坚重大项目建设、乡村振兴、征地拆迁、维稳工作、党建、招商引资、要素保障“七项重点工作”；实施党建引领产城高度融合“八大行动”，助推高质量发展。

（四）必须坚持以人民为中心全面发展。江南区委始终坚持以人民为中心的发展思想，全力打好抗击新冠肺炎疫情防控阻击战、歼灭战，建立“我为群众办实事”实践活动长效机制，持续推出一系列解决教育、健康、住房、社保、养老、社会治理等民生问题的“微改革”，着力人民群众“急难愁盼”问题，使发展成果更多更公平惠及全体人民。

（五）必须坚持广泛凝心聚力加速发展。江南区委始终坚持把抓好党建作为最大政绩，以“活细胞、强基层、优服务”为主线，推动城区各级党组织和广大党员干部在产业发展、项目建设、乡村振兴、疫情防控、维护稳定工作中发挥战斗堡垒和先锋模范作用，通过“逢四说事”党建品牌架起党群连心桥，把广大干部群众紧紧凝聚在一起，在全城区形成担当实干、善作善成的干事创业氛围，共同推动江南区在高质量发展新征程中加速前进。

（六）必须坚持优化政治生态保障发展。江南区委坚定不移贯彻落实市委关于全面从严治党决策部署，深化“书记引航担使命”主题活动，坚持“严”的主基调不动摇，紧盯乡村振兴、疫情防控、重点项目等重大决策部署关键环节监督，充分发挥监督保障执行、促进完善发展作用，持之以恒正风肃纪反腐，为建设产城高度融合的现代化中心城区营造风清气正的政治生态。

（陈世厚　席杰　余炎忻）

踔厉奋发　笃行不怠　加快建设“六个典范城区”

中共青秀区委员会

2021年，中共青秀区委员会坚持以习近平新时代中国特色社会主义思想为指导，团结带领全城区各族人民全面贯彻落实党中央、自治区党委、市委的决策部署，攻坚克难、砥砺前行，实现“十四五”良好开局。全年地区生产总值完成1324.7亿元，增长6.1%，两年平均增长5.5%，高于全市平均水平；城镇居民人均可支配收入达53013元，增长6.8%，农村居民人均可支配收入达19565元，增长9.9%，均高于经济增速。获评2020年度广西高质量发展先进城区，在2021年赛迪百强区中位列第44名，是广西唯一上榜城区。

伶俐工业园区

一、党建概况

2021年，中共青秀区委员会共有党的基层组织1955个（党委102个、党总支52个、党支部1801个），另有派出党工委8个。党员总数35406名，其中机关党员1936名（含各街道机关党员、直属机关工委党员和公安分局党员），事业单位党员2916名、农村党员3452名、社区党员23338名、离退休党员14699名、中华人民共和国成立前入党的老党员14名、流动党员515名（流出490名、流入25名）。

（一）扎实开展党史学习教育。坚决把开展好党史学习教育作为一项重要政治任务，认真履行政治责任，党史学习教育取得显著成效，得到自治区党委党史学习教育第七巡回指导组的充分肯定。推出广西首个党史学习教育专业社区服务平台，并在全区推广；先后承接上级宣讲团宣讲报告会6场，开展系列主题宣讲1305余场，受众达11.8万多人次；邀请新华社、人民网等多家主流媒体全方位多角度进行报道，发布稿件229篇；用好雷经天故居、黄大年同志先进事迹教育基地等红色教育资源，开展“党史故事大家讲”等各类活动1.2万多场，约110万人次参加；完成“我为群众办实事”实践活动服务事项110项，推出“百局办百事、有事您说话”为民服务举措项目397项，解决群众急难愁盼问题约1500个，实打实帮助广大群众解决实际困难，推动党史学习教育走深走实。

（二）强化党建引领促发展。村级集体经济持续壮大，提前并超额完成年度5万元、10万元、20万元、50万元目标任务，是全市首个完成年度目标任务的城区。意识形态阵地持续巩固，主流舆论不断壮大，推出《青秀观察》等原创栏目，凝心聚力讲好新时代青秀故事。干部活力有效激发，高质量完成城区镇村（社区）三级换届工作，从“四个一线”提拔重用干部57人，比例达95%，其中80后科级干部41人，占比68%。基层党组织建设坚强有力，严格落实党内组织生活各项制度，城区682个党支部完成达标验收工作，达标率100%；建立健全四级党组织联动体系和联席会议制度，成立城市居民小区党组织457个，实现城市居民小区党组织全覆盖；推动51个符合条件的两新组织组建党组织，城区15家广西民营企业100强的企业实现党组织全覆盖；严格落实党委（党组）书记和班子成员党支部工作联系点制度，成立25个临时党支部、64支党员先锋队，7000多名党员下沉抗疫、创城等网格一线；完成首批60个镇村屯三级党组织标准化规范化建设，中山派出所党支部获评2021年全国先进基层党组织，11个基层党组织、22名党员分别获得自治区、南宁市“两优一先”表彰。

（三）深入推进党风廉政建设。加强政治监督，加大对城区各级党组织贯彻落实党中央重大决策部署、习近平总书记视察广西“4·27”重要讲话精神、自治区第十二次党代会精神情况的监督检查力度，推动党中央、自治区党委和市委的各项决策部署在青秀区落地见效。坚持“三不”一体推进，全年立案审查调查78件，审理结案114件，给予党纪政务处分102人，留置3人，移送司法机关审查起诉4人，运用监督执纪“四种形态”批评教育和处理党员干部391人次，开展以案促改案件96件，观看警示教育片150场次，累计接受教育人数6500余人。坚决整治群众身边“微腐败”，强化对供销合作社、教育、养老社保、粮食购销等9个重点领域的专项治理，深挖细查违纪违法线索，着力整治群众身边不正之风和腐败问题，发现问题线索53条，立案19件，给予党纪政务处分7人。严格落实中央八项规定及其实施细则精神，抓住关键时间节点，坚决防止“四风”问题反弹回潮，全年开展监督检查120次，出动人员248人次，检查单位90个，查处违反中央八项规定及其实施细则精神案件16件，给予党纪政务处分13人，风清气正的政治生态进一步巩固。

二、主要工作

（一）全力推动产业转型。工业发展质效提升，全年规模以上工业增加值增长22.1%，规模以上工业产值增长17.94%，增速均排全市前列；新签约工业项目6个，总投资112亿元；多氟多锂电池项目开工建设，南宁产投汽车青秀产业园顺利推进，合众新能源汽车投产在即，新能源汽车产业链初见雏形；伶俐工业园区完成基础设施投资5.7亿元，园区工业产值增长35%，百亿园区厚积薄发，成为南宁东部产业新城核心片区。服务业蓬勃发展，康恒环境、浙商银行等一批知名企业总部成功落户，京东五星电器、爱琴海城市广场等项目建成运营，南宁牛湾文化旅游岛开工建设，会展·东博文化旅游区获评国家4A级旅游景区，城区获评“全国市辖区旅游综合实力百强区”。投资结构不断优化，引进14个项目，总投资达440亿元。把扩大产业投资特别是工业投资放在首位，培育自治区“双百双新”项目4个，全年工业投资22亿元，增长14.1%。以信息服务、科技服务为代表的现代服务业完成投资31.3亿元，现代服务业占服务业比重提升至49.6%。引入社会资本步伐加快，教育基础设施等PPP项目加快推进，总投资达43亿元。

（二）有效衔接乡村振兴。巩固脱贫攻坚成果成效明显，严格落实“四个不摘”原则，脱贫户特色扶贫产业覆盖率达90%以上，城区村级集体经济收入达1.08亿元，是全市首个突破亿元的（县）区。现代农业发展蹄疾步稳，持续推进“田园青秀”城乡融合发展改革集成试点，流转土地3.42万亩，完成点状供地试点项目前期工作，建成时笋坡研学营地，邕之泰屠宰精深加工及冷链配送项目投入使用。乡村建设水平显著提升，伶俐大桥加快建设，提质改造农村公路60公里，完成综治系统、视联网与视频监控平台“三网合一”。划定城镇开发边界192平方公里，完成175个村庄全域整治任务，“三清三拆”40万平方米，在自治区乡村人居环境工作考评中位列第一档次。

（三）持续提升发展动能。营商环境持续优化，推行“一枚印章管审批”，提速86%，“互联网+政务服务”体系加速形成，870项审批事项“一次都不用跑”；在全市率先推行视频“云勘验”，由“面对面”变成“屏对屏”，实现“零跑动，不见面，云上办”；打造“帮办代办，一次办好”政务服务品牌，打通服务“最后一公里”。重点领域改革实现突破，“四定”量化考核机制全面铺开，公务员定期考核试点工作圆满完成，晟宁集团成为全区首个“AA”主体信用评级县级国企，在全区首推“智慧防疫”管理平台和“青秀通·市监行政量化执法APP”，“名师工作坊”模式入选自治区改革案例。创新成果不断涌现，在全市率先成立人才工作局，引育邕江计划人才团队3个，新增高层次人才249名，统筹解决1207名聘用教师入编问题；成功培育国家中小企业公共服务示范平台、国家农业农村信息化示范基地各1家，新建市级以上企业技术研究中心9个，新增“专精特新”中小企业4家，完成自治区重大科技成果转化项目4个，高价值发明专利增长3.85%，在全市排名前列。

（四）践行人民至上理念。城市治理日益精细，把守护群众“菜篮子”作为重点工作来抓，顺应民意、攻坚克难，成功启动华园公益便民平价市场建设。坚持正义，严惩“两违”，清理违法用地26万平方米，拆除违法建设70万平方米；推广“老友议事会”基层群众自治模式，在8个社区复制推广新竹小区物业管理新模式。持续打好蓝天、碧水、净土保卫战，空气优良率在全市各城区中排名第一，辖区内主要流域水质全部达标，土壤环境保持安全。社会事业进步显著，青秀区卫生健康服务综合大楼开工建设，7家基层医疗机构由医疗集团全面托管，凤岭北社区获评国家级“暖心家园示范点”；建成新学校4所，新增学位4020个，城区在自治区2020年度履行教育职责评价中排名第一，获评“自治区级社区教育示范区”“自治区学前教育集团化办园改革实验区”；“青秀创意生活节”“国际传统舞龙邀请赛”品牌持续打响，城区上榜首批“全国县域足球典型”。民生保障扩面提效，城镇登记失业率控制在2.95%以内，新增社会工作服务站3个、综合养老服务中心4个，新兴苑社区、金葫社区获评“AAA级广西老年宜居社区”，“时间银行”存储超过3万小时，南湖街道办获评全国医保基层服务示范点，东葛社区卫生服务中心获评全国医保定点医疗机构示范点。社会大局安全有序，坚持发展新时代“枫桥经验”，打造新竹、秀山等4个市域社会治理现代化品牌试点社区，扫黑除恶、禁毒严打、食药监管、打击传销等工作成效显著，成功摘掉“异地聚集式传销问题”“非法集资问题突出”帽子，通福社区被授予“全国综合减灾示范社区”称号，人民群众安全感提升至98.84%。

三、经验体会

（一）必须把“党的领导”作为根本保证。党的领导是战胜一切困难和风险挑战的“定海神针”。只有高举习近平新时代中国特色社会主义思想伟大旗帜，坚决拥戴核心、维护核心、紧跟核心，全面从严治党，才能经受考验、战胜困难，不断从胜利走向新的胜利。

（二）必须把“解放思想”作为动力源泉。解放思想是赢得区域竞争的关键所在。只有大胆突破条条框框，摆脱路径依赖，才能走出既定格局，更好地打开工作局面。

（三）必须把“产业发展”作为主攻方向。产业是经济社会发展的重要基石。只有“站在未来看现在”，提前布局战略性新兴产业，才能在科技革命和产业变革中赢得主动权、抢占制高点。

（四）必须把“青山秀水”作为最大优势。“山清水秀生态美”是广西的金字招牌。只有深入践行习近平生态文明思想，厚植生态优势，才能实现“绿水青山”向“金山银山”转换。

（五）必须把“韧性城市”作为重要支撑。韧性城市是城市未来的发展方向。只有聚焦城市内涵式发展，不断增强城市“免疫力”，才能在重大自然灾害和公共卫生突发事件发生时，像“弹簧”一样快速响应、有效承压、率先恢复。

（六）必须把“公平正义”作为核心追求。公平正义是中国特色社会主义的内在要求。只有坚守人民情怀，促进社会公平，增进民生福祉，改革发展事业才能赢得人民群众的真心拥护。

（覃瑞恒）

守正创新担使命 踔厉奋发谱新篇 全力推动西乡塘高质量发展迈出坚实步伐

中共西乡塘区委员会

2021年，中共西乡塘区委员会坚持以习近平新时代中国特色社会主义思想为指导，认真贯彻党的十九大和十九届历次全会精神，全面落实党中央、自治区党委和市委的决策部署，统筹疫情防控和经济社会发展，全面落实强首府战略，扎实做好改革发展稳定各项工作，经济社会发展各项事业取得新的进展，"十四五"开局良好，获评2020年度广西高质量发展进步城区、"2019—2020年度建设平安广西活动先进县区"。

12月7日，全区首个街道级警民联调中心新阳街道"警民联调"中心进行纠纷调解，将群众矛盾化解在家门口

一、党建概况

2021年，中共西乡塘区委员会有基层党组织1520个，其中党委81个，党总支61个，党支部1387个，党员31200人。党员中女性党员12418名，少数民族党员10886名，大专及以上学历党员15334名。

（一）持续强化政治建设。坚持把党的政治建设摆在首位，坚定维护以习近平同志为核心的党中央权威和集中统一领导，组织动员城区各级党组织和广大党员持续深入学习宣传贯彻党的十九届六中全会精神，习近平总书记"七一"重要讲话精神、视察广西"4·27"重要讲话精神和对广西工作系列重要指示要求，高标准开展党史学习教育，组织开展主题宣讲5276场（次），实现理论宣讲学习"全覆盖"。高质量推进22个"我为群众办实事"实践活动项目，把学习教育成效转化为推动工作、促进发展的成效。

（二）牢牢掌握意识形态工作领导权。严格落实意识形态工作责任制，统筹内宣外宣、网上网下、大屏小屏，紧扣经济社会高质量发展这个主题，在中央、自治区、南宁市属各级媒体和本级媒体全面深入宣传报道各条战线工作成效和亮点。重点做好建党100周年、党史学习教育、疫情防控、乡村振兴、强首府战略、创城创卫、扫黑除恶等宣传工作，在各级媒体播发新闻稿4586余篇（次），举办城区本级新闻发布（推介）会4场（次）；学习强国供稿127篇，办理人民网网友留言反映问题909件，办结率和反馈率均达到100%，主流思想舆论不断巩固壮大。

（三）全力抓好基层党建和群团工作。树牢大抓基层的鲜明导向，深入实施"先锋引领+"系列行动，扎实推进"整乡推进、整县提升"示范创建，创建星级村党组织28个。开展"支部质量提升"行动，获区市表彰"两优一先"29个。持续深化党建品牌创建，大力推进"两带三群"建设（沿江"美丽南方"乡村振兴党建示范带、沿国道省道集体经济产业示范带，科教智慧、社会治理、商城商圈三大党建集群），巩固提升"社校联盟"、"零距离工作法"、"民族情深党旗红"等一批基层党建品牌，65个示范小区设立党群服务中心，784个居民小区实现党组织全覆盖。工会、共青团、妇联、红十字会等群团组织作用进一步发挥，西乡塘区妇联荣获"全国维护妇女儿童权益先进集体"称号。党管武装工作规范有序，军民深度融合发展。

（四）圆满完成县乡村三级换届。坚持换届"五个好"目标任务，创新"两代表一委员"资格"前置联审"，审查2363人，取消不合格人选资格99人。换届后，乡镇、村"两委"班子成员本科以上学历达97.6%，比上届提高11.9%；女干部配备18名，比上届提高125%；35岁以下的党政正职超过15%，实现乡镇、村领导班子学历、年龄"一升一降"，班子结构进一步优化。坚持树立重实干重实绩的用人导向，调整干部250名，提拔干部44人，其中从"四个一线"提拔科级干部36人，占提拔总数的81.8%。

（五）纵深推进全面从严治党。全面压实管党治党主体责任，深化"书记引航担使命"主题活动，西乡塘区委专题研究党风廉政建设工作20次，落实每月"一清单一检查"监督内容166项。加强对"一把手"和领导班子的监督，西乡塘区委主要领导先后约谈履责不力的主要负责人27名，全面压实"两个责任"。坚持抓廉政教育，开展警示教育、案件通报、家风家训、廉政谈话等活动，连续2年获评自治区党风廉政教育丛书宣传读用工作先进单位。狠抓作风建设，严查形式主义、官僚主义问题37个，精准运用"四种形态"帮助和处理291人次。严格落实"三个区分开来"，为20名干部澄清正名。狠抓民生专项治理，重点开展教育医疗、供销合作社、工程建设、粮食购销等领域专项整治，督促整改问题231个，下发督办函23份、立案4件。协同推进政法队伍教育整顿，排查起底2018年来政法干警违纪违法问题线索，立案6人。强化惩戒震慑，处置问题线索97件，立案80人，审结93件，党纪政务处分88人，采取留置措施1人，移送司法2人，风清气正的政治生态得到有效巩固。

二、主要工作

（一）扎实做好常态化疫情防控，防疫成果持续巩固。及时调整充实疫情防控领导小组成员，指挥体系高效运转。压紧压实"四方责任"，牢牢盯住"外防输入、内防反弹"，严格"人、物、环境"同防，加密从中高风险地区和重点方向进入城区的通道检查，强化对"三非"人员、走私人员排查打击和重点人群排查管控，辖区疫情总体形势可控。统筹推进新冠疫苗接种，截至2021年底，累计接种各类人群105.95万人共233.88万针次，为经济社会高质量发展营造良好环境。

（二）深入实施产业强区战略，现代产业持续优化。项目建设加快推进，集中力量推动143个重大项目，33个项目实现开竣工，完成投资119亿元，区市重大项目年度投资率均超过100%。工业振兴稳步推进，双定循环经济产业园、华润千万吨优质骨料等11个重点工业项目加快建设，新谋划了医美产业园、华能综合能源中心、乡村振兴产业园等一批重点项目，产业发展基础不断夯实。狠抓产业园区提质升级，加快推进园区集中连片发展，园区入驻重点项目27个，华尔街工谷"双创基地"累计引进中小微企业1000多家，逐步形成错位互动发展新格局。大力抓好企业服务，落实"一企一策"，培育一批区市级"专精特新"中小企业。服务业提档升级，优化传统商城商圈，新增入统商贸、服务企业35家，社会消费品零售总额突破280亿元。大力发展夜间文化和旅游经济，老水街、唐人文化园、南铁记忆等成为热门打卡地，右江湾文旅康养项目一期建成开业，芦仙山森林康养等一批文旅项目加快建设，获评第五批"广西全域旅游示范区"。

（三）深入实施乡村振兴战略，乡村振兴持续发力。加快推进巩固拓展脱贫攻坚成果同乡村振兴有效衔接，坚决落实"四个不摘"，持续巩固拓展脱贫攻坚成果，监测对象全部落实针对性帮扶措施，有效防止返贫致贫风险，86个乡村振兴项目顺利完成，65个村集体经济收入总量突破6700万元，坛洛镇富庶村党总支部获评全区发展壮大村级集体经济工作先进集体。美丽南方国家级田园综合体稳步推进，建成高标准农田18.5万亩；农业产业项目加快推进，牧原生猪养殖、三黄鸡特色产业、鳗鱼生态养殖等项目初具规模，生猪产能位居全市前三。农业示范区加快建设，成功打造乐勇三红蜜柚、武陵肉鸽、坛洛柑橘等特色产业品牌，累计建成示范区（园、点）67个。农村综合改革持续深化，率先完成农村土地承包经营权确权登记颁证、农村集体产权制度改革工作。

（四）深入实施新型城镇化战略，城市面貌持续改善。科学谋划国土空间，加快推进金陵镇、坛洛镇连片一体化发展，并将金光农场、南宁西站片区纳入市国土空间总体规划城镇开发边界范围。实施城市更新行动，南宁火车站、中尧路片区2个TOD项目前期工作加快推进，蕾雨宾馆、陈东村一期等43个旧改项目扎实推进，累计完成投资55亿元，建成瀚林学府、华润万象华府等一批精品工程。实施交通强区战略，完成"四好农村路""四建一通""县乡路网"等交通路网建设，获评国家级、自治区级"四好农村路"示范县（区）。常态化开展创城创卫，城区背街小巷、老旧小区、市场管理规范提升，人民群众文明程度逐步提高。

（五）深入实施创新驱动发展战略，发展动能持续释放。培育创新主体，充分发挥辖区高校科研院所集聚和华尔街工谷国家级科技企业孵化器优势，新建一批科企联合工作站，培育入库自治区科技型中小企业54家，入库自治区瞪羚企业库4家，高新技术企业保有量达64家。加强人才引育，推行"产业+人才"引才模式，引进355名高校教师和专业人才到城区挂职、实习，申报3个"邕江计划"人才（团队）、47个高层次人才，实施科技项目64项、申报专利25个，推动产业链与创新链融合发展。深化"放管服"改革，创新研发"事办成""事好办"系统，243项民生服务项目纳入"线上一网通""线下一门办"，落实减税降费4.35亿元，服务1774家企业融资近30亿元，获得"桂惠贷"放款25.56亿元，市场主体活力持续释放。强化招大引强，驻点招商签约、储备项目9个，"行企助力转型升级"签约项目12个，新设外资企业13家，到位资金达59亿元，西乡塘区获评全市产业大招商指标绩效考评优胜单位。

（六）深入实施绿色发展战略，生态质量持续提升。持续"治水、建城、为民"，全面加快城区绿色转型，全力打好蓝天碧水净土保卫战，辖区空气质量优良率达95.3%，PM 10、PM 2.5平均浓度连续4年实现"双降"，饮用水水源地水质、老口水站监测河流断面水质达标率100%，土壤环境质量保持总体安全，年度评估获优等级。大力推进植树造林，新增造林绿化面积7503亩，超额完成年度水土保持生态建设任务治理目标。加强中央环保督察反馈问题的整改，个性问题整改全面完成，共性问题整改有序推进。

（七）全面抓好各项民生事业，民生品质持续提高。坚持以人民为中心的发展思想，深化"我为群众办实事"实践活动，加强普惠性、基础性、兜底性民生建设，就业形势保持稳定，重点群体多渠道就业创业，城镇登记失业率控制在3.32%以内，社会保障实现应保尽保、应发尽发。"学在西乡塘"品牌不断深化，"双减"政策全面落实，新建成一批学校和幼儿园，增加学位5560个。卫生健康事业加快发展，医防协调机制进一步完善，疾控中心达标建设有序推进，石埠卫生院、那龙卫生院2个基层医疗急救体系项目建设顺利完成，基层医疗卫生服务持续提升。文化体育事业繁荣发展，成功举办"壮族三月三·八桂嘉年华"民俗文化节、广西青少年滑板锦标赛等群众文化、体育活动，公共文化服务网络实现城乡全覆盖。

（八）平安建设持续推进，安全感满意度持续提升。常态化开展扫黑除恶斗争，圆满完成政法队伍教育整顿，打好打赢禁毒、电诈和传销清源攻坚战，社会面管控安全有序，实现"大事不出，中事不出，敏感时期小事也不出"目标。坚持和完善新时代"枫桥经验"，扎实开展市域社会治理现代化试点，积极推广衡阳派出所"枫桥式派出所"、新阳街道广西首个街道级"警民联调中心"的经验做法和"统一战线+商会人民调解委员会"基层社会治理模式，并在全区率先启动"云享法庭"线上公共法律服务，在全国首创灵活就业人员合法权益保障联动化解中心，实现多元化解机制全域覆盖，矛盾纠纷和信访突出问题"清仓见底"。深入开展重点行业和重点领域安全生产综合整治，全年无重特大事故发生，事故起数、死亡人数、受伤人数实现"三下降"，城市安全有效巩固。

（九）深入推进民主法治建设，治理效能持续提升。全力支持人大、政府、政协、法院、检察院依法履职，政府依法行政能力和水平不断提高，人大监督和政协专门协商作用不断加强，司法体制改革和法院改革、检察改革不断深化。爱国统一战线持续巩固，西乡塘区新增2021年度南宁市民族团结进步示范单位8个，获评全国、自治区民族团结进步示范单位12个，西乡塘区工商联连续6次获评全国“五好”县级工商联，民族团结进步示范点创建成效显著。

三、经验体会

（一）必须坚定不移用习近平新时代中国特色社会主义思想武装头脑、指导实践、推动工作，坚定不移用习近平总书记视察广西“4·27”重要讲话精神和对广西工作系列重要指示要求统一思想、统揽全局、统领发展，一以贯之坚持“两个确立”，增强“四个意识”、坚定“四个自信”、做到“两个维护”。

（二）必须毫不动摇坚持和加强党的全面领导，充分发挥党委总揽全局、协调各方的作用，切实把党的领导这一最大政治优势和制度优势，转化为西乡塘区经济社会高质量发展的实际成效。

（三）必须永远保持同人民群众的血肉联系，全力抓好各项民生事业，用心用情用力解决好群众“急难愁盼”问题，加强普惠性、基础性、兜底性民生建设，以党员干部的辛苦指数换取人民群众的幸福指数，促进共同富裕。

（四）必须始终遵循发展规律，完整、准确、全面贯彻新发展理念，用好改革开放关键一招，突破思维定势、摆脱路径依赖，跳出固有框架和传统束缚，切实把改革创新“关键变量”转化为发展“最大增量”，持续增强发展的动力活力。

（五）必须牢固树立“绿水青山就是金山银山”的理念，坚定不移走生态优先、绿色发展的新路子，让美丽西乡塘、绿色发展成为高质量发展的厚重底色。

（六）必须大力弘扬狠抓落实、攻坚克难、改革创新的干部作风，形成西乡塘区善于抓落实、敢于迎难而上、勇于改革创新的干事创业良好氛围。

（韦玉璇　周雪娟）

凝心聚力　克难攻坚　奋力推动邕宁区经济社会高质量发展

中共邕宁区委员会

2021年，中共邕宁区委员会坚持以习近平新时代中国特色社会主义思想为指导，全面贯彻落实党的十九大和十九届历次全会精神，深入学习贯彻习近平总书记视察广西“4·27”重要讲话精神和对广西工作系列重要指示要求，认真贯彻落实党中央、自治区党委和市委各项决策部署，高效统筹疫情防控和经济社会发展，全力推动邕宁高质量发展，顺利实现“十四五”良好开局。

6月30日，中共邕宁区委到徐汉林烈士陵园开展党史学习教育读书班现场教学活动
（马倩华　摄）

一、党建概况

2021年，邕宁区委下辖党（工）委9个、党组34个、基层党委13个、党总支50个、党支部604个，有党员11487名。

（一）加强党的思想政治和执政能力建设。始终把政治建设放在首位，全年召开47次常委会会议、4次理论中心组学习会，深入学习领会习近平总书记系列重要讲话和重要指示批示精神，引导广大党员干部深刻领悟“两个确立”的决定性意义，自觉增强“四个意识”、坚定“四个自信”、做到“两个维护”。组织开展“百年初心·砥砺前行”干部教育培训活动，培训干部2251人次。坚持“三重一大”事项集体研究、集体讨论、集体决定，不断提高决策民主科学化水平。全面落实意识形态工作责任制，牢牢掌握意识形态工作的领导权和主动权，讲好“邕宁故事”，传播“邕宁好声音”。百济镇南华村“我这五年”、《南宁邕宁奔小康》在中央广播电视总台新闻频道播出。

（二）扎实开展党史学习教育。坚持把党史学习教育作为重大政治任务来抓，建立“1+8+N”工作机制，层层压实责任，确保组织到位、人员到位、工作到位、责任到位。各级党组织紧扣学史明理、学史增信、学史崇德、学史力行要求，隆重开展庆祝建党100周年系列活动，组织开展理论学习中心组党史学习教育专题学习300多场（次）、主题党课200多场次，举办读书班2期。利用好徐汉林烈士陵园等本地“红色资源”，组织开展“打卡红色教育基地”“清明祭英烈”“走进红色课堂传承红色基因”等主题活动。始终把党史学习教育同解决实际问题结合起来，扎实开展好“我为群众办实事”实践活动，收集和协调解决群众关切问题建议“微清单”1550多条，列入“我为群众办实事”实践活动项目清单118项，多部门联合、多渠道解决群众“急难愁盼”问题。

（三）加强党的基层组织和干部队伍建设。高质量完成城区、镇、村（社区）三级集中换届。持续深化“先锋引领+”系列行动，以党建“第一责任”引领和保障发展“第一要务”。开展“整乡推进、整县提升”创建活动，推动支部上链下屯入社，认定达标村、屯87个，新增申报星级村9个。扎实推进标准化规范化建设，新建45个小区党组织，深化“5+1+N”支部工作法，发展党员275名，支部建设两项任务100%达标。组织研究园区党建重大问题3个，选派49名党建指导员、企业服务专员，建立两新党组织65个，获评区市两级两新示范点8个。坚持“四个一线”选人用人机制，全年共提拔科级领导干部75人，进一步使用干部18人，晋升领导干部职级64人。深化“邕宁腾飞·人才领航”工程，健全一把手结对联系机制，按顶格扶持原则落实各项人才政策，聚焦产业发展引进人才超3000人，新增高层次人才123人，增幅173%。

（四）加强党风廉政建设和反腐败斗争。坚定不移推进正风肃纪反腐，年内立案76件，给予党纪政务处分85人，其他处理4人，留置1人。深入开展“强担当、抓落实、促发展”作风建设专项整治活动，扎实推进四届党委第一轮巡察，开展常规巡察和粮食购销系统专项巡察，认真抓好自治区党委巡视反馈问题整改。聚焦教育、医疗、养老社保等10项重点问题进行专项治理，推动解决群众“急难愁盼”问题30余个，立案12件。新增设置邕宁区纪委监委驻财政局纪检监察组，推进监察工作向乡镇（街道）延伸。树立“纪委也是干部之家”理念，充分发挥监督执纪正向效应，实事求是运用“四种形态”批评教育帮助和处理250人次。持续深化以案示警、以案为戒、以案促改，召开各层级警示教育大会23次，近700余人次到城区反腐倡廉教育基地接受教育。坚持“三个正向激励”机制，把容错纠错和为受到错告干部澄清正名工作做细做实，为9名党员干部容错纠错，为12名受到错告的党员干部澄清正名。

二、主要工作

2021年，邕宁区委深入落实党中央、自治区党委和市委重大决策部署，各项工作取得积极进展，全年地区生产总值完成170.95亿元；固定资产投资增长24.7%，高于全市21.6个百分点；工业投资增长109.6%，高于全市88.4个百分点；建筑业产值完成187.83亿元，增长38.1%，高于全市19.8个百分点；一般公共预算收入完成5.23亿元，增长3.5%；社会消费品零售总额33.54亿元，增长6.6%；城镇居民人均可支配收入37670元，增长7%；农村居民人均可支配收入18385元，增长9.5%。

（一）坚持建链强链、转型升级，产业发展势头良好。做大做强新能源汽车、铝精深加工、先进装备制造、电子信息制造四大主导产业，主导产业完成产值69.39亿元，占全部规上工业总产值的74.36%。培育新增规上企业9家，广西建机、广西申龙入选第一批自治区工业龙头企业名录。大力推进“三企入桂项目落实、行企助力转型升级”等活动，积极融入五象新区开发和中国（广西）自由贸易试验区南宁片区建设，引进了“阿凡达”低碳轮毂、高端金属材料成型及加工等19个项目。现代特色农业加快发展，粮食总产量达14.03万吨，生猪出栏较上年度增长23.7%，水果产量增长23.3%，蔬菜产量增长5.1%，新增自治区五星级现代化示范区、星级示范区各1个，新增农业新型经营主体53个。顺利通过广西特色旅游名县复核评估，新增国家4A级、3A级旅游景区各1家。全年旅游总人数为873.05万人次，同比增长8.74%；旅游总消费95.50亿元，同比增长15.79%。总部经济加速发展，签约引进桂秦广西总部基地等2个总部经济项目。项目建设加快推进，实现22个项目开竣工。

（二）坚持力度不减、精准施策，乡村振兴加快推进。严格落实“四个不摘”要求，推动脱贫攻坚工作体系和政策举措向乡村振兴平稳过渡，顺利通过自治区巩固脱贫成果后评估考核。投入1.65亿元实施衔接推进乡村振兴项目111个。深入开展农村人居环境整治提升，持续推进“厕所革命”。加快“四好农村路”建设，完成道路建设97.28公里。提前超额完成70个村集体经济收入目标任务，村均收入14.03万元。脱贫不稳定户人均可支配收入8730.28元，增幅达7.34%。城区2人荣获全国脱贫攻坚先进个人，7人荣获全区脱贫攻坚先进个人，5个单位荣获全区脱贫攻坚先进集体，那楼镇荣获全区发展壮大村级集体经济工作先进集体，百济镇红星村坛里坡荣获“广西少数民族特色村寨”称号。

（三）坚持建管并重、提升品质，宜居建设成效明显。积极配合五象新区完成国土空间分区规划编制，拓展蒲庙镇南片区、东片区和新江组团，新增4个控规维护。新区基础设施不断完善，实现8条道路全线通车，完成8条污水管道移交，累计移交市政排水设施73条168公里。农贸市场提升、背街小巷整治等成效明显，安置项目稳步推进，棚户区改造工作获自治区政府专项奖励。完成征地面积6889.42亩，签订房屋征收面积8.08万平方米。完成土地出让9宗576.45亩，成交总额23.08亿元。持续深化“整洁畅通有序大行动”，在全市每月考评中获得2次第一名的好成绩。严格落实河（湖）、林长制，邕江蒲庙段水质稳定达到Ⅱ类水质标准，森林覆盖率46.7%。扎实推进扬尘污染综合治理，空气优良率达97.3%。

（四）坚持深化改革、扩大开放，发展活力持续增强。城区本级69项改革任务基本完成，邕宁区发展壮大村级集体经济助推乡村振兴的经验做法获评南宁市优秀改革创新项目。全面完成城区村民小组集体产权制度改革，那楼镇三江村荣获2020年度自治区乡村振兴改革集成优秀试点村。实施“一枚公章管审批”，实现“一网登录、一网通办”。因地制宜推出一批便民利民“微改革”“微创新”，推动更多民生服务事项“掌上办”“跨省办”。推进“综治中心+网格化+信息化”基层社会治理体系建设，探索推行的“治保专职警务助理一体化”工作机制获评2021年度南宁市优秀改革创新项目。开放合作走深走实，新设外资企业4家，完成实际到位资金58.47亿元，全年完成外贸进出口总额2.08亿元，同比增长12%。创新主体培育力度不断加大，3家企业入选广西“瞪羚企业”培育库，新增备案高新技术企业8家，启迪之星（南宁）一带一路孵化基地被认定为2021年自治区级创业孵化示范基地，南宁市政、广西建机等一批企业技术中心、研究中心、重点实验室获得自治区认定。

（五）坚持以人为本、为民惠民，民生福祉持续增进。全年民生支出23.72亿元，占财政支出的80.98%，解决了一大批老百姓急难愁盼问题。基本医疗保障水平不断提高，连续5年参保率达98%以上。推进“品质教育·学在邕宁”系列工程，加快中小学、幼儿园项目建设，城区在2020年度政府履行教育职责评价中总分排名全区第三、获评优秀等次，城区教育局被教育部授予“国家义务教育质量监督监测县级优秀组织单位”称号。严格实行疫情防控逐级分片包干责任制，创新“一地四网四员四书”网格化排查管控模式。2个单位和4人分别荣获2020年度南宁市抗击新冠肺炎疫情先进集体、先进个人称号。城区中医医院迁建工程一期基本完成、二期顺利开工，疾控中心整体搬迁等一批项目加快推进。大力发展文化广电体育事业，一批健身路径、灯光球场等设施相继建成并投入使用，邕宁壮族抢花炮入选第五批国家级非物质文化遗产代表性项目名录，邕宁生榨米粉制作技艺入选第九批市级非物质文化遗产代表性项目名录，蒲庙花婆节入选2021年南宁市非物质文化遗产代表性项目。政法队伍教育整顿深入推进，成功打造龙象社区试点品牌示范综治中心，城区连续多年被评为自治区平安县（区）。

三、经验体会

（一）始终坚持加强党的领导。充分发挥党委总揽全局、协调各方的作用，持续强化党的领导，加强党的建设，构建上下贯通、执行有力的组织体系，凝聚起全城区上下聚精会神谋发展、齐心协力抓落实的强大力量，坚决贯彻落实党中央、自治区党委和市委的各项决策部署，不断开创城区经济社会发展新局面。

（二）始终坚持新发展理念。把发展作为第一要务，完整、准确、全面贯彻新发展理念，大抓产业、大抓项目、大抓招商，纵深推进改革开放，持续优化营商环境，坚定不移走绿色发展道路，全力推动经济高质量发展。

（三）始终坚持以人民为中心。牢记让人民生活幸福这个“国之大者”，用心用情用力解决人民群众的急难愁盼问题，着力保障和改善民生，努力满足人民群众日益增长的美好生活需要，切实做到发展为了人民、发展依靠人民、发展成果由人民共享。

（四）始终坚持加强作风建设。建立健全责任体系，压紧压实工作责任，确保作出的决策、部署的工作、定下的事情落地落实。聚焦关键重点，精准运用监督执纪“四种形态”，把握“早、准、实”要求，抓早抓小、防微杜渐，持续整治群众身边腐败和不正之风。坚持“三个正向激励”，旗帜鲜明为干净担当者“撑腰鼓劲”，以党风转作风，以作风促政风，以作风建设新成效为经济社会发展保驾护航。

（陆治益）

赓续奋斗　加快建成现代化中心城区

中共良庆区委员会

2021年，中共良庆区委员会坚持以习近平新时代中国特色社会主义思想为指导，深入贯彻落实党的十九大及十九届历次全会精神，深入贯彻党中央、自治区党委和市委的决策部署，全面落实强首府战略，围绕良庆区“1+1+2+3”中心任务砥砺奋进，疫情防控有力有序，经济持续健康发展，社会大局和谐稳定，人民生活持续改善，党的建设全面加强，与全国全区全市同步全面建成小康社会，实现“十四五”良好开局，现代化中心城区建设迈出新步伐。

6月27日，良庆区举办“百年百城百万舞红八桂”千人排舞展演活动

（蒙晓霜　闭业然　摄）

一、党建概况

2021年，中共良庆区委员会所属党组织共有662个，其中：基层党（工）委10个，机关党委5个，社区党委1个；党总支55个，党支部591个，共有党员10324名。

（一）建设“先锋堡垒”，提升基层党建质量。结合党史学习教育、庆祝中国共产党成立100周年系列活动，开展“两优一先”评选，并向402名符合条件的老党员颁发“光荣在党50年”纪念章。以支部标准化规范化建设为抓手，实施“堡垒提升”工程，推进各领域党组织建设。紧盯党建促脱贫攻坚，新获评自治区星级村党组织8个，有41人获评市优秀第一书记和工作队员；村级集体经济收入全部突破5万元。深化“双星联创”“双培双带”，培育能人书记，全面完成村（社区）“两委”换届工作。规范街道社区党组织设置，构建“民情触网、部门联办”的格局。在南宁片区、五象核心区依托“先锋领航空间·党群微家”，形成“社区+微家+支部”模式，推行“一网格一党小组一阵地”，打通服务群众“最后一百米”。深化机关党建先锋行动、“1+N”共建、“互联双提升”活动，开展“先锋引领·亲商强企”大行动、“先锋引领良策惠企”沙龙等活动，搭建服务企业平台，建成5个党群服务中心、18个“党建微家”，形成“楼宇党建活力圈”，打造中国—东信、青松照明、云宝宝公司等示范点，青松照明公司入选自治区两新组织党建工作示范点。

（二）加强领导班子和干部队伍建设。紧盯“五个好”的目标，坚持把加强党的领导、充分发扬民主、严格换届程序、严肃换届纪律贯穿换届工作始终，圆满完成换届工作。调整交流干部337人次，其中提拔重用50名、晋升79名，调整不适宜担任现职干部9名，推动干部“能上能下”形成常态。严管与关爱结合，把政治监督摆在首位，严明党的政治纪律和政治规矩，加强履职尽责、担当作为情况的监督，做实做细日常监督，深化选人用人工作监督，持续整治选人用人上的不正之风；组织领导干部填报个人有关事项报告，落实干部年休假、乡镇工作补贴、健康体检等措施，激励干部担当作为。

（三）优化人才机制，助力高质量发展。围绕落实强首府战略，服务自贸试验区南宁片区和五象新区高质量发展，深化人才发展体制机制改革，推动各项人才政策落实。出台《南宁市良庆区高层次科技人才管理办法》，落实产业领域急需紧缺青年人才生活补助；重点打造市级机制砂混凝土工程技术研究中心、智慧城市大数据应用工程技术研究中心等平台建设；选派企业服务专员、工业振兴特派员服务企业。2021年新增A—E类高层次人才69人，辖区企业具有中高级职称的人才600多人。

二、主要工作

（一）全力服务五象新区开发建设，打造南宁市高质量发展的核心新增长极。加快产城融合，发展数字经济、现代金融、智慧物流、文化传媒等生产性服务业。数字经济企业超3300家，核心产业规模增速达54%。14个楼宇成为税收“亿元楼”，商务楼宇企业入库税款超48亿元。建设“五大商圈”，宜家、万象汇、祖龙ACMALL、宝能城商业街、五象汽车生活广场等大型商业综合体相继开业，都市时尚文化元素更加丰富。五象新区累计入驻全球最具价值品牌百强12家、世界500强企业41家、中国500强企业31家。全年完成征地10178.70亩，房屋拆迁98.52万平方米，分别完成年度任务的169.65%和164.20%。交付安置项目7个、安置房5547套，安置7943人。良庆区“产业+安置”综合征地安置新模式列入自治区制度创新成果之一。“七纵四横”主干路网建成，3条地铁线贯穿核心区，3条高速通达城区，形成“核心区—机场—高铁站”半小时交通圈，五象新区创建国家绿色生态示范城区各项指标全面达标。

（二）实施工业强区战略，打好工业振兴攻坚硬仗。良庆区年内完成5000万元以上工业项目签约14个，项目总投资额46亿元，中南高科·良庆智造产业园、南宁泰克半导体存储产业研发制造基地等重大项目签约落地。以数广宝德等重点企业为主导，加快建设计算机和网络通信产业链。服务自治区及南宁市层面55个（含五象新区）重大项目建设，完成投资66.3亿元，开工率100%。加快建设南宁现代工业产业园，完成启动区1.4平方公里建设区的控规编制并获批复，开工建设启动区配套设施一期工程4号路项目。良庆经济开发区产业转型升级步伐加快，开展工业产品质量提升行动，改造提升建材、饲料、轻工等传统产业，20个项目被列入“千企技改”工程暨高成长性企业技改项目。新增自治区级技术创新示范企业1家和企业技术中心（工业）2家，亚美·智汇中心项目入选自治区第四批“双百双新”项目。发展壮大桂润环保、爱阁工房等本土企业。全年新建投产企业6家、小升规企业5家，培育“专精特新”企业14家，现有规上工业企业达74家，工业发展后劲持续增强。

（三）实施乡村振兴战略，加快农业农村现代化步伐。聚焦有效衔接，巩固提升脱贫质量。严格落实“四个不摘”要求，扎实开展动态监测帮扶，全年未发生规模性返贫现象。投入衔接资金8484.7万元，实施并完成衔接项目90个。10个脱贫摘帽村共建设产业基地（园）11个。全面完成易地扶贫搬迁安置住房不动产权证办理工作。脱贫人口小额信贷工作在南宁市目标考核中位列全市第一。62个行政村（农村社区）村级集体经济收入全部达到5万元以上，其中35个达到10万元以上。那马镇、南晓镇荣获2020年度南宁市高质量发展先进乡镇，良庆镇荣获2020年度南宁市高质量发展进步乡镇。聚焦风貌塑形，乡村建设全面提速。完成257个全域基本整治型村庄、28个农村公路项目和11个农村饮水项目建设，编制11个村庄规划，4个农村“厕所革命”整村推进示范项目加速实施。那陈镇邕乐村那蕾坡市级乡村振兴（生态综合）示范村建设加快。“嘹啰歌乡”南向通道、“缤纷乡畴”大渠公路、“十里鹭乡”邕钦公路3条乡村振兴示范带共93个项目建设不断提速。聚焦产业做实，现代农业稳产提质。农作物播种面积和粮食产量稳定增长，持续实施高标准农田建设9万亩、旱改水项目9个。陆空达生猪养殖等3个项目建成投产，生猪存栏率同比增长71.81%。打造“良庆良品”农产品品牌16个，“良庆百香果”获准注册为地理标志商标。“嘹啰歌乡”田园综合体建设提速增效，良庆区新兰韭菜产业现代化示范区建设有序推进。大力发展“农业+深加工”，南晓镇黑皮冬瓜农产品加工等项目建设加快。聚焦文化铸魂，文明乡风更加浓厚。深入推进乡村治理，大力推进农村移风易俗，推行乡村振兴文明实践积分卡制度，在乡村振兴示范点所在村全面推开红白事服务中心试点建设，承办南宁市2021年乡风文明建设现场推进会，荣获2021年广西特色文艺之乡（钱鞭舞）称号。

（四）建设改革创新先行区，深入实施创新驱动发展战略。扎实推进农业农村、基层治理、营商环境等重点领域和关键环节改革。乡村振兴改革集成工作走在全市前列，形成“美悟经验”“巴强经验”等试点经验，那陈镇邕乐村被评为自治区乡村振兴改革集成优秀试点村。748个依申请政务服务事项实现“零跑腿”，打造“0624”政务服务新品牌，在全市率先完成“好差评”系统与自治区平台对接，率先成立企业服务联动中心，构建起“1+N”服务联动模式。创新举办“先锋引领·良策惠企”沙龙活动，推动组织共建、资源共享、良策共商、发展共谋。优化营商环境工作指标完成率、复制推广典型经验任务完成率位居全市前列。坚持创新驱动，科技支撑作用凸显。新增认定广西新型研发机构2家、南宁市新型产业技术研究机构2家、市级以上创新平台10个，成功签约南宁市第二家“飞地孵化器”“南宁—宝地”两地双园项目。113家企业获评国家科技型中小企业，2家企业入选广西首批文化“双创”孵化示范基地和示范企业，2家企业上榜广西“瞪羚企业”活力十强。备案高新技术企业76家，保有量达131家。累计获得有效发明专利258件。实现自治区重大科技成果转化项目40项，4项科技成果获2020年度广西科学技术奖。17项制度创新成果获自治区政府认定复制推广。良庆区被认定为第二批广西可持续发展实验区，并作为县区唯一代表在全市创新工作会议上作经验交流发言。

（五）建设扩大开放引领区，加快形成全方位对外开放、高水平联动发展的格局。自贸试验区南宁片区提速发展，新设立企业超2万家，同比增长215%。兑现政策资金约1.4亿元。2020—2021年度制度创新指数在全国同批19个片区中综合排名第四。建设面向东盟的金融开放门户南宁核心区，中国—东盟金融城新增入驻金融机构（企业）123家，聚集中银香港东南亚业务营运中心等16个中后台服务中心，中国—东盟黄金产业园运营中心正式揭牌，“引金入邕”成效显著。扎实推进中国—东盟信息港南宁核心基地建设，累计建成和在建项目55个，完成投资257.6亿元，聚集了中国—东盟信息港小镇（研发中心）、迈越大数据产业园等一批数字经济产业园，助力畅通数字丝绸之路。服务西部陆海新通道建设，中新南宁国际物流园引进知名企业15家，跨境电商综合试验区“三合一”集约式监管模式和水果保税进口模式成为全国首创，南宁市国家加工贸易产业园成为首批国家加工贸易产业园。同时，主动融入粤港澳大湾区，协同五象新区与青岛市市北区签订RCEP商贸合作战略协议。打造五象良庆招商联盟新模式，年内完成招商项目33个，计划投资334亿元。2021年区外境内到位资金98.6亿元，商务口径实际利用外资3.87亿美元，完成目标任务的129%，占全市任务数的75%。推动新注册外资企业123家，完成目标任务的246%。

（六）建设生态宜居示范区，提升科学化精细化智能化管理服务水平。生态环境持续改善。城市环境空气质量优良率为96.7%，水环境质量显著改善，八尺江莲山国控、大王滩区控断面均达到三类水质考核目标要求，土壤环境质量总体安全，声环境质量全部达标。90%以上村庄基本实现生活垃圾减量化、资源化、无害化处理。城市品质提档升级，8个棚户区改造项目开工建设，正大饲料厂片区旧城改造项目加快推进。建成良玉大道垃圾转运站等一批改造提升项目以及7个道路污水管网项目。全力以赴参与首府南宁争创全国文明典范城市、迎接国家卫生城市复审和测评工作。城乡发展深度融合。有序编制《良庆区国土空间总体规划》和村庄规划，加快“多规合一”。扎实推进国道G325南宁至钦州公路（那马至南晓段）等重大基础设施和城乡水、电、气、讯等设施一体化建设，统筹公共服务向城镇和农村延伸。荣获2021年“四好农村路”自治区示范县（区）称号。

（七）解决人民群众“急难愁盼”问题，提升群众获得感幸福感安全感。疫情防控精准有序。科学精准扎实做好疫情防控工作，守住了不发生病例死亡、不发生医护人员感染、不发生大面积疫情“三条底线”。充分发挥城区核酸检测实验室、发热门诊作用，确保重点人员应检尽检。全力推动新冠疫苗接种工作，累计接种疫苗超135万剂次。稳妥有力处置1例复阳病例。社会保障全面加强。新增城镇就业人数4664人，城镇登记失业率控制在1.25%以内。城乡居民基本养老保险、城乡居民基本医疗保险参保率均达99.8%以上。居民基本医疗保险人均财政补助标准新增88元，实现医保统筹“一站式”结算。将4660名建档立卡脱贫对象纳入兜底保障，累计发放困难群众各类救助金6172.03万元。教育质量再上台阶。实施改扩建教育项目237个，新投入使用中小学校、幼儿园7所，新增学位4770个。学前普惠率达到90.9%，在全区率先完成县域学前教育普及普惠督导评估工作。在2020年全区县级人民政府履行教育职责评价中获评优秀等次。健康事业深入推进。新建、改扩建医疗卫生项目6个，开工建设良庆区疾控中心、良庆区中医医院、良庆区妇幼保健院等项目。完成南晓镇卫生院、良庆镇卫生院急救示范点建设，59个村卫生室实现标准化建设，配备乡村医生76名。坡洋社区和前进社区成功创建3A级广西老年人宜居社区。那马镇坛良村被命名为全国示范性老年友好社区。文体旅游事业蓬勃发展。围绕“153”发展思路，依托“五馆、五中心”地标性公共文化设施，服务推进万有（南宁）国际旅游度假区等一批重大文旅项目建设，新增国家4A级景区1个、3A级景区4个、五星级乡村旅游区1个、三星级汽车营地2个，荣获第五批广西全域旅游示范区称号。组织开展大型文体活动23场、体育赛事367场，成功举办2021年民俗文化旅游节。选送的文艺作品在区、市展演中获8个类别殊荣，良庆区文化馆获评为国家三级文化馆。

（八）加强社会主义民主政治建设，政治局面持续巩固和发展。打造蟠龙片区等人大代表联络站和基层立法联系点，顺利完成城区、镇两级人大换届选举工作。支持城区人大加强对“一府一委两院”的监督，支持城区政协认真履行好政治协商、民主监督、参政议政三大职能。构建完善大统战工作格局，全力服务民营经济发展，举办民营经济人士座谈会和“万企兴万村”等活动，共11家商协会、19家企业与14个村签约结对，助力乡村振兴。打造网络统战、侨务海外统战创新工作示范基地。大塘镇那廖坡、那马镇坛板坡荣获广西民族特色村寨称号，农业农村局等7个单位获得市级民族团结进步创建示范单位，五象小学获批为南宁市铸牢中华民族共同体意识试点学校。创新基层社会治理，那陈镇邕乐村获评为第二批全国乡村治理示范村。扎实开展市域社会治理现代化试点工作，完成玉洞街道玉洞村、良庆镇蟠龙社区综治中心示范点建设，玉洞派出所“枫桥式公安派出所”成为创新实践新亮点。严打电信网络诈骗、传销、“黄赌毒”等违法犯罪活动，常态化开展扫黑除恶斗争，群众安全感达97.87%。普法依法治理工作稳步有序开展。无较大及以上安全生产和食品安全事故发生。

三、经验体会

（一）必须加强党的领导。实践告诉我们，必须坚持党对一切工作的领导，充分发挥党委把方向、管大局、作决策、保落实的作用，把忠诚拥护“两个确立”、坚决做到“两个维护”作为最高政治原则和根本政治规矩，确保各项工作始终沿着正确方向前进。

（二）必须坚定历史自信。实践告诉我们，必须深刻领会伟大建党精神的丰富内涵和时代价值，弘扬光荣传统、赓续红色血脉，从党的百年光辉历程中汲取砥砺奋进的智慧和力量，准确把握城区在新征程中的历史地位、时代特征、前进方向，走好新的赶考之路。

（三）必须贯彻新发展理念。实践告诉我们，必须坚持稳中求进工作总基调，增强完整、准确、全面贯彻新发展理念、推动高质量发展的责任感和使命感，以新发展理念引领新时代城区高质量发展，奋力实现更高质量、更有效率、更加公平、更可持续、更为安全的发展。

（四）必须坚持人民至上。实践告诉我们，必须始终牢记“江山就是人民，人民就是江山”，时时刻刻想群众之所想、急群众之所急、解群众之所难，把改善民生作为一切工作的出发点和落脚点，更好地推动共同富裕，实现人民对美好生活的向往。

（张城成　韦娜　凌琦雅　黄莉）

勠力同心　乘势而上　奋力开启武鸣“十四五”新征程

中共武鸣区委员会

2021年，中共武鸣区委员会坚持以习近平新时代中国特色社会主义思想为指导，深入贯彻落实党中央、自治区党委和市委各项决策部署，抢抓贵南高铁、南宁北站、教育园区、抽水蓄能电站等重大项目落户武鸣的历史机遇，主动融入全国、全区、全市发展大局大势，大兴实干之风，辖区疫情防控平稳可控，经济运行持续向好，基本民生保障有力，社会大局和谐稳定。

4月14日，中国壮乡·武鸣“壮族三月三”歌圩暨骆越文化旅游节文艺演出现场

一、党建概况

2021年武鸣区委共有1471个基层党组织，其中42个党委、4个派出党工委、164个党总支部、1261个党支部；共有23725名党员。

（一）思想政治建设得到全面提升。始终坚持以习近平新时代中国特色社会主义思想为指导，深入贯彻党的十九大和十九届历次全会精神，坚持和捍卫“两个确立”，增强“四个意识”、坚定“四个自信”、做到“两个维护”。突出抓好政治监督，充分发挥巡察利剑作用，实现每月政治建设任务清单化。强化理论武装，运用“壮乡红云”智慧党建平台召开“云端党课”，深入开展党史学习教育，不断激发广大党员干部学党史、办实事、开新局的使命感和责任感。2021年，城区党委理论学习中心组开展专题学习5次，开展党的十九届五中、六中全会精神等主题宣讲活动2000多场，累计受众12.7万人次。举办党员干部教育培训主体班12期、专业化能力培训班85期，累计培训1.8万多人次。

（二）基层党的建设更加坚强有力。以党支部标准化规范化建设为抓手，开展农村基层党建“整乡推进、整县提升”示范县乡创建行动，持续巩固提升102个自治区星级村级党组织，排查整顿12个后进村党组织。深入推进“先锋引领·凝心聚力”城市基层党建试点工作，打响“党旗领航·幸福社区”党员志愿服务品牌。坚持好干部标准和正确选人用人导向，选优配强各级领导班子，高质量完成县乡村和工青妇等群团组织换届选举，武鸣区荣获自治区村（社区）“两委”换届选举工作先进单位。

（三）意识形态领域持续向上向好。严格落实意识形态工作责任制，年内召开城区党委常委会专题研究意识形态工作3次。牢牢掌握意识形态工作领导权主动权，积极构建内外宣融媒矩阵。城区融媒矩阵发布新闻信息1.13万多条次，在50多家各级媒体100多个媒体平台发布武鸣相关信息10万多条次。加强网络生态治理，组织约谈媒体负责人40多人次，累计处置涉城区网络舆情130多件。

（四）党风廉政建设持续纵深推进。深入开展“书记引航担使命”主题活动，不断强化“一把手”权力监督，运用谈话函询、批评教育、警示提醒等“第一种形态”处置317人次。继续深化纪检监察体制改革，13个乡镇均成立监察派出机构并配备专职检察员。强化作风建设，年内查处享乐主义、奢靡之风问题4起，给予党纪政务处分16人。持续保持反腐高压态势，全年累计处置问题线索193件，立案184件，给予党纪政务处分236人。强化干部日常监管，把党史学习教育同拒腐防变深度融合，年内开展“以案促改”154件。

二、主要工作

武鸣区统筹抓好疫情防控和经济社会发展，坚定不移推进高质量发展。2021年，武鸣地区生产总值354.26亿元，增长8.9%，城区本级地区生产总值301.67亿元，增长8.2%，增速在全市均排名第一；城区本级规模以上工业总产值增长14.5%，城区本级服务业增加值增长9.9%，城镇居民人均可支配收入40037元，同比增长8%；农村居民人均可支配收入20824元，同比增长10.9%。

（一）坚持稳中求进，经济实力再上台阶。一是工业提速扩面。新材料产业园（碳酸钙产业园）和林产品产业示范园的规划建设有序推进，抽水蓄能发电、风电、光伏等新能源产业加速布局。红狮水泥二期等项目竣工投产，广西中交建设发展有限公司等35家企业上规入统。二是农业蓬勃发展。粮食种植面积101.6万亩，总产量33.7万吨。成功创建以武鸣沃柑为主导的广西特色农产品优势区，沃柑投产面积45万亩，产量120万吨，沃柑产业产值近100亿元。生猪产能持续提高，全年生猪出栏51.7万头，同比增长62.6%。三是服务业加快复苏。商贸企业做大做强，新增广西沃志进出口贸易有限公司等12家限额以上商贸企业。商圈活力日渐增强，福瑞街区、康和城等特色商街人气攀升。文旅品牌提质升级，成功创建广西全域旅游示范区。

（二）坚持改革创新，发展活力更加强劲。一是重点领域改革取得突破。全面推行林长制工作取得阶段性成效，城区法、检、税三方签署广西首个税收征管协作机制，重点领域改革向纵深发展。二是营商环境进一步优化。大力推行一站式服务，政务事项办理更加高效便捷，新登记注册各类市场主体7167户。累计减免企业税费2.3亿元，市场主体活力得到有效激发。三是科技创新支撑作用日益明显。推进广西南宁国家农业科技园区建设工作，申请上级资金近2000万元扶持园区产业发展。科技工作取得新进展，新增获得授权发明专利30件，新增高新技术企业10家，完成科技成果转化6项。

（三）坚持扩大开放，区位优势日益凸显。一是交通优势持续提升。高铁南宁北站进入全面施工建设阶段，贵南高铁武鸣段加速推进，计划2023年6月试行通车。平果至南宁高速进展顺利，南宁北一环至上林高速在太平镇和马头镇规划设置出入口，武鸣至吴圩机场等3条一级公路前期工作进展顺利，府隆二级公路（府城经锣圩至丁当段）竣工投入使用。二是项目建设成果丰硕。组建24个由城区四家班子领导挂帅的重大项目（重要产业）工作专班，实施挂图作战，全程跟踪服务98个重点项目，牧原武鸣生猪产业园等项目完成建设，上河桥等项目进展顺利。征地拆迁成果显著，共完成4003亩征地工作。三是招商引资硕果累累。新签约武鸣第二个抽水蓄能电站、华润农光互补发电等16个项目，合同总投资额207.3亿元。

（四）坚持扩容提质，城市面貌日新月异。一是国土空间规划基本完成。武鸣城区建成区面积扩容增量，农产品主产区、城镇化优势发展区、生态功能区三大功能区日益完善。教育园区初步成型，配套设施基本完善，7所院校入驻园区，广西医科大等5所院校实现招生办学，入驻师生超过4.9万人，道路、公交等基础设施逐步完善。二是城市有机更新步伐加快。实施水泥厂宿舍等老旧小区改造，完成东门桥改扩建、明秀路改造等工程建设。建成5G基站286座，5G信号基本实现主城区全覆盖。三是生态环境质量巩固提升。强力开展扬尘综合治理等专项行动，空气质量优良率达97.8%。着力提升污水处理能力，河流水断面监测数据全部达标，农业面源污染得到有效控制，所有产危废企业均通过南宁市考核；强化土壤污染防治，土壤环境质量总体安全。

（五）坚持“三农”优先，乡村振兴有效推进。一是巩固拓展脱贫攻坚成果。严格落实“四个不摘”要求，开展常态化动态监测和帮扶工作，派驻40名第一书记、80名驻村工作队员到40个脱贫村持续开展帮扶，累计投入1.37亿元推进巩固拓展脱贫攻坚成果同乡村振兴有效衔接，发展壮大脱贫村特色产业和集体经济。二是农村人居环境大幅改善。深入推进“三清三拆”整治，全面完成1591个村屯“三清三拆”环境整治。完善镇村基础设施建设，推进农村厕所革命，实施农村人饮提质、村屯污水处理工程，实现生活垃圾“村收镇运集中处理”。三是推动乡村振兴稳妥起步。打造培育武鸣沃柑、香米、火龙果等名特优农产品品牌，发展嘉沃、汇华食品等一批以农产品为原料的加工企业。开展“扶助百名优秀困难学子、看望百名长寿困难老人、褒奖百名最美好心人”等活动，在双桥镇伏林村创建首个自治区级移风易俗建设文明乡风的示范点。

（六）坚持发展惠民，社会发展繁荣安定。一是持续改善和保障民生。用心用情用力把民生工作办好办实，全年民生支出37.79亿元，占一般公共预算支出的80.8%。全面落实就业创业扶持政策，突出抓好农民工、高校毕业生、退役军人等重点群体的就业创业工作，城镇新增就业人数完成率109%，农村劳动力转移就业8300人。二是兜紧兜牢民生底线。基本养老保险、基本医疗保险制度实现全覆盖，大病保险及医疗救助、残疾人生活护理补贴、低保补助、特困人员供养等兜底保障政策精准落实，府城社区养老服务中心、太平敬老院养护楼等一批项目完成建设。持续打响“学在武鸣”教育品牌。学前教育普及普惠不断提升，义务教育阶段学校“双减”政策有效落实，教师待遇得到全面保障，城乡师资配置更加均衡。三是“健康武鸣”稳妥发展。城区第一人民医院、疾控中心等项目稳步推进，优质医疗卫生资源向基层下沉，乡村医生“乡聘村用”全面完成，分级诊疗和双向转诊有效运转。四是坚决扛起疫情防控政治责任。统筹资金补齐基层医疗卫生短板，完成市级下达的疫苗接种任务，落实落细“外防输入”各项举措，实行指挥部集中办公，压紧压实城区、各镇、村屯（社区）三级疫情防控责任，在高速出口及主要道路设置790个检查点，武鸣区始终保持新冠肺炎零确诊病例。五是文体活动精彩纷呈。成功举办“永远跟党走”庆祝中国共产党成立100周年“红色歌曲大家唱”“壮族三月三”歌圩等活动，“非遗”保护传承工作成效显著，获评自治区级“非遗”传承人5人、市级“非遗”传承人10人、市级“非遗”项目8个。

三、经验体会

（一）要坚定铁的信仰，做政治过硬的忠诚者。武鸣区始终把党的政治建设摆在首位，坚持以习近平新时代中国特色社会主义思想为指导，深入贯彻落实习近平总书记视察广西“4·27”重要讲话精神和对广西工作系列重要指示要求，在政治上思想上行动上始终同党中央保持高度一致。要严肃党内政治生活、严肃政治纪律和政治规矩，倡导发扬积极正能量的价值观念，不断培育良好的政治生态土壤。

（二）要坚持铁的担当，做推动发展的领军者。武鸣区树牢一线选拔任用干部导向，让敢负责、勇担当、善作为的优秀干部脱颖而出，充分激发广大党员干部干事创业热情。强化思想政治教育，引导广大党员干部牢固树立勇于担当、奋勇争先意识，进一步转变作风、开拓进取，紧紧围绕南宁市重点工作要求，严格按照城区年初既定目标，以时不我待的紧迫感，保持干就干好的精气神，主动适应新变化、新任务，开阔思路、放开手脚，全力推动社会经济高质量发展。

（三）要坚固铁的党性，做恪守原则的率行者。武鸣区全面提升基层党组织组织力、凝聚力、战斗力。继续深化拓展“党旗领航·幸福社区”主题系列活动，常态化开展在职党员进社区服务等活动，探索开展党建引领基层治理现代化试点工作。深入开展“织密党建经纬·聚力担当落实”活动，持续提升农村、两新组织等领域党支部标准化规范化建设水平。认真抓好农村基层党建“整乡推进、整县提升”示范县乡创建行动，做好软弱涣散（后进）村党组织排查整顿及巩固提升工作，筑牢基层党组织战斗堡垒。提高“壮乡党建云屏”覆盖率，推动党的建设、基层社会治理、党员教育等互联互通互享。存戒惧、守底线，持续抓好党风廉政建设，营造风清气正政治生态。

（覃靖　黄伟）

踔厉奋发　笃行不怠
在全市高质量发展中作出五象新区表率

五象新区党工委

2021年，五象新区党工委、管委会坚持以习近平新时代中国特色社会主义思想为指导，全面贯彻落实党的十九大和十九届历次全会精神，深入学习贯彻习近平总书记视察广西“4·27”重要讲话精神和对广西工作系列重要指示要求，坚决落实自治区、南宁市的决策部署，坚持党建引领，全面落实强首府战略，坚持聚焦聚力产业发展主线，坚持规划建设与产业发展并重，高质量推进“以城聚产、以产兴城、产城联动”，发展态势良好。

中国（广西）自由贸易试验区南宁片区

一、党建概况

2021年，五象新区党工委下设1个机关党委和1个企业党委，党支部10个（含代管龙象谷管委会机关党支部），共有在册党员174名，其中机关党员114名，企业党员60名；少数民族党员51名，35岁以下党员73名；新发展党员3名。

（一）坚定不移将党的政治建设摆在首位。五象新区党工委始终把政治建设设作为管党治党的根本性建设，坚持以习近平新时代中国特色社会主义思想为指导，把全面贯彻落实党的十九大及十九届历次全会精神贯穿五象新区［中国（广西）自由贸易试验区南宁片区］产城融合高质量发展全过程，全面贯彻落实习近平总书记对广西工作系列重要指示精神，增强“四个意识”、坚定“四个自信”、做到“两个维护”，不断提高政治判断力、政治领悟力、政治执行力，做政治上的“明白人”，始终在思想上政治上行动上同以习近平同志为核心的党中央保持高度一致。

（二）深入开展党史学习教育，加快构建基层党建工作新格局。新区党工委坚持把党史学习教育作为重要政治任务，使“学史明理、学史增信、学史崇德、学史力行”成为全体党员、干部理想信念教育的终身课题，真正做到学党史、悟思想、办实事、开新局。大力实施基层党建标准化建设提升工程，纵深推进“党建+自贸试验区高质量发展”党建品牌创建，将基层党建工作贯穿党史学习教育和新区产业高质量发展全过程。依托主题党日、“三会一课”等形式组织开展“赓续红色血脉　传承五象精神　凝聚奋进力量”系列活动、“学党史　强自贸”主题征文活动等活动，不断提升基层党员的“政治三力”；坚持把党员集中活动日与“我为群众办实事”实践活动深入融合，充分发挥基层党组织战斗堡垒作用，党员干部深入项目一线推进路网、公共服务配套项目以及惠企惠民一站通系统APP建设，推动五象新区高质量发展。

（三）全面履行党风廉政建设主体责任，严格落实“一岗双责”。新区党工委坚持把党风廉政建设“两个责任”落实情况与业务工作同部署、同推进、同检查、同考核。班子成员对管委会有关部门主要负责同志进行提醒谈话6次，开展新任干部任前谈话14人次；对违纪违法案件及时开展警示教育，列入巡视整改民主生活会典型事例进行查摆。

（四）强化意识形态引导，筑牢思想防线。围绕五象新区产业高质量发展，聚焦营商环境、政策支撑、产业集聚等方面，加强与新闻媒体沟通协作，唱响“自贸旋律”、讲好“五象故事”，累计在区市属各类媒体平台播刊发新闻稿件350余篇（条）。

二、主要工作

2021年，新区完成投资651.11亿元、同比增长12%，建筑业产值751.43亿元、同比增长29.9%，分别占南宁市的23.4%、28.4%；完成房地产销售面积524.2万平方米、土地出让金153.56亿元，分别占南宁市的35.1%、50.85%；南宁片区新设立企业20649家、同比增长215%，占广西自贸试验区的52.5%。新区全面高质量完成年度目标任务，实现“十四五”良好开局。

（一）聚焦强化开放引领，中国（广西）自由贸易试验区南宁片区等开放平台高质量发展取得新成效。南宁片区揭牌以来累计新设立企业29067家（含外资企业243家），占广西自贸试验区的51.4%；实现外贸进出口总额496亿元，其中，跨境电商进出口额超70亿元，占广西自贸试验区的近80%。管委会牵头制订《关于进一步完善中国（广西）自由贸易试验区南宁片区管理体制机制的实施方案》，经市委、市政府审议通过并印发实施，逐步形成上下发力、同频共振工作格局。国务院《总体方案》赋予的改革试点任务已完成87项，整体完成率超95%。累计形成76项制度创新成果，“工程建设项目‘分阶段审批+提前介入监督’改革模式”等34项制度创新成果获评自治区复制推广案例。抢抓RCEP签署机遇，率先在广西自贸试验区制定南宁片区对接RCEP先期行动计划。牵头成立工作专班，率先启动南宁高质量实施RCEP研究工作，制定工作方案，着力推进“南宁渠道”全面提质升级。引进片区外资投资金额最大（注册资金6.8亿美元）的世界500强企业功能性总部——金光集团APP（中国）林务总部，引进打造具有东盟影响力和竞争力的大宗商品交易市场引领项目——吉利科技集团建设的中国—东盟大宗商品交易平台项目，引进电子信息产业链存储类半导体制造项目——深圳金泰克半导体存储产业研发制造基地；引进西部陆海新通道大型智慧物流项目——意大利维龙智慧物流及跨境贸易供应链融合产业园。

（二）聚焦攻坚硬核产业，新区产业高质量发展系统集成示范工程建设实现新突破。一是大力推进面向东盟的金融开放门户南宁核心区建设，全力建设中国—东盟金融城，中国—东盟黄金产业园运营中心揭牌。光大永明人寿保险广西分公司、财达证券广西分公司正式开业运营，中银金融中心项目开工建设；中国—东盟金融城落地全区第一批金融开放门户建设重点示范项目10个、占全区总量近八成，初步形成了重点示范项目引领、多种金融业态集聚发展局面。建设中国—东盟金融大厦，已入驻金融类企业31家、私募股权基金管理公司20家，管理基金规模约586亿元。二是扎实推进中国—东盟信息港南宁核心基地建设，已建成及在建项目55个，累计完成投资308亿元。数字经济产业加速聚集，数字经济企业超3300家，北京二十一世纪空间技术、百家云等数字经济行业知名企业陆续新增入驻。三是一批持牌金融机构区域总部正式落地，广西北部湾银行总行、邮储银行广西区分行等搬迁入驻。浪潮集团东盟运营总部、绿地控股集团东盟总部等一批总部项目加快建设。金光集团APP（中国）林务总部、Smart全球销售中心等跨国公司总部成功引进落户，新区税收亿元楼宇达9座。四是南宁市国家加工贸易产业园获批认定首批国家加工贸易产业园，其中五象片区面积11.64平方公里。加快推进电子信息跨境产业链供应链价值链建设，服务推动格思克、蓝水星等加工贸易骨干企业稳定生产经营拓展市场。五是依托中国—东盟信息港南宁核心基地、南宁综合保税区、邕宁新兴产业园等园区建设，积极引进集聚一批先进制造业项目，初步形成以芯片加工和半导体、LED、电路板、手机及配件制造企业为主的新兴产业集群以及新能源汽车整车制造的智能制造产业集群。

（三）聚焦加强重大项目建设和投资，做大增量做强存量展现新作为。一是大力推动自治区层面重大项目、广西“双百双新”项目、市领导联系重大项目、市级层面统筹推进重大项目、强五象标志项目等一批重大项目建设，中银金融中心、产投五象振邦产业园等65个项目新开工建设，前海人寿南宁医院、中通快递南宁转运中心等一批项目竣工。以党史学习教育“我为群众办实事”实践活动为契机，服务推动南宁宜家家居商场、万象汇等项目开业运营。二是加大用地保障力度，上报27个批次（项目）、新增建设用地面积4201.95亩，获批31个批次（项目）、新增建设用地面积6180.94亩。完成供地8006.2亩，在全市率先完成2244.46亩零星用地供地工作。获批政府一般债券1亿元及政府专项债券2亿元，落实市本级财政资金9亿元、产业发展专项资金3亿元，助力新区基础设施建设和产业发展；制定出台《五象新区（南宁片区）产业发展专项资金管理暂行办法》，进一步规范资金管理、提高资金审批效率。三是挂牌成立南宁片区外商投资促进中心，组建专业化招商团队和外资招商团队，实行专业化、精准化招商。瞄准粤港澳大湾区、长三角、京津冀等重点区域，推动全产业链精准招商。四是配合自治区科技厅加快推进中国—东盟科技城筹建工作，加强新型产业技术研究机构培引力度，新获认定自治区级新型研发机构3家，占全区新认定总量的25%。

（四）聚焦产城融合配套，新区承载力保障力不断新提升。积极开展过渡期城镇开发边界的划定工作，根据自治区自然资源厅批复方案，新区规划管理范围（含南宁现代工业产业园）内新增约490公顷规划建设用地规模。积极推动《南宁市良庆区、邕宁区（含五象新区）国土空间分区规划（2021—2035年）》编制工作，进一步深化完善分区规划的城镇开发边界划定方案阶段性成果。加快一批路网项目建设，实现良玉大道、振邦路（全线）等10.5公里道路通车，新区累计建成道路340公里；完成玉洞大道等管廊项目建设45.6公里，累计建成综合管廊47.6公里；加快电力配套设施全面覆盖，推进220千伏梁村变电站等一批电力项目建设投入使用。加快推进学校医院等公共服务设施建设，哈罗礼德国际学校建成招生，春华小学等一批中小学校项目和广西医科大学五象新区医院等公共服务设施项目加快推进，广西妇女儿童活动中心、龙岗北邻家广场完成建设。新区核心区建成全区首个国家绿色生态示范区，绿色建筑100%全覆盖。深入实施新区大气污染防治，顺利完成大气年度控制目标任务，持续推进水环境综合治理，全力抓好控源截污和生态补水，实现主要地表水水质稳步提升。

三、经验体会

（一）坚持全面夯实党建基础，推动党建工作与中心工作双融合。全面贯彻落实新时代党的建设总要求，强化支部标准化建设，不断完善支部“三会一课”、党员联系服务基层等党内组织生活制度，夯实标杆党支部组织生活质量达标工作基础。深化“党建+自贸试验区高质量发展”党建品牌，充分发挥基层党组织战斗堡垒作用，推动基层党建与新区高质量发展双融合、双提升，不断提升基层党员的“政治三力”。同时，夯实意识形态阵地建设，坚持正确舆论导向。

（二）坚持全面加强党风廉政建设，营造风清气正的建设环境。新区党工委全面落实全面从严治党主体责任，班子成员切实履行“一岗双责”，坚持把党风廉政建设“两个责任”落实情况与业务工作同部署、同推进、同检查、同考核。全面组织开展廉政风险排查，引导新区广大党员、干部习惯在受监督和约束的环境中工作生活；强化权力运行监督，推动科学决策、民主决策和依法决策。切实营造政治清明、政府清廉、干部清正、社会清朗的政治生态。

（三）坚持强化担当作为，切实抓牢发展第一要务。新区党工委、管委会始终坚持主动作为、攻坚克难，从破解新区主要短板入手，大力推动新区产城融合高质量发展顶层设计和整体谋划。深入研究、科学制定新区产业发展工作计划，打造现代金融、数字经济、总部经济、加贸物流、先进制造业等硬核产业集群；结合党史学习教育着力解决群众“急难愁盼”问题，推动一批市政基础设施、公共服务配套项目加快建设，在强开放、强产业、强市场、强投资、强治理关键领域与环节为强首府作出了新的贡献。

（仇建明　刘清炜　林燕）

守正创新　争创一流　合力攻坚实现“十四五”良好开局

高新区党工委

2021年，高新区党工委坚持以习近平新时代中国特色社会主义思想为指导，深入学习贯彻党的十九大和十九届历次全会精神，深入学习贯彻习近平总书记视察广西“4·27”重要讲话精神和对广西工作系列重要指示要求，坚决贯彻执行党中央、自治区党委、市委的决策部署，全面落实强首府战略，秉持守正创新、争创一流的高新精神，以党建引领七项重点攻坚，推动高新区加快建设成为全区全市创新驱动发展示范区、对外开放发展引领区、高质量发展先行区，奋力实现高新区“十四五”良好开局。

11月17日，南宁综合保税区管委会在高新金海大厦举办政策宣讲会

一、党建概况

2021年，高新区党工委辖属基层党组织381个，其中党委18个、党总支6个、党支部357个，党员5513人。

（一）始终保持坚定政治立场。高新区党工委坚持以习近平新时代中国特色社会主义思想为指导，切实担负起管党治党主体责任，坚持和捍卫“两个确立”，进一步增强“四个意识”、坚定“四个自信”、做到“两个维护”，深入学习贯彻党的十九大和十九届历次全会精神，把重要学习内容作为“第一议题”列入党工委会议第一时间学，在党工委理论学习中心组专题学，组织各级党组织广泛学，切实把思想和行动统一到以习近平同志为核心的党中央决策部署上来。

（二）牢牢把握意识形态主动权。持续压紧压实意识形态主体责任，坚持做到常抓不懈，专题分析深入研判意识形态工作。2021年高新区刊发新闻报道680多篇（次），其中在新华网、人民网、中国新闻网、《科技日报》等中央级媒体及网站刊发正面新闻报道280多篇（次）。依托新时代文明实践所（站）开展学习活动316场次，广西千年传说影视公司荣获全区文艺最高奖项——第10届广西文艺创作铜鼓奖。

（三）不断夯实基层党建基础。以提升组织力为重点，坚持党建引领基层治理。高标准严要求开展党支部标准化规范化建设工作，累计投入480多万元加强党组织建设，全年发展党员214名，获得自治区级、市级“两优一先”表彰8个，创建市级两新组织党建工作示范点3家。持续深化“火炬先锋+”党建品牌，启动“三创三推”打造模范机关三年行动计划；创建“火炬先锋+党建孵化器”、物流企业“红链”党建联盟等党建品牌，切实发挥以点带面辐射带动作用。

（四）扎实开展党史学习教育。围绕党史学习教育总要求，高新区党工委班子带头举办专题读书、学习班，带动处级以上领导干部参与学习100余人次。围绕“感党恩　跟党走”主题活动，广泛开展“党史知识大家答”“红色歌曲大家唱”等系列活动，参加人数达19万人次。学用结合深化暖心为民服务，投入4.9亿元大力推进37项“我为群众办实事”实践活动项目，目前已全面完成建设，其中教育项目解决1000余名适龄儿童教育问题。以“打造高新精神　激励担当作为”为主题，开展“学党史　颂党恩　强高新　促发展”高新精神表述语征集活动，最终确定“守正创新、争创一流”作为高新区精神表述语，进一步激励辖区干部、群众干事创业热情。

（五）持续推进党风廉政建设。持续强化不敢腐的震慑，受理信访举报61件，对违纪违法问题立案19件，给予党纪政务处分16人，被南宁市纪委监委评为2021年度信访举报工作先进单位。用力扎紧不能腐的笼子，开展常态化疫情防控工作、创城创卫工作、工程建设领域、教育系统和“窗口腐败”问题等专项监督，进行主动约谈、签订承诺书200多人次。合力筑牢不想腐的堤坝，做到严管与厚爱并重，为2名受到不实举报的干部澄清正名，对6名受处分的干部教育回访。以强烈政治担当抓好自治区党委巡视高新区反馈问题整改工作，确保按期不折不扣完成整改，做深做实巡视“后半篇文章”。

二、主要工作

2021年，高新区规上工业产值完成466.6亿元，增长11.77%；GDP保持两位数快速增长，总量达305.5亿元，增长14.1%；固定资产投资207.39亿元，增长19.6%，增速排名全市第3；社会消费品零售总额197.2亿元；完成外贸进出口额544.20亿元，同比增长11.7%，总量排名全市第一；财政收入48.58亿元，增长13.19%，增速排名全市第三，较上年同期上升了10位。

（一）产业发展持续加快。2021年

高新区规上工业产值在全市占比实现新提升，达17.56%，总量排名全市第一。新一代信息技术、智能制造、生命健康三大主导产业实现产值393.85亿元，增长14.12%，占高新区全部工业产值比重达84.41%；其中新一代信息技术产业产值243.67亿元，增长26.2%，占全部规上工业产值比重上升至52.22%。77家规上其他营利性服务业企业营业收入139.7亿元，总量占全市比重28.6%，排名全市第二。批发业销售额增长91.6%，排名全市第1。新增规上工业企业22家，亿元工业企业增至62家；国家级专精特新"小巨人"企业累计6家，占全市28.6%；自治区级、市级专精特新中小企业累计22家，总量排名全市第一。

（二）创新活力持续增强。年内南宁·中关村营业收入创新高，达207.64亿元，增长88.74%，累计聚集创新主体490家，"一中心、一飞地、一平台"模式运营良好。重视研发投入，R&D指标逐年提升，2020年度投入6.96亿元，占GDP比重提至2.65%。全年培育科技型中小企业367家，广西"瞪羚企业"保有量达18家，高新技术企业保有量达500家，完成科技成果转化项目67项。

（三）对外开放持续扩大。完成实际利用外资6434万美元，招商引资到位内资106.5亿元。新引进外资企业26家，完成全年任务的216.6%；跨境电商进出口业务量1.11亿单、交易额57.57亿元，分别增长159.82%、177.56%。高新区、南宁综保区、跨境电商综试区、自贸区、国家加工贸易产业园、中新南宁国际物流园"四区两园"叠加形成优势吸引企业加快聚集，中新南宁国际物流园建设累计完成投资62亿元，围网内外新增注册企业914家，累计达1257家，增长236.03%。

（四）项目推进持续加力。项目招商精准有力，推进26个"行企助力转型升级"项目签约，总投资63.84亿元；全年审议招商项目196个，完成标准厂房招商29.05万平方米，土地招商427.7亩。项目建设有序推进，52项市级重大项目完成投资42.57亿元，完成年度计划的120%；15个"双百双新"项目持续加快建设，完成投资24.2亿元；"三企入桂"项目"四率"综合排名全市前列。成立企业服务中心，派驻企业特派员，累计协调解决400余件涉企审批事项，实现依申请网上可办率100%，兑现企业政策补贴及扶持资金10.81亿元。

（五）要素保障持续强化。人才要素有效支撑，新增南宁市高层次人才90人、高层次人才队伍14个、南宁市特聘专家6名、青年人才13226名，目前已拥有南宁市A类人才6名，占全市55%，张立新等10个人才企业项目入选"邕江计划"，占全市41.67%。财政金融有效保障，全年举办37场"政金企"对接会，助推近千家企业融资到位资金120.16亿元，直接减轻企业融资成本1.32亿元，累计拨付各类企业扶持资金18.52亿元；全年获批政府债券9.1亿元，其中产业园区债券7.7亿元，位列全市第一；营商环境设施配套提升工程项目成功落地，实现高新区PPP项目"零突破"。土地厂房有效供给，全年收储土地1643亩，公开出让成交土地962.09亩，土地出让收入43.67亿元，均超额完成年初既定目标任务；完成征地861.41亩、拆迁59.46万平方米，年度新建标准厂房22.93万平方米。

（六）产城融合持续推进。全年实施88个基础设施重点建设项目，累计完成投资7.79亿元。辖区房地产发展态势良好，投资额、销售面积、销售额分别增长36.2%、18.9%、26.7%，均位列全市第一。推动巩固拓展脱贫攻坚成果同乡村振兴有效衔接，完成17个自然村基本整治型村庄建设。相思小镇成功举办"壮族三月三"主题晚会等活动。

（七）疫情防控成果持续巩固。坚决贯彻落实中央、自治区、南宁市有关疫情防控的决策部署，坚持"外防输入、内防反弹"总策略。全年累计投入约3200万元疫情防控经费，成功打赢复工复产复学、突发应急涉疫事件快速处置、防范"三非"人员疫情输入等硬仗，牢牢守住辖区疫情"零发生"的防控底线。全力以赴推进新冠疫苗接种工作，共接种新冠疫苗64万余剂次。

（八）社会治理持续深化。扎实开展安全生产专项整治三年行动集中攻坚，检查重点企业482家次，整改隐患236处，创建国家级综合减灾示范社区1个、自治区级2个。如期完成创城创卫各项任务，"大行动"、整治"两违"工作年度考评排名显著提升，协调处理各类市容环境问题24.86万件，办理各类行政处罚案件3645起，清理违法占地面积70.2万平方米，拆除违法建设面积40.6万平方米，全覆盖监管三产项目有效扼制违建势头。持续推动政法队伍教育整顿走深走实，开展涉黑涉恶案件线索倒查5起、线索存量清查82条，发现违法违纪民警2人，运用"第一种形态"组织处理民警57人。生态环境继续向好，辖区空气质量优良率、PM10、PM2.5均圆满完成年度控制目标，饮用水水源地水质达标率持续保持100%。民生福祉持续增进，如期完成21个自治区、南宁市下达的"为民办实事"项目；社会救助困难群众17077人次、发放救助补贴576万元；建成南宁高新区示范性公办养老院，进一步强化社会救助和养老服务兜底力度；深入开展农村集体产权股份制改革，不断壮大农村集体经济。

三、经验体会

（一）强化政治建设保障高质量发展根基。高新区党工委始终坚持把党的政治建设摆在首位，巩固拓展党史学习教育成果，毫不动摇坚持和捍卫"两个确立"，始终在思想上政治上行动上同以习近平同志为核心的党中央保持高度一致。强化思想理论武装，坚持用习近平新时代中国特色社会主义思想铸魂固本，真正做到学深悟透、融会贯通、真信笃行。严肃党内政治生活，认真贯彻执行民主集中制和请示报告制度，深化对党忠诚教育，强化党员党性锻炼。严明政治纪律和政治规矩，加强对贯彻执行党的路线方针政策和决议情况的督促检查，落实"五个必须"，严肃查处"七个有之"，确保党中央、自治区党委、市委决策部署在高新区不折不扣落地生根。

（二）坚持党建引领增添高质量发展力量。高新区正处在加快高质量发展的重要时期，更需要充分发挥党建引领的强大动力。强化党建引领基层治理，持续推进达标村建设，拓宽村集体经济收入渠道；巩固提升城市居民小区基层党组织"六化"建设，实现城市社区党建与社会治理有机融合；持续推动"火炬先锋+"党建品牌提档升级，着力推进两新党建"两个覆盖"质量提升；强化党员的教育、管理、监督和服务，把好发展党员关口，不断提升党员队伍先进性、纯洁性，推动广大党员在加快发展、转型升级、全面提质中走在前、干在先、当标杆、作表率；始终将党建责任扛在肩上、放在心上、抓在手上，推动党建工作与强首府战略、工业振兴等中心工作有机融合。

（三）弘扬实干作风助燃高质量发展引擎。高新区党工委启动"三创三推"打造模范机关三年行动计划，聚焦机关现存"四风"问题，剑指"十种顽疾"，冲刺作风建设攻坚，提升机关工作效能。扎实推进党风廉政建设和反腐败斗争工作，推动全面从严治党"两个责任"贯通协同、一体落实。坚持以党内监督为主导，推动各类监督有机贯通，充分发挥巡察利剑作用，一体推进不敢腐、不能腐、不想腐系统工程。积极引导机关党员干部立足岗位、履职尽责、勇于担当、干事创业，全力推动高新区加快高质量发展、实现"十四五"奋斗目标。

（韦欣怡）

坚持稳中求进总基调 全面贯彻新发展理念 助力经开区高质量发展再创佳绩

南宁经开区党工委

2021年，南宁经开区党工委坚持以习近平新时代中国特色社会主义思想为指引，认真贯彻落实党中央、自治区党委和市委各项决策部署，坚持稳中求进工作总基调，坚持以改革创新为动力，积极融入新发展格局，全面落实强首府战略。

南宁经开区政务服务中心为群众提供便捷服务　（陈羽　摄）

一、党建概况

2021年，经开区党工委辖基层党（工）委8个、党总支22个、党支部500个，党员6165人，发展党员数200人。

（一）思想政治建设始终摆在首位。持续深化“书记引航担使命”主题活动，纪检部门每月定期对经开区党工委、管委会领导班子及各级各部门贯彻落实习近平总书记重要讲话和重要指示批示精神以及党中央、自治区党委、市委重大决策部署要求、落实全面从严治党责任情况等进行监督检查。聚焦重点中心工作及民主集中制落实、“三重一大”决策制度执行情况等，列席和监督党工委、管委会有关重要会议40余次，督促各项决策合法合规，确保权力在正确轨道上运行。2021年召开四个季度中心组理论学习会，充分发挥党工委中心组学习示范带动作用，着力提高经开区领导干部的思想理论素养。

（二）基层组织建设水平稳步提升。大力发展壮大村级集体经济。经开区完成村级集体经济收入达20万元以上的指标任务24个，50万元以上的指标任务7个。加强农村基层党组织标准化规范化建设。申报吴圩镇那德村党支部等3个第五批星级村党组织，吴圩镇平丹村党支部等18个达标村党组织。积极推进城市居民小区基层党组织“六化”建设，推进党群服务中心体系功能建设。2021年建立居民小区单独党支部14个和联合党支部33个，覆盖居民小区89个，打造卡地亚庄园党支部等6个星级城市居民小区党组织。坚持“党旗领航+”，激发两新组织党组织活力。经开区指导两新组织党组织开展“党旗领航”系列活动130场，参与两新组织党组织313家，参与党员2594多人；开展志愿服务活动的两新组织党组织91家，共计41场，参与党员700多人，帮扶人数1834人。打造两新党建品牌1个、基层党建示范点4个。年内，辖区673家两新组织组建党组织292家，覆盖率达到81.13%，党组织单独组建率提升到33.43%。

（三）作风纪律建设坚持抓严抓实。定期开展党风廉政谈话，累计开展谈心谈话606人次。开展清廉家风警示教育活动，组织辖区各单位（部门）正职领导和家属参观腐败典型案例、观看专题教育片。编发廉政短信提醒1万余条，制作2部廉政公益广告片及1部廉政微电影，组织辖区党员干部开展党风廉政警示教育活动，并转发典型案例15起。成立经开区党工委巡察办，组织巡察人员对教育系统进行巡察，发放调查问卷609份、与学校教职工谈话400人次、受理来信来电来访8件次、查阅有关资料台账9000多份，发现共性方面问题31个，个性方面问题19个，移送问题线索39条。

（四）意识形态工作不断深化发展。坚持意识形态工作列入重要议事议程。召开意识形态专题研究会2次，组织开展意识形态集中督查1次。持续用好“学习强国”学习平台深化理论学习。广西平台采用稿件7篇，组织架构内用户日均活跃度50.08%，党员覆盖率99.58%。开展4次新闻发布会或集中采访活动，累计在各级主流媒体宣传报道达160余篇。全力推进党史学习教育工作，组织开展打卡红色基地活动50余场次，参加党员2000余人次；开展各类讲党史活动100余场次，受众人数2万余人次；征订党史学习读本5000余套、发放党史知识测试卷5000余册；打造经开区两新领域盛天上影电影党建教育基地，推出抗战精神、抗美援朝精神等为主要内容的党史精品课程，接待培训226场，接待参观学习党员11247人次。深化新时代文明实践中心建设，召开新时代文明实践工作部署会1次，中心开展活动10次、所（站）开展活动12次，在各类媒体刊播报道78篇。

二、主要工作

2021年，经开区按照“双抓双促”和“两区统筹”发展思路，突出抓好经济增动能、产业发展质量、城市形象品质、综合竞争优势“四个提升”，持续抓好规划编制、基础设施、招大引强、项目建设、营商环境“五项重点”，努力实现“十四五”良好开局。

（一）经济建设取得良好成效。一是出台经开区推进强工业促进工业高质量发展扶持政策、促进产业集聚发展若干措施、服务业高质量发展扶持办法等政策，积极引导和鼓励企业创新创优、做强做大。二是持续落实党政领导服务企业、项目机制，采取“一企一策”，深入企业帮助解决生产经营过程中遇到的用工、用电、资金、原材料等困难，强化对瑞声、纵览、漓源等重点强优企业的服务力度。经开区规上工业总产值、增加值同比增长21.61%、16.20%；社会消费品零售额完成137.65亿元，同比增长2.7%。三是制订实施《经开区2021年一季度经济增长“提速争先开新局”工作方案》《经开区“攻坚二季度　实现双过半”实施方案》《经开区“拼搏三季度　全力提进度”实施方案》等，强化经济运行监测分析和预判，监测重点企业运行情况。四是大力实施高新技术企业倍增计划。经开区有高新技术企业149家，持续实施科技成果转化大行动，2021年以来已实现科技成果转化41项。

（二）招商引资坚持招大引强。一是紧紧围绕电子信息、生物医药、先进装备制造等主导产业，主动对接粤港澳大湾区。引进香港赢拓、利远电子、柳钢集团等25个项目，项目总投资384.911亿，行业涵盖新能源汽车、电子信息、生物医药、新材料等。二是统筹开展“行企助力转型升级”工作。年内开展招商引资活动70次，对接上海普洛斯临港物流园、武汉亚格光电公司等50家企业。积极加强与深圳市手机协会、广东省电子信息行业协会等商协会的沟通联系，争取引进一批符合经开区产业定位的优质企业。三是狠抓项目落地建设“四率”。“三企入桂”项目完成协议履约率增量目标任务17.39%的100%；完成资金到位率增量目标任务31%的102.09%；完成项目开工率增量目标任务17.39%的125%；完成竣工投产率增量目标任务34.78%的125%。

（三）营商环境持续完善优化。推行“拿地即开工”审批模式，通过提前并联预审，工业类建设项目在签订土地出让合同后，1个工作日完成施工许可证核发。8月27日，经开区成功推出临空经济示范区第一个“拿地即开工”工业项目，并于10月15日召开经开区工业类建设项目“拿地即开工”审批模式改革新闻发布会，得到新闻媒体的广泛关注。成立“帮办代办”便民服务队伍，协助完成线上、线下全流程业务申请办理事务。推行户外广告设置“无纸化”审批，全流程“网上申报、网上受理、网上审核、网上办结”，实现行政许可全程“零纸张”、申请人办事全程“零跑动”。全年户外广告无纸化审批办理1823件。

（四）园区发展空间有效拓展。完成南宁临空经济示范区临空高端制造业、航空物流、临空现代服务业、建设对外开放发展先导区、产城融合等5个课题研究成果，促进研究成果转换为实际应用。谋划临空物流园、临空制造业产业园（江南片区、吴圩片区）、医药产业园、新能源产业园、医疗器械产业园等五大专业产业园区，促进临空经济示范区产业集聚。全力推进南宁国际铁路港配套设施建设，配套的同兴路项目、海城路项目已建成通车。加快南宁瑞声科技千亿产业园及其周边配套路网建设，持续完善临空经济示范区重点区域开发建设，全面开工建设11号路、20号路等市政路网13条，完工通车7条。

（五）民生保障水平有效提升。投入5.5亿元新建成星光初级中学、光明路学校、金凯路幼儿园、星光幼儿园、沛阳路幼儿园等5所学校，新增学位5490个。投资7550万元开展56个教育工程改扩建项目及教育教学设备采购，全面改善办学条件。积极开展新冠病毒疫苗接种工作，经开区接种新冠疫苗657617剂次。全力推进农村人居环境全域整治，投资651.6万元，完成102个全域提升基本整治型村庄建设，实现2021年对辖区所有自然村人居环境“扫一遍”目标。

（六）宜居环境建设成效明显。经开区全面开展大气污染防治工作，通过强化污染天气应急响应工作、全面禁止秸秆露天焚烧、排查整治敏感片区汽修行业、非道路移动机械整治工作、挥发性有机物工业企业治理、开展城市扬尘整治等专项工作。开展市容乱象整治提升行动，清理卫生死角约1.50万处；开展农贸市场及周边专项整治行动，整治跨线跨门槛经营、占道经营约2.53万起，整治乱停放车辆1.57万辆；开展城中村架空通信线路整治行动，整理电线、光缆长度约84.21公里。积极开展错混接排口排查，对辖区住宅小区内部雨污管网、化粪池、市政雨污管网错混接、直排口进行核查和清淤疏通。2021年，错混接改造任务完成434个，完成率100%。黑臭水体治理区市两级抽检，那洪沟、马巢河水质达标率100%。城区、镇、村三级河长均能运用巡河APP巡河，巡河次数达4330次，出动80多架次无人机对辖区内的河流、水库不定期进行空地结合全方位巡查。

三、经验体会

（一）强化理论武装，不断弘扬伟大建党精神。坚持以习近平新时代中国特色社会主义思想为指导，深入贯彻党的十九大和十九届历次全会精神，坚定不移把“两个确立”真正转化为做到“两个维护”的高度自觉，努力在学懂、弄通、做实上下功夫，统一思想、凝聚共识、坚定自信、增强斗志，弘扬伟大建党精神，始终沿着习近平总书记指引的方向奋勇前行，为经开区经济社会发展提供思想动力。

（二）加强担当实干，持续服务经开区经济社会发展大局。坚持用党的新思想新理论武装头脑、指导实践、推动工作，从党的百年奋斗历程中汲取智慧力量，大兴实干之风。在贯彻落实上级各项工作要求的基础上，谋划体现经开区发展阶段性特征的思路和举措，使上级的各项决策部署具体化、本地化。紧紧围绕电子信息、生物医药、先进装备制造和临空产业等主导产业，抓好精准招商、项目落地和跟踪服务，实施产业链招商、产业集群招商、龙头企业招商、以商招商。继续培育“妈妈式”服务企业品牌，努力为入驻企业提供更加优质、全面、高效的深度服务，打造一流的营商环境，全力推动工业经济实现更高质量发展。

（三）着力补齐短板，不断改善人民生活品质。坚持改善和保障民生，牢固树立以人民为中心的发展理念，着力补齐教育、医疗、住房、公共配套等方面的短板弱项，持续改善民生。积极防范化解各类风险，坚决做好脱贫攻坚、扫黑除恶专项斗争、污染防治等各项工作。持续抓好常态化疫情防控，持续抓好“外防输入、内防反弹”，坚持“人”“物”同防，全面压紧压实“四方责任”。加大平安创建工作，优化“雪亮”工程建设，提升辖区社会治安防控体系，深入严格落实安全生产责任制，确保经开区社会和谐稳定、人民安居乐业。

（何迪）

深耕工业“主阵地”
奋力跑出开发区高质量发展“加速度”

广西—东盟经开区党工委

2021年，广西—东盟经开区党工委坚持以习近平新时代中国特色社会主义思想为指导，深入学习贯彻习近平总书记视察广西“4·27”重要讲话精神和对广西工作系列重要指示要求，围绕全面落实强首府战略，积极应对挑战、奋力攻坚克难，全力推动自治区第十二次党代会、市第十三次党代会重大决策部署落地见效，开发区经济平稳运行、社会大局和谐稳定。

6月28日，广西—东盟经济技术开发区召开庆祝中国共产党成立100周年系列活动——选树和学习“两优一先”先进典型表彰大会　（蓝必祠　摄）

一、党建概况

2021年，广西—东盟经开区党工委有4个直属党（工）委，分别是公安分局党委、直属机关党委、华侨农场党委和两新组织党工委；共有5个基层党委、12个总支、165个支部，党员人数2412人。

（一）加强党的政治建设。始终把党的政治建设摆在首位，推深做实党史学习教育，引导广大党员干部在党史洗礼中增强“四个意识”、坚定“四个自信”、做到“两个维护”，淬炼“政治三力”，在思想上政治上行动上与以习近平同志为核心的党中央保持一致。全年召开党工委理论中心组学习（扩大）会议6次、党工委专题学习会9次，示范带动各基层党组织开展党史专题学习723次、专题培训233场、专题党课498场；开展“打卡”红色教育基地等活动2047场次、参加党员干部13.06万人次。

（二）守好意识形态阵地。精选表彰先进典型、走访慰问等活动载体，精心组织开展建党百年系列庆祝活动，依托“两微一台一网”讲好“开发区故事”，围绕抗击疫情、创城创卫、庆祝建党百年等重点工作广泛开展宣传。全年利用“两微一台一网”积极报道各类正面宣传信息4000多篇次，本级视频播出新闻报道300条；获《广西日报》《南宁日报》等市级以上各类媒体采用稿件543篇/次；获上级采用党史学习教育方面各类稿件213篇，选送的《广西—东盟经开区：喜迎“三月三”唱支山歌给党听》等16个视频作品获“学习强国”平台采用。

（三）加强基层党组织建设。统筹抓好各领域基层党组织建设，完成8个党建示范点建设，打造了“三融三创”等一批基层党建品牌；深入各基层党组织开展基层党建“两随机”督导调研3次，并进行“红榜”“黑榜”通报。顺利完成5个社区党组织换届选举和社区“大党委”改选（组建）工作，51个单独组建的“两新”党组织达标率100%，获评自治区级、市级先进基层党组织各1个。坚持党建带工青妇侨群团建设，新增3个基层侨联组织，2人3集体分获全国及广西工人先锋号、广西五一劳动奖。

（四）加强干部队伍建设。坚持正确选人用人导向，着力锻造能力过硬的干部队伍，选派6名年轻干部赴武鸣区担任脱贫攻坚（乡村振兴）工作队第一书记，选派6名服务专员定点服务重点企业，选派2名业务骨干“走出去”到东兴边境经济合作区交流学习。出台青年干部培养三年行动计划，完善干部培养选拔管理全链条机制。

（五）扎实推进党风廉政建设和反腐败斗争。严格落实中央八项规定及其实施细则精神，狠抓工程建设领域专项治理、教育系统专项整治；组建开发区党工委巡察机构并启动第一轮巡察，促进巡察监督向基层延伸。运用监督执纪“四种形态”处理党员干部129人，其中“第一、第二种形态”126人，给予党纪处分9人。

二、主要工作

（一）坚持做强工业，全力推进产业振兴。精准施策促工业提质增效，出台“工业振兴13条措施”支持企业发展；出台奖励政策支持李宁、双汇等劳动密集型重点企业招用工；在全市率先出台补贴政策，引导规上工业企业购买或租赁发电机自发电，助力企业渡过用电难关。全面落实涉企政策兑现“一窗申办”改革，全年累计拨付惠企资金2.17亿元、减税降费1.37亿元；财政贴息2300余万元，帮助152家企业获得13.52亿元“桂惠贷”资金支持。狠抓企业上规入统，7个党政领导服务小组走访服务企业180余次，解决问题145个，全年入规工业企业23家；3家企业入选第一批广西工业龙头企业名单，新增1家企业获评“广西工业企业质量标杆”，绿色食品、新材料、先进装备制造三大主导产业产值占规上工业总产值约50%。出台建筑施工企业扶持办法，建筑业总产值同比增长70.5%，位列全市第一。出台“鼓励现代服务业发展若干措施”，全年新增限上批零企业8家；第三产业增加值同比增长9.5%。推动康养项目建设，太和自在城获评2021年国家级服务业标准化试点项目。双汇牧业年出栏30万头生猪产业化养殖项目等2个项目建设有序推进，2671亩高标准农田完成建设。南宁市首单政策性生猪期货价格保险和肉鸽养殖保险项目在开发区落地；1家企业获评农业产业化国家重点龙头企业；1个产品获“绿色食品”标志，开发区绿色食品认证实现零的突破。第一产业增加值同比增长9.4%。

（二）坚持科技创新，全力打造新发展优势。大力培育创新型企业，深入构建“科技型中小企业—高新技术企业—瞪羚企业—独角兽企业”梯级培育体系，32家企业获评国家级科技型中小企业，7家企业获认定自治区、市级“专精特新”中小企业，高新技术企业全年保有量达68家，拥有有效发明专利157项。加快推进创新平台建设，推动11家企业创建区市级企业技术中心，已有2家获自治区级认定。探索借力强化协同创新，与江南大学签约共建技术转移中心；华强公司牵头成立混改公司；与广西产研院达成合作，推动广西首个通用型共享功能材料中试基地在开发区揭牌。出台“科技创新15条措施”，加大对企业技术创新的支持力度。1—12月，57家企业享受研发费用加计扣除，扣除金额6039.58万元，减免税额865.34万元；安排科技创新扶持资金544.82万元，惠及企业67家。兑现人才奖励资金，市级高层次人才增至16人。探索与私募基金合作，成功设立开发区首支创业投资引导基金；积极与市创业投资引导基金合作，发起设立1支子基金，已投资创新型项目2个。

（三）坚持项目引领，全力扩大有效投资。扎实推进重大项目建设，全年实现新开工工业项目20个、竣工工业项目28个。31项区、市层面统筹推进重大项目完成投资29.7亿元，完成年度投资计划的126.94%；5项强首府标志性重大项目完成投资15.58亿元，完成年度投资任务的108.95%；教育园区完成固投30.28亿元，广西民族大学等3所院校新校区正式启用，累计实现5所院校招生办学。大力开展“三企入桂项目落实、行企助力转型升级”行动，党政领导带队“走出去”招商近20批次、“请进来”招商50批次；结合市特色食品产业链链长制，以特色食品产业园建设为载体抓招商，签约引进绝味食品等工业项目16个，总投资27.28亿元（其中5000万以上项目10个，超亿元项目5个），新增使用标准厂房面积1.53万平方米。“三企入桂”项目协议履约率100%、开工率94.74%、竣工率89.7%、资金到位率57.6%、资金到位率增量32.73%。精准梳理包装海天调味品产业园及配套设施等项目，获批政府专项债券资金4.5亿元（发行规模位列全市第二）、中央预算内资金330万元；东盟小学PPP项目获批，实现零的突破；用地指标向重大项目倾斜，全年完成土地征收2290亩、拆除房屋2.59万平方米、出让工业用地760亩；推进榕盛等10个标准厂房项目建设，新增建成标准厂房5.63万平方米。

（四）坚持开放合作，全力擦亮“东盟”名片。借力东博会等平台资源，与桂贸天下公司合作，帮助企业开拓海外市场，增加企业外贸订单近5000万元。全年新增设立外资企业16家。借力自贸区南宁片区，有序推进东盟经开区（五象）企业发展中心项目建设，打造“飞地总部”。全年引进总部企业29家，开发区总部企业数量增至117家。面向东盟市场，跨市域推进与东兴边合区的合作；与武鸣区达成合作，推动“南宁北”区域联动发展。

（五）坚持精建细管，全力推进园区品质提升。结合落实首府南宁争创全国文明典范城市、迎接国家卫生城市复审工作以及“五网”建设，加快完善基础设施配套。实施54个重点城建项目，全年完成投资7.29亿元，建成发展大道等8条道路，城市道路里程增加约14.76公里。全力服务好教育园区（西片区）入园院校建设，新开通公交线路2条。保持“两违”整治高压态势，拆除违法建设8.04万平方米、清理违法占地7.62万平方米。高效推进全域乡村人居环境提升工作，全面完成农场43个村屯整治任务。探索引入“环保管家”，助力生态监管，完成“环保会诊”企业29家；开发区顺利通过国家园区循环化改造示范试点终期验收，成为南宁市首家国家级循环化改造示范园区。

（六）坚持人民至上，全力增进民生福祉。坚持在发展中保障和改善民生，全年民生支出达5.13亿元，同比增长32.06%。承接的区市层面为民办实事项目已完成31项。党史学习教育“我为群众办实事”实践活动清单事项已完成82件，其中打造华侨城创业街累计减免租金185.42万元，惠及归侨侨眷40人。华侨农场养老保险欠费历史遗留问题处置稳步推进，年内缴清武帽农场欠费1280万元。城镇新增就业数完成上级下达任务的277.82%。全年发放城乡低保、退役士兵补助等各类救助、补助资金828.72万元，惠及10630余人次。上平路小学、华侨城幼儿园建成投用，新增学位1980个，自治区级示范性幼儿园实现零的突破。落实常态化疫情防控措施，累计接种新冠疫苗19.53万剂次，辖区全程免疫完成任务数的114.11%。

三、经验体会

（一）唯有全面加强和改善党对经济工作的领导，才能有效应对、有力化解各种风险挑战，确保经济工作沿着高质量方向发展。开发区党工委、管委会始终坚持以习近平新时代中国特色社会主义思想为指导，坚持以经济建设为中心，从讲政治的高度思考和推进经济工作，深刻把握中央决策和自治区党委、市委部署的大方向和重点，战略上主动谋划、战术上精准发力，把捍卫“两个确立”、做到“两个维护”落实到推动开发区经济稳增长的实际行动上。主要领导带头定期调度项目建设、招商引资和经济运行工作，广大干部职工同心同向攻坚克难，实现多项经济指标保持两位数增长。

（二）唯有深入实施创新驱动发展战略，才能加快培育壮大发展新动能，在新一轮区域竞争中竞进突围。坚持把创新作为引领发展的第一动力，围绕提升企业创新能力抓科技创新，着力加投入、育主体、搭平台，力促传统产业提质升级，进一步做大经济总量、提升发展质量。

（三）唯有坚持以人民为中心的发展思想，才能更好服务人民，以实际成效取信于民。始终将保障和改善民生作为一切工作的出发点和落脚点，倾力改善民生，把好事办实，把实事办好，切实增强群众的获得感、幸福感、安全感。面对外来人口增多、学位紧缺的问题，投入资金5184.87万元新建小学和幼儿园，并提前谋划布局新建第五小学和第六小学，有效解决关系群众切身利益的“入学难”问题；面对原有社区管理体量大、人力资源不足等问题，下大力气推进社区优化设置，增设3个社区，并筹集资金600余万元，打造5个社区党群服务中心、建立“一站式”服务大厅，优化便民服务，有效提升了群众满意度。

（邓秋秋　蒙昕　赵文丽）

人不负青山 青山定不负人
“两山两园” 谱写生态新画卷

青秀山风景区党工委

2021年，青秀山风景区党工委坚持以习近平新时代中国特色社会主义思想为指导，以庆祝建党100周年为主线，以党史学习教育为抓手，秉承“绿水青山就是金山银山”绿色发展理念，解放思想，克难攻坚，全面抓好青秀山、园博园、五象岭森林公园、邕江沿岸公园（青秀山段）“两山两园”各项工作，为进一步巩固提升南宁“中国绿城”品牌形象，作出了积极的贡献，取得较好成效。

4月14日，广西壮族自治区2021年“壮族三月三·八桂嘉年华”主会场活动在青秀山风景区举行

一、党建概况

2021年，青秀山风景区党工委有基层党组织25个，其中风景区机关党委1个、青秀山公司党委1个、南宁青秀山风景区税务局机关党委1个、党支部22个；现有党员421名，其中在职党员392人、退休党员29人。

（一）加强思想政治引领，谋实主责主业。一是抓好统筹。切实履行好抓基层党建工作职责。召开33次党工委会，27次党工委扩大会（含党建工作专题会），4次振兴乡村工作会。二是强化督导。组织召开党支部工作专题会2次，带领各班子成员对支部联系点开展13次联系指导，上党课5次。三是深化理论学习。组织开展党工委中心组学习9次，宣讲会5次，把理论中心组学习与加强作风建设和推动“两山两园”高质量发展结合起来，推动学习宣传贯彻习近平新时代中国特色社会主义思想走深走实。三是做好人才培养，加强对南宁植物园科技人才的引进和储备，年内引进植物、园林等专业的博士、硕士技术人才16名，中级职称专业技术人才4名。加强风景区干部人才的培养力度，外出举办2期植物园建设专题培训班120人次。

（二）创新党史学习教育，擦亮生态绿色招牌。以“党旗红”引领“生态绿”，建成自治区首个中国共产党人精神谱系主题园，为广大市民游客提供一个生动形象的中国共产党人精神谱系宣传教育平台。自2021年7月1日开园，先后接待中组部、中宣部、党史学习教育中央指导组有关领导考察调研，并获得高度评价和充分肯定，截至12月底接待各级党员干部和游客团队209批次11305人次。在南宁市纪委监委统筹指导下，充分利用青秀山廉洁文化主题园（竹园），将廉政文化与山水园林有机融合，使之成为独具特色的廉洁文化教育基地，成为党员干部群众边走边学的“廉政课堂”，年内接待团队412批次，21858人次。

（三）夯实阵地建设，构筑基层党建新格局。一是强化党建“组织力”。发挥风景区机关党委“一线指挥部”的作用，成建制接收南宁青秀山风景区税务局机关党委，合理调整党支部设置；扎实开展党支部达标创优，获区市“两优一先”3人，年内风景区党支部全部验收达标，每季度开展“两随机”综合调研，更新“支部错题本”，探索智慧党建服务模式，以“两山两园”大数据智慧景区推进党建工作创新开展，提升游客满意度；严把发展党员质量关，全年完成14名发展党员计划数，新增入党申请人37人，确定入党积极分子24人，确定发展对象12人；按时足额完成风景区党员130911.08元的党费收缴。二是增强党建“先锋力”。成立党员“科普研学”“植物引种”“园林精品”“林相改造”“旅游服务”先锋突击队，以党员引领示范，推动景区生态建设。结合党史学习教育，策划“学党史 感党恩 党旗耀青山”系列主题党建活动，通过拍摄“红色快闪”视频、“打卡”红色教育基地等形式，进一步增强基层党组织凝聚力和战斗力。三是落实为群众办实事。引导党员和青年团员、广大群众开展党史学习，积极开展“我为群众办实事”实践活动，打造西区夜游，建成景区食品安全快速检测实验室等12个实践活动项目。积极做好巩固拓展脱贫攻坚成果同乡村振兴有效衔接工作。选派4名“第一书记”到乡村振兴一线锻炼，积极落实帮扶资金，大力发展和培育主导产业，开展“访民情、送温暖”活动，发放慰问金、慰问品约10万元，回访慰问脱贫户232户。

（四）自觉扛牢责任，落实好意识形态工作。始终把加强意识形态工作作为重要政治责任，制订年度意识形态工作要点，强化阵地建设，定期分析研判意识形态领域形势，确保意识形态工作责任制落到实处。一是强化理论武装，抓好专题学习、专题培训、专题宣讲，举办党史学习教育专题培训班，充分利用“学习强国”“云直播”等平台开展线上学习。二是坚持正面宣传，围绕建党100周年、景区节庆旅游活动等内容在各级电视台报刊宣传报道52条，“学习强国”广西平台刊登10条，完成例行新闻发布活动2次，编发《青秀山快讯》40期，积极稳妥做好网络舆情引导，处置南宁市网络舆情处置系统内案件1件。三是积极培育和践行社会主义核心价值观，积极开展创建全国文明城市工作，建设2个新时代文明实践站；坚持抓好疫情防控工作，积极开展疫情防控宣传、创城文明引导等志愿服务活动；培育生态文明宣传教育品牌，通过张贴生态标语、宣传海报等形式，全方位构建文明宣传体系。

（五）从严监督执纪，打造风清气正政治生态。以深化“书记引航担使命”活动为契机，党工委书记带头讲授廉政党课，开展履职谈话和廉政谈话，主持召开党风廉政建设工作专题会议，带动党工委班子其他成员和各基层党组织书记落实管党治党责任。加强监督监管，深化一体推进“三不”工作机制建设，对南宁植物园工作年度完成情况、创城工作等重点工作及各领域腐败问题等开展各类督查，持续净化风景区政治生态。

二、主要工作

（一）生态建设升级，打造绿城翡翠植物聚宝盆。认真贯彻习近平生态文明思想，将青秀山风景区、南宁园博园、五象岭森林公园进行整合，建设南宁植物园，努力将其打造成为国际知名、国内一流、独具特色的高水平植物园。精心打造植物专类园，完成叶子花园景观工程建设，提升完善叶子花花谷游步道、小品以及夜间游览照明，完成桃花岛连接露营地登山步道工程1500平方米栈道竹木地板铺设、2座50平方米观景平台建设；提速推进青秀山西区夜游、丛林乐园拓展游乐设施、樱花园游客休息长廊改造工程等建设工程，累计完成投资约6584万元。组建广西亚热带园林植物研究中心，投资434.1万元完成实验室硬件配置；与国内一流高校、科研院所合作，申报植物科研项目4项，获批自治区立项公示1项，南宁市立项1项，项目经费300万元，确定青秀山本级科研项目4项；完成苏铁、罗汉松、文心兰等国家种质资源库申报工作，已完成苏铁、罗汉松种质资源库线上答辩。完善植物联盟的植物信息管理平台，更新制作4944块植物铭牌和植物解说牌，更新415处解说内容，结合景区花展花节制作164个知识内容展板、746块品种牌、34块指路牌。推进景区研学科普工作，组织开展科普活动159场，参与人数约17800人次；开展植物科普进校园活动11期，惠及学生700余人次；到桂雅路小学、滨湖路小学长虹校区开展科普展示、互动活动，受众6700多人次。

（二）旅游体验升级，提供更好更丰富旅游选择。大力发展青秀山风景区夜间经济，实行夜游常态化运营，扩大夜游旅游开放区域，打造梦幻夜游场景，丰富“夜游”“夜娱”内容。每逢周末举办周末星乐夜系列活动，为市民游客带来视听盛宴，全年夜游购票入园游客量为64.97万人次。新建青秀山风景区东区儿童乐园，于2021年8月对外开放。设置冒险堡垒、旋转探险平台、儿童攀岩、扶壁栈道、独木桥、沙池等娱乐设施和丛林探险体验、人形互动景墙、户外打击乐器、地面蹦床、多人秋千等互动游乐设施。

（三）文旅融合升级，共享生态文明建设新成果。坚持“以文塑旅、以旅彰文”，将青秀山风景区和园博园作为弘扬中华优秀传统文化、民族文化、生态文明和社会主义核心价值观的平台。在青秀山风景区承办广西“壮族三月三·八桂嘉年华”主会场活动，持续更新旅游吸引力；打造品牌节庆活动，举办丰收节、重阳登高节等各项文旅活动。在园博园，以节日、假期为切入点，推出幻光潮园会、爱国潮 承国风国庆活动、动漫游园等文旅活动。先后举办青春版刘三姐山水实景演出、广西原生态民歌演出、百人“多耶”等10多项民俗活动，搭建起民族沟通交流的桥梁和纽带。组织人员到目标客源市场进行形象宣传，完成央广网、新华网及《广西日报》相关内容邀稿及行业主管部门邀请的媒体采风团接待任务等，多渠道宣传，不断提升青秀山、园博园知名度。青秀山风景区新浪微博及微信公众号分别更新景区相关旅游信息335条和246条。

（四）聚焦平安建设，增强景区治理能力建设。一是做好新冠肺炎疫情防控工作。严格做好景区疫情防控，年内没有因人员聚集引发的疫情传播事件，没有发现确诊病例或疑似病例。二是营造景区安全稳定的环境。围绕建设安全和谐景区目标，大力整治安全隐患，加强安全检查和教育宣传，完善安全生产监管体系，为风景区营造安全稳定的环境。年内风景区没有发生安全责任事故，没有发生重大群体性事件。三是全面落实《广西壮族自治区南宁青秀山保护条例》，依法管理景区。持续做好大气环境治理、户外广告整治等日常管理工作。城管执法工作拦停检查泥头车等各类工程车辆342辆次，责令工地整改不规范围挡170起，教育劝离小摊贩176人次、排查户外广告235幅，协调共享单车运营商处理或自行清理违停共享单车4500多辆次，完成数字城管案件2236件，开展“两违”巡查327次等，确保风景区保持优美、有序旅游环境。四是强力推进中央生态环境保护督察整改工作。完成五象岭森林公园约2.59万平方米违规设施的拆除，基本完成植被恢复工作，加快推进五象岭森林公园总体规划编制工作，已完成初稿。

三、经验体会

（一）提质聚力，筑牢“两山两园”新篇章。风景区各级党组织全面贯彻落实党中央和自治区党委、市委的决策部署，坚持把政治建设作为根本性重大任务，贯彻到基层党的建设全过程各方面，扎实推进风景区党史学习教育成果，以多种灵活多样接地气的方式开展红色教育，激发党员干部干事创业，为群众办实事，用心用情解决群众身边“急难愁盼”问题，提升群众幸福感；对标对表，以清单化方式抓好党支部示范创建工作，创新基层支部管理模式，严把支部台账“规范关”，深化“支部错题本”管理模式，确保支部建设标准化工作推进有力。

（二）党建赋能，唱响“两山两园”新旋律。树牢大抓基层的鲜明导向，不断完善上下贯通、执行有力的组织体系；坚持把党建品牌建设与提升基层组织力、与景区新发展战略和目标任务结合起来，打造“党建红”引领“生态绿”生态旅游特色党建品牌，凝聚党建合力，建成自治区首个中国共产党人精神谱系主题园，成为南宁市党员干部进行党性教育的新阵地；全面提升青秀山党建工作的整体宣传和品牌推广工作，充分利用媒体平台，提高党建品牌辐射面和影响力。

（三）先锋引领，营造“两山两园”新生态。发扬担当和斗争精神，聚焦自治区“1+1+4+3+N”目标任务体系，围绕市委、市政府决策部署，发挥党建引领保障作用，结合景区实际，找准党建工作、生态文明、旅游文化三者同频共振、深度融合的切入点、着力点，塑造“一名党员就是一面旗帜”形象，聚焦风景区发展的重点项目，把生态旅游资源优势转化为经济优势，让基层党建工作持续焕发旺盛生命力，营造“两山两园”党建新生态。

（梁晶晶）

实干笃行强企路　砥砺奋进新征程

南宁城投集团党委

2021年，南宁城投集团坚持以习近平新时代中国特色社会主义思想为指导，全面贯彻落实党的十九大和十九届历次全会精神，认真贯彻落实习近平总书记视察广西“4·27”重要讲话精神和对广西工作系列重要指示要求，不折不扣落实好市委、市政府的部署要求，围绕“践行强首府战略、加快高质量发展”工作主线，勤于履职尽责，善于统筹谋划，敢于担当作为，勇于开拓创新，富有成效地完成了市委、市政府交给的各项任务。

洪运路（海城路—国凯大道）提前60天建成顺利开放交通

一、党建概况

2021年，南宁城投集团党委下设党组织13个，正式党员504人。

（一）筑牢政治建设“主阵地”，让思想教育“深”起来。坚持把学习贯彻习近平新时代中国特色社会主义思想作为重中之重，及时跟进学习习近平总书记最新重要讲话精神，年内组织开展中心组专题学习4次，党委会议68次，讨论议题196项。年内认真开展巡视整改专题民主生活会，共查摆领导班子存在问题10个、班子成员存在问题55个，研究制定领导班子整改措施13条、班子成员整改措施50条。认真监督指导各直属党组织开展基层党组织组织生活会和民主评议党员工作，全集团共有504名党员参加民主评议。注重在贯彻落实市委、市政府、市国资委决策部署、应对重大风险、完成急难险重任务中发现培养使用干部。积极开展“党的十九届六中全会精神”“习近平总书记视察广西精神”等专题培训及交流研讨会、党员轮训、上党课等活动，积极参与上级开展的企业家人才“领航计划”等专题培训，累计参训600人次。

（二）把牢从严治党“主动权”，让管党治党“严”起来。严格落实党组织书记抓党建责任清单，推动各级党组织书记落实好“第一责任人”责任，支部班子成员落实好“一岗双责”，形成“领导亲自抓、专人具体抓、一级抓一级、层层抓落实”的责任体系。认真落实意识形态工作责任制，将意识形态工作纳入“一体化”考核，形成各层级党组织对意识形态工作齐抓共管的态势。践行“两个维护”，开展政治监督；一体推进“三不”机制，建立企业“三不”机制考核细则、探索企业“三不”机制监督平台、丰富“三不”机制的学习教育平台；做好信访举报件、问题线索查办处置工作，聚焦工程建设领域重点问题精准发力。搭建企业微信公众号、季刊、门户网站等新媒体矩阵，加强在区市媒体宣传报道。年内，在《广西日报》《南宁日报》等媒体报道超过60则，集团上报市委、市政府以及市国资委信息年内超过70则，2次获自治区党委办公厅采用，完成76篇微信公众号、3期季刊编辑发布任务，微信号浏览总量近10万人次。

（三）抓牢组织建设“主脉络”，让战斗堡垒“强”起来。持续巩固深化基层党建示范点、示范性党支部建设工作，通过督导考核、学习观摩、经验交流，形成标准化党支部、示范性党支部梯级带动、层级晋升、争先创优的生动局面。年内，纵横公司党支部荣获南宁市“示范党支部”称号，富航公司党支部、万町公司党支部荣获市国资委党委“示范党支部”称号。深化拓展“党建+”支部品牌。指导各直属党组织在原有基础上，不断挖掘党建品牌新的亮点，深化拓展“党建+”支部品牌，集团机关党支部创建“党旗领航，众志成城”党建特色品牌，富航公司党支部“灯芯”党建品牌强化与业务工作的深度融合。集团党委办公室在集团微信公众号开设《党建品牌“亮”出来》专栏，年内共推出5期对集团各直属党组织党建品牌进行展播。

（四）扣牢主题教育“主旋律”，让党史学习教育“实”起来。集团党委共举办党史学习教育专题学习（读书班）7次，有8名集团党员领导班子带头到各支部联系点上专题党课16节；集团各直属企业党组织领导干部上党课160余场；利用红色资源开展“沉浸式”党史学习教育，如开展《长征情景模拟沙盘》党史知识沙盘培训、赴广西军区军史馆、遵义会议会址进行现场教学，累计参与人数达1300人次；开展“党员心声大家谈”79场次、“党史故事大家讲”50场次、“党史知识大家答”22场次、“红色歌曲大家唱”48场次、“重温入党誓词”共27场次，1500多人次参与活动；开展党史学习教育进工地、进社区、进家庭“三进”活动28场，影响群众2000多人次。集团先后承办和参与市国资系统“党史大讲堂”系列宣传活动八场次，累计参与人数达300人次。

二、主要工作

集团党委始终突出党的全面领导，始终突出党建引领，强有力地促进各项中心工作不断取得新跨越新突破。

（一）夯实“稳”的步伐，以肩有担当的战略定力筑牢“护城河”。一是主要指标稳中有进。全年实现营收21.35亿元，同比增长0.93%；实现利润2.74亿元，同比增长15.75%；完成固投63.81亿元，完成年度计划投资的113.99%；全年融资到位50.45亿元，完成年度计划的212%。二是党工团同频共振“一盘棋”，守住初心谋发展；党建经营双融合，固根铸魂促发展；意识形态工作为企业发展举旗定向，文化建设工作为企业发展固本培元，宣传工作为企业发展传声连心；母、子公司互为支撑，投资、建造、运营同向发力，各个板块联动发展，改革整体效应充分激发。

（二）坚定“变”的决心，以躬身入局的奋斗姿态驶入“新赛道”。一是立足战略定位，找准转型发展的点。经过两年多的探索和努力，集团改组国有资本投资公司方案于12月13日正式获市政府常务会审议通过，成为市委、市政府及市国资委确定的南宁市第一家国有资本投资公司改革试点企业。二是突出三年行动，延伸转型发展的线。年内，集团完成50项三年国企改革行动任务，总体任务完成率71.77%，完成了建立董事会运行机制，厘清董事会总经会权责，制订党组织前置清单，实行分类核算分类考核等重要改革任务。三是构筑两个阵地，拓展转型发展的面。南宁市基础工程总公司完成公司制改制，由全民所有制公司改制为国有独资公司；南宁城市更新建设发展有限责任公司正式成立，作为承接城市更新项目实施主体。

（三）激发“新”的活力，用顺承时势的拔节成长驶出“加速度”。一是构筑市场化发展新矩阵。积极稳妥引入社会资本，提升资源整合能力。PPP项目运营“首战告捷”，首次实现以社会资本方身份全额投资建设PPP缆线管廊项目；混合改制“多点开花”，华宏公司参股合作开展年产150万吨水泥熟料生产线、隆安水泥和沿海防城港水泥粉磨站等重大工业项目；加油站运营“再添新丁”，高峰加油站、伊岭加油站先后投入运营，与中石化公司合作运营加油站达6座，年营收超1.1亿元。二是拓展产业化发展新业态。围绕城市主导发展方向，积极参与东部产业新城、五合片区、临空经济开发区等片区开发建设；围绕智慧城市发展需求，加快多功能杆塔、5G通信基础设施建设、“城投大脑”系统等项目开发建设；围绕城市提质升级需要，积极推进南宁火车站片区旧城改造、兴宁区三塘镇红灯坡片区配套道路、友谊收费站配套设施等项目。三是打造品牌化发展新模式。国有产权房实现人性化、智慧化、品牌化运营管理。李克强总理参观所属富航公司管辖的仙葫苑小区并给予高度评价；加快推进经适房、竞配产权房、拆迁安置房接收运营，新接收直管公房约58万平方米，国有产权房运营管理规模超过350万平方米；国有产权房智慧管理信息系统正式上线运行；创新采取企业投资方式建设公共租赁住房项目；南宁市首个“国企+民企”合作运营长租公寓项目——富航·217青年公寓正式试运营。三是提振多元化发展新态势。建材板块跑赢市场，全年总销量突破300万吨方，工业产值突破8.3亿元；房地产稳住局势，实现销售额1.45亿元；路桥收费止跌回升，机场一高、二高正式实行统贷统还；小额贷款再创新高，发放贷款金额1.64亿元；建设施工持续发力，中标金额达4.71亿元。

（四）彰显“进”的势头，以不破不立的初心追求当好“服务商”。一是构筑城市“肌理”。庆华路延长线工程、燕敦路、衡阳东路延长线等39个重大项目开工建设，翠竹路、洪运路、快环综合整治项目（邕宾立交）改造工程、兰海高速等重大项目等43个项目建成通车或完工。二是守好城市“脸面”。全年完成市政基础设施整治提升3万余处，任务完成率达100%，数字城管案件和市长热线案件处置完成率均达100%，照明设施亮灯率保持在99%以上，完好率95%以上，总巡查维修里程超过60万公里。三是夯实城市“里子”。地下管网持续铺开，全市5个片区综合管廊监控中心实现“成网成片”联动管理，自2016年正式接收南宁市第一条管廊起累计移交接收综合管廊11.6公里，实现管廊有偿使用收费约1100万元。四是擦亮城市“窗口”。新接收户外广告牌36块，对已接收的户外广告牌资源加强运营管理，广告收入同比增长151.45%；全力做好“双创”期间、“两会”期间及重大节日期间社会氛围营造工作；有效治理那洪收费站车辆拥堵问题，“五一”期间疏堵保畅工作得到自治区交通运输厅通报表扬。

（五）保持“实”的作风，以使命必达的有力行动耕好“责任田”。一是为文明城市增光添彩。严格按要求落实创城创卫主体职责，建筑工地提升、市政设施整改提升、国有产权房和老旧住宅小区提升、户外广告管理提升、爱卫工作提升五大提升工作落地见效。二是为乡村振兴添砖加瓦。做好巩固拓展脱贫攻坚成果同乡村振兴有效衔接，开展爱心助学、农村人居环境改造、村委办公提升等主题活动和葡萄种植、肉牛养殖等产业帮扶项目，投入资金79.48万元，引进社会资金34万元。三是为民生福祉聚心聚力。多元化推动“我为群众办实事”实践活动成果转化，累计开展相关活动101次，实施项目199个、落实资金4.1亿元，其中公租房小区“一键呼救”系统入选南宁市77个“我为群众办实事”实践活动重点项目并于11月15日建设完成。四是为社会稳定保驾护航。实现守土有责，防控工作全覆盖、无死角、无盲区；守好安全红线，压紧压实安全生产责任，夯实安全生产管理基础；加强文明施工，将“大行动”考评准则转化为项目建设行动守则；将综治维稳、信访、平安南宁建设等“规定动作”做实做细。

三、经验体会

（一）必须提高政治站位。只有提高政治站位才能观清大势、把稳大局、谋准大事、成就大业。要始终把党的政治建设摆在首位，坚持从政治高度把方向、建队伍、抓工作，切实做到中央精神学懂弄通、党委决策坚定执行、政府部署全力落实，才能确保各项工作始终走正轨、不偏离、出实效。

（二）必须找准职责定位。必须以高质量发展为导向，从进一步优化产业布局、强化投融资能力、提升市场运作能力等角度出发，在市委、市政府以及市国资委的指导下，力争2022年完成改组国有资本投资公司工作。理顺市国资委与集团的授权体系，完善公司法人治理结构，优化集团管控模式，通过多种方式实现资源配置与优化整合，进一步深挖产业拓展潜能，进一步深化完善城市建设、产业投资、资产经营及城市服务等产业板块体系。

（三）必须有为才能有位。必须紧紧围绕市委、市政府以及市国资委的决策部署，在服务实体经济、防控金融风险、深化企业改革的各项工作中解放思想，大胆实践，取得新成绩、实现新作为、开创新局面，才能获得市委、市政府以及市国资委的重视和支持，获得相关部门的积极配合，赢得资本投资平台和实体企业心目中的“地位”。

（刘宁　张彧　刘凤）

加强党的全面领导　激发干事创业伟力 在“十四五”新征程中展现威宁新作为

南宁威宁集团党委

2021年，南宁威宁集团始终坚持以习近平新时代中国特色社会主义思想为指导，深入学习宣传贯彻党的十九大和十九届历次全会精神，贯彻落实习近平总书记“七一”重要讲话精神和对广西工作系列指示要求，在市委、市政府的坚强领导下，在市国资委的科学指导下，以“126党建工程”为航标，全面推进党建工作与生产经营同频共振、互融共促。

东盟·威宁文创中心建设现场

一、党建概况

2021年，南宁威宁集团党委下辖基层党组织34个，其中党委5个、党总支3个、党支部26个，党员649人，其中预备党员23人。

2021年，南宁威宁集团党委坚持贯彻落实两个“一以贯之”工作总要求，坚定捍卫“两个确立”。坚持国企党建引领改革发展、保障生产经营、服务职工群众的初心和使命，打造“威宁党建融创平台”，以党建新成效开创企业改革发展新局面。

（一）以党的政治建设为统领，加强党委治企管控力度。建立健全“第一议题”、党委跟进督办、加强和改进混合所有制企业党建工作等三项制度。完成党组织全域覆盖、“党建入章”、党组织前置研究重大生产经营事项清单等三项任务；将党建实绩与领导人员奖惩任免紧密挂钩，“双向进入、交叉任职”的领导人员比例近八成。严格落实年度党建工作目标管理考核、季度“两随机”调研指导检查、党建专项述职考评等三项工作，形成完善的“查—改—督—进”党建工作闭环管理机制。

（二）以党史学习教育为主线，开展建党百年庆祝活动。通过百题竞答、百项创新、百秒视频等载体，深入开展“百年初心卓越威航”庆祝建党100周年“十百十威”系列活动。以“音乐党课、威微网课、党史巡展、基地教学”等方式，讲好讲活讲透深厚理论和百年党史。制订《南宁威宁集团“我为群众办实事”实践活动实施方案》，落实“我为群众办实事”实践活动项目87个。深入88个老旧小区开展“七送”党员志愿服务。威宁·世纪花城经济适用房项目惠及3700多户低收入家庭。完成5个党建子品牌整合升级，33个“工作微创”项目点燃新一轮创新火花。狠抓支部达标创优，年度获评市国资委党委“示范党支部”2个，23个党支部达到“组织生活质量标杆”要求。

（三）以提升人才效能为抓手，推进现代人事制度改革。率先对所属30家监管单位、97名经理层成员落实任期制和契约化管理，实行“一人一表”差异化考核。升级人才引进管理机制，“内训师”培训频次增长36%，参训人数增长43%。积极推进挂职锻炼，选派7名管理人员在集团系统内交叉挂任总经理助理。营造“务实高效、风清气正”的干事创业环境，充分发挥榜样典型的引领作用，8个党组织、20名党员职工获区、市两级荣誉。

（四）以深化从严治党为基调，建设大监督管控体系。研究制订2021年度党风廉政建设和反腐败工作要点、主体责任清单。成立党风廉政建设和反腐败工作协调小组，组织对3家监管企业的“三重一大”决策制度进行审议，民主集体决策事项305项。年内开展会风会纪、值班值守纪律、工作作风纪律督查10期，开展财务管理问题、主体责任清单落实、疫情防控常态化等专项督查，开展“以案为鉴”“以案促改”活动2次。召开“书记引航担使命”专题学习17期，专题民主生活会2次，开展党委班子成员讲授廉政党课10场次，创建学校食材集采集配廉洁示范点，打造清廉威宁。

二、主要工作

2021年，集团实现营业收入87.06亿元，同比增长33.16%；实现利润总额1.86亿元，同比增长39.26%；融资到位129.04亿元，同比增长76.4%；上缴税费4.86亿元，同比增长42.9%；完成固定资产投资35.64亿元。为唯一连续6年入围中国服务业企业500强和广西企业100强的市属国有企业。

（一）拥抱市场提升实力，发展质效越来越好。立足新消费需求进一步固链、补链、强链、延链，持续提升产业核心竞争力。南宁大地飞歌集团在南宁园博园实景打造南宁市庆祝中国共产党成立100周年群众文化活动暨第23届南宁国际民歌艺术节，网络点击量接近1500万人次；拥有68年历史的南宁民族影城连续6年精心打造“中国—东盟电影展映”活动，成功拓展绿地中央广场店和绿港·欢乐里两家门店。南宁百货大楼公司汽车事业部扭亏为盈，成功开辟“南百鲜到家”社群团购渠道，全年销售额同比增长约3.68%。南宁学院顺利获批广西新增硕士学位授予单位立项建设对象，在校学生大幅增长至1.74万人。威宁资产公司全年盘活大宗资产10余宗，开展危旧改项目11个，全力攻坚“僵尸企业”处置、赖氨酸厂债务重组等改革改制工作。威宁市场公司着力构建从上游养殖基地到下游配送分销的农产品供应链，业务规模占比达70%以上，全年实现营业总收入47.89亿元，同比增长超18%。威宁房地产公司积极应对国家宏观调控政策带来的市场冲击，全年累计完成各类物业销售面积约27万平方米，同比增长137%，签约金额20.57亿元，同比增长141%。威宁酒店公司积极应对市场调整经营重点，在客房收入虽略有下降的情况下，实现餐饮收入同比增长12%，会议收入同比增长28%，商品销售收入同比增长115%。全新打造两处高端婚庆场所，带动五象山庄实现餐饮收入2800万元。威宁文体公司积极克服疫情影响，打造威拓普高端智能化健身中心。融达小贷公司积极开拓市场，累计发放贷款95笔，实现年末贷款余额2.25亿元，不良贷款率控制在1.87%。威凯智慧物业公司稳步开展“老南宁·三街两巷”商业运营管理，项目一期招商率近90%。借势仓西门揭幕，精心策划持续到元宵节的二期新街开放系列活动，吸引近50万市民游客慕名而来。威耀供应链公司按计划完成横州分公司、隆安分公司组建工作，为全市1007所学校、55万师生提供食材集采集配服务保障。

（二）深化改革增添动力，发展引擎越来越强。全力打造“3+1”产业格局，做强做优做大威耀食材集采集配业务，全力推动威链云项目落地；完成纳入国家和自治区调度的南宁市百通业沃商贸公司和南宁地区信息中心服务部2户全民所有制企业改革工作。完成11家一级子企业组织机构优化，9家一级子企业定岗定编工作；对集团一级监管单位实行绩效考核强制分布、分类管理、分类考核、分类发展，在融达小贷公司试点超额利润分享。建立“一企一策”渐进式授权经营机制，新增融达小贷公司作为授权试点单位；出台《所属企业外部董事管理暂行办法》等配套政策，建立多元化、专业化的外部董事人才库，向5家下属企业外派董事17人。印发《南宁威宁集团“内循环”工作总体方案》的通知，充分利用好集团系统内部资源，切实形成集团内部优势互补、资源共享、合作共赢的“内循环”发展格局。全年通过实施“内循环”累计实现经济收入约7719.49万元。

（三）投融互促增强活力，发展后劲越来越足。全速推进项目建设55个，全年开竣工项目9个，全年累计完成固定资产投资35.64亿元，顺利完成全年35.6亿元投资总额目标。“老南宁·三街两巷”二期已交付部分于2021年12月30日通过竣工验收；威宁青运村全盘30栋住宅楼全部顺利实现封顶；2019年18个城镇老旧小区改造项目，2020年第一批、第二批96个小区于2021年全部完工；2020年第三批108个小区完成整体工程量的80%；B片区46个小区完成整体工程量约35%。集团积极响应自治区政府“险资入桂”计划，成功通过建信保险10亿元债权投资备案；完成28亿元融资租赁业务落地；申报注册20亿元中期票据、15亿元私募公司债、10亿元PPN发行额度并全部发行融资到位；到位流动资金贷款36亿元。

（四）强化风控铸就防线，发展定力越来越强。顺利完成南宁市民政企业总公司等9户国有“僵尸企业”处置出清工作，关停南宁百货武鸣店、捷信公司11家“宁家”便利店等亏损门店。集团2021年成本费用总额占营业收入同比下降2.74%。深入开展安全生产三年整治专项行动，严格执行汛期各项安全防范措施，全年开展安全督查61次，集中开展各类应急演练、消防知识技能、用电用火用气安全培训等233次，落实隐患整改1587处。积极打造“3+1+N”风控体系，全力推动百煤案执行工作，收回百煤公司所欠货款2247.72万元。

（五）履责担当永葆动力，发展招牌越来越响。严格落实疫情防控工作要求，职工疫苗接种率100%。乡村大世界累计接待新冠密接、中高风险地区、康复隔离等人员850人；广西体育中心投入1600人次，圆满保障60万人次疫苗接种；银河大酒店作为非疫情严重国家入境人员及湖北籍人员指定接待酒店，接待境外人员75人次，接待湖北籍人员90人次。集团投入资金约80万元，帮助16个帮扶村开展帮扶产业项目30个，为帮扶点向27个国有企事业单位供应农产品近100种，实现销售额超1000万元。集团投入经费约2050.463万元高位推进创城创卫工作部署，设立先锋岗256个，组织先锋队76支，组织志愿服务队97支，招募志愿者1149人，在职员工参与创城工作14089人次，深入770个实测点，开展集中整治2269次，排查问题3244个。

三、经验体会

（一）坚持党的领导，一以贯之抓党建为发展“引路”。积极推进党史学习教育走深走实，将党史学习教育成果转化成为民办实事、解难事的实际行动。持续夯实基层党组织规范化建设，加强基层党建创新发展。持续深入正风肃纪反腐，一体推进“三不腐”机制，持之以恒纠治“四风”，严格落实中央八项规定及其实施细则精神。

（二）坚持经济统筹，一马当先强产业为发展“拓路”。研究制订集团“十四五”战略规划，将“7+2”产业格局按现代产业链建设方向梳理形成“3+1”产业格局，全力以赴推动各产业扩容增量高速发展、推进重点项目建设进度、推出各类主题产品和促销活动拉动消费，努力实现“一季度开门红、二季度双过半、三季度快冲刺、四季度打硬仗”。

（三）坚持战略先导，一体推进促改革为发展“开路”。把握国企改革三年行动“棋至中盘”的关键节点，制订集团改革实施方案；攻坚“三项制度改革”，深化经理层任期制和契约化管理解决任职“终身制”，完善员工市场化退出打破“铁饭碗”，持续完善容错机制阻断“怕犯错不作为”的退路；深入实施“僵尸企业”处置和亏损企业治理，引入战略投资者实施二次“混改”，以全面预算管理为手段压降“两金”，以产业松绑解套减轻压力，以混改方式不断增加新活力。

（四）坚持国企担当，一如既往真服务为民生幸福“筑路”。坚持人民至上、生命至上，为国为民、主动担责。坚持标准不降、服务不减、疫情防控不松懈，抓紧抓牢产业振兴，充分利用威宁商业渠道让农特产品走出“村口”。以多层次、全方位、高密度的宣传攻势，以全覆盖、全参与、全责任的管理方式，以及反复抓、抓反复的工作力度，细致做好创城创卫工作。坚持守土有责、守土负责、守土尽责，抓实抓细疫情防控、社会稳定、安全生产工作。

（赵兰云　朱高熠　何卓颖）

党建引领促发展 “四轮驱动”惠民生

南宁建宁水务集团党委

2021年，南宁建宁水务集团坚持以习近平新时代中国特色社会主义思想为指导，深入学习贯彻习近平总书记视察广西“4·27”重要讲话精神和对广西工作系列重要指示要求，认真贯彻落实市委、市政府部署要求，全面落实强首府战略，强化党的政治引领作用，践行“兴水惠民·润泽万家”的企业使命，全力推进主营业务快速发展，实现企业高质量发展。

一、党建概况

2021年，南宁建宁水务集团党委下设1个一级子公司党委，1个二级子公司党委，1个党总支，各级党委和党总支下设38个党支部，党员人数781名。

（一）加强党的全面领导，引领高质量发展。南宁建宁水务集团党委充分发挥“把方向、管大局、保落实”领导核心作用，年内召开70次党委会，审议决定133项事项、前置研究讨论77项重大事项，将党的领导全面落实到企业改革发展各环节，引领企业朝着正确的方向发展，保障党中央、自治区党委和市委重大决策部署在企业落地见效。

（二）强化“四个运用”，推动党史学习教育与庆祝建党100周年活动深度融合。一是强化理论精髓运用。落实第一议题制度，深入学习习近平总书记“七一”重要讲话精神等系列重要讲话精神11次，党委理论学习中心组学习会9次，举办党的十九届六中全会精神等专题宣讲会12场；录制“党课开讲啦”党史学习专题党课视频作品，组织各级党组织认真学习，推动红色书影感动分享与“三会一课”、主题党日等组织生活相结合。二是强化红色资源运用。组织全体党员分4期共7批分别赴延安、井冈山进行“重温百年党史　坚定初心使命”5天集中脱产轮训；组织党员踏寻邕城红色印迹，瞻仰革命烈士纪念碑，缅怀先烈等活动；开展“坚守百年初心使命　咏诵红色经典”4个专题活动，从84个创作方案中择优录制，表彰11部咏诵视频作品在企业OA局域网展播。三是强化新媒体手段运用。举办“党旗映建宁·初心守万家”线上文艺汇演，以建筑工地等实景为舞台演绎11个节目，在全网直播当天共吸引了7.6万多人观看，“学习强国”平台转载其中两个节目；通过微信公众号举办“学习党史天天比”线上竞答活动，累计1430多人答题51.26万题；“巾帼心向党·建功新时代”系列活动中，4161人次参与线上“四史”知识问答，收到线上“温润芳华·致敬经典”咏诵、“深情告白献给党”歌唱作品50部；分建宁故事、建宁力量、建宁担当3个专题开展“学史力行·我为群众办实事”短视频大赛，通过16个作品展现为群众办实事成效；拍摄讲述朝阳溪治理成效的视频作品《我和朝阳溪的故事》，荣获2021年全区党员教育“八桂先锋”优秀作品（课件）二等奖。四是强化组织优势运用。将践行“兴水惠民　润泽万家”企业使命与“我为群众办实事”实践活动贯穿结合。领导班子成员挂点完成12个为群众办实事项目，南宁市双定循环经济产业园生活垃圾焚烧发电厂项目已试运行，每日可处理约50%中心城区生活垃圾；智慧水务营业大厅实现业务办理24小时“不打烊”、一站式服务、一窗受理功能。组织党员为身边群众办实事916件。

5月，南宁建宁水务集团党委举办“重温百年党史　坚定初心使命”红色教育主题集中轮训。图为井冈山第一期培训班学员们在井冈山1928纪念广场参观学习

（三）强化四项举措，推动党建提质聚力。一是深入实施基层党建“提质聚力”三年行动。召开4次党委专题会、2次党支部书记会，组织开展3次党建“两随机”督导调研，37个党支部全面达标，打造30个组织生活质量标杆党支部。37个党支部全面铺开党建品牌创建，新打造“红色风向标”等10个高质量的党建品牌。2个党支部获评市国资委党委“示范党支部”，3个党支部荣评市国资委党委“组织生活质量标杆党支部”。二是加强基层党建工作联系指导。领导班子成员深入党支部工作联系点开展讲党课等“八个一”活动72次。南宁建宁水务集团党委以及4个党支部与5个民营企业党组织开展“结对共建”活动27次，帮助民营企业解决问题21项。三是构建完善“大党建”工作格局。推动党建+企业文化融合创新，打造“建宁水务”文化体系，企业长期保持和谐稳定发展。组织撰写的实践案例《“红色引擎”领航向　“兴水惠民”聚合力》荣获广西企业文化建设优秀成果一等奖。四是加强党建引领乡村振兴工作。新选派8名驻村第一书记助力乡村振兴，安排126.18万元资金助力8个帮扶村产业发展，壮大集体经济。出资20.32万元资助农村公益事业财政奖补项目，安装太阳能路灯，保障群众夜晚出行安全。通过工会福利及其他合规渠道等支出204.63万元落实消费扶贫政策。

二、主要工作

2021年，南宁建宁水务集团坚决贯

彻新发展理念和高质量发展要求，深耕南宁市供水保障、污水治理、排水运营、固废处理等民生领域，加快推进重大项目建设，为全面落实强首府战略，推动南宁市经济社会和生态环境高质量发展作出积极贡献。2021年，企业实现营业收入35.22亿元，同比增长23.5%，利润总额完成5.48亿元，同比增长102.78%，该两项主要经营指标均创历史新高。完成固定资产投资41.44亿元，资产总额达到421.99亿元；净资产达到89.59亿元，同比增长12.87%。

（一）优化完善城市供水布局，全力保障城市供水安全。认真贯彻落实南宁市城市供水基础设施建设三年大会战实施方案的目标任务，持续提升供水产能和安全性可靠性，不断满足日益增长的城市用水需求。建成使用邕江上游引水一期工程，实现主城区5座水厂取水口上移至邕江上游段，城市供水水源水质更加安全优质。加快推进邕江上游引水二期工程建设步伐，打造“两江并举，互为备用”的新水源系统。抓紧推进五象水厂一期工程、南宁临空经济示范区南部水厂一期工程等重点供水项目的前期工作，完成供水项目前期任务105项。广西目前最大的自来水厂——石埠水厂一期（70万立方米/日）工程以及三津水厂扩建（10万立方米/日）工程、河南水厂挖潜改造（10万立方米/日）工程相继于年内实现开工建设，雅岭、长虹路4个供水加压站实现通水运行。加快推进五象大道(那黄大道—良庆加压站)北侧DN1200给水管改造工程、邕宁区牛湾港区东西向主干道（五合大桥—新高速环）、南宁国际物流基地振邦路（玉洞大道—英岭路）给水管道工程等一批供水管网项目建设。年内累计敷设供水管网66公里，迁改12公里。2021年完成售水量（不含南湖补水、含武鸣供水）48,389万立方米，同比增长6.42%。南宁市“获得用水”指标进入全国优异城市之列。

（二）全力推进污水治理，持续巩固黑臭水体治理成效。继续勇挑水环境治理的工作重担，大力推进黑臭水体项目建设。累计投入61.39亿元对朝阳溪等5条内河流域进行综合治理，内河“水清、岸绿”成为实景，有序推进邕宁老城区控源截污改造工程等78个黑臭水体治理项目建设，助力南宁市黑臭水体治理经验入选生态环境部通报表扬典型案例。完成江南污水处理厂一期初沉池AOA工艺改造工程可研评估，完成马巢河污水处理厂选址及规模论证，完成杨村污水提升泵站、铁山港路污水压力管、白沙大道污水管工程（盘岭路—江南污水处理厂）等方案研究。全力推进仙葫水质净化厂一期工程、武鸣城南水质净化厂一期工程、江南污水处理厂二期改造工程以及朝阳溪、莫村、柳沙路3个污水提升泵站及配套压力管工程等一批项目建设。完成污水管网建设19公里，新建排水管网136.29公里，改造雨污错混接点1871个，整治断头管37个。完成五象、朝阳溪、那平江、茅桥、物流园5个水质净化厂工程环保验收工作。完成南湖周边片区合流管污染物削减工程、江南污水处理厂三期工程等5个项目的竣工验收。企业日污水处理能力提高到167.2万立方米，下辖13个污水处理厂出水水质全面达到目前国内最高的一级A标准，助力南宁市在2021年地表水水质排名中位列全国省会城市第2名。企业全年处理污水量49,554万立方米，同比增长12.78%。

（三）加强智慧排水运行管控，提升城市防洪排涝能力。继续抓好南宁市公共排水设施运维养护、防汛排涝与应急抢险以及内河设施运维管理等工作，推进“厂网河（湖）一体化管控”迈入信息化阶段。累计运维雨、污水管网设施达4470公里（其中雨水管网3711.1公里，污水管网758.9公里），排水泵站、闸坝32座、污水泵站5座。加强设施运维常态化运营管理，排水污水管网巡查出动人次6612人，设施巡查量20.27万公里。启动防内涝应急响应67次，完成积水点改造58处，解决南宁市城区“城市看海”问题取得显著成效。继续完善排水设施地理信息系统——厂网河（湖）一体化管控平台（一期），将南宁市排水管网普查成果、各类排水设施以及涉水数据融合至一张图上进行展示、分析和管理。该系统成功入选广西信息化优秀案例征集评选活动，荣获智慧城市类“最佳案例”，在第十五届中国智慧城市大会中荣获2021智慧城市先锋榜优秀应用案例一等奖。

（四）打造固废处理“建宁模式”，积极助力“无废城市”建设。践行绿色发展理念，打造“一城一企”固废处理前、中、末端全产业链一体化“建宁模式”，建设南宁特色垃圾处理产业化模式。固废产业发展的“建宁模式”获自治区、南宁市主要领导批示肯定。前端清扫保洁方面，落实南宁市环卫一体化（邕宁区、良庆区、南宁综合保税区）特许经营项目，接管邕宁区、良庆区、南宁综合保税区环卫业务。中端转运方面，加快推进城西生活垃圾转运站和武鸣及东盟经开区生活垃圾转运站建设，力争2022年年底建成并投产试运行，实现南宁市生活垃圾合理调配转运。末端处置方面，高效推进按照一园一企、多元协同的理念实施的双定循环经济产业园建设，产业园的生活垃圾焚烧发电厂、有机垃圾处理厂、污泥处置厂实现投产运行，为南宁市新增垃圾焚烧日处理能力2250吨，厨余垃圾日处理能力600吨，助力南宁市2021年生活垃圾分类工作进入全国考核第一档，实现南宁市建成区原生生活垃圾“零填埋”。积极争取得横州市、宾阳县垃圾处理业务特许经营权。2021年，企业累计转运生活垃圾约79.83万吨，同比增加14.44%；完成生活垃圾填埋70.20万吨，垃圾焚烧处理4.47万吨，安全处置渗滤液22.74万吨，处理粪便污水13.82万吨；处置大件垃圾1484.17吨，同比增加12.67%。

三、经验体会

（一）必须坚持正确的政治方向，充分发挥党的领导核心和政治核心作用，才能推动企业高质量发展的承前启后、继往开来。只有始终与党中央保持高度一致，坚定捍卫“两个确立”，坚决做到“两个维护”，坚持用科学理论武装头脑、指导实践、推动工作，把党的政治优势与现代企业治理的制度优势结合起来，把保证公司治理结构有效运行和全心全意依靠职工群众有机结合起来，坚持党委在企业发展方向、发展思路、重大原则、重大决策等方面统揽全局、把关定向，充分发挥党的领导核心和政治核心作用，才能为企业高质量发展提供坚强有力的政治保证，确保中央大政方针和自治区、市委及市政府决策部署落到实处。

（二）必须坚持围绕中心、服务大局，加强党的自身建设，才能将党的组织优势内化成为企业发展的核心竞争力。只有坚持全面从严治党，不断加强自身建设，从生产经营和企业高质量发展实际出发，始终把加快企业高质量发展作为第一要务，才能充分发挥国有企业党组织在掌握政策理论、加强队伍建设、严明组织纪律、促进群众工作等方面具有的强大优势，使党建工作真正成为企业经营管理不可或缺的重要环节，才能使党的组织优势内化为国有企业独有的核心竞争力，成为推动企业发展的不竭动力源泉。

（三）必须坚持战略定力，保持重大战略举措的科学性连续性，才能逐步实现企业战略发展目标。只有坚定不移贯彻中央提出的创新、协调、绿色、开放、共享五大发展理念，南宁建宁水务集团上下牢固树立起一张蓝图绘到底的决心、信心与恒心，全面贯彻落实强首府战略，深入实施集团公司“四轮驱动”发展战略，主动担起国有企业在城市建设和社会经济发展的主力军责任，主动适应企业改革发展新常态、新要求，与时俱进，不断丰富和完善高质量发展思路，久久为功，才能逐步实现企业战略发展目标。

（冯正国）

转型升级促发展　攻坚克难谱新篇

南宁交投集团党委

2021年，南宁交投集团党委坚持以习近平新时代中国特色社会主义思想为指导，全面贯彻落实党的十九大和十九届历次全会精神，认真贯彻落实习近平总书记视察广西"4·27"重要讲话精神和对广西工作系列重要指示要求，按照市委、市政府部署要求，全面落实强首府战略，实现南宁交投集团高质量发展。

一、党建概况

2021年，南宁交投集团党委下设2个基层党委、4个党总支、40个党支部，共有党员762名、入党积极分子126名。

（一）强化政治建设，构建党建高质量发展的工作格局。深化"书记抓、抓书记""抓系统、系统抓"，制订党建工作要点、党风廉政建设主体责任清单以及党建工作考核实施方案等，将党建工作任务目标化、项目化、责任化、实效化，推动党建工作与疫情防控、社会稳定等中心工作同谋划、同部署、同推进、同考核，压紧压实各党组织书记全面从严管党治党"第一责任人"职责，班子其他成员履行"一岗双责"。始终坚持促进职工的思想政治建设与党的建设深度融合、同向发力，形成心往一处想、劲往一处使的合力。率先在市属国有企业中出台《混合所有制企业党建工作管理办法》，构建党组织在混合所有制企业中发挥作用的制度支撑，推动党的建设与企业改革同步谋划，同步开展。全面推进集团公司及下属子企业党建入章工作。在公司章程中明确党组织的职责权限、机构设置、运行机制、基础保障等重要事项，将制度优势更好地转化为企业治理效能。持续推动国有企业党的建设30项重点工作任务落实，严格落实"三重一大"党委前置研究决策机制，主持召开集团公司党委会51次，决策或前置研究"三重一大"事项566项。

（二）强化政治引领，夯实党建高质量发展的政治保证。一是严格落实"第一议题"制度。坚持把学习领会习近平总书记重要指示批示精神作为各级党组织理论学习的第一内容，全年开

民生旅游码头航拍

展党委理论中心组专题学习30次。二是抓好理论学习和培训。党委班子参加市委组织部、市国资委等举办的各类领导干部专题培训班，组织举办经营管理、党务等各类培训班46期，参培人数2120人次。三是坚持把意识形态工作作为民主生活会和述职述廉报告的重要内容，充分运用集团公司及各子公司微信公众号、官方网站等网络新媒体平台开展宣传工作，开设"党史上的今天""我为群众办实事""榜样的力量"等专栏推送稿件346篇，在市级以上媒体投稿量超过100篇、上稿量突破100篇，上稿量同比增长100%。四是党史学习教育开展扎实特色显著。采取"请进来、走出去"等方式组织参观红色教育基地参观、学习思享会和党史宣讲等260余场，上专题党课160余堂；精心培育南宁交投集团党史学习教育"三个一"精品工程，打造一艘邕江红色主题游船、开辟一条红色公交专线、建设一个党建学习教育实践基地，年内"三个一"精品工程累计接待各级党员干部群众近72万人次，邕江红色主题游船被市委党校授予"现场教学基地"、市国资委授予"对党忠诚教育现场教学点"。五是抓好"我为群众办实事"实践活动项目建设。为市民群众解决"急难愁盼"问题277个；开通家校定制专线78条，服务中小学校53所；上线运营市区新建充电站21座；翠竹实验学校小学部交付使用；那浪路污水治理项目顺利完成。

（三）强化政治功能，推动党建和业务同向发力。一是巩固拓展各基层党组织组织生活质量提升行动、党支部达标创优活动和示范党支部建设成效，发动各基层党组织参评南宁市和国资系统"两优一先"，获评先进基层党组织2个，优秀共产党员3名，优秀党务工作者3名，获评市国有企业示范党支部基层党组织3个。二是特色党建品牌建设有成效，归纳提炼"初心筑梦·交投先行"集团公司特色党建品牌，推进高速公路公司"一线党旗红"、交投物流公司"红三角"、公交五一车队"匠星五一"等特色党建品牌深化工作，涌现"自治区优秀共产党员""自治区劳动模范"等一批先进典型，集团公司审计部荣获广西三八红旗集体称号。三是重新选派7名优秀的党员作为第一书记进驻7个结对帮扶村，采取"1+N"的精准产业帮扶模式，定点帮扶村"3+1"特色产业项目成效显著。投入资金96万元助力帮扶村的乡村振兴工作，马山县农产品交易中心项目建成运营，打造马山羊产品品牌，实现销售收入93万元；覆盖南宁市4城2县的13座扶贫加油站全部建成。四是集团公司纪委持续开展工程领域腐败专项治理检查6次，签订抵制工程建设领域腐败承诺书123份，摸底排查工程建设项目157个，对

涉及审计发现问题的147个项目开展“回头看”。

（四）强化队伍建设，提升干部队伍政治素质和履职能力。一是把“肯干事、能干事、会干事”的人才选拔到合适岗位，年内新选拔中层管理人员8人。二是打通面向党政机关、事业单位及国有企业人才引进渠道，2021年通过社会招聘和人才引进研究生及以上学历职工8人。三是搭建人才培养平台，认定集团公司见习基地3个，面向高校毕业生提供见习岗位58个；完善老口枢纽研学基地基础配套设施，2021年接待研学团队2681人次；举行集团公司人才成长论坛、“交研会”学习17期；推行集团公司“内训师”制度，组织开展内部高层次人才申报认定工作，初步认定183人。四是持续推行“一线工作法”，健全党委书记和班子成员党支部工作联系点制度，带队深入抗击疫情一线、重大项目一线、服务群众一线进行调研指导和现场办公33次。

二、主要工作

2021年，南宁交投集团全面落实强首府战略，主要经济指标支撑有力，实现营业收入19.5605亿元；实现利润总额1.736亿元；城建计划项目完成投资74.1874亿元，完成率156.35%；重大项目完成投资86.9149亿元，完成率173.24%，其中自治区重大项目完成投资73.4501亿元，完成年度投资任务171.51%；融资到位金额76.99亿元，年度完成率150.47%。

（一）聚焦主责主业，重点项目建设成效凸显。南宁交投集团党委坚定不移扩投资、上项目、补短板，发挥重大项目支撑引领作用。全年城建项目投资完成率156.35%。实现开工项目27个，开工率93%；实现完工项目16个，完工率89%。高等级公路项目六宾高速公路首座隧道高良隧道顺利贯通，南宁南过境线六景至大塘段、吴圩机场至隆安延长线段正式开工，G322/358南宁至宾阳至黎塘公路按工程节点有序推进；南宁国际铁路港海关监管作业场所正式封关运营，并于2022年1月1日正式开通通往PCEP成员国的首趟国际货运班列；南宁交投城市配送项目正式启动，打通物流链条“最后一公里”；六景园区产城融合建设项目成绩斐然，瑞声项目、五个产城项目基础设施建设取得新突破，实现“拿地即开工”；市政交通路网项目建设如期完成，龙岗片区30号路、南宁市常规公交专用道、南宁至大王滩二级公路、广西主要支流郁江南宁市那平江堤工程等多个项目如期完工，临空经济示范区平台公司组建工作有序推进。

（二）聚焦产业创新，多元业务发展深度拓展。2021年，南宁交投集团党委在复杂多变的经济形势中求新求变，不断深挖经营型产业内在潜能，全年共建成13座加油站，成品油销售75828.38吨；成功竞拍取得兴宁区昆仑镇高寨山建筑石料用花岗岩、宾阳县黎塘镇旗山矿区建筑石料用灰岩两宗采矿权；出租汽车全面实现纯电动化，经营管理充电站点达到78座、充电桩1075个，充电量占南宁市充电服务市场的60%以上，南宁公交再生资源有限公司于年内正式成立运营，汽车拆解回收业务实现工业领域零突破；邕江产业链打造经济新增长点，邕江夜游项目船舶安全出航累计1630次，接待旅客约9.81万人次，营业收入1068.93万元；注册成立南宁六景工业园区招商服务有限公司，引进签约投资5000万元以上项目14个，完成全年签约任务数的140%，总签约投资额约38.57亿元，完成全年招商项目投资额的110.2%；成功在香港联交所发行境外债券，实现市属企业境外直接融资业务的突破。

（三）聚焦机制提效，国企三年改革纵深推进。完成《“十四五”战略规划》编制任务及测算报告，集中优势资源聚焦主业发展。国企改革三年行动纵深推进，制订印发《南宁交通投资集团有限责任公司推进落实国企改革三年行动实施方案》，梳理国企改革任务44个，措施120项，制订《南宁交通投资集团有限责任公司与子公司主要权责事项清单》，全面完成集团公司33家下属企业推行经理层成员任期制和契约化管理工作任务；快速推进康城公司100%股权无偿划转工作，全面完成丽邕公司股权划转工作，有序推进市民卡公司收购交创公司51%股权工作；混合所有制经济稳妥发展，引入战略投资者央企华润集团子企业华润水泥投资有限公司成功竞得凯鑫公司50%股权；制订《2021年亏损企业专项治理工作计划》，“一企一策”推进2021年3家亏损企业实现扭亏为盈。

（四）聚焦短板弱项，现代企业管理健全完善。夯实企业安全生产责任体系和安全管理“三防体系”，全年未发生安全生产责任事故；印发《集团公司建设工程质量管理制度》等制度22项，全面构建精细化管理体系，坚持疫情防控常态化与经济发展两手抓两不误，坚决筑牢集团公司安全防线；创城创卫成效显著，整改提升工作圆满完成，2021年，集团公司累计整改问题2805项，整改完成率100%。

三、经验体会

（一）始终坚持以政治建设“铸魂”。把学习贯彻习近平新时代中国特色社会主义思想和系列重要讲话精神作为“第一议题”，深刻领悟“两个确立”的决定性意义，增强“四个意识”、坚定“四个自信”、做到“两个维护”，推动党的路线方针政策和党中央决策部署在南宁交投集团落地生根。

（二）始终坚持以党建带业务深度“融合”。坚持把党建工作融入业务全局、融入企业文化，找准党建工作与生产经营的契合点、发力点、凝聚发展合力，建立健全党建和业务工作的运行机制，以高质量党建引领保障企业高质量发展，形成党建、业务“一盘棋”。

（三）始终坚持以组织体系建设“塑形”。坚持健全基层组织、优化组织设置、理顺隶属关系，扩大基层党的组织覆盖和工作覆盖，实现党群组织一体化组建、工作一体化开展、队伍一体化培育，推动南宁交投集团党建带群建、群建促党建的工作格局。

（四）始终坚持以体制机制建设“聚力”。优化产业结构，强化风险管理，健全内控体系，加快建设具有南宁交投特色的现代企业管理制度，形成有效制衡的公司法人治理结构和灵活高效的市场化经营机制，确保在日益严峻的市场竞争中提升企业管理效率与效果。

（五）始终坚持以干部队伍建设“凝心”。坚持锻造一支政治素质过硬、业务技能精通、健康充满活力的干部队伍，与时俱进探索干部队伍建设的新路径新举措，坚定不移地在精“选”、细“育”、严“管”、重“用”上下功夫，为干部成长为适应市场经济的人才创造条件。

（六）始终坚持以提高服务质量“赋能”。坚持以人民为中心的发展思想，持续开展“为民办实事”活动，坚定不移地在服务企业决策、开拓市场、革新技术、提高效益等方面发挥作用，谋划时统揽大局、操作中细致精当，以绣花功夫把各项工作做扎实、做到位，夯实南宁交投集团高质量发展的“压舱石”。

（刘莹　吴丽萍）

坚持高质量党建引领高质量发展 实现南宁轨道交通事业“十四五”良好开局

南宁轨道交通集团党委

2021年，南宁轨道交通集团党委坚持以习近平新时代中国特色社会主义思想为指导，以实现国有资产保值增值为目标，以高质量党建引领企业高质量发展。集团公司全年营业收入、利润总额、净利润分别同比增长75.8%、28.2%、24.3%，利润及净利润连续6年保持同比两位数增长。实现南宁轨道交通第一轮和第二轮建设规划圆满收官，南宁轨道交通建设、运营步入“智慧城轨”新时代。集团公司党委荣获自治区先进基层党组织称号，实现市属国有企业党建目标考核“四连冠”，有力保障集团公司“十四五”良好开局。

南宁轨道交通集团在党史学习教育中推出情景党课，增强党史学习的吸引力、引导力、传播力 （黄胤 摄）

一、党建概况

2021年，集团公司党委下辖分（子）公司党委2个、党总支7个、党支部51个，党员总数1366人，其中正式党员1205人、预备党员161人。

（一）思想政治建设持续加强。始终把思想政治建设摆在突出位置，制订全年理论学习计划，严格落实“第一议题”制度，灵活运用“线上+线下”学习方式，持续深入学习习近平新时代中国特色社会主义思想，党的十九届五中、六中全会精神，“七一”重要讲话精神，中央、自治区、南宁市各级重要会议讲话精神等。全年开展“第一议题”学习11次，中心组集体学习研讨5次，报送理论文章22篇，邀请专家学者宣讲十九届六中全会精神和自治区十二次党代会精神，推动新思想新精神入脑入心，进一步增强“四个意识”、坚定“四个自信”、做到“两个维护”。

（二）党史学习教育走深走实。坚持把党史学习教育融入日常，召开党委专题学习会11次，举办专题培训4场、专题宣讲20场。开列为民办实事项目清单，切实解决群众关心问题。结合庆祝建党百年活动，精心谋划九大系列活动，推出“流动党史馆”地铁主题专列，累计运营2303次，制作快闪红色歌曲，打造6堂情景党课，吸引7000多人观看首演网络直播，举办4场“地铁文化角”活动，推出南宁市属国企首部音乐剧，红色故事作品获广西红色故事大赛一等奖，集团公司党委作为全市指定单位接受自治区检查，在自治区、南宁市作典型发言2次。

（三）基层组织建设提质增效。推进基层党建工作标准化、规范化、长效化，紧跟企业改革发展完善党组织体系，新设党支部16个、党总支2个。加强党务人员选拔培养，累计配备专兼职党务人员342人，举办党务培训班7期，877人次参训。持续完善“两随机”督导机制，开展“两随机”调研督导2次，推动问题整改36个，达标党支部占比100%、组织生活质量标杆党支部占比88%，3个党支部获市属国有企业“示范党支部”称号。

（四）党建品牌效应持续扩大。升级打造南宁地铁“党建联盟”品牌，累计与154家单位党组织签署南宁地铁“党建联盟”协议书，联合组建32支党员突击队、20支青年突击队，推动解决地铁建设、运营管理、资源开发、地铁保护等问题近70项。持续打响党建文化展示中心品牌，在各类媒体上获得900多万次曝光量和点击量，累计接待174批次4000余人次参观。

（五）党风廉政建设纵深推进。严格履行党委主体责任，深化月度重点工作“提示单”，保障党委重大决策部署落实落地。统筹开展“五个一”主题教育活动，组织一场演讲比赛、上一堂主题微党课，做出一份家风承诺，联合南宁市纪委制作一幅家风漫画，表演一出廉政情景剧。推出“一企一特色”，举办“廉洁文化月”活动，开展廉洁微党课32场次。

（六）企业社会担当充分彰显。坚持巩固拓展脱贫攻坚成果同乡村振兴有效衔接，择优选派7名驻村第一书记，筹集帮扶资金110万元，持续落实领导人员“挂点”、党组织“结对”帮扶制度，全年开展走访调研、结对共建活动40次，推动解决问题46个。扎实推进创城工作，加强组织领导，明确工作责任，落实工作措施，累计发现问题1118个，全部完成整改。

二、主要工作

2021年，集团公司围绕市委十二届十一次全会和市第十三次党代会确定的目标任务，突出重点，精准发力，实现“十四五”起步提速、开局争先。

（一）党的领导与公司治理深度融合。坚持将党的领导、加强党的建设贯穿企业改革发展全过程，定期召开党委研究经济工作会，出台第一议题制度、跟进督办制度、混合制所有制企业党建工作管理办法“三项制度”，指导下属11家企业完成“党建入章”及党组织前置研究重大经营管理事项和决策事项“两个清单”，制定党委会议案管理办法和党委会议事清单，完善集团“三重一大”事项决策制度，定期开展“三重一大”专项督查，保障集团公司党委决策部署落地见效。

（二）轨道交通建设持续推进。大力推进轨道交通建设，华南地区首条全自动运行地铁线路南宁轨道交通5号线于2021年12月16日开通试运营，南宁轨道交通建设、运营步入“智慧城轨”新时代，南宁轨道交通几乎以每年开通一条线的速度加速成网，实现南宁轨道交通第一轮和第二轮建设规划圆满收官。全力推进第三轮建设规划报批，编制完成南宁市轨道交通线网规划（2020—2035）和南宁市轨道交通第三轮建设规划（2021—2026），编制上报机场线、武鸣线和3号线南延线工程可行性研究报告，开工建设南宁北站综合交通接驳土建预留工程项目，配合推进南宁国际空港综合枢纽项目建设，为实现城铁、地铁、民航无缝换乘打下坚实基础。

（三）地铁运营服务提质升级。在轨道交通安全保障、运营筹备、成本挖潜、品牌建设、服务质量等方面持续发力，实现列车运行图兑现率99.99%，列车正点率99.99%，线网日均客运量78.73万人次，单日最高客运量143.26万人次，创历史新高。坚持节本增效，线网每公里人员配比低于行业同类规模地铁人员配比平均值。提高地铁搭乘便利性，实现全态识别、公交与地铁“两网融合”以及多种支付方式线网全覆盖，乘客满意度同比提高3.35%。推行十大服务举措，打造10个系列品牌，12个班组获2021年广西质量信得过班组称号。2021年，轨道交通客运量占南宁公共交通客运总量的56.8%，地铁成为市民出行首选。

（四）“轨道+产业”加速布局。着力延伸轨道交通产业链，大力推动作价出资土地开发，实现新开工面积61.1万平方米，房地产销售回笼资金26.12亿元，为轨道交通建设提供资金保障。扎实推进“三企入桂”工作，重点抓好轨道小镇、城市更新、TOD站城一体化建设，与华润集团组建合资公司，成功获取五一中路片区站城一体化综合改造第一期项目熟化人资格，完成西部华侨城和屯里轨道新城产业导入工作，助力市政府与华侨城华南公司、绿地集团签订战略合作框架协议。积极推进轨道科技产业发展，与上海宝信软件合资设立宝信软件（广西）有限公司，提升轨道交通智慧化水平。

（五）融资工作成效明显。着力拓宽融资渠道，全力破解筹融资难题，发行短期融资券筹集资金5亿元，成功注册20亿元中期票据，积极争取绿色债贴标，降低融资成本。紧跟政策走向，提前回购二号线东延线公司股权。鼓励支持下属企业自主融资，培育公司整体融资能力，积极对接金融主体，进一步探索隐性债务化解工作，充分利用土地作价注资项目回笼资金，确保项目开发资金需求，支撑轨道项目还本付息。

（六）风险防控能力稳步提高。成立审计与风控委员会，建立全面风险数据库，编制内部控制和风险管理制度，初步构建全面风险防控体系。开展内部控制和风险管理专项审计，全年开展审计工作72项，计划完成率156.52%。防范企业债务风险，积极推进下属企业“两金压降”工作，运用“桂惠贷”等方式妥善解决资金问题。严把合同审核关，严格法律审核机制，前移合同管理，完善合同范本，制定采购和招标管理制度，推进合约、法务工作规范高效。

（七）安全质量管理全面加强。严格落实企业安全生产主体责任，深入践行安全生产专项整治三年行动要求，持续抓好常态化疫情防控，大力推进双重预防机制建设，牢牢守住重大风险防控和隐患排查治理关键点，组织排查和整改隐患1523项。深入推进应急救援体系建设，健全完善突发事件应急预案体系，通过应急演练、实操培训和充实应急物资等方式不断提高应急救援保障能力。有序开展争创国优工程筹备工作，引进智慧化技术巡查，推动地铁保护联防联控，建立地铁保护区快速执法工作机制，确保工程质量和安全生产形势稳定可控。

（八）企业改革扎实推进。落实国企改革三年行动要求，优化公司法人治理体系，建立健全董事会及其专门委员会议事规则、决策清单，完善董事会及其专门委员会建设运行机制，实现董事会规范运行。进一步健全市场化经营机制，大力推进经理层任期制和契约化管理，完成7家三级企业契约签订工作。加快企业内部转型，制定集团管控权责清单，新增、修订制度28项，推进分公司改子公司进程，重构薪酬绩效体系，推进集团公司转型升级。

三、经验体会

（一）加强党的领导，强化政治保障。坚持党的领导是实现国企高质量发展的根本保证。要坚持以习近平新时代中国特色社会主义思想武装头脑、指导实践、推动工作，毫不动摇坚持和捍卫“两个确立”，始终坚持强化党的全面领导和政治引领，确保企业沿着正确的道路前进。要充分发挥企业党委“把方向、管大局、促落实”作用，坚持将党的领导融入公司治理各环节，不断完善各项保障机制，确保党的决策部署落地见效。

（二）加强绩效管理，激励担当作为。正向激励是激发干部职工担当作为的有效途径。要坚持从严管理与正向激励相结合，利用绩效考评“指挥棒”，充分调动干部职工干事创业的积极性、主动性、创造性，形成“带头抓落实，善于抓落实，层层抓落实”的良好局面。要坚持战略目标导向、效益优先导向，进一步完善企业绩效管理办法，细化各项工作举措，明确责任领导、责任部门、责任人，实行薪酬差异化管理，进一步激励各级领导干部担当作为。

（三）坚持问题导向，统筹协调配合。统筹协调是促进工作顺利开展的重要方法。要始终以问题为导向，紧盯基层和党员干部群众反映强烈的突出问题和集团公司发展瓶颈，积极沟通对接，加强协作配合，做到纵向联动、横向协同，不断提升发展能力和综合管理水平。要积极借助各项支持政策，充分运用各项协调机制，主动与上级部门沟通协调，积极争取上级部门理解和支持，为企业发展营造良好的发展环境。

（四）突出问责问效，推进工作落实。良好作风是干好工作的前提和保障。要持续加强作风建设，大力推进清廉企业建设，突出抓好党性锻炼，拓宽警示教育宽度和深度，持续加强家教家风建设，进一步提升党员干部的“红线”意识。要持续完善督查问效机制，加大监督范围和检查频率，对“昏庸懒散拖”行为严肃问责问效，落实容错纠错制度，激发党员干部职工干事创业热情。

（陈培凤　陈国镔）

踔厉奋发　笃行不怠　实现“十四五”高质量开局起步

南宁产投集团党委

2021年，南宁产投集团坚持以习近平新时代中国特色社会主义思想为指导，认真贯彻落实市委、市政府决策部署，迎难而上，锐意进取，推动改革发展和党的建设在大庆之年、开局之年取得了新的重要进展和显著成效，交出了一份亮丽的成绩单。

一、党建概况

2021年，南宁产投集团直属基层党组织23个，其中党委1个、党总支1个、党支部22个，党员437人。

（一）拥护“两个确立”，做到“两个维护”。深入学习贯彻党的十九届五中、六中全会精神、习近平总书记“七一”重要讲话精神、习近平总书记视察广西“4·27”重要讲话精神和自治区第十二次党代表大会精神，认真落实“第一议题”制度，抓好“书记引航担使命”主题活动每月监督清单学习，召开25次党委会集中学习、4次中心组专题学习会，举办3期学习贯彻党的十九届五中全会精神专题干部培训班和学习贯彻习近平总书记视察广西时的重要讲话精神培训班，各级党组织开展理论学习教育259场次。组织80余名中层管理人员分两批参加学习贯彻党的十九届五中全会精神专题干部培训班。党史学习教育出新出彩，征订发放学习书籍2389册，指导各级党组织开展专题学习、宣讲153场次，“打卡红色教育基地”58场次，完成“我为群众办实事”实践活动民生项目清单120项。

（二）做好巡察整改，强化政治建设。认真做好迎接巡察工作，高标准做好巡察反馈意见整改，先后召开党委会5次，专题会议4次，全面部署调度，认真研究制定整改方案，实行挂图作战，倒排工期，坚持日盘点、周汇总，逐条逐项对标核实、对账销号，确保问题整改一个、巩固一个，认真召开巡察整改专题民主生活会，扎实做好巡察“后半篇文章”，针对反馈意见指出的3大类9个方面21个具体问题，完成103项整改措施。以政治建设为统领，引导党员群众提高政治判断力、政治领悟力、政治执行力。落实在完善公司治理中加强党的领导的意见，全面建立党组织决策事项清单和前置研究重大经营管理事项清单。

5月20日，南宁产投集团组织党员群众赴桂林全州红军长征湘江战役纪念馆开展“感党恩　跟党走”红色教育活动

（三）强化思想武装，守牢意识形态阵地。印发《落细落实习近平总书记重要讲话、重要指示批示精神和党中央决策部署长效机制实施方案》，推动政治理论武装走深走实。庆祝建党百年华诞隆重热烈，深入开展重温誓词、文艺作品展示、党史知识竞赛等“四个百十个一”系列庆祝活动，征集到微视频、书画、征文等文艺作品105件，表彰100名“学习强国”学习积极分子，评选表彰55名党员、5个党支部，7名党员、2个党支部获市国资委表彰，锦虹公司后纺分厂党支部获市先进基层党组织称号。圆满举办“颂党恩跟党走”文艺汇演。选送党员教育微视频《微光如炬》获自治区优秀奖、市党员教育优秀作品三等奖、市国资系统一等奖。打造“产投项目讲堂”理论宣讲品牌，开展专题宣讲20余场。

（四）加强基层党建，强化组织建设。深入实施“项目党建”，督促指导基层党组织规范换届，完成15个党支部换届选举、7个党支部增补委员工作，4个党支部组建成立，12个直属党组织撤销。持续推进党支部标准化、规范化建设，22个党支部100%组织生活质量达标，打造13个组织生活质量标杆党支部，3个党支部被市国资委授予示范党支部，锦虹公司后纺分厂党支部获市先进基层党组织称号。深化“项目党建”品牌建设，《以“项目党建”创新国有企业党建工作载体研究——以南宁产业投资集团有限责任公司为例》荣获南宁市2021年度开发区、市直单位获奖调研成果一等奖，完成上年度和本年度“项目党建”验收、申报。建成“项目党建”实践基地“一路一中心”。通过“内培+外派”相结合的方式，组织98名入党积极分子、发展对象、党组织书记、党务工作者参加专项培训班。全年按计划发展党员15名。发放“光荣在党50年”纪念章。推进干部年轻化与专业化建设。注重发现和培养选拔优秀年轻干部。加强和规范干部因私出国（境）管理。选派中层领导干部开展培训与交流挂职。修订完善容错纠错机制、绩效考核管理暂行办法，突出正向激励，强化考核结果运用，充分激发干部担当作为、干事创业精气神。深化三项制度改革，扎实推进经理层成员任期制和契约化管理改革任务落地见效。

（五）全面从严治党，推进自我革

命。认真落实党委主体责任和纪委监督责任，压实压紧责任链条。不断完善一体推进不敢腐、不能腐、不想腐体制机制，推进政治监督具体化。加强对重点领域、关键环节的督查，扎实推进工程建设领域腐败问题专项治理，“天价茶”、“天价烟”、高档酒和公务加油卡专项整治，强化疫情防控监督检查。推进警示教育常态化制度化，组织领导干部旁听“以案为鉴”专题教育，参观市纪委学习机关党建工作先进典范和青秀山廉洁文化主题园。深化纪检监察体制改革，优化所属企业纪检监察部门机构设置。

（六）加强群团建设，广泛凝聚力量。开展企业文化“五个一”活动，建立职工文化建设基地。落实《党外干部培养选拔工作联席会议制度》。用心用情做好党内关怀和帮扶，走访慰问离退休干部、脱贫攻坚工作队员、生活困难党员等219人次，发放慰问金及慰问品9.21万元。

二、主要工作

2021年，南宁产投集团实现营业总收入26.41亿元，利润总额8.93亿元，投资总额49.17亿元，融资到位28.65亿元。

（一）践行项目为王，狠抓新兴产业发展。研究制订南宁产投集团“十四五”规划，确立了“1233”发展战略及“3256”发展目标。聚焦战略性新兴产业，统筹抓好合众新能源汽车项目建设，南宁工厂投入使用，基本完成总装生产线设备安装，并进入调试阶段。按照“建链、补链、强链、延链”思路，引进多氟多动力电池、蜂巢电池项目、“阿凡达”轻量化轮毂、南南电子汽车新材料精深加工项目等。编制完成《南宁市新能源汽车产业链发展研究白皮书》和《南宁市新能源汽车（2021—2025）产业发展行动指南》，提出南宁市新能源汽车产业“1+N+5”总体发展战略。完成智芯一期基金、南宁产投新兴一号投资基金项目，加快推进南宁泰克和深圳国人科技、二十一世纪空间卫星项目等项目落地建设和产值转移，并购南南铝业汽车组件事业部设立天恒公司，投资入股南南铝箔。持续开展生物医药产业的研究，初步形成《南宁市生物医药产业链发展研究白皮书（2021版讨论稿）》和《南宁凤巢湖生物医药港初步规划》，布局合作研制的儿童手足口病新药获临床批文，产线基地项目已投入建设。设立产业基金，推动国有企业进入资本运作专业赛道。实践拓展“基金+基地+产业”投资模式，推进设立产业基金24支，总规模约614.91亿元；已实缴出资13支基金，总规模约486.7亿元，实缴出资总额约136.38亿元，撬动投资比例达2.95倍。聚力打造科创投公司、车投公司等核心投资主体。

（二）强化创新驱动，狠抓工业园区建设。将产业园区建设作为振兴工业发展的主战场，全年完成13个园区项目的固定资产投资13.81亿元，开工面积50.28万平方米。产投创新产业园完成竣工验收，产投创新产业园二期、三期稳步推进；产投汽车青秀产业园主体工程完成竣工验收，生产配套园区有序开展装饰装修和墙面板安装；产投五象振邦产业园、经开海城产业园有序建设；产投江南产业园、江南电子科技园成功摘地，有效地扩大了产业发展物理空间。产投青秀产业园、邕宁产业园和创新产业园3个项目获批地方政府专项债8亿元。

（三）激发内生动力，全力深化企业改革。强力推进国企改革三年行动，2021年完成改革总任务的70%。探索试行外派企业任职人员管理办法，加强对外投资项目以及占股、参股企业的生产经营过程监管。清理退出不具备优势的非主业和低效无效资产，完成24家改革企业“一企一策”方案审批。妥善安置改革出清职工，筹措资金总计5.88亿元，妥善安置五菱桂花、自行车总厂、广发重工1433名职工与1654名退休人员。超额完成新建改建类租赁住房考核任务，共筹集租赁住房房源4821套，争取到政策性建设补助资金3.7亿元。江南企业公园A6、A7栋租赁住房改造项目作为全市推介示范点，得到国家住建部的充分肯定。顺利完成第一批竞配产权房注资工作，注册资本金增加约4.88亿元。盘活老旧企业工业用地约760亩。

（四）坚持底线思维，全力防范重大风险。持续增强企业风险防范能力。制定《重大事项报告制度暂行规定》《合同管理办法》，开展涉税风险自查自纠、融资性贸易业务风险自查自纠。严格落实安全生产责任制，修订《安全生产考核及奖惩办法》《房屋安全应急处置预案》《防汛抗旱应急预案》，编制《危险化学品生产安全事故应急预案》，开展“安全生产月”专项整治行动22次，做好重大节假日及全区全国“两会”期间的安全生产工作，认真开展汛期安全生产检查及安全生产大检查和危旧房隐患排查，常态化开展建筑施工、危险化学品、重点行业风险隐患排查和治理，坚决防范遏制生产安全事故发生。

（五）强化使命担当，坚决落实重大决策。推进巩固拓展脱贫攻坚成果同乡村振兴有效衔接，完成6名驻村工作队员轮换，投入乡村帮扶资金约129.1万元，中华慈善日自愿捐款10万元。投入1400余万元开展争创全国文明典范城市、迎接国家卫生城市整改提升和黑臭水体治理。完成占全市任务总量62%的“三供一业”分离移交改造工程，惠及13家企业30个生活区16727户市民。抓好常态化疫情防控，严格落实“外防输入、内防反弹”各项措施，压实“四方责任”，落实“四早”要求，最大限度减少疫情对企业生产经营的冲击影响。

三、经验体会

（一）必须讲政治，牢牢把握企业工作的正确方向。必须弘扬伟大建党精神，从讲政治的高度把握企业生产改革、党建工作，把加强党的全面领导贯穿始终，立足“两个大局”、心系“国之大者”，在大局全局中思考谋划、部署推动各项工作，以实际行动衷心拥护“两个确立”、坚决做到“两个维护”，不断提高政治判断力、政治领悟力、政治执行力，把落实强首府战略、服务全市大局与推动企业发展高度统一，确保市委市政府决策部署和各项工作要求在企业一贯到底、落实落地。

（二）必须抓改革，不断激发高质量发展动力活力。坚定扛起新的历史使命和重大责任，充分发挥企业战略支撑作用，特别是围绕全面落实强首府战略，坚持完整准确全面贯彻新发展理念，统筹发展和安全，强化使命担当，用创新的思维、改革的举措、市场的办法，破解企业高质量发展中的难题，打好防范化解风险主动仗，多干打基础、利长远的事，多干强动能、促转型的事，推动高质量发展在产业引领上打造更强创新力、更高附加值、更安全可靠的产业链供应链，加快形成新动力新优势。全力抓好国企改革三年行动收官，以企业治理体系和治理能力现代化建设新成效，激发企业高质量发展动力活力。

（三）必须严党建，为高质量发展提供坚强保障。牢牢把握新时代党的建设总要求，树牢大抓党建、重抓党建、严抓党建的鲜明导向，加强党对国有企业的全面领导，全面加强党的建设，坚持不懈把全面从严治党向纵深推进，为高质量发展保驾护航。深入贯彻新时代党的组织路线，坚持党管干部原则和市场化选人用人机制相结合，大力弘扬企业家精神，全方位培养引进用好人才，实现人才培养结构优化，提升人才培养规格，着力打造政治强、业务精、作风优的企业领导干部队伍，为高质量发展提供强大智力支撑。

（唐贵余）

凝心聚力谋发展　笃行不怠展作为 奋力开创“十四五”高质量发展新局面

南宁农工商集团党委

2021年，南宁农工商集团坚持以习近平新时代中国特色社会主义思想为指导，以实施乡村振兴战略为契机，整合内外资源，持续推进业务布局调整优化，谋划拓展新产业，各项经济指标均实现预期目标。全年实现营业收入67951万元，同比增长21.52%；实现利润4243万元，同比增长154.53%。

一、党建概况

2021年，南宁农工商集团有党委2个，其中集团党委1个、基层党委1个，党支部12个，党员267人，其中正式党员259人、预备党员8人。

（一）聚焦理论学习，把稳思想之舵。推进党史学习教育走深走实，组织党员干部到井冈山、广西烈士陵园、广西革命纪念馆等红色教育基地学习20次、开展“党员心声大家谈”29场、“红色歌曲大家唱”18场、重温入党誓词900余人次、观看“十场名家云直播”党课2410人次、购置指定学习用书1585本。以党员志愿服务队、党员攻坚组推进“我为群众办实事”实践活动项目，完成23项，正在推进8项。搭建“风采书记”红色讲台、智慧党建公园、党建运动会、“身边榜样”红色专栏等党员教育阵地，以专家宣讲、专题培训、干部领学、指尖竞技等形式开展习近平新时代中国特色社会主义思想、党的十九届五中和六中全会精神、习近平总书记“七一”重要讲话和对广西工作系列重要指示精神、自治区第十二次党代表大会精神等专题学习30余次，党委理论学习中心组4次，观看电教片900多人次。

7月1日，位于崇善公司青龙岗长安园的智慧党建公园启园

（二）聚焦组织建设，打造坚强堡垒。持续推进“先锋引领·固根守魂”行动，开展讲授党课、知识竞赛、党建质量提升为内容的党务技能大赛，开展组织生活质量提升和标杆支部验收1次、“两随机”调研2次，基层党组织书记、党务工作者培训3次，获评市直国有企业示范党支部2个，南宁市优秀共产党员1名、市直企业勤廉好榜样1名。坚持和加强党对国有企业的领导，制定本级和一级子公司第一议题、党组织议事决策清单、前置研究重大生产经营管理事项清单等制度，实现下属10家子公司党建入章应进必进，新成立党支部2个。注重在开展中心工作、攻坚重点难点问题、推进乡村振兴和志愿服务中发挥党组织先锋堡垒作用，创新“书记挂牌+项目攻坚”、党员项目领办制等载体，引导党员干部在畅通国际陆港贸易新通道、探索绿色生态养殖新路子、培育人文康养新产业等方面彰显“红色力量”。

（三）聚焦队伍建设，激发干事活力。以校园招聘、引智行动等方式，多渠道吸引和培育人才，引进人才26名，获评D类高层次人才3名、E类高层次人才2名，申报专业技术职称17人。注重干部培养与选拔，严把选人用人每个步骤和环节，提拔中层管理人员13名。修订完善《年度目标责任综合考核办法（试行）》《党的建设考核方案》，以制度形式把党的建设考核同企业领导班子综合考评、经营业绩考核挂钩起来。

（四）深入做好意识形态领域工作。严格落实意识形态工作责任制，把意识形态工作纳入年度主体责任清单、党建工作目标管理责任制以及领导班子和领导干部目标管理。党外知识分子之家、罗文公司党支部新时代文明实践站正式启用。党课作品《“崇善先锋”领跑广西人文事业改革　“智慧党建公园”点燃创业干事红色引擎》荣获2021年南宁市“党课开讲啦”暨“十百千”党课活动优秀观摩奖、南宁市国资委系统党员教育作品一等奖，典型事迹片《勤思善学“布鞋姐”以身作则“不抹零”》荣获南宁市国资委系统党员教育作品三等奖。

（五）严肃执纪问责，形成有力震慑。深入开展全面从严治党“抓系统、系统抓”专项工作，建立一月一监督清单、一把手负面权力清单、主体责任清单“三清单”制度机制，探索构建以党内监督为主导、融会贯通内部监督资源的“大监督”格局，对所属各单位贯彻落实中央八项规定及其实施细则精神进行监督检查5次，到餐饮娱乐场所对党员干部违规吃喝问题进行暗访3次。严格把握“四种形态”适用情形，开展廉政提醒谈话14人次，发出纪检监察建议书4份。畅通“信、访、网、电”四位一体信访举报渠道，处置信访件9件，挽回经济损失5.21万元。

（六）聚焦社会服务，彰显国企担当。建立健全企业疫情防控工作机制，做好干部职工离邕离桂报备、疫苗接种等工作。组织新任5名第一书记到帮扶村开展乡村振兴工作，投入帮扶经费42万元。做好争创全国文明典范城市、迎接国家卫生城市复审工作，召开工作部署会22次，开展创城创卫工作4500余人次，投入资金约360万元。

二、主要工作情况

2021年，南宁农工商集团不断强化大农业投资功能，充分发挥国资国企优势，抢抓实施乡村振兴战略的重大机遇，不断提升现代农贸业发展水平，积极发展大健康产业，加快形成集团新的经济增长点，推动企业高质量发展。

（一）稳步推进国家物流枢纽项目。扎实开展农交中心一期项目招商运营工作，出租一期项目物业20.67万平方米、整体出租率达95%，实现年租金收入4474万元。臻品国际家居建材博览中心、南宁国际商品展贸城、中国—东盟水产批发市场相继入驻、渐成规模，其中水产业态交易额目前占据南宁水产市场约6成的份额。南宁农产品交易中心—陆港型国家物流枢纽项目整体用地规模3000亩地块已纳入《南宁市国土空间总体规划（2020—2035年）》方案，交易面积约7.38万平方米，计划建设冻品、肉类专业市场的南宁农产品物流中心项目二期一区项目182亩土地于2021年4月竞得。

（二）积极布局生态养殖产业。一是有序推进生猪养殖项目。与正邦集团在良庆区南晓镇布局3个养殖点，建设标准化生态繁育基地，计划总投资5.76亿元。其中位于陵桂村的项目建设规模为3万头母猪繁殖基地，目前完成主体工程建设、设备安装80%，正在开展环保区及附属工程施工；团城村、新民村两个项目分别规划建设规模为5万头育肥猪养殖基地，完成前期土地流转及报批手续。二是积极打造畜禽养殖全产业链项目。与武汉华牧科技集团合作的现代特色禽业养殖项目（一期）于2021年1月试运营，目前蛋鸡存栏量53万羽，日均产蛋约40万枚。以市政府“家禽集中屠宰、冷链配送、生鲜上市”的工作部署为契机，建设日均屠宰活禽5万羽的机械化家禽屠宰线，目前顺利试运营。三是策划肉牛生态养殖项目。与区内肉牛养殖龙头企业广西中投华农控股有限责任公司合作建设肉牛生态养殖项目，规划用地1万亩，分三期实施。其中，一期肉牛养殖区规划面积1000亩、总投资约1亿元，已采购牛犊1781头并寄养于来宾市忻城县南方牛都养殖场。

（三）打造区域性大健康全产业链品牌。一是推进青龙岗长安园园区开发建设、改造提升。持续擦亮青龙岗长安园全国百强公墓品牌优势，提升园区质量和服务水平。二是抓住全区殡葬改革机遇。按照《广西殡葬服务设施建设三年行动计划（2021—2023年）》关于加强殡仪馆和设区市、县（市）公益性公墓建设的要求，加快与周边市县合作开发人文事业项目，正在全区洽谈布局项目16个，其中平果市人文纪念项目进入施工筹备阶段，崇左市现代生态公墓项目、马山县人文纪念公园项目、横州市人文纪念公园项目、横州市安德园项目等正在开展前期工作。三是开拓康养业务。贯彻落实习近平总书记关于养老服务工作的重要指示精神，成立南宁崇善健康养老服务有限公司积极拓展居家养老服务和康养业务板块，正式运营西林县康养服务中心、青山康养服务中心、安吉康养服务中心3个项目。

（四）加快推进农村产权流转交易市场体系建设。与土流集团成立合作公司，开拓南宁市及各县区农村产权交易业务，建成运营横州、马山、隆安分中心3个，武鸣、上林、宾阳分中心均完成场地建设。建成南宁市级和12县区农村产权流转信息服务平台，实现南宁市农村产权流转交易网络全覆盖，全年完成农村土地承包经营权、农村集体经营性资产等挂牌项目56宗，总涉及面积17500亩，涉及金额2.68亿元；完成交易鉴证90宗，涉及面积6900多亩，涉及金额3.8亿元。

（五）盘活土地和物业资产，推动土地资本化。一是加快房地产项目和产业用地开发建设。“青湖苑”项目于2021年2月正式开工建设，项目用地面积34.81亩，计划总投资9.32亿元，规划开发建设住宅楼及配套商业建筑4栋，预计2024年交付使用，可实现净利润1.7亿元。目前已完成工程建设主体桩基施工阶段，地下室施工完成设计量的50%。积极推进云景路A地块项目、罗文57亩产业用地项目、北湖76亩产业用地项目的各项前期工作。二是挖掘现有物业资产潜力。采取多种方式推广到期及闲置物业，实现集团公司物业出租率超过97%。完成大体量资产的招租工作，其中香伯伦酒店于4月21日成功竞租，实现年租金2400多万元。积极拓展外接物业，承接央企中国安能第一工程局四个职工小区“三供一业”工程及物业服务项目。

（六）推动国企改革三年行动落实落地。提前完成市国资委布置的2021年度国企改革三年行动工作任务。一是推行经理层成员任期制和契约化管理。制定《南宁农工商集团有限责任公司所属企业经理层成员任期制和契约化管理实施方案》《南宁农工商集团有限责任公司子公司经理层成员任期制和契约化管理暂行办法》《南宁农工商集团有限责任公司所属子公司经理层成员任期制和契约化薪酬管理暂行办法》，完成签约的经理层成员25名。二是加强企业内控建设。成立督查小组对投资项目推进慢、阶段性任务未完成的子企业进行督查指导，切实防范投资风险。组织修订《投资管理办法》《资金理财管理办法》等制度34项，并通过开展内控体系有效性专项审计及内部控制体系自我评价工作等方式进行制度执行情况的监督检查。

三、经验体会

（一）坚持和完善党的领导、加强和改进党的建设。站在捍卫“两个确立”、践行“两个维护”的政治高度，坚决落实主体责任，进一步强化党的领导、完善公司治理，夯实企业党建基础，加强党管人才、建强干部队伍，切实把从严管党治党的政治责任和国有资本保值增值的经济责任有机统一起来，推动企业全面强起来、严起来、实起来。

（二）坚持聚焦主业实业争当高质量发展主力军。坚定不移推进市场化改革和供给侧结构性改革，通过向主业集中要素，加快提升质量效益，稳步提高企业核心竞争力、市场占有率和抗风险能力，进一步把主业做强做大。

（三）坚持加快建设中国特色现代国有企业制度。完整、全面、准确贯彻新发展理念，不断完善国有资产监督管理体系和公司治理结构，主动在分类改革的基础上积极发展混合所有制经济，为企业转型发展增动力、添活力。

（四）坚持健全以效益为中心的考核体系。健全国企经营业绩考核评价指标体系，不断深化劳动、人事、分配制度改革，建立健全干部能上能下、职工能进能出、薪酬能增能减的管理机制，营造干事创业良好氛围。

（蔡夏盈）

党建引领扎实笃行　金融服务提质增效
奋力推动南宁金融集团高质量发展行稳致远

南宁金融集团党委

2021年，南宁金融集团党委坚持以习近平新时代中国特色社会主义思想为指导，深入贯彻党的十九大和十九届历次全会精神，贯彻落实习近平总书记视察广西“4·27”重要讲话精神和对广西工作系列重要指示要求，坚持稳中求进总基调和金融服务实体经济的宗旨，围绕高质量发展主题，立足新发展机遇，贯彻新发展理念，融入新发展格局，深化国企改革，大力推进金融业务创新、积极拓宽服务范围、稳步提升服务能力、加快集聚金融要素、扎实防范金融风险，努力以更有力、更精准、更及时的金融供给助推南宁市“十四五”规划开好局起好步，为强首府战略落实落地做出积极贡献。

5月20日，南宁金融集团联合邕城金融党建联盟成员深入广西申龙汽车制造有限公司开展“百名党员入百企，我为群众办实事”入企服务活动　　（李莹　摄）

一、党建概况

2021年，南宁金融集团党委有基层党组织9个，有正式党员133名，预备党员14名。南宁金融集团党委始终坚持把党的政治建设摆在首位，围绕庆祝建党100周年主题主线，全面开展党史学习教育，深入探索党建与业务融合新举措，全面提升基层党建工作质量，为集团高质量发展提供坚强的政治保障和组织保障。

（一）立心铸魂坚定主心骨，推动党史学习教育扎实有效。深入学习习近平新时代中国特色社会主义思想和党的十九届六中全会精神，扎实深入开展党史学习教育和庆祝建党100周年主题活动，组织开展理论学习中心组集中学习会、党委会、专题党课等各类集中学习40场次，征集到学习心得140多篇，展示党员学习感悟视频130人次，开展“学党史、感党恩、跟党走”红色教育、党的十九届五中全会等专题培训5期，组织实地参观红色教育基地580人次，“党史故事大家讲”79场次，“党史知识大家答”86场次，“红色歌曲大家唱”40场次，参加“感党恩　跟党走”主题活动达5000多人次，实现政治理论学习和党史学习教育全覆盖、提质效，有效引导全体党员切实做到学史明理、学史增信、学史崇德、学史力行，深刻领悟“两个确立”的决定性意义、增强“四个意识”、坚定“四个自信”、做到“两个维护”，汇聚起奋进“十四五”的磅礴力量。

（二）强基固本锤炼主力军，推动基层组织建设提质升级。坚持抓基层、强基础、创品牌、提质量的工作导向，推动所属党支部全部建立“第一议题”制度和“两个清单”，确保党的领导与公司治理深入融合。扎实推进党支部标准化规范化建设，在达标创优中强支部、树标杆以示范带动党建工作全面提升，新培育打造示范党支部2个，所属党支部获评示范党支部比率达55.6%，名列市属国有企业前茅。全面推行《党员积分管理办法》，量化考核管理，持续推动党员“比学赶超”、创先争优；依托大数据信息技术，打造智能化党建系统，实现集党建宣传、学习教育、党务管理等项目精细化、信息化管理，推动基层党建工作提质增效；在推动新成员单位加入“邕城金融党建联盟”的基础上，指导集团所属金融城运营公司党支部联合蟠龙社区及部分入驻企业党组织成立“中国—东盟金融城党建联盟”，进一步凝聚基层党建力量，不断提升基层党组织的组织力、战斗力。

（三）紧扣主线振奋精气神，推动党建与业务融合发展。立足金融主业主责，结合党史学习教育，持续开展“我为群众办实事”实践活动，着力解决企业特别是中小微企业融资难、融资贵问题。依托“邕城金融党建联盟”，充分发挥集团综合金融服务优势，组建“强党建”和“强金融”党员先锋服务队，联合驻邕金融机构开展“百名党员入百企”活动，大力宣传党的路线方针和金融惠企政策，提供政策咨询和融资融智服务，以为群众解难题、办好事践行共产党人的初心使命。集团及所属子公司组织4360余人次深入2712家企业，为1886家企业成功融资75亿元；协助30家企业完成36项政策申报，涉及申报金额3628.99万元。

（四）笃行实干勇毅担使命，推动巩固拓展脱贫攻坚成果同乡村振兴有效衔接。坚持标准不降、力度不减，综合施策、精准发力，扎实开展乡村振兴工作。集团党委委员到村调研指导累计超过23人次，并选派两位优秀年轻业务骨干到定点帮扶村担任第一书记，顺利完成第一书记届满更换工作；统筹各方资源加大帮扶力度，全力做好防止返贫致贫工作，集团公司及所属子公司帮助近200户涉农客户融资超5亿元，为帮扶村捐赠基础设施等建设费用41万元、捐赠2套党建信息化系统，为全市乡村振兴事业捐赠10万元。

（五）强化作风筑牢主阵地，推动全面从严治党纵深发展。不断压紧压实“一岗双责”，一体推进“不敢腐、不能腐、不想腐”体系建设。持续深化“书记引航担使命”主题活动“抓系统、系统抓”专项工作，做到全面从严治党主体责任“一月一监督”，营造风清气正的干事创业环境。印发《廉洁风险防控手册》，创新开展“七彩阳光耀朱槿”党风廉政建设品牌活动，实施红色忠诚教育工程、蓝色风险防控工程、紫色权力监控工程、黄色督责问效工程、青色亮剑问责工程、橙色暖心关怀工程、绿色清廉服务工程等“七大工程”，打通“三不”的内在联系，在强化监督执纪问责形成震慑的同时，扎牢制度笼子、规范权力运行，有力推动集团党风廉政建设和反腐败工作不断深化。

二、主要工作

南宁金融集团始终以服务实体经济为出发点和落脚点，深度对接强首府战略“五强”工作的实际需求，紧扣“六保”“六稳”工作，创新思路、找准切口、主动服务、提高质量，努力为南宁市经济社会发展源源不断地注入金融“活水”。集团实现合并营业收入2.10亿元，同比增长21.61%；实现合并利润总额8735.41万元，同比增长10.34%；已交税金3349.44万元，同比增长12.94%；完成固定资产投资25万元，完成融资额3亿元（本年度无融资任务）；全年实现社会融资规模超140亿元。

（一）科学谋划布局高站位，强化提高服务实体经济质量的战略指引。紧扣南宁市长远发展规划和自身发展实际，加强顶层设计，编制集团“十四五”规划，明确以实施“1336”朱槿方略为抓手，发挥金融优势精准助力强首府战略全方位落地，争取到2025年资产规模突破100亿元，年营业收入至少达到10亿元，年利润总额至少达到3亿元，至少取得一张中央金融监管部门审批的金融牌照，控股一家上市（挂牌）企业，年社会融资规模至少达到500亿元；同步制订《南宁金融集团服务实体经济三年行动计划（2021—2023年）》《南宁金融集团建设面向县（区）综合金融服务平台方案》，明确各业务板块参与服务实体经济的方向和措施，推动集团各业务板块下沉县域精准助力经济建设，确保服务实体经济成效更广、更深、更实。

（二）聚焦金融主线奏强音，助力强首府战略落实落地行稳致远。围绕强首府战略工作重点，以“金融工具”为支撑，着力在提升融资担保能力、强化要素交易平台、优化转贷资金业务、规范基金投资等方面推动产融一体化发展，直接为工业企业提供融资担保金额超过20亿元，为工业企业及涉产业平台公司盘活股权、债权等资产和实现融资超过11.14亿元，为小微企业、“三农”企业提供担保发生额35.09亿元。自2015年成立至今，累计实现社会融资规模超630亿元。一是强化担保业务量增质优。充分发挥“南宁担保联盟”的组团效应，精准定制产品，降低融资成本，助推实体经济提速发展取得新突破，担保板块业务在保余额79.65亿元。其中南方担保公司在保余额50亿元，担保放大倍数近7倍，实现区内14个地级市的担保服务覆盖，年内完成增资0.9亿元，银行授信额度增至历史新高的83亿元，极大增强服务实体经济的实力和后劲。小微担保公司业务发生额35.09亿元，发生户数1460户，为小微企业及“三农”企业减免担保费用约1005万元，节约融资成本1.4亿元；实现在保余额29.51亿元，较上年同期增长32.77%，在保户数1210户，圆满完成各项目标任务。其中“桂惠贷”规模达16亿元，超额完成自治区下达的年度目标任务。二是强化要素交易平台提质扩面。大力探索要素交易板块新模式、新业务，不断完善首府多层次的要素交易市场。实现成交项目623宗，成交项目挂牌金额67.77亿元，成交金额70.87亿元，溢价率达4.57%；房产交易中心实现交易22.14亿元。2021年10月，广西联交所获评为中国企业国有产权交易机构协会“AAA信用企业”产权交易机构。南宁金交中心积极推进一般债权资产转让挂牌、产权交易类挂牌业务，挂牌金额4.58亿元，成功落地不良资产项目0.35亿元，创新首推南宁市中小企业融资利率竞价业务——“南宁金交利率宝”，帮助企业实现融资8085万元。三是充分发挥政府引导基金经济效益和社会效益。发起成立邕城基金业强首府联盟，拓展18家基金管理机构为联盟成员单位，助推社会资本培优育新。充分发挥政府投资基金引导作用，创投基金新增投资额9005万元，撬动其他各类资本2.444亿元，投资的华蓝集团成为创业板注册制改革后广西首家上市企业；天使基金累计投资项目2个，累计投资金额达1000万元，不断引入社会资本帮助重点产业和创新型、成长型企业做大做强。四是提升转贷资金业务普惠性、高效性。修订应急转贷资金业务指引，重点对业务服务范围、政府性融资担保机构责任以及单笔限额进行调整，实现应急转贷资金业务3.134亿元；外向型企业垫税业务342.94万元，资金使用费30394.85元。五是发挥技术优势助推智慧城市加速发展。金控大数据公司承接绿色金融综合服务平台、农业综合信息管理与服务平台等平台代建工作，为智慧城市建设赋能。南宁农业大数据基地实现入驻企业16家，签订战略合作协议的合作伙伴19家。

（三）创新服务业态延链条，推动金融服务板块整合升级。先后组建南宁金控财富管理有限责任公司、南宁金控协同发展有限责任公司和南宁市金控商业保理有限公司，持续扩展和延伸集团金融服务链条，实现地方金融“全牌照”。同时扎实开展商业保理、资产处置、融资租赁等新业务，按照业务相近、优化配置的原则，成立小贷保理运营委员会，凝聚合力培植服务实体经济的新动能。小贷保理板块年内累计发放贷款158笔，发放金额1.79亿元。南宁市金控商业保理有限公司完成保理融资业务7笔，授信金额2700万元。南宁金控资产管理有限责任公司中标南宁市全航工贸有限公司清算案件，广西青年文化传播中心破产管理人，取得破产管理业务新突破。南宁金控融资租赁有限责任公司为广西百色兴和铝业有限公司、南南铝箔公司等重点工业企业提供售后回租业务累计金额4500万元，落地汽车经营性租赁业务2笔。

（四）擦亮招商名片展形象，中国—东盟金融城金融要素加快聚集。按照建设面向东盟的金融开放门户南宁核心区总目标，努力克服疫情影响，创新招商、精准招商，全力打造全国知名金融集聚区。年内中国—东盟金融城新增入驻金融机构（企业）123家，累计入驻金融机构（企业）总数285家，完成率154%；落实行企签约项目9个，“行企助力转型升级”签约项目任务完成率180%，整体招商成效显著，有力推动金融集聚区加快形成。积极服务绿色金融改革创新示范区和保险创新综合示范区建设，大力引进绿色金融机构和保险机构，实现入驻保险机构28家。10月，“中国—东盟金融城线上服务平台”正式上线，可为企业提供一系列优质服务，解决入驻企业发展难题，助力优化营商环境，年内累计服务企业337家，协助29家企业完成43项政策申报，涉及申报奖励金额3628.99万元，已获批金额1831.65万元，已兑现金额1831.65万元。12月，中国—东盟黄金产业园运营中心在自贸试验区南宁片区揭牌运营，标志着中国—东盟黄金产业园区建设取得阶段性成果，进入招商引资快车道。

（五）优化服务载体显特色，小微企业融资难题持续缓解。高质量运营南宁市绿色金融服务中心、广西（南宁）民营小微企业首贷续贷中心、南宁市企业融资服务中心、南宁股权融资服务中心“四合一”，通过推广线上平台服务、深入县（区）和商协会开展“融资服务直通车”政金企活动等措施，精准对接供需，积极宣传“桂惠贷”及普惠金融产品。年内举办政金企对接活动31场，参会企业超1600家，服务企业成功融资6446万元。引入“信易贷·南宁站”、微众银行等信贷类平台加入首贷续贷中心平台，加大企业信贷融资渠道，累计受理1675家企业融资申请，融资咨询量同比增长37.52%，帮助1441家企业实现融资61.15亿元，同比增长37.23%，大力营造有利于小微企业生产的全生命周期金融服务生态。

（六）严守风险底线强监管，防范化解金融风险同步推进。坚持把主动防范化解金融风险、高质量开展业务放在首要位置，着力完善风险防控处置机制，推动化解各类业务风险。通过设置担保代偿率、贷款逾期率两个风险监测指标，加强风险信息收集、风险评估、风险应对等防控体系建设，加大不良债权回收力度，不断提升风险防范化解能力，年内回收不良债权1.36亿元。同时，大力构建业务分级管理和经办部门自我控制、法务风控及审计稽核监察“三道防线”同步运行防控机制不断夯实，有效加强业务前期预防、过程跟踪、后期监管。

（七）深化国企改革抓落实，推动现代化管理体系全面提升。坚持以改革激发活力、厚植竞争力，精心谋划部署国企改革三年行动，扎实有序推进重点改革任务。以《南宁金融集团国企改革三年行动实施方案（2020—2022年）》作为行动指南，在加强党的领导和党的建设、完善现代化的企业制度、推进国有经济布局优化调整、积极探索混合所有制改革等改革任务方面做出详细部署与安排，推动集团进一步深化改革工作，提高企业活力和管理水平。同时不断厘清党委会、董事会、总经理的权责边界，建立董事会授权制度，实行经理层成员任期制和契约化管理，目前集团所属各子公司实现任期制和契约化管理全覆盖。

三、经验体会

（一）必须坚持提高政治站位，用习近平新时代中国特色社会主义思想武装头脑。坚持党对国有企业的领导是重大政治原则，国有企业的性质和地位决定了我们必须坚持党的领导、加强党的建设。只有坚持党的领导才能观清大势、把稳大局、谋准大事、成就大业。南宁金融集团党委坚定不移地将习近平新时代中国特色社会主义思想作为一切工作的根本遵循和行动指南，把坚持党中央权威和集中统一领导作为政治建设的首要任务，持续深入学习贯彻党的十九大和十九届历次全会精神，坚定不移全面从严治党，切实做到中央精神学懂弄通、党委决策坚定执行、政府部署全力落实，确保各项工作始终走正轨、不偏离、出实效。

（二）必须坚持找准职责定位，全方位提升服务实体经济质效。作为南宁市唯一的地方国有金融平台，必须紧紧围绕市委、市政府各项决策部署，坚持“提升金融服务实体经济能力和优化地方金融生态环境”这一根本使命，持续推进南宁金融集团“1336”朱槿方略，在统筹金融资源、创新金融服务、为企业办实事解难题中发挥关键作用，才能更好履职尽责、顺畅衔接金融与实体、有效服务全市中心大局，为建设好新时代中国特色社会主义壮美广西首善之地贡献金融力量。

（三）必须坚持践行新发展理念，解放思想开创高质量发展新局面。企业发展是最大的政治。必须把解放思想作为“总开关”，围绕高质量发展主题，立足新发展机遇，贯彻新发展理念，融入新发展格局，树立与时代和实践发展相适应的思维方式，以新发展理念引领新发展实践。只有在服务实体经济、防控金融风险、深化金融改革等各项工作中解放思想、大胆实践，破瓶颈、解难题、攻堡垒，出实招、办实事、求实效，才能始终保持发展的创造活力和蓬勃生机，推动各项重点工作全面落实、全新突破。

（四）必须坚持深化国企改革，打造充满生机活力的市场主体。严格按照国企三年改革行动计划总要求，加强党的领导与完善公司治理有机统一，进一步厘清党委会、董事会、总经会的权责边界，大力推行管理体系和管理能力现代化，以改革激发活力动力，全力破除影响和制约企业高质量发展的顽瘴痼疾。只有坚持创新驱动发展，激发人才创新活力，完善创新体制机制，才能推动集团实现更高质量、更有效率、更可持续的发展。

（黄思谕）

凝心聚力建设“双高”校
乘势而上奋力推进本科层次职业学校高质量办学新发展

南宁职业技术学院党委

2021年，南宁职业技术学院党委坚持以习近平新时代中国特色社会主义思想为指导，深入学习贯彻党的十九大和十九届历次全会精神，贯彻落实习近平总书记视察广西“4·27”重要讲话精神和对广西工作系列重要指示要求，在持续紧抓常态化校园疫情防控的同时，以政治建设为统领，以立德树人为根本任务，扎实开展党史学习教育，举全校之力建设国家“双高”校，加快推进升本筹建工作，服务全面落实强首府战略，助推首府实现高质量发展。

4月2日，南职院召开2021年全面从严治党工作会议

一、党建概况

2021年，南宁职业技术学院有基层党组织51个，其中党委10个（学校党委1个、二级学院党委9个）、党支部41个，党员1140人。

（一）抓实学习教育，筑牢思想政治基础。把党史学习教育作为一项重大政治任务，围绕“学史明理、学史增信、学史崇德、学史力行”目标，开展党史学习教育专题集中学习研讨、专题宣讲50余次，组织实施“我为群众办实事”实践活动项目163件。组织开展建党100周年系列庆祝活动80多场次，开展“打卡红色教育基地 追寻红色记忆”等系列主题党日活动60多次。加强思想政治教育，通过“讲红色故事、唱红色歌曲、观红色影视、赏红色图书”等形式持续深化《红色传奇》进校园活动。

（二）突出工作重点，提升党建工作质量。深入学习《中国共产党普通高等学校基层组织工作条例》，实施党组织“对标争先”建设计划，获评首批新时代广西高校党建工作标杆院系、样板支部和“双带头人”教师党支部书记工作室培育创建单位各1个。组织开展支部达标创优工作和“创优争星”工作，新增星级党支部9个。组织动员广大党员干部投身乡村振兴、疫情防控、“我为群众办实事”等活动，3人分获自治区、南宁市“七一”表彰。加强党建带团建，做好发展党员特别是在低年级大学生中发展党员工作，与罗文社区党委开展“契约化”共建。

（三）强化制度建设，落实党建工作目标。进一步修订“三重一大”决策制度，细化明确责任范围，有效发挥党委政治核心作用。召开全面从严治党和党建工作推进会议，细化分解贯彻落实广西高校基层党建工作考核指标体系任务61项。修订年度考核办法，将党建考核结果作为年度绩效考核前提条件。出台进一步激励干部新时代新担当新作为实施办法、党政领导联系服务高层次人才实施办法等激励制度，落实思政教师、组织员专项补贴。制定党政领导干部选拔任用工作实施办法，落实教师入职、考核、评优、晋升政治表现负面清单制度。

（四）落实“两个责任”，推进全面从严治党。推行学校党委领导班子及班子成员党风廉政建设主体责任清单、全面从严治党主体责任清单，落实管党治校“两个责任”，持续深化“书记引航担使命”主题活动，严格落实“书记抓、抓书记”工作，分解为“10项制度”和“10个带头从严”。聚焦巡视和审计问题整改，细化分解88个具体问题285项整改措施。组织教职工深入700多户建档立卡贫困户结对帮扶，助力6个定点帮扶村全部脱贫。

（五）立足“三个加强”，狠抓意识形态工作。组织全校25个基层党组织、900多名教职工（含外聘教师）签订意识形态责任书，形成一级抓一级、层层抓落实的工作格局。全面加强研判分析，按季度召开4次意识形态和安全稳定形势分析研判会。加大教学过程监督力度，对教材、学报、讲座、论坛等审查把关，定期排查百度贴吧、微信微博、抖音头条、校内网站等网络平台，加强对校园各类媒体、宣传橱窗、LED电子屏的建设和管理。

二、主要工作

（一）扎实有序推进本科层次职业学校筹建工作。制订实施筹建本科层次职业学校工作方案，全力解决升本面临的政策、土地、资金和新校区建设等难题。围绕升本工作和“双高”建设两大主线，对标对表教育部本科层次职业学校设置标准和专业设置办法，制订学校第十四个五年规划和2035年远景目标建议，加紧完善学校“十四五”规划及其各专项规划，加紧落实职业教育提质培优各项目建设任务。

（二）深入贯彻落实新时代教育评价改革。研究出台学校深化新时代教育评价改革试点校方案、《贯彻落实〈深化新时代教育评价改革总体方案〉实施方案》和负面清单，架构起校内教育评价改革的目标和任务，全面推进改革党委教育工作评价、改革学校评价、改革专业评价、改革课程评价等13个方面改革任务，形成全面落实新时代教育评价改革的措施体系。完成深化新时代教育评价改革自查自纠工作，形成2个改革典型案例。

（三）对接产业发展打造特色高水平专业群。对接首府产业办学，将产教融合和校企合作深度嵌入专业群建设，围绕南宁主导产业和战略性新兴产业的建设需求，大力建设覆盖产业集群的建筑室内设计、软件技术、智能制造、新能源汽车、人工智能等10大专业群，撤销4个专业和4个专业方向，新增新能源汽车技术、国际金融、网络新闻与传播等3个专业，通过调整优化专业结构，专业布局与主导产业匹配度达到93.9%。

（四）深化产教融合实现校企“双向赋能”。加强校企合作，与华为、富士康、云宝宝、华中数控等200多家国内外知名企业和地方龙头企业开展订单班、现代学徒、技术研发、社会服务等多种深度合作，共建产业学院7个，牵头成立广西餐饮职教集团，新增瑞声科技等18家高端合作企业，共同开展人才培养、课程建设、师资培训、协同创新、社会服务和创新创业等，实现校企“双向赋能”。

（五）深度推进创新型技术技能人才培养改革。围绕德技兼修的“1+X”试点、岗课赛证一体化的“三教”改革，以课程改革为核心，全面启动职业技能融通培养试点、育训融通专业试点、融合专业课程修训试点、融合辅修课程修训试点、赛教融合修训试点、课证跨界融合修训试点、工作制教学等人才培养模式改革，大力推进“1+X”证书制度试点，获批60个“1+X”技能等级证书试点，共49个专业参与专业技能等级证书，专业覆盖率82%。

（六）全力打造高素质高水平高技能“双师”队伍。以师德师风建设为引领，以专家型领军人才引育为核心，以名师工作室等示范性教师发展平台和校企人员双向交流协作共同体建设为抓手，深化教师评价、绩效分配等机制，精心打造高水平“双师”队伍。2021年，新增引进人才29名，新增双师103名，新增市级以上优秀人才34名，聘请或柔性引进技术专家大师35人。校企共建形成国家级、自治区级、校级“三级”教师发展示范平台，推动教师参加企业实践240人次、参加职业资格鉴定近300人次。

（七）高质量实现科技协同创新与服务提质增效。广西职业技能公共实训基地获批开展33个职业工种鉴定，开展中级职业技能等级鉴定、实践应用培训、职业专业培训，企业新型学徒和高技能人才培训等，实现培训量超过20万人日次、培训到账收入600余万元。建成4个产业研究院、4个协同创新中心、3个学研创研究所、10个科技创新团队，开展各类技术服务，实现技术服务到款额580多万元，技术服务产生的经济效益4599万元。

（八）全面提升学校治理水平。加强学校制度建设，废止制度147项，修订制度68项；制定学校“十四五”发展规划，持续推进内部整改工作完成校级层面诊改11项、二级学院层面诊改37项、专业层面诊改53项、课程层面诊改1741项、教师层面诊改468项、学生层面诊改5396项。大力推进质量监测信息化，从学校竞争力、专业内涵、课程质量、教师能力、学生发展、实训基地、校企合作、国际合作、服务贡献、科技创新等10个监测要素、60个维度，建立起243个监测条目。发布2021年学校教育质量年度报告及8个专项工作质量年度报告。

（九）大力推进创新创业教育。引入清华大学SDG创新项目，改革“双创”课程、“课赛创”融合和实践项目建设，推动创业园新增创业项目20个、注册企业8家。学生获第十届“挑战杯”广西大学生课外学术科技作品竞赛一等奖1项、二等奖2项；获第七届中国国际“互联网+”大赛广西区赛3金5银15铜，1个项目荣获国赛铜奖。

（十）努力提升社会培训与服务能力。依托落户学校的广西残疾人高等职业教育学院、南宁市退役军人学院、南宁市社区教育学院、广西职业技能公共实训基地，为残疾人、退役军人、社区人员等提供各类职业技能培训。录取残疾学生及残疾人家庭子女学生28人，招录退役军人109名；开展职业技能培训近4万人次，实现培训收入近1100万元；开展扶贫消费89万多元，助力6个定点村的村集体经济收入达130多万元，帮助招录的建档立卡户子女实现100%就业。

（十一）加快推进校园信息化建设。深入推进“智慧+”综合管理，建立基于地理信息系统的虚拟校园应用平台。深入推进“信息技术+”系列项目，实现网络出口带宽升级、云计算数据中心存储扩容，建成5G移动通信虚拟工厂和网络安全管理中心，优化25个信息化服务流程，全面提升服务学校教育教学、管理服务等。1个信息化人才培养项目获评2021年广西信息化优秀案例。

（十二）稳步开展区域与国际交流合作。依托桂港中心，实现桂港三个合作办学专业全部招生，招收桂港双学历学生81人；开展桂港文化交流等活动6批次，吸引两地近1500名学生参加。在2个专业实施中德合作“双主体育人”课程创新改革，在2个国家级“双高”专业引进英国国家学历学位评估认证中心的认证标准；与东盟高校合作开发专业与课程标准39项；共建2个海外人才技能培训基地；承办高职教育高质量发展国际专业评估认证交流研讨会。广西东盟奖学金项目首次落户学校，累计在校外国留学生253人。与老挝合作的师资项目入选第四批“中国—东盟高职院校特色合作项目”；1项留学生作品获评2021“一带一路”暨金砖国家技能发展与技术创新大赛之数据分析与可视化赛项（高校组）一等奖。

三、经验体会

（一）用习近平新时代中国特色社会主义思想统领学校改革发展稳定各项工作，坚持党管办学方向，扎根中国大地办好高职教育；坚持立德树人、坚守教育初心、牢记育人使命，坚持党管改革发展，全面提升办学治校水平；深入贯彻落实自治区党委和市委的决策部署，践行“四个服务”的时代使命，为全面落实强首府战略，建设新时代中国特色社会主义壮美广西作出新的更大贡献。

（二）围绕自治区“1+1+4+3+N”目标任务体系和市委重点工作部署，全面建设“双高校”、全力抓好升本工作。紧紧围绕和严格落实“双高”建设工作方案，通过抓重点、补短板、强弱项，全力跑出全面建设“双高校”加速度，确保建成中国特色水平高职学校。严格落实教育部《本科层次职业学校设置标准（试行）》《本科层次职业教育专业设置管理办法（试行）》要求，以政治建设为统领，落细落实升本工作方案，扎实推进升本工作，为广西及南宁经济社会高质量发展提供坚实的人才和技能支撑。

（三）坚持加强党的建设为推动学校高质量发展提供坚强的政治保障。坚持严的主基调不动摇，全面贯彻落实新时代党的建设总要求和党的组织路线。加强队伍建设，打造高素质干部队伍，激发干事创业活力。深入推进学校基层党组织标准化规范化建设，坚持不懈把全面从严治党向纵深推进，深入推进党风廉政建设和反腐败斗争。

（凌婉月　梁瑜　张龙　谢曼妮）

以党史学习教育为抓手　推动党建工作迈上新台阶

南宁学院党委

2021年，南宁学院坚持以习近平新时代中国特色社会主义思想为指导，全面贯彻落实党的十九大和十九届历次全会精神，深入贯彻落实全国、全区高校党建工作会议精神，以政治建设为统领，以党史学习教育为抓手，以提升组织力为重点，以立德树人为根本任务，全面提升学校党建工作质量，为学校发展提供坚强的政治保证和组织保证。

一、党建概况

2021年，南宁学院党委共设置基层党组织38个，其中党总支8个、教职工党支部10个、学生党支部8个、行政直属党支部12个。现有党员1612人。南宁学院党委以党的政治建设为统领，以提升组织力为重点，以问题和目标为导向，认真贯彻落实新修订的《中国共产党普通高等学校基层组织工作条例》，全面实施《南宁学院贯彻落实新时代党的组织路线情况排查整改工作方案》《南宁学院党支部组织生活质量提升行动实施方案》，党建工作质量得到稳步提升，党组织创造力、凝聚力、战斗力进一步增强。

（一）强化政治建设，把握正确的政治方向。2021年3月25日，南宁学院党委召开全面从严治党工作会，对2021年工作作出全面部署。出台《南宁学院关于加强和改进新时代党的政治建设的若干措施》，压紧压实管党治党政治责任，引导各基层党组织深入贯彻落实习近平新时代中国特色社会主义思想，切实把政治标准、政治要求落实到学校工作的全过程、各方面。聚焦办学治校、教书育人重点领域和关键环节，在全校范围开展党的教育方针贯彻落实专项行动并取得实效。修订完善学校党委会、校长办公会议事规则，按照民主议事规则和决策程序，落实党委参与学校改革、建设和发展等重大问题的决策和监督。推动二级学院完善工作机制，修订党组织会议和党政联席会议议事规则并严格实施。

（二）深化思想建设，加强意识形态工作。南宁学院党委印发《关于组织做好2021年理论学习的通知》，对全年学习作出部署和要求。学校党委理论学

7月16—20日，南宁学院党委组织基层党组织负责人及马克思主义学院全体教师等赴革命圣地延安开展党史学习教育专题培训

习中心组集中学习10次，集中开展党史4个专题学习研讨；向各基层党组织印发《关于做好近期理论学习的通知》等7个学习文件，要求基层党组织严格执行“三会一课”制度。新出台《南宁学院关于加强和改进意识形态工作的实施意见》等制度，进一步健全工作运行机制；每季度召开意识形态和安全稳定工作形势分析研判会1次；严格意识形态审查，开展教材、课堂资源的专项审查行动；落实“一会一报”“一事一报”制度；启用“新浪舆情通”监测系统，进一步掌握网络舆情动态；举办各类意识形态和宣传思想工作培训班11期，提升队伍“四力”。

（三）规范组织建设，不断提升制度执行力。开展2020年党建类考核工作，35个基层党组织被评为“好”等次。举办预备党员、发展对象、入党积极分子分类培训，发展党员614人，预备党员转正368人。落实“三会一课”、主题党日、民主评议党员等制度，第一批6个“党建+业务”品牌建设完成评估验收。

（四）抓好作风建设，持之以恒坚持抓实工作纪律。积极履行全面从严治党主体责任，督促班子成员、基层党组织负责人履行“一岗双责”和第一责任人职责。要求各基层党组织对全体党员干部进行警示教育，以反面典型为戒，增强纪律意识。学校纪委在国家法定节假日前下发廉洁纪律教育通知，通过钉钉平台给全体教职工推送节日廉洁警醒信息，实现廉洁提醒常态化。开展师德师风与教师风格塑造专题培训3场次，评选表彰师德标兵9人，明确教师评优评先和职称评审中实行师德“一票否决”制。

（五）做好群团工作，凝聚师生思想共识。组织开展“重温入团仪式　践行青春誓言”主题教育活动、“请党放心　强国有我”主题团日活动。组织学生参与“青年大学习”网上主题团课，超过30万人次参与学习；举办“青年马克思主义者培养工程”培训班。组织250名学生志愿者参与南宁市庆祝中国共产党成立100周年群众文化活动暨第23届南宁国际民歌艺术节演出；组建10支队伍参与暑期“三下乡”实践，4支队伍被列为自治区重点团队；招募13名青年学生投身“西部计划”。年内召开3次教职工代表大会，顺利完成南宁学院工会委员会的换届工作，选举南宁学院工会第二届委员会、经费审查委员

会以及女教职工委员会。

二、主要工作

2021年，南宁学院党委紧紧围绕“提高应用型人才培养质量，推动学校高质量发展”的工作主线，大力推进各领域各环节深化改革，积极优化办学资源配置，各项事业取得了长足进步。

（一）扎实开展党史学习教育。按照党中央、自治区党委和自治区党委教育工委、南宁市委的部署，南宁学院党委紧紧围绕“学史明理、学史增信、学史崇德、学史力行”，教育引导全校党员“学党史、悟思想、办实事、开新局”，为学校改革发展注入强大的精神动力。印发《南宁学院党史学习教育实施方案》等6个工作方案，建立组织机构，有序开展党史学习教育各项活动，落实中央规定动作和广西自选动作，开展系列专题学习研讨、举办党性锻炼专题培训班2期，举办“奋斗百年路　启航新征程”——南宁学院庆祝中国共产党建党100周年“七一”主题艺术党课，开展“我为师生办实事”实践项目51项，开好专题组织生活会，将党史学习教育融入专业教学、将党史学习教育转化为服务地方社会发展、富有学校自身特色的系列活动，同时通过学校官网、微信公众号、新媒体平台“小晒”同学等营造党史学习教育氛围。

（二）强化思想政治教育工作。南宁学院党委充分发挥学校思政工作委员会作用，每半年研究一次思想政治工作，形成思想政治工作合力，提升工作质量。印发《南宁学院“三全育人”综合改革实施方案》，明确10项育人任务，积极构建全员全过程全方位育人格局。大力推进课程思政建设，校内建设全国首个英雄精神体验传承基地，开发广西特有的3条“青年红色筑梦之旅”路线，在全校共遴选立项57门课程进行课程思政试点改革，组织开展课程思政培训活动10次。在全校范围开展课程思政专项巡查，以集体听课、分组讨论、工作推进会等形式总结阶段性成效，提出下一步的工作思路和具体要求。

（三）科学谋划学校“十四五”工作。学校“十四五”发展规划确立了“通过审核评估、达到硕士学位授权单位申请条件、夯实南宁大学条件基础”的发展目标，明确了“党建引领发展”“改革驱动发展”“质量和特色创新发展”“资源条件保障发展”即“四大发展”为主要战略任务，并配套“十大行动计划”为主要举措，是立足新阶段，谋划新发展，引领学校进入高质量发展轨道的纲领性文件。

（四）夯实教学科研中心地位。胜利召开第四届教学科研大会，全面总结2019年4月以来学校教学科研工作成绩，组织教职工代表研讨制订《南宁学院关于加强本科教育教学内涵建设的决定》，系统部署下一阶段教学科研工作，引领本科教育教学内涵建设稳步推进。持续推进教育教学综合改革，新增新能源汽车工程、学前教育2个本科新专业。新增广西高等教育教学成果奖一等奖2项、二等奖1项；与广西壮族自治区产品质量检验研究院、防城港澳加粮油工业有限公司、北京普析通用仪器有限责任公司共建的食品质量与安全现代产业学院获批广西普通本科高校示范性现代产业学院。中国—东盟综合交通国际联合重点实验室获批广西重点实验室，实现学校科研平台省部级重点实验室零的突破。加强学生创新创业教育，学生参加各类学科竞赛获得国赛特等奖1项、一等奖18项、二等奖40项、三等奖60项，区赛特等奖1项、一等奖52项、二等奖82项、三等奖102项，其中第七届中国国际“互联网+”大学生创新创业大赛国家银奖2项、铜奖3项，再创国奖历史新高。

（五）启动学科和学位点建设。学校于2021年顺利获批广西新增立项建设硕士学位授予单位。开展二级学院学科建设和学位点建设调研座谈，经过调研、分析、专家论证、学术委员会评定、校长办公会审定等程序，遴选出5个“十四五”期间培育建设的专业硕士学位点，分别是交通运输、电子信息、土木水利、国际商务、艺术。通力合作完成硕士学位授予单位立项建设申报工作，学校顺利获批广西新增立项建设硕士学位授予单位。组织外出调研学习，举办系列讲座报告，邀请专家进校实地指导，对标对表，制定建设规划，全面推进申硕工作。

（六）加强教师培养培训。加强教师培养培训，选派教师到机关单位和企业行业参加社会实践、挂职锻炼、访学，组织教师参加广西职业院校教师素质提高计划、广西高校教师岗前培训等各级各类校外培训，开展校内全员覆盖培训16场，累计1780人次参加。培养培训效果显著，教职工获得校级以上荣誉共551项，其中：学校课程团队获广西首届全区高校教师教学创新大赛一等奖1项、三等奖1项，其中一个课程团队被推选为广西代表队之一参加国赛获得国家三等奖；获第八届全区高校青年教师教学竞赛一等奖1人、二等奖1人、三等奖2人；获全区高校教育教学信息化大赛二等奖1项，三等奖2项；获全区高校思政课教师教学基本功大赛暨“精彩一课”比赛青年组一等奖1人、2021年全区高校习近平新时代中国特色社会主义示范课堂比赛《形势与政策》课程本科组一等奖1人、广西高校2021年军事理论课教学竞赛一等奖1人。

（七）做好疫情常态化防控工作。学校党委认真贯彻落实上级关于新冠肺炎疫情防控的要求，通过召开党政联席会、防控专题工作会、开学工作布置会等，落实落细各项防控工作任务。制订春季、秋季学期开学工作方案、节假日放假防控指导意见、落实校园防控各项管理规定，2021年按时向自治区教育厅、自治区机关事务管理局、邕宁区防控指挥部、威宁集团等报送疫情防控情况报告共计377次。在学校官网、官微、学生宿舍、校园主干道等做好校园内疫情防控宣传教育和舆论引导。做到疫情防控工作宣传教育到位、人员力量到位、防疫物资到位、防控措施到位、责任落实到位。一年来全校未发生疑似和确诊病例，教育教学各项工作顺利开展，秩序井然。

三、经验体会

（一）加强思想政治理论武装。南宁学院党委注重加强理论武装，要求基层党组织严格执行“三会一课”制度，读原著、学原文、悟原理。引导全体师生重点学习习近平总书记在广西考察时重要讲话和重要指示精神、习近平总书记“七一”重要讲话精神、党的十九届六中全会精神、自治区第十二次党代会精神，党史4个专题学习等内容。通过学习，全校师生党员坚定理想信念，提高政治理论能力。

（二）践行为民宗旨办好师生实事。南宁学院党委以党史学习教育为契机，确立51项为师生办实事项目。要求各基层党组织要深入学习领会习近平总书记重要讲话精神，引导广大师生响应党中央的号召，在为人民服务上力行，持续扎实推进“我为师生办实事”实践活动，用心用力用情用智解决好广大师生“急难愁盼”问题。进一步做实为师生办实事的工作举措，不断探索新方法，把实事办好、把好事办实，切实增强广大师生的获得感、幸福感、安全感。

（高锦奎　黄鼎芹）

党建经验

南宁市“4+”模式创建红色物业示范体系助力基层治理效能提升

——市两新组织党建工作经验

市委组织部

南宁市深入贯彻落实习近平总书记重要指示精神，以“4+”模式着力打造“党旗领航红色物业·服务自信共创美好”物业示范体系，把党的领导贯彻物业服务全过程，以党建引领基层治理效能提升，助力居民幸福美好生活。

（一）协会党委+会员企业，打造红色阵地。2018年成立10个社会组织行业（综合）党委（党总支），依托住建部门成立住建行业党委，下辖物业管理行业协会党委等。针对物业服务企业分布广的特点，采取属地管理和协会党委指导的方式把党的工作覆盖到每一个物业服务企业。在点上，定期对市场监管、税务、社保等部门数据进行筛选整合，由街道、社区组织党建工作组织员、志愿者上门走访、电话联系等方式，摸清辖区物业企业党员人数、经营状况。在线上，发挥行业协会密切联系会员企业的优势，对205家会员企业全面摸底排查。采取单独建、联合建、挂靠建等方式，推动全市成立物业服务企业党组织91个。对没有党员的选派党建指导员或由行业协会党委直接联系指导。2021年，先后成立盛天物业有限公司党支部、福满地物业公司党支部、大兴建设集团党支部和城市物业管理联合会党支部等4个物业服务企业党组织。

（二）达标创优+文化建设，强化红色引领。依托社区、小区物业服务中心等建立7个城区（开发区）级、25个街道级和260个城市社区、659个小区党群服务中心。举办物业服务宣传月主题论坛，组织评选“邕城物业好党员”“邕城物业服务标杆企业”“邕城好业主”，开展“红色社区文艺轻骑兵”巡演、“红色电影进社区”“业主开放日”系列活动。2021年，共举办各类活动110场次，参与人数超过10万人次。宾阳县在都市花园小区建设党群活动中心和图书阅览角，在凤凰印象小区等公共区域设置红色宣传栏14块，制作“红色物业”文化菜单，通过小区广播播放红色歌曲、经典诗词、散文朗诵、相声戏曲等。兴宁区家园小区的群安优物业

6月9—11日，南宁市物业管理行业协会党委开展2021年“红色物业示范点”评选（伊皓　摄）

党支部创新打造“党建℃”品牌，设置堡垒指数、公益指数、向心指数、和谐指数共计100℃，每月由社区网格员、物业公司党支部和居民代表动态考核小区的“四个指数”，形成当月小区“温度”。年内家园小区信访率、投诉率比2018年减少60%，小区物业费收缴率从2018年的5%提升到90%以上。

（三）自主申报+现场考评，激活红色细胞。把党建引领作为提升物业服务精细化水平的重要内容，率先开展“红色物业示范点”评选。出台《南宁市“红色物业示范点”考评标准》，从党组织阵地建设、“三会一课”、作用发挥等方面细化15项综合考评指标。采取企业自愿申报、行业协会党委初审、城区住建部门和物业行业专家考评小组现场考评、市住建部门组成评审委员会全程监督和指导的方式开展评选工作。对综合评分达到90分以上的项目授予“红色物业示范点”称号，作为全市“红色物业”学习基地、“对外交流窗口”进行宣传推介。2018—2021年，全市评选出“红色物业示范点”物业小区94个。

（四）社区党组织+辖区单位，做优红色物业。由社区党组织牵头，联合辖区机关、企事业单位党组织创建“社区大党委”，建立“红色物业议事厅”等，开展“早送晚迎助学”“时间银行互助养老”等志愿服务活动。年内全市共有6387个机关企事业单位到社区报到，8万多名在职党员到社区开展“双报到”活动，开展服务16万多次，帮助群众解决困难事项12万多个。推行“社区大党委”派驻党建指导员制度，指导物业服务企业开展企业接待日、管家接待日、业主见面会等。发挥宣传、政法、民政等19家城市基层党建联席会议成员单位作用，研究解决群众提出的社区绿化美化、活动场所和健身器材不足等具体问题1600多个。疫情防控期间，全市1.8万多个基层党组织和29万多名党员下沉一线，参与疫情防控和复工复产，调动组织全市6777个网格、12999名网格员积极开展疫情防控和矛盾纠纷排查化解。

（岑宝新　郑晓丽）

南宁市构建自贸试验区两新党建工作新机制

——市两新组织党建工作经验

市委组织部

为进一步加强中国（广西）自由贸易试验区南宁片区（简称南宁片区）党建工作，理顺南宁片区党建管理体制机制，市委组织部、市两新组织党工委研究出台《关于进一步加强中国（广西）自贸试验区南宁片区两新组织党建工作的若干措施》，以优化营商环境、服务南宁片区发展需求为出发点，探索和加强南宁片区两新组织党的建设新路径，构建适应自贸区发展的两新党建工作新机制，为全面落实强首府战略、促进南宁片区高质量发展注入澎湃动能。《自贸试验区南宁片区党建工作管理机制的问题与对策研究》课题获广西壮族自治区党委组织部重点调研课题表彰，《广西组工信息》（第58期）、《自治区两新组织党工委简报》（第8期）分别介绍相关经验做法，人民网、光明网、《中国组织人事报》、《广西日报》等媒体先后刊发报道。《南宁市构建自贸试验区两新党建工作新机制》成功入选全国党建研究会非公专委会会刊《非公有制企业党建》杂志“2021年度百个两新党建优秀案例”。

5月26日，南宁金融城党支部到五象孵化器开展“党员进百企　暖心送服务”支部活动　（陈建桦　摄）

（一）健全联建联动机制。建立南宁片区党建工作联席会议制度，由市两新组织党工委牵头，从全市层面统筹税务、人社、市场监管等6个部门以及属地城区、开发区共同推进南宁片区两新党建工作。深化“先锋引领·亲商强企”大行动，在南宁片区建立32个民营企业党建工作联系点，组织24个机关单位、国有企业党组织与63家两新组织党组织开展结对共建，街道社区、园区、市场监管等部门专业人员定期深入企业，协调落实惠企政策和扶持措施。由南宁片区属地党委、政府牵头，定期开展“先锋引领·良策惠企”沙龙活动，邀请相同行业、上中下游产业链行业等企业代表及相关行业主管部门和金融、法务、税务、会计方面的专家、学者共同参与，构建互联互动、互促共进、共促发展的党建一体化工作格局。选派137名优秀中青年干部担任工业振兴特派员，服务141个重点企业、项目，协调解决问题476个。建立自贸区党员与街道社区“双报到、双服务”机制，在社区设置环境维护、文明劝导、法律咨询等志愿服务岗位，组织398名两新组织党员到社区开展“携手共创文明城”等志愿活动1700多场（次）。

（二）织密组织管理体系。坚持条块结合，“条”上依托网信、卫健、邮政等行业主管单位或业务监管部门，在现代金融、数字经济、文体医疗、加贸物流四大板块产业组建行业党组织，“块”上依托街道、社区、商务楼宇党群服务中心设立金龙片区联合大党委等5个联合党组织，将片区分散的32个党组织纳入管理。充分运用企业登记、社保缴费、党员信息等大数据，采取“重点企业职能部门抓、片区企业镇街抓、中小企业社区抓”的方式，整合市场监管、城市管理、民政、街道社区等部门力量上门摸排，选派两新党建工作组织员、党建指导员指导帮建党组织、推动成立群团组织、指导发展党员等，累计走访南宁片区楼宇130多栋、民营企业4000多家，推动单独组建非公企业党组织129个，有党员的企业基本实现组织覆盖，没有党员的企业基本实现工作覆盖。注重在新建党组织、没有党员或尚未建立党组织的两新组织以及3年以上没有发展党员的党组织中培育发展党员，2021年培育发展两新组织党员76名，同比翻了一番。

（三）打造党建示范样板。针对自贸区高度开放、独特地域概念等新业态新特点新要求，按照地域相邻、行业相近、优势互补的原则，以金龙片区非公企业联合大党委、中国—东盟金融城党建联盟、企业之家党建联盟和社区联合大党委为依托，定期召开跨两新组织轮值主题党日活动，覆盖片区内169家楼宇企业。以“一行业一特色一品牌”为目标，建设金融、互联网、教育培训、孵化器等5个领域党群服务中心，设立“中国—东盟新型智慧城市协同创新中心党建e联盟”，为企业、居民提供“一站式”“全程式”服务，助力培育“党旗引领+金融先锋”“云上党旗红”等特色品牌，打造“15分钟楼宇党建活力圈”。在产业园区、商务楼宇设置五象总部大厦等18个“先锋领航空间·党群微家”楼宇服务站，选派党建组织员和两新组织党员驻点服务。目前，共打造自治区级党建示范点3个、市级党建示范点13个，形成“五分钟党建示范圈”。

（李科　梁洪嘉）

坚持党建引领　争做“三个表率”
争创让党放心　让人民满意的模范检察机关

——市人民检察院党组党建工作经验

市人民检察院党组

2021年以来，市人民检察院把争创模范机关活动作为加强党的政治建设的一项重要举措，作为对党史学习教育和政法队伍教育整顿的巩固和深化，坚持党建引领，精心谋划推进，模范机关创建工作取得实实在在的成效，市院机关于2021年6月被市委市直机关工委评为“模范机关示范单位”，市检察院综合绩效考评连续11年获得一等奖。

（一）以忠诚铸检魂，打造政治过硬的模范机关。一是突出政治引领，争做“两个维护”的表率。坚决落实党中央、自治区党委、市委的决策部署，不搞变通，不打折扣。院党组坚持围绕中心抓党建、带队建、促业务，每年由院领导带队进行党建队建专题调研和专项督查，出台加强机关党的建设、队伍建设意见等系列制度，推动队伍政治素养整体提升。坚持每月学习习近平总书记重要讲话精神，系统梳理习近平总书记的新指示、新要求，完善重点工作记录督办通报机制，制订请示报告重大事项清单，以实际行动践行“两个维护”。实施青年干警理想信念宗旨教育计划，各业务部门针对青年干警多、文化程度高的特点，以40岁以下干警为主体，搭建共同学习进步平台，将党建引领探索“学习+培训+办案+研究”素质能力建设模式，把理论学习研讨和党建工作融入业务工作中，形成南宁检察特色的“学思讲写用”素质能力模式。“民事检察微课堂”“尚法讲堂”“小案说规范”等“学思讲写用”活动常年在业务一线举行，让初心使命在青年干警内心深处筑牢、思想深处扎根。二是深化理论武装，争做学思践悟的表率。坚持不懈用习近平新时代中国特色社会主义思想筑牢队伍精神支柱，不断拓展主题教育成果，发挥院党组理论学习中心组的领学促学作用，带动党支部及时跟进学。坚持“学思讲写用”一体化推进理论学习，打造习近平新时代中国特色社会主义思想“两个讲堂”学习平台，“支部书记讲堂”每期由一名支部书记带头宣讲，“党员讲堂”由各党支部自主策划，每次支部学习会由一至两名党员上台领学宣讲，推动理论学习走深走心走实。

6月24日，市人民检察院开展第四期“党史检史大家谈”活动

（二）抓基层强基础，打造党组织过硬的模范机关。一是树牢标准意识，建设党建文化阵地，增强战斗堡垒。制定下发开展“党建引领平安南宁建设，固本强基创建模范机关”主题实践活动的实施方案和“开展党支部组织生活质量提升行动及党支部达标创优工作”的实施方案，出台验收标准。通过开展“每月一督查、每季一评比”活动，严格落实双重组织生活、党员政治生日等制度，强化党支部“熔炉”等功能。市院共投入270多万元，于2021年高标准建成了党员活动中心、检察文化活动中心、新时代文明实践中心、各党支部党建阵地，改造提升了市院党建文化宣传阵地。打造办公室文化，规范办公秩序，每月评选“最美办公室”，在每一层楼设置一个读书角，使整个机关大楼形成深厚的党建文化、检察文化氛围。二是强化品牌意识，推进“双融双促”。从创新组织活动方式入手，以问题为导向，推动行动学习进支部，策划开展“增强理论学习针对性实效性”“破解基层院建设困难问题”专题结构化研讨等活动，将行动学习融入培训班、办案组、检察沙龙当中，增强基层党建吸引力、感染力。坚持党建与业务“两手抓”“两促进”，深化“党员先锋岗”“党员红旗窗口”等创建，实施“一支部一品牌”创建活动，打造了“一团火精神”“民行检察·为民司法”等11个党建特色品牌。三是打造优秀团队。把优秀团队建设作为落实“系统观念、法治思想、强基导向”的先锋集体。以新时代检察队伍建设正规化专业化职业化建设为标准，以提升人才素能和办案“三个效果”相统一为目标导向，在各业务条线组建以先锋党员为领军人物及核心骨干组成的检察团队。涌现出了检察服务模式南宁版的“南检控申12309团队”等25个优秀团队。

（三）守初心保稳定，打造业务过硬的模范机关。一是以能力提升夯实履职基础。围绕提升政治素质、业务素质、职业道德素质“三大硬核能力”，深入实施大学习大培训。市院坚持每季度召开核心业务数据分析研判会，晒数据、比业绩、作通报，推进检察监督能力提升。全市检察机关3件案件入选全国检察机关典型案例、34件案件入选全区检察机关典型案例或精品、优质案件。二是以服务大局彰显检察担当。聚焦中央和自治区党委重大战略部署，出台了服务打好三大攻坚战、保障“六稳”“六保”等系列指导意见和措施，在全区检察机关司法救助助力脱贫攻坚等相关会议上介绍经验。全市检察机关在全区检察系统扫黑除恶专项斗争综合评估评比中排名第一，获评全区检察机关扫黑除恶专项斗争先进单位，在全区扫黑除恶专项斗争推进会上作经验发言。坚持党建引领，组织党员干警全力投入“战疫”斗争，紧盯重点领域，强化精准监督、类案监督，依法从严从快打击妨害复工复产、损害企业合法权益等犯罪，让党旗在疫情防控一线高高飘扬。三是以司法为民践行初心使命。以开展党史学习教育为契机，把“检察为群众办实事”作为深化落实党史检史教育的实践载体，出台“检察为民服务”活动实施方案，细化活动项目，明确四个方面20项重点任务，推动解决人民群众的操心事、烦心事、揪心事。践行新时代“枫桥经验”，用真情落实“群众来信件件有回复”制度。2021年，全市检察机关共组织“我为群众办实事”实践活动269件次，共收到群众来信62件，全部做到7日内程序性回复、3个月办理过程结果答复；办理司法救助案件28件，救助34人，救助金额41.3万元，公开承诺事项办理群众满意率达100%。

（四）强作风树形象，打造队伍过硬的模范机关。一是坚持党对检察工作的绝对领导。认真执行《中国共产党政法工作条例》、重大事项请示报告制度，严格落实中央八项规定及其实施细则精神，廉洁自律准则和纪律处分条例等党内法规，开展“以案促改”活动，运用“扫黑除恶、打伞破网”典型案例加强警示教育，增强“四个意识”、坚定“四个自信”、做到“两个维护”，在始终同以习近平同志为核心的党中央保持高度一致上作表率。二是持续开展“书记引航担使命”主题活动。推动全面从严治党主体责任落实落地，形成一级带一级、一级抓一级、上行下效、全党一致的良好局面，进一步营造首府检察风清气正的政治生态，为推动首府检察工作高质量发展提供坚强政治保障。深入开展检察队伍教育整顿，突出筑牢政治忠诚、清除害群之马、整治顽瘴痼疾、弘扬英模精神“四项任务”，坚决刀刃向内、正风肃纪，打造“四个过硬”检察铁军。三是持续加强党员干部的教育管理，树立忠诚担当的首府检察形象。建立党风廉政建设和反腐败工作分析暨党员干警思想纪律作风动态分析联席会议制度，建立检察队伍思想动态和心理状态定期分析机制，持续抓好各项巡视巡察问题整改。印发《检察干警文明礼仪手册》，规范检察干警的礼节礼貌、言行举止。大力宣讲身边典型、先进人物，开展向南宁市直机关优秀共产党员易燕平和兰中山学习活动，积极营造“比学赶超”的浓厚氛围，形成崇尚先进、学习先进的鲜明导向，党员干警带头冲锋在办案一线，勇挑重担，奋力拼搏，全身心投入扫黑除恶、脱贫攻坚、守护民生等专项斗争中。涌现出全国十佳公诉人、全国青年卫士宋萍，自治区一等功公务员杨亮，全国检察机关扫黑除恶专项斗争优秀个人何芳，自治区先进工作者、广西“五四”青年奖章获得者孔德雨等先进人物。全市检察机关荣获国家级表彰的先进集体11个，先进个人7人；自治区级表彰的先进集体27个，先进个人24人。

（谈成）

创新“123”机制　扎实推进党史学习教育

——市公安局党委党建工作经验

市公安局党委

自开展党史学习教育以来，市公安局党委按照“学史明理、学史增信、学史崇德、学史力行”的目标要求，坚持“一条主线”高站位高起点谋划，“两个结合”高标准高质量落实，以严的要求、实的作风、强的行动实现“三个提升”，全局各级公安机关党组织凝聚力、战斗力不断提升，“123”机制的实施达到了学党史、悟思想、办实事、开新局的目的。

组织民警参观红色中山教育基地

（一）“一条主线”有力铺开、全面推进。紧紧围绕庆祝建党100周年这一主题主线，组织开展形式多样、内容丰富的学习活动。一是量体裁衣，创新推出领导班子带头学、红色资源结合学、集中研讨专题学等“六学”模式，推动党史学习教育“规定动作”落细落实。党委班子严格落实“第一议题”制度，开展专题集中学习18次；建立市局领导联系点制度和任务直接负责制，引领各级领导成员参与分管联系科所队的学习教育，带动全局各级领导干部带头讲党课600多次。打造南宁公安“党建云”等学习平台，创新开展“每周壹学时”活动，推动全市公安机关各级领导干部和广大民警辅警进一步坚定理想信念。二是守正创新，结合公安实际和特殊时间节点，部署开展党史学习教育自选“十个一”活动，举办“清明祭英烈”和“云合唱”歌咏比赛等党建及群团活动。研究制定“感党恩　跟党走”系列主题活动，围绕党史故事大家讲、党史知识大家答、党员心声大家谈、红色歌曲大家唱、重温入党誓词等五大专题，组织开展党建成果展、重温入党誓词等活动。组织举办庆祝建党100周年“五学”系列专题活动，着力引导民警辅警将爱党、爱国、爱人民的情怀转化为做好新时代首府公安工作的强大动力。三是多措并举，从“四大角度”出发，对市局党史学习教育的做法成效进行全方位、多层次、多角度的宣传。紧盯报纸、网络等主流新闻媒体阵地强化宣传，全局开展党史学习教育相关稿件2021年在中央、自治区级等媒体累计发稿1万多篇；抓好内部宣传，在南宁公安信息网等内部平台开设党史学习教育主题专栏，编发专刊简报80篇；依托“南宁警方”等政务平台开展联动宣传，策划“奋进新征程　忠诚保华诞”等系列主题宣传；重点推出交警支队黄宜新、公安英烈邓品良等一批首府公安英模宣传视频和展册，摄制23部党史学习教育、首府公安榜样宣传片。

（二）“两个结合”走深走实、见行见效。一方面，市局党委将党史学习教育和政法队伍教育整顿紧密结合，在政法队伍教育整顿中出台“1+8”专项整改工作方案，全面梳理各警种部门存在的突出问题。教育整顿期间，全局共有784名民警主动说明问题，通过四种形态组织处理720人。另一方面，市局党委将党史学习教育和公安业务工作融会贯通，以“我为群众办实事”实践活动为抓手，全力解决人民群众“急难愁盼”问题。全市各级公安机关按照市局党委的部署，从工作实际出发，切实为人民群众办实事、办好事、解难事；立足打击职能，抓好防风险、保安全、护稳定等各项措施落实，为系列重大活动创造安全稳定的社会环境。

（三）“三个提升”获全国表彰、广泛赞誉。通过“一个主线”“两个结合”的扎实推进，全局各级公安机关在队伍建设、打击犯罪、为民服务等方面取得新成效、新提升。一是通过深入开展党史学习教育和“我为群众办实事”实践活动，不断推动广大民警辅警深刻领悟到“两个确立”的决定性意义，增强“四个意识”、坚定“四个自信”、做到“两个维护”，做到主动担当作为。开展党史学习教育以来，市局先后涌现出全国先进基层党组织、全国青年文明号——中山派出所，平安中国建设先进个人黄礼，全国公安系统二级英模刘志双等一大批先进集体和个人。二是通过持续推动党史学习教育走深走实，市局各项公安业务指标的完成质量取得新突破，2019年、2020年连续两年荣获广西公安机关绩效考评第一名。通过深入打造毒品治理“南宁模式”，上林县成功摘除毒品问题国家级通报警示地区的“帽子”。市局创新推出“三六二”打击传销技战法，有效遏制了传销活动蔓延势头，国家市场监管总局宣布南宁市从全国传销重点整治城市出列。三是始终坚持“为人民服务”的根本宗旨，部署全市公安机关130多个中基层单位实施为民办实事项目996个，惠及群众350多万人次；提升首府公安机关为群众办实事“十个重点项目”，推动爱民措施落地见效。

（阮洋）

突出政治统领　聚焦中心发力 以高质量党建助推高质量发展

——市委市直机关工委党建工作经验

市委市直机关工委

2021年，市委市直机关工委坚持以习近平新时代中国特色社会主义思想为指导，聚焦“围绕中心、建设队伍、服务群众”职责定位，以“党建引领强首府　担当作为走前头”为总抓手，强化政治统领，深化模范机关创建，以高质量党建助推高质量发展，为全面落实强首府战略提供坚强保证。

（一）突出政治统领，机关政治属性彰显。深入学习习近平总书记系列重要讲话精神、党的十九大和十九届历次全会精神以及自治区第十二次党代会、市第十三次党代会精神，组建学习贯彻党的十九届六中全会精神和自治区第十二次党代会精神南宁市直机关宣讲团集中开展宣讲活动，引导机关党员干部深刻领悟“两个确立”的决定性意义，坚决做到“两个维护”。2021年全年，宣讲团共宣讲36场次，听取报告党员4600多人次。开展“百名党组（党委）书记讲主题党史课、千名党支部书记讲党史微党课、万名党员干部讲党的故事”活动。市直机关党组（党委）书记讲主题党史课380多场次，机关党支部书记上党史微党课2000多场次，听课党员2.8万人次，党员1.2万人次分享党史故事。各机关党组织组织党员到红色教育基地开展现场教学1300多场次，参加党员2.5万人次。

（二）细化优化标准，模范机关创建再提质。率先在全区出台《南宁市直机关创建模范机关工作指南（试行）》，命名市政协机关等8个单位为南宁市直机关创建模范机关示范单位。市纪委监委机关获“全区创建模范机关示范单位”，并承办了全区创建模范机关现场推进会。

（三）坚持固本强基，基层党组织建设提效。推动市直机关党组（党委）书记和班子成员建立基层党支部工作联系点，建立市直机关领导干部党支部联系点509个，各级党组织研究党支部建设700多次，解决问题300多个。经机关各党组织自查验收，2021年市直机关1396个党支部组织生活质量提升达标100%；党支部达标创优100%。开展“一支部一载体”主题实践活动，举办“党建与业务融合　服务强首府战略”优秀成果评比活动。

9月28日，市委市直机关工委在市检察院召开南宁市直机关深化模范机关创建暨党支部标准化规范化建设工作推进会　（翟晓娟　摄）

（四）强化能力建设，党务干部队伍素质提升。印发《关于进一步提高市直机关专职党务干部能力的通知》，以提升“四力”为重点，狠抓机关党务干部队伍建设。组织举办了市直机关党务干部、团干、工会干部等系列业务培训班10个班次，培训党务干部2000多名；开展党务干部微党课比赛，召开模范机关创建工作现场推进会。着力提升工委干部“五力”（学理论用理论的能力、谋划工作的能力、业务指导能力、协同推进工作能力、督促检查能力）。通过开展“人人上台，个个讲业务”、信息写作比武、调查研究等活动，不断提高工委干部履职能力。

（五）聚焦市域治理，党员志愿服务再发力。市委市直机关工委与市文明办联合印发《市直机关党组织服务城市社区治理实施方案》，将90个机关党组织全部安排到社区，实行网格化管理。2021年市直机关共702个机关党支部到社区开展党员志愿服务活动，为群众办实事好事1320多件。组织开展市直机关党组织“我为群众办实事·共建共享文明城市”新时代文明实践志愿服务活动和2021年服务基层治理提升行动，组织党员志愿者开展文明交通劝导，深入社区开展垃圾分类宣传指导、文明城创建知识宣传等志愿服务活动，参与党员志愿者8000多人次。

（六）强化责任担当，工业、乡村振兴再建功。从机关选派137名干部担任工业振兴特派员，专职服务118家民营企业和重点项目。市直机关共派出273名第一书记，进驻273个重点帮扶村接续助力乡村振兴。开展“百名书记引航，推动消费扶贫”主题活动，帮助脱贫地区和脱贫户销售农特产品1619.63万元。创新“后盾单位+资源+资金+项目”的帮扶模式，协调中建五局广西分公司等企业为工委定点帮扶村武鸣区府城镇四明村、富良村农村人居环境提升项目引进资金34.7万元，解决了武鸣区府城镇12个农村人居环境提升建设项目的资金缺口问题。

（黄璐璐）

党建引领模范机关建设　赋能司法行政高质量发展

——市司法局党建工作经验

市司法局机关党委

2021年，市司法局坚持以习近平新时代中国特色社会主义思想为指导，全面贯彻落实习近平法治思想，以党的建设为统领，以“先锋引领　法治护航”为抓手，大力实施“铸魂工程、提能工程、塑形工程”，培育开卷能学、提笔能写、张嘴能说、遇事能干的“四能”干部，着力打造新时代司法行政铁军，为南宁市荣获全国法治政府建设示范市和全国“七五”普法先进城市贡献了司法行政力量。

6月17日，自治区司法厅、市司法局举行“我为群众办实事　送法进军营法律咨询双拥活动”暨南宁市法律援助中心31648部队工作站挂牌仪式活动

（一）抓思想引领促政治过硬。市司法局坚持“首题必政治”，始终用习近平新时代中国特色社会主义思想引领局党组开展政治思想建设，自觉用政治思维统筹推进党史学习教育和队伍教育整顿等大项活动，先后召开4次全系统队伍教育整顿工作动员部署推进会、21次司法行政系统队伍教育整顿领导小组推进会和41次领导小组办公室会议，组织开展5轮政治工作督察。结合司法行政职能，学深悟透用好习近平法治思想，进一步深化了“司法机关先是政治机关”的思想认识。

（二）抓党史学习促信念坚定。以“学党史　知党恩　跟党走”为主题，先后开展了“党史故事我来讲”演讲比赛、“党员心声我来谈”微党课比赛、“我为平安南宁献一策”主题征文以及“党史知识我来答”“红色歌曲大家唱”“我为群众办实事”“司法行政榜样大家学”等系列活动36场次。组织党员到李明瑞、韦拔群等革命烈士纪念馆，雷经天故居等红色教育基地开展革命传统教育，重温入党誓词，让党员干部在全景式、体验式教育中传承红色基因、牢记初心使命。通过党组学习会、理论学习研讨会、支部“三会一课”“新时代司法行政讲习所”暨领导干部上讲台等形式，深刻领悟“两个确立”的决定性意义，切实在增强“四个意识”、坚定“四个自信”、做到“两个维护”上形成理想自觉。

（三）抓制度建设促规范管理。持续推进“书记引航担使命”主题活动，建立局党组月初布置市纪委监委责任清单，各党支部结合业务抓落实，月末听取清单完成情况汇报工作制度，年内11期清单116项任务全部落实。针对观察中发现党内生活存在的不规范、不到位、抓而不实、抓而不紧等情况进行会前提醒、现场指导、事后督促，并及时向机关党委报告观察分析情况，构建起“观察+总结+反馈”强责提效闭环机制。修订完善《中共南宁市司法局党组工作规则》，制定机关党委议事规则，举行支部书记述职评议考核，召开党的工作会议，举办党务知识提升班，打造党史长廊、党建宣传长廊、党员活动室、廉政教育室、党员阅览室等活动阵地。强化支部对党员考核表彰、评先推优的建议权和话语权，开展“一支部一品牌”特色创建活动。

（四）抓为民服务促创优争先。围绕立法工作为民、刑事执行护民、普法宣传惠民、法律服务利民、减证减时便民、依法治理安民六大方面，创新推出便民利民措施67项，组织开展“我为群众办实事”实践活动1959场次，惠及群众15.9万人次。成立中国（广西）自由贸易试验区南宁片区矛盾纠纷调解中心。建立261个商会人民调解组织，实现商会人民调解委员会100%覆盖。精心组织“千场法治宣传”活动月活动。制定涉及11个领域76项事项“轻微违法行为免罚清单”，组织编制公布涉及8个领域56项证明事项告知承诺制目录，成立全区第一个行政争议调解中心，设置130个行政复议代办点，事前合法性审查或出具法律意见758件，出具备案审查意见177件。完成“智慧矫正”全国、全区试点，推动执法办案全流程可回溯式监管。建立69部地方性法规和规章的行政裁量权基准，形成29件规范性文件。建立律师和律师事务所不良执业信息记录披露和查询制度，设立“律师投诉处理中心”。

（五）抓教育整顿促纪律严明。采取动员部署、集中学习、警示教育、英模教育、专题讲座、参观廉政教育基地、自查自纠、整治顽瘴痼疾等形式，筑牢党员干部的思想防线。通过公开栏、网站等形式公开党务管理、政务管理、法律服务管理等事项，让权力在阳光下运行。坚定不移正风肃纪反腐，持之以恒纠治“四风”，着力培育“严、实、细、合、专、新”机关新风正气。认真抓好巡视巡察、政治监督专项督查反馈问题整改，坚决清除问题隐患，在自我净化、自我完善、自我革新、自我提高中规范工作纪律和办事规矩。通过“公开大接访”等形式，听民声、知民意、解民忧，不断增强人民群众的获得感、幸福感、安全感，充分展示司法行政队伍的严明纪律作风和新形象。

（潘莹）

潜心打造“三牛”文化　竭力铸就“犇”腾三职

——市第三职业技术学校党建工作经验

市委教育工委

市第三职业技术学校党委紧扣立德树人主题，着力打造“犇”文化党建品牌，系统构建“老黄牛、拓荒牛、孺子牛”育人体系，凝练了“三范、三匠、三创”育人机制。

（一）建立党建研究中心，引领职教育人道路。学校成立“党建工作研究中心”，高效开展“党建工作研讨会”“党风廉政工作研讨会”“德育工作研讨会”“意识形态工作研讨会”等活动，积极凝聚红色力量为党建工作难点提出解决方案。

（二）构建“三牛”文化品牌，塑造五育并举英才。校党委先后召开“校史、形象、品牌”等校园主题文化研讨会，提炼出“牛”的形象，凝成了得到师生一致认可的“犇”文化党建品牌，系统构建了“老黄牛、拓荒牛、孺子牛”育人体系；结合教育部的《中国学生发展核心素养》，凝练了“务实创新　奉献　忠诚专注自信　勤业精业乐业”的三职学生发展核心素养，努力塑造五育并举英才。

（三）形成“三三”育人机制，打造先锋模范阵地。党委以“犇”文化凝聚红色力量，形成“三范管理出精品、三匠精神育人才、三创实践立品牌”的育人机制。以“三范”管理为核心管理理念，通过全体师生“学规范、做示范、立模范”阶梯式的成长规划成就师生精彩人生。教师“三范”管理，即“青年教师学规范、中年教师做示范、老年教师立模范”。开展“党建+名师成长团队”——“攀登”党建品牌建设，依托党员领衔的2个自治区级、10个市级名师成长团队，实现教育、教学、科研团队的全方位发展。学生“三范”管理，即“一年级学规范、二年级做示范、三年级立模范”。校党委引领校团委开展“团建+青年成长团队”“三思”团建品牌建设；依托12个市级以上党员名师成长工作室的协同带动，积极开展“走进团团”“凝聚青春”等团课。以“立匠品、育匠心、传匠艺”的“三匠”精神为核心理念，努力培育“三匠”精神学子。“立匠品”重在培育综合品质，即树立爱国爱党、爱岗敬业、吃苦耐劳等从业品质。与企业共建“校企协同育人”教育基地，组建“红旗宣讲队、火炬宣导队、红星传播队”思政队伍，开展党员思政课、课程思政课活动和党员进班上党课活动。“育匠心”重在培育创造性思维，即树立开拓进取、敢为人先的从业品质。行政党支部开展“党建+志愿服务团队”——“耕耘”品牌建设，以“食尚三职校”为主题，在社区开展美甲、美发及烹饪等技能服务；以“智造三职校”为主题，在社区开展无人机、智能家居等科普宣传展示；以“温暖三职校”为主题，与中华社区携手开办创业电子商务培训班，开展电商扶贫等技能服务。“传匠艺”重在培育高水平技能，即树立精雕细琢、精益求精、追求完美的从业品质。党委与10多个企事业单位开展党建共建，聘请企业、行业能工巧匠为师生传授高超技艺。党委以高质量发展为主线，深入开展“创新、创业、创优”的“三创”实践活动，打造三职党建品牌。勇创新，即让师生在各项活动中培育创新意识、创新精神。紧扣新时代主旋律和学校“犇”文化内涵，形成“‘犇犇之星’达人秀”“十八而志，不负韶华”学生成人礼、“犇腾青春守初心，奋力逐梦新时代”校园文化艺术节等主题团建活动；开展“三联系一结队，校园暖党旗红”“党员建功新时代，志愿服务暖绿城”“追忆红色文化足迹，弘扬先烈革命精神”等主题党日活动。敢创业，即让师生在各项活动中培育创业意识、创业的能力。开展“党建+创业团队”——“开拓”品牌建设，建立美容保健创业孵化基地、面点创业孵化基地、电商创业孵化基地、家电维修创业孵化基地、汽修创业孵化基地等。争创优，即党建引领促教育教学，争创一流业绩。教师方面，开展优秀党员、优秀教师等评比；以赛促教，组织教师参与基本功比赛、教学能力大赛。学生方面，开展市级优秀团干和团员、市校级“三好学生”“优秀学生干部”和“优秀实习生”等评比；选拔、培养优秀学生参加国家级、区市级学生技能大赛。在党建引领下，全体师生艰苦奋斗、开拓进取、团结奉献，教育教学取得了丰硕成果，助推了学校跨越式发展，谱写了学校高质量发展新篇章。

（黄玲芝　张雪莹）

学校党委开展“党建带团建”，形成阶梯式练技能、铸匠品的培养机制，在学校“不忘初心、不负青春”横标前校党委委员与团委委员合影　　（李鸿梅　摄）

思想铸魂育人育才　党建引领教育教学

——南宁二中党建工作经验

市委教育工委

南宁二中党委深入学习和贯彻党的教育方针，坚持把加强党的领导贯彻到教育教学全过程，强化思想铸魂育人，赓续红色精神血脉，促进党建与学校教育教学工作深度融合，发挥党组织和党员先进性作用，践行立德树人任务，着力打造品质教育。

（一）强化党的领导，确保正确育人方向。学校党委充分发挥党组织领导核心作用，保证正确办学方向，确保学校为党育人、为国育才，以“教学生三年，想学生三十年，想国家民族三百年”教育追求，不断强化立德树人目标。一是扎实开展党史学习教育。充分挖掘学校115年红色历史，突出打造学校党史学习教育平台建设，建设“中国共产党人精神谱系”连廊，营造浓郁的党史学习教育氛围。二是创新德育教育形式。以深入开展“党课开讲啦”为契机，推出《传承红色基因　勤育时代新人》等优秀专题党课，邀请革命家陈云同志身边工作人员和国内数十所高校专家进校宣讲党史，承办全区同步直播话剧《少年黄大年》，感受“少年负壮气，奋烈自有时”的黄大年，让青年学生致敬英雄，雅行修省，学以报国。三是强化典型引领教育。学校以全国模范教师、全国教书育人楷模徐华同志为榜样，学习宣传他牢记初心使命，勤业敬业，爱校如家，以高尚的师德，做育人先锋先进事迹。每年“七一”开展先进党支部、优秀党小组、优秀共产党员、优秀党务工作者评比表彰活动，学校涌现了全国先进工作者、全区优秀党员等先进模范。

南宁二中党委组织开展廉洁教育专项活动　（王量　摄）

（二）强化队伍建设，提升育人水平。持续打造“魅力党建”品牌，不断丰富“先锋引领·校园党旗红”主题活动内涵。一是突出做好发展党员工作。高度重视发展优秀青年教师、学科带头人入党，健全把骨干教师培养成党员、把党员教师培养成教学管理骨干的“双培养”机制。二是严格执行组织生活。做好支部标准化、规范化建设，初高中部均有标准化党员活动室，10个党支部全部标准化、规范建设。坚持每月双周第一个星期二开展党员集中活动日学习，定期开展“三会一课”，坚持把德育工作与组织生活有机融合。三是凝聚班子建设合力。选优培强党组织班子，扎实推进“书记引航担使命　凝心聚力强教育”等专项活动，积极落实党委理论中心组学习制度，2021年开展理论学习23次，专题研究思想政治工作7次。组织党员开展政治学习26次。同时，学校秉承“启牖智慧，活泼身心”的校训，系统地开展了“三典、四坛、五节、六赛”等丰富多彩的德育实践活动，推出礼仪课程、校园管理安全课程、生涯规划课程、班主任专业化课程、社团成长课程等五大课程。

（三）强化党建引领，服务教育教学。以抓好党建促发展，大力推进“品质教育　学在南宁”系统工程，深入开展“服务教学、服务学生、服务教师”主题活动。一是助推教学提质。抓住“双新”改革契机，以“党建促教”为抓手，全力推进“新课程新教材实施国家级示范校”建设，积极发挥八桂名校的示范辐射作用，与兴安中学、苍梧高中、天等高中、德保城关镇初级中学等区内学校建立教科研联合体，扎实推进教研活动。2021年，初高中共组织开展教研活动32次，解决新课改大单元教学、课后服务、分层教学、命题的有效性等教育教学难题21个。二是着力学生帮扶。深入开展教育精准帮扶，组织初中、高中支部党员教师从学习生活等方面一对一帮扶学生322名，同时与爱心企业签订捐资助学协议，学校每月获捐14万元，帮扶家庭经济困难学生400名，并利用10万元捐款开展学生重大疾病救治志愿服务。落实“双减”政策，开展作业辅导、体育训练和特色选修课程三大类课后服务，2021年有2279人参与课后服务，参与率达80.73%以上。三是专注温暖教师。学校党委切实做到为教师办实事、解难题，危旧房建设项目即将完成。每年召开新进教师会议，与新进教师谈心谈话，为新进教师排忧解难，年内，初高中共收集到新进老师问题19个，已解决14个，5个正在全力解决。针对班主任工作中的困惑，扎实开展班主任培训工作，初高中共开展培训班32期，培训新老班主任156名，进一步强化了德育工作的整体水平，提升教育教学效果。

（周海云）

党建领航从“融”出发 改革聚力开“创”新篇 打造国企特色党建融创平台

——南宁威宁集团党委党建工作经验

南宁威宁集团党委

2021年，南宁威宁集团党委坚持以习近平新时代中国特色社会主义思想为指导，以庆祝党的百年华诞为主线，坚持国企党建引领改革发展、保障生产经营、服务职工群众的初心和使命，把提高企业效益、增强企业竞争实力、实现国有资产保值增值作为国企党建工作创新的出发点和落脚点。构建“党建品牌、个性指标、工作微创”三个层次和维度的党建工作创新体系，为基层党建工作创新提供定向的服务指导、技术支持、资源协调、人才供给和资金倾斜。

（一）“整合升级、优胜劣汰”，打磨党建品牌基石。坚持以“全面覆盖、全域提升”为导向，制订“优选培育、分批创建、层层带动”的三步走实施方案，为党建品牌创建提供核心定力和组织保证。升级打造“126党建工程”，全面实施“党建功能、品牌效能、人才动能、作风势能、监督职能、和谐赋能”六项提升行动，为强化党建品牌指引发展航向。以“八建八提升”为方向，根据“党建+业务经营、队伍建设、管理管控、作风建设、队伍建设、企业文化、安全维稳、党风廉政”8个具体路径，开展特色党建工作。按照“有鲜明的品牌名称、有具体的创建措施、有丰富的创建载体、有深刻的工作内涵、有较强的影响力”的“五个有”要求，将品牌创建工作与规范基层党支部组织生活工作和企业发展深度融合起来。以“十四五”战略规划为引领，制订党组织建设届期工作目标，开展党建品牌的体系建设、框架完善、理念升级、整合重塑或撤销退出，推动党的领导与中心任务有机结合。“绿色农商　惠泽民生”“初心铸魂　匠心筑城”“阳光威耀　安全食材”等17个党建品牌积极发挥自身优势，提升品牌实际价值。

南宁威宁集团党委开展“百题竞答勇争先，党史入心威竞赛”建党100周年党史知识竞赛

（二）“精准对标、主攻堵点”，锚定个性考核坐标。启动基层党建工作“共性+个性”指标考核机制，以服务保障年度重点工作和问题整改为导向，落实市委关于加强国企党建工作创新的相关部署，结合企业年度目标管理考核意见和基层党组织业务推进需求，制订各单位相应的年度党建工作“个性指标”，对党建品牌构建形成有力的枝干支撑。细化、量化个性指标考核内容和年度目标，采用定量分析和定性评价相结合的方式，合理划分考核分值和权重。增加重点工作、创新工作、艰巨任务分数比重，增强个性指标的可操作性。采取季度“两随机”重点考核与年终全面考核相结合的方式进行考核，把考核结果作为党组织书记评先评优、兑现奖惩的重要依据。通过履职个性考核的推行，改变过去目标管理责任空泛、与职责脱钩、不便操作等“两张皮”难题。

（三）“力出一孔、聚沙成塔”，引入工作微创活水。开展“百项微创聚合力——开拓创新威力量”活动，以优化制度流程、提升效率质量、促进经营业绩、加快改革步伐等为突破口，推荐遴选一批企业生产经营建设一线具体工作改进改良的微创新举措，并对年度党建工作“个性指标”进行有效的内容支撑。“工作微创”内容覆盖深化改革改组、拓展经营业务、推进项目建设、提升内控管理、实施人才培养、规范党建工作、丰富企业文化、强化工作作风和党风廉政教育等各工作领域。由各党组织及技术业务骨干共同参与投票推选，并将创新举措和做法进行宣传推广、借鉴应用。企业的创新力是个体创新力的有机结合，开展工作微创活动，最大程度的开发和鼓励个体创新能力的发挥和实现，构筑有利于全员创新的外部环境。充分激发全体党员作为微创主体的自觉性和能动性，突显党员在本职工作岗位的先锋引领作用，进一步发挥基层党组织在推动改革、促进发展、激励创新的战斗堡垒作用，推动各项工作有亮点、出特色、见成效。

（朱高熠）

创新推动党史学习教育走深走实

——南宁交投集团党委党建工作经验

南宁交投集团党委

南宁交投集团党委坚持党史学习教育与生产经营工作深度融合，创新推动党史学习教育走深走实，用党的实践创造和历史经验坚定信念、凝聚力量、明确方向，引导广大党员学史明理、学史增信、学史崇德、学史力行，在党建引领发展、深化国企改革中展现作为，为全面落实“强首府”战略、推动南宁交投集团高质量发展提供了坚实的政治保障。

（一）强化组织领导，确保党史学习教育扎实推进。按照市委部署要求，第一时间成立党史学习教育领导小组，下设办公室和各工作组，形成“各尽其责、密切配合、一体推进”的领导机制，统筹推动党史学习教育各项工作落实。认真制订党史学习教育实施方案，从开展专题学习、组织专题培训、开展“我为群众办实事”实践活动等方面，明确具体任务，制定推进措施，将党史学习教育工作内容贯穿于2021年全年。组织集团公司各基层党组织以动员会或党员大会、主题党日活动等形式召开党史学习教育动员部署会40余场，做到入脑入心悟思想、用心用情办实事、见行见效开新局。

9月30日，举行全国交通一卡通互联互通卡在南宁市优惠乘车启动仪式

（甘镇滔　摄）

（二）坚持系统学习，从党的百年历程中感悟思想伟力。集团公司各党组织通过领学分享、专题党课等多种形式，开展习近平总书记“七一”重要讲话精神理论学习中心组学习4次，专题研讨2次；46个基层党组织开展专题学习、专题培训、专题研讨、专题宣讲等88场次，集团党委领导和基层党组织书记带头讲授专题党课、座谈交流，形成领导干部带头“学党史、悟思想、办实事、开新局”的浓厚氛围。用好用活红色资源开展现场学习教育，组织党员干部到桂林兴安、全州开展党史学习教育专题培训，前往邓颖超纪念馆、李明瑞、韦拔群等革命烈士纪念馆、广西革命纪念馆等红色教育基地开展党史学习教育，以英雄精神为楷模，永葆党员先进性。开展学习贯彻习近平总书记“七一”重要讲话精神宣讲报告，承办南宁市国资国企“党史大讲堂”第五期集中宣讲活动，先后组织开展重温入党誓词、党史知识竞赛、缅怀祭扫英烈、学党史健步走、共植党建林等“百年忆初心　启航新征程”系列活动，举办文艺汇演及送戏进电厂、进工地活动，开展“学党史　感党恩　跟党走”主题系列活动上百场。

（三）打造精品工程，让党史学习教育生动新潮有特色。一是着力打造“一艘红色主题游船”。依托沿线红色文化积淀，精心设计、建设了一艘“百年党旗红　启航新征程”邕江红色主题游船，2021年3月26日正式运营，年内接待各级党组织247批次，接待17501人次，被市委党校授予“现场教学基地”、市国资委授予“对党忠诚教育现场教学点”。二是着力打造“一条红色公交专线”。将25路线共30辆公交车精心打造为“红色”车厢流动党史“课堂”，由一线驾驶员引导乘客扫码学习，“教科书式”现学现讲红色党史、身边的党员先锋。年内共发班2.44万余趟次，接待党员、群众现场学习69.27万余人次，承接各级党组织专题学习定制用车85次。三是着力打造“一个党建教育基地”。全力打造南宁交投集团党建学习教育实践基地，以“坚持党建引领，强化党史学习，激活发展动能，不负百年华章”为主题，全面展现“红色引擎力”引领企业高质量发展“生产力”。自2021年7月1日启用以来，已接待外单位及集团公司各党组织参观学习37批次，1500多人次。

（四）真情为民服务，践行“我为群众办实事”解民忧。扎实抓好“我为群众办实事”实践活动，梳理出19项任务清单，切实解决好市民群众和一线职工“急难愁盼”问题277个，其中：家校定制专线服务中小学校达53所；新增对外开放共享停车场4个、公共停车场2个，对外开放共享停车场达到8个；完成南宁市翠竹实验学校项目建设，小学部正式挂牌招生；完成广西郁江航运枢纽坝顶机动车通行安全防护设施改造工程、那浪路污水治理项目。坚持把办实事、开新局作为开展党史学习教育的落脚点，组织召开专题推进会3场，南宁交投集团各级领导深入基层、深入项目232次，着力解决基层一线、职工群众“急难愁盼”问题167个。巩固拓展脱贫攻坚成果，以学促干，选派7名优秀党员作为第一书记进驻7个结对帮扶村，并持续大力发展具有交投特色乡村振兴产业，2021年7座扶贫加油站投入运营，全力推进乡村振兴。2021年4月，南宁交投集团荣获“2019—2020年自治区脱贫攻坚先进集体”称号。

（刘莹　蒋建坤）

夯实基层党建工作品牌　打造党建引领乡村振兴新格局

——横州市校椅镇党建工作经验

中共横州市委组织部

横州市校椅镇坚持以党支部标准化规范化、探索村级集体经济发展模式、创新党建引领“四带四治”模式为抓手，全面夯实基础党组织战斗堡垒，打造基层党建工作品牌，引领乡村振兴全面发展。

（一）着力推动党支部标准化规范化，抓基层打基础全面助推“组织振兴”。年内全镇102个党支部100%创建达标，其中，校椅镇党委获评自治区优秀基层党组织。全面选优配强村（社区）“两委”领导班子，成功在石井汶塘村举办全区村民委员会换届选举现场会，并获评自治区村（社区）“两委”换届选举工作先进单位。中团村以“五强五促”为抓手，多渠道筹措资金300多万元建立村级党建工作站，购置党建VR一体机先进设备，建成南宁市首个村级“电子红色教育基地”。通过VR设备开展沉浸式、互动性的体验教学，广泛吸引周边乡镇、村屯的党员群众来到现场教学、体验，让党史学习教育、党课教育“活”起来。高质量推动党建引领乡村振兴，打造党建促乡村振兴“中团样板”，中团村经验做法获南宁市组工信息刊发推广。校椅镇政府机关支部与横州市发改局、横州市融媒体中心、农业银行横州市支行、农业发展银行横州市支行、中国移动横州市分公司、中国邮政横州市分公司等6家单位党支部共同签署党建共建协议，正式结成党建共建联盟。制定党政班子领导联系重点企业制度，深入开展“先锋引领·亲商强企”大行动，帮助解决实际问题38个，成功将顺来、张一元等茉莉花加工企业党支部打造成南宁市、横州市两新党组织党建示范点，同步推动镇内18个两新组织党组织“三会一课”正常化，党支部规范化、标准化建设100%达标。

7月20日，横州市校椅镇开展党建共建联盟签约仪式

（二）创新村级集体经济发展模式，突出党建引领全面助推“产业振兴”。以创建“香甜党建”品牌为契机，因地制宜采取“一村一策”大力发展壮大村级集体经济。成功探索出石井村“飞地抱团”、横塘村“村社共建”、楷汶村“三方联建”等发展模式，统筹推进东圩村农产品交易市场、青桐及东圩片区“党建+村邮乐购”品牌项目。着力把石井村打造成为横州市第一个快递进村服务集体经济示范点，以村级行政服务中心阵地为核心，以商超等市场主体为站点，构建“党组织+市场主体+群众”的“快递进村”模式，实现群众领寄快递“不出村”，取快递不收费，惠及校椅镇石井片区4个村2万多人。石井村入选全国乡村特色产业亿元村以及广西“壮美广西·乡村振兴”年度特色案例。2021年全镇22个村（社区）村级集体经济收入全部超过5万元，其中六味村等8个村村级集体经济收入超过了10万元，罗村超过70万元。

（三）创新党建引领“四带四治”模式，走在前作表率全面助推“乡村振兴”。充分发挥校椅镇独特优势，坚持党建引领，积极探索乡村美、产业旺、农民富、治理优的乡村振兴之路。7月，横州市校椅镇石井村被评为100个自治区乡村振兴改革集成优秀试点村之一。推行党建带动“家园”治理，塑造乡村之“形”；党建带动“田园”治理，铸牢乡村之“魂”；党建带动“产业园”治理，充盈乡村之“实”；党建带动“生态园”治理，凝聚乡村振兴之“力”“四带四治”模式促进“四园共治”试点，探索乡村振兴道路初显成效。全镇各基层党组织书记亲自挂帅，充分发挥以党政挂村领导、村党组织书记、包片村干部、经联社成员、党员代表、群众代表为主体的党员先锋模范作用。创新实施党建引领政治、自治、法治、德治、智治“五治”机制，推动社会基层治理现代化。扩大自治基础，把精神文明建设等纳进村规民约，推行屯级党员带头协商制度，使矛盾化解在基层。推动党建引领法治建设，严厉打击各类违法犯罪活动。倡行德治先导，开展道德模范、最美家庭等评先创优表彰活动，厚植爱党爱国、向上向善力量。强化智治支撑，实施“天网工程”“雪亮工程”进村屯，推进社会治理智能化。2021年全镇农村矛盾纠纷化解成功率达92.59%，群众满意度达97.5%。

（毛迎春）

党建引领　跑出村级集体经济发展“加速度”

——横州市云表镇党建工作经验

中共横州市委组织部

2021年以来，横州市云表镇坚持以高质量党建引领村级集体经济高质量发展，通过“党建引领、支部统领、先锋带领”凝聚发展合力。全镇14个村（社区）均完成5万元以上的村级集体经济收入目标任务，其中收入达50万元的村（社区）共有1个，收入达到10万元的村3个。

（一）强化“党建赋能”，激发集体经济发展“新活力”。云表镇坚持以党建为统领，上下联动，多部门协同，充分发挥组织优势，为集体经济高质量发展提供组织保障。一是高位统筹，厚植集体经济发展土壤。积极探索建立“党建+服务”模式，不断提升党委班子和基层党组织统筹经济发展和服务企业的能力。年内新增规上企业4家，现有13家，固定资产投资完成3.86亿元，完成任务的128.67%，规模以上工业总产值累计完成21.44亿元，完成任务的126.12%。招商引资完成8663万元，完成任务的144.38%；全镇实现财政收入5163.06万元，同比增长36.4%。二是多级联动，做优服务破解发展难题。镇党委高度重视村级集体经济谋划工作，在充分走访调研的基础上，立足当地实际，科学谋划，与商会成员、村党支部、党员群众代表、产业专家共商适合本地发展的集体经济项目，确定将生猪产业作为集体经济的发力点，积极与上级部门对接，争取项目和资金支持，为建设养猪场提供资金保障；统筹协调农业、财政、乡建中心、供电等单位，着力破解南宁市荔云畜牧有限公司、广西横州逢源畜牧有限公司遇到的用地、用电等难题，助推村级集体经济发展。三是育才提质，培优育强党员干部队伍。全覆盖培训村“两委”干部、致富能人、青年后备干部及集体经济组织经营管理人员，组织党员干部赴周边镇村学习先进经验做法，强化经验交流学习，拓宽党员带领群众致富视野，不断提升发展带富能力，为村级集体经济高质量发展提供人才保障。

云表镇党委召开谋划村级集体经济工作会议

（二）强化“支部统领”，助推集体经济发展“多元化”。坚持把“党支部建设到项目上”，强化组织带动，以支部为核心，因地制宜，因村施策，进一步整合企业、专业合作社、致富能人、农户力量，盘活集体资产，多形式推进村级集体经济发展。一是服务惠民促增收。邓圩村通过人饮工程自运营收入5.16万元；飘竹村利用村中茉莉花农贸市场，收取市场管理费1.63万元。二是村企共建谋发展。大良、旺庄、广平村通过与企业合作经营建设养猪场，年收入为投资金额的14%，共计18万元。三是盘活资产增质效。南康村通过流转土地出租玉米场年收入4.4万元；飘竹村依托茉莉花农贸市场盘活摊位年收入3.03万元。

（三）强化“先锋引领”，点燃集体经济发展“新引擎”。全面激活市场主体，强化合力分工，做到协同有序，互助互带，让党员、能人成为领路先锋，培育村级集体经济发展的强力引擎。一是党员示范，蓄势赋能。广大党员深入群众，在集体产业的建设和管理中带头示范，率先支持镇党委和村党支部决策和安排，配合党支部做好宣传发动工作，充分调动群众积极性，鼓励流转土地、劳动参与等方式支持集体产业建设。二是能人领办，倍添活力。探索集体经济组织新机制，支持有一定经济实力和社会责任感强的能人领办村级集体经济组织，切实发挥带富能力，拓展集体经济发展途径。三是抱团发展，提升效益。统筹14个股份经济合作联合社抱团发展，通过“公司+能人+村民合作社”的模式，与福塘村党员经济能人黄昌云合资成立南宁市荔云畜牧有限公司，通过建设现代化养猪场出租给广西汉世伟集团公司来获得收益，有效规避市场风险，提升村级集体经济效益。项目持续15年，14个村（社区）每年收益共94.5万元。

（毛迎春）

"党建+业务"深融合　锻造新时代纪检监察"钢纪铁军"

——宾阳县纪委监委机关党委党建工作经验

中共宾阳县委组织部

2021年以来，宾阳县纪委监委坚持以习近平新时代中国特色社会主义思想为指导，以党的政治建设为统领，树立"抓党建、带队伍、促业务、出成效"的工作理念，推进"党建+业务"深度融合，实现机关党建和纪检监察业务双促进、双提升，奋力锻造纪检监察"钢纪铁军"，推动新时代纪检监察工作高质量发展。

12月28日，宾阳县召开县直属机关创建模范机关经验交流现场会暨示范单位授牌仪式，县纪委监委荣获"创建模范机关示范单位"。图为与会人员实地参观县纪委监委创建模范机关活动情况

（一）服务中心工作，擦亮党建品牌。组织全县纪检监察系统深入学习贯彻习近平总书记系列重要讲话精神，巩固拓展党史学习教育成果和"不忘初心、牢记使命"主题教育成果，纵深开展全面从严治党"抓系统、系统抓"专项工作，提升全系统服务中心大局能力水平；聚焦强首府战略和"六个宾阳"建设，通过组织各派驻纪检监察组和党员干部围绕中心、服务大局、担当实干，擦亮"宾阳机关党旗红"纪检监察党建品牌。加强换届风气监督，2021年开展换届以来，对乡镇班子换届考察人选和各镇党代表人选廉政审查3066人次（含乡镇党代表人选2440人），出具廉政鉴定45份，提出否定意见21人次。会同有关部门开展"三清三拆""四微"等重大专项行动，发动党员和干部群众，利用周末时间加班加点，全力助推农村人居环境整体提升；将"拒绝参与网络诈骗，发现情况需立即上报""十户联保"等政策要求补充到村规民约中，形成全民参与打击网络诈骗共识；为新圩镇上国村古法红糖"代言"助销，助力巩固拓展脱贫攻坚成果同乡村振兴有效衔接。

（二）完善制度建设，建强战斗堡垒。依托"三会一课""主题党日"等基本制度，安排委主要领导和班子成员上党课9次；打造思想阵地、服务阵地、活动阵地、制度阵地"四大主阵地"，通过开展"清风讲堂""微课堂"活动对党史党章党规进行全覆盖宣讲，有效提升党支部组织力和政治功能。制订印发本系统《加强党支部标准化规范化建设实施方案》，对支部政治建设、党员管理、组织生活、队伍建设等分别作出硬性要求，规定机关党委每年底组织开展对各支部工作情况考核评价，对支部年度目标任务实行量化考核，对于落实不到位的，予以通报并督促整改。出台本系统《争创模范机关示范单位工作方案》《加强政治理论学习实施方案》《加强谈心谈话工作实施意见》《领导干部廉政家访工作方案》等相关制度文件，着力从政治建设、组织建设、理论学习、谈心谈话、家风建设等多个层面加强机关党建工作，健全完善党建工作组织、制度、责任、考核"四个体系"。

（三）强化党建引领，树立清廉标杆。以"宾阳机关党旗红·监督护航促担当"党建服务品牌为引领，按照活动场地设立规范、上墙内容布置规范、设备设施配备规范、日常制度执行规范"四个规范"要求，打造宾阳特色机关党建文化长廊，以政治建设、廉政书画、警示教育、机关党建等为主题，用小故事、格言、古训等制作成标语、字画47幅，悬挂、张贴于各办公楼层醒目处，以大众喜闻乐见的方式发挥"倡廉于有形，润物于无声"的良好作用，引导和督促各级党组织及广大党员干部自觉将遵纪守法、廉洁自律内化于心、外化于行。创新推行《宾阳县纪检监察干部"六不得"》《宾阳县纪检监察机关工作回避制度》等11项规章制度，为纪检监察干部监督执纪立下"铁规矩"，通过领导班子带头抓、党员干部示范做、人民群众来监督的方式，推进纪检监察系统党建工作和业务水平全面进步、全面过硬。2021年，县纪委监委的信访举报、审查调查、案件质量、新闻信息等多项工作均排在南宁市12个县（市、区）前列。注重发挥党建阵地建设示范引领作用，组织委机关（含巡察机构）4个党支部与基层单位开展"1+1"支部结对共建，共同开展主题党日、民主评议、廉政提醒、警示教育等活动，教育引导机关党员干部和基层一线党员干部牢记初心使命、严守纪法底线，并示范带动全县纪检监察系统及各派驻纪检监察组清正廉洁、严于律己，切实做到权为民所用、情为民所系、利为民所谋。

（廖伟均　唐重阳）

坚持“一统领三聚焦” 赋能乡村全面振兴

——中共宾阳县古辣镇委员会党建工作经验

中共宾阳县委组织部

2021年，宾阳县古辣镇坚持以习近平新时代中国特色社会主义思想为指导，通过抓实基层党建、抓好乡村建设、培育文明乡风等有力举措，推动乡村振兴工作打开新局面、取得新成效，先后获得全国农业产业强镇、全国文明村镇、全国乡村治理示范镇等多项国家级荣誉。

宾阳县古辣镇马界村委洪塘村党员群众集中开展环境整治工作

（一）以党建为统领抓关键，提升组织引领之“力”。严格落实“书记抓、抓书记”基层党建工作责任制，将管党治党工作同推动乡村振兴等重点工作同研究、同部署、同推进。结合村“两委”换届选举工作，建强以村党组织为核心、村民代表大会为决策主体、村委会为执行主体、村监委为监督主体、村级经济组织为支撑的村级治理组织结构。2021年，新增三星级党组织1个，提升四星级党组织1个，全镇村级党组织星级化率达72.73%。推行“1234”党建工作法（“一个核心”，建强战斗堡垒；“两个责任”，明确在职党员和无职党员责任；“三项举措”，注重优化党员队伍，注重跟踪培育任用，注重队伍日常监督；“四项机制”，党组织活动机制，“四议两公开”工作机制，询问机制，督导考核机制），提升基层党组织引领力、创造力、凝聚力。

（二）聚焦风貌提升激活力，塑造乡村振兴之“形”。采取“支部推动、党员带动、群众主动”模式，引导广大群众从“被动配合”到“主动参与”。2021年累计拆除废弃建筑1356间、乱搭乱盖建筑413间、“两违”建筑7处，清理违规招牌193处，清理户外垃圾1672吨、沟渠淤泥287吨，打造“四微”742处。推行“张贴光荣榜”的方式，激发群众自发捐资捐物、义务投工投劳。2021年春节前，全镇81个自然村党支部累计组织9260余人次干部群众自觉参与村庄环境整治，累计清运各类生活垃圾825吨、清理柴草杂物1950吨，志愿捐款7.8万元。实施“建一抓五管十”（建立一个清洁乡村党小组；每个小组抓好五户诚信中心户长的工作；每个诚信中心户长管理十户农户做好自家的卫生保洁）层级化管理模式，切实增强群众的人居环境主人翁意识。群众主动缴纳保洁费59.274万元，缴纳率达96%。

（三）聚焦香米优势谋发展，夯实乡村振兴之“实”。围绕“借助一个地标，带动一个产业，富裕一方百姓”目标，引导11个村（社区）利用乡村振兴衔接资金800万元抱团发展“米八宝”健康食品加工项目，全镇香米年产量2.24万吨，产值7200万元，“香满家”“粮发香丝”等30多个古辣香米品牌畅销区内外，村级集体经济年增收50多万元。“古辣香米”获认定为国家地理标志保护产品。坚持“生态+”“旅游+”发展理念，打造“古韵甘地”“松韵洪塘”等乡村休闲旅游项目，建设集爬山登高、生态露营、山间民宿等为一体的生态森林公园休闲旅游景区，形成具有古辣特色的“蔡村—大陆—洪塘—甘地”乡村休闲旅游示范带。2021年，大陆村稻田艺术旅游区获评为国家AAA级旅游景区。投入1400万元打造夜游乡野、书香民宿、临水酒吧、蔡氏书吧等民俗项目，至2021年底，景区内开张古院餐厅1家、农家乐2家、特色小吃店5家、流动摊点10余家，带动120多名村民就业创业。2021年6月，古辣社区被评为2020年度自治区乡村振兴改革集成优秀试点村（社区）。

（四）聚焦乡风文明树新风，铸牢乡村振兴之“魂”。近年来，共推荐身边好人线索450多条，身边好人候选人26人，获得自治区道德模范提名1人，德耀宾阳典型人物5名。以新时代文明实践所为主阵地，结合党史学习教育，组建以镇班子成员、镇直单位主要领导、各村（社区）支书、文化骨干为成员的社会主义核心价值观宣讲队，坚持每月2次深入村（社区）向群众宣讲，对群众开展常态化思想道德教育。年内累计组织开展各类宣讲活动30余次，受众2000余人。以先进典型带动引领村风民风向上向善，着力提高村民综合素质和乡村文明新风。近年来，共有17户村民获评市级“十星级文明户”、54户获评县级“十星级文明户”；获评区级文明村1个、市级文明村2个、县级文明村7个，县级以上文明村占总数的90%以上。

（苏武伟 钟超鹏）

“五抓五强”激发党建引领乡村振兴活力

——上林县大丰镇拥军村党建工作经验

中共上林县委组织部

上林县大丰镇拥军村坐落于广西大明山脚下，全村面积10.2平方公里，共有10个自然屯，其中5个自然屯位于海拔500米以上的大明山上，分20个村民小组，现有人口2236人，党总支部共有党员55名。拥军村曾经是一个耕种无土地、就业无岗位、生计无着落、创业无出路的“四无”小村庄，2015年全村建档立卡贫困户数140户596人，贫困发生率接近30%，农民年人均收入仅3500元，是典型的贫困山村。

为扎实推进抓党建促乡村振兴，近年来，上林县大丰镇拥军村以“五抓五强”为载体，通过“抓班子强队伍、抓组织强支部、抓项目强产业、抓乡风强治理，抓民生强服务”，推动基层党建和乡村振兴深度融合、齐头并进，2018年全村实现整村摘帽脱贫，贫困发生率从30%降至0，2021年农民人均纯收入增长到8100元，全村“颜值”实现大提升，成功创建自治区四星级农村基层党组织，被评为南宁市行动学习试点单位和南宁市文明村，探索出一条村党组织领导下的多元化、可持续发展的富民强村之路。

上林县大丰镇拥军村组织党员到桂林打卡“红色教育基地”

（一）抓班子强队伍，锻造乡村振兴中坚力量。“火车跑得快，全靠车头带”。面对村组织长期以来发展能力不强、服务功能不完善、作用发挥不明显等深层次问题，拥军村坚持抓党建引领工程，全面加强农村党员干部队伍建设，不断增强村党组织在乡村振兴的组织力和领导力。该村以2017年和2021年村“两委”换届为契机，注重把群众公认程度高、致富本领强的优秀人才选进村“两委”班子。2021年换届后的村“两委”班子整体年龄比上一届下降8岁，中专以上学历提高25%，村干部队伍年龄、学历、能力实现“一降一升一强”。注重培养村级后备干部，把退伍军人、大中专毕业生、外出务工返乡人员、致富能人吸收为入党积极分子并发展成为党员，5年来高质量发展农村党员6名，选派南宁市自然资源局优秀干部到村担任第一书记、县委组织部熟悉农村基层党建的干部到村担任工作队员，为乡村振兴注入新鲜血液。注重村党员干部素质培养，致力于创建学习型党组织，选送村干部、后备力量和企业经营、农业生产骨干人才等参加行政管理、乡镇企业管理、农村生产技能专业学习，提高党员干部带头致富、带领群众致富“双带”能力。

（二）抓组织强支部，夯实乡村振兴战斗堡垒。组织振兴是乡村振兴的根本保证。近年来，拥军村深入开展“提升基层党建质量三年行动计划”和支部标准化规范化建设，提升“硬实力”“软实力”，推动基层党建提质聚力。积极整合资源，通过后盾单位扶持、村级集体经济、自筹资金等方式，共投入80多万元新建成村级党群服务中心，并打造为全县农村基层党建示范点。为适应农村新产业新业态，拥军村进一步优化组织设置，推动党组织“上产业链”“进合作社”“入农业园”。推行“双百联村，三方共建”乡村振兴红色联盟，拥军村党总支部与南宁市自然资源局、上林县委组织部、上林县人民医院、上林县征拆中心等机关单位结成乡村振兴的“红色联盟”，在组织共建、产业共兴、富民共谋、生态共创等方面建立乡村振兴“红色联盟”共建项目清单，形成齐抓乡村振兴的强大合力。

（三）抓项目强产业，拓宽乡村振兴发展新路。产业振兴是乡村振兴的基础。拥军村党总支围绕“党建+产业”的发展思路，以提升农业、繁荣农村、富裕农民为目标，创新“村企联建、合作经营”思路，因地制宜推进农村一二三产业融合发展，铺就村级集体经济发展和农民增收致富“快车道”。该村以“支部+企业+项目+贫困户”四位一体产业的扶贫模式，通过“支部引导、企业带动、项目化运作、贫困户参与”的方式，建立农村利益连接机制，加快贫困人口的脱贫致富步伐。2017年由村“两委”干部发起成立的上林县科威隆公司开发塘栖庄大明山洁净冰凉的河流，投入120万元建成“乐翻天”水上乐园，村集体占股13%、塘栖庄占股12%、股民占股70%、5%作为公共基金，由输血到造血，增强自身发展能力，几年来为村级集体经济带来10多万元收入。大学生、致富带头人杨光裕在村党组织的引导下，放弃在城市的高薪职业，回乡创业成立裕源禽类养殖农民专业合作社，租用村里荒废的55亩土地创办养鹅基地，形成了“大中小鹅流水线”。基地年出栏鹅1万只，年纯利润达30万元，每年为村集体带来创收5万多元。养鹅基地通过务工、技术支持养殖等方式带动14户贫困户在基地务工每月增收1500—2000元。

（四）抓乡风强治理，构建基层共建共治格局。文化振兴是乡村振兴的铸魂工程。拥军村秉持“既要‘富口袋’、也要‘富脑袋’”理念，大力推进农村文化繁荣，形成文明乡风、淳朴民风、良好家风。每年开展“文明家庭”“幸福家庭”等评选活动，依托“主题党日”组织党员参加“月读一书”活动，积极推广运用“四议两公开”、“168”农村党建工作机制、“六要”群众工作法，建立健全党员联系群众制度、村民代表联系户、村务公开、民主理财、重大事项“一事一议”、星级文明户等10多项规章制度。充分发挥农民的主体作用，凡是关系村民切身利益的集体土地征用、“一事一议”筹资筹劳等重大事项，均由村民大会或代表大会讨论决定。近年来，共实行“六要工作法”和“四议两公开”工作法18次，解决群众关心的大事25件。开展党员星级示范户“亮身份、作表率、践承诺、树形象”活动，经民主推荐、群众参评、星级评定等环节，评出星级党员示范户15人，通过党员以身作则、示范带动，激发村民推动发展热情。推行“党建+网格”“并网融合”模式，把每名党员分到全村10个片区进行网格管理，通过无职党员设岗定责、党员纪实管理等机制，带领55名骨干党员和入党积极分子组成志愿者，成为乡村振兴、环境整治、疫情防控、“两违”拆除、产业发展的急先锋，形成“党群共建”“干群共治”的良好局面，2021年12月，拥军村获得第三十一批南宁市文明村称号。

（五）抓民生强服务，实现全民发展成果共享。村民“口袋富了，脑袋也富了”之后，看病难、养老难、公共基础设施薄弱等民生问题更加凸显。拥军村坚持以“民生为本”，逐步建立和完善村级社会公共服务体系。村集体为家庭困难的监测户缴纳新医疗保险费，每年定期补助低保户、五保户、残疾户，为年满70岁的孤寡、空巢、失独等老年人发放慰问金。采用以村集体为主，群众小量参与的方式，先后投入数百万元改善基础设施，全村村级道路硬化率达100%，卫生厕所普及率达100%，自来水入户率到达100%。村民自筹、乡贤赞助20多万元建成村“迎春门”，拥军村下达、覃排等4个自然庄600多名群众，自筹12万多元并义务投工投劳，在大明山半山腰合力开拓出塘栖庄至樊家庄路段长5.7公里、宽3米山道10多处会车点，村民用实实在在的行动参与家乡建设、共享发展成果。

（周起安）

党建引领公立医院高质量发展 打造紧密型县域医共体“上林模式”

——上林县医疗集团党委党建工作经验

中共上林县委组织部

上林县医疗集团现有成员单位13个，其中有3个县级公立医院、10个乡镇卫生院、133个村卫生室，职工总数2578人，实际开放床位2159张，其中乡镇卫生院开放床位1219张。上林县医疗集团党委下辖1个党委、18个党支部，现有党员439人。

2021年，上林县医疗集团党委不断强化党建引领，坚持问题导向，立足行业实际和群众需求，发挥医疗行业党组织优势，整合统筹县域医疗资源，极大提升县乡村三级医疗卫生服务能力，打造党建强、机制新、业务精的紧密型县域医疗共同体“上林模式”，闯出了一条在全区具有影响力的路子。上林医改先后被评为“中国全面小康十大民生决策”“南宁市优秀改革创新项目”；上林县医疗集团党委先后荣获“自治区先进基层党组织”“南宁市疫情防控先进集体”荣誉。

2月29日，上林县明神山医院项目竣工交接仪式，上林县医疗集团党政领导班子与抗击疫情党员突击队参加仪式（周金花　摄）

（一）坚持党建引领，筑牢发展根基。上林县各医疗卫生机构普遍面临医疗设备落后、专业技术薄弱、服务能力不强、就医环境条件差等问题，老百姓看病难、看病贵问题突出，医疗卫生体制机制诸多问题提上了改革议程。一是党委牵头抓方向。由县委、县政府主要领导组成上林医改工作领导小组，从方案制订、过程把脉、结果监督等进一步加强领导。县医疗集团和医疗集团党委顺势成立，推动上林医改从“1+9”（县人民医院牵头管理9个乡镇卫生院）、“3+10”（3个县级医院牵头管理10个乡镇卫生院）顺利步入“1+13”阶段，由医疗集团统管13家医疗卫生机构，形成“县级医院为龙头，乡镇卫生院为枢纽，村卫生室为基础”的集团化紧密型县域医共体管理新格局。集团党委以全面落实中共中央《关于加强公立医院党的建设工作的意见》《广西加强公立医院党的建设工作实施办法》《广西推进新时代公立医院党建高质量发展的若干措施》作为集团医共体改革和党建高质量发展的中心主线，把党建工作写入医院章程，切实发挥党委把方向、管大局、保落实的核心作用，进一步筑牢医疗集团高质量发展根基。二是创新机制增活力。建立县乡村三级联动机制和管理体系，大力发挥党委“指挥棒”作用，高度整合人、财、物等医疗资源，实施行政、人员、财务、业务、药械、绩效考核“六统一”管理；规范选人用人和培育机制，制定《上林县医疗集团中层领导干部选拔任用管理办法》，选优配强党支部班子成员，近两年来共任免调整乡镇卫生院领导班子36名、中层领导干部71名。实施“双带头人”培育工程，89%支部书记由各成员单位或科室主要负责同志担任。实施“双培双推”工程，把33名中层领导干部发展为党员，把25名党员培养为中层领导，并在关键岗位和管理岗位上发挥作用。三是放管结合促发展。全面实行党委领导下的院长负责制，制定出台《上林县医疗集团党委会议议事规则》《上林县医疗集团院长办公会议议事规则》《上林县医疗集团党委书记和院长经常性沟通工作细则》等制度，推动党建与医疗业务同步谋划、机构同步设置、人员同步配备、工作同步开展、责任同步落实。管理权、经营权、人事权和分配权充分下放，“医院的事情由医院自己管”“政事分离、管办分离”良性循环机制基本实现。县财政全力支持推动医改工作落实，连续三年安排不低于1000万元经费，推动县乡村三级医共体基础设施建设和医疗设备更新。

（二）强化组织建设，夯实党建基础。2019年10月成立医疗集团党委，把13家医疗机构党组织划归集团党委统一管理后，集团党建工作碰到了很大困难，尤其是乡镇分院基层党建工作“底子不清、状况不断”，成为问题的“集中爆发点”。集团党委坚持分类分批推进，加强针对性督查指导，加快推进党支部达标创优，着力夯实党支部战斗堡垒。一是创新模式提水平。探索建立“1+N”党建工作新模式。制定《中共上林县医疗集团委员会班子成员党支部工作联系点工作方案》《上林县医疗集团党建工作指导制度》，每个支部配备一名专职党务干部，由集团党委班子成员分头负责联系指导18个党支部，统一业务集训、统一跟班学习、统一检查指导，促进党建工作调研指导“全覆盖”和党支部建设全部达标，组织生活提质增效。严格落实“三会一课”制度，进一步完善主题党日长效机制，党员教育、道德讲堂常态化开展，实现集团“党建一盘棋、工作齐步走”的“1个集团党委+18个党支部”大党建格局。二是引育人才强服务。强化党建引领，制定《上林县医疗集团人才引进工作方案》，依托三二医联体和粤桂扶贫医疗协作平台，先后引进6名高层次人才挂职帮扶，分别担任县人民医院副院长、放射科主任、超声心电图科主任、骨科主任、重症医学科主任、介入导管室主任等。开展127人次人才培训、技术帮扶，着力解决高层次人才缺乏、服务能力不强问题，推动县人民医院重症医学科、胸痛中心、卒中中心等重点学科从无到有、从有到规范，服务能力迅速提升。三是人才下沉夯基础。针对乡镇卫生院医务人员严重流失、留不住人才等瓶颈问题，集团党委从县级三家公立医院选派中层领导担任各分院院长、业务副院长，选派临床一线相对应发展专业的业务骨干到各分院长期蹲点“传帮带”，从人才、技术、培训、业务等方面不断加强对乡镇分院的扶持与管理。派遣241名业务骨干下沉到各乡镇分院驻点指导，200多名医护人员到县级医院跟班学习，有效提高乡镇分院的服务能力水平。四是抓树典型创先进。依托“三亮三比三评三创”等活动载体，成功创建4个不同类型、各具特色的县级党建示范点，形成辐射带动其他党组织的党建示范格局，切实发挥了示范点的带动和辐射作用。通过上下联动方式，坚持与上级医联体单位南宁市二医院以及集团内各成员单位常态化制度化联合举办道德讲堂活动，在讲堂上讲述业务开展情况、技术创新以及先进事迹，让道德讲堂成为党建与业务深度融合的有效载体。广泛开展“我为群众办实事”实践活动，与县残联等多部门联合开设绿色通道，将星期三定为“暖心助残”主题党日，广大党员、干部职工争当志愿先锋，暖心助残惠民。联合上级医疗单位开展党史学习教育主题党日、名中医八桂行、健康义诊、无偿献血、健康知识讲座、急救知识宣讲、乡村振兴清洁等志愿服务活动，2021年累计开展志愿服务200场次，服务群众1.5万多人。医疗集团持续投入100余万元推进基层党组织标准化规范化建设，引导各党支部积极抓特色出亮点，着力打造“不忘初心、精医为民”特色党建品牌。

（三）深化先锋引领，践行为民初心。持续深化“先锋引领+”系列行动，推进党建与业务融合，持续开展“党建+疫情防控”“党建+乡村振兴”“党建+学科建设”，健康为民深入人心。一是白衣执甲当好健康“守门人”。坚持把党旗插在疫情防控一线，建立以党组织为核心的县、乡、村（社区）三级网格化防控体系，组建党员医疗专家组，加强诊疗指导和医疗救治。发挥医疗战线党员先锋带头作用，组建13支“党员突击队”、设立28个党员先锋示范岗、17个党员责任岗，疫情防控常态化工作扎实有效。二是助力振兴当好医疗“保障者”。健康扶贫加快推进，选派6名党员担任驻村工作队员，453名干部职工帮扶1015家贫困户并顺利脱贫，有2名第一书记荣获南宁市优秀脱贫攻坚（乡村振兴）工作队员。扎实开展家庭医生签约服务，全面开展“进村入户送健康”签约活动，全县建档立卡贫困人口参保率达100%、大病救治率达100%、住院报销比例94.08%、门诊慢性病报销比例达80%。三是扎牢网底当好便民“服务员”。建立健全“基层首诊、双向转诊、急慢分治、上下联动”分级诊疗制度，扎牢基层医疗网底，形成“小病在基层，大病到医院，康复回乡镇”就医新格局，群众“看病难、看病贵”问题得到有效缓解。医共体智慧健康信息平台（一期）顺利推进，实现信息互联互通、看病就诊“一卡通”，基层“信息孤岛”得到有效解决。深入开展优质服务基层行活动，先后有9个分院通过创建“优质服务基层行”评审验收，白圩镇中心卫生院率先创建“社区医院”，三里镇中心卫生院、巷贤镇卫生院荣获全国“群众满意的乡镇卫生院”，上林县人民医院荣获“全国合理调配资源示范医院”“2020全国最佳百姓放心示范医院”“全区卫生健康系统集体二等功”等称号，并在南宁市脱贫攻坚工作中荣获记功1次。

（周金花）

党建引领强服务　搬迁群众能致富

——马山县白山镇合诚社区党建工作经验

中共马山县委组织部

马山县白山镇合诚社区是马山县易地扶贫搬迁合作安置点社区，位于白山镇西北部，兰海高速公路出口往大化方向省道左侧。社区共有安置房45栋2496套，实际入住2478户10323人。合诚社区党总支部共有党员80人，设书记1名、副书记1名、委员3名，现有驻村工作队员3名，防返贫信息员1名。自合诚社区建成以来，坚持党建引领，集中精力着重抓好民生服务、生产就业等后续扶持工作，引导搬迁群众转变观念尽快融入新环境，努力实现“稳得住、有就业、逐步能致富”目标。

（一）抓组织建设，优化公共服务，着力解决“稳得住”问题。成立安置点党组织和社区居委会，配齐配强领导班子。同步推进工、青、妇等群团组织建设。根据“一场所九中心”的建设要求，合诚社区对党群活动中心进行规划设置，建设2000平方米的社区党群综合服务中心，为党员群众开展学习、组织活动、协商议事提供必要的条件。实行群众有想法，第一时间倾听；群众有诉求，第一时间受理；群众有困难，第一时间解决；群众有问题，第一时间答复；群众有意见，第一时间整改“五个第一”工作标准，为居民解决物业水暖、居民水电等难事急事。规范建立社区“两委”办公室、妇女之家、青空间等多个便民服务阵地，9名社区干部入驻社区办公，零距离服务搬迁群众。同时积极探索党建引领新路径，成立1支“党员突击队”、3支“党群同心服务先锋队”，负责协调维护好小区内公共设施建设，组织党员群众开展教育培训、志愿服务等。根据搬迁群众就学就医和文化建设需求，社区内配备了卫生室1间，周边有卫生院2所，2021年由南宁市体育局添置并安装户外体育设施2套，马山福田幼儿园和马山电白小学已于2019年春季开学招生。加快升级安置社区的平价购物中心、全民健身中心等9个中心整体功能，打造居民10分钟便捷生活圈。引入武鸣福满地物业进驻安置社区，推动社区现代化管理。实行“党建+网格员+楼栋长+居民小组长+志愿者”管理服务模式，由社区党组织书记和第一书记任社区网格负责人，“两委”干部任网格管理员，社区党员、骨干任楼栋长，居民代表任居民小组长，积极协调团委、总工会、医院、供电公司、电信企业等机关单位、社会组织到点开展志愿服务活动。

马山县白山镇合诚社区开展“春风行动”易地安置就业服务专场招聘会

（二）抓文化建设，注重思想引领，着力解决“快融入”问题。加强搬迁群众爱国主义和感恩教育，组织开展文艺活动进社区20余场次，宣传党的路线方针政策。围绕安全用电用水、安全出行、爱护环境卫生、爱护公共设施开展培训，引导搬迁群众增强安全意识、提高防范能力，充分发挥“两支队伍”作用，常态化开展安置区环境卫生整治专项行动、防返贫动态监测、疫情防控宣传排查工作，培育市民意识，助推搬迁群众更好融入社区、适应新生活。

（三）抓就业创业，促进稳定增收，着力解决“能致富”问题。扎实开展“春风行动”易地搬迁就业扶贫专场招聘会等14场线下招聘活动，为25家企业做好招聘服务，并逐户走访、摸排，建立安置区劳动力就业信息台账，通过就业创业多渠道促进搬迁群众增收。一是全力保障就业。针对原来在浙江、广州等沿海地区有稳定就业岗位，因疫情影响不能及时外出的，积极与用工地政府及企业对接协调，通过“务工班车”点对点输送；针对有意愿留在社区内就业的，根据情况分类安置。通过开发水域巡查员等公益性岗位解决就业。二是积极支持创业。通过安置点商业部分搭建创业孵化平台，实行“基地+车间”发展模式，引进制鞋厂、制衣厂等扶贫车间5个，合诚社区375名贫困户在车间务工，安排了公益性岗位86人。三是开展技能培训。针对不同群体、不同就业意愿人群，开展电工、家政、保安、缝纫等技能培训，吸纳和带动搬迁群众就业，培育和壮大社区经济。年内组织开展培训450多人次，进一步提升了搬迁群众劳动技能，拓宽就业渠道。

（韦俊忠）

党建引领　铺就乡村振兴路
——马山县古零镇羊山村党建工作经验

中共马山县委组织部

马山县古零镇羊山村全村有16个自然屯，共1134户4443人，耕地面积3567亩。羊山村党总支部共有党员67人，设党总支部1个，党支部7个。在各级党委政府的支持和指导下，羊山村党总支部深入学习贯彻习近平新时代中国特色社会主义思想，坚决贯彻执行党的路线方针政策，坚持党建与脱贫攻坚、乡村振兴、疫情防控融合统一，依托资源优势调整产业结构，让农村党组织在乡村振兴中发挥好引领作用。

马山县古零镇羊山村三甲屯攀岩特色小镇

（一）抓产业、富口袋，增强群众幸福感。羊山村党总支部采取入股经营、资源开发、扶持产业发展等模式，充分利用上级财政扶持村集体经济资金200万元本金，先后入股马山县永兴碳素制品有限公司、南宁市全顺贸易有限公司中南加油站和古零镇翠竹园幼儿园合作经营，2017—2021年共获得村集体经济收入72万元；连续3年将第一书记产业发展资金10万元和村集体奖励资金10万元入股羊山村本土企业长河食品有限公司，促进村集体经济增收10.2万元；投入资金50万元扶持锦新种养殖专业合作社建设羊山村产业扶贫示范园，给村集体经济带来12万元收益。羊山村党总支部利用全国首个攀岩特色体育小镇落户三甲屯契机，开发552条攀岩线路，建设攀岩学校，连续举办多届中国—东盟山地（生态）马拉松系列赛、中国—东盟山地户外体育旅游大会、攀岩精英挑战赛、攀岩大师赛、全国青少年U系列攀岩联赛总决赛等多个重大体育赛事及活动，周边100多个农户围绕运动项目开展服务，村民通过土地流转、景区就业、农家旅社、农产品销售等实现户年均收入3万元以上。羊山村积极落实差异化奖补政策，3年里共发放奖补资金114.59万元，帮助314户贫困群众发展特色种养。积极扶持长河食品有限公司、锦新种养殖专业合作社、志才种桑养蚕专业合作社和飞翔养殖专业合作社发挥“联带”作用，带动113户困难群众实现稳定增收。引进羊山屯古零人家阳光玫瑰葡萄种植项目，采用“公司+合作社+贫困户”的产业扶贫合作模式，带动农户开展葡萄智能化、标准化生产与品牌化经营。

（二）强基础，树新风，打造文明宜居示范村。羊山村党总支部借力市级综合示范村项目落户羊山村，以“农耕原乡、风情三甲”为主题，将该村打造成为以农耕文化为核心，集农耕文化体验、生态农业观光、农业教育培训、休闲民宿度假为一体的文明宜居和乡村休闲度假旅游地。以村级新时代文明实践站为平台，将社会公德、家庭美德等内容纳入村级活动和宣讲范围，定期组织送政策、送文明进村入户活动。持续开展“星级文明户”“最美家庭”评选活动，近几年获评县级星级文明户15户、市级星级文明户6户，被列为县级民族团结示范村。

（三）抓队伍、强引领，激发群众发展动力。羊山村党总支部积极发挥乡贤能人、农村党员带头示范和引领作用，带动村民承担文化上墙、饮水源护栏和花圃果园修建、村屯保洁等工作，村屯环境焕然一新。面对严峻的疫情防控形势，羊山村组成由村党总支书记和第一书记负总责，包片村干和驻村工作队员对接落实，屯长和党员监督报告的三级管理网络，逐级落实疫情防控责任，做好新冠疫苗接种宣传、返乡人员报备和摸排管控等工作。通过逐级筛查外出、居家人员，电话联系劝导，顺利完成疫苗接种工作。利用微信群、朋友圈、各屯疫情防控宣传栏发布返乡人员报备要求和途径，及时掌握村屯人员流动情况。加强节假日防疫巡查和卡点防控，配合党委、政府完成核酸检测预登记演练等工作。

（韦俊忠）

“三聚焦”“三推动”　全力推进抓党建促乡村振兴

——隆安县城厢镇东安村党支部党建工作经验

中共隆安县委组织部

2021年，隆安县城厢镇东安村坚持以习近平新时代中国特色社会主义思想为指导，牢牢把握抓党建促乡村振兴主题主线，打出一套党建促产业振兴、人才振兴、组织振兴的组合拳，为全面推进乡村振兴注入了强劲动能。

（一）聚焦强产业促增收，推动乡村产业振兴。东安村党支部坚持“党建引领、支部共建”工作思路，紧密结合东安村的资源优势，制订《关于加快推进东安村土鸡产业转型升级的实施方案》，并联合广西富凤集团党支部制订出台《关于村企共建支持东安村肉鸡养殖产业发展促进农户增收受益的实施方案》，大力引导村民发展规模化肉鸡养殖等特色产业，加快推动特色产业转型升级。年内全村有“公司+农户”养鸡户近90户，建有8000—10000羽规模养鸡场140多个，全村活鸡常年存栏量130多万羽，每年约能为村级集体经济带来10万元左右的收益，为养殖户创造1000万元以上收入。东安村党支部依托党建联系服务群众项目，积极盘活资源，将撤点并校后闲置的原东安小学校舍改造为可供加工制造的振兴工坊，打造扶贫车间升级版。坚持党支部领办工坊，推动设立党员骨干带头创办的农民工作室，鼓励引导村民创业就业。年内，已设立韦秋平工作室、朱小兰工作室等2个农民工作室，新增家门口就业岗位20个，每月能为就业人员增加1500元左右的收入。

7月2日，运用“四个关联法”进屯入户宣讲习近平总书记“七一”重要讲话精神

（二）聚焦引才留才育才，推动乡村人才振兴。加强与自治区党委统战部机关第六党支部和广西欧美同学会（广西留学人员联谊会）党组织的联系共建，筹集各类捐赠资金19万元，设立东安村“同心助学”助力乡村振兴专项基金。2021年向当年考上大学和大专的16名东安学子发放助学奖励金共计5万元。这是东安村第一次集中对考入大学本（专）科的东安学子进行助学奖励。按照“组织起来、发挥作用”的思路，以厚植乡情为依托，分类施策广泛团结凝聚各类乡村人才，努力促进人才振兴。建立“东安新希望学习小组”，积极营造“读书改变命运、读书回报家乡”的良好氛围，推动形成本土人才“走出去见世面、返回来建家乡”的良性循环。着眼于促进人心归乡，坚持既访贫访苦，也访贤访富，建立一支东安新乡贤队伍，加强对“天南海北东安人”的关心关怀，利用新媒体发布《新时代东安人风采录》，大力宣传介绍他们的优秀事迹，积极引导他们支持家乡建设。

（三）聚焦抓基层打基础，推动乡村组织振兴。一是加强村“两委”干部队伍建设。2021年1月完成村“两委”换届，选举产生村“两委”干部7名；狠抓培训教育，组织新上任的村干部学习巩固脱贫攻坚成果、乡村振兴、医疗、教育、疫情防控等政策，着力提高工作能力和水平，增强履职能力。二是积极打造学习型党组织。严格落实党的组织生活制度，认真开展“三会一课”和党史学习教育等活动，创新运用时间关联法、地域关联法、图像关联法、情感关联法等“四个关联法”开展学习宣讲，目前已开展宣讲50余次，受益党员群众超过300人次，“四个关联法”被自治区党委组织部、南宁市委组织部媒体作为经验推广。同时与自治区党委统战部机关党支部、县卫生健康局党支部、富凤集团下属企业党支部、中粮集团下属企业党支部、广西建工集团项目部党支部、朋宇组物业公司党支部等多个基层党组织开展共建，并开展一系列学习活动，有效加强了支部自身建设，增强了党员理论本领，受益党员群众超过500人次。三是强化党建引领服务群众。积极开展面向全体村民的“感党恩、颂党情、跟党走”“党旗在基层一线高高飘扬”“东安儿童心向党”主题实践活动和“传承红色基因、情暖东安少年”爱心书包捐赠活动，实施村委广场和重点屯组风貌提升改造工程，拓展公共活动空间，新增6张独立座椅和2排可坐台阶，建成全县第一块村级露天大屏幕，以群众喜闻乐见的形式供给更多公共服务产品，做更多惠及全村老百姓的好事，推动乡村有效治理。

（温竹娟　许全霖）

构筑坚强堡垒　助力企业发展

——广西大富华农牧饲料有限公司党支部党建工作经验

中共隆安县委组织部

广西大富华农牧饲料有限公司2007年1月由富凤集团投资6500万元兴建，位于隆安华侨管理区侨兴路6号，是一家集农牧科研、畜禽养殖、饲料生产与销售为一体的自治区农业产业化重点龙头企业。大富华农牧饲料有限公司党支部在上级党委的正确领导下，坚持党建引领，将企业发展和党建工作深度融合，深推“建一流企业、创一流品牌”的企业文化，坚持以“引领企业做大做强，为地方经济助力发展”的企业责任。大富华支部先后获评“南宁市两新组织党建工作示范点”“南宁市先进基层党组织”等称号。

（一）落实主体责任，引领企业发展。作为非公企业党组织，大富华党支部在参与公司经营发展过程中坚持到位不越位、有为才有位的原则，围绕创新不标新、补台不拆台、有功不争功、联动不盲动的工作思路，走出了一条非公经济党建新路，先锋引领和示范带动得到充分体现，管党治党、党建促发展取得明显成效，从而得到了富凤集团高层的重视和支持，也得到了上级党组织及各级领导的关注，集团董事长对公司党组织建设工作给予大力支持，在经费、场地、时间方面给予极大的保障，公司的重大决策党组织参与把关，公司的重要岗位安排党员同志把守，公司的重要活动由党支部牵头组织。大富华党支部11名党员中，有3名是公司副总经理，6名是公司部门经理，其余的也都是公司重要岗位的骨干分子，党支部和党员在公司发展过程中起到先锋引领的作用。

11月22日，大富华党支部到隆安县屏山乡刘家村、上琴村开展扶贫捐赠活动，给当地村民捐赠富凤鸡苗，为当地低收入群体后续发展提供帮助

（二）落实党内制度，规范阵地建设。围绕党支部建设“六有”标准，以“强堡垒、树旗帜”为抓手，着力抓好党支部活动阵地标准化、规范化建设，在公司高层的关心支持下，党支部在行政办公楼一楼和二楼打造企业文化长廊和党员活动阵地，包括办公室、会议室、党员活动室，建立党务宣传栏、公开栏、学习园地、活动剪影栏等内容板块，把企业文化与党建、廉政文化深度融合，同时，把制度建设贯穿党支部建设全过程，党内各项组织制度在宽敞明亮的位置悬挂，党建元素和党建氛围得到充分的诠释。在制度上墙的同时，认真开展组织生活质量提升行动，严格落实“三会一课”等党内生活制度，实施党员学习积分管理，将积分考核管理结果作为民主评议党员的主要依据。

（三）创新学习方式，激发组织活力。结合非公经济组织的特点，在落实“三会一课”等各项组织制度上，采取灵活、分散、集中等多种方式组织实施，通过支部微信工作群发布学习内容和任务，要求党员自行登录“学习强国”APP平台进行自学，同时分享学习内容和心得体会。为进一步激发组织活力，增加组织的感召力、号召力、吸引力，党支部以党史学习教育为契机，利用红色资源、红色景点开展红色教育活动，2021年先后组织党员、入党积极分子、公司骨干40多人到江西井冈山、南昌等革命圣地开展红色教育，通过现场观看革命历史展览、上专题党课、观红色视频等，让党员同志在组织生活中亲历体验和感受党的百年奋斗历史、感悟老一辈先烈革命精神。

（四）履行社会责任，感恩回馈社会。近年来，党支部引领公司积极融入脱贫攻坚和乡村振兴大局，以“公司+农户+基地”模式，带动贫困户脱贫致富，公司累计带动1356户农户参与合作养殖，解决了2000多个劳动力就业问题，通过就业扶贫模式，解决了众多贫困山区群众脱贫问题。公司还通过党支部牵头，与隆安县23个村签订2000万元村集体经济合作协议，每年保障村集体经济合作营收达160万元。每年到贫困山区开展扶贫助困活动，给当地低收入人群赠送鸡苗、饲料和养殖技术，每年的捐赠价值达100万元左右。几年来分别在丁当镇森岭村、城厢镇东信村和旺中村、乔建镇龙扶村建立养殖基地，给当地村民提供劳动岗位，帮助村民就近就业，为脱贫攻坚、乡村振兴奉献力量。

（温竹媚　许全霖）

红色物业领航小区治理　党建℃品牌打造温馨家园

——群安优物业集团有限公司党建工作经验

中共兴宁区委组织部

6月26日，群安优物业集团有限公司党支部开展禁毒宣传活动

兴宁区家园小区居民成分复杂、征拆历史遗留问题多、信访问题频发、小区环境差，曾是令不少物业公司望而生怯的“问题”小区。为解决该难题，兴宁区以党建引领基层治理创新，在家园小区构建起以群安优物业公司党支部为核心、党员群众共同参与的“党建领航·红色物业”新格局，并有效运用党建℃考核体系，逐步扭转小区管理难、服务难的困局，家园小区从“问题小区”向“示范小区”蝶变。

（一）“党建温度计”破解小区治理难题为家园“积温”。设置小区“党建温度计”，每月由社区网格员、物业公司党支部和居民代表实时动态考核小区的“四个指数”，即堡垒指数、公益指数、向心指数、和谐指数共计100℃，形成当月小区“温度”，以此反映小区的治理、服务和党群关系水平，促进支部建设有质感、党建工作有量化、小区服务有温度。建立三级奖励及预警机制，当年小区党建温度保持在80℃以上的，由城区按等级奖励党建工作经费2万—3万元，物业公司党支部书记、社区网格员作为党内评先评优的推荐人选；当月小区党建温度低于80℃的，每下降一个等级，分别由社区、街道和城区层面派出党建指导员督促整顿提升。“党建温度计”的实施，使小区治理标准更清晰、物业服务更温暖，逐步化解了管理方与被管理方之间的隔阂，小区信访率、投诉率减少60%，小区物业费收缴率从5%提高到90%以上，家园更和谐、党群关系更紧密。

（二）“红色物业”持续提升四个指数为家园“升温”。以建强物业党支部为抓手，提高小区的“堡垒指数”、“向心指数”。定期组织物业党员职员、小区党员居民前往百色起义纪念馆、昆仑关战役遗址博物馆等红色基地接受红色精神熏陶，强化党性修养；推行“党员集中活动日”制度，每月规划一个主题并开展相关活动，增强党员职工对党组织的向心力和凝聚力。组建“党建联盟”，与物业上下游公司党组织、兄弟物业公司党组织、行业领域党组织结对共建，加强同行交流，推动党建资源共用、发展机会共享、物业服务共提升。定期开展“书记接待服务日活动”“热心业主议事会”“学雷锋志愿活动”等主题活动、公益活动，引导小区党员、居民积极参与小区治理，提高小区“公益指数”“和谐指数”。如每季度举行1次公益活动；物业管家每周进行一对一帮助孤寡老人买菜买药；逢节假日慰问困难居民等，不断提升小区“温度”。群安优物业2018—2020年连续3年被《广西日报》评为年度影响力品牌、物业服务行业“优质服务品牌”，物业党支部获得南宁市物业管理行业先进基层党组织、南宁市两新组织党建工作示范点、南宁市红色物业示范点、兴宁区先进基层党组织等多个荣誉。

（三）“三大平台”连接服务群众通道为家园“保温”。设置党员（会议）活动室，将“三会一课”、组织生活会、党务公开、发展党员等制度上墙，配备会议桌椅、讲台、投影仪、远程教育系统等，规范党员组织生活，服务每月一次的党员学习会、党群议事会。建立小区创业就业服务中心，积极回应拆迁安置居民就业创业需求，联系人社、民政、市场监管、税务、金融等部门，开展月嫂、维修、保洁、创业等技能知识培训，联系辖区各大中型企业定向招工，为残疾居民、拆迁户家庭成员就业创业提供帮助。打造便民服务工作站，设置“党员先锋岗”“党员服务岗”，为小区居民提供咨询、打印、爱心雨伞、修理工具等便民服务和用品，每季度邀请有水电维修技能的党员上门免费服务，深受小区居民欢迎；配备一定数量的党报党刊、农业技术、文学、科普类书籍供居民阅读，为居民打造家门口的阅览室，为小区居民打造一个良好的学习环境，使便民服务工作再上新台阶，真正打通服务群众“最后一公里”。

（兰珍益）

"星级化"创建和管理激发农村基层党建原动力

——兴宁区五塘镇西龙村党建工作经验

中共兴宁区委组织部

推行农村基层党组织"星级化"创建和管理，是推动提升基层党组织建设的重要抓手。五塘镇西龙村党总支部坚持上级党组织的领导、严格程序、动态管理，有效激发村党组织争先创优内在动力，为巩固拓展脱贫攻坚成果同乡村振兴有效衔接凝聚强大力量。

（一）加强领导，成立村党组织"星级化"创评小组。根据《关于推行〈农村基层党组织"星级化"管理的实施方案〉》和管理评分标准，村党总支成立了星级创评小组，组织开展动员部署会议和专题业务培训，学习管理方案和评星细则，进一步明确创建的标准、要求，为"星级化"工作提供坚强领导。

（二）严格程序，规范自评，明确"星级化"管理方向。星级化创评小组组织党员代表、村民代表及村干部召开民主测评会议，广泛听取各参会人员意见建议。根据测评情况，星级创评小组对照星级标准，结合自身工作实际，实事求是地进行自我评价，参照农村基层党组织评星定级评分标准逐项打分自评，进行查漏补缺。自评同时，同步整理相关佐证台账，以便审核备查。最后，针对在民主测评反馈中提出的意见建议以及在自评过程中检查出党建工作存在的薄弱点进行讨论，提出整改措施，为下一步"星级化"管理提供工作思路。

（三）动态管理、强化运用，彰显"星级化"党组织活力。常态化抓好"星级化"工作，按照边评定边总结边提高原则，动态管理村党组织"星级化"台账以及各项工作。同时，强化评星结果运用，广泛宣传"星级化"创建和管理工作中取得的成效，形成有特色长效机制，不断深化"星级化"管理工作。实施"星级化"管理活动以来，西龙村党员干部人人争先创优，推动各项工作稳步开展。各党支部"三会一课"、民主生活会、民主评议党员等党内制度健全落实，党员定期开展组织活动；党员承诺、无职党员设岗定责、民主议政日等工作有序开展；党员在产业振兴、人才振兴等方面发挥先锋模范作用明显。80%以上农村党员和90%以上农村干部至少掌握1门实用致富技术，示范带动能力强。例如村党总支副书记韦如椿积极发挥排头兵作用，发展生猪—沼气—蔬菜高效种养模式，并积极为农户提供技术支持；党员致富带头人陆坚邦充分发挥党员模范带头作用，成立南宁市国翠农业专业合作社，脱贫户利用免息小额贷款入股合作社共同经营分享利润，免费传授瓜果蔬菜病害防治、化肥高效利用等农业技术，累计惠及村民过千人，带动群众发展，目前全村大棚各类瓜果蔬菜年产量超过3000吨，村民人均仅此一项收入超过2000元。

西龙村召开2021年度党员组织生活会和民主评议会

（李志枫）

探索推行“全周期微治理”模式 深化党建引领基层社会治理

——江南区基层党建工作经验

中共江南区委组织部

居民小区是基层社会治理的“最后一公里”。近年来，江南区聚焦提升党建引领基层社会治理水平，探索党建引领“全周期微治理”模式，从理顺全要素体系、创新全过程管理、优化全覆盖队伍、推行全链条议事、坚持全方位测评、提供全周期保障等6个方面发力，调动整合社会力量和各方资源，不断提升基层治理效能。

（一）理顺全要素体系，组织规范统一“建家园”。制订印发《深化党建引领“社会治理共同体”全周期管理改革创新的实施意见》“1+5”文件，建立“区委—街道大工委—社区大党委—小区（网格）党支部—楼栋党小组”党组织联动体系，由区委牵头抓总，3个街道“大工委”实行兼职委员制，28个社区“大党委”负责统筹辖区资源，建立180个小区党支部、510个楼栋党小组，覆盖646个监控网格、231个商城建筑和1287个两新组织，构建上下贯通、执行有力的基层组织体系。组建片区大党委、产业党建联合体、城乡党建联盟、商圈党建群等12个红色联盟，推进街道社区与239个辖区单位部门签订共建协议，实现居民小区党的领导、多元参与有机融合。

（二）创新全过程管理，实行闭环管理“定家规”。把治理问题梳理为民主议事、规章制定、矛盾调处、活动开展、星级评定、突发事件等六大类型，绘制闭环处置流程图，规范全周期微治理闭环管理。将全城区397个居民小区分为商品住宅、老旧小区、单位住宅、安置小区、街巷平房、城中村外租房等6个网格类型，按照事前、事中、事后3个阶段进行标准规范，由基层党组织牵头，逐项协调办理解决。

（三）优化全覆盖队伍，提供精准服务“暖家人”。依托“三级中心、四级网络”综合治理机制，整合公安、司法、综治等部门力量，成立城区、街道和社区三级网格化管理中心，将网格化管理向居民小区延伸。打造由433个专职化城市社区工作者组成的专职网格队伍，派驻专职工作者到54个重难点小区包点挂点。落实“双报到”机制，将机关事业单位“双报到”人员安排到相应网格，充实兼职网格队伍，收集和解决群众需求和困难。利用惠民资金引进普天养老服务中心等专业社会组织，为特殊群体提供精准服务。

二桥西社区组织居民党员、物业人员在西派澜岸小区党群服务中心开展党史教育
（李潮　摄）

（四）推行全链条议事，推行逢四说事“解家忧”。成立小区党组织领导下的说事理事会，推选由包点城区机关事业单位人员、街道和社区干部、业委会（业主代表）、物业企业等组成说事员队伍，围绕基层党建、中心任务、经济发展、服务民生、文明和谐、矛盾纠纷等“六必说”内容，线上通过“易江南”智慧党建平台、小区微信群，线下通过入户走访收集居民诉求，按照收集民意、梳理议题、确定议题、做好准备、组织协商、公开结果等“六步走”程序，有序引导说事主体说事议事和办事解事，全流程公开和反馈，接受群众监督。

（五）坚持全方位测评，健全完善考核“评家绩”。推行党组织“堡垒指数”和党员“先锋指数”星级考评管理办法，开展小区党组织“堡垒指数”定级，围绕领导班子好、党员队伍好、工作机制好、工作业绩好、群众反映好等“五好”党组织标准，确定5项分类定级指标15个评分细项，按照百分制分别赋予相应分值。设置6个细项激励分值，根据小区党员发挥作用情况进行加分。按照星级党员、合格党员、警示党员评分等次，实行“党员分类、一类一策”的严格考核制度，每季度进行考评公示。

（六）提供全周期保障，强化多方联动“齐家业”。推进“全周期微治理”示范小区建设，按照不少于300平方米或每百户居民不少于30平方米标准，建设27个小区党群服务中心。落实每个社区20万惠民资金，采取向社会组织、市场主体购买服务等方式，丰富社区服务群众供给。依托“质量党建”考核评价标准体系，赋予村（社区）干部考核评议权，推进城区机关事业单位与小区党组织区域联动，进一步激发基层干部干事活力。

（韦宁）

强核心优细胞　谋全局促发展

——江南区福建园街道淡村党建工作经验

中共江南区委组织部

江南区福建园街道淡村位于南宁市五一东路和淡村路两侧，东邻西园饭店，西傍汀桂铁路，南依亭洪路商业一条街，北靠邕江河畔，是个典型的城中村，下设7个村民小组，现有常住人口2850人，流动人口1.3万余人，现有党员71人。近年来，淡村充分发挥党总支战斗堡垒作用，以党建为引领，以问题为导向，围绕打造“淡雅新韵　善作之村”的淡村品牌，通过找准定位、创新思路、健全组织等举措，全面促进村集体经济和各项民生事业发展，村组集体经济发展平稳向好，村民群众和睦相处、和谐友爱，人居环境不断改善，生产生活水平不断提高，先后荣获全国民主法治示范村（社区）、广西壮族自治区文明村、“南宁市少数民族团结先进示范村（社区）”等称号。

中共福建园街道淡村总支部委员会召开第一季度党员大会　（福建园街道　摄）

（一）找准定位，谋全局促产业发展。始终坚持党建引领全盘谋划产业布局，注重通过落实“四议两公开”制度规范村务运行。充分利用产业土地资源积极招商引资，并以点串线、以点带面，先后在五一路沿线开发淡村农贸城、江南水街和金砖茶城三个大型商贸市场，通过村企合作，将三大商贸市场由单一的农贸商品自销逐步发展为集商贸零售批发、娱乐、住宿、餐饮等多种业态发展，2021年实现村集体经济收入2300万元，与2005年相比增长近4倍。

（二）创新思路，聚民心促服务提升。探索村中合作医疗模式，将集体经济中的部分资金与村民缴纳的合作医疗费共同设立村级合作医疗基金，解决村民就医后顾之忧。村委投入资金260余万元扩建淡村小学校舍，新增8个班，缓解辖区村民、租户入学难问题。打造村新时代文明实践站、民族文化展厅等文化阵地，积极与辖区共建单位党组织开展建党100周年、“壮族三月三”等群众文化、主题党日活动，充分挖掘淡村村史文化，结合民族团结工作举办各类民俗活动，不断凝聚党群合力量，促进全村睦邻友好，共创和谐淡村。

（三）健全组织，激活细胞促社会和谐。以村“两委”换届为契机，选好配好以村党组织为核心的村“两委”班子，规范村财务公开制度、民主监督等规章制度，通过党建引领村民自治，总结出“淡村文明倡导”十条，结合村民诉求意见实施淡村亮化提升改造工程及基础设施建设，有效改善村容村貌。直面城中村治安痛点，建立江南区首个覆盖全村民小组的全天候视频监控网络，并依托村警务室，建立较完善的治安网络防范体系，保障了辖区长期平安稳定和谐。

（谭志荣）

坚持“三个导向” 突出“六个一线”构建公务员定期奖励评审科学体系

——中共青秀区委组织部党建工作经验

中共青秀区委组织部

2021年，青秀区组织开展2018—2020年度公务员定期奖励试点工作，在评审过程中，坚持群众公认、实绩量化、基层一线“三个导向”，突出项目建设、改革创新、脱贫攻坚（乡村振兴）、维护稳定、疫情防控、创城创卫“六个一线”，建立一套求真务实、公平公正、科学合理的定期奖励评审工作体系，不断探索创新公务员定期奖励工作。

（一）坚持群众公认导向，建立严密完整的评审流程。坚持“群众拥护、群众赞成、群众高兴、群众答应”原则，建立健全科学具体的评审流程。采取多项举措将定期奖励工作精神传达到每位公务员，做到“三个必”。即OA电子政务平台覆盖的单位及个人必发工作方案，各单位必召开一次动员会传达定期奖励试点工作申报要求，外出抽借调人员必以短信电话等形式通知到位，做到知晓率100%。民主推荐中，主要采用个人自荐和集体推荐的方式进行，鼓励公务员进行自荐，各单位全面摸底编制人员名册，确保符合条件的“零遗漏”，鼓励广大干部职工争当荐举者、拾遗官。定期奖励工作开展以来共有439人参与并提交《公务员定期奖励审批表》。各参评单位对本单位推荐对象按奖励条件进行审核，填写相关定期奖励审批表、主要事迹材料，经本级党组织审定后，将推荐情况和公示情况报告及相关表格资料等报奖励办。对拟推荐对象进行不少于5个工作日的公示，公示内容包括拟推荐对象的基本情况和简要事迹，确保推荐对象过区委常委会前经得起群众“监督关”的考验。

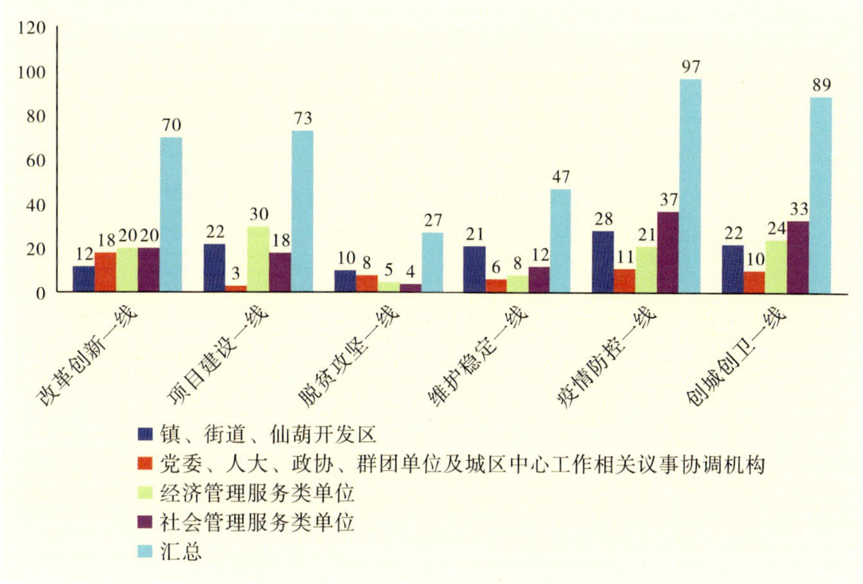

青秀区公务员定期奖励“六个一线”获奖人数分布图

（二）坚持实绩量化导向，制定分类量化的评审规则。根据单位的性质和工作职能定位进行分类考核，将全部单位（不含双管单位）及城区中心工作相关议事协调机构分为四大类（即镇、街道、仙葫开发区，党委、人大、政协、群团单位及城区中心工作相关议事协调机构，经济管理服务类单位和社会管理服务类单位），评审过程按类别进行横纵对比。为体现评审标准的科学、精细、量化，青秀区制订青秀区公务员及参公人员定期奖励评审表，其中包含思想政治、团结担当、清正廉洁、干事创业等7个大项13小项的评分标准，并由精通考核政策和指标内涵的部门主要领导参与评审。评审过程中，初评充分尊重直接分管领导和有关部门意见，复审环节由评审委员会全体委员进行集体酝酿讨论后客观公正地进行投票，所有参评人员均签订纪律要求告知书。得票过半数的，根据票数从高到低在奖励名额范围内确定复评奖励名单；票数过半人数未达到拟奖励人数时，由评审委员会全体成员从未过半数人员中集体研究讨论奖励人选，在同等条件下优先奖励城区中心工作议事协调机构推荐人选。先投票选出记三等功复评候选对象，落选的记三等功纳入嘉奖候选名单，再从嘉奖名单中投票选出复评嘉奖候选对象。

（三）坚持基层一线导向，树立指向鲜明的实干风向。奖励对象注重向基层和艰难困苦地区倾斜，向一线工作人员倾斜。要求全体在职在编公务员、抽借调和聘用超过3个月的人员参与会议推荐，对疫情防控、脱贫攻坚等6个承担城区中心工作的议事协调机构给予12个名额的提名权（最终有8人获得奖励）。在评审过程中，对个人从思想道德、清正廉洁、干事创业等方面指标进行评比，对集体从思想道德、民主团结、清正廉洁、干事创业等方面指标进行评比，侧重对干事创业方面进行考量，从应急处突、守正创新、勤政为民、贡献力量等逐项打分，占比60%。坚持做到“三必问、三必看”，即必问承担了什么重要任务、攻克了什么重点难题、作出了什么重大贡献；必看主要工作指标完成情况和成效对比，在急难险重任务、重大突发事件和关键时刻的具体表现及事例，各级巡视巡察督查和“红黑榜”通报等情况。此外，还增加年度绩效考评、奖项加分项目，能较好了解奖励对象三年间日常工作表现、取得的突出成绩，便于选出优秀的奖励对象。鉴于以往各评审类别中正科长级领导职数占在职在编公务员比重存在较大差异，此次为突出基层和一线导向，特别是在记三等功授予方面，将四大类评审对象中正科长级干部获评比例上限设定为不超过该类别记三等功授奖数量的45%、60%、25%、30%，不设下限。在最终奖励的219人中，正科级干部59人，占比（26.9%）明显低于2020年年度考核正科级干部占比（32.8%）；基层一线人员占比（73.1%）明显高于2020年年度考核的基层一线人员占比（67.2%）。本次奖励的对象主要是“六个一线”基层人员，其中改革创新一线奖励70人、项目建设一线奖励73人、脱贫攻坚一线奖励27人、维护稳定一线奖励47人、疫情防控一线奖励97人、创城创卫一线奖励89人（存在交叉）。

（林雨鑫）

抓好两新党建　开创区域化楼宇党群服务新局面

——中共青秀区委组织部党建工作经验

中共青秀区委组织部

青秀区坚持以“首善先锋·红动楼宇”为主题，积极打造“竖起来的社区”，在扩大党对楼宇内两新组织的“两个覆盖”、提升党组织组织力、优化楼宇营商环境、服务社会发展治理等方面不断探索创新，通过设立布局合理、功能完备、互联互通的服务功能区，为党员群众提供全方位、一站式服务，积极开创区域化楼宇党群服务新局面。

（一）推进红色覆盖，建强组织堡垒。青秀区坚持“以大带小”原则，采取龙头企业带建、规模行业联建、物业公司统建等多种组建方式，持续推进党在楼宇商圈的组织覆盖和工作覆盖，抢占城市经济发展的制高点。注重抓好规模以上非公企业党组织组建工作，对正式党员不足3人、暂不具备单独组建条件的企业，组织其与邻近的同类型企业的党员组建联合党支部，也可跨行业成立联合党支部。同时，由社区党组织指导物业公司牵头建立联合党组织，将一些规模小、党员少的企业纳入统一管理。地王大厦内100余名党员主动亮出身份，带动楼宇企业内其他非党员职工纷纷向党组织靠拢，进一步提高党组织的单独组建率。通过发挥楼宇党群服务中心的辐射带动作用，影响带动28家地王大厦内及周边企业先后组建党组织。

（二）凝聚红色力量，健全服务阵地。青秀区通过大量地走访和问卷调查深入了解楼宇党员群众的需求，有针对性地在党群服务中心设置党群服务岗、综合活动区、洽谈休闲区、学习培训区、健身运动区、多功能会议室、党史文化长廊、健康加油站等多个功能区，提供政务服务自助办理、阅读交流、学习培训、运动健身等多种服务，尽量满足每一位党员群众的需求。依托梦之岛党群服务中心等阵地开设“楼宇微党校”，以“献礼党的百岁生日”为主题，聚焦都市白领的现实需求，与专业机构合作，组织开展党建情景模拟沙盘、党史学习教育、国学文化等党群教育培训活动，让楼宇党员得实惠，给商圈门店聚人气，为楼宇经济增活力，使楼宇党群教育常态化、学习培训全覆盖。依托以“光昌汽灯店”为原型的梦之岛党群服务中心，常态化开展“党史故事大家讲”“红色读书会”等各类主题活动，并积极推广活动经验。青秀区的5个楼宇党群服务中心（站）共涵盖7个党委，70个党支部，1770名党员，通过组建170余名“两新”组织党组织书记、党务工作者及非公企业高层管理人员为代表的“红色师资库”、开展“楼宇微讲堂”活动，打造“15分钟学习圈”，让党史学习教育在两新党组织中有效触达，激励两新党员从百年党史中汲取奋进智慧，截至目前，共在楼宇党群服务中心（站）开展200场活动，有效推动楼宇两新组织“两个覆盖”工作。

地王大厦楼宇党群服务中心党群服务岗

（三）坚持红色引领，助推企业发展。青秀区成立楼宇联合党委，配齐人、财、物保障，把更多精力和资源放到对楼宇的服务中。优化服务体系，建立“1+3”配套服务机制。建立处级领导联系楼宇包保服务机制，制定楼宇经济“一企一策”个性化楼宇配套政策，构建由“街道大工委—社区大党委—楼宇联合党委”组成的“三级联动党群服务体系”，组织18个单位54名领导干部联系服务54家规模以上民营企业党组织，年内到联系点走访联系、开展调研、指导工作120余次。听取企业反映意见50条，帮助解决问题共50个；推动17个机关、国有企业党组织与18家民营企业党组织“结对共建”，共同开展30次党组织活动，帮助解决问题46个。抓好区域联建，构筑“1+N”辐射工作格局。以区域联建方式组建5个楼宇联合党委，积极发挥区域联合党委“龙头”作用，重点加强对东盟商务区、金湖广场、青秀万达商圈、朝阳广场等重点商圈党建工作的辐射带动，共有28个机关单位党组织、5家国有企业、102家民营企业党组织、36家社会组织党组织加入区域联建，覆盖964名党员，逐步形成以区域联合党委为中心、各类主体共建、共治、共享的组织架构新体系。

（四）推进社企联动，参与社会治理。青秀区以楼宇联合党委带动周边辖区各领域党组织开展党员队伍联管、公益事业联办、社会治理联抓等共建活动。充分发挥党群服务中心桥梁纽带作用，联合街道大工委、社区大党委、楼宇联合党委，组织商圈楼宇内的党员群众开展消防安全、反恐防暴、自然灾害应急处理等培训演练活动，提高商圈楼宇内党员群众的安全意识和应急能力。年内，楼宇党群服务中心组织开展“艾生活·爱健康”义诊活动、关爱留守儿童、青年交友联谊会等系列活动100余场次，累计开展教育培训、志愿服务、文体娱乐等活动200余场次，惠及党员群众2.1万余人次。结合推进“我为群众办实事”实践活动，鼓励两新党员立足岗位尽责作为，开展困难党员慰问、法律知识科普、政务服务进楼宇等志愿服务近90场次。

（吴依婷）

党员民警任书记　引领平安新“枫”潮

——西乡塘区社区党建工作经验

中共西乡塘区委组织部

社区党员民警金牌调解员和专职网格员在调解群众纠纷

西乡塘区辖区面积1076平方公里，常住人口总数（含高新区托管的心圩街道、安宁街道）约164万人，是全市人口最多、建成区人口密度最大的城区。辖区内治安情况复杂，治理压力较大。2021年，西乡塘区坚持以基层党建引领社会治理为切入点，以全面推进“枫桥式派出所”创建为契机，以实施“民警兼任社区（村）党组织副书记”为抓手，推动警务理念、方式根本性转变，全面融入社会治理，筑牢维护安全稳定的坚固防线，西乡塘区衡阳派出所提名全国“枫桥式派出所”，西乡塘区荣获“2019—2020年度建设平安广西活动先进县区”。

（一）落实“三个强化”，构建组织联动体系。一是强化组织领导。西乡塘区成立由公安分局局长、政委任组长、相关部门领导任组员的工作领导小组，负责统筹组织协调选派民警相关工作。各派出所成立工作专班，层层压实责任。二是强化制度建设。西乡塘区委组织部和南宁市公安局西乡塘分局联合制定通知文件和制度要求，明确选派民警工作目标和工作要求，为党员民警进入社区（村）党组织班子做好顶层设计。三是强化选人用人。西乡塘区委统一研究部署，组织部牵头，联合公安分局从政治关、品行关、能力关、作风关和廉洁关“五关”从严选拔优秀民警，由属地街道党工委联合辖区派出所对选派民警进行任命后，组建社区（村）党员民警+网格员联防联治队伍，参与社区（村）治理。已有57名党员民警到33个社区、24个村兼任党组织副书记，建立各级网格1150个。

（二）抓好“三个到位”，推动社警深度融合。一是人员部署到位。西乡塘区结合辖区实际，按“1+1+2+N”即一社区（村）一民警两辅警N网格员，合理安排警民力量，优化队伍结构。已配备57名党员专职民警、45名兼职社区民警、110名专职社区辅警及42名警务助理，派出所警力占比由原42.1%提升至53.5%。二是工作职责到位。学习借鉴“枫桥经验”，制定《社区警务工作考核办法》等系列制度措施，明确选派民警职责。社区民警原则上不承担辖区外勤务，不随意抽调参与其它工作，将更多时间精力投入到社区警务工作中。三是考核激励到位。对选派到社区任职的民警从经费保障、待遇提升上予以倾斜，将社区警务工作成效纳入个人月考和年度考核内容，考核结果与职级晋升、待遇挂钩，推动社区警务深度融入基层组织、社区群众。

（三）突出“三个坚持”，构建和谐平安社区。一是坚持党建引领。西乡塘区以社区党组织为平台，组建社区党员民警+网格员、楼栋长、志愿者等组成的“绿城巡逻队”，主动亮身份、作表率，开展网格化动态巡逻巡查。针对辖区孤寡老人、伤残人员等行动困难的群众，提供预约上门办证等服务，进一步密切警民关系。二是坚持多措并举。实施“九小工程”，即制作一张警民联系小卡片，建立一支“红袖标”小队伍，开展一次“小研判”，启用一个“小喇叭”，践行一个“小承诺”，发送一个“小提醒”，开展一次“小帮扶”，举行一次“小培训”，推广一个“小探头”，构筑起群防群控、联防联控的安全防线。三是坚持源头治理。着力从源头上减少诱发因素和安全隐患，选派民警联合居（村）委会、司法机关，对重点人员、易肇事肇祸人员实行联勤共治动态式双保险监管；紧盯危险物品、寄递业、娱乐场所、旅馆行业四个领域，通过日常检查、重点督查、暗访抽查等工作方式，形成管控常态化。

（四）实现“三个成效”，发扬新时代“枫桥经验”。一是社区管理服务有了新气象。社区警务全力打造专职网格员和金牌调解员两支队伍。同时，建好用好社区治理人才智库，发挥社区民意智库重要作用，有效提高社区管理水平，筑牢社会和谐稳定根基，2021年，共建立121支调解队伍，调解矛盾纠纷1200余件，调解成功率达98.7%。推进智慧安防小区和警务室建设试点，保证辖区居民安全。二是群防群治工作取得新成效。在党员民警带领下，社区工作人员、社区志愿者等主动参与社区群防群治工作，不断延伸社区巡防圈。在居民住宅集中区、店铺集中区形成了以派出所巡主次干道和小街小巷、群防群治巡逻队巡校区、厂区、居民区的互补格局，进一步挤压违法犯罪空间。2021年，累计建立665个群防群治组织，提供破案线索85条，抓获违法嫌疑人61人。三是基层党建工作形成新格局。党员民警兼任社区党组织副书记，将社区警务纳入社区综治、党建工作，实现社区党务与社区警务、社区事务、社区服务统筹实施，既让党建有了有效的抓手，又提高了社区管理质态，构建了区域统筹、条块协同、共建共享的城市基层党建工作新格局。

（潘杰）

聚力“三三六”德育策略　党耀童心厚植价值观

——秀田小学党建工作经验

中共西乡塘区委组织部

“广西壮族自治区南宁市秀田小学围绕‘德润校园　奠基多彩人生’的办学理念，以壮族山歌为元素创作《社会主义核心价值观24字歌》，使之变成校园的‘流行歌’。歌曲引领着师生培育和践行社会主义核心价值观……”“这首正能量的‘神曲’可能会火……”这是相继在“学习强国”广西学习平台及南宁文明网推出的演唱视频解说。该视频是秀田小学师生践行社会主义核心价值观的生动写照，展现他们向上向善的精神风貌，也是秀田小学党委聚力“三三六”德育策略、厚植社会主义核心价值观的一个缩影。秀田小学坚持党建引领德育工作，在潜移默化中提升学生思想道德素质，为其多彩人生奠基。

3月1日，秀田小学开展“童心向党　致敬祖国”2021年春季学期开学典礼活动

学校党委强化党建引航，围绕“德润校园　奠基多彩人生”的办学理念，构建“熟知熟背—践行体验—理解感悟—修身正己”的内悟外显递进模式，着力加强党组织领航把向，完善德育育人工作机制，让社会主义核心价值观入脑入心、见效见行。

（一）修德向党，实施“三入”策略。学校党委通过“三入”策略引导学生“做最好的自己”。一入——从创建文明校园入手，让社会主义核心价值观落地生根：从育人环境硬件上创建文明校园，创设德润广场、红色长廊、扬帆塑像等独具“德润文化”特色的校园环境；从制度、“三风一训”和校园文化等软件上建设文明校园，使“德润文化”浸润每一位师生，将社会主义核心价值观内化为学习的精神动力。二入——打造多彩社团，让社会主义核心价值观融入生活：学校党委结合“多彩教育”办学特色，成立10个学生“多彩社团”。各党支部根据孩子们的兴趣爱好、特长等，打造科技类、艺术类、体育类、技能类等社团；社团党员指导老师因材施教，组织实施车模航模、机器人、3D打印设计、舞蹈、啦啦操、烹饪、传统手工艺等社团实践项目，将党史教育、爱国主义教育、法制教育、诚信友善教育等渗透其中。三入——树立优秀典型，让社会主义核心价值观浸入心田：党委组织开展“学习身边的好榜样”活动，按照“五德少年”（修身律己讲道德，明辨荣辱讲公德，日行一善讲美德，孝老爱亲讲品德，认星争优讲学德）的要求积极引导学生崇德向善，努力“做最好的自己”。党员教师先锋队带领学生以阳光小分队的形式积极开展“日行一善”活动，推行道德实践活动。

（二）为党育人，探索“三大”途径。学校党委通过“三大”途径育德育人。领航德慧课堂大“方舟”：发挥政治引领功能，力抓思想道德和意识形态建设，牢牢把握培育和践行社会主义核心价值观的主阵地，将社会主义核心价值观的要求渗透到课程中，让社会主义核心价值观悄然贯穿于德慧课堂教学全过程；开展“党员家长进课堂”的特色课程活动，邀请党员家长带着自身专长知识的“特长+特色”走进课堂。感悟道德实践大“魅力”：强化党带团、党带队的引领功能，邀请学生参与党员“固定党日”活动，引导学生参与扶贫、助残、爱老等公益、志愿服务，在实践中完善自我，提升文明素养；大力开展德实践记录活动，记录《社会主义核心价值观——我的践行日志》、《雏鹰争章》小脚丫成长历程等社会主义核心价值观践行感悟、同伴点赞、班主任评语、家长点评等内容；深入开展“美德少年”、“感动中队”等先进典型的选树工作。构建“四位一体”大“网络”：校党委构建学校、家庭、社会、网络“四位一体”立体化德育网络，与社区党委签订联建协议，定期组织学生参与社区党员志愿服务活动，党员教师率先建立“家校日志卡”，开展《我的家风》《价值观童谣卡》《价值观手抄报》《我的民族大家庭》等亲子合力活动。

（三）党耀童心，打造“六大”名片。设立6个特色教研党小组，发挥党小组战斗堡垒和党员教师先锋引领作用，带领学科教师结合学科特点，将德育融入教育全程。各党小组百花齐放、各具特色，倾力殷殷童心，打造厚植社会主义核心价值观的亮丽名片。美术党小组玩转“德润棋”名片，品味社会主义核心价值观：设计棋类游戏“德润棋”，将党史融入价值观。文体党小组律动“德润操”名片，渗透社会主义核心价值观：语文、体育党小组将国学经典《弟子规》的内容与体育运动结合，创编“德润操”。音乐党小组唱响“德润歌”名片，牢记社会主义核心价值观：音乐党小组用壮族音乐元素作词作曲创作《社会主义核心价值观24字歌》，配合创编舞蹈宣传推广。体育党小组传承“花山拳”名片，感悟社会主义核心价值观：为传承骆越先民文化，党支部专程派体育党小组到世界文化遗产崇左宁明花山岩画景区学习并在校推广《花山拳》。科技党小组依托“科技梦”名片，传播社会主义核心价值观：科技党小组着力培养学生在科技创新竞赛中获奖，机器人社团在异国他乡的科技赛场上传播着社会主义核心价值观。德育党小组凝练“作品集”名片，内化价值观：德育党小组充分发挥学校、家庭、社会、网络立体化德育的优势，引导党员教师、社区党员志愿者带领孩子完成体现社会主义核心价值观12个核心词的作品。

（韦艳蓉）

党旗领航 “铝”创佳绩

——南南铝业股份有限公司党建工作经验

中共邕宁区委组织部

南南铝业股份有限公司成立于1958年，是广西本土汽车、新能源及装配式建筑铝合金组件、材料的专业制造企业。公司党委成立于1958年12月，现有9个党支部，在职党员203人。公司党委以“党建强、发展强”为工作目标，以开展“党旗领航·铝创佳绩”主题活动为抓手，大力实施人才培养和人才引进战略，有效推进企业发展升级和科技创新。南南铝股份有限公司党委获评自治区先进基层党组织。

南南铝集团厂区

（一）立足企业特色，打造党建品牌。公司党委坚持以深入开展创建基层服务型党组织为主线，围绕“铝加工立业，深加工振业，精加工兴业”的发展战略，充分发挥党组织在强企战略中的政治优势、组织优势，打造自身特色党建品牌。设置“党员先锋生产线”“先锋党员树标杆”“党员创新项目”“党支部承诺践诺”等多个特色鲜明的主题阵地板块，重点针对老旧设备工艺落后、生产效率低等突出问题，由党员技术骨干团队带头，与设备厂家合作开发，优化生产系统工艺，使生产线不良率降低21%。

（二）坚持党建引领，推进人才强企。公司党委在领导人员使用和培养、人才引进方面坚持优先考虑具备较好党性修养党员人才，以高素质党员干部队伍带出高素质企业人才队伍。一是创新领导人员任用培养机制。公司党委采用党企领导交叉任职、双向进入的方式，把政治坚定、业务过硬、实绩突出的优秀中、高层党员领导人员选入党委班子，使党委成员通过法定程序进入企业管理层，同时参与到企业人才引进、人才培养、人才政策等重大问题的决策层。二是以多种形式引入人才。公司采取多元化的人才引进模式，于2017年启动“3930人才引进工程”，陆续从国内外引进一批具有良好发展潜力的硕士、博士研究生，重点培养锻炼，目前公司博士、博士后已达到2人，硕士生56人。引进中国工程院原院长周济院士、汽车工程专家钟志华院士等15人的知名院士专家团队和张宜生、张新明等国家汽车轻量化、铝合金材料973项目首席科学家，以及一批国内汽车铝合金应用、智能制造的专家顾问团队。年内，公司技术研发团队涵盖材料科学、熔炼铸造、机械工程等多学科专业，并与各种专业特长人员构成完整的专业化、复合型、多层次的技术创新人才结构体系。三是以暖心方式留住人才。公司在日常工作中重视关心员工生活和思想，给员工在公司附近提供安全舒适的员工宿舍，并安排通勤车往返于公司和市中心接送员工上下班。多次在企业内部为突患重大疾病的困难员工筹集爱心捐款，并直接为困难员工发放困难补助金。每年春节，公司党委领导层都会到一线走访慰问员工，发放慰问金和慰问品。在党建引领人才强企方针的强力指引下，公司着力打造行业领先水平的轻量化新材料应用研究院党支部，并与多家行业知名科研院所和企业紧密合作的开放研发平台，在2020年完成新项目研发36项，均成功交付客户，其中，与东北大学联合开发的首条铝材热处理型材生产线试产成功，被列入国家工信部重大短板装备。

（三）勇担社会责任，彰显人文价值。公司党委始终坚持在企业做大做强的同时，切实履行自身的社会责任。一是开展爱心助学活动。公司长期与武汉理工大学、桂林理工大学和广西南宁技师学院等多所院校开展校企合作，为贫困学子设置相关奖学金，为毕业生提供实习就业平台。二是响应政府号召，积极开展乡村振兴活动。公司党委派遣第一书记深入结对联系帮扶村南宁市兴宁区昆仑镇群星村，宣传和推动惠农、富农政策的落地，组织村民耕种百香果、牛大力等经济作物，拓宽村民经济收入渠道。捐赠35.05吨扶贫钢材用于发展上林县镇圩瑶族乡洋造村帮扶产业项目，同时批量购买该村的大米、桑叶茶等产品。三是定期组织志愿服务。公司党委每年组织两次志愿者团队到周边社区开展便民服务活动，义务上门为空巢老人排查用电故障、维修电器，测量血压，宣传科学饮食起居常识等，将爱心和温暖传递到社会各个角落。

（杨定明）

党建引领　激活乡村振兴红色动能

——邕宁区那楼镇中山村党支部党建工作经验

中共邕宁区委组织部

邕宁区那楼镇中山村位于邕宁区那楼镇北部，距离镇政府6公里，距离城区14公里。全村总面积约16平方公里，辖中山、屯赖、那志、那蕾4个自然坡，23个村民小组，1180户4130人。中山村设党支部1个，现有党员54名。近年来，中山村坚持支部引领，发挥能人带动效应，推动村级集体经济提质升级。2017年中山村实现整村脱贫摘帽，2021年中山村党支部获评自治区先进基层党组织。

（一）凝聚党员力量，让支部建设“强”起来。中山村深入推进“先锋引领·乡村振兴”大行动，突出强化村党组织政治引领功能，完善党支部工作职责、班子成员分工、议事决策、每周工作例会、党务公开等多项工作制度，严格“三会一课”、组织生活会、民主评议党员等组织生活，夯实基层堡垒。开设“榕树根讲坛”讲好身边党课，经常邀请第一书记、帮扶单位领导、镇包村干部、党支部书记、村里老党员讲党史讲政策，制作播放“党课开讲啦”18堂。推行无职党员设岗定责和“党员一句话承诺”制度，每月20日常态化开展“党员集中活动日”活动，把党员发挥作用纳入党员积分管理和评议党员重要内容，激发党员广泛参与本村精准扶贫、产业发展、土地流转、服务群众各项工作，建立“党员+”服务模式，宣传引导全村246户脱贫户全部加入合作社或互助会，在全村形成“党员带头干、群众看党员”的良好氛围。通过共建座谈、上专题党课、技术培训指导等方式，积极开展党支部结对共建，举办“同心助学圆梦”活动，筹集公益资金和物资，为10名贫困家庭学生通过读书改变命运、摆脱贫困提供支持。

邕宁区那楼镇中山村党员参与“开春党旗红　一线促发展”活动

（二）壮大集体经济，让百姓腰包“鼓”起来。中山村坚持党建引领，确定“支部引领、能人带动”的集体经济发展思路，助推巩固拓展脱贫攻坚成果同乡村振兴有效衔接。2016年以来，中山村充分发挥政治优势、组织优势，激活致富带头人发展动力，由村“两委”干部、致富带头人、农户及贫困户成立南宁市中翔桑蚕专业合作社，采取“党支部+基地+能人+合作社+农户（贫困户）”扶贫模式，以桑蚕产业带动村级集体经济发展，试投产的第一批蚕茧单价高达13.5元/公斤，为村级集体经济高质量发展奠定坚实基础。发挥资金推动村级集体经济发展的撬动作用，有效利用115万“两区”对口帮扶资金开展扶贫产业示范园配套设施建设，并积极申请产业示范园道路建设资金122万元，进一步完善产业示范园内路网建设。使用第一书记产业帮扶资金，购置铲车、运输车等农用设备，示范带动桑蚕产业不断向规模化、机械化、自动化方向发展。通过大力培育种桑养蚕特色优势产业，农户每年可以获得土地流转收入，再加上平时务工、采摘桑叶、入股合作社的分红，每月增收2000—3000元，让农户特别是脱贫户通过发展产业获得长期稳定的增收受益。在中山村发展壮大集体经济的道路上涌现出一位致富能人赖运升，他在村里牵头成立桑蚕合作社，出资建设380平方米的蚕农实训基地，担任蚕农实训基地“师傅”，带动周边25户贫困户加入合作社通过发展种桑养蚕产业走向勤奋致富之路。2021年2月，赖运升获评“全国脱贫攻坚先进个人”，并作为代表赴京参加全国脱贫攻坚总结表彰大会。

（三）创建文明新村，让乡风民风“美”起来。2016年以来，全村新扩建6条村屯道路，新建80处太阳能路灯项目。面对危房改造推进慢的难题，中山村充分发挥由第一书记和乡镇班子包村领导组成的“五人议事小组”作用，采取村干部包坡到户的方法，把33户危改户按坡分配到“两委”定工干部身上，由半定工干部协助，第一书记和村干部登门动员，做好本坡危改户的思想工作，对症下药，逐个突破，中山村的危房改造工作走在邕宁区各村的前列。开展“三清三拆”环境整治工作，拆除23户危旧住房，对村坡公共区域进行“三微”改造，修缮鱼塘、水渠等，提升人居环境。建设村史陈列馆，收集和展示能反映出乡村历史特征、典型事件以及人物等50余件老物件，记录中山村的发展历史，传承乡村文化、民俗风情，保护乡村记忆与乡愁。

（杨定明）

厚植人才沃土　释放发展动能　助力高质量发展

——中共良庆区委组织部党建工作经验

中共良庆区委组织部

良庆区坚决贯彻落实习近平总书记关于人才工作的重要论述和自治区党委、市委对人才工作的部署，坚持党管人才原则，紧抓强首府战略、加快建设自贸试验区南宁片区、中国—东盟信息港南宁核心基地等机遇，聚焦重点产业和战略性新兴产业，大力推进人才政策创新和落实，人才效能持续增强，为推动高质量发展提供坚实的人才支撑。

（一）坚持长效发展，优化人才机制。制定城区领导干部联系人才制度，“一对一”结对联系服务专家人才，80多名杰出人才入选“两代表一委员”，10名企业人才成功签约“万企兴万村”行动，为乡村振兴注入活力；畅通与自贸试验区、五象新区、高新区交流机制，完善服务自贸试验区南宁片区机构，建立联席会议制度，组织60多名人才工作骨干开展学习培训，交流人才工作先进经验；坚持“人才投入优先保证”，逐年提高人才发展专项资金；试行建立事业单位高层次和急需紧缺人才专项编制保障机制，调剂30名事业编制纳入编制“蓄水池”；健全人才公寓管理体系，高层次人才实现“拎包入住”。

（二）聚焦产业需求，优化人才结构。紧扣产业链部署人才引育链条，统筹抓好各层次人才队伍建设。紧盯现代金融、智慧物流、数字经济、文化传媒等现代服务业及新兴制造业等产业人才需求的难点，完善产业领域急需紧缺人才企业名录、事业单位急需紧缺专业人才目录，通过直播带岗、主题招聘会、就业社保公众号等方式，为辖区内华润、祖龙等重点企业引进人才420多人；坚持自主育才，用好名师工作室、就业见习基地等，培养教育、金融、信息技术、农村实用、专业技术、社会工作等各类人才3400多人次；创新校企协同育人模式，助推产研教融合发展，培养应用型技术技能人才300多人；助推“人才飞地”广州人才工作站启动运营，集聚优质创新人才资源，青年人才数量稳步提升，新增4000多人。

11月29日，良庆区举办专业化人才工作骨干培训示范班　（黄珊珊　摄）

（三）立足区位特点，优化人才布局。精准对接自贸试验区南宁片区、打造面向东盟的金融开放门户南宁核心区建设布局，推动辖区人才集聚，打造人才“高地”。加快推进中国—东盟科技城建设，新增自治区、南宁市级认定的新型研发机构、工程研究中心、孵化器、众创空间14个，新增市级认定的高层次人才69人；推进中国—东盟金融城建设，举办政金企对接会、金融人才综合素质提升活动等，新增落地金融企业113家，650多名金融人才纳入人才智库；发挥海外人才创新创业基地优势，吸引来自新加坡、马来西亚的3家企业人才团队入驻五象新区；承办自治区创新创业大赛高端装备制造产业复赛、“邕城创客行”常态化路演等品牌“双创”活动，有2个人才团队获国家创新创业大赛“优秀企业”奖，1个人才团队获中国·南宁海（境）外人才创新创业大赛二等奖；4个人才（团队）获南宁市创新创业领军人才“邕江计划”项目资助；22个科技成果转化项目通过自治区科技厅核验；4项科技成果获广西科学技术奖，有效发明专利258件，同比增长33.68%。

（四）激发人才活力，优化人才生态。探索“人才+项目”服务融合发展模式，创新“套餐点单式”服务，输送人才政策“大礼包”，年内兑现青年人才生活补助、学费代偿、购房租房补贴、高层次科技人才税后薪酬奖励2300多万元；从城区机关选派5名科级干部担任服务专员到重点企业驻点，助推政策落地见效；常态化开展“良策惠企”沙龙及金融、科技、急需紧缺人才座谈、政策宣讲、青年人才联谊等活动，上下联动、下沉遍访企业4000多家，持续优化营商环境，实现新增规上企业107家；贴心服务高层次人才，定制个性化体检套餐，参加体检人才580多名；协调解决人才子女教育等问题；注重宣传引导，强化示范引领，举办人才风采展，通过“广西组工”、《广西日报》《南宁日报》、“良庆发布”等平台宣传人才政策、创新做法，尊才重才爱才的氛围日益浓厚，推动新时代城区人才工作展现新气象、开创新局面。

（韦娜　雷红红）

党建引领 打造全国乡村治理示范村

——中共良庆区委组织部党建工作经验

中共良庆区委组织部

良庆区围绕农村基层党建，坚持党建引领，经过精心谋划、精准选址、精准施策，在那陈镇邕乐村美悟坡开展乡村治理体系建设试点示范实践，探索了“三建六共”（党建、群建、社建“三建”联创；“多级联动共推”“多方协同共建”“多层对话共商”“多元主体共治”“多维发力共管”“多样资源共享”“六共”并行）的自然坡党群互动乡村治理“美悟经验”。邕乐村获得2020年度自治区乡村振兴改革集成优秀试点村，第二批全国乡村治理示范村，入围“壮美广西·乡村振兴”特色案例。

良庆区那陈镇邕乐村美悟坡一景

（一）以党建为引领，实现基层治理有魂。良庆区充分发挥党组织的政治功能、组织功能，推行“乡镇—行政村—自然坡”党组织设置架构，建立以自然坡党组织为统领核心、党群议事会为决策主体、村民理事会为执行主体、户主代表会为监督主体、其他组织为辅助单元的“一核多元”共治体系，协同推进坡级事务。强化“党建+微网格”模式，完善镇、村、坡、组四级网格化服务管理平台，分解细化自然坡网格层级，一个村民小组建立一个终端网格，每个终端网格实行责任机制，并整合细化乡村治理职能36项，建立自然坡“全科网格”服务群众的响应机制。发挥“科技+传媒”优势，推进农村“雪亮工程”，完善自然坡视频监控网点建设。搭建智慧党建平台，通过微信群、QQ群等平台，及时发布政策信息。

（二）以自治为基础，实现基层治理有力。按照“自治—共治—善治”的治理路径，并行实施行政村、自然坡村民自治，建构“乡镇—行政村—自然坡—村民小组”的治理单元体系。制定自治组织权责清单，明确自治组织职责事项，基础设施建设、公益事业兴办以及集体经济发展等坡级事务交由村民自主管理。健全群建“自治群”，每个自然坡设置党群议事厅，建立“一组三会”等自治组织。搭建“微自治”党群组织架构，同步配套成立老年助攻队、巾帼义务队等群团组织，固化形成自然坡党组织领导村民自治的组织制度体系。制订自然坡“一组三会”议事规则，全面落实“五议五公开”，实行村事民议、村务民定、村权民管。推行“自主决策权、资金使用权、事务管理权”放给群众和“项目承建、资金使用、事务治理”不干预的“三放三不”做法，积极引导自然坡组建乡贤参事会、依法治村联合会、乡风文明促进会等社会组织，吸收不同年龄、身份、层面的居民群众参与基层治理。

（三）以法治为保障，实现基层治理有序。加强应急管理、信访调解、物业管理和信息技术等基层治理重点领域立法，以法治思维、法治手段破解基层治理难点。建立法律咨询室、警务执勤点，常态开展法律援助、纠纷调解、法制宣传、法律咨询、治安巡查，为群众提供综合性、多样化法律服务。2021年，开展宣传活动59次，调解邻里纠纷1532个。建设法治墙绘、法治园地、法治巷道等法治宣传阵地，推动法治精神、法治理念进家入户。建立公开承诺制度，自然坡“一组三会”成员、群团组织负责人、农村党员公开作出“三承诺”。完善村规民约、居民公约，引导广大群众办事依法、遇事找法，年内，共指导108个自然坡修订完善村规民约，组织农户作出守约承诺。建强镇综治中心作为基层治理枢纽平台，有效整合基层维稳、综治、执法司法等力量资源，发挥网格化服务管理、矛盾纠纷排查化解、重点工作联动等职能作用。

（四）以德治为先导，实现基层治理有根。充分挖掘乡村风土人情、风俗习惯，修订完善村规民约、文明公约等“草根法规”，实现“以规立德”。发挥乡风文明促进会、红白理事会等群众组织作用，弘扬慈孝、和善、诚信、勤廉等传统美德，实现“以文弘德”。建立“善行义举榜”，评选“道德模范”“杰出乡贤”等先进典型人物，以典型形象引导舆论导向，实现“以评兴德”。开设“道德讲堂”，营造“身边人讲述身边事，身边事带动身边人”良好氛围，借助道德力量，塑造人的灵魂，实现“以教传德”。持续开展“扫黑除恶”等专项行动，正向推动农村德治良性发展，实现“以行促德”。通过“政府搭台、社会引领、群众参与”的活动方式，结合“三月三”“嘹啰歌会”等活动和节庆日，打造特色节庆文化，鼓励文艺志愿服务队、乡村艺术团等群团组织唱歌跳舞，实现“以艺养德”。

（陆慧　覃茜）

党群双向赋能　永续“棚”勃事业　共建共治共享

——武鸣区府城镇永共村党建工作经验

中共武鸣区委组织部

武鸣区府城镇永共村位于兰海高速路府城收费口与府雷二级路交界区，交通便利。该村辖13个自然屯，16个村民小组，841户2832人，2018年底实现整村脱贫摘帽。全村共有党员49名，设1个党支部。永共村依托现有硬件基础、群众基础，持续探索出一条乡村宜居宜业、农业高质高效、农民富裕富足、具有地方特色的振兴“新路子”。

（一）以“建强阵地”为基础，基层党员树旗帜领航乡村振兴。一是“一套制度一块牌”推动村级党组织建设规范化。永共村将党群活动中心外原有的村级综合服务中心、基层廉洁工作站、远程教育中心等23个机构牌匾重新统一制作，精心设计悬挂位置，使服务事项功能一目了然。将党建工作制度、服务群众工作制度等107项应上墙的村级制度、职责进行全面整合，定制可增删、可翻阅的活页制度牌，为面积有限的支部活动场所腾出空间，也便于群众办事和监督。二是“一面旗帜一名党员”推动党员带头谋产业促发展。依托党员集中活动日，2021年开展集中学习12次，组织支部全体党员前往马山县调研学习农村产业发展和基层党建先进经验。第一书记和支部书记带头号召农村党员亮身份、作承诺，在开展疫情防控、农村人居环境提升等中心工作时设立党员示范岗、划分党员责任区，党员率先发展大棚果蔬、柑橘、香蕉种植及休闲农旅产业，全村“党员示范棚”50个。

党员致富带头人在永共村大棚产业示范基地向村民传授哈密瓜育种种植技术

（黄炳相　摄）

（二）以“壮大产业”为理念，科技大棚作示范推动多点开花。一是党员打头阵带动规模化种植。持续推行“党支部+合作社+致富能人+脱贫户”的发展模式，推选致富能手创建党员示范棚，引入专家讲座。第一批党员致富带头人率先引进技术，在产业园发展产业40多亩，成功带动149户农户进行多样化果蔬种植，2021年底，1500余个大棚种植面积达600亩，年创收约1500万元。二是科技培训推动产业技术革新。永共村每年组织种植户开展2次以上技术培训，以大棚育种手段为依托，引进东南亚及我国台湾最新品种（青柚、释迦等）进行科研试验及推广。同时向精准农业和智慧农业发展，实现大棚种植精准管理、远程控制，推广精细化、高效化、绿色化种植。三是大棚为龙头实现多元化发展。永共村力求拓展产业外延，顺应“中国沃柑看武鸣”的良好局势，大力发展柑橘产业种植1200亩。依托老杨屯的区位优势、特色资源，组织群众成立专业合作社，打造集瓜果采摘、农家美食等特色休闲农旅产业，年接待游客近万人次。通过盘活村集体山林、闲置旧小学场地等资源发包以及统筹上级资金等多种形式实现村集体经济收益稳增长，2021年底村集体经济收入达到23.16万元。

（三）以“群众主导”为核心，构建共建共治共享发展新格局。永共村在发展乡村振兴各项事业中，坚持群众主导，重大事项严格执行“四议两公开”，提升党务村务财务的公开度、透明度。村党支部组织党员群众完善村“一约四会”制度，49名党员在各屯、各小组收集意见建议，脚踏实地为群众办实事，以身作则引导村民遵守村规民约。16个村民小组均设立有红白理事会、道德评议会、村民议事会和禁毒禁赌会，定期对村屯文明道德新风尚进行评议表扬，向上推树身边好人和道德模范。在开展全域农村人居环境提升工作时，村党组织带头召开动员会，引导群众以“主人翁”姿态参与其中。邀请民间书画家、砖瓦匠等农村能人参与“三微”（微果园、微菜园、微田园）景观建设86处、打造墙体文化21处。永共村明确发展思路，建立青年微信群，让各行各业的青年能人进入乡贤理事会，在村级事项商议和决策中发挥主导作用。鼓励和培训本地种植户学习运用自媒体打好基础，主动邀请各地区、各领域能人前来参观交流，扩大永共产品和永共模式的知名度、影响力，让具有地方特色的产业品牌和G75高速沿线的靓丽风景成为吸引能人返乡的“金字招牌”。

（滕永伶　陆柳玲）

坚持党建引领　实现党建与业务同频共振

——武鸣区纪委监委党建工作经验

中共武鸣区委组织部

武鸣区纪检监察机关党总支部坚持党建引领，不断加强支部建设，持续以党建促业务发展，将党建工作“文化力”转化为推动中心工作的“发展力”，淬炼一支政治素质过硬、业务本领高强的纪检监察“铁军”，激活纪检监察机关党员干部队伍一池春水。2021年荣获南宁市信访举报工作示范点、武鸣区先进基层党组织、武鸣区人大新闻宣传工作优秀单位等称号。

（一）加强理论武装，以多维课堂学习锤炼过硬党性。始终坚持把党的政治建设摆在首位，找准党建工作与业务工作的结合点。年初将加强意识形态工作纳入机关党总支部全年工作部署，统筹安排各项党建工作。结合党史学习教育，将学习贯彻习近平新时代中国特色社会主义思想、纪委全会精神和党史学习教育内容等，纳入纪委常委会、纪委理论学习中心组和“三会一课”学习内容，通过“青年学习汇”“小组讨论交流”“以学促考”等方式，全面开展多维课堂理论学习，全年累计开展各类理论学习39次，有力督促纪检监察干部切实增强“四个意识”、坚定“四个自信”、做到“两个维护”。

9月7日，武鸣区纪检监察机关党总支部到标营公租房小区开展党员进社区志愿服务活动
（覃智慧　摄）

（二）强化组织建设，以多样化活动夯实党建基础。坚持与时俱进创新支部活动组织形式，激发党员干部队伍活力。一是将党建工作打造成为锤炼和培养后备干部的大平台，选用支部书记担任业务协作组组长，充分发挥党务干部的“头雁”作用。选拔优秀业务骨干担任机关各支部支委委员，实现党建与业务相融共促。2021年累计有13名机关党务干部得到提拔重用。二是持续开展“一季度一演讲”活动，拓宽党员干部铸魂提质大舞台。选送16名优秀党员到市纪委参加演讲比赛，8名党员荣获“演讲之星”称号。三是不断丰富“一月一主题”党日活动，结合业务实际，开展“主业微课堂”、“一月一分享”、过政治生日、党员微心愿、“最美办公室”等形式多样的组织生活达80余次。四是创新开展党史学习教育“八大系列活动”，形成学、思、践、悟全方位、立体式学习教育闭环。年内，共组织开展“党员心声大家谈”5场，“党史故事大家讲”5场，“党史知识大家答”1场，“辩一辩论初心”辩论赛2场，“学党史共奋进”主题微党课10场，组织参加“唱支红色歌曲给党听”等红色歌曲展演3场，开展“忆党恩跟党走”红色寻访主题党日活动5次。

（三）强化党建引领，全面推动纪检监察工作高质量发展。坚持“以党建引领业务、以业绩体现党建”，实现党建与业务相融合、相促进、共提升。一是突出“党建+监督护航”，全面落实监督首责。以“书记引航担使命”主题活动为载体，每月跟进监督，有效推动各项惠民富民政策落到实处。紧盯巩固拓展脱贫攻坚成果同乡村振兴有效衔接、供销系统、粮食系统等专项整治，聚焦非法采石、乱占耕地、噪音污染、污水乱排等生态环保方面存在问题开展督查17次，督促行业主管部门及时解决问题。二是坚持学史力行，开展“我为群众办实事”实践活动。组织机关党员积极参与疫情防控、党员志愿服务进社区、创建文明城市卫生城市等工作，机关党员全部进入社区担任楼栋长，主动亮身份、听民意、解民忧。党员全年参与创建文明城市卫生城市服务2万余人次，帮助社区清理卫生死角268处；多方筹措资金为武鸣区城厢镇标营社区修补、硬化道路630平方米；开展“党员奉献日”“扶贫一日捐”“爱心助学”“关爱特殊群体”等活动四次，累计捐献爱心款3万余元。三是构建“党建+宣传提升”模式，让支部堡垒不断释放红色力量。合理规划机关办公场所现有资源，着力打造机关党建宣传阵地，持续讲好正风反腐故事，党建信息全年累计被广西纪检监察网、南宁日报等媒体采用67篇。

（四）常敲清廉警钟，淬炼纪检监察铁军。坚持“律人必先律己”，强化纪检监察干部教育和管理。一是常敲清廉警钟，持续强化党员干部廉洁自律意识。全年共组织开展观看警示片、参观警示教育基地、集中宣讲等形式常态化教育14次，受教育干部830余人次。二是抓好机关作风建设，树牢纪检监察干部队伍干净担当形象。坚持求真务实的作风，持续完善会风会纪、财务报销、请销假等制度，全年累计开展会风会纪督查19次。强化党员干部8小时外管理，开展廉政家访12次，引导党员干部同步建设清廉家风，管好身边人，自觉净化交际圈。

（李金兰　潘晓雪）

党员引领科技创新　助推企业快速发展

——广西田园生化股份有限公司党建工作经验

高新区党工委

广西田园生化股份有限公司党支部于2006年7月成立，2010年8月升格为党总支，2016年11月升格为党委，下设10个党支部，现有党员138人。公司党委在围绕企业经营生产中开展党建工作，大力开展“双培双推”创优活动，取得明显成效。党组织先后获得“自治区两新组织党建工作示范点”“南宁市创先争优先进基层党组织”“南宁市先锋示范点”“高新区先进基层党组织”“高新区五星级党组织”等荣誉。

（一）公司党委坚持做到“五个落地”“七个融合”。公司党委坚持在硬件上求突破，在软件上求发展，切实把公司党建工作打造成党建示范品牌。在思想建设上做到“五个落地”：将“为人民服务”根本宗旨落地为企业使命，将“实现中华民族伟大复兴中国梦”落地为企业愿景，将“党的基本路线”落地为实现企业使命和愿景的途径，将“社会主义核心价值观”落地为企业精神，将创先争优落地为员工行业地位打造。在组织建设尤其是落实“三会一课”上实行“七个融合”：党委会与集团办公例会相融合，支委会与各中心例会相融合，党小组会与部门例会相融合，党员大会、党课与公司培训、总结大会相融合，学党章党规与学习企业文化相融合，学系列讲话、党史学习教育与宣贯企业发展战略相融合，做合格党员与做合格管理干部相融合。科学解决了学用两张皮以及时间难统一、人员难集中、制度难落实等“三难”问题，整体提升了企业的凝聚力。

4月29日，广西田园生化股份有限公司党委组织党员开展“学党史　强党性”集中观看《建党伟业》活动　（杨进英　摄）

（二）党员做到三个“引领”。一是党员引领科研创新，提升企业创造力。公司将技术创新作为领跑农药行业的“核心武器”，在党员中开展“三个一活动”，一名党员提出一条发展建议。党组织号召党员主动为企业生产经营出谋划策，党员职工提出合理化建议200多条，有45条被公司采纳，每年带来经济效益2000多万元。一名党员研发一项产品专利，公司党委成立了以书记为带头人的研发先锋队，组织党员积极投入新产品研发。公司的党员和员工已累计申请专利404项。2019年公司荣登中国企业专利500强榜单，位列榜单第151名；同年，公司再次荣获国家科技进步二等奖。2021年，荣获中国热带农业科学院科学技术奖科技创新一等奖（热带作物绿色农药创制平台的构建及应用）。一名党员干部带领一个研发团队，公司30多名党员骨干带头成立了项目攻坚党小组，项目攻坚党小组和各研发团队先后承担和完成国家级、省级、市级科研项目120余项，两次荣获国务院颁发的“国家科技进步二等奖”，被工信部、财政部评为“国家技术创新示范企业”，公司建有农业部“农药研发与施用技术重点实验室”、人社部“博士后科研工作站”以及获得自治区、南宁市科技进步奖20多项。二是党员引领员工创业，提升企业生产力。为促进科研成果转化为生产力，采取“市场+科研+企业”结合模式，通过党员带头创业，大幅提高了成果转化率。带头构建员工“创业树”，给予资金支持，鼓励员工利用研发成果来创立新事业。带头开拓市场“新领域”，在公司支持下，党员带头成为公司的创业合作伙伴，实现公司与员工的互促共赢、共同成长。带头加快科技“成果化”，党员充分发挥公司与各科研单位、高等院校的产学研合作优势，带头申报并承担了国家重点新产品计划项目及区市两级的科技创新项目。三是党员引领服务创优，提升企业竞争力。公司党委坚持把创建先锋示范活动与生产经营结合起来，实施“农业技术进千村，惠农服务进万屯”工程，通过党员引领带动员工服务“三农”。争当技术服务先锋，组织公司全体员工深入农村开展“田园服务进万村”大行动，推动科技惠农。争当营销服务先锋，党员带头在公司组建了一支熟产品、懂技术、善策划的营销服务先锋队，将产品营销与服务当地农户个性化需求紧密结合。争当结对服务先锋，公司党委与武鸣区玉元村、百色市凌云县弄塘村党支部等党组织结成了共建对子，发挥公司党员“传帮带扶”作用，实现了村企互利互惠、合作共赢。公司党委秉持“为社会奉一流服务”的宗旨，组织开展5次“我为群众办实事”实践活动。先后组织开展了雷锋月植树活动，到马山县、田东县科普服务乡村振兴活动、慰问老英雄活动、为武鸣区宁武镇建丰村捐款修建路灯活动，主动帮助群众解决实际困难问题，不断提高群众的幸福感、获得感、安全感，凝聚奋进新时代的强大力量。

（刘辉　曾世川）

打造党建新阵地　激活党员教育新引擎

——南宁经开区党工委党建工作经验

南宁经开区党工委

南宁经济技术开发区两新领域“电影党校”（以下简称经开区两新领域“电影党校”）暨盛天上影党建教育基地于2021年6月成立，位于江南区壮锦大道江南盛天地1号楼3层。是以电影上中下游产业链为载体，以党员、共青团员、少先队员和普通群众为对象的培训学校，是学习宣传贯彻习近平新时代中国特色社会主义思想、推进党的思想理论建设的阵地。经开区两新领域“电影党校”坚守主流文化责任担当，顺应读屏时代融媒体发展趋势，以“影院+主题教育+党建示范+历史文化影片+文化书屋+多层次深度互动体验”等模式，充分利用影院平台，盘活电影资源，做好百年党史教育，做好电影党课讲解，发挥影视文化在大众思想传播、社会舆论导向方面的功能和影响。

8月5日，普罗旺斯小学、桂雅路小学等学校组织学生到经开区两新领域“电影党校”开展学党史观影活动

（一）整合资源，搭建党员教育阵地。经开区两新领域“电影党校”充分利用自身的资源优势，推动党建资源共享。电影党校建设面积约5000平方米，有9个报告厅，一次可同时容纳1390人，是集电影主题党建教育、民族团结示范教育、理想信念教育、共青团教育、少先队教育、企事业单位以及学校爱国主义教育等为一体的一站式电影主题爱国主义教育基地。党校内设有“我爱你　中国”“红船启航”“看电影　学党史”“电影职工书屋”“电影里的民族画卷”“民族团结吊脚楼戏剧影院实景基地”“戏剧电影文化中心”等特色体验场景，让学员们沉浸式学习。截至2021年底，举办300余场培训活动，接待党员群众约1.2万人次。

（二）经开区两新领域优化力量，打造多样化教育方式。“电影党校”顺应时代的发展潮流，结合当代年轻人的生活方式及电影的特征，通过组织开展“童心向党——少先队学党史”等系列红色研学活动，开展“红色电影”公益活动，将红色电影“放”进社区，拍摄《我和我的党支部》《我和我的家乡》《红船启航》红色微电影等不同形式，多措并举地将红色电影、党史教育等党的故事以春风化雨的方式送到群众身边，实现党员“流动式”教育，使党员教育学习性与趣味性相结合。“红色电影”进社区、进家庭等公益活动已辐射12个小区，参与活动达494人次。

（三）党建引领，合心聚力共筑新篇章。经开区两新领域“电影党校”依托影院载体平台，着力推动基层党建与统战工作有机融合，以“讲述中国故事、民族团结故事、传递中国精神”为立足点，以“影院+主题教育+民族团结创建+N”等模式，通过“电影里的民族画卷”、“爱我中华”电影桥、“炫彩石榴厅”等实体化展示方式，引导广大干部群众增进对中华民族、中华文化、中国特色社会主义的理解与认同，铸牢中华民族共同体意识，促进各族群众广泛交往交流交融，增强凝聚力和向心力，推动基层党组织功能作用发挥，锻造基层党建“动力主轴”。

经开区两新领域“电影党校”成立以来，始终坚持以创新驱动为引领，做好传承红色基因的“火炬手”，握好时代的“接力棒”，发扬红色精神，传承红色基因，讲好中国故事，激励人们坚定不移跟党走，为实现美好生活而努力奋斗。

（廖爱）

以“五融入五发挥”党建新模式　推动企业高质量发展

——南宁双汇食品有限公司党支部党建工作经验

广西—东盟经开区党工委

中共南宁双汇食品有限公司支部委员会成立于2015年5月15日，现有正式党员28名，预备党员5名，入党积极分子近20名。南宁双汇党支部成立后，立足产业布局大、青年职工多、党员人数少等实际情况，牢固树立“党建强发展强”的工作理念，以“五融入五发挥”的党建工作新模式，有效提升了党员队伍的凝聚力和员工队伍的向心力，推动企业高质量发展。公司党组织及群团组织先后被市委组织部评为“南宁市两新组织党建工作示范点”、被市总工会评为“工人先锋号”、被自治区党委组织部评为“自治区两新组织党建工作示范点”，2021年6月被市委授予“先进基层党组织”。

6月19日，双汇党支部上党史专题党课　（李二伟　摄）

（一）把党建工作融入企业决策管理，发挥党的领导核心作用。一是将党建工作纳入企业章程，明确党组织的机构设置、职责，健全党组织参与重大决策机制，确保企业决策部署及其执行过程符合党和国家方针政策、法律法规。二是公司章程规定，党组织要对企业生产经营的重大问题进行讨论研究，提出意见和建议，涉及员工重大利益的问题必须征求党支部和工会意见建议。遇到生产经营中难点问题、瓶颈问题，党员员工要做攻坚克难、创先争优的排头兵、先锋队，落实设立党员先锋模范岗。三是支部班子和公司领导层实行“双向进入，交叉任职”，公司总经理兼任支部书记，其他四名支部班子成员均为公司重要岗位领导，履行一岗双责，党建工作与企业管理目标同向、部署同时、考核同步、奖惩同等、责任同担。同时，党支部参与公司选人用人过程，积极推动公司录用优秀党员职工。2021年，公司16个部门中有11个部门的正职为党员，并在2019—2022年间发展5名中层领导、员工为中共党员，陆续招聘11名党员员工。

（二）把党建工作融入企业生产管理，发挥党员先锋模范作用。一是坚持每周学习一小时制度，组织全体党员干部学习党章党规党纪。以“微型党课”“书记党课”和网课自学等形式，开展党的组织生活。二是开展党员责任区、党员示范岗创建活动。在公司广泛开展“党员示范岗”“党员责任区”“党员身边无事故、无次品、无违章”等活动，推行党员亮身份佩戴党徽上岗。三是开展“为企业作贡献，为党旗争光辉”活动。党支部坚持定期召开支部会议，总结部署阶段性党务工作，通报公司经营管理运行情况，每个党员汇报近期思想和工作情况，并对公司的经营管理建言献策。

（三）把党建工作融入企业人才培养，发挥党的战斗堡垒作用。党支部通过开展“师徒结对”“寻找身边的榜样”等活动，由一名优秀党员联系一个班组、结对一至两名优秀骨干、培养一名入党积极分子，坚持把优秀骨干培养成党员。采取先“培”后“推”的办法，将具有发展潜力、表现突出的党员选作为后备干部锻炼培养，条件成熟后再推荐到经营管理层任职。充分发挥工会、共青团和妇联的推优作用，不断壮大入党积极分子队伍。将流动党员统一造册，统一管理，统一开展活动，每季度跟进流动党员情况，每年年初及时更新公司在册党员及流动党员名单。

（四）注重宣传引导，把党建工作融入企业文化建设，发挥党的政治引领作用。党支部通过联合群团组织举办职工运动会、厨艺大赛、演讲比赛、问答竞赛等职工积极响应、参与面广的特色活动，有效把党建工作融入企业文化建设中。把创建“党建示范点”与工会创建“模范职工之家”活动结合起来，切实把党组织对职工的关心和爱护落实下去；把党员先进性教育与职工群众素质提升工程结合起来，教育引导党员职工以实际行动立足岗位，敬业奉献；把实施党内监督与职工群众的民主管理、民主监督结合起来，充分发挥党工组织推动发展、服务群众、凝聚人心、促进和谐的作用。积极参与开发区两新组织党工委的两新组织党组织建设计划，设置党建宣传栏，让党员和群众近距离学习党中央指示精神和双汇党支部党建文化。

（五）把党建工作融入企业社会责任，发挥党的联系群众作用。2021年，双汇党支部积极参加两新组织党工委组织的“党旗领航”系列活动，累计为困难群众、学生捐款捐物3万余元。积极参与生态乡村环境整治、创建食品安全示范城市、创建国家卫生城市等重大活动，通过“村企共建”“共驻共建”等形式，搭建企业与农场、机关、社区互动大平台。公司于2021年10月荣获“助力乡村爱心企业”称号。

（黄纪霆）

附录

2021年南宁市党员和党组织发展情况

市委组织部

2021年，南宁市有中国共产党地方委员会13个，其中设区市委员会1个，县（市、区）委员会12个。全市成立党组464个，其中市级机关党组52个，县（市、区）级机关党组375个，其他方面的党组37个。全市各级党委共派出工作委员会61个，其中市级党委派出8个，县（市、区）级党委派出53个。全市共有基层党组织19093个，其中基层党委761个，党总支部1362个，党支部16970个。全市共有企业党组织4137个，其中企业党委105个，党总支部92个，党支部3940个；事业单位党组织3455个，其中事业单位党委106个，党总支部188个，党支部3161个；机关党组织2375个，其中机关党委171个，党总支部101个，党支部2103个。

全市共有党员306068人。其中，女性党员107564人，占35.14%；少数民族党员150111人，占49.04%；35岁及以下62798人，占20.52%；36—60岁136945人，占44.74%；61岁及以上106325人，占34.74%；大专及以上学历165247人，占53.99%；中专、高中及中技学历68358人，占22.33%；初中及以下学历72463人，占23.68%；工勤技能人员党员21364人，占6.98%；农牧渔民党员86135人，占28.14%；机关干部党员29590人，占9.67%；专业管理、技术人员党员80591人，占26.33%；离退休人员党员76499，占24.99%。

2021年南宁市国民经济和社会发展统计公报

市统计局

2021年，全市各级各部门坚持以习近平新时代中国特色社会主义思想为指导，深入贯彻落实习近平总书记视察广西“4·27”重要讲话精神和对广西工作系列重要指示要求，紧紧围绕自治区第十二次党代会提出的建设壮美广西“1+1+4+3+N”目标任务体系，坚持政策为大、项目为王、环境为本、创新为要，统筹疫情防控和经济社会发展，全面落实强首府战略，稳住了经济基本盘，保持了社会大局和谐稳定，“十四五”开局良好。

一、综合

经济增长：初步核算，全年地区生产总值5120.94亿元，按可比价格计算，比上年增长6.1%。三次产业中，第一产业增加值606.76亿元，增长7.9%；第二产业增加值1198.76亿元，增长4.3%；第三产业增加值3315.42亿元，增长6.3%。

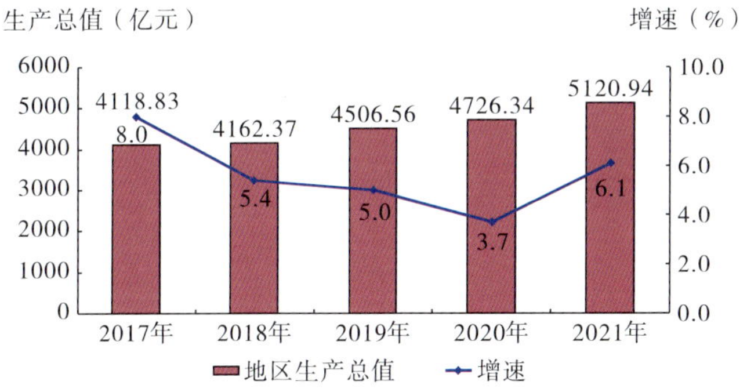

图1　2017—2021年全市地区生产总值及增长速度

三次产业的比重为11.9∶23.4∶64.7。与2020年比较，第一产业比重提高0.55个百分点，第二产业比重上升0.51个百分点，第三产业比重下降1.06个百分点。

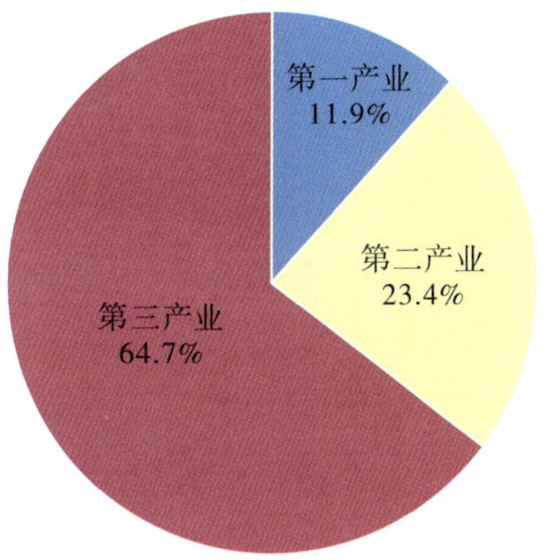

图2　2021年三次产业增加值占全市地区生产总值比重

人口：2021年，年末全市户籍人口800.94万人，比上年增加9.56万人，增长1.2%，其中市区人口419.98万人，增加10.66万人，增长2.6%。年末全市常住人口883.28万人，比上年末增加8.03万人，其中城镇人口616.4万人，常住人口城镇化率为69.79%，比上年末提高0.88个百分点。全市人口出生率为8.62‰，比上年下降2.95个千分点；人口死亡率5.3‰，比上年下降1.9个千分点；人口自然增长率3.37‰，比上年下降2.8个千分点。

价格：全年居民消费价格比上年上涨1.4%，分类别看，八大类消费价格指数“七升一降”。（见表1）

表1　居民消费价格指数

指标	2021年	比上年涨跌（%）
居民消费价格总指数	101.4	1.4
食品烟酒	99.6	-0.4
衣着	101.7	1.7
居住	101.4	1.4
生活用品及服务	100.3	0.3
交通和通信	101.7	1.7
教育文化和娱乐	106.4	6.4
医疗保健	101.0	1.0
其他用品和服务	100.3	0.3

图3　2017—2021年居民消费价格涨跌幅度

二、农业

产值：全年全市实现农林牧渔及服务业总产值907.67亿元，比上年增长9.1%。其中，农业产值584.68亿元，比上年增长6.4%；林业产值52.56亿元，比上年增长6.5%；畜牧业产值208.42亿元，比上年增长17.7%；渔业产值35.97亿元，比上年增长4.1%；农林牧渔服务业产值26.04亿元，比上年增长9.0%。占农林牧渔及服务业产值的比重分别为：农业64.4%，比上年下降2.1个百分点；林业5.8%，比上年上升0.4个百分点；畜牧业23.0%，比上年上升1个百分点；渔业4.0%，比上年上升0.7个百分点；农林牧渔服务业2.9%，比上年上升0.1个百分点。

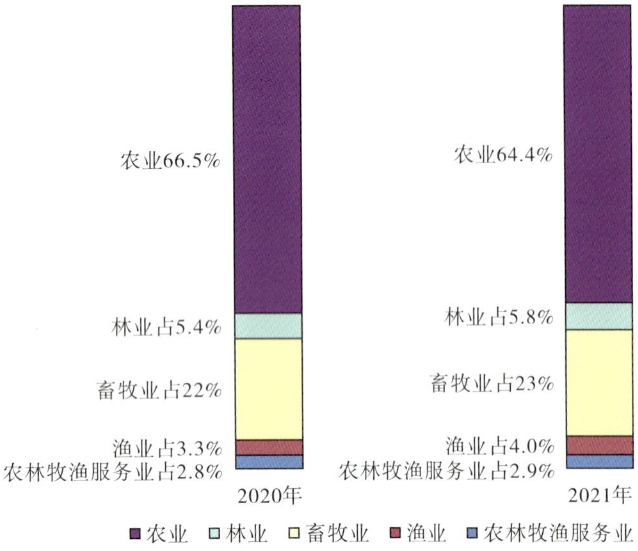

图4 2020—2021年农林牧渔及服务业总产值构成（%）

农作物种植面积：全年农作物播种面积1458.7万亩，比上年下降0.4%。其中，粮食种植面积638.31万亩，比上年增长0.26%。经济作物种植面积820.39万亩，比上年下降0.87%，其中，甘蔗种植面积186.62万亩，比上年下降4.6%；油料种植面积73.61万亩，比上年下降2.7%；蔬菜种植面积416.46万亩，比上年增长1.7%。各类经济作物种植面积占农作物总播种面积的比重为56.2%，全年粮食作物和各类经济作物的种植面积比例为1∶1.3。

农作物产品产量：全年粮食总产量211.55万吨，比上年增长1.1%；蔬菜产量683.69万吨，比上年增长4.06%；水果产量453.91万吨，比上年增长13.1%；甘蔗产量1049.62万吨，比上年下降3.9%；花生产量14.95万吨，比上年下降1.3%；木薯产量19.81万吨，比上年下降6.7%。

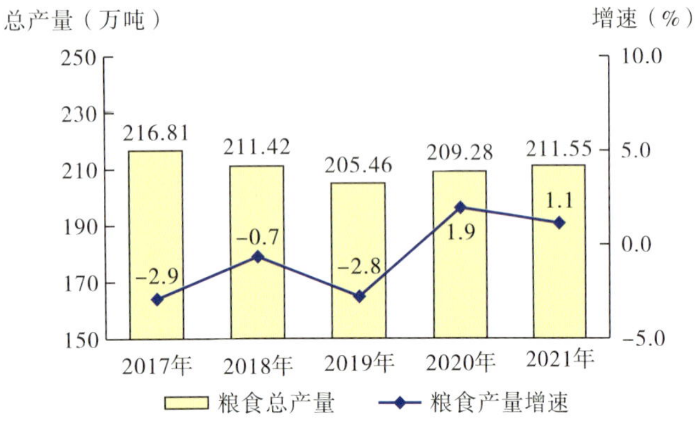

图5 2017—2021年全市粮食总产量及增长速度

养殖业产品产量：全年肉类产量64.73万吨，比上年增长13.5%，其中，猪肉产量34.21万吨，比上年增长41.2%；全年生猪出栏432.41万头，比上年增长35.4%；生猪存栏265.56万头，比上年增长16%；禽蛋产量2.98万吨，比上年增长6.3%；牛奶产量1.3万吨，比上年下降10.7%；水产品产量23.42万吨，比上年增长4.1%。

林业生产：全社会木材采伐量695.42万立方米，比上年增长10.4%。

三、工业和建筑业

工业：全年全部工业增加值比上年增长7.4%，规模以上工业增加值比上年增长7.5%。在规模以上工业增加值中，分经济类型看，国有企业比上年下降84.5%，集体企业比上年增长13.8%，股份制企业比上年增长7.8%，外商及港澳台投资企业比上年增长10.5%；分轻重工业看，轻工业比上年增长10.6%，重工业比上年增长4.9%，轻工业增速快于重工业5.7个百分点。

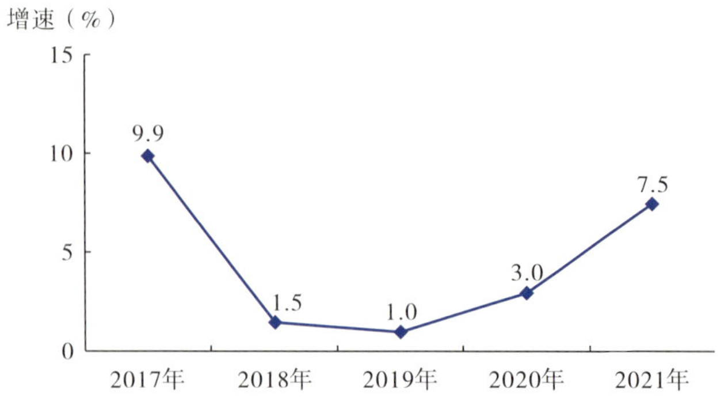

图6 2017—2021年全市规模以上工业增加值增长速度

全年全市规模以上工业中，烟草制品业增加值比上年增长10.2%；计算机、通信和其他电子设备制造业增加值比上年增长19.6%；非金属矿物制品业增加值比上年下降9.3%；农副食品加工业增加值比上年增长16.4%；电力、热力生产和供应业产值比上年增长22.2%；木材加工和木、竹、藤、棕、草制品业增加值比上年增长31.1%。

全市规模以上工业企业营业收入2684.09亿元，比上年增长9.48%；利润115.91亿元，比上年下降7.55%。全年规模以上工业产销率97.3%，与上年持平。

年末全市拥有规模以上工业企业1274家，比上年增加178家。其中工业产值超亿元的企业447家。

主要产品产量（见表2）。

表2 2021年主要工业产品产量及增长速度

产品名称	单位	产量	比上年增长（%）
配混合饲料	万吨	634.01	33.6
成品糖	万吨	86.94	-11.9
饮料	万吨	200.08	9.6
啤酒	千升	269641	-1.5
卷烟	亿支	358.29	1.4
人造板	万立方米	917.90	34.1
纸浆	万吨	30.37	44.8
机制纸及纸板	万吨	30.41	33.8
硅酸盐水泥熟料	万吨	1008.30	-16.4
水泥	万吨	1555.11	-6.2
铝材	万吨	26.01	-8.0
钢材	万吨	80.05	-41.9
电力电缆	千米	306576	-2.3
乳制品	万吨	13.08	28.3
合成复合肥	万吨	89.99	16.2
塑料制品料	万吨	26.19	-2.3

建筑业：年末，全市具有资质等级的建筑企业545个，比上年增加48个。全年建筑业增加值比上年增长2.0%。全市建筑企业完成施工产值2647.71亿元，比上年增长18.3%。

四、固定资产投资

2021年，全市固定资产投资比上年增长3.1%。其中，第一产业投资比上年下降26.0%；第二产业投资比上年增长

20.2%，其中工业投资比上年增长21.2%；第三产业投资比上年增长1.5%。民间投资比上年下降2.8%。

分投资主体看，国有经济投资比上年同比增长9.9%，集体经济投资比上年下降55.4%，私营个体投资比上年增长4.6%，港澳台商投资比上年增长70.8%，外商投资比上年下降51.6%，其他经济投资比上年下降73.5%。

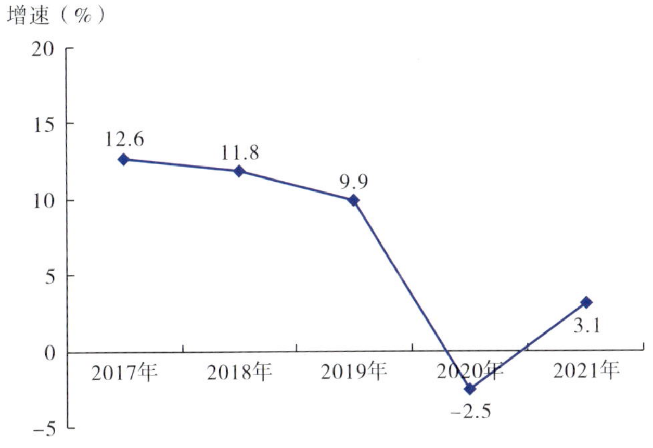

图7　2017—2021年固定资产投资增长速度

表3　2021年分行业固定资产投资增长速度

行业	比上年增长（%）
固定资产投资	3.1
农、林、牧、渔业	-25.1
采矿业	-27.4
制造业	30
电力、燃气及水的生产和供应业	1.3
建筑业	5.8
批发和零售业	2.8
交通运输、仓储和邮政业	47.1
住宿和餐饮业	-45.5
信息传输、软件和信息技术服务业	-36.7
金融业	-18.6
房地产业	15.5
租赁和商务服务业	-22.5
科学研究和技术服务业	-25.9
水利、环境和公共设施管理业	-32.1
居民服务、修理和其他服务业	196.7
教育	15.7
卫生和社会工作	-28.5
文化、体育和娱乐业	-10.2
公共管理、社会保障和社会组织	-20.6

全年全市房地产开发投资1359.95亿元，比上年下降1.3%。其中，商品住宅投资975.17亿元，比上年下降1.4%；办公楼投资53.05亿元，比上年增长5.4%；商业营业用房投资84.50亿元，比上年下降11.8%。商品房施工面积11246.52万平方米，比上年增长5.0%；商品房竣工面积977.41万平方米，比上年增长22.2%；商品房销售面积1494.08万平方米，比上年下降18.7%；商品房销售额1240.28亿元，比上年下降21.6%。（见表4）

表4　2021年房地产开发和销售主要指标及增长速度

指标	单位	绝对数	比上年增长（%）
房地产开发投资	亿元	1359.95	-1.3
其中：住宅	亿元	975.17	-1.4
商品房施工面积	万平方米	11246.52	5.0
其中：住宅	万平方米	7330.91	6.0
商品房新开工面积	万平方米	1363.67	-34.4
其中：住宅	万平方米	939.41	-30.1
商品房竣工面积	万平方米	977.41	22.2
其中：住宅	万平方米	706.32	41.0
商品房销售面积	万平方米	1494.08	-18.7
其中：住宅	万平方米	1125.46	-24.3
商品房销售额	亿元	1240.28	-21.6
其中：住宅	亿元	1008.39	-26.2
本年实际到位资金小计	亿元	1857.30	-10.3
其中：国内贷款	亿元	309.00	-21.5
自筹资金	亿元	583.82	27.2
定金及预付款	亿元	599.12	-22.2
个人按揭贷款	亿元	310.72	-14.5

五、国内贸易

全年全市社会消费品零售总额2364.17亿元，比上年增长8.4%。按经营单位所在地统计，城镇消费品零售额2153.16亿元，比上年增长8.4%；乡村消费品零售额211.01亿元，比上年增长9.1%。按消费形态统计，商品零售额2147.06亿元，比上年增长7.8%；餐饮收入217.11亿元，比上年增长15.6%。

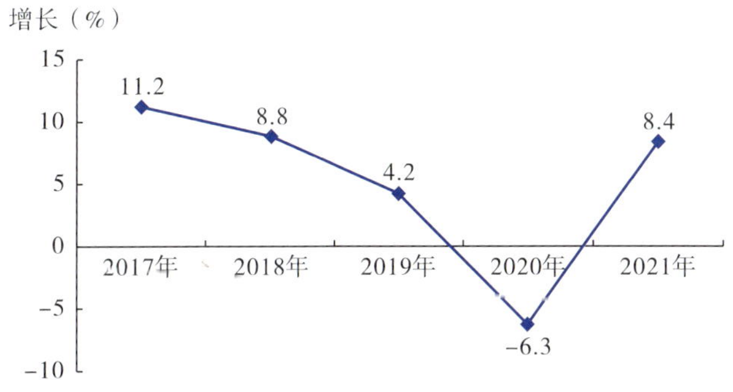

图8　2017—2021年社会消费品零售总额增长速度

在限额以上企业商品零售额中，汽车类零售额比上年增长2.5%，家用电器和音像器材类比上年增长55.7%，通讯器材类比上年下降4.3%，体育娱乐用品类比上年增长18.4%，文化办公用品类与上年持平，家具类比上年增长155.2%，建筑及装潢材料类比上年下降17.7%，日用品类比上年增长0.7%，粮油、食品类比上年下降0.2%，饮料类比上年下降6.9%，烟酒类比上年增长48.7%，服装、鞋帽、针纺织品类比上年下降1.9%，化妆品类比上年下降14.4%，金银珠宝类比上年增长21.4%，中西药品类比上年增长3.8%。

六、对外开放

对外贸易：全年外贸进出口总值1231.92亿元，比上年增长24.9%。其中，出口总值581.95亿元，比上年增长23.6%；进口总值649.97亿元，比上年增长26.0%。

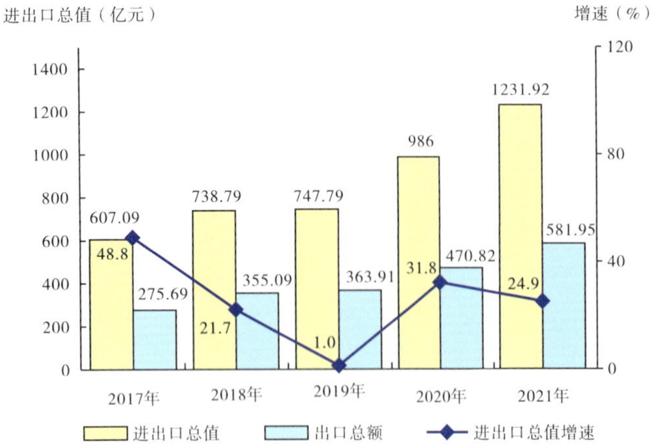

图9　2017—2021年全市进出口总值及增长速度

招商引资：2021年实际到位资金881.07亿元，比上年下降24.2%。全年实际利用外资5.78亿美元，比上年增长31.3%。

开发区：南宁高新技术产业开发区、南宁经济技术开发区和广西—东盟经济技术开发区年末累计入园企业43724家，比上年末增加6604家；财政收入110.7亿元，比上年增长8.4%；规模以上工业总产值比上年增长16.6%；固定资产投资比上年增长17.8%。

七、财政、金融和保险

财政收入：全年财政收入828.84亿元，比上年增长4.1%。其中一般公共预算收入391.77亿元，比上年增长5.2%。一般公共预算收入中，税收收入277.95亿元，比上年下降5.4%。全年一般公共预算支出775.4亿元，比上年下降5.8%。财政支出中，商务服务业、卫生健康、科学技术支出增长较快，其中，商务服务业等支出7.18亿元，比上年增长23.8%；卫生健康支出91.02亿元，比上年增长6.72%；科学技术支出13.65亿元，比上年增长3.41%。

金融：年末全市金融机构人民币各项存款余额11996.48亿元，比上年增长4.3%。其中，住户存款余额4878.80亿元，比上年增长10.5%。金融机构人民币贷款余额17660.59亿元，比上年增长11.3%。

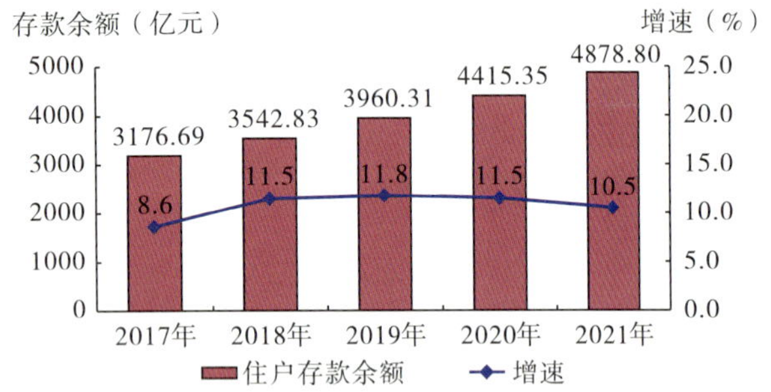

图10　2017—2021年住户存款余额及增长速度

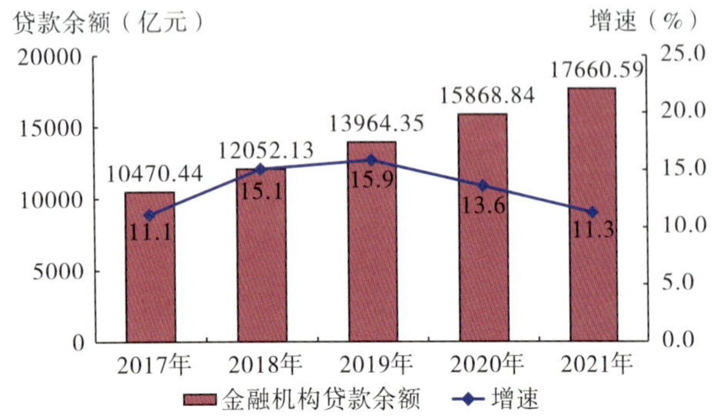

图11　2017—2021年金融机构贷款余额及增长速度

保险：全年保费收入268.81亿元，比上年增长9.2%。其中，财产险保费收入100.15亿元，比上年下降6.2%；寿险、健康险和意外伤害险保费收入168.7亿元，比上年增长20.8%。全年各项保险赔款及给付85.53亿元，其中，财产险业务赔款及给付60.03亿元；寿险、健康险和意外伤害险赔款及给付25.5亿元。

八、交通运输

货物运输：全年货物运输总量42928.55万吨，比上年增长16.8%，其中，铁路货物运输量210.46万吨，比上年增长17.66%；公路货物运输量38098.38万吨，比上年增长17.2%；水路货物运输量4607.3万吨，比上年增长12.9%；航空货邮吞吐量12.41万吨，比上年增长16%。

旅客运输：旅客运输总量7083.39万人，比上年增长2.8%，其中，铁路旅客运输量2873.63万人，比上年增长17.8%；公路旅客运输量3636万人，比上年下降6.8%；水路旅客运输量18.96万人，比上年增长138.2%；航空旅客运输量554.4万人，比上年增长2.2%。

公共交通：年末实用公共汽（电）车营运4515辆，比上年增加203辆，增长4.7%；公共汽车客运总量2.27亿人次，比上年增长0.5%。年末轨道交通运营线路总长度128.2公里，比上年增加20.2公里，增长18.8%；轨道交通客运总量2.89亿人次，比上年增长38.6%。

九、居民收入消费和社会保障

城乡居民生活：全年全市居民人均可支配收入32679元，比上年增加2565元，增长8.5%。按常住地分，城镇居民人均可支配收入41394元，比上年增加2852元，增长7.4%；农村居民人均可支配收入17808元，比上年增加1678元，增长10.4%。

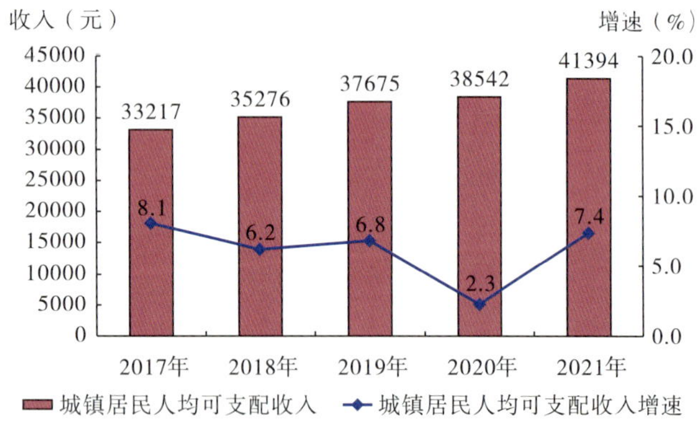

图12　2017—2021年城镇居民人均可支配收入及增长速度

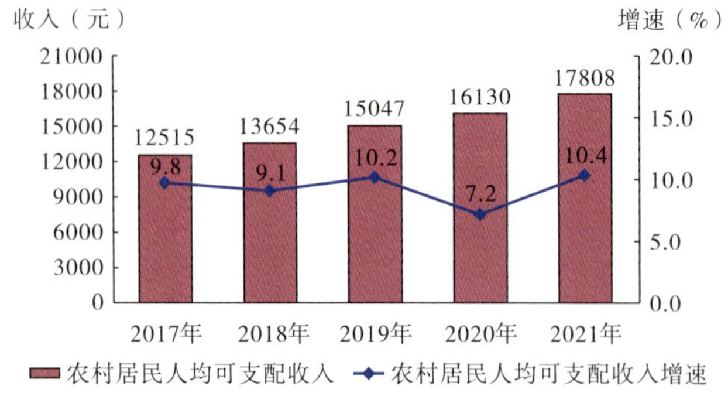

图13　2017—2021年农村居民人均可支配收入及增长速度

社会保障：年末参加城镇职工（包括企业和机关事业单位）基本养老保险人数521.71万人，比上年末增加54.26万人。其中，参加城镇职工基本养老保险人数206.18万人，比上年末增加18.16万人；参加城乡居民基本养老保险人数315.53万人，比上年末增加36.11万人。参加失业保险人数111.31万人，比上年末增加25.65万人。年末全市领取失业保险金人数3.68万人。参加工伤保险人数122.38万人，比上年末增加26.84万人。

十、教育科技和卫生健康

教育：职业中学招生3.83万人，在校生9.81万人，毕业生2.57万人。普通高中招生6.04万人，毕业生4.87万人。普通初中招生11.15万人，毕业生9.81万人。普通小学招生14.21万人，在校生79.86万人，毕业生11.01万人。特殊教育招生238人，在校生1460人，毕业生231人。在园幼儿32.69万人，学龄儿童入学率为100%。普通中学354所，普通小学数1086所，幼儿园1642所，特殊教育学校10所。普通中学专任教师数34183人，普通小学专任教师数45660人，幼儿园专任教师数20099人，特殊教育专任教师数383人。

科技：年末重点成果推广项目224项，安排市级科技项目67项，市级科技项目总投资2.27亿元，全年共签订各类技术合同6331项，技术合同成交金额390.94亿元，比上年增长31.4%。

卫生健康：年末卫生机构4895个，其中医院279个，诊所（门诊部、所）2987个，村卫生室1425个。年末全市卫生专业技术人员8.55万人，其中执业医师和执业助理医师3.09万人，注册护士3.99万人。医疗卫生机构床位6.06万张，其中医院4.59万张。

十一、体育、文化和广播电视

体育：全市公共体育场12个，体育馆86个，篮球场12454个，足球场679个，排球场1477个，游泳场267个。年内举办各类体育赛事活动288次。

文化：年末县级以上公共图书馆14个，文化馆13个，博物馆5个，乡镇文化站102个。公共图书馆藏书量343.16万册。

广播电视：年末调频、电视转播发射台共65座，其中电视发射机53座，年末广播节目综合覆盖率为99.65%，电视节目综合覆盖率为99.92%。

十二、能源生产和其他

全年四上企业发电量130.74亿千瓦时，比上年增长27.88%，其中，火力发电量比上年增长31.75%，新能源（风能、太阳能、生物质、垃圾焚烧）发电量比上年增长55.5%。

年末管道燃气用户124.44万户，比上年增长12.9%；液化石油气用户85.95万户，比上年增长0.03%；供水总量7.19亿立方米，比上年增长7.3%。

全年道路交通事故2925起，比上年下降0.4%；刑事案件立案数5.66万件，比上年增长2.3%；民事案件13.41万件，比上年增长23.5%。

注：

1.本公报中数据均为初步统计数。

2.地区生产总值、三次产业增加值、工业增加值、农业产值增速按可比价格计算；工业总产值增速按现行价格计算。

3.规模以上工业企业是指年主营业务收入2000万元及以上的全部法人工业企业；限额以上批发零售企业是指年主营业务收入2000万元及以上批发企业和年主营业务收入500万元及以上零售企业。

4.部分数据因四舍五入的原因，存在着总项与分项合计不等的情况。

5.资料来源：本公报中户籍总人口数据、道路交通事故和刑事案件立案数来自南宁市公安局；财政数据来自南宁市财政局；物价、居民收入数据来自国家统计局南宁调查队；进出口数据来自南宁海关；招商引资数据来自南宁市投资促进局；金融数据来自中国人民银行南宁中心支行；保险数据来自中国银行保险监督委员会广西监管局；文化数据和广播电视数据来自南宁市文化广电和旅游局；教育数据来自南宁市教育局；旅客、货物运输量数据来自南宁市交通运输局、南宁铁路局、广西沿海铁路公司和广西机场管理集团有限责任公司南宁吴圩国际机场；人口出生率、人口死亡率、人口自然增长率数据和卫生健康数据来自南宁市卫生健康委员会；开发区数据来自南宁高新技术产业开发区、南宁经济技术开发区和广西-东盟经济技术开发区；社会保障数据来自南宁市人力资源和社会保障局；管道燃气用户、液化石油气用户和供水总量数据来自南宁市住房和城乡建设局；民事案件数据来自南宁市中级法院；体育数据来自南宁市体育局；科技数据来自南宁市科技局；其他数据均来自南宁市统计局。

2021年南宁市各县（市、区）、开发区经济社会发展主要指标一览表

序号	县（市、区）	地区生产总值		第一产业增加值		第二产业增加值		工业增加值	建筑业增加值	第三产业增加值		农林牧渔业总产值		规上工业增加值	规上工业总产值	固定资产投资	社会消费品零售总额	
		总量（亿元）	增长（%）	总量（亿元）	增长（%）	总量（亿元）	增长（%）	增长（%）	增长（%）	总量（亿元）	增长（%）	总量（亿元）	增长（%）	增长（%）	增长（%）	增长（%）	总量（亿元）	增长（%）
1	全市	5120.94	6.1	606.76	7.9	1198.76	4.3	6.4	2.0	3315.42	6.3	907.67	9.1	7.5	9.5	3.1	2364.17	8.4
2	横州市	354.43	5.4	98.97	6.6	107.02	2.1	1.4	5.5	148.43	7.0	156.44	7.6	-1.1	0.9	63.8	83.84	1.2
3	宾阳县	315.54	7.9	70.95	9.4	94.35	7.3	9.2	4.1	150.23	7.5	104.56	10.9	11.1	15.4	8.7	106.78	6.8
4	上林县	101.99	7.6	31.95	11.0	18.57	2.0	1.9	2.1	51.48	7.6	47.20	12.9	0.9	13.1	-3.9	24.95	7.6
5	马山县	95.17	7.4	29.85	7.7	16.20	6.0	8.0	4.4	49.12	7.7	44.39	8.8	8.5	20.7	14.4	21.18	7.8
6	隆安县	112.12	7.9	48.87	10.6	24.71	4.5	8.5	-3.8	38.53	6.8	72.16	12.4	8.8	33.4	-9.6	12.95	4.9
7	兴宁区	393.76	5.6	17.36	6.4	62.05	-1.0	-0.2	-1.3	314.35	6.8	27.35	7.2	-5.1	-5.9	-13.5	555.35	14.1
8	江南区	569.53	5.1	34.35	6.1	197.94	7.1	9.9	3.0	337.25	3.9	42.36	9.7	5.2	-3.5	-0.3	237.97	4.7
9	青秀区	1324.77	6.1	22.91	4.6	126.24	2.3	18.0	0.7	1175.62	6.5	39.80	5.0	22.1	17.9	0.8	546.37	9.8
10	西乡塘区	893.52	7.2	41.97	10.6	252.33	3.0	5.0	-0.1	599.22	8.8	62.88	12.6	-14.8	-7.0	-17.0	283.63	8.9
11	邕宁区	170.95	2.0	40.68	5.1	45.86	2.7	-4.4	14.1	84.42	0.4	60.82	5.6	-9.5	-1.7	24.7	33.54	6.6
12	良庆区	434.14	2.3	32.53	5.0	166.58	3.9	9.0	-0.4	235.03	1.0	47.72	5.5	5.6	20.4	0.4	77.63	8.3
13	武鸣区	354.26	8.9	136.17	8.1	86.75	9.7	8.5	11.6	131.34	9.5	185.83	9.4	0.5	14.5	-3.7	36.54	6.1
14	高新区	—	—	—	—	—	—	—	—	—	—	0.56	-2.0	2.6	11.8	19.6	197.15	3.2
15	经开区	—	—	—	—	—	—	—	—	—	—	7.14	-7.0	16.2	21.6	15.7	137.65	2.7
16	广西—东盟经开区	—	—	—	—	—	—	—	—	—	—	8.48	11.1	15.5	23.2	18.0	8.65	13.0